성격심리학 제10판

Theories of Personality

Tenth Edition

Richard M. Ryckman 지음
장문선 · 곽호완 · 고재홍 · 전종국 · 이영순 옮김

CENGAGE Learning
박학사

Andover • Melbourne • Mexico City • Stamford, CT • Toronto • Hong Kong • New Delhi • Seoul • Singapore • Tokyo

CENGAGE Learning

Theories of Personality

10th Edition

Richard M. Ryckman

ISBN-13: 978-89-98521-08-0

Cengage Learning Korea Ltd.
14F, YTN Newsquare, 76 Sangamsan-ro,
Mapo-gu, Seoul, 121-904, Korea
Tel: (82) 2 330 7000
Fax: (82) 2 330 7001

Cengage Learning is a leading provider of customized learning solutions with office locations around the globe, including Singapore, the United Kingdom, Australia, Mexico, Brazil, and Japan. Locate your local office at:
www.cengage.com/global

Cengage Learning products are represented in Canada by Nelson Education, Ltd.

For product information, visit **www.cengageasia.com**

Printed in Korea
2 3 4 5 19 18 17 16

역자 서문

심리학의 어떤 영역도 성격분야 만큼 다양한 영역들을 포함하고 있지 않다고 할 정도로 성격심리학은 심리학의 대부분 이론들의 교집합적 측면을 띠고 있다. 즉, 한 사람의 성격이 형성되기까지의 과정을 제대로 이해하기 위해서는 환경의 영향이 우리에게 미치는 영향력, 유전과 선천적 기질의 영향, 개인 내부의 동기나 지향점에 대한 고찰, 정상 및 이상 발달과정에 대한 이해, 외부 자극의 인지적 처리에 대한 이해 등 심리학의 다양한 지식들을 골고루 다루지 않고서는 불가능하다.

이처럼 광범위한 영역을 포함하는 성격심리학을 강의하기란 여간 까다로운 일이 아닌데, 본서의 원저인 리차드 릭맨(Richard M. Ryckman)의 '성격이론(Theories of Personality)'은 35년 간 10번의 개정판이 출간될 정도로 꾸준한 사랑을 받아 온 성격심리학 교재의 고전이라 할 수 있다. 아마도 그 이유는 이 책이 기본적으로 성격의 주요 이론들을 그 어느 교재보다도 광범위하고 체계적으로 다루고 있기 때문이 아닐까 한다. 또한 이 책은 각 이론들이 과학적 가치 판단기준에 얼마나 잘 부합되는지를 평가하고자 고안되었으며, 학생들에게 주된 이론적 개념들의 타당성을 입증해 주는 많은 연구들을 소개하고 있다. 제10판은 이전 판의 기본적 체제는 그대로 유지하되, 현대 성격심리학자들이 열띤 논쟁을 벌이고 있는 이슈들을 소개하고 있으며, 주요 이론과 연구 영역에 관련된 이슈들뿐만 아니라 최신의 성격이론과 연구견해까지도 광범위하게 논의하고 있다.

본서는 총 7부로 구성되어 있다. 제1부는 성격이론 전반에 대한 개관을 다루고 있으며, 제2부에서는 정신분석 및 정신분석의 최신 관점들을 프로이트, 융, 아들러, 호나이, 에릭슨 그리고 코헛이라는 대표적 학자들의 이론을 중심으로 소개하고 있다. 제3부에서는 기질적 관점의 대표적 학자인 올포트, 카텔 및 아이젠크의 이론을 다루고 있으며, 제4부에서는 켈리를 중심으로 성격의 인지적 관점을 소개한다. 제5부에서는 매슬로우,

로저스, 메이의 이론을 중심으로 성격의 인본주의적/실존주의적 관점을 설명하며, 제6부에서는 스키너, 로터, 반두라의 이론을 통해 성격의 사회적-행동주의적 관점을 다루고 있다. 끝으로, 제7부에서는 거대이론을 제시하면서 현대 성격심리학에서 새로운 이론과 연구를 생성하는 데 있어 통합이론이 갖는 주된 역할에 대해 제시하고 있다.

이 책의 번역에는 모두 다섯 명의 교수가 참가하였다. 1장, 10장, 15장, 18장은 경북대 곽호완 교수가, 2장, 5장, 8장은 전북대 이영순 교수가, 3장, 6장, 7장, 9장은 경북대 장문선 교수가 번역하였으며, 4장, 12장, 13장, 14장은 대구 사이버대 전종국 교수가, 11장, 16장, 17장은 경남대 고재홍 교수가 번역하였다. 또한 교정작업에는 많은 심리학과 대학원생들의 노고가 있었음을 밝히는 바이다. 최대한 원서의 내용을 학생들이 이해하기 쉽도록 옮기고자 노력하였으나, 여전히 매끄럽지 않거나 자연스럽지 않은 부분이 있다면 이는 온전히 역자의 몫으로 돌리길 바란다.

역자들은 이 책을 통해 학생들이 성격심리학의 태동부터 현대에 이르기까지 인간 성격의 기원과 발달 및 지향점들에 대해 탁월한 성찰을 해 온 주요 학자들의 이론들을 보다 체계적으로 이해하고, 그러한 관점이 어떻게 통합, 수렴될 수 있는지에 대한 지평을 넓힐 수 있기를 기대한다.

끝으로, 항상 좋은 책을 만들기 위해 노력하시는 박학사 사장님 및 편집부 직원들에게 진심으로 감사의 마음을 전한다.

2013년 7월

역자 일동

저자 서문

약 35년 전에 출간된 초판과 마찬가지로, 『성격이론(*Theories of Personality*)』 제10판 또한 근본 초판과 동일한 목적으로 집필되었다. 이 책은 기본 개념과 주요 이론들뿐 아니라 성격의 거대이론(grand theories of personality)을 개관하고 있는데, 이러한 거대이론들은 삶의 다양한 상황 속에서 일어날 수 있는 수많은 인간 행동들을 설명하고자 한다. 이 책은 각 이론들이 과학적 가치 판단기준에 얼마나 잘 부합되는지를 평가하고자 고안되었으며, 학생들에게 주된 이론적 개념들의 타당성을 입증해 주는 많은 연구들을 소개하고자 한다. 또한 이번 개정판에서는 현대 성격심리학자들이 열띤 논쟁을 벌이고 있는 이슈들을 소개하고 있으며, 주요 이론과 연구 영역에 관련된 이슈들뿐 아니라 최신의 성격이론과 연구 견해까지 논의하고 있다.

성격심리학을 별로 접해 보지 못한 학부생들도 이 책의 내용을 이해할 수 있다. 이번 개정판에는 이론들을 일반적으로 지지해 주는 가장 최신의 연구들뿐 아니라, 세대를 초월해 모든 학생들에게 흥미를 유발할 수 있는 많은 일상 속의 실례와 색다른 주제들을 포함하고 있다. 각 장에서 소개되고 있는 주요 이론들은 이론가의 기본 개념과 원리에 대한 개관들을 망라하고 있는 바, 각 이론들을 비교하기가 보다 용이하다.

이 책의 목적이 그대로 유지되고 있다고 하더라도, 지난 35년간 성격심리학 분야에는 세 가지 주된 변화가 있었다. 첫째, 인터넷의 발전으로 다양한 세대와 문화를 배경으로 한 광범위한 사람들에 대한 자료의 수집이 수월해졌고, 이로 인해 전 세계를 망라한 개인차에 대한 연구들이 폭발적으로 증가되어 왔다. 둘째, 인터넷은 각 도처의 연구자들 간 상호소통을 보다 용이하게 만들어 주었고, 이들의 연구 성과들이 긴밀한 관계를 형성할 수 있도록 하였다. 셋째, 이 연구 성과들 중 많은 수가 현대 거대 성격이론들과 그 확장을 통해 이루어져 왔다. 이러한 성과들은 대체로 이론의 타당성과 인간문제의 해결책으로써의 이론적 적용 가능성을 증대시켜 왔다. 이번 개정판에서, 저자는 이와 같은 이론 분야들에서 현재 진행되고 있는 국제적 연구들이 불러일으키는 지적 자극을 보여 주려고 하였으며, 이 책의 마지막 장에 기술된 성격의 거대이론이 어떤 식으로 새로운 세대의 성격심리학자들에게 창조적 노력을 지속적으로 불러일으키게 하였으며 인간 성격에 대한 이해의 지평을 넓힐 수 있게끔 해 주었는지를 소개하고자 한다.

이 책의 구성

이 책은 총 7개 대단원으로 나뉘어져 있다. 먼저 제1부 "성격심리학의 소개(An Introduction to the Discipline)"는 인간 성격의 복잡하고 다양한 현상들에 대해 기록하고 있다. 이러한 복잡성과 다양성으로 인해 완벽하게 타당한 단일 이론을 만들어 낸다는 것은 불가능하다고 볼 수 있기 때문에, 보다 합리적인 목표는 과학적으로 좀 더 유용한 이론을 창시함으로써 성격에 대한 우리의 이해를 증진시키는 데 있다. 1장, "성격과 그 과학적 조망(Personality and the Scientific Outlook)"에서는 성격의 정의를 확립하는 데 있어 발생할 수 있는 수용 가능한 문제점들을 설명하고, 과학적 견지에서 개인차를 연구하는 이유에 대해 고찰하고 있다. 또한 과학적 과정 및 이론과 연구의 상호관련성에 대한 기본적인 정보를 제공한다. 아울러 이번 개정판에서는 이론의 구조와 확장된 실험 결과의 적용 가능성에 대해서도 다루고 있다. 또한 이 장에는 과학자들이 이론적 가치를 판단하는 기준들을 설명하고 있어서, 학생들은 이후 각 장에서 소개되는 이론들을 이러한 기준에 근거해 평가해 볼 수 있다.

제2부 "정신분석과 신정신분석적 관점(Psychoanalytic and Neoanalytic Perspectives)"에서는 프로이트(Freud)와 그의 정신분석이론, 융(Jung), 아들러(Adler), 호나이(Horney), 에릭슨(Erikson) 그리고 코헛(Kohut)의 새로운 분석이론들을 총망라하고 있다. 프로이트 부분에서는 성격구조 이론과 위협으로부터 개인을 보호해 주는 다양한 방어기제가 제시되어 있다. 또한 심리성적 발달이론과 성격유형을 검증하는 최신 연구가 논의되어 있다. 주요 평가기법에 대한 개관에서는 학생들의 흥미를 유발할 수 있는 몇몇 임상 사례 연구들이 제시되어 있다. 프로이트는 환자의 성격에 대한 더 나은 이해를 위해 그리고 그들이 자신의 문제를 극복하는 데 도움을 주기 위해 일련의 사례 연구 절차들을 활용하였다.

융 이론을 소개한 장에서는 프시케(psyche)의 구조와 기능, 그리고 심리적 유형론에 대해 설명한다. 또한 이 이론의 타당성을 지지해 주는 최신 연구들도 포함되어 있다.

아들러 이론의 기본적 견해는 우리가 가진 열등감은 건강한 방식이든 건강하지 못한 방식이든 간에 우월추구를 향해 나아가게끔 만든다는 것이다. 또한 이 장에서는 건강한 개인과 건강하지 못한 개인에 관해 상세히 기술하고 있다. 최근 연구에서는 출생 순위가 강조되고 있는데, 출생 순위와 지적 성취도 간의 관련성을 검증하는 새로운 이론 및 연구가 제시되어 있다.

카렌 호나이(Karen Horney)의 이론을 소개한 장에서는, 자아실현에 관한 그녀의 정신분석이론이 상세히 제시되어 있는데, 신경증적인 개인들을 양산하는 미국 사회에서의 과도한 경쟁과 경쟁 회피의 역할에 관한 그녀의 독창적인 관점이 검증되고 있으며, 더불어 이러한 이론의 타당성을 검증하는 최신 연구들이 제시되어 있다. 또한 심리적으로 좀 더 건강한 경쟁적 태도와 이러한 태도가 삶의 다양한 영역에서 어떠한 긍정적 성과를 이끌어 낼 수 있는지를 제시하고 있으며, 정신 병리를 유발하는 비합리적 신념의 역할이 강조되어 있다.

에릭 에릭슨(Erik Erikson)의 이론을 다룬 장에서는, 심리사회적 발달 이론과 그의 견해를 정교화시켜 주는 최신 연구들 간의 관계가 제시된다. 예를 들면, 청년기의 자아 정체성에 관한 에릭슨의 연구는 마르시아(Marcia)와 워터맨(Waterman)의 연구로 확장된다. 이러한 연구들의 상당 부분은 인종/민족적 정체성, 소수 집단 구성원의 이중 문화 정체성과 같은 최신의 연구들이 포함되면서 훨씬 정교해지고 확장된다. 성인 초기의 친밀함에 관한 에릭슨의 견해는 올로프스키(Orlofsky)의 연구에 의해 지지되며, 중년기 생산성에 관한 그의 견해는 브레들리(Bradley)와 마르시아(Marcia)에 의해 훨씬 풍부해진다. 이러한 연구들의 타당성을 검증해 주는 현행 연구도 함께 제시된다. 또한 이 장에서는 에릭슨의 자아발달이론의 연구 결과를 제시한다.

하인즈 코헛(Heinz Kohut)이 제시한 자기 심리학(self psychology)의 최신 이론은 고전적 정신분석을 토대로 하며, 프로이트에 의해 최초로 검증된 현상들에 대한 코헛의 독특한 해석을 포함한다. 공감이 결여된 부모는 성장에 필수적인 지지와 이해를 자녀에게 제공하지 못하고, 이로 인해 오랫동안 자기(self)에 손상을 입게 된 아동들은 이후 비현실적인 과대감과 자기과시로 나타나는 병리적 자기애를 발달시킬 가능성이 높으며, 결과적으로 무능한 개인이 될 수 있다는 것이 코헛의 독창적인 분석이다. 또한 이 장에서는 공감과 몇몇 새로운 형태의 전이를 통해 다양한 심리장애를 지닌 환자를 치료할 필요성이 있음을 제시하고 있으며, 마지막으로 건강한 자기애 발달에 대한 코헛의 견해가 소개되어 있다.

제3부 "특성적 관점(Trait Perspectives)"에서는 올포트(Allport), 카텔(Cattell), 그리고

아이젠크(Eysenck)의 주요 이론들이 제시된다. 올포트를 다룬 장에서는 인간성에 관한 성격이론을 만들고자 한 그의 열정과 견해가 현대 성격심리에 미친 엄청난 영향력을 탐색하고 있다. 또한 성숙한 성격에 관한 논의에서는 신앙과 가치의 긍정적 역할을 보여 주고 있다.

레이몬드 카텔(Raymond Cattell)의 이론을 다룬 장에서는 그의 성격이론에서 사용한 기본적 측정 원리로 두 가지 형태의 요인 분석(R 기법과 P 기법) 기법을 소개한다. 사례 연구는 개인의 독특한 성향이 어떻게 측정될 수 있는지를 보여 주며, 타당성을 입증하는 연구에 더하여 정상 혹은 비정상 성격과 관련된 주요 특질들을 측정하고자 한 그의 노력이 제시되어 있다. 아울러 성격의 표현에 있어 상황적 변수의 영향력을 설명하고자 시도한 그의 노력도 소개되어 있다. 이 장은 현대 사회는 일반적으로 도덕성이 결핍되어 있으며, 따라서 이러한 상황을 개선하기 위해서는 과학에 기초를 둔 새로운 도덕성이 필요하다는 그의 주장으로 마무리된다.

아이젠크(Eysenck)의 이론을 다룬 장에서는 주된 이론적 개념들의 타당성을 입증하는 연구들에 더하여 내향적인 사람과 외향적인 사람들 간의 행동 차이와 관련된 각성이론이 제시된다. 또한 지능발달(특히 IQ)과 관련하여 유전과 환경 사이에 어떠한 상호작용이 나타나는지에 대한 그의 확장된 견해가 제시된다. 아울러 천재성(재능)에 관한 설명과 천재성과 정신병리 사이에 어떠한 관련성이 있는지를 보여 주는 자료들이 상세히 소개된다.

제4부 "인지적 관점"에서는 성격구성에 관한 조지 켈리(George Kelly)의 이론에 초점을 맞춘다. 이번 개정판에서 특히 강조된 바는 개인적 구성개념이 바로 개인적 성장을 이끄는 방식이 된다는 것이다. 또한 개인의 독특한 구성 체계를 자세히 밝히기 위해 켈리가 고안한 성격평가들이 소개되었으며, 마지막으로 정신분열증에 대한 켈리의 견해가 제시된다.

제5부 "인본주의적/실존주의적 관점"에서는 매슬로우(Maslow), 로저스(Rogers), 메이(May)의 이론을 망라하고 있다. 매슬로우의 이론에서는 먼저 그의 욕구위계가 제시되며, D-욕구(D-needs)와 B-욕구(B-needs)의 통합을 포함하는 자아실현 과정 속에서 B-인식(B-cognizing)의 위험성에 대한 논의가 이루어지고 있다. 또한 자아실현을 이룬 사람들의 특성뿐 아니라 그들의 불완전성에 대한 내용도 언급되어 있다. 매슬로우가 지적했던 것처럼, 흔히 사람들이 자아실현을 이룬 사람들은 어떠한 결함도 없는 신과 같은 존재로 믿고 있지만, 사실은 그들도 많은 장점뿐만 아니라 다양한 약점들을 가지고 있다.

로저스(Carl R. Rogers) 이론에서는 다른 사람에게 판단을 맡기지 않고 자기 자신의 경험과 감정에 의지하여 도덕과 행동의 판단을 내리는 사람이 건강하다는 관점을 설명한다. 이는 매슬로우와 더불어 로저스 이론의 핵심개념인 '유기체적 지혜(organismic-wisdom)'에 대한 분석으로 이어진다. 또한 이 장에서는 우리 사회 내에서 심리적으로 건강한 사람의 기능은 어떤 것인지에 대한 로저스의 논의를 특징적으로 다루고 있다. 마지막으로, 로저스의 견해가 어떻게 교육과 결혼에 적용될 수 있는지 고찰하고 있다. 이러한 그의 관점들은 60, 70년대에 처음 그의 이론이 발표되었을 때와 마찬가지로 오늘날에도 유의미하게 적용될 수 있다.

롤로 메이(Rollo May)의 이론을 소개한 장에서는 실존주의의 정의와, 그 근원이 유럽 철학에 있음을 설명함으로써 시작한다. 또한 이 장에서는 과학에 대한 우리의 환상을 깬 실존주의자들의 견해를 기술하고 있으며, 인간 실존의 주요 관심사와 밀접하게 관련된 측면들을 연구해야 한다는 이들의 신념을 다루고 있다. 또한 메이의 주요 개념과 원리를 분명히 하기 위해서, 실존주의와 정신분석 간의 유사점과 차이점에 대해 살펴본다. 아울러 많은 사람들을 통해 드러나는 현대 사회의 가치 타락과 병리의 산물들에 대해 구체적으로 설명하고 있다.

제6부 "사회적-행동주의적 관점"에서는 스키너(Skinner)와 로터(Rotter), 반두라(Bandura)에 대해 다룬다. 스키너에 대한 장에서는 기본 개념들과 조작적 조건형성 원리가 제시된다. 최근 연구 사례에 따르면, 이러한 개념과 원리들의 적용이 행동장애의 치료에 성공적임을 보여 준다. 로터를 다룬 장에서는 성격에 대한 사회학습 접근방식의 기본 개념을 살펴보고, 행동을 정확히 예측하기 위해 이러한 개념들이 어떻게 조합될 수 있는지를 보여 준다. 또한 통제위치(locus of control) 개념에 대한 가장 최신의 연구 증거들도 다루고 있다. 반두라의 사회인지이론에서는 자기효능감(self-efficacy)의 개념이 중요한데, 이것이 어떻게 우리를 다양한 삶의 영역 속에서 건강하거나 건강하지 못한 행동으로 이끄는지에 대한 구체적 논의가 제시된다.

제7부 "현대 성격심리학에서 거대 성격이론의 역할"에서는 현대 성격심리학에서 새로운 이론과 연구를 생성하는 데 있어 통합이론이 갖는 주된 역할을 제시하고 있다. 이 마지막 장에서는 오늘날 성격심리학의 이론화와 연구에 있어 통합이론이 제공하는 튼튼한 기반을 가진 다섯 가지 주요 영역을 제시한다. 즉, (1) 인간 발달과 행동에서 생물학적 요인의 영향에 대한 연구적 초점, (2) 성격심리학에 다문화적 관점을 통합할 필요성, (3) 성격에서 특성의 역할에 대한 우리의 이해를 증진시키기 위해 특질 분류학의 사용, (4) 행동적 강점과 미덕 및 이것이 촉진되는 조건을 밝혀내는 데 있어 우리의 이해에

도움을 주는 긍정심리학의 대두, (5) 인터넷 사용 분석을 통해 가능해진 성격의 개인차 이해에 대한 증진, 이 다섯 영역이 포함된다.

개정판에서 새롭게 추가된 내용

- **3장 – 융.** 영재 청소년과 비영재 청소년들의 유형학적 프로파일 간의 차이의 새로운 설명을 포함하여 심리학적 유형론까지 확장되었다.
- **5장 – 호나이.** 성격발달과 기능에서 과잉경쟁성(hypercompetitiveness)과 경쟁회피(competition avoidance)를 포함하는 신경증적 경쟁성(neurotic competitiveness)의 역할에 관한 이론과 연구의 확장을 추가하고, 심리적으로 건강한 형태로서의 경쟁태도(competitive attitude)인 개인적 발달 경쟁(personal development competition)의 개념을 업데이트하였다.
- **6장 – 에릭슨.** 도덕적 정체성에 대한 이론과 연구를 포함하여 자아 정체성 유형에 대한 논의를 보다 확장시켰다. 백인 주류문화가 소수 인종 및 민족에 대해 갖는 부정적 고정관념을 타파하고 고유한 인종적, 민족적 정체성에 대한 긍지를 갖고자 지향하는 이들의 노력을 이 장에서 새롭게 부각시켰다. 또한 이러한 노력의 일환으로, 소수 민족 구성원들이 새롭고 통합된 이중 문화 정체성을 형성하고 심리적 건강을 최대화시키고자 주류문화의 긍정적 측면 또한 수용하였음을 기술하였다.
- **8장 – 올포트.** 성숙한 인간 성격 발달에서 종교의 역할에 대한 새로운 견해들을 포함시켰다.
- **10장 – 아이젠크.** 확산적 사고와 수렴적 사고 모두가 창의성에서 필수적이라는 최근의 연구를 소개했다. 천재는 확산적 사고를 통해 창의적 해결을 위한 모색에서 많은 아이디어를 생각해 내고 수렴적 사고를 통해 가능한 아이디어들 속에서 하나의 아이디어를 선택하고 판단할 수 있다. 추후 이러한 판단은 개성, 사회적 유용성, 창의성에 대한 타인의 판단을 통해 평가된다.
- **16장 – 로터.** 인간발달과 기능에서 통제위치의 차이가 어떠한 주된 역할을 하는지에 대해 검토한 최신 연구들을 포괄하였다.
- **18장.** 행동유전학과 진화론에 대한 새로운 자료가 보강되었다. 다문화를 다룬 부분에서는 임상가들이 보다 효과적인 치료를 하기 위해서는 내담자들의 인종적, 민족적 그리고 종교적 배경에 대해 보다 민감해질 필요가 있음을 강조하였다. 성격 5요인을

제시하였고, 최신의 긍정심리학 이론과 연구도 소개하였다. 마지막으로, 성격심리학 에서 가장 활발히 연구되는 영역, 즉 인터넷 사용에서의 개인차를 분석함으로써 개인의 주된 성격 특성을 이해할 수 있다는 견해도 제시하였다.

각 이론들의 교육적 함의점들은 이론에 대한 과학적 평가를 다룬 영역에 제시하였다; 비판적 사고를 위한 질문들, 적절한 자료를 소개하는 추천도서 목록, 본문 내용에서 굵은 서체로 표시된 항목들에 대한 용어사전.

감사의 글

이 책이 출판되기까지 나의 동료들과 몇몇 학생들의 코멘트가 큰 도움이 되었다. 나는 동료인 조엘 골드(Joel Gold), 제프 헤커(Jeff Hecker), 마이크 로빈스(Mike Robbins), 래리 스미스(Larry Smith), 빌 쇼톤(Bill Thornton), 제프 쇼프(Geoff Thorpe), 그리고 바트 반덴 본(Bart van den Borne) 등에게 많은 도움과 격려를 받았다. 특히 최근 40년간 이루어진 다양한 성격이론과 관련 연구들에 대해 수없이 많은 자극적 토론을 함께 한 조엘에게 감사한다. 조엘은 드높은 건설적 비판을 통해 많은 주제들에 대한 나의 생각과 집필방향을 명료화시키는 데 도움을 주었다. 또한 숀 콜리어(Shawn Collier)에게 감사를 표하는 바이다. 그는 미국문화권에서 건강한 또는 건강하지 못한 경쟁적 태도가 타인을 용서하려는 의지에 어떠한 차별적 영향을 미치는지에 대한 날카로운 통찰을 제공해 주었다. 항상 그랬듯이 캐시 맥올리페(Kathy McAuliffe)는 원고의 기술적 처리와 관련된 다양한 문제들을 도맡아 해결해 주었다.

이스트 스트라우즈버그(East Stroudsburg)의 폴 바토리(Paul Bartoli), 라마포 대학(Ramapo College)의 브라이언 래인(Brian Lane), 산타 클라라 대학교(Santa Clara University)의 브라이언 올리베이라(Brian Oliveira), 노쓰 텍사스 대학교(University of North Texas)의 로렌스 슈나이드(Lawrence Schneide), 조지아 주립대학교(Georgia State University)의 안드레아 웨이어만(Andrea Weyermann) 등은 다양한 제안들을 통하여 각 장에서 실질적인 첨삭이 가능하도록 해 주었다.

또한 센게이지 러닝 출판사의 출중한 편집진에게도 감사한다. 책임편집자 존-데이비드 해그(Jon-David Hague) 및 보조편집자 페이지 리드(Paige Leeds)는 책이 완성되는 데 많은 안내와 도움을 주었다.

마지막으로, 나의 소중한 아내 레오나(Leona)와 아들 밥(Bob)과 마크(Mark), 그리고 여섯 명의 손주들 케일리(Cailey), 래인(Laine), 마리스(Maris), 잭(Jack), 매튜(Matthew), 그리고 케서린(Catherine)에게 깊은 사랑을 전한다.

리차드 릭맨(Richard M. Ryckman)

차례

PART 2 정신분석과 신정신분석적 관점

CHAPTER 2

CHAPTER 3

CHAPTER 4

CHAPTER 10

PART 4 인지적 관점

CHAPTER 11

PART 5 인본주의적/실존주의적 관점

CHAPTER 12

CHAPTER 13

PART 6 사회적—행동주의적 관점

CHAPTER 15
스키너의 조작적 분석 ………… 524

PART 7 현대 성격심리학에서 거대 성격이론의 역할

CHAPTER 18

PART 1

THEORIES OF PERSONALITY

성격심리학의 소개

성격심리학에는 성격이 어디에서 기원하고, 발달하며, 기능하는지를 이해할 수 있도록 돕는 수많은 창의적인 사상가들의 폭넓은 통찰이 풍부하게 담겨 있다. 비록 이 책에 수록된 모든 이론들이 중요한 설명들을 제공하고 있더라도, 각각은 그 한계점도 가지고 있다. 인간을 둘러싼 현상들은 한 개인이 이를 하나의 통일성 있는 이론적 틀로 통합하기에는 너무 복잡하고 다양해서, 그 어떤 이론가도 모든 것이 충족되는 성격이론을 만들 엄두를 내지 못했다; 대신, 조금씩 설명이 충족되고 과학적으로 유용한 이론을 만드는 것이 목표이다. 따라서 연구자들은 현재 논의되는 다양한 이론들을 타당화하고, 확장하고, 개선하기 위해 계속해서 가설들을 검증하고자 한다. 또 다른 연구자들은 새로운 이론을 만들기도 하는데, 이들에게는 현재 논의되는 이론들이 그들의 창의적 노력에 새로운 자극이 될 것이다.

현대 성격이론의 장점과 단점에 대한 이해를 돕기 위해, 과학적 이론의 구성에 사용된 주요 개념과 이들을 검증하기 위해 사용된 주요 연구 절차, 그리고 연구자들이 이론 가치를 평가하기 위해 일반적으로 사용했던 기준들을 먼저 살펴볼 것이다. 1장에서 이러한 기본적 정보에 대한 숙지를 한다면 뒤따르는 장에서 제시되는 이론들의 지위에 대한 과학적 유용성과 타당성을 평가할 수 있게 될 것이다. 또한 마지막 장에서 제시될 이론의 중요한 부분과 최근 성격심리학 연구에 대해서도 한결 잘 이해할 수 있을 것이다.

CHAPTER 01

성격과 그 과학적 조망

왜 성격을 공부하는가?

우리는 자신과 다른 사람들을 이해하는 것에 관심이 있다. 우리 자신들의 행동을 살펴보면서, 누구는 진로를 결정하는 일이 어려운데 어떻게 다른 친구들은 몇 달 전에 벌써 결정을 내릴 수 있었는지 궁금해진다. 우리는 연인을 사랑하는 마음이 너무나도 명백한데도 왜 그 사람에게 종종 무례한 행동을 하게 되는지 설명하기가 쉽지 않다. 우리는 절친한 친구들과 다정하게 게임을 하는 중에도 왜 경쟁심에 불타곤 하는지를 애써 설명해보려 한다. 이러한 경험을 납득하는 것은 적응적으로 변화해나가며 만족스러운 삶을 살도록 도와준다. 이 변화의 과정에서 우리는 내적 갈등에 직면하고 이를 해결한다. 우리는 동기부여하고 노력할 수 있도록 하는 목표를 명료하게 세울 수 있으며, 그렇게 해서 사회에 기여하는 맥락 속에 개인적 성장까지 경험할 수 있을 것이다.

물론 우리는 타인을 더 많이 아는 일에도 관심을 가진다. 우리는 그들의 행동을 분석하면서 궁금해진다. 예를 들어, 왜 그 친구는 매력적으로 보이는 사람과의 데이트를 거절하는 걸까? 우리는 천문학에 푹 빠진 학생에게는 흥미를 느끼는 반면, 왜 그 주제에 대한 강연은 10분 이상 집중하지 못할까? 더욱 기괴한 예로, 우리는 어찌하여 22세의 한 남자가 애리조나주 투산(Tucson)의 슈퍼마켓 앞에 여성 하원의원을 맞이하는 지역 행사에 참석해서는 그녀의 머리에 총을 쏘고, 9살짜리 어린 여자아이를 포함한 6명을 죽이고 수많은 사람들을 다치게 했는지를 설명할 수 없다.

우리는 이러한 각각의 경우들에서, 우리가 관찰하는 행동에 대한 설명을 추구한다.

즉, 왜 그렇게 행동했는지를 알고 싶어 한다. 다른 사람들의 행동을 이해하는 것은 호기심을 충족하는 것뿐만 아니라 삶에 대한 통제감을 갖게 하며 이 세상을 더욱 예측 가능하고 덜 위협적이게끔 한다.

인간 행동에 대한 설명을 찾는 것은 성격심리학의 분야에서 일하는 심리학자들도 마찬가지다. 행동의 개인적 차이에 대한 설명을 구함에 있어서, 이들은 폭넓게 나타나는 여러 행동적 차이를 잘 이해하도록 설명하는 이론을 구성한다. 이들의 노력은 출생 때의 활동성 수준 차이에서부터 노인 때의 죽음에 대한 태도 차이에 이르기까지 모든 발달과정에서의 인간 동기와 행동을 이해하는 것에 초점이 맞춰져 있다. 고려 대상에 해당되는 행동의 범주는 너무 방대하고 조사되는 현상들은 너무 복잡해서, 제아무리 박식하고 창의적이라 해도 그 모든 측면을 연구할 수 있는 연구자는 분명 없을 것이다.

각 연구자들은 주제에 대한 특정 관점을 가지고서 이 분야에 접근한다. 다시 말해서 각 연구자 자신의 성격, 배경, 가치, 경험, 그리고 이론적 지향이 그(또는 그녀)의 연구력을 이끈다. 결국 연구자들은 성격이 어디서부터 비롯되어 발달하고 작동하는지에 대한 작동가설(working assumption)을 지니고 성격에 대한 특정 정의를 만들어 내게 된다.

많은 비전문가들은 어떤 과학 분야에 경쟁하는 이론들이 있다는 것이 그 학문이 미성숙한 것이며 그 주제에 대한 지식이 아직 풍부하게 축적되지 못한 것이라고 짐작한다. 하지만 저명한 과학철학 사상가들은 물리학이나 화학 및 생물학처럼 성숙한 '자연과학(hard science)'에서조차 단일 이론이 학문 분야에서 의심할 여지없는 주도적 지위를 얻는 경우는 아주 드물다고 주장한다(Mayr, 1994, p. 332). 사실 문제를 해결하는 데 있어 이론의 과학적 유용성은 경쟁하는 이론을 비교함으로써 판단된다(Kuhn, 1996, p. 23). 일반적으로 문제해결에 유용하고 효과적인 이론은 결국 덜 유용하고 덜 효과적인 이론을 대체하는 경향이 있다(Capaldi & Proctor, 2000, p. 448).

성격의 정의

비전문가들에게 성격은 보통 사회적 매력으로 정의된다. "좋은 성격"인 사람은 다른 사람들과 잘 어울리는 능력으로 좋은 인상을 남기는 사람들이다. 미녀선발대회 참여자들은 대개 재능과 신체적 매력뿐만 아니라, 심사위원과 다른 참여자들로부터의 인기로 정의되는 "성격"도 평가받는다. 어떤 학생들은 서로에 대해 이렇게 이야기한다. 캐서린은 "성격이 좋다(great personality)"고 평가받는데, 그 말은 즉 그녀가 사람들 사이에서 마음에 드는 방식으로 행동한다는 뜻이다. 존은 "무성격(no personality)"이라 불리는데 이 말은 그의 행동이 사람들에게 반감을 준다는 뜻이다. 또한 성격은 위로의 말로 쓰이기도 한다. 트래비스는 맷에게 별로 매력적이지 않긴 해도 "성격이 진짜 좋으니까" 데이트를 해보라고 권한다. 제인은 린다에게 "성격이 외모를 받쳐 주니까" 한번 데이트 해보라고 권한다.

사회적 매력의 측면에서 성격을 정의하는 것은 두 가지 점에서 부적합하다. 먼저 성격의 측면들로 고려할 행동의 종류와 개수가 제한적이다; 성격을 평가받는 사람의 매력 있음과 매력 없음을 판단하는 것에 오직 평가자가 선택한 행동들만이 성격으로 포함되기 때문이다. 두 번째로, 어떤 개인의 독특한 학력과 독특한 생물학적 기질 특질이 성격에 포함되지 않는다는 엉터리 추측을 낳게 하기 때문이다.

많은 정의가 있지만, **성격**personality은 다양한 상황 속에서 인지, 동기, 그리고 행동에 고유하게 영향을 미치는 역동적이고 조직화된 개인적 특징들의 조합이라는 것에 연구자들은 일반적으로 동의한다. 또한 성격은 개인의 독특한 유전적 배경(일란성 쌍둥이의 경우는 제외하고)과 학습 발달과정, 그리고 다양한 환경과 상황들 속에서 그 사람이 반응하는 방식에 영향을 미치는 복합 추상개념인 **심리학적 구성개념**psychological construct으로 생각할 수 있다. 따라서 많은 연구자들은 성격 연구를 사람들이 왜 그리고 어떻게 다양한 환경이나 상황의 요구에 각자 독특하고 창의적인 방식으로 반응하는지를 설명하는 개인차의 과학적 분석이라고 여긴다. 이 분야의 주요한 관심은 각 개인들이 그들의 신체적, 사회적, 문화적 환경에 반응하는 독특한 행동 방식에 대한 설명을 제공할 수 있는 이론을 새롭게 만드는 것이다. 이 설명들은 **경험적 증거**empirical evidence로 검증되고 예측의 지지로 이어진다. 이런 이론은 개인을 이해하고 그들의 행동을 정확히 예측하는 데에 도움을 준다.

행동의 요인에 대한 적절한 설명이 있기 때문에, 개인의 행동을 정확하게 예측하는 우리의 능력은 매우 유용할 수 있다. 예를 들어, 학생들의 학업 성취에 대한 시험 불안증 이론을 검증하여, 시험 불안증이 높아지는 주요 요인은 충분한 시험 준비의 부족 때문이라는 것을 과학자들이 알게 되었다고 가정해 보자. 또한 수백 명의 학생들이 가득 찬 크고, 북적이며, 덥고, 답답한 강의실에서 시험을 치르는 것이 심한 시험 불안증과 집중력 저하, 저조한 수행으로 이어진다고도 밝혀졌다. 그렇다면 강사는 이 지식을 사용하여 결과가 악화되는 조건을 바꿈으로써 다음 시험에서 그들의 수행을 더 향상시켜 줄 수 있다. 예를 들면 학생들이 수업 자료를 잘 숙지하고 있는지 시험 전에 미리 확인하고, 가능하다면 따로 공기 조절이 잘 되는 방을 나누어 적은 사람 수로 시험을 치르도록 할 수도 있다. 이러한 변화가 학생들의 시험 불안증을 줄이고 더 효과적으로 학업 수행을 증진시킬 수 있을 것이다.

성격의 과학적 연구

성격심리학자들은 개인 차이를 연구하기 위해 과학적인 접근을 하는데, 왜냐하면 그것이 성격 기능에 대한 정확한 정보를 모으는 데 가장 효과적인 방법이기 때문이다. 또한 이들은 그 지식이 사람들에게 혜택으로 이어지길 원한다. 마지막 분석에 이르면 심리학자는 이성적 고찰, 신비주의, 직관, 상식에만 의존하는 방법보다 과학적 방법을 사용할 때 분명히 더 이롭고 정확한 정보를 얻을 수 있다고 확신한다. 이 확신은 지식을 추구하는 다른 그 방법들이 가치가 없으며 인간 행동을 이해하는 데에 아무런 도움이 되지 못한다는 것을 의미하지는 않는다. 철학자와 소설가, 시인, 신학자들로부터 나오는 통찰은 인류의 자기 지식 전체에 큰 기여를 해 왔다. 하지만 성격심리학의 분야는, 과학적 관점을 견지한다.

일반적인 정의에서 과학은 사상(event)의 서술, 설명, 예측 및 통제에 관여하는 진취적 기획(enterprise)이다. 수없이 많은 연구자들이 이룩한 노력의 결과로 현상이나 사건의 관찰에 근거한 체계화된 지식의 축적물이 된다. 과학은 연구자가 연구를 위해 선택한 인간의 가치와 관심에 기초한다. 그들의 주관적 가치는 문제에 대해 새로운 사고를 생성하는 창의적 과정에 도움이 될 수 있다. 연구의 초기 단계에서는 이 주관성이 특히 도움이 될 수 있겠지만, 과학자의 균형 잡힌 객관성이 필요한 과정에서는 이러한 편향의 왜곡으로 인해 심리학 연구가 방해받을 수도 있다. 예를 들어, 데이터를 분석한 후 연구자가 (자신의 편견에 따라) 아주 선택적인 해석을 하고는 그릇되고 타당하지 못한 연구 결론을 발표할 수 있다. 하지만 과학의 진정한 묘미는 바로 자기 수정을 한다는 것에 있다. 그러한 왜곡은 대부분 다른 연구자들의 면밀한 조사에 살아남지 못하고 결국 수정된다.

결론내리자면, 과학적 과정은 경직된 객관성만으로도 또는 반대로 독단적인 주관성만으로는 불가능하다. 대신 건강한 과학은 주관적 요소를 객관적 특징들과 마찬가지로 분명하게 드러냄을 인식하고, 각각이 연구기획에서 지니는 역할을 이해하는 것이 중요하다(Bornstein, 1999, pp. 1-16; 2010, p. 147). 최선의 과학적 활동은 연구자의 상상력을 자극하고 그들의 천재성이 드러나게 해준다. 예를 들어, 어떤 **가설**hypotheses(이론에 근거한 예측)이 확증에 실패했다 하더라도 그 가설이 진부한 것은 아닐 때 종종 좌절감을 느낀다. 설령 가설 확증에 실패한다 해도 여기에 무슨 일이 일어났고 왜 이렇게 되었는지를 알아내기 위해 문제를 새롭게 접근하려고 연구자들이 노력하기 때문에, 길게 봤을 때는 더 흥미로운 과정이 될 수 있는 것이다. 이들에게 과학은 사람들이 상상하는 것처럼 냉정하고 자동 반복적이며, 비인간적인 활동이 결코 아니다.

과학적 연구자들은 그들의 생각을 조직화하고 주어진 범위 안에서 묘사하고, 설명하고, 예측하며, 현상을 통제할 수 있도록 하는데 충분한 이론을 개발하려고 한다. 즉, **이론**theory은 현재 주어진 정보로서 이해되도록 하고, 아직 관찰되지 않은 사건들 간의 관계를 예측하도록 연구자들이 구성한 개념적 체계라고 할 수 있다.

핵심적으로 말하자면, 과학에는 이론과 연구라는 두 가지 과정 간의 상호작용이 있다. 경험적 연구를 통해 이론이 구성되고 검증되는 방식을 다루는 과학적 방법론을 먼저 개괄하는 것이 추후에 책에서 다룰 이론들을 비판적으로 평가하는 데에 도움이 될 것이다.

과학적 이론을 구축하기

귀납적 대 연역적 접근

귀납 이론inductive theory은 경험적 관찰에서 나온 굳건한 데이터베이스로부터 만들어진다. 이론은 관찰된 사건들 사이의 관계를 이론적으로 요약한 진술(theoretical summary statements)로 구성되며, 연역적 논리는 최소로 포함된다(Marx, 1964, p. 17-18). 좋은 예는 **효과의 법칙**law of effect이다. 보상이나 혐오조건의 감소는 뒤따르는 행동을 더 많이 일어나게 하는 경향이 있는 반면, 처벌이나 정적 강화물의 제거는 뒤따르는 행동을 강조시키는 경향이 있다(Thorndike, 1913, p. 172). 이는 보상과 처벌 조건 하에서 인간을 포함한 여러 종의 동물 행동에 대한 경험적 관찰로 얻어낸 이론적 요약 진술이다.

귀납적 접근을 옹호하는 사람은 자료 수집도 되기 전에 너무 앞서 이론을 만들고 검증하려고 한다면 흔히 쓸모없는 실험과 시간과 노력의 낭비로 이어진다고 믿는다(Skinner, 1950, p. 194). 쓸모없는 실험은 예언적 정확성과 가치가 없는 연구를 의미한다. 그런 이론들은 빈약하게 정의되고 측정되었으며 검사를 시도하기도 쉽지 않은 구성개념을 담고 있기 때문에, 대부분 실제 지식을 만들지 못한다는 것이다. 그들의 관점에서는 직접적으로 관찰되는 행동과 수행들에 초점을 맞추어야만 현상을 이해할 수 있는 실질적 지식을 산출할 수 있다(Skinner, 1969, Preface). 다시 말해, 스키너와 같은 귀납법 옹호자는 이러한 사실들이 결국 과학적으로 유용한 이론들 속에서 서로 연결될 수 있다고 믿는다.

귀납적 접근의 장점에도 불구하고, 여기에는 제한점이 있다. 사실 이 접근법을 사용하는 연구자들도 연구 중의 어떤 시점에는 무슨 자료를 수집해야 하는지를 결정하기 위한 잠정적 가설이 필요하기 때문에, 자료수집에 앞서 어느 정도의 직관적인 이론화를 거치게 된다고 많은 과학 철학자들이 말한다(Hempel, 1966, p. 13). 또한 어느 시점에 이론적 일반화나 요약 진술을 해도 될 정도로 충분한 자료가 쌓였는지를 판단하게 해줄 규칙이란 존재하지 않는다(Richards, 1987, p. 50).

대부분의 성격이론가들은 **연역 이론**deductive theory을 만들고 검증하는 것을 선호해 왔다. 이들은 귀납적 접근이 지나치게 제한적이고 보수적이며, 이론은 단순히 사실들에서 도출되는 것이 아니라 그것들을 설명하기 위해 만들어진 것이라고 생각한다(Hempel, 1966, p. 13). 이들은 또한 연역 이론이 엄밀하게 진술되고 검증될 수 있다고 주장한다. 이 전략에 의존하는 이론가들은 문제에 대한 잠정적인 답으로써의 가설을 고안하기 위해 상상력과 창의력을 사용한다. 이것이 검증 가능한 가설이 되기 위해서는 정확한 용어로 진술되어야 한다. 이처럼 연역적 접근은 특정 가설을 확증하는 자료에 기초하여 그 가설을 수용한다는 점에서 어느 정도는 귀납적이다(Hempel, 1966, pp. 17–18).

이상적으로, 연역 이론은 **공리**postulates 및 상호 관련되고 내적으로 일관된 **명제**propositions들의 세트로 구성되며, 이로부터 특정 가설이 논리적으로 도출되고 검증된다. 가설에서 축약(abstraction)과 구성개념의 **개념적 정의**conceptual definition는 분명하게 진술될 필요가 있는데, 왜냐하면 결국 연구자는 그들의 구성개념과 개념을 구체적 실재(entities)로 묶어야만 하기 때문이다. 즉, 가설에서의 구성개념은 **조작적 정의**operational definition을 통해서 검증 가능할 수 있게 된다. 다시 말해, 가설에서의 구성개념은 특정적이고 구체적인 절차나 측정 방법의 측면에서 정의되어야 한다. 예를 들어 자존감의 성격 수준은 그 사람이 일련의 질문지 문항에 답함으로써 측정될 수 있다. 조작적 정의는 다른 연구자들로 하여금 성격이 어떻게 측정되었는지를 정확하게 알려 주고, 그렇게 해서 각자의 이론화에 구성개념을 사용하거나, 다른 연구자의 연구를 반복 검증하고자 하는 연구자들 간 의사소통을 위한 객관적 토대를 제공한다.

비록 과학에서 사소한 것으로 여겨지기도 하지만, **반복검증**replication은 아주 중요하고 필수적이다. 왜냐하면 어떤 연구 노력의 결과도 절대적인 사실이기보다 확률 진술(probability statements)로 생각되기 때문이다. 연구자들은 반복검증 결과를 기초로, 가설의 가치를 더 잘 평가할 수 있다. 성공적인 반복검증은 발견에 대한 자신감을 고양시킨다. 반복검증의 실패는 연구자로 하여금 가설 내의 구성개념에 대한 측정 절차가 신뢰롭지도 타당하지도 않았을 것이라는 가정 하에 그 관계의 경험적 타당성을 의심하도록 만든다. 반복검증이 지속적으로 실패한다면 연구자는 이론을 수정하거나 또는 새로운 예측을 해야만 할 수도 있다.

법칙의 확립

가설에 대한 계속적인 검증과 재검증을 포함한 과학적 물음들의 목표는 변인이나 법칙들 간의 규칙적이고 예측 가능한 관계를 확립하는 것이다. 가설이 다양한 연구자들부터 수행된 연구로부터 강건하고 반복적인 경험적 지지를 받고, 가설의 부분으로써 구성개념에 대한 다수의 조작적 정의들이 사용되었다면 법칙적(lawful) 관계가 확립된 것이다. 예를 들어 사람들의 자존감 상승이 다양한 과제의 더 나은 수행으로 이어졌다는 가설을 연구자들이 반복적으로 검증했고, 이를 확증하는 자료를 몇 번이고 반복해서 얻었다면, 우리는 이를 법칙적 관계라고 말할 수 있다.

이론 검증하기: 연구 방법

연구자들이 사용할 수 있는 연구 기술이나 절차는 다양하다. 우리는 경험적 검증의 세 가지 주요 방법인 실험연구법, 상관연구법, 사례 연구법을 살펴볼 것이다.

실험법

성격심리학자들은 이론에 근거해 정확하고 엄격한 방법으로 가설을 검증하기 위해서 실험실 연구를 수행한다. **실험연구법**experimental method에서 연구자는 특정 변인을 능동적으로 조작하거나 체계적으로 변화시키고 다른 변인에 나타나는 효과를 확인한다. 능동적으로 조작된 변인을 **독립변인**independent variable이라 하며, 효과가 나타나는 다른 변인을 **종속변인**dependent variable이라 한다. 엄밀하게는, 독립변인이 조작되는 **실험집단** experimental group과 조작이 없는 **통제집단**control group이 사용되어야 한다. 이렇게 하면 종속변인에 대한 독립변인의 조작 효과를 더 정확하게 평가할 수 있다.

크라우드 스틸(Claude Steele)의 **자기 확인 이론**self-affirmation theory의 예를 통해 실험법 검증을 살펴보자. 이 이론에서의 주요 공리(postulate)는 (1) 우리 모두는 각자 고유의 자아(unique self)를 갖고 있으며, (2) 유능하고, 훌륭하고, 선택과 통제가 가능하다는 점에서 적응적이고 도덕적이라는 스스로에 대한 관점을 유지시키고자 하는 것이 우리의 목표라는 것이다. 이 근본적인 가정 또는 공리는 자명한 것으로 제시된다. 이것은 스틸의 이론화를 이끄는 작용가설(working assumption)인데, 여기서부터 출발해서 그가 가설을 만들고 그 가설을 검증하기 위한 연구방법과 자료 분석의 유형을 선택하며, 자료에 대한 그의 해석을 이끈다. 이 이론에는 주요한 두 명제가 있다; (1) 지각된 자아의 통합성－적응성과 도덕성을 적절히 갖고 있는지－을 위협하는 어떤 인식이나 믿음은 자아를 재확인하려는 동기를 일으킨다. 그리고 (2) 자기 확인을 하려는 동기는 행동 · 인지적 변화를 통해 위협이나 위협 지각을 감소시키고, 이로써 자아의 통합성을 회복한다(Steele, 1988, pp. 288–295).

스틸의 이론적 접근을 적용해서, 크레스웰(Creswell)과 동료들(2005, pp. 846–851)은 자기 확인이 스트레스의 해로운 효과에 완충작용을 한다고 가설을 상정했다. 스트레스는 우울이나 불안 같은 다양한 심리장애나, 관상동맥 심장 질환, 고혈압, 당뇨와 같은 질병의 발달과 진행에 깊은 관련이 있다. 만약 사람들이 자신의 가장 중요한 개인적 가치를 확인한다면(예를 들어 "나는 주변 친구들과 부모님의 행복에 신경을 쓰기 때문에 인정이 많은 사람이다"), 이 자기 확인 과정은 그들을 도덕적으로 더 적절하게, 즉 유능하고 훌륭하며 자기관리를 잘 한다고 느끼도록 함으로써 자기 자원(self-resource)을 향상시킬 것이다. 만약 이들이 어려운 과제를 해결하기 위해 스트레스를 받게 된다면, 그들은 자기 생활에서 상대적으로 덜 중요한 것들(예를 들어 "나는 달리기를 하는 것이 좋은 운동이라고 생각한다")을 개인적 가치로 확인한 참여자들에 비해 스트레스에 더 잘 대처할 것이며 위협을 덜 느끼게 될 것이다. 이 가설을 검증하기 위해 크레스웰과 동료들은 실험 참여자의 개인적 가치를 평정하도록 하고 그것들을 자기 삶의 생활신조로서 얼마나 중요하게 생각하는지 순위를 매기도록 했다. 그 다음에는 실험 참여자들을 무선적으로 실험조건이나 통제조건에 배정했다. 실험조건에서는 참여자들 자신이 특별히 중요하다고 여겼던 개인적 가치(예: 환경을 보호하거나 가난한 사람을 도와주는 것과 같은 사회 문제)를 생각하도록 했다. 통제조건에서는 상대적으로 낮은 순위가 매겨진 개인적 가치(예: 지방의 정치 후보자를 지지하는 것)에 대해 생각하도록 했다. 그 다음에는 모든 참여자들이 "왜 내가 대학의 관리직에 뽑힐 만한 괜찮은 후보인지"에 대한 5분짜리 연설문을 쓰고, 연산 과제(2083에서 13씩 빼는 것과 같은)를 한 직후에 그것을 공개적으로 발표하도록 했다. 참여자가 이 두 과제를 수행하는 동안 1분 간격으로 "더 빠르게" 요구함으로써 스트레스가 가해졌다. 생리적 스트레스 수준이 과제 직전에 측정되었고 심박, 호흡, **코르티솔**cortisol 수준에서 실험조건과 통제조건 참여자 간의 차이는 없었다. 과제 시작 후 스트레스가 가해질 때, 자신의 가치를 확인받았던 실험조건의 참여자들은 45분 간격 동안 스트레스에 대한 반응을 적게 보였다. 과제가 시작된 후 통제조건의 참여자들은 45분 간격 동안 상당히 높은 스트레스 반응을 보였다. 이 결과는 건강에 대한 많은 의미를 함축하고 있다. 의료서비스 제공자들은 환자의 자기 역량을 향상시키기 위해 가치 확인 절차를 활용할 수 있다. 이렇게 향상된 역량은 그들이 심각한 질환에서 경험하는 스트레스의 수준을 낮추도록 도와주며, 이는 그들에게 엄청난 혜택이 된다.

참여자들은 윤리적으로 수행되는 심리학 연구에 자발적으로 참여했다. 연구자가 그들에게 해로운 영향이 있을 만한 연구의 모든 측면을 알려 준 후에, 그들은 **사전 동의**informed consent로 참가 의사를 밝혔다. 이들에게 실험 조작의 정확한 본질에 대해서는 미리 알려 줄 수 없다고 말한다. 이는 결과를 무효화시킬 수 있으며; 〔실험 도중 일시적으로 불쾌하게 만드는 일이 있을 수 있고; 언제든지 실험을 그만둘 수 있고 어떠한 개인적 피해(예: 과목 성적을 낮게 받는 것)도 받지 않는다;〕 실험 조작의 정확한 내용과 실험의 목적에 대한 설명은 실험 기간이 끝난 직후에 있는 **사후보고**debriefing에서 모두 이루어지기 때문이다. 이와 같이 모든 참여자들은 언제라도 참가하거나 그만둘 선택권이 있다. 또한 책임감 있는 심리학자들은 실험 참여자들이 혜택을 받고 피해를 입지 않도록 하기 위한 노력을 아주 중요하게 여긴다. 아울러 그들은 사전 동의를 구할 때나 실험 후 보고 절차를 통해 참여자들과 아주 친밀한 관계를 만들고자 한다. 그 이유는 이들이 전문적인 심리학자로서 인간의 행복을 증진시키기 위해 헌신하기 때문이고, 동시에 참여자들이 성심성의껏 연구에 참여한다면 연구 조사 과정에서 얻어낸 자료는 정직하고 왜곡되는 바가 없을 것이라고 확신하기 때문이다.

상관법

성격심리학에서의 많은 연구들은 본질적으로 상관관계를 본다. 우리는 여기에서 두 변인 간에 관계가 있는지 여부를 찾는다. 예를 들어, 과잉경쟁성(hypercompetitiveness)(어떻게 해서든지 경쟁에서 이기려고 애쓰는 것)과 신경증 간에 관계가 있는가? 과잉경쟁성과 수학에서의 즐거움 사이에 관계가 있을까? **상관법**correlational method은 (Pearson의 적률상관계수라고도 알려진) **상관계수**correlation coefficient라는 통계적 절차를 통해 관계의 방향과 크기를 표현한다.

계산된 상관에서 상관계수의 방향은 음양의 부호로 표시한다. 정적 상관은 한 변인의 증가가 다른 변인의 증가와 연관됨을 말한다. 예를 들어, (5장에 과도한 경쟁에 대한 호나이의 관점을 참고) 수단과 방법을 가리지 않고 경쟁에서 이기려고 하는 사람은 목표를 달성하기 위해 거짓말 하거나 부정행위를 하는 경향이 있다. 이들은 이기적이고 다른 사람의 안위를 신경 쓰지 않는다. 요컨대 이들은 심리적으로 아주 건강하지 못하다. 두 연구(Ross, Rausch, & Canada, 2003, p. 329; Ryckman, Hammer, Kaczor, & Gold, 1990, p. 635)는 실험 참여자의 과도한 경쟁성 점수가 높을수록 정서적 불안정함과 심리적 건강함의 부재를 나타내는 신경증의 **자기보고**self-report 척도 점수도 높게 기록된다는 것을 밝혔다.

부적 상관은 한 변인의 증가가 다른 한 변인의 감소와 관련됨을 나타낸다. 부적 상관의 예로는 과잉경쟁성 점수가 높을수록 (타인을 도우려고 하는) 이타성 점수가 더 낮게 나타난다는 릭맨, 리비, 반 덴 본, 골드, 린드너(1997, p. 279)의 연구가 있다. 마지막으로, 두 변인이 무상관이라는 것은 두 변인의 수치가 서로 관계가 없다는 것을 의미한다. 이 예로는, 과도한 경쟁성이 (정리되고 깔끔한) 질서정연함과는 연관관계가 없다는 것을 밝힌 로스 등(2003, p. 329)의 연구가 있다.

상관관계의 크기는 두 변인 간 관계의 정도를 나타낸다. 완벽한 정적 상관은 +1.00으로, 완벽한 부적 상관은 −1.00으로, 아무 상관관계가 없는 것은 .00으로 표시한다. 물론 이렇게 완전한 상관관계의 경우는 극히 드물며, **그림 1.1**에서 해설을 목적으로 제시해 놓았다.

상관계수는 어느 변인이 다른 변인의 원인이 되는지에 대한 정보를 담고 있지 않다. 학생의 과도한 경쟁성과 신경증 간에 정적 상관이 있다는 것을, 높은 신경증 수준이 높은 경쟁심을 유발했다는 의미로 해석해선 안 된다. 두 변인 간 정적 상관은 타인에 대한 깊은 불신감 같은 제3의 변인 때문에 나타난 것일 수도 있다. 즉, 불신감의 증가는 과도한 경쟁과 신경증 양쪽 모두의 증가를 유발했을 수 있다. 상관연구법과 비교해 실험연구법이 갖는 장점은 바로 인과적 추론을 더 분명하게 도출할 수 있다는 것이다.

상관연구를 함에 있어 연구자들은 두 변인 간의 관계를 예측하는 바가 실제로 유효

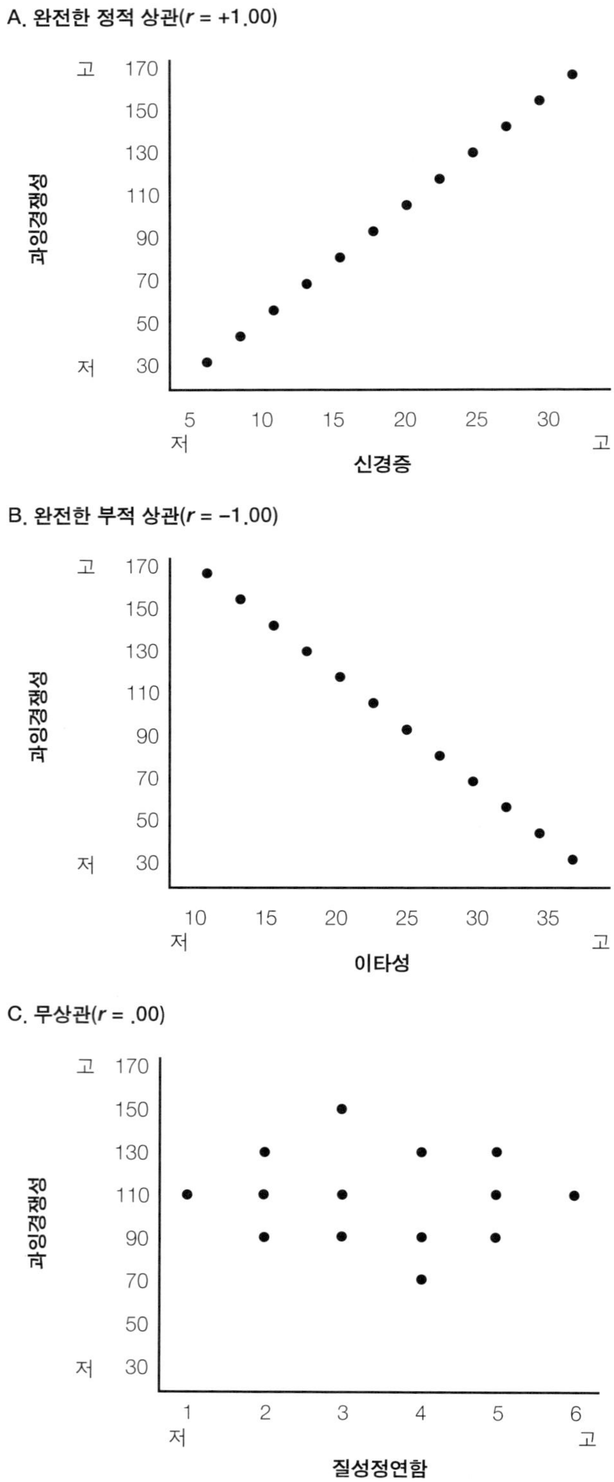

그림 1.1 다른 방향을 가지는 세 상관관계의 산포도가 제시되어 있다. 각각의 점들은 참여자로부터 얻은 두 변인의 점수가 교차하는 지점이다.

한지, 아니면 우연한 확률로 나타난 것뿐인지를 알고자 한다. **통계적 유의도statistical significance**라는 개념은 이 문제에 대한 대답을 준다. 통계적으로 유의한 결과는 우연한 확률만으로 나오기 힘든 결과를 말한다. 전통적으로는 우연히 나올 확률이 100 가운데 5 이하($p<.05$라고 쓴다)일 때, 그 결과가 통계적으로 유의하다고 말한다. 100 가운데 1 이하의 확률($p<.01$라고 쓴다)이라면, 결과는 우연한 확률만으로 나오기 더욱 힘들다는 것을 의미한다. 결과가 우연한 확률에서 나왔을 법 하지 않다면, 그 결과는 우연이 아닌 체계적인 요인에서 비롯된 것이다. 체계적 요인/변인은 가설에 내재되어 있는 것들이다. 예를 들어 캑저, 릭맨, 손튼, 그리고 쿠에넬(1991)의 주장에 따르면 과잉경쟁성이 높은 사람일수록 사실상 모든 상황에서 타인들과의 상호작용을 "승자"와 "패자"로 갈리는 경쟁적인 것이라고 인식한다. 그들은 이런 식으로 강간조차 하나의 경쟁적인 싸움이며 강간범이 "승자"인 반면 피해자는 "패자"라 생각할 것이다. 연구자들은 여기서 가설을 세웠는데, 과잉경쟁성 수준이 낮은 학생보다 높은 학생들이 강간범죄의 발생에 강간 피해자를 더 많이 비난할 것으로 예상했다. 두 요인/변인 간의 상관관계는 .35, $p<.01$인데, 이는 과도한 경쟁성이 높은 남성과 여성 실험 참여자들이 낮은 참여자보다 강간 피해자에게 범죄의 발생에 대한 책임을 더 많이 물은 것이다. 이 결과가 우연하게 나왔을 확률은 100번 중에 1번밖에 되지 않으며, 따라서 이는 우연한 결과가 아닌 체계적인 결과로 간주된다.

성격심리학에서 또 다른 상관연구의 예로 캐츠, 프롬, 그리고 다미코(2000, pp. 1–22)의 연구를 살펴보자. 이 연구 설계는 학부생의 주요 성격특성 중 하나인 감각 추구성(sensation-seeking)과 불법 약물의 사용(예: 잦은 마리화나 흡연과 마약), 폭음(한 번의 자리에 남성은 5잔, 여성은 4잔 이상), 그리고 위험한 성관계(예: 감염성 질병에 대한 안전도구 없이 반복해서 관계를 가지는 것) 사이의 관계를 조사하고자 하였다. 캐츠와 그녀의 동료들은 이러한 활동들이 학생들의 높은 사망률과 질병발생률을 설명하며, 위험 행동을 보고하는 학생들의 비율은 부모의 영향으로부터 자유로워지는 대학교 1학년에 급격히 증가한다고 지적했다. 감각 추구성은 다채롭고 새롭고 강렬한 경험을 위해 위험을 기꺼이 감수하려고 하는 성격특성을 의미하는데, 연구는 이러한 특성이 높은 학생일수록 낮은 학생보다 더 많이 불법 약물을 사용하고, 폭음하고, 위험한 성관계를 하는 경향이 있다고 주장한다. 이 예측은 이론적으로, 감각 추구성이 높은 사람은 보상 관련 자극에는 민감한 반면 처벌 관련 자극에는 둔감하게 만드는 생물학적인 특성에 상당 기반하고 있다는 발상에 근거하고 있다. 따라서 연구자들은 높은 감각 추구자들이 활동에 참가할 때 좋은 결과를 예상하고 나쁜 결과는 일어나지 않을 것이라고 예상하는 경향이 있을 것이라고 예측했다. 예를 들어, 그들은 폭음과 약물 사용, 그리고 여러 파트너와의 성관계가 자신들을 기분 좋게 할 거라 생각하는 동시에 약물을 과다복용하거나, 에이즈에 감염되거나, 음주운전 사고로 죽지는 않을 거라 확신할 것이다. 자료는 예측한 바를 지지한다. 감각 추구성의 경향이 높은 학생일수록 폭음($r = +.41, p<.05$)과, 약물 사용($r = +.28, p<.05$)과, 그리고 위험한 성적활동($r = +.29, p<.05$)의 횟수가 높았다. 유스코, 벅먼, 화이트, 그리고 판디나의 최근 연구(2008, pp. 1546-1556)는 이러한 발견들을 다시 확증했다.

두 연구 결과는 이 위험 행동을 줄이기 위한 대학의 예방 프로그램이 폭음이나 불법 약물사용, 위험한 성적활동에 영향을 미치는 독특한 성격특성에 역점을 둔다면 더 효과적일 것이라 제안한다. 예를 들어 상담시간을 통해 그들의 생물학적 기존성향 때문에 그들 자신에게나 타인에게 해를 미치는 경향이 있지만 그것이 결코 불가피하게 나쁜 행동으로 내몰려야 하는 것은 아니라고 자각시키는 것에 초점을 맞출 수 있다. 또한, 그런 위험한 행동에 몰입하는 것이 일시적으로는 기분이 좋을지 모르지만, 장기적으로 봤을 때는 자신과 타인에게 해를 입히는 파괴적인 결과로 이어질 수 있다고 말해 줄 수 있다. 그렇게 그들은 자신의 자연적인 충동과 맞서고, 그것을 행동으로 옮겼을 때 발생할 끔찍한 결과에 대해 열심히 생각함으로써 이를 바꾸도록 격려 받아야 한다.

마지막으로, 심리학자들은 Pearson의 적률상관계수보다 상당히 더 복잡한 여러 상관관계 기법을 사용하기도 한다는 점을 알아두자. **부분상관**partial correlation이나 **중다상관**multiple correlation 기법을 포함해서, 다양한 요인 분석 방법의 예들이 있다(기초적인 요인 분석에 대해서는 9장을 확인).

사례 연구법

한 개인의 삶을 오랜 기간에 걸쳐 집중적으로 연구한 것을 사례사(case history) 또는 **사례 연구**case study라고 한다. 이러한 연구는 임상과 의학 분야에서 한 사람의 행동과 경험에 대한 서술과 설명을 제공하고, 문제의 치료를 위한 처방을 내리기 위해 종종 사용된다. 실험연구법을 이용한 성격 연구는 평균적이거나 일반적인 개인차를 조사하는 반면, 사례 연구 절차는 그 사람의 고유한 특성에 대한 복합적이고 통합된 관점을 풍부하게 제공한다. 이는 그 사람의 일관되거나 비일관된 행동과, 특징적인 경험이 구성되는 방식을 묘사하면서 이루어진다. 항상 그런 것은 아니지만, 한 개인의 고유한 특징에 초점을 맞추고 있기 때문에, 여기에서 산출되는 자료는 일반 사람들에게 적용시키기 불가능한 경우도 종종 있다. 또한 이 절차에는 실험실 내에서 이루어지는 체계적 변인통제가 없다. 이는 인과적 추론을 불가능하게 하며, 이 때문에 통제가 없다는 것이 사례 연구의 핵심적인 단점이 된다. 그럼에도 불구하고 사례 연구는 상당한 장점도 갖고 있는데, 이 방법은 뜻밖의 발견으로 이어져 새롭게 검증해 볼 만한 가설과 연구 또는 더 적합한 이론의 개발로까지 이어질 수 있다.

사례 연구법의 좋은 사례는 레오나르도 다빈치(Leonardo Da Vinci)의 성격, 특히 그가 동성애자였다는 주장에 초점을 맞춘 프로이트의 분석이다. 르네상스 시대의 이 유명한 천재는 베로치오(Verrocchio)의 주인집에서 견습생으로 있는 동안 다른 남자아이들과 금지된 성적 관계를 맺었다는 당국의 혐의를 받았다가 풀려난 바가 있다. 프로이트는 이 혐의의 진실 여부를 가려내기 위해 이 정보와 다른 몇몇 자서전 조각들로부터 레오나르도의 무의식적 삶을 훌륭하게 재구성했다. 프로이트는 유아기의 경험이 훗날의 성격발달에 중대한 결정요인이 된다고 생각했기 때문에, 그는 레오나르도의 유일한 어린 시절의 삶에 대한 글에 관심을 집중했다. 레오나르도는 독수리의 비행을 묘사하다가 이야기가 옆길로 새면서 옛 기억을 언급한다.

> 내가 독수리에 그렇게 매료되어야 했던 것은 어쩌면 운명적인 것인지 모른다. 내가 아직 요람에 있던 아주 어릴 적 기억이 생각나는데, 독수리가 내려앉아서는 내 입을 꼬리로 열고는 내 입술을 수차례 쳤다. (프로이트의 인용, 1947, pp. 33-34)

프로이트는 "꼬리(tail)" 혹은 "꽁지(coda)"가 이탈리아어뿐만 아니라 다른 언어에서도 하나의 익숙한 상징으로써 남근을 지칭한다고 해석한다. 독수리가 꼬리로 아이의 입을 열고 격하게 내리친다는 이 꿈의 환상에 담긴 의미는, 남근을 다른 사람의 입에 넣는 성적 행위인 펠라치오에 대한 생각과 상응한다. 기이하게도, 이 환상이 모두 수동적인 특징을 나타내고 있어서 이는 여성 또는 (성적 관계에서 여성적 역할을 맡는) 수동적인 동성애의 꿈, 환상과 닮은 점이 있다(Freud, 1947, p. 381).

프로이트는 이어서 모든 사람이 경험해 보았을 또 다른 상황, 즉 유아기에 어머니의 젖꼭지를 빨면서 얻는 감각적 쾌락을 통해 이 환상을 정교화하여 묘사한다. 프로이트는 이렇게 다빈치가 아버지가 없는 상태에서 어머니와 각별히 가까운 관계로 인해 성적 생활이 억제된, 수동적인 동성애자였다고 이해한다. 이집트 상형문자에서 어머니를 독수리의 그림으로써 묘사하고 있으며, 따라서 프로이트에 따르면 레오나르도의 환상은 그녀의 어머니(독수리)가 그를 꼭 안고 여러 번 다정하게 입술에 뽀뽀를 해주었던 기억으로 해석된다. 어머니에 대한 어린 레오나르도의 성애 감정은 의식 안에서 계속해서 발달할 수 없었고, 이 생각들은 억압된다. 이 과정에서 레오나르도는 자신을 어머니의 위치에 놓은 후 성적 대상을 선택함에 있어서 그녀의 행위를 반추한다. 더 나아가서 레오나르도는 예쁘장한 남자 아이들을 견습생으로 고용함으로써 그의 성적 감정을 승화시켰다. 그는 눈에 띄게 아름다운 아이를 골라서 그의 어머니가 유년기에 그를 보호하고 돌보았던 것처럼 보살펴주었다.

어떤 사람들은 레오나르도 다빈치가 보고한 유년 기억들 때문에 그가 동성애자였음을 프로이트가 과학적으로 증명했다고 결론내렸다. 이 결론은 옳지 못하다. 프로이트는 제시한 생각은 흥미롭고 기발했지만, 이는 그의 특정 유년기 정보에만 기초해서 의혹으로 제기된 레오나르도의 동성애 역동을 **사후설명**post hoc explanation으로 한 것일 뿐이다. 비록 정식화된 프로이트의 흥미로운 표현은 지적인 자극을 주지만, 회고를 통한 분석은 그 어떤 것도 과학적인 증명으로 제시하기 힘들다. 프로이트 자신의 편향이 다빈치의 삶에서 특정한 기억만 취사선택하도록 했을 수도 있다. 또 다른 연구자가 같은 사례를 두고 완전히 다른 관점에서 다빈치의 유년기 경험에 대해 완전히 다른 결론을 내릴 수도 있다.

과학자들은 일반적으로 **사전 예언**priori prediction하는 것을 선호한다. 이는 자료가 수집되기 이전에 예측을 하기 위해 설명들을 활용하는 연구이다. 마지막으로, 비록 회상에 대한 프로이트의 설명이 자의적이긴 해도, 모든 사례 연구가 회상 보고에 기초하는 것은 아니다. 회상 보고의 한계에 덜 취약한 자료출처에 기반한 연구를 하는 경우도 많은데, 여기에는 개인에 대한 체계적 **종단연구**longitudinal study가 있다(Runyan, 1982, p. 442).

과학적 이론을 평가하는 기준

포괄성

이론가와 연구자들 사이에는 더 넓은 범위와 다양한 자료를 설명하고 아우르는 이론이 한정된 범위의 현상만을 설명하는 이론보다 더 좋고 유용하다는 데 일반적으로 동의한다. 따라서 좋은 이론은 **포괄성**comprehensiveness의 기준을 통과해야 한다. 예를 들어 다른 모든 조건이 같다고 했을 때, 성숙된 사랑과 낭만적(미성숙한) 사랑을 모두 설명하는 이론이 오직 낭만적 사랑만을 설명하는 이론에 비해 선호된다. 이는 일반적으로 과학이 더 조직적이고 통합적이고 다양한 현상들 간의 상호관계를 설명하는 지식을 축적하는

정밀성precision 이론의 과학적 가치를 판단하는 기준: 적합한 이론은 분명하고 뚜렷하게 진술되고 측정된 관계적 진술과 구성개념을 포함하고 있어야 한다.

조작적 정의operational definitions 특정 구성개념을 정의하기 위해 사용되는 절차 혹은 조작. 개인의 지능은 언어사고력 시험의 점수로 조작적 정의될 수 있다.

종단연구longitudinal studies 개인들에 대해 오랜 시간 동안 자료를 수집하여, 그들의 행동이 어떻게, 얼마만큼 변하는지를 판단할 수 있는 연구

종속변인dependent variables 실험자가 조건을 조작한 결과로 일어나는 행동의 변화

중다상관multiple correlation 하나의 변인과 두 개 혹은 그 이상의 변인 조합들 간의 관계를 동시에 결정할 수 있도록 하는 통계적 기법

코르티솔cortisol 여러 신체적, 심리적 스트레스로 인해 생성되는 부신피질 호르몬. 높은 코르티솔 수준은 높은 스트레스의 지표가 된다.

통계적 유의도statistical significance 어떤 결과가 우연히 일어났을 확률의 수학적 지수

통제집단control group 실험에서 실험적 처치를 받지 않는 집단. 통제집단은 실험적 조작이 종속 변인에 미친 영향이 정확하게 판단되기 위한 기저선 자료(baseline data)를 제공하기 위해 제공된다.

포괄성comprehensiveness 과학적 이론의 가치를 판단하는 기준: 이론이 폭넓고 다양한 현상을 포괄하고 설명할 때 더 타당하고 유용한 것으로 평가받는다.

효과의 법칙law of effect 긍정적 강화의 제시나 부정적 자극의 제거에 뒤따르는 행동은 더 일어나는 경향이 있는 반면, 처벌의 제시나 긍정적 강화의 제거가 뒤따르는 행동은 덜 일어나는 경향이 있다는 원리

추천 도서

Bordens, K. S., & Abbott, B. B. (2011). *Research design and methods: A process approach* (8th ed.). New York: McGraw-Hill.

Cozby, P. C. (2009). *Methods in behavioral research* (10th ed.). New York: McGraw-Hill.

PART 2

THEORIES OF PERSONALITY

정신분석과 신정신분석적 관점

인류 역사에서 오직 소수의 사람만이 인간의 가치와 사고 및 행동 과정을 구체화할 수 있는 창조적인 연구를 하였다. 16세기의 뛰어난 폴란드의 천문학자인 코페르니쿠스는 그러한 사람 중에 한 명이었다. 지구가 우주의 중심이 아니라는 발견은 우리가 스스로 전지전능하다고 여기는 믿음을 다시 생각하도록 하였다. 19세기 영국의 동식물학자인 다윈도 그러한 사람 중 한 명이었다. 그의 연구는 우리가 자연의 일부이며, 생태학에 의해 상당히 지배를 받는다는 것을 깨닫도록 하였다.

지그문트 프로이트는 이러한 영향력 있는 집단에 속하는데, 그는 우리가 종종 성적, 공격적 본성의 무의식적 갈등에 의해 충동적이고 불합리하게 행동하도록 동기화된다는 점을 인식하도록 하였다. 합리성과 윤리적 행동의 가치를 강조하는 서양의 전통 인본주의 학자들은 인간이 종종 비합리적인 존재이며, 성적 충동과 공격적 충동을 통제하기 위해 끊임없이 내적인 투쟁을 한다는 것을 알고 충격을 받았다. 프로이트는 인간의 마음이 비도덕적임을 모든 사람들이 알 수 있도록 밝혔으며, 일부의 사람들은 그를 절대 관대하게 봐주지 않았다. 그는 인간의 본성에 대한 믿음을 바꾸어 놓았으며, 본성의 어두운 면을 연구하도록 하였다.

처음에 그는 공공연하게 욕을 먹고, 무시를 당하였다. 그러나 결국에 많은 분야의 연구자들이 그의 이론의 타당성을 연구하였다. 오늘날 프로이트의 영향력은 광범위하다. 문학가들은 소설 속 인물의 동기를 설명하기 위해 정신분석적 개념과 주제를 사용하는 것을 좋아한다. 심리학적 인류학자들은 성인들의 성격을 이해하기 위해 다양한 문화의 아동양육 관습에 초점을 두고, 프로이트의 모델을 이용한다. 철학자와 사회학자들은 현대사회가 직면한 문제를 분석할 때 억압과 불안이라는 프로이트의 개념을 사용한다. 비전문가들 또한 프로이트의 개념을 이용한다. 우리 모두는 프로이트 학파의 실수의 중요성과 무의식이 행동에 영향을 미치는 방식을 알고 있다. 때때로 우리는 자아도취, 부인, 오이디푸스 갈등에 대해서 가볍게 이야기를 하며, 화가 났을 때, 모든 것을 털어놓으라고 이야기할 수 있다. 간단히 말하자면 프로이트의 이론은 우리의 삶에 혁명적인 영향을 주었다. 사람의 행동과 기능에 대한 그의 이론을 우리가 완전히 받아들이든지 그렇지 않든지 간에, 프로이트가 역사에 업적을 남겼음은 분명하다.

2장에서, 우리는 프로이트 이론의 기본개념을 살펴보았다. 또한 환자의 자기보고를 해석하여 성격이론을 개념화하기 위한 그의 시도를 알아보았다. 우리는 기본 개념(전의식, 의식, 무의식; 삶과 죽음의 본능; 원초아, 자아, 초자아)과 그것들이 어떻게 상호작용하여 내적 갈등을 일으키는지, 다양한 방어기제가 자아를 보호하기 위해 어떻게 사용되는지, 이러한 갈등으로부터 야기되는 불안을 어떻게 줄이는지를 기술하였다. 우리는 다양한 성격장애의 원인과 특징에 특별히 강조점을 두고 프로이트의 심리성적 발달이론을 다시 살펴보았다. 그 다음에 우리는 심리성적 발달 이론을 위한 연구 증거를 고려하였고, 프로이트 이론이 정신병리를 포함한 사례에 어떻게 적용되는지를 제시하였다. 우리는 과학 이론을 평가하기 위한 여섯 가지 기준으로 이 이론의 장점과 단점을 분석하고 이 장을 마쳤다.

3장은 칼 융의 이론으로 사람의 행동과 정신적인 삶을 설명하는 모든 상호작용 시스템인 개인 정신구조의 본질과 사람이 행동하도록 동기화하는 삶의 과정 에너지에 대해 살펴보았다. 프로이트와 융 모두 사람이 행동하도록 하는 에너지를 설명하기 위해 리비도의 개념을 사용했지만, 융의 개념화는 프로이트의 것보다 더 광범위했다. 융은 리비도를 단순히 의식화하려는 성적충동으로 생각하지 않고, 리비도는 정신 내적으로 지속적인 갈등에 의해 생겨나는 힘이며, 마음속에서 예측할 수 없는 방향으로 불규칙하게 움직이고 나누어질 수 있다고 생각하였다. 때때로 이러한 힘들은 특이하고 충동적인 행동을 하게 한다. 이 개념화는 사람들이 이해할 수 없었다. 만약 사람의 행동이 자율적인 힘에 의해 결정된다면 그것은 종종 변하기 쉬우며, 관찰자는 원인을 정확히 알아낼 수 없을 것이다.

융의 리비도를 논의한 다음에, 우리는 주요 정신구조를 검토하고, 반대되는 다양한 힘들의 갈등이 초월을 통해 해결된 자기(self)의 변화를 기술할 것이다. 융은 자기(selfhood)를 향해 변화하려는 시도로 사람들이 삶을 향한 다른 목표나 태도를 선택하고, 자신의 경험을 이해하기 위해 다른 심리적인 과정 또는 기능을 활용한다고 믿었다. 결과적으로 그는 심리적 유형에 대한 이론적 도식에 태도와 기능을 결합하였고, 외향적이고 내향적인 사람이 갈등과 세상을 다루는 방법을 논의하였다. 우리는 이러한 이론적 도식을 상세하게 제시하고, 그것에 기초한 최근 연구 증거들을 재검토하고 장애행동과 치료에 대한 융의 견해를 검토한다.

프로이트와 융과는 반대로, 알프레드 아들러는 성격의 발달을 설명하기 위해 단순한 도식을 제시한다. 4장의 주제는 아들러의 업적이다. 아들러는 모든 개인이 열등감을 느끼며 열등감을 극복하고 우월해지기 위해 노력한다고 믿었다. 신경증적인 노력은 다른 것들을 희생하며 개인적인 우월감을 얻기 위한 시도와 관련되어 있다. 반면에 건강한 노력은 다른 많은 것들을 개선하고자 하는 노력을 통해 이상적인 완벽이나 완성에 도달하기 위한 탐색이 수반된다. 비록 아들러는 결정을 내리는 데 있어서 인간의 합리성과 의식을 강조하고, 목표가 우리를 향상시키도록 한다는 점을 강조하였지만, 그의 견해는 완전히 낙관적인 것은 아니었다. 프로이트의 이론을 완전히 깨트리지 못한 채, 그는 우리의 생활양식은 생후 5년 이내에 상당한 정도로 형성되며, 아동기 초기 이후에는 기본적인 변화가 이루어지는 것이 매우 어렵다고 제안하였다.

그러나 프로이트 학파 이론을 따랐음에도 불구하고, 아들러의 견해는 일반적으로 낙관적이었다. 4장에서 우리는 그의 중요한 휴머니즘, 사회주의적 정치 성향, 억압된 사람들을 도우려는 끊임없는 시도를 볼 수 있다. 특히, 우리는 아들러의 사회적 관심, 즉 다른 사람을 돕고자 하는 사람들의 타고난 욕구에 대한 신념과 협동, 조화 및 평등이 규칙이 되는 이상적인 사회에 대한 그의 비전에 초점을 두었다. 그러고 나서 우리는 그의 다른 중요개념들을 기술하고, 그의 출생 순위 개념과 그것을 토대로 특별한 강조를 한 성격발달에 대한 이론을 개관한다. 마지막으로 우리는 병적인 발달에 대한 그의 견해와 정신병리를 치료하기 위한 아들러 이론의 적용을 살펴볼 것이다.

5장에서, 우리는 카렌 호나이의 프로이트 이론에 대한 수정된 견해의 주요 개념과 원리를 소개한다. 그녀의 이론은 신경증의 주요 원인을 성적 외상이 아니라, 부모와 자녀 간의 혼란스러운 관계로 가정하였다. 신경증환자는 그들의 환경의 안전성을 구축하기 위해 만든 경직되고 강박적인 욕구와 추구를 하는 불안정하고 두려움이 많은 사람으로 묘사하였다. 불행히도, 이러한 추구는 대부분 언제나 성공하지 못한다. 즉, 개인에게 일어나는 결과는 무의식 수준에서 갈등과 고통이며, 비효과적인 문제해결이다. 호나이에 따르면, 신경증 환자는 진정한 자기와 다른 사람들로부터 소외된다. 그들은 자신의 한계를 인식하는 고통을 피하기 위해 거짓되고, 이상화된 자기와 동일시한다. 5장에서, 우리는 초기 사회화 과정에 있어서 소외발달을 연대순으로 기록하였고, 그러고 나서 호나이가 이 소외감을 줄이고, 개인의 성장잠재력을 발휘하도록 하기 위해 사용했던 치료절차를 논하였다.

6장에서, 우리는 에릭 에릭슨의 정신분석학적 자아 심리학의 개념과 원리를 설명한다. 에릭슨의 이론은 성격발달과 기능에서 자아의 역할에 대한 프로이트의 견해를 체계적으로 확장하였다. 프로이트와 대조적으로 에릭슨은 원초아를 사람들이 환경의 요구에 건설적으로 적응하도록 돕는 비방어적인 실체로 보았고, 자아는 때론 원초아와 독립적으로 작용하는 것으로 보았다. 우리의 중요한 초점은 에릭슨의 자아 발달과 기능에 관한 역동 이론이다. 우리는 정체성을 확립하기 위해 노력하는 청소년들이 겪는 위기와 친밀하고, 지속되는 관계를 맺으려는 초기 성인들이 경험하는 위기에 특별한 주의를 기울인다. 에릭슨의 견해에서, 청소년기 동안의 중요한 문제는 직업 정체성을 결정하지 못하는 무능력으로 인한 역할 혼미이다. 초기 성인의 중요한 문제는 대인 관계에서 다른 사람을 사랑하고 소중히 여기는 것에 대한 어려움으로 인한 고립감에 있다. 우리는 중년과 후기 성인기와 관련한 에릭슨 견해에 관해 빠르게 축적된 증거뿐만 아니라 그의 위기 이론을 지지하는 많은 연구를 제시하였다. 우리는 또한 그의 성격 평가 기법을 고려하고, 중요한 역사적 인물에 관한 심리 역사적 분석에서 선구적 노력을 개관하고, 이상 행동의 치료를 하기 위해 자아 발달 이론의 적용을 평가한다.

마지막으로 7장에서, 우리는 정신분석 이론에서 가장 새로운 이론인 하인즈 코헛의 자기 심리학을 개관하였다. 프로이트와는 달리 코헛은 인간을 성과 공격적 본능에 의해 끊임없이 동기화되는 존재로 보지 않았다. 대신에 그는 병리적인 성적행동과 공격적 행동이 가정생활에서 초기에 자기가 손상된 결과로 일어난다고 믿었다. 코헛의 견해에서 충분한 양육과 지지와 이해를 제공하는 데 실패한 공감적이지 않은 부모는 현실적이고, 창조적인 행동을 할 수 있는 자기를 발달시키는 아동의 능력을 심각하게 방해한다. 프로이트는 발달의 기본적인 방향이 생후 5년 내에 결정된다고 생각했지만, 코헛은 다음과 같은 광범위한 견해를 가졌다. 즉, 그는 자기의 변화는 일생 동안 일어날 수 있다고 주장했다. 그러나 그는 유아기에서 청소년기까지의 발달 변화에 주로 관심을 가졌다. 발달과정에서, 코헛은 자기애가 건강하거나 건강하지 않은 성인의 성격에 영향을 주는 방식을 강조했다. 7장에서 우리는 자기애성 성격장애라는 정신병리에 대한 그의 설명에 많은 관심을 두었다. 따라서 우리는 자기애에 관한 그의 견해를 상세히 제시하고, 그 이론을 지지하는 연구를 개관하였다. 또한 우리는 다양한 심리적 장애의 근원과 치료에 대한 새롭고 더 깊은 이해를 제공하는 자기 대상 전이에 대한 코헛의 이론을 설명한다.

CHAPTER 02

프로이트의 정신분석 이론

프로이트의 생애

지그문트 프로이트(Sigmund Freud)는 1856년에 모라비아(Moravia, 현재는 체코슬로바키아), 프라이부르크(Freiburg)라는 마을에서 유대인 부모의 아들로 태어났다. 아버지는 양모 상인으로 두 번 결혼을 하였다. 두 번째 부인의 큰아들이었던 프로이트는 다섯 명의 여자형제들과 두 명의 남자형제들이 있었다. 그는 학창 시절부터 학업에 탁월했던 범상치 않은 소년이었다. 그는 읽었던 책의 내용을 똑같이 이야기할 수 있었고, 과학 강의를 듣고 난 후 거의 모든 내용을 기록할 수 있었다. 그는 괴테, 셰익스피어, 칸트, 헤겔, 쇼펜하우어, 니체를 포함한 훌륭한 극작가, 시인, 철학가의 작품들을 끊임없이 읽었다. 사실, 그는 책을 너무 좋아한 나머지 서점에 많은 빚을 지게 되었고, 돈에 쪼들리는 아버지는 이 경솔한 행동에 대해 어떠한 연민도 보이지 않았다(Puner, 1947, pp 46-47).

비엔나 대학에 입학해서, 그는 마지못해 의사가 되기로 결심하였고 1883년에 졸업하였다. 그는 의사로서 일을 하는 것을 결코 편안하게 느끼지 않았으나, 의료 분야에 있는 사람들의 과학적인 태도에 깊은 감명을 받았다. 프로이트는 세상의 가장 큰 문제를 해결하고자 하였으며, 인간의 본성에 대한 모든 것을 배우고자 하였다(Jones, 1963, pp. 3-4, 22). 그는 과학이 이러한 열망을 충족시킬 수 있는 방법을 제공한다고 인식하였다.

의대에 다니는 동안, 프로이트는 뛰어난 생리학자인 에른스트 브뤼케의 영향을 받았고 하등동물의 신경학적 문제에 관한 연구를 하는 데 조수로 일을 하였다. 브뤼케의 실험실에서 일을 하는데 꽤 만족했지만, 프로이트는 발전을 하기 위한 기회가 부족하고, 금전적인 보상도 항상 적다는 것을 곧 깨달았다. 그 시기에 그는 사랑스러운 젊은 여인에게 진지하게 관심을 가졌고, 결혼 전에 그녀를 부양할 충분한 돈을 벌어야 한다고 생각했다. 브뤼케의 따뜻한 격려를 받으며 프로이트는 실험실을 떠나 개인병원에 들어갔다. 얼마 되지 않아 1885년에 파리에서 프랑스의 유명한 신경학자 진 샤르코와 함께 신경장애 치료에 관해 연구를 하기 위해 대학원 순회 장학금을 신청하여 장학금을 받았다. 기분이 좋은 그는 약혼녀에게 편지를 썼고, 그 뒤 함부르크에서 지냈다.

> 오, 모든 것이 잘 될 것입니다. 나는 당신을 위해 돈과 아름다운 선물을 가지고 갈 것이며 당신 곁에 오랫동안 머물 것입니다. 그리고 파리로 가서 훌륭한 학자가 되어 영광스럽게 비엔나로 돌아갈 겁니다. 우리는 곧 결혼을 하고, 나는 모든 불치의 신경성 환자들을 치료할 것이며, 당신이 즐겁고 행복할 때까지 키스를 하며, 영원히 행복하게 살 것입니다. (Jones, 1963, p. 50)

사실, 프로이트와 마사 베르나이즈는 1886년에 결혼하였고, 반세기 이상 동안 결혼생활을 유지하였다.

개인 병원으로 돌아온 후, 프로이트는 내과의사인 브로이어와 멘토 관계를 발전시켰고, 그의 지도하에 최면을 사용하기 시작하였다. 브로이어는 아버지의 죽음과 연관해서 발생한 다리 마비, 시각과 언어장애를 포함한 일련의 신체증상을 가진 안나 O.라는 젊은 여자를 치료하고 있었다. 브로이어는 놀랍게도 그녀가 최면 상태에서 그것들에 대해 이야기하면 증상이 사라진다는 것을 발견하였다. 그녀는 최면 상태에서 증상을 야기한 두려운 경험을 재경험하고, 그 경험에 수반된 감정을 충분히 표현하였다. 이러한 신체적 정서표현을 그는 **카타르시스**catharsis라고 명명하였다. 얼마 후에 프로이트와 브로이어는 이러한 장애의 원인이 성적이라는 프로이트의 주장 때문에 갈라서게 되었다(Jones, 1963, pp. 147, 165).

프로이트는 몇 년 동안 치료에서 카타르시스 방법을 사용하였다. 그러나 많은 환자들이 최면에 걸리지 않는다는 사실을 발견하고, 특정한 증상에 집중해서 질문을 하여 증상의 기원을 설명할 수 있는 초기경험을 떠올리게 하려고 노력했다. 1892년에서 1895년 사이에, 그는 점차적으로 환자들에게 관련이 없거나 중요하지 않거나, 불쾌한 것일지라도 그들에게 떠오르는 모든 생각을 표현하도록 요구하는 자유연상 방법을 발달시켰다(Jones, 1963, pp. 157–158). 비록 환자의 회상이 목적이 없고, 우연한 것이더라도 프로이트는 직관적으로 거기에는 분명히 그들을 통제하는 어떠한 힘이 있다고 느꼈다. **결정론**determinism과 인과론을 받아들이기 위해 의학과 신경학에서 철저하게 훈련받은 프로이트는 환자들의 생각이 관련이 없다는 것을 믿을 수 없었다. 게다가 프로이트는 많은 환자들이 고통스런 기억을 이야기하고 싶어 하지 않는다는 인상을 받았다. 이러한 반감을 **저항**resistance이라고 명명하였고, 환자들이 중요한 기억을 억압해 왔다고 믿기 시작하였다. 그러고 나서 그는 환자들의 무의식을 탐색하고, 그들이 적극적으로 저항하는 이유를 밝히는 작업을 하였다.

분석 과정에서, 프로이트는 또한 환자들이 초기 아동기의 외상경험의 기원을 탐색하고자 한다는 것을 발견하였다. 그는 이러한 많은 기억들이 성적인 경험과 관련되었다고 주장하였다. 이때까지만 해도, 대부분의 사람들이 아동기는 순수하고, 성적 충동이 전혀 없는 시기라고 믿었다. 하지만 프로이트는 다음과 같이 다르게 주장하였다.

> "우리는 아동의 성적 삶을 완전히 무시하는 잘못을 했다. 나의 경험에 의하면 아동은 모든 정신적 활동과 많은 신체적 활동을 할 수 있다. 사람들의 성기관이 외부 성기관과 두 생식선만을 포함하는 것이 아닌 것처럼, 사람들의 성생활도 사춘기에 시작하지 않으며 인과적 관찰로 그것을 볼 수 있다." (Jones, 1963, p. 172)

처음에 프로이트는 환자가 그에게 설명한 초기 아동기의 유혹 장면이 말 그대로 사실이라고 믿었다. 그러나 그는 의문을 갖기 시작하였다. 예를 들어 그는 모든 여성 환자들의 아버지가 성적으로 잘못되었다는 점을 믿기 어려웠다. 또한 그는 환자의 말을 있는 그대로 수용하고 난 다음에 환자가 어떻게 대했어야 하는지 제안하는 것은 항상 치료효과를 가져오는 것이 아니라는 것을 알게 되었다. 그는 친구에게 히스테리아에 대한 그의 해석과 유명한 의사가 되겠다는 희망을 포기한다는 편지를 썼다. 그러나 결국 그는 **유혹 이론**seduction theory을 수정하였고, 환자의 말이 사실이 아니며 환상일 뿐이지만 환자에게는 심리적으로 사실이며, 타당하다는 결론을 내렸다(Jones, 1963, pp. 172–173). 아직 몇몇의 현대 정신의학 역사가들은 프로이트가 그렇게 하려고 했지만, 성적 학대에 대한 억압된 환상의 어떠한 증거도 발표하지 않았다는 점을 지적했다. 그 대신에 이러한 비평가들은 프로이트가 환자들에게 그의 이론적 기대에 일치하는 기억들이 존재한다고 추론했다고 주장했다(Esterson, 2001, pp. 329–352).

어쨌든, 프로이트는 분석 동안에 환자들이 종종 그들의 꿈에 대해서 언급했다고 하였다. 그는 꿈이 무의식의 비밀을 밝히는 가장 좋은 방법이며, 사람들이 자각하지 못했던 갈등과 메커니즘의 본질에 대한 수많은 정보를 밝혀 줄 수 있다는 것을 발견하였다

(Jones, 1963, p. 129). 1900년에 프로이트는 『꿈의 해석(*The Interpretation of Dreams*)』이라는 책을 출판하였으며 거기에서 그는 꿈은 쓸모없는 활동이거나 무질서한 것이 아니라고 주장하였다. 오히려 그는 꿈이 소망을 충족시키는 장치로 기능하며, 잠재된 내용은 환자들이 문제를 이해하는 데 사용될 수 있다고 하였다.

1902년에 프로이트는 그의 사무실에서 그들의 연구를 토론하기 위해 만났던 여러 분야의 학자들로 이루어진 소규모의 비엔나 정신분석협회를 만들었다. 회원 수가 늘어남에 따라 모임은 더 큰 공식적인 장소에서 이루어졌다. 1905년에서 1906년 사이는 프로이트에게 결실이 많은 기간이었다. 그는 『농담과 무의식의 관계(*Jokes and Their Connection with the Unconscious*)』, 『일상생활의 정신병리학(*The Psychopathology of Everyday Life*)』, 『성욕이론에 관한 세 가지 에세이(*Three Essays on the Theory of Sexuality*)』와 같은 여러 권의 책과 논문을 발표하였다. 특히 이 『세 가지 에세이(*Three Essays*)』는 프로이트의 평판을 세계적으로 좋지 않게 만들었다. 그 책은 "깜짝 놀랄 만큼 사악한"이라는 꼬리표가 붙었고, 프로이트는 외설스럽고 부도덕한 사람이라는 오해를 받았다. 비판의 핵심은 아동이 성적 충동을 가지고 태어나며, 아동의 첫 번째 성적 대상으로 부모가 선택된다는 프로이트의 주장이었다. 그러나 프로이트는 자신이 옳다고 믿었고, 결국 그의 주장은 받아들여졌다(Jones, 1963, pp. 240–243).

1910년에 프로이트는 국제적인 명성을 얻었으나, 정신분석협회 내에서 리비도이론에 관한 의견 차이가 일어나고 있었다. 아들러와 스테켈이 탈퇴하였고, 뒤이어 융과 다른 사람들도 탈퇴하였다. 프로이트와 기본적으로 의견이 다른 아들러는 행동을 결정하는 데 있어 성적 요인의 중요성을 최소화한 대신에 권력에 대한 투쟁을 강조하였다. 또한 그는 억압, 무의식, 유아기 성욕에 대한 개념을 덜 강조하거나 경시했다. 이러한 중요한 차이점은 필연적으로 두 사람을 결별하게 하였다. 프로이트는 개인적으로 더 가깝게 지내고, 아들러보다 지성과 학식이 더 뛰어나다고 여겼던 융과의 결별을 매우 힘들어했다(Jones, 1963, pp. 313–314, 318).

융은 프로이트의 인간 발달에서의 성적본능의 역할에 대한 완고하고 편협한 견해를 불편해 하였다. 반면에 그는 성적 동기가 중요하다는 프로이트의 의견에 동의를 하였지만, 사람들은 갈등을 넘어선 창조적인 충동을 가지고 있다고 생각했다. 따라서 융은 신경증 발달에서 성적 요인을 덜 강조하였다. 그는 리비도, 즉 성적 에너지가 일반적인 긴장을 나타내는 것으로 생각했으며, 오이디푸스 갈등이 아동의 근친상간의 열망과 관련되어 있다는 프로이트의 신념을 거부하였다. 그러나 **신정신분석적 관점**neoanalytic perspective로 알려진 프로이트 제자들의 탈퇴에도 불구하고, 프로이트는 유명해졌고, 정신분석협회도 성장하였다.

제1차 세계대전은 프로이트의 견해와 연구에 큰 영향을 주었다. 집단 학살과 고난으로 매우 고통을 겪은 그는 결국 이러한 경험이 보편적인 죽음 본능에서 비롯된다고 하였다. 인류의 미래에 대한 비관주의에도 불구하고 프로이트는 『토템과 타부(*Totem and Taboo*)』(1913), 『정신분석입문(*Introductory Lectures on Psychoanalysis*)』(1917), 『쾌락원칙을 넘어서(Beyond the Pleasure Principle)』(1920), 『자아와 원초아(*The Ego and the Id*)』(1923), 『착각의 미래(*Future of an Illusion*)』(1927), 『문명과 불만족(*Civilization and Its Discontents*)』(1930), 『정신분석에 대한 새로운 이해(*New Introductory Lectures on Psychoanalysis*)』(1933), 『정신분석의 개요(*An Outline of Psychoanalysis*)』(그의 사후인 1940년에 출판됨)를 포함하는 장편의 책 속에 담긴 그의 견해를 계속 다듬었다. 1930년대 초에 히틀러는 힘을 가졌고, 반유대주의가 확산되었다. 프로이트의 책은 베를린에서 불에 탔고, 그의 지지자들은 그에게 비엔나를 탈출하라고 하였다. 1938년 나치의 오스트리아 침략과 함께 프로이트는 마지못해 집을 떠나, 런던으로 이주하였다. 그는 그곳에서 1939년 9월 23일에 사망하였다. 생애 마지막 몇 년 동안, 프로이트는 턱과 구강암으로 고통받았다. 그는 니코틴에 중독되어 매일 20개 이상의 담배를 피웠다. 그는 30번 이상의 수술과 심한 고통에도 불구하고 마지막까지 연구를 계속하였다(Edmundson, 2007, pp. 224-227).

개념과 원리

성격에서 의식, 전의식, 무의식적 힘의 역할

마음에 대한 프로이트의 기본적인 가정은 마음이 세부분 즉 의식, 전의식, 무의식으로 나누어진다는 것이다. 의식은 우리가 자각하는 생각과 감각을 의미한다. 그것은 성격의 표면에서 작용하고, 성격발달과 기능에서 비교적 적은 역할을 한다. 정신적으로 건강한 사람들은 건강하지 않은 사람들보다 경험을 더 많이 자각한다는 것이 사실이지만, 프로이트는 비교적 성숙한 사람들조차도 사람들이 인정한 것보다 더 크게 무의식적 욕구와 갈등에 의해 좌우된다고 믿었다.

전의식은 무의식적이지만 작은 노력으로 의식할 수 있는 경험들을 포함한다. 예를 들어, 당신은 어제 저녁에 먹었던 음식을 잊어버렸을 수 있다. 그러나 체중조절을 돕는 영양사가 당신에게 어제 먹은 음식을 물어본다면, 아마 쉽게 그것을 기억할 수 있을 것이다. 전의식은 단지 의식의 표면 아래에 존재한다.

반대로, 무의식은 성격의 깊은 수준에서 작용한다. 그것은 우리가 자각하지 못하는 경험과 기억들로 구성되어 있다. 이러한 마음상태를 자각하지 못하는 이유는 그것들을 의식하는 것은 우리에게 굉장한 고통과 불안을 야기하기 때문이다. 무의식은 초기 아동기 동안 우리가 부모와 친척들에게 당했던 성적 학대에 대한 기억을 포함할 수 있다. 그것은 근친상간의 감정, 특정 권위 인물을 향한 화나 분노와 같은 강한 정서 반응, 또는 경쟁 경험에서 발달하는 고통스러운 수치심과 굴욕감 등으로 구성되어 있다. 중요한 점은 이러한 억압된 기억들이 의식에서 밀어냈을 때처럼 간단히 사라지지 않는다는 것이다. 즉, 그것들은 의식 밖에서 작용하고, 여러 가지 방어적이고, 위장되고, 왜곡된 방식으로 표현되려고 한다. 무의식적 사고, 기억 및 경험은 지속적으로 의식적이고 합리적인 행동을 방해할 수 있다.

마지막으로 이러한 무의식적인 경험을 완전히 의식하는 것은 불가능하지만, 그들의 존재는 정신분석적 치료 절차를 이용하여 명료화될 수 있다. 만약 치료가 진행되면, 치료를 시작할 때보다 이러한 힘들의 본질을 더 의식하고 자각할 수 있다(Freud, 1960a, pp. 3–8).

본능: 성격의 원동력

프로이트의 견해에 따르면 본능은 무의식에 뿌리를 두며, 우리의 행동을 크게 지배한다(govern). 본능적인 추동은 신체적인 과정이 이전의 균형 즉 항상성 상태로 돌아오도록 신체적인 욕구가 사람들의 만족을 추구하도록 동기화될 때 일어난다. 고통은 본능적인 자극과 관련되어 있으며, 쾌락은 이런 자극의 감소와 관련되어 있다.

본능은 네 가지 특징을 갖고 있다. (1) 신체적 결핍상태의 근원, (2) 욕구 만족에 초점을 둔 목표, (3) 사람들이 행동하도록 추진하는 힘, (4) 본능이 목표를 달성하도록 하는 대상. 프로이트가 그것을 인식함에 따라 외부 세계의 많은 대상들이 우리의 생물학적 욕구 만족을 제공할 수 있다. 즉, 본능은 최대의 만족을 얻기 위해 대상에서 대상으로 이동할 수 있다. 예를 들어 한 남자 대학생은 현재 친구와의 관계가 만족스럽지 않다면, 사랑하는 새로운 여자 친구를 찾을 것이다. 또 상사에게 적대적인 감정이 있는 여자는 직장을 잃을까 두려워 이러한 감정을 표현할 수 없지만, 집에 와서 가족들에게 공격적으로 행동할지도 모른다. 본능은 개인내부로 향할 수도 있는데, 타인을 향한 공격성이 자기로 향해서 자기를 파괴시키거나 심지어 자살을 한다. 성적 충동이 내부로 향할 수 있는데, 개인이 자기도취적이 되며 일차적인 성적 배출구로서 자위행동을 한다.

삶의 본능

프로이트는 사람에게 삶의 본능 즉 **에로스**eros가 있다고 이론화하였다. 이러한 본능적인 충동은 생명을 유지하도록 한다. 우리는 각자 배고픔, 목마름, 성적인 욕구를 만족시키기 위해 동기화된다. 우리는 음식과 물이 없으면 살 수 없다. 성적 만족을 얻기 위한 노력의 전형적인 결과는 출산으로 이는 종을 보존하도록 한다. 그는 이러한 본능과 연관된 에너지를 **리비도**libido라고 하였다. 원래, 프로이트는 리비도가 오직 성적인 본능과 연관된다고 주장하였지만 후에 그의 입장을 수정하여 리비도를 삶의 본능들의 만족과 관련된 심리적이고 쾌락적인 감정이라고 하였다(Freud, 1952b, pp. 639-663).

죽음의 본능

삶의 본능에 덧붙여, 프로이트는 죽음의 본능, 즉 **타나토스**thanatos 존재를 가정하였다. 그는 모든 삶의 목표는 죽음이며, 인간은 생물학적 욕구를 만족시키기 위해 고군분투하지 않는 삶 너머에 있는 무생물이라는 균형 상태로 돌아가기 위해 애쓴다고 믿었다(Freud, 1952b, p. 652). 그러나 인간은 죽음이 가능한 지연되어 열반(nirvana)에 이르기 전에 다른 만족을 얻을 수 있도록 하기 위해 삶의 본능이 작용한다.

죽음의 본능의 주요 파생물은 공격이며, 그로 인해 개인은 타인이나 자신을 파괴하려 한다. 프로이트는 이러한 공격적 충동이 매우 강하다고 믿었다. 따라서 인간의 본성에 대한 그의 견해는 매우 부정적이었다. 사실 사람들은 사랑을 원하는 부드럽고 친절한 존재는 아니지만 공격을 받으면 강한 공격 욕구를 드러내게 되고 이러한 욕구는 그들의 본능의 한 부분으로 간주되었다. 그 결과, 이웃들은 그들에게 조력자이거나 성적 대상일 뿐만 아니라 그에 대한 공격성을 충족시키고, 보상 없이 일하는 능력을 착취하며, 동의 없이 성적으로 이용하고, 그의 소유물을 빼앗고, 그에게 모욕을 주며, 고통을 주고, 고문하고, 죽이도록 유혹하는 사람이다. 인간은 인간에게 늑대이다[*Homo homini lupus*(man is to man a wolf)]. 자신의 삶과 역사 안에 있는 모든 증거 앞에서 논쟁할 용기를 가진 사람이 누구인가?(Freud, 1952a, p. 787).

놀랄 것 없이, 프로이트는 종의 미래에 대한 비관론자로 남았다. 그러나 흥미롭게도 그는 죽음의 본능에서 리비도에 상응하는 에너지의 원천을 전혀 가정하지 않았다.

개인과 사회 비교

프로이트는 만약 사회와 사회구성원들에게 모든 충동을 표현하도록 허락한다면 사회가 오래 유지되지 못할 것이라는 점을 인식하였다. 강한 사람은 그들의 목적을 달성하기 위해 우월한 힘으로 약한 사람을 이용할 것이다. 사람들은 충동이 일어날 때마다 무분별하게 짝짓기를 한다면 쉽게 사회적 불안정이 일어날 수 있다. 따라서 사람들이 그들의 성적, 공격적 충동을 표출하고 싶어 하지만, 그들이 그렇게 행동하도록 사회가 허용하지 않아야 하며, 프로이트의 견해에 따르면 그렇게 하는 것이 옳다. 실제로, 사회는 사람들이 그들의 충동을 포기하도록 강하게 요구하며, 만약 그들이 이를 따르지 않을 때 처벌로 위협한다는 점에서 가혹하다. 결국 부모와 타인들은 만약 사람들이 잘못된 것을 하면 죄책감을 느끼고, 부적절하게 행동하는 것을 생각할 때조차도 불안해지도록 사회적 가치를 주입시킨다. 그러나 행동에 대한 내적 점검에도 불구하고, 사람들은 충동을 계속 표출하려고 한다. 그 결과, 개인과 사회는 끊임없는 갈등이 일어난다. 프로이트의 견해에 의하면, 개인은 결국 사회규범에 따른 행동을 통해, 충동을 만족시키는 현실적인 방법을 찾음으로써 이러한 갈등을 해결하는 것을 배워야만 한다.

구조적 성격이론과 성격역동

개인의 갈등에 대한 역동을 이해하기 위해, 프로이트는 성격의 부분들이 행동에 역동적으로 영향을 미치는 상호작용방식을 기술하기 위해 구성개념들을 가정하였다. 그는 마음의 세 가지 체계를 제안하였다. 원초아, 자아, 초자아는 제한된 이용 가능한 심리적 에너지를 가지고 경쟁하며, 이 에너지는 사람들의 본능적 요구(need)들의 시작점이다 (**그림 2.1** 참조).

원초아

프로이트는 **원초아**id는 개인의 생물학에 뿌리를 두고 있으며, 성격의 원형이라고 생각했으며(Jones, 1963, p.2), 무의식적인 성적 본능과 공격적인 본능으로 구성되어 있다고 여겼다. 이러한 본능들은 상이한 상황에서 함께 작용하여 행동에 영향을 줄 수 있다. 예를 들어, 우리는 우리가 끔찍이 사랑하는 부모를 싫어하거나 공격적으로 행동하는 점을 발견할 수도 있고, 우리가 계속 다투는 거만하거나 불쾌한 사람에게 성적으로 매력을 느낄 수도 있다.

프로이트는 원초아를 강하고 본능적인 충동과 욕망(desire)을 담고 있는 끓어오르는

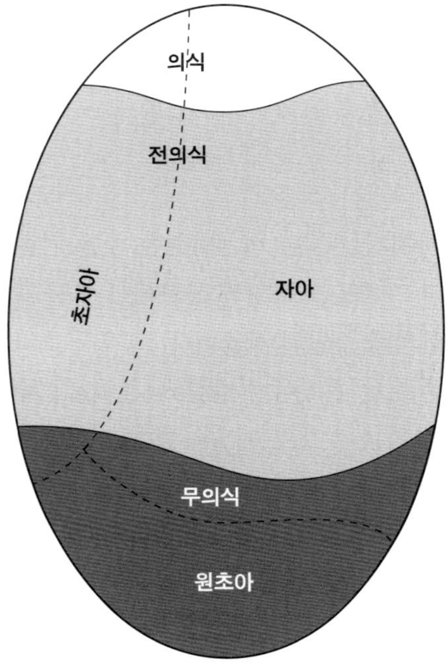

그림 2.1 마음의 구조

출처: J. Jacobi의 *The Psychology of C. G. Jung*(1962) p. 126에서 인용. Courtesy of Yale University Press, New Haven, Connecticut.

솥에 비유하였다. 그는 이러한 충동들이 외부로 끊임없이, 그리고 무분별하게 표출을 시도하고 있다고 믿었다. 원초아는 비도덕적이며 사회의 관습과 고상함과는 무관하다. 원초아는 쾌락의 원리에 따라 작용한다. 이러한 충동의 목적은 항상 즉각적이고 완전한 해소와 만족이다. **쾌락원리**pleasure principle는 사람들이 언제나 쾌락을 최대화하고, 고통을 최소화하려 한다고 주장한다.

자아

우리는 분명히 사회적 진공에서 살지 않으며, 원하는 것이 무엇이든 우리가 원할 때마다 단순하게 할 수 없다. 충동적으로 행동하는 성인은 미숙하거나 유아적인 사람이라고 한다. 성숙한 행동은 다양한 상황에서 우리의 충동을 통제하도록 요구한다. 프로이트에 의하면 통제는 **자아**ego가 원초아로부터 분화될 때 가능해진다. 그의 관점에서 자아는 원초아의 조직화된 측면으로, 사람들의 원초아 충동에 대해 현실적인 방향을 제공하기 위해 형성되었다. 사람의 요구(need)는 만족될 수 있는 환경과 적절한 거래를 요구하기 때문에 그것이 존재하게 되었다. 그러므로 자아는 원초아의 목적을 수행하기 위해 부분적으로 발달한다. 두 구조 간에는 역동적인 상호작용이 있다. 동시에 그것은 적당한 대상이 발견될 때까지 원초아의 충동을 지키는 기능을 한다.

초자아

초자아superego는 개인이 사회적 가치를 내재화하는 것을 기술하기 위해 프로이트가 사용한 구성개념이다. 이러한 가치들은 특정한 상황에서 어떤 행동이 적절한지 또는 부적절한지를 가르치는 부모에 의해 주입된 것들이다. 그래서 초자아는 일련의 학습된 이상들을 나타낸다. 결국 프로이트는 초자아가 **양심**conscience과 **자아 이상**ego-ideal이라는 두 가지 주요한 구성요소를 가지는 것으로 기술하였다. 양심은 부모의 처벌 사용을 통해 학습된다. 자아 이상은 보상의 사용을 통해 학습된다. 우리가 무언가를 잘못할 때, 양심은 죄책감을 느끼게 한다. 우리가 부모에게 복종하고 사회적으로 용납되는 방법으로 행동함으로써 그들의 인정을 받을 때 우리는 자부심을 느낀다. 초자아의 주요 기능들은 원초아의 충동을 억제하고, 현실적인 목표를 도덕적 목표로 대체시키도록 자아를 설득하고, 완벽을 추구하는 것이다. 그러므로 초자아는 원초아 및 자아와 역동적으로 상호작용한다.

비록 초자아가 공개적으로 원시적 충동을 표현하는 것을 막고, 생산적인 시민으로서 경력을 쌓는 목표를 갖도록 격려하는 긍정적인 기능을 하지만, 부정적인 측면도 있다. 초자아는 너무 가혹하고, 요구적일 수 있다. 예를 들어 부모의 성(sex)에 대한 관점을 더럽고 부도덕한 것으로 받아들인 아동은 성인기에 이성에게 다가가는 것을 두려워하고, 다른 사람과 친밀한 관계를 형성하지 못할 수도 있다. 프로이트의 견해에서 이렇게 지나치게 높은 기준을 선택하는 것은 반드시 개인에게 문제를 야기한다.

방어기제

자아는 오직 본능적인 충동의 만족에만 관심이 있는 원초아와 끊임없이 완벽을 추구하려는 초자아 모두를 통제하려고 노력한다. 하지만 원초아와 초자아에 대한 완전하고, 영구적인 통제는 결코 이루어질 수 없는 반면, 사람들이 효과적으로 기능할 수 있도록 자아가 이들 두 구조를 약간 통제할 때가 있다. 이것을 위해 자아는 개인의 원초아 충동에 대한 현실적인 배출구를 찾는다. 예를 들어, 공격 충동을 다른 사람과의 운동경기와 같은 사회적으로 수용될 수 있는 활동으로 바꾼다. 자아가 개인에게 완벽주의(예를 들어, A학점을 모두 받아야 한다거나 완벽한 가정을 가져야 한다는 신념)를 포기하고 삶에서 성취 가능한 현실적인 목표로 대체하도록 설득시킬 때 초자아의 통제가 이루어진다.

프로이트가 보았던 것처럼, 자아는 원초아 군대와 초자아 군대가 끊임없이 충돌하는 전쟁터와 같다. 자아의 많은 부분이 의식수준에서 작용하지만, 일부분은 무의식적이고, 원초아와 초자아의 요구(demand) 간의 갈등으로 야기된 불안으로부터 개인을 보호하기 위해 작용한다(Freud, 1960a, p. 7). **불안**anxiety은 자아(자기)에게 위험하다는 신호를 해주는 매우 불쾌한 상태이기 때문에 사람들은 불안으로부터 보호가 필요하다. 사람의 본능적인 충동들이 통제 밖에 있고, 사람을 압도할 정도로 위협적이기 때문에 위험하다. 또 개인이 초자아가 잘못이라고 여기는 무언가를 하는 생각에 대해 양심의 처벌을 받는 것을 두려워하기 때문에 위험이 일어날 수 있다. 또는 위협이 환경의 외적 원인(예를 들어, 부모의 죽음이나 이성친구의 거절)에서 발생할 것이다. 이러한 위험에 직면했을 때, 사람들의 자아는 무의식적으로 방어 과정을 활성시킴으로써 통제를 되찾고자 한다.

방어기제는 사람을 고통에서 보호해 준다는 점에서 유용한 목적을 제공할 수 있다. 방어기제는 고통에 대해 정상적이고, 보편적으로 사용되는 반응들이다(Freud, 1937, p. 237). 그러나 프로이트는 방어기제가 무분별하고, 강박적으로 그리고 계속해서 현실과 모순되는 방식으로 사용될 때 잠재적으로 병리적일 수 있다고 믿었다(Cramer, 1991, p. 10).

주요한 방어기제는 다음과 같다.

억압

억압repression은 바람직하지 않은 원초아 충동이 의식에 도달하는 것을 막는 자아의 시도이다. 프로이트는 꿈 분석과정에서 의식에서 차단된 특정한 생각들을 인식하는 것이 너무 고통스럽기 때문에 억압되고, 환자가 이러한 경험을 자각하도록 하는 시도는 저항에 부딪힌다는 것을 발견했다. 프로이트 학파의 용어로, 원초아와 자아 간의 우위를 차지하기 위한 투쟁은 에너지–**카텍시스**cathexes라고 불리는 추동하는 힘과 **반카텍시스**anticathexes라는 억제하는 힘–간의 대립을 포함한다. 다시 말하면 특정한 무의식의 소망이나 생각은 의식으로 표출되고자 활성화되지만 자아에 있는 억제하는 힘에 의해 활성화된 다른 생각들과 부딪힌다. 만약 자아의 힘이 지배한다면, 소망은 억압될 것이다. 즉, 무의식으로 밀어 넣는다. 만약 원초아의 힘이 지배한다면, 개인은 사회적으로 용납할 수 없는 충동을 행동화할 것이다. 예를 들어, 아버지를 싫어하는 여자는 적개심과 화를 억압할 것이고, 그녀의 실제 감정을 완전히 알아차리지 못한다. 만약 이러한 감정들이 겉으로 드러난다면, 그녀는 아버지에게 신체적으로 공격을 하거나 심지어 죽이려고 할 것이다. 감정을 표현하려는 시도와 감정의 표현이 심각한 문제를 일으킬 수 있기 때문에 감정을 억압하려는 자아의 시도들 간에 싸움이 있을 수 있다. 자아는 억압된 불쾌한 사고를 막아 그녀를 보호하려 할 것이다. 프로이트는 억압을 모든 방어기제들 중 가장 기본적인 것으로 생각하였다. 프로이트가 언급한 것처럼, 억압이론은 정신분석체계의 핵심이다(Freud, 1938a, p. 939).

억압은 완전히 무의식 수준에서 일어나고, 자아에게 혐오스럽고 유쾌하지 않은 경험이 의식화되는 것을 막는 것과 관련된다. 억압된 기억들은 사람의 의식적인 통제 하에 있지 않다.

억제

억제suppression는 불안을 야기한 사고들에 대해 단지 생각을 하지 않음으로써 멈추려는 개인의 의식적이고 적극적인 시도를 말한다. 만약 한 고등학생이 선생님에 대한 성적인 생각을 한다는 것을 알게 된다면, 그녀가 받은 도덕 교육 때문에 적극적으로 그것을 억제할 것이다. 따라서 이 생각은 전의식에 저장될 것이고, 그녀의 의지적인 노력을 통하여 재활성화되고, 의식화된다.

부인

부인denial은 개인이 외적 현실에서의 유쾌하지 않은 사건을 인식하기를 거부하는 것을 말한다. 성인들이 극도의 스트레스 상황에서 부인을 이용하는 것은 정상적일 수 있다. 예를 들어, 우리가 사랑하는 사람의 죽음을 이야기할 때 부인을 사용할 수 있다. 우리가 믿지 않는 것은 충격에 대처하도록 하고, 보다 점진적이고 덜 고통스러운 방법으로 그것에 적응하도록 한다. 그러나 만약 사랑하는 사람이 죽은 지 수십 년이 지나도록 죽었다는 것을 인정하기를 거부한다면 그 행동은 병리적이기 쉽다.

병리적 부인의 기원은 아동이 불안정한 부모로부터 신체적이고 정서적인 학대를 당했던 초기 아동기로 거슬러 갈 수 있다. 이러한 아동은 애정 없는 보호자가 가하는 신체적 고통과 화로부터 자신을 방어하기 위해 부인을 사용한다. 이러한 부인은 아동이 나이를 먹어가면서 고통에 반응하는 성격 유형이 된다. 최근 연구는 성인들의 부인이 예측 불가능한 행동, 튀는 행동, 이기적인 행동, 명료한 사고의 부족과 관련이 있다고 한다(Cramer, 2002, pp. 111–112). 더 나아가 크레이머와 켈리(2010, pp. 619–620)는 초기 아동기에 보호자로부터 학대를 받은 성인들은 자녀를 학대하는 부모가 된다고 밝혔다.

전치

전치displacement는 충동을 즉각적으로 만족시킬 대상이 없을 때 대상을 대치시켜 원초아 충동의 만족을 얻으려는 무의식적 시도를 말한다. 예를 들어, 강한 십대에게 모욕을 당한 소년은 신체적으로 해를 끼칠 수 있다는 두려움 때문에 그에게 보복하지 못할 것이다. 대신에 그는 작고 약한 소년에게 화를 낼 것이다. 이 경우, 약한 아이를 향한 공격이 십대 적대자에 대한 공격만큼 만족스럽지 않더라도 충동을 만족시킬 수 있는 대리 대상이다.

또한 전치된 공격은 무생물 대상을 향해 일어날 수도 있다. 만약 한 남자가 아내에게 화가 났을 때 아내를 칠 수는 없지만, 일시적으로 마음을 풀기 위해 벽을 주먹으로 치거나 가구를 부술 수도 있을 것이다. 집을 수리하는 비용 외에 그것은 문제의 근원을 말하지 않으며, 이후에 그가 스트레스를 받고 흥분을 한다면 가구를 향해 더 강한 폭발을 하기 쉽다.

승화

승화sublimation는 받아들일 수 없는 원초아 충동이 목표로 하는 대상이라기보다는 충동 자체가 변형된 전치의 형태이다. 받아들일 수 없는 충동은 사회적으로 허용되는 것으로 대치된다(Freud, 1946, p. 56). 강한 공격욕구를 가진 한 여자는 뛰어난 과학자나 세계적인 운동선수와 같은 사회적으로 허용되는 활동에 그의 에너지를 쏟을 수 있다. 그렇게 함으로써 사회에 기여하는 방식이지만 다른 사람에 대한 그녀의 지배력을 보여 줄 수 있다. 이와 같은 방식으로 시인과 화가들은 그들의 예술작품을 통해 성적욕구의 일부를 만족시킬 수 있다. 프로이트는 문명화된 사회가 살아남기 위해선, 인간 본능의 창조적인 승화가 필요하다고 믿었다. 그는 또한 불행히도 이러한 창조성이 특별한 재능과 재주를 가진 몇몇 사람들에게만 사용 가능하다고 믿었다. 더 나아가 그의 비관적인 견해에서 보면 승화된 활동이 원초적인 성적, 공격적 충동을 완전히 만족시킬 수 없기 때문에 창조적 엘리트들도 고통을 받는다(Freud, 1952a, pp. 773–774).

퇴행

퇴행regression은 성숙한 행동에서 미성숙한 행동으로 움직이는 것이다. 즉, 자아가 위협받을 때, 스트레스에 대처하는 방법으로 사람들이 초기 유아적 행동으로 되돌아 갈 수 있다. 예를 들어, 6살 남자아이는 학교에 입학하는 날에 엄지손가락을 빨거나, 엄마에게 매달릴지도 모른다. 회사에서 더 높은 급여를 받는 일에 승진을 못한다는 것을 알게 된 여자는 상사의 사무실에 가서 화를 낼 수 있다.

투사

사람들이 자신의 바람직하지 않은 특성을 타인의 것으로 돌림으로써 자아를 보호할 때, 우리는 **투사**projection가 일어났다고 추론할 수 있다(Freud, 1938c, p. 625). 예를 들어, 엄마를 미워하는 소녀는 엄마가 그녀를 싫어한다고 확신할 수도 있다. 시험에서 부정행위를 하는 학생은 다른 학생들이 부정행위를 해서 매우 높은 점수를 받았다고 주장할 것이다. 크레이머(2002, p. 114)는 방어로 만성적으로 투사를 사용하는 젊은 성인 남자들이 타인에 대해 의심이 많고 적대적이라고 설명했다.

반동형성

바람직하지 않은 충동을 반대되는 것으로 전환하는 것은 **반동형성**reaction formation으로 알려져 있다. 프로이트는 그것을 승화의 하위 형태로 보았다(Freud, 1938d, p. 625). 아내를 싫어하지만 아내에게 매우 친절한 남자가 적합한 예가 될 수 있다. 그는 친절하게 보이고 있지만 아내를 죽이고 싶다고 말할 수 있다.

합리화

합리화rationalization는 그럴듯하지만 정확하지 않은 변명을 이용하여 행동을 정당화하는 것이다. 예를 들어, 능력 부족으로 팀에서 탈락한 젊은 운동선수는 많은 게임에서 질 것 같아서 그가 팀에 있는 것을 정말로 원하지 않았다고 결론을 내릴 수 있다.

주지화

주지화intellectualization는 사람이 견딜 수 없는 고통에서 스스로를 보호하도록 하는 과정이다. 그것은 사람의 생각과 감정을 분리하는 것을 말한다. 예를 들어 어떤 여자는 그녀의 젊은 남편의 죽음을 설명하기 위해 상세한 이유를 생각해 낼 수 있다. 그녀가 여러 가지 이유를 이야기하고, 주장의 근거에 집중함으로써 적어도 잠시 동안은 이러한 외상 경험과 관련한 엄청난 고통을 피할 수 있다.

취소

때때로 바람직하지 않은 충동에 관해 생각하거나 행동하는 사람은 바람직하지 않은 것을 무효화하는 행동을 함으로써, 즉 **취소**undoing라고 알려진 방어기제를 이용하여 보상한다. 이러한 행동은 일반적으로 비합리적이며 다양한 미신적인 의식과 종교적인 의례에서 볼 수 있다. 취소 행동을 함으로써, 사람들은 그들이 관여했던 잘못된 행동이 수정되었다고 확신한다. 예를 들면 자위에 대해 반복적으로 생각을 하고, 그것이 죄악이라는 믿는 한 소년은 죄를 씻는 방법으로 손을 자주 씻을 수 있다.

타협형성

타협형성compromise formation은 바람직하지 않은 충동의 만족을 얻기 위해 모순된 행동을 이용하는 것이다. 과도한 칭찬이 예이다. 정말로 캐시를 싫어하는 질은 "정말 예쁜 옷이다. 어떻게 너는 항상 옷을 잘 고르지?"라고 이야기할 수 있다. 혹은 빌을 좋아하지 않는 존은 농구 게임을 하면서 그에게 말했다. "멋진 슛이야! 나는 네가 그것을 하리라고 예상하지 못했어!"

프로이트가 가정한 다른 방어기제는 동일시와 고착을 포함하고 있는데, 이것들은 심리성적 발달 부분에서 개관할 것이다.

성격발달

심리성적 발달 이론

성격의 주요 구조적 요소를 검토하였고, 이제 우리는 프로이트의 **심리성적 발달**psychosexual development 도식에서 이러한 구성개념들이 어떻게 사용되는지를 보고자 한다. 이미 언급했던 것처럼 이 이론은 본질적으로 생물학적이다. 그것은 특정한 행동이 발생하는 일련의 단계들이 반드시 나타난다는 점에 근거를 두었다. 정상발달은 초기 단계에서 성기기인 마지막 단계까지 리비도적(성적에너지) 경로를 포함한다. 성기기 바로 이전 단계는 잠복기이며, 성적 에너지가 잠복해 있다. 초기 아동기의 여러 단계들에서 상당한 양의 리비도 에너지의 흐름을 막는 성적인 외상 경험을 할 때 이상발달이 일어난다. 이러한 결과 특정한 단계에 **고착**fixation되는데, 이것은 인생 후기에 위기를 가져올 수 있다. 발달 후기에 스트레스를 받을 때 이런 사람은 불안을 감소시키기 위해 방어기제를 사용할 수 있다. 갈등이 일어난 각 단계마다 이에 대응하는 성인의 성격 패턴을 가정하였다.

구강기

프로이트에 따르면, 원래 아동은 사실상 모두 원초아로 이루어져 있고, 자기(self)와 환경 간의 구별을 할 수 없다. 유아는 생물학적 충동에 의해 통제를 받고, 기본적으로 자기중심적이다. 첫 번째 전성기기(pregenital) 단계의 쾌락적 감각 혹은 성적 충동은 입에 집중되어 있다(Freud, 1969, p. 10). 프로이트는 그것을 **구강기oral stage**라고 불렀다. 쾌락 감각은 아동이 물과 음식을 먹을 때 일어난다. 아동이 인생의 후반에 개인적인 어려움을 경험할 것인지에 여부는 부모의 행동이 중요하다. 이러한 어려움은 생후 첫해에 유아의 욕구를 부모가 지나치게 충족시켜 주었거나, 지나치게 부족했을 때 일어날 수 있다. 예를 들면 엄마가 아이를 돌보는 것에 대해 화를 내거나 갑자기 아이를 떼어 놓는다면, 일부 리비도 에너지는 이런 갈등주변에 고착되고, 남은 리비도 에너지는 다음단계로 간다.

항문기

생후 2~3세 동안, 쾌락 감각은 항문에 집중되어 있다. 아동의 주요 즐거움은 대소변의 보유나 배출과 관련되어 있다(Freud, 1957, p. 324). **항문기anal stage** 동안 자아는 원초아에서 분화되며, 아동은 독립성을 주장하기 시작한다. 그러나 이런 독립성은 아동이 상반되는 증거를 신중하게 생각하고, 합리적인 결론을 내리는 합리적인 의사결정과 관련되어 있지 않다. 그것은 부정적인 독립성으로 아동은 부모가 제공하는 것은 무엇이든간에 즉각 거절한다. 만약 아동에게 "네 신발 좀 신을래?"라고 요청한다면 아동은 즉각 "싫어"라고 대답할 것이고, "사탕 먹을래?"라는 질문을 받는다면 아동이 배가 고프고, 잠시 전에 사탕을 요구했을지라도 다시 한 번 즉시 "싫어"라고 대답할 것이다. 간단히 말하자면, 이 단계는 강한 감정의 싸움과 자아통제를 주장하는 시기이다.

프로이트에 따르면 배변 훈련을 중심으로 주요 경쟁이 되풀이된다. 여러 문화에서 청결함이 미덕이고 부모들은 전형적으로 배뇨와 배변을 조절하는 것을 심하게 강조한다. 아동은 예를 들어, 그들의 바지를 적시거나 더럽히는 것과 같이 배설물을 부적절하게 보유하거나 배출함으로써 이러한 요구에 저항한다. 이 단계의 갈등은 청소년기와 성인기에서의 특정한 행동문제를 촉진시킨다.

남근기

4세에서 5세 동안, 성적 긴장은 생식기에 집중된다. **남근기**phallic stage에서, 남아와 여아 모두 자기 조작으로부터 쾌락을 이끌어 낸다고 본다(Freud, 1957, p. 327). 프로이트에 따르면, 남아는 엄마와의 성적 접촉을 향한 열망을 발달시킨다. 일반적으로 아동은 엄마의 애정과 사랑을 원한다. 그러나 동시에 남아는 부모가 성적 관계를 하며, 아버지가 경쟁자라는 점을 점차 인식한다. 그러나 아버지가 신체적으로 더 강하고 크기 때문에, 남아는 자신의 욕망에 대해 처벌받을 것이라고 두려워하는데, 특히 성기가 거세될 것이라고 두려워한다. 아동은 아버지를 **동일시**identification함으로써 거세불안을 감소시킨다. 이런 방식으로, 아동의 성적 욕망은 사회적으로 더 수용될 수 있는 방식으로 전환된다. 프로이트는 이러한 강한 갈등을 야기한 감정들과 그러한 감정이 어느 정도 해결되는 과정을 **오이디푸스 콤플렉스**Oedipal complex라고 하였는데, 이 용어는 자신도 모르게 아버지를 죽이고, 어머니를 근친상간했던 그리스의 오이디푸스 왕, 즉 소포클레스의 비극인 오이디푸스 왕에서 빌려왔다. 초자아는 아동이 부모의 가치와 사회를 향한 그들의 태도를 받아들이면서 이런 콤플렉스를 해결하는 데서 발달한다.

프로이트는 친족관계와 다양한 원시 사회의 관습이 남성의 오이디푸스 갈등에 대한 그의 생각을 지지한다고 믿었다(Freud, 1950, pp. 144–145). 인류학적이고 역사적인 증거를 토대로, 그는 원시적인 부족 안에서 형제들이 여자의 애정을 받는 주요 경쟁자 즉 그들의 아버지를 죽이기 위해 단결한다고 추측하였다. 행동을 한 후, 그들은 여자를 소유하기 위해 죽을 힘을 다해 서로를 파괴하는 것을 피하고, 조화롭게 살려면 새로운 사회 조직이 필요하다는 것을 깨달았다. 따라서 근친상간을 반대하는 법이 채택되었다. 프로이트는 모든 문화가 두 가지 금기, 즉 근친상간을 반대하는 법과 토템 동물을 보호하는 법을 만들었다고 이론화시켰다. 그는 토템 동물을 아버지의 상징으로 바라보았고, 원시의 부친 살해에 대한 부족의 죄책감을 줄이는 방법으로써 토템 동물을 숭배하였다. 프로이트의 견해에서, 토템동물의 숭배는 부족 구성원들과 아버지와의 약속을 상징한다. 아버지는 그들에게 보호와 돌봄을 약속하였고, 구성원들은 아버지의 생명을 존중할 것을 약속하였다. 프로이트는 부족 구성원과 그들의 아버지와의 약속이 어머니에 대한 근본적인 갈등을 해결하는 방법으로써 남아가 아버지를 결국 동일시하는 것과 비슷하다고 보았다.

프로이트에 따르면 여자의 갈등과정은 매우 다르다. 그는 남근이 없는 여아는 남아를 부러워하고, 그것을 얻기 위해 노력한다고 가정했다. 먼저, 여아는 남아와 경쟁하거나 프로이트가 말한 성장이 멈춘 남근(클리토리스)을 자위함으로써 결핍을 보상하려고 한다. 엄마가 그들의 첫 번째 애정 대상임에도 불구하고, 그들은 남근 없이 세상에 태어나도록 한 엄마를 원망하고, 아버지는 그가 원하는 대상을 가지고 있기 때문에 아버지를 사랑하기 시작한다. 그리고 그들은 원하는 대상을 대신해서 얻는 방법으로써 엄마를 동일시한다(Freud, 1969, pp. 44–51). 그들은 처음에는 아버지의 남근을 얻으려고 하지만 이 공상은 특히 간절히 기다리던 페니스를 가져올 남자 아이를 갖는 소망으로 변화한다. 이러한 바람은 결코 충족될 수 없기 때문에, 프로이트는 모든 여아가 상대적으로 부적절한 초자아를 가지고 있다고 여겼다. 프로이트가 불렀던 것처럼 이런 불완전한 작은 생명체는 객관성과 정의감이 거의 없다. (몇몇의 프로이트 지지자들은 여아에서의 이러한 특별한 갈등과정을 그리스 신화의 엘렉트라 콤플렉스라고 불렀다. 엘렉트라는 오빠로 하여금 미워하는 엄마를 살해하도록 하였다. 하지만 프로이트는 유사성이 약하고, 과정에 대한 그의 설명과 불일치했기 때문에 이 용어를 사용하는 것을 꺼려했다.)

많은 사람들에게, 프로이트 학파의 오이디푸스 콤플렉스 기제와 결과에 관한 제안은, 특히 여아에게는 분명히 맞지 않는다. 프로이트는 오이디푸스 갈등이 생물학적으로 기초를 두고 있으며, 사람에게 보편적으로 발생한다는 주장으로 심하게 비평받았으며, 그의 의견과 모순되는 여러 문화적 증거들이 있다. 적어도 몇몇 문화에서, 아버지를 향한 남아의 분노는 성적인 질투심이 아니라 가족 내에서의 아버지의 강력한 위치에서 비롯된다.

여성주의 학자들은 프로이트의 여자들에 대한 극단적 성차별주의적 견해를 지적하였다. 이 태도는 그가 살았던 강한 가부장적인 사회에서 흔한 것이었다. 프로이트시절에 비엔나 여자들은 모든 모멸적인 대우를 받는 이류 시민이었다. 남근선망에 대한 그의 개념은 특히 여자들을 화나게 하였다. 왜냐하면 신체구조는 타고난 것이며, 건설적인 개인의 성장은 사실상 불가능하다는 것을 의미했기 때문이다. 만약 당신이 천성적으로 열등하다면, 당신 스스로를 향상시키기 위해 많은 노력을 하지 않을 것이다.

유명한 신정신분석가인 카렌 호나이는 수년 전에 남근선망에 대한 프로이트의 개념에 특정한 문제를 제기하였다. 일반적으로 그녀의 주장은 오늘날 선도적인 페미니스트들에 의해 널리 퍼져나갔다. 호나이는 프로이트 학파의 입장은 결함이 있는 생물학의 수렁에 빠졌다고 주장했다. 그녀는 왜 생물학적으로 건강한 여자가 이런 심리적 특성을 보이는지 물었다. 나아가 그녀는 프로이트 학파의 해석이 여자의 심리에 영향을 미친 사회와 문화적 요인을 고려하지 않았다고 주장했다. 남근선망은 명백히 "거세된 여성행동—야망이 있고, 경쟁적이고 남자를 지배하고, 굴욕을 주려는—으로 표출된다."고 가정하였다. 호나이가 주목한 독재적인 힘과 이기적인 야망에 대한 경향은 신경증적인 여자뿐만 아니라 남자들의 특성이다(Horney, 1937, p. 204). 그녀가 제안한 이러한 문제는 성취 지향적이고 지배적이고 야망적인 사람에게 지위가 부여되는 과도한 경쟁 사회에서 야기된다. 일반적인 여자들이 실제로 부러워하는 것은 남자의 지위와 그것과 연관된 심리적이고 물리적인 보상이다. (호나이의 입장은 5장에서 더 자세하게 논의된다.)

잠재기

프로이트는 6세에서 사춘기까지를 **잠재기**latency stage로 가정하였는데, 이 시기 동안에는 성적 발달이 정지되어 있다고 가정하였다(Freud, 1969, p.10). 그는 사람이 행동하는 특징적인 방식은 생후 5년 동안 형성되고, 불가능하지는 않지만 그 이후에는 급격한 성격 변화는 이루어지지 않는다고 믿었다. 이 시기에 아동은 학교와 또래의 세계에 몰두하고, 사회에서 책임감 있고, 효율적인 시민으로서 역할을 하도록 하는 사회적이고 전문적인 기술들을 배우기 시작한다.

성기기

사춘기의 출현으로, 성적 긴장이 극적으로 증가한다. 생식기관은 성숙했고 양성은 이제 출산이 가능하다. 전에는 성 본능의 목적이 분명히 자기애적이었지만, 이 시기의 목적은 적절한 성적 대상과 결합하는 것이다. **성기기**genital stage에서, 적절한 이성애에 적응을 하는 사람은 그 사람에게 이용 가능한 리비도적 에너지의 양에 달려 있다고 본다. 초기 아동기에 리비도의 고착을 일으키는 심한 외상 경험이 없다면 적절한 적응은 가능할 것이다. 성인기에 도달했을 때, 사람들은 일반적으로 결혼을 하고 가정생활로 자리 잡는다.

프로이트에게 정상적인 사람은 중요한 두 영역인 일과 사랑에서 만족스러운 적응을 한 사람이다. 이 견해는 언뜻 보기엔 아주 단순해 보이지만, 어떤 사람이 두 영역에서 성공을 이루기 위해 많은 우수한 특질을 지니고 있어야 한다는 것을 깨달을 때 더 심오해진다. 예를 들어 다른 사람을 사랑하기 위해 우리는 정체성이 안정적이어야 하고, 관대하고, 돌보고, 타협적이고, 신뢰롭고, 공감적이어야 한다. 생산적으로 일하기 위해서, 우리는 책임감 있고, 신뢰할 수 있으며, 동기와 끈기가 있어야 하며, 야망이 있어야 한다. 반면에 부적절한 적응은 리비도의 고착과 특정한 성격장애를 말한다(Freud, 1969, pp. 12–13).

성격 유형

구강적 성격

구강기에 고착된 사람은 이후의 삶에서 주로 외부 세계로부터 무언가를 받거나 얻는 것과 관련된 문제들을 가진다. **구강 수용적 성격**oral receptive character은 유아기 때 과잉만족의 결과이다. 이러한 사람은 타인으로부터 지지와 격려를 받는 것에 익숙해져 있어, 만족을 얻기 위해 타인에게 과도한 의지를 한다(Blum, 1953, p.160). 이들은 또한 지나치게 믿고, 수용적이며 잘 속는 경향이 있다. 그들은 타인의 강함과 리더십에 감탄하지만 자력으로 살아가려고 하지 않는다. 또한 그들은 스스로 성취한 것에서 만족을 얻는 것이 아니고, 다른 사람들이 그들을 위해 일하는 것에서 대부분의 만족을 얻는 무능한 경향이 있고, 지나치게 낙관적인 경향이 있다. 이러한 유형의 사람은 모든 사람이 엄마와 같이 양육적이고, 지지적이지 않기 때문에 불가피하게 다른 사람과의 갈등을 경험한다. 만약 우리가 적절하게 서로 주고받지 않고, 다른 사람에게 시간, 노력, 애정 그 모든 것을 계속해서 요구한다면, 다른 사람이 얼마나 오랫동안 친구로 남아 있을 거라고 기대할 수 있을까?

고착은 부모가 아동의 요구를 심하게 좌절시키거나 충족시켜 주지 못할 때 일어날 수 있다. 이 경우에 사람들은 다른 사람들을 착취하는 것을 배우고 가학적인 태도를 발달시킬 수 있다(Fenichel, 1945, p.489). 이런 **구강 공격적 성격**oral aggressive character은 다른 사람이나 그들의 성공을 시기하고, 다른 사람들을 지배하기 위해 조종하는 전략을 사용한다. 그런데, 대인 관계에서 계속 조종하고, 착취적인 사람을 좋아하고 지지한다고 상상하는 것은 어렵다.

항문기 성격

항문적 성애anal eroticism는 배변 훈련 동안의 어려움에서 나오는데, 아이들이 그들의 부모의 힘과 통제에 대한 싸움에 갇혀 있다. 만약 부모가 매우 가혹하고 요구적이라면, 아동은 반항적으로 부모로부터 그들의 '소중한' 소유물을 지키려고 결심할 수 있다. 프로이트에 따르면 **항문기 성격**anal character은 완고함, 인색함, 질서정연과 같은 특별한 특성들로 설명하였다. 항문기 성격에서 완고함은 고집스럽고, 반항적이며, 타인의 통제를 받는 것에 대해 저항적이라는 것을 의미한다. 그들은 또한 지나치게 양심적이고, 경직되어 있고, 아주 독립적이며, 아주 소소한 일을 수행할 때도 집요하게 한다. 인색은 소유물, 돈, 시간에 대해 절약하고 인색하여, 모든 것들이 낭비되지 않도록 하는 것을 말한다. 질서정연한 특성은 판에 박힌 삶을 살고자하는 그들의 욕구를 반영한다. 주니와 루벤스타인(1982)은 다른 사람에 의해 일상이 방해를 받았을 때 높은 항문 특성의 학생들이 낮은 특성의 학생들에 비해 더 불안정하고 적대적이라는 것을 보여 주었다. 또한 높은 항문 특성의 학생들은 낮은 항문 특성의 학생들에 비해 더 정확하게 하려고 하며, 완벽주의적이며 까다로웠다(Pollak, 1979, pp. 226-227).

남근기 성격

남근기 성격phallic character에 의해 경험하는 어려움은 오이디푸스 콤플렉스를 적절하게 해결하지 못해서 생긴다. 남성은 심각한 거세불안 반응으로, 무모하고, 단호하며, 자기 확신을 가지고 행동한다(Blum, 1953, pp. 163-164). 음경에 지나치게 가치를 두는 것은 과도한 허영심과 노출증에 반영된다. 남성들은 그들이 진짜 남성임을 증명해야 한다. 그렇게 하는 한 가지 방법은 반복적으로 여성을 정복하는 것이다. 돈쥬앙과 같은 남성이 이런 성격에 해당된다. 여성의 경우 주요 동기가 남근선망이다. 결과적으로 그들은 지속적으로 남성을 능가한 우월감을 얻으려고 애쓴다. 그러한 여성은 "거세하는 여성"으로 생각했다.

생식기 성격

프로이트는 이상적인 유형을 **생식기 성격**genital character으로 보았다. 이런 사람들은 성적으로 성숙하고 오르가즘 능력이 있다. 그들은 적절한 애정 대상을 찾았기 때문에 리비도적인 에너지를 더 이상 억누르지 않는다(Blum, 1953, p. 164). 프로이트의 관점에서 행복의 열쇠는 사랑하고, 사랑받을 수 있는 능력이다. 성적인 사랑은 우리에게 행복과 기쁨을 제공하는 친밀감의 한 측면이다. 친밀함을 형성하는 것은 행복에 중요하지만, 프로이트는 사랑하는 사람의 상실과 사랑하는 사람에 의한 거절에 상처를 받기 쉽다는 것을 상기시켜 주었다. 그러나 프로이트는 사랑이 건강하게 기능하는 데 필요하고, 사랑은 필연적으로 수반되는 고통에도 불구하고 추구되어야 한다고 믿었다.

생식기 성격은 또한 생산적이고 창의적인 일의 형태로 표현함으로써 원초아의 충동을 승화할 수 있다. 행복을 가져오는 창의적 활동은 개인마다 다르다. 일부 과학자나 대학 교수의 경우처럼 어떤 사람들은 지적 능력을 연마하고, 진리를 추구하여 행복을 얻는다. 다른 사람들은 발레댄서의 예술적 우아함과 민첩성에서 보았던 것처럼 직접적인 활동을 통해 추구한다. 따라서 사람들은 그에게 가장 잘 맞는 길을 찾아야 한다(Freud, 1952a, pp. 772-776).

심리성적 발달에 관한 연구 증거

우리는 프로이트가 인간발달에 관한 흥미로우면서 도발적인 이론을 만들었다는 점에 동의하지만, 경험적 타당성 문제가 남아 있다. 이론이 상당히 모호하게 진술되었지만, 과학적인 검증을 위한 가설은 여전히 그 이론에서 나온다.

성격 유형에 관한 증거

프로이트의 심리성적 발달에 관한 정신분석이론은 초기 아동기에 시작한 무의식적 갈등이 해결되지 않은 채 성장하여 성인에게 특정한 성격특성이 존재한다고 제안하였다. 예를 들어 구강 수용적 성격의 가정된 특성은 과도한 낙천주의, 의존성, 수다스러움, 그리고 강한 호기심을 포함한다. 구강 공격적 성격과 관련된 것으로 생각되는 특성은 시기심, 지나친 비관주의, 타인에 대한 과도한 조종 및 적대감이 포함된다. 항문기 성격의 주요한 특징은 세부적인 사항에 지나치게 관심을 갖고, 다른 사람에게 영향을 받는 것에 저항하는 것이다. 남근기 성격의 전형적인 특성은 무모함, 지나친 자만심, 허영심, 자기 확신을 포함한다(Kline, 1972, pp. 7–12). 프로이트의 구강 수용적 성격의 개념과 일치하는 상당히 상관이 있는 특성의 증거가 있으며, 구강 공격적 성격에 대해서는 증거가 거의 없고, 항문기 성격의 특성을 지지하는 몇 가지 관련 특성이 있으며, 남근기와 생식기적 성격을 지지하는 연구는 없다. 그러나 이러한 성격 유형 중 일부에 대한 프로이트의 관점을 경험적으로 지지할 수 있는 근거가 상대적으로 부족해 왔던 이유는 이런 접근에 대한 신뢰롭고 타당한 측정도구가 없었기 때문이었다. 그 결과 프로이트 사상은 검증하기 힘든 이론이 되었다.

구강 수용적 성격

연구자들은 초기 구강 수용적 성격에 관한 이론을 검토하기 위해 프로이트의 고전적 이론을 연구하였다. 연구자들은 만약 구강 수용적 성격이 구강기에 고착되고, 성장 후에 프로이트가 주장했던 것처럼 권위적인 인물에 순종하고 의존적이라면, 개인은 다양한 상황에서 권위 인물의 요구에 더 동조하고, 순종하며 영향을 받는 것을 보여 주어야 한다고 주장하였다.

이런 가설을 검증하기 위해, 트리비치 및 메서(1974, pp. 842–848)는 먼저 블래키 그림 검사라는 투사 검사를 시행하여 남자 대학생의 구강성을 측정하였다. 이 검사는 블래키라는 이름을 가진 강아지의 모험을 묘사한 12장의 만화로 구성되어 있다. 연구 참여자(모든 남성)에게 블래키에 관한 이야기를 만들어 달라고 요청하였다. 그리고 그들의 반응을 훈련받은 평가자가 채점을 하였다. 예를 들어 참여자가 그림 중 하나를 보고 블래키가 "어머니의 젖을 힘차게 빠는 것"과 같은 이야기를 하도록 한다. 혹은 다른 그림을 보면서 "이 그림이 블래키가 크면서 다른 어떤 것보다도 먹는 것을 좋아할 것이다."라는 것을 의미한다고 말할 수 있다(이것은 연구 참여자들이 실제로 이야기한 두 가지 반응이다).

참여자의 구강성 수준이 결정되었을 때, 참여자들을 높은 지위의 권위적인 인물이라고 소개한 사람이 있는 실험실로 개별적으로 보냈다. 각 참여자들은 일단 완전히 어두운 방에서 빛이 비추어질 것이라는 이야기를 들었다. 그가 해야 할 과제는 빛이 얼마나 이동하였는지를 판단하는 것이다. 그는 1인치에서 23인치 사이로 움직일 거라는 이야기를 들었다. 그러나 응답하기 전에 참여자는 얼마나 움직였는지에 대한 권위적인 인물의 판단을 듣는다. 일련의 시행에서 구강성이 높은 사람들의 반응은 구강성이 낮은 사람들의 반응보다 권위적인 사람의 반응과 유사하였다. 따라서 프로이트의 이론과 연구자들의 예측을 확증해 주었다.

프로이트는 또한 구강 수용적 성격은 다른 사람에게 높은 의존성을 보이는 것뿐만 아니라 접촉, 친밀한 관계 및 돌봄을 받고자 하는 강한 욕구를 가진다고 주장하였다. 한 연구는 구강 수용적 유형이 사회적으로 고립되었을 때 혐오적 각성을 경험하는 경향이 있음을 보여 줌으로써 친밀 욕구와 정서적 지지에 대한 증거를 제공하였다(Masling, Price, Goldband, & Katkin, 1981, pp. 395–400). 특히, 이 연구자들은 다른 사람 앞에서 수행할 때보다 방음이 되는 실험실에서 혼자 과제를 수행할 때 구강 의존 욕구를 가진 사람들이 더 많은 불안을 보여 준다는 사실을 발견하였다. 메슬링, 오닐 및 캣킨(1982, pp. 529–534)은 구강성이 높은 연구 참여자들이 냉정하고 비인간적인 사람과 상호작용하도록 강요받을 경우 온화한 사람과 상호작용하라고 강요받을 경우보다 더 많은 스트레스를 경험한다는 것을 알아냈다. 구강성이 낮은 참여자들은 냉정한 사람과의 상호작용 조건과 온화한 사람과의 상호작용 조건 사이의 스트레스 수준에서는 차이가 없었다.

주니, 메슬링 및 브래넌(1979, pp. 235–237)은 접촉 욕구에서, 구강성이 높은 사람들은 구강성이 낮은 사람보다 다른 사람의 문제를 해결하는 것을 도와줄 때 더 많은 신체적 접촉을 사용한다는 것을 발견하였다. 구강성이 높은 사람들과 구강성이 낮은 사람들이 문제를 해결하는 실험에 참여하였고, 실험에서는 눈을 가린 다른 연구 참여자에게 어떤 방법이든지 최대한 빨리 미로를 통과하도록 안내를 하도록 하였다. 연구자는 구강성이 높은 사람은 구강성이 낮은 참여자들보다 안내를 하는 동안 더 많은 접촉을 하였으며, 구강성이 높은 사람의 안내를 받은 집단이 미로를 더 빠르게 통과하는 경향이 있음을 발견하였다.

이 연구와 다른 연구 결과는 구강 수용적 성격에 대해 일관되게 지지한다(Shilkret & Masling, 1981, pp. 125-129).

항문기 성격

항문기 성격에 관한 프로이트의 이론에 대한 소수의 연구가 있다. 예를 들어, 몇몇의 연구에서 항문기 성격은 완고하고, 독단적이며, 시간을 아끼고, 절약하며, 신중한 경향이 있음을 발견하였다(Pollak, 1979, pp. 235-237). 오닐(1984, pp. 627-628)은 또한 항문기 성격은 관상 동맥 심장 질환에 걸리기 쉬운 사람(모두 지나치게 경쟁적이고, 적대적이며, 참을성이 없고, 그리고 지나치게 시간에 관심이 있는)으로, A 유형 특징이 높은 사람에게 공통적인 많은 특징을 가지고 있다는 점을 발견하였다. 트리비치와 메서(1974, pp. 842-848)는 또한 항문기 성격이 높은 참여자들은 낮은 항문기 성격의 참여자들보다 다른 사람의 영향에 더 저항한다는 사실을 발견하였다. 피셔와 주니(1982)의 다른 연구에서 높거나 낮은 항문기 성격을 가진 연구 참여자들은 다른 학생의 사생활에 대해 쓴 에세이를 읽어달라는 요청을 받았다. 한 가지 에세이는 친밀함(즉, 학생이 자신의 성생활에 대해서 쓴 것)이 높았고, 다른 에세이는 친밀함(즉, 학생이 학업과정에 대해 쓴 것)이 낮았다. 항문기 성격이 높거나 낮은 연구의 참여자들은 높거나 낮은 친밀감이 있는 에세이 둘 중 하나를 읽었다. 에세이를 읽은 후 모든 참여자는 자신의 사생활에 대해 에세이를 쓰도록 하였다(친밀감 수준의 종류에 대한 언급이 없으므로, 그들의 반응은 글로만 표현되었다). 항문기 성격이 낮은 참여자에 비해 항문기 성격이 높은 참여자는 친밀한 에세이를 선택하여 읽고, 친밀감 수준이 낮은 에세이를 쓰는 것으로 반응하였다. 다른 학생이 아주 솔직한 에세이를 썼음에도 불구하고, 그들은 사생활을 많이 공개하는 것을 꺼려하였다. 분명히, 높은 항문기적 특성을 가진 사람은 이 상황을 개인 정보를 드러내는 민감한 요구를 하는 상황이라고 보기 때문에 방어적인 태도를 보였고 말을 하지 않았다. 친밀하지 않은 에세이를 썼던 학생에 대한 반응에서 높거나 낮은 항문기적 특성을 가진 사람 간의 노출 수준은 차이가 없었고, 높거나 낮은 항문기적 특징을 보인 두 집단은 모두 친밀하지 않은 에세이를 작성하였다. 이 밖에 남근기나 성기기의 성격에 관한 연구는 현재 이루어지지 않았다.

후고전적 정신분석학의 위치

심리성적 발달에 관한 고전적 이론은 구강 수용적, 항문기 및 남근기 성격 유형의 기원이 구강기 수유과정에서 생긴 미해결된 고착, 항문기 배변 훈련과정에서 생긴 미해결된 고착, 그리고 남근기에 발생하는 쾌락감각에서 생긴 미해결된 고착에 있을 수 있다고 주장하지만, 이런 기원의 입장을 지지하는 직접적인 경험적 증거는 거의 없다(Bornstein, 2005a, pp. 4–5). 그 결과, 심리성적 발달에 대한 고전적 프로이트의 이론은 주류 심리학에서 벗어나 있다. 그러나 프로이트의 생각 모두가 현대 연구자들에 의해 거부되었다는 것을 의미하지는 않는다. 대조적으로, 일부 현대 연구자들은 인간발달과 심리치료의 연구에 프로이트 관점의 많은 부분에 토대를 둔 **정신역동적 접근**psychodynamic approach을 채택하였다(예를 들어, 초기 아동기에 기원을 둔 무의식적 갈등은 아동과 권위적인 인물인 엄마 사이에서 일어나며, 이러한 갈등은 개인이 스트레스에 대처하기 위해 노력함에 따라 불안과 방어를 일으키고, 해결되지 않는 갈등은 개인의 성격의 기능과 차후 발달에서의 씻을 수 없는 강한 인상을 남긴다는 접근). 우리는 이제 현대 정신역동이론 즉, 성격발달과 기능에 관한 프로이트 학파의 접근, 즉 정신역동이론이 의존적 성격 유형이라고 부른 것을 살펴보고자 한다.

의존적 성격 유형

수유와 관련된 생물학적으로 기원을 두고 있는 구강기 고착 가설은 경험적 지지가 부족하여 포기하고, 본스타인(1992, pp. 3–23)은 아주 파괴적인 의존이 부모가 자녀에게 과잉보호와 권위주의적 방식으로 양육했던 아동기 경험에서 시작된 것이라는 상호작용에 관한 생각을 주장하였다. 부모가 아이들을 거칠고 요구적으로 대하고, 과잉보호를 하는 것은 아동과의 갈등을 일으키고, 실제로 자신에게 직면한 문제를 해결할 수 있는 능력이 있는 상황에서조차 무의식적 수준에서 다른 사람의 지도, 도움, 지지를 무분별하게 찾도록 한다. 이러한 양육방식은 전형적으로 성공적인 학습 경험을 가져오는 자기효능감과 숙달감을 획득하는 것을 방해하는 불행한 결과를 가져온다. 그 결과 **의존적 성격 유형**dependent personality type이 발달한다(Bornstein, 2005a, p. 17; Bornstein, Ng, Gallagher, Kloss, & Regier, 2005, p. 732). 병인학의 연구는 부모의 과잉보호와 권위적 대우가 대학생이 된 자녀의 의존성과 관련이 있다는 것을 보여 준다(Bornstein, 2005a, pp. 186–187).

의존성의 연구에서 광범위한 부모와 자녀의 상호작용적 접근이 발달하면서 연구자들은 프로이트의 관점을 유지하면서 새로운 이론적 개념을 만들어 낼 수 있게 되었다. 예를 들어, 그들은 현재 의존적 성격 유형의 몇 가지 핵심구성요소를 확인한다. 특히, (1) 동기적 요소는 다른 사람으로부터 지지와 인정을 받고자 하는 강한 요구이며, (2) 인지적 요소는 자신을 힘없고, 무능하게 지각하는 것이며, (3) 감정적 요소는 자율적으로 기능하도록 요구할 때 불안해지는 경향이며, (4) 행동적 요소는 잠재적인 보호자와 유대를 강화시키기 위한 자기제시 전략을 사용하는 것이다(Bornstein, 2005b, p. 82). 이 새로운 틀은 많은 흥미로운 연구 결과를 가져 왔다.

정신병리학 분야에서 예를 들면, 강한 의존 욕구를 가진 사람들은 대인관계에서 매우 불안정한 것으로 나타났다. 그 결과 아주 많은 관계갈등을 경험한다. 그들은 이 혐오적 상황을 변화시키는 것에 대해 힘이 없고, 무력하다고 느끼기 때문에, 이런 사람들이 우울하게 된다는 것은 놀라운 것이 아니다(Huprich, Clancy, Bornstein, and Nelson-Gray, 2004, pp. 2-16). 임상전집 및 비임상적 사람들을 연구한 수십 편의 연구는 강한 의존 욕구를 가진 사람들이 의존 욕구가 없는 개인보다 우울증과 자살에 취약하다는 것을 일관성 있게 보여 주었다. 이들 연구는 강한 의존 욕구를 가진 개인이 비만이 될 경향이 있으며, 폭식증 및 거식증과 같은 식이장애를 더 많이 보이고, 흡연율이 높고, 알코올 중독이 될 가능성이 높다는 것을 보여 주었다(Bornstein, 1992, pp. 14-16; Bornstein, 1998, p. 175; Bornstein, 2001, pp. 151-162; Bornstein & Cecero, 2000, p. 324; Bornstein & O'Neill, 2000, p. 463; Perry, Silvera, & Rosenvinge, 2002, p. 412; Sprohge, Handler, Plant, & Wicker, 2002, pp. 155-158).

그러나 많은 임상가와 연구자들의 마음에 있는 '의존적 성격 유형은 항상 수동적이고 복종하는 사람이다'라는 고정관념과는 대조적으로 최근 연구는 특정한 상황에서 개인은 실제로 적극적이고, 주장적으로 행동하였음을 보여 준다. 특히, 다른 사람들로부터 칭찬과 인정을 받기 위한 목표를 달성하기 위해 의존적 성격을 가진 사람은 매우 자기제시적이었다. 예를 들어 권위 인물(실험자)이 없는 실험실에서 그들은 동료들의 인정과 칭찬을 얻기 위해 동료의 의견에 동조하는 것을 발견하였다. 같은 상황에서 그들은 또한 동료에게 호의적인 평가를 얻기 위해 겸손하게 행동하였다. 단지 한 명의 권위 인물이 실험실에 있다면, 그들은 권위 인물에게 감동을 주기 위해 자신의 능력과 기술을 강조함으로써 권위 인물의 인정을 받기 위해 노력을 할 것이다. 흥미롭게도, 동료와 권위 인물이 모두 실험실에 있고, 어떤 사람에게 칭찬과 인정을 받을지 선택하라고 할 때, 그들은 훨씬 더 명성이 있는 권위 인물로부터 칭찬을 받고 경쟁에서 이기기 위해 동료들과 경쟁할 것이다(Bornstein, Riggs, Hill, & Calabrese, 1996, pp. 637-673).

최근 새로운 연구 결과에서 언급된 다른 고정관념은 '의존적 성격 유형은 항상 자신이나 다른 사람에게 파괴적인 방식으로 행동한다'는 견해이다. 몇몇의 연구들은 그들이 때로는 긍정적인 방법으로 행동할 수 있도록 하는 특정한 성격 측면이 있다는 것을 보여 준다. 예를 들어, 비의존적인 사람들과 비교하면, 높은 의존성을 가진 개인은 다른 사람을 우호적이고, 유용하게 보는 것을 발견하였다. 그들은 다른 사람들과는 가까워질 수 있다고 믿고, 돌보는 방식으로 그들에게 반응할 것이라는 기대를 가지고 있었다(Pincus & Wilson, 2001, pp. 242–243). 또한 높은 의존성을 가진 개인은 대인관계에서 더 민감하며, 어려운 과제에 직면하였을 때 교사들에게 지도를 요청하는 경험이 더 많았다. 교사의 지도는 일반적으로 더 나은 이해를 가져오기 때문에, 이러한 행동은 학업수행을 향상시킨다(Bornstein, 1992, p. 18; Bornstein, 1994, p. 629). 또한, 의존성이 높은 개인이 권위 인물의 칭찬을 받고 기쁘게 하려는 강한 욕구는 아주 지지적인 부모와 교사를 위해 그들이 수행을 잘 하도록 동기화시킬 수 있다. 따라서 이러한 사람들은 다른 사람들을 기쁘게 하려는 욕구가 실패로 인한 거절에 대한 두려움을 능가할 때 효과적인 시험수행을 성취할 수 있다. 병원 장면에서, 강한 의존 욕구를 가진 사람들은 전문의와 다른 간병인들과의 긍정적인 관계를 통해 의사와 병원에 대한 긍정적인 태도를 갖는 경향이 있으며(Bornstein & Gold, 2008, pp. 154–161), 신체적 증상이 나타날 때 의학적 관심을 찾아 회복에 대한 더 많은 긍정적인 예후를 보이고(Bornstein, 1993, p. 403), 권위 인물을 기쁘게 하려는 욕구는 비의존적인 사람과 비교해 볼 때 의료프로그램을 따르도록 한다(O'Neill & Bornstein, 2001, pp. 289–298; Parker & Lipscombe, 1980, pp. 355–363). 결론적으로, 의존성은 "모두 좋은" 것도 "모두 나쁜" 것도 아니다(Bornstein, 1993, p. 404). 오히려, 의존성은 어떤 상황에서 장점이 될 수 있고, 다른 상황에서는 단점이 될 수 있다. 치료의 목표는 모든 형태의 의존성을 제거하는 것이 아니다. 대신에 환자의 부적응적이고 상황에 부적절한 행동을 가져오는 **건강하지 못한 의존성**unhealthy dependence을 제거하고, **건강한 의존성**healthy dependence을 표현하도록 격려하는 것이다. 건강한 의존성을 가진 사람은 더 자율적으로 기능하지만 상황적으로 적절할 때 다른 사람에게 도움과 지지를 구하는 능력이 있다(Bornstein, 2005a, p. 147).

평가 기법

환자의 성격을 이해하기 위해서 프로이트는 자유연상, 꿈 분석, 전이와 같은 세 가지 주요한 기법에 의존하였다.

자유연상

우리가 지금까지 살펴본 것처럼, 프로이트의 **자유연상**free association 기법은 환자가 자기 검열 없이 그들에게 일어나는 생각과 기억을 이야기하는 것을 말한다. 환자에게 사소하고, 중요하지 않으며, 당황스럽고, 비논리적인 것이 무엇이든지 모두 이야기하도록 한다. 프로이트는 완전히 검열하지 않고 보고하는 이런 시도를 정신분석의 기본규칙이라 하였다. 분석 동안, 프로이트는 환자의 얼굴표정과 제스처를 볼 수 있지만 환자는 프로이트를 볼 수 없는 뒤쪽에 앉았다. 이런 방식으로, 그는 자신의 몸짓과 얼굴표정으로 환자의 행동을 유발하지 않는다고 확신하였다. 그는 환자의 반응이 자발적이며, 통제되지 않는 것을 원하였다. 프로이트는 저항이 일어났을 때, 분석이 올바른 방향으로 진행된다고 믿었다. 그것은 환자가 가진 문제의 실제적인 근원을 밝히는 것이라고 믿었다. 프로이트는 자유연상의 사용을 통해 환자의 문제가 일반적으로 초기 아동기의 외상적 경험에서 나온다는 점을 발견하였다.

프로이트는 불쾌한 비밀을 밝히기 위해 자유연상을 사용한 흥미로운 비임상적 예를 제공하였다(Freud, 1960b, pp. 8–11). 프로이트는 휴가 동안에 그의 이론 중 일부의 타당성에는 회의적이지만, 이론을 잘 아는 젊은 회원과 만났다. 그 남자는 일반적으로 세상과 학문적 성공에 대해 매우 비관적이었다. 학문적 입장을 이용할 수 없었을 뿐 아니라, 그는 유태인으로 대학생활에서 반유대주의가 퍼져 있었기 때문에 사실상 그의 전문가로서의 실패는 당연하였다.

이 사건은 **실책행동**parapraxis과 관련되는데 이것은 실언, 단어의 잘못 들음, 또는 분명한 단어나 생각을 잊어버리는 것과 같은 인지적 실패이다. 이 젊은 회원은 아이네이아스(Aeneas)에 복수를 위해 학대받은 디도(Dido, 카르타고를 건설했다고 하는 여왕)가 기도를 하였다는 베르길리우스(Virgil, 로마 시인)의 아에네이드(Aeniad, 트로이 용사)의 구절을 인용하여 불공평에 대한 분노를 강조하고자 하였다. 그 구절은 라틴어로 *Exoriar(e) aliquis nostris ex ossibus ultor*이며, 이는 복수자의 뼈들은 사람을 울린다는 의미이다. 그러나 그는 *aliquis*(사람)이라는 단어를 빠뜨렸다. 그는 실수를 바로 알고, 정정하려고 오랫동안 그것에 관해 생각하였지만 기억하지 못하였다. 마침내 그는 마지못해 프로이트에게 물었고, 프로이트가 말했다. 실수에 의해 굴욕감을 느낀 그 남자는 프로이트의 이론이 의미가 없는 실수조차 의미가 있다고 말하는 "말도 안 되는" 이론이라고 하면서 보복하려고 했다. 그는 후에 누락된 단어 *aliquis*의 잠재적 의미를 보여 주면서 프로이트에게 그의 이론을 증명하라고 도전했다.

프로이트는 즉시 젊은 남자가 자유연상한 모든 생각을 전부 보고하라고 하면서 도전을 받아들였다. 그 남자는, "*a*와 *liquis*와 같이 단어 *aliquis*을 나누는 것은 우스꽝스럽다는 생각이 일어났다."고 자유연상을 하였다. 프로이트는 물었다. "다음에는 무엇이 일어났습니까?" 젊은 남자는 대답하였다. "유물, 액화, 유동성, 유체." 그러고 나서 그 남자는 질문하였다. "당신은 아직 아무것도 발견하지 않았습니까?" 프로이트는 대답하였다. "네. 그것의 의미를 아직 모릅니다. 그러나 가까워지고 있습니다." 그 남자는 비웃었고, 말하였다. "나는 [지금] 내가 2년 전에 트렌트 교회에서 보았던 유물인 트렌트의 사이몬을 생각하고 있습니다. 나는 [오늘 다시] 유태인들을 향하여 목숨을 건 희생에 대해 고소를 생각하고 있습니다." 15세기에 유태인들은 후에 순교자와 성인라고 선언된 2살 반의 아이인 사이몬을 죽였다고 비난을 받았다. 후세기에 가톨릭교회는 죄의 고백이 고문에 의한 것이었다는 것을 인정하고, 유대인들을 면죄하였다(Erdelyi, 1985, p, 39).

이 남자의 다음 연상은 그가 최근에 읽었던 이탈리아 신문기사로 "성 아우구스티누스(Saint Augustine)의 여성에 대한 생각은 무엇인가"였다. 그리고 성 아우구스티누스와 성 야누아리오(Saint Januarius)는 모두 달력에 표기되었고, 그들은 성 야누아리오(성 야누아리오는 나폴리의 주교이자 로마 가톨릭교회의 순교자 및 성인)의 피와 관련된 기적에 대해 말하였다. 프로이트는 피의 기적을 설명해 달라고 남자에게 요청했고, 그는 대답하였다.

> 그들은 야누아리오의 피를 나폴리의 교회 내부에 유리병 안에 넣어 보관하였고 특별한 날에 기적적으로 그것은 변화를 한다(liquefies). 사람들은 기적에 큰 중요성을 부여하고, 프랑스가 마을을 점령하였을 때 한번 지연된 일이 일어났다고 매우 흥분하였다. 그래서 사령부의 장군은 교회의 담당 성직자를 곁에 두며, 기적이 곧 이루어질 것으로 기대하면서 밖에 서 있는 병사들에게 이해하도록 하였다. 그리고 기적이 일어났다. (Freud, 1960b, p. 10)

그러고 나서 이 남자는 잠깐 멈추고 다음 생각은 말하기에 너무 사적인 것이라고 하면서 계속 이야기하는 것을 망설였다. 약간 재촉한 후에 그는 마지못해 이야기를 계속하였다. "나는 갑자기 우리 모두 난처하게 될 뉴스에서 쉽게 들을 수 있는 한 여자를 생각하였다." 프로이트는 즉시 질문의 형태로 해석을 제시하였다. "그녀의 생리가 중지되었습니까?" 그 젊은 남자는 놀랐으며, 응답하였다. "어떻게 그런 추측을 할 수 있습니까?" 프로이트는 응답하였다.

> "그것은 더 이상 어려운 것이 아닙니다. 당신은 충분히 이야기를 하였습니다. 달력에 기재된 성자들에 대한 생각과 특정 날짜에 흘리는 혈액, 사건이 일어나지 못하도록 하는 방해, 기적이 일어날 수 있는 개방적 조짐 등. 사실상 당신은 여성의 생리에 대한 놀라운 암시를 제시하기 위해 성 야누아리오의 기적을 사용했습니다." (Freud, 1960b, p. 11)

그 남자는 차분하게 "나는 확실히 그것을 모르고 있었습니다."라고 하였고, 프로이트는 자신의 해석을 확대하여, *aliquis*의 접두사 *a* 아무런 의미가 없지만, *liquis*는 액체를 의미한다고 설명하였다. 그는 젊은 남자가 liquid가 아닌 "aliquis"라는 두려운 생각을 의식에서 거부하려고 했다고 생각했다. 즉, 그는 "생리가 없고, 그녀가 임신했어."라는 생각을 피하려고 하였다(Erdelyi, 1985, p. 41).

젊은 남자는 이탈리아 여자 친구가 임신했다고 생각한 것을 수줍게 인정하였다. 프로이트는 그가 그녀와 결혼을 할 것인지 낙태를 하도록 할 것인지의 여부에 대해 당황스러워 하는 것을 관찰하였다. 프로이트가 주장했던 낙태에 대한 생각은 아이인 사이몬의 희생에 관한 젊은 남자의 생각에서 나왔다. 분석을 통해, 프로이트는 젊은 남자의 놀라움과 만족, 망각의 근원적인 의미를 밝힐 수 있었다.

꿈 분석

프로이트가 환자의 무의식적 비밀을 풀기 위해 사용했던 다른 주요한 기법은 **꿈 분석** dream analysis이다. 프로이트의 과업은 잠재되었거나 숨겨진 의미를 발견하기 위해 꿈의 내용이 상징하는 바를 분석하고 해석하는 것이다. 프로이트는 광대한 임상적 경험의 결과로써 상징이 보편적인 의미를 갖는다고 믿었다. 예를 들어 막대, 나무 줄기, 우산, 뱀은 음경을 상징한다고 생각하였고, 상자, 문, 대형 가구는 질을 상징한다고 생각하였다. 프로이트는 이러한 보편적인 의미에도 불구하고 모든 상징을 개인의 고유한 갈등의 관점에서 평가하고, 해석되어야 한다고 믿었다. 또한 이러한 상징은 일반적으로 다양한 의미를 가지고 있어서 분석을 매우 어렵게 만든다.

프로이트의 견해에 따르면, 꿈은 항상 소원 충족을 위한 시도로 위장되어 나타난다. 욕구는 개인이 받아들일 수 없는 무의식적인 동기이며, 항상 성적인 본능과 긴밀하게 연결되어 있다. 잠을 자는 동안, 이러한 충동이 표현되려 하지만 검열의 대상이 된다. 결과적으로, 충동은 위장된 상징적인 형태를 통해(전치) 간접적으로 표현되려 한다. 이런 간접적인 표현은 꿈의 명시적 내용에서 볼 수 있다. 종종 꿈에서 나타난 내용이 실제 소원과 전혀 무관한 것처럼 보인다. 그러나 프로이트의 상세한 분석을 통하여 관련성이 드러나며, 이것은 다음의 사례에서 볼 수 있다.

프로이트의 젊은 여성 환자는 자신의 여동생에게 오토와 찰스라는 두 아들이 있었지만 불행하게도 그 중 오토가 최근에 사망했다고 말했다. 오토는 환자가 좋아하는 아이였지만, 찰스 역시도 마음에 들었다고 주장했다. 환자는 프로이트와의 약속에 오기 전날 밤에 꿈을 꾸었다고 말했다. 환자는 "찰스가 죽어서 누워 있는 것을 보았어요. … 작은 관에 손을 포개고, 거기에는 촛불이 켜져 있었어요. 말하자면 어린 오토가 죽었을 때처럼 말입니다. 그것은 나에게 충격을 주었어요."라고 이야기하였다(Freud, 1938b, pp. 229–230). 환자는 프로이트에게 그 이상한 꿈이 의미하는 것에 대해 물었다. 환자는 자신의 여동생에게 유일하게 남은 자식이 죽기를 바라는 욕구를 가질 만큼 자신이 사악한 것인가요? 아니면 자신이 정말 오토 대신 그녀가 더 사랑했던 찰스가 죽기를 소망했다는 의미인가요? 프로이트는 어느 해석도 올바르지 않다고 그녀를 안심시켰다.

분석 과정에서 프로이트는 젊은 여자가 어린나이에 고아가 되었고, 그녀의 동생과 함께 살았다는 것을 알았다. 몇 년 후, 동생은 그녀에게 매력적인 남성을 소개해 주었다. 그녀는 남자와 결혼을 약속하였다. 그러나 웬일인지 동생이 이를 방해하였다. 그리고 그 남자는 더 이상 집을 방문하지 않았다. 그녀에게는 다른 구혼자가 많이 있었지만, 젊은 여자는 다른 남자에게 애정을 줄 수 없었다.

그녀가 관심이 있는 대상은 종종 대중 강연을 하는 문학적 재능이 있는 교수였다. 젊은 여자는 그의 강연을 듣기 위해 언제나 티켓을 구매하려고 노력하였다. 그리고 보이지 않는 청중석에 앉아 있곤 하였다. 그녀의 친구가 콘서트에 가게 되는 것을 알게 되면, 그녀는 그 사람을 볼 수 있다는 희망으로 콘서트에게 갔다. 그녀가 그를 마지막으로 보았을 때가 어린 오토의 장례식장이었다. 그는 그녀와 여동생에게 애도를 표했다. 그 상황에서도 그녀는 교수에 대한 애정의 감정을 억제할 수 없었다. 어린 찰스에 대한 그녀의 꿈의 동기는 분명해졌다. 그건 그녀가 남자를 다시 보고 싶은 소망을 의미하였다. 따라서 꿈이 처음에는 기이하고 해석할 수 없는 것처럼 보이지만, 프로이트는 숨겨진 소망을 찾을 수 있었다. 그래서 그녀의 진짜 동기를 명확히 밝혀서 도움을 주었다.

전이

자유연상과 꿈 분석 외에도 프로이트는 환자에게 치료에서 변화를 촉진하기 위해 **전이** transference에 크게 의존하였다. 치료의 과정에서, 프로이트는 환자들이 권위적인 인물(그중에서도 그들의 부모)과의 상호작용과 그들의 과거의 갈등을 불가피하게 재경험한다는 것을 발견하였다. 일반적으로, 그는 환자가 자신의 과거에 중요한 인물이 환생한 것처럼 치료자를 본다고 주장하였다. 결과적으로, 환자는 어린 시절 권위 인물에게 보였던 감정과 행동을 치료자에게 전이시킨다.

프로이트의 견해를 보면, 이러한 전이현상은 치료자가 환자를 치료할 때 귀중한 가치가 있을 수 있다. 그러나 환자가 과거 부모를 향한 적개심과 분노 감정을 밖으로 표현하기로 결정했다면 그것은 또한 위험할 가능성이 있다.

일반적으로, 프로이트에 따르면, 전이과정은 **양가감정**ambivalence의 특성을 지닌다. 환자는 전형적으로 부모를 향해 적개심과 애정 모두를 가지며, 이러한 긍정적인 감정과 부정적인 감정을 치료자에 전이시킨다. 프로이트는 그에게 처음에는 **긍정적인 전이**positive transference를 보이고, 나중에 부정적인 감정을 전이시킨다는 것을 발견하였다. 긍정적 전이시 환자는 치료자에게 특별한 애정적 관심을 발달시켰다. 그들은 그를 완전히 신뢰하였고, 아낌없이 칭찬하였다. 여성 환자 중에서도 일부는 그와 열정적으로 사랑에 빠져들었고, 그에게 성적인 요구를 하였다. 다른 환자들은 그가 좋아하는 딸로 대우받기를 바라는 소원을 나타냈다. 모든 사례에서, 여성은 그와 가까운 사람들을 매우 질투하였다. 프로이트는 여성 환자들이 표현한 직접적인 형태는 아니지만, 남성 환자에게서도 그를 향한 성적인 감정의 증거를 발견하였다.

전이과정의 분석에서, 프로이트는 여성 환자가 그를 향해 사랑과 애정을 표현한 많은 사례에 초점을 맞추었다. 그는 이러한 애정 표현(overtures)이 저항의 주요한 신호라고 믿었다. 즉, 애정의 표현은 환자가 자신의 과거의 일부를 특히 고통스럽고 크게 억압된 부분을 기억하거나 인정해야 하는 분석 시점에서 발생할 가능성이 높다. 그래서 그들은 자신의 삶에서 외상적 초기 성적경험에 직면하는 것을 피하기 위해 치료자에게 사랑을 표현했다. 프로이트는 환자들이 무의식적으로 치료자를 사랑하는 사람의 수준으로 끌어내려 치료자로서의 신뢰성을 파괴하려고 노력한다고 믿었다. 만약 그들이 목표를 달성한다면, 갈등의 근원에 관한 치료자의 해석을 더 이상 경청하지 않거나, 믿지 않을 것이다. 따라서 그들은 억압된 기억을 직면하는 것과 관련된 고통을 회피할 것이다.

그러나 치료자는 이러한 비이성적인 애정 표현에 어떻게 반응하는가? 프로이트는 치료자가 치료적 관계를 끊는 것은 거의 의미가 없다고 생각했다. 왜냐하면 그것은 억압된 자료를 접촉하지 못하게 하고, 환자가 치료되지 않기 때문이다. 또한 치료자는 윤리적으로 성적 관계의 유혹에 빠지지 말아야 한다. 프로이트는 높은 전문적인 기준을 가졌으며, 치료자는 환자의 신뢰를 저버리지 않아야 한다는 것을 강하게 주장하였다. 비록 치료자가 환자에 대한 애정을 가지고 있고, **역전이**countertransference를 경험하더라도, 이런 감정에 따라 행동하지 않아야 한다. 대신에 치료자의 일차적 관심은 환자의 복지와 치료에 있다는 것을 명심해야 한다. 이러한 목표를 달성하기 위해, 치료자는 환자가 치료자에게 갖는 감정이 유아기의 성적 고착에서 비롯되었다는 사실을 직면시키고, 이해시키기 위해 인내심을 가지고 작업해야 한다. 치료자는 또한 계속 자기 분석을 통하여 환자를 향한 자신의 감정의 밑바탕을 이해하려는 시도를 해야 한다. 프로이트는 자기 이해의 증가가 환자의 갈등과 더 나아지고자 하는 소망(wish)을 이해하고, 치료를 위한 행동을 촉진시키는 것을 돕는다고 믿었다(Freud, 1958, pp. 159–171).

긍정적 전이의 상태에서 환자는 일반적으로 치료에 진전을 보인다. 그들은 치료자의 해석을 받아들이고, 이해하였으며, 분석에 충분히 몰두하였다. 그러나 긍정적인 전이 다음에 **부정적 전이**negative transference가 생기기 때문에 어려움이 나타났다. 이 시점에서, 환자는 치료자에 대한 강한 분노와 적개심을 보였고, 해석을 불신하였다. 프로이트는 환자들의 감정이 현재 상황에서 일어난 것이 아니고, 대신에 인생초기에 일어났던 부정적인 경험을 단순히 반복하는 것이라는 점을 지적하였다. 환자들은 이러한 설명을 받아들이고, 그것의 가능성을 탐색하는 한도 내에서 문제에 대한 통찰을 얻고, 심리적 건강 획득에 대한 진전을 보이는 경향이 있다. 이러한 조건에서, 환자들은 치료자를 더 이상 절대 권위자로 보지 않고, 오히려 자신들처럼 고통을 경험하고, 노력하는 사람으로 보았다(Edmundson, 2007, p. 212).

치료에 관한 이론적 함의

정신병리학은 일상적인 문제를 비효율적으로 대처하는 것(**신경증**neurosis)부터 타인과 관계를 하지 못하는 심각한 어려움(**정신증**psychosis)에 속하는 장애 행동들을 말한다. 신경증과 정신병을 가진 사람들은 본능적인 충동을 억압하는 데서 생겨난 불안을 다루기 위해 다양한 방어기제에 의존해 왔다. 그로 인해 정상적인 성장은 더디어지게 되고, 비효율적이고 융통성이 없는 행동을 하게 된다. 이런 사람들을 치료하기 위해서는 불안을 완화시켜 갈등을 줄이고 방어기제를 덜 사용하도록 해주어야 한다. 그렇게 된다면, 그들이 방어기제를 유지하는 데 썼던 내적 에너지들을 건설적인 성장을 하는 데 사용할 수 있을 것이다.

정신분석적psychoanalysis 접근에서는 자유연상, 꿈의 분석, 그리고 전이를 이용하여 개인이 자신의 갈등의 근원을 이해하도록 돕고, 내적 투쟁이 자아를 약화시키고, 외부 현실의 요구에 효과적으로 대처하지 못하게 한다는 점을 인식하도록 하며, 현재 상황에서도 오래된 행동을 반복하고, 비효율적인 전략을 이용한다는 것을 알도록 돕는다. 치료가 성공적으로 이루어지면, 환자는 자기 이해를 높이고, 현실에 대해 더 정확한 평가를 할 수 있다. 무의식은 더 의식화되고, 자아가 강화되며, 환자는 일상생활에서 더 효과적으로 기능할 수 있다(Freud, 1969, pp. 31–35).

이론에 대한 평가

우리는 프로이트의 이론이 1장에서 과학적 이론들을 판단하기 위해 설명한 여섯 가지 기준을 얼마나 잘 충족하고 있는지를 살펴볼 것이다.

포괄성

프로이트는 매우 포괄적인 이론을 만든 창조적인 사상가였다. 다양한 범위의 행동과 경험들을 이론을 통해 설명하고 해석한 것은 주목할 만하다. 프로이트는 여러 정서장애와 행동장애뿐만 아니라 유머, 결혼, 전쟁, 죽음, 우정, 신화와 동화, 근친상간, 사회적 관습, 꿈, 말실수, 행동의 실수, 자살, 야뇨증, 창의성, 경쟁, 정신이 없는 멍한 상태 등을 포함한 많은 현상을 이해하려고 했다. 요약하면, 프로이트는 거의 모든 인간행동을 명확하게 설명하는 이론적 체계를 개발했다. 그의 이론은 현재까지도 성격연구자에 의해 만들어진 이론 중 가장 포괄적인 개념체계로 남아 있다.

정밀성과 검증 가능성

프로이트 이론의 주요한 문제는 개념이 애매모호하고, 이론의 명제나 관련 진술이 부정확하고 모호하며, 명확하고 검증 가능한 가설을 도출하는 것이 어렵다는 것이다. 체계적이지 않은 이론을 바탕으로 연구를 진행할 경우, 연구 결과가 정말로 이론을 지지하는지를 확인하는 것이 어려워진다. 연구 결과가 이론과 상반되게 나타나는 경우에, 개념과 가설들이 주요한 이론적 명제들에서 타당하게 추론되지 않았다고 주장할 수 있다.

이와 관련한 또 다른 비판으로, 프로이트 이론의 대부분은 은유적이거나 정확하게 과학적으로 검증하기 어려운 용어로 (예를 들어 '삶과 죽음의 본능' 같은) 제시되었다는 점이다. 흔히 관찰한 것을 설명하는 것은 사건이 일어난 이후에 가능하다. 그 이론은 또한 "사후에 기술"되지만, 사람들이 어떻게 행동할 것인지를 미리 예측하기란 정말 어렵다.

일부 이론적 증거들이 잘 통제되지 않은 사례 연구방법들을 통해 확보되었다. 게다가, 프로이트는 환자를 치료하며 환자가 말하는 것을 기록하지 않았기 때문에 그의 기억이 왜곡된 것일 수 있다는 비판을 많이 받았다. 결과적으로 프로이트가 몇몇 환자들을 집중적으로 관찰하여 이끌어 낸 인간행동에 적용한 보편적인 결론은 믿을 수도 없고, 고지식한 것처럼 보인다. 이를 통해 우리는 프로이트의 이론이 정밀성과 검증 가능성의 기준을 명백히 충족하지 않았음을 알 수 있다.

간명성

프로이트의 이론은 또한 간결함의 기준을 충족하지 못했다. 프로이트의 이론은 특정 분야의 현상을 설명하기 위해 많은 가정과 이론을 이용하였지만, 성적 경향성과 공격적인 경향성이 결정적인 행동의 결정인자라고 제안한 설명도식은 아주 제한적이었다. 예를 들어, 프로이트는 이론의 어떤 부분에서도 유능성, 탐구심, 또는 이타주의에 대한 욕구가 어떻게 개인의 발달과 행동에 영향을 미치는가를 논의하지 않았다. 따라서 이론의 동기적 근거가 제한되었고, 행동에 대한 다른 설명과 보다 적합한 설명을 허용하지 않는다.

마지막으로, 프로이트는 인간의 본성에 대해 대체로 비관적이며 한쪽에 치우친 견해를 제시했다. 프로이트는 사람을 본질적으로 비이성적이며 비도덕적 힘에 의해 통제되는 존재로 보았다. 프로이트는 사람이 이성적으로도 행동할 수 있다는 것을 충분히 인식했을지라도, 그의 연구에서는 인간본성의 비이성적인 측면에 대부분 초점을 맞추었다.

경험적 타당성

프로이트 이론의 다양한 측면을 다룬 연구는 수천 가지도 넘는다. 그 연구들은 두 가지 범주, 즉 프로이트의 심리치료 이론에 대한 근거를 다룬 연구와 심리성적 발달이론에 대한 근거를 다룬 연구로 분류된다.

심리치료이론에 관해서, 아이젠크(1952)는 사람을 치료하는 데 있어서 정신분석적 접근이 얼마나 효과가 있는지를 평가하기 위하여 임상문헌에 대해 처음으로 대규모 검토를 실시하였다. 7,000 사례 이상을 검토한 후, 그는 정신분석 치료가 신경증 환자를 유의미하게 회복시키지 않았다는 결론을 내렸다. 비록 정신분석으로 끝까지 치료를 받은 환자의 66%가 훨씬 나아졌거나 회복되었지만, 아이젠크는 공식적인 치료를 받지 않은 환자의 72%도 질환이 발병한 지 2년 이내에 증상이 개선되거나 회복되었다는 것을 발견하였다. 따라서 대략 환자들의 2/3가 정신분석적 치료를 받았는지 아닌지의 여부와는 관계없이 증상이 개선되거나 회복되었다. 1980년대와 1990년대 초반 동안의 개관연구에서 아이젠크의 기본적인 주장이 여전히 본질적으로 타당하다고 지적하였다(Erwin, 1980; Franks, Wilson, Kendall, & Foreyt, 1990; Grossarth-Maticek & Eysenck, 1990; Stunkard, 1991). 아이젠크의 주장에 이의를 제기하는 최근의 자료들도 아직까지는 나와 있지 않다.

정신분석치료가 매우 효과적이지는 않다는 점을 제안한 연구 외에 본스타인(2001)은 정신분석치료가 시간이 너무 오래 걸리고 비용이 비싸다는 두 가지의 문제점이 있다고 주장하였다. 그는 분석가가 효과가 적은 고전적인 정신분석의 치료기법(예를 들면 자유연상, 꿈의 분석)을 포기하고, 치료과정을 간소화하고, 환자들에게 더 효과적이고, 비용이 덜 들게 만들어야 한다고 제안하였다. 따라서 그는 분석적 연구자에게 간소화한 역동적 치료 접근의 효과를 검증하기 위해 더 많은 경험적 연구를 수행해야 한다고 하였다.

심리성적 발달에 관한 프로이트의 이론을 지지하는 증거는 우리가 보았던 것처럼 어떤 면에서는 더 가망성이 있다. 즉, 이론의 기원이 수유상황에서 개인이 경험한 외상에 있다는 직접적인 증거는 없지만 구강기 성격에 대한 많은 상관연구가 있으며, 연구 결과의 대부분은 프로이트의 이론과 일치한다. 항문기 성격에 관한 연구는 또한 프로이트 이론과 일치하지만 항문기 성격에서 독특한 특성의 기원에 관하여 그가 제기하였던 병인학은 문제가 있었다. 마지막으로 프로이트의 남근기와 성기기의 성격 유형에 대해서는 그것을 지지할 만한 연구 근거는 없지만, 이러한 사실은 연구자들이 이러한 성격 유형의 개인차를 측정하는 도구를 만들고, 이 분야에서 프로이트의 가설들을 검증하는 데 관심을 갖기 시작한다면 변화될 수 있을 것이다. 개인의 성적 충동과 공격적 충동에 대한 방어가 부적절할수록 정신병리가 생길 가능성이 더 커진다(Silverman, 1976). 또한, 많은 신경증환자에게 성적 갈등이 존재하며, 이러한 장애는 초기 아동기 동안의 경험에서 나온다는 생각을 지지해 주는 자료가 있다. 이러한 초기 경험은 이후에 성격 기능에 현저한 영향을 미친다는 점은 명백하다. 연구 참여자들은 스트레스 상황 하에서는 사람들에게 쉽게 수용되지 않을 생각을 억제하지 못하고, 실언으로 보여 줄 수 있다는 프로이트의 가설을 지지하는 예비 증거가 있다(Baars, Cohen, Bower, & Berry, 1992, p. 311). 전반적으로, 프로이트의 심리성적 발달 단계 이론과 정신병리가 초기 아동기의 갈등을 해결하지 못해서 나타난다는 이론을 지지하는 연구 증거들은 일부 비평가들이 인정하고자 하는 것보다 훨씬 더 많지만, 이론을 검증하는 연구들이 더 많이 이루어져야 한다.

발견적 가치

프로이트 이론은 엄청난 발견적 가치를 가지고 있다(Shaver & Mikulincer, 2005, pp. 22-45; Westen, Gabbard, & Ortigo, 2008, pp. 78-97). 창조적인 학자로서, 프로이트는 세심하고 혁신적인 연구를 통해 다른 전문가들에게 행동에 대한 지식을 형성하는 데 기여하고 영감을 불어넣었다. 심리학 외 분야의 학자들이 모두 (예를 들어 문학, 예술, 사회학, 역사, 인류학, 종교, 철학, 범죄학, 물리학 등) 프로이트의 개념을 계속 활용해 왔다.

특히 인지, 생물, 발달, 임상, 사회심리학과 같은 다양한 전공 분야의 전문적인 심리학자들은 프로이트 이론의 많은 부분에 집중적이고 지속적인 관심을 보인다. 예를 들면, 발달심리학의 연구자들은 도덕 발달, 성유형화, 동일시, 부모자녀 관계, 공격성, 의존성에 관한 프로이트 사상에 흥미를 느끼고 영향을 받았다(Miller, 1993, p. 146). 더욱이, 한때 논쟁의 여지가 되었던 프로이트의 사상들 즉 (1) 무의식 상태가 존재하고 행동에 영향을 준다. (2) 사람들은 여러 상황에서 상충되는 감정을 가지고 있어서 반대 방식으로 동기화시키거나 타협을 하도록 한다. (3) 사람들은 위협을 느낄 때 저항을 보이고, 자신과 타인에 대한 정보를 왜곡시키는 방어기제를 사용하다. (4) 방어기제를 자주, 강박적으로, 그리고 무분별하게 사용하는 것은 정신병리와 관련이 있다. (5) 초기경험은 이후 발달에 중요한 역할을 한다. (6) 성격발달은 성적, 공격적 감정을 조절하는 것을 배우는 것뿐만 아니라 미성숙하고 사회적으로 의존적인 상태에서 보다 성숙되고, 상호의존적인 것으로 변화하는 것을 포함한다는 것들은 현재에 와서는 일반적으로 많은 심리학자들에게 받아들여지고 있다. 왜냐하면 이러한 주제에 대한 프로이트의 이론의 타당성을 증명하는 풍부한 연구증거가 있기 때문이다(Baumeister, Dale, & Sommer, 1998, pp. 1081-1124; Beutler, Moleiro, & Talebi, 2002, pp. 212-215; Cramer, 2006, pp. 18-19; Masling, 1992, p. 262; Miller, 1993, p. 146; Wakefield, 1922, p. 78; Westen, Gabbard, & Ortigo, 2008, pp. 78-97).

대부분 프로이트 이론의 끊임없는 매력은 이론이 묘사하고 있는 독특하고, 복잡한 인간상에 있다. 남자와 여자는 단순한 이성적인 동물이 아니라 비이성적인 것과 이성적인 것이 합해진 신기한 혼합물이다. 그들은 종종 사회에 의해 구속을 받는다고 느끼고, 지속적으로 자신의 내면의 감정을 표현하는 허용적인 방법을 찾는다. 그들은 갈등을 해결하기 위해, 일시적으로는 도움이 되지만, 장기적으로는 해가 되는 다양한 방어기제들을 사용한다. 현실과의 고통스런 만남을 통하여 사람들은 자신의 성격, 자신을 보호하기 위해 사용하는 방어, 그리고 더 잘 기능하는 인간이 되는 방법으로써 직접 문제에 직면하고자 하는 욕구가 지니는 한계점을 이해하기 시작할 수 있다. 이러한 드라마는 분명히 인간의 행동과 경험에 대한 관찰자들을 흥분시키고, 관심을 갖게 한다. 이러한 의견과 일치하게 본스타인(2010, pp. 133-152)은 정신분석과 그것의 원리가 개인의 독특한 행동의 산물인 복잡하고, 주관적 경험을 이해하기 위한 모든 것을 포괄하는 전체적인 구조를 만들 수 있었고, 그로 인해 인지심리학, 발달심리학, 사회심리학, 임상심리학의 이론과 연구에 이용될 수 있다고 주장해 왔다. 계속적으로 사고와 논쟁을 자극하고, 심리학자와 정신과 의사에게 영감을 주는 이러한 능력은 프로이트의 유산이다.

적용 가치

프로이트는 심리치료와 정서적 장애의 치료에 영향력 있는 기여를 했을 뿐만 아니라, 그의 이론들은 비교문화 현상을 설명하는 인류심리학자들에게도 적용되었다. 이러한 연구자들은 성격발달을 설명하기 위해 자녀 양육에 대한 정신분석적 관점을 계속 이용하였다(Haviland, 1994, pp. 379-380). 프로이트의 이론은 또한 사회학자 그리고 사회심리학자들이 가족의 역동과 소집단의 기능을 이해하는 데 사용되었다. 또한, 프로이트의 개념은 역사학자, 신학자, 소설가, 그리고 경제학자에게 유용하게 이용되었다. 따라서 정신분석은 중요한 적용 가치를 지니고 있다.

비판적 사고를 위한 질문

1. 프로이트는 인간이 경험할 수 있는 주요 갈등이 자신의 충동을 만족시키고자 하는 인간의 욕구와 이러한 욕구의 표현을 통제하고자 하는 사회적 요구에 의해 일어난다고 보았다. 이런 문제를 해결할 수 있는 가장 좋은 방법은 무엇이라 생각하는가? 당신은 이를 해결할 수 있는 보다 나은 방법이 있는가?
2. 프로이트가 언급한 주요 방어기제는 무엇인가? 당신의 경험과 다른 사람의 경험을 바탕으로 각 방어기제 작용의 예를 제시하라.
3. 만약 원초아의 충동이 초자아에 의해 통제되지 않는다면 사회에서는 어떤 일이 벌어질 것이라고 생각하는가?
4. 당신은 프로이트가 말한 '남근선망'의 개념이 어떠한 장점을 갖고 있다고 생각하는가? 왜 그렇게 생각하거나 혹은 그렇게 생각하지 않는가?

5. 당신은 심리적으로 건강한 사람들이 삶의 주요한 두 가지 영역인 '사랑'과 '일'에서 만족할 만큼 적응하고 있다는 프로이트의 의견에 동의하는가? 당신은 사람들이 심리적으로 건강할 경우 삶의 어느 영역에서든 만족할 만큼 적응할 수 있다는 데 동의하는가? 왜 그렇게 생각하는지 이유를 들어 말해 보라.

용어 해설

건강하지 못한 의존성unhealthy dependence 광범위한 상황에서 무분별하게 그리고 반사적으로 일어나는 의존성

건강한 의존성healthy dependence 의존성이 모든 상황이 아닌 특정한 몇몇의 맥락에서 나타나지만 상황적으로 적합한 방식으로 나타남

결정론determinism 모든 행동은 다른 사건의 작용에 의해 발생되며, 자유롭거나 무선적으로 발생하지 않는다는 철학적 견해

고착fixation 심리성적 발달의 초기 단계에 방어적 집착. 고착은 새로운 행동의 학습, 새로운 대인관계의 습득, 그리고 발달의 과정을 막는다.

구강 공격적 성격oral aggressive character 영양분을 얻기 위한 수단으로 새로 난 치아로 보호자를 깨무는 수유기 동안의 불만족으로 인해 구강기에 고착된 사람이 갖는 성격으로 성인이 되어서는 부러움, 타인의 조종, 의심이 많은 특성을 보인다.

구강 수용적 성격oral receptive character 수유기(치아가 나기 전에)에 과잉만족으로 인해 구강기에 고착된 사람이 갖는 성격으로 성인이 되어서는 잘 속고 타인을 존경하고 지나치게 의존적인 특성을 보인다.

구강기oral stage 심리성적 발달의 첫 번째 전성기기 단계로써 입 주변이 주요 만족 중심지이다.

긍정적 전이positive transference 치료 중에 환자가 유아의 권위 인물 (대개 부모)과의 경험에서 얻어진 사랑과 애정의 무의식적인 감정을 치료자에게 다시 보이는 현상

꿈의 분석dream analysis 환자의 꿈을 해석함으로써 무의식을 탐색하는 정신분석적 기법

남근기 성격phallic character 남근기에 고착된 사람은 후에 지속적으로 성적 적합성을 입증해야 한다. 남근기적 성향을 가진 남성은 성적 정복을 통해 자신의 적합성을 입증하려 하며, 성급함, 과도한 허영심과 자존심, 그리고 남의 눈에 띄기를 좋아하는 특성을 보인다. 여성의 경우에는 남자를 지속적으로 모욕하거나 희롱하면서 자신의 적합성을 입증하려 하며, 남성을 향해 권력을 휘두르거나 경멸적인 태도를 보이는 특성을 지닌다.

남근기phallic stage 심리성적 발달 단계의 세 번째 전성기기로 주요 만족은 성기를 다루면서 발생한다.

동일시identification 프로이트 이론에서 개인이 불안을 완화하고 내부 갈등을 줄이기 위해 다른 사람의 특성을 나타내는 방어과정

리비도libido 프로이트 이론에서 기본 에너지 원천은 행동을 유발하는 원초아에 들어 있다. 프로이트는 성적 충동으로 구성되어 있다고 간주하였고, 융은 성적, 창조적, 영적, 그리고 자기보존 본능으로 구성된 보다 일반적인 삶의 에너지 과정으로 개념화하였다.

무의식unconscious 프로이트의 이론에서 숨겨진 소망, 욕구, 그리고 사람이 자각하지 못하는 갈등의 저장소

반동형성reaction formation 충동이나 행동이 반대로 전환되는 방어기제

반카텍시스anticathexes 성격 내에서 원치 않은 충동을 의식화하거나 자각하는 것을 억제하는 힘

부인denial 개인이 환경의 위협이 존재한다는 것을 인정하지 않음으로써 자신을 보호하는 원시적인 방어기제

부정적 전이negative transference 정신분석 치료 중에 환자가 어린 시절 권위적인 인물과의 경험으로 생긴 무의식적 적대감과 분노 감정을 치료자에게 보이는 현상

불안anxiety 자아가 위협받을 때 경험하는 고통스러운 정서

생식기 성격genital character 성숙한 사람은 성적으로 발달하고, 이성과 관계를 맺을 수 있다.

성기기genital stage 심리성적 발달 단계의 마지막 단계로 이성과 성숙한 애정 관계를 맺고자 하는 시도를 하는 시기

승화sublimation 사회적으로 수용되지 않은 것을 수용될 수 있는 목표로 대체하는 전치의 형태

신경증neurosis 개인이 효과적으로 일상문제를 대처하는 것을 방해하는 근본적인 갈등과 불안이 특징적인 행동상의 장애

신정신분석적 관점neoanalytic perspective 프로이트의 정신분석이론에 기원을 두지만 프로이트의 본래 이론을 벗어나 인간 성격을 이해하고 관찰하는 중요한 방식과 새로운 개념을 발달시켜 온 이론적 입장

실책행동parapraxis 실언이나, 단어를 실수하거나, 잘못 읽거나, 잘못 듣거나, 또는 단어나 사물을 잊어버리는 것과 같은 언어의 기능저하로써 근본적인 갈등이 존재한다는 것을 나타낸다.

심리성적 발달psychosexual development 중요한 생물학적 충동들을 처리하는 개인의 시도로

심리적인 발달과 성격발달을 설명하는 프로이트의 이론

양가감정ambivalence 타인을 향하여 사랑과 증오가 번갈아 나타나는 개인의 혼합된 정서

양심conscience 초자아의 처벌적 측면. 일단 개인이 양심을 형성함으로써 사회적 가치를 통합하면, 양심을 위반할 경우 죄책감이나 수치심을 가지게 된다. 이러한 감정들은 처벌적인 역할을 한다.

억압repression 무의식에 존재하는 불쾌하고 아주 고통스러운 경험이 의식화되는 것을 막는 기본 방어기제

억제suppression 위협적인 생각을 의식적이고 능동적으로 사고하지 않음으로써 제거하려는 방어의 형태이다. 개인은 위협적인 생각의 제거나 재활성화를 통제하려고 노력할 수 있다.

에로스eros 삶을 유지하기 위한 우리의 타고난 모든 본능

역동dynamics 한 요소의 변화가 다른 요소의 변화를 유발하는 성격의 구조적 요소들 간의 복잡한 상호관계. 예를 들어 원초아의 충동(예: 성적 충동)이 활성화하면, 초자아는 원초적인 감정에 대해 죄책감을 느끼게 하는 역할을 하며, 자아는 욕구를 만족시킬 수 있는 사회적으로나 현실적으로 허용되는 방식을 찾는다(예: 데이트를 통하여 개인적인 관계를 형성하는 것).

역전이countertransference 치료자의 욕구와 갈등으로 인해 환자에게 개인적인 감정으로 반응하는 치료자의 경향성. 이러한 정서는 애착, 성욕과 연관이 있을 수도 있지만, 치료자의 불안정감 때문에 공격적이거나 적대적인 환자에게 반감이나 혐오감을 줄 수도 있다. 이러한 욕구와 갈등의 분석은 치료자가 자신을 더 이해할 수 있도록 하며, 이는 환자를 이해하고 치료를 행해 움직이도록 한다.

오이디푸스 콤플렉스 Oedipal complex 남근기에 나타나며 남자 아이가 엄마와의 성적 접촉을 갈망하지만, 아빠에게 위협을 느끼고 결국에는 동일시함으로써 갈등을 해결하는 과정이다.

원초아id 맹목적으로 만족을 추구하는 무의식적 힘이나 충동의 저장소

유혹 이론seduction theory 환자들이 초기 아동기에 이성의 부모에 의해 유혹받았다는 최초의 견해. 이후에는 환자들이 이성 부모에 의해 유혹받고, 성적학대를 경험했다고 상상한다는 이론으로 수정하였다.

의식conscious 개인적 경험을 자각하는 마음상태

의존적 성격 유형dependent personality type 개인이 독립적으로 기능하거나 스스로 도전할 수 있는 상황에서조차 타인의 조언이나 도움, 지지를 구하고자 하는 성향의 성격

자아 이상ego-ideal 초자아의 긍정적인 측면으로 아이가 부모에게서 배우는 완벽의 기준을 의미한다.

자아ego 사회에 의해 적절한 것으로 간주되는 방법으로 개인이 기본적인 충동을 만족시키도록 하는 프로이트에 의해 가정된 기관

자유연상free association 프로이트가 개발한 치료 방법으로 치료자가 내담자에게 일어나는 모든 생각을 제한하지 않고, 보고하고 격려하도록 한다.

잠재기latency stage 리비도 에너지가 잠재되어 있고, 또래와 선생님과의 교류를 통해 기술과 흥미를 발달시키는 데에 관심이 쏠려 있는 심리성적 기간

저항resistance 불안을 야기한 기억과 갈등에 대해 보고하기를 환자가 꺼리는 것. 프로이트는 저항이 근본적인 갈등의 증상이라 주장한다.

전의식preconscious 개인이 현재 생각, 사건, 기억을 자각하지 못하지만 약간의 노력만으로 의식할 수 있는 마음의 상태

전이transference 치료시 치료자를 향해 환자의 부정적이거나 긍정적인 감정의 발달을 설명하기 위해 프로이트가 가정한 현상. 이러한 감정들은 원래는 다른 사람 보통은 부모 중 한 사람에게 향했던 것이라고 가정하였다.

전치displacement 원래의 좌절 대상에서 대상을 바꾸어 좌절된 충동의 만족을 찾는 방어기제

정신병리학psychopathology 현실과 효과적인 기능 또는 행동을 방해하는 것으로 신경증 또는 정신병과 같은 장애를 가진 행동

정신분석psychoanalysis 프로이트가 개발한 성격발달, 기능, 변화의 이론. 이는 행동을 결정하는데 생물학적 역할과 무의식적 요소를 상당히 강조한다.

정신역동적 접근psychodynamic approach 프로이트의 생각에 기초를 둔 인간 행동과 발달에 관한 관점으로 초기 어린 시절 경험을 분석하고, 아이와 보호자 간의 무의식적 갈등을 다루며, 문제를 해결할 때의 방어기제 사용을 다루는 특징이 있다.

정신증psychosis 타인과 효과적으로 관계를 맺는데 무능함을 보이는 심각한 행동 장애

주지화intellectualization 개인이 고통으로부터 자신을 보호하기 위해 고통스러운 사건에 대한 생각과 감정을 분리시키는 방어기제

초자아superego 프로이트가 상정한 기관으로 사회의 도덕적 기준과 이러한 내면화된 기준이 보상이나 처벌을 통해 자신의 행동을 통제하는 방식으로 개인이 통합한 기관

취소undoing 잘못된 행동을 무효화하기 위해 사회적으로 받아들일 수 있는 관련 행동을 함으로써 사회적으로 용납할 수 없는 행위를 수정하는 방어기제

카타르시스catharsis 문제가 되는 신체적 증상을 감소시키기 위해 이전 외상 경험을 감정적으로 불러일으키는 것을 의미하며, 이 용어는 정제를 의미하는 그리스어에서 유래된다.

카텍시스cathexes 생각이나 행동에 매달려 있도록 하는 추동에너지

쾌락원리pleasure principle 원초아가 작용하는 방식으로 원초아가 쾌락을 얻고, 고통을 회피하고자 한다.

타나토스thanatos 무생물의 상태(죽음)로 돌아가고자 하는 본능

타협형성compromise formation 받아들이기 어려운 충동을 어느 정도 만족시키기 위해서 모순된 행동을 하는 방어기제

퇴행regression 개인이 스트레스를 경감하기 위해 유아기적 행동으로 되돌아가는 방어기제. 고착 및 퇴행은 유사하지만 동일하지는 않은 개념이다. 고착은 발달 초기에 발생하며, 이후 발달과정에서 스트레스에 노출될 경우 퇴행이나 다른 방어기제를 사용하는 근본적인 원인일 수 있다. 고착은 퇴행을 일으킬 수 있지만, 퇴행은 고착을 야기할 수 없다. 예를 들어, 모유를 먹는 것이 과도하게 충족되어 구강기에 고착될 경우 현재 삶에서 힘든 일에 노출될 때가 성인기에 있음에도 방어적으로 손가락을 빠는 행위를 할 수 있다. 하지만 청소년기에 처음으로 손가락을 빠는 행위가 구강기 고착을 야기한 것은 불가능하다.

투사projection 개인이 다른 사람에게 자신의 바람직하지 않은 특성을 귀인시키는 방어기제

합리화rationalization 개인이 자신의 행동에 대해 그럴듯해 보이지만 정확하지 않은 변명을 하는 방어기제

항문기 성격anal character 항문기에 고착된 사람이 배설물 보유를 통제하는 것으로부터 쾌락을 느낀다. 성인이 되어서는 인색하고 질서정연하며, 고집이 세고 소유적인 성격을 보인다.

항문기anal stage 심리성적 발달의 두 번째 전생식기 단계로 항문 주위에서 주요 만족이 얻어진다.

항문애anal eroticism 배설을 배출하거나 보유하는 것을 통제함으로써 성적 쾌락을 느낌

추천 도서

Freud, S. (1957). *A general introduction to psychoanalysis* (rev. ed.; Riviere, J., transalator). New York: Permabooks.

Gay, p. (Ed.). (1989). *The Freud reader*. New York: Norton.

CHAPTER 03

융의 분석심리

융의 생애

칼 융(Carl Gustav Jung)은 1875년 스위스의 케스빌에서 출생하였다. 융은 자신의 아버지가 아내에게 눌려 사는 심약한 스위스 개신교 목사였다고 회고한 반면, 어머니는 상냥하고 친절한 모습을 보이다가도 갑자기 무섭고 냉정한 태도로 돌변하거나 자주 모순적인 언행을 드러내는 등 변덕스럽고 불안정한 모습을 지닌 여성이었다고 회고하였다. 융이 3세가 되던 해, 어머니가 병으로 여러 달 입원하게 되었는데, 그는 어머니가 아버지와의 불화 때문에 입원하였다고 생각하였다(Storr, 1991, pp. 1–2). 자서전에 따르면, 융은 어머니와의 분리과정에서 상당한 충격을 받았다고 한다. 융은 어머니를 향한 사랑과 증오라는 양가감정을 느끼며 성장했다. 이러한 심적 갈등은 융이 추후 여성을 보호자뿐만 아니라 믿을 수 없고 신뢰할 수 없는 사람, 즉 파괴자와 지배자라는 양극단적 측면을 가진 존재로 인식하게끔 하는 데 영향을 주었다.

> 나는 어머니가 사라지자 너무나 불안하였다. 그때부터 나는 "사랑"이라는 말을 믿지 못하게 되었다. "여성"과 연합된 나의 이러한 느낌은 이후 오랫동안 근원적인 불신감으로 이어졌다. 나는 바로 이러한 핸디캡을 지니고 출발선상에 서게 된 것이다. 그러나 이러한 초기의 인상들은 이후 바뀌게 되었다: 즉 나는 남자 친구들을 믿었건만 그들에 대해

서는 실망하였고, 여성들은 믿지 않았건만 오히려 그들에게는 실망감을 경험하지 않았던 것이다. (Jung, 1963, p. 8)

유년기 학창 시절 동안 융은 친구가 거의 없었는데, 아마도 그 이유는 그가 다른 어떤 아이들보다도 지적으로 탁월했기 때문일 것이다. 그는 운동에도 관심이 없었고 또래들의 전형적인 거친 몸 장난에도 전혀 관심이 없었다고 한다. 대신에, 그는 대자연의 신비에 감탄하며 오랜 시간 걸으며 사색하는 것을 즐겼다. 융은 이처럼 학교를 걸어다니는 동안 자신의 존재에 대해 깊이 깨닫게 되었다고 회고했다. 이러한 자각과 함께 그는 자신이 타인에 의해 지속적으로 통제받는 존재가 아닌, 자신의 삶을 스스로 통제하는 자율적인 존재라는 것 또한 깨닫게 되었다.

학교를 오가는 오랜 시간 동안, 나는 한순간 마치 짙은 안개에서 벗어나는 것과 같은 엄청난 감동을 경험하였다. 나는 일순간 모든 것들을 깨닫게 된 것이다; 이제부터 나는 온전히 나다! 나는 이전에도 존재해 왔었고, 모든 것은 나로부터 발생할 뿐이다. 고로 이제부턴 나로부터 시작할 것이다. 지금 내가 인식하는 나는 바로 지금의 나이다. 나는 바로 여기에 존재한다. 이전에도 나는 이런 저런 것들에 대해 의지를 지녀왔을 것이고 이젠 그렇게 할 것이다. 이러한 경험은 나에게 자율성이 내 안에 존재한다는 너무나 엄청난 신세계를 보여 주었다. (Jung, 1963, pp. 32-33)

이러한 회고로부터 우리는 융이 내적 경험의 중요성에 초점을 맞추기 시작했다는 것을 엿볼 수 있다.

학교에서 발생한 또 다른 사건이 융에게 크나 큰 인상을 남겼고, 그 결과로 그는 무의식이란 개념을 믿게 되었다고 한다. 영어 수업 동안 그는 작문하는 걸 무척 좋아해서 매우 많은 시간과 노력을 할애하였고 내심 최고 평점을 받길 희망하였다. 그런데 교사는 오히려 친구들 앞에서 융이 다른 사람의 작문을 표절하였다고 비난했다. 융은 자신의 무고함을 주장했으나 교사는 계속해서 그가 잘못하였다고 다그치면서 학교를 그만두라고까지 협박했다. 며칠 동안 융은 이 사건에 대해 곰곰이 생각해 보았으며 무죄의 증거를 모으고자 노력했으나 증명할 길은 없었다. 비통함과 분노가 걷잡을 수 없이 커져 가던 중 그는 갑자기 내적 고요를 경험하면서 무언가 깊은 내면의 이야기가 터져 나오기 시작했다고 회고했다.

도대체 지금 어떤 일이 벌어지고 있는 거지? 그래, 넌 흥분했어. 물론 선생님도 너의 본성을 제대로 이해하지 못할 뿐 아니라 네가 뭘 하든 이해하지 못하는 얼간이지. 그러니

> 까 선생님은 네가 신뢰할 만한 사람이 아니라는 거야. 너는 네 자신과 다른 사람들을 믿지 못해. 그건 바로 네가 순진하고 단순하며 속이 훤히 들여다보이는 사람들 쪽에 서 있기 때문이지. 상황을 이해하지 못하면 흥분하게 되거든. (Jung, 1963, pp. 65-66)

융의 마음속에 떠오른 심상은 매우 섬세한 것이었다. 융은 부모와 교사, 동료 혹은 그 누구도 이해하지 못할 정도로 매우 지능이 높은 아이였다. 때문에 사람들은 그를 멀리하게 되었고 결과적으로 융은 세상을 이해하도록 도와주는 자신의 내적 경험에 의존하기 시작했다.

청소년이 된 융은 고고학자가 되고 싶었으나 가정형편이 너무 어려웠기 때문에 고고학과라는 특수 전공이 커리큘럼에 포함된 대학교에는 진학할 수가 없었다. 대신에 그는 바젤(스위스 북부도시) 근처에 위치한 의과대학에 입학하였다. 그는 정신의학을 전공하기로 결정했는데, 그 이유는 정신의학이 자연과학에 대한 관심과 종교 및 철학적 가치에 대한 심취라는 두 가지 자신의 반대되는 성향을 중재해 줄 수 있는 좋은 기회를 제공해 줄 것으로 생각했기 때문이다. 이러한 상반된 분야에 대한 관심사는 추후 그가 자신의 이론을 확립해 나가는 데 있어 가장 근원적인 주제가 되었다(Storr, 1991, p. 5). 1900년에 학위를 취득한 융은 취리히 정신병원에서 조교로 근무하게 되면서 정신분열병의 발생 원인에 대한 흥미를 가지게 되었다. 융은 그가 진료한 환자의 판타지와 망상은 여러 면에서 그 시대 및 고대 문명에서 대중을 이끌었던 신화 및 판타지와 유사하다는 것을 발견하였다. 융은 환자들이 펼쳐 보인 자료들은 그들 자신의 아동기와 성인 경험의 회상을 뛰어 넘는 것들이라 믿었다; 융은 집단 무의식(collective unconscious)의 존재를 가정하게 된 것이다(Storr, 1991, pp. 8-9).

1906년에 융은『조발성 치매에 관한 심리학(*The Psychology of Dementia Praecox*)』이라는 정신분열병의 정신분석적 치료에 관한 책을 발간했다. 융은 프로이트에게 이 책의 복사본을 보낸 1년 후 그를 만나러 비엔나로 건너가 1913년까지 함께 하였다. 프로이트와의 최종적인 결별 원인에 대해서는 여러 추측들이 제기되었지만, "무의식의 심리학(Psychology of the Unconscious)"에는 특히 성적 본능의 중요성에 대한 프로이트와의 근본적인 견해차가 드러나 있다. 융은 사실상 우리의 행동이 주로 성적 충동에 의해 결정된다는 프로이트의 믿음에 동의할 수 없었다. 또한 그는 인간 본성의 병리적인 측면에 대한 프로이트의 관심사에 염증을 느꼈다. 융은 인간의 열정과 영적인 욕구를 다룰 수 있는 심리학의 발전을 갈망했다. 그는 자아실현이란 영적 자아의 재발견을 통해 이루어질 수 있다고 주장했다(Storr, 1991, pp. 12-13). 이러한 측면에서 볼 때, 융은 인본주의 운동의 중요한 선구자라 할 수 있다.

1913년에서 1917년까지 융은 정신적 위기를 경험하였는데, 이는 프로이트와의 결별에 의해 촉발된 것이었다. 융은 프로이트의 치료적 접근은 더 이상 신뢰할 수 없다고 느꼈기 때문에 본인만의 새로운 지향점과 치료방법이 절실했다. 그는 환자가 드러낸 판타지와 꿈에 대한 모든 것을 프로이트의 관점에서 해석하지 않으려 노력했다. 이러한 과정에서 융은 본성에 관한 끔찍한 꿈들을 꾸기 시작했다. 예를 들어, 그는 화장터의 소각장에 널려 있는 시체들을 보았는데, 뒤늦게 그 시체들이 아직 살아 있다는 것을 발견하는 내용의 꿈을 꿨다. 또한 그는 유럽에 대재앙이 일어나는 꿈을 꿨고 그로인해 제1차 세계대전이 발발하리라는 확신을 가졌다(Jung, 1963, pp. 170–176).

이와 같은 기괴한 환상과 꿈들은 곧이어 융의 취리히 대학 강사직 사임으로 이어졌다. 융은 "자신에게 뭔가 엄청난 일이 일어날 것 같은 느낌"이 들었기 때문에 매사에 더 신중해졌다. 요컨대, 융은 자신의 무의식적 비밀을 탐색함과 동시에 자신의 신비로운 본성에 채워진 자물쇠를 풀기 위한 노력을 시작했다. 그는 성격의 양면성을 이해하는 데 주력했다; 주관적 경험과 무의식적 내적 세계, 그리고 타인 및 물질적 대상들과의 접촉을 통한 외적 세계. 그는 이미 학술 및 저술 경력(그의 외적 세계)에서는 큰 성공을 거두었기 때문에, 무의식적인 내적 세계로의 탐색에 이끌리게 되었다. 다시 말하면, 융은 자신의 외적 세계는 지나친 발달 및 확장을 이루었으나 내적 세계의 깨달음은 충분치 못하다고 생각했다. 그는 전체성, 즉 본성의 내적, 외적 측면 간의 균형을 이룬 통합적 인격에 대한 물음을 시작하였다. 또한 이러한 자기 탐색 여정의 일부는 불가피한 죽음과, 그것의 발생이 자신의 자아 통제를 벗어난 것이라는 사실을 수용하는 것과 관련된다. 그 결과, 융은 마침내 삶 자체와 삶이 던지는 경이로움에 보다 큰 경외심을 가지게 되었다는 측면에서 삶에 대한 종교적 자세를 지니게 되었다. 생의 중년기에 경험한 이러한 내면으로의 지향 및 자기 분석은 개성화 혹은 자아실현화 과정이라는 기술에 명확히 반영된다. 이러한 과정은 어렵고도 고통이 따른다. 융의 견해는 "망치와 모루 전술(forged between hammer and anvil)"로 대변된다. 자아실현화는 자신에 대해 미처 깨닫지 못한 모든 것들을 인식해 나가려는 의지와, 자신의 고유한 잠재력을 발견하고 실현해 나가고자 하는 것과 관련된다.

제1차 세계대전이 종말을 치달아 갈 즈음 융의 내면에로의 여행이 시작되었다. 융이 내면적 위기를 해결하는 데 있어 중요한 계기가 된 것은 만다라 그림을 이해하기 시작한 것으로, 만다라는 바로 '자기'를 상징화한 것이다. 제2차 세계대전 동안 일부 비평가들이 융을 나치 동조자이자 반유대주의자로 고발하였던 시기를 제외하고, 그의 대부분의 삶은 비교적 평탄했다. 일부 비평가(Goggin & Goggin, 2001, pp. 70-76)들은 프로이트의 정신분석이 아리안 족(독일계 백인)에게 적합하지 않은 유대인 심리학이었다는 그럴듯한 아이디어를 만들고 입증하려는 나치의 움직임에 융이 협조하였다고 하였다. 융 이론의 한 측면은 아리안 족(나치)과 유대인 간에 존재하는 차이가 집단 무의식에서 비롯된다는 개념을 포함한다. 더욱이 아리안 족의 문화와 지적 잠재력이 유대인의 그것보다 뛰어나다는 그의 신념은 나치의 허위보도와 독일인이 유대인보다 우수하다는 생각과 절묘하게 부합된다. 융은 자신이 나치에 동조하고 반유대인 활동을 했다는 사실을 강력히 부정했다. 그는 자신이 독일 정신분석학(독일 당국이 통제하는 새롭게 등장한 국제학회의 학회장이 됨)에 협력한 주된 이유는 나치가 진료행위를 금지시킨 유대인 의사와 심리학자들을 돕기 위한 것이라고 주장했다. 융은 자신이 독일 당국과의 중재를 통해 많은 유대인이 국제 학회의 회원 신분을 유지하고 개인진료를 계속할 수 있도록 노력하였음을 주장했다. 실제로, 융이 유대인 정신분석학자들을 위한 일들을 했다는 몇몇 증거들이 있다(Bair, 2003, pp. 448-449; Noll, 1997, p. 276). 그러나 최근 전기 작가에 의하면(Bair, 2003, pp. 431-463), 나치 협력을 둘러싼 이와 같은 논쟁은 새 정부가 들어서거나 이 기간 동안의 융의 역할과 행적에 대한 보다 명확한 답을 제시해 줄 만한 비밀문서(예: 편지, 일기, 출판되지 않은 문서 등)들이 공개되기 전까지는 해결되기 어렵다고 한다. 비록 융의 나치 협조사실을 분명히 밝혀줄 새로운 문서가 등장한다 할지라도, 그것이 곧 그의 이론 전체가 무가치하다는 것을 의미하지는 않는다는 점을 명심해야 할 것이다.

융은 생의 후반부를 세계 도처로의 여행과 강의로 보냈으며, 1961년 6월 6일 85세의 나이로 타계하였다(Fordham, 1966, p. 145).

개념과 원리

융의 **분석 심리학**analytical psychology은 모든 성격이론들 중에서도 가장 독특한 이론이라 할 수 있을 것이다. 분석 심리학은 성격 기능에 대한 많은 통찰을 제공해 주지만 너무도 난해하다. 이 이론은 복잡하고 심오하며 여러 측면들이 불명확하게 제시되어 있다. 이러한 문제의 원인들 중 일부는 융이 인간의 기능을 이해하기 위한 노력으로 심리학, 정신의학, 문학, 물리학, 화학, 생물학, 고고학, 철학, 신학, 신화, 역사, 인류학, 연금술, 점성가 등 너무나 다양한 출처로부터 자료를 얻었다는 점과 관련된다. 융이 활용한 자료들을 평가하기 위해 요구되는 수준의 배경정보를 지닌 연구자나 독자들은 거의 없기 때문에, 그의 방대하고도 복잡한 개념들을 이해하기보다는 무시하거나 포기하기 십상이다. 또 다른 문제는 융이 개념들을 명확하게 기술하지 못했다는 점과 관련된다. 융은 개념들의 의미를 충분히 설명하지 않은 채 자신만의 독특한 방식으로 임의로 변경된 용어들을 사용하곤 하였다. 이러한 난점들을 명확히 인식하면서 지금부터 분석 심리학의 기본적 개념들을 살펴보기로 하자.

정신

융은 전체 성격을 **정신**psyche이라 칭하였다. 그는 정신을 고유의 특별한 실체를 지닌 비물리적 공간이라 여겼다. 정신을 통해 에너지는 다양한 방향으로 끊임없이 움직인다. 즉, 의식에서 무의식으로, 내부에서 바깥세상으로, 또한 그 역으로 흐르는 것이다. 융은 정신 에너지는 실제로 존재하며 리비도의 개념을 대체할 수 있다고 가정했다. 융에게 있어 리비도는 단지 성적 충동이라는 양상에만 국한되는 전반적인 **삶의 과정 에너지**life process energy이다(Jung, 1969, p. 17). 물리 에너지처럼 정신 에너지 또한 만지거나 느낄 수 없으며, 결과물을 통해 그것의 존재를 간접적으로 알게 되는 매우 추상적인 개념이다. 물리 에너지가 우리들 집의 따뜻하고 밝은 방에서 그 모습을 드러내듯이, 정신 에너지는 우리의 다양한 느낌, 생각, 행동들을 통해 드러난다.

가장 중요한 점은 정신 에너지가 성격 내부에 존재하는 힘들 간의 갈등의 산물로 여겨져 왔다는 것이다. 이러한 갈등 없이는 에너지도, 삶도 존재하지 않는다. 우리의 사랑과 증오는 정신 내에 깃들어 있으며, 행동으로의 표출을 추구하는 긴장과 새로운 에너지를 만들어 내게 된다. 또한 부모의 심한 반대에도 불구하고 혼전 성교를 갈망하는 것처럼 또 다른 가치들도 서로 대립할 수 있다. 이처럼 잠재적인 갈등의 사례는 실제로 무한하다고 할 수 있다. 또한 융은 다양한 정신 구조가 서로 지속적인 갈등을 일으킨다는 입장을 고수하였다. 예를 들어 의식 속에 존재하는 사고와 무의식 속에 존재하는 사고는 서로 충돌할지도 모른다. 나아가 그림자(무의식적이며 우리 본성의 악한 부분을 의미하는)는 불쾌한 기억들이 인식되지 못하도록 작동하는 자아와 충돌할지도 모른다. 따라서 융은 이러한 측면을 반영하여 정신 에너지를 **대립 원리**principle of opposites에 따라 작동하는 전반적 실체로 간주하였다.

일단 에너지가 만들어지면 그것은 다양한 방향으로 움직이게 된다(Progoff, 1953, p. 63). 에너지는 외부로 향한 행동을 통해 사라질 수도 있고 정신 내부에서 처음에는 한 방향으로, 다음에는 또 다른 방향으로 지속적으로 움직일 수도 있다. 에너지는 분리되어 정신을 통해 비체계적으로 움직일 수도 있다. 즉, 에너지의 일부가 무의식으로 들어가 다른 에너지의 재료에 부착되어 환각, 망상 혹은 이해할 수 없는 기분상태와 같은 기이한 심리상태로 그 모습을 드러낼지도 모른다. 요컨대, 정신을 통해 움직이는 에너지 중 일부는 자율적으로 작동하여 예측할 수 없는 다양한 결과들을 만들어 낸다는 것이다.

리비도 또한 엔트로피 및 등가원리에 따라 작동한다. 이러한 심리적 조직화는 물리학에서의 열역학 제 1 법칙과 제 2 법칙에 근거한다. **등가 원리**principle of equivalence란 "주어진 양의 에너지가 특정 상태를 초래하기 위해 소비되면 동일한 에너지 혹은 또 다른 에너지가 같은 양만큼 채워진다."는 것을 의미한다(Jung, 1969, p. 18). 즉, 정신 기능의 어떤 측면들이 증가되면 보상적으로 또 다른 정신 기능의 측면들이 감소되며, 마찬가지로 어떤 정신 기능들이 감소되면 또 다른 기능들이 보상적으로 증가함으로써 대응한다는 것이다. 예컨대, 직업적 성공에 대한 관심이 증가하면 그만큼 정신적 삶에 대한 관심은 줄어들 수 있으며, 반대로 정신적 삶에 대한 관심이 증가하면 그만큼 직업적 성공에 대한 관심은 줄어들 수 있다. 성적 관심에 있어서도 마찬가지이다. 즉, 자유롭게 표현되지 못한 채 억압된 성적 감정은 무의식에서 동일한 강도로 활성화되어 지속될 수 있을 것이다. 한편 또 다른 사람은 이러한 성적 감정을 창조적인 일로 승화시키거나 변화시킴으로써 표현할지도 모른다. 이러한 융의 입장은 프로이트의 대치(displacement) 개념과 유사하다.

엔트로피 원리principle of entropy란 정신 내에 존재하는 에너지의 강도가 서로 다를 때 심리적 균형 상태를 추구하게 된다는 것을 의미한다. 예컨대, 만일 에너지가 자아에 집중된다면 정신 내에서는 균형을 되찾기 위해 에너지를 의식에서 무의식으로 움직이게끔 하는 긴장이 발생될 수 있을 것이다. 술 자리나 과도한 사회적 활동으로 점철된 삶을 살아가는 외향적인 한 학생의 예를 들어 보자. 어느 순간 그는 권태로움과 초조함을 느끼면서 자신의 삶의 의미와 방향에 대해 새롭게 고민하게 될지 모른다. 먼저 그는 무의식적인 내적 경험을 탐구하기 시작하여, 그 결과 사회적 활동을 줄이고 공부에 더 많은 시간을 할애함으로써 사회적 고립 상태는 아니지만 이전에 비해 좀 더 진지한 학생이 될 수 있을 것이다. 여기서 중요한 것은 성격의 어느 한 측면만이 발달하게 되면 갈등, 긴장, 불안이 발생하게 되지만, 그 때문에 보다 성숙한 사람이 될 수 있도록 균형화시키는 과정 또한 일어나게 된다는 것이다.

개인적 발달의 목표는 정신의 모든 측면들의 통합을 이룬 자아실현화이다. 이러한 상태에서는 자신의 고유한 본성에 대한 수용과 이해가 증가된다. 이러한 균형 상태에서는 자기(self)가 이전의 성격적 중심이었던 자아(ego)를 대체하는 진전이 일어난다. 그러나 이것이 새로운 체계 내에서 자아가 없어지거나 무가치해진다는 것을 의미하는 것은 아니다. 자아는 여전히 존재하지만 정신의 또 다른 양상들과 조화를 이루게 된다.

자아

융은 **자아**ego를 "의식적 장의 중심을 구성하는 고도의 연속성과 정체성을 지닌 표상들의 콤플렉스"라고 기술하였다(Jung, 1923, p. 540). 융의 이론에 있어 **콤플렉스**complex란 주로 공유되는 감정에 의해 연합된 관념 복합체를 의미한다. 자아는 정신과 동일 개념이 아니며 단지 정신의 일부 양상인 콤플렉스이다(Jung, 1969, p. 324). 자아 또한 의식과 같은 개념이 아니다. 대신에 의식의 핵심인 자아는 정신 내에서 에너지를 하나로 통합한다. 자아는 개인적 정체성과 연속성의 느낌을 갖도록 한다. 따라서 자아는 우리 자신의 행동과 감정에 대한 의식적 사고뿐만 아니라 경험에 대한 기억 또한 포함한다.

개인 무의식

개인 무의식personal unconscious이란 자아에 인접한 영역이다(**그림 3.1** 참조). 이것은 어떤 불쾌한 이유로 인해 강력하게 지워진 망각된 경험들로 구성되어 있다. 또한 이것은 의식적으로 지각되기에는 너무도 약한 감각적 인상들을 포함한다(Jung, 1969, p. 376). 그러나 특정한 환경 하에서는 개인 무의식의 재료들에 접근할 수 있다. 예컨대, 개인 무의식은 환자를 노련하게 이끄는 치료자에 의해 인식될 수 있을 것이다.

집단 무의식

정신의 더욱 깊숙한 곳에 자리한 것이 **집단 무의식**collective unconscious이다. 융은 이것을 "세상사들의 처리과정에 대해 깊이 새겨진 뇌구조 내의 저장고이자 세상에 대한 우리의 의식적인 순간적 인상들에 대응되는 무한하고 영속적인 세상에 대한 이미지들의 형태로서 전체성을 갖는 것(Jung, 1969, p. 370)"이라고 하였다. 달리 말하자면, 집단 무의식은 현 인류와 선조들의 잠재적 기억들의 저장고이다. 이것은 우리에게 실현 가능성의 형태로 전달된 본능과 원형들로 구성되어 있으며, 종종 우리의 행동에 영향을 미친다.

원형

원형archetypes이란 역사 이래로 모든 문화에서 존재해 왔던 주제들이다. 융은 다양한 저

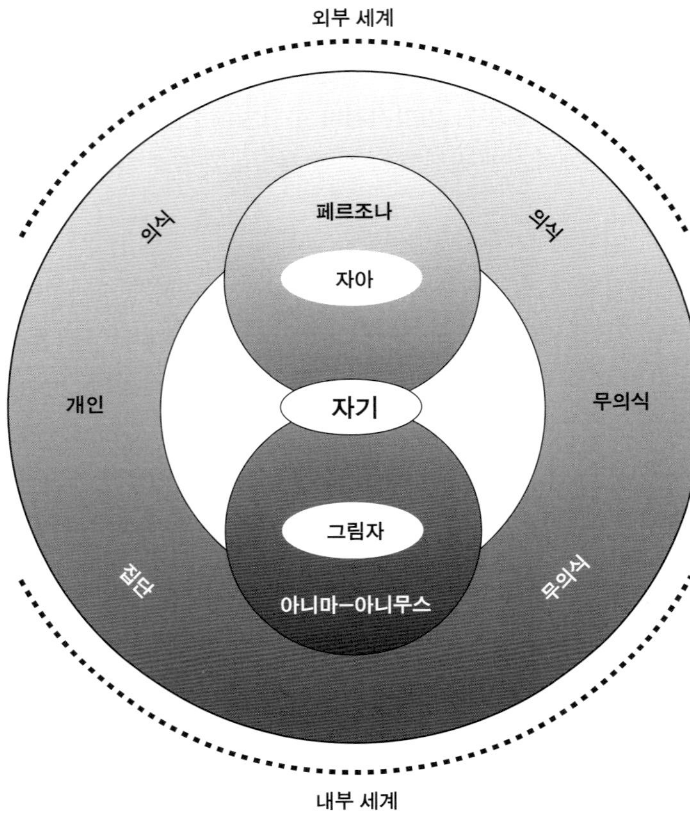

그림 3.1 정신의 구성요소들

출처: J. Jacobi의 *The Psychology of C. G. Jung*(1962) p. 126에서 인용. Courtesy of Yale University Press, New Haven, Connecticut.

술에서 이러한 주제들을 "이마고(심상), 원시적 심상, 근원적 심상, 우세한 것, 그리고 행동 패턴"이라고 언급하였다. 융에 따르면 이러한 집단 기억들은 우리가 공통된 진화 과정과 뇌구조를 갖기 때문에 근본적이고 보편적인 것이라고 한다.

원형 개념은 때로 잘못 이해되어져 왔다. 연구자들은 프로이트가 이미 종족 무의식이라 부른 유사한 개념을 사용했음에도 불구하고, 원형 개념이 융이 최초로 제안한 심리학적 업적 중 하나라고 언급해 왔다. 보다 중요한 것은, 융이 프랑스의 생물학자 라마르크에 의해 제창된 '인간의 특성은 직접적인 방식을 통해 유전된다.'는 개념을 수용하지 않았다는 점이다. 대신에 융은 "우리는 특정한 경험들을 어떤 특별한 방식으로 반응하도록 이끄는 경향성 혹은 소인의 경로를 물려받았다"고 주장했다(Progoff, 1953, p. 70).

이러한 경향성은 때로는 자발적으로, 또 때로는 개인이 스트레스를 경험하는 상황에서 원형 또는 주제의 형태로 나타난다.

예를 들어, 융은 모든 문화권에서 인간은 모호하고 위협적인 상황에서 우리가 신이라 부르는 어떤 전능한 존재에 반응하는 경향성을 물려받았다고 가정하였다. 신은 절대적이며, 존재 유무와는 상관없이 예측할 수 없는 두려운 자연환경하에서 필수적인 존재이다. 인간의 지적 능력으로는 결코 신의 존재에 대한 결론을 내릴 수 없으며, 신이 존재한다는 어떠한 증거도 제시할 수 없다. 더욱이 이러한 증거는 불필요한데, 그 이유는 전능하고 성스러운 존재에 대한 개념은 어디에서나 의식적이지 않다면 무의식적인 원형의 형태로 존재하기 때문이다(Jung, 1961, p. 81).

융은 신이라는 개념을 부인하는 사람은 개인적인 곤경을 경험할 것이라고 강력히 주장했다. 인간은 그들 자신에 대한 보다 심오한 성찰을 얻기 위해서는 이러한 개념을 반드시 이해해야만 한다. 따라서 융은 무신론자들이 자신의 본성의 비이성적 측면들에 대한 인식을 획득하는 데 실패하였기 때문에 결국에는 난관에 봉착할 수밖에 없는 일 방향적 발달을 나타내게 될 것이라고 하였다. 비논리적인 영역에 대한 논리적 해답의 추구는 요원할 것이다. 융은 우리가 신념의 기반 위에 전능한 존재를 수용하는 것으로 추정하였다; 그러나 동시에 그는 신의 존재가 잠재적으로 인식 가능한 원형의 형태로 우리의 정신 내면에 존재할 것이라 제안하면서 자신의 견해를 스스로 반박한 것처럼 보인다. 이러한 문제는 만일 우리가 내부적, 외부적 실재를 명확히 구분할 수만 있다면 사라질 수 있을 것이다. 융은 우리는 결코 신의 존재에 대한 객관적 증거, 즉 외부 세계에서 타인과 공유될 수 있는 구체적인 형태의 증거를 제공할 수는 없으리라는 견해를 고수하였다. 그럼에도 불구하고 신이라는 개념은 보편적인 인간 경험 속에 그 기원을 두고 있는 바, 우리의 주관적 혹은 내부적 실재에서는 여전히 타당하다고 생각하였다.

신은 보편적인 상징이다. 이러한 상징은 실재하긴 하지만 결코 완벽하게 이해될 수는 없다(Jung, 1958c, p. 118). 우리는 끊임없는 자기 분석을 통해 이러한 실체에 대한 가치 있는 정보를 얻을 수 있을지는 모르지만, 그것은 결코 완벽하지는 못할 것이다. 이러한 상징들은 서로 다른 형태, 즉 신비로운 면을 갖는 희미한 모습으로 존재하며 아마도 어떤 시점에 이르게 되면 우리는 그것을 인식해야만 할 것이다. 요컨대, 상징의 실체는 너무나 복잡하고 종잡을 수 없어서 논리적인 물음은 단지 어떤 한 시점에서만 도움이 될 수 있을 것이다. 그 외의 모든 상황에서는 조화로운 정신은 미지의 이해할 수 없는 것들에 대한 수용과 신앙을 추구하는 방향으로 움직인다.

원형이란 근원적으로 우리의 현재 경험 위에 투영된 환상들이 불러일으키는 사고 혹은 개념들이다. 예컨대, 가장 주된 원형 중 하나는 아이에 대한 어머니의 보호로 특징지을 수 있는 모자관계이다. 이러한 결속력의 해체는 최종적으로 개인이 성인이 된다면 일어날지도 모른다. 융은 많은 원시문화에서 젊은이들이 부활 의식을 치르게 될 때 이러한 결속력이 깨진다고 제안했다(Jung, 1961, p. 208). 우리 문화권에서 남성들은 만일 이와 유사한 의식(그들의 특별한 종교와 관련된)을 거치지 않는다면 결코 어머니에 대한 근원적 의존성에서 벗어나지 못할지도 모른다. 즉, 이들은 부부관계에서 미성숙하고 의존적이며 순종적 태도를 나타냄으로써 아내에게 자신의 어머니 심상을 투사할지도 모른다. 또는 아내의 어떠한 요청에도 거부적인 태도와 지나친 남성성을 드러냄으로써 정반대 방식으로 반응할지도 모른다.

모든 원형들이 정신 내에서 동등하게 발달되지는 않는다. 잘 형성된 원형들은 성격 기능에 지대한 영향을 미친다. 반대로 제대로 형성되지 못한 원형은 최소한의 영향만을 줄 뿐이다. 융의 이론적 체계에서 중요한 원형들에는 페르조나, 그림자, 아니마, 아니무스, 자기, 내향성/외향성 등이 포함된다. 비록 내향성과 외향성은 많은 이론가들이 원형으로 간주하지는 않았지만, 융은 이 또한 원형이라 믿었다. 내향성과 외향성은 타고난 소인이지만 때로 경험에 의해 틀을 갖추기도 한다(Jung, 1923, p. 286).

페르조나

융의 이론에서 **페르조나**persona는 "환경적 요구와 개인의 내적 성향이 필요로 하는 것 간의 타협"이다(Jacobi, 1962, p. 19). 페르조나는 우리가 다른 사람과의 관계에서 적절히 기능하기 위해 쓰는 가면이다. 이러한 가면은 우리가 일상에서 수행하는 역할들의 수만큼 다양한 형태로 나타날 수 있다. 또한 페르조나는 집단무의식 내에서 나쁜 힘을 통제하는 작용에 도움을 준다. 페르조나는 우리가 타인과 적절한 관계를 유지하기 위한 시도의 보편적 모습이기 때문에 하나의 원형으로 볼 수 있을 것이다.

그러나 페르조나는 부정적 속성 또한 갖는다. 우리는 진정한 자신의 모습을 이러한 가면 뒤에 숨기는 것을 배울 수 있다. 우리의 페르조나는 개인 내면에서 잠재적으로 계발되는 힘에 의해 집단 무의식으로부터 분리될 수 있다. 우리는 특정한 역할에 지나치게 관여함으로써 우리의 전인격적 개성을 상실할지도 모른다. 우리는 "교수라는 가면 뒤에는 유치한 투정들도 가득 찬 자신의 모습 이외에는 아무것도 발견할 수 없는, 교수라는 역할 연기에 소진된" 야코비(1962) 교수를 알고 있다(pp. 19-20). 융 학파에 따르면 지나치게 경직된 사람은 자신과 다른 사람들의 감정을 보다 수용해 나가야 하며, 자신의 합리성과 지성의 한계를 인식하고 받아들여야 하며, 인간의 어리석음에 대한 어떤 것을 가르쳐 줄 수 있는 지혜로운 노인과 같은 원형(지혜와 깨달음을 형상화한 현자에 대한 원형)들을 보다 더 수용해야만 한다. 물론 야코비 교수는 이러한 관점이 완전히 허튼 소리라고 치부하면서 자신은 아무런 문제없이 잘 지내고 있다고 반박할지도 모르지만 융 학파에서는 그가 지나치게 이성적이라고 간주할 수 있을 것이다. 융 이론 체계에서의 요점은 과도한 페르조나와의 동일시는 개인적 발전에 유해한 영향을 미칠 수 있다는 점이다.

그림자

융은 우리들 본성의 어둡고 불길한 하이드 씨를 나타내는 개념으로 **그림자**shadow라는 용어를 선택하였다. 페르조나가 자아와 의식에 속하고 개인의 외부 세계로의 적응을 담당하는 기능을 하는 것과는 대조적으로, 그림자는 우리 정신의 열등한 부분으로 악하고 받아들일 수 없는 무의식을 나타낸다. 그림자는 두 가지 주된 양상을 갖는데, 하나는 개인적 무의식과 연합되어 있으며, 나머지 하나는 집단 무의식과 연합되어 있다(Dry, 1961, p. 95). 개인 무의식과 관련된 그림자는 도덕적이고 아름다운 것들을 거부하는 모든 경험들로 구성되어 있다. 예를 들어, 우리의 자아는 잔혹한 충동을 거부할지도 모르며, 사회적으로 수용될 수 없는 성적 혹은 공격적 충동을 억압할지도 모른다. 융은 그림자가 프로이트의 성적 본능과 아들러의 권력에의 의지 이 두 가지 측면이 결부된 것이라 믿었다.

집단 무의식과 관련된 그림자는 우리들 정신 내에 존재하는 사악함의 보편적 화신을 상징한다. 다양한 모습의 악마가 이러한 그림자의 대표적인 예에 해당될 것이다. 융은 우리가 완전한 악에 스스로를 직면시킬 수 없기 때문에 우리들 성격의 수용되지 못한 이러한 측면을 결코 완벽하게 이해할 수는 없을 것이라고 주장하였다. 그럼에도 불구하고 그림자는 우리들 모두의 내면에 존재하며, 이해할 수 없는 기분, 설명할 수 없는 근원적 고통, 자기 파괴적 충동 및 타인을 해치고자 하는 욕망 등 다양한 모습을 통해 그 모습을 드러낸다. 우리는 근원적으로 이러한 충동들을 제어할 수 없다는 점을 분명히 인식해야만 한다. 융은 이러한 억압된 감정이 또 다른 충동들의 힘들이 합쳐지는 무의식 내에서 독립적으로 작동한다고 믿었다. 그 결과, 이러한 충동들은 잠시 동안 자아를 압도하여 의식 내에 분출되게끔 하는 엄청난 힘을 갖게 된다. 예를 들어, 세련되고 고상한 실무자가 갑자기 회의 동안 그의 동료를 향해 큰 목소리로 욕설을 퍼부어 댈지도 모른다. 그 순간 그는 논의 중이던 주제와는 전혀 상관없는 완전히 비논리적이고 무책임한 주장을 쏟아낼지도 모른다.

융의 다른 모든 개념들처럼 그림자 또한 부정적 속성뿐 아니라 긍정적 속성 또한 갖는다. 충동적으로 살인을 결심한 살인자가 피해자를 보며 자신의 연인을 떠올려 목숨을 빼앗지 않고 살려 준 경우라든가 모든 시간을 돈을 버는 데 사용하던 이기적인 여성이 이후 지역 자선단체에 수입의 상당 부분을 기부하기로 결정하는 사례 등이 이러한 예에 해당될 것이다. 보다 일반적으로는 그림자의 긍정적인 측면은 개인이 설명할 수 없을 정도로 활기 넘치고 자발적이며 창조적으로 보일 때 드러날 것이다.

아니마와 아니무스

융은 프로이트처럼 모든 남성과 여성은 그들 내면에 반대 성의 요소를 가지고 있다고 믿었다. 모든 남성은 여성적 측면을 가지며 여성들 또한 무의식적인 남성적 속성을 갖는다. 이러한 개념은 적어도 부분적으로는 남녀 모두 다양한 수준의 남성 및 여성 호르몬을 갖는다는 사실에 근거한다. 융은 남성이 지닌 여성 원형을 **아니마**anima라 불렀으며 여성 내에 존재하는 남성 원형은 **아니무스**animus라고 하였다. 다른 모든 원형처럼 아니마와 아니무스는 건설적 혹은 파괴적 방식으로 기능할 수 있다. 융은 남성 속의 아니마가 긍정적으로 작동한다면 "영감(inspiration)"으로 작용하며, "대부분의 남성이 지닌 것보다 뛰어난 그녀[아니마]의 직관적 능력은 그에게 [위험한 사건에 대한] 시의적절한 주의를 제공할 수 있으며, 늘 개인적으로 표현되는 아니마의 감정은 그에게 개인적으로 잘 수용되지 않고 한 번도 밝혀진 바 없던 자신의 감정을 발견할 수 있는 길로 안내해 줄 수 있을 것이다"(Jung, 1961, p. 199)고 하였다. 아니마의 부정적인 측면은 남성이 변덕스럽고 심술궂게 행동할 때 드러난다. 여성 속의 아니무스의 긍정적 양상은 이성과 논리에 바탕을 둔 건설적 주장으로 표현될 때 드러난다. 아니무스의 부정적 양상은 다음과 같은 행동에서 드러날 수 있다.

> 지적인 여성에서, 아니무스는 주된 맥락과 주제를 무의미하게 만들어 버리는 사소한 부분에 집착하여 계속해서 따지고 드는 식의 지식 지향주의를 보이면서 비판적 논쟁을 하게끔 조장하도록 만들 수 있다. 또는 완벽한 이상적 논의를 비뚤어진 관점에 근거해 완전히 다른 방식으로 풀어놓음으로써 논의 자체를 망쳐버리는 예에서도 찾아볼 수 있다. 아니무스에 대한 인식이 없다면 이러한 여성은 남성을 짜증나게 만드는 데 몰두하며, 결과적으로 전적으로 아니무스의 지배하에 놓이고 만다. (Jung, 1961, p. 220)

아니마와 아니무스가 보편적 현상이라는 융의 주장에도 불구하고, 우리 사회의 성별 고정관념과 같은 영역에 있어서 아니마, 아니무스라는 개념은 다소 미심쩍게 들린다.

남성성 원형은 이성, 논리, 설득력 있는 논쟁, 사회적 강인성 등과 같은 전통적인 남성적 역할들과 관련되는 반면, 여성성 원형은 감수성, 사회적 민감성, 직관, 허영심, 변덕스럽고 불합리함을 남의 탓으로 돌리는 것 등을 포함하는 전통적인 여성적 행동을 반영한다. 비록 융이 아니무스의 부정적 특성들 또한 언급했다 할지라도, 아니마의 약점에 대한 그의 세부적 논쟁들은 이미 프로이트의 기술에서 찾아볼 수 있는 바와 같은 가부장적 편견들을 드러낼 수 있다.

융은 이러한 원형들이 꿈과 환상에서 작동할 것으로 추정하였으나 종종 아니마와 아니무스는 실제 삶의 다양한 대상들에게 투사될 수도 있다. 예컨대, 남성의 아니마는 흔히 그의 연인에게 투사되어 두 사람 모두에게 해로운 영향을 미칠지도 모르는 갈등을 야기할 수 있다. 그는 그의 연인을 항상 자신을 보호해 주고 관심사를 배려해 주는 온정적이고 감수성 강한 보편적 어머니로 볼 수 있을 것이다. 그러나 실제로 그녀는 단지 그를 성적 파트너로만 대하는 무감각하고 천박한 사람일 수도 있다. 여성의 아니무스가 친절하고 세심한 구혼자에게 투사될 경우 사악한 정복자의 모습으로 나타날 수도 있는데, 이렇게 되면 그녀는 그를 끊임없이 통제하고 지배하고자 함으로써 필연적으로 갈등과 문제가 발생될 수밖에 없다. 이처럼 삶의 실제와 보편적 이미지를 서로 구분하기란 매우 어려운 일임에 틀림없지만, 우리들 각자가 내재되어 있는 자신만의 개성을 발전시켜 나가는 것이 가장 본질적인 것이라 할 것이다.

자기

자기self는 우리들 모두에 잠재되어 있는 원형이다. 융은 자기 원형을 실질적인 것이 아닌 가설적인 의미의 타고난 청사진으로 파악하였으며, 우리들 각자는 그런 방향으로 실현화될 수 있다고 보았다. 우리 내부의 운명은 융이 "개성화"(Jacobi, 1962, p. 100)라 칭한 "개인이 확고하고 고유한 본래의 자신으로 되어가는 과정, 즉 이를 통해 개인은 일반적으로 사용되는 '이기적'이라는 용어의 의미가 아닌, 자신만의 독특한 본성을 충족해 나갈 수 있으며, … 이것은 이기주의나 개인주의와는 개념상 엄청난 차이가 있는 것"이라는 과정과 관련된다(Jung, 1961, p. 183). 그러므로 자기는 우리가 추구하는 궁극적 목표이다. 자아실현을 향해 나아간다는 것은 매우 어려운 과정이자 결코 완벽하게 달성될 수는 없다. 결국, 자기는 원형이며, 원형이란 결코 완전하게 이해되거나 실현될 수 없는 것이다. 융은 특히 청년들의 경우 자신의 젊음 때문에 자아실현화를 향한 과정이 훨씬 더 어렵다는 것을 발견하였다. 자아실현이란 정신 내부에 존재하는 대립들 간의 갈등을 해결해 줄 수 있을 만큼의 다양한 경험과 노력 및 시간을 요하기 때문에, 극소수만이 적어도 중년에 이르러서야 보다 균형 잡힌 자기에 근접할 수 있게 된다.

자아와 자기 개념 간의 구분을 위한 논의가 필요하다. 자기는 전체 정신 혹은 전체 성격으로 언급된다. 자기는 의식과 무의식으로 이루어진 반면, 자아는 전체 정신의 일부이자 의식으로만 구성된다. 만일 자아가 자기로부터의 메시지를 기꺼이 들을 수만 있다면 더욱 더 계발될 수 있을 것이다. 보다 구체적으로, 자아는 자기가 보다 의식화되고 현실화되도록 허락함으로써 전체적 성격을 보다 명확히 드러내도록 할 수 있다. 예를 들어, 만약 당신의 자아가 예술적인 재능을 의식하지 못한다면 아무런 일도 발생하지 않을 것이다. 그러나 만약 자아가 예술적인 재능을 알아차렸다면 당신은 그러한 재능을 발전시키고 실현화시킬 수 있는 노력을 해 나갈 수 있을 것이다. 따라서 자아는 숨겨진 정체성과 인간의 무의식적인 잠재력을 찾는 데 도움을 줄 수 있으며, 이러한 것들을 실현화시키는 촉진적 역할을 수행할 수 있다.

자아의 도움 하에 갈등은 보다 잘 해결될 수 있으며, 성격 내부의 균형 또한 보다 효율적으로 이루어질 수 있게 된다. 이러한 균형이 이루어지면 성격 내부의 새로운 중심축 혹은 센터가 자아로부터 자기로 대체된다. 자아는 이제 태양 주위를 도는 지구와 같은 위성의 위치를 차지하게 된다. 그러나 의식은 우리 정신 내부에서 무의식으로 대치되지는 않는다. 대신에 대립 원리는 강하게 남아 있으면서 의식과 무의식의 요소들이 서로 균형을 맞추게 된다. 따라서 자기는 **초월 기능**transcendent function을 통한 통합된 힘을 나타내며, 이것은 다양한 성격체계에 균형과 안정을 제공해 준다. 개인이 그들 정신의 무의식적 측면들을 탐색해 나감에 따라 그들 본성의 양상이나 기능들을 더 많이 이해하게 될 것이며, 무의식적 요소들을 보다 편안하게 느끼게 될 것이다. 예를 들어, 한 여성이 자신의 그림자가 그녀의 기분이나 충동성에 어떠한 작용을 하였는지 이해하기 시작했다고 가정해 보자. 한 남성이 자신의 아니마가 그의 여자 친구를 어떤 방식으로 이상화시키고 결점은 무시하도록 만들었는지 이해하게 되었다고 생각해 보자. 이러한 알아차림은 갈등의 해결이라기보다는 화해와 관련된다. 새로운 자각을 통해 이들은 이러한 갈등을 초월하여 그들 자신 및 타인들과 보다 건설적인 삶을 살아가기 시작할 것이다.

그림자나 아니마에서처럼 **상징**symbol들에 대한 융의 대부분의 관심은 자기 원형이 오랜 기간 동안 다양한 종교나 심리학, 예술 및 철학 속에 깃들어 표현되어 온 방식에 대한 그의 방대한 연구들에 기원한다(Progoff, 1953, p. 153). 심지어 융은 중세의 연금술에서조차도 자기 원형이 독특하게 드러나고 있다고 보았다. 융은 연금술사들이 금속을 금으로 변화시키는 과정을 “열등 기능과는 구분되는 기본적 요소와 새로운 요소, 즉 의식과

그림 3.2 자각되는 의식을 표현한 만다라

출처: J. Jacobi의 *The Psychology of C. G. Jung*(1962) p. 114에서 인용. Courtesy of Yale University Press, New Haven, Connecticut.

무의식 간의 조화를 이룸으로써 완전히 새로운 성격으로 진일보시키고자 한 것"에 비유하였다(Jung, 1961, p. 232).

융에 의하면, 모든 문화권의 예술과 문헌들에서 찾아볼 수 있는 가장 중요한 자기 원형의 표현은 바로 **만다라**mandala이다(**그림 3.2** 참조). 만다라는 자아실현을 성취한 개인에게서 나타나는 정신 내부 대립들 간의 통합을 반영하는 것이다. 융에 따르면 가장 오래된 만다라는 구석기 시대의 수레바퀴 모양의 태양 그림이다(Jung, 1958a, p. 326). 만다라는 또한 불교, 도교 및 기타 동양 종교에서 발견되었다. 이들 종교에서 황금 꽃은 의식의 변화, 의식과 삶이 형성되는 재단과 천상의 감정, 즉 궁극의 기쁨을 나타내기 위해 종종 만다라의 중앙에 위치한다(Jung, 1958a, p. 320). 중세시대 유럽에서 발견된 일부 만다라에서는 4대 복음서의 저자들이 그리스도를 둘러 싼 형상을 띠고 있다(Jacobi, 1962, pp. 128–131). 융의 많은 환자들이 꿈에서 본 만다라를 자발적으로 보고하였으며, 치료 회기 동안 그것을 그리기도 하였다. 따라서 놀랄 만큼 다양한 출처들로부터 얻어진 그림들을 토대로, 융은 그가 개인적 초월 경험에 대한 보편적 현상을 발견하였다고 확신했다.

심리적 유형론

융은 개성을 발전시켜 나가기 위한 시도로서 우리들 각자는 경험과 관련된 상이한 방식을 선택하게 된다고 제안했다; 즉 우리는 삶에 대한 다양한 태도를 채택하며 우리의 경험을 이해하기 위한 상이한 심리적 과정 혹은 기능들을 활용한다. 융은 심리적 유형론에서 이러한 기본적인 태도와 기능을 기술하였다.

외향성/내향성

융의 유형론에 있어 두 가지 기본적인 태도는 **외향성**extraversion과 **내향성**introversion이다. 외향성은 "사교적이고 솔직하며 주어진 상황에 쉽게 적응해 나가는 활발한 특성, 빠르게 애착을 형성하며 어떠한 잠정적 불안 요소에도 아랑곳하지 않으며, 미지의 상황에 조심성 없이 돌진해 나가는 특성"이라 언급하였다. 이와는 대조적으로, 내향성은 "주저하고, 사려 깊으며, 대상으로부터 물러나 그 상태대로 관조하려는 성향, 항상 약간은 방어적이며 신뢰할 수 없는 상황에 대해서는 뒤로 물러나 신중히 검토하는 특성"이라고 언급했다(Jung, 1961, p. 54). 융은 개인이 완전히 내향적이거나 외향적인 것은 아니라고 지적했다. 오히려 각 개인은 이들 두 가지 측면을 모두 지니고 있다고 하였다. 더욱이 두 가지 태도는 **우세 특성**dominant characteristics(의식)과 **열등 특성**inferior characteristics(무의식)을 포함한 다양한 측면들을 포함한다. 우세한 측면은 열등한 측면을 보상하며 그 역 또한 성립한다. 만일 우세 특성이 지나치게 많은 리비도를 사용하게 되면 무의식에서 에너지가 형성되고 활성화되는 것처럼 전형적으로 개인에게 유해한 결과가 초래된다.

융의 유형론은 정신 내부에서의 리비도 흐름에 대한 그의 개념에 근거한다. 에너지는 삶을 향해 외부로 흐를 수도 있고 주관적 경험을 향해 내부로 흐를 수도 있다. 그러나 융에게 있어 외향성과 내향성은 단순히 외부로 향하는 리비도는 성장을, 내부로 향하는 리비도는 퇴보를 의미하는 것은 아니다. 대신에 에너지의 움직임은 두 가지 상이한 형태로 일어날 수 있다; 성장이 주로 대상과 환경적 조건에 의해 일어날 때 에너지는 외부로, 반대로 자아 상태(보다 정확하게는 "주관적 요인")에 대한 적응으로 나타날 때는 내부로 움직인다. 마찬가지로, 퇴보의 경우에도 외부 세계로부터의 철회(내향성) 또는 지나치게 외부 세계를 향한 경험에만 몰두하는 경향(외향성)이라는 두 가지 상반된 방향을 따라 에너지가 움직일 수 있다(Jung, 1969, pp. 40–41).

따라서 외향성과 내향성 각각은 고유한 역동을 지니며, 두 가지 태도는 성장과 퇴보라는 양극단적인 측면들을 모두 가지고 있다. 다른 모든 융의 개념과 마찬가지로, 내향성과 외향성 또한 모두 우리의 발달에 있어 긍정적(강한) 혹은 부정적(건강하지 못한) 결과를 초래할 수 있다. 예컨대, 내향성은 개인이 뛰어난 소설과 같은 독특하고 유용한 산물을 창조할 때에는 성장의 동력으로 작용할 수 있지만, 반면에 확고한 판단을 내려야 할 때 우유부단하고 부정적인 생각에 잠기는 경우 발전을 저해하는 동력으로 작용할 수도 있는 것이다. 학업을 잘 못 따라가는 학생이 학업이 우수한 학급 친구나 교사에게 질문하길 망설인다면 그 결과 낙제할 가능성은 높아질 것이다. 또한 개인이 도움을 요청하는 것과 같은 민감한 결정을 내려야 할 때 외향성은 긍정적 결과를 초래하겠지만, 확실한 승인을 받기 위해 권위자의 발언을 별다른 고민 없이 받아들이는 것과 같이 무분별한 판단을 할 때에는 부정적 결과가 수반될 것이다. 이들은 대상(권위적 인물)에 지나치게 헌신하여 그들의 언급을 무비판적으로 수용해 버린다. 병리적인 친척의 조언으로 전공을 바꾸는 학생을 생각해 보라.

네 가지 기능

내향성과 외향성이라는 기본적인 태도와 함께, 융은 개인이 세상과 관계하는 네 가지 기능 혹은 방법을 가정했다; 감각, 사고, 감정, 직관. 감각은 이성(사고) 혹은 평가(감정)를 사용하지 않는, 현상에 대한 초기 구체적 경험을 의미한다. 사고는 특정 시점에서 우리가 이성과 논리를 사용하여 사건을 이해하도록 촉진시킨다. 사고는 우리에게 경험된 사건의 의미가 무엇인지를 제공해 준다. 감정은 특정 사상이 우리에게 좋은지 나쁜지 혹은 수용할 만한 것인지 그렇지 않은 것인지를 판단함으로써 평가하도록 해준다. 마지막으로, 직관은 우리가 잘 알지 못하는 새로운 상황에 대처해 나갈 때 직감에 의지하도록 만든다(Progoff, 1953, p. 100).

융은 사고와 감정이 경험에 대한 판단을 형성하는 데 관여하기 때문에 **합리적 기능**rational function이라고 지칭하였다. 반면 감각과 직관은 평가 혹은 해석을 거치지 않고 단순히 내재된 경험을 따른다는 측면에서 **비합리적 기능**irrational function이라고 불렀다. 비록 우리들 다수는 사고는 합리성으로, 감정은 비합리성으로 연결짓는 경향이 있지만, 융은 사고와 감정 둘 다 경험의 가치를 평가한다는 점을 고려하여 이러한 견해를 제시하였다. 사고는 특정 사상이 근본적으로 진실인가 혹은 거짓인가 라는 측면과 관련되는 반면, 감정은 우리가 무언가를 좋아하는가 혹은 싫어하는가의 정도를 측정한다. 융이 비합리적이라는 용어를 지나치거나 아무런 생각 없이 나타나는 정서를 지칭하는 데 사용하길 원치 않았다는 점에서 의미적 난점이 있다. 대신에 그는 논리 혹은 이성과 무관한 경험과 관련된 측면을 나타내는 데 이 용어를 사용하였다. 아마도 논리와 무관한(nonrational) 용어가 보다 적당할지도 모른다.

합리적 · 비합리적 기능들은 정신 내에서 다양한 수준으로 연결되거나 차별화된다. 융이 구상한 바와 같이, 합리적 혹은 비합리적 기능 쌍의 한 측면은 우세한, 의식적이고 충분히 분화된 또는 그 반대로 열등한, 무의식적이고 충분히 분화되지 않은 것이라는 차원으로 볼 수 있을 것이다. 나머지 기능 쌍들은 일부는 의식에, 또 다른 일부는 무의식에 속한 불분명한 경계에 존재한다. 우세 기능은 다른 보조적 쌍들보다도 가장 분화된 것이다. 반면 열등 기능은 가장 분화되지 않은 것이다. 예를 들어, 이지적인 사람의 경우 이성과 논리는 잘 발달되어 있고 의식적이지만, 그의 감정 기능은 제대로 분화되지 않았으며 무의식적이다. 이들에 있어 감각과 직관은 사고 기능에 대한 보완적 혹은 지지적 역할을 담당하는 조력자로서 작용한다. 감각과 직관은 각기 혹은 한 쌍으로 특정 시점에서는 의식 하에서 우세한 사고 기능으로 작용할 수도 있다. 예컨대, 문제해결을 위해 논리와 이성에 의존하는 매우 학구적인 사람의 경우 어떤 시점에서는 직관이 정확한 해결책에 대한 비전을 제시함으로써 그의 사고 과정에 도움을 줄 수도 있을 것이다. 또 다른 예로서 문제해결을 위해 자신의 감각 기능을 매우 활성화시키는 도구적인 기술을 지닌 사람을 들 수 있다. 이 사례에서 구체적인 대상을 다루는 데 집중하는 것은 개인이 문제해결에 있어 자신의 이성적 능력을 사용하는 데 도움을 줄 수 있을 것이다. 즉, 그는 실용적 지능을 지녔다고 말할 수 있을 것이다. 반면에, 발명가들은 이러한 과정에서 목표를 달성하는 데 도움을 주는 논리적 연결을 얻기도 전에 오랜 시간을 어설프게 도구들을 다루는 데 허비할 수도 있다.

끝으로, 이들 기능 중 어떠한 것이라도 지배적일 수 있다는 점을 주목해야만 한다. 즉, 사고, 감정, 감각 및 직관형인 사람이 존재한다는 것이다. 물론 이처럼 특정 기능이 지배적일 경우 충분한 발달이 이루어졌다고 볼 수는 없을 것이다. 전체적 혹은 통합적인 개인은 경험을 다룸에 있어 이들 기능들을 모두 활용할 수 있을 것이다.

유형론

두 가지 기본적 태도와 네 가지 기능을 통해 융은 여덟 가지 심리적 유형을 분류하는 유형론을 고안하였다. 이들 기능들의 조합 쌍들이 어느 정도 차별화되고 의식적인 형태로 존재할 것이라 가정한다면, 실제로는 16가지 성격 유형이 가능하다. 그러나 이 주제에 대한 고전적 연구에서 융은 여덟 가지 유형들 즉, 내향적 · 외향적 사고형, 내향적 · 외향적 감정형, 내향적 · 외향적 감각형 그리고 내향적 · 외향적 직관형에 주로 초점을 맞추었다.

외향적 사고형

융에 의하면, **외향적 사고형**extraverted thinking type은 다음과 같은 특성을 갖는다.

> 이들은 삶의 모든 활동에 있어 늘 객관적 자료에 근거한 지적인 결론을 내리고자 한다. 이들은 지적인 공식에 의해 삶을 살아간다. 이런 공식에 의해 좋고 나쁨, 아름답고 추한 것을 결정하는 것이다. 만일 이러한 공식의 범위가 매우 광범위하다면 외향적 사고형은 공적인 과오를 혁신하거나 환기시키는 기능 혹은 중요한 혁신을 촉진시키는 기능 등 사회에 매우 가치 있는 기여를 할 수 있을 것이다. 그러나 공식이 경직되면 될수록 이들은 불평불만이 많아지고 교묘한 논리를 발전시키며 독선적인 비평가가 될 가능성이 높아진다. (Jung, 1923, pp. 346–347)

또한 이들은 자신의 사고와 이상을 추구함에 있어 감정을 억압하며 "미적 활동, 음식에 대한 감각, 예술 감각 및 사교" 와 같은 측면을 부인하는 경향이 있다(Jung, 1923, p. 348). 융은 나아가 이처럼 부정적인 측면이 발달된 사람은 타인의 행복을 염려하는 듯 보이지만 실제로는 자신의 목적을 달성하기 위해 우정을 교묘히 이용하는 자기 잇속만 챙기는 사람들처럼 실제로는 단지 개인적 목적의 달성에만 관심이 있다는 입장을 피력하였다.

내향적 사고형

내향적 사고형introverted thinking type은 "반대 유형인 외향적 사고형과 마찬가지로 사고에 강력한 영향을 받지만 이들의 아이디어는 객관적 자료가 아닌 자신의 주관적 토대에 근거한다. 이들은 외향적 사고형처럼 자신의 사고를 따르긴 하지만 그 방향은 외부가 아닌 내부에 근거한다는 점에서 구분된다(Jung, 1923, p. 383)." 내향적 사고형들의 주관적 토대는 집단 무의식이다. 창조적인 아이디어는 전통적 도덕률과 같은 외부적 측면에 근거하는 것이 아니라 집단 무의식에서 도출된다. 내향적 사고형들은 이처럼 내적 작용에 초점을 둔 나머지 차갑고 냉담하며 타인에 대해 배려하지 않는 것처럼 보인다. 또한 이들은 사교능력이 부족하며 자신의 생각을 불분명하게 전달하는 경향이 있다.

외향적 감정형

융은 **외향적 감정형**extraverted feeling type을 객관적인 상황과 보편적 가치에 따라 살아가는 사람이라고 묘사했다(Jung, 1923, p. 356). 이들의 감정과 행동들은 타인의 기대나 사회적 규준에 따라 통제된다. 결과적으로, 이들의 감정은 상황과 주변 사람들에 따라 수시로 변화된다. 융은 여성들이 외형적 감정형의 가장 좋은 사례라고 믿었다. 부모의 반대로 파혼을 결심한 여성이 바로 외향적 감정형의 전형적 사례가 될 것이다. 결혼 상대자에 대한 그녀의 감정은 자신의 부모의 판단에 근거한 것이다. 만일 부모가 그를 좋아했다면 그녀 또한 그를 좋아했을 것이다. 그렇지 않다면 그녀는 그를 거절해야만 한다고 느낄 것이다. 외향적 감정형에 있어 사고는 매우 억압되어 있다.

융은 어떤 측면으로는 외향적 감정형인 여성이 만족할 만한 결혼생활을 영위할 수 있을 것이라고 믿었다. "이러한 여성들은 관습적 정신 구조 내에 남편과 아이들이 기능할 때에는 훌륭한 배우자이자 어머니가 될 수 있을 것이다"(Jung, 1923, p. 357). 관습적 정신 구조란, 융이 매우 잘 적응된 가족에 대해 사회가 규정한 전통적인 규칙과 조절체계를 칭하기 위해 사용한 것으로 보인다.

내향적 감정형

융에 따르면, 여성은 또한 **내향적 감정형**introverted feeling type의 좋은 예이기도 하다. "이러한 유형의 여성들은 대부분 조용하고 접근하기 어려우며 이해하기 어렵다. 이들은 흔히 어린애 같거나 진부한 가면 뒤로 숨어 버리며 우울한 성향을 보인다. 이들은 빛을 발하지도, 자신을 드러내지도 않는다(Jung, 1923, p. 389)." 비록 이들이 다른 사람들에게는 무정한 것처럼 보일지라도 종교 혹은 창조적 형태로 표출될 수 있는 집단무의식에서 비롯된 강렬한 감정을 경험할 수 있다.

외향적 감각형

융은 남성을 **외향적 감각형**extraverted sensing type의 좋은 예라고 보았다. 이들은 근본적으로 현실 지향적이며 대개 근본적으로 심사숙고하길 꺼린다. 감각의 경험은 대부분 그 자체로 끝나 버리고 늘 새로운 경험을 추구하고자 하는 경향이 있다. 이들은 보통 사교적이고 쾌활하며, 일부는 미식가이자 매사를 즐길 줄 아는 상당한 능력을 소유하고 있다. 더욱이 이들은 때로는 세련된 심미주의자들이다. 그림 그리기, 조각 작품과 문학에 조예가 깊을 뿐 아니라 세련된 외양과 음식에 대한 기호를 갖는다. 이들은 대상에 지나치게 매료되는데, 예를 들면, 음식 혹은 외모에 집착할 수 있다, 이들은 "쾌락을 추구하는 사람 혹은 … 비양심적이고 조악한 예술가"가 될 수도 있다(Jung, 1923, p. 365).

내향적 감각형

융의 관점에서 **내향적 감각형**introverted sensing type은 "객관적 자극에 의해 야기된 주관적 감각의 강렬함"에 의해 이끌리는 비합리적 유형이다(Jung, 1923, p. 395). 이들은 외부자극에 과잉 반응하는 것처럼 보인다. 이들은 타인이 던진 악의 없는 언급을 혼자 상상해서는 기이한 방식으로 해석한다. 이들은 또한 타인을 포함한 환경 내의 대상들과 관계하지 않기 때문에, 합리적이고 철저히 행동을 통제하는 것처럼 보일 수도 있다. 내향적 감각형들은 심지어 농담에서조차도 단순히 외적 측면만을 보고 객관적 세계(외부적 실체)를 다룰 것이다. 원초적 심상으로부터의 리비도는 이들의 외부 사건에 대한 지각에 영향을 줄 것이다. 리비도의 긍정적 측면은 창조적인 사람에게서 발견되며, 부정적 측면은 정신병 환자에게서 드러난다.

외향적 직관형

외부적 기회를 활용하는 것이 **외향적 직관형**extraverted intuitive type의 주된 관심사이다. 융은 이들을 "새로운 것이나 새롭게 형성되고 있는 모든 것들에 열광하는" 특성이 있다고 묘사하였다(Jung, 1923, p. 368). 정치인, 사업가, 그리고 투자자는 외향적 직관형의 좋은 예이다. 여성은 남성에 비해 이러한 유형으로 지향될 가능성이 더 높다(jung, 1923, p. 369). 긍정적인 측면에서, 이들은 유망한 기업의 창업자나 기획자로서 종종 타인에게 뛰어난 성취를 위한 영감을 불러일으키기도 한다. 그러나 이러한 성향을 가진 사람에게는 심각한 위험도 따른다. 즉, 비록 이들은 활기차고 다른 사람들을 고무시킬 수도 있지만 자신의 일은 등한시하는 경향이 있으며, 늘 성급하며 항상 새로운 가능성을 찾기 때문에 미약한 성취를 하게 된다.

내향적 직관형

내향적 직관형introverted intuitive type들에게서 나타나는 강력한 직관은 종종 외적 현실에 소원하도록 이끈다. 이들은 가까운 친구들에게조차도 정체를 알 수 없는 사람으로 간주된다. 긍정적 측면으로는 이들 유형이 뛰어난 예언자 혹은 신비주의자가 될 수 있다는 점이며, 부정적 측면은 기이한 언어와 상상력을 지닌 괴짜 예술가로 전락할 수도 있다는 점이다. 이들은 쉽게 이해되지 않으며, 판단 기능(사고와 감정)이 상대적으로 억압되어 있기 때문에 효과적인 의사소통 능력이 상당히 제한되어 있다.

심리적 유형론을 지지하는 연구들

융이 제안한 유형론의 타당성을 평가하기 위해서는 다양한 개념들을 측정할 수 있는 척도를 구성할 필요가 있다. 융 학파에 의해 개발된 최초의 성격특성 척도는 Gray-Wheelwright라고 명명되었으며, 이후 강제 선택 형식의 166문항으로 구성된 보다 잘 알려진 검사인 **마이어-브릭스 유형 지표Myers-Briggs Type Indicator(MBTI)**로 대체되었다. 지금까지 MBTI의 신뢰도와 타당도를 확립하기 위한 많은 연구들이 이루어져 왔다(Briggs & Myers, 1943, 1944, 1957, 1976).

심리적 유형과 학업

학업과 관련된 측면에 대해 사크(2004, pp. 70-79)가 수행한 14개 연구 결과들을 종합해 보면, 영재 학생들은 그렇지 않은 학생들과는 상이한 심리적 유형 프로파일을 나타내는 것으로 밝혀졌다. 일반적으로 이들은 외향적이기보다 내향적이고, 감각적이기보다 직관적이며, 감정적이기보다는 좀 더 사고 지향적이다. 내향적 측면은 이들이 영재가 아닌 대부분의 일반 학생들에 비해 보다 더 독립적이고 사고 지향적이라는 것을 의미한다. 더욱이 영재 학생들은 또래의 다른 학생들에 비해 보다 직관적이며 상상력이 풍부하고 사색적이며 합리적이고 창의력이 있는 것으로 나타났다. 영재가 아닌 학생들은 의사 결정 시 자신의 감각에 보다 더 의존하는 바, 사실에 입각한 문제해결 방략을 나타내는 경향이 있다. 마지막으로, 영재 학생은 문제를 해결할 때 일반적인 학생들에 비해 생각을 좀 더 많이 하는 경향이 있다. 이러한 창의적인 학생들은 또한 높은 SAT와 IQ 점수를 받는다. 최근 연구에서 영재 학생들은 또래 다른 학생들에 비해 자아 존중감 또한 더 높은 것으로 나타났다(Papazova & Pencheva, 2008, pp. 1-10).

영재 학생 교수법에 관한 이들 연구 결과로부터 얻을 수 있는 시사점은, 이들을 교육할 때보다 덜 구조화된 자기 주도적 학습을 통해 스스로 학습을 시작하도록 하는 것이 필요하다는 것이다. 영재 학생들에게 상대적으로 덜 구조화된 과제들을 제공하게 되면, 이들의 새로운 가능성들에 대한 사고력, 심사숙고할 수 있는 기회, 과제에 대한 창의적 해결능력 및 과제에 대한 흥미와 도전의식이 좀 더 고무될 수 있을 것이다.

학업에 초점을 맞춘 또 다른 연구들은 대학생들의 직업적 관심사가 융의 유형론과 많은 면에서 서로 연관된다는 것을 보여 준다. 예를 들면, 내향적인 학생들은 수학, 컴퓨터 프로그래밍, 문헌정보학, 화학, 토목공학에 강한 흥미를 가지는 반면, 외향적인 학생들은 판매, 홍보, 활동 및 요식업이나 호텔 관리 등의 일들에 보다 더 흥미를 보였다. 또한 직관적인 학생들은 주로 음악가, 심리학자, 미술가, 작가, 사진사 등의 직업에 이끌리는 반면, 감각적인 학생들은 경찰, 수사관, 그리고 수공업 등에 흥미를 보였다.

사고형인 학생들은 법학, 치의학 및 의학에 흥미를 보인 반면, 감정형인 학생들은 보육 교사, 간호사, 성직자, 상담자가 되는 것에 보다 더 관심이 있었다(Myers & McCaulley, 1985, pp. 244–248; Passmore, Holloway, & Rawle-Cope, 2010, pp. 1–16; Sandow, Jones, & Moody, 2000, p. 32). 실제로, 최근 연구들은 일부 국가에서 대부분의 성직자들은 사고형이라기보다는 감정형이라는 사실이 밝혀졌다. 감정형들은 타인과의 관계 형성, 감정이입, 약속 이행, 그리고 타인을 깊이 이해하는 것에 대한 깊은 관심을 드러낸다(Francis, Robbins, Kaldor, & Castle, 2009, pp. 200–212).

심리적 유형과 의료 분야

의료 분야와 관련된 스틸웰과 왈릭(2000, pp. 14–20)의 연구에서는 의대생들의 성별에 특히 주목하여 전공 선택 경향을 살펴보았다. 연구 결과, 감정형인 여학생들은 가정 의학을 1차 전공으로 선택한 반면, 외향형과 사고형 남학생들은 여학생들에 비해 외과 전공을 더 많이 선택하는 것으로 드러났다.

> 약사들을 대상으로 한 성별 관련 연구에서, 사고형 남성은 대개 소매 약국에서의 실습을 선택하는 반면 직관형 여성은 요양원 및 연구/교육 환경과 같은 비전형적인 환경에서 실습하기를 원한다. 소매 약국은 사고형 남성에게 보다 안락한 직업 환경을 제공하고, 보다 적은 환자를 대할 수 있도록 해주며 약물조제에 있어서 이점을 제공할 가능성이 있다. 반면에 직관형 여성은 의사소통 능력을 보다 중요하게 활용할 수 있기를 기대하기 때문에 비전형적인 현장을 더 좋아할 가능성이 있다. (Hardigan, Cohen, & Carvajal, 2001, p. 34)

미첼과 셔프(1995, pp. 521–532)에 의한 또 다른 연구에서, 호스피스들은 내향성보다는 외향성을, 감각기능보다는 직관을, 사고보다는 감정을 보다 더 선호하는 것으로 나타났다. 이러한 결과는 호스피스들은 인간 존재의 외부적 측면에 에너지와 관심을 집중하는 외향적 지향점을 지니고 있다는 점을 드러내는 것으로 여겨진다. 외향형은 강한 이타적 감정과 함께 "타인에게 향하는" 경향이 있다. 감각형 대 직관형 차원에 있어서는 감각형 중 호스피스의 비율이 현저히 낮았다. 만일 감각기능이 우세하다면 배변, 구토, 체취, 육체적 · 정신적 고통 등 이들이 꺼리는 다양한 작업 환경에 헌신해야 하는 호스피스의 업무가 너무나 힘겹게 여겨질 것이다. 직관은 감각을 초월한 지각을 가능케 한다. 따라서 직관형들의 경우, 죽음에 임박한 환자들과 그들이 지나온 삶의 의미들이 이러한 당면한 고통을 뛰어넘을 수 있게 해준다. 사고형에 비해서는 감정형 호스피스들이 절박한 죽음의 상황에서 보다 깊은 이해를 할 수 있는 반면, 인간미 없이 지나치게 논리적인 사고형들은 호스피스라는 직업에 별 흥미를 느끼지 못할 것이다.

마지막으로, 영국의 클랙, 알렌, 쿠퍼 및 헤드(2004, pp. 177–186)가 수행한 한 흥미로운 연구에서, 의사의 성격 유형이 환자와의 상호작용에 어떠한 영향을 미치는지를 검토하였다. 환자가 늘어놓는 의사에 대한 대부분의 불만은 그들의 무능력한 의료기술이라기보다는 의사소통 능력의 문제에 기인한다. 바람직한 의사소통은 환자의 만족감과 의사의 처방에 협력하는 의지를 결정하게끔 만드는 열쇠이다. 효과적인 의사소통은 상호작용 과정에서 서로 간의 "마음이 만날 때", 즉 서로 간의 성격 유형이 양립 가능할 때라야만 가능하다. 이러한 추론과 일관되게, 연구자들은 대부분의 문제시되는 의사소통은 의사의 성격적 우세 기능이 환자의 그것과 상충될 때 발생된다는 사실을 발견하였다. 의사가 사고형인 반면 환자는 감정형인 경우가 바로 이러한 전형적인 예에 해당된다. 의사는 전문용어를 사용해 환자에게 냉담한 태도로 문제 중심적인 관점에서 설명하지만 환자는 친밀하고 따뜻한 관계 및 치료자와의 개인적 관계에 더욱 관심을 두는 경향이 있다. 그 결과, 환자는 실제로는 그렇지 않다고 할지라도 의사를 매우 냉정하다고 느낄 수 있을 것이다. 또한 이 연구에서 의사는 직관형인 경우가 많지만 환자들은 감각형인 경우가 더 많다는 것을 보여 준다. 이러한 결과가 시사하는 바는, 의사들은 환자에게 전문적 용어를 사용하여 질병의 원인, 경과 및 예후에 대해 보다 전반적이고 장기적인 관점에서 설명하려는 경향이 있는 반면, 환자들은 보다 실용적이고 직접적인, 단계별 설명과 지침을 더욱 선호한다는 것이다(Allen & Brock, 2000, pp. 13–15). 즉 이러한 결과로 미루어 볼 때, 환자들은 종종 의사의 설명이 지나치게 복잡하고 난해하여 따르기 어렵다고 느낄 수 있다는 것을 알 수 있다.

클랙 등(2004)은 수련 기간 동안 의사들에게 환자와의 성격 유형의 차이가 의사소통 과정에 어떠한 영향을 미칠 수 있는지 교육함으로써 도움을 줄 수 있을 것이라 결론내렸다. 이러한 훈련은 환자와의 상호작용을 바람직한 치료 결과로 이끌 수 있게끔 하는 보다 유연한 자문 양식을 가능케 할 것이다.

지금껏 살펴본 것처럼 복잡한 융의 일부 개념들은 경험적으로 입증될 수 있는 용어로 전환시킬 수 있으며, 실제로 이러한 연구들은 심리적 유형에 대한 융의 견해에 상당한 지지를 제공해 주었다.

성격발달

자아실현

융이 생각한 성격발달은 역동적이며 평생 동안 이루어지는 진보의 과정이다. 개인은 지속적으로 성장하며 새로운 기술을 습득하고 **자아실현**self-realization을 향해 나아간다. 비록 융은 아동기 동안 일어나는 발달과정에 관해서는 거의 언급하지 않았지만, 개인의 성격발달이 초기 유년기 동안 확고해진다는 프로이트의 관점을 수용하지 않은 것은 분명하다. 융은 단지 과거 사건이 개인의 행동을 결정한다는 프로이트의 견해에 결코 동의하지 않았다. 융에게 있어 행동이란 단순히 과거 경험뿐만 아니라 미래의 목표에 의해 결정되는 것이다. 비록 개인이 분화된 심리적 기능을 발달시킴으로써 개성화를 향해 나아갈 수는 있지만 동시에 반대의 과정도 일어날 수 있다. 그러나 이러한 역행은 해로운 것만은 아니다. 어떤 후퇴는 오히려 창조적 성장의 원동력을 제공할 수도 있다.

자아실현을 향한 움직임은 대개 어렵고 고통스러운 과정이다. 이러한 과정은 개인이 자신의 경험을 이해하고, 건강한 태도를 발달시키며, 초월을 통해 정신 내면에 존재하는 대립들 간의 화합을 도모하고자 하는 부단한 노력들을 포함한다. 개인은 종종 위기에 부딪히게 되는데, 융은 우리들 대부분이 생의 중년기 동안 심각한 위기를 경험한다고 믿었다. 이러한 위기들을 적절히 해결한다면 개인은 보다 정확한 지각과 자신에 대한 진일보된 통찰을 갖게 될 것이다. 이러한 과정의 궁극적 산물은 개성화이다. 즉, 개인이 온전한 자신으로 되어 가는 것이다.

신경증과 정신증

자아실현의 과정은 저절로 일어나는 것은 아니다. 만일 개인이 가혹하고 무분별한 처벌을 일삼은 유해한 환경에서 자랐다면 성장이 방해 받았을 가능성이 높다. 정신 내에 억압된 유해한 힘은 결국 예고 없이 분출될지도 모른다. 이러한 결과로 나타날 수 있는 병리현상이 바로 신경증과 정신증이다.

융의 견해에서 신경증과 정신증은 그것이 초래한 심각성의 측면에서 본질적으로 차이가 난다. 억압 작용에 의해 일 방향적 발달이 이루어지면 그 결과 기능상의 문제가 발생하게 된다. 앞서 논의된 여덟 가지 심리적 유형들에서 네 가지 기능 중 어느 하나가 강력하게 억압되면 신경증 증상이 초래될 가능성이 높다. 예를 들어, 내향적 감정형에서 사고가 억압된다면 이러한 사고 기능은 결국 대상에게로 투사되어 타인과의 갈등이 야기될 것이다. 이때 사고 기능은 미분화되어 있기 때문에 대상에 대한 개인의 판단은 총체적이며 부정확할 것이다. 이렇게 되면 개인은 타인의 의도를 정확히 이해할 수 없게 된다. 그 결과, 신경증으로 인해, 신경 쇠약 및 무기력하고 기능 마비 상태에까지 이르고야 만다.

> 다른 사람들은 비열하고 교활하고 사악하며 음모를 꾸미거나 은밀한 계략을 일삼는 존재라고 치부해버릴 가능성이 높다. 따라서 이러한 상황을 미연에 방지하기 위해 개인은 어쩔 수 없이 그것에 반대되는 음모를 꾸미고, 타인을 의심하며 계략을 짜내야만 할 것이다. 소문 때문에 괴롭힘을 당한다면 그는 최고가 되기 위해 엄청난 노력을 해야만 할 것이다. 끊임없는 대립관계가 발생하면 개인은 이러한 적의적 다툼 속에서 계속해서 비열해질 수밖에 없을 것이며 심지어 비장의 카드를 꺼내기 위해 자신의 미덕까지도 팔아넘길 수 있게 될 것이다. 이러한 상태는 결국 탈진으로 끝이 난다. (Jung, 1923, p. 391)

융은 정신증이란 억압된 무의식적 힘이 의식을 압도할 때 일어나는 것으로, 신경증의 연장이라고 언급하였다. 그의 관점에서 의식은 무의식에서 파생된 이차적 현상이다. 즉, 의식은 무의식의 속박을 풀고 분출되는 힘에 의해 휘둘릴 수 있는 연약한 실체이다. 이렇게 되면 개인은 붕괴되어 자아는 집단무의식의 요소에 의해 공격받고 통제력을 상실하게 된다. 융은 한 여성과 사랑에 빠졌다고 상상하는 내성적인 젊은 남성의 예를 통해 정신증 발병 사례를 제시하였다. 자신이 일방적인 사랑을 하고 있음을 깨닫게 되자,

> 그는 강에 뛰어 들어 자살하고자 하였다. 때는 늦은 밤이었고, 어두운 강물에 별들이 반짝반짝 빛나고 있었다. 그에게 별들은 짝을 이루어 유영하며 흘러가는 것처럼 너무나 아름답게 느껴졌다. 그는 잠시 죽고 싶다는 마음을 까맣게 잊어버린 채 이상하리만큼 감미로운 광경에 매료되어 뚫어지듯 별들을 쳐다보았다. 점차 그는 모든 별들은 얼굴이며 별들의 쌍은 꿈꾸듯 서로를 껴안고 있는 연인이라는 것을 깨닫게 되었다. 그에게 완전히 새로운 지평이 열렸다; 비록 그의 사랑은 식고 퇴색되긴 하였지만 그의 운명과 좌절 이 모든 것이 변화하였다. 그녀에 대한 기억은 점차 멀어지고 흐릿해져 갔다. 대신에 그는 막대한 재물이 그에게 보장되어 있다는 확신을 가지게 되었다. 그는 인근 전망대에 엄청난 보물이 숨겨져 있다는 것을 깨닫고는 전망대에 난입하려다 새벽 4시에 경찰에 의해 체포되었다. 과연 무슨 일이 있어났는가? 그의 초라한 얼굴에서는 그가 결코 시를 통해 파악할 수 없었던 멋진 단테의 모습이 스쳐지나갔다. 그는 강에 투신하지는 않

았지만 영속적인 심상과 그 아름다움은 그와 함께 사라져 갔다. (Jung, 1959, p. 126)

융의 이론에서 집단 무의식 또한 흥미로운 구성요소를 지니고 있으며, 때로는 우리를 깊이를 가늠할 수 없는 내면세계로 빠져들게끔 할 수도 있다.

평가 기법

프로이트와 마찬가지로 융 또한 성격평가 기법으로 사례 연구를 일차적으로 신뢰하였다. 그 또한 꿈 분석과 중요 초기 경험에 관한 환자의 자기보고를 펼쳐 보임으로써 프로이트 학파의 뿌리를 이어나갔다. 그럼에도 불구하고 융은 프로이트와는 중요한 측면에서 차별화되는 몇몇 다른 기법들을 사용하였다.

꿈 분석

융의 관점에서, 꿈이란 무의식적이며 개인 무의식과 집단 무의식 모두에 깊숙이 억압된 내용물들의 자발적인 분출이다. 그러나 꿈에서 드러난 내용들이 반드시 성욕 혹은 공격욕에 대한 소원 성취적 시도가 위장된 것만은 아니다. 오히려 꿈은 종종 최근 발생한 문제나 갈등을 해결하기 위한 시도이다. 또한 성숙한 방향으로 개인의 발전을 이끄는 매체로서 작용한다. 예를 들어 융은 술에 취해 난폭한 행동을 하는 아버지의 꿈을 꾼 한 젊은 남성의 사례를 보고했다. 사실, 그는 아버지가 매우 높은 덕망을 지닌 사람이라고 진술했으며 아버지와 이상적인 관계를 형성하고 있었다. 융은 꿈 분석을 통해, 아버지에 대한 그의 유별난 존경심은 오히려 그의 고유한 성격발달을 저해하는 요인이 되어왔다고 해석하였다. 사실상 그는 아버지와 너무나 밀접했기 때문에 그 결과 자신만의 성격을 발달시킬 수 없었다. 마치 꿈은 그에게 아버지는 그렇게 고결하진 않으며 그가 열등감을 느낄 필요는 없다는 것을 말해 주는 것 같았다(Fordham, 1966, p. 103).

융에 따르면, 꿈 또한 전적으로 보상기능을 갖는다. 꿈은 적응과 성격적 결함을 수정하고자 하는 시도이다. 예컨대, 부끄러움이 많은 사람들은 꿈에서 자신이 사교계를 주름잡는 모습으로 등장할지도 모른다. 또한 사업에 실패한 사람은 엄청나게 부유한 투기 사업가나 성공한 사람의 꿈을 꿀 수도 있으며, 평범한 배우는 브로드웨이 극장에서 관중들의 기립박수를 받는 꿈을 꾸게 될지도 모른다. 비록 초기 연구들에서는 꿈의 보상 개념을 지지해 주는 증거들이 나타나지 않았지만, 최근 연구들에서는 이러한 측면을 입증하는 보다 강력한 증거들이 제시되었다(Cann & Donderi, 1986, pp. 1021–1030; Zadra, O'Brien, & Donderi, 1997–1998, pp. 293–311). 융에 따르면, 신경증적 성향이 강한 개인은 일 방향적 발달을 하게 되며 자신의 집단 무의식으로부터 유리된다고 한다. 반대로 신경증적 성향이 낮은 개인은 보다 균형 잡힌 발달을 이루며 집단 무의식과도 유리되지 않는다. 이들은 집단 무의식과 조화롭게 접촉하면서 적응적으로 삶을 영위해 나갈 수 있다. 반면에 강렬한 신경증에서는 적어도 약한 신경증에서처럼 쉽게 보상적 기능을 나타낼 수 없다. 따라서 융 학파에 따르면 강력한 신경증에서는 그렇지 않은 경우에 비해 원형적인 꿈, 즉 매우 독특하고 기괴하며 강렬한 정서적 색채를 띤 꿈을 매우 드물게 꿀 것이라 가정한다. 이러한 측면은 아래의 연구에서 매우 잘 드러난다.

캔과 돈데리(1986, pp. 1021–1030) 또한 직관형이 감각형에 비해 원형적인 꿈들을 더 많이 회상한 반면에, 내향형은 외향형에 비해 일상적 경험에 근거한 꿈들을 더 많이 회상해 낸다는 것을 발견하였다. 이러한 조사결과는 융 학파의 가설과 매우 잘 부합된다. 융은 직관적인 사람이 감각적인 사람에 비해 집단 무의식의 구성요소에 보다 근접해 있다고 믿었다. 상상력이 풍부하고 창조적인 경향이 있으며 꿈에 대한 흥미를 보이며 복잡한 상황이나 변화에 대한 인내력을 보이는 직관형들은 원형적 꿈의 은유적 특징들을 더 쉽게 다루는 경향이 있다. 반면에 감각형들은 보다 실용적이고 구체적 지향점을 드러내는 바, 원형적 꿈을 처리한다는 것은 매우 불안하고 난해한 일일 수 있다. 융은 직관형들의 원형적 꿈에 대한 뛰어난 민감성은 자아실현을 향한 행보에 도움을 줄 수 있다고 하였다. 나아가 융은 내향성 대 외향성 차원에서는 보다 의식적이며 일상적인 사건들에 초점이 맞춰져 있다고 믿었다. 외향형들은 일차적으로 외부 환경에 초점을 두는 반면, 내향형은 기억에 저장되어 있는 사상들의 내적 표상에 이끌린다. 이런 이유로, 내향형은 외향형에 비해 매일의 꿈을 보다 잘 회상할 수 있을 것이다. 호주 학생들을 대상으로 한 잭카의 연구(1991, pp. 27–31)는 캔과 돈데리의 연구 결과를 재확인 해주었다.

마지막으로, 꿈이란 최근 경험한 갈등의 해소와 개인적 성장을 향한 노력이라는 융의 아이디어와 관련된다는 연구 결과가 제시되었다(Brown & Donderi, 1986, pp. 612–623; Zadra et al., 1997–1998, pp. 293–311). 만일 어떤 꿈이 문제해결에 도움이 되었다면 그 꿈은 더 이상 되풀이되지 않을 것이다. 역으로, 만일 꿈이 문제해결에 도움이 되지 않았다면 그 꿈은 반복될 가능성이 있다. 융에 의하면 이처럼 반복되는 꿈은 갈등이 해결되지 않았다는 것을 드러낼 것이다. 따라서 반복되는 꿈은 스트레스, 불안 및 심리적 안정감의 결핍과 관련될 것이다. 앞서 언급한 두 개의 연구(Brown & Donderi, 1986; Zadra et al., 1997–1998)는 융의 가설에 대한 강력한 지지 증거를 제공해 주었다. 즉, 이들 연구에서, 반복된 꿈을 보고한 참여자는 그렇지 않은 참여자에 비해 보다 신경증적이고 불안해하며, 스트레스를 더 많이 경험하고 우울해 하였다.

확충 방법

꿈은 전형적으로 복잡한 의미들과 해석하기 난해한 상징들로 가득 차 있다. 꿈의 의미를 최대한 밝혀내기 위해 융은 **확충 방법**method of amplification을 사용하였다. 특정한 상징에서부터 점차 연상을 확장시켜 나가는 자유연상과는 달리, 확충 방법은 다양한 연상들을 통해 그에 내재된 의미를 밝혀나가고자 한다. 이러한 과정 속에서 상징의 다양한 의미는 더욱 분명해지며, 환자들은 그들 문제에 대한 통찰을 얻게 된다. 이러한 연상은 환자와 분석가 모두에게서 일어난다. 종종 분석가에 의해 제공되는 연상은 환자가 제시한 연상의 방향을 결정한다(Jacobi, 1962, p. 82). 환자는 보통 주관적이거나 개인적인 상징의 의미를 제공하는 반면 치료자는 신화, 종교, 연금술, 예술, 역사 등에서 나타나는 보편적인 상징의 의미를 제시한다(Jacobi, 1962, p. 87).

융은 단 하나의 꿈을 분석하는 것은 잘못된 해석으로 귀결될 수 있지만 일련의 꿈들에 대한 분석은 환자가 직면한 문제를 보다 정확하게 해석할 수 있는 길을 제시해 줄 수 있다고 믿었다. 또한 이러한 일련의 꿈들에 대한 심층적 분석은 환자와 치료자가 상징에 내재된 개인적 의미에서 원형적 심상으로서의 보다 깊은 의미로 나아갈 수 있게끔 이끈다.

단어연상검사

꿈 분석과 함께 융은 환자에게 자극 단어를 제시한 후 그들에게 생각나는 단어는 무엇이든 답하게 하는 **단어연상검사**word association test라는 실험적 기법 또한 활용하였다. 융은 개인 내면의 갈등과 저항의 잠정적 지표로서 자극 제시 후 반응까지의 반응 잠시를 기록하였다. 융은 긴 반응 잠시는 개인의 정신 내면적 갈등을 드러내는 것이라 가정하였다. 더욱이 융은 만일 개인이 (1) 마치 못 들은 것처럼 자극 단어를 반복해서 질문하거나, (2) 다른 단어로 잘못 알아듣거나, (3) 하나 이상의 단어로 답변하거나, (4) 무의미한 반응을 하였거나(지어낸 말), (5) 전혀 반응하지 않았을 경우 그 자극 단어에 대한 내면적 갈등이 나타났을 가능성이 있다고 하였다. 융은 검사가 끝난 후 환자에게 제시되었던 모든 단어 자극들을 회상해 보도록 요구하였는데, 단어 재생의 실패나 왜곡된 재생 또한 내면적 갈등과 관련되는 것으로 간주하였다(Jacobi, 1962, p. 38).

회화 기법

꿈 분석과 함께 융이 사용한 또 다른 기법은 회화 기법이었다. 융은 환자의 무의식적 감정과 사고가 표출되는 것을 장려하기 위한 수단으로 그림에 매우 의지하였다. 비록 예술적 가치는 떨어진다 할지라도, 그림은 환자들의 가장 깊숙한 내면의 모습들을 표현하도록 한다는 점에서 치유적이다. 그림 그리기는 환자가 꿈에서 본 상징을 명확하게 하여 그들이 처한 문제들에 적극적으로 대처해 나갈 수 있는 힘을 기르도록 해준다. 융의 관점에서 그림 그리기는 진정한 치유적 효과가 있는 것이다. 그림 그리기는 환자가 과거로부터 벗어나 자아실현을 향한 길로 나아갈 수 있도록 해준다.

치료에 관한 이론적 함의

융은 신경증이란 개인의 자아실현을 향한 성장이 멈추었다는 측면에서 매우 심각한 장애라 믿었다. 그럼에도 불구하고, 융은 신경증은 긍정적 측면 또한 갖는다고 하였다. 신경증이란 개인의 성격이 확장될 필요가 있다는 절박한 경고 신호이며, 이러한 신호는 치료자와 환자가 정확한 치료적 절차를 밟을 때라야만 나타나는 것이다.

융은 청년기와 중년기에 나타나는 신경증은 근본적으로 차이가 난다고 믿었다:

> 청년의 삶은 전반적인 확장과 구체적 결말을 향한 노력으로 특징짓는다. 이들에게서 나타나는 신경증은 주로 망설임이나 이러한 요구에 부합하지 못하고 위축되는 것으로 나타날 것이다. 그러나 노년기의 삶은 자신이 지금껏 성취한 바들을 평가하고 더 이상의 성장을 지향하지 않는 적극성과 영향력의 약화가 특징적이다. 이들의 신경증은 지금은 지나가 버린 청년기적 태도에 집착하는 것이다. 젊은 신경증 환자가 삶을 두려워하는 것처럼 나이 든 신경증 환자는 죽음으로 인해 움츠러든다. (Jung, 1954, p. 39)

그러므로 융의 관점에서 치료는 개인의 연령에 부합하는 것이어야 한다. 대부분의 영역에서 융은 중년기 문제의 치료에 자신의 노력을 국한시켰다. 그의 분석적 치료는 실제로 "오후의 심리학(psychology of afternoon)"이다.

융이 만난 중년기 환자들은 특별한 문제를 가지고 있었다. 자아가 강하지 않아 고통받고 있는 대부분의 신경증 환자들과는 달리, 융이 치료한 중년 남녀는 대개 매우 성공한 뛰어난 능력을 소유한 사람들이었다. 그럼에도 불구하고 그들은 초조해 하며 만족감을 느끼지 못하고 있었다. 중년기는 일반적으로 개인이 물질적인 성공보다는 보다 나은 삶을 살아갈 수 없을까를 회의하기 시작하는 시점이다. 그들은 자신의 존재 의미를 찾기 시작했다(Storr, 1991, pp. 79-80). 이러한 탐색은 과도하게 발달되어 온 의식을 수정하는 방법으로써 무의식적 내용들을 탐색하는 것과 관련된다. 달리 말하면, 그들은 그동안 방치되어 온 자신의 또 다른 측면들을 재발견하고자 노력하고 있는 것이다. 그들은 자신들 존재의 정신적, 영성적 의미를 재발견하기 위해서는 지나치게 끊임없이 성공을 추구하는 것을 그만두어야 한다는 것을 깨닫게 될 것이다. 융이 표명한 바와 같이, 우리는 인생이 "단지 얻고 소비하는 것" 이상이라는 것을 인식해야만 한다(Jung, 1964, p. 89). 우리는 내면적 삶을 키워 나가야 하며, 거기에 담긴 비밀을 파악하여 이것들을 의식에 동화시켜야만 한다. 우리는 또한 죽음이란 피할 수 없는 것임을 받아 들여야만 한다.

융은 치료를 환자가 그의 내면적 삶의 탐색을 통해 자신의 성격을 확장시켜 나가고 자신의 실존에 대한 영성적 혹은 종교적 태도를 발전시켜 나가는 과정이라고 보았다. 그러나 분석의 결과로 자신 내면에 대한 통찰을 획득하게 되는 것은 비단 환자뿐만은 아니다. 치료자 또한 이러한 과정과 밀접하게 관련되며 수혜자가 될 수 있다. 융은 분석가와 환자 모두 다양한 한계점들을 지니고 있으며, 모두가 자아실현을 향해 노력한다고 하였다. 이러한 이유로, 융은 치료자의 자아실현이 충분히 일어나기 위해서는 지적 우월성에 대한 욕구와 환자에게 지나친 영향을 미치려는 욕망을 포기해야만 한다고 믿었다.

융의 관점에서 치료적 과정은 고백, 명료화, 교육, 변환이라는 네 가지 주된 단계를 거친다(Jung, 1954, p. 55). 고백(confession)은 타인에게 자신의 한계를 인식하도록 하기 때문에 치료과정에 필요한 첫 단계이다. 개인은 또한 모든 사람들이 어떤 약점을 가지고 있다는 점에서 보편적인 인간의 모습과 관계들을 인식하게 된다. 카타르시스 과정 또한 환자가 치료자에게 의존하도록 이끈다. 즉, 전이가 발생한다. 전이를 이해하는 과정에서, 환자는 치료자가 명시한 무의식의 확실한 내용을 표면으로 끌어올린다. 이것이 바로 명료화(elucidation)이다. 명료화 과정 동안, 개인은 자신의 문제의 근원을 자각하게 된다. 세 번째 교육(education) 단계에서 개인은 사회적 환경에 적응하기 위해 통찰을 그들의 성격에 병합시킨다. 마지막 단계인 변환(transformation)은 환경에의 적응을 넘어서서 자아실현을 향한 움직임으로 이끄는 치료자와 환자 간의 역동적 상호작용이 일어날 때 나타난다.

자아실현은 이상적인 상태이자 실제로는 결코 도달할 수 없는 것이다. 따라서 목표로의 도달이 아닌 그 과정이 중요한 것이다. 내면적 갈등들 간의 화해를 위한 이러한 고통스러운 노력을 통해, 환자는 점차 통합된 전체 성격으로 나아갈 수 있다. 그들은 완벽한 존재가 아닌 고유한 장점과 한계점을 지닌 개인으로 되어 간다. 자아실현은 이와 같은 한계의 수용을 필요로 한다. 개인 내면의 대립들 간의 화해는, 결국 모든 것들을 좋아지게 만들어 줄 것으로 확신하는 보다 높은 권위에 자신을 복속시킬 때 나타난다. 따라서 이러한 측면에서 자아실현이란 일종의 종교적 체험이라 할 수 있다(Storr, 1991, p, 90). 그러나 이러한 종교적 태도는 특정 종교에로의 헌신을 요하는 것은 아니라 내면적 갈등들을 화해로 이끄는 규칙들 혹은 도덕적 원리에 대한 순응과 관련된다.

마지막으로, 자아실현은 전적으로 수동적인 상태는 아니다. 오히려, 개인은 각자의 현실적 상황을 받아들이고, 적절히 적응해 나간다. 개인은 모든 상황을 통제하거나 또는 통제될 수 없다는 것을 알고 있기 때문에 그들 삶에서 실제로 구체화시킬 수 있는 상황을 통제하고 변경하고자 노력한다. 어떤 상황에서는 이러한 수용적 태도가 가장 건강한 것일 수 있다.

이론에 대한 평가

융 이론의 과학적 가치를 평가하기 위해 다음의 여섯 가지 기준을 활용해 보자.

포괄성

융의 이론은 그것이 설명하는 현상의 다양성과 광범위함이라는 측면에서 프로이트의 이론과 매우 비슷하다. 그러나 많은 사례에서, 프로이트의 치료에 있어서만큼 상세한 현상에 대한 설명은 부족하다. 그럼에도 불구하고 융의 이론은 매우 포괄적이다. 여러 면에서 그의 이론은 결혼, 창의성, 종교, 교육과 초자연적 현상과 같은 다양한 현상을 설명할 수 있다.

정밀성과 검증 가능성

융의 이론은 일반적으로 정밀성과 검증 가능성 기준을 충족시키지는 못한다. 상관 진술의 대부분이 모호하고 모순으로 가득 차 있다. 예를 들어, 원형은 외적 실재에서는 분명하게 드러나지 않으며 다양한 의미를 갖는 형이상학적 개념이다. 융에 따르면:

> 원형들은 기껏해야 대략 그 범위를 알 수 있을 뿐이다. 보다 예리하게 그것에 초점을 맞

> 추고자 하는 모든 시도는 무형 그 자체로 존재하는 핵심적 의미의 빛을 잃게 함으로써 곧 훼손되어 버린다. 어떤 원형도 단순한 공식으로 간략화시킬 수 없다. 그것은 결코 비거나 채울 수 없는 그릇이다. 원형은 단지 잠정적으로 존재하며, 그 실체가 명확해진다면 이미 그것이 아니다. 그것은 늘 존재하며 언제나 새로운 해석을 필요로 한다. 원형은 영속적인 무의식적 요소이지만 그 형상은 끊임없이 변화한다. (Jung, 1958b, p, 145)

이론이 원래 가지고 있는 복잡성에 대해 융은 우리들 행동의 일부는 예측 불가능한 집단 무의식의 힘에 의해 자율적으로 통제된다는 점을 들어 설명하였다. 예컨대, 어떤 남녀가 각 성별의 장점에 대한 즐거운 토론을 하던 중 갑자기 자신의 성별이 상대방의 그것보다 훨씬 더 우월하다는 격렬한 논쟁에 휘말리게 되었다는 사실을 발견하게 된 경우를 예로 들어 보자. 융은 이러한 예상치 못한 행동상의 변화를 남성 속의 아니마와 여성 속의 아니무스의 부정적 측면이 그들의 행동에 투사된 것이라는 입장을 통해 설명하고자 할 것이다. 남성은 완전히 비논리적이고 감정적인 방식의 여성적 태도로 남성의 타고난 우월성에 대해 주장하기 시작할 것이며, 여성은 반대로 남성처럼 그들의 선천적 우월성에 대해 독단적이고 오만한 방식으로 주장하기 시작할지도 모른다. 격렬한 논쟁은 한 시간 가량 지속될지도 모르며 갑자기 누그러뜨려질지도 모를 일이다. 융은 이러한 현상이 남성은 아니마에 의해, 여성은 아니무스에 의해 휘둘린 결과라고 주장할 것이다. 그러나 언제 아니마와 아니무스가 개인을 장악할지는 전혀 예측할 수 없다.

과학자들은 모든 행동은 인과적 법칙을 따른다는 그들의 믿음에 이러한 가정이 위배되기 때문에 결코 융의 주장을 받아들일 수 없다. 비록 융이 행동의 설명에 있어 결정론적 관점이 유용하다고 믿었을지라도, 그것은 한계가 있다는 입장을 고수했다. 그의 관점에서, 우리 모두는 원인에 의해서만이 아닌 목적에 의해 살아간다. 더욱이, 융은 때로는 두 가지 사건이 동시에 발생하지만 하나의 사건이 다른 사건의 원인은 아니라는 **동시성의 원리**principle of synchronicity를 따른다고 주장하였다. 예를 들어, 어떤 남성은 삼촌의 죽음에 대한 꿈을 꿨고 다음날 삼촌이 죽었다는 사실을 전화를 통해 알게 되었다. 분명 죽음에 대한 꿈이 죽음의 원인은 아니다. 그러나 거의 동시에 일어난 두 사건은 우연히 일어난 것은 아니다. 오히려 융은 동시 발생이 의미 있는 우연의 일치라고 믿었다. 융의 관점에서 볼 때, 삼촌의 죽음을 암시하는 죽음에 대한 어떤 원형적 심상이 임박한 사건의 발생을 그에게 알려 주기 위해 꿈으로 침투했을 가능성이 있다. 융은 원형이 쉽게 과거, 현재, 미래를 통해 이동할 수 있다고 믿었다. 융은 원형이 어떻게 시간과 공간의 경계를 초월할 수 있는지에 대해 설명해 줄 수 있는 기제나 과정에 대한 설명은 남겨

두었지만, 이러한 신비한 과정이 실제로 존재한다고 확신하였다.

일부 현상의 원인에 대한 그의 설명이 모호함에도 불구하고, 과학자들은 융의 복잡하고 독창적인 아이디어의 시험성에 점차 보다 많은 관심을 보이기 시작했다.

간명성

융의 이론은 또한 간결성이라는 기준을 충족하지 못한다. 즉, 융의 이론은 현상을 설명하기 위해 더 많은 개념을 요한다. 광범위한 원형이 특정 행동을 설명하기 위해 언급될지도 모른다. 예컨대, 만일 누군가 적극적인 행동을 보인다면, 그것은 그림자, 아니무스나 아니마, 어머니 혹은 아버지 원형 등에 의한 산물일 수 있다. 또한 이러한 행동은 이들 원형들 중 어느 하나 혹은 일부의 작용에 의한 것일 수 있으며, 어느 것도 작용하지 않았을 수도 있다. 오히려 그것은 단순히 정신 내부의 알 수 없는 작용과 통제할 수 없는 힘에 의해 발생하였을 가능성이 있다.

경험적 타당성

융의 이론은 검증하기 어렵지만 최근 그의 이론에 대한 관심의 고조와 함께 많은 연구가 이루어지고 있다. 이들 연구의 대부분은 심리적 유형론에 초점을 맞추고 있으며, 타당성에 대한 지지 증거가 지속적으로 얻어지고 있다. 융의 꿈에 대한 이론적 지지 또한 증가하고 있다.

발견적 가치

융의 이론은 상당한 발견적 가치를 지닌다. 비록 대부분의 과학자들에게 그 가치를 인정받진 못했지만, 역사, 문학, 예술, 인류학, 종교, 음악과 임상심리학과 같은 특정 분야의 다양한 전문가들에 의해 그의 이론은 인정되었다. 융에게 있어 영적인 관심은 가장 중요한 인간적 가치였기 때문에 그의 이론은 특히 종교와 밀접하다. 그는 서구인들의 경우 합리성만이 지나치게 발달되었고 영적인 측면은 매우 지체되어 있다고 느꼈다. 따라서 융은 우리들 대부분은 내면적 세계를 지향할 필요가 있으며 우리들 존재의 의미를 찾기 위해 명상을 해야 한다고 믿었다. 예상할 수 있는 바와 같이, 융의 이론은 물질적 소유(예를 들면, 지칠 때까지 쇼핑하는 것, 엄지손가락에 피가 날 때까지 문자메시지를 주고받음)에 식상해 하며, 일부 종교적, 정치적, 사업적 힘을 남용하는 권위적 인물에 대한 불신을 드러내는 많은 중산층 대학생들에게 상당한 각광을 받고 있다. 임상심리학자들과 상담자 또한 종교적인 내담자들이 자아실현을 향해 나아갈 수 있도록 돕기 위해 종교에 대한 융의 아이디어를 활용한다.

적용 가치

정신병리와 치료에 관한 융의 이론화는 많은 치료 전문가들의 작업에 매우 긍정적 영향을 미쳤다. 이 이론은 신학자, 예술가, 사진작가, 사학자를 포함한 많은 다른 분야의 사람들에게 유용하게 활용되었다. MBTI는 심리적 유형에 대한 융의 이론화의 산물로서, 직원들을 적성에 맞고 개인적 만족을 극대화시킬 수 있는 영역에 배치하고자 하는 많은 기업의 인사 관리자와 직업 상담자에게 유용하게 활용되어 왔다.

흥미롭게도, 정신적으로 고통을 당하고 있는 많은 사람들에게 영성적으로 거듭 날 필요성을 설파한 융의 이론은 익명의 알코올 중독자 모임의 공동 창설자인 빌 W.에게 깊은 영향을 미쳤다. 빌은 그가 협회를 공동 창설한 몇 년 후 쓴 편지에서 융에게 감화 받았다는 사실을 시인하였다. 편지에 따르면, 그는 융의 환자로서 치료과정을 통해 자신의 알코올 의존을 변화시킬 수 있다고 확신하게 되었다고 한다. 그는 융과의 치료에서 음주에 대한 갈망은 신과의 합일을 바라는 그의 영성적 갈망과 같은 것이라는 점을 깨닫고는 영적으로 거듭남으로써 심각한 음주 문제로부터 벗어날 수 있게 되었다. 융은 실존에 대한 새로운 의미를 찾게 함으로써 그의 삶을 변화시킬 수 있도록 해주었다(W., 1988, pp. 276-281). 이러한 점들로 미루어 볼 때, 융의 이론은 다양한 삶의 곤경에 처한 이들에게 상당한 실질적 영향을 미쳤다고 생각된다.

비판적 사고를 위한 질문

1. 정신이란 무엇인가? 심적 에너지는 어떻게 만들어지며 개인의 행동에 어떤 영향을 미치는가?
2. 그림자를 어떻게 정의할 것인가? 그림자 개념 중 수정해야 할 어떤 한계점들이 존재하는가? 그러한 제한점들은 무엇이며, 이를 극복하기 위해서 필요한 것은 무엇인가?
3. 아니마와 아니무스 그리고 우리 문화에서의 성역할 고정관념 간에는 어떠한 관계가 있는가? 어떤 점에서 우리의 성 역할에는 한계가 있는가?
4. 혹시 당신의 사적인 문제해결에 도움이 되었던 탁월한 경험이 있었는가? 가능한 한 자세히 기술해 보라. 또한 그러한 경험이 어떻게 난관을 극복하는 데 도움이 되었는지 설명해 보라.

5. 융이 가정한 여덟 가지 성격 유형의 특성을 기술해 보라. 당신은 어떤 유형에 속하는가? 왜 그렇다고 생각하는가?

용어 해설

개인 무의식personal unconscious 융의 이론에서 의식으로부터 차단된 모든 개인적 경험을 포함하는 영역

그림자shadow 열등하고 악하며 혐오스러운 인간 본성의 측면

내향성introversion 융에 의해 가정된 두 가지 기본적 태도 중 하나로서, 사색적이고 소극적인 생활방식이 특징적임

내향적 감각형introverted sensing type 자신의 감각에 몰두한다는 장점이 있지만 지나치게 민감하거나 둔감하다는 단점을 지닌 성격 특성

내향적 감정형introverted feeling type 고통을 겪는 사람들에게 강한 동정심을 느낀다는 장점이 있는 반면 수줍음이 많고 접근하기 어렵다는 단점을 지닌 성격 특성

내향적 사고형introverted thinking type 상상력과 독창적 사고능력이라는 장점이 있지만 사회생활에 서투르다는 단점을 지닌 성격 특성

내향적 직관형introverted intuitive type 미래지향적이라는 점에서는 장점이 있지만 타인과 효율적인 의사소통 능력이 부족하다는 단점을 지닌 성격 특성

단어연상검사word association test 환자에게 자극 단어를 제시하고 그에 대한 반응을 요구하는 치료적 기법. 반응 잠시는 잠재적인 갈등이 존재함을 드러내는 것으로 판단됨

대립 원리principle of opposites 성격과 행동을 이끌어 내는 에너지는 정신 내부에서 대립되는 힘 사이의 상호작용으로부터 파생된다는 견해

동시성의 원리principle of synchronicity 세상에는 인과성을 뛰어넘는, 의미를 지닌 어떤 비인과적 질서가 존재한다는 믿음

등가 원리principle of equivalence 정신의 한 부분에서 소비된 에너지는 정신의 다른 부분에서 같거나 다른 양의 동등한 에너지로 보상될 것이라는 견해. 따라서 에너지는 생성되거나 사라지는 것이 아니라 정신의 한 쪽 영역에서 다른 영역으로 이동함

마이어-브릭스 유형 지표 Myers-Briggs Type Indicator(MBTI) 융이 제안한 다양한 심리유형을 측정하기 위해 고안된 지필형 검사

만다라mandala 자기 또는 세상에 대한 상징적 표상

분석 심리학analytical psychology 정신 내의 대립하는 힘들 간의 복잡한 상호작용과 이러한 내면적 갈등이 성격발달에 어떠한 영향을 미치는지를 강조한 융의 독특한 심리적 이론체계

비합리적 기능irrational functions 평가의 과정을 거치지 않고 세상을 이해하는 방식. 융에 따르면, 감각과 직관은 비합리적(비이성적) 기능임

삶의 과정 에너지life process energy 정신 내부의 힘들 간의 갈등에서 발생된 모든 충동들

상징symbol 융의 심리학에서 정신적 실재의 표상. 각각의 상징은 다양한 의미를 지니고 있으며 완전히 이해될 수는 없음

심리적 유형론theory of psychological types 태도와 기능의 결합을 근거로 개인을 여덟 가지 유형 중 어느 하나로 분류할 수 있다는 융의 이론

아니마anima 남성 속의 여성 원형으로서, 여성의 긍정적 · 부정적 측면을 모두 포함한다. 긍정적 의미에서 아니마는 따뜻함과 직관적 통찰능력과 관련되지만, 부정적 의미에서 아니마는 우울 및 과민성과 관련된다.

아니무스animus 여성 속의 남성 원형으로서, 남성의 긍정적 · 부정적 측면을 모두 포함한다. 긍정적 의미에서 아니무스는 사고능력과 논리적 문제해결능력과 관련되지만, 부정적 의미에서 아니무스는 무비판적이고 독단적이고 고집스러운 불합리한 문제해결능력과 관련된다.

엔트로피 원리principle of entropy 융 이론에서 에너지는 평형 혹은 균형 상태에 도달하기 위해 정신 속에서 자동적으로 재분배된다는 견해

열등 특성inferior characteristics 융의 이론에서 정신의 덜 계발된, 분화되지 않은 무의식적 측면

외향성extraversion 융에 의해 가정된 두 가지 기본적 태도 중 하나로서, 사교적이고 비교적 자신감 있는 생활방식이 특징적임

외향적 감각형extraverted sensing type 예술적 감각이라는 장점이 있는 반면 쾌락을 추구한다는 단점이 있는 성격 특성

외향적 감정형extraverted feeling type 사회적 기준을 잘 수용한다는 장점이 있는 반면 타인의 기대에 무분별하게 순응하고 상황에 따라 감정이 변한다는 단점을 지닌 성격 특성

외향적 사고형extraverted thinking type 논리적으로 조직화하는 장점이 있는 반면 타인에 대한 이기적이고 착취적 태도를 가질 수 있다는 단점을 지닌 성격 유형

외향적 직관형extraverted intuitive type 다양한 시도들을 통해 창조적인 가능성을 포착하는 장점이 있는 반면 성급하고 변덕스러운 단점을 지닌 성격 특성

우세 특성dominant characteristics 융의 이론에서 정신의 발달되고 분화된 의식적 측면

원형archetypes 정신 내에서 작용하는 힘에 의해 활성화될 수 있는 보편적인 주제나 상징으

로서, 현재의 경험에 투사된 심상들

자기self 융의 이론에서 개인이 자신이 지닌 잠재력의 계발을 극대화하는 방법을 찾도록 이끄는 원형

자아ego 정체성과 연속성을 관장하는 성격 내부의 힘

자아실현self-realization 개인 능력의 건강한 발달과 관련되며 고유한 본성의 실행을 가능하게 하는 과정

정신psyche 정신적 삶과 행동을 설명하는 데 필요한 인간 성격 내의 모든 상호작용 시스템을 나타내는 융의 가설적 구성개념

집단 무의식collective unconscious 개인의 경험을 넘어선 본능과 원형의 저장소. 인간의 한계를 초월한 경험들은 인간 진화 발달의 잔류물로서, 적합한 조건하에서 활성화될 수 있다.

초월 기능transcendent function 대립되는 힘들이 서로 간의 이해를 통해 균형을 이룸으로써 갈등이 해결되는 과정

콤플렉스complex 공유되는 감정에 의해 연합된 관념 복합체

페르조나persona 타인의 요구를 충족시키기 위해 기능하는 역할유형에 대한 원형. 페르조나는 또한 타인이 받아들일 수 있는 방법으로 개인이 그들 내면의 감정을 표현할 수 있도록 해줌

합리적 기능rational functions 개인이 세상사를 판단하거나 평가하는 방식. 융에 의하면 사고와 감정은 합리적 기능임

확충 방법method of amplification 환자와 분석가가 그들의 이해를 넓히기 위한 시도로 상징을 재해석하고 지속적으로 재평가해 나가는 치료기법

추천 도서

Bair, D. (2003). *Jung: A biography*. Boston: Little, Brown and Company.

Jung, C. G. (1953). *Collected works* (H. Read, M. fordham, & G. Adler, Eds.). Princeton, NJ: Princeton University Press.

CHAPTER 04

아들러의 개인심리학

아들러의 생애

알프레드 아들러(Alfred Adler)는 1870년 유대교인 부모로부터 비엔나의 근교인 루돌프 쉐임에서 태어났다(Rietveld, 2004, p. 209). 아버지는 곡물 상인으로 경제적으로 여유 있는 중류생활을 했다. 아들러는 5남 2녀의 7남매 중 셋째였으며, 첫째는 형이고, 둘째는 누나였다. 어렸을 때 그는 매우 허약하고 병약하였다. 그는 구루병을 앓았고, 소리 지르고 울 때마다 숨이 막히는 성문 경련[1]으로 고생을 했다. 그는 여러 경험을 통해 죽음의 가능성을 예민하게 알게 되었다. 3살 때 남동생이 자신의 침대 옆에서 죽는 것을 목격했으며, 1년 후에 자신도 폐렴으로 거의 죽을 뻔했다. 의식을 차린 후에 그는 자신의 침대 옆에 서 있는 의사와 자신의 팔과 다리를 누르고 있는 부모를 보았다. 아들러는 왼쪽 넓적다리에 심하게 따끔거리는 통증을 느꼈고, 다리 아래로 내려 보다가 여러 마리의 거머리가 상처 난 곳으로부터 피를 빨고 있는 것을 보았다. 그리고 자신의 몸에서부터 나오는 피를 보면서 공포를 느꼈다. 아들러는 자신이 거머리를 떼어 내려고 시도했지만 실패를 거듭하자 정신이 혼미해지는 것을 느꼈다. 비교적 원시적인 치료 절차를 사용함에도 불구하고 아들러

1) 성문(聲門, glottis): 음성 기관의 일종. 후두(喉頭)의 두 성대(聲帶) 사이에 정상적으로는 있는 삼각형의 공간으로, 이 성대 사이의 성문을 성대성문(chord glottis)이라 한다.

는 기적적으로 폐렴으로부터 회복되었다(Hoffman, 1994, p. 8). 아들러의 어머니는 그의 신체적 약점(폐렴) 때문에 그를 애지중지 보살폈다. 특히 의사가 신선한 공기를 마시라는 처방을 내렸기 때문에 어머니는 아들러에게 바깥에서 다른 아이들과 놀도록 격려했다. 아들러는 또래들과 노는 경험에 대한 즐거운 기억을 많이 가지고 있었다. 아들러는 이러한 자신의 초기 약점을 보상하기 위한 노력을 열심히 했다.

아들러의 초기 학교생활은 보잘것없었다. 그는 수학을 잘 못해서 재수강을 해야만 했다. 이에 대한 그의 반응은 수학을 마스터할 때까지 집에서 수학문제를 매우 열심히 푸는 것이었다. 얼마 후에 교사가 수학문제를 칠판에 썼는데, 아무도 해결하지 못했다. 심지어 교사조차도 그 문제를 풀지 못했다. 어린 아들러는 자신이 그 문제를 해결할 수 있다고 공언했고, "물론이지. 다른 사람이 할 수 없더라도 너는 분명히 할 수 있을 거야"라고 하는 교사의 비꼬는 말조차 무시하며, 웃는 아이들 속에서 칠판으로 성큼 성큼 나아가서 그 문제를 풀었다. 이 순간부터 아들러는 학급에서 가장 멋진 학생이 되었다(Orgler, 1963, pp. 1–3).

아들러가 비엔나 의과대학에 입학하여 의사는 질병만을 다루는 것이 아니라 환자 전체를 다루어야 한다는 점을 강조한 유명한 내과전문의에게 교육을 받았다. 그 의사는 "당신이 좋은 의사가 되기를 원한다면, 당신은 친절한 사람이 되어야 한다"는 말을 강조했다. 아들러는 결코 잊을 수 없는 두 가지 교훈을 얻었다. 그는 대학시절, 사회주의 정치 지향성을 갖게 되었다. 아들러는 평등성, 협력, 민주주의를 강조한 사회주의의 인본주의적인 측면에 매료되었다. 그는 상식적인 인간으로서의 끊임없는 챔피언으로, 그의 전생을 통해 대중의 억압에 반대하며 싸웠다.

의학박사 학위를 받은 후에 아들러는 비엔나의 유명한 놀이공원 가까이 있는 중하류계층의 이웃을 위한 개인치료실을 열었다. 그의 환자들 중에는 공원의 쇼를 보여 주는 곡예사와 예술가들도 포함되어 있었다. 이들 가운데서는 매우 우수한 신체적 조건을 가진 사람들도 어린 시절의 질병이나 약점을 극복하려는 노력으로 현재 자신의 힘을 갖게 되었다는 점을 아들러에게 이야기했다. 이러한 경험들로 인해 아들러는 과잉보상의 개념에 초점을 두게 되었다.

1899년 아들러는 프로이트에게 편지를 써서 아들러의 치료를 받고 있는 여성 환자의 장애에 대한 임상적 진단을 해줄 것을 요청하였다. 3년 후에 아들러는 프로이트의 집에서 열리는 심리학과 신경병리학적 주제를 토론하는 주말 모임에 참여해 줄 것을 요청받았다. 1908년에 '프로이트의 수요 심리학 모임'(Freud's Wednesday Psychological Society)은 '비엔나 정신분석학회'(Vienna Psychoanalytic Society)로 이름이 바뀌었다.

1910년 프로이트의 추천에 의해 아들러는 프로이트의 후계자로 이 모임의 회장으로 선출되었다(Fiebert, 1997, pp. 241-247). 그러나 아들러는 프로이트와 다른 회원들과 따뜻한 인간관계를 유지하지 못하였다. 아들러는 프로이트의 개념에 대한 솔직담백한 질문과 비판으로 1911년 그 학회에서 탈퇴하게 되었다.

그 후에 바로 아들러는 프로이트가 독재적인 방식이라고 생각했던 것에 분명한 반대입장을 가진 '자유 정신분석 연구회'(Society for Free Psycho-Analytic Research)를 결성하였다. 1913년 아들러는 이 모임을 전체적인 성격, 즉 분리할 수 없는 전체로서의 개인을 이해하고자 하는 자신의 관심을 반영한 '개인심리학을 위한 연구회'(the Society for Individual Psychology)로 이름을 변경하였다. 불행하게도 이 용어는 집단의 행동 연구와 대조되는 개인의 연구라는 의미로 전해졌다. 그러나 아들러의 이론은 많은 점에서 본질적으로 사회 심리학적이고, 개인은 다른 사회 구성원들과의 함께 하는 측면에서만 이해될 수 있다.

제1차 세계대전 중에 아들러는 비엔나 병원에서 군의관으로 일했고, 이곳에서 신뢰와 협력의 결핍에 의해 발생한 전쟁의 야만적인 결과를 목격하고, 자신의 사회적 관심의 개념을 개발하였다. 아들러는 사람들 사이의 협력, 사랑, 그리고 존중 욕구에 관한 정보를 일반 사람들에게 퍼트리는 새로운 목적을 세우고 자신의 에너지 대부분을 쏟으면서 논문과 연구를 다시 시작하였다. 또한 아들러는 비엔나에 있는 학교에 가족 전체를 상담하는 아동지도센터 30개를 설립하였다.

1920년대 초반까지 아들러는 국제적인 인정과 명성을 얻었다. 1920년 후반과 1930년대 초반에 대중적인 책인『개인심리학의 이론과 실제(*The Practice and Theory of Individual Psychology*)』(1927),『인간본성의 이해(*Understanding Human Nature*)』(1927),『삶의 과학(*The Science of Living*)』(1929/1969),『아동 교육(*The Education of Children*)』(1930),『삶의 형태(*The Pattern of Life*)』(1930),『삶은 당신에게 어떤 의미이어야 하는가?(*What Life Should Mean to You*)』(1931),『사회적 관심: 인류의 도전(*Social Interest: A Challenge to Mankind*)』(1933) 등을 저술했다. 같은 기간 동안에 그는 유럽의 다양한 국가에서 초청 강의를 했고, 후에는 미국에서 강의를 했다. 그는 1937년 5월 스코틀랜드 알버딘에서 유럽 순회 강연 중에 심장마비로 사망하였다(Furtmuller, 1973, pp. 330-394).

개념과 원리

아들러에 의하면 **개인심리학**individual psychology은 각 개인의 경험과 행동은 조직화된 전체로서 이해하고자 시도했던 과학이다. 아들러는 모든 행위는 삶을 향한 기본적인 태도에 의해 인도된다는 것을 믿었다. 많은 인류를 개선하고자 하는 그의 관심에 충실하게, 자신의 이론으로부터 나온 지식으로 잘못된 태도나 오류를 수정하고자 했다. 그래서 아들러는 인간행동에 관한 기본적인 정보를 수집함과 더불어 그러한 지식을 실제적으로 적용하는 데 훨씬 더 많은 관심을 가졌다.

완전함을 위한 투쟁

"삶의 신비스러운 창조적인 힘, 즉 발달하고 투쟁하고 성취하는 갈망에서 표현되는 힘, 한 방향으로는 패배를 보상하기 위해, 다른 방향으로는 성공을 위해 투쟁하는 것"을 이해하기 위한 아들러의 노력은 단순하지만, 흥미로운 이론적 전제들이다(Adler, 1969, p. 1). 아들러에 따르면 인간성격에 대한 이해는 사람의 목표에 대한 이해를 조명함으로써만 가능하다고 했다. 엄격한 결정론자인 프로이트와는 반대로 아들러는 현재의 행동은 미래 목표에 의해 결정된다는 **목적론적 입장**teleological position을 채택했다. 사람은 완전함을 얻기 위한 삶의 목적을 갖고, 이러한 이상을 얻기 위해 투쟁하는 데 동기화되어 있다. 완전함이나 완성을 위한 이러한 움직임은 열등감의 극복, 즉 마이너스에서 플러스로 나아가기 위한 지속적인 투쟁에 의해 동기화된다. 그래서 아들러에 따르면 우리 모두는 "더 높은 곳으로 향하는 추동"에 관여하고 있다.

가공적 목적론fictional finalism과 관련된 개념은 철학자 한스 바이힌거(Hans Vaihinger)의 작품으로 사람들이 자신의 행동을 안내하는 이상을 창조한다는 『'마치 ~인 것처럼'의 철학(*The Philosophy of 'As-If'*)』이란 책에 기초를 둔다. 아들러는 이러한 관점을 채택함으로써 사람들은 자신의 행동을 결정하는 지각된 또는 가공된 목표를 위해 투쟁한다고 믿었다. 이러한 목표들은 손에 잡히지 않으며, 가공된 이상이다. 아들러는 후기 논문에서 가공적 목적론을 버리고, 대신에 안내하는 자기이상(guiding self-ideal)이란 용어를 사용했다(Watts & Holden, 1994, pp. 161-163).

아들러의 초기 연구에서 이러한 투쟁의 최종 목표는 지배 공격적이고 다른 사람에 대한 온전하고 강력한 통제였다. 인간은 이기적이며 자기 확대에 관심을 갖는다. 후에 아들러는 자신의 생각을 수정하여 궁극적인 목표를 **우월성**superiority으로 정의했다. 사람

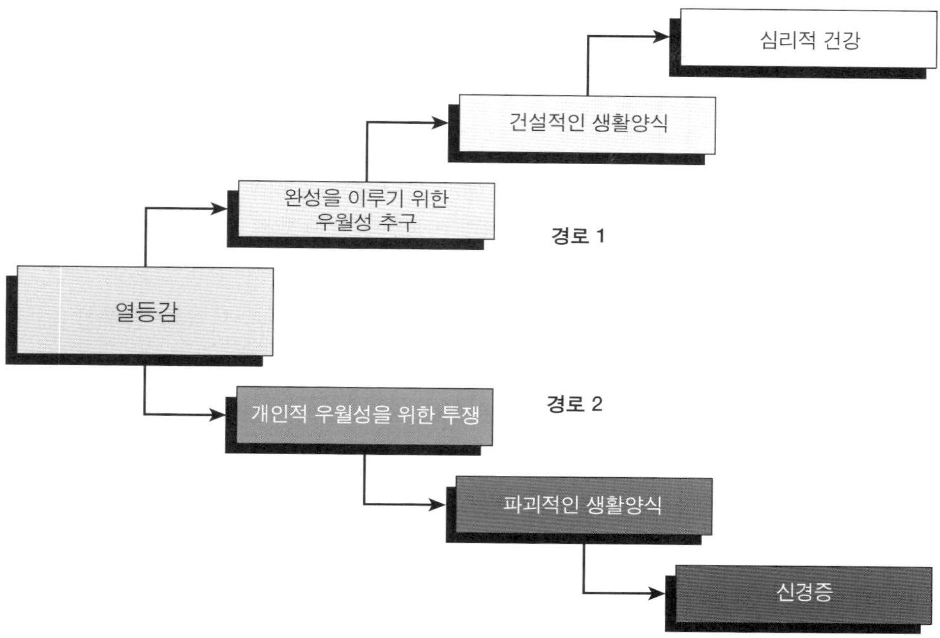

그림 4.1 심리적 건강 또는 신경증 발달과정

들은 건설적인 또는 파괴적인 길을 따라 자신을 안내하는 목표를 구성해 낼 수 있다. 파괴적인 길은 다른 사람을 지배하고 착취하는 것을 추구하도록 한다. 아들러는 이것을 개인적 우월성의 목표를 위해 투쟁하는 것이라고 하고, 이러한 투쟁은 자신이 가는 길에 방해가 되는 다른 사람을 적이나 장애물로 생각하여 이들을 제거하거나 누르고 파괴해야 한다고 했다. 아들러에 따르면 신경증 환자들만이 이러한 잘못된 목표를 위해 투쟁한다고 했다. 반대로 건설적인 길은 다른 사람과 협력하고 선한 의미를 갖고 서로 관계하도록 한다. 아들러의 관점에 따르면 사람은 사회적 관심에 따라 행동한다. 건강한 사람의 우월성을 위한 투쟁은 완전함과 완성을 위해 움직인다. 다른 말로 하면 아들러는 모든 사람들이 스스로 완전함을 향해 발전해 나가면서 자신을 향상시키는 노력을 계속적으로 한다고 믿었다. 아들러는 협력적으로 노력했을 때에만 그러한 목표가 얻어질 수 있다고 생각했다. 우리 모두는 다른 사람의 안녕에 기여할 때 모두가 이익을 얻게 될 것이며, 협력을 통해 각 개인은 인간 존재로서 성장하는 데 도움을 받을 수 있다(**그림 4.1** 참조).

마지막으로 아들러는 건강한 목표나 건강하지 않은 목표는 생후 첫 5년 동안의 경험에 의해 매우 많은 영향을 받는다고 보았다.

창조적 진화와 사회적 관심

아들러 이론의 핵심은 사람의 정신건강과 개인적 성장은 공동체의 선의에 기여하는 자신의 노력에 직접적으로 달려 있다는 것이다. 아들러가 주장한 것처럼, 인간은 지속적으로 서로 협력하지 않고서는 존재할 수 없을 것이다. 예컨대, 유아의 삶은 무력한 인간의 욕구를 보살피는 어른들의 의지에 달려 있다. 인간의 생존은 서로가 친숙함을 토대로 관계하고 많은 아이를 낳으려는 인간의 의지에 달려 있다. 복잡한 사회에서 인간의 욕구는 일하는 사람 간에 노동의 분업과 협력적인 노력을 통해서만 충족될 수 있다. 그러므로 협력적인 노력과 선의의 의지가 없었다면 인간은 사라졌을 것이다.

아들러는 종의 진화라는 맥락에서 협력의 필요성을 말했다. 그는 완전함에 목표를 둔 모든 삶의 사건들에서 창조적인 진화가 있었다고 제안했다. 외부 세상에 적극적이고 지속적인 움직임과 적응 즉, 환경에 더 나은 적응을 창조하고 그것에 능숙해지려는 충동은 항상 존재해 왔다. 아들러에 따르면 우리 모두는 이러한 창조적 진화의 과정에 있다. 우리는 선조들의 많은 노력과 공헌으로부터 커다란 혜택을 보고 있지만, 우리 모두의 삶의 조건을 개선시키기 위해 우리만의 독특한 방식으로 계속 투쟁하고 있다. 아들러의 관점에서 궁극적인 목적은 이상적인 공동체의 창조이다.

아들러는 우리가 모두 사회적 감정이나 사회적 관심을 위한 잠재력을 가지고 태어났다고 믿었다. 그러나 그것은 적절한 지도와 훈련으로 결실을 맺을 수 있다. 그는 **사회적 관심**social interest을 "인류가 완전함의 목표에 도달하려는 생각이 영원히 지속되는 것처럼, 소멸되지 않은 공동체 형성을 위한 노력"으로 정의했다(Adler, 1973c, pp. 34–35). 우리는 다른 사람의 목표를 위해 노력함으로써 우리 자신을 돕는다. 이러한 노력은 모든 인간 존재에 대한 존중과 배려이다. "주인이 손님을 환영하듯이, 우리는 다른 사람에게 개방적이고, 다른 사람의 의미에 일치하게 다른 사람의 삶을 우리 자신의 삶처럼 동등하게 존중해 주어야 한다"(Brennan, 1969, p. 10). 아들러는 우리가 사회적 관심에 대한 능력을 가지고 태어났기 때문에 다른 사람을 배려와 존중으로 대함으로써 결실을 맺게 될 것이라는 믿음을 가졌다.

연구자들은 사회적 관심에 대한 몇 가지 측정치를 만들고, 강한 사회적 관심을 가진 사람의 성격특성과 행동에 관한 아들러의 생각을 검증하기 시작했다. 연구자들은 사회적 관심에서 높은 점수를 받은 사람들은 사회적 관심이 낮은 사람들보다 더 이타주의적이고, 신뢰롭고 사회적으로 잘 적응하고 양육적이며 도움이 되는 사람이라는 것을 발견해 아들러 이론과 일치된 결과를 보고했다. 또한 사회적 관심에 높은 점수를 받은 사람은 우울, 불안, 정서적 불안정성, 고독감, 파괴적 나르시시즘, 타인에 대한 적대감 정도가 더 낮았다(Maltby, Macaskill, Day, & Garner, 1999, pp. 197-200; Watkins, 1994, pp. 72-89). 몇 개의 다른 연구들은 사회에 반항하여 다양한 죄를 지은 살인자, 아동성애자, 투옥되어 있는 범죄자들이 일반인보다 사회적 관심에서 더 낮은 것을 보여 주었다(Curlette & Kern, 2010, pp. 30-42; Daugherty, Murphy, & Paugh, 2001, pp. 465-471; McGreevy, Neubauer, & Carich, 2001, pp. 67-77; Miranda & Fiorello, 2002, pp. 62-75).

대학생을 대상으로 한 연구에서 사회적 관심이 높은 학생들은 사회적 관심이 낮은 학생들보다 생활에서 더 만족하고, 친구와 더 친밀한 관계를 가진다고 했다(Gilman, 2001, p. 760; Watkins & St. John, 1994, p. 167). 사랑의 관계 연구에서도 강한 사회적 관심을 가진 미국 대학생들이 자신의 파트너에게 더 많은 존중과 배려를 보여 주고, 자신의 이기적인 목적을 위해 파트너를 조작하지 않는다고 했다(Leak & Gardner, 1990, p. 57). 좀 더 최근의 연구에서 사회적 관심을 많이 가진 미혼의 터키의 대학생들은 낮은 사회적 관심을 가진 대학생 커플보다 자신의 파트너에 더 많은 희생과 위안과 도움을 주는 것으로 나타났다(Kalkan, 2009, pp. 40-48). 성숙된 부부도 자기 자신보다는 파트너의 갈망에 중심을 두고, 파트너의 안녕을 최대화하려는 더 높은 수준의 사회적 관심을 가지고 있다(Moschetta & Moschetta, 1993, pp. 399-405).

열등의 감정과 우월성 추구

아들러가 의학적 처방을 하고 있었지만, 그는 기관에 문제가 있는 사람이 전형적으로 강도 높은 훈련으로 자신의 약점을 보상하기 위해 노력한다는 것에 주목했다. 언어 장애를 가진 한 소녀는 뛰어나게 잘 할 수 있을 때까지, 강도 높게 끊임없이 연습하여 자신의 문제를 극복하고자 노력할 것이다. 아마도 그 소녀는 전국민에게 알려진 뉴스 앵커가 될 수 있을 것이며, 다리에 문제가 있는 한 소년은 유명한 멀리뛰기 선수가 될 수 있을 것이다. 아들러에 의하면 노력하게 하는 것은 결점 자체가 아니라 그것에 대한 그 사람의 **태도attitude**라고 했다. 사람은 결점을 많은 방식으로 자유롭게 해석하거나 무시할 수 있다. 만약 그 결점을 무시한다면 그것은 압도하는 투쟁 행동으로 나타나지 않을 것이다.

아들러는 후에 **기관열등**organ inferiority 개념을 확장하여 남자답지 못함의 감정에 의해 일어나는 과장된 투쟁을 제시하였다. **남성적 항의**masculine protest는 아들러가 이러한 보상행동을 설명하기 위해 사용한 용어이다. 아들러는 우월성은 주장, 독립, 지배와 같이 전통적 남성의 행동과 동등하게 보고, 열등의식은 수동성, 복종, 의존과 같은 전통적인 여성의 행동을 나타낸다고 생각했다. 그의 생각은 그 당시 비엔나 사회에서 남성과 여성이 했던 역할에 근거하고 있다. 아들러 자신은 남성 광신주의자는 아니다. 아들러는 자신의 평등주의에 따라 남자나 여자, 그 누구도 열등하다는 생각을 하지 않고, 그러한 편견이 없어져야 한다는 주장을 활발하게 했다(Adler, 1927, pp. 120–148). 아들러는 남성적 항의라는 개념을 사용하여 여자들은 사회적으로 열등한 위치에 놓여 있다는 점을 설명하고, 결과적으로 여자들은 남자의 행동을 흉내 내려고 함으로써 부적절한 감정을 극복하고자 노력한다고 했다. 아들러는 외설적인 말을 내뱉고 으스대며 걷고, 거칠게 행동하는 여성의 사례를 제시했다. 아들러는 남성적 항의를 극단적으로 주장하여 드러낸 것은 바로 여성 동성애자(레즈비언)라고 했다. 한편 과장되게 여성성의 방식으로 행동했던 여자들은 보상행동을 보인다. 이러한 초여성적인 여자는 남성을 지배하고 굴욕감을 주기 위해 남성을 유혹하는 생활양식을 채택했다고 볼 수 있다.

아들러는 자신의 개념을 여성뿐만 아니라 남성에게도 적용했다. 불안전감을 느끼는 남자는 진정한 남자임을 증명하기 위해 **과잉보상**overcompensation을 채택할 수 있다. 돈 주앙 타입은 끊임없는 유혹으로 자신의 남성다움을 증명하려고 노력함으로써 과보상을 하고자 한다. 어느 성에서나 이러한 표현은 신경증적 특성이다.

아들러는 궁극적으로 기관열등의 개념을 확장했다. 그는 우리 모두는 심리적 및 사회적 열등의 감정을 경험한다고 주장했다. 부모와 대부분의 사람은 우리보다는 신체적으로 더 크고 문제해결도 매우 능숙하게 처리한다. 이러한 피할 수 없는 정상적인 열등의 감정은 개인을 동기화시켜 성취를 이루어 나가도록 한다. 만약 개인이 어떤 방식으로든 열등하지 않다고 생각하면서 자신을 속이면, 어떤 일을 성취하도록 하는 기초가 없어져 버린다. 당신이 이미 완벽하다면, 왜 더 나아지려고 애를 쓰는가? 이와 반대로 너무 강한 열등의 감정을 느끼면 좌절할 것이고, 성취를 위한 어떤 노력도 하지 않게 된다. 스스로 어떤 것을 가치 없다고 확신한다면, 왜 그것을 성취하기 위해 노력할까? 아들러에 의하면, 정상적인 지각은 개인이 열등의 감정을 알아차리고, 자신의 목표를 개선하고 성취하도록 도와주는 동기부여자로서 이러한 열등의 감정을 사용한다고 한다. 스트라노와 페트로셀리(2005, pp. 80–89)의 연구는 아들러 이론을 지지했다. 열등의 감정이 없거나 강한 열등감을 보고한 대학생은 어느 정도의 열등감을 느낀다고 보고한 학생들보다 GPA가 더 낮았다. 다른 말로 하면, 정상적인 열등의 감정을 가진 학생들의 GPA 점수가 더 높았다.

우리의 삶의 다른 시점에서 또는 다른 영역에서 우리 모두가 열등하다는 것을 알아차리는 것은 우리가 필요할 때 도움을 요청하고, 나아가 다른 사람이 도움을 필요로 할 때 도움을 주는 기초를 제공한다. 이러한 협력은 사람들이 자신의 삶의 문제를 극복하도록 도움을 준다. 그러나 우리가 모든 방면에서 완벽하다고 믿으면서 우리 자신을 속인다면, 다른 사람으로부터 도움이 필요할 때도 그것을 알아차리지 못할 것이고, 반대로 우리 스스로가 가치 없다고 느끼면 다른 사람에게 도움을 주는 것이 우리에게 유익한 행동임에도 불구하고 그렇게 하지 못할 것이다. 이러한 경우, 아들러가 말하는 삶의 '무용한 측면'으로 살아갈 것이다.

생활양식과 창조적 자기

아들러 이론에서 **생활양식**style of life과 **창조적 자기**creative self의 두 개념은 밀접하게 관련되어 있다. 생활양식은 초기에 삶의 계획(life plan) 또는 안내하는 이미지(guiding image)로 불렸는데, 사람이 자신의 목표를 추구하는 독특한 양식을 의미한다. 연기자는 대본, 무대, 필름화면을 통해 완벽을 추구하고, 학자는 열심히 읽고, 공부하고, 사고하고, 동료들과 아이디어를 토론함으로써 우월하려고 한다. 우리의 독특한 생활양식은 생후 5년 동안에 상당한 정도로 형성되고, 그 후의 경험은 이러한 초기 행동 패턴에 따라 동화되고 해석된다. 이러한 양식은 우리의 상상 또는 실제의 열등성에 대한 반응으로 나오게 되며, 일단 형성되면 변화되기 어렵다.

창조적 자기의 개념은 그의 생활양식 행위의 기계론적 의미에 대한 확장이다. 아들러는 개인이 자극-반응 학습을 통해 독특한 행동 패턴을 획득한다는 것에 만족하지 않는다. 왜냐하면 이것은 사람들이 자신의 경험을 해석하거나 반응하지 못한다는 수동적 수용자임을 의미하기 때문이다. 창조적 자기의 개념은 사람이 자신의 유전과 경험으로부터 성격을 구성함으로써 자신의 성격을 창조한다는 것이다. 아들러가 지적했듯이 개인은 자신의 성격을 만드는 예술가이다(Adler, 1978, pp. 355-356). 사람들은 자신의 운명에 책임을 갖는다. 건강한 사람은 일반적으로 문제해결을 할 때 자신에게서 유용한 대안을 자각하고 있으며, 합리적이고 책임 있는 방식으로 행동을 선택한다. 반대로 신경증 환자의 목표는 주로 무의식적이며, 주어진 상황에서 그들 자신으로부터 활용 가능한 대안을 자각하지 못하고 행동한다.

성격발달

세 가지 기본적인 삶의 발달적 문제

우리가 건강하게 심리적으로 기능하기 위해 충족해야만 하는 세 가지 삶의 문제, 즉 사회 또는 공동체 생활, 일, 사랑의 문제가 있다. 공동체 삶과 관련하여 아들러는 완전한 인간이 되기 위해서는 다른 사람과의 근본적인 연결을 확고하게 하는 것을 배워야 하고, 우리가 삶을 통해 여행할 수 있는 한 많은 건설적인, 즉 협력적이고 조화로운 관계를 구축하기 위해 노력해야 한다고 하였다. 아들러는 우리가 느끼는 확실한 안전함이란, 우리 동료들의 선한 의지로부터 나온 안전임을 주장했다. 불행하게도 많은 사람들은 이러한 건설적인 길을 선택하지 않는다. 대신에 다른 사람으로부터 자신을 고립시킴으로써 안전감을 느끼려고 한다. 그러나 이러한 고립의 기법은 속물적인 우월성, 심한 편견, 미움, 의심, 질투, 시기, 그리고 자기 과장을 하게 하고, 결국 일시적인 안전감만 느끼게 된다.

아들러에 따르면 사회가 적절하게 기능하고 번영하고자 한다면 일이 필요하며, 우리 모두 어떻게 일을 하고, 행동에 대해 어떤 책임을 지고, 우리의 일을 통해 사회에 어떻게 기여하는가를 학습할 필요가 있다고 했다. 다른 사람의 노동을 착취하는 욕심많은 기업가처럼, 범죄자들도 정직한 노동의 가치를 인식하지 못하는 사람들이다. 자신의 능력에 대한 신뢰를 하지 못하고 "운"을 좇아가는 도박꾼들은 건강한 일을 하지 못한다(Adler, 1930b, pp. 32-38).

마지막으로 사랑의 문제는 사랑하는 사람을 존중과 존엄성으로 대하는 것을 필요로 한다. 성숙한 사랑은 두 사람 간에 협력과 신뢰가 있고 상대방을 동등하게 생각한다. 나아가 아들러는 사랑은 결혼으로 이어진다는 것을 믿었다. 이러한 결합으로 친밀한 헌신을 하게 되는데, 때론 신체적 매력으로, 우정으로, 또는 아이를 가지는 결정으로 헌신을 하게 된다. 이러한 결혼의 성과는 두 사람의 안녕을 위한 행복뿐만 아니라 자녀의 출산으로 인간의 안녕을 위한 협력으로 나타난다. 아들러는 그러한 부부관계에서 서로에 대해 흥미를 느끼고 상대방의 안녕에 관심을 가지기 때문에 상대에 대한 성적 매력을 끌어낼 것이라고 생각했다. 아들러의 관점에서 성문제로 부부의 책임을 회피하는 사람들은 겁쟁이다. 그들은 용기와 자신감이 부족하여 부부관계에서 어쩔 수 없이 일어나는 부부갈등과 요구를 직접적으로 다루지 못한다. 배우자에 대한 헌신이 필요하고, 배우자에 대한 인내와 수용은 성공적인 결혼을 만드는 기초적인 요인이다(Blanton, 2000, pp.

411-418).

초기 어린 시절 부모의 영향

아들러는 부모가 아이의 발달에 결정적인 역할을 한다고 믿었다. 아이는 자신만의 독특한 생활양식과 자신이 설정한 목표를 발달시킨다(Ansbacher & Ansbacher, 1956, pp. 372-381). 어머니는 아이가 만나는 첫 번째 사람이고 친밀한 접촉을 하기 때문에 가장 중요한 사람이다. 어머니가 아이를 사랑하면, 어머니는 아이의 안녕을 지키기 위한 필요한 기술을 가르치는 데 더욱 흥미를 갖게 된다. 만약 어머니가 자신의 역할에 불만족하면, 자기 자신의 개인적 우월성을 증명하기 위한 노력에 매달리게 된다. 그래서 어머니는 그 아이가 다른 사람보다 더 똑똑하고 좋게 보이도록 하고, 그녀 자신도 다른 어떤 사람보다 더 빨리 걸을 것이다. 불행하게도 대부분의 아이는 그러한 압력에 반대로 반응하고, 전형적으로 적개심과 분노를 가지게 된다.

아버지로서 1차적 과제는 아내와 아이, 지역사회의 안녕에 기여함으로써 자신이 가치 있는 존재라는 것을 증명하는 것이다. 나아가 아버지는 아내를 동등하게 대하고, 삶의 문제에 당면했을 때 아내와 협력해야만 한다. 물론, 아내 또한 남편에게 동등한 가치를 두어야 한다. 그들 둘 다 건설적인 역할 모델과 아이의 교사 역할을 해야 한다. 아내가 아이의 애정을 잃을 것을 두려워 하여, 아이의 잘못된 행동에 대한 처벌의 실행자로 역할을 강조한다면, 그녀는 아내와 어머니로서 의무를 충실히 수행하지 못하고, 대신에 삶의 무용한 측면에서 행동하게 된다. 어머니는 자신의 약점과 남편을 착취한 것 때문에 아이들을 응석받이로 키우는 것에 대한 죄의식을 느낀다. 이와 같은 주장은 아이를 응석받이로 키우는 남편에게도 적용된다.

상당한 연구가 가족의 역동과 사회적 관심에 대한 아들러 관점을 경험적으로 지지하고 있다(Amerikaner, Monks, Wolfe, & Thomas, 1994, pp. 614-623; Johnson, Smith, & Nelson, 2003, pp. 281-292; Leak & Williams, 1991, pp. 159-165; Rodd, 1994, pp. 58-68). 부모가 서로에게 도움이 되고, 지지적인 가족환경을 돌보고 격려하는 영역 내에서만 가족 상호간에 개방적이고 정직하다. 반면에 갈등과 공격을 통해 가족의 어려움을 다루고자 한다면 아이들은 사회적 관심을 개발하기 어려울 것이다.

출생 순위

아들러는 아이마다 부모에 의해 독특하게 양육받으며, 아이에 따른 특별한 양육은 필연적이지는 않지만 가족 내에서의 출생 순위와 관련되어 있다고 믿었다. 아들러는 가족에서 아이의 출생 순위가 그 아이의 발달 방향에 대한 단서를 제공한다고 제안했다. 그러나 아들러는 출생 순위가 행동과 관련되어 있지만, 그것이 행동의 원인이라고는 믿지 않았다. 대신에 가족 내에서의 독특한 경험은 발달에 중요한 의미를 갖는다(Ansbacher & Ansbacher, 1956, p. 377). 아이의 출생 순위가 일어날 경험에 대한 개략적인 지표로서 기능할지라도 이러한 대충의 진단도구는 잘못될 가능성이 많다. 예컨대, 가족에서 가장 나이 많은 아이가 출생 중 뇌손상 때문에 장애가 있다면, 둘째 아이는 실제로 나이가 가장 많은 아이처럼 대우를 받는다. 또는 2명의 아이가 나이 많은 3명의 형제보다 훨씬 더 늦게 태어난다면, 부모는 이들을 첫째나 둘째 아이처럼 키운다. 그래서 형제의 나이 간격은 아이가 어떻게 키워지고 어떻게 발달하는가에 대한 중요한 의미를 갖는다.

아들러에 따르면 발달을 위한 중요한 다른 요인은 가족에서의 형제의 성별이다. 그의 관점에 의하면 딸이 많은 가족에서 자란 남자아이는 특별한 어려움을 경험할 수 있다. 그는 자신이 매우 다르고 혼자라는 느낌을 가지고 자랄 수 있다. 그래서 그는 자신이 다르다는 것을 주장하기 위해 투쟁하고, 남성적 우월성의 분위기를 갖추거나 아니면 굴복하여 여성성을 더 많이 개발할 것이다. 유사하게, 남자아이들이 많은 가정에서 자란 소녀는 매우 남성적인 특성, 아니면 매우 여성적인 특성을 개발하기 쉽다. 이것은 그녀가 어떤 대우를 받았으며, 그것을 어떻게 해석하느냐에 달려 있다(Ansbacher & Ansbacher, 1956, p. 382).

이러한 복잡한 논쟁에도 불구하고, 손쉬운 진단인 간단한 출생 순위는 본서에 보고된 연구뿐만 아니라 다른 연구자들에 의해 측정도구로 선택되어 사용되었다.

가장 나이 많은 아이는 다른 형제가 출생하기 전에 가족에서 주목의 중심이 된다. 형제들의 출생으로 그는 폐위된 독재자 위치에 놓이게 되며, 다른 형제들과 부모의 사랑과 관심을 나누어야만 한다. 결과적으로 첫째 아이는 어린 동생들에 대해 분노와 적개심을 느낄 것이다. 부모가 동생을 낳기 전에 아이를 적절히 준비시키지 않으면 첫째는 이러한 부정적 감정을 갖게 된다. 그러나 첫째가 적절히 준비되어 있다면, 그는 보호적이고 지지적인 태도를 취할 것이고, 어린 동생에게 아버지 또는 어머니의 역할을 하고, 동생들의 안녕에 책임을 가지게 될 것이다.

아들러에 의하면 첫째는 가족 내에서 상실감을 겪었기 때문에 힘과 권위의 중요성을 가장 잘 이해하고 있다. 결과적으로 첫째는 매우 지지적이며, 권위에 의존하고 현 상태를 유지하려는 경향을 가진다. 이러한 사람은 정치적으로 보수적이고 동조적이다. 둘째 아이는 첫째 형이나 언니, 오빠를 극복해야 할 경쟁자로 본다. 첫째 아이가 자신을 뛰어

넘으려는 나이 어린 형제의 시도에 대해 보호적이거나 지지적이면 건강한 발달이 더 잘 이루어진다. 만약 첫째 아이가 둘째 아이에 대해 화를 내거나 악의적으로 대한다면, 둘째 아이는 신경증을 갖게 될 가능성이 많다. 아들러는 둘째 아이가 비현실적으로 높은 목표를 설정하여 실제로는 궁극적으로 실패하게 된다고 했다.

가장 어린아이는 전형적으로 전체 가족의 아이로 간주되고, 가족의 모든 관심을 끌어내는 경향이 많다. 아들러는 부모가 가족의 가장 어린아이를 애지중지하거나 응석받이로 키울 것이라고 믿었다(Mairet, 1964, p. 107). 결과적으로 이 아이는 지지와 보호를 받기 위해 다른 사람에게 과도하게 의존하는 사람이 된다. 아이는 자신이 하는 모든 것을 뛰어 넘으려고 하지만, 개인적 노력과 주도성의 부족으로 실패하게 된다. 막내는 자신의 문제에 대해 쉬운 해결책을 찾으려는 경향이 있다. 알코올 중독자는 자신의 문제 해결을 빠르고 쉬운 해결책으로 술을 이용하기 때문에 우리는 알코올 중독자 중 막내의 비율이 매우 많음을 알 수 있다. 알코올 중독자의 출생 순위의 위치를 연구한 문헌을 검토한 연구에서 배리와 블레인은 27편의 연구에서 20개 연구는 막내가 알코올 중독자로 높은 비율을 차지하고 있음을 발견했다(Barry & Blane, 1977, pp. 62-79). 물론 이러한 발견은 모든 막내들이 알코올 중독자가 된다는 것을 의미하지 않는다. 일반적으로 막내 아이는 첫째 아이, 중간 아이, 독자보다 알코올 중독자 수가 더 높다.

마지막으로 아들러에 의하면 외동아이에게는 형제간 경쟁자가 없으며, 그의 출생이 가족에게 환영받는 일이라면 그는 가족 관심의 중심이 된다. 그러나 그 아이가 원하지 않은 아이라면, 그는 부모에게 무시되거나 거절을 당할 것이다. 대부분의 경우에 외동아이는 부모, 특히 어머니에 의해 응석 부리며 자라게 된다. 나중에 이 아이를 좋아하지 않거나 존경하지 않으면 그는 대인관계에서 많은 어려움을 경험하게 될 것이다.

출생 순위 연구 증거

아들러 **출생 순위 효과**birth-order effect 검증은 그의 주장에 대한 강한 지지를 받아 고무적인 일이긴 하지만, 초기 연구 문헌을 검토해 보면 아들러 이론과 불일치 되는 자료를 볼 수 있다(Blake, 1989; Watkins, 1992, pp. 357-368). 또한 상관 연구의 특성 때문에 연구 결과 자체에 의문이 제기될 수 있다. 그래서 그 자료에 대한 다른 대안적 설명의 필요성을 제시하고 있다. 따라서 이들 연구와 그 결과를 해석할 때 주의를 기울여야만 한다.

연구 증거: 지적 발달

아들러는 첫째 아이가 둘째 아이의 출생으로 권력과 권위의 상실로 고통받았기 때문에 놀랄 만한 성취를 통해 자신의 잃어 버린 위치를 다시 찾으려는 노력으로 자신의 삶을 보낸다고 했다. 간단히 말해, 첫째 아이는 다른 사람을 지배하기를 원한다(Ansbacher & Ansbacher, 1956, p. 379). 첫째는 다른 사람에게 힘을 행사하는 위치에 있고, 태어난 동생에게 더 지배적이며 공격적으로 되었다(Watkins, 1992, p. 362). 따라서 우리는 첫째가 지적인 활동에서 뛰어나며, 높은 성취와 명성을 가질 것으로 기대할 수 있다.

이러한 예언들을 지지하는 증거가 있다. 예컨대 벨몬트와 Marolla(1973)는 첫째 아이가 다양한 가족을 대상으로 한 약 400,000명의 표본으로부터 지적 발달에서 그 뒤에 태어난 아이를 앞지른 것을 발견했다. 이 연구의 대상자들은 네덜란드에서 1963년에서 1966년 기간에 19살이 된 남자들이었다. 좀 더 최근의 후속연구에서 붐스마 등(2008, pp. 630–634)은 독일의 남자와 여자 청소년들을 대규모로 조사한 결과, 벨몬트와 비슷한 결과를 보고했다. 브렐랜드(1974)의 연구에서도 미국 국가장학금(National Merit Scholarship) 신청자 800,000명의 조사에도 첫째 아이와 높은 수행 간의 관계가 있다고 하였다.

다른 연구들도 첫째가 대학생, 석사학위, 대학교수, 과학과 행정 분야에서 우수한 사람들의 수가 더 많음을 보고했다. 예컨대, 와그너와 슈베르트(1977, pp. 78–85)의 연구에서는 첫째가 미국 대통령 중에 더 많았지만, 성공하지 못한 대통령 후보에는 없었다. 츠바이겐하프트(1975, pp. 205–210)는 첫째가 미국 국회에 더 많았고, 메릴로(1983, pp. 57–62)는 첫째가 박사학위(Ph.D., Ed.D, D.S.W., 또는 M.D.)를 가진 여자들에서 더 많았다고 했다. 첫째로 태어난 남자와 여자는 세계적 리더가 더 많은 반면, 중간과 막내는 그렇지 않았다(Hudson, 1990, pp. 583–601; Steinberg, 2001, pp. 89–110). 다른 자료는 1988년 사무실에 근무하는 미국 공직자들 중에는 첫째가 더 많지 않음을 제시하고 있다(Newman & Taylor, 1994, pp. 435–442).

합류 모델

아들러의 아이디어에 기초하여 제이온스는 지적 발달이 어떻게 일어나고, 왜 첫째가 동생보다 더 많은 지적 발달을 보이는가를 이해하는 데 도움을 주는 **합류이론confluence theory**을 창안했다(Zajonc, 1976, pp. 227–236; Zajonc, 1983, pp. 457–480; Zajonc, 2001, pp. 490–496; Zajonc & Bargh, 1980, pp. 349–361; Zajonc & Markurs, 1975, pp. 74–88; Zajonc & Mullally, 1997, pp. 685–699). 그의 이론은 아이들의 지적 성장이 가족

환경에 의해 촉진되기도 하고, 방해받기도 한다고 주장한다. 다른 형제가 출생하기 전에 첫째 아이는 어른과 처음으로 상호작용하고, 매우 복잡한 언어와 풍부한 어휘에 노출된다. 어른들 주위에 있는 것만으로도 첫째 아이는 많은 단어와 개념에 접하게 되고, 어른의 대화 과정 중 어른에 의해 사용된 추상적 사고의 과정이나 결과에 청각적으로 접근할 수 있는 기회를 갖는다. 이러한 많은 개념들은 후에 아이가 실시한 지능검사에 반영될 것이다. 반대로, 첫째 다음에 태어난 아이는 이러한 많은 언어에 덜 노출되고 다양하지 않은 제한된 언어에 접근하여 다른 형제들과 기본적인 상호작용을 하며, 어른과의 상호작용에서 나오는 추상적 사고에도 덜 노출된다. 현재 제이온스의 이론과 일치하는 연구들이 있다. 한 연구에서 연구자들은 스칸디나비어 유아 중 첫째 아이가 뒤에 태어난 아이들보다 어휘 이해력과 언어 사용력에 더 높다는 것을 발견했다(Berglund, Eriksson, & Westerlund, 2005, pp. 485–491). 다른 연구에서 호주의 유아 중 첫째 아이가 뒤에 태어난 아이들보다 상징 놀이("가장 놀이")를 더 많이 한다고 했다. 가장 놀이에서 아이들은 상상의 상황과 사람을 만들어 그들과 의사소통을 하였다. 가장 놀이는 빠른 인지적 및 지적 발달과 관련되어 있다(Kowalski, Wyver, Masselos, & DeLacey, 2004, pp. 389–400).

동시에 뒤에 태어난 다른 형제들보다 더 빠른 언어 기술을 습득한 첫째 아이는 교사의 역할을 더 맡게 된다. 즉, 첫째 아이는 다양한 활동에서 뒤에 태어난 형제나 자매를 가르칠 것으로 예상된다. 결과적으로 첫째 아이는 자신 스스로부터 더 많이 학습하게 될 것이고, 지적 발달도 가속화될 것이다. 나이 어린아이에게는 덜 요구적이다. 왜냐하면 동생이 윗 형제를 가르치기 위한 여력을 갖지 못하기 때문이다. 결과적으로 나이가 더 어린아이의 지적 발달은 크지 않으며, 특히 막내는 다른 사람을 가르치는 기회를 갖지 못함으로 인해 어려움을 겪는다.

제이온스의 이론은 쌍둥이는 태어날 때 미성숙 상태이기 때문에 지적 성장을 위한 가족환경이 더 빈약하다고 생각한다. 그래서 둘 중 그 누구도 다른 형제를 가르치는 역할을 하는 다른 형제보다 더 우월한 언어나 사회적 기술을 가지지 못한다. 제이온스의 생각을 지지하는 자료가 있다. 쌍둥이의 IQ는 쌍둥이가 아닌 아이보다 5점이 낮았고, 세쌍둥이보다는 7점 낮았다(Record, McKeown, & Edwards, 1970, pp. 61–69).

제이온스의 이론에 의하면 외동아이는 분명한 단점을 가지고 있다. 외동아이는 다른 형제들을 가르칠 기회를 가지지 못하며, 더 많은 학습을 위해 자극받지 못하고, 그들의 지적인 기량은 두 명의 아이들이 있는 가족의 아이들보다 낮다.

제이온스는 모자 또는 부자 가족은 아이의 지적 발달에 기여하는 어른이 한 명이기 때문에 불리한 위치에 있다고 했다. 그러나 더 많은 성인, 예컨대 삼촌, 숙모, 조부모, 다른 양육자가 있다면 더 풍부하고 지적이며 자극하는 환경이 제공될 것이다(Zajonc & Mullally, 1997, p. 690).

제이온스 모델의 비판: 첫째 아이

제이온스는 첫째는 동생들에게 비해 더 많은 지적 발달을 할 것이라고 주장하지만, 어떤 비판은 이를 강하게 부정한다(가령, Retherford & Sewell, 1991, pp. 141–158; Rodgers, Cleveland, van den Oord, & Rowe, 2000, pp. 599–612; Rodgers, Cleveland, van den Oord, & Rowe, 2001, pp. 523–524; Steelman, 1985, pp. 353–386; Wichman, Rodgers, & MacCallum, 2006, pp. 117–127). 예컨대, 로저스 등(2001, p. 523)은 제이온스의 결과를 설명하는 출생 순위보다 더 많은 수백 개의 혼입변인(가령, 부모의 지능, 양육, 학교생활의 질, 인종, 시골 지역, 가족 크기, 사회경제적인 위치)이 있다고 했다. 어떤 상황에서 작용하는 많은 다른 변인들이 있다는 것을 이해하기 위해 가능한 혼입변인으로 사회경제적인 지위를 예로 들어 보자. 첫째, 부모의 사회경제적 지위가 아이의 지적 발달과 긍정적으로 연관되어 있다는 것을 보여 주는 연구는 매우 많다. 가족의 사회경제적 지위가 높을수록 아이의 지적 발달은 더 커진다. 동시에 가족의 사회경제적 지위가 높을수록 낮은 사회경제적 지위의 가족보다 아이의 수가 더 적은 경향이 있다. 따라서 둘째보다는 첫째에서 더 많은 지적 발달을 보여 주는 자료는 첫째 아이는 적은 수의 아이를 가진 높은 사회경제적 지위에 있는 가족에서 뽑았고, 둘째 아이는 더 많은 자녀와 낮은 사회경제적 지위에 있는 가족에서 선발되었다. 다른 말로 하면 출생 순위보다 가족의 사회경제적 지위가 지적 발달을 결정하는 요인이 될 수 있다. 제이온스(1986, pp. 365–371)은 그 가족의 사회경제적 지위가 무엇이든 간에 둘째보다는 첫째가 더 많은 지적성장을 보여 주는 수많은 연구가 있다는 것을 알려 줌으로써 이러한 논쟁에 반격을 가했다.

사회경제적 지위를 통제한 후에도 출생 순위와 지적 발달 간의 관계가 여전히 발견됨에도 불구하고, 출생 순위와 지적 발달의 관계에 부모의 교육 수준, 학교의 질, 부모의 자원 할당 등을 포함한 수많은 다른 변인들이 관여될 수 있다. 사실 드 한(2010, pp. 576–588)에 의한 최근의 연구는 첫째 아이를 학교 보내는 데 더 많은 돈을 투자하고 둘째는 더 적게, 심지어 셋째에게도 더 적게 투자하는 경향이 있다고 했다. 그러므로 첫째 아이가 교육적 성취 수준에서 가장 성공적이며, 둘째 아이는 더 적은 교육 성취, 셋째도 더 적은 교육 성취가 일어난다는 것은 놀라운 일은 아니다.

마지막으로 위히만 등(2006)은 제이온스에 의해 주장된 출생 순위 효과가 검증되지 않은 수백 개의 통제하지 못한 혼입변인으로 의심을 받고 있다고 했다. 그리고 그들은 제이온스에 의해 발표된 첫째 아이 효과 가설에 따라 부모와 가족성원들이 둘째 아이의 발달에 우선적인 초점을 두기보다는 가족 내에서 모든 아이들의 지적 발달을 지지하고 격려하는 데 초점을 두는 것이 더 현명한 일이라고 했다. 그럼에도 불구하고, 위히만 등은 제이온스에 의해 제안된 출생 순위 주장이 최종적으로 가라앉기 전에 가능한 혼입변인을 통제하기 위한 많은 과학적 연구를 진행해야 한다고 했다.

제이온스 모델의 비판: 외동아이

팔보와 같은 다른 비판가들은 제이온스의 합류모델의 다른 측면을 이슈화하고 있다. 그녀는 외동아이가 다른 형제를 가르치는 기회를 전혀 가지지 못하기 때문에 형제가 있는 아동들보다 지적 발달이 낮다는 제이온스의 주장에 강하게 반대한다. 그녀는 외동아이가 가르칠 형제가 없음에도 불구하고 부모로부터 분산되지 않는 관심을 받았고, 부모도 이 아이를 가르칠 때 매우 많은 시간을 들인다고 주장했다. 팔보와 쿠퍼(1980, pp. 299–300)는 취학 전 아동 중 외동아이의 엄마가 자녀를 많이 가진 엄마보다 1주일 동안에 더 많은 시간을 갖는다는 것을 발견했다. 또한 루이스와 페이링(1982, pp. 115–145)은 식사 시간 동안에 외동아이 가족은 2명 또는 3명의 아이를 가진 가족보다 더 많은 부모–자녀 대화, 더 많은 정보를 교환한다는 것을 발견했다. 좀 더 최근의 연구는 외동아이 스스로 자신의 부모와 매우 친밀한 감정을 느끼며, "작은 어른"으로 대우받고 부모와 다른 성인들과 많은 다른 화제를 논의하는 것을 제시한다(Roberts & Blanton, 2001, pp. 125–140). 마지막으로, 다른 연구들은 외동아이가 대가족에서 첫째 이후로 태어난 아이보다 지적으로 더 우수하고, 작은 가족의 첫째 아이만큼 지적으로 우수하다는 것을 보여 주었다(Falbo, 1977, pp. 47–61; Falbo & Polit, 1986, pp. 176–189).

미국 아동 집단을 대상으로 한 팔보와 폴릿(1986, pp. 176–189)의 연구와 중국 아동을 대상으로 한 팔보와 포스톤(1993, pp. 18–35)의 연구는 외동아이가 다른 형제들보다 사회적이고 심리적으로 잘 적응하고 있음을 보여 준다. 이러한 발견은 외동아이가 다른 형제나 자매들과 빈번한 상호작용을 통한 적절한 사회적 기술을 학습할 기회를 갖지 못하기 때문에 사회적으로 적응을 잘 못하는 경향이 있다고 한 아들러의 주장에 의문을 제기한다(Adler, 1937, pp. 211–227).

마지막으로, 스틸맨(1986, pp. 373–377)과 같은 다른 비판가는 제이온스 모델의 다른 한계점이 있음을 지적하고 있다. 그녀는 아이들이 가족이 아닌 다른 성인들(교사, 목사,

가족의 이웃)과 상호작용을 한다고 주장한다. 아이들은 책을 읽고, TV를 보고, 인터넷에서 게임도 하고, 인터넷에 "가상 친구"를 사귀기도 한다. 이러한 모든 상호작용은 첫째 아이, 그 다음 아이, 외동아이의 지적 발달에 많은 함의를 준다. 그래서 부모와 첫째 아이, 형제와 첫째 아이의 상호작용만이 아니라 모든 유형의 상호작용을 검증한 연구가 필요하다. 그러한 연구는 출생 순위와 지적 발달에 관한 좀 더 적절한 이론의 발달을 가져오고, 나아가 관계에 대한 이해를 증진시킬 것이다.

파괴적 생활양식의 발달

우리의 목표와 생활양식은, 가족에서의 믿을 수 없을 만큼 많은 경험과 그것에 대한 해석으로부터 나온다. 앞에서 언급했듯이 심각하게 파괴적이거나 신경증적 삶의 목표를 불러일으키는 세 가지 주요 환경적 요인들은 (1) 기관 열등, (2) 무시 또는 거절, (3) 응석받는 것이다.

파괴적인 삶의 목표는 한쪽 부모(주로 어머니)가 아이와 정서적으로 떨어져 있거나 훈육과정에서 권위적인(혹독하고 거절하는) 가족에서 만들어질 수 있다(Johnson et al, 2003, p. 282). 이것은 또한 부모가 아이의 응석을 받아 줄 때 일어난다. 아들러는 부모에 의해 응석받이로 자란 아이는 특히 문제가 많다고 믿었다. 부모가 아이에게 상호작용하라는 어떤 요구도 없이 아이가 가진 모든 소망을 끊임없이 만족시키도록 제멋대로 내버려 둘 때 응석이 일어난다. 연구에 의하면, 응석받이 아이는 마땅히 응석받을 자격이 있다는 느낌과 나르시시즘을 가진 젊은 청년으로 자랄 것이라고 한다. 이 아이들은 사회적 관심이 거의 없고 기본적으로 불완전하고 열등감을 느끼게 된다(Capron, 2004, pp. 76–93).

파괴적인 가족 환경에서 성장한 신경증을 가진 사람들은 매우 많은 열등감을 느끼는 사람들이다. 이들은 다른 사람에게 개인적 우월감을 증명해 보이기 위해 비현실적으로 높은 목표를 설정함으로써 자신의 열등감을 보상하려고 한다. 신경증을 갖고 있는 사람은 자신 스스로의 평가에서 극도로 부정확하다. 그래서 그들은 결정이나 시험, 패배시에 끊임없이 긴장하고 두려워한다. 최종 분석에서 그들은 다른 사람에게 가면이 벗겨지고 열등한 사람으로 인식되는 것에 대해 두려워 한다. 그러한 사람들은 사회적 관심에 따라 행동하지 않는다. 그들은 용기가 없다. 대신에 그들은 자신을 보호하기 위해 안전장치 또는 방어적 전략을 계속적으로 채택한다.

바람직한 생활양식의 발달

아들러에 의하면, 건강하거나 바람직한 생활양식을 추구하는 사람은 싸움, 언쟁, 다툼, 비난과 같은 가정불화가 거의 없는 가정에서 자란 사람이다(Johnson et al., 2003, p. 286). 그러한 가정의 부모는 아이들을 존중하고 배려한다. 아들러는 이러한 가정환경에서 자란 사람은 안전감과 수용된 느낌을 받으며 인간관계에서 평등과 협력의 중요성을 익히게 되고 사회적 관심에 따른 목표를 개발하게 된다고 믿었다. 아들러는 이러한 목표의 본질에 대해 명확하게 표명하지는 않았다. 왜냐하면 그 목표들은 "정직이 최선의 방법이다" 그리고 "남에게 대접을 받고자 하는 대로 남을 대접하라" 등과 같은 삶의 근본 원리로부터 출발하여 교수, 의사, 컴퓨터 기술자, 자동차 정비공, 도서 영업사원 혹은 TV 기술자 등과 같은 구체적인 직업 목표에 이르기까지 광범위하기 때문이다. 아들러는 개인의 사회적 관심에 따라 이러한 역할들을 성취할 수 있다고 믿었다. 다시 말해, 개인은 사회의 안녕을 최대화하기 위해 자신의 능력을 최대한 발휘하고 최선의 노력을 기울일 수 있게 된다. 따라서 각자가 사회적 관심에 따른 행동의 영역 내에서 최선의 노력을 하고 자신의 능력을 최대한 발휘한다면 자동차 정비공도 의사처럼 훌륭하다고 볼 수 있다.

또한 아들러는 건강한 사람은 자신의 가공적 목표(fictional finalism)를 바꿀 수 있거나 상황에 따라 자기이상(self-ideal)을 주도해 나갈 수 있다고 보았다. 이러한 사람이 배고픈 아이의 배를 채우기 위해 옳지 못한 행동을 하고 빵 한 조각을 훔칠 수 있겠는가? 아마 "그렇게 할 겁니다. 그러나 단지 그 사람이 문제를 해결하기 위해 다른 모든 수단 방법을 강구하며 노력을 다해 보았지만 소용없었을 경우에만 그럴 겁니다."라고 아들러는 대답할 것이다. 건강한 사람은 원칙에 따라 살지만 특별한 상황에서는 융통성을 발휘할 수 있을 만큼 현실적이다.

아들러의 네 가지 주요 생활양식 유형

아들러는 파괴적이거나 건설적인 유형의 본질을 좀 더 완전하게 이해하도록 도와주기 위해 간단한 분류를 사용하였다. 아들러는 인간 존재를 유형으로 나누기보다는 각 개인이 자신만의 독특한 생활양식을 가진다고 믿었기 때문에 이러한 유형을 마지못해 제시하고 있다(Ansbacher & Ansbacher, 1956, p. 166). 그렇지만 아들러는 이러한 부정적인 견해에도 불구하고 유형론은 일부 교육적인 가치를 포함하고 있다고 보고 그것을 제시하였다.

사회적 유용형이 바람직한 생활양식을 가지고 있는 반면, 지배형, 기생형, 회피형, 이 모두는 파괴적인 생활양식을 가지고 있다.

지배형

아들러에 따르면, **지배형**ruling type 인간은 사회적 관심과 용기가 부족하다. 그들은 위기에 처했을 때 반사회적 행동을 취함으로 불안감을 없애려고 노력한다. 인간의 우월성을 추구하고자 하는 그들의 열망이 너무나 강력해서 일반적으로 타인을 이용하고 피해를 주게 된다. 이 유형은 스스로 힘 있고 중요한 사람이라는 것을 느끼기 위해 다른 사람을 지배해야만 한다. 아동기 때 지배형은 다른 아이를 지배할 수 있기 위해 자기보다 강한 어린이는 배척하고, 자기보다 약한 어린이들 하고만 놀고자 한다. 그들은 자신의 방법이 먹혀들지 않을 때 자신의 부모를 굴복시킬 생각으로 바닥에 드러눕고, 호흡을 멈추거나, 비명을 지르고, 발을 걷어차거나 고함을 지른다.

성인이 되면, 지배형은 정복자가 되고 싶어 한다. 즉, 자신의 배우자 위에 군림하고자 한다. 그들은 자신의 배우자가 자신의 모든 욕구를 충족시켜 주고 자신에게 끊임없는 관심을 보여 주길 기대한다. 부모로서, 그들은 "내가 그렇게 말했기 때문에!" 자녀들이 순종할 것을 강요한다. 십대 갱단의 우두머리로서, 거만하고 자만으로 가득 차 있다. 그들은 "네가 그 CD를 훔쳐오지 않으면, 내가 너의 팔을 부러뜨리고 말거야!"라고 자신의 부하들을 협박하기도 한다. 지배형은 또한 돈으로 안 되는 사람은 없다는 믿음으로 돈을 이용하여 사람들을 통제하려고 한다(Mosak, 1977, pp. 218–219). 아들러는 지배형의 주된 예로서 비행청소년, 자살충동에 사로잡힌 사람과 마약 중독자를 언급했다.

기생형

상대적으로 **기생형**getting type에 속하는 개인은 수동적이며, 자기 자신의 문제를 해결하고자 어떠한 노력도 기울이지 않는다. 스스로 노력하는 대신 자신을 보살펴 주는 타인에게 의존한다. 매우 부유하고 관대한 부모를 둔 아이들은 자신이 요구하는 모든 것을 얻을 수 있다. 이러한 환경에서 성장한 아이들은 스스로 생산적인 일을 하려고 하지 않고 타인과 나눌 수 있는 자신의 능력을 거의 알지 못한다. 자신에 대한 신뢰가 부족하기 때문에 그들은 자신의 요구를 잘 받아 줄 수 있는 사람들을 자신의 주변에 두려고 한다. 기생형은 자신을 도와줄 수 있는 타인을 유혹하기 위해 자신의 매력을 자주 이용한다(Mosak, 1977, p. 78).

회피형

회피형avoiding type의 사람들은 위기를 해결하는 데 필요한 자신감이 부족하다. 그들은 보통 자신의 문제와 투쟁하는 대신 회피하고자 한다. 그렇게 함으로써 실패를 피하고자 한다. 이러한 사람은 거의 자기밖에 모른다. 그들은 항상 자신이 우월하다는 환상에 사로잡혀 있으며 공상적인 경향이 있다(Adler, 1930a, pp. 142–143).

사회적 유용형

사회적 유용형socially useful type은 가족 구성원이 서로 지지하고 도움을 주며, 서로 존중하고 배려하는 가정에서 성장한 사람들이며, 스트레스와 문제를 갈등과 싸움으로 해결하는 것을 원하지 않는다(Leak & Williams, 1991, pp. 159–165). 대신 그들은 문제를 해결하는 방법으로 직접 그들의 문제에 맞서는 용기를 갖는다. 성인이 되면, 그들은 가족 구성원을 존중과 애정 및 우정으로 대하고, 조정하거나 자기 멋대로 하려고 하지 않는다(Leak & Gardner, 1990, p. 57).

사회적 유용형은 심리적으로 건강한 사람들이다. 그들은 삶에 자신 있게 맞서고 타인과 협력할 준비가 되어 있으며 타인의 안녕에 기여하고 더 나은 사회를 이룩할 수 있다. 그들은 인생의 목표를 "돈 많이 버는 것"에 두지 않는다. 그들은 단지 사회적 관심에 따라 행동한다(Crandall, 1980, pp. 484–487; Leak, Millard, Perry, & Williams, 1985, pp. 197–207).

평가 기법

프로이트처럼, 아들러도 초기 아동기 경험에 초점을 맞추어 개인의 성격을 이해하고자 노력했다. 그는 초기 기억, 꿈 분석, 출생 순위 분석이라는 세 가지 주요 기법들을 사용했다.

초기기억

아들러는 환자들의 최초 기억들이 그들의 독특한 생활양식을 통찰하는 데 유익한 정보를 제공한다고 믿었다. 그는 환자들이 최초 기억들에 대해 이야기하는 데 매우 자발적이라고 진술하고 있다. 종종 기억들은 실제적인 경험에 바탕을 두기도 하지만 때로는 그 기억들은 상상에 의한 것이기도 하다. 아들러는 실제로 경험한 것이든 또는 상상에 의한 것이든 그 기억들은 여전히 중요한 의미를 지니며 우월성에 대한 인간의 노력을 이해할 수 있다고 생각했다(Ansbacher & Ansbacher, 1956, pp. 351-352).

이러한 기억의 중요성을 설명하기 위해, 아들러는 3살 때 아버지로부터 조랑말을 선물 받은 한 여인이 회상하고 있는 것을 소개했다. 그녀의 아버지는 같은 날 동시에 그녀의 언니에게도 조랑말을 선물했다. 자신과 함께 조랑말에 올라탄 언니는 조랑말 고삐를 잡아당기고는 길을 따라 아래로 의기양양하게 나아갔다. 그러나 그녀의 조랑말은 너무 급하게 달려나가다 그녀를 진흙탕에 떨어뜨렸다. 그 이후 그녀의 삶에서 그녀는 여기수로서 그녀의 언니를 능가했지만 그녀는 그때의 그 치욕적인 어린 시절 경험을 결코 잊을 수 없었다고 아들러에게 고백했다(Ansbacher & Ansbacher, 1956, pp. 354-355).

아들러는 먼저 이 여성이 그 사건을 회상하면서 어머니가 아니라 아버지를 언급한 것에 주목하였다. 특히 이 여성은 어렸을 때 가정생활에 만족하지 못했고, 그것은 아마 어머니가 언니를 더 편애했다는 것을 의미한다고 아들러는 분석했다. 이러한 정보는 그녀를 치료하는 데 유용할 수 있다.

다음으로 아들러는 언니가 이 사건에서 승리자로 등장하는 데 주목했다. 이것은 두 자매 사이에 존재하는 병적인 경쟁을 암시한다. 여동생, 즉 환자는 인간관계에 있어 끊임없이 모욕을 당하고 있다고 믿었다. 그녀가 나중에 여기수로 언니를 이겼다고 고백했을 때 아들러는 그녀가 언니를 이기고자 하는 욕구를 느낀 것으로 추측했다. 그러나 그녀의 승리는 최초 경험에 대한 자신의 감정을 조금도 없앨 수 없었다. 따라서 이 환자의 기억은 그녀의 태도를 강화시켰을 뿐이다. "누군가가 나보다 앞선다면, 나는 위태롭게 될 것이다. 나는 항상 최고가 되어야 한다." 아들러의 관점에서 보면, 그러한 경쟁은 주도자, 즉 첫째 아이를 따라잡기 위해 끊임없이 분투하는 둘째 아이들의 전형적인 특징이다. 이러한 건강하지 않은 삶에 대한 태도는 타인과의 관계에 있어 환자에게 불필요한 고통을 야기했다. 아들러는 환자 자신의 기본적인 태도를 노출시킴으로써, 그녀의 삶이 더 많은 만족과 인생에 대한 비전을 이끌어 내기 위한 변화를 시작할 수 있도록 격려했다.

치료사들이 인간의 우월성 추구를 탐색하는 과정에서 초기 회상의 중요성을 설명하기 위해 사례 연구를 한 것 외에 연구자들도 어떻게 초기 회상이 개인의 성격 특징과 자기개념의 일면을 나타낼 수 있는지 조사하기 시작했다. 예를 들면, 채플린과 오르로프스키(1991)는 알코올 중독자와 비알코올 중독자가 보고하는 최초 기억에 대한 내용을 분석했다. 그들은 알코올 중독자의 최초 기억이 사회적인 관심을 덜 보인 반면, 더 많은 부정적인 자기 개념을 나타내고 있는 것을 발견했다. 또한 그들의 기억들은 대부분 폭력과 한 부모, 혹은 두 부모 모두에 의한 방치와 정서적인 빈곤으로 채워져 있었다. 약물 남용을 고치기 위해 아들러식 치료를 받은 알코올 중독자들은 긍정적인 변화를 이끌어 낼 수 있고 자신의 음주문제를 통제할 수 있다는 것을 깨닫기 시작했다(Chaplin & Orlofsky, 1991, pp. 365-367).

꿈 분석

아들러 또한 각 환자의 성격을 이해하기 위한 주요 기술로 꿈 분석을 사용했다. 그러나 프로이트와 달리, 꿈의 내용을 의식화하는 데 성적 해석을 중심에 두지 않았다. 그보다 그는 한 사람의 꿈은 우월에 대한 자신의 목표에 따라 결정된다고 보았다. 구체적으로 이야기하자면, 꿈은 개인의 독특한 생활양식에 따라 자신의 목표를 달성하고자 하는 무의식적 의도를 반영한다. 예를 들면, 시험에 자신 있고 두려움이 없는 학생은 산에 올라 정상에서 전망을 즐기는 꿈을 꿀 것이다. 반면, 무기력하고 시험이 연기되기를 바라는 학생은 산에서 떨어지는 꿈을 꾸게 될지도 모른다(Adler, 1969, p. 70). 이처럼 각 학생의 꿈은 자신의 독특한 생활양식에 의해 지배된다.

아들러에게 있어, 꿈은 미래에 대한 암시를 주기도 하고, 그 때문에 인간 문제에 대해 가능한 해결책을 제시하기도 한다. 예를 들면, 아들러는 자신의 부인에게 매우 실망한 한 남성의 사례를 언급하였다. 그의 주된 불만은 아내가 두 아이를 제대로 잘 양육하지 않는다는 것이었다. 아들러는 그 남성이 아내가 사랑 없이 결혼했다고 믿고 있기 때문에 그녀를 향한 내면 깊숙이 자리 잡은 적대감에 대한 한 증상으로써 그 불만을 보았다.

분석 과정에서 그 남성은 꿈속에서 세 자녀를 두었고 그들 중 막내를 잃어버리고 찾을 수 없었다고 이야기했다. 그는 아내가 아이들의 양육에 있어 태만하기 때문에 더 이상 아이를 가질 수 없다는 경고로 그 자신의 꿈을 해석했다. 아들러는 이 해석의 타당성을 인정해 주면서도 세 번째 아이에 대한 꿈은 그것보다는 아내와 화해하고자 하는 그의 바람과 그녀와 더욱 만족할 수 있는 관계로 발전해 나가는 것을 암시하는 것일 수 있다고 강조했다(Mairet, 1964, pp. 164-166).

출생 순위 분석

환자의 성격을 이해하기 위해 아들러가 사용한 세 번째 기술은 출생 순위 분석이다. 아들러는 환자의 출생 순위로 인한 영향을 정확하게 분석하는 것은 이후의 그들 행동을 이해하는 데 도움이 된다고 믿었다. 자신이 어찌할 수 없는 어린 시절의 환경을 강조하는 것은 불완전한 생활양식을 발전시키는 데 영향을 준 자기 자신에 대한 비난을 중지하도록 환자를 도울 수 있기 때문이다(Forer, 1977, p. 110). 결국, 자기 비난과 반항을 감소시키므로 환자는 더 건설적인 목표와 행동을 선택할 수 있게 된다는 것이다.

치료에 관한 이론적 함의

아들러에 의하면, 신경증 환자와 정신병 환자는 보통 어린 시절 부모의 지나친 애정이나 양육 태만 혹은 거부로 인해 불완전한 생활양식을 발전시킨 사람들이다. 대부분의 경우, 부모는 변덕스럽고, 일관성이 없는 애정을 보이고 거부하는 행동을 취한다. 아들러는 그러한 부모의 태도로 인해, 아이들은 불안감이 높아지고 안정감을 느낄 수 없게 된다고 믿었다. 아이들은 열등감이라는 감정에 맞서기 위해 자주 보호장치를 발동시키는데 그것은 바로 개인의 우월성을 개발하기 위해 많은 노력을 기울이기 시작하는 것이다. 신경증 환자는 타인보다 뛰어나다고 실제로 믿고 이러한 자신의 신념과 일치하는 방법으로 행동하기 시작한다. 그들은 실패를 회피하기 위해 모든 수단과 방법을 동원하여 완벽해지려고 발버둥친다. 그들은 타인을 과소평가하고 자신의 만족을 얻기 위해서 타인을 패배시켜야만 하는 경쟁자로 지각한다. 정신질환자도 역시 타인을 의심의 눈으로 보지만 자신의 가치를 타인과의 비교를 통해서 인정하기보다는 자신의 논리와 이유 및 과대망상을 통해 자신의 가치를 보려고 한다.

아들러에 따르면, 치료의 목표는 자신과 타인에 대한 환자의 잘못된 신념을 재조직화하는 것이며, 그릇된 목표를 제거하고 인간으로서 자신이 가진 잠재력을 실현시킬 수 있도록 도움을 주는 새로운 목표를 완성하는 것이다. “환자는 타인을 위해 생산적인 일을 할 수 있도록 자기중심성으로부터 벗어나야만 한다. 그러기 위해서는 그가 사회적 관심을 가질 수 있도록 교육되어야만 한다. 그가 다른 사람과 마찬가지로 공동체를 위해 중요하다는 올바른 통찰을 가져야 하며, 이 세상에 대하여 편안한 마음을 가져야만 한다”(Adler, 1973d, p. 200).

치료자는 환자가 이러한 목표를 성취할 수 있도록 촉진하는 안내자로서 행동하며, 좋은 치료관계는 동등한 두 사람 간의 친구같이 친밀한 관계라고 믿는다(Sprouse, Ogletree, Comsudes, Granville, & Kern, 2005, pp. 137-148). 따라서 치료자와 환자가 연합하여 왜 환자가 타인보다 우월하려는 욕구를 느끼는지 이해하기 위해 문제의 근본

원인이 되는 어린 시절을 함께 이해하고자 노력한다. 치료자로부터 격려를 받은 환자는 자기중심에서 벗어나게 되고, 심리적 건강은 타인을 향한 협력적인 태도를 발전시키고 사회의 안녕에 기여하고자 노력하는 데 달려 있다는 것을 깨닫게 된다. 환자는 자신이 공동체의 중요한 일부분이며 자신의 행동에 대해 책임을 지는 즐거움을 누리기 시작한다. 결과적으로, 그 사람은 더 이상 받기만 하는 자가 아니라 나누는 자가 된다. 점점 더 환자는 지각을 재조직화하여 타인에게 다른 행동을 하기 시작한다.

이론에 대한 평가

지금 우리는 여섯 가지 기준에 따라 아들러 이론의 과학적 가치에 대해 평가하고자 한다.

포괄성

아들러는 행동장애에 영향을 끼친 전반적인 현상에 관심을 가졌다. 그는 오랫동안 신경증과 정신병의 매우 다양한 원인과 치료법에 대해 연구했다. 그 외에도 아들러는 정치와 교육기관 그리고 종교기관이 성격발달에 어떠한 영향을 끼치는지 이해하기 위해 노력했다. 아들러는 이러한 기관들의 부정적인 요소가 개인에게 좋지 않은 영향을 준다고 평가했을 뿐만 아니라, 그 기관들이 심리적 건강과 안녕을 촉진시킬 수 있도록 재구조화하는 방법을 구체화하기 위해 노력했다. 따라서 아들러의 이론은 프로이트의 이론처럼 매우 제한된 동기부여를 하고 있지만 사실상 종합적이다.

정밀성과 검증 가능성

아들러 이론의 개념들은 대부분 너무나 광범위하고 잘 정의되어 있지 않다. 예를 들면, 아들러는 "존재할 권리가 있거나 혹은 결점이 없다는 것을 증명하기 원하는 많은 사람들에게서 발견되는" 증명 콤플렉스(proof complex)라고 주장했다(Adler, 1973b, p. 75). 그러나 이러한 증명 콤플렉스를 어떻게 측정할 수 있는가? 지도자 콤플렉스와 배타성 콤플렉스 그리고 운명 콤플렉스 및 창조적 힘과 같은 아들러가 사용한 개념들을 정의하고자 할 때 동일한 문제가 발생한다.

이론과 관련된 설명들 또한 애매모호하다. "활동의 법칙과 방향은 개인의 창조적 힘에서 나오고 인간능력의 한계 내에서 신체 경험과 외부 영향을 자유롭게 이용하는 것이다."라는 가설을 통해서도 알 수 있다(Adler, 1973a, p. 51). 인간의 고유한 활동에 영향을 주기 위해 얼마나 많은 창조력이 필요한가? 인간의 창조적 힘이 사용될 경우 얼마나 많은 활동이 생성되는가? 활동을 어떻게 정의할 것인가? 창조적 힘이란? 아들러가 이러한 가설이 이미 경험적으로 검증된 것으로 믿었다는 기록은 흥미롭다.

간명성

아들러는 일반 사람이 이해할 수 있는 과학적 이론을 세우기 위해 열심히 노력했다. 그 결과, 약간의 개념만을 사용한 상식심리학이 생겨나게 되었다. 그러나 단순한 설명이 과학 심리학에서 장점으로 작용하지만, 구성개념의 배열은 전체적으로 복합적인 인간 행동을 이해하는 데 적합해야만 한다. 아들러는 자신의 입장에서 우월성의 추구를 주요 동기로 보았기 때문에 환원주의자들이 동기부여를 위해 다양한 강화물을 제대로 사용하지 못하는 특성이 있다고 보았다. 또한, 이론에 약간의 구성개념이 존재하는데 이것은 너무나 막연하고 부정확한 방법으로 응용되었다. 우리가 살펴보았듯이 이러한 구성요소는 일상적인 상황에서 어느 영역에 속하고 어느 정도 연관되는지 불분명하기 때문에 정의하기가 어렵다.

경험적 타당성

아들러 이론을 증명할 임상자료는 그리 많지 않다. 그러나 이러한 상황은 가까운 미래에 바뀔 수도 있다. 오늘날 연구자들이 그의 핵심개념들 중 제일 유명한 사회적 관심이라는 개념을 측정하기 위해 신뢰도와 타당성을 검증하기 시작했다(Grandall, 1975; Greever, Tseng, & Friedland, 1973; Leak et al., 1985). 다른 연구자들은 건강한 어린이와 그렇지 않은 어린이, 그리고 건강한 성인과 그렇지 않은 성인의 생활양식에 대한 아들러의 유형론을 토대로 객관적 기준을 세우며 검증하려고 시도했다(Kannarkat & Bayton, 1979; Stiles & Wilborn, 1992; Wheeler, Kern, & Curlette, 1986). 오늘날 이러한 주요 개념들을 정의하고 그에 대한 신뢰도를 높이고자 노력하는 태도는 최종 가설 검증에 대한 긍정적인 전망을 갖게 한다.

발견적 가치

아들러 이론의 가장 큰 공헌은 인간의 성격에 대해 연구하는 많은 후속 연구자들에게 영향을 끼친 것이다. 아들러의 입장은 실존주의 심리학과 정신의학, 신프로이트 정신분석, 꿈 해석을 포함하는 성격 진단법, 심리치료의 실습 및 긍정적인 정신건강 등의 이론을 정립하는 데 기여하였다(Ansbacher & Ansbacher, 1973, p. 3). 아들러는 알버트 엘리스, 칼 로저스, 아브라함 매슬로우, 그리고 롤로 메이(Ansbacher, 1990, pp. 45–53; Ellis, 1973, pp. 111–127)와 같은 저명한 심리학자와 정신과 의사들에게 직접적인 영향을 미쳤다. 또한 그는 줄리안 로터의 실험 작업에 영향을 미치기도 했다(16장 참조).

적용 가치

상당한 발견적 가치와 더불어 아들러 이론은 열등감과 매우 경쟁적이고 성취 지향적인 사회에서 특별히 적절한 우월성의 추구와 같은 현상에 초점을 둔다. 간단히 말해, 우리 문화에서 중요시되는 문제나 쟁점들을 잘 전달해 주는 이론이다. 그의 이론은 정신병리학, 심리치료, 교육, 가족생활 영역에서 매우 적용 가능성이 높다.

비판적 사고를 위한 질문

1. 아들러는 우리 모두는 열등감을 가진다고 주장했다. 여러분도 동의하는가? 만약 그렇다면 여러분과 친구들에 대한 이러한 감정의 1차 원천은 무엇인가? 만약 동의하지 않는다면, 왜 그가 틀렸다고 생각하는가?
2. 여러분들은 우리 행동의 많은 것이 목표에 의해 안내된다고 하는 아들러의 의견에 동의하는가? 여러분들의 주요 목표는 무엇인가? 오늘날 대학생들의 주요 목표는 무엇인가? 여러분의 목표는 다른 사람의 목표와 다른가?
3. 건강한 사회에 대한 아들러의 관점은 사회적 관심의 개념에 기초를 두고 있다. 이것이 무엇인가? 사회적 관심의 개념이 자기 관심을 확대하는 개념과는 어떻게 다른가? 어떤 것을 하고 있다면 여러분들은 다른 사람에 대한 기여를 증진시키기 위해 현재 무엇을 하고 있는가?
4. 아들러의 흥미 있는 개념 중 하나는 출생 순위이다. 출생 순위가 성격발달에 결정적인 영향을 미친다는 그의 주장에 동의하는가? 여러분의 가족에서 많은 아이들이 어떻게 살아가고 있는가? 여러분의 부모가 여러분을 대할 때 형제들과 다르게 대하는가? 만약 외동아이라면 여러분의 부모가 여러분을 대하는 방법에 차이가 있다고 생각하는가?
5. 주로 자본주의 사회에서 동등하게 다른 사람을 대하는 것이 가능한가?

용어 해설

가공적 목적론fictional finalism 사람의 행동을 이끄는 상상된 목표. 그의 후기 저서에서는 안내하는 자기이상(guiding self-ideal)이라고 불렀다.

개인심리학individual psychology 각 개인의 행동을 복잡한 조직화된 전체로서 이해하려고 하는 아들러에 의해 개발된 이론

과잉보상overcompensation 열등감을 극복하기 위한 과정된 시도로써 다른 사람보다 더 우월한 사람인 것처럼 행동하는 것

기관열등organ inferiority 생물학적 요인에 의한 결함으로 부적절한 감정을 불러일으키는 것

기생형getting type 도움을 위해 다른 사람에게 무분별하게 의존하여 개인적 목표를 얻고자 하는 건강하지 못한 사람

남성적 항의masculine protest 열등감을 보상하기 위해 다른 사람보다 우월해지도록 행동하려는 남성이나 여성의 시도

목적론적 입장teleological position 목표가 행동을 결정한다는 입장, 좀 더 일반적으로 말하면 행동은 설계된 힘에 의해 결정되고 행해진다.

사회적 관심social interest 다른 사람을 도우면서 협력하는 인간 존재의 본래적 경향성을 조화롭고 생산적인 사회를 구축하는 수단이 된다.

사회적 유용형socially useful type 사회적 관심에 따라 자신의 문제를 적극적으로 용기 있게 직면하고 해결하는 건강한 사람

생활양식style of life 개인의 독특한 성격패턴으로 기본적으로 어린 시절에 향성된다.

우월성superiority 완벽을 추구하는 것으로, 아들러는 우월성을 두 가지 유형으로 구분했다. (1) 개인적 우월성으로 다른 사람을 희생시켜서라도 만족을 추구하기 때문에 해로운 것이다. (2) 완벽함을 추구하는 우월성으로 다른 사람을 돕거나 도움을 받음으로써 개인의 잠재력을 실현하려고 투쟁하기 때문에 건강한 측면이 있다.

지배형ruling type 다른 사람을 통제하며 착취하려고 노력하여 개인적 우월성을 추구하는 건강하지 못한 사람

창조적 자기creative self 사람들은 자신의 운명과 성격을 적극적으로 창조하는 능력을 가지고 있다는 신념을 반영한 아들러에 의해 사용된 용어

출생 순위 효과birth-order effects 아이는 가족에서 출생한 순위에 의해 부모가 양육하며, 출생 순위는 성격발달의 중요한 요인이라는 아들러의 신념

태도attitude 하나의 대상에 대해 일관적으로 선호하든지 아니면 선호하지 않는 방식으로 반응한 학습된 경향성

합류이론confluence theory 같은 가족에서 자라는 아이들의 지적 성숙은 서로의 영향에 의해 시간이 지남에 따라 함께 흐르며, 새로운 탄생이 같은 씨족에 참여할 때 가장 깊은 변화를 한다는 이론

회피형avoiding type 문제에 직면하기 위한 확신감이 부족하여 그것을 회피하거나 무시하는 건강하지 못한 사람

추천 도서

Adler, A. (1927). *The practice and theory of individual psychology*. New York: Harcourt, Brace & World.

Adler, A. (1969). *The science of living*. Garden City, NY: Doubleday Anchor. (Original work published 1929.)

Ansbacher, H. L., & Ansbacher, R. R. (Eds.). (1956). *The individual psychology of Alfred Adler*. New York: Basic Books.

CHAPTER 05

호나이의 사회문화적 정신분석

호나이의 생애

카렌 호나이(Karen Horney, 혼-아이(*horn-eye*)라고 발음되는)는 1885년 독일 함부르크에서 서쪽으로 약 12마일 떨어진 엘베강의 북쪽 마을 블랑케네제에서 태어났다. 그녀의 아버지 베른트 와켈스는 함부르크에 있는 큰 해운회사의 선장이었다. 호나이의 어머니 클로틸데 반 로젤른은 유명한 네덜란드계 독일 가문 출신이었다. 그녀보다 18년 연상인, 와켈스 선장에게는 전처 소생의 4명의 아이가 있었다. 그들의 첫 번째 아이는 베른트라는 아들이었으며, 카렌은 4년 후에 태어났다.

어릴 때, 카렌은 아버지에게 양가감정을 가졌다. 아버지는 카렌을 여러 번 전 세계 보트여행에 데리고 다녔으며, 바다와 여행에 대한 사랑과 삶에 대한 국제적인 감각을 심어 주었다. 그녀는 아버지를 깊이 사랑했지만, 그의 엄격하고, 독선적인 방식에 위협감을 느꼈다. 와켈스는 독실한 신자로 경건하게 살았으며, 여성은 남성보다 열등하다는 점을 강하게 믿었다. 그녀의 아버지는 카렌의 활동을 제한하였지만, 카렌의 오빠에게는 자유와 권리를 주었다. 그는 카렌의 야망, 특히 그녀의 교육적인 목표에 강하게 반대하였다. 예를 들면, 카렌은 열세 살에 의학공부를 하기로 결심했다. 그러나 그녀의 아버지는 교육비를 줄 수 없다고 말했다. 그녀는 아버지의 강한 반대에 대해, "어리석고 나쁜 내 의붓 형제를 위해서는 수천 달러를 바로 내민 그가 나를 위해 쓴 돈은 손으로 꼽아 10번 정도이다"라고 불평했다(Paris, 1994, p. 7). 그러나 다행히 어머니는 그녀를 격려하고, 아버지의 권위주위로부터 보호해 주었기 때문에 카렌은 의학공부를 할 수 있었다. 그럼에도 불구하고, 부모님은 분명히 카렌에게 많은 애정을 주지 않았다. 따라서 자아존중감에 대한 의심으로 괴로워한 그녀는 어머니의 보호를 무비판적으로 받아들였으며, 안전감을 얻기 위한 수단으로 매달리고, 몹시 순응하는 딸이 되었다. 호나이는 다른 사람들은 그렇게 보지 않음에도 불구하고 자신이 신체적으로 매력적이지 않다고 생각하며 부적절감이 심해졌다. 그녀는 모든 에너지를 공부하는 데 씀으로써 이런 부정적 자기상에 대해 강하게 반응했다. 나중에 오랜 세월을 되돌아본 그녀는 "내가 아름다워질 수 없다면, 영리해져야겠다고 결심했다."고 말했다. 우수한 학생인 호나이는 1906년 프라이부르크의 의과대학에 입학하였으며, 동기생들 중에서 유일한 여성이었다. 이런 남성 위주의 분위기에서, 그녀는 남자 친구들과 동료들보다 유능하지 않다면 그들만큼 유능하다는 것을 보여 주어야만 한다고 느꼈다. 이 기간 동안에 그녀의 사회생활은 만족스럽고, 흥미롭고, 보람이 있었다. 그녀는 경제학을 전공하고 있는 오스카 호나이를 소개받았고, 의학 훈련을 받는 동안에 그와 결혼하였다. 오스카는 학업을 마친 후, 투자회사에서 일하였고, 회사의 관리자로 빠르게 승진했다. 그 사이에, 카렌은 태어난 딸(세 딸 중의 첫째)의 어머니와 주부의 역할을 수행하면서 의학공부를 마쳤다.

어머니의 죽음과 결혼생활에서 생기는 어려움들 속에 내재한 갈등으로 호나이는 우울증에 걸렸고, 정신분석가인 칼 아브라함에게 치료를 받았다. 호나이는 치료 결과에 실망하여, 정신분석의 기본 원리에 대해 의문을 갖기 시작했다. 몇 년 동안, 그녀는 다른 분석가들과 함께 정신분석의 개념, 원리, 치료 실제를 논의하기 위해 아브라함 박사 집에서 열리는 저녁 모임에 매주 참여했다. 이러한 비공식적인 모임은 베를린 정신분석 연구소를 설립하도록 하였고, 호나이는 1918년부터 1932년까지 적극적으로 활동하였다.

이 기간 동안, 그녀는 전통 정신분석의 한계를 솔직하게 이야기하였다. 그녀는 프로이트가 신경증의 발달에서 성적 본능의 역할만을 지나치게 강조하고, 정신병리를 촉진하는 사회문화적 조건을 별로 강조하지 않았다고 생각하였다. 프로이트는, 신경증은 본질적으로 사람의 성적 충동과 추구에 대처하지 못하는 무능력의 결과라고 하였지만, 호나이는 신경증은 주로 문제가 있는 인간관계로 인해 발생한다고 하였다. 그녀의 견해에 의하면, 신경증과 성(性) 장애는 흔히 일어나는 문제이지만, 반드시 밀접하게 관련되어 있지 않다. 사람들에게 불완전한 성격 구조로 인한 신경증이 있을 때 성적 기능의 손상이 일어난다. 프로이트에게, 손상된 성적 기능은 신경증의 주요 원인이었다. 호나이는 각각의 문화들이 구성원들의 독특한 두려움을 야기한다고 믿었다. 어떤 문화에서, 두려움이 자신들이 살고 있는 근처에서 예견할 수 없는 화산이나 아주 더운 사막과 같은 자연에 의해 생길 수도 있고, 다른 문화에서는 이웃의 전쟁으로 인해 두려움이 일어날 수 있다. 우리 문화에서는 개인의 성공과 경쟁을 지나치게 강조하여 때때로 실패나 다른 사람보다 열등해지는 것에 대한 두려움을 가질 수 있다. 호나이에 의하면, 정상적인 사람은 이러한 위협적인 상황에 적응할 수 있으며, 각 문화가 제공하는 것을 최대한 이용할 수 있다. 이와 대조적으로 신경증 환자는 적응하지 못하고, 두려움을 감소시키고, 안전감을 느끼기 위해 방어기제를 융통성 없이 무분별하게 사용한다.

특정 문화에 살면서 발생하는 문제들과 함께, 개인의 독특한 사회적 환경이나 대인관계 조건에 의해서 생기는 문제와 두려움도 있다. 부모, 형제, 동료, 권위 인물, 그리고 다른 사람들에 의한 학대는 모두 부적응적 기능에 복잡하게 영향을 줄 수 있다. 그러므로 호나이는 사회문화적 조건들이 개인의 발달과 기능에 많은 영향을 미친다고 판단하였다. 호나이는 신경증 발병에서 사회화 과정의 역할을 강조하고, 생물학의 역할을 없애지는 않았으나 덜 강조하였고, 프로이트의 리비도이론, 심리성적 발달이론 및 치료이론을 포함한 많은 프로이트의 사상을 재해석하기 시작했다. 그녀의 새로운 이론은 베를린 정신분석 연구소에서 그녀의 동료와 학생들과의 논쟁을 통해 성장하였고, 그녀의 책, 『현대의 신경증적 성격(*The Neurotic Personality of Our Time*)』(1937), 『새로운 정신분석(*New Ways in Psychoanalysis*)』(1939), 『자기 분석(*Self-Analysis*)』(1947), 『내적갈등(*Our Inner Conflicts*)』(1945), 『신경증과 인간의 성장(*Neurosis and Human Growth*)』(1950), 그리고 사후에 출판된 『여성 심리학(*Feminine Psychology*)』(1967)을 연대순으로 읽어보면 이론의 변화를 알 수 있다.

1932년, 호나이는 베를린 정신분석 연구소를 떠나 미국으로 왔으며, 시카고 정신분석 연구소의 부소장이 되었다. 2년 후, 그녀는 뉴욕으로 와서 개업을 하고, 뉴욕 정신분석 연구소에서 연구와 교육을 하였다. 뉴욕에 있는 동안, 에리히 프롬, 클라라 톰프슨, 마거릿 미드, H. S. 설리번, 루스 베네딕트, 그리고 존 달라드 등의 유명한 사회 과학자와 만나서 사상을 교류할 수 있는 기회를 많이 가졌다. 그녀는 또한 1937년 뉴욕에서 남편과 이혼했다. 그녀는 계속해서 자신의 이론을 수정하고, 책과 논문을 썼으며, 다양한 전문가들의 모임에서 그녀의 견해에 관한 강의를 하였다. 불행하게도, 그녀의 견해는 뉴욕 정신분석 연구소에 있는 많은 전통 프로이트 학파에 속한 동료들의 마음에 들지 않았고 결국 사임을 하였다. 여러 다른 회원들도 그녀와 함께 사임을 했다. 곧바로 그녀는 자신의 이론을 홍보하기 위한 수단으로 미국 정신분석학회를 만드는 것을 도왔다. 그녀는 긴 투병 끝에 1952년 암으로 세상을 떠났다(Rubins, 1978).

개념과 원리

과도한 경쟁: 신경증적 경쟁의 주요 형태

호나이(1937년, pp. 188-206)에 따르면, 과도한 경쟁은 자아 존중감을 유지하거나 향상시키기 위한 수단으로 어떠한 대가를 치르더라도 경쟁에서 지는 것을 피하고, 경쟁에서 이기고자 하는 무분별한 욕구이다. 그것은 또한 많은 상황에 다른 사람을 조종하고, 공격하고, 이용하고, 얕보려는 생각과 감정을 포함한다. 호나이는 이러한 지나친 경쟁 태도가 미국문화의 중심적인 특징이고, 개인의 발달과 기능에 매우 해로운 영향을 끼쳤다고 주장했다.

> 우리의 현대 문화는 개인 경쟁의 원칙에 기반을 두고 있으며, 개인은 동일한 집단에 있는 다른 사람과 싸우고, 그들을 능가해야 하고, 그들을 한쪽으로 밀쳐내야 한다. 하나의 장점은 흔히 다른 측면의 단점이 되고, 경쟁의 정신적 결과로 사람들 사이에 적대적인 긴장이 확산된다. 이런 경쟁과 경쟁에 수반된 적개심은 모든 인간관계에 스며들어 있다. 경쟁은 요람에서 무덤까지 활발하게 작용하고, 신경증의 발달에 충분한 이유가 된다. (Horney, 1937, pp. 284-287)

우리 문화에 대한 호나이의 견해가 약 75년 전에 발표되었지만, 이와 같은 신경증적 경쟁은 오늘날 미국인들의 삶의 주요한 특징이다(Dunia, 2011, pp. 5-6; Stewart, 2010, pp. 189-195). 호나이에 따르면, 과도하게 경쟁적인 사람들은 전형적으로 부모들이 신체적인 학대와 언어적인 학대를 했던 가족 내에서 성장했다. 결과적으로, 그들은 무력하고 무가치하게 느낀다. 이러한 감정들은 주로 무의식적이다. 그들은 불안감과 부적절감 및 열등감을 극복하기 위해, 무한한 성공과 힘을 달성하는 상상을 시작한다. 개인적 우월감을 얻기 위한 끊임없는 무분별한 노력은 사실상 삶의 모든 영역에 퍼져 있다. 이러한 사람들은 관심, 인정 및 존경을 얻기 위한 과장된 자기중요성과 과시벽을 가지고 있다. 그들은 무분별한 경쟁을 통하여 권력을 확대하려고 한다. 냉혹하게 외골수인 그들은 다른 사람이 악의가 있다고 지각하고, 생존을 위한 최고의 기회는 모든 사람을 불신으로 대하는 것이라고 믿는다. 우월감에 대한 자기 패배적인 의문을 가진 그들

표 5.1 과도한 경쟁 태도 척도 표본 문항

1. 경쟁에서 이기기 위해서 어떤 방법으로든 상대를 방해할 수 있다면, 나는 그렇게 할 것이다.
2. 나는 논쟁에서 지는 것을 참을 수 없다.
3. 나는 경쟁을 요구하지 않는 상황에서조차 내 자신이 경쟁적인 것을 발견한다.
4. 나는 다른 사람이 나와 경쟁을 하지 않을지라도 그들과 경쟁을 한다.
5. 경쟁에서 이기는 것은 내가 더 힘 있는 사람이라고 느끼게 한다.

참고: 연구 참여자들은 5점 척도[매우 그렇지 않다(1), 가끔 그렇다(2), 때때로 그렇다(3), 자주 그렇다(4), 그리고 항상 그렇다(5)]의 각 문항에 응답한다. 높은 점수는 과도한 경쟁을 나타낸다.

출처: Ryckman, Hammer, Kaczor, & Gold, 1990, pp. 630–639에서 인용.

은 다른 사람들에게 적대적이고 독단적이며, 거만하고, 공격적이며, 조롱을 한다. 그들의 성생활은 주로 우월감에 대한 또 다른 증거로 상대를 정복하고 굴욕감을 주려고 한다(Horney, 1937, pp. 195–197).

호나이의 과도한 경쟁 이론에 대한 타당성을 검증하기 위해, 연구자들은 그것을 측정하기 위한 척도를 만들고, 신뢰도와 타당도를 검증할 필요가 있었다(Ryckman, Hammer, Kaczor, & Gold, 1990, pp. 630–639). **표 5.1**에 표본 문항과 척도의 채점 절차가 제시되어 있다.

연구자들은 이 척도를 이용하여, 호나이의 견해에 대한 확실한 경험적 지지를 제공하는 결과를 얻었다. 일반적으로 과도한 경쟁에서 더 높은 점수를 받은 남녀 대학생은 낮은 점수를 받은 남녀 대학생보다 심리적으로 덜 건강했다. 예를 들어, 로스와 라우쉬(2001, pp. 471–480)는 과도한 경쟁이 **이차적 정신병질**secondary psychopathy의 특징이 아니라 **일차적 정신병질**primary psychopathy의 특징이라는 것을 발견하였다. 일차적 정신병질 환자는 그들의 목적을 이루기 위해 거짓말을 하는 경향이 있고, 다른 사람에게 해를 끼쳤을 때 양심의 가책을 못 느끼며 자신의 뜻대로 다른 사람을 조종하려는 경향이 있다. 본질적으로, 그들은 도덕적으로 결여되어 있다. 대조적으로, 이차적 정신병질자는 죄책감을 더 느끼고, 인생의 목표가 분명하지 않은 경향이 있다. 더 나아가 왓슨, 모리스 및 밀러(2001, pp. 346–349)는 과도한 경쟁자들이 비합리적 신념(예를 들어, 개인적 문제를 해결하려고 노력하기보다는 무시하는 게 낫다)을 가지고 있으며, 스트레스 상황에서 파국적인 생각(예를 들면, 이 직업을 가질 수 없다면, 내 인생은 끝장이다)을 하고, 극단적인 이분적인 사고("나는 반드시 중요한 과제를 잘 수행해야 한다. 그렇지 않으면 나는 부적절하고, 무가치한 사람이다")를 한다고 주장하였다. 과도한 경쟁에서 높은 점수를 받은 사람들은 과도한 경쟁에서 낮은 점수를 받은 사람보다 힘(권력)과 다른 사람을 통제하려는 더 강한 욕구를 가지고 있으며, 이타심, 사회적 관심, 타인의 용서에서 점수가 더 낮았으며, 자기애, 자기과시, 신경증, 불신, 독단성, 분노, 적개심, 불안이 더 높았다(Collier, Ryckman, Thornton, Gold, 2010, pp. 535–543; Fletcher & Nusbaum, 2008, pp. 312–317; Ross, Rausch, & Canada, 2003, pp. 323–337; Ryckman, Hammer, Kaczor, & Gold, 1990, pp. 630–639; Ryckman, Libby, van den Borne, Gold, & Lindner, 1997, pp. 271–283; Ryckman, Thornton, & Butler, 1994, pp. 84–94).

이 결과들과 일관되게 휴스턴, 해리스 및 노먼(2003, pp. 269–278)은 과도한 경쟁을 하는 남녀 대학생들이 "나는 다른 운전자가 내가 싫어하는 행동들을 할 때 그들에게 무례한 태도를 보인다"; "나는 천천히 운전하는 사람에게 상향등을 비추어서 길을 비키라고 한다"; "나는 천천히 가는 차 뒤를 바짝 따라가거나, 아슬아슬하게 앞질러 간다."와 같은 높은 수준의 공격적인 운전을 한다는 것을 발견했다.

또한 과도한 경쟁자들은 무분별하게 성공을 추구한다. 그러나 그들이 실제로 다양한 장면에서 성공을 경험하는가? 그 질문에 대한 대답은 "예"이다. 이러한 성공에도 불구하고 그들은 학교와 직장에서 자신을 지능적인 사기꾼으로 본다고 하였으며, 자신의 성취에 대한 의심으로 황폐해진다(Ross, Stewart, Mugge, & Fultz, 2001, pp. 1347–1355). 예를 들면 빙(1999, pp. 80–99)은 강한 경쟁추구는 더 높은 학점과 정적인 상관이 있다는 것을 발견했다. 그러나 이러한 성공을 위해 노력하는 동안 그들은 동료 학생들에 대한 적대감, 불안, 스트레스 및 사회적 고립감을 보고했다. 과도한 경쟁자들은 일반적으로 목표를 달성하기 위해 거짓말을 하고, 부정행위를 하며, 다른 사람들을 잘 조종한다고 보고하였다. 따라서 그들의 학업적 성공은 적어도 부분적으로 시험에서의 표절과 부정행위로 달성한 것일 수 있다.

과도한 경쟁자들은 학급친구들로부터의 사회적 거리감을 경험할 뿐만 아니라 연애관계에서도 상당한 어려움을 경험할 수 있다. 그들은 파트너를 포함한 다른 사람들을 불신하며 그들보다 우월하다는 것을 증명함으로써 낮은 자존감과 부적절감을 보상하기 위한 끊임없는 노력들을 한다. 이러한 점을 고려해 볼 때 관계에서 갈등과 질투가 많고 부정직하다는 점은 놀라운 일이 아니다. 그들은 상대방을 조종하고 속임으로써, 상대방에게 전념하는 정도를 불확실하게 하거나, 상대방이 다른 애인에 대해 알지 못하도록 거짓말을 하면서 자신의 우월감을 입증하려고 한다(Ryckman, Thornton, Gold, & Burckle, 2002, pp. 517–530). 이러한 연구 결과를 바탕으로, 과도한 경쟁자들이 다른 사람에게 소외되고, 이러한 사회적 단절이 그들에게 심리적 어려움(예를 들면, 의심, 스트레스, 불안 그리고 분리)을 일으킨다고 말할 수 있다.

경쟁 회피: 신경증적 경쟁의 다른 주요 형태

호나이는 과도한 경쟁 외에도 또 다른 신경증적 경쟁의 형태인 **경쟁 회피**competition avoidance를 논의했다. 그녀는 경쟁 회피를 다른 사람과의 경쟁에서 성공하거나 경쟁의 실패로 인해 타인의 애정과 인정을 잃게 되는 것을 극단적으로 두려워하기 때문에 사람들이 무모한 야망과 과도한 경쟁적 노력을 억제하려는 욕구로 정의하였다(Ryckman, Thornton, & Gold, 2009). 특히, 이러한 사람들은 경쟁에서의 성공으로 인해 다른 사람이 자신을 싫어하고, 원망하는 것을 두려워한다. 따라서 그들은 할 수 있을 때마다 경쟁을 회피하기 위해 애쓴다. 그들이 경쟁을 해야 하는 경우, 성공하는 것이 너무 두려워 거의 다 이겨가고 있을 때 노력을 줄여 이기지 않도록 만든다. 또한, 그들은 자기를 과소평가하여 성공할 기회를 줄일 수 있다. 예컨대, 자신보다 덜 지적인 상대와 경쟁할 때 그들은 실제보다 훨씬 지적으로 보이지 않으려고 할 수 있다.

경쟁 회피자는 성공뿐만 아니라 실패도 두려워한다. 그들은 이긴 사람들이 그들이 어리석고 느리다고 험담하는 것을 두려워한다. 따라서 경쟁 회피자들은 경쟁에서의 패배를 부끄럽거나 모욕당하는 것으로 느끼는 경향이 있다. 그들은 경쟁에서의 실패로 인해 타인들이 그들을 싫어하고 놀릴 것이라 생각한다.

호나이는 경쟁 회피자들은 일반적으로 외부 사람들이 좋아하는 부모, 즉 아름답지만 신경증적인 어머니나 인자하고 독재적이며, 대단히 성공적인 아버지의 그늘 아래에서 성장한 초기아동기에 기원이 있다고 믿었다. 이러한 부모들은 아이들에게 사랑과 안정감을 느끼는 데 꼭 필요한 따뜻함과 애정을 줄 수 없다(Horney, 1937, p. 80). 결과적으로, 아이들은 비굴하게 헌신하는 대가를 치르고 애정을 얻을 수 있다고 결론을 내렸다. 호나이는 이런 아이들은 결국 반항을 멈추고 적대감을 억압하고 순응하게 된다고 믿는다. 야망과 개인적 성공에 대한 욕구는 부모나 나중에는 다른 사람의 인정을 얻기 위해 억제된다. 그들은 다른 사람과의 경쟁에서 성공이나 실패로 인해 다른 사람의 인정을 잃게 될 수 있다고 지각한다(Horney, 1950, pp. 221–223).

경쟁 회피에 대한 호나이 이론의 타당성을 평가하기 위해, 연구자들은 그것을 측정할 수 있는 척도를 개발하고, 척도의 신뢰도와 타당도를 검증했다(Ryckman, Thornton, & Gold, 2009). **표 5.2**에 표본 문항과 척도의 채점 절차가 제시되어 있다.

이 척도를 이용하여, 연구자들은 호나이의 이론을 확실하게 지지하는 결과를 발견

표 5.2 경쟁 회피 척도 표본 문항

1. 경쟁에서 이기는 것은 특히 다른 사람들이 그것 때문에 나를 싫어할 때는 그렇게 큰 의미가 있는 것은 아니다.
2. 나는 경쟁에서 지는 것이 굴욕적이기 때문에 경쟁을 회피한다.
3. 내가 경쟁에서 거의 이기려고 할 때, 무언가가 나를 방해하여 내가 이기는 것을 불가능하게 한다는 것을 안다.
4. 나는 보통 내 능력 이하로 수행한다.
5. 사람들은 자신이 어떻게 행동했는지 모르면서 경쟁에서 이긴 사람들에게 원망을 한다.

참고: 연구 참여자들은 5점 척도[매우 일치하지 않음(1), 약간 일치하지 않음(2), 일치하지도 비일치하지도 않음(3), 약간 동의함(4), 그리고 매우 동의함(5)]의 각각의 문항에 응답한다. 높은 점수는 큰 경쟁 회피를 보여 준다.

출처: Ryckman, Thornton, & Gold, 2009, pp. 175-192에서 인용.

하였다. 경쟁 회피가 높은 대학생은 신경증에서 높은 점수를 받았고, 성공과 실패 둘 다에 대한 두려움이 컸으며, 경쟁상황에서 이기려는 욕망이 낮았으며 **자기 불구화self handicapping**(실패의 구실을 만들기 위해 최선의 노력을 다하지 않음)가 높았으며, 더 부적응적이었다. 그들은 경쟁 회피가 낮은 사람들보다 더 겸손하고, 집단기준에 순응하려고 하였다. 이러한 연구 결과는 경쟁 회피자들이 다양한 성취 상황에서 현실적이고, 건설적으로 경쟁하는 데 많은 어려움을 가질 수 있다는 점을 보여 준다.

개인적 발달 경쟁: 심리적으로 건강한 방법으로 경쟁하기

마지막으로 호나이는 과도한 경쟁과 경쟁 회피가 분명히 부적응적이지만 모든 형태의 경쟁이 나쁘다고 생각하지 않았다. 그녀는 사람들이 건강한 가족들 밑에서 자랄 경우 실현할 수 있는 일련의 잠재력을 가지고 태어난다고 생각했다(Horney, 1950, p. 18). 이러한 건강한 가정환경은 부모들이 아이들에게 따뜻한 애정을 주고, 아이들이 민주적인 환경 속에서 성장하는 경험을 말한다. 부모가 신뢰할 수 있으며, 아이들에게 안정감을 높여 주기 때문에, 이러한 가정의 아이들은 다른 사람과 신뢰롭고, 애정이 있으며, 건설적인 관계를 더 발달시키기 쉽다. 따라서 그들은 진정한 자기, 즉 건설적인 성장을 위한 잠재력을 발달시키는 데 초점을 둘 수 있다.

사실, 릭맨, 리비, 반 덴 본, 골드 및 린드너(1997, pp 271-283)는 이러한 경쟁자들의 개인차를 평가할 수 있는 신뢰할 수 있고 타당한 심리검사 도구를 만들었다. 그들은 **개**

표 5.3 개인적 발전 경쟁 척도 표본 문항

1. 경쟁은 내가 할 수 있는 최고가 되도록 돕기 때문에 나는 경쟁을 가치 있게 여긴다.
2. 경쟁은 나에게 능력을 발견하는 기회를 제공하기 때문에 나는 경쟁을 즐긴다.
3. 경쟁은 내 자신에 대하여 많은 것을 가르쳐 주기 때문에 나는 경쟁을 좋아한다.
4. 경쟁은 나와 경쟁자들이 인간으로서 가까워질 수 있게 만들기 때문에 나는 경쟁을 즐긴다.
5. 경쟁에 대한 도전 없이는 내가 잠재력과 능력이 있다는 것을 결코 발견하지 못했을 것이다.

참고: 연구 참여자들은 5점 척도[매우 일치하지 않음(1), 약간 일치하지 않음(2), 일치하지도 비일치하지도 않음(3), 약간 동의함(4), 그리고 매우 동의함(5)]의 각각의 문항에 응답한다. 높은 점수는 개인적 발달 경쟁 태도를 나타낸다.

출처: Ryckman, Hammer, Kaczor, & Gold, 1996, pp. 374-385에서 인용.

인적 발달 경쟁personal development competitiveness을 결과(즉, 승리)보다는 주로 과제를 즐기고, 숙달하는 데 초점을 두는 태도로 정의하였다. 그와 같은 태도를 가진 사람들은 다른 사람과의 비교보다 자기 발견, 자기 향상과 과제 숙달에 더 관심을 갖는다. 또한 자기를 향상시키기 위해 다른 사람의 명예를 훼손시키는 데 초점을 두지 않는다. 다른 사람을 자신의 길에 있는 장애물로 보기보다는 개인적 발견과 학습 기회를 제공하는 경쟁자로 본다. **개인적 발달 경쟁자**personal development competitor들은 이기고 성공하길 강하게 원하지만, 다른 사람들의 희생을 원하지 않는다.

표 5.3에 표본 문항과 척도에 대한 채점 절차가 제시되어 있다.

연구자들은 이 척도를 이용하여 호나이의 이론에 대한 예비 증거를 발견했다. 즉, 개인적 발달 경쟁에서 높은 점수를 받은 대학생은 신경증에서 더 낮은 점수를 받고, 자아존중감과 최적의 심리적 건강에서 높은 점수를 받았다. 그들은 개인적 발달 경쟁에서 낮은 점수를 받은 사람들보다 더 성취 지향적이고, 이타적이며, 다른 사람들의 복지에 대해서 관심을 가진다. 과도한 경쟁자들과 대조적으로, 개인적 발달 경쟁자들은 그들을 배신한 다른 사람들을 용서하였다(Collier et al., 2010, pp. 535-543). 마지막으로, 개인적 발달 경쟁자들은 타인을 존중하고 동등하게 대한다(Ryckman Hammer, Kaczor, & Gold, 1996; Ryckman, Libby, van den Borne, Gold, & Lindner, 1997; Ryska, 2002).

가족에서 신경증의 원인

호나이의 견해에 의하면 부모들은 일반적으로 사회의 가치를 받아들이기 때문에, 아이들과의 관계에서 은연중에 과도하게 경쟁을 하며, 이것은 신경증을 일으킨다. 문제가 있는 관계의 원인이 되는 과도하게 경쟁적인 부모의 태도와 행동은 "직접적이거나 간접적인 지배, 무관심, 변덕스러운 행동, 아동의 개별적 요구에 대한 존중 부족, 현실적인 지도 부족, 비난하는 태도, 신뢰와 따뜻함의 부족, 부모의 의견이 불일치할 때 한쪽 편을 들기, 다른 아이로부터의 고립, 불공평, 차별, 약속을 지키기 않는 것, 적대적 분위기 등"을 포함한다(Horney, 1945, p. 41). 이러한 요인 중의 어느 하나가 드물게 존재하더라도 특정한 사람에게 병리현상을 낳도록 영향을 미친다. 행동은 항상 중다결정적이며, 여러 요인들이 문제를 야기하는데 함께 작용한다.

이러한 부정적 요인들은 아이에게 잠재적으로 적대적인 세상에서의 고립감과 무력감과 같은 **기본적 불안**basic anxiety을 일으키도록 작용한다. 그들은 불공평하고, 예측불가능하고, 내키지 않고, 무자비한 것으로 지각한 사회환경을 두려워한다. 이러한 아이들은 부모와 다른 권위 인물이 자유를 빼앗고, 행복을 막는다고 느낀다. 그러므로 그들의 자아존중감과 자기신뢰는 계속해서 손상된다. 두려움은 협박과 고립에 의해 그들에게 서서히 주입되고, 그들의 타고난 열정과 호기심은 잔인함이나 과보호적 사랑에 의해 억압된다(Horney, 1939, p. 75).

기본적 불안에 대처하기 위해 사용하는 신경증적 전략

아동들은 기본적 불안에 수반된 불안, 고립감 그리고 적대감에 대처하기 위해 흔히 특정한 방어적 태도를 사용한다. 이러한 보호장치는 일시적으로 고통을 완화시키고, 안전감을 느끼도록 한다(Horney, 1942, p. 45). 호나이는 이러한 방어를 환경에서 안전감을 회복하기 위한 노력과 신경증적 욕구로써 논의하였다. 이러한 방어들은 방어의 강박성, 경직성 및 무분별한 사용과 방어가 무의식적이라는 점에서 정상적인 욕구와 구별된다(Horney, 1945, pp. 30-31). 호나이는 열 가지 신경증 욕구를 서술했다(Horney, 1942, pp. 54-60).

사랑과 인정을 받고자 하는 신경증적 욕구

우리 모두는 좋아하는 사람들에게 사랑을 받고 인정을 받고 싶어 하지만, 신경증 환자는 그들이 관심 있는 사람을 배려하는지 혹은 그 사람이 그들에게 긍정적인 감정을 가지고 있는지 여부와 관계없이 무분별하게 애정을 갈망한다. 그들은 다른 사람들에게 원하고 필요로 하는 관심이 오지 않는다는 증거나 비난에 지나치게 예민하다. 그들은 사람들이 예기치 못한 이유로 저녁 식사에 참석할 수 없는 경우라 할지라도, 저녁 식사 초대를 수락하지 않는 사람과는 친해지기 시작한 관계를 끊어 버린다. 그들은 몇 가지 사소한 문제에 대해 다른 사람과 의견이 다를 경우 관계를 끊을 수 있다. 이러한 사람들은 자신의 소망을 말하거나 부탁하는 것을 강하게 억제하고, 다른 사람의 요구를 거절할 수 없다. 판매원들은 그들이 정말 필요하지 않은 가전제품을 쉽게 구매하도록 설득할 수 있으며, 데이트 시, 자신의 도덕적 원칙에 어긋나고 나중에 상당한 고통을 초래할 경우에도, 혼전 성관계를 하도록 설득당할 수 있다(Horney, 1937, pp. 35-38).

자신의 인생을 책임질 파트너에 대한 신경증적 욕구

많은 신경증 환자들은 과도하게 다른 사람들에게 의존한다. 그들은 파트너의 존재, 친절, 사랑, 그리고 협력이 없으면 매우 외롭고 부적절하다고 느낀다. 파트너에 대한 강한 욕구를 가진 그들은 충분히 심사숙고하지 않고 사람을 선택하며, 결과적으로 파트너가 그들의 기대에 맞지 않는다는 것을 발견한다. 성숙한 파트너와의 진정한 관계는 상호간의 배려, 나눔, 사랑을 포함하는 반면에, 신경증적인 사람들은 이러한 행동들을 할 수 없고, 전형적으로 동일한 문제를 가진 사람들과 관계를 한다. 그러므로 그들의 관계는 문제가 있고 불만족스럽다(Horney, 1939, p. 251).

개인의 삶을 좁은 경계로 제한하는 신경증적 욕구

신경증 환자들은 일반적으로 모험을 좋아하지 않는다. 그들은 비난과 조롱을 두려워하기 때문에 그들의 소망을 표현하는 것을 두려워한다. 자발성과 솔직함이 존중되고, 수용받는 상황(예를 들어 파티나 운동경기)에서조차도 신경증 환자는 자신을 주장하지 못할 수 있다. 따라서 그들은 지루하고 가치가 없다고 주장하며 그러한 상황을 피한다. 그들은 실패하고 공개적으로 창피를 당하는 것을 두려워하기 때문에 교사나 기업체 간부와 같은 직업을 갖는 것을 피한다. 결과적으로 많은 신경증 환자들은 단지 일상적이고 질서가 중요한 매우 제한된 생활을 함으로써 안전감을 느낀다. 또한 강박적인 겸손과 다른 사람의 의견에 순종하는 것을 통하여 안전감을 얻는다.

힘에 대한 신경증적 욕구

보통 사람들에게 힘에 대한 욕구는 강한 신체, 추리하는 능력, 성숙, 지혜가 현실적으로 실현되는 것으로 나타난다. 힘을 얻기 위한 그들의 노력은 전형적으로 가족, 전문적인 집단이나 나라를 개선시키는 것과 같은 가치 있는 이유와 관련이 있다. 그러나 힘을 지향하는 신경증 환자들에게 힘을 얻기 위한 노력은 강인함이 아니라 불안, 약점, 열등감에서 비롯된다. 신경증적인 힘에 대한 노력은 기본적 불안의 중요한 요소 중 하나인 무력감으로부터 자신을 보호하려는 것이다. 신경증 환자들은 어떠한 약점이 나타나는 것을 싫어하기 때문에 그들이 도움을 요청하는 상황이나 그들이 다른 사람의 소망에 따르게 되는 상황을 피한다. 그들의 무가치감은 그 상황을 즉각적으로 노력 없이 숙달할 수 있다고 믿는 경직되고 이상적인 자아상을 생각하도록 한다. 자신의 우월성에 대한 믿음은 그들이 관계의 방향과 결과를 통제해야만 한다는 것을 의미한다. 그러나 이러한 통제 경향성은 그들과 타인이 자각하지 못할 정도로 위장되거나 억압되어 있을 수 있다. 신경증 환자들은 다른 사람의 자유에 매우 관대하고, 지지적인 것으로 보이지만, 사실은 다른 사람의 삶을 매우 미묘한 방식으로 통제하기 위해 무의식적으로 노력한다. 통제가 불가능하면, 그와 같은 신경증 환자는 우울증, 심한 두통이나 위장 장애를 경험할 수 있다.

힘에 대한 욕구가 있는 신경증 환자는 항상 옳기를 원한다. 그들은 사소한 문제에서조차, 잘못이라고 지적받는 것에 화가 난다. 또한, 그들은 앞으로 무슨 일이 일어날지 예측할 수 있어야 하며, 통제할 수 없는 요소가 있는 상황에 대해 강한 혐오감을 보인다. 힘에 대한 욕구가 있는 신경증 환자는 자기통제를 미덕으로 보고, 정서를 통제할 수 없는 것을 경멸한다. 따라서 그들의 관계들은 매우 문제가 있는데 그 이유는 그들이 항상 자신의 감정을 통제해야만 하고, 파트너의 애정표시를 약함을 나타낸다고 보기 때문이다. 게다가 그들은 항상 옳고 결코 굴복해서는 안 되기 때문에 그들의 관계는 갈등이 많다(Horney, 1937, pp. 160–171).

다른 사람들을 착취하고자 하는 신경증적 욕구

착취적인 신경증 환자들은 안전감을 위해서 다른 사람을 착취해야 하는 적대적이고, 불신이 많은 사람들이다. 그들은 불안정감을 줄이기 위해 다른 사람들의 아이디어, 직업 또는 파트너를 빼앗을 수 있다. 그들은 기생충과 같은 존재이다. 그들은 다른 사람들이 그들에게 호의를 베풀고, 돈을 빌려 주기를 기대한다. 그들은 자신에게는 좋은 일이 일어나길 기대하고, 나쁜 일에 대해서는 다른 사람에게 책임을 돌리는 권리를 가진 것처럼 산다.

다른 사람들을 착취하고자 하는 욕구와 매우 관련이 높은 것은 타인들이 그들을 속이거나 착취할 것이라는 두려움이다. 결과적으로 이러한 신경증 환자는 다른 사람들이 그들을 이용할 것이라는 끊임없는 두려움 속에서 산다. 그들은 이웃에게 빌려주었던 연장을 늦게 돌려주거나 판매원이 착오를 해서 그들에게 약간의 과잉청구를 했다면 분노에 가까운 화를 낸다(Horney, 1937, pp. 183-186).

사회적 인정과 명예에 대한 신경증적 욕구

보통 사람들은 인기가 있고, 다른 사람들이 성취를 인정할 때 자부심을 갖는다. 하지만 삶은 전적으로 이러한 사건들만 있는 것이 아니며, 실제로 모든 에너지를 인정과 명예를 획득하는 데 쓰지 못한다. 그러나 병리적인 사람들은 자주 다른 사람에게 인정을 받고, 존중을 받고자 하는 욕구에 의해 움직인다. 그들은 생각, 사람, 재산, 집단과 같은 모든 것을 명예적 가치로 평가한다. 그들은 반드시 유명한 친구를 사귀고, 명성 있는 집단에 들어가고, 최신의 책을 읽고, 최근 연극과 영화를 보고, 명예를 높이는 배우자를 가져야 한다(Horney, 1937, p. 172). 그들의 중요한 두려움은 지위의 상실이다.

존경에 대한 신경증적 욕구

신경증 환자는 자기경멸과 자기혐오로 가득 차 있다. 이러한 고통스러운 감정을 회피하는 방법으로써, 그들은 이상화된 자기상을 만들어 낸다. 본래 이 비현실적 자기상은 무의식 수준에서 주로 작용하고, 신경증 환자의 이전 경험과 성격 구조에 따라 다르다. 일부 신경증 환자는 무의식적으로 결함과 한계가 없는 훌륭한 사람이 되려고 한다. 그들은 미덕이나 지성의 본보기인 것처럼 행동하고, 그 때문에 그들이 항상 관대하고, 사랑하며, 배려하고, 뛰어나지 않다는 사실을 인정하지 않는다. 이러한 신경증 환자들은 주로 그들의 지위와 물질적 재산을 인정하는 데에 관심이 없지만, 다른 사람들이 그들의 이상화된 자기를 존경하도록 하는 데 관심이 있다. 그들은 성인이나 천재로 보이기를 원한다(Horney, 1945, pp. 96-99).

개인적 성취에 대한 신경증적 야망

명예, 사회적 인정 및 존경욕구와 관련된 것은 개인적 성취에 대한 신경증적 욕구이다. 사람들이 선택한 직업에서 최고가 되기를 원하는 것은 매우 정상적이지만, 신경증 환자들은 무분별한 야망을 가지고 있으며, 너무 많은 영역에서 최고가 되려고 한다. 이런 유형의 신경증 환자는 동시에 훌륭한 화가, 탁월한 의사, 뛰어난 음악가 및 엄청나게 유명한 건축가이기를 원할 수 있다. 그들은 너무 많이 기대를 하고, 그들의 에너지를 나누어야 하기 때문에, 반드시 실패를 하고 실망을 한다. 더욱이 그들의 무분별한 노력은 자신이 우수한 성취를 하도록 할 뿐만 아니라 다른 사람이 패배하도록 한다. 이러한 신경증 환자는 "아름답고, 능력이 있고, 성공적인 사람은 나밖에 없다."라는 적대적 태도를 가지고 있다(Horney, 1937, p. 192). 실제로, 야망이 있는 신경증 환자는 스스로 성공하기보다는 다른 사람을 이기는 것이 그들에게 더 중요한 것처럼 행동한다. 현실에서, 그들에게 성공이 가장 중요하지만, 성공할 가능성이 매우 적기 때문에 그들은 다른 사람을 비방함으로써 최소한의 우월감을 느껴야 한다(Horney, 1937, pp. 188–194).

자립과 독립에 대한 신경증적 욕구

때때로 우리 모두는 사생활과 고독에 대한 욕구를 가지고 있다. 우리가 매일 대인관계 상호작용과 관련된 스트레스가 너무 압도적일 때, 우리는 가끔 사적인 공간으로 피신하거나 휴가를 가거나 조깅, 독서나 목공과 같은 다양하고 건설적이며 혼자 하는 활동에 참여함으로써 기분을 전환시킨다. 우리가 생기를 되찾을 때, 우리는 다시 싸움에 뛰어들고, 대개 그 상황에 더 잘 대처할 수 있다. 대조적으로, 많은 신경증 환자들은 영구히 다른 사람에게서 멀어진다. 그들은 상처받기 쉬운 입장에 있지 않도록 하고, 자신에 대한 부정적인 면을 알지 못하도록 다른 사람에게 감정을 표현하는 것을 두려워하며, 이것은 파괴적일 수 있다. 결과적으로, 그들은 결혼과 같은 장기적 책임을 회피한다.

다른 사람과 거리를 둠으로써 신경증 환자는 개인적인 우월감의 환상에 빠져 있다. 그들의 공상에서는, 그들이 분명히 다른 사람보다 우월하고, 대인관계에서 비교와 특히 경쟁을 회피함으로써 이러한 환상을 경계하며 지키려 한다. 그들은 다른 사람들이 쉽게 그들의 위대함을 인지할 것이라고 확신한다. 그러므로 다른 사람을 능가하는 상상적인 우월감은 현실에서 실제 수행으로 검증될 가능성이 없다(Horney, 1945, pp. 73–80).

완벽주의와 확고함에 대한 신경증적 욕구

호나이는 완벽주의에 대한 욕구가 전형적으로 초기 아동기에 기원을 둔다고 믿었다. 완벽주의적 신경증 환자는 대개 그들의 삶을 의심할 여지없이 통제하고 아주 높은 목표를 달성하고, 그들의 행동에 지나치게 높은 기준을 적용할 필요성을 그들에게 심어 준 독선적이고 권위주의적 부모를 가지고 있다. 이러한 사람들은 자주 비현실적 기준에 맞추는 데 실패하여 비난받고 비웃음을 당한다. 불행하게도, 이러한 신경증 환자는 부모의 가치를 채택하고, 비난과 비판을 받지 않도록 행동하기 위해 많은 삶을 소비한다. 분명히, 어떤 사람도 모든 면에서 완전히 도덕적이고, 정직한 것은 아니지만, 그렇게 완벽함과 정직한 모습을 유지하려는 경향이 있다(Horney, 1939, pp. 215–219). 그들은 마음에서 훌륭한 사람이 되는 것과 도덕적 이상형을 아는 것을 동등하게 생각한다(Horney, 1950, p. 196). 스스로를 공평하고, 올바르며, 책임감이 있다고 보는 그들은 (그렇지 않을지라도) 다른 사람으로부터 존경을 받고자 하고, 그들이 결함과 제한을 가지고 있을 수 있다는 암시에 지나치게 민감하다.

세 가지 기본적 신경증 경향

호나이는 열 가지 욕구에 대한 설명이 타당하다고 믿었지만, 또한 열 가지 욕구들 간에 유사성과 공통성을 인식하였다. 그 결과, 그녀는 그것들을 순응형, 공격형, 고립형의 세 가지 기본 유형으로 분류했다.

순응형

사람들에게 다가가는 것moving toward people과 연관되는 모든 특성과 욕구는 **순응형** compliant type에 의해 나타난다. 그들은 사랑과 인정을 받기 위해, 상대방이 그들의 삶을 통제하도록 하고, 제한된 범위에서 생활을 억제하는 신경증적 욕구를 가지고 있다. 호나이가 보았던 것처럼 이러한 유형은 다른 사람들이 그들을 좋아하고, 필요로 하고, 사랑하고, 인정하고, 보호하고, 안내를 해야 한다(Horney, 1945, p. 51). 그 결과, 그들은 자기를 내세우지 않고, 복종적이며, 자신의 재능과 능력을 평가절하하는 경향이 있다. 순응형은 인정받기 위해 다른 사람들의 기대에 따라 행동하려고 필사적으로 노력한다. 다른 사람의 비판, 거절 또는 유기를 무서워하고, 그들을 위협하는 사람의 긍정적 관심을 다시 얻기 위한 가장 측은한 노력을 할 것이다(Horney, 1945, p. 54). 호나이의 이론과 일치하는 쿨리지, 무어, 야마자키, 스튜어트와 시걸의 연구(2001, p. 1391)는 순응형이 다른 사람들에게 매우 의존하는 경향이 있다는 것을 보여 준다.

공격형

힘, 착취, 사회적 인정과 명성, 개인적 존경 및 성취에 대한 신경증 욕구를 가지고 있는 사람들은 **공격형**aggressive type이다. 이러한 욕구는 완전히 **사람들에게 반대하는 것**moving against people과 연관된다. 순응형은 모든 사람들이 좋다고 가정하는 반면에, 공격형은 다른 사람들을 본질적으로 적대적이고 신뢰할 수 없다고 믿는다. 공격형은 다윈의 적자생존설을 믿는다. 그러므로 그들의 일차 목표는 강인해지거나 적어도 강인하게 보이는 것이다. 그들은 자신과 타인의 모든 감정을 "조잡한 감정표출"이라고 여긴다(Horney, 1945, pp. 64–65). 그들의 주요관심은 상대방에 대한 긍정적이고 즐거운 감정의 표현에 있지 않고, 자신의 명예, 부 혹은 신분을 상승시킬 수 있는 사람을 만나는 데 있기 때문에 특히 그들은 부족한 사람과 결혼한다.

공격적인 신경증 환자들은 그들이 가장 강하고, 가장 똑똑하거나 가장 통찰력 있다는 것을 보여 주기 위해 행동한다. 쿨리지 등(2001, p. 1391)의 연구는 공격형이 반사회적이고, 가학적이며, 자기애적이라는 것을 보여 주었다. 그들은 또한 대단히 경쟁적이고 매우 부지런하다. 그들은 지능과 열정을 모두 일과 성공에 투자한다. 하지만 그들에게 일은 단지 명예와 부를 높이는 목적을 이루는 수단이기 때문에 일에 대한 분명한 관심은 오해를 불러일으킬 수 있다.

고립형

독립성과 완벽함에 대한 무분별한 욕구는 **고립형**detached type의 특징을 나타낸다. 이러한 욕구는 **사람들에게서 멀어지는 것**moving away from people과 관련이 있다. 고립형은 자신을 비밀로 숨기는 경향이 있다. 그들은 심지어 어디에서 태어났고, 얼마나 많은 형제자매가 있는지와 같은 삶에서 아주 사소한 것을 털어놓는 것을 꺼리며, 대부분의 활동은 혼자서 한다. 그들은 다른 사람들에게 방해받지 않기 위해 홀로 일하고, 먹고, 잠자는 것을 선호한다. 고립형의 행동을 보면 로봇같이 순응하지 않는다. 그들은 그들의 신념과 통합성을 유지하기 위해 싸울 것이다. 불행하게도, 그들의 독립성은 부정적인 면을 가지고 있다. 이것은 영향을 받거나 책임을 지지 않으려는 것이다(Horney, 1945, p. 77). 쿨리지 등(2001)은 고립형은 다른 사람을 매우 회피하고, 자기 패배적이라는 것을 발견했다.

신경증에서 기본적 갈등

호나이의 도식에서 세 가지 기본적 신경증 경향은 상호 배타적이지 않다. 신경증 환자는 한 가지가 일반적으로 우세하더라도 세 가지 요소 모두를 가지고 있다. 각각의 신경증 경향은 그것과 관련된 욕구를 가지고 있다. 앞서 언급된 바와 같이, 사람들에게 다가가는 사람들은 지나치게 강한 인정과 애정 욕구를 가지고 있다. 사람들에게 반대하는 특징을 가진 사람들은 다른 사람의 인정과 존경을 갈구한다. 다른 사람들에게서 멀어지는 특징을 가진 사람들은 독립적이고 자립을 위한 과도한 욕구를 가지고 있다. 신경증적인 사람들은 한 가지 경향이 일반적으로 우세하고, 그와 관련된 욕구만족을 끈질기게 그리고 끝없이 추구한다. 다른 두 가지 경향성과 그와 관련된 욕구들은 억압된다. 그러나 비록 억압된다고 할지라도 이러한 욕구들은 계속 존재한다. 그들은 만족되지 않기 때문에, 끊임없이 혼란 속에 있다. 예를 들면, 사랑과 인정을 얻기 위해 거의 모든 상황에서 사람에게 다가가는 사람들은 독립성과 인정에 대한 개인적 욕구를 충족시키는 것이 거의 불가능하다는 것을 발견할 것이다. 인정과 명예를 얻기 위해 무분별하게 사람들에게 반대하는 사람들은 다른 사람으로부터 애정과 사랑을 받는 것이 거의 불가능하다는 것을 발견할 것이다. 결국, 이런 사람들은 체계적으로 사람들을 이용할 수 없으며, 사랑과 인정을 받는 것을 기대할 수 없다. 그리고 무분별하게 사람들에게 멀어지는 사람은 그들의 사랑과 인정을 받거나 인정에 대한 개인적 욕구를 충족시키는 것이 아주 어려울 것이다. 고립 및 은둔은 사회적 승인과 인정과 양립할 수 없다.

호나이의 견해에서, 세 가지 기본적 태도와 그와 관련된 욕구들은 모든 신경증적인 사람들에게 어느 정도 존재한다. 이러한 태도와 이와 연관된 욕구는 양립할 수 없고, 사람 내부에서 신경증의 **기본적 갈등**basic conflict을 구성하는 모순적인 경향성을 만들기 때문에 긴장이 발생한다. 이러한 모순적인 태도는 무의식 수준에서 혼란과 갈등을 일으키고, 에너지를 약화시키며, 피로하게 되어 비효율적으로 문제를 해결한다. 정상적인 사람들에게 세 가지 경향은 존재하지만, 상호보완적이며 내부에서 조화가 이루어진다. 신경증이 낮은 사람들은 훨씬 더 융통성이 있다. 그들은 선택적으로 다른 사람을 따르고, 다른 사람들과 다투거나, 적절하게 자신을 유지할 수 있다. 대조적으로, 신경증 환자는 그들의 행동이 환경에 적절한지 아닌지에 관계없이 싸우고 순응하고 거리를 두려고 한다(Horney, 1945, pp. 34–47).

세 가지 모순되는 태도가 무의식 수준에서 어떻게 신경증 환자들의 기본적 갈등을 일으키도록 하는지를 보여 주기 위해 호나이의 환자들 중 한 명인 클레어 사례를 검토해 보자.

30세의 잡지 편집장인 클레어는 일과 사회생활을 방해하는 심한 피로감으로 꼼짝 못하게 되어 치료를 받았다. 그녀는 일상적인 일은 할 수 있지만 어려운 일은 마칠 수 없었다. 클레어는 23세 때 결혼했고, 남편은 3년 후에 죽었다. 그가 죽은 후로, 그녀는 다른 남자와 관계를 맺고 있었으며, 정신분석을 받는 동안에도 그와의 관계는 계속 이어졌다. 클레어에 따르면, 이 관계는 성적으로 뿐만 아니라 다른 면에서도 만족스러웠다.

분석 과정에서, 호나이는 클레어가 강박적인 겸손과 다른 사람이 그녀의 우월감을 인정하도록 강요하는 욕구 및 상대에게 강박적인 의존감을 가지고 있다는 것을 발견했다. 클레어는 치료를 시작할 때 이와 같은 자신의 경향성을 자각하지 못했다.

호나이는 클레어의 이야기를 주의 깊게 듣고 강박적인 겸손으로 진단했다. 그녀는 계속해서 자신이 매우 지적이지 않고 매력적이지 않으며 타고난 재능이 없다고 이야기하였으며, 그것과 반대되는 증거를 무시하는 경향이 있었다. 그녀는 자신보다 다른 사람들이 분명히 우월하다고 주장했다. 다른 사람들과 의견이 일치하지 않으면, 그녀는 그들이 옳다고 자동적으로 생각했다. 그녀는 남편이 다른 여자와 외도를 하였을 때 매우 고통스러운 경험을 했지만, 반대로 아무 말도 하지 않았다는 것을 회상하였다. 그녀는 심지어 다른 여성이 더 매력적이고 상냥하다는 이유로 남편의 행동을 정당하게 생각하려고 애썼다. 또한 클레어는 자신을 위해 돈을 쓰는 것이 불가능하다는 것을 알았다. 그녀는 옷이나 책을 구입하거나 여행을 갈 수 없었다. 그리고 그녀가 관리자이었지만, 명령을 하는 것이 불가능했다. 그녀가 명령을 하도록 강요받으면, 아주 미안해하면서 그렇게 했다.

이런 겸손한 경향은 불만족을 느끼게 하였으며, 자신감을 낮게 만들었다. 클레어는 기본적으로 자신의 불만족을 자각하지 못했고, 한참 울고 났을 때 참으로 놀랐다. 결국, 그녀는 겸손함 뒤에 숨겨진 강렬한 불안을 깨닫기 시작했다. 그녀는 다른 회사의 경영진에게 잡지를 개선하기 위한 제안을 할 때 깨달음이 왔다. 그녀는 제안을 하려고 하면서, 강렬한 공황을 경험했다. 어쨌든, 그녀가 제안을 시작했을 때, 갑작스런 설사 때문에 아이디어를 논의하는 동안 방을 떠나게 되었다. 그녀가 돌아왔을 때, 아이디어에 대한 논의가 그녀의 부탁으로 옮겨진 것을 알았고, 그녀의 패닉은 가라앉았다. 그녀의 계획이 마침내 받아들여졌을 때, 그녀는 기뻤다.

다음날, 그녀는 치료를 받기 위해 호나이의 사무실에 왔고, 치료자에게 그 경험을 말했다. 호나이가 제안이 채택된 것은 아주 큰 성공이라고 말했을 때, 클레어는 치료자의 축하에 화를 냈고 거부했다. 이러한 계획을 제안한 것이 그녀에게는 주제 넘는 짓이었다. 그녀가 다른 사람들보다 더 잘 한다는 것을 아는 사람은 누구인가? 그러나 계획을 제안함으로써 서서히 클레어는 좁은 생활양식에서 나와 위험을 무릅써야 한다는 것을 깨닫기 시작했다. 그녀는 또한 자신이 야망이 있으며 사회적 인정과 성공을 위한 강한 욕구를 가지고 있었다는 것을 깨달았다. 이러한 욕구는 억압되었지만, 무의식 수준에서 계속해서 작용하였고, 표현되고자 하였다. 표면적인 겸손은 그녀가 안전함을 느끼도록 하는 수단이었다. 이것은 그녀가 다른 사람들과의 직접적인 경쟁에서 자신의 아이디어와 능력을 시험하는 것을 못하게 하였고, 가장 중요하게는 예상되는 실패나 거부에 잘 대처하지 못하게 했다. 이러한 통찰의 결과 클레어는 자신감을 더 가지기 시작했다.

비록 그녀가 처음에는 깨닫지 못했고, 그녀의 관계가 잘못된 것이 없다고 주장했지만 클레어는 남자에게 매우 의존적이었다. 분석에서 그녀가 현재 남자 친구에게 완전히 헌신하고 있다는 것을 보여 주었다. 그녀는 주로 남자 친구의 전화나 편지 또는 방문에 관한 생각을 하였다. 남자 친구 없이 지내는 시간은 지루하고 공허하다고 생각하였고, 그에게 무시당했다고 해석한 사건에 대하여 아주 비참하게 느꼈다. 그녀는 그에 대한 공상을 하였고, 공상 속에서 그는 훌륭하고, 재주가 뛰어난 남자였고, 그녀는 그의 노예였다. 그녀의 꿈에서, 그는 그녀가 원했던 것을 주었고, 그녀를 유명한 작가로 만들어 주었다.

그녀의 강박적 의존성의 주요 특징은 완전히 억압된 의존적 태도와 무의식적 소망으로 그녀의 삶을 상대가 만족시켜 주고, 그녀에 대하여 책임져 주고, 그녀의 문제를 모두 해결해 주고, 아무런 노력 없이도 그녀를 대단한 사람으로 만들어 주길 바랬다. 이러한 신경증적인 노력은 그가 그녀의 비현실적인 기대를 충족시킬 수 없을 때 반드시 실망감을 느끼고, 그에게 몹시 짜증과 화가 났기 때문에 그에게서 멀어지게 하였다. 그를 상실하는 것에 대한 두려움 때문에 많은 분노가 억압되었지만, 분노의 일부는 이따금씩 폭발적으로 나타난다. 결국, 분석을 통하여, 클레어는 자신의 적개심과 분노에 대한 이유와 파트너에 대한 심한 의존심을 이해하기 시작했다. 그녀의 피로는 이전처럼 지속적으로 나타나지 않고 가끔씩 나타났다. 그녀는 또한 간혹 글을 쓸 때 막혀서 고통스러워 하였지만, 생산적인 글을 쓸 수 있었다. 그녀의 파트너와의 관계는 더 자발적이고 정직해졌다. 그녀의 행동은 덜 강박적이고 방어적이었으며, 그녀와 호나이는 모두 분석을 종결할 때 그녀에게 일어난 변화에 대해 기뻐했다(Horney, 1942, pp. 75–88).

성격발달

프로이트에 대한 호나이의 비판

호나이는 성인의 성격 구조와 기능이 초기 아동기 경험에 의해 상당히 영향을 받는다는 프로이트의 의견에 동의했다. 그녀는 또한 무의식적 과정이 성격 형성에 중요한 역할을 하고, 방어기제 사용은 사람들이 내적 갈등과 불안에 잘 대처하려는 시도에서 비롯된 필연적인 결과라고 믿었다. 그녀는 이러한 방어기제의 제거가 적절하고 효과적인 기능을 위해 필수적이라는 것에도 동의했다. 이러한 공통점에도 불구하고, 호나이는 환경보다 유전된 성적 및 공격적 본능이 더 중요하고, 성격 형성에서 중요한 경험은 주로 성적인 경험이며, 사람들이 아동기에 학습한 행동을 성인기에 강박적으로 되풀이한다는 프로이트의 견해에는 동의하지 않았다(Horney, 1939, p.33). 마지막으로, 호나이는 프로이트의 심리성적 발달이론이 본질적으로 타당하지 않다고 믿었다. 특히, 그녀는 여성의 성격 형성에서 오이디푸스 갈등과 남근선망이 중요한 역할을 한다는 프로이트의 설명과 **여성의 피학증**female masochism에 대한 이론을 강하게 비판하였다.

여성은 정말 남성이 되고 싶은가?

프로이트에 따르면, 여성은 자라면서 남성이 되고자 하는 좌절된 소망으로 인해 이상행동을 많이 보인다고 한다. 그는 여아들이 발달과정에서 가장 혼란스러워하는 사건은 남아들은 남근이 있고, 자신은 없다는 사실을 발견하는 것이라고 주장했다. 여아들은 이러한 발견을 하였을 때 남근을 갖길 소망하고, 운이 더 좋은 남성을 부러워하는 프로이트가 명명한 **남근선망**penis envy으로 반응한다. 여아들의 가정된 결핍은 변하지 않는 사실이기 때문에, 남근에 대한 소망은 아동, 특히 남근을 가질 수 있는 남아에 대한 소망으로 전이된다. 여아들은 바람직한 대상을 간접적으로 얻는 수단으로써, 언젠가 자신이 어머니가 되기를 바라면서 어머니와 동일시한다.

프로이트의 견해에서, 여성의 가장 중요한 태도와 소망은 남근선망으로부터 에너지를 얻는다. 그러므로 임신 동안의 행복은 남근을 상징적 소유(자궁의 남자 아이)하는 데서 비롯된다. 월경통은 아버지의 페니스를 삼키는 공상에서 기인한다. 남성을 능가하거나 폄하하려는 여성은 거세한 여성이라고 부른다. 섹스 동안에 처녀성을 빼앗기는 것이 거세처럼 경험되기 때문에 파트너를 향한 적개심이 유발될 수 있다. 여성이 얌전한 것은 궁극적으로 생식기의 결핍을 숨기기 위한 소망으로 보인다(Horney, 1939, pp. 101–104).

요약하자면, 프로이트 학파의 발달에 대한 관점은 여성이 열등한 존재라는 명백한 결론을 내리도록 한다. 여성 열등감은 남근이 없는 것 때문에 자신의 성을 경멸하는 표현이다. 더욱이, 지각된 결함이 생물학적인 기반을 두고 있기 때문에 이러한 자기혐오를 제거하기 위해 할 수 있는 것이 아무것도 없고, 변경될 수 없다. 프로이트에 따르면, 구조학은 운명이다.

프로이트의 관점에 대한 호나이의 비판은 복잡한 것이었다. 그녀는 프로이트를 여자들의 중요한 현상을 밝힌 천재라고 생각했지만, 이러한 현상을 완전히 본능적인 것에 귀인시킨 것에는 의문을 제기했다. 그녀는 남근선망이 어느 정도는 남성과 여성 사이에서 나타나는 해부학적 차이로 인해 파생되었다고 생각했지만, 더 중요한 원천은 양성 모두에게 남성 우월감과 여성 열등감에 대한 가정을 주입시킨 가부장적 사회에서의 사회문화적인 영향이라고 생각했다.

그녀는 해부학적으로, 남근선망이 남아들처럼 오줌을 누는 것에 대한 여아들의 욕구에 기인한다고 주장했다. 그녀는 전능감에 대한 공상이 남아가 소변을 누는 것과 더 쉽게 관련이 있다고 믿었다. 증거로서, 그녀는 남아들이 특별한 사람이 죽기를 바라면서 직각으로 서서 오줌을 교차하도록 하는 유럽 소년들이 했던 게임의 예를 들었다. 이 경험에는 마술적인 느낌과 힘이 실려 있었다. 교차의 종교적 함의와 X가 장소를 나타낸다는 생각으로 교차의 중요성이 커졌다. 더욱이, 남성은 그들 스스로가 오줌 누는 것을 볼 수 있고, 그로 인해 성적 호기심을 충족시킬 수 있는 반면, 여성은 생식기가 숨겨져 있기 때문에 똑같은 방법으로 오줌을 누거나 볼 수 없다. 그러므로 호나이에 따르면 여성은 남성의 생식기가 눈에 보이기 때문에 남성을 적극적으로 부러워할 수 있다. 결론적으로, 남성은 소변을 보는 동안 자신의 페니스를 잡는 것으로부터 기쁨을 얻고, 이것은 자위행위의 허용으로 설명될 수 있다. 이와 대조적으로 여성은 자신의 질과 음핵을 접촉하거나 만지는 것을 자주 금지 당한다(Horney, 1967, pp. 39–41).

호나이가 언급했듯이 사회문화적으로, 전 세계는 본질적으로 남성적이다. 법률, 종교, 도덕, 과학, 예술과 비즈니스는 남성의 창조물이다. 남성은 분명히 지배적이거나 우월한 입장에 있고, 반면에 여성은 열등한 위치에 있다. 불행하게도, 호나이의 비판에 의하면 여성은 남성에 의해 결정된 열등한 위치에 자신을 적응시켰고, 자신을 열등하게 생각하였다(Horney, 1967, pp. 55–57). 이런 잘못된 적응은 자기혐오뿐만아니라, 다른 여성에 대한 경멸과 남성을 향한 분노와 적개심을 가져온다. 그러므로 여성들은 자신들의 실제 성취능력에 대한 믿음이 부족하고, 실제 성취가 나타날 때마다 성공을 최소화한다. 여성의 성취를 무시하고 경시하는 남성성을 받아들인 여성이 어머니가 되는 것은 불공평한 부담으로 보인다. 운명에 의해 차별받아 왔다고 느끼는 여성은 또한 무의식적으로 보상을 주장한다. 공상 속에서, 그들은 여성 역할을 거부하고, 힘, 용기, 성공, 성적 자유 그리고 독립성과 같이 우리 문화에서 남성성으로 간주되었던 모든 특성과 특권에 대해 소망한다(Horney, 1939, p. 108).

그러므로 호나이는 남근선망을 남근의 상실과 상징적 대체 공상인 거세 콤플렉스로서가 아니라, 우리 문화에서 남성성과 관련된 특성에 대한 합리적인 선망으로 본다. 호나이에 따르면, 여성들의 열등감은 남성 우위의 이데올로기를 무의식적으로 받아들이는 데서 나오며, 그러한 감정은 사회 자체를 좀 더 민주적이고 평등하게 만들기 위한 노력에 의해서만 변화될 수 있다는 것을 여성들이 깨달아야 한다. 호나이의 견해에 의하면, 해부학이 한 역할을 하지만, 불가피한 운명은 아니다.

호나이의 발달에 관한 인본주의적 견해

우리가 살펴보았던 것처럼, 호나이는 아동의 독특한 사회문화적인 경험이 성인의 성격을 결정하는 데 중요하며, 부모가 가혹하고 독단적으로 아동을 대하는 것이 신경증의 토대가 된다고 믿었다. 호나이는 부모가 따뜻하고, 공정하고, 배려하고, 지지하고, 존중으로 대할 때 건강한 발달이 예견된다고 믿었다(Horney, 1942, p. 43). **발달에 관한 인본주의적 견해**humanistic view of development에서, 호나이는 모든 사람이 특별하며, 현명한 부모의 지도 아래서 꽃 피울 독특한 잠재력을 지닌다고 주장하였다. 그녀는 이러한 타고난 잠재력을 **실제 자기**real self라고 불렀다. 또한 그녀는 모든 사람이 적절한 지지를 받으면 자아실현을 향하여 발달할 수 있다고 믿었다. 즉, 그들은 깊이 있고, 명료한 감정과 사고, 소망 및 흥미를 발달시킬 수 있으며, 그들의 자원과 재능을 활용하는 능력, 자신을 표현하는 능력 및 자발적으로 다른 사람들과 관계 맺는 능력을 개발할 수 있다(Horney, 1950, p. 17). 그러나 불행하게도, 많은 사람들은 적절한 지도를 받지 못한다. 그 대신에 그들은 존중을 받지 않고, 독단적인 대우를 받고, 그 결과 실제 자기로부터 멀어지게 된다.

소외 및 이상적 자기

호나이는 비호의적인 환경 조건이 사람들의 실제적인 내적 자신감을 손상시키고, 방어기제를 발전시키도록 강요한다고 주장했다. 안전감을 느끼기 위해 방어를 발달시키는 쪽으로 에너지를 쓰기 때문에 실제 자기를 발달시키려는 노력은 중단된다. 안전이 중요한 정도에 따라, 사람들의 가장 깊은 감정과 사고는 중요성이 감소하고 모호해진다. 그들은 운명을 더 이상 통제하지 못하고, 신경증적 욕구에 의해 움직인다. 실제 자기로부터 멀어지는 것은 사람들이 중요하고 가치 있다는 느낌인 안정감과 정체감을 찾도록 하는 원인이 된다.

신경증 환자의 해결책은 자신에 대한 **이상화된 이미지**idealized image를 만드는 것이다. 이러한 이미지는 그들에게 무한한 능력과 힘을 부여한다. 그들은 상상 속에서 영웅, 천재, 최고의 연인, 성인과 신들이 된다. 이러한 이미지는 그들의 기본적 갈등을 다루는 방법을 제공한다. 호나이에 따르면, 신경증 환자는 결국 외부 세계에서 성공, 영광과 승리를 달성함으로써 **이상화된 자기**idealized self를 실현하려고 한다. 그들은 집요하고 고통스럽게 완벽해지려고 한다. 그들은 모든 것을 할 수 있고, 모든 것에 대해 알고, 모든 사람을 좋아해야 한다고 믿는다. 호나이는 강박적 욕구를 **당위성의 횡포**tyranny of the shoulds라 부른다.

> 그는 정직, 관대함, 신중함, 정의, 위엄, 용기, 이타성의 완벽한 전형이어야 한다. 그는 완벽한 연인, 남편, 교사여야 한다. 그는 모든 것을 견딜 수 있어야 하고, 모든 사람을 좋아해야 하고, 부모, 아내, 국가를 사랑해야 한다. 혹은 그는 무언가에 혹은 누군가에 집착을 해서는 안 되고, 그에게 문제가 되는 것은 아무것도 없어야 하며, 절대 아픔을 느끼지 말아야 하고, 항상 고요하고 평온해야 한다. 그는 항상 인생을 즐겨야 한다. 또는, 그는 이상적인 기쁨과 즐거움을 느껴야 한다. 그는 자발적이어야 한다. 그는 항상 감정을 통제해야 한다. 그는 모든 것을 알고, 이해하고 예견해야 한다. 그는 즉시 자신이나 다른 사람의 모든 문제를 해결할 수 있어야 한다. 그는 모든 어려움을 보자마자 극복할 수 있어야 하고, 결코 지치거나 병이 들어서는 안 된다. 그는 항상 직업을 구할 수 있어야 한다. 그는 2~3 시간에 할 수 있는 것을 1시간에 할 수 있어야 한다. (Horney, 1950, p. 65)

신경증 환자들은 그들의 성취가 내면의 모든 갈등을 만족시키고, 모든 고통과 불안을 제거한다고 기대하기 때문에 이러한 불가능한 기준에 집착한다. 유감스럽게도, 자기이상화는 효과가 없다. 신경증 환자들이 이상화된 자기 기준과 **실제 자기**actual self(현재의 자기)를 비교할 때, 실제 자기는 불가피하게 모자란다. 예를 들어 성 관계시 부족한 행동은, 그들이 좋은 애인이라는 믿음과 모순된다. 고용주에게 승진을 요청할 때 주저하고, 말을 더듬는 것은 자신이 조리 있게 말을 잘 하는 사람이라는 관점과 명백히 모순된다. 비천한 직장에서 일하는 것은 그들이 높은 직업적 지위와 성공을 달성하지 못했다는 것을 끊임없이 생각나게 한다. 그들의 실제 자기와 이상화된 자기 사이에서 경험하는 모순의 결과로 신경증 환자들은 자기경멸과 증오가 많다. 그들이 열등감, 고통, 죄책감과 같은 결과들을 자각하지만, 그들은 자신이 이러한 괴로운 감정과 자기평가를 초래했다는 점을 완전히 자각하지 못한다(Horney, 1950, p. 116). 따라서 자기혐오는 본질적으로 무의식 과정이다. 신경증 환자들은 오히려 자신을 비판적으로 검토하기보다는 증오를 외재화하거나, 다른 사람이나 사회제도나 운명에서 나오는 것으로 보는 경향이 있다.

외재화: 원래의 이상화된 자기를 유지하기 위한 시도

신경증 환자들은 내적인 과정들이 마치 자기 밖에서 일어난 것처럼 경험하고, 그들의 문제에 대한 책임을 외부 요인으로 돌리는 경향성이 있다. 이것을 **외재화**externalization

라고 한다. 부분적으로, 외재화는 투사를 포함하는데 즉, 자기 자신의 단점과 결점을 다른 사람들에게 돌리는 경향성이다. 또한 그것은 자신보다는 다른 사람에게 지각한 감정을 포함한다. 따라서 신경증 환자들은 실제로 자신에게 화가 났을 때, 다른 사람들이 자신에게 화가 났다고 믿는 경향이 있다. 그들은 자기의 좋은 감정들을 날씨나 운명으로, 성공을 행운 등으로 귀인시킨다. 가장 중요하게도 신경증 환자들은 자기경멸을 외재화한다. 공격적인 유형들에게 이러한 경향은 다른 사람을 혐오하는 것이다. 공격적인 신경증 환자들은 다른 사람보다 우월하다고 느끼고, 다른 사람을 열등하고, 경멸적인 존재로 생각함으로써 우월감을 강화한다. 순응형에게 이런 경향성은 다른 사람이 그들을 경멸한다고 보는 것이다. 호나이는 투사가 특히 파괴적이라고 믿었다. 투사는 순응형 신경증 환자들이 수줍어하고, 억압되고 철수하도록 만든다(Horney, 1945, p. 118).

사실상 외재화는 현실과 실제 자기의 상실로 구성되어 있다. 그것은 이상화된 자기가 존재하도록 계획되어 있다. 그러나 그것은 효과가 없으며, 신경증 환자들은 그들의 지지를 위해 다른 방어에 의존하도록 강요된다.

인위적인 조화를 위한 보조적인 접근

호나이는 신경증 환자들이 대인 관계에서 나타나는 내부적 갈등과 불안에 대처하기 위해 사용하는 일곱 가지 방어기제를 기술했다(Horney, 1945, pp. 131–140).

맹점 많은 사람들은 왜 신경증 환자들이 실제적 자기와 이상화된 자기 사이에 있는 압도적으로 심한 모순을 인식할 수 없는지에 대해 의문을 가졌다. 신경증 환자들은 명백한 모순이 가려졌거나 무시된 영역인 **맹점**blind spots을 가진 것으로 보인다. 호나이는 신경증 환자들이 지나치게 자신의 경험에 대해 무감각하기 때문이라고 설명했다(Horney, 1945, p. 133).

구획화 신념이나 행동을 범주(구획)로 분리하여 서로 상반되게 보이지 않도록 하는 방어를 **구획화**compartmentalization라고 한다. 예를 들면, 한 큐 클럭스 클랜(Ku Klux Klan, 약칭으로 KKK단이라 불리는, 사회 변화와 흑인의 동등한 권리를 반대하며 폭력을 휘두르는 미국 남부 주들의 백인비밀단체) 회원은 사랑과 인내에 대한 기독교적 신념을 인간들에게만 베푸는 것이라고 주장함으로써 자신이 기독교인이라고 스스로에게 확신시킬 수 있다. 그의 관점에서 흑인은 분명히 동물, 즉 비인간이기 때문에, 자신의 행동과 신념 사이에서 갈등을 느끼지 않고, 계속해서 흑인들을 미워하고 박해할 수 있다.

합리화 **합리화**rationalization라고 불리는 자기기만은 사람들의 지각된 결점이나 실패를 정당화하기 위해 그럴듯한 변명을 이용한다. 예를 들어, 공격적인 신경증 환자들은 후회와 다른 사람에 대한 동정심을 약한 것으로 본다. 따라서 오랜 동료의 미망인에게 동정의 표현으로 꽃을 보낸 한 공격적인 신경증 환자는 단지 직장동료로서의 의무로 꽃을 보냈다고 주장함으로써 자신의 행동을 정당화할 수 있다.

지나친 자기통제 감정의 표현을 제한할 필요가 있는 신경증 환자들의 강박증을 **지나친 자기통제**excessive self-control라고 한다.

> 이러한 통제를 하는 사람들은 열정, 성적 흥분, 자기 연민이나 분노에 자신이 휩쓸리는 것을 허락하지 않을 것이다. 정신분석에서 그들은 자유연상을 하는 데 가장 큰 어려움을 가진다. 그들은 기분을 좋게 하기 위해 술을 마시는 것을 허용하지 않고, 종종 감각마비를 경험하는 것보다 차라리 고통을 견디는 것을 택한다. 요컨대, 그들은 모든 자발적 행위를 억제하려고 한다. (Horney, 1945, p. 136)

대부분의 파괴적인 행동은 분노에 의해 촉발된 폭력적인 행동이고, 신경증 환자는 모든 에너지를 분노를 통제하는 데 쓴다. 그러나 분노의 억제는 무의식적으로 더 큰 분노를 형성하도록 하고, 결국 분노를 억제하기 위해 더 큰 자기통제를 요구한다.

독단적인 정당성 의심과 우유부단함은 신경증 환자의 특징이다. 신경증 환자들은 이러한 감정들을 용납할 수 없기 때문에, **독단적인 정당성**arbitrary rightness을 사용한다. 그들이 옳다고 하는 것을 독단적으로 주장함으로써 모든 논쟁을 진정시키려고 시도한다.

모호함 보호의 수단으로써 **모호함**elusiveness을 사용하는 신경증 환자들의 말은 결코 이해되지 않는다. 그들은 항상 진술하는 것을 거부하거나 다른 사람이 그들의 의미를 잘못해석했다고 주장한다. 신경증 환자들은 계속해서 이해하기 어려운 모호한 말을 쓰고, 어떠한 사건에 대한 구체적인 이야기를 하지 못한다. 결과적으로, 듣는 사람은 실제로 무엇이 일어났는지에 대해 혼란을 느낀다.

호나이는 이와 같은 혼란이 신경증 환자들의 삶을 지배한다고 주장했다. 간혹 그들은 지나치게 배려심이 많다. 또 어떨 때에는 무정하게 배려심이 없다. 그들은 다른 사람에게 자신을 내세우지 않으면서 어느 측면에서는 아주 지배적일 수 있다. 이러한 비일관성 때문에 간혹 분석가들이 그들의 기본적인 갈등을 정확하게 밝히는 데 어려움을 겪을 수 있다.

냉소주의 냉소주의cynicism와 같은 보호방법은 도덕적 가치를 부인하고, 비웃는 것을 말한다. 신경증 환자들은 권모 술수적인 태도를 보이는 경향이 있다. 그들은 사람들을 믿을 수 없으며, 붙잡히지만 않으면 자신을 기쁘게 하는 것은 무엇이든 할 수 있다고 믿는다. 그들은 편의적인 사람이지, 원칙적인 사람이 아니다.

요약하자면, 이러한 비합리적 방어는 모두 신경증 환자들의 이상화된 개념을 유지하도록 돕는다(적어도 일시적으로). 그렇게 함으로써, 그들은 실제로 건강한 성장을 하지 못한다.

경험적 증거: 비합리적 신념과 정신병리

신경증에 관한 호나이 이론의 공통 주제는 비정상적인 사람들은 타인이나 자신에 관한 수많은 비합리적 신념을 가지고 있으며, 이는 고통을 야기시키거나 증가시키고, 다른 사람과의 관계에서 비효율적인 방식으로 행동하도록 한다는 것이다. 따라서 신경증 환자들은 자신들이 미덕의 표본이고, 명석한 사색가이며 훌륭한 애인이라고 생각한다. 그리고 그들은 자신의 실패에 대해 다른 사람, 운명이나 기관을 비난하고, 언제나 옳다고 주장하며 믿을 사람이 아무도 없다고 굳게 믿는다. 이들은 완전히 정직하고, 용감하며 이기적이지 않은 것처럼 행동하도록 하는 도덕적 절대성(당위성의 횡포)에 따라 행동한다.

비합리적 신념과 정신병리학 사이의 관련성에 관한 호나이의 주장은 상당한 관련 증거들에 의해 지지받고 있다. 개인이 비합리적 신념을 많이 가질수록, 더 비관적이고 우울한 경향이 있다는 점이 여러 연구에서 밝혀졌다(예: Chang & Bridewell, 1998, pp. 137-142; Halamandaris & Power, 1997, pp. 93-104; Macavei, 2005, pp. 73-81; Moller, Rabe, & Nortje, 2001, pp. 259-270). 또한 웨스트팔과 와그너(1993, pp. 151-158)는 임신한 청소년들이 성(sex)과 데이트, 피임에 관한 독특한 비합리적 신념을 가지고 있으며, 임신 경험이 없는 청소년들과 비교하여 임신을 막을 수 있는 신념이 더 적다고 주장하였다. 임신한 청소년들은 임신 전에 다음과 같이 믿는 경향을 보인다. 예를 들면, (1) "여자애에게 남자 친구가 없다면, 문제가 있는 거야", (2) "나는 절대 임신이 되지 않을거야", (3) "아이를 갖는다는 것은 내가 성인이 된다는 것이야". 마지막으로, 라몬테인, 보이어, 히튜, 라처티-라몬테인(2000, pp. 63-65)은 가게 좀도둑(shoplifter)들이 우울한 경향이 있고, 종종 비합리한 신념을 범죄행동을 시작하는 전조로써 사용하기도 한다는 것을 보여 주었다(예를 들어, "나는 신중하고 똑똑하다", "나는 붙잡히지 않을 것이다",

"내가 붙잡힌다 하더라도, 나는 고발당하거나 기소되지 않을 것이다").

심한 정신적 고통을 경험하는 결혼생활에는 많은 비합리적 신념이 있다는 것을 여러 연구에서 보여 주었다. 예를 들어, 굿윈과 게인스가 실시한 세 개의 후기 공산주의 국가(Georgia, Russia, Hungary)의 결혼한 육체 근로자, 학생, 영세사업주에 관한 연구는 역기능적 신념의 수가 많을수록, 부부들이 더 높은 부부 불만족을 보고한다고 하였다.

치료받는 부부와 그렇지 않은 부부들을 비교한 초기연구에서 에들슨과 엡스타인(1982, pp. 715–720)은 부부간의 어려움을 경험하는 사람들이 더 다양한 역기능적 신념을 가지고 있다는 것을 발견하였다. 예를 들어, 대인관계 차이에서 발생하는 갈등들은 어느 관계에서건 피할 수 없는 부분임에도 불구하고, 그들은 배우자와의 의견차이가 파괴적이고, 사랑이 부족하다는 것을 암시하며, 심지어 이혼이 임박했다고 생각하였다. 또한 불행한 부부들은 서로를 잘 알고 배려해 주는 파트너는 명확하고 직접적인 의사소통이 없이도 서로의 욕구와 좋아하는 것을 감지할 수 있어야 한다고 생각하였다. 결과적으로 명확한 의사소통을 하기 위한 노력은 덜 하면서 실망과 갈등이 심해져 고통 받는다. 불행한 부부들은 자신을 변화시킬 수 없으며, 자신의 파트너도 변화시킬 수 없다고 믿었다. 이러한 극단적인 신념은 무력감을 가져오고, 관계에서의 만족감을 감소시킨다. 마지막으로, 불행한 부부들은 자신들이 완벽한 성적파트너가 돼야 한다고 생각하며(대부분의 신경증 환자들은 자신들이 훌륭한 애인이라고 생각한다는 호나이의 주장을 떠올려 보라), 이에 따라 성생활에서 억제와 불안을 경험한다.

호나이는 이러한 비합리적 생각을 변화시키고, 정신건강을 향상시키기 위해서 치료자들이 적극적으로 비합리적 신념들을 직면시키고, 더 현실적인 생각과 감정을 가지도록 할 필요가 있다고 주장한다. 인지치료자들은 호나이의 정신분석과 인본주의 치료적 접근(예를 들어, 성격 기능에서 무의식 요소의 역할을 강조하고, 실제 자기를 알아차리고 수용할 수 있는 방법으로 환자문제의 근원을 찾아내기 위해 자유연상과 꿈 분석을 사용하는 것)을 이용하지는 않지만, 호나이의 주장에는 일반적으로 동의하고 있다. 현대 인지 치료자들은 고통받는 부부들에게 건설적인 변화를 가져오게 하기 위해서 의견차이는 건강한 관계의 한 부분이며, 건설적인 해결책을 찾고, 관계를 개선시키고자 하는 목적을 가지고 정중하게 표현하기만 하다면 이러한 의견 차이를 표현하는 것이 현실적이라는 것을 가르친다. 또한 치료과정에서 인지 치료자들은 환자들에게 결혼생활에 도움이 되는 건설적인 변화를 일으키고, 그들의 처지를 재검토하는 방법으로 비합리적 신념을 유지하고 강화하기 위해 사용하는 증거들을 점검해 보도록 요구한다. 그리고 환자들의 역기능적 신념(예를 들어 "모두 그(그녀)의 잘못이야" 혹은 "모두 내 잘못이야")

에 보다 현실적으로 책임감을 재분배함으로써 변화시키도록 돕는다. 또한 배우자의 절대적인 신념(예: "그(그녀)는 결코 변하지 않을 것이다. 따라서 해봐야 무슨 소용이 있겠는가?"와 "한번 게으름뱅이는 영원한 게으름뱅이다")과 반대되는 방식으로 상대가 행동하는 경우를 지적하여 절대적인 생각이 나타날 때마다 환자들이 그 생각을 멈추도록 돕는다. 또한 환자가 배우자에 관하여 지속적으로 부정적인 언급을 하는 것을 멈출 수 있도록 돕는다. 그들은 이러한 부정적인 사고와 언급은 눈덩이처럼 불어나며, 멈추기가 매우 어렵다는 것을 알고 있다. 환자들은 너무 비판적일 때마다 정지 신호를 떠올리거나 벽을 떠올리도록 훈련을 받아서 파괴적인 사고 과정을 멈출 수 있다. 덧붙여 그들은 파트너가 칭찬을 받을만하고, 칭찬을 하는 것이 현실적인 상황일 때 더 많은 칭찬을 하도록 배울 수 있다. 치료자들은 이러한 기법들과 기타 기법 등을 사용하여 결혼생활에서 경험하는 많은 고통을 제거하도록 도울 수 있다(Freeman & Oster, 1998, pp. 111-115).

평가 기법

호나이는 자유연상과 꿈 분석이 치료자들이 신경증 환자들의 문제의 근원을 확인하도록 돕는다는 프로이트의 의견에 동의하지만, 환자가 드러내 보이는 것을 해석하는 것에서는 의견이 달랐다. 프로이트는 환자의 자유연상과 꿈의 보고내용을 좌절된 성적 추구 혹은 공격 추구로 해석하는 반면에, 호나이는 환자가 대인관계에서 경험한 심리적 장애와 기본적인 불안과 두려움에 대처하기 위해 사용하는 신경증적 경향에 초점을 두어 해석하였다.

또한 호나이는 분석가와 환자 간의 개인적 관계를 프로이트와 다르게 보았다. 프로이트는 정신분석이 과학이라고 강하게 주장하였다. 그는 자신을 환자들이 숙고하고 사용할 수 있도록 자료를 수집하고 제시하는 객관적인 관찰자라고 생각하였다. 그래서 분석가는 환자가 비난에 대한 환자의 두려움을 감소시키고, 생각과 감정을 더 자유롭게 표현하도록 하기 위해 환자의 개인적 자질과 경험에 관한 가치 판단을 하지 않아야 한다. 그러나 호나이는 치료과정 중에 가치 판단을 하지 않는 것이 불가능하다고 주장하였다. 그녀는 분석가가 실제로 이러한 판단을 하고, 관계를 더 나쁘게 만들기 위해 제공된 사실들을 숨기려고 한다는 것을 환자가 느낄 수 있다고 하였다. 대신에 분석가들은 환자들에게 더 정직하고, 개방적이어야 하며, 의견을 제공하는 데 더 적극적이고 직접적이어야 한다. 호나이는 이러한 접근이 관계를 성장시키고, 더 쉽게 치료되도록 한다고 믿었다.

치료에 관한 이론적 함의

신경증 환자들은 실제 자기와 타인으로부터 소외당한다. 그들은 이상화된 자기를 동일시하면서 타인에게 노출되는 자신의 한계점을 갖는 것을 두려워하는 위선자이다. 호나이는 그들이 자신에 대한 환상과 환상에 불과한 목적들을 포기할 수 있을 때에만 자신들의 잠재성을 깨달을 수 있는 기회를 가질 것이라고 믿었다. 하지만 성장하기 위해 장애물들을 제거하는 것은 길고도 어려운 과정이며, 신경증 환자들은 자신들의 환상을 방어하고자 열심히 노력한다. 예를 들어, 공격형은 분석가가 무조건적인 승리를 하고, 명백한 성인이 되는 것을 막는 모든 장애물들을 제거해 주길 바란다. 이와 같이 그들은 완벽한 이상적 자기만을 생각하는 반면, 분석가들은 그들의 이상화된 자기를 제거하고, 실제 자기를 성장시키는 데 도움을 주고자 한다.

호나이에 따르면 치료는 인간관계이며, 신경증 환자들이 타인과의 관계에서 가지는 모든 어려움들은 치료 과정 중에도 작용한다. 환자들은 논쟁적이거나 빈정거리거나 공격적일 수 있다. 주제를 논의하는 것을 회피하거나 거절할 수 있으며, 혹은 마치 이러한 문제들이 중요하지 않은 것처럼 자신의 문제에 대하여 감정 없이 머리로만 이야기할 수도 있다. 또한 분석가에게 분노를 보이고, 모욕적으로 대할 수 있다. 그러나 이러한 행동들의 상당수는 치료자의 탐색을 돕는 길잡이이다. 즉, 그들은 기저하는 갈등의 존재를 보여 주는 단서들을 제공하는 것이다. 환자들은 치료자의 질문에 상당히 위협받고 있다고 느끼며 상당한 불안을 경험하는 경향이 있다. 환자들에게 이러한 불안은 매우 고통스럽지만, 치료자에게 이러한 불안은 긍정적인 의미를 가질 수 있다. 이는 지금 환자가 직접적으로 그들의 문제를 직면하는 위험을 감수할 수 있을 만큼 충분한 힘이 있다는 것을 나타낸다. 호나이에 따르면, 치료자의 질문은 환자들의 내면에서 작용하는 모든 방해하는 힘들을 더 잘 지각할 수 있도록 돕는다. 하지만 이러한 자기 이해가 오직 지적인 수준에서만 머무르면 안 되며, 정서적인 경험을 해야 한다고 주장한다. 호나이의 견해에 따르면, 지적인 통찰이 중요하지만 환자들을 변화하도록 촉진하는 데에 충분한 영향력을 가지고 있지 않다. 오직 환자들이 내면에서 작용하는 무의식적인 힘의 강렬함을 느낄 때에 그들의 환상을 포기할 수 있도록 동기화된다.

일단 환자가 자신의 환상을 포기하면, 치료자는 그들이 실제 자기를 찾을 수 있도록 돕는 데에 집중한다. 자유연상과 꿈 분석을 통하여, 그들의 실제 자기가 드러나기 시작한다. 환자들은 그들의 사고에서 더 독립심을 보이고, 자신에게 책임감을 가지며, 진정한 자신에 대해 흥미를 가지는 것을 강화 받는다. 또한 치료적 환경 밖에서 자기 분석을 통하여 자신의 정체성을 찾을 수 있도록 격려 받는다. 분석가는 환자의 인간관계에서 나타나는 변화의 신호에 주목하기 위해 관심을 기울인다. 이러한 성장의 감지는 환자에게 굉장히 긍정적인 영향을 미치며, 환자는 이전에 경험한 것과는 다른 충족감을 경험한다. 이것은 자아실현으로 나아가는 성장을 위해 더 열심히 노력하도록 하는 최고의 유인가로 작용한다. 그들은 성장함에 따라 자신 외에도 세상에 많은 문제들이 있다는 것을 깨닫기 시작한다. 따라서 그들 자신을 타인 즉 가족, 지역사회, 국가 그리고 세계로 확장시키기 시작한다. 또한 자신에 대해 책임감을 기꺼이 받아들일 뿐만 아니라 타인에게도 책임감을 가진다. 그들은 적극적이고, 이기심 없는 참여를 통하여 소속감에서 나온 내면의 확신을 발견하기 시작한다(Horney, 1950, pp. 333-365).

이론에 대한 평가

우리는 이제 여섯 가지 기준을 가지고 호나이의 이론을 평가해 볼 것이다.

포괄성

호나이의 이론은 정상적인 현상보다는 비정상적인 현상에 초점을 두었기 때문에, 그녀의 이론은 포괄성에서 한계가 있다. 그러나 신경증과 같은 다양한 유형의 비정상적인 현상에 대한 병인론과 치료법의 논의에서, 비정상적인 현상을 발달시키고 유지하게 하는 복잡한 사회, 문화적 영향력에 큰 관심을 가졌다. 따라서 비정상적인 행동에 대한 그녀의 이론적 근거는 프로이트의 이론보다 훨씬 더 풍부하다. 그녀의 가장 초기 이론은 이상적 자기와 이러한 이상적 자기-실제 자기 간 불일치에 대한 개념들이다. 여기에서 우리는 신경증의 발달과 유지에 대한 영향력뿐만 아니라, 긍정적 성장과 최적의 성격기능에 대한 전제조건을 이해하는 데 인본주의적 관심을 볼 수 있을 것이다.

정밀성과 검증 가능성

호나이의 많은 개념들은 추상적이고 정확히 정의하기 어렵다. 그녀는 자신의 용어를 정의내리기 위해 엄청난 노력을 쏟아 부었지만, 몇 개의 개념들은 여전히 비교적 불명확하고 모호하다. 이와 같이 정의가 모호하다면, 이론을 적절하게 검증하기가 매우 어렵게 된다.

간명성

호나이의 이론은 분명히 단순하지 않다. 신경증의 원인과 발달에 대한 그녀의 설명은 풍부하고 정교하며 일반적으로 적용하기에 적절해 보인다. 따라서 그녀의 이론은 간결하다.

경험적 타당성

호나이의 이론에 관심을 둔 연구는 최근까지는 거의 없었다. 그리고 그녀의 이론을 검증하려는 시도는 매우 적었는데, 일차적인 이유는 그녀의 이론적 개념을 심리측정적으로 잘 측정할 수 있는 척도가 없었기 때문이다. 하지만, 과도한 경쟁척도의 개발은(그리고 최근의 경쟁 회피 척도)는 그녀의 이론 일부를 검증하는 데 약간의 관심을 불러일으켰다. 또한 세 가지 신경증적 경향에 대한 호나이의 이론을 측정하기 위한 새로운 도구 개발은 신경증에 대한 그녀의 이론을 검증하는 더 많은 연구를 하게 할 것이다(Coolidge et al., 2001, pp. 1387-1400).

발견적 가치

당위성의 횡포에 대한 호나이의 이론은 대단히 독창적이며, 우울증의 원인을 다루고자 했던 엘리스에 의하여 활용되었다(Ellis, 1987, p. 123). 비록 인지치료자들과 연구자들이 호나이의 심리치료 이론에 필적할 수 없는 다양한 종류의 심리치료 절차를 사용했다고 하더라도, 엘리스의 **합리적 정서행동 치료rational emotive behavior therapy**는 많은 측면에서 호나이가 환자를 치료하기 위해 권고했던 것들이다(Ellis, 1995, pp. 162-163). 합리적 정서행동 치료에서 환자들은 다양한 종류의 자기 파괴적 행동을 야기하는 많은 비합리적 신념을 가진 것으로 보인다. 그래서 치료자들은 환자들을 변화시키기 위한 방법으로 이러한 비합리적인 신념에 도전하게 하고, 환자는 자신의 신념을 더 이성적이고 현실적인 신념으로 대체하게 된다. 이러한 변화가 일어나면, 사람들은 더 건설적인 방법으로 행동할 수 있게 될 것이다. 예를 들어, 환자들은 "모든 사람은 나를 사랑해야만 한다"와 "나는 모든 사람을 사랑해야만 한다"와 같은 비합리적 신념을 갖고 있을 수도 있다. 환자가 이러한 신념들을 갖고 있으면 어떤 사람들은 나를 사랑해 주지 않고 심지어는 싫어한다는 사실을 알게 될 때 화와 분노를 느끼고, 심지어는 우울증까지도 겪을 수 있다. 또한 환자들은 노력에도 불구하고 사랑할 수 없는 사람들이 있다는 것을 깨닫게 될 수 있다. 보다 합리적인 신념이 나타날 때(예: "내가 모든 사람들을 사랑하지 않는다해도 나는 가치 있다." "모든 사람이 나를 사랑해 준다면 정말 좋겠지만, 나는 그런 일이 불가능하다는 것을 알고 있기에 나는 그것에 대해 끊임없이 걱정하지 않을 것이다.") 더 현실적이고 적응적인 행동을 할 수 있다.

또한 호나이는 인간 성장과 자아실현에 대해 이론화함으로써 인본주의 심리학의 발달에 중요한 초기 선구자로 인정받았다.

적용 가치

호나이의 이론은 발견적 가치에 덧붙여 많은 임상환자들의 고통을 완화하도록 돕는 인지행동 치료자들의 연구에 중요한 영향을 미친다.

비판적 사고를 위한 질문

1. 경쟁적 태도의 세 가지 종류를 명명하고 정의하시오. 그것들은 심리적 건강에 각기 어떻게 관련이 되어 있는가? 당신이 생각하기에는, 오늘날 미국에서 두드러지게 나타나는 경쟁적인 태도는 무엇이고, 그 이유를 제시하라. 당신과 당신의 친구들은 어떤 종류의 경쟁적 태도를 갖고 있는가?
2. 여성의 발달에 대한 호나이의 이론이 오늘날 여성주의자들이 주장하는 바와 어떻게 일치하는가?
3. 건강한 사람들에게서 나타나는 자발성과 개방성이 왜 신경증인 사람에게서는 나타나지 않는가?
4. 호나이가 말한 것처럼, 실패에 대해 다른 사람의 탓으로 돌리는 것은 언제나 건강하지 않고 부적절한 것인가? 당신은 당신이나 친구가 무엇에 실패했을 때 그것이 당신 혹은 친구의 잘못이 아니었던 상황을 생각해 낼 수 있는가?
5. 호나이는 사람들이 더 나은 발달을 할 수 있는 가치 있고, 타고난 잠재력으로 구성된 실제 자기를 가지고 있다고 생각했다. 당신은 이러한 잠재력을 스스로 확인했던 적이 있나? 그러한 잠재력은 무엇이며 잠재력의 발달을 촉진시키기 위해 당신은 어떤 노력을 했는가?

용어 해설

개인적 발달 경쟁personal development competitiveness 결과보다는 즐거움과 과제를 숙달하는 것에 주로 초점을 둔 태도

개인적 발달 경쟁자personal development competitor 건강한 경쟁자는 이기고는 싶으나 어떠한 방법을 동원해서라도 이기고자 하는 사람은 아니다. 이러한 사람은 주로 자기 향상과 과제숙달을 지향하고, 자신의 경쟁자들을 목표달성에 도움이 되는 사람들로 본다.

경쟁 회피competition avoidance 다른 사람들의 인정과 애정을 잃는 것에 대한 과도한 두려움 때문에 그들의 무자비한 경쟁적 야망을 저지하려는 개인의 욕구. 신경증적 경쟁과 경쟁 회피라는 용어는 정반대로 나타나지만 그렇지 않다. 호나이는 신프로이트 학파였기 때문에, 경쟁 회피자가 의식적으로 경쟁을 회피할 것이라고 믿었지만, 그들은 무의식적으로 여전히 과도하고, 비합리적으로 경쟁적일 것이다. 그들은 애정과 인정을 잃는 것을 두려워하기 때문에 그들의 과도한 경쟁심을 다른 사람에게 보여 줄 수 없다. 그래서 그들은 심한 경쟁적인 감정들을 억압한다. 그러나 이러한 감정들은 무의식적 수준에서 작용하는 것을 지속한다.

고립형detached types 다른 사람을 계속적으로 회피하면서 자신을 보호하는 신경증적 개인

공격형aggressive types 우월감을 느끼기 위해 다른 사람을 이용하면서 불안전감으로부터 자신을 보호하는 신경증적인 개인

과도한 경쟁hypercompetitiveness 어떤 대가를 치르고서라도 개인적인 성공을 달성하고자 하는 개인의 태도

구획화compartmentalization 신경증 환자가 자신의 신념과 행동을 분리시켜 긴장을 완화시키려고 하는 방어기제

기본적 갈등basic conflict 신경증 환자에게 세 가지 주요 경향성이 서로 양립할 수 없기 때문에 생기는 혼란. 사람이 우월한 경향을 무차별적으로 추구하고 그것과 관련된 욕구를 충족하려고 하기 때문에, 사람들은 억압된 두 가지 경향과 관련된 욕구를 만족시킬 수 없다.

기본적 불안basic anxiety 사람들이 잠재적으로 적대적인 세상에서 고립감과 무력감을 느끼는 고통스러운 심리적 상태

남근선망penis envy 호나이의 관점에서, 여성들이 남성들은 우월하며 자신들은 열등하다고 생각하도록 주입된 본질적인 사회문화적 현상. 그 결과, 여성들은 무의식적으로 남성의 목표와 가치들을 열심히 배우기 위해, 그리고 남성의 일원으로 얻을 수 있는 이득과 특권을 획득하기 위해 노력한다.

냉소주의cynicism 아무것도 믿지 않으면서 다른 사람으로부터 상처입거나 실망하지 않으려

는 방어기제

당위성의 횡포tyranny of the shoulds 신경증 환자들이 완벽함만을 받아들이도록 하는 도덕적 의무를 기술하기 위해 호나이에 의해 사용된 개념

독단적인 정당성arbitrary rightness 사람들이 그들의 판단이 항상 옳다고 생각하는 것을 확신하려는 보호방법

맹점blind spots 이상적 자기와 차이가 있기 때문에 고통스러운 경험을 부정하고 무시하려는 방어기제

모호함elusiveness 개인이 어떤 것에 대한 입장을 취하는 것을 거부하면서 다른 사람에게 틀렸다는 소리를 듣거나 비난받거나 놀림받지 않으려 하는 방어기제

발달에 관한 인본주의적 견해humanistic view of development 각 개인은 건설적인 성장을 위한 타고난 독특한 잠재력을 가졌다고 보는 발달에 대한 낙관적 견해

사람들에게 다가가는 것moving toward people 자신을 드러내지 않고 숨기며 기본적인 불안으로부터 자신을 보호하려는 주요 신경증적 경향

사람들에게 반대하는 것moving against people 다른 사람을 지배하고 이용함으로써 기본적 불안을 통제하려는 주요 신경증적 경향

사람들에게서 멀어지는 것moving away from people 완전한 분리와 자급자족을 통해 기본적 불안으로부터 자신을 보호하려는 주요 신경증적 경향

순응형compliant types 다른 사람에게 과도하게 순응함으로써 인정과 애정을 과도하게 추구함으로써 기본적 불안에 대처하는 신경증적 개인

실제 자기actual self 개인의 실제적인 강점과 약점을 모두 포함한 그 순간에 있는 그대로의 자기

실제 자기real self 각 개인 내부에서 건설적인 성장을 위해 있는 독특한 잠재력의 집합

여성의 피학증female masochism 프로이트의 관점에서, 여성들이 특정한 행위와 환상을 할 때 기쁨과 고통의 혼합된 감정을 경험하는 성적 도착. 프로이트는 남성의 피학증은 여성적인(수동적인) 기질을 가진 남성들에게만 나타난다고 보았다.

외재화externalization 개인이 자신 안에 있는 감정을 외적으로 경험하고, 자신의 약점과 실패에 대해 다른 사람에게 비난하는 방어기제

이상화된 이미지idealized image 자신을 완전한 존재로 상상하는 신경증적 개인의 환상

이상화된 자기idealized self 신경증 환자들이 자신의 이상화된 이미지와 방어적으로 동일시하는 것

이차적 정신병질secondary psychopathy 과도한 죄책감과 삶의 목표에 대한 명료성이 부족하다는 특징을 가지고 있는 장애

일차적 정신병질primary psychopathy 공격성, 냉담, 죄에 대한 양심의 가책의 결여와 같은 특징을 지닌 장애

자기 불구화self-handicapping 개인의 자존감을 보호하기 위한 목적으로 부족한 수행에 대해 그럴듯한 변명을 하는 것(시험 전날 밤에 내 친구들이 나에게 함께 파티에 가자고 해서 나는 시험에서 떨어졌다.)

지나친 자기통제excessive self-control 개인이 의식적으로나 무의식적으로 정서적 충동을 통제하기 위해 의지력을 발휘하는 방어기제

합리적 정서행동 치료rational emotive behavior therapy 정서적 불안을 야기하는 신경증 환자의 잘못된 신념을 확인하고, 도전하며, 더 건설적이고 이성적인 방법으로 생각하고 행동하도록 하는 인지재구성치료

합리화rationalization 사람들이 행동에 대해 그럴듯하지만 부정확한 변명을 하면서 불안을 피하는 방어기제

추천 도서

Horney, K. (1937). *The neurotic personality of our time*. New York: Norton.

Horney, K. (1945). *Our inner conflicts*. New York: Norton.

Horney, K. (1950). *Neurosis and human growth*. New York: Norton.

CHAPTER 06

에릭슨의 정신역동적 자아 심리학

에릭슨의 생애

에릭 함버그 에릭슨(Erik Homburger Erikson)은 1902년 독일의 프랑크푸르트 근교에서 태어났다. 그의 부모는 덴마크인이었다. 그는 자신이 태어나기도 전에 그와 어머니를 버린 친아버지에 대해서는 전혀 알지 못했다. 에릭슨은 그의 부모님이 별거 중임에도 법적으로는 결혼을 유지했다고 말했지만, 에릭슨의 일대기를 쓴 한 전기 작가는 그렇게 생각하지 않았다. 그는 에릭슨이 사생아였을 가능성이 있다고 보았다(Roazen, 1976, p. 96). 어찌됐건 남편에게 버림받은 직후 그의 어머니는 덴마크를 떠나 친구들이 있는 독일로 가서 출산을 준비하였다.

에릭슨이 태어난 지 얼마 후 어머니는 잔병치레를 하는 에릭슨을 데리고 유대인 소아과 의사인 테오돌 함버그(Theodor Homburger)를 찾아갔다. 어머니와 의사는 곧 친구가 되었고, 결국 사랑에 빠져 결혼을 하였다. 에릭슨은 새 아버지의 성을 가지게 되었으며, 그의 집에서 함께 살게 되었다. 에릭슨이 새로운 생활에 적응하고 편안하게 지낼 수 있도록 그의 어머니와 새아버지는 친아버지가 그를 버렸다는 사실을 함구하기로 하였다. 그럼에도 불구하고, 그는 머지않아 무언가 이상하다는 것을 알아차렸다: 어머니와 아버지는 분명 유대인인데, 자신의 신체적 특징은 푸른 눈에 금발인 스칸디나비아인과 더 닮아 있었던 것이다. 게다가 그는 부모님이 다니는 유대인 사원의 구성원들에게는

goy(유대인이 아닌 사람)라 불렸고 학급친구들에게는 유대인이라 불렸는데, 이는 그가 가진 정체성의 혼란을 더욱 증폭시켰다. 이후 그가 자신의 천성(유전)에 대한 진실을 알게 되었을 때, 정체성 위기는 더욱 악화되었다. 비록 그는 성인이 될 때까지 새아버지의 성을 유지하였지만, 결국에는 에릭슨이라는 성을 가지게 되었는데, 그 이유에 대해서는 아직까지 알려진 바가 없다—아마 자신이 스칸디나비아인의 천성을 갖고 있다는 것을 확고히 하고 자신을 버린 덴마크인 아버지에게서 태어났다는 정체감을 확립하기 위해서였을 것으로 추측된다(Roazen, 1976, pp. 98–99).

그의 초기 생애는 모든 면에서 평화로웠다. 에릭슨은 6세에서 10세까지 초등학교를 다녔고 18세까지 인본주의를 지향하는 김나지움(대략 오늘날의 고등학교와 비슷한)을 다녔다. 하지만 그는 그곳의 엄격하고 형식적인 교육환경에 잘 적응하지 못하였고 우수한 학생도 아니었다(Coles, 1970. p. 14). 그는 일생 동안 형식적인 교육에 대해 혐오감을 가졌으며, 대학졸업 학위도 받지 않았다.

졸업 후 그는 의사가 되라는 새아버지의 청을 거절하고 집을 떠나 유럽을 돌아다녔다. 그곳에서 그는 친구들과 가족에게 간섭받지 않고 자유롭게 자기 자신을 위한 일을 할 수 있었다. 이러한 유예기간 동안, 그는 직업 선택에 대한 고민 때문에 매우 괴로워했다. 일 년 후, 그는 집으로 돌아왔고 화가가 되기 위하여 예술학교에 등록하였다. 일 년 동안 집에 머물던 에릭슨은 또다시 스트레스를 경험하였고, 뮌헨으로 여행을 떠났다. 뮌헨에서 그는 또 다른 예술학교에 등록했다. 뮌헨에서 2년을 보낸 후 그는 플로렌스로 떠났다. 그는 그 도시를 사랑했다. 그곳에서 그는 그림 그리는 것을 그만두고 그저 그 도시를 유랑하였다; 그는 플로렌스의 문화와 역사에 관해 공부하기를 원했다. 에릭슨의 이러한 행동에 대해 그의 친구들과 부모는 의혹이나 근심어린 태도를 취하진 않았다. 다만 이들은 에릭슨을 본연의 모습을 찾아 헤매는 떠돌이 예술가로 보았을 뿐이다(Coles, 1970, pp. 14–15).

플로렌스에서의 생활을 마치고 집으로 돌아왔을 때 그의 나이는 25세였다. 그는 미술공부를 하고 생계유지로 그림을 가르치기 위해 정착할 채비를 하였다. 그러나 바로 그 시점에 에릭슨의 인생에서 운명적인 사건이 벌어졌다. 바로 고등학교 친구인 피터 브로스로부터 비엔나에 있는 작고 실험적인 미국 간호학교에서 교사로 일해 보지 않겠냐는 제안을 받은 것이다. 학교에 재직해 있는 동안 에릭슨은 안나 프로이트(Anna Freud)와 그녀의 아버지인 그 유명한 지그문트 프로이트(Sigmund Freud)를 만났고 그들과의 모임을 접하게 된다. 안나 프로이트는 성인들의 아동기 경험에 관한 정신역동적 접근에서 벗어나 아동기 경험 그 자체가 갖는 역동을 이해하고자 하였다(Coles, 1970). 에릭슨은 그녀의 선구적인 관심을 공유하였고, 마침내 그녀로부터 아동 정신분석가 훈련을 받게 된다.

비록 프로이트를 중심으로 한 정신분석 학파의 견해를 수용하긴 했지만, 에릭슨은 자신이 정신분석가로서의 삶을 살고 싶은지에 대해서는 여전히 확신이 없었다. 그는 계속해서 그림을 그리고 싶어 했다. 그러나 아동 정신분석에 대한 임상적 경험이 쌓이면서, 그는 정신분석과 예술 사이의 연결점을 발견하게 된다. 이후 그는 아동의 꿈과 놀이가 중요한 시각적 이미지를 포함하고 있으며, 이 이미지들이 이후 치료 장면에서 언어로 변환되는 것을 관찰하게 된다(Coles, 1970, pp. 22-23). 프로이트 본인 역시 정신분석이 예술에 적용되는 것에 점점 관심을 갖기 시작했고, 이는 에릭슨에게 깊은 인상을 주었다(Coles, 1970, p. 24). 에릭슨은 새로운 직책을 맡게 되었고, 이로 인해 그는 정신분석가를 자신의 직업으로 삼는 것에 대해 진지하게 고민하게 되었다. 한편, 한 연회장에서 그는 캐나다계 미국 여성인 존 세르슨을 만나 사랑에 빠졌고, 몇 달 후 그들은 결혼하였다. 그는 4년에 걸친 비엔나 정신분석 단체에서의 훈련을 마치고 1933년에 회원으로 선출되었다.

그 해에 그는 아내와 두 아들을 데리고 미국 보스턴에 정착하였다. 매사추세츠에서 첫 번째 아동 정신분석을 실시하였고, 이후 하버드 의대, 매사추세츠 병원, 하버드 심리 클리닉에서 일하였다. 그의 사고방식과 전문성의 발달은 대부분 하버드 지적 공동체 구성원이었던 인류학자들(Margaret Mead, Gregory Bateson, Ruth Benedict, Scudder Mekeel)과 심리학자들(Kurt Lewin, Henry Murray, Lawrence Frank)의 영향을 받은 것이다. 1936년, 에릭슨은 캠브리지를 떠나 뉴헤이븐으로 향했고, 그곳에서 그는 예일대의 인간관계론 기관에서 일하였다. 1938년 세 번째 자녀인 딸 '수'가 태어났다. 바로 그 해 에릭슨은 그의 인류학자 동료와의 대화에 자극을 받아, 아메리카 원주민인 Sioux 족의 아이들을 관찰하기 위해 사우스다코타주의 인디언 보호구역인 Pine Ridge Reservation으로 갔다.

1939년, 에릭슨은 캘리포니아로 이주하였다. 그곳에서 그는 버클리의 캘리포니아 대학 부설 아동복지 기관과 제휴한 후 아동 정신분석을 계속해 나가면서 자라나는 아동의 희망, 공포, 투쟁, 성장, 성취를 탐색하기 위해 "실험적 놀이 상황"을 고안하였다. 실험적 놀이 상황을 통해 그는 삶의 과정에서 발생하는 중대한 사건에 대해 이해하고자 하였다. 이 기간 동안, 그는 또 다른 아메리카 원주민인 Yurok족의 아이들을 관찰하기 위해 북쪽으로 떠났다. 이러한 인류학적 작업을 통해, 그는 원주민들이 자신들의 욕구를 표현하기 위해 의례(rituals)와 의식(ceremonies)들을 통합했다는 것을 알게 되었고, 때문에 이들이 야만적이거나 병리적인 것이 아니라는 것 또한 알게 되었다. 다만 그들의 의례와 의식은 우리 문화권의 것들과 차이가 날 뿐이다. 에릭슨은 또한 몇몇 분석가들처럼 그들의 행동을 신경증적 또는 항문기 고착행동이라고 낙인찍어 버리는 것을 거부하였다; 그는 원주민들의 의례적인 행동(ritualistic behavior)이 오직 초기 아동기 때 해결되지 않은 배변훈련 갈등에 의해서만 설명될 수 있다는 의견에 동의하지 않았다. 대신에 그는 Yurok족과 Sioux족이 우리 문화와 유사한 사회적 위기를 경험하고 있으며, 이러한 위기를 성공적으로 해결하는 것이 이들을 강하게 하고 심리적 건강으로 이끈다고 보기 시작했다(Evans, 1967, p. 62). 이러한 인류학적 경험을 통해 에릭슨은 유아 성욕을 중심으로 한 프로이트 이론의 한계를 인식하고 자아의 발달에 대한 보다 정상적인 생애를 다룬 이론에 주목하게 되었다. 그는 개인의 발달이 모든 인간에게서 공통적으로 나타나는 어떤 연속적인 단계를 거침으로써 이루어진다는 자아 발달 이론을 받아들였다.

1950년에 에릭슨은 『아동기와 사회(*Childhood and Society*)』를 출판하였고, 이 책은 그를 인정받는 자아 심리학의 선두주자로 이끌었다. 이 책에서 에릭슨은 인간 발달에 대한 이론을 제시하였다. 그의 이론은 수년에 걸친, 본인의 종단적 문화 연구와 임상적 경험을 기반으로 하였다. 그는 이 책에서 다양한 발달 단계들이 어떻게 진행되고, 자아의 변화와 성장 및 무수히 많은 경험들의 통합이 어떻게 이루어지는지를 설득력 있게 보여 주었다. 또한 그는 광범위한 역사적, 사회문화적 맥락 내에서 유아 성욕의 근본적인 논제를 분석함으로써 유아 성욕을 다룬 프로이트의 이론을 확장시켰다. 간단히 말하면, 에릭슨은 최초로 정신분석을 역사와 인류학에 통합시키고자 한 학자였다.

『아동기와 사회』 출판 당시 에릭슨은 캘리포니아 대학 본부와 평위원회 사이에서 벌어진 정치적 공방에 연루되었다. 히스테리적인 반공산주의 분위기 속에서, 평위원회는 모든 회원들에게 '자신은 공산당원이 아니며, 폭력적인 정부 타도를 옹호하는 정당이나 단체에는 그 어떠한 지원도 하지 않겠다.'는 서약서에 서명하도록 하는 결의안을 통과시켰다. 대담하게도 에릭슨은 이 서약서에 서명하는 것을 거부하였다. 대신에 그는 대학에서 맡은 보직에서 물러나고, 현 상태를 설명하기 위한 글을 적어 미국 정신분석학회의 구성원들에게 공표했다.

> 친애하는 여러분
>
> 위원회의 동료들이 이 글을 자유롭게 읽을 수 있도록 저에게 특권을 주신 것에 대해 깊은 감사를 드립니다. 저는 여러분이 저에 대해 궁금해 하시는 의문점들과, 제가 말하는 것들 중 분명하게 해야 할 것에 대해 그 어디에도 숨지 않겠습니다. 저는 이 나라는

물론 해외의 공산주의 정당 그 어디에도 가입되어 있지 않으며, 가입한 적도 없습니다. 제가 이렇게 말하면, 아마 누군가는 '아니라고 하는데 그냥 넘어가는 것이 어떻겠느냐' 고 말할 수도 있을 것입니다. 그렇게 하는 편이 중요한 저명인사의 체면을 보호하고, 집단 히스테리를 가라앉히는 데에 도움을 주며, 아무도 다치게 하지 않으니까요. 이에 대해 저는 심리학자로서 답하고자 합니다. 저는 '아니라고 해서 그냥 넘어가는 행동'이 현재로서는 중요한 사람을 보호하는 것이 되지만, 장기적으로는 훨씬 더 중요한 사람들, 바로 학생들을 다치게 한다고 생각합니다. 그 동안 캘리포니아 대학 본부의 학문적 자유에 대해 너무도 많은 말들이 있었습니다. 저는 소위 "통합"이라는 것으로부터 야기된 위험이 학생들에게 영향을 미칠까 우려됩니다. 많은 학생들에게 있어서, 학문에 쏟은 시간은 사상과 이론에의 접촉을 의미합니다. 이러한 접촉은 그들로 하여금 논점의 양면을 보는 것과 더불어 자신이 내린 결론에 결단력 있는 결정을 내리고, 논점을 이해함과 동시에 확신을 가지고 행동하는 법을 가르치는 사람들과의 유일한 만남을 뜻합니다. 젊은이들은 어떤 사안에 대해 정당한 의혹을 가지고 있으며, 놀랄 만한 안목이 있습니다. 학생들에게 분별력 있게 생각하고, 자발적으로 행동하도록 가르치는 사람은 '반드시 정치적인 시험을 거쳐야 하고, 암묵적으로 정권과 관련하여 그들이 한 서약의 타당성을 묻는 문서에 서명해야 하며, "약속한 바"를 폐지하여 그들이 스스로와 다른 사람들에 대해 영원히 의심해야 하는지를 불확실하게 만들고, 그들이 너무나도 잘 알고 있는 객관적 사실이 규정하기 힘들다는 것을 고백해야 한다.'는 사실. 저는 이 사실들이 학생들에게 아무런 영향도 미치지 않는다고 생각하지 않습니다. 우리 같은 나이 든 사람들은 이런 사실들을 그저 웃고 넘길 수 있을지도 모릅니다. 그러나 젊은 사람들, 특히 교육자가 되고 싶어 하는 조금 더 중요한 학생들에게 있어서, 이러한 사실들은 생각의 발전을 위해 반드시 필요한, 깊고 근본적인 의심들과 "공적인 진실" 사이의 위험한 균열을 만들어낼 것입니다.

그러므로 제 능력에 닿는 한 저의 맡은 바 최선을 다할 것을 맹세하며, 저는 제 양심이 이 문서에 서명하도록 허락하지 않는다고 감히 말씀드리는 바입니다. (Coles, 1970, pp. 157-158)

1951년 에릭슨은 동쪽으로 이주하였고, 정신분석 훈련 및 연구 기관인 매사추세츠의 스톡브리지 Austen Riggs Center에서 일하였다. 1958년, 그는 신학자 마틴 루터의 생에 대한 심리학적 접근을 다룬『청년 루터: 정신분석과 역사 연구(*Young Man Luther: A Study in Psychoanalysis and History*)』를 발간하였다. 그의 책은 학생뿐만 아니라 심리학자, 사학자, 정신과 의사, 문화인류학자, 철학자 및 신학자에게 점점 더 많은 관심을 받게 되었으며, 전 세계 대학들로부터 강연 요청이 쇄도하였다(Coles, 1970, p. 255).

1960년 에릭슨은 하버드로 다시 돌아왔으며, 학부생에게 매우 인기를 끈 강좌인 "개인의 생애주기"를 가르쳤다(에릭슨에 따르면 그의 학생들은 이 수업에 "요람에서 무덤까지"라는 별명을 붙였다). 에릭슨은 1970년 은퇴할 때까지 하버드에 머물렀다. 이 시기에 그가 집필한 주목할 만한 저서로는『통찰과 책임(*Insight and Responsibility*)』(1964),『정체감: 젊음과 위기(*Identity: Youth and Crisis*』(1968), 인도의 비폭력적 지도자인 마하트마 간디의 생애에 대해 훌륭하게 설명한『간디의 진실(*Gandhi's Truth*)』(1969)이 있다. 그는 이 책으로 퓰리처상과 미국 내셔널 북 어워드를 수상하였다. 그의 또 다른 저서로는『공통 견해의 탐색(*In Search of Common Ground*)』(1973),『새로운 정체감의 차원: 인간성에 대한 1973년 Jefferson의 강연(*Dimension of a New Identity: The 1973 Jefferson Lectures in the Humanities*)』(1974),『생활사와 역사적 순간(*Life History and the Historical Moment*)』(1975),『장난감과 이성: 경험의 의식화 단계(*Toys and Reasons: Stage in the Ritualization of Experience*)』(1977),『정체감과 삶의 주기: 재발행(*Identity and the Life Cycle: A Reissue*)』(1979),『완벽한 삶의 주기(*The Life Cycle Completed*)』(1982),『노년기의 필수적 관여(*Vital Involvement in Old age*)』(1986)가 있다.

1978년 에릭슨은 하버드에서 명예박사 학위를 수여받았고, 1982년에 생애주기에 관한 학제 간 연구 포럼을 위해 Erik H. and Joan M. Erikson Center를 설립하였다. 1994년 타계할 때까지, 그는 미국에서의 다양한 집단 상담과 집필활동을 통해 자신의 전문성을 펼쳐 보였다. 그는 매사추세츠 하윅의 한 양로원에서 생을 마감했다. 에릭슨의 부인은 세계 각국으로부터 그의 죽음에 대한 애도의 뜻을 전하는 편지를 받았다. 당시 미국의 대통령이었던 빌 클린턴은 에릭슨의 심리학자로서의 전문적 기여를 매우 찬사했으며, 그가 "이 세상의 엄청난 변화를 이끌었다"고 평하였다(Wallerstein, 1995, p. 174).

개념과 원리

자아 심리학: 진일보된 정신분석적 관점

정신분석에 대한 에릭슨의 이론적 관점은 성격기능으로서의 자아의 역할에 대한 프로이트의 관점을 체계적으로 확장시키고 이를 진일보시킨 것으로 대변된다. 프로이트는 자아가 강력한 원초아에 종속되어 작동하는, 상대적으로 약한 힘을 가진 성격구조라고 보았다. 이러한 프로이트의 관점에서 자아의 기능은 주로 도덕적 처벌을 하는 초자아의 기준에 반하지 않는 수준에서 현실적인 배출구를 찾거나, 충동을 대체할 만한 안정적인 대상이 없을 때 원초아의 욕구를 억제함으로써 개인의 생물학적 욕구를 만족시키는 것으로 생각되었다.

이러한 전통적인 관점과는 대조적으로, 에릭슨은 자아가 종종 원초아와는 독립적으로 감정과 동기를 작동시킨다고 주장하였다. 그의 관점에 따르면, 자아의 기능은 본능적인 방어의 역할도, 생물학적 충동을 통제하는 역할도 아니니다. 대신에, 자아는 개인을 둘러싼 유혹들에 대하여 건설적으로 조절하도록 돕는 기능을 한다. 이러한 새로운 관점은 사회와 관련된 자아 기능의 연구를 통해 확장되었다. 이는 성격에 관한 보다 긍정적인 관점을 제시하는 것으로, 즉 자아가 개인으로 하여금 외부환경의 유혹과 더불어 내적 갈등을 해결하도록 돕는 기능들을 체계화하고 이들을 통합한다고 보는 것이다. 이러한 정교한 틀을 통해 볼 때, 자아는 심리적 건강을 증진시키기 위해 작동하는 강력한 성격구조이다.

그러므로 **자아 심리학**Ego psychology은 성격의 기능을 결정함에 있어서 생물학과 심리사회학의 통합을 강조한다. 이는 사람들이 연속적인 발달과업에 직면하는 독특한 대인관계적, 문화적, 역사적 맥락에 초점을 두게끔 한다. 에릭슨의 관점에서, 각 문화는 개인들로 하여금 자신이 직면한 위기를 해결하도록 도움으로써 그들의 자아가 보다 강해지도록 하는 독특한 방법을 지니고 있다. 따라서 에릭슨의 이론은 개인이 발달과정에 내재하는 위기를 해결할 때 나타나는 강한 자아 정체감에 초점을 둔다.

점성 원리

에릭슨은 프로이트가 주장한 것처럼 인간 발달이 점성 원리에 의해 지배된다고 보았는데, **점성 원리**epigenetic principle란 발달이 미리 결정된 단계에 따라 모든 인류에게서 보편적이고 연속적으로 나타난다고 보는 관점이다. 그러나 프로이트와는 달리, 그는 자아의 성장과 긍정적인 기능을 강조하였다. 자아의 발달은 전 생애를 거치면서 나타나는 것으로, 초기 아동기에만 국한된 것은 아니다. 에릭슨은 인간의 성숙과정에 대해 다음과 같은 관점을 취하였다. "개인은 어디에서든 앞으로 나아가고, 의식적으로 환경을 지각하며, 확장된 사회적 환경에서 타인과 상호작용하고자 하는 준비성을 가지고 있다. 또한 원칙적으로 사회는 상호작용을 위한 잠재력의 연속적인 단계들을 불러일으키고, 이러한 단계들의 연속이 적당한 속도로 적절하게 나타나도록 조장한다"(Erikson, 1963, p. 270).

에릭슨에 따르면, 각 단계는 특히 심리사회적 **위기**crisis나 전환점—하나 또는 그 이상의 불가피한 결정적 전환이 필요한 시기—에 의해 특징지어진다(Erikson, 1964, pp. 138–139). 각 단계에서 나타나는 위기들은 발달의 진전과 퇴보를 결정짓는다. 에릭슨은 인간 본성에 대하여 낙관론적 관점을 가졌는데, 그는 인간의 본성이 문제해결에 있어서 강한 자아 정체감을 갖도록 하는 방식을 지향한다고 보았다. 그는 "인간의 성장과정은 삶의 단계에 대해 사회에서 용인되는 지배적인 개념들에 따라 사회가 새롭고 구체적인 기회들을 제공할 때 힘을 얻으며, 그러므로 발달적이고 사회규범적인 이러한 위기들은 강압적이고, 신경증적이고, 심리적 외상(trauma)을 남기는 위기들과는 다르다(Erikson, 1968b, pp. 162–163)"고 주장하였다. 이러한 위기들이 만족스럽게 해결될 지의 여부는 개인의 심리사회적 경험의 질에 달려 있다. 또한 이는 여러 경험들을 분석, 통합하고 능력과 기술들을 활용하려는 개인의 능동적인 노력들과도 관련된다. 따라서 에릭슨은 개인을 외부의 힘에 좌우되는 수동적 존재로 보지 않았다. 오히려 그는 개인을 자신의 경험을 다루기 위해 건설적이고 성장을 촉진시키는 방향의 능동적 탐색을 하는 존재로 보았다.

각 위기의 긍정적인 해결은 자아를 점진적으로 강하게 만들지만, 부정적인 해결은 자아를 약하게 한다. 개인이 한 단계에서 긍정적인 해결을 하면, 그 다음 단계에서도 위기를 해결할 수 있는 기회가 확장된다. 반대로, 주어진 단계에서의 위기를 잘 해결하지 못하면 이후 다가올 단계에서 성공적으로 적응할 기회가 감소된다. 그러므로 이러한 단계들은 서로 밀접한 관련이 있으며, 상호의존적이다(Erikson, 1963, p. 272); 각 단계는 앞선 단계들이 축적되어 나타난다. 또한 어떤 위기가 처음 나타난 그 단계에서 한 번 성공적으로 해결되었다고 해서 개인이 전 생애 동안 끊임없이 성공적 행보를 나타낸다는 의미는 아니다. 개인이 획득한 자아강도는 다음 단계에서 지속적으로 나타나고, 건설적인 방법으로 개인의 행동에 영향을 미친다. 비록 다음 단계에서 동일한 문제가 재발하여 개인이 이를 다시 해결해야 한다 할지라도, 더욱 강하고 보다 긍정적인 해결방법이 이를 다룰 수 있도록 한다. 그러나 이후 단계를 진행하는 동안 개인이 새로운 문제에 직면하게 되면서 앞서 해결되었던 문제들이 또다시 나타날 수도 있다. 이러한 문제들의 해결에 실패하게 되면 자아강도는 감소되고 만다(cf. Cramer, 2004, p. 281).

자아강도를 기술하기 위해 에릭슨은 **덕목**virtue이라는 용어를 사용하였는데, 그 의미는 "내재하는 강도 또는 활동의 질"이다. 덕목은 다양한 발달 단계에서의 위기를 성공적으로 해결하였을 때 나타나는 인간의 자질 또는 강도이다(Erickson, 1964 p. 113). 에릭슨의 관점에 따르면, 각 단계는 개인에게 독특한 강도 또는 덕목을 확립할 기회를 제공한다. 하지만 각 덕목을 확립했다고 해서 이것이 영원히 지속되는 것은 아니며, 발달 과정 동안 개인이 새로운 갈등에 휘말리지 않게 된다는 의미도 아니다(Erickson, 1963, pp. 273–274). 마지막으로, 위기해결을 전적으로 긍정적 혹은 부정적이라 볼 수는 없다(Evans, 1967, p. 15); 오히려 각각의 갈등해결은 사건과 인간에 대한 긍정적 혹은 부정적 학습을 수반한다. 긍정적 위기해결은 긍정적 학습이 부정적 학습보다 높은 비율을 차지할 때 발생한다.

성격발달

자아 발달 단계

에릭슨은 자아가 8단계를 거쳐 발달한다고 제시하였다. 초기 네 단계는 프로이트의 구강기, 항문기, 남근기, 잠복기를 거의 유지하고 있지만, 프로이트가 이 네 단계에서 갈등의 근원으로 성욕을 강조한 것에 반해 에릭슨은 이를 덜 강조하였으며, 개인의 사회적 경험에 더욱 초점을 두었다. 에릭슨의 이론에서도 유지되는 이 네 단계는 다소간 프로이트 이론에 기반한다.

표 6.1에 여러 발달 단계들에 대한 도식을 제시하였다.

표 6.1 자아 발달의 8단계

단계	추측연령	자아위기	자아강도
1. 구강-감각기	출생~1세	기본적 신뢰 대 불신	희망
2. 근육-항문기	2~3세	자율성 대 수치심과 의심	의지
3. 운동-생식기	4~5세	주도성 대 죄책감	목적
4. 잠복기	6~12세	근면성 대 열등감	능력
5. 청소년기	13~19세	정체감 대 역할 혼미	충실
6. 초기 성인기	20~24세	친밀감 대 고립	사랑
7. 성인 중기	25~64세	생산성 대 침체	배려
8. 성인 후기	65세~죽음	자아 통합 대 절망	지혜

출처: Erikson, 1950, 1963

구강-감각기: 기본적 신뢰 대 불신

첫 번째 단계는 프로이트의 구강기와 거의 일치하며, 생애 첫 일 년 동안 발생한다. 감각의 즐거움은 구강에 집중되며, 중점적인 활동은 수유이다. 영아는 입을 통해 생존하고, 입을 통해 대상과 사랑을 나눈다. 어머니는 보통 아동의 요구 충족을 담당하는 주요 인물이며, 아동의 건강한 발달은 어머니가 제공하는 양육의 질에 달려 있다. 아이의 양육에 대한 어머니의 태도는 그녀가 현재 살고 있는 사회에 의해 조성된다. 만약 사회가 '어머니'의 지위를 격하시키면 양육자는 자신의 역할에 분노할 것이다; 만약 사회가 '어머니'의 미덕을 칭송하고 극찬한다면, 양육자의 태도는 건강하고 건설적일 것이다.

에릭슨의 관점에서, 어머니가 애정 있고 일관된 방식으로 행동한다면 영아는 **기본적 신뢰**basic trust를 발달시킨다. 상호작용을 통해, 영아는 어머니의 형상, 감촉, 음성, 심지어는 체취를 통해 어머니를 인식하게 된다. 이러한 모든 감각들은 두 사람 사이의 상호작용의 일부이다. 영아의 첫 번째 사회적 성취는 불안해하지 않고 기꺼이 어머니를 자신의 시야에서 벗어나도록 해주는 것이다. 이는 어머니가 다시 돌아와서 자신을 먹이고 보호할 것이라는 내적 확신이 있어야만 가능한 일이다. 이와 같은 확신은 자아 정체감의 기본을 제공하는데, 자아 정체감은 '사람은 믿을만하다'는 영아의 인식으로부터 발생하기 때문이다(Erikson, 1963, p. 247). 어머니와 유아 사이에서 발달하는 기본적 신뢰감은 전적으로 한 쪽에 의해서만 나타나는 것이 아니다; 이는 진정한 상호작용의 경험이다. 유아에 대한 어머니의 믿음만이 아동에게서 신뢰를 조성하는 것은 아니다; 유아 역시 어머니가 자신을 신뢰할 수 있을 만한 방식으로 행동한다. 유아는 치아가 나기 시작하면 깨물고 싶어 한다. 하지만 유아는 어머니가 화나고 아파하지 않도록, 깨무는 행동을 하지 않는 방법을 배워야 한다. 만약 유아가 이를 적절하게 배운다면 어머니는 아이를 신뢰할 것이고, 양자가 모두 편안함을 느끼고 즐거움을 경험할 것이다.

반대로 어머니가 믿을 수 없거나 냉담하고 거부적인 방식으로 행동한다면 **기본적 불신**basic mistrust이 발생한다. 어머니가 부족한 신뢰와 비양육적 태도를 보이면 유아는 좌절감과 분노, 격분을 느끼며, 더 요구적으로 되거나 예측할 수 없는 방식으로 행동하게 된다. 박탈감 또한 불신의 잔여물을 만들며, 이는 이후의 발달과정에 영향을 미친다. 만약 어머니와 함께하는 상호작용의 경험이 전반적으로 긍정적이라면, 유아는 타인에 대해 신뢰하는 태도를 가지게 된다. 그러나 건강한 사람은 전적으로 타인을 믿기만 하지는 않는다; 사람을 무조건적으로 믿는 사람은 지나치게 순진하여 남의 말을 잘 믿고 타인에 의해 쉽게 상처받는다. 따라서 어느 정도의 불신은 건강한 것이다. 이 세상에는 위험한 사람들도 있으며, 생존보장을 위해서는 신중해질 필요가 있다.

만약 이 단계에서 위기가 긍정적으로 해결되어 신뢰가 생성되면, 그 결과 자신감과 **희망**hope이 형성된다. 생애 첫 단계에서 희망이 확립되기 시작하면 이후 새로운 압력이나 갈등이 발생하더라도 이러한 희망을 유지할 수 있으며, 추후 긍정적 경험을 통해 이러한 희망은 견고해질 수 있다. 에릭슨에 의하면, 사회는 종교적 관습을 통해 신뢰를 강화하고 이를 영속하기 위한 기회를 제공한다. 그의 관점에서, 신뢰는 신앙을 수용하는 것이다. 프로이트는 종교는 우리가 현실을 건설적으로 받아들이지 못하게 하는 해로운 망상이라고 생각했지만, 에릭슨은 종교적 관습을 "어린아이와 약자들에게 세상에 대한 지속적인 희망을 제공하고자 하는 성인의 욕구를 결연하게 표현한 것"이라고 보았다(Erikson, 1964, p. 153). 그러나 조직화된 종교에 대한 에릭슨의 생각은 전적으로 긍정적이지만은 않았다. 그는 교회가 자신들의 권력 강화를 위하여 인간의 가장 순수한 노력을 이용한다는 것을 인식하였다(Erikson, 1964, p. 153).

근육-항문기: 자율성 대 수치심 및 의심

에릭슨의 두 번째 단계는 프로이트의 항문기와 밀접한 관련이 있으며, 2~3세 동안 발생한다. 이 시기 동안, 아동의 근육은 성숙하여 스스로 운동을 통제하는 것을 배우기 시작한다. 이때가 바로 우리 사회에서 배변훈련이 이루어지는 시기이다. 아동들은 괄약근을 조절하는 방법을 배워야 하는데, 이를 통해 그들은 더러운 것을 버릴 때 사회에서 적절하다고 생각되는 방식을 따르게 된다. 에릭슨은 배변 욕구를 참을지 아니면 즉시 해소할지에 대한 강렬한 갈등이 모든 사회에서 발생하는 것은 아니라고 하였다. 예를 들면, 많은 농경사회에서 부모는 아이의 배변 신호를 무시하며, 나이든 아동이 걸음마 아기를 데리고 덤불 속으로 데려가 배변하도록 한다. 유아는 나이 많은 아동의 행동을 모방함으로써 이러한 행동을 배운다. 그러나 에릭슨에 따르면 우리 사회에서 이러한 상황은 커다란 갈등을 야기하는데, 왜냐하면 우리는 항상 깨끗한 환경, 시간을 지키는 행동, 악취 없는 몸을 이상적으로 생각하기 때문이다(Erikson, 1968b, pp. 107-108). 따라서 아동들은 이러한 것들을 따르도록 강요받으며, 이는 아동의 의지와 부모의 힘 사이의 갈등을 야기한다. 역설적이게도 그 전 단계에서 부모와 세상을 신뢰하라고 배웠듯이, 이제 아이들은 자신의 독립성을 어떻게 주장할 것인지를 배워야만 한다. 그들은 스스로 그들이 할 수 있는 것들을 확립하기 위해 고집도 부릴 줄 알아야 하고, 자신을 믿고 위험을 감수할 수도 있어야 한다(Evans, 1967, p. 19).

만약 부모가 아이의 행동을 점차적으로 그리고 확고하게 잡아 준다면 **자율성**autonomy과 자기통제감이 발달한다. 이것이 두드러지게 나타나면 아동은 자신의 수행에 대한 자부심의 증가를 경험하게 되고 타인에 대한 긍정적 감정을 가지게 된다. 이때 나타나는 덕목은 **의지**will인데, 이는 "자기통제처럼 자유로운 선택권을 행사하기 위한 흔들리지 않는 결정"(Erikson, 1964, p. 119), 즉 판단과 결정을 내리는 힘의 점진적인 증가로 정의된다.

만약 이 시기 동안 부모가 지나치게 허용적이거나 엄격하고 요구적이라면, 아동은 패배감을 경험하게 된다. 이는 자신의 삶에서 효과적인 판단을 내리고 통제력을 행사하는 것에 관한 자신의 능력에 대한 **수치심과 의심**shame and doubt을 만들어 낸다. 그 결과 강박적인 행동을 통해 통제감을 되찾으려는 신경증적 시도가 나타날 수도 있다(Erikson, 1963, p. 252).

자신의 삶에서 통제감을 발달시킨 사람들은 이후 사회의 법률기관을 지지하는 경향이 있는데, 이 기관들이 법의 집행에 있어서 공정하다고 보기 때문이다. 그들은 오직 법을 고수하는 것을 통해서만 그들과 타인의 자유, 독립 그리고 정당한 존엄성을 지킬 수 있다고 생각한다(Erikson, 1963, p. 254).

운동-생식기: 주도성 대 죄책감

세 번째 단계는 4~5세에 나타나며, 프로이트의 남근기와 유사하다. 만약 이전 단계에서 갈등 해결이 성공적으로 이루어졌다면, 아동들은 이제 자신들만의 권리를 가지고 있음을 느끼게 된다. 세 번째 단계에서 그들의 **주도성**initiative은 절정을 이루며, 이때 그들은 앞으로 자신이 어떤 사람이 되어야 할지를 탐색해야만 한다(Erikson, 1968b. p. 115). 이 시기의 아동은 부모, 친구, 그리고 주변에 대해 호기심을 갖게 된다. 신체가 보다 발달함으로써 이제 아동들은 더욱 자유롭게 움직일 수 있으며, 그들은 가족 구성원들의 울타리를 넘어 보다 더 많은 사람들과 독립적으로 접촉한다. 그들은 또래와 함께 놀이를 하거나 다른 경험적 활동에 참여한다. 아동들의 언어는 세련되고, 무수히 많은 것들에 대해 쉴 새 없이 질문한다. 그들은 매우 적극적으로 상상하며, 어른이 된다는 것에 대한 환상을 가진다. 또한 성인들의 역할을 해보려는 시도로 다양한 놀이 활동을 한다(Erikson, 1968b. p. 115).

이 시기의 아동들은 흔히 어른들을 거슬리게 한다. 프로이트와 마찬가지로, 에릭슨은 그들이 환경을 탐구하고 새로운 역할을 시도하는 것을 넘어서 성과 관련된 것들에 지나친 관심을 가진다고 생각하였다. 그들은 동성 부모를 향한 경쟁을 느끼는 동시에 이성 부모를 소유하고자 하는 시도를 한다(보다 넓은 의미에서는 이러한 환상을 갖는 것도 포함된다). 이는 발달적으로 진전된 것이라 볼 수 있는데, 만약 아동이 이러한 발달적 진전에 대해 심한 처벌을 받게 된다면 **죄책감**guilt을 갖게 될 것이다. 반대로 부모가 이러한 행동을 이해하고, 아동의 동기와 욕망이 사회적으로 수용 가능한 활동으로 나타나도록 이끌어 준다면 **목적**purpose이라는 덕목을 발달시키게 된다. 이 덕목은 크고 깊은 생각과 부모와의 동일시를 포함하며, 삶의 주요 목적을 세우도록 한다.

놀이 활동은 이러한 목표들이 발달하는 데에 큰 영향을 미친다. 아동들은 놀이를 통해 엄마나 아빠가 되기도 하고, 의사나 간호사, 교사, 우주 비행사, 소방관 등을 따라 하면서 성공한 사람이 된 척하기도 한다. 에릭슨은 이러한 활동이 단순한 놀이는 아니라고 주장하였다. 이러한 활동들은 갈등과 목적을 포함하고 있다. 어떤 것을 이해하기 위해서 아동은 그것을 구조화하고 이를 스스로에게 맞게 재구성해야 한다. 이러한 역할들을 "훈습"하는 과정에서, 그들은 미리 자신의 미래에 대한 판단을 하기 시작한다 (Erikson, 1977, pp. 34–46).

잠복기: 근면성 대 열등감

에릭슨 이론의 네 번째 단계는 6~12세 동안 진행되며, 프로이트 이론의 잠복기와는 다소 차이가 있다. 이 시기 동안에는 성적 욕구 및 감정이 소강상태를 보이며, 아동은 가정에서 벗어나 학교나 야외에서 더 많은 시간을 보낸다(Erikson, 1963, p. 258). 잠복기는 새로운 기술을 배우고 여러 가지 것들을 성취해 가는 시기이다. 아동은 **근면성** industry을 발달시키는데, 이는 여러 일들을 완수하는 방법을 학습하느라 여념이 없음을 뜻한다(Evans, 1967, p. 28). 교사는 아동들의 삶에서 중요한 존재가 된다; 교사는 사회에서 요구하는 기술을 가르침으로써 아동이 미래와 직업에 대비토록 한다.

이 시기에 발생할 수 있는 위기는 아동이 새로운 것을 배우는 데 실패하는 것으로, 그 결과 **열등감**inferiority이 나타나게 된다. 이와 같은 학습 실패는 이전 단계의 갈등이 충분히 해결되지 않았기 때문이다. 아동은 새로운 것들을 알아가는 것보다 아직까지도 어머니와 함께 있는 것을 더 원할 수 있다; 혹은 자신보다 더 강하고 능력 있는 아버지와 그렇지 않은 자신을 여전히 비교하고, 이로 인해 극심한 무능력감을 경험할 수도 있다. 에릭슨의 이론에서, 부모는 고된 학교 환경에 아이들을 점진적으로 대비시키고 장래 그들의 맨토를 신뢰할 수 있도록 격려함으로써 이러한 감정이 최소화되도록 도울 수 있다. 에릭슨은 아동의 강한 자아 발달을 위해서는 교사와의 긍정적인 동일시가 중요하다고 믿었다. 사회가 요구하는 가치로운 교사는 아동들이 신뢰할 수 있고, 그들을 격려하며, 그들이 할 수 있는 것들을 강점으로 이끌어 줄 수 있는 사람이다(Erikson, 1968b, p.

125). 교사의 이러한 세심한 관심으로 인해 아동들은 **능력**competence이라는 덕목을 발달시키게 되고, 이후 삶에서 그들이 직업으로 가질 역할에 대한 건강한 준비를 할 수 있게 된다.

청소년기: 정체감 대 역할 혼미

다섯 번째 단계는 13~19세 동안 나타난다. 이전 단계에서의 갈등을 적절하게 해결한 아동은 청소년기로 진입하여 자아 정체감을 발달시키게 된다. 부모는 아동들로 하여금 자신이 어떤 사람인가를 느끼도록 한다. 청소년들은 자신이 가족에 속해 있는 구성원의 일부임을 인식한다. 이와 동시에 그들은 독립심과 개인의 효능감을 싹틔우기 시작한다. 그들은 자기 자신만의 능력을 인식하고, 주도적으로 행동하며, 다양한 과제를 완수할 수 있다. 따라서 이들은 앞선 초기 단계에서의 경험에 근거한 정체감의 결과와는 다소 연관성이 낮은 사건들을 겪으면서 성인기로 진입하게 된다. 에릭슨에 따르면, 개인의 긍정적 정체감은 처벌을 받았던 사건이나 죄책감 또는 수치심을 느꼈던 사건으로 인해 형성된 부정적인 정체감과 혼합된다. 여기에는 또한 과거의 실패를 바탕으로 한 무능력감과 무능함의 느낌도 포함된다(Evans, 1967, pp. 35-36).

청소년기 동안, 아동은 앞서 자신이 했던 동일시들에 대해 의문을 가지게 되며, 이 동일시들은 자아에 의해 재구성된다. 자아는 이들을 강한 성적 감정들과 개인이 수행 가능한 사회적 역할들에 통합시킨다. 이러한 통합은 이제 자아 정체감의 형태로 나타나며, 이는 아동기 때 행해진 동일시들의 단순한 합 그 이상의 의미를 가진다. 이는 사회적 역할에 의해 제공되는 기회와 리비도의 성쇠를 모든 동일시들과 통합하는 자아능력의 누적된 경험이다. 따라서 자아 정체감은 과거부터 형성된 내적 동일성 및 지속성이 타인에 대한 개인의 의미가 지니는 동일성, 지속성과 일치한다는 누적된 확신이라고 볼 수 있다. 이는 "사회생활"에서 행해지는, 일종의 명시적 약속이다(Erikson, 1963, pp. 261-262).

정체감identity은 다면적인 개념이다. 그러나 그 바탕을 보면, 이는 다양한 심리사회적 경험으로부터 유발되는 독특성과 방향성을 인식하는 것이다. 여기서 다양한 심리사회적 경험이란 다양한 집단(가족, 교회, 학교, 또래)에 참여하면서 습득된 동일시들과 자기상(self-image)을 포함하며, 이렇게 형성된 심리사회적 경험은 자아에 의해 통합된다(Evans, 1967, p. 36). 정체감은 우리가 적절한 성적(sexual) 선택을 하고 애정을 쏟기에 알맞은 상대를 발견했다는 느낌을 포함한다. 이는 또한 우리가 구체적인 직업을 선택하고 타인에게 책임 있는 사회적 구성원으로서 인정받을 때 우리가 갖는 미래와의 연관성을 아우른다. 정체감은 대부분 우리가 생계를 유지하기 위해 하는 것들, 사회로부터 받는 지지, 학교와 국가, 문화에 대해 가지는 우리의 이상(ideal)의 내면화로 구성된다(Erikson, 1964, p. 93). 그러므로 정체감은 우리 자신, 우리가 되고자 하는 것들도 포함한다. 또한 정체감은 "우리가 되고 싶지 않은 것, 또는 우리가 되면 안 되는 것"들로 구성된다(Evans, 1967, p. 32).

정체감은 한 번에 형성되는 것도, 청소년기 내내 형성되는 것도 아니다. 그러나 청소년기는 **정체감 위기**identity crisis가 흔히 나타나는 시기이다. 이 시기는 아동기와 성인기 사이의 **유예**moratorium 기간이다. 개인은 이 시기 동안 특별한 문제를 해결하려고 시도한다. 이러한 문제가 만족스럽게 해결되지 않는다면, 또다시 정체감을 찾기 위한 혼란을 겪을 것이고 이는 자칫하면 노년기로까지 이어질 수 있다.

에릭슨은 정체감 위기가 자신이 누구이며 무엇을 해야 하는지에 대한 **역할 혼미**role confusion로 경험된다고 하였다. 많은 젊은이들에게 있어서 청소년기는 그들이 이미 자기 자신이라고 확신하고 있었던 것들과 자신이 앞으로 어떻게 될 것인지에 대한 의심과 수치심, 성적 욕구에 눈을 뜨고 신체가 급격히 성장함으로 인해 겪는 고통 때문에 힘들어하는 기간이다.

에릭슨에 의하면, 이 시기에 발생하는 가장 큰 위험은 청소년이 직업적 정체성을 결정할 만한 능력을 갖추지 못하고 있다는 점이다. 에릭슨의 이러한 주장에 대한 경험적 증거는 청소년의 의견을 묻는 설문조사 연구(Violato & Holden, 1988)에서 제시되었다. 연구자들은 많은 청소년들을 대상으로 그들의 직업, 음주, 흡연, 학점, 성적 충동, 외모와 더불어 가족과 부모, 친구들과의 관계를 포함하는 다양한 주제에 관하여 이들이 얼마나 자주 걱정을 하는지 검토하였다. 그 결과, 가장 많은 염려를 나타낸 영역은 직업과 학점이었고, 다음으로는 외모, 가족과 부모 및 친구들과의 관계, 성적 충동이었으며, 염려를 가장 적게 나타낸 영역은 음주와 흡연 순으로 나타났다(Violato & Holden, 1988, p. 106).

청소년들은 그들 삶에서 의미와 방향을 제시하는 자신만의 목표와 원칙들을 설정할 필요가 있지만, 많은 청소년들은 만족스러운 선택을 하는 것이 매우 어렵다는 것을 알게 된다. 에릭슨은 이와 같은 불안한 시기에 혼란을 겪고 있는 청소년들은 영웅과 자신을 하나로 보는 과동일시(overidentify)를 통해 그들의 정체성을 확립하고자 한다고 주장하였다.

청소년들은 서로 응집감을 갖기 위해 일시적으로 패거리나 무리의 영웅들과 과동일시

> 한다. 반면, 그들은 자신들과 피부색, 문화적 배경이 "다른" 타인들에 대해 두드러지게 배타적이고 편협하며 잔인하게 군다. 또한 타인의 옷차림이나 제스처의 사소한 면을 기준으로 그 사람이 내집단에 속하는지, 아니면 외집단에 속하는 이방인인지를 독단적으로 결정하기도 한다. 이와 같은 편협함을 **정체감 혼미에 대한 방어**로 이해하는 것이 중요하다. 삶에서 신체가 차지하는 비율이 변화하고 삶이 서로 상충하는 다양한 가능성들과 선택들 앞에 놓여 있을 때, 방어기제로의 편협함은 불가피하다. 청소년은 패거리를 형성하고 그들 스스로와 그들의 이상(ideal), 그들의 적에 대한 고정관념을 만듦으로써 그들 서로 이러한 불편을 해소하는 것을 일시적으로 돕는다. 만약 당신이 남성(여성)이고, 매력적인 사람이며 누군가와 다시 함께 삶을 시작할 수 있고, 당신이 하고자 하는 바를 성취할 수 있고, 자기 자신이 진정 어떤 사람인지를 알고 자신이 어떤 사람이 되고자 하는 지도 알고 있으며, 자기 자신을 질 나쁜 친구, 성적 파트너, 지도자, 또는 직업에 밀어넣지 않고도 스스로 올바른 결정을 할 수 있음을 확신하지 못한다면 아마도 조급해질 것이다. (Erikson, 1968a, p. 200)

에릭슨에 의하면, 많은 청소년들의 행동은 **전체주의totalism**에 의해 특징지을 수 있다. 전체주의란 개인의 가치, 믿음, 대인관계가 지니는 절대적인 경계들로 이루어진다(Erikson, 1964, p. 92). 청소년들은 지나치게 단순한 이데올로기들을 따르고 이에 대해 별로 의문을 갖지도 않는다. 예를 들면, 그들은 약물 사용에 대해 유명인사가 내뱉은 말이나 위협적인 범죄조직과 광적인 종교집단, 또는 위험하고 복잡한 사안들을 간단한 대답으로 일축시키는 정치인들의 입에서 나온 가치들을 아무 의심 없이 그저 받아들인다. 에릭슨은 이러한 행동을 병적인 것으로 낙인찍지 않도록 조심해야 한다고 주장하였다. 대신, 우리는 이를 경험에 대한 대안적인 방법으로 이해하도록 노력해야 한다. 비록 이러한 행동이 용납할 수 없는 파괴적인 결과를 가져오기도 하지만, 이는 또한 많은 청소년들의 삶에 있어서 적응적인 가치를 지니기도 한다(Erikson, 1964, p. 93).

청소년들과 이들의 발달에 대한 에릭슨의 관점은 전반적으로 낙관적이다. 그는 건설적으로 행동하는 데 혼란을 겪고 실패하는 것은 청소년들의 잘못 때문은 아니라고 보았다. 오히려, 급격하게 변화하는 정치적, 문화적 및 기술적 측면들이 더 이상 유용해 보이지 않는 기존의 가치들에 대한 의문을 만들어 내는 것 같다. 또한 청소년기의 혼란은 성인들에게까지 영향을 미칠 수 있는데, 자신의 가치에 대해 확신하지 못하는 성인들에게 특히 그렇다. 따라서 청소년기의 혼란은 적절한 삶의 지침을 제공하지 못한다. 마지막으로, 성인들이 비도덕적이고 사악한 방식으로 행동하며 그들 스스로를 경쟁할만한 사람으로 여기지 않을 때, 청소년들은 마땅히 이들에게 이의를 제기할 수 있다. 에릭슨은 청소년이 성인을 필요로 하는 만큼 성인에게도 청소년이 필요하다고 주장하였다. 청소년들의 손에는 미래가 달려 있다. 성인들에게 이의를 제기함으로써, 그들은 기성세대로 하여금 그들 스스로의 가치체계를 재구성하도록 만든다.

청소년기 위기의 성공적인 해결은 **충실**fidelity이라는 덕목을 발달시킨다. 성실이란 에릭슨이 "가치 체계의 불가피한 모순에도 불구하고 약속한 바들을 지캬 나갈 수 있는 능력"이라고 칭한 것이다(Erikson, 1964, p. 125). 이렇게 되면 청소년들은 그들 자신과 중요타인들에게 훨씬 정직할 수 있다. 그들은 친구와 짝, 직장동료들을 선택하고 그들에게 자신을 맡긴다. 청소년들은 미래에 대한 선견지명을 따르는 충의를 발달시키고 이를 지키기 위해 나아간다(Erikson, 1975, p. 209). 그들은 단지 전통과 관습을 지키려는 수호자뿐 아니라 문화에 대한 혁신자로서 산업회된 사회에서의 자신의 자리를 찾는 것을 불사한다. 갈등을 적절하게 해결하지 못한 청소년들은 **부정적 정체감**negative identity을 발달시키게 되는데, 이러한 청소년들은 지역사회에서 적절하고 바람직하게 제공된 역할에 대해 경멸적이고 적대적인 방식으로 행동한다(Erikson, 1968b, pp. 172–173).

초기 성인기: 친밀감 대 고립

여섯 번째 단계가 나타나는 연령은 20~24세이다. 청소년기 동안 안정적인 자아 정체감을 확립하게 되면, 건강한 젊은 성인들은 타인과 친밀한 관계를 맺을 수 있다(Beyers & Seiffge-Krenke, 2010, pp. 387–415). 그들은 이제 자신만의 개인적 정체감을 강화하고자 한다. 그들은 협동적인 관계를 맺고자 시도하며, 커다란 희생과 타협이 필요할 때조차도 상대방과 이러한 관계를 유지해 나가고자 노력한다(Erikson, 1963, p. 263).

에릭슨은 친밀한 관계를 "성행위"와 혼동해서는 안 된다고 강조하였다(Roazen, 1976, p. 103); 즉, 성교를 포함하는 성행위를 진정한 **친밀감**intimacy과 착각해서는 안 된다. 친밀감이란 타인과 가까운 관계를 맺는 능력을 말한다. 에릭슨은 진정한 친밀 관계란 오직 정체감과 충실함을 분명하게 형성한 사람들 사이에서만 가능하다고 믿었다. 청소년은 여전히 그들의 정체감을 형성하기 위해 고군분투하고 있기 때문에 진정한 사랑(친밀감)을 경험하지 못한다. 젊은 성인에게 있어서 성숙한 사랑은 "자신 및 상대방을 확인해 가는 경험을 통해 획득된 공유된 정체감 속에서 이루어지는 파트너와의 상호성"과 관련된다(Erikson, 1964, p. 128).

건강한 친밀관계는 관계를 맺고 있는 사람들과 사회 모두에게 유익하다. 에릭슨에 따르면 이러한 관계는 다음과 같은 기준을 충족시킨다.

1. 상호적인 오르가즘의 경험
2. 사랑하는 사람과의 관계
3. 이성과의 관계
4. 상호간 신뢰를 공유하려는 의지와 능력을 지님
5. 자녀뿐 아니라 만족스러운 발달을 이루는 모든 단계들을 지키기 위해
   a. 일
   b. 출산
   c. 취미
   를 조정하고자 하는 의지와 능력을 가짐
6. 모든 만족스러운 발달 단계와 자손들의 안전을 추구함(Erikson, 1963, p. 266).

여기에서 에릭슨이 말하는 건강한 친밀관계란, 규범적이며 이성애자들 간에 이루어지는 관계를 의미한다. 에릭슨의 발자취를 따르는 많은 연구자들은 에릭슨의 관점을 채택하여 자아 정체감의 수준과 친밀감과의 다양한 관련성을 연구하였다. 에릭슨은 프로이트 이론에 바탕을 두고 있었으며, 프로이트와 같이 동성애를 비정상적인 것으로 보았다. 오늘날 많은 권위자들은 에릭슨과 프로이트의 이러한 견해에 동의하지 않는다. 그들은 동성애가 비정상적인 것이 아니며, 동성애자로서의 정체감을 획득하고 동성의 성적 파트너를 선택하는 것은 건강한 것이라고 주장하였다(Cross & Epting, 2005, pp. 53–63; Halbertal & Koren, 2006, p. 37). 더욱이 그들은 사회에서 우세한 대다수의 이성애자들이 건강한 성적 성향에 기여한다는 그들의 제한적인 관점을 버려야 할 필요가 있다고 주장하였는데, 왜냐하면 그들의 편협한 관점은 종종 동성애자들에 대한 학대와 차별을 조장하고 동성애자들에게서 우울이나 자살과 같은 심각한 심리적 문제들을 야기시키기 때문이다(Watzlawik, 2004, pp. 172–173).

에릭슨의 규범적인 모델에 의하면, 친밀감과 생산성을 발달시키지 못한 젊은 이성애자는 **고립**isolation을 경험하게 된다. 고립은 진정한 친밀감의 공유를 통해 정체감을 가질 기회를 획득할 능력이 없음을 의미한다(Erikson, 1968b. p. 137). 이들은 자아도취적이고 매우 피상적인 대인관계를 가진다. 친밀감을 발달시킨 젊은 성인의 경우, 그 결과로 **사랑**love이라는 덕목이 생겨난다.

성인 중기: 생산성 대 침체

일곱 번째 단계는 중년기로, 25~64세 동안 진행된다. 건강한 성인은 강한 자아 정체감

을 가지며 타인과 성숙한 관계를 형성한다. 이 단계에서, **생산성**generativity은 창의적이고 건설적인 직업을 얻고 다음 세대의 번영에 관심을 갖는 것을 포함한다. 이 시기의 성인들은 직업에서의 성공으로 인해 자신이 속한 사회의 발달 및 영속과 더불어 간접적으로는 다음 세대의 복지에 기여한다. 또한 그들은 젊은이들의 번영에 보다 직접적이고 다양한 방법으로 기여한다. 이 시기에 나타나는 위기는 성인이 생산적이고 창조적이며 젊은 세대에게 도움이 될 것인지, 아니면 침체될 것인지에 대한 것이다. **침체**stagnation는 생산성의 결핍과 권태, 그리고 빈곤한 대인관계를 포함한다(Erikson, 1968b, p. 138). 만약 생산성에 대한 성인의 능력이 침체보다 월등하게 높다면, 이 시기의 덕목으로 **배려**care가 나타난다. 그러므로 나이든 세대는 자신의 개인적 발달뿐 아니라 젊은 세대가 건설적인 방식으로 발달하도록 돕는 데에도 관여한다. 비록 생산성에는 사회에서의 생존을 보장하는 수단으로써 자녀를 갖는 것이 포함되긴 하지만, 에릭슨은 자녀가 없더라도 생산성을 획득할 수 있다고 주장하였다. 자녀가 없는 사람들은 생산적인 직업과 젊은이들의 삶의 질 향상을 이끌 수 있는 적극적인 활동을 통해 사회 발전에 기여한다. 즉, 젊은이들을 가르치는 교사나 멘토가 되는 것 또한 사회 발전에 영향을 미친다(McAdams, Hart, & Maruna, 1998, p. 10).

성인 후기: 자아 통합 대 절망

마지막 단계는 65세부터 죽음에 이르기까지이다. 이 단계는 회상과 더불어 삶에 대한 진지한 반성을 하고, 삶의 기억들과 자신이 희망했던 꿈들을 돌아보며, 죽음이 다가오는 동안 자신의 삶의 의미를 다시금 생각해 보는 시기이다(Walaskay, Whitbourne, & Nehrke, 1983/1984, p. 62). 건강한 사람은 지금껏 그들이 성취한 업적과 인생에서의 실패를 모두 수용할 수 있는 사람들이다. 이들은 타인을 이끄는 선구자 또는 아이디어와 삶의 결과물을 만들어 내는 존재이다. 이들은 삶을 돌아볼 수 있으며, 스스로를 특별하고 의미 있는 존재로 바라볼 수 있는 능력이 있다. 이들은 또한 생애주기에서 죽음은 피할 수 없다는 것을 받아들이며, 이를 두려워하지 않는다. 요컨대, 결과적으로 잘 기능하는 노인은 삶에서 겪은 성공과 실패의 통합과 그들의 인생이 지니는 의미를 성찰할 수 있다. 즉, **자아 통합**ego integrity을 이룬 것이다.

반대로 삶에서 불가피한 실패를 수용하지 못하고 이기적으로 행동하며 삶을 보살피지 않은 사람은 **절망**despair을 느끼게 되는데, 삶은 유한하며 새로운 인생을 시작하거나 통합을 위한 새로운 방법을 시도하기에는 이미 늦었음을 이제서야 깨닫기 때문이다(Erikson, 1963, p, 269).

마지막으로 얻게 되는 **지혜**wisdom라는 덕목은 삶을 의미 있게 보낸 노인들에게서 엿볼 수 있는 것이다. 에릭슨에 따르면, "지혜는 죽음에 직면하는 동시에 이에 휩쓸리지 않고 삶 자체를 바라보는 것이다"(1964, p. 133). 이는 개인의 이기심을 극복하고 자기 자신과 타인의 동기 및 행동에 대한 깊은 통찰을 가지며 타인에 대한 진실어린 공감, 동정, 연민의 감정을 발달시키는 것을 뜻한다(Ardelt, 2000, p. 361). 지혜는 신체적 기능이 감소함에도 불구하고 경험을 긍정적으로 통합하는 것이다. 지혜는 개인으로 하여금 전체적인 관점에서 인류의 문제들을 고려하도록 해주며, 고유한 인간 삶의 마지막 시기를 건설적으로 영위해 나가는 모범으로서 젊은 세대와 소통할 수 있도록 해준다(Erikson, 1964, pp. 133–134).

자아 발달 이론을 지지하는 연구

자아 발달에 관한 에릭슨의 복잡한 이론을 지지하는 실증적 증거는 생애주기 동안 진행되는 개인의 발달적 변화를 측정하기 위한 광범위한 종단적 연구를 요한다. 이러한 연구는 비용이 많이 들며 수행 또한 어렵다. 따라서 8개 발달 단계가 서로 영향을 미친다는 에릭슨의 이론을 증명하기 위한 자료를 수집한 연구들은 상대적으로 부족하다. 더욱이 이론의 실증적 증거는 밝히기가 어려운데, 그 이유는 이론적 가설에 종종 불분명한 부분이 있고 구조적으로 많은 이론적 개념들이 매우 추상적이어서 적절하게 측정하기가 곤란하기 때문이다. 이러한 어려움에도 불구하고, 연구자들은 자아 발달 단계에 대하여 납득할 만한 측정치를 얻을 수 있었고, 에릭슨의 이론을 확장하고 개선함으로써 의미 있는 연구를 수행할 수 있었다.

잠재기의 근면성

에릭슨 이론의 첫 번째 단계에 대한 연구는 극소수이다. 연구자들은 아동이 학교 경험을 통해 근면성을 배운다는 에릭슨의 아이디어를 이제 막 탐색하기 시작했다. 예를 들면 코와즈와 마샤(1991, pp. 390–397)는 개인의 근면성을 살펴보는 검사를 만들고 이 검사의 점수가 교실에서 나타나는 아동의 인지적, 동기적, 행동적 기능과 얼마나 관련되는지를 조사하였다. 그들은 높은 근면성을 가진 아동이 낮은 근면성을 가진 아동에 비해 학업 성취동기가 더 높으며 더 좋은 성적을 받는다는 것을 발견하였다. 더욱이 이러한 결과들은 높은 근면성을 가진 아동이 저절로 일이 완성되리라는 환상을 가지기보다, 자신이 원하는 결과를 얻기 위해 직접 무언가를 하는 것을 더 선호한다는 것을 보여 주었다. 또한 그들은 학교 경험에 대해 근면성이 낮은 또래보다 더 높은 만족감을 보였다. 이러한 결과는 에릭슨의 통찰력 있는 관찰을 전반적으로 지지한다.

청소년기의 자아 정체감

대략 45년 전, 마샤(1966, pp. 551-558)는 청소년기의 정체감 발달에 관한 에릭슨의 이론을 내포하는 네 가지 상태의 정체감을 정의하였다: (1) 정체감 혼미, (2) 정체감 유실, (3) 정체감 유예, (4) 정체감 획득. 이들은 위기와 헌신 혹은 관여라는 두 가지 차원으로 정의된다. 위기(crisis)는 직업과 배우자, 지켜야 할 가치와 원칙들의 선택에서 발생하는 문제들을 해결할 때 겪는 고군분투를 의미한다. 헌신(commitment)은 이러한 영역에서의 결정을 확고하게 만들고 이러한 결정과 일치하는 목표를 추구하는 것이다.

정체감 혼미identity diffusion 상태에 놓여 있는 사람은 확고한 헌신이 부족하며 위기를 적극적으로 해결하려고 하지도 않는다. 그들은 위기를 경험한 적이 아예 없을 수도 있고, 과거에 위기를 겪어 본 적은 있으나 이를 명확한 결정을 통해 해결할 수 없었을 수도 있다. 분명하지 않은 정체감을 가진 이들은 비관적, 권태로움, 불특정 다수에 대한 분노, 개인적 혼란, 무력감과 무망감 같은 부정적인 정서적 상태를 보일 수 있다(Waterman, 1985, p. 13).

정체감 유실identity foreclosure 상태에 놓여 있는 사람은 위기를 경험한 적이 한 번도 없지만, 그럼에도 불구하고 목표, 신념, 가치에 대한 확실한 헌신을 보인다. 좋은 예는 무비판적으로 부모의 바람대로 자신이 진정 바라고 할 만한 능력이 되는 일인지는 생각해 보지도 않은 채 무작정 의대를 졸업하고자 하는 대학 1학년 학생이다. **정체감 유예**identity moratorium 상태에 있는 사람들은 현재 위기를 겪고 있는 상태이며, 결정에 도달하기 위해 대안적인 방법을 찾고 있는 사람들이다. 마지막으로, **정체감 획득**identity achievement에 도달한 사람은 위기를 겪고 난 후, 결과적으로 자신의 선택에 관한 확실한 헌신을 하게 된 사람들이다.

청소년기의 자아 정체감 발달에 대한 에릭슨의 개념을 명확하게 정리하는 것과 더불어, 마샤(1966, pp. 551-558)는 이들 단계를 측정하기 위한 정교한 면담절차를 고안했다. 이 면담절차를 통해 연구자는 특정한 정체감 유형에 해당되는 개인의 대인관계를 확인하고, 개인의 기능과 수행에 대해 각 정체감 유형에서 나타나는 결과들을 평가한다. 마샤의 면담절차로 인해, 자아 정체감의 구조를 측정하기 위한 보다 쉽고 다양한 방법들을 고안하기 위한 연구들이 속속 등장하였다(Bourne, 1978, pp. 223-251; Rosenthal, Gurney, & Moore, 1987, pp. 87-99). 정체감 상태에 대한 연구들에서는 일

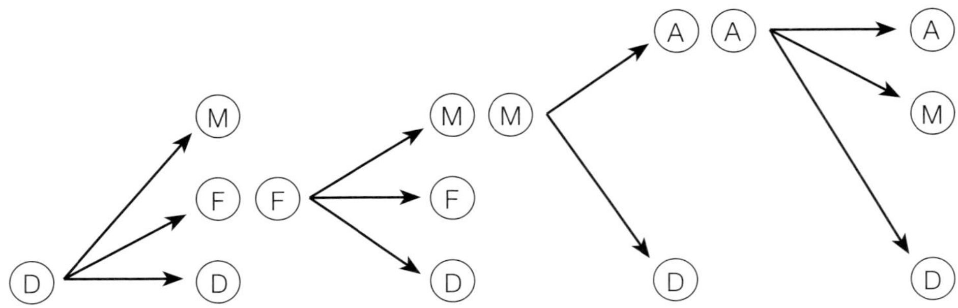

그림 6.1 가능한 연속적 발달 패턴. **D**는 정체감 혼미, **M**은 정체감 유예, **F**는 정체감 유실, **A**는 정체감 획득을 나타낸다.

출처: Waterman, 1982, p. 343.

반적으로 청소년기에서 성인기로 진입하는 동안 정체감이 점진적으로 강화된다고 가정한다. 마샤(1966, pp. 551-558)는 낮은 자아성숙에서 높은 자아성숙으로 나아가는 진행절차는 다음과 같은 순서로 나타난다고 보았다: 정체감 혼미, 정체감 유실, 정체감 유예, 정체감 획득. 그러나 이러한 전반적인 진행과정 내에서도 각 개인이 따르는 연속적인 패턴은 서로 다르다. 어떤 사람은 정체감 유실에서 점진적으로 정체감 획득을 향해 나아가는 반면, 어떤 사람은 정체감 유실에서 정체감 혼미로 퇴행할 수도 있다. 또는 정체감 유실 상태에 있는 한 청소년이 성인이 되어서도 여전히 그 상태로 남아 있을 수도 있다. 몇 가지 가능한 발달 경로를 **그림 6.1**에 제시하였다.

청소년의 정체감에 관한 대부분의 연구는 남성과 여성이 모두 유사한 정체감 발달을 겪는다고 주장한다(Kroger, 2007, p. 65). 그러나 자신의 정체감에 관해 본인이 생각하는 심리적 의미에 있어서는 성차가 나타난다. 예를 들면, 높은 정체감을 성취한 남성과 여성은 모두 적극적이고 자기주장이 강하다. 그러나 남성의 경우, 자기주장에 대한 그들 자신의 관점은 생산성(일을 끝마치는 것)과 타인 위에 군림하는 권력을 바탕으로 한다. 여성의 경우, 자기주장은 사회적 영역 안에서 타인을 돕거나, 수다스럽거나, 사회적으로 인정받거나, 개인적인 매력으로 표현된다(Cramer, 2000, pp. 58-60). 이러한 차이가 발생하는 이유는 남성과 여성이 추구하는 목표가 다르기 때문으로 생각해 볼 수 있다. 특히, 남성의 정체감은 주로 직업을 얻는 것에 초점이 맞추어져 있다면, 여성의 정체감은 직업과 결혼 그리고 출산이라는 복잡하고 다양한 것들에 바탕을 둔다. 또한 여성은 대인관계에서의 정체감에 남성보다 더 신경을 쓴다(Waterman, 1993, p. 62).

많은 연구들이 각기 다른 정체감을 가진 남녀 대학생을 대상으로 이들의 가족 관계

유형을 조사하였다. 요약된 결과를 보면, 정체감 유실 상태인 부모는 자녀에게 자율성을 배우는 것을 그다지 강조하지 않는다. 대신에, 그들은 자녀가 부모의 가치와 규칙을 따르도록 한다. 정체감 유실이 청소년으로 하여금 부모의 권위, 가치, 규범을 따르도록 한다는 것을 생각해 보면 이는 그리 놀라운 결과가 아니다. 이러한 부모들과 마찬가지로, 정체감 유실 상태에 있는 사람들은 권위주의적이며 타인에 대해 엄격하고 편견을 갖는 경향이 있다(Fulton, 1997, p. 9). 따라서 그들은 대안적인 방법을 활동적으로 탐색하지 않고 낮은 자아 정체감을 가지게 된다. 대신 그들은 자신의 생각에 대해서는 엄격하다. 반대로, 정체감 혼미에 놓여 있는 사람들은 다른 세 가지 정체감 유형의 사람들에 비해 부모와 가장 거리가 멀다. 그들은 부모와 아주 낮은 수준의 감정적 접촉을 나타내며(Arseth, Kroger, Marinussen, & Marcia, 2009, pp. 1–32; Kroger, 2007, p. 107), 부모를 거부적이고 무관심한 사람으로 인식한다. 정체감 유예 상태에 있는 청소년들은 부모에 대해 양가적인 감정을 가지고 있는데, 이는 10대가 생각하기에 중요하고 적절하다고 보는 목표 및 가치가 부모가 생각하는 그것과 다르다는 점에서 기인한다. 위기를 겪는 동안, 이런 젊은이들은 부모의 지지와 충고를 따르지 않는 경향이 있다. 그러나 일단 위기가 해결되어 정체감 획득으로 나아가게 되면 보통 부모와 우호적 관계가 성립되며, 이들의 부모는 자녀의 의견과 독립의 필요성을 존중해 준다(Adams et al., 2006, p. 83; Kroger, 2007, p. 108; Marcia, 1993, p. 33; Waterman, 1982, pp. 351–352). 정체감 획득을 이룬 청소년들은 부모와 정서적으로 높은 수준의 애착을 보인다(Arseth et al., 2009, pp. 1–32).

연구자들은 또한 네 가지 정체감 상태에 해당되는 대학생들의 정보 처리과정과 문제해결 전략 및 해결 능력에 대해 조사하였다. 이러한 연구는 대학생들의 학업동기 및 목표, 성취와도 연관이 있다. 예를 들면, 몇몇 연구자들은 정체감 획득 상태에 있는 학생들과 정체감 유예 상태에 있는 학생들이 매우 사적인 문제들을 다룰 수 있고 해결 가능하다고 보는 경향이 있음을 발견하였다. 따라서 그들은 자신의 문제를 해결하려고 할 때 관련 정보를 활발히 탐색하고 대안을 고려함으로써 문제에 직접적으로 대처해 나간다. 또한 그들은 더 많은 정보를 처리하고, 자신의 생각에 대해 다른 사람들보다 더 확고하다. 의사결정에 있어서, 정체감 획득 상태에 있는 사람들은 정체감 유예 상태에 있는 사람들처럼 생각을 많이 하고 이성적으로 판단한다. 반대로, 미처 관련 정보를 찾지 못한 문제들을 해결함에 있어서 정체감 유실 상태에 있는 사람들은 매우 좁은 시각을 가지고 이를 다루려한다. 이런 경직된 태도로 인해, 그들은 참신하고 새로운 정보를 수용하지 못하고, 개인적인 어려움을 성공적으로 해결하도록 돕는 대안적인 행동을 생각해 내지 못한다. 정체감 유실 상태에 있는 사람들은 모호함을 견디는 인내력이 부족하며, 스트레스에 직면할 때 다른 사람의 도움에 의존하는 경향이 있다(Schwartz, Adamson, Ferrer-Wreden, Dillon, & Berman, 2006, p. 62).

마지막으로, 정체감 혼미 상태에 있는 사람들은 자신의 문제를 다루는 것을 회피하는데, 이는 아마 모호함이 주는 고통을 감소시키기 위한 것으로 보인다. 따라서 그들은 가능한 한 결정을 내리는 일을 미루고 질질 끌려고 한다(Shanahan & Pychyl, 2007, pp. 901-911). 스트레스 상황에서, 그들은 자신의 생각을 혼란스러워 한다(Berzonsky, 1992, pp. 771-788; Berzonsky & Neimeyer, 1988, pp. 195-294; Blustein & Phillips, 1990, pp. 160-168; Marcia, 1994, pp. 59-103; Read, Adams, & Dobson, 1984, pp. 169-177). 정체감 혼미 상태에 있는 사람들은 또한 위험한 행동을 함으로써 스트레스를 해소하려는 경향이 있는데, 예를 들면 과도한 음주, 약물 남용, 피임도 하지 않고 많은 파트너와 성행위를 하는 것과 같은 행동들이다(Bishop, Weisgram, Holleque Lund, &, Wheeler-Anderson, 2005, pp. 523-533; Dunkel & Papini, 2005, pp. 489-501).

학업동기에 대한 연구에서, 애덤스와 피치(1983, pp. 1266-1275)는 정체감 획득 상태에 있는 대학생들이 사회적 활동이나 학위수여를 통해 물질적인 이득(예: 졸업 후 돈을 많이 벌 수 있는 직장에 취직하는 것)을 강조하는 학과보다 학문 지향적인 학과에 더 매력을 느낀다는 것을 발견하였다. 또한 이들은 복합적인 사고를 나타내며, 해야 할 일이 있을 때 꾸물거리지 않고(학기 과제를 작성하거나 시험 공부하는 것을 미루지 않음), 나머지 정체감 상태에 해당되는 학생들보다 높은 성적을 받는다(Marcia, 1993, p. 27; Schwartz et al., 2006, p. 62; Shanahan & Pychyl, 2007, pp. 901-911).

대학 졸업 후 직장 생활과 관련하여, 정체감 획득 상태에 있는 사람들은 잘 소진되지 않는다(또는 감정적으로 고갈되지 않는다). 대신, 그들은 직업에 대한 높은 수준의 에너지와 더불어, 자신이 세운 목표가 성취될 때까지 이를 달성하고자 하는 의지와 인내심을 보인다(Luyckx, Duriez, Klimstra, & De Witte, 2010, pp. 339-349).

심리적 건강과 관련하여, 슈워르츠(2004, p. 480)는 정체감 혼미 상태에 있는 학생들보다 정체감 획득 상태에 있는 학생들이 더 적응을 잘 하며, 자아강도도 더 높고, 자신이 획득한 결과에 대해 지각된 통제를 더 잘 하고, 더 명확한 삶의 목적을 가지고 있음을 발견하였다. 크레이머(1998, p. 156)는 정체감 획득 상태에 있는 학생들이 다른 정체감 상태를 보이는 학생들에 비해 자신의 문제를 다루는 데 있어 방어기제를 더 적게 사용하고, 자신이 성취한 것들에 대해 보다 높은 자존감과 자부심을 갖는다는 것을 발견하였다.

정체감 획득 상태에 있는 학생들은 또한 다른 유형의 학생들보다 외집단에 대한 더 높은 문화적 성숙과 이해를 보이며, 친구들과 더욱 가까운 친밀감을 경험하며, 보다 높은 수준의 이성적 및 도덕적 추론을 한다(Cote & Levine, 1983, pp. 43-53; Rowe & Marcia, 1980, pp. 87-99; Schwartz et al., 2006, p. 62; Waterman, 1982, pp. 341-358). 그들은 또한 다른 집단원의 의견에 더 개방적인 태도를 보이는데, 이는 그들이 갖는 '안전한 자기'와 인지 체계의 유연성 때문으로 추측된다(Slugoski, Marcia, & Koopman, 1984, p. 658).

청소년들의 특징을 심리적 성장으로 본 에릭슨의 견해는 여러 연구들을 통해 입증되었다. 애덤스, 라이언 그리고 키팅(2006, p. 116)은 대학생들이 1학년에서 2학년이 되면서 자아강도가 점점 강해지는 경향이 있음을 발견하였다. 그들은 믿음, 가치, 목표에 대해 보다 분석적으로 생각하기 시작하는데, 특히 학문의 질과 지적 자질의 발달, 사회적 관심사, 개인의 직업적 헌신을 강조하는 과목을 수강하는 학생들에게서 이러한 경향이 많이 나타났다. 다른 연구들은 직업과 이념, 즉 개인의 삶을 이끄는 원칙과 가치에 관한 정체감을 획득한 학생들의 수가 대학 1학년 때보다 마지막 학년에서 유의미하게 증가한다는 것을 발견하였다(Adams & Fitch, 1982, pp. 574-583; Waterman, Geary, & Waterman, 1974). 대부분의 학생은 4학년 1학기에 강한 정체감을 획득한다.

마지막으로, 스타인과 뉴컴(1999, pp. 39-65)에 의해 수행된 종단연구는 청소년기에 강한 정체감 및 자아강도를 형성한 사람들이 나이가 들어서 더욱 향상된 심리사회적 성장을 경험한다는 것을 보여 준다. 이들은 사랑하는 사람과의 만족스러운 결실을 경험할 뿐만 아니라 젊은 세대에 대한 배려를 보이며, 중년기에 접어들었을 때 더 큰 삶의 만족도를 나타낸다.

마샤의 자아 정체감 상태의 확장과 세분화

마샤의 자아 정체감 상태에 관한 도식은 우리가 청소년기에 나타나는 정체감 획득의 과정을 이해하도록 하는 데에 일조하였지만, 여기에 바탕이 된 대부분의 연구는 백인 대학생을 대상으로 한 것이다. 현재 여러 국가에는 수백만의 소수 민족이 있고 이들은 빠르게 증가하는 추세이지만, 미국, 영국, 프랑스, 네덜란드와 같은 국가들의 소수 민족에 대한 조사는 연구에 포함되지 않는 경향이 있다. 이렇듯 점점 증가하고 있는 비(非)백인 인구는 특유의 **민족 정체감**ethnic identity을 가지고 있는데, 우리는 이에 대해 고려해 볼 필요가 있다(Schwartz, 2005, p. 297). Phinney(1990, p. 502)의 주장처럼, 민족 정체감의 형성은 오랜 시간에 거쳐 이루어진 자아 정체감의 형성과정으로 생각할 수 있으며, 여기에는 마샤가 제안했던 것과 똑같은 자아 정체감 상태가 포함된다. 이는 소수 민족에 속하는 사람들이 민족성에 대해 별로 관심을 갖지 않는(어떠한 탐색과 헌신도 보이지 않는) 상태인 정체감 혼미로부터 자신의 민족에 대한 스스로만의 관점을 형성하는 데 있어서 그들 삶에 존재하는 권위 있는 인물(보통 부모)의 관점을 따르는 정체감 유실 상태로 옮겨가거나, 그들 자신의 민족성에 대한 탐색을 적극적으로 하기 시작하는 정체감 유예로 이동하거나, 자신만의 명확하고 확고한 민족성을 형성하는 정체감 획득 상태로 나아간다는 의미이다. 이는 다수의 백인 청소년들에게서도 전형적으로 나타나는 과정이다.

이러한 전체적인 정체감 형성 과정을 거치는 동안 소수 민족(ex. 흑인, 히스패닉, 아시아인, 아메리카 원주민)의 구성원들은 주류를 이루는 백인문화 속에서 그들만의 정체감을 형성하는 데 있어 소수 민족 특유의 난관에 부딪힌다. 다수를 이루는 백인문화권의 사람들은 종종 그들을 차별하고 폄하한다. 소수 민족에 속하는 사람들이 자신들에 대한 부정적인 고정관념과 태도(인종차별적인 별명)에 부딪히고 이를 내면화할 때, 그들의 심리적, 행동적 발달에는 부정적인 결과가 나타날 수 있다. 반대로 그들은 소수 민족에 대한 지배적인 집단의 부정적인 고정관념과 태도를 무시하고 자신의 민족성/인종에 대한 자긍심을 확립할 수도 있다. 이러한 경우에 그들은 학교에도 잘 적응하고 학업 수행도 훌륭하게 해낼 수 있다. 예를 들어 슈레이크와 리(2004, pp. 601–622)는 한국계 미국인 청소년들이 자신의 민족성에 보다 긍정적인 관점을 갖고 있는 경우에 그렇지 않은 경우보다 학교에서 사회적으로 더 잘 적응하며, 평균 학업성적(GPA)도 더 높다는 것을 발견하였다.

긍정적인 민족 정체감은 보통 소수 민족 구성원들에게 유익하게 작용하지만, 자신의 정체감을 다른 우세한 문화권과 관련하여 고려할 필요가 있음은 자명하다. 강하고 긍정적인 민족 정체감이 다수 문화에 대한 극단적 적개심과 거부감으로 인해 형성되었다면, 이렇게 만들어진 민족 정체감은 우세문화에 대한 부정적이고 반항적인 태도를 낳는 것과 더불어 낮은 사회적 및 학업적 수행에도 영향을 미치게 된다(Shrake & Rhee, 2004, p. 606). 반면, 연구에 의하면 우세문화에 대한 긍정적인 태도로 인해 습득된 강한 민족성은 통합을 이끌며, 건강한 심리적 발달과 적응에 기여한다. 그러므로 소수 민족 구성원에게 있어서, 자신의 문화와 다수 문화 모두에 대한 **이중문화 정체감**bicultural identity의 발달은 매우 높은 수준의 정신건강 및 생산적 수행과 연관된다. 이러한 정체감은 높은 기능수준과 유연성을 필요로 하며, 획득되기도 어렵다. 많은 사람들이 이중문화 정체감을 형성하는 데 실패하는 반면 몇몇 사람들은 이를 성취하는데, 이들이 어떻게 이중문화 정체감을 형성할 수 있었는지를 정확하게 밝히기 위한 연구가 현재 진행중에 있다

(민족 정체감에 대한 자세한 사항은 18장을 참고하라).

성인기 초기의 친밀감

에릭슨의 이론을 바탕으로, 오를로프스키와 그의 동료들은 초기 성인기의 주요 논점인 친밀감과 관련하여 여섯 가지의 상태를 정리하였다(Orlofsky, 1976, pp. 73–88; Orlofsky, Marcia, & Lesser, 1973, pp. 211–219). 이들은 연구 참여자들을 인터뷰하고 그들의 반응을 다음과 같은 세 가지로 분류하였다: (1) 동성친구 및 이성친구와의 관계가 존재함/존재하지 않음, (2) 성적인 애정 관계가 지속됨/지속되지 않음, (3) 깊은 수준의 대인관계를 가짐(정서적으로 가까운 관계)/관계가 피상적임.

친밀감 상태에 있는 사람들intimate individuals은 남성 및 여성 친구와 깊이 있는 관계를 가진다. 여기에는 서로에게 헌신적이며 오랜 시간 지속되는 이성교제도 포함된다.
친밀감 이전 상태에 있는 사람들preintimate individuals 역시 타인과 친밀한 정서적 관계를 맺지만, 지속적인 교제에 헌신하는 것에 대해서는 양가적인 모습을 보인다.
상투적 친밀감 상태에 있는 사람들stereotyped individuals은 많은 관계를 맺지만, 관계에 깊이가 없으며 형식적으로 사람을 대하고 관계에서의 헌신과 친밀감이 부족하다.
유사 친밀감 상태에 있는 사람들pseudointimate individuals은 상투적 친밀감을 보이는 사람들처럼 깊지 않은 관계를 맺는다; 그러나 상투적 친밀감을 갖는 사람들과는 달리, 이들은 오래 지속되는 이성교제에서는 헌신적인 모습을 보인다.
고립 상태에 있는 사람들isolated individuals은 사회적 상황과 친구들과의 관계로부터 거의, 또는 완전히 철수되어 있다(Orlofsky et al., 1973, p. 213).
합병 상태에 있는 사람들merger individuals은 지속적인 관계에 헌신하고 있거나, 헌신하고 있지는 않지만 헌신적인 관계를 찾고 있는 사람들을 말한다. 헌신적인 관계에 있는 합병 상태의 사람들은 자신의 자율성과 자기에 대한 감각을 희생하면서까지 이 관계에 몰입한다. 이러한 관계는 과도한 의존과 **함몰성**enmeshment을 특징으로 한다. 헌신적이지 않은 관계에 있는 합병 상태의 사람들은 불안정하며, 의존적인 관계를 찾는 경향이 있다(Levitz-Jones & Orlofsky, 1985, p. 158; Levitz-Jones & Orlofsky, 1993, pp. 127–128).

연구에 따르면 친밀감 상태에 있는 사람들은 성숙한 인간관계를 발달시키기 위해 노력하며, 그들의 사적인 문제를 함께 고민할 수 있는 몇몇 가까운 친구들을 가지고 있다(Orlofsky et al., 1973, p. 213). 그들은 가까운 친구에게 자신의 개인적 정보를 공개할 수는 있어도 별로 친하지도 않은 사람에게 자신의 개인적인 문제를 논의하지는 않는다. 따라서 그들은 보다 낮은 수준의 친밀감 상태에 있는 사람들에 비해 선별적으로 자신을 드러낸다(Prager, 1986, p. 91). 친밀감 상태에 있는 사람들은 따뜻하고 솔직하며 타인에게 관심을 갖고 이들을 진정으로 배려한다. 그들은 성적 관계에 있어서 상대방에게 만족스러워 하며, 자신의 독립성에 대한 과도한 타협 없이도 서로 간에 헌신을 다한다(Orlofsky et al., 1973, p. 213; Orlofsky, 1978, p. 436). 프라거(1986, p. 96)에 따르면, 그들은 또한 자신의 삶을 통제하는 강한 내적 기준을 가진다. 프라거(1989, p. 448)의 다른 연구에서는 친밀감 상태에 있는 연인 또는 부부가 유사 친밀감 상태에 있는 연인, 부부보다 넓은 범주에서의 자신에 관한 이야기를 더 많이 한다는 것이 발견되었다. 또한 친밀감 상태에 있는 커플은 관계에 대한 더 큰 만족도를 보고하였다.

친밀감 이전 상태에 있는 사람들은 몇 번의 데이트 경험이 있지만 관계의 헌신과 관련해서 갈등을 겪으며, 친밀한 성생활이 안고 있는 실패의 위험에 대하여 양가적인 감정을 갖는다. 그러나 그들이 중시하는 가치는 친밀감 상태에 있는 사람들의 것과 유사하다. 즉, 그들은 타인의 진실성에 대한 존중, 개방성, 책임감, 성숙함 등을 중시한다. 또한 그들은 관계에 대해 자신들이 갖고 있는 양가감정을 해결하고 높은 상태의 친밀감으로 나아갈 수 있다.

상투적 친밀감 상태에 있는 사람들은 피상적인 관계를 가진다. 그들은 정기적으로 데이트를 하고 가끔 얼마 동안은 다른 사람을 만나기도 하지만 상대에 대한 더 이상의 깊은 관여는 나타내지 않는다. 그들은 섹스를 즐기고 끊임없이 새로운 성적 파트너를 찾는다. 그들은 타인을 성적 도구로 생각하며 오직 그들 자신의 욕구를 충족시키는 데에만 관심이 있다. 그들은 피상적이고 착취적이며 제한된 자기 인식(self-awareness)을 지니고 있다.

유사 친밀감 상태에 있는 사람들은 상투적 친밀감 상태에 있는 사람들과 대체로 비슷하지만 한 가지 점에서 중요한 차이가 있다: 그들은 한 사람에 대한 지속적인 헌신을 보인다. 이를 보면 이들은 친밀감 상태에 있는 사람들과 닮았다고 볼 수 있겠지만, 이들은 자신에게만 몰두할 뿐 타인을 진정으로 배려하지는 않는다.

고립 상태에 있는 사람들은 어떠한 지속적인 관계도 가지고 있지 않다는 것이 특징이다. 그들은 친밀한 사회적 접촉이 드물며 데이트도 거의 하지 않는다. 가까운 개인적 접촉에 수반되는 불안은 이들을 타인으로부터 철수하도록 만든다. 고립 상태에 있는 사람들은 사회적 기술이 부족하며 매끄럽지 않다. 그들은 스스로를 고통과 불신에 가두거나, 반대로 잘난 체하고 자기만족을 느끼면서 홀로 지낸다. 그들이 겪고 있는 대인관계에서의 어려움은 그들 자신과 타인에 대한 신뢰감의 결핍 때문일지도 모른다(Orlofsky et al., 1973, p. 213).

오를로프스키의 연구는 다음과 같은 확장된 연구 결과를 보여 준다. 친밀감이 높은 사람들은 거의 대부분 정체감 획득을 이룬다; 친밀감 이전 상태에 있는 사람들은 대부분 정체감 유예에 해당된다; 상투적 친밀감 및 유사 친밀감 상태에 있는 사람들은 정체감 유실에 해당되는 경우가 대부분이다; 고립 상태에 있는 사람들은 정체감 혼미에 해당될 가능성이 높다(Orlofsky et al., 1973, p. 217).

가장 최근에 추가된 친밀감 상태인 '합병'에 대한 연구에서는, 이러한 상태에 있는 여성들이 이성 파트너에게 과도하게 의존한다는 것을 보여 준다. 이들은 자신의 목표를 성취하기 위해 유혹적으로 굴거나 아첨을 떨고, 자신이 원하는 것에 대한 단서를 흘리는 것과 같은 행동을 통해 파트너를 조종하려 한다. 반면 이러한 여성을 파트너로 둔 남성들은 이들을 협박하거나 비웃고, 모욕하는 것과 같이 지배적이고 상대를 괴롭히는 방법들을 사용한다(Howard, Blumstein, & Schwartz, 1986, p. 107). 이러한 관계에서, 합병 상태의 여성은 스스로의 자율성을 잃고 자신의 이성 파트너를 자신과는 별개의 대상으로 생각하지 못한다. 그 결과 그녀는 과도한 소유욕과 질투심을 느끼게 되고, 자신은 그를 절대 떠날 수 없으며 그가 없이는 행복할 수도 없다고 생각한다. 합병 상태에 있는 여성들은 자신이 고독하다는 것을 표현하기 위해서 종종 남자 친구와 다툰다. 합병 상태에 있는 한 여성은 "나는 남자 친구와 헤어졌는데 그 이유는 그가 나와 싸우고 싶어 하지 않았기 때문이다. 나는 누군가 다툴 사람이 필요하다"고 말하였다(Levitz-Jones & Orlofsky, 1985, p. 167). 비록 이러한 커플들은 서로에게 매달릴지라도, 실제로는 낮은 수준의 상호 관계와 신뢰를 갖고 있으며, 서로에게 솔직하지도 못하다. 때문에 그들의 친밀감은 낮다. 보다 높은 수준의 친밀감 상태에 있는 여성과 비교했을 때 합병 상태의 여성은 더 우울한 경향이 있다.

성인기 중기의 생산성

이 영역에 관한 초기 연구는 생산성이 높거나 낮은 개인에게 초점을 두었다. 먼저 우리는 위에서 살펴보았던 에릭슨의 도식을 사용한 초기 연구들을 살펴본 후, 새로운 분류 모델과 부수적인 연구들을 제시하고자 한다.

초기 연구에서, 반데워터와 맥애덤스(1989, pp. 435-449)는 연구 참여자의 생산성을 평가하기 위해 이들에게 현재 그들이 참여하고 있는 창의적인 활동 또는 그들이 만든 창의적인 결과물에 대해 말해 달라고 요청하였다. 연구자들은 그들에게 창의성은 광범위하게 정의 되는 것으로, 무언가를 만들거나(비행기 모형을 만들거나 맛있는 음식을 만드는 것) 좋은 아이디어를 떠올리는 것(유용한 충고를 해주는 것, 유익한 이야기를 해주는 것) 또는 타인을 위해 무언가를 하는 것(아이를 양육하는 것, 학생을 가르치는 것, 타인에게 좋은 본보기가 되는 것)을 포함한다고 말하였다. 마지막으로 연구자들은 참여자들에게 이러한 활동에 참여하는 이유를 물었다. 연구자들에 의하면, 아래의 첫 번째 예시에서 나타나는 참여자의 반응에서는 어떠한 생산성도 보이지 않는 반면, 두 번째 예시의 참여자는 상당한 생산성을 보인다고 한다.

> **[참여자 1]** 최근에 내가 입을 옷을 손수 만든 일. 나는 옷을 손수 만듦으로써 돈을 아낄 수 있다고 생각한다(돈을 아끼면 기분이 좋다). 그리고 … 손수 만든 옷이 가게에서 산 옷보다 몸에도 더 잘 맞는다. 기본적으로 자기만족의 일환으로 옷을 만든다. (Vandewater & McAdams, 1989, p. 440)
>
> **[참여자 2]** 직업에서의 성공. 일에 대한 관리 능력을 얻은 것. 나는 여성들이 따르고 싶어 하는 롤 모델이다. 나는 기업에서 여성의 역할을 확장하는 데에 도움이 되었다. (Vandewater & McAdams, 1989, p. 441)

위의 사례와 같이 각 참여자의 생산성을 평가한 후, 모든 참여자들은 인간에 대한 신념과 신뢰, 양육 스타일, 이기심의 정도를 측정하는 자기보고 척도를 작성하였다. 에릭슨의 견해와 비슷하게, 생산적인 참여자들은 선의에 대한 기본적 신념과 인간의 삶을 가치 있게 보는 관점을 보였다. 그들은 인간이 지닌 부정적 측면에 대한 증거에 직면할지라도 미래에 인간의 삶이 성장할 수 있다고 믿는 경향이 있으며, 타인이 자신의 목적을 달성하도록 도와준다고 믿었으며 삶에서 겪는 침체로 인해 괴로워하지 않는다. 생산적인 참여자들은 이기심의 정도가 낮으며 타인을 돕는 것을 지향한다(Vandewater & McAdams, 1989, pp. 437-438). 예상한 바와 같이, 높은 생산성을 보이는 참여자는 낮은 생산성을 나타내는 참여자에 비해 삶에서 더 큰 행복과 만족감을 보고하였다(McAdams, de St. Aubin, & Logan, 1993, p. 225).

또 다른 연구에서는 바람직한 아버지란 자식들을 돌보며 자녀의 신체적, 사회적, 지적 발달에 적극적으로 관심을 갖는 존재이며, 이러한 아버지는 그렇지 않은 경우에 비해 더 행복한 결혼생활을 영위한다는 결과가 나타났다. 또한 남성의 가정생활에의 참여가 그의 직장생활을 방해할 것이라는 매체의 추측과는 달리, 적극적인 가정생활에의 참여가 남성들의 직업적 성공과도 더 높은 상관이 있는 것으로 나타났다(Snarey, 1993, pp. 349-353).

스내리와 그의 동료들이 수행한 다른 연구에서는 초기 성인기에 나타나는 남성의 불임과 이것이 중년기의 생산성 획득에 미치는 영향 사이의 관계에 초점을 맞추었다(Snarey, Son, Kuehne, Hauser, & Vaillant, 1987, pp. 593–603). 생산성을 획득할 수 있는 많은 방법들이 있음에도 불구하고, 다수의 남성들이 주로 선택하는 방법은 그들의 생물학적 자녀가 잘 발달하도록 양육하는 것이었다. 따라서 자신이 불임이라는 것을 알고 있는 남성은 충격과 불신, 무망감을 경험하고, 자신의 운명을 선택할 능력이 정당하지 않았다고 느끼는 경향이 있다. 이러한 어려움을 해결하는 데에는 다양한 형태의 대처방법이 있다. 연구자들은 이들이 이러한 불안을 해결하고 중년기에 생산성을 획득할 수 있도록 도울 수 있는 가장 성공적인 방법을 찾기 위해 노력하고 있다.

스내리의 연구는 다른 사람의 자녀의 발달을 지원하는 것처럼(예: 청년 집단의 지도자가 되는 것, 선교 학교에서 아이들을 가르치는 것, 이웃의 소년을 위해 큰형 노릇을 하는 것 등) 부모 역할과 같은 활동을 하는 사람들이 아이를 입양하는 경우가 많으며 이혼할 가능성이 낮다는 사실을 발견하였다. 이들은 또한 중년기에 강한 생산성을 경험할 가능성이 높다. 반대로, 자기중심적 활동을 하는 사람들은 아이를 입양할 가능성이 낮고, 몸을 가꾸는 것과 건강식품에 집착하며, 인간이 아닌 대상들(애완동물이나 차)을 마치 자신의 자식처럼 대하는 경향이 있다. 따라서 이 연구는 생산성이 오직 자식을 낳는 생물학적 활동으로만 이루어지는 것이 아니라는 것을 분명하게 보여 준다. 생산성은 타인의 자녀와 함께 하는 이타적인 부모 역할이나 아이를 입양하는 것과 같은 대안적 활동을 통해서도 성취될 수 있다(Snarey et al., 1987, pp. 593–603).

생산성 유형

과거 몇 년 동안, 브래들리와 마샤(1998, pp. 39–64)는 앞서 제시된 것처럼 생산성을 그저 높고 낮음으로 구분한 모델을 넘어서 생산성의 형성과정에 대한 이해를 높일 수 있는 보다 세련된 생산성-침체 모델을 제시하였다. 이 모델에서는 관여(involvement)와 포용(inclusivity)이라는 두 차원을 바탕으로 생산성을 다섯 가지 수준 및 유형으로 구분하였다. 관여는 개인이 자신과 타인의 창의력 및 생산성의 성장과 관련되는 활동에 참여하는 정도를 의미한다. 이는 개인의 기술 및 지식의 발달, 타인과의 기술 및 지식 공유, 책무를 따르는 능력을 포함한다. 포용은 누구 또는 무엇을 수용하고 배제할 것인가에 대한 돌봄의 범위를 의미한다.

생산적 유형generative style의 사람들은 높은 수준의 생산성을 지닌다. 이들은 자신의 직업과 후세대의 성장에 매우 적극적으로 관여하며 헌신한다. 그들은 자신의 기술 발전과 사회 및 젊은 세대의 이익을 위해 매우 성실히 일한다. 브래들리와 마샤(1998, p. 51)가 수행한 한 연구에서는 생산적 유형인 사람들이 경험에 대한 개방성, 따뜻함, 친밀함을 지니고 있으며, 다른 견해나 가치, 전통에 대해 관대하다는 것을 발견하였다. 따라서 그들이 돌보는 사람들은 그들에게 동의한 특정인이 아닌 모든 젊은이들을 포함한다. 그 예로, 인종과 연령, 성별, 외모와 상관없이 모든 학생들이 최대로 도움을 받을 수 있도록 자신의 상담 기술을 향상시키기 위해 매우 노력하는 상담자를 들 수 있다.

다음의 세 가지 유형은 중간 정도의 생산성 수준을 나타낸다. **관습적 유형**conventional style은 매우 열심히 일하고 양심적이며 창의력도 있고 생산적이지만, 포용 수준은 낮다(Bradley & Marcia, 1998, pp. 43–51). 그들은 젊은이들에게 확실한 길잡이가 필요하다고 생각하며, 기존에 성립된 생활양식, 가치, 목적으로부터 탈선하는 것을 수용하기 어려워한다. 그들은 또한 젊은이들이 그들에게 동의하지 않을 때 두려움을 느끼며, 그들을 거부하는 경향이 있다. 자신의 가치와 목표를 따르는 학생들만을 지지해 주는 교사가 그 예이다. **대리적 유형**agentic style은 매우 생산적이고 사회에도 높은 기여를 하지만 포용 수준은 낮은 사람들이다. 그들은 자신의 이익에 더 관심을 가지며 젊은이들에 대해 전반적으로 공감하지 못한다. 하지만 브래들리와 마샤(1998, p. 58)는 대리적 유형의 사람들이 자신의 이익에 관심을 갖는 것은 건강한 것이며, 이는 개인적 성장을 유도한다고 보았다. 오스카상을 수상하는 것과 자신의 연기생활에만 신경을 쓰고, 경력에 도움이 되지 않는 이상 자신의 젊은 팬들에게는 관심조차 주지 않는 배우가 그 예이다. **공동체적 유형**communal style에 속하는 사람들은 자신의 성장을 위해 혼신을 다해 헌신하지는 않지만, 대신 젊은 세대의 복지에 거의 강박적인 관심을 갖는다. 그들은 매우 공감적이고 양육적이지만(Bradley & Marcia, 1998, p. 53), 종종 그들 자신의 개인적 기술과 관계까지 잃어가면서 공적 이익에 신경을 쓴다. 자신의 자녀들에게 헌신적이고 다른 사람의 자녀까지 신경 쓰지만, 정작 자신의 창의적 능력은 활용하지도 못하고 자기 계발의 기회는 놓쳐버리는 희생적 부모가 그 예이다.

마지막으로 **침체된 유형**stagnant style에 속하는 사람들은 가장 낮은 수준의 생산성을 보인다. 그들은 자기 희생적 행동도 거의 하지 않고 젊은 세대를 돕는 것에 대해서도 거의 관심이 없다. 틀에 박힌 직장생활로 인해 권태로움을 느끼고 도전적인 일은 생각도 해보지 않으며, 젊은이들을 포함한 다른 사람들로부터 단절된 삶을 살아가는 행정기관 간부를 그 예로 들 수 있다.

노년기의 자아 통합

인생의 마지막 단계에 다다른 사람들이 겪는 위기를 연구하기 위해, 왈라스케이 등(1983/1984, pp. 61-72)은 자아 통합 또는 절망으로 특징지어지는 노인들(평균 75세)을 분류하기 위한 면담절차를 활용하였다. 면담을 통해 모든 참여자들은 죽음에 대한 불안과 삶의 초기단계에서의 기억, 현재의 심리적 건강 수준을 평가하는 몇 가지 질문에 응답하였다. 에릭슨의 이론을 바탕으로 예상된 바와 같이, 절망 상태에 있는 노인들이 자아 통합에 이른 노인들보다 부정적인 기억을 더 많이 갖고 있으며, 죽음에 대해 더 불안해 하고, 불만족해 하며 부적응적이라는 사실이 발견되었다. 태프트와 네르케(1990, pp. 191-193)에 의해 수행된 후속연구에서, 강한 자아 통합에 이른 노인은 과거의 고통스런 경험을 해결하고 그들 삶을 더 잘 이해하기 위해 과거의 추억을 회상하지만, 절망감을 느끼는 노인은 이러한 삶에 대한 재검토를 하지 않는다고 보고하였다. 높은 수준의 자아 통합에 이른 노인이 과거 고통스런 경험을 해결하기 위해서는 자기 용서라는 매우 힘든 과정을 거쳐야 한다. 자기 용서의 과정 동안, 자아 통합을 성취한 노인들은 자신의 한계를 인정하고 그들이 지은 잘못에 대한 책임을 받아들이며, 다시는 똑같은 실수를 하지 않겠다고 스스로 다짐하고, 그들로 인해 상처받았던 사람들에게 용서를 구해야 했다고 보고하였다. 만약 자신으로 인해 상처받았던 사람에게 사과할 수 없는 경우(예: 만약 그들이 배우자에게 범죄를 저질렀거나 사과를 받아야 할 사람이 죽었다면), 그들은 선행을 통해 이를 대체할 수 있다고 생각하였다. 산토르와 주로프(1994, pp. 294-312)에 의해 수행된 또 다른 연구에서는, 강한 자아 통합을 이룬 노인이 자기 자신을 용서하고 그들의 과거를 수용한 경우, 그렇지 않은 노인들에 비해 적대감과 분노, 우울감을 보다 덜 경험한다는 결과가 나타났다. 요컨대, 자신의 과거를 수용한 노인은 그렇지 않은 노인보다 심리적으로 더 건강하였다(Santor & Zuroff, 1994, pp. 297-309).

노인의 심리적 건강에 대해 고려할 때, 우리는 그들에 대해 그저 죽음을 기다리고 있는 사람들이라고 보아서는 안 된다. 많은 노인이 삶의 여덟 번째 단계에서도 사회와 젊은 세대에 기여할 수 있다. 에릭슨은 노년기에 **숭고한 생산성grand-generativity**을 성취할 수도 있다고 말한다. 특히 노인들, 그 중에서도 신체적으로 건강한 노인들은 젊은이들의 복지에 지속적으로 기여할 수 있고, 부모(중년의 자식들에 대한 경제적 지원)와 오래된 친구, 상담가, 멘토, 조부모, 그리고 부모 대리자로서의 역할 기능을 통해 개인적 성장을 이룰 수도 있다(Erikson, Erikson, & Kivnick, 1986, p. 74; Winefield & Air, 2010, pp. 277-283). 따라서 중년기 동안 그들이 이룩한 발달과업이 8단계로 옮겨오는데, 이는 성공적 노화에 있어서 필수적인 부분이다. 타인의 자녀를 돌보는 것에 대해 몇몇 부모 대리자들이 언급한 내용들이 제시되어 있다.

> **부모 대리자(조부 1)**: 아이들은 나에게 삶에 대한 새로운 관점을 열어 주었다. 이 아이들은 우리의 미래다. 그들에게는 우리가 필요하다. 우리는 아이들에게 바람직한 방향을 가르쳐 주어야 한다.
>
> **부모 대리자(조부 2)**: 이 일은 단순히 주변에 앉아 아무것도 안하는 것이 아니다. 다른 사람들을 위해 무엇인가를 하는 것은 매우 고무적인 일이다. 나는 가치 있는 일을 하고 있다.
>
> **부모 대리자(조부 3)**: 이 일은 나에게 새로운 삶을 열어 주었다. 나는 이 일로 인해 무언가를 기대하고 있다. 아이들은 당신에게 많은 것을 가르쳐 준다(Fisher, 1995, pp. 247–248).

따라서 심리적으로 건강한 많은 노인들은 상대적으로 수동적인 과거 삶의 반성과 세상 및 타인에 대한 지속적이고 필수적인 관여 사이의 균형을 이룬다.

요컨대, 비록 삶의 초기 네 단계 동안의 위기를 다룬 연구는 상대적으로 그 양이 적지만, 이후 네 단계에 관해서는 많은 연구들이 수행되었으며, 이 연구들의 결과는 에릭슨 이론과 매우 일치한다.

평가 기법

에릭슨은 항상 스스로를 정신분석가라고 칭하였으며 프로이트의 통찰력과 기법을 존경하였다. 동시에, 그는 프로이트 이론의 개념과 치료적 방법들을 확장하고 수정하여 자신만의 새로운 이론체계를 구축하였다.

프로이트와의 한 가지 근본적인 기법에서의 차이는 환자와 치료자 사이의 관계에 대한 에릭슨의 관점이다. 그는 프로이트에 비해 환자를 인격적으로 대하고 자신과 평등한 위치에 있다고 생각하였다. 프로이트는 환자의 시야에서 보이지 않는 위치에 앉아 그들로 하여금 카우치에 눕도록 함으로써 비인격적이고 객관적인 분위기를 조성했던 반면, 에릭슨은 많은 환자들을 편안한 의자에 그와 마주 앉도록 하였다. 프로이트는 일차적으로 초기의 과학 실험실과 같은 상담실을 강조하고, 치료적 안식처로서의 상담실은 이차적인 것으로 보았다. 그러나 에릭슨은 치료 장면에서의 이러한 중립성이 환자들에게 유해하다고 보았는데, 차료자의 중립성이 환자들에게 자신의 정체감을 잃을 것 같다는 두려움을 유발할 수도 있기 때문이다. 에릭슨의 관점에 의하면, 환자는 치료자가 그들에게 행하는 것만큼 도움을 받을 수 있다(Roazen, 1976, pp. 67–69). 따라서 에릭슨은 "훈련받은 주관성"의 관점을 지지하였는데, 이는 치료자가 환자의 삶에 영향을 미친 과거사를 탐색하는 것과 더불어 그에 대한 공감을 통해 환자의 문제를 이해하고 분석해야 한다는 관점이다.

에릭슨은 정신분석 작업에 있어서 프로이트 학파의 개념과 전이과정, 자유연상, 꿈분석을 사용하였지만, 이를 활용한 방식에 있어서는 프로이트와 많은 차이가 있다. 특히, 꿈과 꿈이 내포하는 의미를 바라보는 관점에서 차이가 난다. 프로이트는 꿈이 성적 욕구로 채워져 있다고 보았으나 에릭슨은 이를 정체감을 보호하고 향상시키고자 하는 심리사회적 용어로 해석하였다. 그는 꿈이 이전의 발달 단계 위기를 이해하기 위한 개인의 노력을 나타낸다고 본 프로이트의 관점에 동의하였다; 그러나 에릭슨의 관점에서 꿈은 성적 관심보다는 정체감에 대한 의문들을 해결하려는 것과 보다 더 관련된다. 에릭슨은 또한 환자의 꿈에 잠재된 내용이나 의미를 파악하기 위해서는 환자의 심리를 캐내기보다는, 꿈의 분명한 내용을 이해하는 것이 중요하다고 보았다는 점에서 프로이트와 구분된다. 에릭슨의 관점에 의하면, 현재몽은 환자의 현재 문제와 그가 치료자와 맺고 있는 관계에 관한 중요한 정보를 드러낼 수 있다. 비록 에릭슨은 잠재몽에 대한 분석이 과거 갈등의 원인에 대한 중요한 정보를 밝혀낼 수 있다는 것을 인정하였지만, 꿈이 치유적 기능도 가지고 있다고 보았다; 꿈은 과거와 더불어 미래를 다루는 방법을 제시해 준다(Roazen, 1976, p. 56).

프로이트는 주로 신경증을 앓고 있는 성인을 치료한 데 반해 에릭슨은 기본적으로 아동을 분석하였다. 때문에 그는 환자의 연령에 적합한 기술을 사용하여야 했다. 따라서 에릭슨은 그의 어린 환자들이 갖는 독특한 문제를 보다 잘 이해하기 위해 다양한 놀이치료 기법을 활용하였다. 예를 들면, 에릭슨은 어린 환자들이 자신의 상상을 통해 흥미로운 장면을 구조화하도록 이끌기 위해 장난감을 사용하도록 하였다. 그는 이러한 놀이를 통한 구조화가 아동이 갖고 있는 문제의 근원에 대한 중요한 단서를 제공한다는 것을 발견하였다. 또한 이는 아동에게 이상적인 상황을 만들 수 있는 기회를 제공하며, 이들이 실험과 계획을 통해 현실을 숙달할 수 있도록 한다고 보았다(Erikson, 1963, p. 222). 때문에 놀이는 어린이가 과거를 다시 경험할 수 있도록 하고, 실패를 보완해 주며 미래에 대한 희망을 강화시켜 줄 수 있다. 앞서 언급한 것처럼, 놀이는 레크리에이션 활동에 중점을 둔 것이 아니라 기술 숙달을 위해 고안된 작업적 활동이다.

마지막으로 에릭슨은 중요한 역사적 인물의 삶에 대한 이해를 증진시키고자 **역사 심리학적 분석**psychohistorical analysis을 사용한 최초의 인물이다. 에릭슨은 정신분석과 역사적 사건 사이를 연결시키는 데에 관심이 있었기 때문에 이러한 분석과정을 발전시켰다. 에릭슨은 역사학자들이 역사적인 사건을 설명할 때 개인의 발달적 측면을 간과하는 반면, 정신분석가들은 개인의 행동을 설명할 때 개인의 발달 초기에만 지나치게 초점을 둔 나머지 광범위한 역사적 과정은 지나치게 소홀히 다룬다고 강조했다. 역사 심리학적 분석은 토마스 제퍼슨, 조지 버나드 쇼, 마틴 루터, 마하트마 간디, 아돌프 히틀러 등을 포함한 주요 역사적 인물의 생애주기 전반에 나타나는 다양한 위기들을 분석하고, 여기에 자신의 자아 발달 이론을 적용함으로써 이러한 근시안적 관점을 극복하고자 한 시도로 간주된다. 동시에, 그는 역사적 인물들이 직접 겪어온 독특한 역사적 시기를 기반으로 그들을 평가함으로써 그들의 삶을 이해하고자 하였다. 역사 심리학적 분석은 광범위한 관점을 취하는데, 여기에는 정치적, 경제적, 사회적 그리고 문화적 힘이 역사적 인물들의 성격과 삶의 발달에 미친 엄청난 영향력에 대한 평가가 포함된다. 또한 이는 분석가의 가치와 경험 및 그들 자신이 살아온 역사적 연대를 반영하는 방법을 고려하며, 역사적 인물들의 삶에 대한 해석적 지평을 넓혀준다(Erikson, 1974, pp. 14–15).

치료에 관한 이론적 함의

에릭슨에게 있어서, 신경증 환자와 정신증 환자는 자신의 경험에 대한 주인 의식이 부족한 혼란된 정체감을 가진 사람들이다. 그들은 파편화된 약한 자아를 가지고 있으며, 다른 사람과 관계하거나 사회에 적응하지 못한다. 이러한 어려움은 그들의 생애에서 하나 또는 그 이상의 위기를 성공적으로 해결하지 못했기 때문에 발생한 것이다.

에릭슨은 생애 첫 번째 단계에서 신뢰감 형성에 실패하면 이후 삶에서 정신분열병과 같은 심각한 병리가 뒤따를 수 있다고 보았다. 이러한 경우, 타인에 대한 신뢰감 형성의 실패는 결과적으로 개인이 손상된 현실감을 갖도록 만든다. 이들을 돕기 위해, 에릭슨은 치료자가 환자들로 하여금 반드시 세상에 대한 신뢰를 재형성할 수 있도록 이끌어주어야 한다고 강조하였다(Evans, 1967, p. 55).

에릭슨은 편집증 환자들의 발달의 고착점을 "희망과 의지 사이의 어딘가"(Evans, 1967, p. 56)에 있다고 보았다. 편집증 환자들은 항문기 동안 그들의 의지를 키워주기 위해 노력했던 부모들이 실제로는 그들의 의지를 깨뜨리고자 했다고 의심한다. 만약 이후 삶에서 제한된 기회(예: 직업을 찾을 수 없는 것)와 더불어 이러한 사실을 직면하게 된다면, 그들은 다른 사람들이 자신들을 헐뜯거나, 이들로 인해 자신들이 독자적으로 성공할 수 있는 능력이 있음을 입증하지 못하게 된다고 생각한다(Evans, 1967, pp. 56–57).

에릭슨은 강박증 역시 항문기에 고착되어 있는 것으로 보았는데, 즉 자녀들의 배변 훈련과정에서 나타나는 부모의 엄격한 태도로 인해 유발된다고 하였다. 강박증은 그들 삶의 통제력을 다시 얻기 위한 수단으로 고집스럽게 굴고 꾸물거리거나, 의식적(rutual)인 반복행위를 한다(Erikson, 1968b, p. 111). 이들에 대한 치료는 부모와의 갈등 원인을 파악하는 것뿐 아니라, 환자가 수치심과 의심을 느끼지 않고 자유롭게 의지를 나타내는 능력을 습득하도록 치료가가 격려하는 것을 필요로 한다(Evans, 1967, p. 58).

청소년기에 나타나는 주된 적응 문제는 주로 명확한 직업적 목표가 확립되지 못한 것과 관련된다. 이러한 어려움은 부분적으로 본인 스스로의 선택에 대한 개인적 자제력이 발달하지 못했기 때문이거나, 근육 항문기 단계와 운동 생식기 단계 동안 자신의 생각 및 목표에 대한 방향성과 상상력의 부족으로 인해 발생할 수 있다. 이러한 문제들은 과제 수행 능력에 대해 개인이 느끼는 강한 열등감에 의해서도 유발될 수 있는데, 그 결과 잠복기 동안 성장 실패가 발생할 수 있다. 이러한 상황에서, 의사결정에 대한 과도한 압력을 받은 혼란된 청소년은 이에 대해 역기능적으로 반응할 수 있다. 그들은 학교를 결석하거나, 직장을 그만두거나, 밤늦게까지 돌아다니거나, 공공기물 파손이나 강도와 같은 파괴적인 행동을 하거나, 기이하고 소름끼치는 감정으로 철수할 수도 있다.

에릭슨은 이러한 상황에서 청소년들을 구해 줄 수 있는 방법은 오직 가족, 친구, 치료자, 법관들이 그들에 대해 경계선 장애나 정신분열병과 같은 진단적 낙인을 사용하는 것을 피하고, 청소년들이 이러한 행동을 촉발하는 데에는 특별한 사회적 및 문화적 환경이 있다는 사실을 수용하는 것이라고 생각했다(Erikson, 1968b. p. 132). 낙인을 찍는 것은 젊은이들로 하여금 부정적인 정체감을 더욱 강하게 받아들이도록 하며, 그렇게 함으로써 그들의 문제를 더욱 더 악화시킨다; 그들이 치료자들에게 필요로 하는 것은 공감적인 태도와 격려이다. 에릭슨의 이론에서 치료의 핵심은 개인적 정체감을 다시 확립하고자 하는 환자의 욕구이다. 이는 매우 힘든 일이다. 그리고 이것은 매우 고통스럽기 때문에, 환자들은 보통 이에 저항적 행동을 보인다; 일반적으로, 그들은 자신의 부정적인 정체감이 거짓이 아니며, 그들에게 이것이 필요하다는 것을 치료자에게 설득하려고 한다. 에릭슨은 이러한 주장이 지니는 타당성을 인정하여야 하지만, 환자들이 자신의 부정적 정체감이 "항상 나에게 존재해 오던 것"이라고 결론짓게 내버려 두어서는 안

된다고 생각하였다. 치료자는 이러한 환자를 이해와 애정으로 대해야 하지만, 그렇다고 지나치게 허용적이어서는 안 된다; 환자의 강점을 확실하게 짚어 내고 긍정적인 방향으로 이끄는 것이 중요하다(Erikson, 1968b. pp. 212-216). 치료자는 환자들이 주로 자아 강도를 향상시키는 활동들과 같은 사회적 실험을 통해 그들의 재능을 발달시키도록 격려하여야 한다.

젊은 성인들에게 있어 발달과정상 신경증을 유발시키는 주된 요인은 타인과의 친밀한 관계 형성의 실패이다. 신경증 환자들은 종종 외로워하며, 친밀한 관계가 수반하는 책임과 위험을 수용할 수 없는 고립된 사람들이다. 그들은 사랑과 지속적 우정을 형성하는 능력이 부족하다. 성적 관계는 성숙한 사랑에 대한 표현의 일부이므로, 이들은 발기부전이나 조루증, 불감증과 같은 어려움을 경험할 수도 있다. 이러한 문제들은 이렇듯 정신적 장애를 갖고 있는 괴로운 사람들이 정체감을 강화해 주는 치료적 경험을 겪어야만 해결될 수 있다. 에릭슨은 강한 자아를 가진 사람만이 실망과 상처를 다룰 수 있으며, 타인에게 자신을 개방하는 것에 대한 거부감에 대처할 수 있다고 보았다.

중년기에 나타나는 신경증은 다음 세대를 인도하거나 돕는 것에서 만족스러운 경험을 하지 못하는 것과 관련된다. 자기도취적인 사람은 인생이 더욱 의미 있고 즐거워야 한다고 생각하지만, 정작 자신은 권태와 침체감을 느낀다. 이러한 사람들에 대한 치료는 초기 아동기에 나타나는 과도한 자기애와 신뢰감의 부족에 초점을 맞추는데, 이러한 자기애와 신뢰감의 부족은 현재 그들로 하여금 타인과 관계하지 못하게 만드는 주된 요인이다.

마지막으로 노년기에 나타나는 병리는 자아의 분열과 관련된다. 노년기 신경증 환자들은 어린 시절 자신이 저질렀던 실패를 여전히 수용하지 못하고, 이러한 경험들을 그들의 자기 개념으로 통합시키지 못한다. 그들은 자신의 목표 중 그 어느 것도 달성되지 못하였으며, 상황을 바로잡을 시간이 없다고 느끼는 경향이 있다. 그들은 죽음을 두려워한다. 이러한 환자들의 치료 목표는 그들로 하여금 각 개인의 생애는 독특하고, 그들 인생을 대신할 수 있도록 허락하는 것은 그 어떤 것도 없으며, 죽음은 삶의 불가피한 부분이라는 것을 직시하도록 돕는 것이다(Erikson, 1968b. 139).

이론에 대한 평가

지금부터 에릭슨의 이론이 지니는 과학적 가치를 살펴보기로 하자.

포괄성

창의적이고 독창적인 사고를 하는 에릭슨은 매우 포괄적인 이론을 제시하였다. 그의 이론은 광범위한 여러 다양한 현상과 정상 및 비정상에 대해 설명해 주며, 개인의 발달과 기능을 생물학적, 사회적, 문화적, 그리고 역사적 요인으로 설명하는 방안을 탐색하였다. 그의 이론에서 탐색된 현상의 범위는 인종, 신화, 국가적 정체감, 놀이, 결혼과 이혼, 근친상간, 성적 관계, 직업 선택, 학업에서의 성공과 실패, 사랑, 여성, 그리고 여러 문화의 의식들(rituals)을 포함한다. 각기 다른 정신병리 유형에 초점을 두는 동시에, 에릭슨의 이론은 또한 건강한 성격 기능에 관해서도 기술하고 설명하고자 시도한다.

정밀성과 검증 가능성

에릭슨의 이론은 정밀성과 검증 가능성의 기준을 충족시키지 못한다. 이는 매우 추상적이고 모호한 개념 때문인 것으로 보인다. 정체감 개념은 특히 모호하다. 한 관점에서, 에릭슨은 정체감에 대해 다음과 같이 설명하였다. "정체감은 진실함, 온 마음을 다함, 신중함과 같은 것이다. 게슈탈트로서, 총체는 여러 다각적인 기능들과 전체 즉, 어떤 것이 개방적이고 유창한지에 대한 경계 내에 속하는 부분들 사이의 건강하고 유기체적이며 진보적인 성숙을 강조한다"(Erikson, 1964, p. 92). 또 다른 관점으로, 에릭슨은 정체감을 "변화하고 있는 운명에 직면하여 일체성과 연속성을 유지시키는 자아의 능력"이라고 하였다(Erikson, 1964, p. 96). 다른 맥락으로, 정체감은 "우리가 되고 싶은 것들이며 미래에 우리가 될 모습들이라고 알고 있는 것들, 그리고 우리가 성취할 수 있는 것들"을 뜻한다(Evans, 1967, p. 32). 확실히 이 개념은 매우 복잡하고 그것 자체만으로는 정밀한 측정을 하기가 곤란하다. 따라서 정체감 이론을 검증하기란 매우 어렵다.

검증이 어려운 또 다른 이유는 그의 이론이 제시하고 있는 전반적인 논의점과 그에 관련된 구체적인 가설들이 종종 모호한 형태로 제시되기 때문이다. 예를 들면, 에릭슨은 특정 단계에서 발생하는 발달에서의 고착이 이후 발달에 특정한 방식으로 영향을 미친다고 주장하였다. 이러한 주장은 매우 다양한 성격 유형들과 더불어 이들을 구성하는 각각의 성격적 특징 또는 특질의 독특한 측면들을 제시하는 것이지만, 에릭슨은 이것들이 그의 이론에 미치는 영향에 대해서는 그 어디에서도 언급하지 않았다. 그러나 에릭슨은 이러한 한계를 공정하게 받아들이는 일환으로, 아주 어려운 과제—즉, 다시 말해 복잡한 생물학적, 사회적, 문화적, 역사적 힘에 의해 영향을 받는 자아 발달을 8단계로 기술하고 설명하는 것을 해결하기 위해 고군분투하였다. 그의 개념이 모호하다고 해서 이것이 쓸모없다는 것은 아니다. 이는 우리가 지금까지 청소년기의 자아 정체감, 초기 성인기에서의 친밀감, 중년기의 생산성, 그리고 노년기의 자아통합에 대한 에릭슨의 생각이 다양한 연구를 통해 재정의되고 이론적 검증에 성공적으로 활용되었음을 살펴본 것을 통해 알 수 있다.

간명성

에릭슨의 이론이 다루고 있는 다양한 범위는 실로 대단하다 하겠지만, 이론적 근거는 다소 제한적이다. 그의 이론에서는 대부분의 현상이 정체감 형성, 분열 또는 통합과 연관되어 종종 사후분석의 방식으로 설명된다. 정체감의 개념은 매우 복잡하므로, 에릭슨은 이에 대해서는 보다 많은 설명을 덧붙였다.

경험적 타당성

에릭슨의 생애 초기 1~4 단계에 관한 연구들은 그리 많지 않은데, 그 이유는 아마도 이 네 단계가 연구자들에게 익숙한 프로이트의 이론과 너무 유사해서 별로 주의를 끌지 못했기 때문으로 보인다. 대신, 대부분의 최근 연구들은 생애 후기 네 단계에 집중되어 있다. 후기 네 단계에 대한 경험적 연구들은 에릭슨의 이론과 상당히 일치되는 발견을 하였지만, 다음과 같은 부분에 대해서는 추가적인 연구가 필요하다: (1) 우정, 데이트, 성 역할과 같은 영역, (2) 이후 단계로의 발달이 저지되는 과정과 더불어 분명하고 안정적인 정체감이 부족한 상태에 관한 연구, (3) 백인의 정체감 발달과정을 벗어나 성별과 인종, 민족 집단에 따른 정체감의 발달과정에 관한 보다 세부적인 조사, (4) 발달 단계들의 상호관계 및 상호적 영향을 다룬 에릭슨의 이론을 검증하기 위한 종단적 연구의 활용, (5) 점점 더 복잡해지고 해체되고 있는 사회에서 청소년들이 그들만의 삶의 방식을 형성하도록 돕기 위해 기존의 정체감과 관련된 개념들을 활용하는 것.

발견적 가치

에릭슨의 이론은 높은 발견적 가치를 지닌다; 그의 이론은 다양한 분야의 학자들로부터 관심을 받았다. 각 발달 단계와 관련된 다양한 덕목들에서 나타나듯이, 에릭슨의 도덕적 관심은 신학자와 윤리학자들의 사고에 자극을 받은 것이다. 다양한 사회에서 나타나는 의례화의 의미에 관한 그의 광범위한 분석은 문화 인류학자들의 영향을 받았다. 정치적, 종교적, 문학적 인물들에 대한 그의 역사 심리학적 분석은 역사학자들에게 상당한 영향을 미쳤다. 또한 심리학계 내에서도 에릭슨의 업적은 생애주기 심리학과 성인발달 심리학에 매우 큰 기여를 하였다. 아마도 그가 심리학계에 미친 가장 큰 영향은 그의 이론이 정신역동의 이론적 기반을 확장했다는 것과 정신분석학파 동료들의 사고에 영향을 주었다는 점일 것이다.

적용 가치

에릭슨의 이론은 아동 심리학, 정신의학, 직업 상담, 부부 상담, 교육, 직업, 산업체와 같은 다양한 영역에 엄청난 실제적 영향을 미쳤다. 자아 발달 단계와 각 단계에 내재하는 갈등에 관한 그의 개념은 아동, 청소년 및 성인들을 위한 치료적 접근법을 개발하고자 하는 임상가들을 자극하였다. 직업 상담가들은 청년들에게 직업적 목표에 관한 조언을 함에 있어서 에릭슨의 이론을 활용한다. 정신건강 상담가는 많은 회사원들이 직장생활 중반에 경험하는 침체감을 극복하는 방법을 논의하기 위해 기업 내에서 워크숍을 개최하고, 이들이 보다 증진된 생산성을 성취할 수 있도록 돕는 데에 에릭슨의 이론을 사용한다.

에릭슨의 이론은 또한 학생들과 일반 대중들에게도 많은 관심을 받고 있다; 그의 이론은 대중들로 하여금 그들이 삶의 각 단계에서 경험하는 스트레스에 대해 이해할 수 있게 해주고, 이러한 스트레스를 완화시킬 수 있는 방안을 제공해 줌으로써 보다 긍정적인 성장이 이뤄질 수 있도록 한다.

비판적 사고를 위한 질문

1. 정체감 위기란 무엇인가? 에릭슨의 주장처럼 이는 청소년들이 겪는 자연스러운 경험인가? 당신은 정체감 위기를 경험해 보았는가(또는 현재 경험 중인가)? 당신의 삶에서 어떤 영역에 대해 이러한 위기를 경험하였는가? 이로 인해 어떤 일이 일어났는가?
2. 에릭슨은 아동기에 나타나는 기본적 신뢰감 대 불신감에 대해 언급하면서 어머니의 역할에 대해 강조하였다. 아동의 양육에 있어서 아버지의 역할은 무엇인가? 아버지의 역할이 어머니의 역할만큼 중요한가? 아버지의 역할은 어머니의 역할과 다른가? 만약 그렇다면, 어떤 부분에서 다른가?
3. 에릭슨에 따르면, 누군가를 사랑할 능력이 있다는 것은 강한 정체감을 가지고 있음을 뜻한다. 많은 청소년들이 혼란스러운 정체감을 가진 탓에 어느 누구도 진정으로 사랑하지 못한다. 이러한 결론에 대해 당신은 동의하는가, 혹은 동의하지 않는가? 그 이유는 무엇인가?
4. 에릭슨은 건강하고 친밀한 관계는 다른 성을 지닌 사랑하는 배우자와의 상호적 오르가즘

을 포함한다고 주장하였다. 여기에 나타나는 동성애에 관한 에릭슨의 관점은 어떠한가? 당신은 그의 견해에 동의하는가, 혹은 동의하지 않는가? 그 이유는 무엇인가?

5. 당신은 청소년기에 나타나는 가장 큰 위기가 직업적 정체감을 결정할 수 있는 능력의 부재라고 본 에릭슨의 의견에 동의하는가? 당신도 이를 청소년기의 주요 문제로 경험하였는가? 당신의 친구들 중 이를 주요 문제로 경험한 사람이 있는가?

용어 해설

고립 상태에 있는 사람들isolated individuals 사회적 관계로부터 철수된 사람들

고립isolation 진정한 친밀감을 공유함으로써 개인의 정체감을 확립하기 위한 시도를 할 수 없는 무능력함

공동체적 유형communal style 젊은 세대의 번영을 위해 자기 자신은 무차별적으로 희생하면서 스스로를 위한 발달은 방치하는 중년기 성인

관습적 유형conventional style 자신의 창의적인 직업 활동을 통해 본인이 속한 사회와 젊은 세대에 기여하는 중년기 성인. 그러나 이들은 자신의 가치와 목표를 따르는 젊은이들만 육성하고 이끌어 준다는 점에서 젊은 세대의 발달에 대한 관여에 있어서 선택적임

근면성industry 아동기에 생성되는 만족감. 새로운 기술을 학습하고 과제를 완수하는 데에 적극적으로 참여함으로써 얻어진다.

기본적 불신basic mistrust 타인은 신뢰할 만한 존재가 아니라는 믿음; 이는 어머니가 영아에게 일관적이고 애정 어린 방식으로 대해 주지 못했을 때 발생함

기본적 신뢰basic trust 타인은 신뢰할 만한 존재라는 믿음; 생애 발달의 첫 번째 단계에서 어머니가 일관적이고 애정 어린 방식으로 영아를 양육했을 때 발달함

능력competence 어떤 것을 만들고 과제를 완성하는 능력을 포함한, 건강한 아동이 지니는 힘

대리적 유형agentic style 자신의 직업에 종사함으로써 다음 세대에 간접적으로 기여하는 매우 생산적이고 창의적인 중년 성인이 지니는 생산성 유형. 그러나 이들은 젊은이들의 복지를 직접적으로 고려하지는 않음

덕목virtue 발달 단계에서 위기를 성공적으로 해결하였을 때 나타나는 자아강도

목적purpose 부모가 그들의 자녀를 사회적으로 바람직한 활동을 하도록 인도할 때 나타나는 덕목. 그 결과 아동은 삶의 목적을 형성할 수 있음

민족 정체감ethnic identity 어떤 집단에 속해 있고 헌신하고 있다는 느낌. 인간은 자신이 속한 집단의 구성원들과 공동 재산, 지식, 태도, 가치를 공유하기 때문에 이러한 정체감을 형성하게 됨

배려care 젊은 세대의 번영에 관심을 갖는 건강한 중년 세대가 지니는 덕목

부정적 정체감negative identity 사회에서 용인되지 않는 가치들과 역할들에 대한 헌신

사랑love 개인의 경험과 정체감을 상대방과 공유하고 그를 신뢰함으로써 두 사람 모두 향상될 수 있는 능력

상투적 친밀감 상태에 있는 사람들stereotyped individuals 얕고 착취적인 관계를 맺는 사람들

생산성generativity 중년기에 나타나는 발달과업 중 하나. 후세대는 살아남을 수 없을 것이라고 의심하지 않고 자신의 기술과 지식을 사회적 기관의 발전과 유지를 위해 사용하는, 창의적이고 생산적인 사람들에게서 나타나는 발달의 계속적인 노력. 생산성은 또한 젊은 세대를 육성하고 이끌어 주려는 기성 세대의 직접적인 노력도 포함함.

생산적 유형generative style 생산적이고 창의적인 직업 활동을 통해 자신이 속한 사회와 젊은 세대의 발전에 기여하는 중년기 성인. 이들은 자신과 비슷한 인생관과 가치를 지닌 젊은이들뿐 아니라 다른 모든 젊은이들을 위한 개인적 성장을 장려함

수치심과 의심shame and doubt 아동이 자신만의 판단을 내릴 수 없고 자신의 삶을 통제할 수 없다고 느끼는 부정적인 상태. 항문기의 잘못된 육아에 기인함

숭고한 생산성grand-generativity 자신의 재능을 발전시키기 위해 끊임없이 노력하고 모든 연령에 이르는 사람들의 발전에 기여하는 노년기의 성인. 이러한 관계에서, 이들은 타인에 대한 외부지향적인 돌봄과 자기 자신 및 스스로의 발달에 대한 내부지향적인 돌봄을 통합하기 위해 노력한다.

역사 심리학적 분석psychohistorical analysis 에릭슨의 자아 발달이론을 바탕으로 역사적 인물에 대한 삶을 분석하는 기법

역할 혼미role confusion 청소년들이 삶에서의 자신의 적절한 역할을 결정하지 못하는 상태

열등감inferiority 에릭슨의 심리사회적 발달의 네 번째 단계에서 얻어지는 부정적인 결과; 열등감을 발달시킨 아동은 그들 자신에 대해 무능력한 패배자라고 느끼게 됨

위기crisis 개인의 생애 발달에서의 전환점. 갈등이 긍정적으로 해결될 경우 강한 자아를 형성하게 되지만, 부정적으로 해결될 경우에는 자아가 약해짐

유사 친밀감 상태에 있는 사람들pseudointimate individuals 지속적인 관계를 맺지만 그 깊이가 부족한 사람들

유실foreclosure 청소년기에 나타나는 정체감 상태 중 하나로, 자신이 세운 목표에 대한 위기

를 전혀 경험하지 않고 이들 위기에 관한 어떠한 확고한 헌신도 해보지 않은 청소년들을 의미함

유예moratorium 청소년기 동안 나타나는 탐색의 기간. 이 시기 동안 개인은 그들의 목적과 관련된 위기를 경험하고 이에 대한 결정을 내리기 위해 대안을 적극적으로 탐색하게 됨

의지will 의사 결정의 자유로운 선택과 타인에 의해 통제되지 않는 것을 포함하는 덕목

이중문화 정체감bicultural identity 정체감의 한 형태로서, 소수 민족 구성원이 자신이 속한 민족의 문화와 사회에서 다수를 차지하는 문화, 두 문화에 모두 긍정적인 태도를 지니는 것. 이러한 통합된 정체감은 높은 수준의 정신건강과 관련됨

자아 심리학ego psychology 자아는 항상 원초아의 욕구에 의해서만 통제되는 것이 아니라 종종 이와 독립적으로 기능하며, 그러므로 개인에게 창의적인 활동과 긍정적인 성장의 기회를 제공한다고 보는 이론

자아 통합ego integrity 노년기에 자신의 삶이 긍정적인 의미를 지니며, 자신이 가치 있는 삶을 살았다는 믿음을 지니는 것

자율성autonomy 생애 두 번째 단계에서 갈등을 성공적으로 해결했을 때 개인이 경험하게 되는 독립성의 느낌

전체주의totalism 청소년기에 섣불리 의문 없이 이념이나 사고를 받아들이는 것으로 자신의 고통이나 혼란을 감소하는 수단으로 사용하는 것을 의미함

절망despair 자신의 갈등을 건설적으로 해결하지 못한 개인이 삶의 마지막 단계에서 맞이하게 되는 부정적인 결과; 이는 죽음에 대한 두려움과 더불어 자신의 삶은 실패하였으며 자신은 상황을 바로잡을 수 없다는 믿음을 포함함

점성 원리epigenetic principle 인간의 성장에 대해 유전적으로 결정된 연속적 단계가 존재하며, 각 단계들은 불변의 순서를 따라 연속적으로 발생한다고 보는 원칙.

정체감 위기identity crisis 다양한 삶의 영역에 대한 기본적 결정이 필요해지는, 주로 청소년기와 관련된 발달의 전환점. 예를 들어 정체감 위기에 처했을 때에는 직업, 친구, 삶에서 지녀야 할 이념에 대한 기본적 결정과 헌신이 이루어져야 함

정체감 혼미identity diffusion 삶의 목적에 대한 위기에 적극적으로 개입하지 않으며 이들과 관련하여 어떠한 헌신도 하지 않는 청소년들이 나타내는 정체감 상태

정체감 획득identity achievement 정체감 상태 중 하나로, 청소년기 동안 위기를 겪고 그 결과 자신의 삶의 목적(목표)과 관련된 확고한 헌신을 하게 되는 상태

정체감identity 자신이 누구인지, 어디를 향해 가고 있는지와 더불어 자신이 아닌 것과 자신이 되고 싶지 않은 것에 대한 깨달음을 포함하는 다면적인 개념; 타인과 독특하게 구별되는

자기 자신에 대한 통합된 감각

죄책감guilt 부적절한 행동으로 인해 처벌을 받을 때 아동이 경험하는, '잘못했다'는 느낌

주도성initiative 스스로의 결과에 대해 통제할 수 있다는 느낌. 이는 사고와 행동의 원천임

지혜wisdom 노년기의 위기를 성공적으로 해결하였을 때 나타나는 덕목; 자신의 삶의 경험을 생애주기 관점으로 포용하는 능력이자 자신의 삶을 수용하는 능력으로, 일반적으로 통합과 의미와 삶의 가치를 지님

충실fidelity 친구와 직장동료, 가치체계에 대한 충성과 헌신; 성실은 청소년기의 긍정적인 갈등해결의 결과로 나타난다.

친밀감 상태에 있는 사람들intimate individuals 깊고 헌신적인 관계를 맺고 있는 사람들

친밀감 이전 상태에 있는 사람들preintimate individuals 타인과 깊은 관계를 맺지만 지속적인 관계는 맺는 것은 꺼려하는 사람들

친밀감intimacy 정체감의 분리 없이 자신의 배우자와 하나가 되는 능력. 성숙한 자아를 지닌 사람들에게 획득됨

침체stagnation 어떤 것이나 누군가를 돌보지 못하는 무능력함에서 비롯되는 비생산적이고 쓸모없다는 느낌

침체된 유형stagnant style 자신의 기술이나 능력을 개발하고 젊은 세대를 육성하는데 노력을 기울이지 않는 중년기 성인들의 유형. 이들은 지루하고 냉담하며 스스로 불만족감을 느끼고, 사회나 젊은 세대에 기여하지 않음

함몰성enmeshment 다른 사람과 융합되는 것. 이 경우 자신의 고유한 자기와 정체감을 잃게 된다.

합병 상태에 있는 사람들merger individuals 자신의 정체감을 잃고 상대방에게 의존하면서 살아가는 사람들

희망hope 지속적인 희망을 얻을 수 있고 목표를 성취할 수 있다는 긍정적인 믿음

추천 도서

Erikson, E, H, (1963). *Childhood and society* (2nd ed.). New York: Norton.

Erikson, E, H, (1968). *Identity: Youth and crisis*. New York: Norton.

CHAPTER 07

코헛의 자기 심리학

코헛의 생애

하인즈 코헛(Heinz Kohut)은 1913년 5월 3일 오스트리아 비엔나에서 태어났다. 그의 아버지 펠릭스는 매우 성공한 사업가이자 학식이 높고 교양 있는 사람이었다. 재능 있는 피아니스트였던 코헛의 아버지가 음악계에서 경력을 쌓아갈 즈음에 제1차 세계대전이 발발했다. 혼란스러운 시기에 전쟁에 참전했던 다른 많은 사람들과 마찬가지로 그의 아버지 또한 코헛이 다섯 살이 될 때까지 그의 곁에 없었다. 전쟁에서 돌아온 아버지는 심신이 쇠약해진 탓에 코헛과 다소 소원한 관계가 되어 버렸다. 코헛은 그의 부모에게 양가감정을 느꼈다. 외동이었던 코헛에게 어머니는 때로는 질식할 정도로 가깝게, 또 때로는 너무나 차갑고 멀게만 느껴졌다.

코헛의 교육적 이력은 주목할 만하다. 비엔나의 엘리트 가문에서 태어난 그는 고등학교 재학시절 다양한 고전교육을 받았다. 프랑스어를 공부한 후 그는 1년 동안 파리에 머물며 좀 더 능숙하게 언어를 구사하고자 노력하였다. 그는 8년 동안 로마어를, 6년 동안 그리스어를 배웠다. 그는 문학과 음악, 미술, 역사를 공부하며 대부분의 시간을 보냈다. 그의 부모는 8세에서 14세가 될 때까지 가정교사를 고용하여 그에게 지적인 자극을 주었다. 코헛은 가정교사와 함께 오페라를 보러가거나 박물관에 들르곤 했다. 또한 아름다운 비엔나 거리를 한가로이 거닐며 지적인 대화를 나누었다. 고등학교를 졸업할 무렵 코헛은 최고 성적을 받았으며 운동에도 적극적이었다. 그는 특히 육상트랙경기와 복싱에 뛰어났다.

19세에 코헛은 비엔나 대학에 입학했고, 1938년에 의학박사 학위를 취득했다. 그는 주로 신경학 교육과정을 이수했다. 그는 이 기간 동안 정신분석학에도 매우 관심을 가졌다. 코헛은 프로이트를 알거나 만나지는 못했지만, 그를 굉장히 존경했고 의식적 우상으로서 자신의 모범으로 삼으려 하였다. 사실, 코헛은 1938년 프로이트와 그의 가족이 나치를 피해 영국으로 피신할 당시 비엔나 역에서 그를 보았다. 코헛은 프로이트가 차창 너머로 자신이 동료들과 함께 플랫폼에 서 있는 모습을 보았다는 사실을 한참이 지난 후에야 우연히 회상해 내었다. 기차가 역을 빠져나갈 때 코헛이 그의 모자를 살짝 들어 경의를 표했고, 프로이트도 그에 대한 답례로 자신의 모자를 살짝 들어 올렸다. 이미 그것으로 코헛은 자신이 프로이트의 뒤를 이어 과학과 치료로서의 정신분석을 계승할 임무가 있음을 분명히 인식하였다.

1940년에 코헛은 비엔나를 떠나 미국으로 이주했다. 그는 시카고에 정착했고, 부유하고 다양한 문화적 삶이 존재하는 그 도시를 사랑했으며, 죽을 때까지 그곳에서 머물렀다. 그는 시카고 대학 정신의학부에서 강의를 했고 시카고 정신분석학회의 교수진이자 수련감독 분석가였다. 교수로서 재임하던 시절 그는 정신분석을 발전시키기 위해 열성을 다했으며, 임상가로도 활발한 활동을 해 나갔으며, 학생들에게 정신분석 이론을 가르쳤다. 그는 인상 깊은 강의로 학생들에게 깊은 감명과 영향을 주었다. 그는 훌륭한 교육자였으며, 어떠한 질문과 논평에 대해서도 완벽한 설명을 했다. 그는 모든 질문을 진지하게 받아 들였으며 또한 질문자의 입장이 되려고 노력했다.

마침내 코헛은 그의 생각을 출판하기로 결심했다. 그것은 다른 사람을 이해하려는 그의 평생에 걸친 진지한 관심의 산물이었다. 그의 중요한 이론적 업적인 『자기분석(*The Analysis of the Self*)』(1971)과 『자기회복(*The Restoration of the Self*)』(1977)은 자기애에 관한 그의 새로운 견해를 강조했고, 성격발달과 정신건강에서 공감적 환경의 중요성을 강조했다. 사후에 출판된 『분석치료는 어떻게 하는가?(*How Does Analysis Cure?*)』(1984)에서는 정신분석 치료의 본질에 대한 그의 생각을 기술하였고, 공감의 개념을 정교화시켰으며, 자기 심리학적 견지에서 오이디푸스 콤플렉스의 중요성과 그 의미에 대해 명료화하였고, 방어와 저항의 본질에 대한 그의 생각을 피력하였으며, 쌍둥이 전이에 대해 재검토하고 있다. 마지막으로, 『자기 심리학과 인문학(*Self Psychology and the Humanities*)』(1985)에서는 인문학—특히 역사, 문학, 예술—이 어떻게 그의 새로운 분석적 관점에 영감을 주고 도움을 제공했는지 상세히 기술하고 있다.

코헛은 미국정신분석협회의 회장에 선출되었고 뉴욕정신분석협회의 하인즈 하트만 상을 수상하는 등 많은 수상과 영예를 누렸다. 그러나 점차 나이가 들면서 그는 다른 많은 상들의 수상과 행사들을 뒤로 한 채 자신의 연구에 모든 에너지를 쏟았다. 그는 '자기'에 대한 자신의 아이디어를 추가함으로써 과학이자 치료기법으로서의 정신분석을 발전시키고자 하는 한결같은 목표를 가지고 있었다. 이러한 그의 외골수적 삶은 동료들과 갈등을 야기하기도 하였는데, 동료들은 코헛이 그들의 공로를 인정하지 않는다고 비난했고 심지어 다른 사람의 생각을 마치 코헛의 생각인 것처럼 도용하여 출판하기도 했다. 그의 본래 아이디어는 매우 논쟁의 여지가 있었으므로, 분석학회 내에서 끊임없이 빗발치는 비판에 직면해야만 했다. 많은 분석가들, 특히 정통을 지향하는 분석가들은 그의 견해를 거부했다. 그는 고전적 정신분석의 입장에서 벗어난 생각을 대담하게 표현했기 때문에 소중한 많은 동료와 친구들을 잃었다. 코헛은 1981년 10월 8일에 사망했다(Goldberg, 1982, pp. 257-258; Strozier, 1985, pp. 3-12).

개념과 원리

자기 심리학: 고전적 정신분석의 최신의 발전

코헛의 **자기 심리학self psychology**은 사람들 간의 상호작용 하에서 이루어지는 자기의 발달과 그것이 개인의 정신건강에 미치는 영향을 이해하고 설명하는 데 초점을 두었다. 코헛은 다양한 측면에서 고전적 정신분석 이론을 강력히 비판하면서, 자신의 연구가 정상적인 성인의 자기애를 보다 정확하게 설명해 줄 수 있다고 믿었다. 개념들이 보다 체계화되면서, 코헛은 원래 프로이트가 검토했던 많은 현상들을 재해석 하였다. 예를 들어 그는 개인은 다양한 대상(일반적으로는 타인)을 향한 충동들을 만족시키기 위해 성적 혹은 공격적 본능에 의해 동기화된다는 프로이트의 리비도 이론을 비판했다. 그는 개인이 단지 본능적 욕구를 충족시키기 위해 타인과의 관계를 추구하는 것은 아니라고 보았다. 오히려 성적, 공격적 욕구의 충족은 타인과의 관계에 대한 우리의 근본적 욕구에 비해서는 이차적인 것이라고 간주했다. 프로이트가 성적, 공격적 충동의 좌절과 억압이 병리적 행동을 야기한다고 믿었던 반면, 코헛은 일탈적인 성적, 공격적 행동은 자기의 위협과 손상을 초래한다고 생각했다.

또한 코헛은 성격발달에 있어서 본능적 욕구를 지나치게 강조한 프로이트의 견해는 우리 모두에게 내재한 타인과의 관계 욕구 및 친화 욕구를 제대로 이해하지 못하게 만든다고 보았다. 실제로, 부모와 자녀간의 정서적 유대의 발달은 대개 리비도적 추구의 결과라기보다는 오히려 타인과의 관계를 확립하기 위한 생물학적 성향을 드러내는 중요하고 독자적인 발달적 측면이라는 과학적 증거가 있다(Eagle, 1984, pp. 15-16).

코헛은 그의 이론이 고전적 정신분석이론뿐만 아니라 **자아 심리학**ego psychology의 중요한 측면들을 수정했다고 여겼다. 여러분은 에릭슨 이론에서 개인이 발달과정에 내재하는 위기들을 해결할 때 강한 자아 정체감이 출현한다는 것을 강조했다는 점을 기억할 것이다. 에릭슨에게 있어 자아는 중요한 이론적 개념으로서, 건강한 자아는 성격기능을 통합하고 이끈다. 코헛의 이론체계에 있어서 이러한 통합과 조정의 역할은 자아가 아닌 자기에 기인한다. 그러나 자아와 자기라는 두 개념은 서로 대체 가능한 동의어가 아닐까? 코헛의 답은 그렇지 않다는 것이다. 그는 자기와 자아는 중요한 차이가 있으며, 자기가 자아에 비해 보다 근본적인 개념이라고 생각했다. 이러한 관점에서 원초아, 자아, 초자아는 근본적인 자기의 모든 측면들을 드러내는 대리적 기능을 한다고 볼 수 있을 것이다. 만일 이들 성격구조가 건강한 방식으로 기능한다면 바로 자기에 의해 통제되고 있는 상태라고 볼 수 있다. 자기 구조의 일관된 기능은 행복감을 이끌어 이차적으로 자아의 강도와 지배력을 증가시키게 된다. 그렇게 되면 자아는 개인이 자신의 문제를 현실적이고 창조적인 방식으로 해결하는 방법을 제공해 줄 것이다. 반면에 자기가 심리적으로 손상되면 파편화되고 약화되어 결과적으로 자아는 제대로 작동하지 못하게 되고, 개인은 적응적이고 만족스러운 방식으로 그들의 문제에 대처해 나갈 수 없게 된다 (Kohut, 1971, p. 119).

대상관계 이론으로서의 자기 심리학

성격발달에 대한 정신분석적 모델은 여러 개의 범주로 나눌 수 있다. 그 중 하나가 **대상관계 이론**object-relations theory이다. 대상관계 이론의 기본적인 전제는 **대상관계**object relation가 정신분석적 사고와 치료에 있어 가장 중요하다는 것이다. 그러나 대상관계라는 용어와 관련된 의미는 이론에 따라 매우 다양하다. 우리가 다양한 이론들을 더 잘 이해하기 위해서는 이러한 의미를 명확히 하는 것이 중요하다. 예를 들어, 고전적 정신분석에서 대상은 본능 즉 성적 혹은 공격적 충동의 목표물을 나타낸다. 따라서 프로이트 이론에서 대상은 타인(예를 들어, 남편 혹은 아내), 사람의 일부분(예를 들어, 가슴 혹은 남근), 혹은 사물(예를 들어, 의자를 부수는 것으로 공격적인 충동을 방출할 때)이 될 수 있을 것이다.

그러나 코헛과 같은 대상관계 이론가들에게 대상은 다른 사람으로 규정된다. 이들은 개인의 내부나 외부에 존재할 수 있으며, 실제로 혹은 상상 속에 존재할 수 있다. 외부 대상은 실제 사람이다. 내부 대상은 자기 내부에 존재하는 사람이나 사물의 정신적 표상이다. 개인은 이러한 대상들을 자기의 내적 부분으로 경험하기 때문에 이를 **자기대상** self-object이라 부른다. 자기대상은 일반적으로 자기의 응집을 견고히 해주는 심리적으로 중요한 사람들을 나타낸다. 이들은 개인이 직면한 처리할 수 없는 긴장과 스트레스를 조절하도록 도와준다. 유아기에 자기대상은 주로 부모이다. 부모는 유아를 먹이고, 씻기고, 입히고, 그리고 편안하게 해줌으로써 유아의 욕구를 만족시킨다. 그렇게 함으로써, 부모는 유아의 긴장과 스트레스를 완화시켜 줄 수 있다. 아동기는 친척, 형제, 친구, 교사, 그리고 다른 사람들과의 활발한 상호작용이 일어나는 시기이므로, 이들 모두가 자기대상의 잠재적 후보가 된다. 성인기에는 이러한 잠재적 자기대상의 범위가 훨씬 더 넓어져서, 이성 친구, 배우자, 정치 지도자, 종교 지도자, 군 지휘자, 학계 인사 등이 포함될 수 있다. 따라서 코헛은 자기대상에 대한 욕구는 성숙과 함께 약화되는 것은 아니라고 주장했다. 우리가 직면한 특정 문제와 이슈들을 처리하기 위해서는 평생 동안 자기대상이 필요한 것이다(Leider, 1995, pp. 26–27). 자기대상은 우리 자신의 어려움을 극복하도록 도움을 주는데, 우리가 심리적으로 건강한 방식으로 행동하기 위해서는 이러한 자기대상들을 점진적으로 변화시켜서 우리 성격 내에 통합시켜야만 한다.

성격발달

전 오이디푸스기 동안 발달되는 핵심자기

엄밀히 말하면, 코헛은 신생아에게는 자기가 없다고 주장했다(Kohut & Wolf, 1978, p. 416). 그러나 출생 후 유아의 주변에는 그들에게 이름을 붙여줌으로써 다른 사람들과 구분된다는 느낌을 갖도록 해주며, 신체적 욕구를 충족시켜 줌으로써 마치 유아에게 자기가 있는 것처럼 느끼게 해주는 최초의 양육자들이 존재한다. 이러한 상호작용을 통하여 초보적인 자기가 구체화되기 시작한다. 부모는 가능한 안정적으로 유아의 욕구를 충족시켜 주고, 함께 웃고 대화하고, 같이 놀아 주고, 유아가 괴로워할 때 편안하게 해주고 달래 준다. 이렇게 되면 유아와 부모 사이에 즉각적이고 강한 유대감이 생긴다. 유아와 부모 사이의 이러한 긍정적인 상호작용 과정을 통하여 생애 첫 2년 혹은 3년 이내에 중심 혹은 **핵심자기**nuclear self가 발달할 수 있다. 부모의 전적인 보살핌, 지원, 그리고 사랑이 없다면 유아는 곧 죽게 될 것이다.

코헛은 비록 아버지와 다른 성인이 유아의 욕구에 충분히 반응할 수 있다고 지적하였지만, 대개는 어머니가 유아의 욕구를 충족시켜 주는 최초의 자기대상이라고 보았다(Kohut, 1985, p. 167). 처음에 유아는 **일차적 자기애**primary narcissism 상태, 즉 완벽하고 더없이 행복한 자기 사랑의 상태로 존재한다. 즉, 유아의 모든 욕구는 어머니가 충족시켜 준다. 그러나 부득이하게도 이러한 안정적인 일차적 자기애 상태는 어머니의 돌봄이 불가피하게 지연되거나 결핍되면 깨지고 만다(Kohut, 1971, p. 64). 예를 들어, 어머니는 다른 집안일이 더 급해서 음식이나 물을 달라는 유아의 울음에 항상 즉각적으로 반응하지 못할 수도 있고, 하루 종일 집안일에 지쳐서 유아의 웃음에 늘 반응해 주지 못할 수도 있다. 이처럼 심신이 지쳐 외출하게 되는 날 마침 눈이 오거나 바람이라도 세게 분다면 어머니는 유아의 옷차림에 신경을 쓰지 못할 수도 있다. 이러한 조건 하에서 유아는 불균형을 해소하려고 노력하지만, 코헛은 바로 이럴 때 자기대상의 반응이 절실하다고 보았다. 만일 어머니가 충분한 반응을 해주지 못한다면 유아는 커다란 심리적 상처를 경험하게 되고, 이렇게 되면 유아는 **거대자기**grandiose self를 확립함으로써 예전의 완벽한 상태를 회복하려고 노력한다.

거대자기는 자기가 대단하고 완벽하다는 아동의 무의식적 신념을 포함한다. 아동은 반영에의 욕구 또한 나타낸다. 즉, 아동은 자신이 타인에게 존중받고 강한 인상을 남겼다는 것을 부모로부터 확인받길 원한다. 코헛에 따르면, 대체로 반영을 해주는 주된 존재는 어머니이다. 어머니는 아동의 타고난 탁월함 혹은 웅대함에 대한 감각을 반영해 주고 환기해 주며 인정하고 확인해 준다(Kohut & Wolf, 1978, p. 414). 이러한 반영을 통하여 어머니는 아동이 다른 사람의 인정과 존경을 내면화시키도록 이끈다. 이제 아동은 가치감을 느끼게 되며, 이러한 과정은 어머니의 **공감**empathy에 의해 더욱 촉진된다. 어머니는 아동의 입장에서 인정받고자 하는 그들의 과시적 욕구를 수용하고 이해하며 그러한 욕구를 충족시켜 줄 수 있어야 한다. 만일 건강한 방식으로 아동을 발달시키고자 한다면 이러한 반영과 공감이 반드시 필요하다.

그러나 건강한 발달을 지속시키기 위해서 어머니는 아동이 강력한 비현실적 과시 욕구를 표현하는 데 대한 한계설정을 하여야 하며, 자신의 실제 능력과 재능에 대한 현실적 한계를 아동 스스로 수용하도록 도와줌으로써 아동의 거대자기를 현실적으로 변화시켜 줄 필요가 있다. 코헛은 이러한 훈육이 일어나기 위해서는 **최적의 좌절**optimal frustration이 필요하다고 보았다. 어머니는 아동에게 공격적으로 반응하기보다는 차분하게 격려해 주며 애정 어린 태도로 아동이 추구하는 바의 비현실적 특성들을 명확히 인식시켜 줌으로써 아동의 미숙하고 과시적인 욕구를 다루어 주어야 한다(Kohut & Seitz, 1963, pp. 138–139). 요컨대, 아동의 비현실적인 과대성과 과시행위는 따뜻한 지지가 수반된 점진적 좌절로 수정되어야 한다(Kohut, 1966, p. 253). 이러한 시의적절한 최적의 좌절이 이루어진 결과, 아동은 **변형적 내재화**transmuting internalization를 경험하게 된다. 변형적 내재화란 아동이 거대자기로부터 원시적인 자기애적 리비도의 일부분을 분리해 내어 새로운 심리구조, 즉 더 현실적이고 독립적인 핵심자기의 출현에 투여할 수 있게 되었음을 의미한다. 즉, 부모의 반응을 통한 최적의 좌절은 성숙을 촉진시킬 수 있는데, 그 이유는 자기대상의 지원이 시의적절하게 점진적으로 제한된다면 아동은 과거 부모에게 의존했던 일들을 이제는 스스로 해내야 한다는 것을 학습할 수 있기 때문이다(Watson, Biderman, & Sawrie, 1994, p. 701). 예를 들어, 자신은 너무나 특별하기 때문에 부모는 오로지 자신에게만 관심을 기울이고 모든 욕구들을 충족시켜 주어야 한다는 과대 신념을 지닌 아동을 생각해 보자. 이 아동은 부모가 매일 아침 그를 씻겨주고 먹여주고 옷을 입혀주기를 요구할 수 있다. 이러한 과장된 소망과 이러한 욕구에 대한 부모의 반응은 유아기에는 발달적으로 적절한 것이지만 아동이 서너 살 무렵에 이르게 되면 분명 부적절한 것이다. 이 시기에 부모는 단호하게 아동 스스로가 씻고, 먹고, 옷입는 방법을 터득해 나가도록 격려하면서 그를 서서히 좌절시켜야만 한다. 만약 이러한 부모의 격려와 요구가 성공적이라면, 아동은 비로소 자신을 보다 현실적이고 유능하게 지각할 수 있도록 해주는 일련의 기술들을 터득해 나가기 시작할 것이다.

어머니가 아동과 공감하는 데 실패하거나 자신의 병리적 문제 때문에 아동에게 적절한 반영을 해주지 못한다면 아동의 자존감은 저하된다. 그렇게 되면 무능력감을 피하기 위한 방어적인 시도로 아동은 거대자기에 고착되며, 결과적으로 억제되지 않은 원시적이고 과장된 거대자기와 관련된 행동이 강화되어 나타나게 될 것이다. 마치 모든 사람이 자신의 노예이고 그의 통제하에 있는 것처럼 행동함으로써 스스로를 보호하고자 하는 미숙한 한 소년을 생각해 보자. 그는 자신의 방식대로 되지 않을 때 자주 화를 내고 심지어 부모나 다른 사람이 그를 저지시킬 때 폭력적 행동을 나타낼지도 모른다. 어머니 본인이 강한 의존욕구를 지녔다면 온화하지만 단호한 방법으로 이러한 행동은 옳지 않으며 다시는 허용하지 않겠다고 지적하지 못할 수 있다. 대신 어머니는 소년의 응석을 다 받아 줄 것이다. 즉, 어머니 본인이 인정 및 사랑의 상실에 대한 두려움을 가지고 있기 때문에 소년이 떼를 쓰며 요구할 때 웃으며 응하고, 짜증을 귀엽게 여기고, 폭력적인 행동을 무시할지도 모른다. 자신의 병리적인 욕구 때문에 어머니는 그를 좌절시킬 엄두를 못 내게 되고, 결과적으로 소년은 자신의 행동에 한계가 있다는 것을 인식하거나 학습하지 못하게 된다. 더욱 현실적인 핵심자기의 형성이 불가능해진 결과, 그의 자기애적 리비도는 원시적이고 변형되지 않은 과대적이고 과시적인 자기에게 투입된 채 남게 된다.

어머니로부터 적절한 반영을 받지 못한 소녀의 사례 또한 생각해 보자. 그녀는 과장된 방식으로 자신이 가치 있는 사람이라 공상할 것이다. 그녀는 가정의 소득수준과는 상관없이 부모가 자신에게 최고급 옷과 장신구를 사주어야 한다고 요구할 수 있다. 어머니는 항상 원하는 대로 할 수 없음을 차분하게 지적해 주거나 불합리한 요구를 거절하는 대신 그저 원하는 대로 다 해줄 것이다. 추후 그 소녀는 완전히 자기도취적으로 되어 옷과 자신의 외모에 지나친 관심을 가지게 될지도 모른다. 결과적으로 그녀는 자신을 다른 여성들보다 더 우월하다고 생각하기 때문에 그들과 관계를 유지할 수 없게 될 것이다. 그녀의 파트너들 또한 자신을 떠받들게 하거나 끊임없는 찬사를 요구하는 그녀의 행동에 염증을 느끼고 말 것이다.

핵심자기는 어머니와의 상호작용뿐만 아니라 아버지와의 상호작용에서도 중요한 근간이 된다. 양육에서의 불가피한 결핍으로 인해 일차적 자기애의 균형 상태가 무너지게 되면, 아동은 무의식적으로 자신이 존경하는 전능한 자기대상인 **이상화된 부모상** idealized parent imago을 연상하고 동일시함으로써 평정을 되찾으려고 노력한다. 이러한 이상화는 아이가 선천적으로 **이상화 욕구**need to idealize를 가지기 때문에 일어난다. 코헛에 따르면, 남아에 의해 이상화되는 대상은 대개 아버지이며, 여아의 경우는 대개 어머니이다(Kohut, 1977, p. 185). 아동은 이제 자신의 리비도(예를 들어 사랑, 애정, 칭찬)를 이상화된 구조에 투여(투자 또는 부착)하기 시작한다. 이상화된 부모상이란 아동이 동경할 수 있는, 평정심을 지닌 흠잡을 데 없는 전능한 이미지를 지닌 사람과의 무의식적 융합을 의미한다(Kohut & Wolf, 1978, p. 414). 초기에 부모가 유아를 안아 올려 어르고 달랠 때 존경하는 부모를 향한 이러한 긍정적인 감정은 유아의 불안을 완화시킨다. 이후 초기 아동기에 이르게 되면 아동은 인지적으로 미숙하고 적절한 변별력을 갖추지 못하였기 때문에 부모를 향한 억제되지 않은 존경을 표현하기도 한다. 예컨대, 그들은 부모의 버릇, 말과 행동을 흉내 내기도 한다. 즉, 그들은 부모에게 대량의 자기애를 투여하는 바, 그러한 모방을 통해 커다란 만족감을 경험한다(Kohut, 1971, p. 139). 이런 상황에서 아동들은 처음에는 부모로부터 분리된 존재가 아니라 단순히 융합된 상태에 있다고 볼 수 있다. 그들은 부모가 없다면 생존하지 못하며 부모에게 매우 의존적이다.

코헛은 아동이 건강한 방식으로 성장하기 위해서는 생의 초기에 이러한 비현실적인 이상화가 필요하다고 생각했다. 따라서 공감적인 부모는 초기에 자녀가 부모를 우상화하거나 찬미토록 허용함으로써 아동 스스로가 자신을 가치 있는 존재로 느끼게끔 대리적 경험을 제공해 준다(Kohut, 1971, p. 139). 그러나 코헛은 부모는 곧 효과적인 최적의 좌절을 통해 이러한 민망한 존경을 점차 줄여나가도록 해주어야 한다고 주장했다. 즉, 부모는 아동에게 이상화된 부모상의 현실적인 결함과 한계를 가르쳐야 한다. 예를 들어, 아버지는 아들에게 자신이 천하무적이 아니며 다른 사람들이 운동이나 사업에서 자신보다 뛰어날 수도 있음을 깨닫게 해주어야 한다. 한편 어머니는 때때로 자신의 견해와 일치하지 않는 다른 사람에게 거칠게 행동하거나 화를 내고 적개심을 느낄 수도 있다는 것을 딸이 알게끔 해주어야 한다. 건강한 부모는 어느 정도 결함이 있는 사람이다. 건강한 아버지는 아들에게 끊임없이 자신이 전혀 존경할 만한 가치가 없는 완전한 실패자라고 불평함으로써 모든 신뢰를 잃어서도 안 되고 결점이나 결함이 없는 슈퍼맨처럼 행동해서도 안 된다. 대신 아버지는 아들의 인격적 성장에 도움이 된다고 생각될 때에는 자신의 한계를 조금씩 보여줘야 한다.

이러한 새로운 학습과정을 통해 아동들은 부모를 더욱 더 현실적으로 보게 되고, 변형적 내재화를 통해 응집된 자기구조 즉 핵심자기를 형성하게 한다. 만약 부모가 자녀와 제대로 공감하지 않는 경우 이상화된 부모상은 원시적인 형태로서 대부분 비현실적인 상태에 머무르게 된다. 코헛이 언급한 임상사례에서, 아버지를 이상화하려는 환자의 시도는 거부되었다. 즉, 아버지는 아들을 비판하고 무시했다. 분석에서 그의 아버지는 자존감이 낮았기 때문에 이러한 이상화의 역할을 수용할 수 없었음이 밝혀졌다. 결국 환자는 어머니에 의해 조장되었던 과거의 웅대함과 과시상태로 회귀함으로써 자신의 자존감을 고양시키고자 노력했다(Kohut, 1971, pp. 139-140).

요약하면, 핵심자기는 생의 초기 2~3년, 즉 전 오이디푸스 시기 동안 발달된다(Okun, 1992, p. 32). 핵심자기는 또한 정반대되는 두 개의 자기, 즉 거대자기와 이상화된 자기(이상화된 부모상을 통한 정신적 표상)의 결함과 한계를 인식하고 이해하려는 노력의 산물을 반영하는 바, 양극적(bipolar)이라 할 수 있다. 이런 노력의 결과로 아동의 유아적 공상의 범위와 영향력은 감소되고, 초보적이고 더욱 현실적인 일련의 기술과 재능을 포함하는 핵 또는 핵심자기가 형성된다. 이후 이러한 핵심자기는 더욱 조직화되고 통합된 **응집된 자기cohesive self**를 형성할 수 있는 견고한 기초로 작용한다. 응집된 자기의 형성은 핵심자기의 형성과 구분되지 않는다. 오히려, 응집된 자기는 핵심자기의 질적 측면이라 할 수 있다. 구체적으로 그것은 핵심자기의 통합, 응집성 그리고 활력의 정도를 뜻한다(Tolpin, 1980, p. 310). 응집된 자기가 적절히 발달할 경우, 그것은 개인이 최적의 정신건강을 달성하는 데 도움을 줄 것이다.

오이디푸스기 이전의 발달: 구강기와 항문기

코헛은 프로이트의 심리성적 발달이론을 완전히 폐기하지는 않았다. 그는 아동이 생애 초기에 구강기 혹은 항문기 고착을 발달시킬 수 있다는 프로이트의 견해에 동의했으나 그와는 다른 원인론을 표명했다. 전반적으로, 코헛은 이러한 고착을 아동의 성적 목표가 좌절된 결과라기보다는 공감하지 못하는 주 양육자에 의해 야기된 핵심자기의 손상에 대응하기 위한 아동의 방어적 노력으로 보았다.

구강기

프로이트에 의하면, 구강기의 초점은 수유 과정 그 자체와 어머니가 너무 일찍 젖을 떼서 유아가 충분히 먹지 못했거나 혹은 지나치게 먹였을 때 유아가 경험하는 좌절에 있다. 유아는 좌절감을 느끼고 마침내 젖이나 젖병을 포기하게 된다. 그 결과 나타나는 것이 바로 구강기 고착이며, 이는 이후의 성격 기능에 부정적인 영향을 미친다. 따라서 프로이트에 의하면, 유아의 쾌락추구(성적인)의 좌절은 기능상의 장애로 이어진다.

대조적으로, 코헛은 이 기간 동안 유아는 지지적인 음식을 제공하는 자기대상(어머니)이 공감적으로 자신의 욕구를 보살펴 주기를 요구한다고 생각했다. 만약 어머니가 공감적이지 못하다면(예를 들어, 무관심하거나 거부하면) 유아의 자존감은 손상되며, 그 결과 자기는 파편화된다. 즉, 유아는 쾌락을 추구하는(성적) 구강적 자극으로 퇴행하고 구강에 고착하게 된다. 따라서 이러한 퇴행의 결과, 자기가 손상되어 쾌락을 추구하는 성적 추동의 고착이 유발된다(Kohut, 1977, p. 81).

항문기

프로이트는 아동이 대변의 보유 혹은 배출과 관련된 쾌락추구 충동이 좌절되면 항문에 고착하게 된다고 주장했다. 항문 보유적 인격은 추후 완고하고 인색한 특성을 보일 가능성이 있는 반면 항문 공격적 인격은 매우 지저분하거나 오히려 반동형성을 통해 질서 정연하고 결벽에 대한 강박적 욕구를 가진 사람이 될 수도 있다.

이와 달리 코헛은 어머니는 쾌락추구(본능적인) 충동뿐만 아니라 아동의 자기대상 욕구에도 반응한다고 생각했다. 다시 말해서 어머니의 태도는 아동의 발달에서 중요한 역할을 한다. 보다 구체적으로, 어머니가 자녀의 배설을 승인하고 인정해 주면 아동의 자기는 더욱 명확해진다. 이렇게 되면 아동은 자부심을 느낄 것이다. 반대로, 만일 어머니가 대변이라는 "선물"을 거부한다면, 어머니는 창조적, 생산적 주도권의 중심으로서 이제 막 자신을 주장하기 시작한 아동의 자기를 거부한 것이 되고 만다. 이에 대한 반응으로 아동은 쉽게 자신의 배설물과 보유와 관련된 쾌락에 몰두하게 된다. 즉, 아동은 자기의 파편화, 즉 신체부위에 과도한 관심을 갖게 되는 경험을 하게 될 것이다(Kohut, 1977, pp. 75–76).

오이디푸스기 동안의 발달: 남근기

코헛의 관점에서 오이디푸스 콤플렉스는 프로이트에 의해 발견된 기초적이고 중요한 현상이다. 그러나 코헛은 오이디푸스 콤플렉스의 작용에 대한 프로이트의 설명은 제한적이어서 확장될 필요가 있다고 생각했다(Kohut, 1977, p. 223).

남근기

여러분은 4~5세 동안 일어나는 오이디푸스 콤플렉스 과정에 대한 프로이트의 설명을 기억할 것이다. 프로이트에 따르면, 남아는 어머니와의 성적 접촉에 대한 갈망을 키우지만 그러한 욕망 때문에 아버지에게 처벌 받을까봐 두려워한다. 그들은 거세 불안을 경험하게 되고 불안을 경감하기 위해 아버지와 동일시한다. 남아는 아버지의 가치와 이상을 받아들이기 때문에 아버지와의 갈등의 해소는 초자아 형성으로 귀결된다. 여아의 경우, 그 과정은 상당히 다르다. 그들은 남근이 없다는 것을 알고 남근선망을 경험한다. 프로이트에 따르면, 그들은 남근 없이 세상에 태어나게 했다는 이유로 어머니를 원망하고 자신이 소망했던 남근을 지니고 있다는 점에서 아버지를 사랑한다. 추후 여아는 대리만족의 수단으로 어머니와 동일시한다. 여아의 공상은 아버지와 성관계를 하고 그의 아기를 가지고 싶다는 소망과 관련된다. 특히, 그들은 자신이 소망했던 남근을 가진 남자아기를 갈망한다.

코헛은 오이디푸스 콤플렉스 과정에 대한 프로이트 학파의 설명을 재해석했다. 그는 전 오이디푸스기 동안 공감적인 부모와의 관계에 의해 형성된 핵심자기를 가진 아동은 혼자서도 오이디푸스 갈등을 충분히 해결할 수 있다고 생각했다. 만약 아동이 자신을 독립적인 행위의 주도권자로 보지 못한다면, 그들은 오이디푸스 갈등과 그러한 갈등의 해소를 야기하는 이성 부모에 대한 본능적인 욕망을 경험하지 못하게 될 것이다(Kohut, 1977, p. 227). 예를 들어, 만일 전 오이디푸스 기간 동안 어머니가 아동에게 신뢰를 주지 못하고 공감반응을 충분히 해주지 못했다면 아동은 유아적인 거대자기에 더욱 집착하게 될 것이다. 그 결과, 아동은 어머니로부터 분리된 안정적이고 분명한 핵심자기의 형성에 필수적인 변형적 내재화를 경험할 수 없게 될 것이다. 따라서 아동의 리비도 에너지는 어머니에게 향하기보다 자신의 거대자기로 향해진 상태로 남아 있기 때문에 오이디푸스 갈등은 미해결된 채로 남을 것이다(Kohut, 1971, pp. 64-65).

여아의 미해결된 오이디푸스 콤플렉스 갈등에 대한 코헛의 해석 또한 프로이트와 매우 다르다. 그는 자존감이 낮고 절망감을 경험하는 40대 여성 예술가를 분석함으로써 이러한 현상을 설명했다. 그녀는 이전에 다른 분석가에게서 분석을 받았는데, 치료자는 고전적 정신분석 용어로 그녀의 문제를 해석했다. 치료자는 그녀가 현재 경험하고 있는 우울감은 자신의 여성성을 수용하지 못하는 데서 기인한 것이라 설명하였다. 즉, 그녀의 문제는 남근선망의 결과라는 것이었다. 코헛은 그녀가 남근을 소유하길 원하고 남성처럼 서서 소변을 보는 장면에 대한 꿈을 꾸었다고 기술했다. 그녀는 어린 소녀였을 때 아버지의 알몸 특히 아버지의 성기를 보기를 갈망하는 꿈도 꾸었다. 코헛은 이러한 꿈들은 성적 문제와는 관련 없다고 그녀를 안심시켰다. 대신 이러한 현상은 정서적으로 피상적이고 공감하지 못하는 어머니와의 관계에서 그녀를 해방시키고, 그녀에게 더욱 정서적이고 반응적인(공감적인) 사랑하는 아버지에게로 향하려는 그녀의 욕구에 기반하고 있다고 보았다. 그녀는 시트가 먼지, 세균, 감염 등으로 오염되어 있기 때문에 집 밖 화장실에는 절대 앉지 말라고 반복적으로 엄하게 경고했던 어머니를 회고해 냄으로써 이러한 통찰에 도달했다. 세상에 대한 어머니 자신의 숨겨진 편집적 관점 때문에 이러한 두려움은 딸에게 그대로 이어졌다. 또한 세상을 향해 나아가려는 그녀의 건강한 시도는 마음속에 침투된 어머니의 편집증적 신념으로 인해 불가능해져버렸다. 코헛은 아버지의 남근을 보고자 한 그녀의 소망은 성적 관심이 세상에 대한 긍정적이고, 건강하고, 편집증적이지 않은 견해로 바뀌어 아버지에게로 향한 결과라고 보았다. 그녀는 어머니의 영향력을 극복하기 위해서 아버지의 지지를 필요로 했다. 따라서 그녀는 이제 이러한 극복의 상징적 결과로 화장실에 앉을 수 있게 되었다. 즉, 그녀의 약해진 자기를 복구하기 위해 아버지의 지지를 갈망했던 것이다. 그 결과, 그녀는 어머니처럼 공허하고 의심하지 않는 모습으로 성적 경험 혹은 그 외의 경험들을 모두 즐기며 활기차게 살아갈 수 있게 되었다(Kohut, 1977, pp. 221-222).

결론적으로, 코헛은 오이디푸스기 갈등의 성공적인 해결은 아동이 이미 견고한 핵심자기를 지녔을 때에만 가능하다고 생각했다. 갈등의 성공적인 해결은 아동이 남성 혹은 여성적 자기를 더욱 명확하게 만들도록 함으로써 잠복기로 나아가게 한다(Kohut, 1977, pp. 239-240).

오이디푸스기 이후의 발달: 잠복기와 생식기

잠복기

프로이트에 따르면, 성적 본능은 6세부터 사춘기까지인 잠복기 동안에는 휴면상태에 이른다. 그는 근본적인 성격은 생애 첫 5세 동안 확립되며, 불가능하지는 않지만 그 후에 급격한 변화가 일어난다는 것은 매우 어렵다고 생각했다. 그리고 그는 이 기간 동안 아동은 학교와 또래관계에 몰두하고 유능감과 일상생활에서 보다 효과적으로 기능할 수 있도록 능력을 배가시켜 주는 다양한 신체적, 사회적, 학업적 기술들을 배우도록 동기화된다고 생각했다.

이와 대조적으로, 코헛은 개인의 성격은 5세 이후에도 상당히 변화될 수 있다고 보았다. 예를 들어, 잠복기뿐만 아니라 청소년기에서도 초자아는 변화될 수 있다고 주장했다. 이혼 후 가족과 모든 인연을 끊기로 한 아버지의 결정과 같이 외상적 경험을 한 사춘기 소년은 주로 아버지가 부여한 가치의 내재화에 근거한 불확실한 초자아를 거부하고 이상화를 위한 다른 외부 대상을 찾는다. 이러한 추구 과정에서 소년은 자신의 자기애적 리비도를 십대 불량집단이나 극단적인 종교 추종자와 같은 집단에 투여할 수도 있다. 코헛의 관점에서, 소년을 보다 현실적인 견해로 이끌게 하는 아버지에 대한 점진적인 실망은 아동의 발달에 건강한 영향을 주지만, 아버지로부터 버림받는 것과 같은 심각한 외상적인 부정적 경험은 핵심자기를 영구적으로 손상시키는 경향이 있다(Kohut, 1971, pp. 44–48).

생식기

사춘기 동안 성적 긴장은 매우 증가한다. 생식기관이 성숙되어 남녀 모두 바로 생식이 가능하다. 이전 단계에서 성적 본능의 목표는 주로 자체성애적(autoerotic)이지만, 생식기 동안의 목표는 이성과 관계하는 것이다. 프로이트의 관점에서, 이성과의 성공적인 관계 여부는 이 기간 동안 개인이 이용할 수 있는 성적 에너지 혹은 리비도의 양에 달려 있다. 만약 이전 단계의 갈등이 충분히 해소되었다면 리비도의 고착이 없으므로 적절한 적응이 가능하다. 프로이트에 의하면, 개인은 성인기에 도달하면 일반적으로 결혼하여 가정을 꾸리게 된다. 직업은 가족을 부양하기 위해 추구된다. 따라서 정상적인 발달은 일과 사랑이라는 두 가지 영역에서의 만족스러운 적응과 관련된다. 정상적인 혹은 심리적으로 건강한 사람은 생식기 성격(genital personality)이라 불린다. 반대로, 리비도적 고착 때문에 이들 두 영역에서 부적절한 적응을 보이게 되면 다양한 성격장애가 초래된다.

청소년기에 대한 코헛의 견해는 프로이트와는 매우 다르다. 이 단계 동안에 나타나는 성적 고착들에 대한 논의에서, 코헛은 이러한 고착의 대부분은 주로 반응적이거나 공감적이지 못한 부모로 인하여 자기가 손상된 결과라고 지적했다. 부모의 병리로 인해 이 시기 자녀들은 자신이 사랑받지 못하고, 외롭고, 쉽게 상처 받는다고 느끼게 된다. 이러한 감정을 극복하기 위해, 청소년들은 또래에게 인정, 칭찬, 승인을 받기 위해 매우 과시적인 태도를 드러내거나 자동차를 절도해서 친구를 태우고 난폭하게 운전하거나 과음으로 인사불성 상태가 되어 타인의 기물을 파손하거나 연장자를 공격 혹은 폭행하는 것과 같은 파괴적인 행동들을 드러낼 수도 있다. 이러한 행위는 극심한 자기애적 분노와 공격성이 표출된 결과이다. 즉, 반영대상과 이상화할 수 있는 자기대상이 가용하지 못할 때 발생하는 청소년기의 무기력과 우울감은 이러한 행동을 통해 일시적이나마 완화될 수 있다(Kohut, 1977, p. 272).

코헛은 개인이 타인과 정서적으로 친밀하고 애정어린 관계 속에서 확고하고 강력한 자기를 획득했을 때라야만 건강한 발달이 일어날 수 있다고 생각했다. 부모에 의한 공감적 개입은 아동이 확고하고 현실적인 느낌의 자기를 발달시키도록 고무할 것이다. 이러한 자기감의 주된 특징은 자율감으로서, 예컨대 개인은 스스로 생각을 결정하고, 자신의 판단을 존중하고, 자신의 행동에 대한 책임을 진다. 강력한 자기는 사랑과 일이라는 영역에서 발생하는 문제를 해결하기 위해 기술과 재능을 활용하는 강한 자아와 관련된다(Kohut, 1977, p. 284). 만약 양육과정에서 충분한 공감을 받지 못했다면 개인의 자기감은 손상 받게 되고, 그 결과 문제를 해결해 나가기 위해 필요한 기술들은 개발되지 못할 것이다. 대신에 자신의 원시적인 과대성이나 안전감, 자존감, 그리고 목표를 반영해 줄 대상으로 공감능력이 부족한 부모와의 관계를 형성하려고 노력할지도 모른다. 따라서 이들은 지지와 방향제시의 주된 대상으로 자신의 부모에게 지나치게 의지할 가능성이 있다. 이런 상황에서, 가족구성원 간의 경계는 매우 흐릿하다. 예를 들어, 십대 자녀와 어머니는 서로에게 너무나 의존되어 있어서 심지어 서로에게 사랑과 인정을 추구하거나 요구할 수도 있다(그리고 그렇게 해주지 않았다고 서로를 비난할 수 있다). 그들은 자신이 세운 목표 혹은 가치를 확립하기 위해 추구할 에너지가 없기 때문에 서로에게 끊임없이 과도한 정서적 반응을 나타낼 수 있다(Perosa & Perosa, 1997, pp. 144-146).

마지막으로, 건강한 발달이란 생의 특정 시기에 단숨에 달성되는 것은 아니다. 오히려, 개인은 언제든 일어날 수 있는 문제와 갈등들을 극복함으로써 자율적인 자기를 지속적으로 강화시키려고 노력해야 한다. 예를 들어, 코헛은 후기 중년기(약 58~64세) 동안 개인은 특히 위기에 빠지기 쉽다고 했다. 이 시기에 이른 사람은 "최후의 몰락"을 경험하고 자신이 가진 잠재력에 부응할 수 있을지에 대한 불안과 염려로 괴로워하게 된다. 코헛에 따르면, 자신이 실패자라 생각하는 많은 사람들은 이 시기에 완전히 절망하고 우울해한다. 그는 후기 중년기에 일어나는 자살은 일종의 치유적 행위라 생각했다. 즉, 그들은 파편화되고 무능력한 자기에 의해 경험되는 수치심과 부끄러움을 없애려는 바람을 자살로써 표현한다(Kohut, 1977, p. 241). 따라서 이들 연령집단에게 있어 중요한 것은 수치심을 회복하고 임박한 죽음을 받아들일 수 있도록 개입하는 것이다.

자기장애

코헛에 따르면 자기장애는 문제의 속성과 심각성에 따라 몇 가지 하위 유형으로 분류될 수 있다. 많은 부분에서 부모의 병리(예: 우울증, 편집증)가 자기장애의 주된 원인으로 작용한다. 또한 그는 일부 자기장애는 생물학적 근거를 갖는다고 생각하였다.

매우 심각하게 영구적이거나 지속적으로 자기가 손상된 경우, 즉 결함을 효과적으로 은폐하기 위해 사용할 수 있는 방어기제가 없을 정도로 자기가 손상되면 그 결과 **정신증**psychosis이라는 병리적 상태가 초래된다. 예를 들어, 정신분열병의 경우 생물학적·체질적 요인들이 영향을 주어 핵심자기가 와해되고 혼란스러운 상태에 이른 것이다. 아동의 존재나 주장에 대해 부모가 냉담하고 비공감적인 반응을 하게 되면 이 또한 부정적 영향을 미치게 될 것이다. 이와 더불어, 결정적 순간에 아동은 이상화된 자기대상과의 융합 기회를 박탈당했을 수도 있다(Kohut & Wolf, 1978, p. 415; Wolf, 1988, pp. 67–68). 코헛은 정신분열병의 경우 부모는 두 가지 욕구 즉 부모에 대한 반영 욕구와 이상화 욕구를 충족시켜 주지 못했을 것이라고 보았다. 자기의 심각한 손상으로 인해 과대망상과 와해된 언어 및 행동이 증상으로 나타난다(American Psychiatric Association, 2000, p. 297).

자기장애의 두 번째 하위 유형은 **경계선 상태**borderline states이다. 여기서도 역시 핵심자기는 기능적으로 혼돈스런 상태이고, 자기 손상은 영구적이거나 오래 지속된다. 경계선 상태와 정신증 간의 주된 차이는 전자의 경우 다양한 방어기제를 통해 결함을 은폐할 수 있다는 점이다(Kohut & Wolf, 1978, p. 415; Wolf, 1988, pp. 68–69). 다시 말하면, 경계선 상태는 정신증과 유사한 상태지만 개인이 자신을 보호하는 여러 가지 방어를 사용하기 때문에 정신증에서 관찰되는 전형적인 황폐화로까지 이어지지는 않는다(Leider, 1995, pp. 3–6; Tolpin, 1980, p. 302).

우리는 경계선 상태에 분열성 성격장애와 편집성 성격장애가 포함되어 있음을 알 수 있다. **분열성 성격장애**schizoid personality disorder인 사람은 정서적으로 냉담하고 무미건조한 태도를 보임으로써 타인과 정서적 거리를 유지한다. 이러한 책략은 심각한 자기 붕괴와 자기 왜곡으로부터 그들을 보호한다. 이들은 친화 욕구가 결여되어 있는 것처럼 보이고, 친밀한 관계로 발전할 수 있는 기회에 무관심하며, 가족 혹은 다른 사회적 집단의 일원이 되는 것으로는 만족감을 얻지 못한다. 또한 혼자인 것을 선호하고 대부분의 시간을 혼자만의 활동이나 취미로 보낸다(American Psychiatric Association, 2000. p. 694-695).

이와 반대로 **편집성 성격장애**paranoid personality disorder로 고통 받는 사람은 적대감과 의심으로 인해 타인과 거리를 둔다. 심지어 그들의 신념을 지지하는 증거가 없음에도 불구하고 다른 사람들이 그들을 부당하게 대하고 해를 끼치며 기만할 것이라고 생각한다. 또한 이들은 자신이 가진 정보가 역으로 자신을 공격하는 데 사용될 것이라는 공포 때문에 다른 사람에게 비밀을 털어놓거나 타인과 가까워지는 것을 꺼린다. 또한 이들은 악의가 없는 표현에서조차도 숨겨진 모욕적 혹은 위협적 의미를 찾는다. 예를 들면 이들은 가게 점원의 명백한 실수를 그들을 속이려는 숨겨진 의도로 파악할 수 있을 것이다. 이들은 또한 자신이 어떠한 모욕이나 경멸을 당했다고 생각하면 그에 대한 원한을 품거나 용서치 않는 경향이 있다(American Psychiatric Association, 2000, pp. 690-691).

세 번째 하위 유형은 자기애적 성격장애와 자기애적 행동장애이다. 코헛의 관점에서 **자기애적 성격장애**narcissistic personality disorder는 효과적인 대인관계 기능을 방해하는 과대 사고, 비판에 대한 과민성 및 실패에 대한 과잉반응을 보이는 상태를 뜻하는 반면, **자기애적 행동장애**narcissistic behavior disorder는 자신의 과대적 환상을 도착행위나 비행행동으로 나타내는 것을 의미한다. 일반적으로 자기애적 장애를 가지는 사람은 대개 자존감과 관련된 문제를 가지고 있다. 이들은 자신의 능력을 과대평가하고 수행을 부풀리며 가끔은 자신에 대해 과시하거나 허세를 부리는 한편, 자기 비하를 하거나 자신의 능력이나 수행을 최소화하기도 한다. 이들은 엄청난 성공, 권력, 탁월함 또는 아름다움에 대한 환상이나 반대로 실패와 결핍에 대한 공포에 사로잡혀 있을 수 있다. 또한 이들은 과거에 있었던 존경과 특권에 대해 반추하고 자신이 유명인보다 더 낫다고 생각한다(American Psychiatric Association, 2000, pp. 714-715). 이처럼 자기애적 장애가 있는 사람은 병리적이지만 그렇다고 해서 그렇게 심각한 증상을 나타내는 것은 아니다. 즉, 이들 대부분은 정상 범위의 사고와 행동을 나타낸다. 따라서 자기애의 양상은 우리 모두에게 상당히 보편적인 것이라 할 수 있다.

코헛의 성격이론은 인간 발달과 기능에서 자기애적 장애의 영향과 관련되어 있다. 이들 장애의 기원과 발달과정은 복잡하지만 코헛은 자기애적 장애에 대한 우리의 이해를 돕기 위해 다음과 같은 간단한 분류체계를 제시하였다.

자기애적 성격장애와 자기애적 행동장애에 대한 분류체계

자기애적 성격장애

코헛과 그의 동료 울프는 자기애적 성격장애를 네 가지 유형 즉 과소 자극된 자기, 파편화된 자기, 과잉 자극된 자기, 과부하된 자기로 분류하였다(Kohut & Wolf, 1978, pp. 118–122; Wolf, 1988, pp. 70–76).

과소 자극된 자기 첫 번째 장애 유형은 **과소 자극된 자기**understimulated self이다. 이것은 오랜 동안 부모로부터의 자극 반응이 결핍된 결과로 나타난다. 코헛은 아동의 반영욕구와 이상화 욕구에 대한 부모의 반응 결여는 서구 문화에서 개인의 심리적 생존에 가장 심각한 위협이 된다고 보았다. 높은 이혼율과 별거 그리고 경제적 생존을 위해 오랜 시간 일을 해야만 하는 부모로 인해 오늘날 많은 아동은 부모와의 관계에서 정서적으로 관여할 기회가 점점 더 줄어들고 있다고 그는 주장하였다. 비록 아동이 부모와 함께 놀이 활동에 참여할 기회는 있다손 치더라도 부모의 더욱 사적인 측면 즉 그들의 야망, 이상 그리고 목표가 무엇인지 알 수 있는 기회는 거의 주어지지 않는다. 코헛은 아동이 부모의 희망이나 꿈뿐만 아니라 심적 외상을 일으킬 정도는 아닌 한계들, 실패 그리고 실망이 무엇인지 배울 기회를 가져야만 한다고 믿었다. 그러한 발견을 통해서라야만 아동은 독립적인 핵심자기의 확립에 필수적인 변형적 내재화를 경험할 수 있게 된다(Kohut, 1977, 269–270).

부모로부터의 자극이 결핍된 결과, 아동은 자신을 지루하고 냉담한 존재로 경험하고 무기력 및 권태감에서 벗어나기 위해서 다른 자극들에 의존하게 될 것이다. 코헛에 따르면 유아는 머리를 흔드는 것으로, 아동은 충동적인 자위행위로, 청소년은 다양한 돌발적 행동을 함으로써 이러한 권태감과 무감각을 완화시키려 할 것이다. 또한 성인은 난잡한 성행위나 다양한 성적 도착, 도박, 약물과 알코올 남용, 그리고 지나친 사교활동으로 이러한 문제들을 경감시키려 할 것이다(Kohut & Wolf, 1978, p. 418; Wolf, 1988, pp. 70–71).

파편화된 자기 코헛의 두 번째 유형의 자기애적 성격장애는 **파편화된 자기**fragmenting self 혹은 와해되는 자기이다. 이 역시 부모의 반응 결핍의 결과이다. 그러나 적절하지 못한 반응은 주로 아동의 전체 자기 중 한 측면에만 집중되어 있을 가능성이 있다. 예를 들어 대체로 어머니가 자녀에게 애정과 공감반응을 나타내는 경우를 가정해 보자. 어느 날 아동이 학교에서 돌아와 어머니에게 좋은 성적을 받은 성적표를 내밀며 들떠서 이야길 했는데, 이때 갑자기 어머니는 다른 사람들이 그를 얼뜨기 같다고 느낄 것이며, 어머니의 얼굴을 치거나 다른 사람들을 다치게 할 수도 있기 때문에 말할 때 팔을 흔들지 말라고 비판적으로 반응할 수 있을 것이다. 아동의 정서적 표출과 자부심 및 과시행위에 대한 이러한 어머니의 거절은 인정받고자 하는 전체 자기를 드러내는 가장 상처받기 쉬운 순간, 그의 주의를 자신의 신체 일부(팔을 크게 움직이는 것)로 옮기게끔 만들었을 가능성이 있다(Kohut, 1971, p. 121). 이후 삶에서 그는 교사로부터 학업수행에 대한 인정을 받게 되면 신체적으로 통합되지 않는 이해할 수 없는 좌절감을 경험할 수도 있다. 코헛은 전체 자기가 손상된 경우, 외상적 경험이 재활성화될 때마다 개인은 파편화된 자기를 경험하게 될 것이라고 하였다.

과잉 자극된 자기

자기애적 성격장애의 세 번째 유형은 **과잉 자극된 자기**overstimulated self이다. 이것은 아동의 과대성과 이상화 욕구에 부모가 지나치게 반응한 결과 나타난다. 아동의 위대성에 대한 과대적 환상과 비현실적 목표는 부모에 의해 지속적으로 강화되며, 아동은 과시적 행동에 끊임없는 칭찬, 주목, 승인으로 보상을 받는다. 이러한 부모는 아동의 과대성과 이상화된 환상에 대해 최적의 좌절을 제공하지 않는다. 즉, 그들은 아동의 환상 혹은 그들의 재능이나 능력에 대한 현실적 한계를 설명하지 않는다. 그 결과 아동은 원시적 거대자기와 그것의 비현실적인 대응물인 이상화된 부모상으로부터 분리된 강력한 핵심자기를 성립하지 못하게 된다. 따라서 이러한 아동은 환상적 자기와 현실적이지만 너무나 유약한 핵심자기가 약하게 분리된 상태로 성인기에 접어들게 된다. 이제 그는 비현실적이고, 원시적인 위대성에 대한 환상에 침식되기 쉬운 바, 이러한 환상은 그의 유약하고 현실적인 핵심자기와 불일치하여 고통스러운 긴장과 불안을 초래할 것이며, 그는 주목받는 것을 회피하고자 할 것이다. 따라서 이들은 창조적이고 생산적인 활동을 피하고 통제 불가능한 과대성에 압도되는 것에 공포를 느끼고 수치스러워 할 것이다(Kohut & Wolf, 1978 p. 419; Wolf, 1988, pp. 71–72).

과부하된 자기

자기애적 성격장애의 마지막 유형은 **과부하된 자기**overburdened self이다. 이 유형의 사람들은 세상을 적대적이고 위험한 것으로 본다. 그들은 심지어 사소한 좌절에도 성급하게 신경질적이거나 적대적으로 반응한다. 그러나 이러한 반응은 좌절을 일으킨 상황이 종료되면 이내 사라진다. 이 장애는 초기 아동기에 전능한 자기대상(부모)과의 합병 기회의 결핍에 기인한다. 다시 말해서 이상화된 부모가 그들의 자녀에게 목표추구가 저지당했을 때 침착하고 차분하게 이러한 문제에 대처해 나갈 수 있는지를 가르치는 데 실패한 결과라 할 수 있다. 그 결과, 아동은 위협적인 상황에 처하게 되면 과도한 부담을 느끼게 되고, 정서적이고 비합리적인 반응을 나타내게 된다.

자기애적 행동장애

자기애적 행동장애에는 반영 추구 성격, 이상화 추구 성격, 동반자 추구 성격, 융합 추구 성격 그리고 접촉 기피 성격이 포함된다. 처음 세 개의 장애는 비교적 경미하고 정상범위의 기능 수준을 나타내지만, 마지막 두 장애는 훨씬 더 심각한 유형의 정신병리를 나타낸다(Wolf, 1988, pp. 72–74).

반영 추구 성격 존경할 만하고, 자신의 허기진 자기를 채워줄 자기대상을 **반영 추구 성격**mirror-hungry personalities을 가진 사람들은 끊임없이 탐색한다. 이들은 전형적으로 부모가 충분한 반영적 주의를 주지 못한 가정 내에서 양육되었다. 이들 중 부모로부터, 특히 어머니로부터 충분한 반영적 주의를 받은 경우도 있지만, 이들의 주의는 자신의 욕구가 아닌 어머니의 욕구를 충족시키는 데 집중되어 있다. 다시 말해서, 이러한 어머니는 자신의 주된 관심사인 아들의 외양에 대한 끊임없는 찬사를 보낼 수는 있어도 아들의 주 관심 영역인 신체적 강인함에 대해서는 무관심할 수 있다. 반영을 갈망하는 개인은 내면의 자존감 결핍을 상쇄시키기 위한 수단으로 자신을 드러내 보이려 하거나 자랑하고 끊임없이 타인의 주의를 끌고자 하는 압박감을 경험한다. 청소년기에 이들은 자신의 욕구를 충족시켜 줄 만한, 자신을 찬미할 이성 친구를 찾을지도 모르지만 대부분 곧 권태감을 느끼게 되고 주목과 인정을 해줄 새로운 자기대상을 찾게 된다(Kohut & Wolf, 1978, p. 421; Wolf, 1988, p. 73).

이상화 추구 성격 아동기에 좌절된 다양한 자기대상을 이상화하거나 찬미하려는 욕구를 **이상화 추구 성격**ideal-hungry personalities을 지닌 사람들은 가지고 있다. 그 결과 이들은 지속적으로 그들이 존경할 수 있는 지식, 힘, 외모, 도덕적 위상을 가진 타인을 끊임없이 추구한다. 이들은 이러한 이상화된 인물을 존경할 수 있을 때라야만 그들 자신을 가치 있는 존재로 경험한다. 그러나 결국 이상화를 갈망하는 사람들은 이러한 인물의 결함을 발견하고 환멸을 느끼게 되어 존경할 만한 더 나은 사람을 탐색하기 시작한다. 그들은 이상화 대상에게 실망할 때까지 이들에게 그들의 리비도를 투여한다(Wolf, 1988, p. 73).

동반자 추구 성격 **동반자 추구 성격**alter-ego-hungry personalities인 사람들은 그들의 의견, 신념, 가치 그리고 행동에 합치되는 자기대상과 관계를 맺을 때라야만 그들 자신을 가치 있는 존재라 느낄 수 있다. 이 장애는 초기 아동기에 반영 욕구와 이상화 욕구가 심하게 좌절된 것으로부터 기인한다. 이들은 불가피하게 다른 사람이 자신과는 다르며, 자신과 구분되는 성격을 가지고 있음을 발견하게 된다. 관계가 소원해지고 나면 거의 대부분 관계의 붕괴로 이어진다. 반영 및 이상화 추구 성격과 마찬가지로 동반자 추구 성격은 끊임없이 다른 대체물을 찾는 경향이 있다(Kohut & Wolf, 1978, p. 422; Wolf, 1988 p. 73).

융합 추구 성격 **융합 추구 성격**merger-hungry personalities인 사람들은 심각한 결함이 있는 자기구조를 가지고 있다. 코헛에 따르면 모든 아동에게는 이상화 욕구가 있다. 그들은 처음에 전능하고 존경하는 인물과 융합함으로써 이러한 욕구를 충족시키려고 한다. 그러나 부모의 이른 죽음이나 별거 또는 이혼 등 어떠한 이유로 인해 가족 내에서 그러한 인물이 존재하지 못한다면 융합은 방해를 받게 된다. 결론적으로, 이러한 조건하에서 아동의 이상화 욕구는 충족되지 못한다. 또한 아동은 최적의 좌절을 통하여 이상화된 대상이 지닌 한계가 무엇인지 터득하지 못하며 변형적 내재화를 통해 독립적인 자기감을 발달시키지도 못한다. 따라서 융합 추구 성격은 자기구조의 절박한 욕구를 충족시키기 위해 이러한 초기 자기대상을 끊임없이 찾는다. 이들은 이처럼 이상화된 대상을 추구하지만 불행하게도 자신과 타인과의 경계가 희미하다. 이러한 흐릿한 경계는 그들 자신의 사고, 감정, 소망, 그리고 의도와 이상화된 인물의 그것들을 변별해 낼 수 있는 능력을 방해한다. 그 결과, 융합 추구 성격을 지닌 사람들은 실제적인 이상화 인물과 분리되는 것을 견딜 수 없게 된다. 이들은 자기대상과의 분리에 매우 민감하며 이상화 대상이 늘 곁에 있어 주기를 요구한다(Kohut & Wolf, 1978, p. 422; Wolf, 1988, p. 74).

접촉 기피 성격 **접촉 기피 성격**contact-shunning personalities 역시 매우 심한 불안을 경험한다. 이들 역시 초기 아동기에 존경하는 인물과의 융합에 방해를 받았다. 그 결과 그들은 이상화된 인물과 모든 것을 결합시키고자 하는 엄청난 갈망을 가지게 된다. 그러나 융합 추구 성격과는 달리 접촉 기피 성격은 사회적 접촉을 피하고 스스로를 고립시킨다. 이들은 관심이 없어서가 아니라 타인을 향한 그들의 욕구가 너무 크기 때문에 타인을 피한다. 이들은 동경하는 인물로부터 거절당할지 모른다는 심한 공포를 느끼며, 융합이 일어났을 때 자신의 약한 자기구조가 이러한 인물에 의해 사라지지는 않을지 불안해한다.

자기 발달에 있어 자기애의 역할

성격발달에 있어 자기애의 역할에 대해 고려할 때 우리는 부정적 측면만을 가정할 가능성이 있다. 일반적인 용어의 사용에 있어, 자기애적인 사람은 이기적이고 심리적으로 건강하지 않는 것으로 간주된다. 그러나 코헛은 성격발달에서 자기애는 부정적 영향뿐만 아니라 긍정적인 측면 또한 있다고 주장하였다. 그는 두 개의 중요한 자기애적 구조, 즉 거대자기와 이상화된 부모상이 더욱 현실적인 구조로 전환되는 정도에 따라 자기애가 심리적 건강 혹은 정신병으로 초래될 수도 있다고 생각했다. 부모가 비공감적인 가정에서 거대자기와 이상화된 부모상은 비현실적이고 변화되지 않은 상태로 남게 된다. 그 결과 건강하지 않은 자기가 발달한다(**그림 7.1** 참조).

오트웨이와 빅놀즈의 연구(2006, p. 113)에서 코헛의 이론화와 일치하는 증거가 밝혀졌다. 공감적이지 않은 부모에 의해 양육되었다고 회상한 영국 성인들이 높은 수준의 **건강하지 못한 자기애**unhealthy narcissism를 보고하였다. 이러한 손상된 자기에 의한 위협은 종종 극심한 자기애적 분노와 병리적 공격성을 야기한다. 트럼페터, 왓슨, 오리어리 및 위싱턴(2008, pp. 51–71)의 최신 연구 결과는 오트웨이와 빅놀즈(2006)의 결과와 일치하였다. 즉, 공감적이지 않고 냉정한 부모에 의해 양육되었다고 회상한 미국 대학생들은 높은 수준의 건강하지 못한 자기애와 우울감 및 낮은 수준의 자존감을 나타내었다.

이와 반대로 부모가 공감적이고 그들의 자녀에게 학습할 충분한 기회와 용기를 주게 되면 두 개의 구조, 즉 거대자기와 이상화된 부모상은 수정되어 더욱 현실적이 된다. 이러한 학습과정을 통하여 아동은 그들의 자기애를 더욱 독립적인 핵 또는 핵심자기에 투여할 수 있게 된다(**그림 7.2** 참조).

이러한 **건강한 자기애**healthy narcissism는 개인이 창의성과 의미추구를 향해 나아가게끔 하는 원동력으로 작용한다(Goldberg, C., 1980, p. 12). 이러한 상태에서 개인은 선천적인 공격적 성향을 건강하고 성숙한 자기주장으로 변환시킬 수 있다. 이때 핵심자기는 행동을 개시하고 자아 활동을 조직하는 역할을 함으로써 그 존재를 드러내게 된다. 그 결과 이러한 현실적이고 강력한 자아는 자기의 목표를 달성하기 위해 작용한다. 코헛의 관

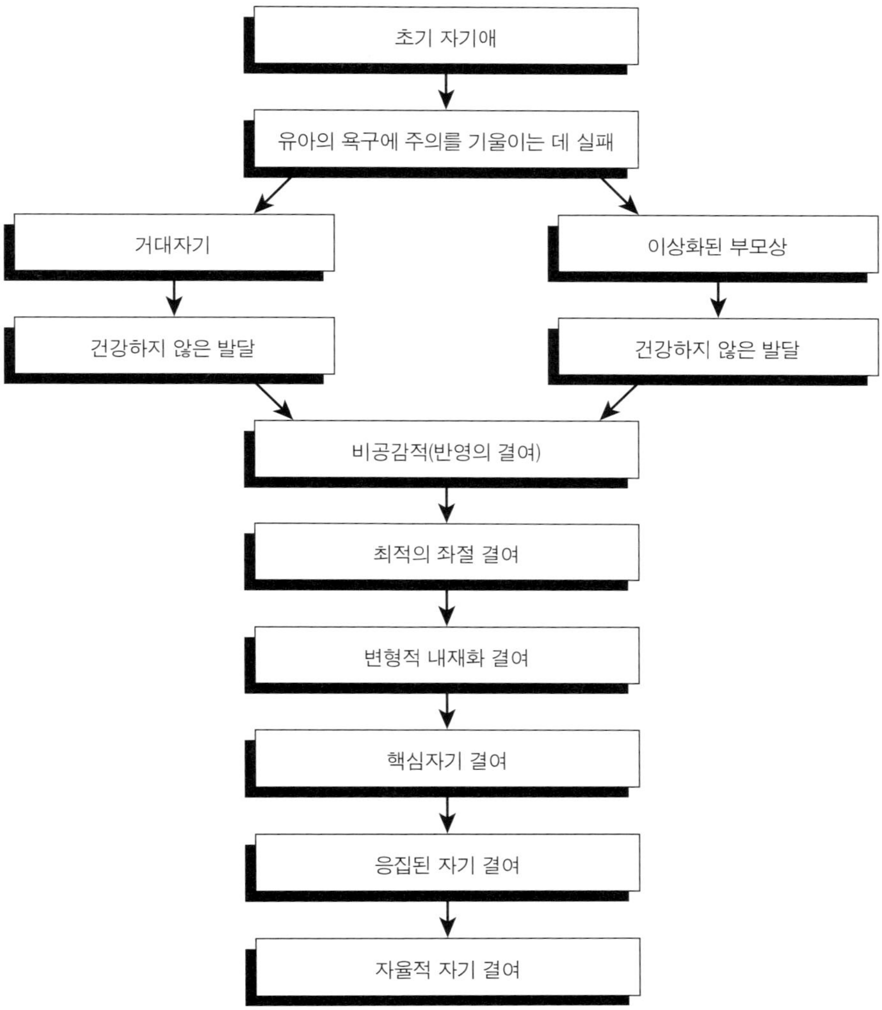

그림 7.1 건강하지 못한 발달에 있어 초기 자기애가 미치는 영향에 대한 코헛의 이론 모형

점에서 핵심자기의 목표는 창조적 활동에 대한 개인의 본질적 측면을 현실적인 자아의 기능을 통해 펼쳐나가게끔 하는 것이다. 요컨대, 공감적이고 지지적인 가정환경은 핵심자기가 성립할 기회를 제공하고 보다 응집된 자기로 성장하도록 이끌며, 더욱 통일된 자기로 이동하도록 함으로써 응집적인 **자율적 자기**autonomous self를 획득하도록 한다.

코헛의 관점에서 자율적 자기는 정신건강의 전형이다. 이러한 독립적인 자기의 발달은 개인이 더 이상 타인을 필요로 하지 않는다는 것을 의미하지는 않는다. 우리는 늘 다른 사람들과 함께 존재한다. 즉, 그들은 우리에게 귀를 기울여 주고 박수를 보내며, 우

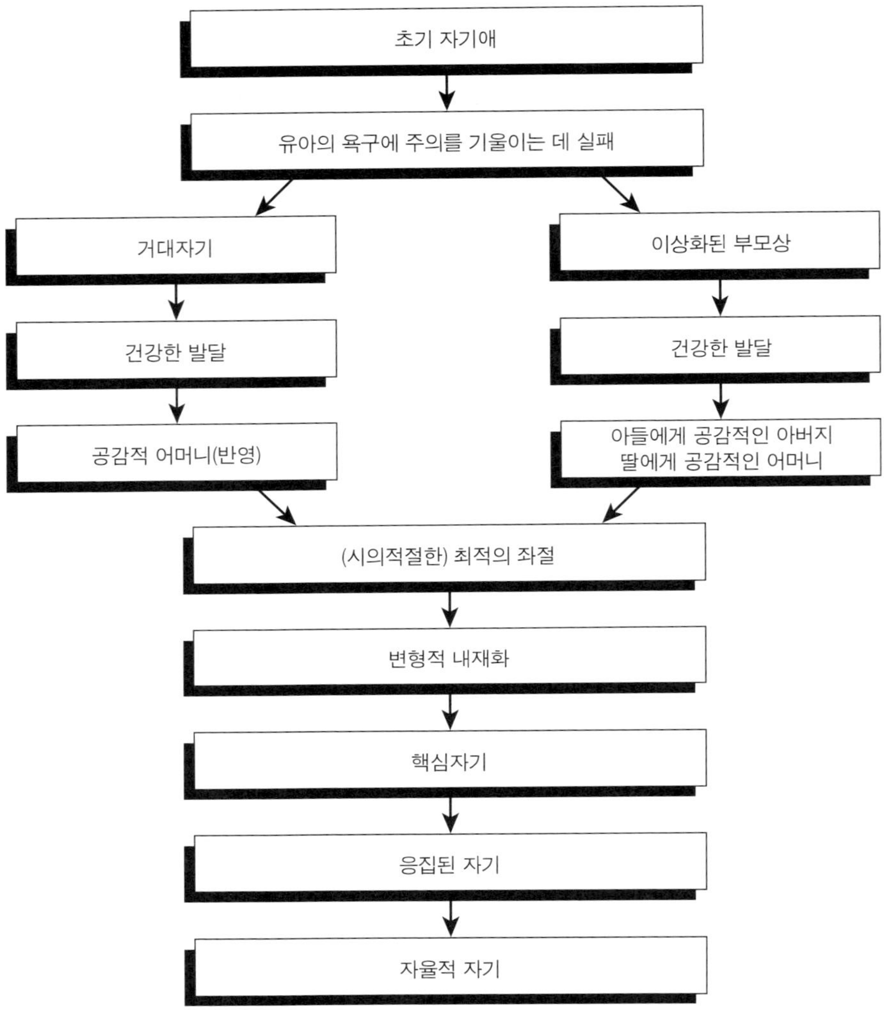

그림 7.2 건강한 발달에 있어 초기 자기애가 미치는 영향에 대한 코헛의 이론 모형

리에게 요구하고, 우리를 돕거나 무시한다. 코헛은 우리는 늘 자기대상과의 관계를 갈망한다고 여겼다. 그러나 자율적 자기를 획득한 개인은 이제 타인의 기대와 요구에 따르고자 하는 절박한 욕구를 가지지 않으며 훨씬 더 유연한 태도로 타인과 상호작용할 수 있다(Goldberg, 1988, p. 72).

또한 개인은 이러한 이상적인 상태를 획득하기 위한 방향으로 나아감으로써 비현실적인 자기애적 욕구로부터 점점 더 자유로워지는 한편 창조적 성숙의 즐거움을 경험한다(Kohut, 1977, p. 285). 성숙한 사람의 변형된 자기애적 에너지는 그들로 하여금 삶의 즐거움을 경험하게 해주고, 자신의 수행에 대한 실제적인 자신감을 느끼게 해주며, 자신뿐만 아니라 타인을 사랑하도록 이끌며, 직업적 성공을 이룰 수 있도록 해준다. 또한 이들은 자신의 신체적, 지적, 감정적 에너지의 한계와 죽음의 불가피함 또한 받아들일 수 있게 된다(Kohut, 1966, p. 268).

자기 발달 이론을 지지하는 연구들

많은 종단적 연구들에서 유아와 양육자 간의 상호작용의 질이 유아의 인지 및 정서적 발달에 지대한 영향을 미친다는 사실을 보여 주었다. 더욱이 비공감적이고 반응적이지 못한 부모로부터 양육된 유아는 생의 후기에 심리장애를 나타낼 가능성이 높다는 결과도 제시되었다(Lichtenberg, 1991, p. 19). 이러한 결과들은 명백히 코헛의 견해와 일치한다. 그러나 코헛은 생애 후기에 나타나는 정신병리에 있어 어머니의 역할을 지나치게 강조했다. 비록 코헛이 유아들의 욕구, 추동, 불안에 대한 내성에는 서로 차이가 있음을 인식하였지만, 그럼에도 불구하고 그는 환경에 대한 유아의 영향을 최소화하였다(Silverman, 1986, p. 54). 사실 많은 연구에서 유아는 양육자와의 상호작용에 있어 매우 적극적인 행동을 나타낸다. 예를 들면 유아는 어머니의 반응을 불러일으키기 위해 응시, 미소, 울기, 머리 돌리기 등의 방략을 사용한다. 개인적 차이로 인해 어떤 유아는 포옹이나 잡기를 즐기는 반면 다른 유아들은 발로 차거나 몸부림을 치는 등 부정적인 반응을 나타내기도 한다(Lichtenberg, 1991, pp. 19-20). 코헛의 이론에 있어서 이러한 제한점은 추후 이 분야의 연구자들에 의해 보완될 필요가 있다.

자기대상에 대한 코헛의 견해를 입증하는 데에는 많은 어려움이 있다. 그가 생각하기에 유아는 긴장을 조절하기 위해 자기대상을 사용하지만 결국 이러한 자기대상은 변형되어 서서히 자신의 성격으로 통합되어 개인은 심리적으로 건강한 방식으로 행동할 수 있게 된다. 그러나 지금까지 연구자들은 이러한 변형 과정이 언제 어떻게 발생하는지는 밝혀내지 못하고 있다(Lichtenberg, 1991, p. 31). 물론 자기대상의 범위는 아동기 동안 확장되는데, 그 이유는 아동이 친척, 친구, 형제자매, 교사 그리고 다른 사람과 관계를 형성하기 때문이다. 성인기에도 자기대상의 범위는 훨씬 더 확장되어 애인, 배우자 그리고 종교적 지도자, 군 지휘자, 학계 인사 등 다양한 대상들을 포함할 수 있다. 코헛은 전 생애를 통해서 자기대상이 요구된다고 믿었다. 그러나 연구의 측면에 있어, 우리는 개인이 현실적 자기를 획득해 가는 과정에서 특정 자기대상을 언제 어떻게 그리고 왜 필요로 하며 수정하는지 거의 알지 못한다. 코헛의 복잡한 이론화가 이러한 측면에서 타당성을 가지는지 그리고 전 생애를 통해 개인의 자기대상이 어떻게 변화하는지 평가하기 위해서는 분명 더 많은 연구가 필요하다. 불행하게도, 유아기 연구 이후에 관해서는 단지 몇몇 종단적 연구만이 이루어졌으며, 그조차도 성인이 자신의 아동기 경험을 회고한 것들을 분석한 것이다. 대상에 대한 기억 편향은 쉽게 일어날 수 있으며 변인들 간의 인과관계를 상정하는 것은 불가능하기 때문에 이러한 연구 결과는 주의해서 검토해야만 한다. 이론의 경험적 타당화 역시 어렵다. 즉, 가설의 많은 부분이 명확하게 기술되어 있지 않고 많은 구성개념들은 매우 추상적이어서 적절히 측정하기가 어렵다. 이러한 문제가 있음에도 불구하고 연구자들은 자기애, 공감, 자존감, 정신건강과 같은 핵심 구성개념을 신뢰롭고 타당하게 측정하는 방법을 개발함으로써 이론을 검증하기 시작했다. 이러한 새로운 측정법을 사용하여 연구자들은 코헛이 이론화한 일부 측면들을 검증하는 획기적인 연구를 실시하였다.

예를 들어, 자모스트니, 슬리터 및 리오스의 연구(1993, pp. 501-510)에서, 아동기에 다양한 자기애적 손상을 입었다고 보고한 남녀 대학생들은 재학 기간 동안 대부분 학업적, 사회적 부적응을 겪었음이 밝혀졌다. 이러한 외상적 경험에는 부모의 상실, 심각한 개인적 질병, 가정에서의 신체적/성적 학대, 심각한 재정적 문제, 그리고 부모의 심각한 정신적 장애가 포함된다. 랩슬레이와 알스마의 최근 연구(2006, pp. 53-71)는 자모스트니 등의 연구 결과(1993)와 일치하였다. 즉, 건강하지 못한 자기애를 나타내는 개인은 가족이나 교우관계에서 문제를 보고하지 않은 건강한 자기애를 보이는 개인에 비해 대학생활에서 적응문제를 더 많이 보고하였고 불안과 우울 수준이 높았으며 자존감이 낮았다.

윙크(1991, 1992)도 대학생들의 초기 생애를 조사하였다. 특히 그는 자기애적 여대생들의 초기 아동기 부모와의 관계에 대한 보고를 검토하였다. 건강하지 않은 자기애를 보이는 참여자 즉 외적인 과대성, 자기과시 그리고 빈약한 충동통제가 특징적인 여대생들은 부모 중 특히 어머니와의 관계가 매우 부정적이었으며 갈등을 경험했음이 밝혀졌다. 이들은 부모 모두가 차갑고 냉담(공감하지 못한)한 것으로 회고하였지만 특히 어머니에 대해서만 불신과 혐오감을 경험하는 것으로 보고하였다. 이들은 아동기 동안 즐거움의 결핍 또한 보고하였다. 이와 반대로 건강한 자기애 즉 독립적인 자기감과 현실적인 포부수준을 특징으로 하는 참여자들은 부모와의 관계에서 문제가 없었다고 보고하였다. 그들은 아동기 동안 시와 글쓰기, 그림 그리기 및 하이킹을 포함한 다양한 긍정적 활동들에 참여하였다고 보고했다.

윙크는 여대생이 졸업하고 대략 20년이 지나 40대 초반 혹은 중반이 되었을 때, 그리고 50대 초반이 되었을 때 추가적으로 두 차례에 걸쳐 자료를 수집하였다. 이러한 자료에서 건강하지 못한 자기애를 나타내었던 참여자들은 심지어 대학 재학 시절에 비해 보다 더 공감능력이 떨어지고 무책임하고 과민하며 기분변화가 심한 것으로 밝혀졌다. 가장 중요한 것은 이들이 느끼는 안녕감은 감소한 반면 삶에 대한 권태와 지루함은 오히려 증가하였으며 건강과 미래에 대해 비관적이었다는 점이다. 또한 이들은 결혼생활과 직업에 대한 만족도가 떨어졌으며 삶을 효과적으로 살아갈 능력이 없다고 보고하였다. 관련 연구에서 윙크(1991)는 이러한 여성들은 약물 사용 및 교우관계에서의 갈등을 보고했다고 밝혔다. 반면 건강한 자기애를 나타내었던 참여자들은 가족과 직업적 요구에 효율적인 적응을 시도하고자 노력하는 첫 단계인 20대에서만 개인적인 불편함을 보고하였다. 그러나 40대에 이르자 이러한 문제들은 해결되었다. 이들은 40대와 50대가 되었을 때 자신감, 예의바른 몸가짐, 자신과 타인에 대한 이해, 효과적인 기능 수준의 증가, 직업적 수행에서 괄목할 만한 성장을 나타내었다. 또한 이들은 약물 의존을 거의 보고하지 않았고 결혼생활과 직업생활을 모두 잘 영위하고 있다고 보고하였으며, 어머니로서의 역할에도 만족해 하였다(Wink, 1991, pp. 769-785; Wink, 1992, pp. 7-30; Wink, 1996, pp. 64-67).

자기애와 과대 사고간의 관계에 관한 코헛의 견해에 초점을 둔 몇몇 연구도 있었다. 이러한 연구는 코헛의 이론적 관점을 지지하는 결과를 보여 주었다. Gabriel, Critelli 및 Ee(1994)는 자기애적 측면이 강한 학생들의 경우 과대 사고의 요소들이 있음을 보여 주었다. 건강하지 못한 자기애를 보인 남녀 대학생들은 그렇지 않은 학생들에 비해 자신의 신체적 매력을 과대평가하는 경향이 있음이 밝혀졌다. 즉, 이들은 객관적인 관찰자 집단이 평정한 것에 비해 자신을 훨씬 더 매력적인 것으로 평가했다. 건강한 자기애를 보인 학생들의 자기평가는 관찰자 평정과 별반 차이가 없었다. 또한 지능을 측정하기 위해 고안된 검사에서 실제적 수행을 비교한 결과, 건강하지 못한 자기애를 보인 학생들이 그렇지 않은 학생들에 비해 자신의 지적 능력을 매우 과대평가하는 것으로 나타났다(Gabriel et al., 1994, pp. 151-153).

자신의 특성을 과장하고자 하는 이러한 경향성은 자기 스스로 부족하고 불안정하다고 지각하는 것에서 비롯되는 것으로, 이는 연인관계에서의 문제들과도 연관된다. 건강하지 못한 자기애자들은 끊임없이 그들의 파트너에게 찬사를 요구하고, 비판에 쉽게 상처받고, 파트너의 욕구에 대한 이해가 부족하고, 그들을 착취하거나 이용하려 든다. 관계의 초기에 이들은 파트너를 이상화하지만, 이내 그들의 결점을 파악하고는 싫증을 느끼고, 새로운 찬사를 쏟아내 줄 새로운 파트너를 절박하게 찾는다. 이와 같이 건강하지 못한 자기애자들은 연인과의 관계에서 헌신의 결핍과 불만족이 특징적이며, 예상할 수 있는 바와 같이 계속해서 새로운 상대를 추구한다(Campbell & Foster, 2002, pp. 484–495).

마지막으로, 몇몇 연구는 건강하지 못한 자기애와 자존감과의 관계에 초점을 두었다. 예를 들면 코헛은 거대자기의 활성화는 무가치감과 낮은 자존감을 보호하려는 시도를 반영하는 것이라고 주장한다. 그에 따르면 이들은 비현실적인 과대성을 드러냄으로써 자신의 가치를 지속적으로 확인받으려고 한다. 라스킨, 노바첵 및 호간의 연구(1991, pp. 19–38)는 네 개의 서로 다른 대학생 표집을 통해 코헛의 이론을 지지하였다. 그들은 이들 표집에서 모두 건강하지 못한 남녀 자기애자들은 과대성과 과시적인 행동을 함으로써 그들의 자존감을 강화하려고 한다는 사실을 확인했다.

코헛은 또한 만약 경쟁 상황에서 다른 사람이 더 나은 수행을 하여 자존감에 위협을 느끼게 된다면, 자기애적인 사람들은 격노, 적대감을 드러내며 경쟁자들을 폄하할 것이라고 생각했다. 몇몇 연구가 이러한 주장을 지지한다(Corbitt, 1994, pp. 199–203; Emmons, 1984, pp. 291–300; Morf & Rhodewalt, 1993, pp. 668–676; Smalley & Stake, 1996, pp. 483–485). 예컨대, 모프와 로드월트의 연구(1993, pp. 668–676)에서, 건강하지 못한 자기애자들은 자아의 위협에 대해 상대를 폄하하는 방식으로 강력하게 대응한다는 것이 밝혀졌다. 그들은 연구 참여자들에게 표면적으로 사회적 민감성 수준을 측정하는 경쟁 과제를 수행하게 하였다. 그런 다음 참여자들은 실험자로부터 수행에 관한 피드백을 받았다. 위협수준이 높은 조건에서 참여자는 상대방이 훨씬 높은 점수를 받았으며 사회적 민감성이 높다는 피드백을 받게 된다. 반면 위협수준이 낮은 조건에서는 상대방이 그들과 동일한 점수를 획득했다는 피드백을 받는다. 이후 참여자들에게 상대방의 성격을 평가할 기회를 준 결과, 위협수준이 높은 조건에서 건강하지 못한 자기애자들은 그렇지 않은 자기애자들에 비해 상대방을 훨씬 더 부정적으로 평가한 것으로 밝혀졌다. 낮은 위협 조건에서는 상대방에 대한 성격 평가 점수에서 집단 간에 유의한 차이가 나타나지 않았다(Morf & Rhodewalt, 1993, pp. 668–676).

평가 기법

코헛은 자유연상, 꿈 분석, 그리고 전이분석이 환자의 무의식을 탐색하도록 하여, 자신의 문제를 이해하도록 이끌며, 치료를 촉진시킬 수 있는 기법이라는 점에서는 프로이트와 의견을 같이 한다. 그렇지만 코헛은 이러한 기법을 통해서 얻은 심리학적 자료에 대한 해석에 대해서는 많은 측면에서 프로이트와 다른 견해를 나타내었다. 나아가 코헛은 공감이라는 개념이 평가 도구로서 가장 중요한 위치를 차지한다고 하면서, 다른 기법들은 모두 그것을 보조하는 것이라 생각했다.

중요한 자료 수집 도구로서의 공감

코헛은 정신분석을 복잡한 정신 상태에 대한 과학적 연구라고 정의했다. 그가 생각하기에, 이러한 정신 상태를 연구하기 위하여 분석가들은 가능한 환자들의 지극히 주관적인 경험들에 근접해져야만 한다고 생각했다. 그 결과 코헛은 탐색의 중요한 도구로 공감 혹은 그가 종종 대리적 관조라 칭했던 것을 사용해야 한다고 주장했다. 그에 의하면, 공감은 우리 자신을 다른 사람의 입장에 두고, 그들의 경험에 대해서 생각하고, 마치 그것을 우리의 것처럼 느끼는 능력을 의미한다. 그런 다음에야 비로소 우리는 그들을 이해할 수 있다.

> 간단한 예를 들어 보자, 우리는 지나치게 키가 큰 사람을 보았다. 대리적 관조와 공감이 없다면, 큰 키를 단순한 그의 신체적 특징으로만 여길 뿐, 큰 키가 그의 심리적 측면을 평가하는 데 있어 중요한 측면이라는 것을 고려하지 않게 될 것이다. 오로지 우리가 그의 입장에서 생각해 볼 때라야만, 즉 대리적 관조를 통해 그의 큰 키를 내 키인 양 느끼기 시작하고 독특한 혹은 현저한 그의 내적 경험을 재 경험할 때라야만, 평범하지 않은 키가 그에게 어떤 의미를 지니는지 비로소 제대로 평가할 수 있게 될 것이고, 이런 경우에 한해 우리는 심리학적 사실들을 관찰할 수 있게 된다. (Kohut, 1959, p. 207)

치료자들은 이렇게 심리학적 사실이나 자료를 수집한 후, 이러한 자료들이 환자에게 어떤 의미를 갖는지 해석한다. 코헛에 의하면, 공감이란 본질적으로 중립적이고, 객관적인 것이다. 이것은 치료자들이 다른 사람의 내적 주관적 상태에 대해 정확하고 객관적인 자료를 수집하는 데 사용하는 기법이다. 코헛은 많은 전문가들과 비전문가들이 공감의 이와 같은 특성을 잘못 이해하고 있다고 느꼈다. 즉, 그들은 공감을 동정 혹은 연민과 혼동하였다. 그러나 이러한 용어들은 서로 다르다. 오히려 공감은 연민을 경험하는 능력의 전제조건으로 작용한다. 달리 말하면, 연민은 다른 사람의 욕구를 정확하게 평가하는 우리의 능력에서 발전하여 증폭되는 것이다. 그러나 공감은 파괴적인 행위에 이용될 수도 있다. 예를 들어 적에게 상처를 주기 위해서는 그들의 약점을 정확히 알고 있어야 한다. 즉, 우리는 피해자들이 민감하게 여기는 것들에 대한 공감적 이해가 있을 때 가장 효과적인 파괴적 행위를 할 수 있을 것이다(Kohut, 1980, p. 483). 물론, 분석가들은 연민, 온정 그리고 동정으로 그들의 환자를 대하지만, 환자들의 내적 경험에 관한 정확한 자료를 수집하기 위해서 사용하는 공감과는 구분되어야 할 것이다.

자유연상

코헛은 환자들의 자유연상은 그들의 경험에 공감하는 치료자의 능력을 촉진시킨다고 하였다. 환자들의 연상은 저항의 영역을 드러내며, 그것들은 일단 인식되고 나면 원초적이고 미성숙한 자기의 활동, 취약성 그리고 방어를 드러낸다. 이러한 원시적 자기는 기본적인 반영욕구와 이상화 욕구를 부모가 충족시켜 주지 않았다는 사실의 발견과 관련된 매우 파괴적이고 외상적인 자기애적 상처에 다시 노출되는 것을 원치 않는다. 즉, 저항은 붕괴되어 가는 자기와 관련된 불안으로부터 환자를 보호해 주는 일종의 수단이다(Kohut, 1977, p. 136). 이와는 달리, 프로이트는 이러한 저항은 환자들이 초기 외상적인 성적 또는 공격적 공상이나 경험과 관련된 불안에 대항하여 그들 스스로를 지키기 위한 시도라고 생각했다.

꿈 분석

코헛에 의하면, 꿈에는 두 가지 유형이 있다. 첫 번째 유형은 프로이트 이론의 꿈의 의미와 매우 유사하다. 즉, 이러한 꿈은 현시적 내용과 잠재적 내용을 모두 갖고 있다. 분석가들의 임무는 꿈의 잠재적 의미를 밝히기 위해서 현시적 내용에 대한 연상과 그것이 나타내는 상징을 해석하는 것이다. 이러한 꿈들은 소망 충족을 위한 무의식적 시도이다. 소망은 그 사람이 받아들일 수 없는 것으로, 거의 항상 성적 본능에 가깝다. 치료자의 목적은 환자들의 자유연상을 따라 심층적 정신세계로 들어가 무의식적 의미를 밝혀내는 것이다.

두 번째 유형의 꿈에서, 자유연상은 무의식적인 정신의 숨은 층으로 이끌지 않는다. 대신 자유연상은 치료자에게 현시적 내용과 동일한 수준의 더 많은 심상을 제공한다. 이러한 내용의 검토는 개인의 건강한 정신 부분이 자기 상태의 불안한 변화에 대응하고 있음을 나타낸다. 코헛은 이러한 꿈을 **자기 상태를 드러내는 꿈**self-state dream이라고 불렀다. 이러한 꿈에 대한 연상은 보다 심층적이거나 잠재적인 의미를 드러내는 것은 아니다(Kohut, 1977, pp. 109-110).

코헛은 흥미로운 연구 사례를 들어 두 번째 유형의 꿈, 즉 자기의 결함에 기인한 문제가 드러난 꿈을 설명하였다. 이 사례는 아동기에 어머니로부터 충분한 반영을 받지 못하였을 뿐 아니라 그가 필요로 하는 이상화적 욕구를 아버지가 충족시켜 주지 못했던 한 남성이 경험한 꿈을 보여 준다. 아동기에 그는 연필처럼 가는 몸통과 다리로 커다란 머리를 지탱하고 있는 사람을 그렸다고 회상했다. 이후, 그는 자신이 생명이 없는 몸 위에 있는 머리(뇌)처럼 느껴지는 꿈을 꾸었다. 분석이 진행되면서, 그는 우울해질 때마다, 즉 공허하고 활기차지 않은 자기를 경험할 때마다 그가 가졌던 성적 공상을 묘사할 수 있게 되었다. 이 공상 속에서, 그는 자신의 머리를 사용하여 건장한 남자를 제압하고, 상대방을 벽에 묶고 그 거인의 힘을 빼기 위해 구강성교를 하는 자신을 상상했다. 이러한 공상과 함께 그는 오르가즘을 느끼기 위해 자위했다. 생의 초기부터, 그는 부모가 비현실적으로 느껴졌다. 즉, 부모 모두로부터 공감적 반응을 받지 못했기 때문에 그는 자신의 신체자기(body-self)를 파편화되고 무력한 것으로 경험했다. 단지 그의 거대-과시적 자기(grandiose-exhibitionistic self)라는 하나의 편린, 즉 그의 사고과정만이 어느 정도 안정된 상태를 유지했다. 그는 마지막 남은 거대자기(그의 전능한 사고)를 사용해서 이상화된 전능한 자기대상(그의 아버지)을 다시 획득하기 위한 시도, 즉 그것을 힘으로 완전히 제압해서 펠라치오(구강성교)를 통해서 내면화하려는 시도를 그의 공상으로 표현했다. 비록 자위행위가 환자에게 강인함을 느끼게 하고 자존감을 증가시킨다 할지라도, 자기의 구조적 결함(이상화된 부모상의 부재)을 채워줄 수는 없으므로, 그것은 계속 반복된다. 치료과정에서 환자는 이상적인 목표에 대한 변형적 내재화에 의해 공허감을 채울 수 있었고, 그것은 자기에게 자기애적 자양분을 제공해 주었다(Kohut, 1977, pp. 125-127).

전이

고전적 정신분석에서, 전이는 환자가 어린 시절 경험한 감정, 태도, 욕구와 두려움을 현재의 대상들과의 관계에서 재 경험하는 과정을 말한다. 이러한 감정과 태도는 거의 항상 부모와의 해결되지 않은 성적 그리고 공격적 갈등을 중심으로 한다. 치료에서 이러한 감정들은 치료자와의 관계에서 다시 드러난다. 환자들은 외상적인 기억에 다시 직면하고 재 경험하면서 유아적인 소망을 서서히 포기해 나간다. 이러한 과정을 **훈습working through**이라고 부른다. 그것은 애도 상태에 있는 사람의 정신적 과정과 비교될 수 있다. 사별한 사람은 지금까지 사랑해 온 대상을 포기해야 하는데 반하여, 환자는 변하지 않는 성적 소망을 충족시키려는 희망을 버려야 하고, 과거의 대상을 포기해야 한다(Kohut

& Seitz, 1963, p. 129).

자기 심리학에서도 전이를 인정하지만, 재 경험되는 갈등들은 대개 성적인 것이 아니다. 오히려 이러한 문제들은 초기 아동기에 발생한 자기 손상에 기인한다. 아동의 세 가지 기본적인 욕구가 심하게 좌절되면 개인의 성장에 있어 발달적 저해가 발생한다. 첫째, 유아들은 반영을 필요로 한다. 즉, 그들은 승인받고 인정받고자 하는 과대성에 대한 타고난 갈망을 가지고 있다. 이후 거대자기가 수정됨에 따라, 반영 받고자 하는 아동의 욕구는 유능한 수행을 통해 승인받고 인정받으려는 욕구로 변화된다. 둘째, 유아들은 다른 사람을 이상화하여야 한다. 즉, 자신의 능력으로는 충분한 정도로 스트레스를 조절하지 못할 때, 유아들은 그들을 보호해 줄 수 있는 사람을 존경한다. 처음에 이러한 존경은 억제되지 않지만, 아동기 후기에 이르러 점차 성숙해지면서 그간 찬미하던 대상이 완벽하지 않다는 것을 서서히 알게 되면, 이러한 존경은 더욱 현실적이 되고, 환멸에 의한 불안 또한 경감한다. 셋째, 아이들은 그들의 친척들에게 동료로 인정되어야 한다(예를 들면, 소속감을 느끼는 것). 원래, 코헛은 이 마지막을 반영과정의 일부로 보았지만, 이후 그는 두 욕구를 서로 구분했는데(Kohut, 1984, pp. 192–194), 그 이유는 일상생활에서 개인의 능력과 성취를 반영해 줄 때보다는 그 개인이 꽤 지속적으로 타인에게 수용된다고 느낄 때 강한 자기가 형성되기 때문이다(Basch, 1989, pp. 14–15).

이러한 충족되지 않은 욕구들을 만들어낸 원래의 아동기 경험들은 분석가가 적절하게 반응해 줄 수 있다면 치료적인 관계에서 재개될 수 있으며, 이때 분석가는 자신의 **역전이**countertransference 욕구를 인식하고 훈습해야만 한다. 즉, 분석가는 전이를 발달시키는 데 방해되지 않도록 자신의 미해결된 자기애적 문제를 인식하고 훈습해야만 한다. 이러한 목적을 달성하기 위해서, 치료자는 그를 찬미하려는 환자의 시도에 화를 내거나 짜증을 내서는 안 된다. 둘째, 치료자는 환자의 어떠한 기괴한 환상에 대해서 비난하거나, 도덕적이거나, 판단적인 반응을 보여서는 안 된다. 셋째, 치료자는 잘못된 해석이나 성급한 결론으로 반응하는 환자들의 경험에 관한 자신의 긴장이나 불안을 언급해서는 안 된다. 대신 치료자는 환자에게 주의를 기울이되 불필요하게 관심을 끌지 않는 태도를 취해야만 한다. 이러한 상황에서라야만 환자가 조심스럽고 점진적으로 근원적인 두려움과 갈망을 표현하게 되고, 그 결과 전이가 일어날 수 있는 것이다.

거울 전이mirror transference에서, 환자들은 그들의 어머니나 아버지가 그들을 반영해 주지 못한 초기의 경험을 다시 체험하고, 치료자의 인정을 통해서 입증 받고자 한다. **이상화 전이**idealizing transference에서, 환자들은 그들의 아버지나 어머니가 위로 혹은 보호해 주는 인물에 대한 그들의 욕구를 충족시키지 못했던 초기의 경험을 다시 체험하고,

그들을 도와주고 보호해 줄 존경스럽고 강력한 인물로 치료자를 대한다. 그리고 **쌍둥이 전이**alter-ego transference에서, 환자들은 치료자에게 그들의 부모가 제공하지 못했던 위안과 수용을 요구한다(Basch, 1989, p. 14). 이러한 전이가 성공적이라면, 치료자는 병리적인 자기애적 상황에 휘말려들 것이고, 환자들을 더욱 공감적으로 이해하게 될 것이며, 병리의 기원에 관한 해석이 가능해질 것이다(Kohut, 1971, pp. 28-29; Kohut, 1984, pp. 104-108).

마지막으로, 환자의 모든 자기 구조에 결함이 있는 것은 아니라는 점을 유의하라. 만일 그렇다면, 환자는 정신병적이고 분석이 불가능할 것이다(Kohut, 1971, p. 31). 자기의 상당 부분은 건강하고 응집되어 있어서 환자와 치료자 간의 현실적인 유대와 동맹을 형성하는 데 활용된다. 이러한 현실적이고 신뢰할 수 있는 관계의 토대 위에서, 이제 환자는 초기의 유해한 경험들을 훈습하고, 통찰을 제공하는 치료자의 설명을 통해 자아의 통제 하에 이러한 경험들을 두게 될 것이다.

치료에 관한 이론적 함의

자기애적 성격장애 환자들은 초기 아동기 동안 부모와의 관계에서 생긴 문제로 인하여 개인적 성장이 저해되어 고통 받고 있다. 환자들은 원초적인 거대자기 및 이상화된 부모상에 고착되어 있다. 이러한 비현실적인 구조들은 수정되지 않은 채 정상적인 발달과정에서 성격의 나머지 부분에 통합된다. 결국, 허약한 핵심자기의 측면들과 두 개의 원시적이고 고착된 자기구조 사이에 방어적인 **분열**splitting이 생기게 되고, 자아는 성숙하고 현실적인 방식으로 기능하는 데 방해를 받는다(Kohut, 1971, p. 3). 따라서 치료의 목적은 자기애적 에너지(리비도)를 이러한 비현실적인 구조에서 핵심자기와 자아로 되돌리는 것이다. 치료자들은 환자의 자기 결함과 관련된 정보를 얻기 위해 주요한 정신분석적 기법을 활용하고, 긍정적 변화를 촉진하거나 가능케 하는 이해와 해석을 제공한다. 만일 이러한 해석을 환자가 수용하면, 변형적 내재화(새로운 학습)가 일어나게 되어 더욱 강력하고 응집된, 보다 탄력적인 자아를 가진 재활성화된 핵심자기가 형성될 것이다. 이렇게 되면 개인은 자신의 잠재력을 보다 유연하게 현실화시킬 수 있게 된다(Paul, 1989, p. 126).

이러한 치료 과정을 보다 확실히 이해하기 위해서, 자기애적 장애로 진단된 환자에 관한 코헛의 사례 연구 중 하나를 예로 들어 보자(Kohut, 1977, pp. 6-54).

아내와 결혼한 지 6년 만에 사별한 30대 초반의 전업 작가의 사례로, 그는 낮은 자존감과 깊은 내적 공허감으로 고통 받고 있던 중 치료받게 되었다. 즉, 그는 일차적인 자기구조의 결함을 나타냈다. 그는 관심 및 주도성의 결여로 인해 반쪽 인생만 살고 있다고 느끼고 있었으며, 이러한 공허함을 정서적으로 매우 강렬한 성적, 공격적 공상을 통해 극복하려 했다. 공상은 여자를 묶어서 가학적으로 통제하는 행위에 대한 것들이었다. 그는 실제로 그의 아내에게 이러한 공상을 실행했고, 아내는 그의 행동을 병리적인 것으로 여겼다. 코헛은 이러한 공상과 실행은 방어적인 구조에 의해 일차적인 결함을 은폐하려는 시도라고 하였다.

그는 글을 쓰다가 갑자기 막히는 문제에 대해서도 불평하였고, 비록 직업을 유지하고는 있었지만 만족스러운 방식으로 작업하지는 못했다. 즉, 글을 쓰는 동안 그는 종종 긴장과 흥분을 경험했으며, 그럴 때면 언제나 자신의 공상을 억제하거나 글쓰기를 중단해야만 했다.

거울 전이를 통해 치료자는 환자의 문제가 부분적으로 어린 시절 어머니가 그에게 적절한 반영을 해주지 못한 데 기인한다는 것을 알게 되었다. 또한 이상화 전이를 통해 아버지로부터 충분한 이상화된 이미지를 제공받지 못했다는 것이 드러났다. 어머니에 대한 회상에서 환자는 어머니가 충분하고 적절한 반응을 해주지 않았음을 기억해 냈다. 상냥하고 관심 있는 체하는 표정을 통해 어머니는 자신의 무관심을 은폐해 왔기 때문에, 환자는 어린 시절 자주 이런 표정을 짓지 못하게끔 갑작스럽게 어머니를 쳐다보았음을 기억해 내었다. 또한 그는 자해 당시 그의 피가 형의 옷에 묻어 얼룩지게 했던 때를 기억했다. 어머니는 그가 상처를 입었다는 것을 정확하게 알아차리지 못했다. 대신, 어머니는 환자를 집에 혼자 남겨 둔 채 형을 안고 병원으로 달려갔다.

어머니의 부적절한 공감적 반응이 초래한 결과 중 하나는 환자의 성격에서 과대적이고 과시적인 측면이 충분히 발달되지 못했다는 것이다. 어머니의 무관심으로 인해, 그는 자신의 능력이 인정받을 수 있다는 것을 배우지 못했다. 때문에 그는 외상적 좌절을 경험하게 되었고, 원시적인(일차적이고 비현실적인) 형태의 과시행위에 고착되고 말았다. 이러한 과시행위는 때로 가학적으로 완전히 통제된 상태에 놓인 거울 대상(항상 여성)에 대한 거친 성적 공상으로 나타났다. 즉, 그녀는 그의 모든 소망에 응하는 노예이다.

글을 쓸 때 환자가 경험하는 긴장과 두려움은 자기 구조의 긴장-조절 체계의 결함과 관련되는데, 이러한 결함은 어머니가 그의 비현실적인 과대성을 조절하는 방법을 터득하도록 도와주는 데 실패한 것으로부터 기인한 거대적-과시적 측면에의 고착과 관련된다. 과대적이고 과시적인 충동을 억제해서 중화시키고, 긴장을 조절해 주는 충분한 자기 구조가 결여되어 있기 때문에, 글을 쓰는 동안 상상력이 활성화되면 극도의 과대성이 초래되며, 그 결과 이러한 무서운 경험으로부터 자신을 방어하기 위해 글 쓰는 것을 중단하게 된 것이다.

글을 써내려가다 갑자기 막히는 현상은 부분적으로 아버지의 공감적 반응 결핍에 기인한다. 어머니의 만성적인 무관심의 결과로 경험한 위협감을 극복하기 위해 그는 아버지와 가까워지고 인정받고 지지받고자 했다. 환자는 아버지의 존경스러운 강인함과 어떤 능력들을 획득해서 자신의 성격으로 통합시키려고 노력했다. 즉, 아버지는 어문학과 글쓰기를 좋아했기 때문에 청소년기 동안 환자는 글쓰기를 통해 그와 가까워지려고 했다. 비극은 아버지 또한 어머니가 이전에 그랬던 것처럼 이상화 욕구를 충족시켜 주는 데 실패했다는 것이다. 즉, 아버지는 그의 아들에 의해서 자신이 이상화되는 것을 허용하지 않았다. 그는 적절한 공감적 반응을 제공하지 않았고, 아들이 갈망하는 이상화된 관계의 발전을 조성하지 못했다. 어머니가 사망한 후 환자는 또 다시 아버지의 주의를 끌기 위해 노력했다. 그러나 아버지는 그에게 관심을 보이지 않았고 재혼을 해버렸기 때문에 그는 실망했다.

치료자의 도움을 통해 치료 회기 동안 환자는 이러한 고통스러운 경험을 다시 체험하고 훈습해 나감으로써 더욱 현실적이고 응집적인 자기의 발달을 향해 나아가기 시작했다. 그는 치료자에게 자신의 생각과 다른 사람들로부터 인정을 받는 더욱 건강한 방법을 만들어가기 시작했다고 말했다. 그는 자신의 독립적인 목표와 생각을 갖는 것이 그의 정신적인 건강에 필수적이라는 것을 이제 깨닫게 되었다고 말했다. 그는 다시 글을 쓰기 시작했고 그의 공상이 활성화될 때 더 이상 두려워하지 않았다. 이러한 작업을 통해 그는 창조적인 작품을 완성시키게 되었고, 그는 자신의 성취에 대해 상당한 만족감을 경험할 수 있었다. 더욱이, 환자는 자신의 성적 공상들이 그를 고통스럽게 했던 자기애적 상처에 대한 반응으로 나타났었음을 깨닫게 되었다. 치료를 통한 일부 성과들이 있었지만, 코헛은 아직 개입해야 할 부분들이 더 많이 남아 있다고 판단했다. 보다 심층적인 분석을 통해 마침내 환자는 결국 가학적인 성적 공상의 도움으로 자신의 취약한 자기를 강화시키고자 한 헛된 시도를 포기할 수 있었다.

마지막으로, 코헛은 성공적인 분석을 통해 굳건하고 응집된 자기를 획득한 환자들이 항상 이상적인 상태에서 자신을 둘러싼 환경에 대처해 나갈 수 있음을 의미하는 것은 아니라고 강조한다. 그는 치료를 받은 환자들이 기적적인 변화를 경험하지는 않을 것이라고 주장했다. 대신 치료가 성공적이라면 환자들은 그들 삶의 다양한 영역에서 상당한 진전을 나타낼 것이다. 대체로 바람직한 분석은 환자들이 존재의 즐거움을 경험할 수 있게 해주고 그들의 삶을 더욱 가치 있는 것으로 생각하게끔 만든다는 것을 의미한다(Kohut, 1977, pp. 283–285; Kohut, 1984, p. 209).

이론에 대한 평가

지금부터 코헛 이론의 과학적인 가치에 대해 평가해 보기로 하자.

포괄성

코헛은 성격에 대한 포괄적인 이론을 창조해 낸 논란이 많은 사상가였다. 그의 이론은 개인적 수준뿐 아니라 집단 수준에서 정상적인 현상과 비정상적인 현상 모두를 설명한다. 코헛은 성, 공격성, 꿈, 공상, 도착, 불안, 반달리즘, 도박, 우울, 건강염려증, 자위행위, 예술, 창조성, 가족 발달, 독립, 사랑 그리고 집단적이고 정치적 행동을 포함하는 다양한 현상을 설명하는 데 자신의 이론적 개념들을 사용했다. 그는 정상적 행동과 비정상적인 행동에 초점을 두었을 뿐만 아니라, 최적의 심리적 건강 상태를 기술하고 설명하려고 노력했다.

정밀성과 검증 가능성

고전적 정신분석 이론과 마찬가지로, 코헛의 자기 심리학에는 애매모호한 개념들이 너무 많다. 예를 들면, 자기대상이라는 개념은 분명치 않다. 자기대상은 부모나 가족의 다른 구성원들과 같은 외부 대상에 대한 정신적 표상들이다. 이러한 표상들은 결핍된 자기 구조를 채워주기 때문에 자기의 일부분으로 개념화되었다. 자기대상 개념은 어떤 때는 본인 자신(himself)이라는 개념과 통합되기도 하고, 다른 때는 자기(self) 내의 분리된 존재를 나타내는 것으로 보이기도 한다. 만일 자기대상들을 다른 사람이라고 한다면, 왜 개인과 다른 사람들 그리고 분리된 존재들 각각에 대해 간단히 이야기하지 못하겠는가? 비록 모든 분석가들이 동의하지 않는다 할지라도, 한 가지 가능한 대답은, 코헛은 정신분석의 정신내적(개인 내적) 지향을 유지하기를 원했다는 것이다. 분석은 인간의 정신 내적 작업에 대한 심층적인 탐색이다. 그것은 대인관계에 대한 지향이 아니다. 즉, 두 개의 분리된 개인 간의 상호작용을 이해하려고 시도하는 것은 아니다. 자기대상이라는 용어 내에서 자기를 논의함으로써 코헛은 정신분석 이론의 특징인 정신 내적 지향을 유지할 수 있다. 그럼에도 불구하고, 어떤 분석가들은 여전히 이 개념을 이해하고 받아들이기 어려워한다(Goldberg, A. I., 1980, p. 2).

자기애 역시 여러 이유에서 모호한 개념이다. 첫째, 그것은 여러 의미들을 가진 추상적인 정신분석적 개념이다. 둘째, 이 용어는 흔히 우리가 이기심이나 지나친 자아도취와 같은 부정적 의미를 내포하는 것으로 생각하는 것이다. 코헛은 실제로 이러한 문제를 알고 있었다. 그럼에도 불구하고 그는 자기애가 어떤 점에서는 심리적으로 건강하지 못하고, 어떤 점에서는 건강한 형태로 나타날 수 있다는 것을 알리고자 상당히 노력했다. 그러나 이러한 노력에도 불구하고, 그가 발달과정에서 자기애의 역할을 논할 때 원래 뜻하던 용어의 의미가 제대로 전달되었는가는 여전히 회의적이다.

공감과 동정, 연민의 개념은 서로 혼동되기 쉬우므로, 코헛은 다른 정서적 상태들로부터 공감을 차별화시키고 정확한 의미를 부여하고자 노력했다. 여기서 문제는 개념적 정의가 아니라, 그것을 정확하게 측정하는 능력에 있다. 코헛은 공감은 중립적 평가 도구로서 이를 통해 심리학적 자료를 객관적으로 수집할 수 있다고 주장했다. 분석가는 평가 도구 즉 환자의 주관적인 경험에 깊이 몰두하는 과학적 관찰자로서 기능한다. 분석가가 이러한 과정을 방해하는 선입견과 감정을 허용하지 않고 다른 사람의 관점을 취할 수 있다면, 즉 중립적이고 객관적일 수 있다면, 심리적인 사실들을 정확하게 수집할 수 있을 것이다. 물론, 분석가가 진실로 자신의 이론적 선입견, 태도, 편견, 욕구 등에 의한 왜곡 없이 환자의 경험으로 깊이 빠져들 수 있는지에 대한 직접적인 증거는 없다. 따라서 객관적인 방식으로 진행해 나가려고 노력한 분석가의 언어가 매우 중요하다. 이러한 노력이 성공한다면 분석가들은 아마도 그가 찾고자 했던 바들을 탐색할 수 있을 것이다(Akhtar, 1989, p. 353). 그러므로 치료자의 발견을 확신하기 전에 분석적 환경의 내부와 외부 모두에서 다른 확정적 자료를 수집할 필요가 있다(Goldberg, 1988, p. 56).

이러한 문제들 외에도 코헛의 이론적 가설들은 상당 부분 모호하게 진술되어 있기 때문에 검증의 어려움이 발생한다. 예를 들어 코헛은 비공감적인 어머니에게서 자란 아동들은 절대적 완벽성에 대한 막연한 이미지에 집착하게 될 것이고, 그 결과 광범위하고 다양한 병리적 행동들을 보일 것이라고 주장한다. 이러한 행동들은 어머니의 잘못된 반응의 정도와 심각성에 달려 있다(Kohut, 1971, p. 65). 불행히도, 코헛은 다양한 병리적 행동을 야기하는 어머니의 행동이 무엇인지, 그 수준은 어느 정도인지를 명확하게 설명하지 못했다.

간명성

코헛의 이론은 복잡하고 포괄적이지만, 그것은 제한된 설명적 근거를 갖는다. 반면에,

그는 많은 현상을 설명하기 위해 프로이트의 주요 개념들을 광범위하게 포함시켰지만 여전히 이러한 개념들의 상당 부분을 부수적인 것으로 격하시켰다. 대부분의 가설과 이론적 설명에서, 그는 공감, 자기애, 자기대상과 같은 소수의 개념에 지나치게 의존했다. 특히, 공감은 그의 이론에서 너무 빈번하게 사용된 개념처럼 보인다(Akhtar, 1989, p. 353). 그의 이론에서 심리적 문제는 거의 언제나 비공감적 부모의 영향에 기인한다. 그러나 때로는 심리적으로 건강한 사람들이라 할지라도 비교적 비공감적인 환경에서 성장한 경우가 있다. 더욱이, 공감적 환경에서 자라난 아동에게서조차도 병리적 발달이 일어날 수 있다(Goldberg, 1988, p. 112). 코헛의 이론은 지나치게 환원주의적이고, 따라서 간결성 기준을 충족시키지는 못한다.

경험적 타당성

치료적 상황에서의 자료 수집은 코헛의 이론에 대한 충분한 경험적 지지를 제공해 주지는 못했다. 많은 정신분석가들은 병리는 해결되지 않은 성적, 공격적 본능의 결과라는 프로이트의 관점을 계속해서 지지하는 반면, 해결되지 못한 자기애적 장애들과 자기의 손상에서 병리가 발생한다는 코헛의 관점을 거부한다. 결과적으로, 이러한 분석가들은 환자와의 치료 회기 동안 환자의 자기장애를 관찰한 바 없다고 보고했다. 반대로, 코헛의 관점을 받아들인 분석가들은 자기의 손상에 의한 정신병리의 발생률을 과대평가하는 경향이 있다(Kohut, 1977, p. 278). 따라서 이러한 반대되는 두 진영들은 서로 다른 심리적 자료들을 수집하고 있다. 고전적 혹은 전통적인 분석적 관점을 지지하는 사람들은 프로이트의 이론을 지지하고 코헛의 이론은 지지하지 않는 자료를 수집한다. 반대로 자기 심리학자들은 프로이트의 고전적 이론보다 코헛의 이론을 더욱 지지하는 자료를 수집한다.

더욱이 거울 전이와 이상화 전이가 치료적 과정에서 꼭 필요한 것인지에 대한 상당한 논란이 있다.

치료적인 상황 밖에서의 자료 수집은 코헛의 이론과 일치하는 더 많은 증거를 도출한다. 예를 들어 건강하지 못한 자기애는 다양한 종류의 적응의 어려움과 낮은 자존감과 관련되어 있고, 반면에 건강한 자기애는 긍정적인 정신건강의 결과들과 일관된 상관을 보인다. 그러나 지금껏 개인이 경험한 변형적 내재화의 수준과 정신건강 수준 간의 관련성을 검토한 연구는 없다. 마지막으로, 개인의 정신건강에 미치는 자기대상의 역할에 대한 전생애적 연구가 절실히 요구된다.

발견적 가치

코헛의 이론은 매우 발견적 가치가 있다. 정신 구조에서 작용하는 본능에 대한 전통적인 정신분석적 초점 대신에 코헛은 자기 개념을 도입했다. 이러한 극적인 이론적 초점의 이동은 엄청난 논란을 불러일으켰고, 고전적인 정신분석 이론과 치료의 많은 개념들에 대한 재평가로 이어졌다. 심지어 오늘날까지도, 코헛이 주장한 다른 관점들에 대한 끊임없는 논란이 일고 있다. 예를 들어, 자기의 손상이 건강하지 못한 성격발달에 중요한 역할을 한다는 코헛의 주장에 관해 분석가들 간에는 여전히 논란이 많다. 많은 분석가들은 개인의 성적 그리고 공격적 욕구의 좌절이 건강하지 못한 발달을 설명해 줄 수 있다고 지속적으로 주장한다. 또한 이들은 잘못된 자녀 양육 행동에서 기인된 자기의 손상이 모든 종류의 정신병리를 설명할 수 있다는 코헛의 견해에 동의하지 않는다. 더욱이 많은 분석가들은 자기애는 기본적으로 병리적인 것이라고 주장한다(Akhtar, 1989, p. 349). 즉 그들은 자기애가 창조성과 정신건강에 긍정적으로 관련될 수 있다는 코헛의 생각에 강하게 반대한다. 과학의 역사 속에서, 새로운 이론들과 이전의 이론들 사이의 이러한 갈등은 기이하거나 파괴적인 것만은 아니다. 실제로, 이러한 대립은 종종 과학적 진보를 가져온다. 때문에 고전적 정신분석과 자기 심리학자들 간의 이러한 고무적인 갈등들은 결과적으로 성격 기능에 대한 이해의 지평을 넓혀 줄 것이다(Goldberg, A. I., 1980, p. 2).

마지막으로, 이론적 측면과 치료적 측면 모두에서 코헛은 정신분석에 상당한 기여를 했다는 인식이 증가하고 있다. 그는 임상적 장면에서 분석가들에 의해 간과되어 왔던 일련의 아동의 발달욕구들, 예컨대 반영에 대한 욕구, 강력한 인물들을 이상화하고자 하는 욕구, 그리고 다른 사람들에 의해 수용받고자 하는 욕구를 상정하였다는 점에서 인정받는다. 그는 이러한 욕구들이 충족되지 않을 때 병리가 나타난다고 가정했다. 그는 또한 거울 전이, 이상화 전이 그리고 쌍둥이 전이가 어떻게 환자들로 하여금 발달적 욕구들을 충족시켜 주지 않은 중요한 자기대상들과의 초기 경험들을 다시 체험하게 만드는지 설명함으로써 독창적인 방식으로 전이의 개념을 확장시켰다. 공감적인 치료적 환경에서, 치료자들은 환자들이 좌절된 발달과정으로 돌아가서, 충분히 훈습을 거치면서 자기의 회복을 경험할 수 있도록 해주는 의미 있는 자기대상의 역할을 해준다(Baker & Baker, 1987, p. 7).

적용 가치

코헛의 저서와 환자들에 대한 임상적 관찰들은 자기애적 성격에 대한 많은 연구들을 고

무시켰다. 자기애에 대한 그의 업적은 또한 적어도 부분적으로 자기애성 성격장애로 고통 받는 환자들을 이해하고 도와주려는 치료자의 관심을 증가시켰다. 코헛의 이론이 널리 알려진 이래로, 많은 치료자들이 치료적 도구로 공감과 자기대상 전이를 사용하게 되었다. 이러한 측면에서 코헛의 이론은 어떤 적용적 가치를 갖는다고 할 수 있다. 그러나 치료적 성과에 있어 그의 이론의 유용성을 지지해 주는 확실한 임상적 자료들이 보다 더 필요하다. 마지막으로, 코헛의 가설들을 주제로 한 실험연구 또한 요구된다.

비판적 사고를 위한 질문

1. 코헛의 이론에서 유아기 동안 어머니의 반영이 바람직하고 필요하다고 가정한 이유는 무엇일까?
2. 아동들의 과대감은 어떤 방식으로 표출되는가? 부모는 아동이 성장하는 동안 아동의 견해를 손상시키지 않으면서 이들의 비현실적인 신념과 행동을 어떻게 수정해 줄 수 있을까? 당신의 경험을 통해 예를 들어 보라.
3. 비공감적인 부모란? 그러한 부모들의 행동을 기술하고, 무엇 때문에 이러한 행동들이 아동 발달에 부정적 결과를 초래한다고 생각하는지 그 이유를 설명하라.
4. 오늘날 사회의 주요한 문제는 아동들이 과소 자극된 자기로 성장한다는 점에 있다는 코헛의 생각에 당신은 동의하는가? 이러한 아동들은 공허감과 우울감에 어떻게 대처하는가? 만일 당신에게 자녀가 있다면, 과소 자극된 자기로 성장하지 않았다고 확신하기 위해 어떤 것들을 할 수 있을까? 만일 이미 당신에게 자녀가 있다면 그들은 과소 자극된 자기를 가졌는가 아니면 더욱 활기차고, 응집된, 생산적인 자기를 가졌는가? 당신은 이러한 과정에서 어떤 역할을 하였는가?
5. 대부분의 사람들은 자기애적인 사람을 심리적으로 건강하지 못하다고 생각하는가? 그러나 코헛은 자기애의 어떤 형태는 건강하다고 주장했다. 실제 대인관계에서 이러한 건강한 자기애의 측면을 예로 들어 보자.

용어 해설

거대자기grandiose self　자신을 위대하다고 보는 일차적인 관점으로, 이러한 상태는 비현실적인 과시행위로 표현됨

거울 전이mirror transference 적절하게 반영되지 못해 온 사람들의 전이, 즉, 어머니에 의한 인정과 칭찬과 같은 경험들을 치료자와 함께 다시 체험하고자 하는 것. 그러한 전이가 발전할 때 환자는 그의 무가치감을 극복하기 위하여 치료자와 함께 부정적인 경험을 훈습할 기회를 가지게 됨

건강하지 못한 자기애unhealthy narcissism 비현실적인 과대 감정들, 과시 행위, 충동 통제의 저하와 부모와의 피폐한 관계를 특징으로 하는 자기애의 한 형태

건강한 자기애healthy narcissism 자기애의 종류로서, 과도한 부모에의 의존에서 벗어나, 자율적으로 활동하기 시작하고, 기술을 발전시키고, 창조적이고 공감적이 되고, 대인관계적인 헌신, 책임, 약속을 이행하면서 성취를 지향하는 개인을 의미함

경계선 상태borderline states 자기의 손상이 영구적이거나 장기적인 일차적 자기장애. 정신증과 대조적으로, 핵심적인 결함은 주요한 방어들에 의해 더 잘 은폐됨

공감empathy 다른 사람의 경험을 파악하고 이해하기 위하여 다른 사람의 관점을 취할 수 있는 능력

과부하된 자기overburdened self 일반적으로 부모와 같은 전능한 자기대상과 차분한 융합을 경험할 기회를 갖지 못한 사람의 병리적 상태. 이러한 부모와 접촉한 결과 자기를 누그러뜨리는 능력에 결여가 발생함. 이처럼 스트레스 하에서 자신을 누그러뜨리는 능력이 없는 개인들은 위협적인 상황에 처하게 될 때 정서적으로 과잉 반응을 보이게 됨

과소 자극된 자기understimulated self 부모가 아동의 반영욕구와 이상화 욕구들에 공감적으로 반응하는 데 실패하였기 때문에, 공허함, 지루함 및 우울감을 느끼게 되는 병리적인 상태. 이러한 혐오스러운 감정을 극복하기 위해 개인은 도박, 성적 타락, 과도한 음주 및 약물 남용과 같은 흥분을 일으키긴 하지만 비생산적인 여러 활동을 하게 됨

과잉 자극된 자기overstimulated self 아동기에 과도한 자극에 노출된 개인의 병리적 상태로, 웅대함에 대한 환상들이 비공감적인 양육자에 의해 계속해서 강화된 데 기인함. 추후 이들은 주의의 초점이 되는 상황을 회피하기 위해 자신의 수정되지 않은 과대한 환상들로 도피하게 됨

대상관계 이론object-relations theory 인간의 발달과정은 개인들, 특히 부모와 그들의 자녀들 사이에 수립되는 관계의 질에 기인한다는 이론

대상관계object relations 개인과 다른 사람들 사이의 관계들. 자기 심리학에서 대상관계는 보통 개인이나 자기 안에 존재하는 실제 외부 사람들에 대한 정신적 표상에 대한 용어임

동반자 추구 성격alter-ego-hungry personalities 자신과 같은 외모나 옷차림을 하고, 유사한 생각과 가치관을 가진 자기대상과의 관계를 통해서만 가치 있다고 느끼는 사람들

반영 과정mirroring process 다른 사람(보통 어머니)의 얼굴에서 자기를 보는 것. 즉 다른 사

람들과의 상호작용을 통해서 자기를 보게 되고 알게 되는 과정을 의미함. 발달적 관점에서, 그것은 어머니들이 유아가 보는 것을 그에게 반영해 주는 것에서 시작됨. 부모들이 공감적일 때, 그들은 대체로 유아에 대한 매우 긍정적인 표상을 반영해 주고 건강한 자기발달을 할 수 있게 함. 그러나 부모가 반영에 실패할 때, 유아는 혼란스러워지고 다른 사람들로부터 멀어지게 되며, 건강하지 못한 자기발달을 하게 됨

반영 추구 성격mirror-hungry personalities 인정해 주고 존경해 주는 반응을 통해 그들의 자기 가치감을 증가시켜 주는 자기대상을 갈망하는 개인

변형적 내재화transmuting internalizations 공감적 부모와의 상호작용의 결과로서 개인이 생각하고, 느끼고, 행동하는 더 현실적이고 효과적인 방법을 배우는 과정

분열splitting 다양한 과대 사고의 활동 혹은 왜곡에 의해 개인이 성격 내에 존재하는 공허감, 우울감, 박탈감을 성격의 다른 영역의 통제 하에 있는 흥미와 활동들로부터 분리해 내는 일종의 방어

분열성 성격장애schizoid personality disorders 손상된 자기구조들의 경계선 상태로, 대인관계에 무관심하고 피상적으로 참여함으로써 자기가 손상되는 것을 방어함

쌍둥이 전이alter-ego transference 환자가 집단의 구성원으로 소속되고자 하는 욕구를 가족구성원들에 의해 충족하지 못하고, 수용적인 치료자에게서 이러한 경험들을 다시 체험하는 과정. 이러한 수용은 자신이 다른 사람과 보편적인 인간애를 공유한다고 환자를 안심시켜 주는 수단으로 작용함. 환자의 자기감의 강화는 자신의 성취가 반영됨으로써 파생되는 것이 아니라, 개인의 성취 정도에 개의치 않고 다른 사람들에 의해 지속적으로 환자의 존재가 수용됨으로써 생기는 것임

역전이countertransference 자신의 자기애적 욕구와 갈등들에 근거해 환자들에게 반응하는 치료자의 경향성. 이러한 갈등들을 훈습함으로써 치료자는 자기 이해를 증진시킬 수 있고, 환자의 치료를 촉진할 수 있음

융합 추구 성격merger-hungry personalities 다른 사람을 자신의 자기처럼 경험하는 것. 이러한 사람들에게는 융합의 대상이 거울 자기대상인지, 이상화 자기대상인지, 쌍둥이 자기대상인지는 중요하지 않음. 그들을 이해하는 열쇠는 자기대상은 그들의 자기 결손들을 대신하는 것이고, 그들과 다른 사람들 사이의 경계의 유동성은 그들의 생각, 감정, 소망, 의도를 자기대상들로부터 구별하는 그들의 능력을 방해한다는 것을 아는 것임

응집된 자기cohesive self 조직적이며 파편화에 강한 성격. 자기애적 에너지들이 현실적인 목표들을 추구하는 데 주로 투여되기 때문에 건강하고 효과적으로 기능함

이상화 욕구need to idealize 가장 강하고, 가장 박식한 사람으로 이상화시킨 사람(주로 부모)에 의해 보호와 안전을 찾고자 하는 근본적이고 생물학적인 욕구

이상화 전이idealizing transference 초기 아동기에 경외감이 드는, 강력한 부모에 의해 보호되고자 하는 욕구가 좌절된 환자가 이러한 경험들을 다시 체험하는 과정. 이러한 재 체험 동안에 발달적 결함을 극복하기 위해서 이상화된 치료자와 이러한 부정적인 경험을 훈습할 기회가 생기게 됨

이상화 추구 성격ideal-hungry personalities 지능, 아름다움, 힘 또는 도덕적 측면들을 존경할 수 있는 사람과 관계할 때라야만 자신을 가치롭게 경험하는 개인

이상화된 부모상idealized parent imago 아동들이 그들의 부모를 완벽하게 보는 초기의 관점으로, 부모가 모든 것을 알고 있고, 가장 힘이 센 것으로 여기는 것

일차적 자기애primary narcissism 유아의 모든 욕구들이 충족되고 유아가 완벽함과 더없는 행복을 느끼는 만족의 초기 상태

자기 상태를 드러내는 꿈self-state dreams 소망 충족의 시도로 위장된 것이 아니라, 자기의 현재 상태에 대한 직접적인 설명을 제공하는 꿈. 이러한 꿈들을 분석하는 것은 환자가 파편화된 자기에 대해 경험하는 만연한 불안감에 대한 통찰을 제공해 줌. 분석은 꿈의 현시적 내용의 측면에서 이루어짐. 성적인 의미를 가진 숨겨진 내용을 찾으려는 시도는 성공적이지 못한 것으로 간주됨

자기 심리학self psychology 본능이 아닌, 자기(그리고 그것의 욕구)에 대한 이론으로, 심리적 동기, 조직, 그리고 성격적 변화에 중점을 둠. 자기 심리학은 또한 성적 그리고 공격적 본능에 의한 것이 아니라 자기의 심리적 손상이 정신병리를 일으킨다고 가정함

자기대상self-objects 자기 안에서 긴장을 조절하기 위해 사용되는 다른 사람에 대한 정신적 표상으로, 자기의 일부로 경험함. 자기대상은 자신의 신체를 통제하려는 사람에 의해 사용됨. 예를 들어, 한 소년은 긴급 상황에서 그의 아버지가 보인 침착함을 존경할 수 있음. 그 소년은 그의 아버지에 대한 정신적 표상을 형성할 것이고, 이러한 자기 대상은 그가 학교에서 다른 소년들에 의해 모욕을 당할 때, 그의 공격적 충동을 조절하는 수단으로 사용될 수 있음. 위협적인 상황하에서 자기대상(그의 아버지의 침착함)을 사용하는 것은 그의 공격적 감정에 따라 행동하거나 싸우는 것 대신에 소년이 그의 마음과 신체를 통제할 수 있도록 해줌

자기애적 성격장애narcissistic personality disorders 과대 사고, 경멸과 실패를 받아들이는 것에 대한 과민성, 용서하지 못함, 열정의 결핍, 손상된 대인관계들, 취약한 자존감이 특징적인 자기장애

자기애적 행동장애narcissistic behavior disorders 중독, 성도착, 비행 행동을 하는 것으로 개인이 그들의 취약한 자존감을 강화하기 위한 것으로 특징되는 자기장애들

자아 심리학ego psychology 자아가 종종 원초아의 충동을 독립적으로 조절할 수 있어서 결과적으로 개인은 성장할 수 있는 상당한 기회를 가진다고 상정하는 이론

자율적 자기autonomous self 최적의 정신건강을 획득한 사람의 자기로서, 생산적으로 활동하는 능력을 방해하는 억압으로부터 자유로움. 자율적 자기는 행동의 주도자처럼 기능하며, 재능과 기술을 원하는 대로 활용할 수 있음. 결과적으로, 이러한 자기를 획득한 개인은 사랑과 일에 있어 성공적임

접촉 기피 성격contact-shunning personalities 일반적인 자기애적 성격 유형. 이들은 자기대상들과 융합되기를 갈망하기 때문에 거절에 매우 민감함. 이러한 고통을 피하기 위해 그들은 사회적 접촉을 회피함

정신증psychosis 방어가 자기의 주요한 결함들을 은폐하지 못한 자기의 일차적 손상

최적의 좌절optimal frustration 개인의 욕구들에 대한 이상적이고, 외상적이지 않은 좌절로 새로운 학습과 개인적 성장을 조성하는 것. 자녀에게 지나치게 엄격하거나 관대한 부모들은 그들의 발달에 나쁜 영향을 주게 됨

파편화된 자기fragmenting self 개인이 통합적이지 않다고 느끼는 병리적 상태. 심각하지 않는 수준에서는 몇 차례의 사소한 실패 경험 이후 피로를 느끼고 정신적으로 처지고 힘들어 하지만 보다 심각한 수준에서는 자신의 신체적 건강에 대해 건강염려증적인 염려를 나타냄

편집성 성격장애paranoid personality disorders 잠재적으로 유해한 대상들로부터 안전한 거리를 유지하기 위해 적개심과 의심을 사용함으로써 자기구조의 결함들이 더욱 손상되는 것을 방어하는 경계선 상태

핵심자기nuclear self 개인의 성격의 토대. 이것은 부모로부터 시작되는 학습 과정을 통해 형성되며, 개인들은 자신을 돌보아 주는 사람에 대한 비현실적 신념들을 수정함. 이러한 학습 과정의 결과 다양한 기술의 확립과 자유로운 활용, 그리고 자주성과 생산성의 중심으로서 자기를 볼 수 있는 능력이 생겨남

훈습working through 환자들이 외상적인 갈등들을 해결하기 위해 거치는 정신적인 과정으로, 유아적 소망들에 의해 지배되던 것들에서 벗어나 성장할 수 있게 됨

추천 도서

Kohut, H. (1971). *The analysis of the self.* New York: International Universities Press.

Kohut, H. (1977). *The restoration of the self.* New York: International Universities Press.

Kohut, H. (1984). *How does analysis cure?* Chicago: The University of Chicago Press.

PART 3

THEORIES OF PERSONALITY

특성적 관점

인간 행동을 설명하기 위한 초기의 시도들은 유형론을 이용하였는데, 유형론에서는 행동을 불연속적이고, 절대적인 범주로 분류하였다. 예를 들면, 히포크라테스(나중에는 갈렌)는 사람들을 우울한(melancholic) 사람, 화를 잘내는(choleric) 사람, 무기력한(phlegmatic) 사람, 쾌활한(sanguine) 사람으로 분류하였고, 체액 즉 내장액의 작용을 가정함으로써 상호배타적인 행동 유형을 설명하였다. 구체적으로 그는 흑담즙질이 많은 사람들은 우울증을 일으키고 황담즙질이 과다한 사람은 짜증이 많고 성질이 급하며, 점액질이 많은 사람은 느리고 활기가 없으며, 혈액이 과다한 사람은 희망적이고 쾌활하다고 하였다. 히포크라테스는 또한 체형이 신체의 질병과 관련이 있다고 믿었다. 그는 많은 환자들을 관찰한 결과를 토대로 작고, 뚱뚱한 신체를 가진 사람은 뇌졸중(기질적 뇌출혈)에 걸리기 쉽고, 키가 크고 마른 사람은 폐결핵(기질적 폐결핵)에 걸리기 쉽다고 하였다.

이런 유형론들은 부족한 점이 아주 많다. 현대의 학문에 비추어 볼 때 유형론은 진부한 의학적 설명과 함께 행동의 차이에 대한 정교하지 않으면서, 지나치게 단순한 이론과 경험적인 치료로 이루어졌다. 그러나 히포크라테스의 유산이 의학과 행동과학에 미친 유용한 증거는 호르몬 치료와 인간과 하등동물의 수행에 영향을 미치는 다양한 호르몬 효과에 관한 연구에서 볼 수 있다.

얼굴의 특징을 기초로 한 성격특성에 관한 평가는 고대에서 유래하였으며, 역사적으로 신학자, 시인, 철학자, 예술가, 작가, 그리고 과학자의 관심을 불러일으켰다. 19세기 이전 관상학의 추종자들은 아름다움을 토대로 성격을 판단하려는 경향이 있었다. 그들은 얼굴의 다양한 측면의 아름다움을 서정적으로 묘사하였고, 때때로 다음과 같은 경구로 진실을 보여 주었다.

> 여자의 턱수염은 정직함이 부족하다는 표시이다.
> 빛나는 눈은 음란함의 표시이다.
> 좁은 이마는 화를 잘 내는 남자를 나타낸다.
> 코가 굽은 남자들은 관대하다. (Mantegazza, 1899, p. 13)

이런 주제에 대한 관심은 19세기 후반에 절정에 다다른 것처럼 보이지만, 오늘날에도 그러한 주제에 대한 책과 연구를 종종 찾아볼 수 있다.

19세기 유형론 연구에 대한 주요 접근방법은 과학적이었는데, 얼굴특징을 측정하고 그런 측정치들을 심리적 특징과 연관시키려고 시도를 하였다. 안타깝게도 이런 모든 결과들은 사실상 과학적인 가치는 별로 없다. 왜냐하면 그러한 연구들은 편파적이고, 연구자들의 주관이 개입된 부적절한 방법론을 이용하고 있기 때문이다. 그러나 신체적 매력이 행동에 미치는 영향을 조사한 과학적 연구는 오늘날에도 아주 인기가 있다. 미의 기준이 나라마다 다르다는 것을 횡문화적 증거들이 보여 주며, 대부분 이 분야의 현대 연구자들은 미의 기준이 학습되었고, 생물학적으로 토대를 둔 것이 아니라고 가정한다. 또한 그들의 연구는 신체적으로 매력적인 사람은 덜 매력적인 사람들보다 다른 사람들에게 더 호감을 갖는다는 것을 보여 주었다. 대학생들 중에 신체적으로 매력이 있는 사람은 덜 매력적인 사람보다 사회적으로 더 바람직한 특성을 가지고 있는 것으로 본다. 아름다운 사람은 덜 매력적인 사람보다 좀 더 침착하고, 흥미롭고, 사교적이고, 독립적이고, 지배적이고, 재미있고, 성적 매력이 있으며, 잘 적응하고, 사회적으로 숙련되고 성공적으로 보인다(Baron & Byrne, 2003, pp. 271-273). 게다가, 아름답게 보이는 사람들은 일반적으로 선한 것처럼 보이는데 이러한 결과는 여러 초기 관상학자들이 정확하게 예언했던 것과 같다.

관상학은 특성들의 개인차를 기질적 요인과 연관시키기 위해 신체적 특성을 이용하였다. 이러한 학설은 체형과 골격 구조로 성격특성을 평가하려고 하였다. 이마(머리에 튀어난 부분)의 연구로 잘 알려진 관상학은 19세기, 뇌 구조에 관한 지식과 행동의 기능을 관련시키려는 심도 있는 시도로 시작되었다(Davies, 1955, p. 3). 관상학의 가장 중요한 지지자는 독일의 해부학자이며, 의사인 프란츠 갈(1758~1828)로 마음이 약 40개의 능력으로 구성되어 있다고 믿었다. 그와 제자들은 이러한 능력들을 호전적인, 자비심, 호색적임, 언어, 비밀주의, 자존감, 파괴성 그리고 희망과 같은 제목으로 분류하였다

(Davies, 1955, p. 6). 갈은 이러한 능력들이 다양한 뇌의 기관이나 부위에 있으며, 이러한 기관의 발달이나 발달부족은 머리(두개골)의 크기와 모양에 영향을 주었다고 주장하였다. 따라서 사람의 특성이나 성격을 판단하기 위해서는 이러한 외형을 연구할 필요가 있다고 생각했다. 예를 들어 자비심 영역이 잘 발달된 사람은 친절한 성격을 가지고, 자비심 영역이 덜 발달된 사람들은 잔인한 특징을 가졌다고 가정할 것이다.

갈은 뇌 구조와 기능에 대해 집요하게 과학적 탐색을 하였지만, 그의 제자이자 동료인 요한 쉬뤼어자임은 그렇지 못했다. 쉬뤼어자임의 관상학에 대한 관점은 과학적 연구뿐 아니라 종교와 철학적 사색에 토대를 두었다. 그는 관상학을 대중화할 것을 주장했고, 대중 강의에서 교육, 의학, 정신건강 및 교정학에 관상학을 적용시키는 것을 논의하였다(Davies, 1955, p. 8). 이러한 그의 노력과 다른 제자들의 노력은 매우 성공적이었고, 관상학이 성행하였다. 하지만, 19세기 후반에 관상학은 과학뿐만 아니라 종교와 철학에 기반을 둔 수많은 비판가들의 공격을 받았다(Davies, 1955, pp. 65–75).

반대론자들은 관상학이 무신론적이며, 비도덕적이라고 비난하였다. 왜냐하면 관상학은 행동을 신성한 것이 아니라 타고난 것으로 보았으며, 관상학을 받아들이는 것은 운명론을 지지하는 것이기 때문이다. 그러나 운명론은 관상학의 목표와 일치하지 않고, 관상학의 지지자들은 사회적 개혁에 관상학을 직접 연관시켰다. 관상학자들은 정신이상자의 병든 뇌가 자연법칙을 위반하여 발생하였다고 생각했다. 이러한 사람들은 문제를 극복하기 위해 자연의 법칙을 다시 따라야 한다. 즉, 그들은 신선한 공기를 많이 마시고, 신체적 운동을 하고, 싱거운 음식을 먹고, 술과 담배를 하지 않아야 한다. 다시 말하자면 관상학자들은 정신질환자를 위해 따뜻하고, 지지적 환경을 만들어야 한다고 주장하였고, 이러한 생각은 오늘날 정신건강운동에 받아들일 만하다.

관상학에 대한 공격이 비합리적임에도 불구하고, 비평가들은 관상학 운동에 악영향을 미쳤다. 과학적 증거 또한 관상학에 피해를 주었다. 피어 프루랑스는 1845년에 비둘기 뇌를 이용한 실험에서 뇌의 큰 부분이 기능장애 없이 파괴될 수 있음을 보여 주었다. 1861년, 폴 브로카는 언어표현능력이 갈이 주장했던 것처럼 안구 근처에 위치한 것이 아니라 측두엽에 위치한다는 것을 결정적으로 보여 주었다(Davies, 1955, p. 142). 이러한 압도적인 비판에도 불구하고 관상학은 연구자들로 하여금 뇌의 구조와 기능에 관심을 갖도록 하였다는 점에서 신경학의 분야에 중요한 영향을 미친 것으로 인정받는다. 관상학에 대한 산발적 관심은 과학 분야가 아니라 점성학과 손금술과 같은 유사과학을 받아들이는 사람들 사이에 여전히 존재한다.

히포크라테스 이후로 체격과 행동 사이의 관계를 연구한 수많은 다른 연구자들이 있었지만, 현대에서 이 분야의 선구적 연구자는 윌리엄 셸던이다. 셸던의 유형론은 이전 연구자들보다 더 정교한 측정 방법을 이용하여 체격과 성격 특성을 연관시켰다. 그와 동료들은 체격과 성격 특성 사이에 기본적인 규칙들이 있는지 알아보기 위해 수천 명의 대학생들의 정면, 옆면 그리고 뒷면의 모습을 촬영하여 체격을 조사했다. 신중한 조사 끝에, 셸던은 체격에 세 가지 극단적인 구성요소인 내배엽형, 중배엽형 그리고 외배엽형이 있다고 결론지었다. 내배엽형은 몸의 다양한 부위가 부드럽고 비만한 것이 특징이고, 중배엽형은 근육, 뼈와 연결조직이 상대적으로 우세하고, 외배엽형은 마르고 허약함이 특징적이다. 대학생들의 체격이 7점 척도로 된 연속차원에 해당한다고 가정하고, 사람들마다 세 영역의 점수를 1에서 7점으로 매겼다. 그 결과로 나온 패턴이 신체유형이었다. 따라서 711은 극단적 내배엽형이고, 171은 극단적 중배엽형이고, 117 극단적 외배엽형이다.

셸던은 사람의 체형이 유전적으로 결정되고, 사람들은 자신의 체형과 일치하는 성격특성을 개발하고 표현하게 된다고 주장했다. 예를 들면, 그는 내배엽형인 사람은(지방조직이 높은) 사교적이고 상냥하고 쉽게 감정을 표현할 수 있을 것이라고 가정했다. 중배엽형인 사람은(근육 조직이 높은) 모험적이고 대담하고 경쟁적이고 공격적이고 활동적이라고 생각했고, 반면에 마르고 키가 큰 사람은(지방과 근육조직이 낮은) 억제적이고 내향적이고 고통에 예민하고 비밀스럽다고 생각했다. 그는 관찰자들에게 사람들을 이러한 특성차원으로 평가하도록 함으로써 가설을 검증하였고, 그의 견해들을 경험적으로 지지했다(Sheldon, Hartl, & McDermott, 1949, pp. 26-27). 이 연구가 방법론에서(셸던이 신체와 심리학적 평정치 모두를 만들었다) 강하게 비판받아 왔지만, 한 명의 연구자가 체형을 평가하고, 연구 참여자들이 독립적으로 자신의 성격 특성들을 평가함으로써 연구자의 편파를 최소화시킨 방법론적으로 더 철저한 연구들이 셸던의 견해를 지지하는 증거를 제공하였다(Child, 1950; Cortes & Gatti, 1965; Yates & Taylor, 1978). 그러나 이러한 결과에도 불구하고, 이러한 상관관계가 생물학적 요인에 의한 것이라는 직접적인 증거는 없다. 셸던의 유전적 견해에 대한 대안으로써 사회-학습이론가들은 체형과 특성 사이의 관계가 학습의 결과라고 제안하였다. 즉, 사람들은 특정한 체형들과 관련된 특성에 관한 고정관념을 가지는데 이런 고정관념은 다른 사람과의 만남에서뿐만 아니라 책, 영화, 잡지, 텔레비전을 통해서 습득된다. 성인들은 종종 이러한 고정관념들을 아이들에게 물려주는데 아이들은 자신의 신체개념과 이러한 기대된 특성들을 통합하는 것을 학습하며, 실제로 이러한 특성들은 자아 개념의 중심이 된다.

셸던의 측정 체계는 이전 연구자들의 측정 체계보다는 우수하였지만, 특성과 유형을 평가하기 위해 카텔과 아이젠크와 같은 연구자들이 사용하였던 절차들과 비교하였을 때, 여전히 지나치게 주관적이고 부정확하였다. 그럼에도 불구하고 카텔과 아이젠크가 예를 들었던 것처럼, 유형학의 현대적인 관점에 기저하는 근본적인 개념은 셸던의 개념에서 찾아볼 수 있다. 따라서 이러한 유형학은 특성이 추론되는 행동을 불연속적인 상호 배타적인 범주로 분류할 수 없다. 대신에 유형들은 관련된 특성들의 집단을 아우를 수 있는 연속적이고 고차적 개념이다. 특성과 유형 사이의 차이점은 유형 개념이 더 포괄적이고 추상적이라는 점에 있다. 현대적인 관점에서 특성과 유형들 모두 개인차를 양적으로 결정할 수 있는 수치화된 척도를 이용한다. 예를 들어, 신경증이 주요 유형이라면, 사람들은 신경증 수준이 각기 다를 수 있다. 신경증은 결과적으로 서로 상관이 있는 다수의 특성의 결과물이며, 특성은 (낮은)자존감, (높은)우울 그리고 (높은)정서성을 포함한다. 다시 말하자면, 사람들은 이러한 구성요소들의 특성에서 낮은 수준부터 높은 수준까지 다양할 수 있다.

제3부에서는 가장 유명한 3개의 특성이론인 고든 올포트, 레이먼드 카텔, 한스 아이젠크의 관점을 살펴보고, 평가한다. 8장에서 논의되는 고든 올포트의 이론은 인본주의 심리학의 폭넓은 윤곽을 만듦으로써 프로이트의 인간 본성에 관한 비관적인 견해를 바로잡기 시작하였다. 그는 개인의 독특성과 대부분의 사람들이 잠재력을 실현하고자 하는 창조적이고 합리적인 열망을 가지고 있다는 것을 주목하였다. 오늘날 심리학에서 인기 있는 인본주의적 운동의 중요한 선구자인 올포트와 그의 연구는 인본주의적/실존주의적 관점을 논의한 제5부에 아주 잘 맞는다. 그러나 올포트가 특성 개념이 성격이론의 핵심이 된다고 믿었기 때문에, 올포트는 확실히 특성이론에 속한다.

올포트의 인본주의적 근원을 밝혀낸 다음에는 그의 특성이론의 윤곽과 성격 혹은 자기(self)에 대해 적합한 정의를 내리기 위한 시도를 상세히 열거할 것이다. 우리는 "성숙해 가는(becoming)" 발달과정에 관한 그의 이론과 이러한 발달과정에서의 특성의 역할, 성숙한 성격에 관한 개념을 살펴보고자 한다. 올포트에 따르면, 성숙함의 발달은 상당한 시간을 필요로 하므로 오직 성인만이 자아실현화에 가까워질 수 있다. 게다가 발달과정은 급격한 변화를 수반하기 때문에 성숙한 사람은 비정상적이고 미성숙한 사람과는 질적으로 다르다. 성숙한 사람은 기본적인 충동이나 욕구의 즉각적인 만족에 대한 과도한 의존으로부터 자유로울 수 있다. 그들은 정서적으로 안정적이고, 자기 수용적이며 타인에게 관대하다. 8장에서는 올포트가 성격을 평가하기 위해 사용한 많은 방법과 자료를 수집하기 위한 개별 사례적 접근과 법칙발견적 접근 간의 주요 차이점, 행동장애를 가진 사람들의 치료에 대한 올포트 이론의 적용을 살펴볼 것이다.

9장에서는 레이먼드 카텔을 살펴볼 것이며, 그는 적절한 성격이론은 정확한 측정과 통계적 절차를 따라야 한다고 주장하였다. 또한 이 장에서는 그가 성격의 기본 특성을 확인하기 위해 사용하였던 복잡한 요인 분석 방법을 설명하고자 한다. 카텔은 성격 기능을 설명하기 위해 16가지 근본 특성을 제안하였다. 그러나 그는 후에 광범위한 연구를 통하여 12가지 비정상적 요인을 발견하였다. 12가지 정신병리적 요인들은 그의 임상 분석 면접지(CAQ)를 통하여 측정되었다. 카텔은 정상적이고 비정상적인 사람들에게서 찾을 수 있는 주요 근본 특성들을 알아냈다고 주장하였다.

또한 9장에서는 신체적, 사회적, 문화적 환경이 개인과 이후의 행동에 미치는 영향을 기술하는 카텔의 생태학적(econetic) 모델과 회귀방정식(specification equation)을 제시할 것이다. 그는 회귀방정식을 통해 행동을 정확하게 예측하는 방법으로 특성과 상황을 결합하려고 시도하였다. 이러한 다차원적 모델은 특성들이 역동적으로 어떻게 밀접하게 연관되고, 여러 상황에 걸쳐서 어떻게 작용하는가를 다양하게 보여 준다. 다음으로 성격발달에서 학습과 유전의 역할에 관한 카텔의 관점을 살펴볼 것이며, 여기에서 그는 고전적 조건형성과 조작적 조건형성을 넘어서 보다 복잡한 통합학습을 제안하고자 하였다. 또한 임상가가 장애행동을 확인하고, 더 나은 입장에서 내담자를 돕기 위해 성격 진단시 정확한 측정 절차를 사용하는 것을 논의할 것이다. 카텔에 따르면, 오랜 기간에 걸쳐 다수의 성격 차원들에 관하여 내담자를 반복적으로 검사하는 것을 포함하는 P기법은 치료 기간 동안 내담자에게 발생하는 변화에 관한 정확한 평가를 제공할 수 있다. 마지막으로 우리는 과학적 자료와 그가 초경험주의(Beyondism)라고 하는 과학적 자료에 토대로 둔 새로운 도덕성의 필요에 대한 카텔의 생각들을 제시할 것이다.

10장에서는 철저한 실험 연구를 통하여 그의 개념에 관한 사실에 기반을 둔 자료를 모으기 위해 혼신의 노력을 쏟아 부었던 인물인 한스 아이젠크의 연구와 성격이론의 주요 공헌을 살펴볼 것이다. 그리고 내향성/외향성, 안정성/신경증적 경향성, 충동 조절/정신증적 경향성과 같은 주요 차원으로 이루어진 유형론과 이를 평가하는 아이젠크 성격 질문지(Eysenck Personality Questionnair)를 서술할 것이다. 그의 초기 억제 이론의 제한점과 수정된 각성이론 및 이 이론을 지지하는 가장 최근의 증거들을 같이 제시할 것이다. 이 이론은 타고난 각성 수준과 환경적 자극 수준 사이의 상호작용에 근거하여 다양한 사람들의 행동 차이들을 설명하고자 한다. 성격 유형의 발달을 논의할 때, 아이젠크는 계통발생학적으로 하등동물에 관한 유전적 연구가 인간 기능에 대해 가지는 함축성과 유전적 근거를 강조하였다. 따라서 우리는 내향성, 외향성, 정신증적 경향성, 정신증적 경향성에 미치는 사회화 과정의 영향을 논의할 것이며, 아이젠크가 사용한 다양한 측정 기법을 서술할 것이다. 마지막으로 두 가지 주요 행동 치료 기법인 홍수법과 체계적 둔감법에 특별히 관심을 두면서 행동장애의 발달과 치료법에 관한 아이젠크의 관점을 제시할 것이다.

CHAPTER 08

올포트의 특성이론

올포트의 생애

고든 올포트(Gordon Allport)는 1897년 인디애나 몬테수마에서, 시골 의사의 4명의 아들 중 막내로 태어났다. 그의 가정은 근면함을 미덕으로 강조하고, 신뢰와 애정이 가득했다. 올포트는 어릴 때부터 학자와 같았다. 그는 말을 잘 하였지만, 운동은 잘 못하였고, 동료들과도 잘 어울리지 못하였다. 짧은 예화로 그의 학급 동료 중 한명이 "이 애는 사전을 삼켰다"라고 말할 정도였다(Allport, 1968, p. 378).

비록 올포트가 차석으로 고등학교를 졸업했지만, 그는 "아주 착실한 학생이었으며, 일반 청소년들의 관심사를 벗어난 어떤 것에도 별로 흥미가 없었다고 이야기하였다(Allport, 1968, p. 379). 올포트는 하버드를 졸업한 형 Floyd에 이어서 1915년 하버드에 간신히 입학을 하였다. 올포트에 의하면, 하버드에서 생활은 그에게 많은 자극을 주었고 많은 것을 배웠다. 그는 지적 분위기와 높은 학문적 기준을 엄격하게 고수하는 것에 압도되었다. 올포트는 그의 형이 그랬던 것처럼 심리학을 전공하였다. 그는 유명한 심리학 교수가 가르치는 수업을 들었고, 여러 자원봉사 프로젝트에 참가하였다(Allport, 1968, p. 381).

1919년에 학사학위를 취득한 후, 올포트는 터키 콘스탄티노플 로버트 대학에서 영어와 사회학을 가르칠 기회를 얻었다. 다음해에 그는 하버드 대학원에서 장학금을 받았다. 그는 케임브리지 대학교로 가기 전에, 당시 비엔나에서 일하고 있던 형을 방문하기로 결정했다. 그는 또한 지그문트 프로이트와 개인적으로 만날 수 있는지를 알아보기로 결심하였다. 대범하게, 그는 프로이트에게 자신이 비엔나에 있으며, 자신을 만난다면 틀림없이 기쁠 것이라는 편지를 썼다. 놀랍게도, 프로이트는 자필로 답장을 하였고, 올포트를 사무실로 초대하였다.

올포트가 도착했을 때, 프로이트는 유명한 자신의 사무실로 그를 안내하였고, 기대에 찬 눈빛으로 그를 바라보았다. 침묵을 예상하지 못했고 또 무엇을 말해야 할지 몰랐던 올포트는 사무실로 오는 도중 시내 전차에서의 에피소드를 말했다. 그는 자신이 먼지 공포증이 의심이 되는 4살 된 소년을 보았다고 이야기하였다. 그 소년은 엄마에게 "저기에 앉고 싶지 않아요, 더러운 남자가 내 옆에 앉도록 하지 마세요."라고 계속해서 이야기했다. 올포트는 그 소년의 먼지 혐오증이 엄마의 청결함에 대한 강박의 결과라는 이야기의 핵심을 프로이트가 빠르게 알아차릴 것이라고 가정하였다. 그러나 프로이트는 그가 이야기를 끝냈을 때 주저하며 친절하게 물어보았다. "그런데 그 소년이 당신이었나요?"(Allport, 1968, p. 383). 올포트는 매우 놀라면서, 프로이트가 자신의 명백한 동기에서 벗어나 신경증적 방어의 관점에서 생각하는데 익숙해 있다는 것을 깨달았다. 올포트는 이 경험이 심층 심리학이 무의식에 너무 깊이 빠져 있으며, 심리학자들이 사람들의 무의식적 상태를 탐색하기 전에 명백한 의식적인 동기에 주의를 더 기울인다면 사람들을 잘 이해할 수 있을 것이라는 점을 가르쳐 주었다고 보고하였다.

올포트는 대학원에 입학하였고, 2년 안에 박사학위 논문을 끝냈다. 그는 1922년 24살에 박사학위를 받았다(Allport, 1968, p. 384). 그는 성격 심리의 발달에 흥미를 가졌으나 다른 사람들은 학문적으로 이 주제에 관심을 가지지 않았다. 그는 그의 논문이 아마도 성격 특성을 연구한 첫 번째 논문일 것이라고 이야기하였다. 올포트는 학위를 취득한 후 바로 충격적인 경험을 했고, 그것이 이후에 그의 삶과 직업에서의 전환점이 되었다. 그는 클락크 대학교에서 개최한 감각 심리학의 최근 문제와 이슈를 논의하기 위한 실험심리학자들의 모임에 초대를 받았다. 토론 이튿날, 저명한 심리학자 티체너는 대학원생들에게 3분씩 자신의 연구를 발표하도록 하였다. 올포트는 성격 특성에 대한 연구를 발표하였고, 모두 침묵으로 응시하였다. 티체너는 강하게 그의 발표를 비난하였고, 올포트의 지도교수에게 "왜 당신은 그에게 그 문제에 관한 연구를 하도록 했습니까?"고 물었다. 올포트는 굴욕감을 느꼈지만, 이후에 하버드로 돌아갔을 때 그의 교수는 "티체너의 생각에 신경 쓰지 않아도 되네."라고 이야기하며 그를 위로해 주었다. 그리고 올포트는 실제로 지도교수가 신경 쓰지 않는다는 것을 알았다(Allport, 1968, p. 385). 이 경험은 그에게 전문가의 비난이나 모욕에 의해 불필요하게 고민하지 않고, 자신의 관심사를 추구하는 것에 대한 또 다른 교훈을 가르쳐 주었다. 그때부터 올포트는 다른 사람과 논쟁이 있을지라도, 논쟁에 대해 깊게 그리고 근원적으로 생각하고, 자신의 견해를 솔직하게 이야기하는 사람으로 심리학 분야에서는 독불장군으로 알려져 있다.

해군에서의 짧은 복무 기간을 제외하고, 올포트는 전문가로서의 삶을 대부분 하버드에서 보냈다. 1930년에서 그가 사망한 1967년까지 편견, 표현 운동, 유머 그리고 태도와 가치에 관한 많은 이론논문과 연구논문을 썼다. 그는 또한 다음과 같은 많은 책을 출간하였다. 『성격: 심리학적 해석(*Personality: A Psychological Interpretation*)』(1937), 『개인과 종교: 심리적 해석(*The Individual and His Religion: A Psychological Interpretation*)』(1950), 『성숙: 성격심리학의 기본 고려사항(*Becoming: Basic Considerations for a Psychology of Personality*)』(1995), 『편견의 본질(*The Nature of Prejudice*)』(1958), 『성격의 패턴과 성장(*Pattern and Growth in Personality*)』(1961). 그의 업적은 동료들에게 적절한 인정을 받았고, 그는 많은 상을 받았다. 그는 1939년에 미국 심리학회 회장으로 선출되었고, 1964년에 탁월한 과학 공로상을 수상하였다. 그는 다른 어떤 상보다 하나의 상에 가치를 두었다. 그것은 1963년 워싱턴 DC 17번째 국제회의에서, 그의 박사 제자 55명이 그에게 준 "개성을 존중해 준 것에 감사드리며"라고 새겨진 그들의 논문을 묶은 전집이었다(Allport, 1968, p. 407).

개념과 원리

성격의 인본주의적 견해

이 분야의 많은 연구자들과 같이, 올포트는 정확한 용어로 성격을 정의하는 것이 사실상 불가능하다고 하였다. 올포트는 신학자, 철학자, 법률가, 시인, 사회학자와 심리학자들의 성격에 관한 정의를 재검토한 후, 그의 첫 번째 책에서 자신의 의견을 제시하였다. 그에게, 성격은 "사람은 무엇인가?"이다. 그러나 이 정의는 여전히 너무 짧고 애매하다. 따라서 그는 "성격은 사람의 특징적인 행동과 사고를 결정하는 개인의 정신, 신체적 체계의 역동적인 조직이다"라고 더 정확한 정의를 제시하였다(Allport, 1961, p. 28).

올포트는 성격이 서로 독립적으로 작용하는 구성 요소들의 집합체가 아니라고 믿었기 때문에 성격이나 자기를 역동적인 조직으로 언급하였다. 올포트는 성격을 통합을 위해 노력하고, 계속 발전하고 변화하는 것으로 보았다. 개인은 **성숙해 가는**becoming 상태에 있다. 상황적 영향이 변화를 초래하지만, 이러한 상황적 영향에 대한 개인의 지각이 행동을 결정한다. 따라서 올포트의 관점에서는 외부의 힘에 의해 통제되는 것으로 보이는 행동들조차 내부의 힘에 의해 통제된다. 예를 들어, "집에서는 버릇없지만, 밖에서는 예의바른 아이에게는 분명히 타고난 두 개의 모순되는 성향이 있거나 정반대의 **표현형**phenotypes(유전자의 작용과 환경에 의해 외부에 나타나는 성질)을 설명하는 유전자형이 존재한다"(Allport, 1968, p. 46). 상황주의자들은 이 아동이 어떤 상황에 있느냐에 따라 다르게 행동할 것이라고 단순하게 예측할 것이다. 올포트는 행동의 차이가 사람의 타고난 반대 성향이나 특성, 예를 들어 두 개의 다른 상황에서 다르게 행동하도록 하는 학습된 소인에 의해 야기된다고 주장하였다.

하나의 **유전자형**genotype이 두 개의 표현형(집에서는 버릇없이 행동을 하고, 밖에서는 예의바르게 행동하는 것)으로 나타날 수 있다는 올포트의 제안은 프로이트의 입장에 가까웠다. 예를 들어, 기본적인 성향, 즉 유전자형이 자기 자신에게 이로운 방식으로 행동하려는 성향인 편의주의일지도 모른다. 실제로 집에서 버릇없이 구는 행동이 부모의 극단적인 관심을 받지만, 밖에서는 예의 바르게 행동하는 것이 선생님의 칭찬을 받을 수 있다. 당신이 쉽게 알 수 있는 것처럼 이러한 특성에 대한 설명들은 이후의 이론의 기초가 되었다. 여기서 주목할 것은, 상황이 행동에 중요한 역할을 하지만, 올포트는 행동의 결정인자로서 특성(trait)과 다른 내적인 특징(characteristic)들에 주로 초점을 두었다. 게다가, 그는 이런 내적인 요소들을 **정신신체적 체계**psychophysical system로 언급하였다. 이 용어는 성격이 복잡하고 나눌 수 없는 단일체로 조직화된 정신과 신체 요소들로 이루어졌다는 것을 의미한다.

마침내, 올포트는 성격을 개인의 특징 즉 독특성, 행동 및 사고라고 정의하였다. 올포트는 다른 사람들과 분명히 공유할 수 있는 모든 특성들은 기본적으로 독특하다고 주장하였다. 그는 이러한 정의가 상당히 광범위하다는 것을 인정했지만, 우리가 특정한 방식으로 행동함으로써 환경에 적응할 뿐만 아니라 환경에 영향을 미친다는 사실을 설명하기를 원하였다. 그렇게 함으로써, 우리는 생존과 성장을 한다.

올포트의 성격에 대한 견해는 개인의 독특성과 행동에 영향을 미치는 내적 인지 및 동기적 과정을 강조한다. 이러한 내적인 과정 및 구조는 개인의 체형, 지능, 기질, 반사행동, 욕구, 습관, 기술, 신념, 의도, 태도, 가치 및 특성들을 포함하고 있다. 올포트는 성격이 생물학과 환경에 의해 공동으로 결정된다고 보았다. 개인의 체형과 지능 수준은 대부분 유전되며, 환경에 적응하는 개인의 능력의 한계를 정한다. 기질 또한 유전된다.

기질은 성격의 정서적 측면이며, 이것은 "개인의 정서적 본질의 특징적 현상으로 정의되는데, 정서적 자극에 대한 민감성, 습관강도와 반응 속도, 일반적인 기분의 질, 그리고 기분의 유동성과 강도의 특수성을 포함한다"(Allport, 1961, p. 34). 이러한 타고난 구조와 과정은 개인의 환경적 경험에 의해 발달해 간다. 예를 들어, 흥분하기 쉽고 활동적인 기질을 가진 아동은 부모가 매우 억압하는 가정환경에 의해 바뀔 수 있다(Allport, 1937, p. 125).

올포트는 갓 태어난 영아를 거의 대부분 유전적인 생명체로만 생각했다. 그러나 모든 유전적 기질이 출생 시에만 관찰되는 것은 아니다. 전 생애를 통해 생물학적인 것이 발달에 미묘한 영향을 미친다. 하지만 개인이 성숙함에 따라 환경과 학습과정의 상호작용을 통해 변화가 일어난다. 일반적으로 올포트는 성숙이 일어남에 따라 우리가 점차 활동적이고, 창조적이며, 독립적으로 변하고, 대부분 학습경험의 결과로 아주 합리적인 특징을 보이게 된다고 하였다. 우리는 점점 대안적인 행동들 사이에서 의식적이고, 신중한 선택을 할 수 있게 된다. 올포트는 그 시대에 유행하던 너무 정적이고, 환원적이며, 기계적론적인 생각과 인간 성격의 무의식과 비합리적인 면을 너무 강조한 비관주의적 견해에 대한 반작용으로 이러한 긍정적이고, 낙관적인 접근을 선택을 했다. 올포트의 **인본주의 이론**humanistic theory은 이러한 일방적인 관점에 대해 필요한 대안을 제공하려는 시도였다.

특성이론

올포트의 **특성이론**trait theory의 주요 개념은 **고유자아**proprium 혹은, 자기(self)에 포함된 상이한 특성들과 일생 동안 개인이 성장하는 것처럼 자기가 발달함에 따라 이러한 특성들이 어떻게 변화하는지를 다루었다. 올포트의 이론에서 자기의 개념과 특성의 개념간의 관계를 이해하기는 어렵다. 그러나 분명히 자기의 개념은 광범위하고 포괄적인 용어이다. 우리는 자기 내에서 개인의 특성뿐만 아니라 취미, 욕구, 흥미, 기술, 그 밖에 많은 것들을 발견한다. 올포트의 이론에서 이러한 특성은 개인의 독특한 삶의 양식, 표현, 그리고 행동들을 이해하는 데 중요하다. 따라서 특성은 자기 내에 있는 핵심구조이다. 특성은 개인이 독특한 방식으로 행동하도록 안내한다. 이러한 특성의 작용에 대한 인식은 개인에 대한 이해를 광범위하게 증가시킨다. 자기는 사람의 다양한 특성과 능력들이 일관성을 갖도록 하는 노력인 통합적인 힘으로 작용한다.

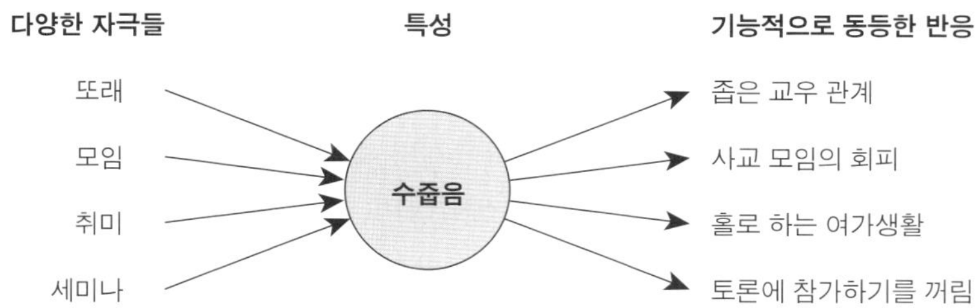

그림 8.1 행동에서 보이는 특성. 다른 자극들이 특성을 불러일으키는데, 특성은 기능적으로 같은 다양한 반응으로 나타난다.

특성이란 무엇인가?

올포트에게 특성은 기능적으로 동일한 많은 자극을 제공하고, 일관된 형태의 적응적이고, 표현적 행동을 일으키고 안내하는 능력을 가진 일반화되고, 초점화된 신경심리적 체계(개인에게 특별한)이다(Allport, 1937, p. 295). 따라서 특성은 실제로 존재하지만, 보이지 않는 어떤 것이다. 그것은 신경 체계의 어딘가에 분명히 자리하고 있다. 비록 그것을 직접 보지 못하지만, 개인의 행동에서 보이는 일관성을 관찰함으로써 그것의 존재를 추론할 수 있다. 다양한 자극들은 모두 개인의 내부에 준비되어 있는 특성을 불러일으킬 수 있다. 따라서 특성은 다양한 반응을 통해 나타난다. 그러나 모든 이런 반응들은 동일한 기능, 즉 특성을 표현한다는 점에서 동등하다. **그림 8.1**에서 특성이 작용하는 방식들을 보여 준다. 이 예에서, 한 대학생의 수줍음은 다른 학생들과 관계를 형성하지 못하는 무능력, 사교모임의 회피, 독서나 우표수집과 같은 홀로 하는 여가활동을 즐김, 세미나에 참여하는 것을 주저하는 것에서 추론할 수 있다.

기본 특성, 중심 특성 및 이차 특성

올포트는 또한 다양한 종류의 특성들을 몇 개로 구분하였다. 인간의 삶에서 지배적이고 널리 퍼져 있는 특징(Characteristics)들을 **기본 특성**cardinal traits이라고 하였다. 기본 특성들은 주된 동기와 지배적인 활동, 탁월한 특성들이다(Allport, 1961, p. 365). 예를 들면 어떤 사람이 모든 행동에서 추론할 수 있는 강해지고자 하는 굉장한 욕구 즉 권력욕구를 가지고 있을 수 있다. 이런 사람은 부단히 노력하여 사회 내에서 힘 있는 자리를 차지할 뿐만 아니라, 골프동료, 우편집배원, 자녀들, 그리고 결혼한 아내와 이와 유사한 방식으로 상호작용할 것이다. 그는 배우자를 지배하려고 하고, 심지어 5살 된 딸과의 탁구게임을 필사적으로 이기려고 한다. 아는 사람과의 사소한 문제에 대한 일상적인 대화에서도 상대를 이기려고 갈등을 일으킬 수 있다.

사람들의 행동을 덜 통제하지만, 중요한 특성들을 **중심 특성**central traits이라고 한다. 이러한 특성들은 사람들이 다른 사람을 설명하거나 추천서를 써야 할 때 언급하는 것이다. 예를 들면 우리는 누군가를 지적이고, 성실하며, 친절하고, 소유욕이 있으며, 경쟁심이 있고, 야망적이고, 재미있고, 정직하다고 말할 수 있다. 그러한 주요 특성은 다양한 상황에서 사람의 행동을 통제할 수 있지만, 그것들은 기본 특성과 같이 보편성을 가지지 않는다. 개인에게 부수적인 특징들을 **이차 특성**secondary traits이라 한다. 예를 들면 어떤 사람이 바나나크림 파이를 좋아하거나 메인주나 하와이로 휴가 가는 것을 선호할지도 모른다. 이러한 특성들은 일반적으로 중심 특성에 비해서 덜 중요하고, 덜 두드러지고, 덜 일반적이며 덜 이용된다(Allport, 1937, p. 338).

공통 특성 대 개인적 성향

올포트는 특성들에 대해 또 다른 분류를 하였다. **공통 특성**common traits은 특정한 차원으로 사람들을 분류하기 위한 범주이다(Allport, 1961, p. 349). 예를 들면, 우리는 어떤 사람이 다른 사람들보다 더 지배적이라고 말하거나, 더 공손하다고 말할지도 모른다. 올포트 관점에서 이러한 일반화된 성향은 성격학에서는 유용성이 제한되어 있다.

올포트는 **개인적 성향**personal disposition의 개념을 훨씬 더 선호하였다. 공통 또는 일반적인 특성과 대조적으로 개인적 성향은 다른 사람과 공유되지 않은 개인의 독특한 특성이다(Allport, 1961, p. 358). 올포트는 심리학자들이 공통 특성의 역할에 너무 관심을 두지 말고, 개인의 독특한 이러한 특성에 초점을 두도록 하였다. 그는 공통 특성은 개인을 강제로 분류하는 범주이지만, 개인적 성향은 더 정확하게 개인의 성격적 구조를 반영한다고 믿었다.

> 우리는 피터가 공통 특성을 측정하는 방법으로 미적 흥미와 불안에서 높은 점수를 받고, 리더십과 성취 욕구는 낮은 점수를 받았다는 것을 발견했다. 모든 이러한 공통 특성들이 그의 삶에서 특별한 색채를 띤다는 것이 사실이다. 그리고 더 중요한 것은 이것들이 서로 상호작용한다는 것이다. 따라서 그의 개인적 성향이 미적이고, 자기충족적 고독이라고 말하는 것이 더 정확할 것이다. (Allport, 1961, p. 359)

전반적으로 연구자들은 독특한 개인적 구성개념을 추측하는 것이 불가능하다고 주장해왔다. 만약 우리가 개인에게 맞는 독특한 구성개념을 사용했다면, 그들에게 맞는 단어가 없을 것이다. 우리는 각 개인의 동기와 행동을 기술하기 위해 새로운 용어를 계속 만들어 내야 한다(Holt, 1962, pp. 377–402). 그러나 올포트는 우리가 개인의 성격내에 있는 특성들의 독특한 형태나 패턴에 초점을 둔다면, 개인적 성향에 대해 말할 수 있다고 주장하였다. 그의 관점에서 볼 때, 개인의 독특성에 초점을 두는 것만으로도 우리의 성격을 이해하는 데 상당한 발전을 기대를 할 수 있다.

성격발달

올포트 이론에서 성격발달은 자기(self) 개념에 초점을 두었다. 그는 그것이 어려운 개념이면서 연구자들이 각기 다르게 사용했다는 것을 인정했다. 이것은 또한 여러 심리학자들의 강력한 저항을 받았다. 19세기 저명한 구조주의학자인 분트는 자기, 자아, 영혼의 개념이 심리학의 발전을 방해한다고 생각했고, "영혼 없는 심리학"을 선호한다고 선언했다(Allport, 1955, p. 36). 분트의 이러한 생각은 그를 따랐던 많은 행동주의자에 의해 공유되었으며, 몇몇 연구자들이 자기라는 용어에 주요한 구체적인 역할을 부여하고, 행동을 직접 안내할 수 있는 실제적인 존재로 취급하였다. 이러한 구체화의 예는 "그녀의 강한 자기감은 그녀로 하여금 흡연을 포기하도록 하였다."이다. 그녀의 행동은 강한 자기라는 용어로 설명되었다. 올포트는 사람들이 행동의 원인이 되는 자기라고 불렀던 실제적인 존재가 사람 내부에 없기 때문에 이러한 구체화가 심리학에 해롭다는 것에 동의했다. 그러나 그는 우리가 정체성과 존재에 대해 가지는 하나의 특정한 준거가 바로 자기감이기 때문에 이 용어를 사용해야 한다고 주장했다. 즉, 우리가 그것을 버린다면, 우리는 성격의 본질을 버린다.

고유자아 또는 자기

자기에 대한 용어를 고유자아(proprium)로 대치시킨 올포트는 고유자아를 "내부의 통일성을 만드는 성격의 모든 측면"을 포함하는 "특별히 우리"라고 하는 느낌을 의미하는 것으로 사용했다(Allport, 1955, p. 40). 그의 관점에서 고유자아 또는 자기는 유아기부터 죽을 때까지 지속적으로 발달하고 일련의 단계를 통하여 변한다.

신체적 자기

자기의 첫 번째 측면인 **신체적 자기bodily self**는 유아기 때 두드러진다. 우리는 유아기 때

체내의 기관, 근육, 관절 그리고 힘줄을 통해 지속적으로 감각 정보를 얻는다. 우리가 배고플 때, 좌절했을 때 그리고 일에 부딪쳤을 때 그러한 감각은 특히 민감해진다. 이러한 상황에서 우리는 몸의 한계를 배운다. 우리가 성장함에 따라 이러한 순환하는 신체감각은 우리의 존재를 확인시켜 주는 정보를 제공한다. 올포트 관점에서 그러한 감각은 자기 인식의 기반을 제공한다. 우리가 건강할 때는 거의 감각을 알아차리지 못하고, 병이 들었을 때는 신체를 민감하게 자각한다(Allport, 1961, p. 114). 이러한 감각이 얼마나 친숙한지는 올포트가 제시한 흥미로운 예에서 볼 수 있다.

> 먼저 입안에 있는 침을 삼키는 것을 생각해라. 그런 후에 컵에 침을 내뱉고 그것을 마시는 것을 상상하라! 자연스러운 "나의 것"이 갑자기 혐오스럽고 이질적으로 되었다. 또는 손가락에 있는 상처에서 스스로 피를 빠는 것을 상상해 보라. 그런 후에 손가락 주변의 붕대에서 피를 빠는 것을 상상해 보라! 내가 몸에 직접 속한 것으로 지각하는 것은 온전히 받아들인다. 내가 몸과 분리된 것으로 지각하는 것은 눈 깜빡할 사이에, 차가워지고 이질적이게 된다. (Allport, 1955, p. 43)

이후의 발달과정에서 우리는 신체적으로 성장하는 것에 대한 감각을 경험을 할 수 있다. 이런 변화가 갑작스러워지는 때인 청소년기에서 어떤 사람은 왜소함, 추함과 서투름을 느끼고, 다른 사람들은 강함, 아름다움과 우아함을 느낀다. 어떤 소녀들은 여성적 신체 속성을 두드러지게 하여 소년들을 유혹하는 능력을 시험할지도 모른다. 어떤 소년들은 신체적인 게임에서 능력을 검증하고, 성적 행위를 과장할 수 있다. 올포트는 이 신체감각이 자기의 핵심을 구성하고, 일생 동안 자기의 중요한 측면으로 남는다고 강하게 믿었다.

자기정체성

고유자아의 두 번째 측면인 **자기정체성self-identity** 또한 생후 첫 18개월 동안에 발달한다. 삶에서 일어나는 거대한 변화에도 불구하고 우리가 우리 자신을 지각하는 방식에는 어떤 연속성과 동일성이 있다. "오늘 나는 어제 했던 나의 생각의 일부를 기억한다. 그리고 내일 나는 어제 그리고 오늘에 했던 생각의 일부를 기억할 것이다. 그리고 나는 그것들이 나 자신과 같은 사람의 생각이라는 것을 확신한다"(Allport, 1961, p. 114). 이 자기정체성의 개념이 분명하고 심지어 진부한 것처럼 보이지만, 자기정체성이 혼란되었거나 자기정체성을 의심하는 특히 청소년기의 사람들이 직면하는 위기에 대한 에릭 에릭슨의 설명을 회상해 보라.

자기존중감

두 살에서 세 살 사이에 나타나는 고유자아의 세 번째 측면은 **자기존중감**self-esteem이다. 이 시점에서, 아이들은 그들의 환경에 더 친숙해진다. 예를 들면 아이들은 중요한 과제를 완성했을 때 자부심을 느끼고, 실패했을 때 창피함을 느낀다. 자기 인식이 발달하면서 나타나는 하나의 증상은 부모들이 하는 제안에 반대를 표현하는 것이다. 환경의 한계를 시험하고, 다른 사람의 명령을 따르는 것을 거절하는 시기이다. 이 단계의 아이들은 일반적으로 매우 부정적이다. 이러한 반항 경향성은 종종 청소년기에 보통 부모님과 다른 권위적인 인물들을 적으로 지각할 때 다시 나타난다.

자기확장

대략 4세에서 6세 사이의 아이들은 주로 소유물에 관심을 갖는다. 이 연령의 아이들은 일반적으로 매우 자기중심적이다. 올포트는 5세의 자기중심적인 재미있고 유익한 예를 제공하였다.

> 타미는 엄마와 교회 안으로 들어갔고, 제단 위에 있는 십자가를 보았다. "저게 뭐예요?" 그가 물었다. "십자가야." 엄마가 속삭였다. "적십자?" 그는 물었다. "아니, 그냥 십자가야." "알겠어요." 소년은 말했다. "타미의 T." 타미가 "I에 줄(—)을 그은 즉 +"를 나타내는 상징의 다른 해석을 이해하는 데 몇 년이 걸릴 것이다. (Allport, 1950, p. 33)

사람들이 성숙함에 따라, 가족, 교회, 국가 및 직업으로 그들의 충성심을 확장한다. 그들은 더 이상 자기중심적인 관점에서 ("사람들이 나를 위해 무엇을 할 수 있을까?") 보는 것이 아닌 도덕적 원칙과 이상을 기초로 하여 다른 사람들의 이익에 더 관심을 갖는다(Allport, 1955, p. 45). 이와 같이, 발달의 가장 초기 단계에서 **자기확장**self-extension은 자기중심적이지만, 그 후의 단계에서, 자기확장은 자기중심적이지 않다.

자기상

자기확장과 함께, 아이들은 **자기상**self-image을 발달시키기 시작한다. 올포트에 의하면, 자기상은 두 가지 구성요소인 (1) 우리가 확립하기 원하는 학습된 역할 기대, (2) 성취하고자 하는 미래에 대한 열망(Allport, 1955, p. 47)으로 구성되어 있다. 자기상은 양심과 함께 천천히 발달한다. 아이들은 다른 사람들이 기대하는 것을 행하고, 인정하지 않는 행동들을 피하는 것을 배우게 된다. 그들은 미래에 대한 계획을 세우고, 직업과 그들이 받아들일 가치에 대한 잠정적인 결정을 한다.

합리적 대처자로서의 자기

6세에서 12세 사이에, 아이들은 반성적 사고를 하기 시작한다. 그들은 문제에 대처하는 전략을 만들고, 그들의 기술 특히 지적인 것을 검증하는 데 즐거움을 느낀다. 하지만 동시에, 그들은 왜곡과 방어를 할 수 있다. 그럼에도 불구하고, 올포트는 이 단계의 아이들은 그들의 합리적인 힘을 알고, 훈련하기 시작한다고 주장했고, 이런 주장은 신뢰롭다(Allport, 1955, p. 46). 올포트는 고유자아의 이런 측면을 **합리적 대처자로서의 자기** self-as-rational-coper 혹은 때때로 간단히 합리적 행위자라고 하였다.

고유자아 추구

13세에 청년기의 시작과 함께 사람들은 올포트가 **고유자아 추구**propriate striving라고 부른 자기의 측면이 발달하기 시작한다. 올포트는 두 가지 종류의 동기(말초적인 동기와 고유자아의 동기)를 구별했다. 말초적인 동기는 즉각적인 욕구 충족과 긴장감소를 추구한다. 우리는 배가 고프면 먹는다. 목이 마르면 물을 마신다. 추우면 옷을 입는다. 피곤하면 잔다. 이러한 것은 긴장을 감소시키는 데 목적을 둔 단순하고, 자동적인 행동이다. 대조적으로 고유자아 동기는 중요한 목표를 위해 신중하게 긴장을 증가하거나 유지시키는 것을 포함한다. 사춘기 동안, 우리는 엄청난 개인 비용으로 대학 학위를 취득하기 위해 노력한다. 때로는 특정 스포츠 분야에서 최고의 운동선수가 되기 위해 노력할 수도 있고, 위대한 예술가 또는 소설가가 되고자 열망할 수도 있다. 고유자아 추구는 주요한 삶의 목표를 추구할 때 통합된 성격을 사용한다는 특징을 가진 자아와 관련된 행동이다. "장기적인 목표를 갖는 것은 인간의 존재에게 중요하며, 이것은 인간과 동물, 성인과 아동 및 많은 경우 건강과 질병을 구분해 준다"(Allport, 1955, p. 51).

고유자아 추구의 출현은 양심발달과 밀접한 관련이 있다. 아동기 때 양심은 "해야 한다(must)"는 양심이며, 이것은 프로이트의 양심개념과 유사하다. 이것은 처벌에 대한 두려움에서 나오는 양심이다. 아동은 부모의 가치와 기준을 내면화하고, 규칙을 어겼을 때 죄책감을 느낀다. 하지만 성장함에 따라 세상과 타인에 대한 지각에 현저한 변화가 있다. 따라서 "도덕적(ought) 양심"이 발달하기 시작한다. 이 단계에서 권위자의 외적 기준에 대해 복종하던 것이 내적인 혹은 자생적 규칙으로 바뀐다. 자신의 가치와 자기상에 따라 행동하게 된다.

"해야 한다"는 양심에서 "도덕적" 양심으로의 변화는 자동적으로 이루어지지 않는다. 여러 연령대의 성인들이 여전히 어린아이같이 행동한다. 그들은 지속적으로 부모의 금지명령에 반응한다. 그들은 미해결된 죄의식과 권위자와의 오래된 갈등의 재현으로 인해 고통받는다(Allport, 1955, p. 74). 이들은 자신의 판단에 의지하는 법과 도전적인 목표를 달성하는 것을 배우지 못하였다.

인식하는 자기

성인기에 **인식하는 자기self-as-knower**가 발달하기 시작한다. 우리는 이제 고유자아(proprium)의 모든 측면들을 전체로 통합할 수 있게 된다. 올포트가 말하길:

> 우리(현재)는 어떤 것을 아는 것뿐만 아니라, 우리 자신의 고유자아에 대한 경험적인 특징을 알고 있다. 그것은 신체적 감각을 지닌 나와, 나의 자기 정체성을 매일매일 인식하는 나, 자기 주장, 자기확장 및 자신의 합리성뿐만 아니라 흥미와 추구하는 것을 주목하고 반성하는 나이다. 따라서 내가 나의 고유한 기능에 대해 생각할 때, 그들의 기본적인 통일성을 지각하고, 인식기능 자체에 대한 방식에 친숙하게 느낀다. (Allport, 1955, p. 53)

결과적으로, 올포트의 관점에서는 비록 고유자아의 다양한 측면이 상이한 발달 단계에서 먼저 나타날 수 있지만 이러한 측면들 모두는 계속해서 발달하고, 각기 독립적으로 기능하지 않는다. 특정 상황에서 여러 개 혹은 모든 측면들이 동시에 작용할 수 있다.

> 당신이 어렵고 중요한 시험에 앞두고 있다고 가정해 보아라. 의심할 바 없이 당신은 마음이 두근거리는(신체 모습) 것을 인식하고, 또한 그들의 과거와 미래에서 시험의 중요성을 인식하고(자기 정체성), 시험의 성패가 가족에게 어떤 것을 의미하는지(자기확장), 자신의 희망과 열망(자기상), 시험에서 문제를 해결하는 사람으로서 자기역할(합리적 행위자) 그리고 장기 목적(고유자아 추구: propriate striving)과 관련성을 인식한다. 따라서 실제 삶에서는 일반적으로 고유자아 상태들의 결합이 되어 있다. (Allport, 1961, p. 137)

성숙한 성격의 발달

올포트는 발달과정을 하나의 성숙(becoming)으로 묘사했고, 성숙한 성격의 발달은 시간이 걸리며, 성인들만이 자아실현에 가까워질 수 있다고 믿었다. 발달에서 이러한 변화는 항상 순탄하지만은 않다. 대신에 그 과정은 종종 불연속적이고, 갑자기 일어난다. 정상적인 혹은 성숙한 사람은 비정상이거나 혹은 미숙한 사람과는 질적으로 구별된다.

> 처음에, 유아는 사회화되지 않은 존재이다. 두 살 때도 아이는 성인에게 적용하는 기준으로 측정했을 때 사회화되지 않은 공포가 있다. 극단적으로 파괴적이고, 집요하며, 모든 것에 대해 즉각적인 만족을 요구하고, 무력하고, 다른 사람에게 의존적이며, 자신의 소유물을 나누려 하지 않고, 폭력적이고, 자신의 감정을 보여 주는데 억제적인 성인을 상상해 보라. 만일 성인이 두 살짜리 아동에게는 정상적인 이와 같은 행동을 한다면 소름끼칠 것이다. 이와 같은 특성들이 성숙과정에서 현저히 변화되지 않는다면, 우리는 유아적이고, 어쩌면 좋지 않은 성격을 갖게 될 것이다. (Allport, 1955, pp. 28-29)

이런 초기 발달 단계에 아동은 다른 사람에게 의존할 뿐만 아니라, 그들의 행동 대부분은 생존을 위한 것이다. 예를 들면 그들은 배고픔과 갈증을 없애 주는 행동을 한다. 이들은 또한 올포트가 "집단순응(tribal conformities)"이라고 불렀던 것들을 배우는데, 예를 들어 옷을 입거나 이를 닦는 행동을 배운다(Allport, 1955, p. 63).

이처럼 고유자아가 발달함에 따라 아동은 또한 다양한 방어 전략을 사용함으로써 위협으로부터 보호한다. 이러한 점에서 올포트는 프로이트의 자아 방어기제의 타당성을 받아들였으나, 이러한 전략을 지나치게 그리고 무분별하게 사용하는 것은 비정상적이거나 미숙한 성격의 지표라고 생각했다. 그의 관점에서 성숙한 성격은 이러한 심약한 전략들로부터 비교적 자유롭다. 성인의 행동은 때로 성적 욕구와 공격적 욕구에 의해 동기화된다는 것을 당연하게 여긴 올포트는 이러한 동기들이 성숙한 사람이 기능하는데 비교적 적은 역할을 한다고 주장하였고, 성숙한 사람은 현재의 동기와 사건들에 의해 영향을 받는다고 주장하였다. 따라서 예를 들어 음식을 적게 먹는 한 학생은 구강기에 고착된 것이 아닐 수 있으며, 그보다는 음식이 비교적 맛이 없는 대학식당에서 식사 모임을 가져서일 수 있다.

기능적 자율성

인간의 초기 발달은 말초적인 동기들이 나타나는 것이 특징이다. 그 이후에 고유자아가 발달함에 따라 완전히 성숙해지기 위해 창조적이고 자발적인 에너지를 사용하는 고유자아를 추구하는 동기와 학습이 나타난다. 여기에서 중요한 문제는 우리가 성숙한 성인으로 기능하기 위해 어떻게 유아적인 동기에서 벗어날 수 있는가이다. 올포트에 의하면, 그 해답은 **기능적 자율성**functional autonomy이라고 부르는 일반적인 동기에서 찾을 수 있다고 하였다.

"기능적 자율성은 성인의 다양한 동기이며, 현재 시스템은 이전 시스템에서 발전하였지만, 기능적으로는 이전 시스템과는 독립적인 자립적 동기이다"(Allport, 1961. p. 227). 사람이 성숙함에 따라 과거와의 유대는 끊어진다. 성숙한 개인은 더 이상 부모에게 의존하지 않는다. 그들의 행동은 부모의 소망과 독립적이다. 다른 사람들의 공격으로부터 자존감을 지키기 위해 방어 전략을 사용할 필요가 없다. 또한 그들은 자생적인 규칙에 의해 자신의 행위를 판단한다. 몇 가지 예를 통해 그 개념을 명료화할 수 있다.

> 한 전직 선원은 바다를 갈망하고, 한 음악가는 강제 퇴직 후 악기를 다시 연주하기를 열망하고 있으며, 한 구두쇠는 계속해서 쓸모없는 것들을 모은다. 그 선원은 처음에는 생계를 위해 힘들게 돈을 버는 일로써 바다를 사랑하게 되었을 수 있다. 그에게 바다는 배고픈 욕구를 해결해 주는 "이차적인 강화물"이었다. 그러나 이제 그 전직 선원은 부유한 은행가이다. 원래 동기가 사라졌지만, 바다에 대한 갈망이 지속되고 심지어는 강해지기까지 한다. 음악가는 악기를 다루는데 부족한 수행을 말하지 못하여 괴로웠을 수 있다. 그러나 이제 자신이 안전하고, 세상 무엇보다 악기를 사랑하고 있음을 알고 있다. 그 구두쇠는 절대적인 필요에 의해 절약하는 습관을 배웠을지 모르나, 그 인색함은 지속되고 심지어 필요성이 없어진 후에도 해마다 더 강해지게 될 것이다. (Allport, 1961. p. 227)

따라서 올포트의 기능적 자율성의 개념은 미숙한 추구에 의해 통제를 받는 발달 단계와 성숙을 특징으로 하는 발달 단계 간의 다리역할을 한다. 올포트의 개념은 왜 변화가 발생하였는지를 설명한 것이 아니라 발달과정에서의 변화를 기술한다는 점에서 주목해야 한다. 올포트는 이 현상에 대한 적절한 설명을 제공하기 위해 굉장히 노력했다. 그는 이러한 현상의 기본적 기원을 생물학인 것으로 보았지만, 연관된 구체적인 신경학적 기제에 대한 인식이 부족하다고 결론지었다(Allport, 1961, pp. 244-245). 더 나아가서 그는 사람들이 만족되어져야 하는 창조적인 에너지 수준을 가지고 있다고 하였다. 그렇지 않다면 새로운 흥미와 동기를 발달시켜야 한다. 이러한 새로운 발달은 배고픔, 갈증과 성적 욕구를 단순히 충족시키기 위한 동기와는 질적으로 다르다. 올포트에 따르면, 사람들은 선천적으로 호기심이 있으며, 자기 자신과 타인, 그리고 환경을 이해하고자 한다. 그들은 독특한 정체성을 확립하기 위한 자리를 발견하려고 계속해서 노력한다. 성장, 의미, 자아에 대한 창조적인 의문은 타고난 것이다(Evans, 1970, p. 32). 이것은 기능적 자율성 현상의 기초가 되며, 사람이 성숙을 향해 움직이는 동기의 급진적인 변화를 설명해 준다. 확실히, 의미에 대한 창조적인 충동은 타인과 환경과의 경험에 의해 영향을 받고 수정될 수 있다. 예를 들어, 사람은 의사가 되고자 하는 완전히 형성된 타고난 욕구는 없지만, 독서, 친구, 그리고 부모나 선생들과의 만남을 통해 의학에 관한 관심이 생길 수 있다. 창조적 충동은 단순히 사람들이 가능성에 도전하도록 하고, 충족할 만한 무언가를 하도록 하는 힘을 제공한다.

성숙의 특징

올포트에 따르면, 성숙한 개인은 초기의 동기들에 지나치게 의존하지 않는 사람이다. 그는 이를 근거로 성숙한 사람을 판단하기 위해 여섯 가지 기준을 개발했다(Allport, 1961, p. 283).

자기감의 확장

올포트에 의하면, 진정으로 성숙한 사람은 열중할 수 있는 활동에 참여할 수 있다. 이들은 자신의 복지뿐만 아니라, 세계 주요지역에서 지지를 받는 견해인 타인의 복지에 관심을 갖는다.

> 진정한 참여는 삶의 방향을 제공해 준다. 삶이 시끄럽게 요구하는 신체의 즉시성과 자기중심성으로부터 벗어나는 정도에 비례해서 성숙이 이루어진다. 자기애는 일상생활에서 두드러지고 피할 수 없는 요인이지만, 일상생활을 지배해서는 안 된다. 우리 모두는 자기애가 있지만, 자기확장만이 성숙의 특징이다. (Allport, 1961, p. 285)

타인과의 우호적 관계

성숙한 개인은 또한 타인과 우호적으로 관계를 맺을 수 있다. 올포트는 이 온화함을 두 가지 종류로 구분했다. 첫 번째는 친밀감으로 가족이나 친구를 사랑하는 능력이다. 두 번째는 연민이다. 올포트는 성숙한 사람은 다른 사람과의 관계에서 분리되어 있어 행동과 생각에서의 개인차를 인식하고, 존중한다고 믿었다. 따라서 그들은 끊임없이 불평하거나 비난하지 않고, 빈정대지 않으며, 소유욕이 많거나 수다스럽지 않으며, 타인의 사생활이나 권리를 침해하는 일들을 잘 하지 않는다. 간단히 말해, 성숙한 사람은 "다른 사람이 숨 쉬는 공기를 오염시키지 마라."라는 규칙을 준수하고, 모든 사람이 똑같이 죽을 운명에 있다는 것을 깨닫는다. 그들은 세상에 태어나게 해달라고 요청하지 않았다. 그들은 생존하고자 하는 충동을 가지고 있으며, 욕구와 열망으로 괴롭고, 실패와 고통을 겪지만, 어떻든 계속 살아간다. 아무도 삶의 진정한 의미를 알지 못한다. 모두가 알 수 없는 목적지로 향해하는 것처럼 늙어가는 것이다(Allport, 1961, p. 285).

자기수용

성숙한 사람은 정서적으로 안정되어 있다. 그들은 통제를 넘어선 문제들에 과잉 반응하는 것을 피한다. 그들은 **자기수용**self-acceptance을 하기 때문에 높은 좌절 인내력을 가진다. 반대로, 미숙한 사람은 충동적으로 행동하고 자신의 실수에 대해 타인을 비난하는 경향이 있다. 성숙한 사람들과는 달리, 미성숙한 사람은 때를 기다리거나 목표를 방해하는 것을 비켜갈 계획을 세우지 않는다. 요약하자면, 미숙한 사람은 성숙한 사람들의 특징이라 할 수 있는 자기통제력이 부족하다.

현실에 대한 현실적 지각

성숙한 사람은 사건을 정확히 지각한다. 그들은 현실을 왜곡하지 않는다. 이들은 효과적인 수행과 생활에 필요한 지식과 기술을 가지고 있으며, 일에 몰두할 수 있는 능력이 있다. 간단히 말해 그들은 자기중심적이지 않고, 문제 중심적이다.

자기 객관화

성숙한 사람은 자기 자신을 안다. 그들은 자신의 능력과 한계에 대한 통찰인 **자기 객관화**self-objectification를 가지고 있다. 이러한 통찰과 상관이 있는 유머감을 가지고 있다. 성숙한 개인은 삶에서 모순을 바라볼 수 있고, 그것에 압도되지 않는다. 그들은 자신의 실수를 즐길 수 있고, 자만심에 의해 쉽게 속지 않는다.

통합된 인생 철학

마지막으로, 성숙한 개인들은 "명확한 이론으로 삶의 목적에 대한 분명한 이해"를 발달시켜 왔다(Allport, 1961, p. 294). 이들은 삶의 목표와 방향감을 가지고 있다. 청소년들은 이상을 가지고 있지만, 일반적으로 모호하다. 젊은이들은 이상을 구현시키려고 노력하지만 이루지 못하고, 실망을 경험한다. 이들은 20대 후반이 되어서야 현실과 타협해야 한다는 점을 배우기 시작한다. 이들은 그들이 기대했던 것처럼 직업이 도전적이거나 보상이 되지 않는다는 것을 발견하고, 결혼이나 주거가 그들의 욕구에 미치지 못하며, 개인적인 한계의 일부는 극복할 수 없음을 안다(Allport, 1961, p. 295). 그들은 목표와 가치가 변화하고, 수정되고, 더 분명한 원칙들이 생기기 시작한다는 점을 발견한다. 성숙한 사람은 매우 분명한 자기상을 가지고 있고, 자신의 행동을 안내하는 일련의 기준들이 발달시킨다. 이런 원칙들은 사실상 종교적일 필요는 없지만 종교적일 수도 있다.

통합된 인생철학으로서 종교의 역할

올포트에 의하면 종교는 사람들이 더욱 성숙하는 데 중요한 역할을 할 수 있다. 그는 종교적인 믿음에 투신하는 것이 건설적인 삶의 의미를 구성하는 데 도움을 줄 수 있다고 믿는다. 또한 그는 많은 사람들이 역사적으로 종교가 인간에게 엄청난 손해를 입혔다고 주장함으로써 그의 제안을 완전히 거부할 것이라고 믿었다. 올포트는 대대로 수백만의 사람들이 종교적인 신념으로 서로를 해치고 죽였으며, 지금까지도 이어지고 있긴 하지만, 한편으로는 전 세계의 많은 사람들이 종교지도자들에게 타인을 동등하게 생각하고, 친절과 동정 및 존엄과 존중으로 대하도록 가르침을 받았다는 점을 기억하라고 우리에게 경고를 했다(Allport & Ross, 1967, p. 433). 따라서 올포트는 미성숙한("나쁜") 종교적 성향과 성숙한("좋은") 종교적 성향을 구별하면서, 사람들의 삶에서 종교의 중요성에 대한 더 차별화된 견해를 받아들였다. 그는 미성숙함을 가진 **외재적 종교 성향** extrinsic religious orientations과 성숙함을 가진 **내재적 종교 성향** intrinsic religious orientations을 연관시켰다. 올포트는 외재적 성향의 사람들은 목적 달성 수단으로 종교를 이용한다고 주장했다. 이런 사람들은 안정감, 편안함, 지위나 사회적 지지 같은 이기적이고, 숨은 동기를 위해 종교를 이용하는 경향이 있다(Allport & Ross, 1967, p. 441). 예를 들어, 그들은 사업상 만남이나 지역사회에서 지위를 얻기 위해 종교적인 모임에 참석한다. 혹은 그들이 큰 질병에 걸리거나, 시험에 실패한 경우와 같이 필요하거나 위기에 처했을 때 신을 찾는 경우가 종종 있다. 또한 그들은 자신들의 교회가 다른 사람들의 교회보다 우월하고, 신이 다른 종교를 가진 사람들보다 자신을 더욱 사랑한다고 믿는 경향이 있다(Allport, 1961, p. 300). 최근의 연구는 올포트의 견해를 경험적으로 지지하는데(Hall, Matz, & Wood, 2010, pp. 126–139), 외재적 성향의 교회 신도들이 그들의 가치를 확증하는 다른 교회 신도들과 함께 있을 때, 비신도들을 이방인으로 여기거나 비하하고, 편견을 갖는다고 하였다.

올포트의 견해에 따르면, 대조적으로, 내재적 성향을 가진 교회 신도들은 자신의 종교적 믿음을 목적으로 생각한다. 사람들은 신을 흥정의 대상으로 여기거나 "아기담요(아이들이 마음의 안정을 얻기 위해 집착하는 담요나 물건: 역자 주)"로 이용하지 않는다. 이들은 잘난 체하지 않고, 다른 사람보다 우월하다고 느끼지 않는다. 사실 이들은 필요할 때 다른 사람들에게 도움을 주는 것에 매우 동기화되어 있다. 그들의 종교적 신념은 성격에 통합되어 있고, 일관된 도덕성을 형성한다. 이러한 깊은 신앙심은 믿음(faith)을 기반으로 하지만, 믿음은 변화와 수정이 가능하다(Ventis, 1995, p. 35). 올포트와 로스(1967, p. 434)는 두 가지의 다른 태도의 차이를 "외재적으로 동기화된 사람은 종교를 이용하지만, 내재적으로 동기화된 사람은 종교를 생활화한다."라고 말하였다.

40년 이상 연구자들은 다양한 성격문제를 연구하기 위해 올포트가 최초로 개념화한 것을 토대로 내재적인 종교성과 외재적인 종교성을 측정하는 종교 성향 측정도구(Religious Orientation Scale; ROS)(Allport & Ross, 1967, pp. 432–443)를 사용해 왔고, 그 결과들이 일반적으로 일관성이 있었다. 이 연구들은 외재적 성향의 사람들보다 내재적 성향의 사람들이 더욱 동정적이고, 더욱 유능하며 정서적으로 안정되어 있고, 위기 상황에서의 반응이 더욱 탄력적이고, 위기를 극복할 수 있는 경향이 높다는 것을 보여 주었다. 내재적 성향의 사람들은 외재적인 성향의 사람들보다 일반적으로 편견이 적고, 걱정을 덜 하며, 두려움을 덜 느끼며, 죽음에 덜 사로잡혀 있는 것으로 나타났다(Blaine & Crocker, 1995, p. 1031; Donahue, 1985, pp. 400–419; Hill & Pargament, 2003, pp. 64–74; Lesniak, Rudman, Rector, & Elkin, 2006, p. 22; Maltby & Day, 2000, p. 122; McFarland, 1989, pp. 324–336; Park, Cohen, & Murch, 1996, pp. 75–95; Ponton & Gorsuch, 1988, pp. 260–271; Steffen & Masters, 2005, pp. 217–224; Ventis, 1995, pp. 39–41). 내적으로 신앙심이 있는 중국 대학생들은 언젠가 맞이할 자신의 죽음뿐 아니라 자신과 가까운 타인의 죽음에 대해서도 덜 두려워하고 덜 불안해 한다(Hui & Fung, 2009, pp. 30–50). 요컨대, 일반적으로 내재적 성향의 사람들은 외재적 성향의 사람들보다 심리적으로 더 건강하다(Dezutter, Soenens, & Hutsebaut, 2006, p. 807).

종교적 차이에 대한 올포트 견해의 한계

마지막으로, 내재적 신앙과 외재적 신앙의 개인차에 대한 올포트의 개념화는 종교와 신에 대해 사회적 성향의 사람들(외재적 성향)보다 종교와 신에 대해 아주 개인적이고 인간적인 성향의 사람들(내재적 성향)이 성격발달과 기능에서 심리적으로 더 건강하다는 것이다. 하지만, 최근에 올포트의 이러한 구별이 너무 단순하다고 비판하는 연구자들이 있다.

먼저, 그들은 내재적 종교를 가진 사람들은 자신의 종교적 견해가 다른 사람보다 더 우월하다고 느낄 수 있고, 이후에 자신보다 열등하다고 생각하는 다른 집단의 사람에 대해 편견을 가질 수 있다는 것을 지적하였다. 이들에게 성격검사를 시행한 결과, 이들이 개방적이고, 다른 집단, 특히 빈민과 같은 사람을 공평하게 대한다고 보고할 수 있지만, 이런 직접적이고, 거짓말하기 쉬운 자기보고식 질문지는 피험자들이 사회적으로 수용되는 것을 말하고자 하는 욕구에 의해 영향을 받을 수 있다. 이러한 결과는 간접적이고, **사회적 바람직성의 편향**social desirability biases에 덜 영향을 받는 검사에서는 잘 나타나지 않는다(Hall et al., 2010, p. 129).

두 번째로, 올포트를 비판하는 비평가들은 교회에서 친구를 만들고, 사업상 만남을 늘리고, 지역사회에서의 지위를 획득하기 위해 교회에 가는 사람들은 신을 찬양하기 위해 교회를 다니는 사람들보다 다른 종교집단의 사람들에게 편견을 갖기가 더 쉬우며, 심리적으로 미성숙할 가능성이 있다는 가정에서 올포트가 옳다고 주장한다. 그럼에도 불구하고, 올포트의 비평가들은 올포트가 사회적인 목적으로 종교 활동에 참여하는 사회적 동기가 모두 나쁘다고 가정함으로써 좋은 점을 보지 못하는 것 같다고 주장했다. 코헨, 홀, 쾨니히, 그리고 미도르(2005, pp. 48–61)는 올포트의 이론은 모든 종교 활동의 사회적 동기를 비판하며, 인간의 성격적 기능에서 종교의 역할을 이해하는 데 많은 도움이 되었지만, 어떤 측면에 있어서는 한계가 있고, 편파적이다고 하였다. 비평가들은 올포트의 이론은 신, 믿음, 구원에 대해 개인적이고 높은 신앙심을 강조하는 삶과 신앙에 대해 극단적인 개인적 성향을 가진 20세기 초기의 미국 개신교와 깊은 관련이 있다고 본다. 이러한 종교적 관점은 인간의 개별성을 매우 중요시 한 올포트의 성격이론과 매우 잘 부합한다. 이러한 학자들은 올포트가 개인적 동기에 지나치게 초점을 둔 결과, 종교 예배에서의 사회적 동기의 역할을 단순하게 격하시켰다고 보았다. 올포트와는 다르게, 연구자들은 우리가 아는 것처럼 기독교의 성전이나, 유대인의 예배당, 무슬림의 회교사원 혹은 지역사회의 가치와 의식의 중심이 되는 다른 종교에서 일어나는 신에 대한 찬양은 큰 가치를 가지고 있으며, 이것이 신을 향해 찬양할 수 있도록 사람들을 연결시켜 주는 역할을 한다고 생각하였다. 예를 들어 신을 찬양하기 위해 함께 노래를 부르는 것은 기독교 내에서 연대감을 증진시킨다. 바르 미츠바(Bar Mitzvah, 소년들에 대한 성인식) 또는 바트 미츠바(Bat Mitzvah, 소녀들에 대한 성인식)를 경험한 유대교 아이들은 이제 유대교 집단에서 도덕적인 책임을 가져야 하는 성인들로 인식된다. 아이들은 이제 종교적인 예배를 이끌 수 있다. 성인식을 통해 성인기에 들어서게 되면 공동체 의식이 증가하고, 그들은 구성원으로서 많은 지지를 받게 된다. 일반적으로 이슬람에서의 사회적인 예의와 협동은 신도들을 다른 교인 및 인류와 묶어 주는 예배관습의 결과이다.

결론적으로, 올포트는 미국의 개인주의가 오늘날에도 강력하고, 도처에 영향을 미친다는 점을 기꺼이 수용하지만, 불행히도 그것이 건강한 사회적인 연대를 만드는 종교의 사회적 동기 또는 집단주의적 동기에 대한 이해를 모호하게 하였다고 주장한다(Cohen

& Hill, 2007, pp. 709-742). 이러한 학자들은 이 분야의 연구자들이 올포트의 최초의 개념과 척도를 제한된 방식에서만 유용한 것으로 여기는 관점을 갖도록 하였다. 우리가 21세기를 지나온 것처럼, 그들은 삶에서 일부 사회적 종교적 동기가 가진 긍정적인 역할에 대한 이해를 증가시키는 연구를 수행하기 위해 이 분야의 이론과 척도를 개발할 필요가 있다고 주장한다.

가치에 대한 연구

종교에 대한 연구에 더하여, 올포트는 사람의 행동을 안내하는 가치에 초점을 맞췄다. 올포트와 그의 동료들은 한 사람이 가진 여섯 가지의 주요한 가치의 정도를 평가할 척도를 만들었다(Allport, Vernon, & Lindzey, 1960).

1. 이론적 가치: 진리 발견과 경험적이고, 비판적이고, 합리적인 관심사에 초점을 맞춘다.
2. 경제적 가치: 유용성과 실용적인 것에 초점을 맞춘다.
3. 미학적 가치: 형태와 조화, 삶에서의 예술적인 측면에 대한 관심사에 초점을 맞춘다.
4. 사회적 가치: 타인에 대한 이타적 사랑과 친절함, 동정심, 사심 없는 성향에 초점을 맞춘다.
5. 정치적 가치: 타인에 대한 힘, 지배력, 영향력, 사회적인 인지에 초점을 맞춘다.
6. 종교적 가치: 통합과 우주를 전체로서 이해하고자 하는 경향에 초점을 맞춘다 (Lubinski, Schmidt, & Benbow, 1996, p. 445).

여러 연구에 따르면, 남자청소년들과 초기 성인들은 여성보다 이론, 경제, 정치적 가치에서 높은 점수가 나온 반면, 여성들은 미학, 사회, 그리고 종교적 가치에서 더욱 높은 점수를 받았다. 직업 홍미에서, 강한 이론적 성향을 가진 청소년들과 성인들은 과학(물리 및 화학)과 수학에 끌렸고, 경제적 가치에 높은 점수를 받은 사람들은 경영에 강한 홍미를 가졌고, 정치적 가치에 높은 점수를 받은 사람은 군대와 법률에 홍미를 가졌고, 예술적 가치에 높은 점수를 받은 사람은 음악, 미술, 글쓰기, 그리고 교육 쪽의 직업에 대해 가장 긍정적이었으며, 사회적인 것에 가장 높은 가치를 둔 사람은 사회사업과 상품판매에 관심이 많았다. 종교적 가치에 높은 점수를 받은 사람은 종교적인 활동과 관련된 직업(목회상담자, 성직자)이 자신들에게 맞는다고 보았다(Lubinski et al., 1996, pp. 444-449; Schmidt, Lubinski, & Benbow, 1998, pp. 436-453).

올포트와 그의 동료들이 척도를 만든 이후 40여 년 동안은 소수의 연구가 이루어졌다. 하지만 마지막 장에서 볼 수 있듯이, 최근 성격심리학자들은 가치에 관한 연구에 더욱 관심을 가지고 있으며, 그로 인해 가치에 대한 올포트의 의견에 대한 관심의 부활을 기대해 볼 수 있다.

평가 기법

개별 사례적 접근 대 법칙발견적 접근

올포트는 성격을 역동적이고 밀접하게 관련된 실체라고 여겼기 때문에, 성격을 한두 개의 측면만으로 설명하기 어렵다고 생각했다. 그는 성격이 복잡하기 때문에 연구자들이 성격을 연구하기 위해는 모든 타당한 방법을 사용해야 한다고 믿었다(Allport, 1961, p. 395). 또한 그는 타당한 방법에 의한 주어진 현상의 객관적이고 체계적인 관찰을 기반으로 한 신뢰성 있고 타당한 평가 절차를 주장하였다. 올포트에 따르면 타당하지 못한 방법은 "소문, 편파된 추론, 과장된 단일 사례, 검증되지 않은 일화" 등을 포함한다(Allport, 1961, pp. 395-396).

성격을 연구하는 데 있어서 이용되고 있는 타당한 방법들은 (1) 체질 및 생리적 진단, (2) 사회문화적 구성원, 지위와 역할에 대한 연구, (3) 개인적인 문서와 사례 연구, (4) 자가 평가와 Q-분류(Q-sorts, 13장 참고)와 같은 자가 평가 기술, (5) 일상생활에서 행동 평가와 같은 행동 표집(conduct samplings), (6) 관찰자 평가, (7) 성격검사 및 척도, (8) 투사 검사, (9) 자유연상 및 꿈 분석과 같은 심도 있는 분석, (10) 표현적 행동 측정, (11) 시냅스 절차(Allport, 1961, p. 458)가 있다. 시냅스 절차는 개인 성격의 일반적인 그림이나 파일을 만들기 위해 다양한 평가 기법의 결과를 통합하는 것을 포함한다(Allport, 1961, p. 445).

이러한 기법들의 일부가 일반적인 사례 또는 평균적인 사람을 정의하도록 시도하지만, 올포트의 초점은 각 개인의 독특성에 있었다. "각 개인은 그 자체로 하나의 표현양식이자, 종의 체계(the syntax of the species)를 명백히 벗어난 것이다"(Allport, 1955, p. 19). 따라서 그는 성격학이 일반적으로 사람의 행동과 경험을 이해하기 위해 인간 기능의 보편적인 법칙을 정립해야 한다는 미국 심리학계의 우세한 견해와 힘든 싸움을 하였다. 이러한 접근법에 대해 올포트는 **법칙발견적**nomothetic 접근이라고 하였다. 또한 올포트 자신의 접근은 일차적 목표가 특정한 개인의 기능을 이해하기 위함이며, 이를 올포트는 **개별 사례적**idiographic 접근이라고 하였다.

이러한 두 가지 접근은 사람들에 관한 상이한 종류의 정보를 만들어 낸다. 법칙 발견적 접근은 인간 행동을 분석하기 위해 통계학을 많이 사용한다. 예를 들어, 빌과 제인 및 존을 비교할 때, 존이 성격을 측정하기 위해 만들어진 지필검사에서 백분위점수 10을 받았고, 반면에 다른 두 사람이 백분위점수 95 이상을 받았기 때문에 존이 더 낮은 성취 욕구를 가지고 있다고 말할 수 있다. 더욱이 검사는 존이 동일한 연령대의 다른 청소년과 비교하여 지능의 수준이 평균이상이라는 것도 알려 줄 수 있다. 올포트는 존에 대한 이런 종류의 정보는 존의 독특성에 대해 우리에게 어떤 것도 말해 주지 않기 때문에 어느 정도 유용하지만 한계가 있다고 주장했다. 이와 대조적으로 개별 사례적인 접근(idiographic approach)은 존의 성격 안에서 이러한 특성과 다른 많은 특성이 상호작용하는 방식에 대한 정보를 제공해 줄 수 있을 것이다. 그것은 존에게 특별한 역동적이고 조직화된 성격의 측면을 보여 줄 것이다. 따라서 올포트는 개인 기록, 표현 행동의 패턴과 필적에 대한 분석 및 사례 연구와 같은 기법을 사용하여 존의 행동과 경험을 통해 법칙을 정립하려고 할 것이다.

개별 사례의 분석

개인의 성격과 삶에 대한 이해를 용이하게 하기 위하여 개인 기록을 사용한 최초의 예로 제니 고브 마스터슨의 편지에 대한 올포트의 선구자적인 분석이 있다. 58세에서 70세 사이에 제니는 자신의 아들인 로스의 두 친구에게 301통의 편지를 썼는데, 이것은 그녀의 성격과 로스와의 이상하고, 강렬한 관계에 대한 통찰을 제공한다.

제니 고브 마스터슨 사례

젊은 여성일 때, 제니는 철도 선로 관리자인 헨리 마스터슨과 결혼했다. 결혼 전에는 일을 했었는데, 결혼 후 하루 종일 일을 하지 않고 집에만 있다는 사실에 매우 답답하고 화가 나 있다는 것을 알게 되었다. 그녀는 종종 자신의 상황에 대해 남편에게 불평을 하곤 했지만, 소용이 없었다. 그녀의 남편은 1900년대 초반의 대부분의 남자들과 마찬가지로 자신의 아내가 일을 하는 것에 대해 반대했다. 그리고 이 문제가 채 해결되기도 전에 그녀의 남편이 죽었다. 그리고 한 달 후, 아들이 태어났다.

곧, 제니는 갓 태어난 아들을 키우기 위해 통신사 일을 시작했다. 그녀는 자신이 과부가 된 것에 대해 하소연하지 않았으며, 자신이 전념할 수 있는 아이가 있다는 것에 매우 행복해 했다. 제니는 괜찮은 결혼자리를 번번이 거절하는 것에 대해 만족하였다. 그녀는 로스에게 충분히 관심을 주었고, 그의 영원한 동반자였다. 그녀의 일부 친척들은 그녀가 그를 버릇없게 만들었다고 했지만, 그녀는 그에게 원하는 것들을 사주기 위해 무척 노력했다고 항변했다. 로스에 대한 그녀의 과잉보호에 대하여 친척들과의 수차례 다툼 이후, 그녀는 친척들과의 관계를 단절하였다.

로스가 사춘기가 되었을 때, 제니는 그를 비싼 기숙학교로 진학을 시켰다. 로스의 교육비를 감당하기 위하여 그녀는 사서로 취직했고, 작은 지하방에서 값싼 시리얼과 우유로 끼니를 때우며 살았다. 수년 후에도 그녀는 여전히 로스의 가장 친밀한 동반자로 남아 있었다. 이렇게 몇년간 지속되던 과보호가 마침내 흔들리기 시작했다. 로스는 다른 여자들을 만나기 시작했고, 여자들로 인해 제니와 자주 심하게 싸웠다. 결국 로스는 결혼했으나, 어머니에게는 비밀로 하였다. 하지만 그녀는 곧 그 사실을 알게 되었고 매우 분노했다. 그녀는 격렬한 비난을 하면서 아들을 그녀의 집 밖으로 奚아냈고, 만일 그녀를 다시 만난다면 경찰에 신고할 것이라고 위협하였다. 몇 년이 흐른 후, 그녀의 분노는 누그러졌고, 아들이 일찍 죽기 전까지 만나고, 편지를 주고받았다.

여기서 제니가 힘든 10년 이상의 기간 동안 로스의 두 친구인 글렌과 이사벨에게 보낸 네 통의 편지를 살펴보자.

첫 번째 편지가 쓰여진 1928년에, 로스는 자신의 아내를 버렸고, 다른 여자와 관계를 시작하고 있었다. 제니는 낙심했고, 지지받기 위해 로스의 친구인 글렌과 이사벨에게로 마음을 돌렸다. 편지에서 그녀는 아들과의 갈등과 아들과 행복하지 않은 이유에 대해 설명하였다.

> 나와 로스 사이에 돈이 아니라, 다른 어떤 것도 아니라 여자, 많은 여자들 때문이에요. (내 글이 형편없을 거예요, 무척 신경이 예민하거든요). 때때로 저는 로스가 성적으로 타락할까봐 무척 걱정하고 있어요. 처음에 아들과 돈을 저축하고, 사업특성을 구상하는 일을 이야기할 때 저는 세상에서 가장 행복했어요. 아들은 저와 공동명의로 된 통장으로 수백 달러 저축을 했어요. 그러한 이유로 저는 무척 인색했죠. 하지만 그는 언제나 여자와 관련된 일을 만들고 다녔는데, … 아주 안 좋은 일이죠. 아들이 거기에 빠지기 전에 그러지 않았어요. 나는 그가 빠져나오기를 도왔죠. 현재 마리라는 사람은 톨레도의 정육점집 딸이에요. 로스가 아내와의 관계가 소원해졌을 때, 마리를 만나게 되었어요. 현재 마리는 뉴욕으로 왔고, 올 겨울에 방을 얻어서 생활하고 있어요. 제가 그것

을 반대해서 로스와 저는 다투었죠. 마리는 제가 있는 집이면 어디든 오지 않을 거예요. 그렇게 말할 의도는 아니었는데, 저는 매우 마음이 상했고, 아팠어요. 정말 낙담했어요. 로스는 절대 나를 걱정해 주지 않아요. 저는 그것이 그의 가장 큰 단점이라고 생각해요. (Allport, 1965, pp. 51–53)

1929년에 작성된 두 번째 편지에서 제니는 로스의 악화된 건강에 대해 언급하고 있다. 그는 다친 귀로 인한 2차 감염으로 괴로워했고, 수술을 했을 때 의사는 귀 안쪽의 커다란 돌기와 뇌의 바깥쪽에 생긴 종양을 찾아냈다고 한다. 그녀는 또한 매춘부라 불리는 로스의 여자 친구에 대한 분노를 언급하였다.

로스는 지난주에 나를 만나자고 전화를 했고, 여전히 병원에 있었죠. 몸이 좋지 않아 보였어요. 저는 그에게 함께 점심을 먹자고 했고, 우리는 함께 점심을 먹었죠. 그는 즐거워하는 것처럼 보였어요. 당신도 알다시피 로스가 제정신을 들게 하는 방법은 그가 원하는 것을 주고 그를 내버려 두는 거예요. 나는 그가 브롱크스에서 집으로 간 지난 5월에 그를 떠나 보내고자 했어요. 하지만 그가 그녀와 당장 결혼할지라도(그녀가 강제로 그렇게 할지도 몰라요) 그는 그녀와 오래도록 함께 하지는 못할 것 같았어요. 이후에 그의 곁에 내가 간다 할지라도, 그는 새로운 여자를 찾을 때까지 상당히 오래 혼자로 남아 있을지도 모를 거예요. 그가 나를 필요로 하지 않는다는 것을 알아요. 그는 나를 부끄러워하고 혐오하겠지만, 그는 여전히 나의 하나뿐인 핏줄이고, 그가 그것을 전적으로 외면하지 않을 거라고 확신해요. (Allport, 1965, p. 70)

불행하게도, 로스는 병에서 회복하지 못하고 곧 죽게 되었다. 세 번째 편지는 1929년에 작성되었는데, 그 편지에서 제니는 로스의 여자 친구를 향한 적개심을 표출했고, 또한 그녀에게 로스의 죽음에 대해 비난을 퍼붓는다.

오 … 모두가 엄청난 혼란 속에 있어요. 그 매춘부 같은 그녀의 눈에는 눈물도 없었고, 애통하는 모습도 보이지 않았어요. 그녀는 돈에 대해 세속적이었고, 눈물 같은 것은 안중에도 없는 것처럼 보였어요! 그녀는 곧 로스의 옷가지와 자동차를 달라고 했어요. (그녀는 자기가 로스와 가장 가까운 관계라고 우겼지요) 그녀는 자신이 로스에게 있어서 노련한 관리자로서 그와 가까운 관계였고, 그래서 보상을 요구했지요. 그가 죽은 후 그녀의 웃음은 마치 비극 같았지요. 그녀는 단지 그를 반 년 알았을 뿐이에요. 2월 즈음에 거리에 떠도는 경멸스러운 개처럼 더럽고 한심한 "대단한 로맨스"를 시작하고 있었어요. 그녀가 도덕적으로, 물리적으로 그를 죽인 거예요! (Allport, 1965, pp. 73–74)

로스의 죽음 뒤에 제니는 로스의 유산문제로 그의 여자 친구와 법적인 소송에 들어갔으며, 결국 제니가 승소했다. 1930년에 쓰인 네 번째 편지에서, 제니는 그녀와 로스가 그의 마지막 생일에 함께했던 행복한 시간들을 회상한다.

> 이번 달에는 제 자신이 꽤 담담해진 것 같아요. 이 자리까지 오기까지 전 큰 대가를 치렀고, 그 후 10월 16일, 로스의 생일이 되었어요. 지난 10월 16일에는 저와 로스가 시간을 함께 보냈어요. 매일 아침 그를 보는데 나의 입에서 심장이 느껴질 정도로 심장이 크게 뛰었어요. 그러고 나서 오후 일찍 그가 왔을 때 내가 좋아하는 빨간 장미 한 다발을 줬어요. 그는 항상 저를 위해 빨간 장미를 건네줬어요. 하늘을 나는 것처럼 기뻤어요. 그 여자랑 있을 때에도, 저를 잊지 않고, 저와 함께 저녁을 먹기로 했어요. 그는 나를 브로드웨이의 고급식당에 데려가서 화려한 이벤트를 보여 주었고, 지붕 위의 나의 방으로 와서 별 아래에서 굿나잇 키스를 해주었어요. 내년에 올 거라고 꿈꿨던 것들이 얼마나 사소한 것들이었는지! 나는 항상 그를 생각해요. 그리고 내가 하지 않았던 것은 한 것으로, 내가 했던 것은 하지 않았던 것으로, 내가 말했던 것은 말하지 않은 것으로 되길 바라요. (Allport, 1965, p. 88)

1931년에 제니는 여성들을 위한 쉼터에 입소했고, 그녀는 1937년에 그곳에서 죽음을 맞이했다. 쉼터 관리인의 말에 따르면 그녀는 자신의 죽음을 맞이하는 그 해 동안 견딜 수 없을 만큼 심한 외로움을 경험했다고 이야기했다. 그녀는 바닥에서 저녁을 해치우곤 했으며 그녀가 때로 심하게 불쾌해질 때면 심지어 입소자들 중 한 명을 공격하기도 했다. 또한 제니는 양동이로 자신의 머리를 치기도 했다. 입소자들은 그녀를 두려워했고, 관리인은 그녀가 죽음을 맞이하기 직전에 정신보건기관에 보내는 것을 심각하게 고려해 왔었다.

편지의 분석

올포트는 36명의 평가자들에게 제니의 편지를 읽어 보고, 그녀를 특성 용어로 특징지어 달라고 요구하였다. 평가자들은 총 198개의 특성 용어를 부여하였는데, 이는 이후에 8개의 주요 중심 특성으로 축소시켰다. 그녀의 성격을 이해하기 위한 중요한 특성들은 다투기 좋아하는/의심하는, 자기중심적인, 독립적인, 극적인, 예술적인/미적인, 공격적인, 냉소적인/병적인, 감정적인 특성이었다. 올포트는 이러한 결론이 편지의 상식적인 해석을 넘어서서 제니의 성격에 대한 몇 가지 통찰을 제공한다고 주장하지만, 평가자들은 여전히 주로 직관적이라고 평가하였다.

올포트는 제니의 성격 구조를 측정하기 위해 내용분석을 사용한 후속 연구를 보고하였다. 내용분석은 커뮤니케이션에 관해 객관적이고 체계적이며 계량적 기술을 할 수 있는 연구방법이다(Allport, 1965, p. 197). 먼저, 그녀의 편지 내용을 부호화하였다. 즉, 그녀가 말했던 것들을 수많은 뚜렷한 범주, 예를 들면 적대감, 미적 이해, 애정 등으로 분류하였다. 그리곤 각 범주들의 빈도수를 다시 부호화하였다. 예를 들어, 그녀가 적대적인 발언을 한 횟수, 예술에 대한 사랑을 언급한 횟수 혹은 타인에 대한 그녀의 애정을 언급한 횟수들을 의미한다. 이러한 자료를 가지고 제니 성격의 주요 특성을 알아보기 위해 복잡한 통계인 요인 분석(9장 참조)을 하였다. 상대적으로 객관적인 분석 방법을 사용하여 얻어진 결과는 더 직관적인 평가자들의 평가 결과와도 상당히 유사했다.

올포트는 이와 같은 주요한 두 가지의 접근법이 제니 성격의 독특성에 대한 타당한 통찰력을 제공해 준다고 주장하였다. 그것은 결코 그녀에 대한 모든 정답을 제공해 주는 것은 아니라는 것을 조심스럽게 지적하였다.

치료에 관한 이론적 함의

올포트에 의하면 건강하고 성숙한 사람은 계속해서 성숙해 가고 있는 상태에 있으며, 건강하지 못하고 미성숙한 사람은 성장이 억제된 사람이다. 그는 프로이트와 마찬가지로 초기 어린 시절에 부모, 특히 어머니와의 좋지 않은 관계로 인해 발달이 억제될 수 있다고 주장하였다. 올포트는 사람들은 안전감을 느끼고 보호받을 필요가 있으며, 사랑과 애착의 박탈은 성장에 지속적이고 해로운 영향을 미칠 수 있다고 생각했다.

> 대체로 최소한의 안전감은 생산적인 생활양식을 시작하는 생후 초기에 요구된다. 안전감이 없었던 사람들은 안전감에 대한 병적인 갈망을 발달시키고, 다른 사람보다 성숙해지는 과정에서의 좌절을 잘 견디지 못한다. 그는 끊임없는 요구, 질투, 파괴심, 이기심을 통하여 여전히 그를 괴롭히는 갈망들을 드러낸다. 이와 대조적으로 유아기 욕구를 적절하게 만족시킨 아동은 요구적인 습관을 포기할 준비가 되어 있으며, 이후에 겪을 좌절을 인내하는 것을 배우는 경향성이 더 높다. 성공적으로 발달의 한 단계를 마친 그는 그 단계에 적절한 습관을 버리고, 성숙한 변화 영역에 들어간다. (Allport, 1955, p. 32)

이러한 박탈을 극복하기 위해서, 올포트는 사람들이 "치료자, 가족 그리고 동료들이 자신을 원하고 수용한다."고 느껴야 한다고 주장한다. 사람들은 사랑받는다고 느끼고, 사랑하는 방법을 배워야 한다. "사랑을 주고, 사랑을 받는 것은 가장 좋은 치료의 방식이다." (Allport, 1955, p. 33).

그러나 이것은 단지 일부일 뿐이다. 안정감과 사랑받은 성장배경을 가진 많은 사람들이 이후에 신경증 환자가 된다. 비록 안정감 있는 성장 배경으로 자유롭게 성장하였지만, 다른 문제들이 발생한다. 사회는 사람들에게 사회적 규범에 순응하기를 강요하고, 종종 이러한 순응이 긍정적 성장을 방해한다.

> 사회 자체가 병들었다. 왜 … 환자가 사회의 부당함, 위선 그리고 전쟁에 만족하게 만드는가? 어떤 사회에 환자가 순응하게 만드는가? 왜 그의 사회적 계층은 이렇게 편협하게 만들고 열망을 빼앗아 버리는가? 왜 그들의 국가에서는 전 인류의 비전을 주지 않는 것인가? 우리가 사회를(어떤 사회든) 건강한 성격의 기준으로써 받아들일 수 있다는 점이 의심스럽다. 헤드 헌터(인재를 스카우트하는) 사회는 시민으로서 잘 적응한 헤드 헌터를 원하지만, 해고의 가치를 의문시하는 이러한 집단에서 벗어난 사람이 반드시 미성숙한 사람인가? (Allport, 1961, p. 305)

사회 요구의 무분별한 수용은 자기확장을 제한하고, 자기상을 왜곡시키며, 방어적인 자기를 만들고, 고유자아 추구를 방해한다. 충성심은 점점 제한된다. 이에 부응하여 타인과 집단의 참을성 없음이 증가한다. 사람들은 타인으로부터 형성된 가치로 자신들의 목표와 자신들을 보기 시작한다. 예를 들어, 사람들은 부모님이 그렇게 하기를 원하기 때문에 자기 자신을 변호사로 보고, 그 목표를 추구할 것이다. 이 과정에서, 자신이 실제로 추구하고자 하는 중요한 목표는 한쪽으로 물러난다. 결과적으로 사람들은 상당한 갈등을 경험하고 고통을 완화하기 위해 방어기제를 사용한다. 자아실현을 향한 움직임은 방해받게 된다. 올포트 관점에서 치료자의 임무는 이러한 사람들이 자신의 왜곡된 목표의 근원을 파악하고, 성숙과 행복을 얻도록 조력하는 것이다.

평가

우리는 이제 올포트의 이론의 과학적인 가치에 대해 숙고할 것이다.

포괄성

올포트의 이론은 상당히 절충적이다는 점에서 포괄적이다. 이 이론은 학습이론, 정신분석, 실존주의의 개념들을 빌려 왔다. 하지만 이 이론의 초점은 건강한 발달에 주로 한정되었다. 더구나 이 이론은 고유자아의 발달 단계를 일반적인 용어로 기술하고 있으며, 자기-현상의 발생, 유지 혹은 수정을 통제하는 변인들을 정확히 명시하고자 하는 시도는 부족하다. 마지막으로, 이 이론은 상황의 영향을 인정하면서도 사회적 환경이 성격 발달에 어떻게 영향을 미치는지에 대하여 자세히 명시하지 않았다는 제한점을 가진다.

정밀성과 검증 가능성

올포트의 이론은 모호하고 애매한 개념과 명제들로 이루어졌다. 고유자아 추구나 합리적 적응체로서의 자아와 같은 용어는 조작적 정의를 하기 어렵다. 올포트는 특성 개념과 고유자아의 발달 이론 사이의 관계를 진술하는 데도 명확하지 않다. 이러한 문제들 때문에 적합한 이론 검증을 하기가 어려울 것이다.

간명성

올포트의 이론은 간명성의 기준을 만족시키지 못했는데, 이는 너무 많은 개념을 사용했기 때문이 아니라, 현상들을 설명하는 데 너무 적은 개념을 사용했기 때문이다. 발달과정의 복잡성이 자기의 주요한 일곱 가지 측면으로 충분히 설명이 될 수 있다는 점이 의문스럽다.

경험적 타당성

특성과 자기 발달에 대한 올포트 이론의 타당성을 결정하기 위한 시도는 거의 없다. 그 이유는 아마도 이론이 주로 기술적이고 또한 검증 가능한 가설을 끌어낼 수 있는 구체적인 명제가 부족하기 때문일 것이다. 그 결과, 그의 이론의 이러한 측면을 경험적으로 지지하기가 어렵다. 하지만 내재적 종교성와 외재적 종교성의 구별은 지난 60년 동안 많은 연구가 이루어졌고, 연구 결과들은 일반적으로 올포트 이론과 일치한다.

발견적 가치

일반적으로, 올포트의 이론은 많은 연구로 이어지지는 않았으나, 적합한 성격이론에서 개인적인 특성(개인적 소인)의 역할에 대한 그의 주장은 현대의 성격심리학자들에게 매우 의의가 있으며, 자극을 준다(Funder, 1991).

> 심리학은 각 개인의 개별성을 다룰 수 있을 때에야 진정한 심리학이라고 할 수 있다. 여타의 과학이 그렇게 하지 않는다고 해서, 성격의 독특성을 성가신 문제로 남겨버린다는

> 것은 무척 위험하다. 사실 심리학은 인간에 대해 궁금해 하는 과제를 부여 받았고, 인간은 구체적이고, 독특한 패턴 내에서 존재한다. 우리는 인간을 개별적으로 대할 때, 인간에 대해 가장 잘 연구할 수 있다. 사람들은 습관의 집합체 이상이고, 추상적인 차원이 교차하는 것 이상의 존재이다. 사람은 인류를 대표하는 것 이상이고, 지역시민 이상이고, 인류의 변화과정 이상의 존재이다. 한 개인은 그 모든 것들을 초월한다. 통합과 만족을 추구하는 개인은 유목주의, 봉건주의, 자본주의, 공산주의와 같은 다양한 사회적 생활양식의 형태에서 존재해 왔다. 어떤 사회든지, 인간이 인간에게 보이는 존중 없이는 오랫동안 함께 유지하지 못한다. 오늘날 각 개인은 사회적 압박하에서조차 각 개인의 존엄성과 성장을 무엇보다 소중하게 여길 보다 완전한 민주주의를 희망하고 계획하며 투쟁하고 있다. (Allport, 1961, p. 573)

따라서 올포트는 개별적 접근으로 성격을 연구한 일인자이다. 많은 연구자들은 법칙정립학에 대한 생각을 재고해야 한다는 올포트의 강한 주장에 영향을 받고 있으며, 성격에 대한 모든 가치 있는 이론은 개인의 독특성을 반드시 설명할 수 있는 이론이어야 한다는 올포트의 주장에 동의한다.

적용 가치

올포트의 이론은 목회 심리학 분야의 사람들에게 영향을 준 종교에 대한 생각 외에는 심리학 이외의 다른 분야에 큰 영향을 미치지는 못했다. 심리학 내에서 자기 발달이론은 임상심리학자들이 환자를 치료할 때 매우 유용한 것으로 인정을 받아 왔다.

비판적 사고를 위한 질문

1. 특성이란 무엇인가? 올포트에 따르면 어떤 종류의 특성이 있는가? 자기 자신이나, 자신이 알고 있는 다른 두 사람의 예시를 제시하시오.
2. "아동들은 비사회화된 공포"가 있다는 올포트의 이론에 대해 동의하는가? 아동의 훈육에 대한 그의 관점이 가지는 의미는 무엇인가?
3. 올포트가 사용한 성숙한 사람을 특징짓는 기준을 기술하라. 다른 기준들이 있는가? 올포트의 관점에서, 당신과 당신의 친구들은 얼마나 성숙한가?
4. 올포트의 관점에서 종교는 개인의 삶 속에서 선과 악을 강요할 수 있는가? 당신은 이것을 어떻게 보는가? 당신의 종교에 관한 신념이 일상생활에 가져오는 결과는 무엇인가? 만일

당신이 무신론자라면, 올포트의 종교에 대한 견해의 어떤 점이 수용이 되고, 수용이 되지 않는가? 그 이유는 무엇인가?

5. 당신의 기준과 가치에 의해서 살아가는 것이 항상 건강하고, 다른 사람들의 기준과 가치에 의해서 살아가는 것은 건강하지 않은가? 당신이 받아들였던 기준과 가치가 잘못된 것이었고, 타인의 기준과 가치가 도덕적으로 올바른 것이었던 상황이 있었는가? 가능하면 예시를 제공하시오.

용어 해설

개별 사례적idiographic 집중적인 연구를 통해 특정 개인의 독특성을 이해하기 위한 과학적인 행동 연구 접근

개인적 성향personal dispositions 개인이 가진 독특한 특성

고유자아proprium 개인을 독특하게 만드는 모든 다양한 측면들을 알리기 위해 올포트가 사용한 용어로 자기(Self)를 말한다.

고유자아 추구propriate striving 각 개인에게 있어서 중요하고 장기적인 목적을 달성하도록 하는 동기로 이러한 욕구는 긴장을 감소시키기보다는 증가시킨다.

공통 특성common traits 다른 사람들과 공통된 성향

기능적 자율성functional autonomy 기본적인 동기에 의해 통제된 행동이 그 동기와 독립적으로 작용하게 되는 과정을 말한다.

기본 특성cardinal traits 개인의 실질적인 모든 행동을 동기화시키는 힘으로 작용하는 특징

내재적 종교 성향intrinsic religious orientations 올포트에 의하면 개인의 경험을 이해하는 것을 돕고 자신보다 더 높은 힘에 자신을 맡기기 위해 사람들이 가지는 종교적 성향. 이들은 타인을 돕고자 하는 경향성이 있고, 자기애적이지 않다.

법칙발견적nomothetic 변인 사이에 일반적인 관계를 구체화함으로써 법칙을 세우고자 하는 과학적인 행동 연구 접근 방식

사회적 바람직성의 편향social desirability biases 성격검사시 사회적으로 바람직한 진술을 하여 타인의 인정을 얻기 위해 응답자들이 사용하는 습관적인 반응 방식(예를 들어, 나는 다른 사람들에게 늘 공손하다, 나는 결코 거짓말을 하지 않는다, 나는 다른 사람들에게 결코 편견을 가지고 있지 않다 등)

성숙해 가는becoming 자아실현을 향한 활동을 포함하는 발달과정

신체적 자기bodily self 신체감각으로부터의 피드백을 근거로 한 자신에 대한 느낌

외재적 종교 성향extrinsic religious orientations 올포트에 의하면 이기적인 목적을 위해 사람들이 사용하는 성향이다. 주요 성향은 자신의 욕구를 충족시키는 데 초점을 두며 자기애적이다.

유전자형genotype 개인의 표현형이나 외모에 반영되거나 그렇지 않은 유전적 특질

이차 특성secondary traits 사람의 행동에 대해 상대적으로 통제력을 적게 발휘하는 선호성과 같은 주변적인 특성

인본주의 이론humanistic theory 인간의 존엄성과 가치를 강조한 인본주의적인 이론. 이는 개인의 창조성과 심리적 건강을 향한 행동을 긍정적으로 본다.

인식하는 자기self-as-knower 고유자아나 자기(신체적 자기, 자아 정체감, 자아효능감, 자아존재감, 자기상, 이성적 대처자로서의 자아, 그리고 자기다움의 추구)의 다양한 측면이 고유자아의 최종적인 측면으로 통합된다. 인식하는 자로서 자기는 성장과정에서 개인의 통합된 전체이며 자아실현을 향해 움직이는 실체이다.

자기 객관화self-objectification 자신의 능력과 한계를 분명하게 지각하는 능력

자기상self-image 타인의 인정을 받기 위해 해온 역할. 또한 사람들이 자신의 목표를 달성하도록 하는 계획과 행동전략

자기수용self-acceptance 개인의 강점을 인식함과 동시에 자신의 한계를 이해하고 인정하는 것

자기정체성self-identity 우리가 현재와 미래의 판단을 이끄는 독특한 과거를 가진 인간존재라는 느낌

자기존중감self-esteem 개인의 가치에 대한 느낌

자기확장self-extension 개인의 소유물, 가족, 집, 국가에 대한 정체감. 미성숙한 개인에게 있어서 자기확장은 자신의 안정감과 복지에 도움이 되는 측면에서만 가족과 타인과 같은 다른 대상을 보는 관점인 자기중심성을 포함한다. 성숙한 개인에게 있어서 자기확장은 자신의 존재에 중심인 개인과 집단의 행복에 기여하고자 하는 욕구를 포함한다.

정신신체적 체계psychophysical systems 심리적 개념들이 실제 신경계의 기본적인 상태를 나타낸다는 생각을 토대로 올포트가 정의한 성격의 요소

중심 특성central traits 기본 특성보다는 덜 포괄적이지만 많은 상황에서 개인의 행동을 통제하는 특징

특성이론trait theory 행동을 가져오는 기본 소인이나 특징들이 존재한다고 가정하는 성격 개념

표현형phenotype 기본적으로 유전자형을 반영하는지 그렇지 않은지를 알 수 없지만 외부로 드러나는 특별한 특징

합리적 대처자로서의 자기self-as-rational-coper 자신을 문제를 해결하고 목표를 이루기 위해 합리적으로 전략을 계획하고 사용할 수 있는 사람으로 인식하는 것

추천 도서

Allport, G. W. (1937). *Personality: A psychological interpretation*. New York: Holt.

Allport, G. W. (1955). *Becoming: Basic considerations for a psychology of personality*. New Haven, CT: Yale University Press.

Allport, G. W. (1961). *Pattern and growth in personality*. New York: Holt, Rinehart& Winston.

CHAPTER 09

카텔의 구성 기반 체계 이론

카텔의 생애

레이먼드 버나드 카텔(Raymond Bernard Cattell)은 1905년 영국의 스태퍼드셔에서 태어났다. 그의 아버지는 자신의 사업체를 소유한 엔지니어 디자이너였다. 카텔은 어린 시절 아버지가 종종 저녁식사 시간에 토론을 주도함으로써 자신에게 지적인 자극을 주었다고 회상하였다. 그의 아버지는 국가 및 국제정치가 당시 지향하고 있던 자유주의의 미덕들을 극찬하였다. 처음에 어린 카텔은 아버지의 지적인 기량에 감명을 받았지만, 보수주의를 지지했던 어머니의 IQ가 놀랍게도 150이었던 반면 자유주의를 그토록 극찬했던 아버지의 IQ는 120이라는 사실을 알게 된 후부터 그에게 조금씩 실망하게 되었다. 그는 또한 외가친척들이 친가친척들보다 직업적 지위가 더 높았다고 언급했다.

여하튼 카텔은 대체로 소박하고 평화로운 분위기에서 유년기를 보냈다. 그는 많은 시간을 해변에서 보냈다. 그는 7세의 나이에 항해하는 법을 배웠는데, "날씨가 맑든 흐리든" 상관없이 바닷가로 나가 친구들과 보트 위에서 전쟁놀이를 하고 해변을 탐험하는 데에 대부분의 시간을 보냈다. 그의 절친한 친구들은 그를 도와 함께 보트를 만들고, 전쟁놀이를 할 때 카텔과 함께 "화학 실험실"에서 화약을 만들던 소년들이었다. 대학에 진학할 나이가 되었을 때 그는 이미 과학자가 되고 싶어 했다. 그는 제1차 세계대전에서 벌어진 수백만 명의 민간인들과 군인들의 무분별한 살육과 같은 인류의 부조리를 넘어서 인류를 진정으로 돕는 데에 과학을 사용하겠다고 결심했다(Cattell, 1974, pp. 61-63).

카텔은 19세에 런던 대학교에서 화학을 전공하여 이공계열 학위를 받았고, 1929년 24세라는 어린 나이에 같은 대학에서 심리학 박사학위를 수여받았다. 대학에 다니는 동안, 그는 유명한 심리학자이자 수학자인 찰스 스피어만(Charles Spearman)의 연구 조수로 일했다. 스피어만은 '요인 분석'이라는 분석방법을 창시하였는데, 카텔은 자신의 성격이론을 개발할 때 이 분석방법에 매우 의존하였다.

스피어만과 더불어 지식인 선배들, 즉 영국의 과학자 프랜시스 갈톤(Sir Francis Galton)과 통계학자 칼 피어슨(Karl Pearson)을 통해 카텔은 성격 및 지적 능력의 기능에 대한 통계학적 연구를 접하게 되었다. 갈톤이 수행한 연구는 천재들에 대한 연구 중에서도 선구자격으로 여겨지는데, 그는 자신의 연구에서 현상들 사이의 연관성들을 입증하기 위해 생물학적 데이터에 대한 통계적 분석들을 사용했다. 이후 피어슨은 두 사건들 사이에 존재하는 연관성의 크기와 방향을 측정하기 위해 '피어슨 적률 상관 계수(Pearson product-moment correlation coefficient)'라고 알려진 수학공식을 개발했다. 이러한 절차들은 이후 요인 분석을 개발하는 데에 사용되었다.

대학을 졸업한 후, 카텔은 영국에 있는 한 심리 클리닉의 원장으로 일했다. 이후 그는 컬럼비아 대학의 행동주의 이론가 손다이크(E. L. Thorndike)의 연구원이 되기 위해 뉴욕으로 갔다. 컬럼비아 대학에서 잠시 머문 뒤, 그는 클라크, 하버드 및 듀크 대학교에서 일했고, 이후 1944년 일리노이 대학교에서 제안한 직책을 받아들여 그곳에 재직하게 되었다. 1973년에 은퇴하여 콜로라도 주 보울더에 '도덕성 및 자아실현 연구기관(Institute for Research on Morality and Self-Realization)'을 설립하기 위해 떠날 때까지, 그는 일리노이에 머물렀다. 1977년, 카텔은 마노아에 있는 하와이 대학교의 심리학과와 제휴하게 되었다. 그는 호놀룰루에 있는 '포레스트 전문 심리 연구소(Forrest Institute of Professional Psychology)'에서 심리학과 교수로 재직하였다. 그곳에서 그는 사회과학자들 및 지식인들에게 "비욘디즘(Beyondism: 과학적 연구를 기반으로 한 새로운 도덕이론)" 원칙에 대한 이해를 전파하기 위해 힘썼다.

카텔의 사상에 영향을 미쳤던 두 가지 요인들에 대해 언급할 필요가 있다. 첫째, 그의 임상 경험은 그로 하여금 많은 정신분석학적 해석들을 받아들이도록 하였다. 이로 인해 그의 이론에는 엄격한 실험과 임상적 관찰이 흥미롭게 혼합되어 나타날 수 있었다. 둘째, 카텔은 영국의 사회심리학자 윌리엄 맥도걸(William McDougall)에게 큰 영향을 받았다. 맥도걸은 사회적 행동을 인간의 본능적인 행동으로 보는 관점을 신봉했다. 그는 일곱 가지 기본적 본능, 즉 혐오, 호기심, 공상(상상), 호전성, 자기비하(겸손), 자기주장, 양육을 이론적 근거로 삼고 이를 통해 인간의 사회적 행동을 설명하였다. 광범위한 요인 분석 연구를 통해, 카텔은 열 가지의 **에르그erg**(행동에 영향을 미치는 선천적인 동기들)를 발견하였다: 음식 추구, 짝짓기, 군거성, 부모의 보호, 호기심, 안전추구, 자기주장, 자기애적 성, 호전성, 욕심. 그는 시험적으로 몇몇의 다른 특질들도 밝혀냈지만 이들을 각각의 독립적인 동기로 보기에 앞서 보다 확실한 연구가 나올 때까지 유보하였다. 앞으로 살펴보겠지만, 카텔은 또한 맥도걸의 감정/정서(sentiment) 개념에도 매우 많은 영향을 받았다.

70년이라는 세월에 걸쳐, 카텔은 대략 40권의 저서와 500편이 훌쩍 넘는 논문들을 발표하였다. 그는 문화 공평성 지능 검사(Culture Fair Intelligence Tests), 여덟 가지 상태 설문지(Eight State Questionnaire), 동기 분석 검사(Motivation Analysis Test), 목적-분석 성격 검사[Object-Analytic(O-A) Personality Test Battery], 성격 및 능력 검사(IPAT), 불안 척도 설문지, 임상적 분석 설문지[Clinical Analysis Questionnaire(CAQ)], 그리고 그 유명한 16 성격 요인 설문지[Sixteen Personality Factor Questionnaire(16 PF)]를 포함한 수많은 성격 검사들의 저자이자 공동저자였다.

그의 저서 중 보다 잘 알려진 저서들을 살펴보자. 『성격의 기술과 측정(*Description and Measurement of Personality*)』(1946)은 자신의 이론의 기본개념들과 이에 대한 부수적인 연구 결과들을 제시함으로써, 성격 분야에 관한 양질의 정교한 실증적 연구를 촉진하고자 했던 그의 초기 시도로 볼 수 있다. 『성격: 체계적인 이론 및 실증 연구(*Personality: A Systematic Theoretical and Factual Study*)』(1950)에서 그는 이러한 실증적 연구의 토대에 기반함과 동시에 정신분석, 문화 인류학 및 형질 인류학, 사회학을 포함한 다른 여러 분야들로부터 제시된 데이터와 이론들을 평가하고자 하였다. 그의 다음 저서인 『성격과 동기: 구조와 측정(*Personality and Motivation: Structure and Measurement*)』(1957)에서는 연구 데이터에 관한 그의 관점이 가장 포괄적인 논법으로 제시되었다. 1965년, 그는 그의 이론에 대한 대중적 버전인 『성격의 과학적 분석(*The Scientific Analysis of Personality*)』[동료 Kline, P.를 공동저자로 하여 1977년에 『성격과 동기의 과학적 분석(*The Scientific Analysis of Personality and Motivation*)』이라는 이름으로 개정됨]을 발표하였다. 카텔이 편집한 『다변량 실험심리학 핸드북(*Handbook of Multivariate Experimental Psychology*)』(1966)(1988년에 동료 Nesselroade, J. R.을 공동저자로 하여 개정됨)에서는 성격 연구의 다변량적 접근방식에 관한 그의 몇몇 관점들이 포함되어 있다. 그는 D. 차일드와 『동기와 역동적 구조(*Motivation and Dynamic*

Structure)』(1975)를 공동 집필했으며, R. M. 드레저와 함께 『현대 성격이론 핸드북(*Handbook of Modern Personality Theory)*』(1977)를 공동 편집했다. 곧이어, 카텔은 총 2권으로 구성된 『성격과 학습이론(*Personality and Learning Theory)*』을 발표했다: 제1권—『환경 내의 성격 구조(*The Structure of Personality in Its Environment)*』(1979), 제2권—『성숙과 구조화된 학습의 체계이론(*A Systems Theory of Maturation and Structured Learning)*』(1980). 1, 2권으로 나누어 편찬된 이러한 인상적인 저술은 성격에 대한 자신의 초기 이론적 접근과 연구들을 통합하고, 생물학적 및 환경적 영향 모두를 고려하여 성격발달의 확장된 이론을 제시하려는 그의 기념비적인 노력을 의미한다. 1982년, 그는 『선천적 성격과 능력(*The Inheritance of Personality and Ability)*』을 발표한다. 이 책에서 그는 성격을 결정하는 데 있어서 유전적 요인이 중요한 영향을 미친다는 것을 입증하려 했으며, 이러한 유전적 요인의 역할을 평가하기 위해 새로운 방법론들을 활용하였다. 마지막으로 카텔은 과학으로부터 윤리적 규정들과 정신적 가치들을 끌어내고자 하였는데, 그의 이러한 노력이 담긴 저서가 바로 『과학에 의한 새로운 도덕성: 『비욘디즘(*A New Morality from Science: Beyondism)*』(1972)과 『비욘디즘: 과학으로부터의 종교(*Beyondism: Religion from Science)*』(1987)이다.

마침내 미국 심리학회는 성격 연구에 기여한 카텔의 수많은 업적들로 인해 그가 '심리과학 분야 평생업적에 대한 미국 심리학 재단'의 금메달 수상자로 선정되었음을 발표하였다. 이는 카텔이 사망하기 불과 6개월 전의 일이다. 그러나 카텔이 금메달을 수여받기 이틀 전, 미국 심리학 재단 이사회는 대학에서 벌어지는 인종차별을 감시하는 기관인 '인종차별 연구 기관(Institute for the Study of Academic Racism)'의 이사였던 한 인문학 교수로부터 한 통의 편지를 받은 후 돌연 시상을 취소한다. 그는 카텔이 파시스트와 우생학에 평생을 공헌했으며, 때문에 그 상이 카텔에게 수여되어서는 안 된다고 비난하였다. 얼마 후, 반명예훼손 연맹(Anti-Defamation League)의 이사는 이 의견을 그대로 반복하면서, "미국 심리학회는 어떤 업적들을 이뤄냈든지 간에 인종 우월성 이론에 평생을 바친 사람에게는 시상 승인 인장을 찍어 주면 안 된다"고 주장했다. 이에 대하여, 미국 심리학회는 이러한 비난들을 검토하고 카텔의 업적을 재고하기 위한 특별위원회를 구성하였다. 카텔은 자신은 인종주의자가 아니며, 인종주의자였던 적도 없다고 항변하였다. 더불어 그는 '본인은 사회 각계각층에서 나타나는 중요한 정책들을 결정하는 데에 있어서 편견이나 미신, 정치적 압력보다는 과학적인 정보와 지식이 기반이 되어야 한다고 믿는 사람이며, 자신의 연구는 항상 이러한 신념을 바탕으로 하여 이루어져 왔다'고 주장하였다. 그러나 건강이 악화되자(특별위원회가 그의 업적에 대해서 결정을 내리기 전) 카텔은 이러한 논쟁을 끝내기로 결심한다. 그는 자신의 이름을 불문에 부친 채 미국 심리학회에 한 통의 편지를 보냈다. 몇 주 후, 카텔은 1998년 2월 2일 하와이 호놀룰루에 있는 자택에서 암으로 사망했다(Paul, 2004, pp. 195–197).

개념과 원리

이론 구축을 위한 접근

카텔의 **구성 기반 체계 이론**structure-based systems theory은 성격을 환경과 관련된 하나의 체계로 간주하고, 환경이 개인에게서 변화 또는 성장을 유발할 때 환경과 개인 사이에 나타나는 복잡한 작용들을 설명하고자 하는 이론이다. 구성 기반 학습은 개인 내에서 행동을 유발하고 행동의 방향을 정할 수 있는 일련의 특성들이 존재함을 암시한다. 이러한 특성들은 종종 유전에 기반을 두고 있지만 학습 경험들에 의한 변화에도 영향을 받기 쉽다. 카텔은 성격을 충분히 설명할 수 있는 이론이라면 반드시 개인의 목적 지향적 동기를 조사하고 설명할 수 있어야 한다고 확신했는데, 개인의 목적 지향적 동기는 단순한 조건형성 원칙들을 넘어서 개인의 인지적 활동을 포함하는 것이다. 카텔에 따르면, 우리는 인간의 행동을 유도하는 복잡한 유형의 인지적, 동기적 학습을 집중해서 살펴보아야 한다. 덧붙여서, 성격을 충분히 설명할 수 있는 이론이라면 문화와 그 안의 다양한 집단이 개인에게 영향을 미치고, 동시에 개인에 의해 영향을 받는 방식들을 고려해야 한다.

카텔은 이러한 목적들을 성취하기 위해서는 이론의 구조와 형성과정에서의 개념들(성격 기능에서 안정성과 변화를 평가하는 개념들)이 다변량적 연구와 분석, 정확한 측정에 토대를 두어야 한다고 믿었다. 카텔은 "카우치에 누워 분석하는 것"을 경멸하면서, 모든 과학적 발전들은 정확한 측정에 의존해야 한다고 굳게 믿었다(Cattell, 1950, p. 4). 그는 이론을 토대로 하여 측정이 수행되는 것이 아니라, 측정을 토대로 하여 그로부터 이론이 발생하는 것이라고 생각하였다.

이론 구축에 대한 카텔의 접근은 경험적 관찰과 기술로부터 시작되고, 이를 토대로 시험적이고 대략적인 가설이 만들어진다. 이러한 가설로부터 이를 경험적으로 검증하기 위한 실험이 나온다. 실험을 통해 얻은 관찰결과나 실험 데이터들은 보다 정확한 가설을 만드는 데에 사용되며, 이로부터 연구자는 가설을 검증하기 위한 새로운 실험

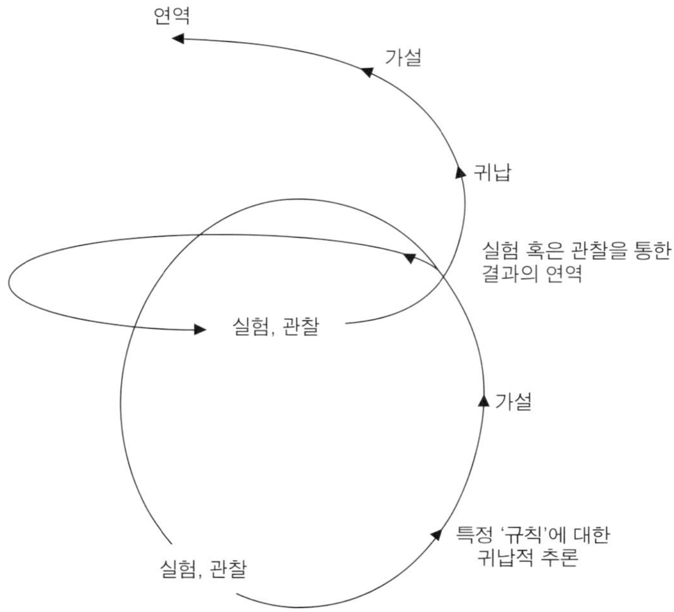

그림 9.1 귀납-가설-연역적 나선구조

출처: Nesselroade, J. R. & Cattell, R. B. (Eds.) 1988, *Handbook of Multivariate Experimental Psychology* 2nd ed., p. 17에서 인용. Used with kind permission from Springer Science and Business Media.

을 추론한다. 새로운 데이터들이 수집되고, 이러한 과정이 다시 반복된다. 카텔은 이 과정을 **귀납-가설-연역적 나선구조**inductive-hypothetico-deductive spiral라 불렀다(**그림 9.1** 참조).

카텔의 귀납적 이론 설계법은 가설-연역적 모형과는 정반대이다. 가설-연역적 모형에서는 연구자가 일련의 일반적인 가정들을 정해 놓고 시작하여 이로부터 어떤 한 가설을 추론해 내고, 다음으로 수집된 데이터들을 통해 이를 검증한다. 비록 사회과학 분야에서 일반적으로 사용하는 것은 가설-연역적 모형이지만, 카텔은 몇 가지 이유들로 인해 이를 비판하였다. 그는 가설-연역적 모형이 연구자로 하여금 연구를 시작하기도 전에 완벽하게 완성된 가설부터 제시하도록 요구한다고 생각하였다. 때문에 이런 모형은 초보 연구자들에게 이론을 설명하는 과정으로 행해지는 연구에 대해서 가르칠 수 없다. 이렇게 될 경우, 초보 연구자들은 가설검증이 몇몇 단일 측정치의 차이에 따라 달라진다고 믿을 수 있다. 카텔에 따르면 이러한 믿음은 특히 오해의 소지가 다분한데, 이런 믿음으로 인해 연구 중에 있는 행동이 사실은 다양한 원인들을 가지고 있음에도 불구하고 어떤 한 단일 사건에 의해 유발된 것이라는 잘못된 결론이 도출될 수 있기 때문이다. 물론, 카텔은 허수아비를 없애고자 노력했었는지도 모른다: 행동이 어떤 하나의 단일 사건에 의해 유발된다고 믿을 만큼 순진한 연구자들은 현대 심리학계에서는 거의 없기 때문이다. 그러나 카텔의 요점은 **이원 변량 실험**bivariate experiments에 대한 과도한 의존이 사건들이 실제로 작용하는 방식에 대한 해석을 과도하게 단순화시킬 수 있다는 것과, 오직 **다변량 실험**multivariate experiments만이 연구자로 하여금 복잡한 행동을 충분히 분석하고 해석할 수 있도록 해준다는 것이다.

심리학에서 다변량 실험을 사용하는 것에 대한 사례를 제시하면서, 카텔은 이원 변량 방식, 즉 독립 변수를 조작하고 그것이 종속 변수에 미치는 영향을 평가하는 것이 인위적으로 인간의 행동들 중 "일부"만을 다루고 "전체적인 유기체"의 측면은 무시한다고 주장하였다(Cattell, 1965, p. 20). 이와 반대로, 다변량 실험을 사용하는 연구자는 "전체로서의 개인"과 인간 행동이 갖는 복잡성을 함께 다룬다. 연구자는 "사실 모든 변수들을 측정하고, 그 다음 변수들에 존재하는 규칙성들을 추출해 낸다"(Cattell, 1965, p. 22). 카텔은 이원 변량 실험이 무가치하다고 여기지는 않았다. 단지 그는 보다 만족스럽고 과학적으로 유용한 전략이란 핵심 변수들을 확인하고 이원 변량/다변량 실험설계로 검증될 만한 가설을 만들기 위해 초기 탐색적인 연구에서 다변량적 기법을 사용하는 것이라고 믿었다(Cattell, 1979, p. 7).

방법론: 요인 분석

다양한 변수가 존재하는 상황들을 연구하기 위해 카텔은 **요인 분석**factor analysis에 크게 의지하였다. 요인 분석은 연구자로부터 관찰된 서로 밀접한 연관을 갖는 다량의 변수들의 기저를 이루는 제한된 수의 요인들을 구분하고, 이를 밝히는 데에 사용되는 매우 복잡한 통계 절차이다. 요인 분석에는 많은 형식들이 있지만, 카텔이 수행했던 대부분의 연구는 그 중 두 가지 형식을 사용하였다: R 기법과 P 기법.

R 기법

요인 분석의 가장 일반적인 형식은 **R 기법**R technique이다. 이 형식은 대개 많은 수의 연구 참여자들에게 다양한 성격 검사들을 실시하고, 그런 다음 이들 점수들 사이의 관계를 알아보는 과정을 포함한다. 예를 들어, 만약 우리가 어떤 한 대단위 강좌인 심리학 개론 수업에서 수강생들에게 우유부단함, 부정적인 일에 대한 반추 경향, 우울증, 공격

표 9.1 여섯 가지 검사 변량에 대한 상관관계

검사	A	B	C	D	E	F
A. 우유부단함	—					
B. 부정적인 일에 대한 반추 경향	.72	—				
C. 우울증	.85	.67	—			
D. 공격성	.02	.04	.07	—		
E. 경쟁력	.08	.18	.00	.83	—	
F. 자만심	.16	.04	.10	.92	.68	—

성, 경쟁력을 갖추고 있는지의 여부, 자만심을 측정하는 일련의 검사들을 시행하고 각 검사들을 채점한 후 이들 점수들 사이의 관계를 살펴본다면, 우리는 **표 9.1**에 나와 있는 것과 같은 일련의 상관관계들을 얻을 수 있을 것이다. 이러한 상관관계들로부터, 우리는 우유부단함에서 높은 점수를 얻은 수강생들이 부정적인 일에 대한 반추 경향과 우울증을 측정하는 검사에서도 높은 점수를 얻었음을 알 수 있다; 다시 말해, 이 세 가지 검사들은 매우 높은 상호관련성이 있다. 나머지 세 가지 검사들(공격성, 경쟁력을 갖추고 있는지의 여부, 자만심) 역시 매우 높은 상호관련성을 가지지만 앞선 세 가지 검사들과는 근본적으로 관련되지 않는다(매우 낮은 상관관계를 가짐). 변수들 사이에 높은 상호관련성이나 군집성이 존재한다는 것은, 몇몇 근본적인 요인들이 참여자들로 하여금 함께 군집을 이루는 검사들에서 그들이 응답했던 방식으로 반응하게 한다는 것을 의미한다.

그러므로 연구자는 많은 수의 표면 변수, 즉 **표면 특질**surface traits에서 출발하여, 이들 수를 점차적으로 축소시켜서 본래의 표면 변수 측정에 존재하는 변수를 예측하는 데에 사용되는 소수의 일반적인 **근원 특질**source traits을 추려내고자 한다. 매우 높은 상호관련성을 갖는 변수들은 대부분 똑같은 독립요소 또는 요인을 측정하는 것으로 간주된다. 이때 연구자들이 직면하는 문제는, 그들이 결국에는 이러한 기저 요인들에 대해 명칭을 부여해야 한다는 것이다. 기저 요인들을 해석하는 데에는 연구자의 주관이 개입되고 이는 미래의 연구와 이론에 지대한 영향을 미치므로, 기저 요인에 이름을 붙이는 과정에는 상당한 기술과 주의가 필요하다. 부정확한 해석으로 인해 큰 대가를 치러야 할 수도 있다.

일단 변수들 간의 상호관련성들이 결정되면, **표 9.2**에 나와 있는 것과 같은 요인행렬을 도출하기 위해 추가적인 요인 분석 계산이 수행된다. 각각의 표면 변수와 그 기저 요

표 9.2 두 요인에 대한 여섯 가지 검사의 부하량

검사	죄책감 성향(요인 1)	지배적 성향(요인 2)
A. 우유부단함	.68	.14
B. 부정적인 일에 대한 반추 경향	.76	.08
C. 우울증	.86	.04
D. 공격성	.11	.88
E. 경쟁력	.03	.69
F. 자만심	.15	.52

인 사이에 존재하는 연관성 정도를 **요인 부하량**factor loading이라 한다. 부하량 .30 이상부터는 대개 유의미하고 큰 수치인 것으로 간주된다. **표 9.2**에서 우리는 우유부단함, 부정적인 일에 대한 반추 경향, 우울증이 모두 요인 1에 유의미한 부하량을 갖는다는 것을 알 수 있는데, 우리는 이들을 잠정적으로 "죄책감 성향"이라고 명명할 수 있다. 공격성, 경쟁력, 자만심은 요인 2에 유의미한 부하량을 갖는데, 우리는 이들을 잠정적으로 "지배적 성향"이라고 명명할 수 있을 것이다.

일단 요인들이 잠정적으로 확인되었다면 대개 연구자들은 다른 표본들을 사용하여 이들을 요약하고, 각각 다른 연령대와 민족, 문화적 배경, 그 외 다른 특징들을 갖는 연구 참여자들을 통해 이 요인들을 교차 검증하고자 한다. 연구자들은 또한 이와 동일한 요인들에 유의미한 부하량을 갖는 새로운 변수들을 밝히기 위해, 더 많은 검사들을 분석에 포함시킬 수도 있다.

P 기법

R 기법은 연구자들로 하여금 대규모의 모집단에 존재하는 공통 특질들을 평가할 수 있도록 해준다. 반면 **P 기법**P technique은 어떤 한 개인의 독특한 특질 구조를 밝히기 위해 고안된 것이다(Cattell, 1961, p. 415; Cattell, 1965, p. 372). P 기법에는 수많은 성격 특질들에 대해 일정 기간 동안 반복적으로 개개인을 검사하는 과정이 포함된다. **그림 9.2**에는 연극 전공의 24세 대학원 학생에게 실시한 P 기법의 연구 결과가 제시되어 있다. 이 연구에서 연구자들은 40일 동안 연속으로 80회기 동안 여덟 가지 특질들을 측정하였다. 같은 기간 동안, 학생은 연구에 참여하는 동시에 일기를 작성하였다. **그림 9.2**에서 보이는 기저선은 그가 인생에서 중요한 경험이라고 보고한 것들 중 몇몇을 나타내고 있다: 자신이 주연을 맡은 연극을 위해 리허설을 했던 것; 리허설 동안에 감기를 앓았

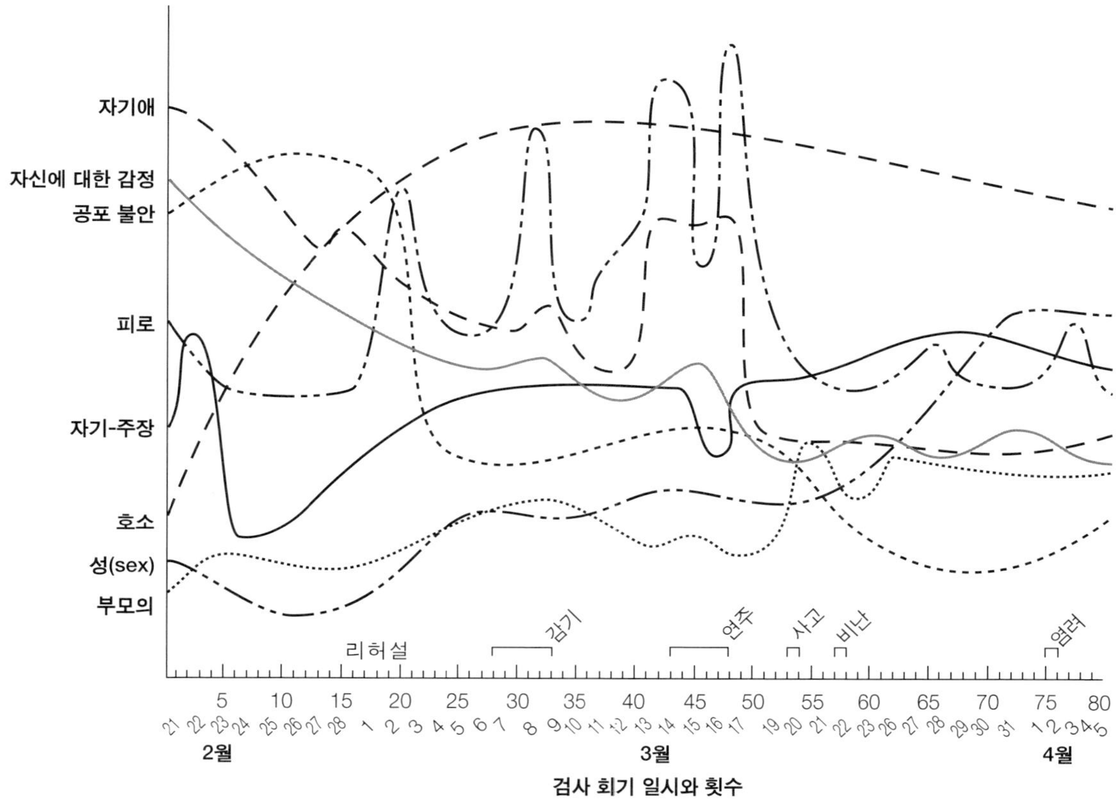

그림 9.2 P 기법을 사용한 시간경과에 따른 다양한 특질 강도의 변화치

출처: Cattell(1957)에서 인용.

던 것; 주연을 맡았던 연극 그 자체; 아버지에게 발생한 사고; 자신이 가족을 충분히 돕지 않았다는 점 때문에 고모로부터 꾸중을 들은 것; 지도교수로부터 느껴진 명백한 적대감에 대한 염려. 학생에 대한 보다 면밀한 연구에서는 연극이 있기 전 몹시 바쁜 몇 달 동안에 피로가 계속 누적되다가 그 후에는 다소 완화되었음이 드러났다. 그의 불안 수준은 일반적으로 리허설 기간 동안 더 높았는데, 그때 그는 리허설에 쏟는 시간 때문에 학교 공부에서 점점 더 뒤처지고 있다고 보고하였다. 동시에 같은 기간 동안 이 시험을 헤쳐 나갈 수 있게 도와달라고 신에게 기도한 것[호소 에르그(erg)의 활성화에서 볼 수 있듯이] 역시 극적으로 증가하였다. 3월 20일에 있었던 아버지의 심각한 사고(골반 골절)는 부모에 대한 그의 보호 본능의 급격한 증가를 유발하였다. 57번째 세션 이후에는 그의 성 충동에서도 증가가 나타났는데, 이는 데이트를 하는 데 보내는 시간이 증가한 것과 관계가 있었다. 공연을 하던 결정적인 날 밤에는 자기애(자기 몰두)와 자존감(자의식)에서 일시적으로 큰 증가를 보였고, 자기주장에서는 급격한 재발과 회복이 나타났다. 마지막으로, 그의 두려움과 불안 수준은 그가 학과 과정에서 뒤처짐으로 인해 지도교수가 자신에게 명백한 적대감을 보일까봐 걱정하면서부터 증가하기 시작했다(Cattell, 1957, pp. 552–554). P 기법을 이용하여, 카텔은 개인의 동기가 변화하는 과정들을 평가할 수 있었다.

성격의 정의

카텔은 성격을 "[한 개인]이 어떤 주어진 상황에 놓였을 때 무엇을 할 것인지를 말해 주는 것"이라고 정의했다(Cattell, 1965, pp. 117–118). 카텔은 성격에 대한 자신의 수학적 분석에 따라, 그 정의를 다음과 같은 공식으로 나타내었다.

$$R = f(S, P)$$

다른 말로 하면, 어떤 한 개인의 행동적 반응(R)은 개인이 직면한 상황(S)과 개인의 성격(P)으로 구성된 함수(f)라고 볼 수 있다. 비록 대부분의 특질 이론가들은 상황적 요인들이 개인의 행동에 그다지 중요한 영향을 미친다고 생각하는 않지만, 카텔은 상황이 성격특질과 더불어 개인의 행동에 영향을 미치는 방식을 포함하기 위해 자신의 이론을 확장하였다(Cattell, 1979, 1980). 상황적 영향들을 고려하기 위해, 그는 상황들을 분류하고 행동에 미치는 상황들의 영향을 평가하기 위한 모형을 만들었다. 그러나 이러한 모형을 보다 자세히 검토하기에 앞서, 에르그(erg), 정서, 태도, 개인의 관심사, 정서적 단계, 그리고 특히 특질들을 포함하는 성격의 주요 요인들에 대해 카텔이 어떻게 다루었는지 살펴보기로 하겠다.

특질의 분류

카텔에 따르면, 특질은 비교적 영구적이고 광범위한 반응 경향들이며, 성격을 구성하는 구성요소의 역할을 한다. 카텔은 체질 특질과 환경 조형 특질; 능력 특질과 기질 특질, 역동적 특질; 표면 특질과 근원 특질들을 구별한다. 특질의 이러한 주요 구분들 각각을 차례로 고찰해 보자.

체질 특질과 환경 조형 특질

체질 특질constitutional traits은 생물학적으로 결정된 것인 반면, **환경 조형 특질**environmental-mold traits은 경험, 즉 환경과의 상호작용들에 의해 결정된다. 다른 말로 하면 몇몇 특질들은 선천적으로 결정되지만, 다른 특질들은 양육에 의해 결정된다.

카텔은 어떤 다양한 특질들이 유전적으로 또는 환경적으로 결정되는지 그 정도를 평가하기 위해 **다중 추상 변량 분석**multiple abstract variance analysis(MAVA)이라 불리는 복잡한 통계학적 절차를 만들었다. 이 분석 방법은 다른 가정에서 태어났지만 함께 자란 사람들(즉, 유전적으로 전혀 관계 없는 사람들)과 다른 가정에서 태어나 따로 자란 사람들의 비교와 더불어, 같은 가정에서 태어나 함께 자란 사람들과 같은 가정에서 태어났지만 따로 떨어져서 자란 사람들 사이의 복잡한 비교를 기반으로 한다. 구체적으로 말하자면, 한 특정한 특질을 평가하기 위해 설계된 검사를 함께 자란 일란성 쌍둥이, 따로 떨어져서 자란 일란성 쌍둥이, 함께 자란 이란성 쌍둥이, 따로 떨어져서 자란 이란성 쌍둥이, 함께 자란 형제자매, 따로 떨어져서 자란 형제자매, 같은 가정에서 자랐지만 유전적으로는 무관한 아동들, 다른 가정에서 자란 유전적으로 무관한 아동들에게 시행하였다(Cattell, 1982, p. 90). 물론 유전적 유사성 정도는 일란성 쌍둥이에서 가장 높고 유전적으로 무관한 아동들에서 가장 낮다. 다음으로 이러한 집단 각각에서 개인으로부터 얻어지는 검사점수들은 집단 내 상관(intraclass correlations)이라고 불리는 기법을 통해 서로 관련지어진다. 일반적인 상관관계(1장 참고)는 한 명의 피험자에게 각기 다른 여러 가지 검사를 실시하고, 이를 통해 얻어진 점수들을 조사함으로써 구해진다. 반면 집단 내 상관관계는 서로 다른 여러 개인들에게 동일한 검사를 실시하고, 이렇게 얻어진 점수들을 비교한다. 그런 다음 연구자들은 수많은 복잡한 방정식들을 이용하여, 어떤 한 특질이 발달함에 있어서 유전적, 환경적 요인들이 미치는 상대적인 영향력을 알아볼 수 있다.

예를 들어, 지능의 발달에 미치는 유전적, 환경적 요인들의 영향에 관심이 있는 연구자는 앞서 제시된 다양한 집단(또는 군집)의 구성원들에게 지능검사를 실시할 것이다. 일란성 쌍둥이는 똑같은 유전자를 가지고 있기 때문에, 그들 사이에서 나타나는 지능의 차이는 어떠한 차이든 간에 아마 (주로) 그들을 둘러싼 환경의 차이 때문일 것이다. 그러므로 일란성 쌍둥이가 아무리 철저하게 다른 환경에서 자랐다 할지라도 전적으로 유전에 바탕을 둔 어떤 한 특질의 경우 이들 사이의 상관은 이론적으로 +1.00이어야 한다(실제로는, 상관관계가 측정 과정에서 나타나는 오류 때문에 약간 더 낮을 것이다; 검사는 완벽하게 믿을 수 없다). 대조적으로, 이란성 쌍둥이는 50%의 유전자들만을 공유하고 있다; 그러므로 전적으로 유전에 의해 결정되는 어떤 한 특질에 대한 상관은 일란성 쌍둥이의 경우보다 이란성 쌍둥이의 경우 더 낮을 것이다.

함께 자란 일란성 쌍둥이의 경우 이들 지능검사 점수의 상관은 +.86이고 따로 떨어져서 자란 일란성 쌍둥이의 경우에는 +.72라면, 이러한 결과들, 즉 높으면서 유사한 점수를 갖는 상관관계들은 지능이 대개 유전적 요인의 영향을 받는다는 것을 시사할 것이다. 그러나 만약 함께 자란 일란성 쌍둥이의 경우 상관이 +.86이고 따로 떨어져서 자란 일란성 쌍둥이의 경우에는 단지 +.22이라면, 이렇듯 근본적으로 다른 상관관계들은 유전보다 환경이 훨씬 더 큰 영향을 미친다는 것을 시사할 것이다.

똑같은 문제를 또 다른 관점에서 살펴보자. 만약 함께 자란 일란성 쌍둥이의 경우 지능검사의 상관이 +.86이고, 함께 자란 이란성 쌍둥이의 경우 +.60, 함께 자란 형제자매의 경우 +.47, 함께 자랐지만 유전적으로 무관한 아동들의 경우 +.32라면, 이러한 데이터들은 지능이 대개 유전적인 것임을 드러낼 것이다. 이러한 결론은 유전적으로 결정되는 특질의 경우, 유전적 유사성으로부터 멀어질수록 이러한 특질들 사이의 상관은 더 낮아져야 한다는 원칙에 바탕을 두고 있다. 공교롭게도 이렇듯 낮은 상관관계들은 실질적인 데이터에 바탕을 두고 있으며, 연구자들로 하여금 개인들 사이에서 지능이 갖는 변동성의 대략 70%는 유전적 요인들 때문이고 나머지 30%는 환경적 요인들과 측정의 오차 때문이라는 결론을 내리도록 하였다(McGee & Wilson, 1984, p. 320).

MAVA의 중요한 특징 중 하나는 그것이 다른 분석방법들보다 연구자들이 특질의 발달에 대한 유전적, 환경적 요인들의 영향을 보다 정밀하게 판단할 수 있도록 해준다는 것이다. MAVA로부터 제공되는 이러한 정보는 환자의 회복 가능성을 최대화하기 위해 사용되어야 하는 치료의 종류들을 임상가들이 결정하도록 도와준다. 카텔은 만약 임상가들이 유전에 크게 영향을 받는 특질을 변화시키려고 한다면 이는 문제를 일으킬 뿐이라고 지적했다; 대신에 임상가들은 유전적 특질을 변화에 민감한, 즉 환경에 바탕을 둔 다른 특질들을 뒷받침하는 역할로서 사용해야 한다. 예를 들어, 어떤 환자의 IQ가 140이라면 임상가는 그가 갖는 정서적 문제들에 대한 통찰력을 촉진하기 위해 그 사실을 활용할 수 있다. 하지만 만약 환자의 IQ가 단지 80일 경우, 임상가는 다른 전략을 사용하려고 할 것이다(Cattell, 1982, p. 396).

능력 특질, 기질 특질, 그리고 역동적 특질

특질들은 능력 특질과 기질 특질, 역동적 특질들로 더욱 세분화될 수 있다. **능력 특질** ability traits은 주어진 상황에서 존재하는 복잡성을 다루는 개인의 기술을 말한다. 그러므로 카텔의 도식에서 지능은 능력 특질에 속한다. **기질 특질**temperament traits은 우리가 생각하는 전형적인 기질들을 말하는데, 예를 들면 만성적으로 나타나는 급한 성미, 쉽게 흥분하는 경향, 변동이 심한 기분 변화, 게으름, 대담함 등이다. **역동적 특질**dynamic traits은 개인의 동기와 관심사들을 의미한다. 예를 들면 어떤 한 개인에 대해 야망이 있다, 권력을 쫓는다, 또는 운동을 좋아한다 등으로 묘사하는 것이 이에 해당된다(Cattell, 1965, p. 28).

이러한 구분들 이외에도, 카텔은 올포트와 마찬가지로 특질들을 공통 특질과 독특한 개인특질로 분류하는 것이 유용하다고 생각했다. 공통 특질은 많은 사람들이 공유하는 특징들을 말하는데, 지능, 자신감, 무력감 등이 이에 속한다. 개인특질은 한 사람에게만 분명하게 나타나는 특질들을 말한다; 예를 들면, 빌은 볼티모어와 LA의 1898년 인구통계 기록들을 수집하는 데 관심이 있는 유일한 사람이다. 사실상 카텔의 모든 연구는 공통 특질들에 초점을 맞추고 있지만, 개인특질들의 개념을 통합함으로써 그의 이론에서 성격들이 독특하다는 것을 강조할 수 있게 되었다. 카텔은 어떤 한 주어진 성격 내에 존재하는 공통 특질들의 구성은 항상 독특하다고 강조하였다.

표면 특질 vs 근원 특질

표면 특질과 근원 특질의 구분은 아마도 카텔이 이룬 가장 중요한 업적일 것이다. 표면 특질은 "각기 다른 수많은 사람들과 상황 내에서 명백하게 '함께 하는' 정도가 크거나 적은 범위로 나타나는 특질요소들의 집합이다"(Cattell, 1950, p. 21). 변수들끼리의 상호관련성을 살펴보는 경우, 이러한 변수들은 군집을 이루어 표면 특질을 형성한다. 대조적으로, 근원 특질은 표면 특질 군집에서 변동성을 조절하는 근본적인 요인이다. 우리가 살펴보았듯이, 표면 특질과 근원 특질들은 요인 분석을 통해 측정된다. 일단 우리가 행동을 조절하는 주요한 근원 특질들을 정확하게 확인하였다면, 우리는 행동을 정확하게 예측하는 데 있어 더 유리한 위치에 있어야 한다. 물론 이것은 우리가 어떤 주어진 상황에서 개인의 반응 방식들에 대한 충분한 정보를 가지고 있다는 가정 하에서 가능하다.

주요 근원 특질 또는 일차적 요인

카텔에 따르면, 주요한 근원 특질 또는 성격의 **일차적 요인**primary factor들을 찾으려고 시도한다면 반드시 개인들을 묘사하는 데 사용될 수 있는 모든 성격 특성들의 목록을 정확하게 작성하는 것에서부터 시작하여야 한다. 그는 성격 특질의 이러한 전체적인 범위를

성격 영역personality sphere이라 칭하고, 이러한 목록을 작성하기 위한 유일한 실제적 원천은 언어라고 주장했다. 카텔은 인간이 타인에게 영향을 미칠 수 있는 행동의 모든 측면이 수세기에 걸쳐 몇몇 언어적 상징, 즉 특질 명칭을 부여받았다고 주장하였다(Cattell, 1957, p. 71). 이로 인해 카텔은 올포트와 오드버트(1936)가 발견한, 영어로 된 4,500가지 특질 명칭들을 조사하기 시작했다. 그는 이 중에서 유의어들을 제거하고 총 171개로 줄였다. 다음으로 그는 특질들에 대해 관찰자 평정을 실시함으로써 36개의 상관관계 군집 및 표면 특질들을 밝혀냈다. 이후, 그는 열 가지의 표면 특질을 더 추가했는데 몇몇은 정신의학 문헌으로부터, 몇몇은 오랜 시간에 걸친 실험 결과들로부터 나온 것들이었다. 카텔은 이러한 46개의 표면 특질이 전체적인 성격 영역을 구성한다고 주장했다(Cattell & Kline, 1977, pp. 30–31).

이후 카텔과 그의 동료들은 표면 특질들을 통합한 항목들을 토대로 하여 성격 설문지들을 구성한 다음 연구 참여자들에게 이를 실시하고, 설문지 결과를 채점한 후 성격의 근본적인 근원 특질들을 산출하기 위해 그 결과들을 요인 분석하였다. 요인 분석과 기타 다른 데이터 수집 기법들을 사용함으로써, 그들은 16가지 주된 요인들, 즉 주요한 근원 특질들을 밝혀낼 수 있었다(Cattell, 1965, p. 64). 처음에 이 요인들은 요인 A, B, C, D, E 등으로 명명되었지만, 이후 이들을 입증하는 증거가 점점 더 많이 축적됨에 따라 이들 존재가 보다 분명하게 확인되었고, 정확한 명칭이 부여되었다. 그러고 나서 이러한 16가지 기본 특질들은 **16 성격 요인(16 PF) 설문지**Sixteen Personality Factor(16 PF) Questionnaire를 구성하는 데에 사용되었다. 이 특질들은 한 개인의 행동을 조절하는 것으로 간주되는데, 요인 A로 시작하여 요인 Q로 끝난다.

특질들을 측정하기 위해 연구자들은 연구 참여자들에게 수백 개, 심지어는 수천 개의 항목들을 제공한다. 그런 다음 그들의 점수들을 요인 분석 한다. 일단 요인들이 나타나기 시작하면, 요인들을 정리하기 위해 다른 항목들이 추가되고 이들은 대규모의 정상인 연구 참여자 집단에게 제공된다. 각각의 요인들에 대해 가장 부하량이 높은 항목들은 남고, 그렇지 않은 항목들은 제거된다.

이러한 통계적 절차를 사용하여, 연구 참여자들은 다음의 16개 요인들에 대해 낮거나 높은 점수를 얻는다: 온정성(A), 사고 능력(B), 정서적 안정성(C), 지배성(E), 정열성(F), 도덕성(G), 사회적 대담성(H), 민감성(I), 경계성(L), 추상성(M), 은폐성(N), 불안(O), 변화에 대한 개방성(Q1), 자기 신뢰(Q2), 완벽주의(Q3), 긴장(Q4).

이들 특질 중 몇몇은 개인의 행동을 다른 특질들보다 더 잘 예측한다. 예를 들어, 한 개인의 정열성(요인 F)에 대한 정보보다 사고 능력(요인 B)에 대한 정보는 연구자가 그의 역사 시험점수를 예측하는 데에 있어서 더 도움을 줄 것이다.

요인 점수가 성격 기능에 미치는 영향

어떤 한 요인에 대해 낮은 점수를 받았다고 해서, 이것이 반드시 개인의 성격 기능에 부정적인 영향을 끼친다는 의미는 아니다. 마찬가지로, 높은 점수를 받았다고 해서 이것이 반드시 성격 기능에 긍정적인 영향을 줄 것임을 의미하는 것도 아니다. 낮은, 또는 높은 점수들이 성격 기능에 대해 긍정적 혹은 부정적 영향을 줄지의 여부는 개인이 직면하는 상황의 속성과 연구자에 의해 평가되는 극단치의 특질(요인) 점수에 달려 있다. 예를 들어 온정성에서 낮은 점수를 받은 사람들은 내성적이고, 다양한 상황(사업적, 정치적 논의를 할 때)에서 독립적이고 객관적이며 실용적으로 의사결정을 할 수 있는 능력이 있다. 이는 건설적인 특성이다. 그러나 온정성에서 지나치게 낮은 점수를 받은 사람들은 친밀한 관계들을 유지하는 데 어려움을 겪을 수 있다. 그들은 배우자들에게 애정과 지지를 잘 표현하지 못하는데, 이들에 대한 연구에서는 그들이 종종 이러한 문제로 부부치료를 받는다는 것을 보여 준다(Cattell, H. E. P. & Schuerger, 2003, p. 46). 대조적으로, 온정성에서 높은 점수를 받은 사람들은 가치 있는 대인관계를 형성하고 유지할 수 있는 역량을 가지고 있다. 그러나 이들은 계속해서 대인관계를 맺지 않으면 외로움을 경험한다. 온정성에서 이렇듯 극단적인 점수들을 보인 학생들이 파티에서 함께 즐길 다른 학생들을 끊임없이 찾아다니고 공부하는 데에는 시간을 투자하지 않는 탓에 학점이 형편없는 경향이 있음을 보여 준 연구가 제시되었다(Cattell, H. E. P. & Schuerger, 2003, pp. 44–47).

요인 A: 온정성(warmth) 요인 A에서 낮은 점수를 받은 사람들은 다른 사람에게 관여하는 데에 있어 수줍어하고 조심스러운 경향이 있다. 그들은 고독을 좋아하며 종종 기계적이고 지적인, 혹은 예술적인 활동들에 몰두하는데, 그들은 이러한 활동들을 할 때 대체로 효율적으로 일할 수 있다. 온정성에서 낮은 점수를 받으면 친밀감이나 광범위한 사회적 상호작용을 필요로 하는 상황들에서 불편하게 느낄 수 있다. 요인 A에서 높은 점수를 받은 사람들은 타인에게 많은 관심을 가지고 있으며, 타인들과의 친밀성을 요하는 상호작용들을 맺고자 한다. 이 요인에서 지나치게 점수가 높은 사람들은 타인과 친밀한 관계를 맺지 못하는 상황들, 예를 들어 산림 감시원과 같이 종종 고독한 임무들을 포함하는 직업들에서는 불편감을 느낄 수도 있다.

요인 B: 사고 능력(reasoning ability) 사고 능력에서 점수가 낮은 사람들은 보다 낮은 지적 능력을 가지고 있는 반면에, 점수가 높은 사람들은 종종 높은 지적 능력(교육적 수준)을 가지고 있다.

카텔은 지적 능력을 두 가지로 구분하였다: 결정성 지능과 유동성 지능. **결정성 지능** crystallized intelligence은 "유동성 지능과 구별되는 것으로, 유동성 지능을 사용함으로써 문화적 학습을 하는 능력들"을 말한다(Cattell, 1982, p. 432). **유동성 지능**fluid intelligence은 "새로운 데이터, 즉 전혀 학습한 적 없는 것들을 수행할 때 전적으로 나타나는 능력"으로 정의된다(Cattell, 1982, p. 432). 다른 말로 하면 유동성 지능은 선천적인 능력들을 말하며, 결정성 지능은 문제를 해결하는 선천적 지능의 적용에 바탕을 둔 문화적 학습과 학교교육의 산물로 나타나는 능력들을 말한다.

카텔은 우리가 지능을 전통적인 IQ 검사가 측정하는 결정성 지능과 동일하다고 보는 오류를 너무도 자주 범한다고 생각하였다. 카텔은 이렇듯 지나치게 단순화된 관점을 극복하게끔 하기 위해 **문화 공평성 지능검사**Culture Fair Intelligence Test를 개발하였는데, 이는 문화적 학습이나 훈련과는 상관없이 유동성, 즉 선천적 지능을 측정하기 위해 고안되었다. 문화 공평성 지능검사에서 사용되는 몇몇 예를 **그림 9.3**에 제시하였다.

카텔은 유동성 지능이 태어나면서부터 약 18세까지는 증가하고, 나이가 들면서 점차 감소하기 시작한다고 주장했다. 유동성 지능을 통한 학습의 축적을 나타내는 결정성 지능은 유동성 지능이 점차 약화됨에도 불구하고 평생 동안에 걸쳐 조금씩 꾸준한 성장을 보인다(Cattell, 1987, p. 118).

요인 C: 정서적 안정성(emotional stability) 이 요인에서 낮은 점수를 받은 사람들은 삶의 도전들을 통제할 수 없다는 무력감을 느낀다. 그들은 자아강도가 낮고 생활 스트레스에 적응하지 못하는 경향이 있다. 정서적 안정성에서 높은 점수를 받은 사람들은 삶을 있는 그대로 받아들이고 스트레스들과 삶의 도전들에 적응 가능한 방식으로 대처해 나간다. 그들은 높은 자아강도를 지니고 있다. 북미와 영국에서 수행된 수많은 실험연구들은 신경증을 앓고 있거나 불안수준이 매우 높은 사람들 또한 자아강도가 낮은 경향이 있다는 것을 보여 준다. 카텔은 알코올 중독자들, 마약 중독자들, 비행 청소년들, 학교 중퇴자들이 비정상적으로 낮은 자아강도를 지니고 있다고 주장했다. 요인 C, 즉 정서적 안정성의 본질은 개인의 충동들을 조절하거나 문제들을 현실적으로 다루는 데 있어서의 무능력이다(Cattell, 1965, p. 73–74).

요인 E: 지배성(dominance) 이 요인에서 낮은 점수를 받은 사람들은 협조적이고 다른 의견을 잘 수긍하며, 타인의 바람들에 수용적인 경향이 있다. 그들은 갈등을 피하기

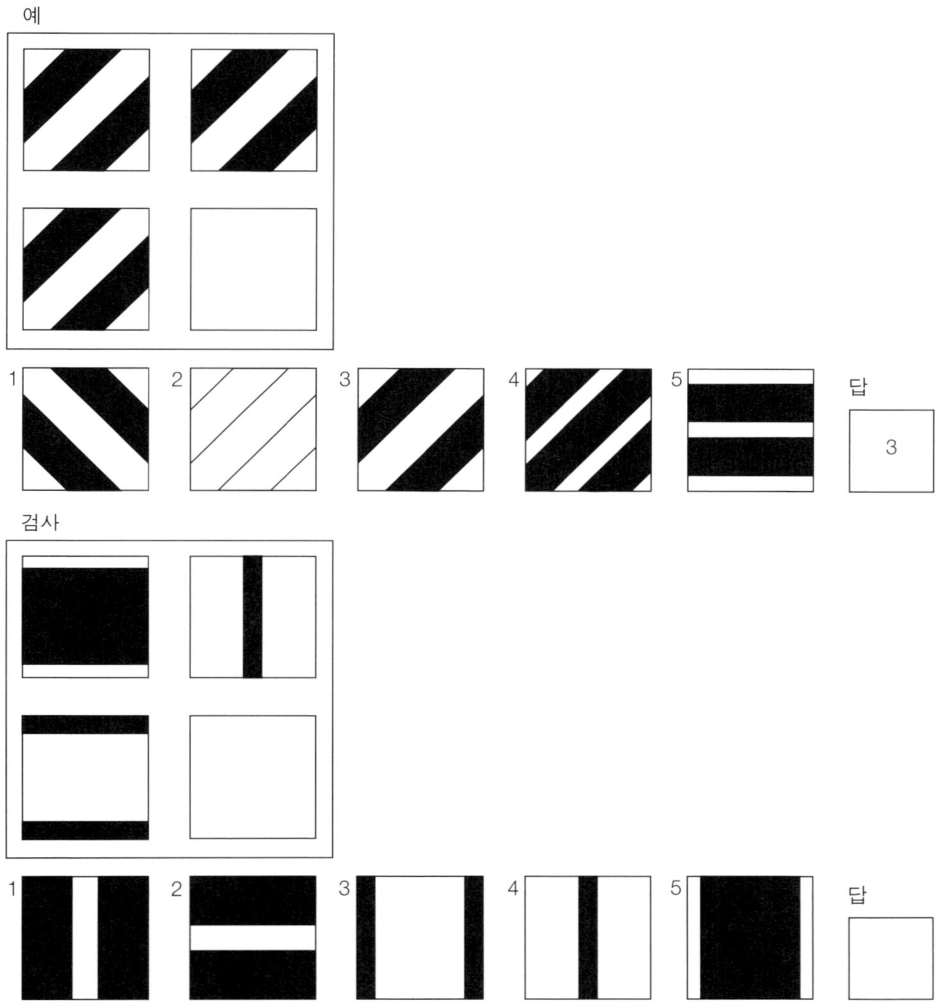

그림 9.3 문화 공평성 지능 검사의 문항 예

출처: Cattell, R. B., *The Scientific Analysis of Personality* p. 302-303. Copyright © 1965 by Aldine Publishers. Reprinted by permission of Aldine Transaction, a division of Transaction Publishers.

위해 자신의 감정을 기꺼이 참아낸다. 그러나 타인에 대한 지나친 존중은 이들의 보다 적극적인 참여를 바라는 사람들을 실망시킬 수도 있다. 카텔은 이 요인에서 높은 점수를 받은 사람들이 자신들의 의견과 바람을 소리 내어 표현하고, 사람들을 지휘하며 지도자의 자질을 지닌 사람들이라고 주장했다. 카텔은 남성들 및 남자아이들이 여성들과 여자아이들보다 이 요인에서 더 높은 점수를 얻는다고 주장했다. 소방관, 올림픽 챔피언, 그리고 파일럿도 마찬가지이다. 그러나 지배성 점수가 지나치게 높은 사람들은 거만하고, 고집이 세며 논쟁하기를 좋아하고 다른 사람들을 배제시킬 수 있다. 이러한 과도한 지배성은 일반적으로 사기꾼들과 악질범죄자를 포함한 사이코패스들에게서 잘 나타난다(Cattell, 1965, p. 92).

지배성에 대한 카텔의 몇몇 견해들은 최근 수행된 연구에 의해 확인되었다(Grant, 2005, p. 5). 구체적으로, 많은 연구들은 지배성 요인에 생물학적 근거가 있다는 카텔의 생각을 뒷받침하고 있다. 다시 말해서 비록 남성들이 평균적으로 여성들보다 10배나 더 높은 테스토스테론 수치를 나타내지만, 이는 남성과 여성 모두에게서 지배 행동을 유발시킬 수 있다. 또한 테스토스테론 수치와 이에 수반된 지배 행동이 환경적 조건들의 영향을 받을 수 있다는 카텔의 믿음을 지지하는 증거 역시 발견되었다.

요인 F: 정열성(liveliness) 정열성에서 낮은 점수를 받은 사람들에게서 나타나는 차분하고 세심한 특성은 비록 분위기 메이커는 아니지만 이들을 신뢰할 만하고 성숙하게 만들 수 있다. 정열성 점수가 지나치게 낮은 사람들은 자신이 지니고 있는 자발성을 억제하기 때문에 위축되어 보인다. 이 요인의 점수가 높은 사람들은 매우 활발하고 힘이 넘치며 사회적인 상황들에 적극적으로 이끌린다. 지나치게 점수가 높은 사람들은 충동적이고, 신뢰하기 어렵고, 미성숙할 수 있다. 그들은 예의를 필요로 하는 상황에서 자신의 의욕을 억누르는 것에 어려움을 느낄 것이다.

요인 G: 도덕성(rule consciousness) 이 요인은 프로이트가 제안한 초자아의 개념과 많은 측면에서 유사하다. 도덕성에서 낮은 점수를 받은 사람들은 규칙과 규정을 회피하는 경향이 있는데, 왜냐하면 그들은 내면화된 가치들과 기준을 충분히 지니고 있지 않거나, 단순히 비전통적인 가치들을 신봉하기 때문이다. 이 요인에서 점수가 높은 사람들은 전통적인 문화적 기준들을 따른다. 극도로 점수가 높은 사람들은 융통성이 없고 도덕주의자라고 인식될 수 있다.

요인 H: 사회적 대담성(social boldness) 이 요인에서 낮은 점수를 받은 사람들은 다른 사람들 앞에서 말하는 것을 두려워하고, 어려운 상황에 직면했을 때 스트레스를 경험할 수도 있다. 높은 점수를 받은 사람들은 사회적 접촉을 잘 하고, 위협적인 사회적 상황에 직면하더라도 대범하게 대처할 수 있다. 사회적 대담성에서 지나치게 점수가 높은 사람들은 타인으로부터 받는 비판 등에 매우 민감하거나 과시적일 수도 있다. 특질 발달에 대한 유전적 및 환경적 영향을 평가하기 위해 다양한 통계적 기법들과 함께 시행된 몇몇 연구들의 축적된 결과에 따르면, 이 주요한 특질은 중등도 수준(대략 40% 정도)의 유전성을 가지고 있다(Cattell, 1982, p. 341).

요인 I: 민감성(sensitivity) 이 요인에서 점수가 낮은 사람들은 강인한 정신력을 지닌다. 다시 말해 이들은 객관적이고 현실적인 것에 관심이 있고 감정은 배제하는 경향이 있다. 이 요인에서 점수가 지나치게 낮은 사람들은 감정의 인식을 필요로 하는 상황들에서 어려움을 겪을 수 있다. 민감성에서 높은 점수를 받은 사람들은 상냥하고 품위 있으며 감정이입을 잘 한다. 그들은 다른 사람들의 감정을 잘 인식하는 경향이 있으며 사람들의 감정에 잘 맞춰준다. 민감성에서 점수가 지나치게 높은 사람들은 상황에 대한 자신의 주관적인 감정에 지나치게 초점을 맞춘 나머지 자신의 실제적인 측면들을 무시할 수 있다. 이 요인에서의 높은 점수는 부모의 과잉보호 및 허용적 태도와 연관이 있는 반면, 강인한 정신력은 엄격한 부모로부터 받은 훈련과 관련된다(Cattell, 1965, pp. 96–98).

요인 L: 경계성(vigilance) 경계성 점수가 낮은 사람들은 다른 사람들이 자신에게 공정한 대우를 해주리라 믿으며 타인과 신뢰로운 관계를 맺는다. 그러나 점수가 극도로 낮은 사람들은 다른 사람들의 동기들을 충분히 생각해 보지 않기 때문에 종종 타인으로부터 착취를 당하기도 한다. 정반대의 경우, 즉 이 요인에서 높은 점수를 받은 사람들은 다른 사람들을 의심하고 신뢰하지 않는 경향이 있다. 그들은 경계를 누그러뜨리지 못할 것이다.

요인 M: 추상성(abstractedness) 이 요인에서 낮은 점수를 받은 사람들은 구체적이고 관찰 가능한 데이터에 초점을 맞추는 경향이 있으며 문제들에 대한 구체적인 해결책들을 이행하는데 능통하다. 지나치게 점수가 낮은 사람들은 너무 구체적이어서 "나무들 때문에 숲을 보지 못한다." 점수가 높은 사람들은 생각과 상상, 공상에 많이 몰두하며 종종 창의적인 모습을 보인다. 지나치게 점수가 높은 사람들은 너무 생각에 몰두해서 멍한 상태로 있거나 비현실적인 생각을 할 수도 있다.

요인 N: 은폐성(privateness) 이 요인에서 낮은 점수를 받은 사람들은 개방적이고 자신에 대해서 기꺼이 말하려 한다. 그들은 진솔하고 경계심이 적다. 지나치게 점수가 낮은 사람들은 요령 있게 행동하는 것이 더 나을 수도 있는 상황들에서 솔직하고 대담하게 행동할 수 있다. 이 요인에서 점수가 높은 사람들은 약삭빠르고, 책략에 능하며, 다른 사람들의 동기에 대하여 통찰력이 있다. 지나치게 점수가 높은 사람들은 종종 타인과 친밀한 관계를 맺는 것을 희생하고서라도 자신의 프라이버시를 유지한다. N 요인은 아마도 아이들이 스스로를 보호하는 법을 배워야 하는 격렬한 경쟁 조건들 하에 놓인 유년기에 습득될 것이다(Cattell, 1979, p. 68).

요인 O: 불안(apprehension) 불안 점수가 낮은 사람들은 자기회의로 인한 심적 고통을 별로 느끼지 않는다. 그들은 자신감 있고 쾌활하며 침착하다. 불안 점수가 지나치게 낮은 사람들에게서 자신감은 대개 흔들리지 않고 굳건한데, 심지어는 재평가와 변화를 필요로 하는 상황들에서도 그러하다. 이 요인에서 점수가 높은 사람들은 자신이 없고, 불안해하며 죄책감을 느끼기 쉽다. 카텔에 따르면, 지나치게 죄책감을 느끼는 경향은 알코올 중독자들, 범죄자들, 양극성 장애가 있는 부모를 둔 병리적인 집단에서 발견되는 특질이다. 이들은 친구가 거의 없고 종종 단체 생활과 집단의 기준들에 대해 비판적이다(Cattell & Kline, 1977, p. 116).

요인 Q1: 변화에 대한 개방성(openness to change) 이 요인에서 낮은 점수를 받은 사람들은 전통적인 행동 방식을 고수한다. 그들은 현재의 상황을 유지하고 예측 가능한 방식으로 행동하는 것을 선호한다. 이 요인의 점수가 극도로 낮은 사람들은 변화를 필요로 하는 상황들에서조차도 이를 시도하고자 하는 노력이 매우 미미하거나 전혀 없다. 점수가 높은 사람들은 현재 상태를 변화시킬 수 있는 방법들에 대해 고려한다. 그들은 비판적으로 생각하고, 새로운 시도를 즐기며, 권위에 도전하는 경향이 있다. 극단적으로 점수가 높은 사람들은 상황을 "있는 그대로" 가만히 두질 못한다.

요인 Q2: 자기 신뢰(self-reliance) 자기 신뢰 점수가 낮은 사람들은 다른 사람들 주변에 있는 것을 좋아하고 여러 사람과 함께 일하는 것을 선호한다. 그러나 점수가 지나치게 낮은 사람들은 종종 독립적으로 일하는 것을 불편해 한다. 이 요인에서 점수가 높은 사람들은 혼자 시간을 보내는 것을 좋아하고 의사결정을 할 때 자기 자신만의 생각에 의지하는 것을 선호한다. 지나치게 점수가 높은 사람들은 다른 사람들과의 협동적 작업에 문제가 있을 수 있다.

요인 Q3: 완벽주의(perfectionism) 이 요인에서 낮은 점수를 받은 사람들은 체계적이지 못하고 자신의 결정들을 운에 맡기는 성향이 있다. 그들은 대개 "자연스러운 흐름에 맡긴다." 이들은 자발적인 것처럼 보이지만, 지나치게 점수가 낮은 사람들은 체계적이지 않고, 준비성이 없으며, 제대로 훈육받지 못한 듯 보인다. 완벽주의 점수가 높은 사람들은 조직화되어 있고 미리 계획을 세워둔다. 그들은 구조화된 상황에서 가장 편안해

한다. 지나치게 점수가 높은 사람들은 강박적일 수 있다.

요인 Q4: 긴장(tension) 이 요인에서 낮은 점수를 받은 사람들은 "느긋하고" 쉽게 절망하지 않는다. 지나치게 점수가 낮은 사람들은 어떤 일에 대해 동기가 매우 부족하다. 점수가 높은 사람들은 상당한 추진력을 가지고 있지만 인내가 필요한 상황에서는 안절부절 못하는 경향이 있다. 지나치게 점수가 높은 사람들은 매우 조급하고 성미가 급한 경향이 있다(Cattell, H. E. P. 2001, pp. 189–191).

일차적 요인

양상 각각의 일차적 요인을 나머지 다른 요인들과 독립적으로 연구함으로써 중요한 성격 정보를 얻을 수도 있지만, 각각의 일차적 요인들을 다른 하나 또는 여러 가지 요인들과 연관지어 살펴봄으로써 개인의 성격에 대한 이해를 증진시킬 수도 있다. 따라서 한 가지 척도(요인)에서 얻은 점수는 다른 척도에서 얻어진 점수와 상호작용하여 그 둘 모두의 의미를 변화시킬 수도 있다(Cattell, H. E. P. & Schuerger, 2003, pp. 125–136). 예를 들어, 레바와 닉 두 학생의 성격을 살펴보자. 레바는 온정성에서는 점수가 낮고 지배성에서는 점수가 매우 높은 반면에, 닉은 레바와 같이 온정성에서 점수가 낮지만 지배성에서는 점수가 매우 낮다. 점수 분포를 근거로 볼 때, 레바는 완고하고, 논쟁적이며, 타인을 지배하려 들고, 다른 사람들의 욕구에는 무관심하다는 가정을 내릴 수 있을 것이다. 대조적으로 닉은 순종적일 것이다. 다시 말해서 지배성에서도 점수가 낮고, 온정성에서도 점수가 낮다. 즉, 그는 다른 사람들에 대해 회피적일 것이다.

16 PF를 이용한 연구

16 PF 검사는 직업과 관련된 영역에서 효율적으로 이용되어 왔다. 수검자들은 16 PF 설문지를 작성한 후 자신들의 검사 점수에 대한 프로파일을 받게 된다. 즉, 검사자는 특정한 직업을 갖고 있으면서 그 직무를 잘 수행하고 있는 많은 사람들의 성격 프로파일을 수검자들의 16가지 특질과 비교한다. 개인이 어떤 직업에 종사하고 있는 다른 사람들과 유사하면 유사할수록, 일단 그가 그 직업에 고용될 경우 더 편안해하고 그 직업에 만족한다는 가정 하에 이와 같은 작업을 하는 것이다. 이러한 절차를 거친 후, 수검자들은 자신의 성격과 잘 맞는 직업을 진지하게 탐색하기 위한 상담을 받을 수 있다. 어떤 특정한 직업과 잘 맞지 않는 사람들은 보다 적절하고 만족스러운 대안적 직업들을 생각해 보도록 격려 받을 수 있다(Schuerger, 1992, p. 238).

몇몇 직업들의 프로파일에는 배우, 교사, 음악가, 경찰관, 의사가 포함된다. 멕켄지와 다코스타(1999, pp. 215-225)가 실시한 한 연구에서, 배우가 되기 위해 준비하고 있는 학생들은 교사가 되기 위해 공부하고 있는 학생들보다 요인 E(지배성), 요인 F(정열성), 요인 M(추상성)에서 더 높은 점수를 받았고, 요인 G(도덕성)와 요인 Q3(완벽주의)에서는 더 낮은 점수를 받았다. 흥미롭게도, 음악가들은 그렇지 않은 사람들에 비해 요인 B(사고 능력), 요인 I(민감성)에서 점수가 더 높았고 요인 A(온정성)에서는 점수가 더 낮다는 결과가 몇몇 연구에서 반복 확인되었다(Buttsworth & Smith, 1995, p. 595). 요컨대, 음악가들은 더 지적이고, 민감하고, 내성적이었다. 그들은 다른 사람들과 상호작용을 하는 데에 보다 적은 시간을 보냈는데, 아마 그 결과로 그들은 자유롭게 창의적인 활동을 하는 데에 더 많은 시간을 보낼 수 있었을 것이다. 예측할 수 있는 바와 같이, 경찰관들은 요인 C(정서적 안정성, 순응성, 성숙), 요인 E(지배성, 박력, 자기주장성), 요인 G(도덕성, 충실), 요인 H(사회적 대담성), 그리고 요인 Q3(완벽주의, 자기통제)에서 높은 점수를 받았다(Austin, Hofer, Deary, & Eber, 2000, p. 411; Cattell, H. E. P. & Mead, 2008, pp. 150-151). 마지막으로, 테이버, 아르퉁 및 보르헤스(2011, pp. 202-209)가 수행한 최근의 한 연구에서는 의과대학 1학년 학생들이 인간-지향적 전공(가정의학과, 내과, 소아과, 물리치료, 재활의학과)에 속하느냐, 기술-지향적 전공(마취학과, 응급의학과, 방사선과, 외과)에 속하느냐에 따라 프로파일들이 서로 다르다는 것으로 나타났다. 인간-지향적 전공에 해당되는 의대생들은 기술-지향적 전공의 의대생들보다 요인 A(온정성), 요인 G(도덕성), 요인 I(민감성), 그리고 요인 O(불안)에서 점수가 더 높았다. 대조적으로, 기술-지향적 전공의 의대생들은 인간-지향적 전공의 의대생들보다 요인 E(지배성), 요인 L(경계성), 그리고 요인 Q4(긴장)에서 점수가 더 높았다.

16 PF 검사는 상담자들이 배우자들의 성격 특징들을 토대로 하여 부부갈등을 이해하도록 하는 데에 상당한 이점을 제공해 주고 있다. 예를 들어, 기혼 부부에 대한 연구에서는 배우자가 요인 Q3에서 점수가 너무 높거나(너무 융통성 없고 강박적임) 요인 F에서 점수가 너무 낮은 경우(너무 진지하고 말이 없음) 결혼 만족도가 매우 낮은 것으로 나타났다. 또한, 배우자가 요인 A의 점수가 너무 높거나(남을 너무 잘 믿음) 요인 Q3에서 점수가 너무 낮을 때에도(지나치게 무례함) 결혼생활에서 상당한 불만족이 보고되었다. 상대 배우자가 요인 E에서 점수가 너무 높은 경우 역시(너무 논쟁적임) 부부관계에 대한 불만족의 주된 원인 중 하나였다(Schuerger, 1992, p. 242).

16 PF 검사는 또한 헤로인 중독자들의 성격 특징들을 연구하는 데에도 사용되었다. 나라얀, 샴스, 자인 및 굽타(1997, pp. 125-127)는 인도에서 헤로인 중독자들과 비중

독자들의 성격 특징들을 비교하였다. 연구 결과, 비중독자들에 비해 중독자들은 요인 B(사고 능력), 요인 C(정서적 안정성), 요인 G(도덕성)에서 점수가 더 낮고, 요인 O(불안)와 요인 Q4(긴장) 점수는 더 높다는 것을 발견하였다. 이러한 결과는 두 집단의 연령, 소득 액수, 교육 수준의 영향을 통제한 후 얻어진 것이다.

마지막으로, 양, 최, 배티, 이 및 조(2005, pp. 407–414)는 인터넷에 중독된 한국 청소년들, 즉 평일(월요일~금요일)에 평균 2.3시간 이상 인터넷을 사용한다고 보고한 청소년들을 대상으로 이들의 성격특징을 연구하였다. 그들은 인터넷을 사용하고자 하는 충동을 느끼며, 인터넷을 사용할 수 없을 때에는 금단 증상(예: 수면 문제, 학교에서의 집중 곤란)을 경험한다고 보고하였다. 이들은 인터넷을 보다 적게 사용하는 청소년들, 즉 하루 평균 인터넷 사용시간이 한 시간 이하이고 인터넷을 사용하고 싶은 충동도 느끼지 않으며 금단 증상 또한 겪지 않은 청소년들과 비교되었다. 연구자들은 인터넷 중독 청소년들이 그렇지 않은 청소년들에 비해 요인 C(정서적 안정성)에서 점수가 더 낮다는 것을 발견하였다. 즉, 이들은 성미가 더 급하고, 적대적이며, 불안 수준 또한 더 높았다. 이들은 또한 요인 M(추상성)에서도 높은 점수를 보였다. 그러나 요인 M에서 높은 점수를 받은 사람들은 자기에게만 몰두하고 특정한 사람들과 물리적 현실을 의식하지 못하는 특징 역시 가지고 있다. 연구자들은 인터넷 중독 청소년들이 전통적인 사회적 활동이나 교우관계보다는 인터넷 활동(대개는 가상현실 게임)을 통해 만족감을 얻고자 하는 성격 특질을 가지고 있다는 것을 확인하였다. 이러한 결과들은 인터넷 중독 청소년들이 내향적이고, 사회적으로 고립되어 있으며, 주변에 친구들이 적고, 자존감이 낮다는 것을 보여 준 이전의 연구 결과와 일치하는 것이다.

인터넷 중독 연구가 인과관계가 아닌 상관관계를 보여 준다는 점 때문에, 청소년들의 성격 특질이 인터넷을 과도하게 사용하도록 유발하는 것인지, 아니면 성격 특질들이 과도한 인터넷 사용의 결과로 나타난 것인지는 아직 명확하지 않다.

주요 총체적 요인들 또는 이차적 요인들

요인들의 양상을 살펴봄으로써 우리는 개인의 성격에 대한 보다 구체적인 관점을 얻을 수 있지만, 때때로 검사자는 개인의 성격에 대한 보다 일반적이고 전체적인 관점을 원하기도 한다. 이러한 경우, 일차적 요인들이나 근원 특질들은 카텔이 총체적(global) 또는 **이차적 요인**second-order factors이라고 칭하는 것들을 산출하는 요인 분석을 통해 보다 자세하게 다뤄질 수 있다. 일반적으로, 이러한 분석을 통해 우리는 다섯 가지의 총체적 요인들 및 그것들이 의미하는 바들을 밝힐 수 있다. (1) 내향성/외향성(이 특질에서 낮은 점수를 받은 사람들은 혼자 보내는 시간을 소중하게 여기는 경향이 있다. 반면 높은 점수를 받은 사람들은 인간 지향적이고, 사회적인 상황에서 다른 사람들과 함께 시간을 보내는 것을 가치 있게 여긴다); (2) 낮은 불안/높은 불안(불안 점수가 낮은 사람들은 대부분의 상황에서 평정심을 잃지 않고 다른 사람들보다 쉽게 화도 내지 않는다. 불안 점수가 높은 사람들은 어떤 일에 대해 쉽게 화를 내는 경향이 있다); (3) 수용성/강인한 정신력(이 요인에서 낮은 점수를 받은 사람들은 타인에 대한 태도, 감정 및 새로운 아이디어들에 대해 개방적이다. 높은 점수를 받은 사람들은 예측할 수 있고, 구체적이며, 익숙한 영역을 선호하는 경향이 있다); (4) 조화/독립(이 요인의 점수가 낮은 사람들은 종종 자기 자신을 희생하면서까지 다른 사람들이 원하는 바를 따르고자 한다. 반면에, 점수가 높은 사람들은 일이나 임무에서 "책임을 맡는" 경향이 있다. 즉, 타인으로부터 영향을 받기보다는 타인에게 영향을 미치고자 한다); (5) 자제력 부족/자기통제(이 요인에서 점수가 낮은 사람들은 충동적이고, 자신들의 행동을 통제하기 위한 자원이 부족하다; 점수가 높은 사람들은 자신의 행동을 통제하기 위한 자원들을 많이 가지고 있다). 일단 검사자가 수검자의 총체적, 즉 이차적 요인 점수들을 기초로 전반적 인상을 갖게 되면, 개인 성격의 독특하고 구체적인 부분들을 채울 수 있는 일차적 요인들 사이의 상호작용들과 이 요인들의 점수 패턴을 연구할 수 있다(Cattell, H. E. P. 2001, p. 201).

주요 이상 특질들

16 PF에 포함된 근원 특질 또는 일차적 요인들은 주로 정상적인 성격에 초점을 맞추고 있지만, 극단적인 점수들은 부적응적인 성격을 드러낼 수 있다. 그러나 16 PF는 평균으로부터 일탈된 모든 행동 측면들을 측정할 수 있는 것은 아니며, 정신증 환자들의 성격 특징들을 평가하는 것도 아니다. 정상 혹은 비정상적 성격 영역들의 표면 특질들에 대한 요인 분석을 적용함으로써, 카텔은 정신병리를 측정하는 12가지 추가적인 요인들을 도출하였다. **표 9.3**에 제시된 이러한 12가지 요인들은 앞서 제시된 16 PF의 특질들과 조합되어 새로운 검사인 **임상 분석 설문지**Clinical Analysis Questionnaire로 구성된다. 이 검사는 임상 심리학자들에게 상당히 흥미롭고 유용하게 사용될 수 있을 것이다. 카텔은 자신이 정상적인 성격과 비정상적인 성격 모두에서 주된 근원 특질들을 확인했다고 믿었다.

표 9.3 임상 분석 설문지에 의해 평가된 주요 이상 근원 특질

요인	정상적 근원 특질	비정상적 근원 특질
D_1	**낮은 수준의 건강염려증(Low hypochondriasis)** 행복하고, 마음이 편안하며, 건강이 나빠지는 것을 두려워하지 않는다.	**심한 건강염려증(High hypochondriasis)** 신체기능과 건강, 또는 질병에 극도로 예민하다.
D_2	**활기참(Zestfulness)** 삶과 주변 환경에 대해 만족스러워하고 죽음을 동경하지 않는다.	**무분별한 혐오(Suicidal disgust)** 삶에 대한 혐오와 자기 파괴적 사고 및 행위를 보인다.
D_3	**낮은 수준의 불만족(Low brooding discontent)** 위험하거나 모험을 무릅쓰는 일을 피하고, 흥분되는 일을 지향하지 않는다.	**심한 불만족(High brooding discontent)** 흥분되는 일을 찾으며, 가만히 있지 못하고, 위험한 일을 하며 새로운 것을 시도하려고 한다.
D_4	**낮은 수준의 불안이 동반된 우울 (Low anxious depression)** 급박한 상황에서도 침착성을 잃지 않으며, 주변 환경에 대해 자신감을 가지고 있으며 준비되어 있다.	**심한 불안이 동반된 우울(High anxious depression)** 불안한 꿈을 꾸며, 어떤 일에 대처해 나감에 있어 어설프고, 긴장되어 있으며 쉽게 화를 낸다.
D_5	**높은 에너지를 띤 행복감(High energy euphoria)** 일에 대한 열의가 있으며 활기차고, 잘 때도 편안하게 숙면을 취할 수 있다.	**낮은 에너지를 띤 우울(Low energy depression)** 권태감과 걱정을 느끼며, 일에 대처할 만한 활기가 부족하다.
D_6	**낮은 수준의 죄책감과 증오 (Low guilt and resentment)** 죄책감으로 인해 문제를 겪지 않으며, 마무리되지 않은 일이 있어도 숙면을 취할 수 있다.	**심한 죄책감과 증오(High guilt and resentment)** 잘못된 일들에 대해 죄책감을 강하게 느끼며 이를 자신의 탓으로 생각한다. 수면을 취하는 데도 어려움이 있다.
D_7	**낮은 수준의 권태감이 동반된 우울 (Low bored depression)** 안정되어 있고, 타인에게 상냥하며 쾌활하다.	**심한 권태감이 동반된 우울(High bored depression)** 타인과의 접촉과 관여를 회피하고 불편해 하며, 홀로 있으려 한다.
P_a	**낮은 수준의 편집증(Low paranoia)** 신뢰를 가지고 있으며, 질투로 인해 짜증을 내는 일이 없다.	**심한 편집증(High paranoia)** 자신이 박해를 받고 있으며 독살당할 위험에 처해 있고, 통제당하고, 누군가에 의해 감시받고 있으며, 학대받고 있다고 느낀다.
P_p	**낮은 수준의 정신병적 일탈 (Low psychopathic deviation)** 병리적인 행동이나 규칙을 위반하는 행동을 하지 않으며, 타인의 감정을 거스르지 않는다.	**심한 정신병적 일탈 (High psychopathic deviation)** 자신 또는 타인의 반사회적 행동에 대하여 문제의식이 없고, 비난에 아랑곳하지 않으며, 무리를 짓는 것을 좋아한다.
S_c	**낮은 수준의 정신분열병(Low schizophrenia)** 자신과 타인에 대한 현실적인 평가를 내리며, 퇴행을 나타내지 않으며 정서적 조화를 보인다.	**심한 정신분열병(High schizophrenia)** 분명한 외부자극이 존재하지 않음에도 음성이나 소리를 들으며, 현실로부터 철수하고, 통제되지 않는 갑작스러운 충동을 느낀다.
A_s	**낮은 수준의 정신쇠약(Low psychasthenia)** 불쾌한 사고나 생각 또는 강박적인 습관으로 인해 고통받지 않는다.	**심한 정신쇠약(High psychasthenia)** 끈질기고 반복적인 생각을 하며 특정행동을 하려는 충동을 보인다.
P_s	**낮은 수준의 전반적 정신증 (Low general psychosis)** 자신을 다른 사람만큼 바람직하고, 신뢰로우며, 똑똑한 사람이라고 느낀다.	**심한 전반적 정신증 (High general psychosis)** 스스로에 대해 열등감과 무가치함을 느끼며, 내성적이고, 쉽게 자제력을 잃는다.

출처: Reproduced by special permission of the Institute for Personality and Ability Testing, Inc.

역동 특질들과 역동적 격자도식

카텔은 역동 특질들을 태도와 감정, 에르그(erg)들로 세분화했다. 그는 태도를 주어진 상황에 존재하는 어떤 대상들을 향한 특정한 행동 과정들에 대해 갖는 구체적 관심이라고 정의했다(Cattell, 1965, p. 175). 카텔은 이러한 관심들을 환경적 자극과 그 결과로 나타나는 외부 반응 사이를 중재하는 가설적 구조라고 보았다. 예를 들어, 어떤 학생이 "나는 다음에 이렇게 잘생긴 남자와 데이트할 때에는 그에게 꼭 키스하고 싶어"라는 태도를 갖고 있다고 하자. 그 학생은 주어진 상황(다음에 그와 데이트 할 때)에 존재하는 어떤 대상(이렇게 잘생긴 남자)을 향한 특정한 행동 과정(키스하는 것)에 대해 강렬한 관심(나는 정말 많이 원해)을 보인다. 에르그와 감정은 태도에 대한 요인 분석 연구를 통해 추론된다. 예를 들어, 어떤 한 남성은 소심한 기질을 가지고 있는데, 이는 기저의 두려움 즉 에르그에 바탕을 두고 있는 것일 수 있다(Cattell, 1950, p. 84).

감정은 크고 복잡한 태도들이다. 이는 많은 관심들과 의견들, 그리고 사소한 태도들을 포함하고 있다. 예를 들어, 어떤 남성이 가정에 대해 갖고 있는 감정은 그가 집수리와 집의 경관 등에 대해 갖고 있는 관심에서뿐 아니라 자신의 아내와 자녀들, 전반적인 결혼생활에 대한 그의 태도들에서도 알 수 있다(Cattell, 1950, pp. 161-162). 그러한 감정들은 오랜 기간에 걸쳐서 학습되는 것이다. 카텔은 감정을 환경 조형 특질, 즉 사람들과의 경험을 통해 학습되는 특질들이라고 설명하였다.

에르그(erg)는 "이를 소유하고 있는 사람으로 하여금 다른 것들에 대한 반응성보다 특정 부류의 대상들에 대한 반응성(주의, 인식)을 더욱 즉각적으로 나타내도록 하고, 그와 관련된 구체적인 감정을 경험하도록 하며, 구체적 목적이 달성되면 행동을 멈추게 해주는 선천적인 정신물리학적 기질이다"(Cattell, 1950, p. 199). 요컨대, 에르그는 환경적 자극들에 의해 촉발되는 선천적인 욕구인데 이때 환경적 자극들은 목표에 도달하게 되면 사라진다. 예를 들어, 부모 에르그는 스트레스를 받은 아이들이 울음소리를 낼 때 발생하고, 이들이 위험에서 벗어나면 충족되기 때문에 곧 사라지게 된다. 그 밖의 다른 기본적 욕구들(카텔의 생애 참고)에는 음식 추구, 짝짓기, 호기심 및 욕심 등이 포함된다.

무엇 때문에 카텔은 이러한 욕구들이 선천적이라고 생각했을까? 그의 판단은 자연주의적이고 임상적인 연구들을 토대로 한 것이다. 자연주의적 연구들은 다양한 상황들과 문화권에서 나타나는 인간 행동의 일반적인 관찰들뿐만 아니라, 계통발생론적인 차원으로 볼 때 인간과 유사한 행동을 보이는 포유류에 대한 관찰까지도 포함한다(Cattell, 1979, p. 155). 카텔은 인간이 영장류 및 그 밖의 포유류들과 구조적이고 기능적으로 밀접한 관련이 있으므로 인간들 또한 당연히 동물들이 지니고 있는 본능적 측면들을 나타낸다고 보았다.

카텔은 인간이 지닌 특질들을 설명하고 측정하는 것뿐만 아니라 그것들이 어떻게 상호 연관되어 있는지를 증명하여야 한다고 믿었다(Cattell, 1950, p. 156). 그러므로 그는 역동적 특질들이 유기체의 인지적이고 동기적인 구조 내에서 복잡한 방식으로 조직되어 있으며 이들이 **역동적 격자도식dynamic lattice**을 형성한다고 가정하였다. 특질들이 어떻게 서로 맞물려 있는지를 증명하기 위해, 그는 **보조subsidiation**의 개념에 크게 의지하였다. 보조란 특정한 역동적 특질들이 다른 특질들에 부수적으로(또는 의존하여) 나타나는 과정을 말한다. 그러므로 감정(느낌)은 에르그에 의존하고, 태도는 감정(느낌)에 의존한다. 예를 들어, 한 고등학생은 과학을 너무 좋아해서(긍정적 감정) 별들을 관찰하는 데에 많은 시간을 보낼 수 있다(이러한 행동에 대한 긍정적 태도 또는 관심). 그가 과학을 좋아하는 것은 과학을 공부함으로써 우주가 작동하는 방식에 대한 그의 강력한 호기심이 충족된다는 사실을 토대로 나타난 것이다(긍정적인 에르그 충족).

역동적 격자도식은 관심사, 태도, 감정, 목표, 욕구들의 복잡한, 종종 보는 사람을 어리둥절하게 만드는 뒤얽힌 구조로 나타난다. **그림 9.4**는 태도와 감정, 선천적 목표들을 포함하고 있는 한 가상인물의 단편적인 역동적 격자도식을 보여 주고 있다. 그림의 오른쪽에서 우리는 에르그들을 볼 수 있다. 가운데에는 다양한 감정들이 있고, 왼쪽에는 다양한 태도들이 있다. 우리는 수많은 에르그들이 다양한 감정들을 표출하고, 이러한 감정들이 서로 관련되어 있으며, 몇몇 태도들은 동일한 감정에 수렴되고, 태도들 중 몇몇은 서로 다른 감정들로부터 동일하게 기인한다는 점을 알 수 있다. 우리는 이 가상인물의 아내가 그의 섹스, 보호, 그리고 우정에 대한 욕구들을 충족시켜 주므로 남편으로부터 사랑받는다고 가정할 수도 있을 것이다. 또한 그는 자신의 안전을 보장하고 아내가 행복해 하는 데에 필요한 물질적 재원들을 확보하기 위해서는 은행계좌를 건실하게 유지해야 한다는 것을 알고 있다. 이러한 모든 사실들이 의식으로 떠오를 때, 그는 자신의 역동적 격자도식을 변화시켜야 할 필요성이 있음을 인지할 수도 있다. 그는 은행 계좌 잔액이 고갈되어서 자기 자신도 불행해질까봐 두려워한 나머지 뉴욕여행을 자제하기로 결정할 수 있다. 아니면, 그는 더 많은 수입을 얻고 자신과 아내 모두의 최대 만족을 보장하기 위해 그의 사업상 친구에게 은행계좌 관리에 관한 조언을 구하고 싶어 할 수도 있다.

역동적 격자도식에서 나타나는 변화들은 개인의 기분 또는 감정 상태의 결과에 의해서도 발생할 수 있다; 다시 말해서 개인의 특질, 태도, 감정, 관심사, 심지어는 목표

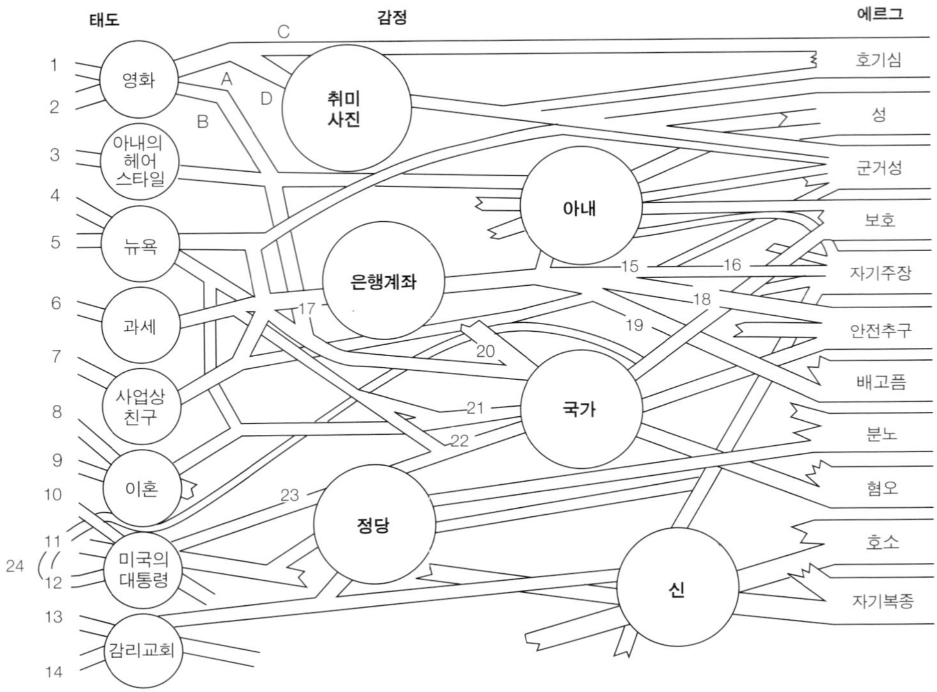

그림 9.4 태도, 감정, 선천적인[에르그(erg)] 목표들 간의 상호관계를 보여 주는 단편적인 역동적 격자도식

출처: Cattell, R. B. (1950) *Personality: A Systematic Theoretical and Factual Study*, p. 158에서 인용. Estate of R. B. Cattell의 허락하에 재인쇄.

까지도 피로감과 죄책감, 불안, 우울, 흥분, 외향성, 스트레스, 후회와 같은 상태들에 의해 변화할 수 있다(예: 혼란스러워 하는 사람은 충동적으로 행동할 수도 있다). 이러한 상태들은 **여덟 가지 상태 설문지**Eight State Questionnaire에 의해 측정될 수 있다(Cattell & Kline, 1977, p. 22). 역동적 격자도식에서 나타나는 변화들은 또한 개인이 처한 환경이 변화함에 따라 형성될 수도 있다(예: 사업에서의 큰 실패는 개인의 생활방식에 극심한 변화를 가져올 것이다).

카텔에 따르면, 감정은 성격에서 보다 깊고 근본적인 구조들이기 때문에, 태도들보다 변화에 덜 민감하다. 그러나 때때로 성격에서 변화가 나타나기도 한다. 예를 들어 어떤 사람이 사고로 인해 가족을 잃은 경우, 이러한 외상적 사건은 성격 기능에 있어서 주요한 변화들을 초래할 것이다(Cattell, 1950, p. 160).

마지막으로, 카텔은 **자기 감정**self-sentiment이라고 불리는 주요동기의 존재를 가정함으로써 태도와 관심사, 에르그, 감정 모두를 통합하였다. 자기 감정을 개인의 다양한 태도와 감정, 관심사들을 조율하며 에르그들의 표출을 조절한다.

이코네틱 모형

특질 이론들은 행동을 예측함에 있어서 환경의 역할을 무시한다는 점에서 주로 비판받아 왔다. **이코네틱 모형**econetic model은 이러한 결점을 보완하려는 카텔의 노력들을 보여 준다. 이 모형은 인간의 행동이 특질과 상황 사이에서 나타나는 복잡하고 미묘한 상호작용의 결과라고 가정한다. 이러한 복잡한 상호작용을 이해하기 위한 첫 번째 단계로서, 카텔은 상황 또는 환경에 대한 분류체계를 제안하였다. 광범위한 **환경적 영역**environmental sphere을 조사하기 위해, 그는 어떤 한 문화에 대해 설명하는 모든 백과사전의 열 번째 페이지에 언급된 상황들을 표집하기 시작했다(이 절차는 성격 영역에서 특질들을 조사하기 위해 그가 했던 노력들과 유사하다). 이러한 방식은 연구자들에 의해 밝혀진 여러 종류의 상황들 사이에서 몇몇 고무적인 일관성들을 도출해 냈지만, 연구자들은 이러한 선구적인 노력들을 계속 따르지는 않았다(Cattell, 1979, p. 218). 그럼에도 불구하고, 카텔은 이코네틱스(econetics: 생태학 연구 분야)가 사회과학의 다양한 분야의 연구자들과 협력함으로써 미래에 급속히 성장할 가능성이 있으며, 결국에는 신뢰롭고 객관적인 분류체계가 만들어질 것이라고 믿었다.

카텔에 따르면, 두 번째 단계는 이러한 상황들이 개인에게 미치는 영향을 평가하는 것이다. 몇몇 상황들은 상황에 처한 개인과 관련성이 있지만, 다른 몇몇 상황들은 그렇지 않다. 개인의 삶에서 어떤 역할을 수행하는 상황들 중 일부는 엄청난 영향력을 미치는 반면, 다른 상황들은 미약한 영향만을 미친다. 상황들에 존재하는 몇몇 대상들은 개인에게 접근하기가 쉽지만, 다른 대상들은 그렇지 않다. 이러한 상황들이 개인에게 무엇을 의미하는지는 개인의 기분에 따라 달려 있다. 간단히 말하자면, 일단 분류 작업이 완료되면, 개인에 대하여 다양한 상황들이 지니는 독특한 심리학적 의미가 확립되어야 한다(Cattell, 1979, p. 220). 확실히 개인에게 미치는 환경적 영향들에 대한 이러한 평가들은 매우 복잡하다. 이 평가들은 개인에게 미치는 타인의 영향과 물리적, 사회적, 문화적 환경들의 효과를 측정하는 것을 포함한다. 이러한 요소들 각각은 비중도 서로 다를 것이고, 개인의 특질과 이후 행동의 변화에 기여하는 정도 또한 다를 것이다. 마지막으로 이러한 요인들의 상대적인 영향은 시간이 지나면서 변화한다.

역동 계산식

카텔에 따르면, 이러한 모든 복잡성들은 **역동 계산식**dynamic calculus을 통한 행동 예측에 통합될 수 있다. 역동 계산식은 인간의 행동에 영향을 미치는 요소로 환경의 영향뿐 아니라 다양한 특질들까지 고려하는 **명시적 방정식**specification equations들로 구성되어 있다. 이들은 특질들과 상황들이 행동을 예측하기 위해 결합되는 방식들을 명시하고 있기 때문에 명시적 방정식이라 불린다. 사실 명시적 방정식들은 매우 복잡하며, 우리가 카텔 이론에서 다루지 않은 수많은 요인들이 포함된다(기초 방정식들과 이들의 도출에 대한 상세한 논의는 Cattell, 1979, 1980을 참고하라). 그러나 이 방정식을 일반적인 형태로 나타내자면 다음과 같다;

$$
\begin{aligned}
R = & (b_1A_1) + (b_2A_2 \cdots + b_nA_n) \\
& + (b_1B_1) + (b_2B_2 \cdots + b_nB_n) \\
& + (b_1C_1) + (b_2C_2 \cdots + b_nC_n) \\
& + (b_1K_1) + (b_2K_2 \cdots + b_nK_n)
\end{aligned}
$$

이 공식에서 R은 주어진 상황에서 나타나는 개인의 행위 또는 반응이다. 이는 (1) 개인이 갖고 있는 근원 특질들($A_1, A_2, \cdots A_n$); (2) 개인의 상태와 기분(B_1, B_2, $\cdots B_n$); (3) 주어진 상황에 대해 개인이 지니는 사회적, 문화적 의미들($C_1, C_2, \cdots C_n$)의 조합이 갖는 가중치에 의해 결정된다. 여기에는 또한 아직 열거되지 않은 그 밖의 다른 요인들($K_1, K_2, \cdots K_n$)의 조합이 갖는 가중치가 포함될 수도 있다.

위 공식에서 $b_1, b_2, \cdots b_n$은 가중치들이다. 이들은 각각의 요인에 대해 독특하게 나타나며, 현재 고려되고 있는 상황에서 각각의 요인이 개인의 행동에 관여하고 있는 정도를 나타낸다(Cattell, 1965, pp. 78–80). 특질에 대한 가중치들은 비교 가능한 개인들의 대규모 집단에서 나타나는 수행들을 평가하고, 요인 분석을 통해 특질들이 지니는 상대적인 중요도를 결정할 수 있는 실험들에 의해 얻어진다. 다음으로, 개인의 점수들과 더불어 이러한 가중치들은 실험에서 나타난 수행을 예측하는 수단으로써 일반 방정식에 적용된다. P 기법과 같은 다른 통계적 절차들은 주어진 상황에 대해 개인이 지니는 독특한 의미와 상태들의 가중치를 평가하는 데 사용된다.

예를 들어, 우리가 어떤 한 학생의 수학시험 성적을 예측하고자 한다고 가정해 보자. 우리는 수학시험에서 좋은 점수를 예측하는 데 가장 중요한 근원 특질이 지능(A_1)이고, 그 다음으로는 성실성(A_2)과 스스로 해결하는 능력(A_3)이라고 가정하였다. 또한 우리는 상태들(예: 불안감과 피로 수준들)과 주어진 상황이 그 학생에게 주는 독특한 의미, 즉 상황에 대한 관련성과 중요성에 대해 가중치들을 부여할 수 있다고 가정해 보자.

만약 이러한 요인들에 대한 가중치가 .00부터 1.00까지이고(가중치 1.00은 유의미한 최대 부하량, 또는 가장 중요성이 높음을 의미함), 수학점수는 0점부터 100점까지 채점된다면, 우리는 가중치들과 점수들의 분포가 다음과 같음을 알 수 있을 것이다;

$$R = [.8(90) + .6(80) + .3(30)] + [.6(90) + .8(100)] + [.9(70) + .8(100)]$$

이 방정식에서 100이라는 높은 점수는 지능, 성실성, 스스로 해결하는 능력이 최대이고; 불안감과 피로는 최소이며; 수학시험의 좋은 성적에 대한 관련성 및 중요성은 높다는 것을 의미한다. 방정식을 풀면 다음과 같이 예상되는 성적을 제공해 준다:

$$R = [.8(90) + .6(80) + .3(30)] + [.6(90) + .8(100)] + [.9(70) + .8(100)]$$
$$R = [72 + 48 + 9] + [54 + 80] + [63 + 80]$$
$$R = 129 + 134 + 143$$
$$R = 406$$

수학시험에서의 최대 성적은 다음과 같이 예측될 것이다:

$$R = [.8(100) + .6(100) + .3(100)] + [.6(100) + .8(100)] + [.9(100) + .8(100)]$$
$$R = [80+60 + 30] + [60 + 80] + [90 + 80]$$
$$R = 170+ 140+ 170$$
$$R = 480$$

그러므로 우리가 예로 든 학생은 얻을 수 있는 최고 점수인 480점 중에 406점을 얻는다. 우리가 예측할 수 있는 바는 그 학생의 수학성적이 좋을 것이라는 것이다.

방금 위에서 설명한 이 모형은 선형적 속성을 지닌다. 카텔은 만약 이러한 모형이 우리가 행동을 정확하게 예측하는 데 도움이 된다면 이를 사용해야 하고, 도움이 되지 않는다면 수정하거나 심지어는 폐기해야 한다고 말했다. 그러나 카텔은 우리 행동의 상당 부분을 예측하는 데에는 선형적 모형이 적절하다고 생각했다(Cattell, 1965, p. 252). 예를 들어 우리는 학업수행과 직업적 성공을 예측하는 데에 이 모형을 사용할 수 있다. 이러한 다차원적 모형은 특질들과 상황들이 역동적으로 상호 관련을 맺는 방식들에 대한 복잡한 설명을 포함하고 있다.

성격발달

유전과 환경의 역할

이 책에서 소개하고 있는 다른 어떤 이론가들과도 다르게, 카텔은 성격에 미치는 부모의 영향을 자세하게 논의했다. 예를 들어, 비정상적인 염색체로 인한 다운증후군을 가지고 태어난 아이들은 제한된 지능과 행동 양상들을 지니게 된다. 비정상적인 신진대사 또한 정신 지체를 유발할 수 있다. 출생 당시의 두부 손상은 지능과 운동근육 조절에 있어서 결함 혹은 심지어 마비까지도 유발할 수 있다. 카텔은 기질과 호르몬에 대한 관계의 속성이 불분명하긴 하지만, 기질이 임신 기간 동안 나타나는 어머니의 내분비(호르몬) 상태와 관련이 있다고 믿었다. 그러므로 어머니의 생리학적 상태는 자궁 내 신경계 성숙의 정상적인 발달과정에 영향을 미친다(Cattell, 1950, pp. 557–559).

성격에 미치는 생물학적인 영향들과 더불어, 카텔은 환경이 갖는 영향, 특히 발달의 후기 단계들에서 나타나는 환경의 지대한 영향에 대해 논의하였다. 먼저, 발육과 관련된 생물학적인 영향들이 중요하다. 이에 대한 연구에서는 운동기술의 학습과 언어적 학습 모두를 터득하지 못한 쌍둥이들이 철저하게 훈련을 받은 아이들과 똑같은 수준의 수행능력을 성취한다는 것이 밝혀졌다(Cattell, 1950, p. 561). 이는 훈련을 받지 못한 아이들이 일단 그렇게 할 수 있을 정도로 충분히 성숙하게 되면 특정한 기술들을 매우 빠르게 학습하고 잘 훈련된 아이들과 동등한 숙달 정도를 성취할 수 있음을 의미한다. 그러나 개인이 성장하고 나이가 들어감에 따라 환경이 성격 형성에 점점 더 많은 영향을 미치게 된다.

학습의 역할

카텔은 성격 형성에 관여하는 세 가지 종류의 학습을 구별했다. 고전적 조건형성, 도구적 조건형성(강화 학습), 그리고 통합 학습. **고전적 조건형성**classical conditioning은 중립자극을 제시하는 것 자체만으로 반응을 촉발할 수 있을 때까지 특정 반응을 유발하는 자극과 중립자극들을 짝지어서 제시하는 것을 포함한다. 고전적 조건형성은 두려움과 공포증의 습득을 설명하기 위해 사용되어 왔다. 카텔은 고전적 조건형성이 무의식적 학습과 공포증의 형성, 깊고 강력한 감정적 애착을 습득하는 데 일조한다고 믿었다(Cattell, 1965, p. 268).

카텔에 따르면, 우리의 성격 학습의 많은 부분들은 보상 학습(reward learning), 또는 **도구적 조건형성**instrumental conditioning을 통해 발생한다. 우리는 어떤 한 목표에 도달하기 위해 특정한 행동을 한다. 스키너 박스에 있는 쥐는 바(bar)를 누르고 먹이를 받는다. 이 경우 쥐는 바를 누르는 법을 재빨리 학습한다. 바를 누르는 것은 목적을 달성하기 위한 수단이다. 기타 다른 조건들에서, 쥐가 바를 누르면 전기충격을 받게 된다. 이 경우 쥐는 바를 누르는 것을 피하는 법을 재빨리 학습한다. 마찬가지로, 어떤 사람은 체중 감량으로 인해 친구들과 의사로부터 인정을 받을 수 있기 때문에 다이어트 방법을 배운다. 어떤 아이는 부모의 허락 없이 쿠키를 집고는 엉덩이를 맞는다. 그 아이는 쿠키 그릇에서 쿠키들을 꺼내지 않는 법을 재빨리 배우는데, 적어도 자신의 부모들이 근처에 있을 때에는 쿠키를 함부로 꺼내지 않는다.

카텔은 역동적 격자도식의 형성에서 보상 학습이 가장 중요하다고 믿었다(Cattell, 1965, p. 269). 예를 들어, 어떤 한 학생이 자신의 육상능력이 뛰어나다는 감정을 갖고 있다면 열심히 훈련에 임할 것이다. 이후 그 학생이 육상 대회에 나가 우승을 한다면 그가 훈련했던 것은 매우 보람 있는 것으로 판명될 수도 있다. 그 결과 육상 능력에 대해 그가 갖고 있던 감정은 만족되며, 자기주장에 대한 그의 에르그(erg), 즉 자부심을 느끼고 싶어 하는 그의 선천적인 욕구도 충족된다. 역동적 격자도식의 형성과 유지는 **융합 학습**confluence learning, 즉 두 가지 또는 그 이상의 서로 다른 목표들을 충족시키는 데에 동시에 기여하는 행동들과 태도들을 습득하는 것에 달려 있다(Cattell, 1965, p. 270). 예를 들어, 그 육상선수 학생은 다이어트와 신체적 운동에 대해 긍정적인 태도를 발달시킬 수 있다. 다이어트와 신체적 운동이 자부심에 대한 그의 욕구와 다른 어떤 것을 하고자 하는 욕구(호기심 에르그)를 충족시켜 주기 때문이다. 그러므로 학습은 개인의 역동적 격자도식 내에서 수많은 목적들을 충족하는 것을 포함할 수 있다. 감정 그 자체는 보상 학습을 통해 학습되는데, 그 이유는 자신의 육상 솜씨를 증명하는 것에 대한 그 학생의 관심이 성공적인 성과에 의해 강화되었기 때문이다.

카텔은 또한 **통합 학습**integration learning이라 불리는 복잡한 형태의 학습을 제시하였다. 이는 발달하는 사람이 장기적인 만족을 최대화하기 위해 자아 및 초자아 과정들을 이용하는 인지적이고 도구적인 학습 형태이다. 개인은 실제적인 만족을 추구하는 법을 배운다(Cattell, 1965, p. 276). 카텔은 자아와 초자아의 발달이 갈등이 특징적으로 나타나는 삶의 2~5세경에서 일어나고, 이 기간이 성격발달에서 결정적이라는 프로이트의 견해에 동의했다(Cattell, 1950, pp. 573–575).

카텔은 6~13세를 아이들이 계속해서 자신의 자아를 강화하고 자신과 부모를 넘어서서 다른 사람들에게까지 사랑을 확대하는 근심걱정이 없는 기간이라 간주했다. 청소년기는 이타성과 사회적 공헌에 대한 관심의 증가와 더불어 급속한 신체적 변화들과 정서적 불안정, 사회적 어색함, 그리고 성적 관심의 증가를 가져온다. 이 기간 동안에 갈등의 주요한 원천들은 "(a) 부모로부터의 독립, (b) 직업을 준비하고, 직업에서 지위를 얻으며, 경제적인 자립을 성취하는 것, (c) 짝을 구함으로써 만족스러운 성적 표현을 성취하는 것, 그리고 (d) 안정적이고, 통합된 성격과 만족스러운 자아 개념을 성취하는 것"이다(Cattell, 1950, p. 594). 카텔의 의견에 따르면 이러한 갈등들은 생물학적이고 환경적인 영향들에 기인한다.

25~55세의 기간인 성숙기는 약간의 기본적인 성격 변화가 나타나는 시기이다. 비록 생물학적인 효율성에 있어서 약간의 쇠퇴가 있지만(예를 들어, 청각과 시각에 대한 문제의 증가, 물질대사의 둔화), 카텔은 이 시기는 학습과 경험을 통한 창의성의 증가가 가능하다고 믿었다. 정서적 안정성이 두 성별 모두에서 증가한다(Cattell, 1950, pp. 610–613). 또한 성숙기에 이르러 한 개인은 자신의 청소년기에서의 꿈과 열망이 많은 측면에서 비현실적이라는 것을 발견하기 때문에, 성숙기는 적응과 조정이 이루어질 필요가 있는 시기이다. 이 기간의 후반부에 접어들게 되면, 늘어난 여가시간이 낭만적 관심사들을 부활시키는 역할을 하게 된다. 카텔은 이러한 연령에서 결혼 외의 일들에 대한 관심이 되살아나는 경향이 있다는 킨제이(Kinsey) 보고서의 결과를 인용했다. 폐경기에 다다른 여성은 낭만에 대한 동경과 갈망을 보인다(Cattell, 1950, p. 616).

노년에 이르게 되면 신체적 힘의 보다 급격한 쇠퇴가 나타난다. 정교함을 필요로 하는 임무에서의 수행능력은 떨어지고, 반면에 경험을 필요로 하는 임무에서의 수행능력은 꾸준히 유지되거나 또는 약간 증가한다. 카텔은 다음과 같은 특징들이 노년기의 전형이라고 생각했다(Cattell, 1950, pp. 618–619): 재정에 대한 걱정; 건강에 대한 걱정; 자신이 쓸모없고, 소외되고, 또는 외롭다는 느낌; 불신; 기억력 상실; 정신적 경직; 저장(종종 사소한 것들); 부적응과 그로 인한 불안감; 죄책감; 성급함; 성적인 활동의 감소 그러나 특히 남성들에게서 증가된 성적 관심; 지저분함; 불결함; 변화된 상황에 적응할 수 없는 무능력; 그리고 감소된 사회적 접촉.

비록 신체적 건강과 능력의 감소가 노년의 연령과 연관되고 이러한 황폐화가 수행능력의 감소로 나타날 수 있다는 것은 사실이지만, 몇몇 연구는 종종 나이 탓이라 간주되는 부정적인 특징들의 정확성에 의문을 던진다(Field & Millsap, 1991). 노인들이 반드시 자신감이 부족하거나 무력감을 느끼는 것은 아니며, 이들이 죄책감과 불안감으로 괴로워하는 것도 아니다. 사실, 많은 노인들은 매우 유능하고, 자신들의 상황들에 만족해 하며, 의미 있는 활동에 적극적으로 참여한다. 더욱이 연구 결과는 노인들이 일반적으로 청소년들과 젊은 성인들보다 덜 외로워한다는 점을 보여 준다(Taylor, Peplau, & Sears, 2000, p. 237). 그러므로 노년과 연관되는 강점과 한계점 모두를 보다 현실적으로 평가할 필요가 있다. 우리는 노인의 개념을 나이가 들어 신발 끈을 묶지 못할 정도로 움직임이 불편한 영감이라는 생각으로부터 벗어날 필요가 있으며, 또한 노년기가 세상에 대한 근심걱정 없이 꽃피우고 번영하는 황금기라고 찬미하는 것 또한 경계할 필요가 있다.

이상 발달에 대한 이론

신경증과 정신증이 개인 내의 해결되지 않은 갈등에 바탕을 두고 있다는 임상적 개념을 받아들이면서, 카텔은 진단과 치료에서 치료자들을 돕기 위한 양적 기법의 개발을 추구했다. 그는 원초아, 자아, 그리고 초자아 사이에 수반하는 투쟁에 대한 프로이트식 용어인 갈등과 "양적 정신분석"의 발전에 대한 필요성을 인식하였다. 예를 들어, 두 여성들 중 한 명과 결혼하는 것에 대한 어떤 한 남성의 관심은 수많은 에르그들과 그 외 다른 성격 요인들의 작용에 바탕을 두고 있다. 카텔은 그 남성이 자신의 갈등을 어떻게 해결할 수 있는지 예측하기 위해 임상가가 사용할 수 있는 공식의 단순화된 버전을 제공했다.

$$I_{\text{Jane}} = 0.6\,E_{\text{SEX}} + 0.5\,E_{\text{greg}} + 0.3\,M_{\text{superego}}$$
$$I_{\text{Sally}} = 0.6\,E_{\text{SEX}} + 0.3\,E_{\text{greg}} + 0.3\,M_{\text{superego}}$$

이 예에서, 그는 다양한 에르그들과 초자아의 감정이 대략 동등한 강도를 가지기 때문에 실질적인 갈등을 겪게 된다. 그러나 제인의 경우 사교성 에르그가 약간 더 강하기 때문에, 결정은 그녀에게 유리하게 될 것이다. 일반적 용어로 말하자면, 이 두 여성들은 그의 성적인 욕망들을 충족시킬 수 있고 다른 사람들의 눈에 훌륭한 여성으로 보이는 데에 있어서 대체로 동등하다. 그러나 제인은 Sally보다 더 유쾌한 상대이므로 그는 제인과 결혼하기로 결정한다(Cattell, 1965, p. 232). 물론 이 예는 단지 설명적인 예시일 뿐이고, 이해를 돕기 위해 카텔이 제시한 것이다. 그는 이 예가 임상적 상황을 과도하게 단순화했다는 것을 알고 있었다.

카텔은 또한 임상의들이 환자의 갈등을 이해하려고 노력할 때 실증적으로 타당성이 확인된 진단 도구들에 의존해야 한다고 제안했다. 16 PF와 CAQ를 포함한 이러한 도구들은 성격에서 주요한 요인들, 즉 원초아, 자아, 그리고 초자아에 대한 프로이트식의 구조들뿐 아니라 환자의 태도, 관심사, 감정을 평가하는 수단을 제공해 준다(Cattell, 1961, chap. 14).

신경증

카텔에 따르면 신경증은 "스스로가 감정적인 어려움에 처해 있다고 여기고 도움을 청하러 자발적으로 임상장면으로 오는 (그리고 정신과 의사가 정신이상이라고 진단하는 종류의 질환을 가지고 있지 않은) 사람들이 보이는 행동 패턴"이다(Cattell, 1965, p. 209). 그는 신경증에 대한 이해는 정상인과 신경증 환자들을 구분해 주는 측정들을 확인함으로써 시작되어야 한다고 확신했기 때문에 위에 제시한 것과 같은 조작적 정의를 사용했다. 이러한 기준을 사용하여, 그는 신경증 환자들이 사실 수많은 성격 특질들에 있어서 정신증 환자 및 정상적인 사람들과 다르다는 것을 확인했다. 그러므로 신경증(neuroticism)과 정신증(psychoticism)은 단지 그 정도에서 차이가 나는 것이 아니다; 그 둘은 아예 서로 다른 종류의 질환이다(Cattell, 1965, p. 210).

카텔에 따르면, 신경증의 선행 사건들은 갈등과 일관성 없는 훈육, 불충분한 애정을 특징으로 하는 아동기 가정환경; 과도하게 도덕적인 표준들을 고수하는 부모의 요구들 및 유전적 기반을 둔 평균 이하의 정서적 안정성이다(Cattell, 1950, p. 497).

카텔이 수행한 무수한 요인 분석 연구들과 기타 다른 연구자들의 실험결과들은 신경증 환자들이 자아강도 또는 정서적 안정성에 있어서 점수가 낮고, 높은 수준의 추상성과 상냥함을 나타내며, 지배성 점수는 낮다는 것을 확인하였다. 높은 추상성 점수는 신경증 환자들이 외부의 사실과 사회적 필요성을 무시하는 경향이 있고, 자신들의 생각들을 일반적으로 인정되는 사실들과 조화를 이루도록 하기 위해 변화시키기를 꺼려하는 경향이 있다는 것을 의미한다; 매우 높은 민감성 점수는 그들이 다른 사람들을 정서적으로 매우 과민하게 대하고, 상당히 변덕스러운 행동을 보인다는 것을 의미한다. 게다가 신경증 환자들은 수줍음이 많고 일반적으로 내성적이다. 마지막으로, 그들의 낮은 정서적 안정성은 그들이 자신의 감정에 의해 쉽게 압도되고, 기분의 영향을 받기 쉬우며, 어떤 한 주어진 상황의 현실들에 맞추어 자신들의 행동을 적응시키지 못한다는 것을 의미한다(Cattell, 1965, pp. 211-212; Meyer, 1993, p. 96).

무엇보다 신경증 환자들은 매우 불안해하는 경향이 있다(Meyer, 1993, p. 96). 카텔은 이들의 불안에 기저한 무수한 원인들을 추적했다. 신경증 환자들에게서 나타나는 불안은 에르그 긴장상태가 충족되지 못하기 때문에 발생할 수도 있다. 자신의 이론적 근간이었던 프로이트 이론들에 충실하면서, 카텔은 성(sex)과 공격성에 대한 에르그 욕구들이 우리 사회에서는 더 자주 처벌 받으며 그 결과 높은 수준의 불안을 유발할 수 있다고 언급했다. 또한 불안이 낮은 자아강도와 매우 가혹한 초자아의 결과로서 발생할 수도 있다는 카텔의 믿음은 고전적 프로이트 이론과 일치한다. 그러나 독창적인 방식으로, 카텔은 높은 수준의 불안이 부분적으로는 위협 반응에 대한 체질적인 성향의 결과로 나올 수도 있다고 주장했다. 다시 말해서 신경증 환자들은 정상인에 비해 위협에 대해 생물학적으로 더 민감할 수 있다는 것이다. 높은 불안은 매우 광범위한 자기 감정(self-sentiment)에 의한 것일 수도 있다. 즉, 매우 다양한 활동들에 전념하는 사람은 그러한 광범위한 범위의 활동들을 추구하지 않는 사람에 비해 위협들에 더 취약하다. 마지막으로, 높은 수준의 불안은 개인이 에르그 및 자기 감정 만족들을 성취하기 위해 삶에서 수많은 사소한 것들을 다루도록 강요받을 경우 발생할 수도 있다(Cattell, 1961, pp. 18–22).

정신증

카텔에 따르면, 정신증은 "개인이 현실과의 접촉을 상실하며, 자신 및 타인의 보호를 위해 입원을 필요로 하는, 신경증과는 다른 형태의 질환"이다(Cattell, 1965, p. 373). 신경증과는 대조적으로, 정신증 환자들은 자신의 문제에 대한 통찰력이 결여되어 있고, 스스로를 돌볼 수 없으며, 다른 사람들에게 위협이 될 수도 있다.

양극성 장애(예전에 조울병이라 불렸던)와 정신분열병은 매우 강한 유전적 기반을 갖는다(Cattell, 1982, p. 28). 그러나 가정환경에서의 차이들이 이러한 두 가지 유형의 정신증 발생에 영향을 미친다. 양극성 장애 환자들의 부모는 정신분열병 환자들의 부모보다 더 온정이 있고 자신의 자녀들을 훨씬 더 과잉보호하는 성향이 있다. 정신분열병 환자들의 부모는 자녀들에 대해 훨씬 더 양가적인 태도를 지니고 있다(Cattell, 1950, p. 542). 16 PF를 사용하여, 연구자들은 정신분열병 환자들이 약한 자아강도를 가지며 회의적이고, 은둔적이고, 수줍어하고, 복종당하고, 초연하고, 내향적이고 자만심이 강하며, 해소되지 못한 성적 및 공격적인 충동에 의해 강하게 동기부여된다는 것을 알아냈다(높은 욕구 긴장상태)(Meyer, 1993, pp. 46–47). 조증 국면에 접어든 양극성 장애 환자들은 매우 활기차고, 수다스러우며, 극도로 명랑하고, 즐거워하며 유머러스한 경향이 있는 반면에, 우울증 국면에 접어들면 그들은 자신의 생각에 몰두하는 경향이 있고, 죄책감을 느끼기 쉬우며, 자신감이 결여되어 있다(Meyer, 1993, pp. 77–80).

평가 기법

카텔은 마땅히 "성격 계량 심리학자"라 불릴 만하다. 왜냐하면 그는 검사 및 통계적 기법의 사용을 매우 강조했기 때문이다. 우리는 앞서 그가 성격 특질들을 도출하기 위해 요인 분석을 어떻게 사용했는지 살펴보았다. 그러나 요인 분석 절차들을 적용하기 위해서 연구자들은 우선 대규모 집단으로부터 다양한 데이터를 수집해야 한다. 카텔은 그러한 데이터를 얻기 위해 세 가지 주요한 절차들을 사용하였다: L-데이터, Q-데이터, T-데이터 방법.

L-데이터L-Data, 즉 생활 기록 데이터는 실제적인, 일상 상황들에서 나타나는 행동의 측정을 말한다. 이 데이터에는 개인이 지난 20년 동안 겪은 교통사고의 수, 학교에서의 성적, 그가 현재 소속되어 있거나 과거 소속되었던 시민 단체들의 수 등을 보여 주는 자료들이 포함될 수도 있다. L-데이터를 구하기란 매우 어려울 수 있기 때문에, 연구자들은 개인을 잘 알고 있는 누군가가 그를 평가하는 식으로 간접적인 데이터를 얻어야 할 수도 있다. 그러므로 일에 대한 의존성, 직업에 대한 만족도, 동료직원들에 대한 상냥함과 같은 그의 행동의 서로 다른 측면들은 동료직원들과 친구들에 의한 특질 평가들(예를 들어 10점 평정척도)에 의해 평가될 수도 있다.

두 번째 정보 수집 방법은 **Q-데이터**Q-Data, 또는 설문지 데이터라고 불린다. 이 방법을 통해 얻어진 정보는 종종 면담을 통해 얻게 되는데, 이 상황에서 응답자들은 특질 점수들이 도출되는 지필검사들을 작성한다. 16 PF은 훌륭한 Q-데이터이다.

T-데이터T-Data라고 불리는 세 번째 유형의 데이터는 객관적 검사들에 바탕을 둔다. 정보는 표준검사 상황에서 관찰자에 의해 수집되고, 그런 다음 점수가 채점된다. Q-데이터는 피험자가 자신의 반응을 속일 가능성이 있는 자기보고 방식에 바탕을 두는 반면, T-데이터는 본질적으로 이러한 거짓반응이 불가능하다. 예를 들어, 만약 어떤 사람이 연구자들로부터 거짓반응을 한 적이 있는지의 여부를 묻는 설문지를 받는다면, 그는 그러한 적이 있음에도 불구하고 그러한 적이 전혀 없다고 보고할 수 있다. 그러나 만약 그가 로르샤하 검사(Rorschach test)를 받게 된다면, 잉크 반점이 불분명하게 보이고 그는 자신의 응답 중 어떤 것들이 결과적으로 채점되는지를 알지 못한다(Cattell, 1965, pp. 60–62).

치료에 관한 이론적 함의

카텔에 따르면, 정신과 환자를 위한 노련한 치료는 진단을 위한 프로파일뿐만 아니라 행동에 영향을 미치는 체질적 요인들의 종류들에 대한 진술을 제공하는 성격 요인 평가들에 달려 있다(Cattell, 1965, p. 288). 더욱이, 신뢰롭고 타당한 측정 도구들의 이용 가능성은 임상가가 치료 절차들의 효과에 대해 더 나은 판단들을 할 수 있도록 도와준다. 다시 말해서 임상가는 치료 중재 전과 후에 환자의 성격을 평가할 수 있고, 행동의 변화들을 기록할 수 있다(Cattell, 1961, p. 413). 카텔은 치료를 진행함에 따라 환자들에게서 발생하는 복잡한 변화들에 대한 정확한 평가를 가장 잘 제공해 줄 수 있는 절차로서 P 기법을 권고하고, 수많은 성격 특질들에 대해 반복해서 검사해야 한다고 제안했다(Cattell, 1961, p. 415; Cattell, 1965, p. 372).

카텔은 모든 치료가 정확한 측정에 의존해야 하지만, 빈틈없는 임상 관찰 또한 나름의 장점을 지니고 있으며 이를 검사 절차들과 연계하여 사용해야 한다고 믿었다. 이와 관련해서는 다른 이론가들과 마찬가지로 그도 절충주의적 태도를 취하였다. 그는 프로이트의 수많은 임상적 통찰력을 평가하고 받아들였지만, 측정이 아닌 임상가의 의견에 바탕을 둔 치료는 장기적으로 사회에 심각한 해악을 미칠 수 있다고 주장했다. 일반적으로, 그는 "측정 전, 실험 전 이론가들의 공상적이고 주제넘은 이론화"를 경멸했다(Cattell, 1965, p. 333).

카텔은 아동기의 외상적 경험을 장애의 원인으로 가정하는 프로이트식의 연구는 환자에게 유익할 수도 있다고 믿었다. 경험들을 회상함으로써 환자는 자신의 감정적 반응들을 재평가할 수 있고, 결국에는 파괴적인 행동을 변화시킬 수 있는 더 좋은 위치에 있게 된다. 카텔의 관점에서 볼 때, 이러한 변화들 중 몇몇은 위협적인 자극들에 대한 새로운 반응을 학습하는 행동 치료를 통해 성취될 수도 있다. 그러므로 제한된 정도에 한에서, 그는 개인 일대기적 분석(예: 정신분석) 또는 직접적인 재조건화 접근방식(행동치료)을 활용하는 치료방식들이 효과적이라고 인정했다.

그러나 최종 분석에서, 카텔은 심각한 장애가 있는 사람들은 전체적인 성격 기능에 결함이 있다고 보는 치료적 관점을 선택했다(Cattell, 1965, p. 335). 우리는 단순히 성과 공격성을 포함하는 외상을 초래하는 경험들에만 초점을 맞출 수 없으며, 어떤 제한되고 구체적인 행동 변화 영역들에만 초점을 맞출 수도 없다. 우리는 개인의 수행을 제한하는 체질적인 성격 요인들에 대한 완전한 이해와 행동 패턴들에 영향을 미치는 복잡한 특질들 및 감정들을 이해하고자 전념해야 한다. 요컨대, 우리는 복잡한 근본적 구조들을 평가하기 위해 복잡한 측정 절차들을 필요로 한다. 이러한 평가를 바탕으로, 우리는 구체적인 신경증 또는 정신증을 유발하는 요인들의 종류들에 따라 몇몇 유형의 치료가 다른 치료들보다 더 효과적일 것이라고 결론내릴 수 있을 것이다. 예를 들어, 대개 체질적인 요인들에 바탕을 두고 있는 정신증에 대한 치료는 약물 사용, 전기 충격, 또는 (뇌) 전두엽 절제술을 포함할 수 있다(Cattell, 1950, p. 543). 특정한 신경증에 대한 치료는 꿈 분석과 정신적 외상을 유발하는 경험들을 회상하도록 하는 것에서부터 시작할 수도 있다(Cattell, 1961, p. 415). 신경증은 깊이 뿌리박힌 정신적 외상을 포함하고 있지 않다는 점에서, 문제가 다소 경미하고 비교적 그 속성이 제한적일 경우 행동 치료가 효과적일 수도 있다. 카텔은 활용될 수 있는 치료방식의 유형에 대해서는 절충주의적인 태도를 취하였지만, 모든 치료가 확고한 측정 절차들에 바탕을 두어야 한다는 그의 결심은 한결같았다.

비욘디즘: 과학에 바탕을 둔 새로운 윤리학

자신의 오랜 과학적 경력 전반에 걸쳐, 카텔은 과학이라는 확고한 토대 위에 윤리적 가치를 정립할 수 있는 가능성에 대하여 저술했다. 특히, 그는 과학만이 전 세계의 다양한 국가들을 괴롭히고 있는 문제들에 대한 해결책들을 제공할 수 있을 것이라고 생각했다. 그는 심리학의 발전이 인류에게 매우 중요하다고 믿었기 때문에 대중들이 심리학을 좀 더 충분히 활용할 수 있도록 설득하는 방법을 찾기 시작했다.

카텔은 과학적 연구와 데이터가 보다 성공적인 사회를 만드는 데 유용한 개인의 유형을 확인하기 위해 활용되어야 한다고 주장하기 시작했다(Cattell, 1972, p. 158). 또한 이러한 데이터는 사회를 괴롭히는 주요한 문제들을 해결하는 데 도움이 될 윤리 강령을 만들기 위해 활용될 수도 있을 것이다. 카텔은 어떤 사회든 그것의 존속 여부는 건전한 윤리 가치에 의거하며, 이러한 가치가 더 확고할수록 그 사회의 미래는 보다 밝을 것이라고 강력히 주장했다(Cattell, 1987, p. 146).

카텔에게 있어서 궁극적 가치란 개인이 아닌 집단의 생존이다. 그의 관점에 따르면, 존속되지 못한 사회는 소멸되어 버리기 때문에 그 존재의 유무를 확인하기 쉽지만, 사회의 생존은 단순히 존재의 지속성뿐만 아니라 성공의 차원에 따라 그 기능 수준이 가늠될 수 있다. 카텔은 보다 성공적으로 유지되는 사회들을 확인하기 위해 몇 가지 지표

들을 활용했다: (1) 효과적인 시민권과 적절한 삶의 기준이 유지될 수 있는 단위 면적당 인구밀도; (2) 기근, 화산 폭발, 지진, 홍수 및 오염에 대비하여 개인을 보호하기 위한 물리적 환경의 통제 정도; (3) 광범위한 환경적 변화에 적응하기 위한 창의성—예를 들어, 기후가 열악한 지역들을 개척하는 것 또는 우주를 탐험하는 것; 그리고 (4) 역사적으로 사회를 괴롭혀 왔고 지금도 계속해서 괴롭히고 있는 문제의 해결책을 찾기 위한 움직임 (Cattell, 1972, p. 115).

광범위한 조사 결과, 카텔은 미국 사회가 현존하는 가치들의 문제로 인해 점차 소멸되어가는 흐름 속에 있다는 비관적 결론에 이르게 되었다. 그는 약물 남용과 폭력적 범죄의 증가, 수백만 명의 실업자들, 높은 이혼율과 십대들의 문란한 성행위로 인한 출산, 젊은이들의 감소된 교육적 성취, 인구과잉, 빈곤, 그리고 환경오염 등을 언급했다. 카텔은 현재의 윤리학이 제대로 기능을 발휘하지 못하고 있으므로, 그것을 대치할 새로운 윤리학이 필요하다고 믿었다.

비욘디즘beyondism은 과학적 지식과 조사에 바탕을 둔 윤리적 목표들을 발견하고 확립하기 위해 카텔이 제안한 체계이다(Cattell, 1987, p. 1). 비욘디즘은 다양한 종교들에서 신봉되는 내세를 지칭하는 것이 아니라, 현재의 상황을 뛰어넘어 사람들을 위한 더 나은 삶을 제공하는 것을 말한다. 카텔에 따르면 사회과학적 연구는 우리가 진화적 요구에 적응할 수 있도록 도움으로써 목표 도달에 가능한 지식을 창출할 수 있다.

흥미롭게도 비욘디즘은 강력한 신념의 요소들을 포함하기 때문에 실증적(실험과 관찰에 의한) 토대에 의존함에도 불구하고 종교적 속성을 띠는 것으로 보일 수 있다. 비욘디즘의 두 가지 주요한 신념적 요소는 첫째, 우주가 존재한다는 것이며, 그리고 둘째, 그 우주 내에 진화가 존재한다는 것이다(Cattell, 1987, p. 4). 카텔에 따르면, 생물학적 진화의 기본적인 요건들은: (1) 자연스러운 변화가 이루어져야 하는바, 각기 다른 집단(국가)은 문화적으로 그리고 인종적으로 별개의 다른 경로를 거쳐야 한다. (2) 개인과 집단은 자연 선택에 적응하게 되는데, 자연 선택 하에서는 어떤 특정 형태의 삶의 방식이 다른 방식에 비해 환경에 보다 효율적으로 적응하게끔 해준다(Cattell, 1987, pp. 5–8). 카텔은 자연 선택이 국가들 사이에서 그리고 국가들 내에서 동시에 발생한다고 주장했다 (Cattell, 1987, p. 6).

카텔은 각 문화와 국가는 인간 유전자 풀의 다양성을 보장하기 위한 생존을 위해 서로 고군분투해야 한다고 믿었다. 그의 관점에서, 증가된 독립성은 과도한 모방과 획일성을 유발하는 경향이 있다; 국가들은 보다 다양한 문화적 그리고 유전적 유형들로 확장되지 못한다(Cattell, 1972, p. 224). 국가들이 개별적인 발전을 이룰 수 있도록 하기 위해 그는 이민과 여러 국적인 간의 혼혈에 반대했다. 비평가들은 국가의 유전적 순수성을 오염시킬 것이라는 믿음에서 이민을 반대하는 것이 과거의 심한 편견을 정당화하는 데 기여했다고 지적했다. 20세기 초, 과학적 지능검사가 이민자들의 유입으로 경제적인 위협을 느꼈던 시민들에 의해 사용되었다. 지능검사 결과에 대한 그들의 해석은 이민자 집단의 구성원들(주로 이탈리아인, 러시아인, 폴란드인, 슬라브인, 그리고 유태인)이 유전적으로 열등하며 생물학적으로 지능이 낮을 가능성이 높다는 것이었다. 이러한 해석들을 바탕으로 미국 정부는 이러한 집단의 이민을 심각하게 제한했다(Bruinius, 2006, p. 256; Duster, 1990, p. 11).

카텔에게 있어, 국가 간의 경쟁에서 진화론적 우위는 전쟁이 동반하는 위험보다 더 중요하다; 그는 경쟁을 제거함으로써 전쟁을 없애는 것은 원치 않는 것을 없애려다 소중한 것까지 잃어 버리는 것의 궁극적 예가 될 것이라고 주장한다(Cattell, 1972, p. 198). 카텔의 관점에서 무기를 내려놓는 국가는 또 다른 침략 국가에 의해 어차피 무너질 것이므로 무의미할 뿐이라고 주장했다(Cattell, 1972, pp. 198–199). 이러한 문제에 대한 그의 해결책은 각각의 국가가 매우 강한 국방을 만들어서 침략의 대가가 엄청나게끔 만들어야 한다는 것이었다(Cattell, 1972, pp. 204–205). 비평가들은 그러한 전략은 단순히 무기 경쟁을 가속할 뿐이며 국제적 긴장과 전쟁 가능성을 촉진할 뿐이라고 주장할 수도 있다.

카텔에 따르면, 유전적 다양성과 집단의 생존은 국가 내에서의 경쟁에 의해서도 촉진된다. 국가 내에서의 진화 과정을 촉진하기 위해, 그는 우리가 더 높은 지능과 정서적 안정성을 지닌 사람들로 이끌 필요가 있다고 주장했다. 왜냐하면 이러한 자질들을 가지고 있는 사람들은 생존할 가능성이 더 높기 때문이다(Cattell, 1987, p. 213). 그는 이러한 목적을 위해서 두 가지 측면을 포함한 프로그램의 시행을 지지했다: 제한적 우생학과 창조적 우생학.

제한적 우생학restrictive eugenics은 자발적인 또는 강제적인 불임을 통해서 정신적으로 결함이 있는 개인들의 수를 줄이는 것을 목표로 하는 정책이다(Cattell, 1972, p. 349). 카텔은 결함을 가진 개인들은 조기 사망에 직면하므로 이들의 출생률을 줄이는 것이 부모들에게 상당한 고통과 괴로움을 덜어 줄 것이라고 보았다. 따라서 카텔은 출생률의 선택이 사망률의 선택보다 더 인간적이라고 간주했다. 그는 또한 태아가 낙태될 수 있도록 임신 직후에 결함들을 확인할 수 있는 새로운 과학적 기법들이 필요하다고 지적했다(Cattell, 1972, p. 160). 비교적 덜 논쟁적인 맥락에서, 카텔은 당뇨와 페닐케톤요증에 의한 정신 지체(phenylketonuria mental retardation)와 같은 질병들의 발생률을 줄이기 위한 유전공학의 사용을 예견했다(Cattell, 1972, p. 147).

정신적으로 결함이 있다고 간주되는 개인들에 대한 카텔의 불임 요청은 본질적으로 20세기 초에 우생학 운동과 연관이 있는 수많은 저명한 생물학자들, 수학자들, 심리학자들, 정치가들, 그리고 작가들의 관점의 재현이다. 이러한 전문가들은 사회에서 유전될 수 있는 질병들을 제거하기 위한 수단으로써 불임을 제안했다. 그러나 비평가들은 비자발적인 불임은 인권에 위배되는 폭력이라고 주장했다. 비록 미국의 대법원이 비자발적 불임이 위헌임을 인정하기는 했지만, 몇몇 주에서는 여전히 불임법이 존속되고 있다(Bruinius, 2006, pp. 317–321; Duster, 1990, p. 30). 반대론자들은 또한 우생학 운동 집단이 대개 중산층과 상위층으로 구성되어 있다고 주장했는데, 그들은 하위 계층의 불임을 합리화하기 위해 자신이 속한 계층이 가진 편견을 지지해 주는 결함 있는 과학적 연구 결과들을 이용했다(Kevles, 1985, p. 167). 이와 같은 계층의 편견은 또한 빈곤층의 출생률을 줄이고 부유한 사람들 사이에서의 출생률은 증가시켜야 한다는 주장을 옹호하기 위해 악용되었다(Kevles, 1985, pp. 182–184).

카텔은 제한된 우생학뿐만 아니라 **창조적 우생학**creative eugenics 프로그램 또한 옹호했다. 앞서 언급된 1900년대 초반에 활용된 프로그램들과 마찬가지로, 이 프로그램은 보다 지적인 사람들이 더 많은 자녀들을 출산하도록 장려하고 반면에 덜 지적인 사람들의 출산을 단절시키고자 했다. 카텔에 따르면, 지능과 사회경제적 지위(교육과 수입에 의해 정의되는) 사이에는 약한 정적 상관이 존재한다(Cattell, 1987, pp. 206–207). 비록 이러한 상관이 강하지는 않지만 카텔은 이러한 상관은 최상의(지적 능력이 뛰어난) 시민을 양성하려는 목표를 지닌 일반 정책에 가장 활용 가능한 길잡이가 될 수 있다고 생각했다. 특히 그는 사회적으로 성공적인 개인들이 더 많은 자녀들을 낳도록, 그리고 더 가난한 사람들은 더 적은 수의 자녀를 낳도록 해야 한다고 믿었다. 이러한 목적을 위해, 그는 평균 이상의 수입을 버는 사람들에게 자녀 양육을 촉진하기 위한 세금 감면 또는 보조비 지급에 찬성한 반면, 평균 이하의 수입을 버는 가정들에서 자녀들을 위한 세금 공제에는 반대했다. 카텔의 관점에서, 중산층과 상위층에 의해 지불되는 세금들은 가난한 사람들이 개혁되고 회복할 수 있을 경우에만 합법적으로 그들에게 제공될 수 있다(Cattell, 1972, p. 360). 그의 말을 빌리자면 "본래부터 불충분한" 사람들의 경우에 세금 공제는 불법인 것이다. 즉, 이들은 낮은 사고 능력(극도로 낮은 B 요인 점수들), 정서적 불안정성(극도로 낮은 C 요인 점수들), 빈약한 초자아 발달(매우 낮은 G 요인 점수들), 자기 전념과 실질적인 계획에 대한 무시(매우 높은 M 요인 점수들), 그리고 자만심과 자기중심주의(극도로 높은 E 요인 점수들)로 표현되는 사람들이다(Cattell, 1987, p. 57).

카텔에 따르면 이들은 매우 무책임하고 자신의 업무에 대한 책임을 의도적으로 회피한다(Cattell, 1987, p. 57).

카텔의 관점에서, 민주주의는 다른 정치 시스템들보다 과학적 사고와 연구에 더 우호적인 분위기를 제공하기 때문에 비욘디즘을 이행하고 진척시키기에 가장 적절한 정부의 형태를 제공한다. 무엇보다 민주주의는 진보를 위한 폭력적 혁명이 필요하지 않은 몇 안 되는 시스템들 중 하나이다(Cattell, 1972, pp. 340–341).

마지막으로, 카텔은 만약 어떤 한 정부가 가난한 사람들을 위해 복지에 비현실적으로 많은 비용을 지출하고, 국방, 연구, 그리고 교육에는 지나치게 적은 비용을 지출한다면, 그 결과로 그 정부는 경제적으로 붕괴되거나 또는 전쟁에서 패배할 가능성이 높다고 믿었다. 비욘디즘을 옹호하는 사람들은 진화적 발전과 관련되는 정보를 수집하기 위해 국가적 혹은 국제적인 연구 센터들을 설립하고자 한다. 그들은 교육의 초점이 더 높은 지능을 가지고 태어난 사람들의 지적, 도덕적 성장을 촉진하는 것에 맞추어져야 할 필요성을 강조했다(Cattell, 1987, p. 84). 카텔에 따르면, 미래의 교육에서 주된 도전은 지식과 전문성에 도움이 될 수 있도록 사회가 주장을 분석하는 기술과 더불어 유전학과 사회과학 연구의 근본 원칙을 가르치는 것이다(Cattell, 1972, p. 380).

카텔의 생각들은 몇 가지 이유에서 비판을 받아 왔다. 예를 들어, Gorsuch(1984, p. 217)는 세상에 존재하는 대부분의 사람들은 과학적 방식에 대한 이해가 부족하기 때문에 비욘디즘 철학을 수용할 수 없을 것이라고 지적한다. 또한 Jahoda(1989)는 더 높은 지능과 건전한 도덕적 가치들 간의 관련성에 대한 카텔의 견해가 의심스럽다고 주장한다. 조직화된 범죄의 보스들 또는 포르노그래피의 제작자들이 평균 이하의 지능을 지니고 있는 것처럼 보이지는 않으며, 히틀러 역시 그러하다. 비록 카텔은 비욘디즘이 과학에 뿌리를 두고 있다고 주장했지만, 그의 주된 주장들의 대부분은 실증적 토대가 거의 혹은 전혀 없다; 오히려 그것들은 그 자신의 가치 체계와 보수적인 철학에 토대를 두었다.

마지막으로, 타고난 높은 지능을 근거로 주로 유복한 가정 출신의 자녀들을 위해 고등 교육을 제공해야 한다는 카텔의 정책은 실증적 뒷받침이 거의 없다. 실제로 부유한 그리고 가난한 사람들의 지능 점수 분포는 상당히 중첩된다. 빈곤층에 속하는 많은 사람들은 고등교육으로부터 혜택을 받을 수 있고 실제로도 그러하다. 우리의 자원을 부유층 아이들에게 집중함으로써 빈곤층의 발전과 더 나은 생활수준의 기회들을 제한하는 것은 근시안적이고, 부주의하며, 동등한 기회의 제공이라는 민주주의적 이상과도 대치되는 것이다.

이론에 대한 평가

지금부터 카텔 이론의 과학적 가치에 대해 살펴보기로 하자.

포괄성

카텔이 성격에 대한 포괄적인 이론을 고안했다는 것은 의심의 여지가 거의 없다. 그의 이론은 정상적인 혹은 비정상적인 광범위한 범위의 다양한 현상들을 다루고 있으며, 행동에 영향을 미치는 생물학적이고 사회문화적인 요인 모두를 설명하고자 한다. 이처럼 엄청난 과제를 추구하는 그의 관심과 노력의 범위는 매우 인상적이다.

카텔은 행동을 결정하는 동기의 복잡성과 이러한 특성에 맞는 과제의 측정 절차에 대한 필요성을 전적으로 인정했다. 바로 이러한 관점에서 그는 연구자들의 이원 변량 실험에 대한 과도한 의존을 비판했다. 그러나 그는 다변량 접근방식의 장점과 대조실험의 결함에 대해 어떠한 입장도 취하지 않았으며, 연구자들이 이원 변량 접근방식을 모두 폐기해야 한다고 제안하지도 않았다. 대신, 그는 두 접근방식들이 독특한 이점을 가지고 있다고 인정했다.

그러므로 카텔은 성격의 복잡성을 인정했다. 그는 현실을 밀접하게 추구하는 이론을 개발했다. 또한 그는 이러한 과제에 상응하는 측정 절차들을 활용하고자 하였다.

정밀성과 검증 가능성

이 책에서 소개하고 있는 모든 이론가들 중에서, 카텔은 정확한 측정에 바탕을 둔 이론을 만드는 것에 가장 많은 관심을 보였다. 그는 정교한 요인 분석 절차의 사용을 통해 자신의 개념들을 정의하고 가다듬고자 노력했다. 이러한 강조에도 불구하고, 비평가들은 그의 데이터가 모호성과 주관성으로 가득 차 있다고 주장해 왔다. 그들은 카텔이 요인 분석에서 특정한 특질들만을 포함하기로 결정했기 때문에 그가 투입한 특질들을 분석으로부터 얻어냈다는 것은 전혀 놀랄만할 일이 아니라고 주장한다. 이에 대한 반응으로, 카텔은 자신의 요인 분석에 인간이 지닌 사실상 거의 모든 특질들을 포함시키고자 한 초기의 노력들을 피력했다. 성격 영역에 대한 그의 구성이 행동을 설명하기 위해 이용될 수 있는 모든 특질들을 조사하기 위한 시도였다는 것을 상기해 보자. 그가 특질들의 대부분을 포함시켰다는 것은 성공할 가능성이 큰 것이다.

요인 분석적 접근방식에 대한 또 다른 비판은 요인들을 표시하는 것과 관련된 주관성과 관련된다. 측정 절차의 객관성에 대한 강조에도 불구하고, 카텔은 여전히 요인들의 의미를 해석하고 명명하는 데 주관적 판단을 사용해야만 했다. 이러한 문제를 인식한 카텔은 몇몇 반복실험들이 결과를 뒷받침하는 증거를 제공한 후에 신중하게 요인들을 명명했다. 또한 그는 다른 모집단과의 연구를 통해 요인들의 교차 타당성을 추구했다. 이러한 계속적인 정교화 과정을 거치게 되면, 요인들의 명칭은 보다 명백해지고 덜 주관적이게 된다.

간명성

카텔은 정상적인 그리고 비정상적인 행동의 주요한 근원 특질들을 밝히기 위해 요인 분석적 기법들을 이용함으로써 간명성 있는 이론을 구성하고자 시도했다. 그는 또한 자신의 이론을 구성하는 데 있어 개인의 능력과 기분 변화를 고려했다. 더욱이, 그의 이코네틱 모형은 환경이 행동에 미치는 영향을 설명하는 데 도움이 되는 수많은 개념들을 제공한다. 그러므로 카텔의 이론은 과도하게 단순하지 않으면서도 간결성이 있는 것으로 보인다.

경험적 타당성

카텔은 자신의 연구 경력 대부분을 자신의 특질 개념의 신뢰성과 타당성을 확립하는 데 사용했다. 그러므로 이러한 기본적인 개념들에 상당한 실증적 증거들이 있으며, 뿐만 아니라 그것들을 바탕으로 하는 다양한 가설들에 대한 어느 정도의 증거가 존재한다. 그러나 그의 이코네틱 모형을 지지하는 증거는 여전히 부족하다.

발견적 가치

많은 심리학자들은 과학적 연구자로서 카텔과 그의 노력에 대해 존경할 여지가 많다는 것에 동의한다. 그는 많은 분야에서 광범위한 관심사와 전문성을 가지고 있는 뛰어난 학자로 간주된다. 그가 연구자로서 매우 생산적이었고, 다작의 저술가였으며, 선구적인 연구자에게 필수적인 호기심, 지능, 그리고 대담성을 가지고 있었다는 것에는 의심의 여지가 거의 없다. 이러한 모든 점에도 불구하고, 이론 그 자체는 비교적 적은 연구만을 유발했다. 무엇 때문일까? 첫째, 융과 마찬가지로 카텔의 연구는 이해하기 어렵다. 카텔 이론에 포함된 언어들은 종종 기술적이고 가까이하기 어렵다. 둘째, 비록 요인 분석이 비교적 객관적이고 정확한 통계적 기법임에도 불구하고, 몇몇 연구자들은 자신의 편견이 결과에 영향을 미칠 수 있다고 믿고 있으며, 카텔과 그의 동료들에 의해 편찬된 연구 결과들을 의심쩍은 눈으로 바라본다. 마지막으로 가장 중요한 것은 자신의 경력 대부분 동안 카텔은 행동의 예측에서 환경적 요인들을 포함하도록 자신의 이론을 확장시키기 위한 노력을 거의 기울이지 않았다. 강력한 환경주의에 집착하는 실험자들에게 있어 내적인 특질의 우선을 강조한 그의 주장은 호소력이 없었다. 이코네틱 모형에 대한 카텔 이후의 연구가 그의 이론에 대한 연구자들의 관심을 불러일으키고 더 많은 연구를 자극할 것이라 희망한다.

이론 그 자체에 대한 연구는 거의 없었지만, 카텔의 선구적인 관점들은 현대 성격심리학 분야에서 새로운 사고와 연구를 자극했다. 특히, 성격심리학자들은 행동 유전학에 대한 카텔의 많은 공헌들과 특질의 복잡성을 연구하기 위한 새로운 방식들을 고안한 창의성, 그리고 특질이 행동에 미치는 영향을 이해하기 위한 노력에 연구의 초점을 맞추게 될 새로운 특질 분류법에 대한 중요성을 인정한다(보다 자세한 사항은 18장을 참고하라).

마지막으로, 과학에 바탕을 둔 새로운 윤리학, 즉 비욘디즘의 필요성에 대한 카텔의 철학적 관점들이 성격심리학자들로부터 긍정적인 수용을 받지는 못했다는 점을 주목해야 한다. 그의 동료들은 이러한 숙고들을 비판하기보다는 무시하는 경향이 있었다. 그의 관점들은 1920년대와 1930년대의 가치나 관점과 같이 굴욕적인 운명을 겪을 가능성이 높은 것처럼 보인다.

적용 가치

카텔의 연구는 정신증에 대한 임상적 진단과 치료법의 발전에 상당한 영향을 미쳤다. 이는 또한 직업 심리학에 훨씬 더 많은 영향을 미쳤다. 카텔의 연구는 자신들의 관심사와 능력에 적절한 직업 유형을 찾는 사람들에게 정보를 제공하기 위한 성격 검사를 직업 상담사들에게 제공해 주었다. 영업과 산업 분야에서 재능과 성격에 맞는 직무에 직원들을 배치하는 데 있어 경영 감독관들 또한 그의 성격 검사를 활용해 왔다.

비판적 사고를 위한 질문

1. 귀납-가설-연역적 나선구조란 무엇인가? 성격이론의 구성에 대한 이러한 접근방식은 대부분의 연구자들에 의해 사용되는 가설-연역적 모형과 어떻게 다른가?
2. 요인 분석이란 무엇인가? 성격 평가 절차로서 요인 분석의 장점과 단점은 무엇인가?
3. 카텔의 관점에서 볼 때 특질이란 무엇인가? 성격에서 주요한 근원 특질들은 무엇인가? 여

러분은 카텔이 특질들 모두를 확인했다고 생각하는가? 만약에 그렇지 않다면, 그는 어떤 특질들을 놓쳤는가?

4. 노년에 접어들게 되면 신체적 · 정신적 힘들의 쇠퇴가 나타나는가? 당신이 알고 있는 노인들은 무능하고 무력한가?
5. 당신은 비욘디즘 신봉자인가? 카텔의 도덕적 철학의 몇 가지 장점과 단점은 무엇인가?

용어 해설

결정성 지능crystallized intelligence 문화적 학습의 결과인 능력. 예를 들어, 언어적 · 수학적 기술들

고전적 조건형성classical conditioning 원래는 반응을 불러일으킬 수 없는 어떤 한 자극이 자연스럽게 반응을 유발하는 자극과 계속해서 함께 제시되고 나면 특정 반응을 불러일으킬 수 있게 되는 학습 유형

구성 기반 체계 이론structure-based systems theory 목적 지향적인 사람들과 그들의 환경들 간의 복잡하고 역동적인 상호작용들을 설명하고자 추구하는 이론

귀납-가설-연역적 나선구조inductive-hypothetico-deductive spiral 사실이 먼저 수집되고 그런 다음 실증적으로 검증될 수 있는 추론들로 이어지는 가설을 일반화하는 이론 구성 및 타당성 확인 접근방식

근원 특질source trait 많은 수의 측정 변수들 또는 표면 특질들 간의 상관관계들로부터 추론된 근본적인 특징

기질 특질temperament traits 환경에 특정한 방식들로 반응하는 선천적인 성향들. 기질은 그 사람의 우울함, 흥분, 활동 수준, 그리고 자극들에 대한 반응 속도와 같은 변수들을 포함함

능력 특질ability traits 개인이 환경에 의한 문제들에 효과적으로 대처할 수 있게 해주는 기술들

다변량 실험multivariate experiments 어떤 한 주어진 행동에 미치는 몇몇 변수들의 영향을 평가하기 위해 설계된 실험 방법

다중 추상 변량 분석multiple abstract variance analysis(MAVA) 특질들의 발달에 대한 유전적이고 환경적인 요인들의 정확한 기여도를 알아보기 위해 사용되는 통계적 절차

도구적 조건형성instrumental conditioning 보상적 또는 처벌적 자극이 반응 또는 행동 발생의 지속성을 결정하는 학습 유형. 조작적 조건형성(operant conditioning)이라고도 알려짐

명시적 방정식specification equations 특질들이 주어진 상황과 관련하여 가중치가 부여되고 그런 다음 행동을 예측하기 위해 조합되는 방식들을 열거하는 공식

문화 공평성 지능검사 Culture Fair Intelligence Test 선천적 능력 또는 유동성 지능을 평가하기 위해 카텔에 의해 개발된 검사. 이것은 유전적 구성에 기반한 능력들을 평가하며 문화적 학습과는 별개임

보조subsidiation 역동적인 격자 또는 성격의 조직적 구조 내에서 특질들의 상호관련성을 포함하는 과정. 태도는 느낌에 보조적이거나 의존하고, 느낌은 에르그(erg)에 의존함

비욘디즘beyondism 카텔이 과학적 연구와 데이터에 바탕을 두고 새롭게 주장한 윤리학. 그는 이러한 새로운 윤리학이 사회의 불안정, 혼돈, 그리고 위기라는 현재의 상태를 뛰어넘어 발전할 수 있도록 도움을 줄 것이라고 믿었음

성격 영역personality sphere 어떤 한 문화에서 행동을 묘사하기 위해 이용되는 모든 특질들의 목록

에르그erg 행동을 통제하는 선천적 욕구들

여덟 가지 상태 설문지 Eight State Questionnaire 기본적인 기분과 정서적 상태를 측정하는 성격검사

역동 계산식dynamic calculus 행동에 대한 예측에서 특질, 환경, 그리고 동기적인 요인들을 통합하는 일련의 수학 공식들

역동적 격자도식dynamic lattice 인간의 성격 내의 특질들의 복잡하고 조직화된 체계

역동적 특질dynamic traits 사람들의 동기와 관심사를 포함하는 특징들

요인 부하량factor loading 어떤 한 특정한 변수와 일반적 요인 사이의 연관성 정도

요인 분석factor analysis 근본적인 요인들과 관련하여 복잡한 일련의 데이터들을 설명함으로써 이를 단순화하기 위해 고안된 통계적 기법

유동성 지능fluid intelligence 선천적 요인에 기반한 능력들

융합 학습confluence learning 두 가지 또는 그 이상의 목표의 충족에 동시에 기여하는 태도 및 행동의 습득

이원 변량 실험bivariate experiments 한 가지 변수가 또 다른 변수에 미치는 영향을 평가하기 위해 설계된 실험 방법. 카텔은 이러한 실험들이 일반적으로 수많은 변수들에 의해 결정되는 인간 행동을 제대로 다룰 수 없기 때문에 그 유용성이 제한적이라고 가정하였음

이차적 요인second-order factors 수많은 주요 요인들 또는 근원 특질들에 대한 분석 이후에 나오는 총체적 또는 고차적 요인들

이코네틱 모형econetic model 행동 예측에서 특질과 물리적, 사회적 그리고 문화적 환경들 사이의 복잡한 상호작용을 가정하는 모형

일차적 요인primary factors 수많은 표면적 변수들 사이의 연관성에 대한 분석으로부터 나오는 원천적 요인 또는 특질

임상 분석 설문지 Clinical Analysis Questionnaire 정상적 혹은 표준에서 벗어난 성격 특질들을 측정하기 위해 설계된 성격 검사. 이것은 16 PF 특질들과 기타 다른 12가지 정신병적 특질들을 포함함

자기 감정self-sentiment 그 사람의 다양한 태도, 느낌, 그리고 관심사를 통합하는 지배적인 동기

제한적 우생학restrictive eugenics 정신적으로 장애가 있는 사람들의 출생률을 줄이기 위한 프로그램; 카텔은 이들이 사회에 많은 부담이 되고 진화론적 성장을 둔화시킨다는 믿음으로 이 프로그램을 옹호하였음

창조적 우생학creative eugenics 보다 지적인 개인들이 더 건전한 윤리적 가치들을 발달시키고 사회의 안녕에 더 많이 기여할 것이라는 믿음을 바탕으로, 이들의 출생률을 증가시키기 위해 카텔이 옹호한 프로그램

체질 특질constitutional traits 생물학에 뿌리를 두고 있고 변화에 매우 저항적인 특징들

통합 학습integration learning 개인이 장기적인 목표 달성을 최대화하기 위해 자신들의 추론 능력과 가치 체계를 활용하는 카텔에 의해 제안된 학습 유형

특질traits 성격의 구성요소들로서 작용하는 비교적 영구적이고 광범위한 반응 성향들

표면 특질surface trait 어떤 한 근원 특질에 의해 조절되는 관찰 가능한 특질

환경적 영역environmental sphere 상황 또는 환경을 지정하기 위해 문화에서 이용되는 모든 용어들의 목록

환경 조형 특질environmental-mold traits 환경과의 경험들을 통해서 학습되는 특징들

16 성격 요인 설문지 Sixteen Personality Factor (16 PF) Questionnaire 성격의 주된 또는 기초적인 근본 특질들을 측정하기 위해 카텔에 의해 개발된 요인 분석에 의해 도출된 설문지

L-데이터L-data 어떤 한 개인의 행동에 대한 실질적인 관찰 또는 그 사람의 행동의 기록에 바탕을 두고 있는 삶에 대한 정보. 예를 들어, 고등학생의 수업 결석은 한 달 동안 그 학생의 수업들에 참관했던 무단결석 학생 지도원에 의해 실제로 기록될 수 있다; 이 절차가 너무 많은 시간이 소요된다고 생각한다면 무단결석 학생 지도원은 그 학생의 학습 출석 기록을 이용할 수도 있음

P 기법P technique 어떤 한 개인의 독특한 특질 구조의 평가를 가능하게 하는 요인 분석의

형태

Q-데이터Q-data 어떤 한 설문지에서 자기 평가를 통해 얻어진 어떤 한 개인의 행동에 대한 정보

R 기법R technique 대규모 모집단에서 근원 특질들을 추론하기 위해 이용되는 요인 분석 형태

T-데이터T-data 어떤 한 개인이 환경에 어떻게 반응하는지에 대한 관찰자의 판단에 바탕을 둔 객관적인 검사 정보; 데이터는 대상자가 자신의 행동의 어떤 측면이 평가되고 있는지 알지 못하는 상황들에서 수집됨

추천 도서

Cattell, R. B. (1965). *The scientific analysis of personality*. Baltimore, MD: Penguin.

Cattell, R. B. (1979/1980). *Personality and learning theory* (Vols. 1 and 2). New York: Springer.

Cattell, R. B. (1987). *Beyondism: Religion from science*. New York: Praeger.

CHAPTER 10

아이젠크의 생물학적 유형론

아이젠크의 생애

한스 아이젠크(Hans Eysenck)는 1916년 3월 4일에 베를린에서 태어났다. 유명배우였던 그의 부모는 그가 2살이었을 때 이혼하였고, 그는 외할머니와 함께 살았다. 외할머니도 연극에 관심이 깊었지만 낙상으로 인하여 장애를 갖게 되면서 연기생활은 짧게 끝났다. 놀랍지 않게, 아이젠크도 연기에 빠졌고, 5~6살에는 그의 어머니가 출연했던 영화에서 연기를 하였다. 아버지는 그가 연기생활을 하기를 원했지만 아버지보다 조금 더 현명한 어머니가 반대했기 때문에 연기를 그만두었다.

아이젠크의 아버지는 카톨릭 신자였고, 어머니는 개신교였다. 그는 루터교에서 세례와 안수를 받았지만, 특별히 종교적이지 않았다. 사실, 자전거를 사 준다는 약속 때문에 안수성사를 준비하는 수업에 참석하였다.

아이젠크는 청소년 시절에 다소 거칠었다고 말한다. 한번은 그가 친구와 체육관 천장 꼭대기 근처에 있는 고리 몇 개를 잡고 회전한 뒤 바닥에 착지할 수 있는가를 두고 내기를 했다. 불행하게도 누군가 바벨 몇 개를 바닥에 놓아두었다. 바벨 오른쪽에 오른팔로 넘어지며 착지를 하면서 뼈들 대부분이 부서졌다. 비슷한 시기에, 그는 다른 소년들과 고무밴드로 종이화살 쏘기를 했는데 이 때문에 오른쪽 시력을 거의 잃었다. 한 소년이 종이화살 대신에 철제 스테이플을 쐈고, 그것이 아이젠크의 눈에 박혀서 수술을 받았다. 그가 늙었을 때, 그의 눈은 조금씩 나빠졌고, 60세 이후에는 오직 한 눈으로만 볼 수 있을 만큼 시력이 감퇴하였다.

아이젠크는 청소년 시절에 학교폭력에도 부분적으로 관여하였다. 그는 절대 약한 자에게 폭력을 쓰거나 싸움을 하지 않는다고 맹세를 하였고, 만약 누군가로부터 폭행을 당한다면 절대 그것을 피하지 않고 이길 것이라고 하였다. 또한 그는 훌륭한 운동선수로서 축구, 아이스하키, 필드하키, 조정과 테니스를 포함하여 많은 운동에 참여하였다(Eysenck, 1997b, pp. 18–21).

나치즘이 대두되면서 경제적, 정치적 혼란이 끝날 시기에 독일에서 살았던 아이젠크는 정치에 관심이 많았고 넓게 공부하였다. 그는 사회주의를 받아들였고, 사회주의가 더 나은 세상, 전쟁, 편견과 빈곤으로부터의 자유를 약속한다고 생각했다. 그러나 그가 성숙하면서, 사회주의의 문제점과 한계를 깨닫기 시작했다. 그는 이 정치적 성숙과정을 다음과 같이 요약하였다: 젊은 시절 사회주의자가 아닌 사람은 심장이 없고, 중년이 될 때까지도 사회주의자로 남아 있는 사람은 머리가 없다. 비록 그는 더 이상 사회주의자가 아니었지만 보수주의자도 아니었다. 그는 모든 정당과 정책을 피하였다. 그럼에도 불구하고, 아이젠크는 정치에 관한 수많은 논문과 두 권의 책을 발간하였다: *The Psychology of Politics*(1954)와 *The Psychological Basis of Ideology*(1978, Glenn Wilson과 공동 저술).

1934년, 히틀러가 집권한 지 1년 후, SS(나치 비밀경찰)에 들어가지 않는 한 대학 입학이 허락되지 않는다고 통보받았기 때문에 아이젠크는 독일을 떠났다. 그의 어머니는 유대인 영화 프로듀서와 재혼하여 프랑스로 갔고, 그들은 아이젠크도 함께 가기를 바랐다. 그는 디종(Dijon) 대학에서 프랑스문학과 역사를 공부하였으나, 결국 런던에 정착하였다. 피트만(Pitman) 상과대학에서 1년 동안 입학시험을 공부한 후 런던 대학교에 입학하였고 이 대학에서 전공을 선택해야 하는 시기가 왔다.

그는 비록 독일 고전, 프랑스와 영국문학을 폭넓게 공부하였고, 음악과 그림, 시를 좋아하였지만 예술은 기본적으로 즐거움과 감정적인 경험을 위한 것으로 믿었다. 그는 자신의 삶의 과업이 과학이라고 생각했고, 전공을 물리학으로 선택하였다. 그러나 대학교 직원은 물리학 전공의 선수과목이 부족한데 1년 동안 과목을 이수하며 시간을 낭비하기보다는 다른 과학을 전공하는 것이 어떠한지 물어보았다. 직원은 "심리학이 있어"라고 말했고, 그는 아무것도 모른 채 "도대체 그게 뭐하는 겁니까?"라고 되물었는데, "네가 좋아할 거야"라는 대답과 함께 그는 심리학과 전공자가 되어 버렸다!

아이젠크는 계량심리학자(psychometrician)인 시릴 버트(Cyril Burt)와 찰스 스피어만(Charles Spearman)을 포함하여 훌륭한 학자들로 구성된 학과에 들어갔다. 또한 그는 할데인(J. B. S. Haldane)과 펜로즈(L. Penrose)와 유전학을 함께 공부하였고, 에곤 피어슨(Egon Pearson)으로부터 통계학 과정을 이수하였다. 그의 첫 번째 연구논문은 학사학위를 획득한 직후인 1939년에 발표되었고, 1940년에 런던 대학에서 박사학위를 취득하였다.

이때, 아이젠크는 캐나다인 수학자 마거릿 데이비스(Margaret Davies)와 결혼하였다. 이들은 외동아들인 마이클(Michael)을 가졌는데, 마이클은 현재 스스로의 노력으로 유명한 심리학자가 되었다. 아이젠크는 데이비스와 이혼했고, 그 후 유명한 바이올리니스트의 딸이자 심리학자인 시빌 로스탈(Sybil Rostal)과 결혼하여 3남 1녀를 두었다.

아이젠크는 영국과 나치 독일의 전쟁에서 영국 공군에 들어가려고 노력하였으나, "적국 거류외국인"이라고 거절당했다. 같은 이유로 취업의 기회도 거의 없었다. 대학에서의 지위도 위태로웠으며, 결국 아이젠크는 밀힐 응급병원에서 연구직을 획득했고, 히스테리의 피암시성(suggestibility)에 대해 연구를 시작하였다. 그는 또한 정동정신장애(affective mental disorders)에서의 귀밑샘 분비, 신경병증의 선발실험, 기억력 검사, 지능에서의 동기의 영향과 같은 주제에 대해서 연구하였다. 게다가, 그는 환자의 증상에 따른 대규모 요인 분석을 완료하였고, 거기에서 그는 신경증 성향(neuroticism)과 외향성(extraversion)/내향성(introversion) 두 가지의 중요한 성격요인(factor)이 있다는 이론을 도출하였다. 이 아이디어는 그의 첫 번째 책인 *Dimensions of Personality*(1947)로 이어졌다. 그의 두 번째 책인 *The Scientific Study of Personality*(1952)에서는 세 가지 주요한 차원으로써 정신증 성향(psychoticism)을 추가하였다.

전쟁 후, 아이젠크는 영국에서 유명한 정신병원이자 교육기관인 모슬리병원에서 일하였다. 심리학 부서의 임원으로 임명되어 임상심리학자들을 위한 훈련프로그램을 만드는 업무를 추천받았다. 아이젠크는 이 직무를 수행하기 위해 1949년에 미국을 방문하여 여러 대학교의 임상심리학 프로그램을 검토하고 평가하였다.

그의 미국 여행을 기초로, 아이젠크는 임상훈련과 실습의 단점에 대해 세 가지 주요한 결론을 얻었다: 첫째, 임상심리학자들이 정신과 의사에 종속되어 있다; 둘째, 많은 임상심리학자들이 그들의 치료적 업무에서 정신분석의 개념을 맹목적으로 사용하였다; 셋째, 임상의들은 신뢰성도 타당성도 없는 투사적 검사(projective test)에 지나치게 의지하였다. 아이젠크는 영국으로 돌아온 후 정신분석으로부터의 분리되고 임상과 실험의 상호의존에 초점을 둔 강력한 과학적인 연구 지향적 프로그램 개발을 위한 독립적인 심리학과의 설립을 다짐하였다. 그 노력으로 아이젠크는 학과를 만들 수 있었고, 이것이 번창하여 현재 그의 동료들과 학생들이 행동치료 연구를 잘 수행하고 있다(Eysenck, 1980, pp. 153–157).

아이젠크는 다작 집필가로서 80여 권의 책과 셀 수 없을 정도의 편집본들, 많은 동료들과 함께 약 1,100편의 연구논문을 썼다. 그 중에서도 주목할 만한 책들은 *Uses and Abuses of Psychology*(1953), *The Dynamics of Anxiety and Hysteria*(1957), *Sense and Nonsense in Psychology*(1962), *Smoking, Health, and Personality*(1965), *The Causes and Cures of Neurosis*(Stanley Rachman과 공동 저술, 1965), *Personality Structure and Measurement*(S. B. G. Eysenck와 공동 저술, 1969), *The Structure of Human Personality*(1970), *The IQ Argument*(1971), *The Experimental Study of Freudian Theories*(Glenn Wilson과 공동 저술, 1973), *The Inequality of Man*(1975), *Psychoticism as a Dimension of Personality*(1977), *The Intelligence Controversy* (Leon Kamin과 공동 저술, 1981), *Personality and Individual Differences: A Natural Science Approach*(Michael Eysenck와 공동 저술, 1985), *The Causes and Cures of Criminality* (Gisli Gudjonsson과 공동 저술, 1989), *Rebel with a Cause: The Autobiography of Hans Eysenck*(1990), *Smoking, Personality, and Stress: Psychological Factors in the Prevention of Cancer, and Coronary Heart Disease*(1991), *Genius: The Natural History of Creativity*(1995)이다. 아이젠크가 죽기 직전인 1997년 그의 자서전이 확장되고 개정되어 발간되었다. 그는 약 1년 동안 악성 뇌종양을 앓았으며, 결국 1997년 9월 4일 런던의 호스피스에서 생을 마감하였다. 마지막 저서인 *Intelligence: A New Look*(1998)은 유작으로써 발간되었다.

개념과 원리

아이젠크는 심리학이 성격심리학과 실험심리학의 두 가지 주요한 지향이 있다고 보았다. 불행하게도, 이 두 분야의 이론가들과 연구원들은 서로의 일을 무시하는 경향이 있었다. 실험심리학자들은 개인차에 대한 고려를 하지 않았고 성격이론가들은 실증적 근거의 필요성을 무시했다. 상호간 무관심의 결과로, 이 분야에는 비과학적 또는 전과학적 이론가와 현장전문가들이 성격 분야에 넘쳐났다. 수많은 성격이론이 쏟아져 나왔지만 그것들을 뒷받침할 수 있는 사실적 근거는 없었다. 필요했던 것은 인과적 고리를 찾아내고, 불확실한 이론으로부터 연역된 것을 실험적으로 검증하는 이론적 접근이었다.

이 접근의 필수적인 부분으로써, 연구자는 실험들에서 성격요인(personality factors)들의 역할도 설명할 필요가 있었다.

아이젠크는 이 목표를 달성하기 위해 두 가지 접근을 통합하여야 한다고 제안했다: (1) 성격의 주요 차원들을 찾아내는 것, (2) 그것을 측정하는 방법을 고안하는 것, (3) 그것들을 실험적, 양적 절차와 연결하는 것. 아이젠크는 우리가 과학적 관점에서 이론을 검증한다고 주장할 수 있으려면 오직 이 방법밖에 없다고 믿었다(Eysenck, 1947, pp. 1–2; Eysenck, 1997a, p. 1234).

성격의 주요 차원 확인과 측정

아이젠크는 성격이란 환경 속에서의 고유한 적응방식을 결정짓는 개인의 인격(character), 기질(temperament), 지성(intellect), 체격(physique)의 다소 안정적이고 지속적인 체계로 정의했다. 인격은 개인의 안정적이고 지속적인 의도적 행동 체계를 〔의지(will)〕, 기질은 안정적이고 지속적인 정서적 행동 체계를 〔감정(emotion)〕, 지성은 안정적이고 지속적인 인지적 행동 체계를 〔지능(intelligence)〕, 체격은 안정적이고 지속적인 신체 형태와 타고난 신경내분비 구조를 의미한다(Eysenck, 1970, p. 2). 따라서 그의 정의는 특질(trait: 안정적이고 견고한 특징)들을 강조했고, 이들이 군집을 이룰 때 유형들(types)로 구성되는 것이다.

아이젠크의 **유형론typology**은 위계적으로 조직되고 유형(type), 특질(trait), 습관(habit)으로 구성된다. 유형이 가장 추상적 수준이며 그 다음으로 특성, 그리고 습관이 따른다. 세부적으로, 각 유형 개념은 다양한 특질들 사이에서 관찰되는 상호상관들에 기초하고 있다. 역으로, 각 특질은 습관적 반응들 사이에서 관찰된 상호상관들로부터 추론되며, 습관적 반응은 구체적으로 관찰 가능한 반응들에 근거하여 도출된다(**그림 10.1** 참조). 예를 들어, 외향성(extraversion)은 사교성(sociability), 충동성(impulsivity), 활동성(activity), 활기(liveliness), 흥분성(excitability)과 같은 특질들 간에서 관찰된 상호상관에 기초한다. 각 특질들은 파티 가기, 사람들과 대화하기, 순간적 충동으로 영화 보러 가기 등과 같은 상호연관된 습관적 반응들로부터 추론된다. 이 습관들은 한 사람이 파티에 갔을 때, 사람들에게 이야기할 때와 같은 실제 상황에서의 구체적 반응을 관찰한 것에서 추론된다.

전 세계의 다양한 참여자로부터 수집된 방대한 성격 자료의 요인 분석을 토대로, 아이젠크는 뚜렷이 이름 붙일 수 있는 두 가지 요인으로 내향성/외향성(introversion/

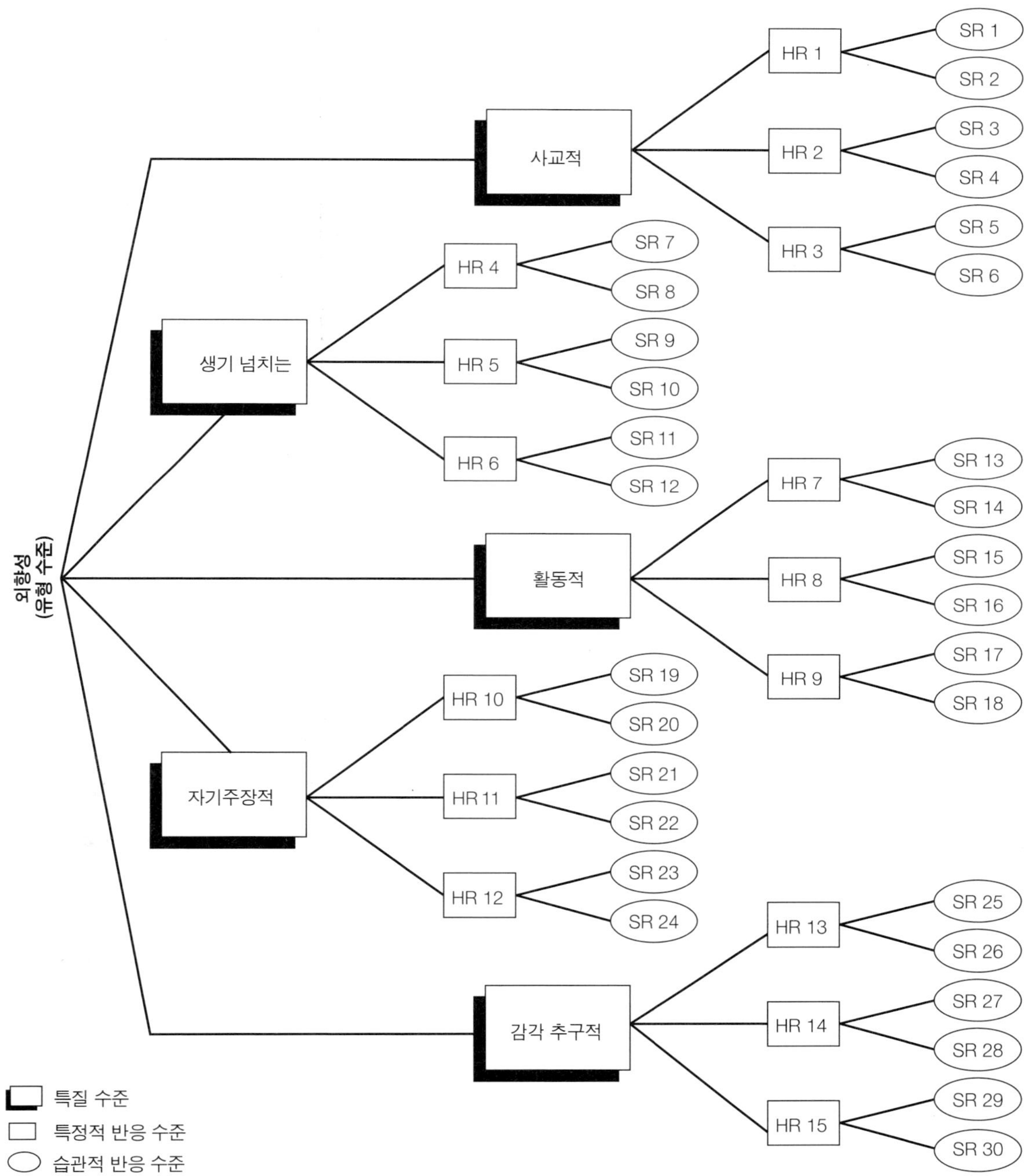

그림 10.1 성격의 위계모형

출처: H. J. Eysenck, *The Biological Basis of Personality*, 1967, p. 36에서 인용. Courtesy of Charles C. Thomas, Publisher, Ltd., Springfield, Illinois.

extraversion)과 안정성/신경증 성향(stability/neuroticism)을 이끌어 내었다. 이 후에 다른 통계 분석을 통해서 그는 셋째 차원인 충동 조절/정신증 성향(impulse control/psychoticism)을 상정하였다(Eysenck, 1982, p. 9). 아이젠크에 따르면 이 세 가지 차원은 성격 기능을 설명하는 데 아주 유용한 주요 개인차 유형(major individual difference types)이다.

세 가지 기본차원을 확인한 후, 그는 이를 측정하기 위한 지필검사(paper-and-pencil test)를 제작하였다. 본래 검사 이름은 **아이젠크 성격 질문검사Eysenck Personality Questionnaire(EPQ)**이다. 그러나 이 검사에서 정신증 성향 차원의 신뢰도가 낮았기 때문에 개정판이 만들어졌다(Eysenck, Eysenck, & Barrett, 1985, pp. 21–29). 수정된 척도의 몇 가지 예시 항목들은 **표 10.1**에 기재되어 있다. 개정판 또는 간이검사에서 정신증 성향이나 신경증 성향 척도에 높은 점수를 받은 사람은 반드시 신경증이나 정신증에 걸렸다는 것이 아니라 정신장애로 발전할 위험요소가 있다는 것임을 주지하여야 한다.

그림 10.2, **10.3**과 **10.4**는 외향성과 신경증 성향, 정신증 성향의 유형개념 또는 주요차원을 규정하는 특정한 특질들을 제시하고 있다. **외향성향자extravert**들은 흥분되는 일을 좋아하고 외부적 현실을 지향하는 사회적이고 충동적인 사람들이다. **내향성향자**

표 10.1 아이젠크 성격 질문검사–개정판의 샘플 항목*

외향성(extraversion)
1. 당신은 이야기하기 좋아하는 사람입니까?
2. 당신은 비교적 활동적입니까?
3. 당신은 새로운 사람을 만나기를 즐깁니까?

신경증 성향(neuroticism)
1. 당신은 종종 기분이 오르락 내리락 합니까?
2. 당신은 쉽게 상처를 받습니까?
3. 당신은 성마른 사람입니까?

정신증 성향(psychoticism)
1. 당신은 다른 사람들이 어떤 생각을 하는지를 많이 신경 씁니까?
2. 당신은 사람들에게 무례하지 않으려고 노력합니까?
3. 당신에게는 예의와 청결이 중요합니까?

*외향성과 신경증 성향에서의 '예' 반응은 각각 외향성과 신경증 성향적 경향성을 의미함. 정신증 성향에서의 '아니오' 반응은 정신증적 경향성을 나타낸다.

출처: Eysenck, Eysenck, & Barrett, 1985.

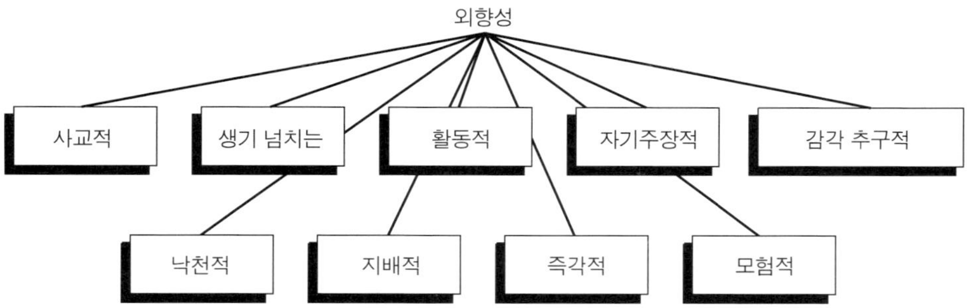

그림 10.2 외향성의 유형 개념을 구성하는 특성

출처: Eysenck, H. J. & Eysenck, M. W., *Personality and Individual Differences: A Natural Science Approach*, p. 15에서 인용. Copyright © 1985 by Plenum Press. Springer Science and Business Media의 허락하에 사용.

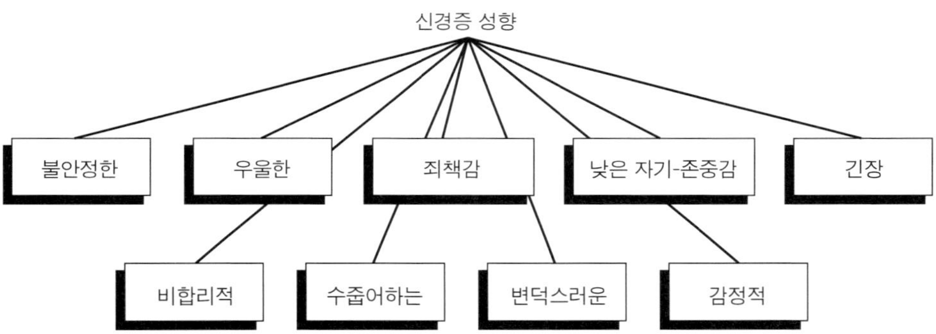

그림 10.3 신경증 성향의 유형 개념을 구성하는 특성

출처: Eysenck, H. J. & Eysenck, M. W., *Personality and Individual Differences: A Natural Science Approach*, p. 15에서 인용. Copyright © 1985 by Plenum Press. Springer Science and Business Media의 허락하에 사용.

introvert들은 조용하며, 내부적인 현실을 지향하고 질서가 잡힌 생활을 좋아하는 자기성찰적인 사람들이다. 비록 이 정의들이 융(Jung)이 사용한 것과 유사하긴 하지만(3장 참조), 아이젠크는 융의 설명 중 태도들의 기원과 개인의 신체 근저에서 기질들이 작동하는 방식에 대한 것들을 받아들이지 않았다(Eysenck & Eysenck, 1985, p. 48).

아이젠크의 관점에서 볼 때 **신경증자**neurotic들은 감정적으로 불안정한 사람들이다. 일부는 특정한 물체, 장소, 사람, 동물, 개방된 공간 또는 높은 곳에 대한 불합리한 두려움을 갖고 있다(Eysenck, H. J., 1965, p. 97). 어떤 사람들은 강박적이거나 충동적인 증상을 보일지도 모른다. 많은 신경증자들의 전형적인 특징은 상황과 현실에 적절하지 않

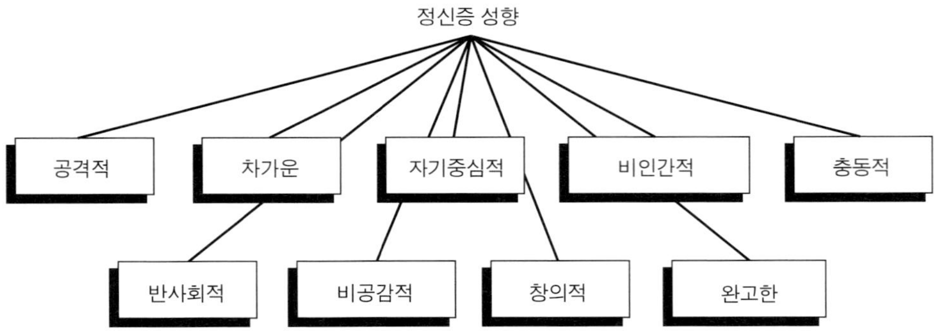

그림 10.4 정신증 성향의 유형 개념을 구성하는 특성

출처: Eysenck, H. J. & Eysenck, M. W., *Personality and Individual Differences: A Natural Science Approach*, p. 14에서 인용. Copyright © 1985 by Plenum Press. Springer Science and Business Media의 허락하에 사용.

은 불안수준이다(Eysenck, H. J., 1965. p. 97–98).하지만 일부 신경증자들은 불안과 공포로부터 자유로운 경우도 있다. 이 분류에서는 타인으로부터 처벌받는 것과 상관없이, 자신의 행동 결과를 가늠하지 못하고 비사회적이거나 반사회적인 행동을 하는 싸이코패스/정신병질자가 있다.

정신증자psychotics들은 일반적으로 장애의 심각성에서 신경증환자들과 차이가 있다. **정신병리**psychopathology의 가장 심각한 유형으로써, 정신증환자들은 타인에 대해 무감각하고, 적대적이며, 잔혹하고 비인간적이고, 사람들을 속이고 불쾌하게 만들려는 강한 욕구를 갖는다. 정신증환자가 종종 **정신분열병**schizophrenia 같은 중증 정신병리를 보이기도 하지만, 그들이 사람들에게 적대적이고 잔인하고 비인간적이며 일상의 사회 규칙을 깨는 등의 반사회적 행동을 한다는 사실을 보면, 정신분열병보다 덜 심한 정신병리의 형태인 품행장애(conduct disorder)를 외현적으로 보일 수도 있다. 품행장애를 가진 사람들은 잔인하고, 공감을 못하고, 적대적이며, 자기중심적이고 사회적 규칙을 따르지 않는 등 정신증 환자들과 공유하는 특질들을 지닌다. 따라서 이런 개념적 기반하에, 정신증 성향 차원에서 높은 점수를 받은 사람은 인격장애를 가질 가능성이 높다는 예측을 할 수 있다. 문헌연구의 조사에 따르면, 센터와 캠프(2003, pp. 75–88)는 아동과 성인에서 정신증 성향과 품행장애 간의 정적 관계를 지지하는 강력한 지지증거(20개 연구 중에서 18개)들을 발견하였다.

그러나 사회적으로 바람직하지 않은 특질들에도 불구하고, 제한된 감각으로 다양한 자극에 대해 독창적인 반응을 보인다는 점에서 아이젠크는 정신증자들이 창의적 경향

표 10.2 정신질환을 가진 것으로 추정되는 유명인사들

정신분열병(그리고 기타 인지적 정신증)

과학자: T. Brahe, Cantor, Copernicus, Descartes, Faraday, W. R. Hamilton. Kepler, Lagrange, Linnaeus, Newton, Pascal, Semmelweis, Weierstrass, H. Wells.

철학자: Kant, Nietzsche, Swedenborg.

작가: Baudelaire, Lewis Carroll, Hawthorne, Hölderlin, S. Johnson, Pound, Rimbaud, Strindberg, Swift.

예술가: Bosch, Cellini, Dürer, Goya, El Greco, Kandinsky, Leonardo da Vinci, Rembrandt, Toulouse-Lautrec.

작곡가: Donizetti, MacDowell, F. Mendelssohn, Rimsky-Korsakov, Saint-Saëns.

기타: M. Barrymore, de Sade, Goebbels, Herod the Great, Joan of Are, Nero, Nijinsky, Shaka.

기분장애(우울증, 조증, 양극성 장애)

과학자: Boltwood, Boltzmann, Carothers, C. Darwin, L. De Forest, J. F. W. Herschel, Julian Huxley, T. H., Huxley, Jung, Kammerer, J. R. von Mayer, V. Meyer, H. J. Muller, J. P. Müller, B. V. Schmidt, J. B. Watson.

철학자: W. James, J. S. Mill, Rousseau, Sabbatai Zevi, Schopenhauer.

작가: Balzac, Barrie, Berryman, Blake, Boswell, V. W. Brooks, Byron, Chatterton, J. Clare, Coleridge, William Collins, Conrad, Cowper, H. Crane, Dickens, T. Dreiser, R. Fergusson, F. S. Fitzgerald, Frost, Goethe, G. Greene, Hemingway, Jarrell, Kafka, C. Lamb, J. London, R. Lowell, de Maupassant, E. O'Neill, Plath, Poe, Quiroga, Roethke, D. G. Rossetti, Saroyan, Schiller, Sexton, P. B. Shelley, C. Smart, T. Tasso, V. Woolf.

예술가: Michelangelo, Modigliani, Pollock, Raphael, Rothko, R. Soyer, Van Gogh.

작곡가: Berlioz, Chopin, Elgar, Gershwin, Handel, Mahler, Rachmaninoff, Rossini, R. Schumann, Scriabin, Smetana, Tchaikovsky, Wolf.

기타: C. Borgia, Clive, O. Cromwell, A. Davis, J. Garland.

이 있다고 믿었다(Eysenck, 1993, pp. 152-153; Eysenck & Eysenck, 1985, p. 14).

천재와 정신병 사이에 연결고리가 있다는 아이젠크 주장의 근거는 무엇일까? 첫째, 그는 오랜 역사에 걸쳐 아주 창조적인 성과를 남긴 천재들은 다양한 유형의 정신병리적 행동 에피소드를 보이는 경향이 있었다는 점을 지적하면서, 창의성은 비정상과 연결되어 있다고 하였다(**표 10.2** 참조). 둘째, 높은 정신증 성향 점수와 관련된 많은 특질들은 창의적인 성과를 추구하는 데 도움이 된다. 천재들은 스스로 독립하기 위해서는 관습에 맞서야만 한다. 그들은 남들 기분 맞추는 것을 생각할 수 없다. 그 대신 자기중심적이고, 공격적이며, 정신이 강인하면서, 그들의 길에 놓인 많은 장애물들을 극복하는 데 집

표 10.2 정신질환을 가진 것으로 추정되는 유명인사들 (계속)

성격장애(심한 신경증 포함)

과학자: Ampére, Cavendish, A. S. Couper, Diesel, Einstein, Frege, S. Freud, Galton, Heaviside, Huygens, Marconi, Mendel.

철학자: J. Austin, Beccaria, Comte, Descartes, Hegel, Hobbes, Hume, Kierkegaard, B. Russell, Spencer, Voltaire, Wittgenstein.

작가: H. C. Andersen, E. B. Browning, R. Browning, Bunyan, Carlyle, Dickinson, Dostoevski, T. S. Eliot, Emerson, Flaubert, Garcia Lorea, Gide, Allen Ginsberg, Gogol, Heine, G. M. Hopkins, A. Huxley, W. M. Inge, Melville, Pavese, Proust, S. Richardson, Rimbaud, Ruskin, Tennyson, de Tocqueville, Tolstoy, Verlaine, T. Williams, Zola.

예술가: Borromini, Bramante, Caravaggio, Cézanne, C. Chanel, Munch, Romney.

작곡가: Beethoven, Bruckner, O. de Lasso, Schubert, Wagner.

연주가: S. Bernhardt, J. Dean, W. C. Fields, C. Gable, C. Grant, J. Joplin, M. Monroe, B. Powell.

지도자: C. Barton, Bismarck, W. Churchill, M. B. Eddy, Göring, A. Gramsci, A. Hamilton, Hitler, H. Hughes, A. Krupp, H. Lee, R. E. Lee, Lincoln, Luther, Mussolini, Napoleon, Nightingale, Nixon, T. Roosevelt, W. Wilson, M. Wollstonecraft.

주의: 이 모든 진단들은 대부분 객관적 임상평가에 기초한 것이 아니므로 잠정적인 것들이다.

출처: Simonton D. K., *Greatness: Who Makes History And Why*, p. 287.

요하다(Simonton, 1994, p. 292).

무감각하고, 잔혹하며, 비정한 창의적 인물의 예는 매우 많다. 수학자 가우스(Gauss)는 아주 어려운 문제를 풀고 있을 때 하인이 방에 들어와서 투병중인 부인이 숨을 거두려 한다고 알리자, "내가 일을 마칠 때까지 조금만 기다리라고 해라"며 투덜거릴 뿐이었다. 주목받는 물리학자인 동시에 화학자인 캐번디시(Cavendish)는 다소 괴상했다. 그가 과학적인 명성을 얻었을 때 그는 모든 편의를 버리고 작업실로 박쥐처럼 소리치며 뛰어내려갔다. 캐번디시는 남성과는 몇 단어라도 이야기를 나누지만 여성과는 어떤 대화도 하지 않았다. 집에서는 여자하인과는 메모를 통해서만 의사소통했고 자기 앞길을 가로지르는 하인은 바로 해고해 버렸다(Simonton, 1994, p. 269).

셋째, 아이젠크는 창의적인 천재의 뚜렷한 특징이 기괴할 정도로 특이한 사고 능력이라는 점에 주목했다. 정신분열병 진단의 경우를 포함한 많은 정신증 성향적 사람들은 장황하고 너무 포괄적인 개념을 갖고 있어서 남들은 관계가 없다고 보는 생각들을 연결시킬 수 있었다(Simonton, 1994, p. 292). 아이젠크는 정신분열병 환자들이 독창적이고 평범하지 않은 생각을 하는 능력을 나타내는 **확산적 사고**divergent thinking 검사에서 좋은 수행을 보인다는 많은 증거들을 인용했다.

예를 들어, "벽돌이 얼마나 많은 곳에 쓰일 수 있을까요?"라고 질문하면, 보통 사람들은 대개 집을 짓거나, 인도를 수리하거나, 굴뚝을 수리할 때 사용한다고 대답을 할 것이다. 정신분열병 환자같이 정신증 성향 차원 점수가 높은 사람은 비슷한 답을 하고는 온갖 다른 것들을 바로 덧붙일 것이다. 문을 고정시키는 데도 쓸 수 있고, 종이 누르개나, 우물에 물을 첨벙이는 일, 공격용 무기, 호두까기, 이두박근 운동을 위한 바벨로도 쓸 수 있다고 말한다. 이처럼 정신증적 경향이 높은 사람은 더 특이한 반응을 보임으로써 보다 큰 생각의 독창성과 유창성을 보인다(Eysenck, 1995, pp. 236-245).

아이젠크는 천재들과 정신증자들의 독창성이 과포괄적인(overinclusive) 인지양식에 기반을 두고 있다고 주장했다. 이 인지양식은 고려중인 어떠한 문제와 관련 있는 것으로, 생각의 모든 유형을 이해하는 것을 가능하게 한다. 또한 그는 과포괄성이 뇌에서 높은 **도파민**dopamine과 낮은 **세로토닌**serotonin 수준이 야기한 인지적 억제(cognitive inhibition)의 실패 때문이라고 생각했다(Eysenck, 1995, pp. 264-265). 보통 사람들은 어떤 정보가 문제해결에 적절한지, 적절하지 않은지를 결정함으로써 입력정보들을 줄여 처리를 하며, 그 다음 문제해결에 도움이 될 정보를 자신의 사고에 포함시키고 나머지는 무관한 것으로 여겨 제외시킨다. 반면에, 정신분열병 환자와 천재는 아주 높은 수준의 도파민에 의해 이 억제과정이 붕괴되는 특징을 보인다고 주장하였다. 다시 말해, 아이디어에 대한 억제의 실패가 창의성의 중요한 한 가지 측면인 독창성과 관련된 과포괄성(광범위한 개념 연합)으로 이어진다는 것이다(Eysenck, 1995, pp. 249-279). 정신분열병 환자와 정신증자들이 아주 높은 수준의 도파민과 관련 있다는 아이젠크의 생각을 뒷받침하는 실증적 근거는 많이 있다(Colzato, Slagter, van den Wildenberg, & Hommel, 2009, pp. 377-380).

만약 정신증자와 천재들에게서 모두 독창성의 특징이 있다면, 왜 천재들은 사회에 아주 크게 기여하는 뛰어난 창의적인 일을 해내는 반면 대부분의 정신증자들은 그들 삶의 많은 시간을 시설에서 보내고 위대함을 성취하는 데 실패하는 것일까? 이에 대해 아이젠크는 독창성이 창의적인 일에 필요조건이지 충분조건은 아니라는 점을 이해할 필요가 있다고 답했다. 창의성에 있어서 독창성을 제외한 또 다른 조건은 바로 사회적 유용성이다. 성과물이 독창적이며 사회에 유용하기도 할 때 창의적이라고 할 수 있다. 천재들은 성격 특질들의 적절한 조합(combinations)을 갖고 있기 때문에 두 가지 조건 모두를 가지지만, 정신증자는 그렇지 못하다. 구체적으로 천재들은 보통 강한 자아강도와 자신감, 매우 높게 지속되는 동기 수준, (놀라울 정도는 아니지만) 매우 높은 지능으로 특징지어진다. 탁월한 남성과 여성에서 이 특질들이 독창성과 상호작용하여 사회적 가치가 있는 창의적 결과물들을 생성해 낸다. 그러나 시설에 수용된 정신증 환자에게는 이러한 특질들이 전형적이지 않다(Eysenck, 1995, pp. 114–123).

또한 정상이지만 정신증 성향 척도에서 높은 점수를 받는 사람들에게서 아이젠크의 입장을 지지하는 실증적 근거를 확인할 수 있었다. 아브라함, 빈드만, 다움 및 군투르쿤(Abraham, Windmann, Daum, & Gunturkun, 2005, pp. 520–534)은 대학생과 대학교육을 받지 않은 사람들이 높은 정신증 성향 척도 점수에 따라 독창성 수준이 높아졌지만, 정신증 성향 점수와 아이디어의 실용성—다시 말해 창의성—사이에는 관계가 없다는 것을 발견하였다.

도파민 수준과 창의성 간의 연관성에 대한 최신 발견

체르마히니와 홈멜(Chermahini & Hommel, 2010, pp. 458–465)의 최근 연구는 뇌의 창의적인 정보처리와 결과에 있어서 도파민 수준의 역할에 대해 보다 분화된 관점을 제공한다. 아이젠크를 지지하는 입장에서, 연구자들은 더치 대학교 학생들에게서 높은 도파민 수준이 높은 확산적 사고와 분명히 관련이 있다는 것을 발견하였다. 아이젠크는 도파민의 역할과 수렴적 사고와의 연관성에 대해 실험한 바가 전혀 없었지만, 이들은 그 연구를 했다. 그들은 낮은 수준의 도파민이 더 높은 **수렴적 사고**convergent thinking와 관련이 있다는 것을 발견했다. 이러한 사고는 창의적인 해결책을 제시함에 있어 일련의 생각들에서부터 한 가지 생각에 집중하는 것과 관련된다. 따라서 창의성에는 확산적 사고와 수렴적 사고 모두 필요하다. 천재들은 확산적 사고를 통해서 창의적인 해결을 찾을 때 많은 생각들을 제시할 수 있고, 수렴적 사고를 통해서 가능한 아이디어의 나열에서부터 하나의 아이디어를 선택함으로써 판단할 수 있다. 어느 시점에서 그들의 판단은 사회구성원으로부터 독창적이고 사회적으로 유용한 것으로(창의적) 간주된다. 정신분열병 환자들과 다른 정신증 환자들은 많은 생각들을 갖고 있지만(높은 확산적 사고), 대개 창의적 해결에 필요한 수렴적 사고에 매달리지 않는다.

억제이론

아이젠크가 성격의 주요 차원들을 스스로 만족할 만큼 설명하고 그것들을 측정하기 위한 건전한 심리측정 검사까지 고안한 후, 그에게는 왜 성격차원에 따라 사람들이 각자 다르게 행동하는지를 설명하는 이론적 과제가 남아 있었다. 그러한 이론을 설명한 후에는, 다른 유형의 사람들이 정말로 그들의 행동에서 차이를 보인다는 것을 보여 줄 실증적 증거가 필요했다. 이를 위해서 아이젠크는 강한 생리학적 기반을 가지지만 환경적 영향도 무시하지 않는 이론을 구성하기 시작했다.

아이젠크는 내향성/외향성 차원에 따른 개인의 차이는 유전적 특징에 의해 강하게 결정되고 그것은 중추신경계의 대뇌피질에서 기원한다는 것을 상정하였다. 외부환경의 정보는 감각기관과 신경경로를 통해 뇌로 전달되고, 그곳에서 인지반응의 활성화나 억제를 야기하는 흥분과 억제성 피질 처리가 일어난다. 테프로프(Teplov, 1964)와 파블로프(Pavlov, 1927)의 실험에서 착안하여, 아이젠크는 외향자들이 상대적으로 강한 억제과정과 약한 흥분과정을 가진다고 주장하였다. 또한 외향자들은 자극을 견딜 수 있는 용량이 크다는 의미에서 강한 신경계를 갖고 있다고 하였다. 반대로 내향자들은 강한 흥분과정과 약한 억제과정을 갖고 있으며 또한 그들은 신경계가 약하여 자극을 견디는 용량이 작다고 주장하였다. 외향자들의 뇌는 자극에 더 천천히 약하게 반응하므로 강한 감각자극을 갈망하는 **자극 굶주림**(stimulus hunger)을 만들어 낸다. 이것은 그들이 환경에 접근하고 파티에 참석하고 친구를 사귀고 위험을 즐기는 등의 자극적인 것을 찾는 원인이 된다. 반대로 내향자들은 태생적으로 더 피질이 각성되어 있고, 자극에 더 빠르고 강하게 반응하는 뇌를 가지며, 비교적 작은 양의 자극만을 견딜 수 있다. 따라서 그들은 환경의 강한 자극에 회피적 혐오감을 느끼며 독서, 글쓰기, 체스 두기와 같이 사색하는 활동에 많은 시간을 보낸다.

내향성과 외향성에 대한 차별적 신경학적 발현구조를 가지는 **억제이론**inhibition theory은 여러 가지 행동적 예언을 낳았고, 일반적으로 경험적 확증을 받았다. 예를 들어, 내향자들에 비해 외향자들은 시끄러운 음악, 밝은 색, 재즈(아마도 더 복잡하면서도 평범하지 않아서 더 흥미롭고 자극적이기 때문에)를 좋아한다. 그들은 또한 알코올과 다른 약들, 담배와 다양한 형태의 성적활동에 참여하기 쉽다(Eysenck, H. J., 1965, pp. 84–85; Harakeh, Scholte, deVries, & Engels, 2006, pp. 232–245; Martsh & Miller, 1997, p. 153). 구체적으로, 아이젠크의 연구는 내향자들에 비해 외향자들이 이른 나이에 더 자주, 더 많은 파트너와 다양한 자세에서 성행위를 한다는 것을 보여 주었다. 최근의 연구에서 외향자들이 어린 나이에 사회적 접촉을 추구하고 그들의 사회적 기술을 잘 발달시킨다고 보았다. 이 사회적 기술들은 외향자들이 다른 사람들과 소통하는 데 있어서 도움을 주고 더 많은 사회적 활동에 참여하게끔 독려한다. 아마도 그들의 사교성 및 참여한 사회의 지지의 결과로 인해, 외향자들은 내향자들에 비해서 역경이나 트라우마에 더 잘 적응하는 경향이 있다. 마지막으로, 아이젠크는 내향성과 외향성에 대한 이론화에서 **반작용 억제**reactive inhibition의 개념을 추가했다. 그는 헐(Hull, 1951)의 학습이론에서 이 용어를 빌려 왔다. 헐은 행동이 반복되면 더 이상 반응하지 못하는 수준에 이르는 신경피로, 즉 반작용 억제를 야기한다고 제안했다. 아이젠크는 외향자들이 내향자들에 비해서 반작용 억제에 더 민감하여 주어진 활동에 더 빨리 싫증을 느끼고 다른 것으로 관심을 돌리게 된다고 주장하였다. 아이젠크에 따르면, 외향자들의 변덕스러움은 그들의 행동에서 많은 부분에 영향을 준다. 그들이 처음 취직되어 직장에서 일을 시작할 때 아주 높은 수준의 참여를 보이지만, 곧 직업에 피로를 느끼고 직장이나 직업을 더 쉽게 바꾼다. 또한 그들은 행복하지 않을 때 데이트 상대를 쉽게 바꾼다(Eysenck, H. J., 1965, p. 81; Langelaan, Bakker, van Doornen, & Schaufeli, 2006, pp. 521-532).

각성이론

억제와 흥분이 내향자와 외향자 간 행동상의 차이점을 예측하는 데에 유용한 개념이긴 하지만 이것을 측정하는 것은 매우 어렵다. 이에 아이젠크는 보편적인 상황과 다양한 과업에서 보다 더 정확하게 평가하고 예측하기 위해 **피질각성**cortical arousal의 개념으로 눈을 돌렸다. 결론적으로 초기 억제이론은 억제의 근원적인 생리체계를 정확하게 밝혀내지 못한 반면, **각성이론**arousal theory은 내향성/외향성, 안정성/신경증 성향 간 개인차의 근원적인 생리적 체계를 밝혀내는 데 더 유리한 면을 많이 가지고 있다(Eysenck & Eysenck, 1985, pp. 196-199).

각성이론과 내향성/외향성

아이젠크 이론의 최신판에 따르면, 그는 **상행망상활성체계**ascending reticular activating system(ARAS)의 다양한 부위에서 내향자/외향자들 간의 행동적 차이점을 발견하였다. ARAS는 하위 뇌간(lower brain stem)에서 시상(thalamus)과 피질(cortex)로 순회하는 섬유들 간의 연결망이며, ARAS의 자극은 대뇌피질의 각성(arousal)과 경계(alertness)를 증가시킨다. 그 외 섬유들은 하위 뇌간에서 내려옴으로써 신체근육과 **자율신경계**autonomic nervous system에 영향을 미친다(Cofer & Appley, 1964, pp. 399-400). 동시에 대뇌피질에서 내려온 섬유들은 뇌간의 활동을 조절할 수 있다. 따라서 ARAS와 대뇌피질은 상호적인 관계에 놓여 있다고 할 수 있는데, ARAS는 대뇌피질을 활성화시키고 대뇌피질은 흥분성이나 억제성을 증대시키는 방식으로 ARAS에 영향을 미친다.

아이젠크의 이론에서 내향자가 외향자보다 선천적으로 높은 각성 수준을 보인다고 가정하고 있으며, 결과적으로 자극에 더 민감해진다고 본다. 아이젠크는 자극의 각성과 민감성 간의 관계에 대해 다음과 같이 설명하고 있다:

> 자극강도의 객관적 수준과, 신경메시지가 도착할 때의 기존 피질각성 수준을 합산한 결과로 감각 자극이 등록되는 것이라면, 동일한 입력강도라 하더라도 외향자보다 내향자에게서 자극이 더 강하게 경험될 것이다. (Eysenck, 1976, p. 113)

즉, 내향자들은 높은 피질 각성으로 인해 투입되는 모든 자극들의 수준이 증폭된다. 하지만 내향자들이 자극에 높은 민감성을 보여 준다는 수많은 과학적 증거에도 불구하고, 지금까지의 연구들은 내향자들이 선천적으로 각성수준이 높다는 증거를 찾아내지 못하고 있다(Stelmack, 1990, p. 293).

더 나아가 아이젠크는 감각자극의 중간 수준에서는 경험의 쾌감과 긍정적인 감정, 긍정적인 평가가 발생하지만, 매우 낮거나 높은 각성 수준은 경험의 불쾌조(negative hedonic tone)와 부정적인 감정, 부정적인 평가를 일으킨다고 가정하였다. 즉, 외향자보다 내향자의 선호자극수준이 더 낮아야 한다는 것이다(Eysenck & Eysenck, 1985, p. 248). **그림 10.5**는 내향자와 외향자의 자극 수준과 쾌감 간의 관계를 설명하고 있다.

이러한 새로운 이론에서 아이젠크는 기존의 억제이론을 활용하여 감각박탈(sensory-deprivation)과 통증내성(pain-tolerance) 조건에서 내향자와 외향자의 행동에 대한 동일한 예측들을 확신할 수 있었다. 게다가 개정된 이론에서는 다양한 학업 수행 정도나 학업 습관, 정해진 시간 내에 마감하려는 욕구를 포함하는 몇 가지 새롭고 흥미로운 영역들이 연구되어 왔다. 이제 그 연구들을 살펴보도록 하자.

펀햄과 브래들리(Furnham & Bradley, 1997)의 연구에서 음악을 들려 주었을 때 내향자와 외향자의 수행에 미치는 영향력을 검토하였다. 그들은 과제 수행 시에 대중가요를 들어놓으면, 내향자가 외향자보다 독해능력 평가에서 더 저조한 결과를 보이지만, 음악이 없는 조건에서는 그렇지 않을 것이라고 추측하였다. 음악 연주는 가외자극(extra-stimulation)이 되어 내향자들에게 적정 수준을 초과하여 압박을 주는 반면, 외향자들은 오히려 적정 수준에 이르기 위해 음악으로부터 공급되는 가외자극을 필요로 한다. 실험 결과는 가설을 입증하였다. 조용한 환경에서 시험을 치르는 조건의 결과를 보면 내향자와 외향자 간의 별다른 차이점이 없었지만, 음악이 있는 조건에서는 내향자가 외향자보다 더 저조한 수행을 보였다. 또한 동일한 연구에서 참여자들에게 다양한 주제로 이루

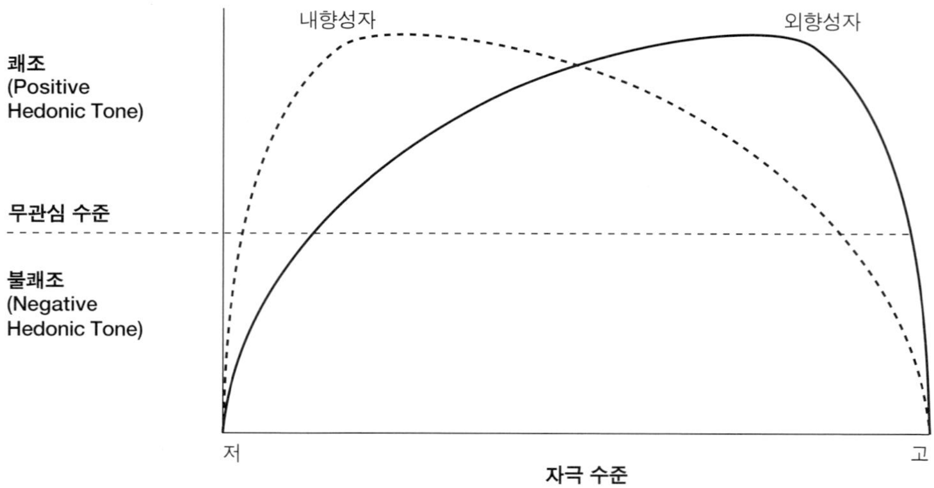

그림 10.5 외향성에 따른 자극 수준과 쾌감 정도의 이론적인 관계

출처: Eysenck, H. J. & Eysenck, M. W., *Personality and Individual Differences: A Natural Science Approach*, p. 249. Copyright © 1985 by Plenum Press. Used with kind permission from Springer Science and Business Media.

어진 20장의 사진들을 2분 동안 보고 가능한 많이 기억하도록 한 후에 회상하도록 하였다. 그 결과 내향자들은 음악 연주를 들으면서 사진을 기억할 때 외향자보다 더 저조한 회상 수준을 보인 반면에, 음악이 없는 조용한 상황에서 과제를 수행할 때는 내향자와 외향자 간에 별 차이가 없었다. 가외자극은 정신을 산만하게 하고 기억과 회상을 제한시킨다. 음악이 없는 상황에서 과제를 수행했을 때 내향자와 외향자 간의 회상 수준에서는 차이가 없었다(Furnham & Bradley, 1997, pp. 452–454). 이와 관련된 연구로 펀햄과 동료들은 TV 드라마를 보면서 독해 과제를 하였을 때 내향자들이 외향자보다 더 저조한 수행 수준을 보인다는 사실을 발견하였다. 하지만 TV를 켜지 않고 과제를 하였을 때는 내향자와 외향자 간의 별다른 수행 차이가 없었다(Furnham, Gunter, & Peterson, 1994, pp. 709–710).

펀햄과 동료들의 두 연구 결과는 학업 잠재력을 최대한 활용해야 하는 학생들에게 중요한 의미를 가지고 있다. 내향자는 공부나 과제를 할 때 학업에 몰입하는 데 방해가 될 수 있는 외부 자극들을 피해야 하는 반면, 외향자들은 각성의 적정 수준에 도달하기 위해 충분한 외부 자극이 있는 상황에서 공부나 과제를 하는 것이 더 낫다.

캠벨과 홀리(Campbell & Hawley, 1982, pp. 139–146)는 내향자와 외향자의 학습 습

관의 차이를 예측하는 데에 아이젠크의 각성이론을 활용하였다. 학생들이 도서관에서 공부하는 위치를 기록하고 그들의 학습 습관에 대한 면담에 동의를 구하였으며, 아이젠크 성격차원 검사(EPQ)에 응답하도록 하였다(Eysenck & Eysenck, 1975). 면담에서는 연구 참여자들에게 시간당 휴식시간을 가지는 빈도를 0부터 10까지 표시된 척도에 나타내도록 하였다. 또한 학생들이 도서관에서 공부하는 동안의 소음과 혼잡함, 그들이 선호하는 사교활동 기회의 수준을 1(낮음)에서 6(높음)까지의 척도로 나타내도록 하였다. 그리고 공부하는 위치를 선택할 때 그들에게 사교 활동이 얼마나 중요한지를 1(전혀 중요하지 않음)에서 6(매우 중요함)까지의 척도로 표시하도록 하였다.

아이젠크의 이론에 근거하여 캠벨과 홀리는 내향자는 공부할 때 대화가 불가능한 개인 열람실 같은 외부 자극강도가 최소화된 위치를 선호하는 반면에, 외향자는 사교 활동이 허용되고 시청각 자극이 많으며 소파와 안락의자가 있는 큰 열람실 같은 여러 자극이 존재하는 자리를 선호할 것이라고 예측하였다. 이러한 예측은 외향자보다 내향자의 망상활성체계 각성의 역치 수준이 더 낮다는 아이젠크의 주장에 근거한다. 결론적으로 내향자는 낮은 자극 강도에서 더 큰 각성 수준을 경험하는 것에 틀림이 없었다. 또한 아이젠크의 이론에서는 내향자들이 적정 강도보다 높은 강도의 자극에서 더 큰 불쾌감과 혐오감을 경험하며, 이들이 느끼는 자극의 적정 강도 수준은 외향자보다 더 낮을 것이라고 가정하였는데, 이는 분명하게 입증되었다. 내향자들은 조용한 장소와 개인 열람실에서 공부하는 경향을 보이는 반면에, 외향자들은 사교활동이 가능하고 시청각 자극 수준이 비교적 높은 장소에서 공부하는 경향을 보인다. 또한 외향자들은 떠들썩하고 사교활동의 기회가 많은 붐비는 장소에서 공부하는 것을 선호한다고 보고하였다. 이러한 사교활동의 기회는 외향자들에게는 매우 중요하지만 내향자들에게는 그다지 중요하지 않다.

또한 캠벨과 홀리(1982)는 외향자들이 내향자들보다 주변을 두리번거리거나 돌아다니는 등 더 많은 휴식시간을 가질 것으로 예측하였다. 아이젠크는 장시간 과제를 수행할 때 외향자들이 내향자들에 비해 더 빠르고 강하게 반응 억제(피로감)를 일으키고, 이러한 반응 억제의 빠른 누적은 휴지기를 야기한다고 주장하였다. 외향자는 억제에 민감하기 때문에 단조로운 학습은 더 많은 휴지기를 야기하며, 이에 더 잦은 학습 휴식을 가진다는 예측 또한 명확하게 입증되었다. 더욱이 데이비스와 파라슈라만(Davies & Parasuraman, 1982)은 불침번을 필요로 하는 업무에서 외향자들이 내향자들보다 쉽게 지치고 결과적으로 실수할 가능성이 더 높다는 사실을 발견하였다. 이러한 결과는 고용주들이 품질관리 근로자나 항공교통관제사, 보안검색대의 보안요원으로 외향자보다 내향자를 고용하는 것이 더 유리하다는 점을 시사한다(Cox-Fuenzalida, Angie, Holloway, & Sohl, 2006, pp. 432-439).

전혀 다른 실용적 연구들의 결과를 보면, 외향자들이 평균적으로 내향자보다 긍정적인 정서 즉, 행복감을 더 많이 경험한다는 사실을 발견하였다. 외향자들은 내향자들보다 다른 사람들과 상호작용할 수 있는 장소를 더 잘 찾아낼 수 있고, 이러한 상호작용은 대개 즐거움과 행복을 경험하게 한다. 이러한 결과는 스리바스타바, 안젤로, 발레로(Srivastava, Angelo, & Vallereau, 2008, pp. 1613-1618)의 연구에 근거를 두고 있으며, 이는 내향자와 외향자의 기상 후 취침할 때까지의 경험을 회상한 사회적 상호작용의 빈도 기록을 기초로 한다. 사회적 상호작용은 일반적으로 내/외향자 모두에게 긍정적인 영향(즐거움과 행복)을 낳기 때문에, 외향자는 내향자보다 더 많은 사회적 상호작용을 가진다는 사실은 외향자는 내향자에 비해 더 행복하다는 의미가 될 수 있다.

그렇다면 왜 외향자들은 더 많은 사회적 상호작용을 할까? 한 가지 가능성은 외향자는 내향자보다 적극적이고 자신감 있다는 것이며, 또 다른 가능성은 많은 사회적 상호작용으로 인해 외향자들은 자신들이 다른 사람들과 사회적으로 연결되어 있다고 느낀다(더 큰 신뢰감이 있고 정서적으로 안정된 느낌)는 것이다. 즉 외향자들이 내향자들보다 행복하다는 결과와 함께 높은 자존감과 낮은 수준의 불안감과 우울 증상을 보인다는 것을 의미한다(Lee, Dean, & Jung, 2008, pp. 414-419). 이러한 사실과 관련하여 외향자는 더 많은 긍정 정서뿐만 아니라 더 적은 부정 정서를 경험하는 경향을 보인다. 따라서 이들은 자살 사고와 자살 시도 그리고 실제 자살률이 내향자보다 적다(Brezo, Paris, & Turecki, 2006, pp. 180-206). 로메로, 빌라, 루엔고 고메즈-프라겔라(Romero, Villar, Luengo, & Gomez-Fraguela)의 연구에서는 외향자들이 사회적 상호작용(우정과 같은)에 의해 성장할 뿐 아니라 목표를 추구하고 성취하는 성공에 대해 낙관적이기 때문에 더 행복하다고 주장하였다(2009, pp. 535-546).

마지막으로, 랜드럼(Landrum)은 대학생들 중 외향자는 내향자보다 초콜릿이나 커피, 차, 코카콜라 또는 닥터페퍼 같은 청량음료를 더 많이 소비한다는 사실을 발견하였다(1992, pp. 151-155). 이러한 음료들은 모두 강력한 각성 효과가 있는 카페인을 함유하고 있다. 많은 연구들은 카페인이 내향자와 외향자의 수행에 차등적인 영향을 미친다는 점을 시사하고 있다. 즉, 많은 양의 카페인으로 유도된 각성의 증가가 대개 외향자의 학업수행을 향상시키는 반면, 내향자의 수행은 어느 정도까지만 향상되고 그 후 정점에서 눈에 띄게 감소한다(Bullock & Gilliland, 1993, pp. 113-123). 다시 말해 검사 전 카페인이 함유된 커피를 적당량 마신다면 내향자와 외향자 모두 수행을 증진시킬 수 있지만

(일반적으로 150파운드 체중을 기준으로 한 사람당 0.5~1잔), 많은 양을 마신다면 외향자의 수행은 지속적으로 향상되는 데 반해 내향자의 수행은 상당히 감소하게 된다(3잔 이상).

자율신경계 활성화와 신경증 성향

아이젠크는 각성이론에서 신경증 성향의 근원이 위치하는 곳으로 **내장두뇌**visceral brain 또는 변연계(limbic system)를 지목했다. 해마(hippocampus)와 편도체(amygdala), 대상속(cingulum), 사이막(septum), 시상하부(hypothalamus)로 구성되는 내장두뇌 체계는 정서 발생과 관련이 깊다. 내장두뇌와 ARAS는 서로 일부분만 독립적이라서 내장두뇌의 활동에 의해 대뇌피질과 자율신경의 각성이 유발될 수도 있다. 특히 이러한 활동이 자율신경계 안에 있는 교감신경계의 각성을 일으키고 싸움(분노)이나 도피(공포) 반응을 할 준비를 한다. 이는 소화기능을 억제하고 심장박동을 빠르게 하며 호흡수를 증가시킨다. 심한 신경증 성향을 가진 사람들은 내장두뇌 활동의 역치 수준이 낮고 **교감신경계**sympathetic nervous system의 과민반응을 보인다(Eysenck & Eysenck, 1985, p. 206). 따라서 신경증 환자들은 본질적으로 더 반응적이며, 심지어 가벼운 자극에도 과민반응을 보인다. **그림 10.6**은 안정성/신경증 성향 그리고 내향성/외향성에 따른 개인 간 행동 차이를 유발하는 것과 관련된 생리체계를 설명하고 있다.

아이젠크는 신경증 환자의 교감신경계 과민 반응이 비교적 스트레스를 받는 조건 하에서 가장 분명해지고(Eysenck & Eysenck, 1985, p. 206), 스트레스로 인한 정서반응이 발생될 때 수행에 간섭을 받게 된다고 제안하였다. 대부분 연구자들은 수행결과에서 신경증 성향의 영향에 대한 직접적인 연구보다는 불안특성과 밀접하게 연관된 연구들을 선택하였다(연구 참여자의 불안 수준은 그들의 신경증 성향 점수와 명백한 정적 상관을 보였다; +.60~+.70). 불안은 정서성(emotionality)과 걱정(worry)이라는 두 가지 요소로 이루어져 있는데, 먼저 정서성은 생리적 변화와 불안, 신경과민, 긴장감과 같은 불쾌한 느낌을 수반한다. 걱정은 불안의 인지적 요소로 부정적인 자기평가와 부정적인 업무 기대, 자기 수행과 그 결과에 대한 끊임없는 걱정을 포함한다(Eysenck & Eysenck, 1985, p. 292).

아이젠크에 따르면 수행에 대한 불안의 역효과는 걱정과 같은 과제와 무관한 처리 활동에 기인한다. 걱정을 많이 하는 학생들은 대체로 시험성적이 저조하고 평균 평점이 더 낮다(Eysenck & Eysenck, 1985, pp. 293-294). 특정 과제에서 높은 불안감을 느끼는 사람들은 불안수준이 낮은 사람들만큼 수행하기 위해서 훨씬 더 많은 노력을 쏟아 부어

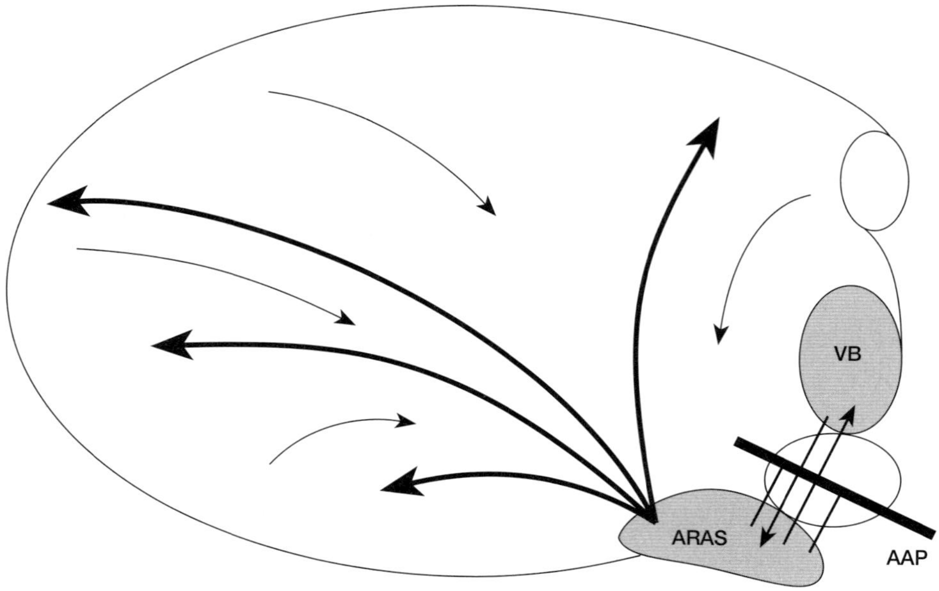

그림 10.6 망상체, 내장두뇌, 대뇌피질 간 상호작용을 나타내는 그림. VB: 내장두뇌, ARAS: 상행성망상활성체계, AAP: 상행 구심성 경로(ascending afferent pathways)

출처: H. J. Eysenck, *Biological Basis of Personality*, 1967, p. 231에서 인용. Courtesy of Charles C Thomas, Publisher, Ltd., Springfield, Illinois.

야 하며 이로 인해 더 높은 스트레스에 시달리게 된다. 따라서 불안한 사람들은 불안하지 않은 사람들만큼 시간을 능률적으로 사용할 수는 있지만, 그 대가로 신체적 건강함을 더 많이 지불해야만 한다(Eysenck & Eysenck, 1985, pp. 298–299).

신경증 환자들은 불안정하고 과민한 자율신경계를 가지고 있기 때문에, 스트레스 상황에서 쉽게 높은 공포와 불안감을 경험할 것으로 예상된다. 이 중에는 개인 간 친밀감과 관련되는 상황이 있는데, 신경증 환자들은 이런 상황 하에서 친밀감을 줄이려는 쪽으로 행동할 것으로 예상되며, 연구는 이것이 사실임을 보여 준다. 그 예로 캠벨과 러쉬튼(Campbell & Rushton, 1978)의 연구에서 심한 신경증 성향을 가진 참여자들은 가벼운 신경증 성향을 가진 참여자들보다 실험자와 대화할 때 시선회피가 더 많았다.

호르몬과 정신증 성향

아이젠크는 정신증 성향의 인과론을 밝혀내려 노력하였으나 이론은 여전히 초기단계에 머물러 있다. 하지만 여성 집단보다 남성 집단에서 EPQ의 정신증 성향(*P*) 척도에서 항상 더 높은 점수가 나온다는 점이나, (높은 *P* 점수의) 범죄자나 사이코패스들은 여성보다 남성인 경향이 있다는 점, (적어도 폐경 전) 여성들은 쉽게 정신분열병을 보이지 않는다는 점과 같은 많은 사실관계들은 아이젠크로 하여금 아마도 정신증 성향이 남성성과 관계될지 모른다고 생각하게 하였다. 특히 남성성은 **안드로겐**androgens의 분비와 밀접하게 연관이 있다(Eysenck, 1982, p. 19). 게다가 정신분열병의 경우처럼 높은 P점수를 기록한 사람들은 비교적 세로토닌이 낮으며 체내에 특정 **항원**antigens이 나타난다. 이런 사실은 *P* 점수와 정신분열병 간의 강한 관련성을 시사하며, 아이젠크는 여기에 정신증 성향에 대한 생물학적 설명의 열쇠가 있을지 모른다고 생각하였다(Eysenck, 1982, p. 20). 그러나 현재까지는 호르몬과 정신증 성향의 연관성에 대한 아이젠크의 추측을 뒷받침하는 기초적 수준의 연구 증거만이 있을 뿐이다.

성격발달

아이젠크는 인간은 생물 · 사회적 존재라고 보았다. 즉, 사람들은 주변 환경에 특정 방법으로 반응하기 위한 선천적 경향을 가지고 태어나지만 이러한 경향들은 사회의 요구에 의해 어느 정도까지 바뀔 수 있다는 것이다. 환경과 유전은 행동을 산출하기 위해 상호작용하며, 여기서 생물학적 요인들은 대체로 더 큰 역할을 한다.

유전의 역할

아이젠크는 세 가지 방법으로 주요 성격 유형의 강력한 유전적 근거를 발견하였다. 그 세 가지는: (1) 각 국가의 다양한 사람들에게서 그들의 국민적 성향에 부합되게 행동하도록 압력을 주는 특이한 사회문화적 요인이 있어도, 세 가지 성격 성향은 보편적으로 발견된다. (2) 이러한 특성들은 다양한 경험이 일어나는 동안에도 기본 반응의 수정 없이 오랜 기간 개인에게 주어진 안정성을 보여 준다. (3) 쌍생아 연구에서 나온 증거는 유전자 가설과 일치한다.

EPQ의 번역판은 다국적 사람들로 이루어진 대규모 표본에서 시행되었고, 같거나 혹은 다른 요소들이 모든 문화권에서 나타나는지의 여부를 보기 위해 특별히 고안된 요인분석법을 사용하였다. 만약 환경이나 문화가 성격을 결정하는 데에 중요한 역할을 한다면 우리는 다른 요인들을 예상할 수 있을 것이고, 만약 유전이 중요한 역할을 한다면 문화적 다양함에도 불구하고 동일한 세 가지 요소를 찾을 수 있을 것으로 예상하였다. 아이젠크는 연령과 성별, 문화적 다양성에도 불구하고 동일한 세 가지 요소가 나타나는 것을 확인하고 유전자 가설을 지지하는 연구 결과를 보고하였다. 이러한 성격의 주요 요소는 그리스, 프랑스, 스페인, 헝가리, 일본, 이집트, 이란, 아이슬란드, 스리랑카, 우간다, 독립국가연합(구소련) 그리고 미국을 포함한 35개국의 여성과 남성 모두에게 발견되었다(Eysenck, 1990, pp. 245-246). 또한 연구들은 헝가리, 스페인, 일본, 싱가포르, 그리스를 포함한 다양한 문화권에서 아동의 외향성과 신경증 성향, 정신증 성향을 측정하기 위해 성인과 유사한 결과를 보이는 **아동용 아이젠크 성격 질문검사**Junior Eysenck Personality Questionnaire(Eysenck, S. B. G., 1965)를 활용하였다(Eysenck & Eysenck, 1985, pp. 102-107).

다른 연구들을 통해 성인에서뿐만 아니라 아동에서도 내향성/외향성, 안정성/신경증 성향, 충동조절/정신증 성향이라는 동일한 세 가지 성격차원이 발견되었다(Rachman, 1969, pp. 253-254). 또한 많은 종단적 연구들은 이들 세 가지 성격 특징이 아동기부터 성인기까지 비교적 안정적이라는 사실을 보여 주었다. 예를 들면 아동기에 내향자는 성인기에서도 내향적인 경향을 보인다(Eysenck & Eysenck, 1985, pp. 113-114). 즉 연구 참여자들은 오랜 테스트 기간 중 많은 경험이 일어남에도 불구하고 특성 설문지에 일관적으로 응답하는 경향을 보였다.

마지막으로, 아이젠크는 함께 양육되었거나 따로 양육된 일란성/이란성 쌍생아를 대상으로 외향성과 신경증 성향을 평가하는 동일한 검사를 시행한 다수의 연구들을 검토하였다. 이러한 연구들은 성격 특성의 발달에서 유전과 환경적 요인의 영향을 보다 더 정확히 파악하도록 도와준다(쌍생아 연구의 논리와 근거를 검토하려면 9장을 참고하라). 한 외향성 연구에서 함께 양육된 **일란성 쌍생아**monozygotic twins(MZ twins)의 급내상관계수(intraclass correlation)는 모두 .42로 나타났고, 이 중에 따로 양육된 일란성 쌍생아의 경우는 .61, **이란성 쌍생아**dizygotic twins(DZ twins)의 경우는 −.17로 나타났다. 즉, 일란성 쌍생아는 함께 양육되었는지 따로 양육되었는지에 상관없이 이란성 쌍생아보다 외향성에서 더 가까웠다(Eysenck & Eysenck, 1985, pp. 93-95). 신경증 성향의 경우 해당 상관관계는 각각 .38, .53 그리고 .11이었다. 비록 따로 자란 일란성 쌍생아가 같이 자란 일란성 쌍생아의 상관관계보다 높다는 것이 통상적 직관에 어긋나 보이긴 하지만, 이 결과는 유전적 가설을 뒷받침하고 있다. 또한 정신분열병이나 조울증과 같은 다양한 정신증 성향의 생물학적 기반에 대한 쌍생아 연구도 이들 질병의 발달에서 유전의 역할이 중요함을 시사하고 있다(Eysenck, 1967, p. 222).

사회화의 역할

아이젠크에 따르면, 사회화된 행동은 개인의 학습 또는 조건화된 반응(CRs)의 총합으로 정의되며 개인의 의식이나 양심에 의해 중재되는 행동이다. 개개인은 부모나 교사, 성직자와 같은 권위 있는 주변 인물의 처벌을 피하기 위해 자신의 바람과는 상반되는 행동들을 학습한다. 예를 들어 청결히 하고, 언제 어디서든 자신이 원하는 대로 대소변을 참으며, 성적/공격적 충동을 조절하는 것을 학습하게 된다. 또한 거짓말을 하지 않고, 다른 사람과 싸우지 않으며, 남의 것을 훔치지 않는 것도 학습하게 된다. 이러한 행동들은 모두 처벌받게 되며, 결국 행동을 실행한다는 단순한 생각이 불쾌한 감정 반응을 일으키고, 우리는 이러한 행동들을 회피하게 된다. 시간이 지난 후 이러한 불쾌한 감정 반응은 유사한 활동을 일으켜 이차적인 행동의 회피로까지 이어진다. 예를 들면 아이가 놀이 친구로부터 물건을 훔친다면 심하게 처벌받을 것이다. 이후 아이는 또래 누구에게서든지 훔친다는 것을 생각하기만 해도 불쾌감을 경험할 것이다. 이렇게 개인은 조건형성을 통해 사회가 유해하다고 여기는 행동들을 단념하는 것을 배우게 된다. 또한 사회 구성원은 특정 행동에 대한 보상을 받음으로써 사회가 허용하는 방식으로 행동을 형성하게 된다.

개인들은 사회 규칙을 배우는 정도에 차이를 보인다. 특히 아이젠크는 내향자가 외향자보다 더 빠르고 효율적으로 규칙을 배운다고 주장하였다. 그는 이러한 차이점의 근원이 유전이라고 생각하였다. 내향자는 외향자보다 대뇌피질각성이 만성적으로 높으며, 각성은 학습을 촉진시키는 경향이 있기 때문에 내향자는 외향자보다 더 쉽게 배운다는 것이다(Eysenck & Eysenck, 1985, p. 241). 내향자는 과도하게 사회화되는 경향을 보이는 반면에, 외향자는 사회 규칙을 배우는 데 내향자에 비해 힘들기 때문에 좀 더 낮은 사회화 경향을 보이게 된다. 외향자는 내향자보다 일반적으로 미성숙하다. 즉, 내향자는 더 어린 나이에 (사회 요구에 맞춰) 적절하게 행동하는 방법을 배우는 데 반해, 외향자는 적절한 행동들을 배우기 위해서 거짓말이나 절도 같은 행동과 그에 수반되는 처벌 상황을 더 많이 경험해 보아야 한다. 즉, 외향자들은 결국 더 늦은 나이에 사회적으로 적절한 행동을 배우게 될 것이다.

외향자는 조건형성 과정이 덜 순조롭기 때문에 반사회적 행동에 대한 억제를 적게 경험하게 되며, 따라서 범죄자들은 외향적인 경향을 보인다. 아이젠크는 신경증 성향적인 사람들이 상대적으로 불안해하고, 불안은 반사회적 반응을 가진 사람들이(지나치게 외향자들) 이러한 반응들을 표출하도록 만들기 때문에, 외향성과 신경증 성향이 서로 조합될 경우 범죄성 발달이 촉진된다고 보았다. 연구를 통해서도 범죄와 연관되는 것은 사회성 요소보다 주로 충동성임이 밝혀졌다.

이와는 대조적으로 내향자는 매우 강한 양심을 구성하는 과도한 준비성을 갖는 것이 특징이다. 이들은 사회 규칙을 위반하는 생각을 할 때마다 죄책감과 불안으로 고통 받게 되며, 결과적으로 그들은 범죄를 저지르지 않는다. 아이젠크는 지나치게 내향적인 사람의 경우에는 스트레스 조건에서 강박성과 공포증 또는 우울증으로 나타날 수 있다고 설명하였다(Eysenck, H. J., 1965, p. 267). 또한 아이젠크는 선천적인 각성 수준의 측면에서 신경증 경향을 지닌 내향적 사람의 수줍음을 설명하였다. 수줍음은 새로운 사람들을 만나거나, 비판의 가능성에 직면하거나, 권력자의 반대에 부딪치는 것과 같이 스트레스적인 사회적 상황 하에서 발생할 수 있다. 내향자들이 만성적으로 각성되어 있고 신경증 성향을 가진 사람들은 선천적으로 스트레스에 민감하기 때문에, 사회상황적인 스트레스는 이러한 성격특성을 함께 가진 사람들을 위축시킨다(Eysenck & Eysenck, 1985, pp. 316–317).

또한 정신증 성향과 지능수준은 반사회성 및 범죄행동과 연관되어 있다(Eysenck & Eysenck, 1985, pp. 330–332; Eysenck & Gudjonsson, 1989, pp. 49–55). 아이젠크에 따르면 범죄자는 낮은 IQ를 가지고 있는 경향이 있다. 그가 제안한 한 가지 가능성 있는 설명은 학업장애가 뚜렷이 드러날 정도로 지능이 낮은 사람은 관습적인 방식 속에서 만족스러운 생활을 하기 어려울 것이고, 결국 범죄에 의지할 수 있다는 것이다. 그러나 이러한 주장을 비판하는 사람들은 범죄를 일으키는 것은 낮은 지능이 아니라, 오히려 범죄자의 사회경제적 배경이라고 주장하였다. 구체적으로 그들은 범죄자의 가난이 교육을 통해 IQ를 높일 수 있는 기회를 박탈하고, 결국 불법 행위에 동참하는 계기를 만든다고 주장하였다. 그러나 아이젠크는 IQ가 사회 계급(그리고 인종과 같은 문제점에 대해)과는 관계없이 범죄 행동에 영향을 미친다는 것을 과학적 증거가 보여 준다고 주장하였다. 그는 이러한 결론에 도달하기 위해 사용된 자료가 체포된 범죄자들만 대상으로 하고, 폭력 범죄든 화이트칼라 범죄든 더 지능적인 범법자들은 붙잡히지 않았을 수도 있다는 사실을 인정했다. 그러나 그는 이와 같은 경우가 상대적으로 적다고 주장하며, 기본적인 그의 주장을 크게 바꾸지 않았다.

성격의 유전적 근거에도 불구하고, 아이젠크는 성격발달이 사회화에 영향을 받을 수 있으며 실제로 영향을 받고 있다는 사실을 분명히 지적했다. 그는 유전이 너무나 중요한 역할을 하기 때문에 행동수정 자체가 불가능할 것이라는 관점을 거부했다. 특정한 방식으로 행동하는 사람의 소질은 유전적으로 결정되지만, 반응 경향들은 환경적 영향에 의해 수정될 수 있다고 하였다(Eysenck, 1982, p. 29). 예를 들어 외향자는 대체로 조건형성이 빈약할지라도, 부모나 다른 사람들에 의해 엄격하고 장기적인 교육을 받는다면 사회 규칙을 잘 배울 수 있고 반사회적 활동에 동참하는 것을 방지할 수 있다. 반대로 내향자도 부모가 적절한 교육을 게을리한다면 결국 범죄 행동에 동참할 수 있다.

지능, 유전 그리고 사회 정책

아이젠크는 지능을 세 가지 성격 분류에 공식적으로 포함시키지는 않았지만, 지능은 성격의 주요 측면으로 사회화 과정의 모든 논의에서 고려되어야 한다고 주장하였다.

아이젠크는 세 가지 기본 성격 유형과 마찬가지로, 지능도 강력한 유전적 근거가 있지만 지능의 발달은 환경의 영향에 의해 변화될 수 있다고 믿었다. 아이젠크는 많은 연구를 바탕으로 인간 지능의 약 80%가 유전되는 반면, 20%는 환경의 영향에 기인한다고 결론내렸다(Eysenck, 1975, p. 244). 그는 카텔(Cattell)과 같이 명확한 생물학적 증거로서 쌍생아 연구 자료를 사용하였다(9장 참조). 또한 아이젠크는 다양한 혈족들 간의 IQ 비교를 인용하였는데, 대체로 촌수가 가까울수록 IQ는 더 유사하였다(즉 공통점을 공유하는 유전자가 많았다). 예를 들어 형제들의 IQ가 사촌들보다 더 비슷하였다(Eysenck & Kamin, 1981, p. 51).

아이젠크는 인간이라는 존재는 특성과 지적 능력에서 유전적 불평등함이 아주 명백하다고 생각했다. 그러나 많은 현대의 사회학자와 심리학자들은 유전적 불평등함을 인식하는 것이 법 앞에서의 불평등한 처우나 기회의 불균등, 정치적 불평등으로 이어질 것을 염려하여 여전히 개인 간의 유전적 동등함을 주장하고 있다(Eysenck, 1975, p. 22). 1900년대 초반 유전학적 견지에서 (오늘날에는 카텔에 의해) 옹호된 조잡한 우생학 프로그램(eugenics programs)에서 드러났듯이, 이러한 두려움에는 분명한 근거가 있음을 아이젠크도 기꺼이 인정했다; 이 프로그램들은 열등하다고 여겨진 사람들의 미국 이민을 금지하였고, 정신박약으로 분류된 모든 사람들이 불임수술을 받도록 하는 법을 제정하였다.

아이젠크는 모든 시민의 권리를 보호하고자 하는 전문가들의 견해에 공감하기는 하지만, 과학적 사실의 부인이나 왜곡에 대해 강력하게 반대하였다.

> [내가] 지적하려고 하는 것은 법 앞의 평등이나 기회의 평등, 시민으로의 평등은 유전적 소인의 정체성에 의해 좌우되지 않는다는 것이다. 이것은 생물학적 발견과 무관하게 보편타당한 인권이다. 사실 유전적으로 동일하기 때문에 사람들에게 보편적으로 주어지는

> 평등한 권리가 있다 … 라고 주장하는 것은 실제로 아주 위험하다. 그리고 만약 과학이 유전적 평등이 근거 없는 믿음이라는 것을 증명해야 한다면 … 인권평등에 관한 모든 경우는 성립되지 않을 것이다. 실제로 과학은 유전적 평등이 근거 없는 믿음이라는 사실을 보여 주고 있다. 그러나 이것이 법 앞의 불평등이나 기회의 불균등, 정치적 권리의 불평등에 찬성하는 주장으로 이어져서는 절대 안 된다. (Eysenck, 1975, p. 22)

아이젠크는 우생학적 입장을 거부했지만 능력주의(meritocracy: 수재 교육제)는 지지했다. 가장 높은 수준의 능력을 가진 사람들은 인종과 성별, 연령, 종교, 민족 배경 또는 사회 계급과 무관하게 고등교육과 직업 기회에 접근할 수 있도록 선택받아야 한다는 것이다. 많은 사람들은 능력주의가 엘리트주의로 이어진다는 이유로 이에 반대했지만, 아이젠크는 능력주의에 반대하는 사람들은 좀처럼 그 대안을 심사숙고하지 않는다고 주장했다. 즉, 능력 수준에 상관없이 모두에게 이러한 위치에 접근할 수 있도록 허락하면 어떻게 되느냐는 것이다. 그는 "만약 당신의 자녀가 생명을 구하기 위해 종양을 제거하는 뇌수술을 받는다면, 당신은 최고의 뇌 외과의사와 삼류 의대생 중 누구를 선호하겠는가?"라고 질문하였다. 또한 "만약 당신의 비행기 엔진에서 큰 소리가 난다면, 당신은 최고의 파일럿과 아무나 중에 누구를 선택하겠는가?"라고 질문하였다(Eysenck, 1975, p. 222). 아이젠크에게 이러한 질문에 대한 답은 분명했다. 능력주의 사회에서 "능력주의"는 바람직하다는 것이다(Eysenck, 1975, p. 223).

결국 아이젠크는 이러한 선택들을 공정하게 하기 위해 사회 계급의 편향이 없는 IQ 검사를 창안하는 것이 매우 어렵다는 사실을 깨닫게 되었다. 전통적인 IQ검사들은 하층민들이 겪기 힘든 경험에 근거한 사항들을 질문하기 때문에 이들에게 불리하다는 명확한 근거가 있었다. 따라서 특정 질문은 중산층이나 하층계급의 아동과 성인에게 다른 의미를 가질 수 있다. 예를 들어 한 가지 대중적인 IQ 검사를 아동에게 질문하였을 경우: "만약 다른 소년이 이유 없이 너를 때렸다면 너는 어떻게 할 생각이니?" 정답은 "그냥 간다"이다. 그러나 악착같이 살아야 생존할 수 있는 빈민가 아동의 논리적 대답은 "다시 때린다"였다. 하지만 이 대답은 오답으로 간주되고 검사에서 0점을 받게 된다(Morris, 1982, p. 334).

아이젠크는 분명히 어떠한 문화에도 영향을 받지 않으며, 문화적으로 공정한 IQ 검사는 사실상 없다고 인정하였다. 하지만 이러한 문제를 해결한다면 IQ 검사 영역에서 혁명이 있어날 수 있을 것이라고 주장하였다. 현재는 대뇌피질의 전기 활동의 변화를 측정하는 두개골에 전극을 설치하는 방법으로 지능에 근거를 둔 직접적인 생리적 측정

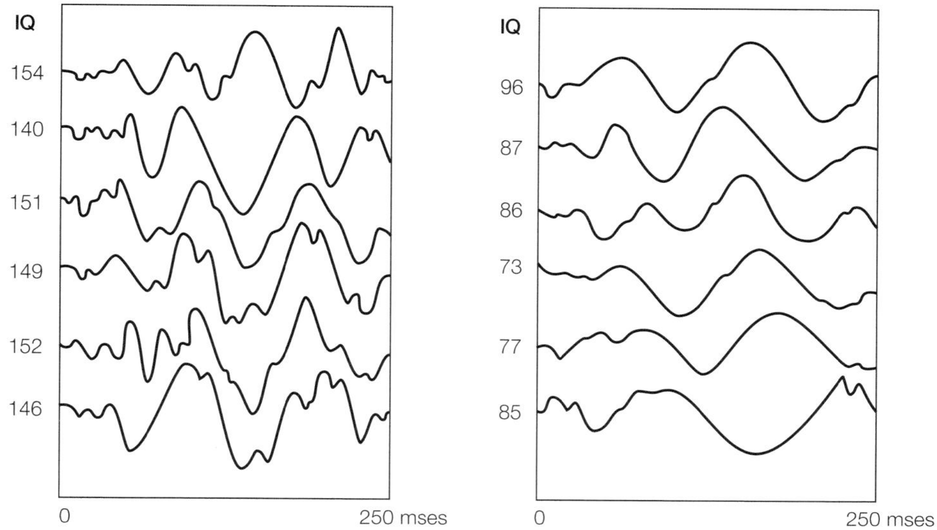

그림 10.7 높은 IQ 6명과 낮은 IQ 6명 참여자들의 유발전위의 파형: 청각자극

출처: Eysenck, H. J. & Eysenck, M. W., *Personality and Individual Differences: A Natural Science Approach*, p. 170에서 인용. Copyright © 1985 by Plenum Press. Springer Science and Business Media의 허락하에 사용.

이 가능하다. **뇌파검사**electroencephalogram(EEG)는 **유발전위**evoked potential를 검사하도록 해준다. 만약 실험자가 시각이나 청각적 자극을 보여 주고 뇌의 활동을 기록한다면 자극이 연속된 파장을 유발하는데, 높은 지능을 가진 사람들은 파장이 복잡한 반면, 낮은 지능을 가진 사람들은 파장이 단순하다(**그림 10.7**과 **10.8**을 참고). 유발전위의 형태에서 높은 IQ와 낮은 IQ를 가진 사람들 간의 차이는 시청각 정보의 전송에서 만들어진 오류 수와 분명히 관련이 있다. 높은 오류 수는 단순한 형태와 관련이 깊은 반면에, 낮은 오류 수는 더 복잡한 유발전위와 관련되어 있다. 아이젠크는 언젠가는 이러한 생리적 절차를 사용하는 것이 선정 절차에서 공정성을 보장하는 데 도움이 된다고 생각하였다(Eysenck & Eysenck, 1985, pp. 167–175). 하지만 우리는 유명한 비평가 레온 카민(Leon Kamin)이 정신생리학적 반응측정치가 IQ와 높은 상관이 있다는 아이젠크의 주장에 의문을 제기하였다는 사실에 주목할 필요가 있다. 카민은 높은 IQ를 가진 사람이 더 복잡한 파형을 보이고, 낮은 IQ를 가진 사람이 단순한 파형을 보이는 결과를 반복해서 확인하는 것이 불가능하다고 주장하였다(Eysenck & Kamin, 1981, pp. 180–181).

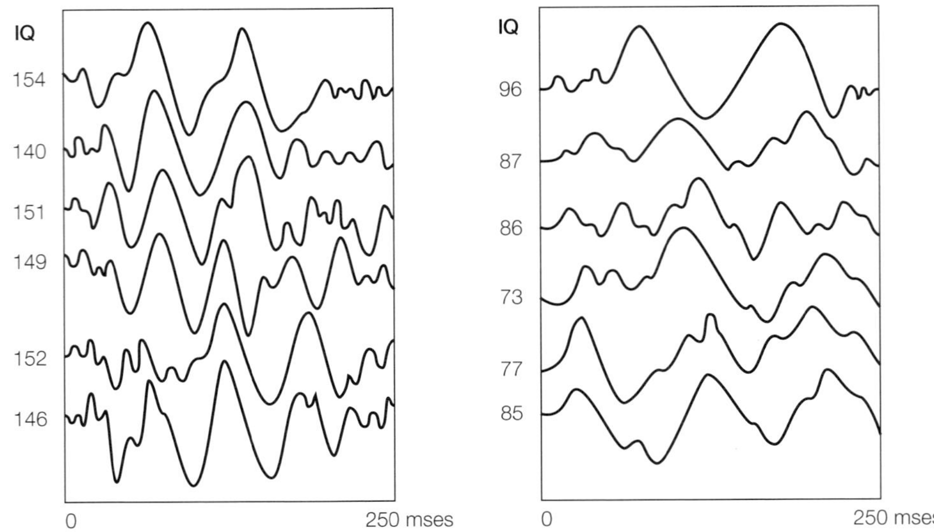

그림 10.8 높은 IQ 6명과 낮은 IQ 6명 참여자들의 유발전위의 파형: 시각자극

출처: Eysenck, H. J. & Eysenck, M. W., *Personality and Individual Differences: A Natural Science Approach*, p. 170에서 인용. Copyright © 1985 by Plenum Press. Springer Science and Business Media의 허락하에 사용.

평가 기법

아이젠크는 카텔(Cattell)과 마찬가지로 성격구조와 기능의 연구에서 엄격한 측정의 필요성을 주장했기 때문에 성격 계량심리학자라 할 수 있다. 아이젠크는 성격의 평가측정에서 신뢰도과 타당도 향상을 위해 요인 분석과 그 외의 다양한 통계적 기술들에 의지했다. 아이젠크는 요인 분석을 통해 성격의 주요 차원들을 식별하고, 이를 평가하기 위한 검사를 구성했다. 그 후 성격의 주요 차원에서 유전학의 기여도를 평가하기 위해 일란성, 이란성 쌍생아 검사를 실시했다. 또한 다양한 실험적 절차를 통해 이론적 견해를 입증하기 위해 노력하기도 했다.

아이젠크는 내향자가 외향자보다 오류가 적고 더 빠르다는 가설을 검증하기 위해 눈 깜빡임(eye-blink) 조건과 경계(vigilance) 검사를 포함하는 여러 실험 기법들을 사용하였다. 눈 깜빡임 과제에서, 톤(tone) 소리나 다른 중립적인 자극은 조건 자극(CS)으로, 눈에 바람을 부는 것(a puff of air to the eye)은 무조건 자극(UCS)으로 사용되었다. 조건 자극(CS)이 눈 깜빡임 반응을 일으키기에 충분할 때 조건형성은 일어나게 된다. 일반적으로 내향자는 외향자보다 톤 소리에 의한 눈 깜빡임 반응을 더 빨리 학습하는 경향이 있다(Eysenck & Eysenck, 1985, pp. 241–248). 전형적인 경계 과제(vigilance task)에서는 연구 참여자가 기록장치에 초 단위로 제시되는 매우 긴 숫자 배열에서 연속 홀수 세 가지를 찾도록 요구된다. 예를 들어, 1, 4, 8, 2, 5, 4, 1, 3, 9, 4, 2, 6 배열에서 연구 참여자는 1, 3, 9 배열을 가려내야 한다(Eysenck, H. J., 1965, p. 42). 내향자는 더 각성되어 있기 때문에 더 나은 수행을 보일 것으로 예상할 수 있고, 실제로 이러한 과제에서 외향자보다 더 나은 수행을 보였다(Eysenck, H. J., 1965, p. 431).

아이젠크는 각성이론의 다양한 측면을 검증하기 위해 심박수와 뇌파, **피부전기반응** electrodermal response, **동공반응**pupillary response 등 각성을 측정하는 다양한 생리적 측정방법을 사용하였다. 이러한 생리적 측정치가 대개 약간의 정적 상관관계(보통 +.20에서 +.30)만을 보였지만, 내성적인 사람이 외향자보다 자극에서 더 큰 생리적 반응성을 드러낸다는 것이 일관되게 나타났다. 가장 일관된 결과는 피부전기 측정방법에 의해 얻었다(Eysenck & Eysenck, 1985, pp. 205–231). 아이젠크는 내향자가 외향자보다 과도한 정서반응을 보인다는 사실을 입증하였을 뿐만 아니라, 각성 수준도 만성적으로 높다는 사실을 보여 주었다(Eysenck & Eysenck, 1985, pp. 223–224).

마지막으로, 아이젠크는 인간행동에 대한 함의를 이끌어 내기 위해 하등동물 연구를 이용하였다. 예를 들어 아이젠크는 밝은 빛과 시끄러운 소음이 가득한 좁고 사방이 막힌 공간에 쥐를 노출시키고 배변/배뇨활동을 기록했다. 더 많은 배변/배뇨활동을 보이는 동물들은 이런 행동을 덜 보인 동물들에 비해 더 감정적이고 자극에 민감할 것이라 가정하였고, 반응 후 감정적인 쥐들을 각각 교배시키고 반응을 보이지 않은 동물들도 상호 교배시켰다. 그 결과 몇 세대에 걸쳐 반응적인 종과 반응적이지 않은 종의 차이가 두드러졌다. 그 다음, 두 집단의 동물들은 좁은 길을 달려 음식 상자에 도달하는 훈련을 받았고, 동물들이 목표 상자에 접근하자마자 모두에게 충격이 가해졌으며, 이후 동물들은 갈등상황에 빠졌다. 그들은 목표 상자에 도달하여 음식을 얻기를 원했지만, 그렇게 하면 충격을 받는다는 사실에 두려워하였다. 반응적인 동물의 종이 반응적이지 않은 종보다 더 감정적이라는 가설은 반응적인 동물의 종이 전기충격에서 더 많은 스트레스를 경험할 것이고, 이와 상응하여 목표 상자에 접근하는 속도 반응도 더 느려질 것이라고 가정할 수 있다. 이 가설은 지지되었다. 아이젠크는 스트레스에 직면한 신경증 성향의(높은 선천적 정서성) 사람과 그렇지 않은(낮은 선천적 정서성) 사람의 행동에 대한 분명한 함의를 볼 수 있었다; 즉 신경증 성향적인 사람은 비신경증 성향적인 사람보다

스트레스 상황에서 더 큰 갈등을 경험하고 보다 덜 효율적인 수행을 보인다(Eysenck & Eysenck, 1985, pp. 99–100).

치료에 관한 이론적 함의

아이젠크의 관점에 따르면, 신경증 성향 행동은 대부분 특정 환경조건에서 학습되며, 특히 불안정한 자율신경 체계를 물려받은 개인들이 그렇다. 개인의 이상행동의 습득은 학습 원리에 따르며, 동일한 조건화 원리가 바람직하지 않은 행동을 제거하고 새롭고 바람직한 행동을 가르치는 데 사용될 수 있다. 아이젠크는 학습의 이론과 원리를 이상행동의 치료에 적용하는 것을 **행동치료**behavior therapy라고 불렀다.

학습이론에 따르면 신경증 성향 행동은 비적응적인 행동이며, 개개인과 다른 사람에게 위험이 된다고 주장한다. 예를 들면 거미에 대해 극심한 공포를 가진 사람들은 제한된 생활을 할 수밖에 없으며, 약간의 두려움으로도 밤에 잘 수 없을지도 모른다. 편히 잠들지 못하거나 오랫동안 잠을 못자는 것으로 인해 안절부절 못하고 예민해져서 쉽게 피로해지고, 이러한 현상은 다른 사람과의 관계나 집에서의 수행에 부정적인 영향을 미친다. 그들은 공포물이 나타날 가능성 때문에 다른 사람의 집에 초대 받는 것을 회피할지도 모른다. 또한 거미를 마주칠 수 있는 야외소풍과 숲에서의 산책, 다양한 기분전환 등의 활동들을 모두 피할 것이다.

고전적 조건화를 통한 신경증적 행동의 습득

파블로프의 원형적인 **고전적 조건화**classical conditioning에서, 배고픈 개는 벨소리와 연합된 음식을 보면 자연스럽게 타액이 분비되었다. 원래 음식에 타액분비를 일으키지 않는 중성자극인 벨소리는 여러 번의 짝짓기 후에 그 자체만으로 타액분비를 야기하는 조건자극(CS)으로 작용한다(**그림 10.9** 참조).

왓슨(Watson)의 유명한(하지만 현재의 기준에서는 윤리적 문제가 있는) 아기 앨버트(Albert) 실험은 신경증 성향 행동의 습득에 고전적인 실례를 제공한다. 11개월 된 유아 앨버트는 하얀 쥐를 좋아했다. 쥐들과 놀기를 좋아했고 조금의 공포도 보이지 않았다. 하지만 고전적 조건화(classical conditioning)을 이용하여 왓슨은 앨버트에게 하얀 쥐에 대한 공포증(phobia)을 만들어 낼 수 있었다. 왓슨은 앨버트 뒤에서 철 막대와

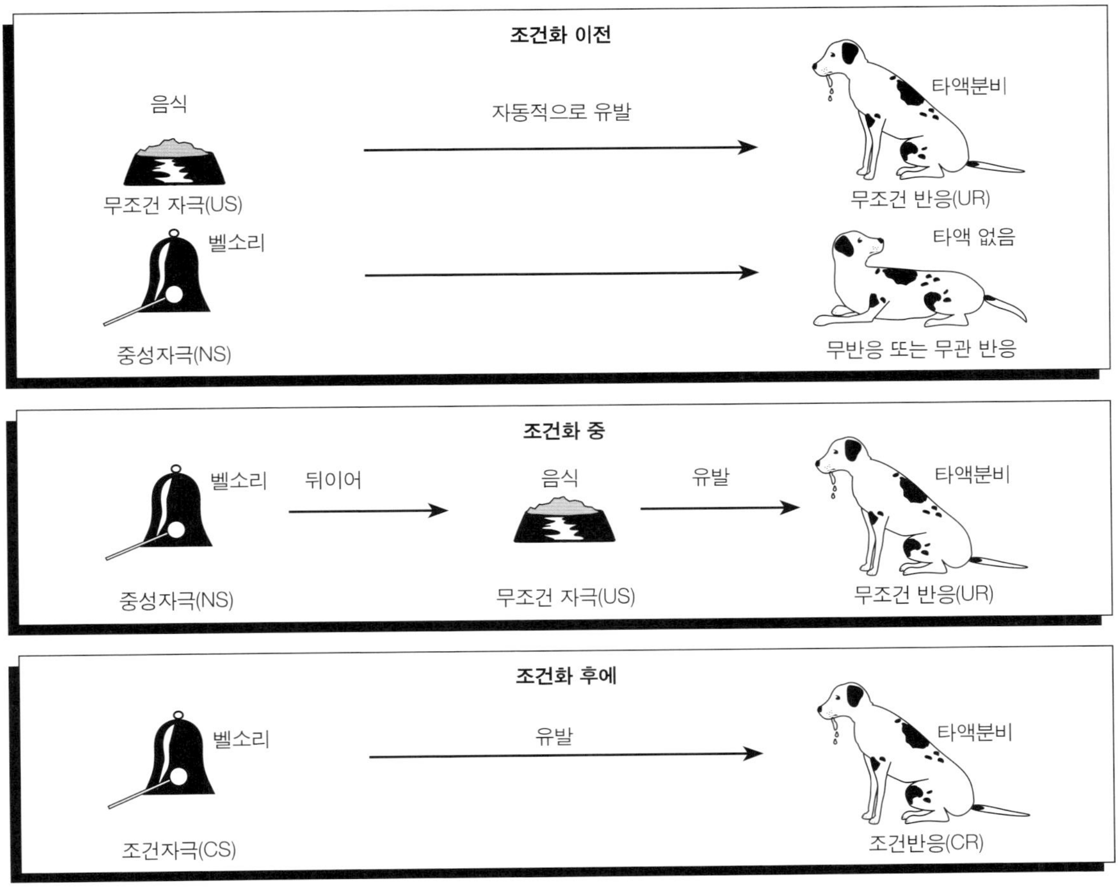

그림 10.9 고전적 조건화 절차

망치를 들고 있다가 아이가 동물에게 손을 뻗을 때마다 아주 큰 소리를 냈다. 실험에서 동물은 조건 자극(conditioned stimulus, CS)이고, 큰 소리로 공포를 생성하는 소리는 무조건 자극(unconditioned stimulus, UCS)이 된다. 예상할 수 있듯이, 무조건 반응(unconditioned response, UR)인 공포감은 쥐에 대한 시각자극(CS)에 의해 조건화되었고, 앨버트(Albert)는 쥐를 보고 울면서 기어 도망가려는 강렬한 공포를 만들어 내었다(Eysenck, 1982, pp. 125-126; Watson & Rayner, 1920). **그림 10.10**은 공포조건화의 절차이다.

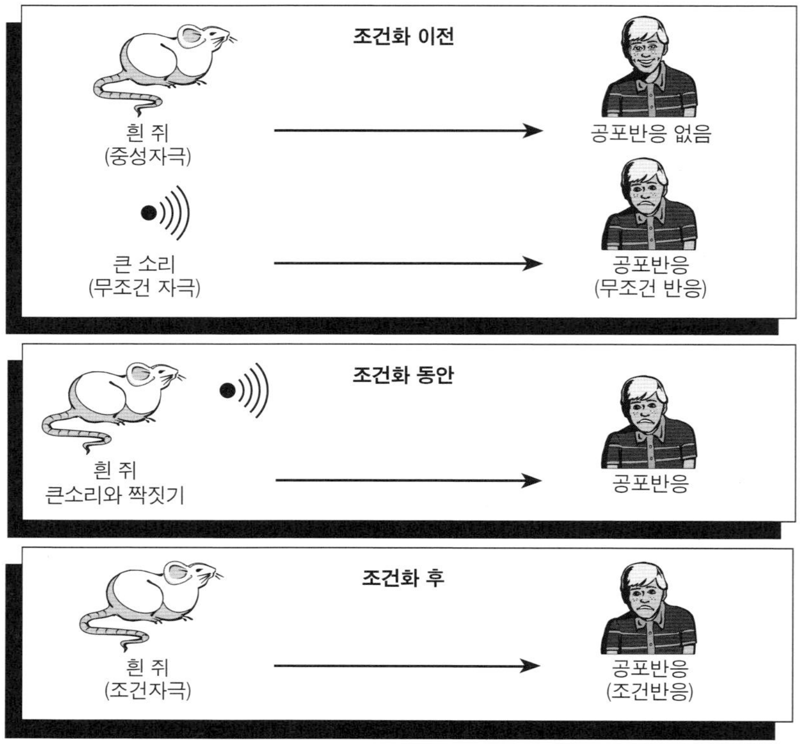

그림 10.10 고전적 조건화를 통한 공포증의 획득

역조건화를 통한 신경증적 행동의 제거

아이젠크의 견해에 따르면, 이전의 신경증 성향 행동이 획득되었을 때 그것을 소거(eliminate)하거나 되돌릴 수 있는 주요한 방법은 **역조건화**counterconditioning이다. 역조건화를 할 때는 부적응적 행동으로 이어지는 조건 자극으로부터 새로운 반응을 학습해야 하는데, 이 새로운 반응은 과거의 그것에 반대되는 것이어야 한다. 우리는 정서 반응을 중재하는 자율신경계가 교감신경계와 부교감신경계로 나뉜다는 사실을 잘 알고 있다. 우리가 알고 있듯이 교감신경계는 소화작용을 늦추고 심장박동과 호흡을 증가시켜 싸움(분노)이나 도망(공포) 행동을 준비시킨다. **부교감신경계**parasympathetic nervous system는 이와 반대로 활동하는데, 사람이 긴장을 풀었을 때 소화작용을 빠르게 하고 심장박동과 호흡을 느리게 한다.

왓슨은 어린 앨버트의 쥐 공포증을 제거하려 했지만, 아이의 어머니가 역조건화 실험이 시작되기 전에 퇴원시켰다. 대신 왓슨의 동료 메리 존스(Mary Jones)는 앨버트와 나

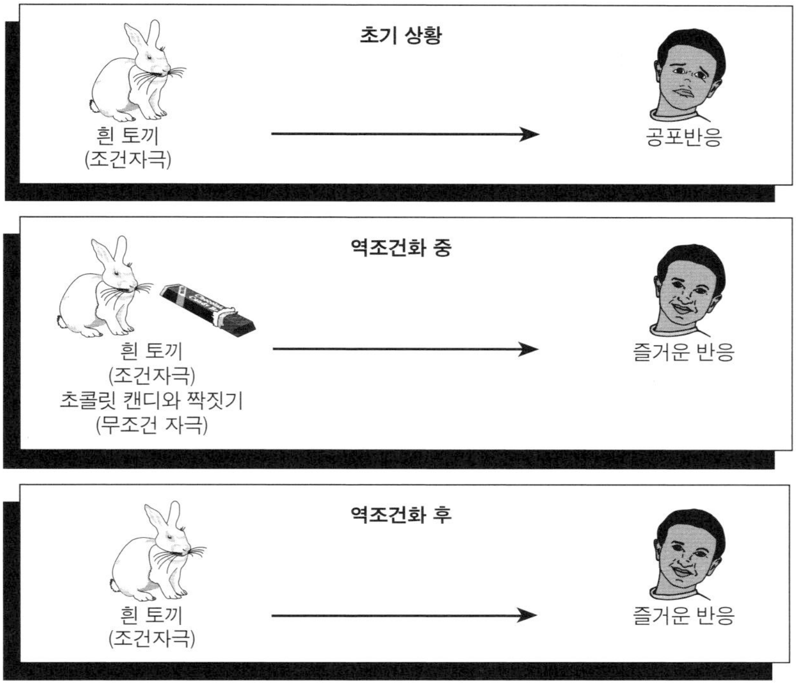

그림 10.11 역조건화 과정을 통한 공포증의 감소

이가 비슷한 피터에게서 토끼에 대한 공포를 소거시키기 위해 역조건화 실험을 시행하였다.

존스는 피터가 상당히 배고플 때 몇 개의 초콜릿을 주기 시작했다. 피터가 초콜릿을 먹을 때 그녀는 방안에 공포물을 가지고 와서 그의 가까이에 두었다. 기본적인 구상은 피터가 토끼를 볼 때 공포감과의 연합이 아닌 초콜릿을 먹는 즐거운 감각과 연합시키는 역조건화를 통해 피터의 공포증을 소거시키는 것이었다. 그러나 실험자가 피터 가까이에 토끼를 두었을 때 곧바로 어려움이 발생했는데, 초콜릿에도 불구하고 아이가 울 정도로 공포감이 너무 강하다는 것이다. 실험자가 토끼를 방의 구석에서 20피트 멀리 옮기자 아이는 울기를 멈췄고 다시 먹기 시작하였다. 점차적으로 그녀는 소년이 즐겁게 놀 수 있을 때까지 토끼를 피터에게 천천히 가까이 가져갔다. 공포의 교감신경 조건화는 초콜릿 먹기와 연합된 기쁨의 부교감 신경 조건화에 의해 완전히 소거되었다(Eysenck, H. J., 1965, pp. 132–135; Jones, 1924). 이러한 역조건화의 과정은 **그림 10.11**에 제시되어 있다.

장애 제거를 위한 행동치료의 사용

아이젠크는 유뇨증(enuresis)/야뇨증(bedwetting)과 강박관념(obsessions), 강박행동(compulsions), 시험불안, 발표불안뿐만 아니라 어둠과 높은 곳, 폐쇄 공간, 뱀, 거미, 개, 병원, 치과의사에 대한 공포 등 다양한 공포증을 성공적으로 치료하기 위해 사용되는 세 가지 주요 행동기술을 제안했다. 이 세 가지 기술은 모델링, 홍수법, 체계적 둔감화이다.

모델링modeling에서는 공포증을 가진 사람들이 두려워하는 대상이나 사물에 성공적으로 대처하는 비공포증의 사람들을 보게 되면, 이후 공포를 유발하는 사물들에 직면했을 때 공포감이 덜하거나 사라지게 된다.

홍수법flooding에서 환자는 공포를 소거하기 위해 오랜 기간 동안 두려워하는 대상이나 상황에 노출된다. 오랜 기간 노출하는 것은 짧은 기간 동안 노출했을 때보다 공포를 소거하거나 줄이는 데에 더 효과가 있다. 처음에는 공포자극이 강하고 부정적인 정서반응을 유발하지만, 장기간 노출되면 공포감은 급격히 떨어진다는 것이 기본원리이다. 공포가 줄어든 후에야 사람들은 상황에 대해 재검토할 수 있고 끔찍한 일이 실제로는 발생하지 않는다는 사실을 배우게 된다. 환자가 두려운 대상이나 상황에 완전히 노출되기 위해서는, 회피나 도피반응을 방지해야 한다.

마샬(Marshall, 1985)의 고전적 연구는 높은 곳을 두려워하는 사람들의 공포증 감소를 잘 설명한다. 치료가 시작되기 전에 고소공포증을 호소하는 환자들은 올라갈 수 있는 최대 높이까지 비상계단으로 올라가 보는 행동검사를 받게 되고, 마지막 단계는 대략 땅에서 30피트 높은 곳까지 올라간다. 일반적으로 환자들은 땅에서 겨우 6.5피트만 높아도 매우 힘들어한다. 이 지점에서 그들은 멈추고 더 높이 올라가지 않았다. 다음 회기에는 가장자리에 3피트 난간으로 에워싸인 6층짜리 평평한 지붕 위에 그들을 데리고 온다. 치료자들은 환자들을 난간으로 걸어가게 하고 아래를 내려다보도록 지시했다. 그들이 아무리 불안감을 크게 느낀다 하더라도 회기의 종료를 알릴 때까지 그 곳에 머무르도록 하였다. 이때 몇몇 환자는 두려운 상황에 짧은 시간 동안 노출되었고(대략 9분), 다른 환자들은 더 오랜 시간 동안 노출되었다(대략 30분). 그 다음 모든 환자들은 비상계단을 걸어 올라가는 것을 재검사받게 된다.

오랜 시간 노출된 환자의 대부분은 20피트 단계까지 걸어 올라갈 수 있었고, 몇몇은 30피트까지 걸어 올라갈 수 있었다. 짧은 시간 노출된 환자는 겨우 조금만 향상되었고(7, 8피트 걸어 올라갔다), 일부는 오히려 악화되었다. 한 달 후의 추적 연구에서도 오랜 시간 노출된 환자는 개선된 부분이 여전히 잘 유지되고 있었으나, 짧은 시간 노출된 환자는 이러한 행동의 개선이 나타나지 않았다.

노출을 기반으로 하는 많은 홍수법 연구가 있는데, 이 치료절차는 다양한 공포증을 소거하는 데에 매우 효과적이라는 결과를 보여 주고 있다(Olatunji, Deacon, & Abramowitz, 2009, pp. 172–180). 그러나 Olatunji와 동료들은 치료 초기에 환자에게 공포대상을 노출하는 것은 극도의 공포감을 유발하기 때문에, 이러한 연구는 사전 동의를 확보하는 등 윤리기준을 꼼꼼히 지킬 수 있는 경험 많고 훈련된 치료자를 통해서만 수행되어야 한다고 주장했다(1장 사전 동의에 대한 정보를 보라).

홍수법과는 대조적으로 **체계적 둔감화**systematic desensitization에서는 환자의 통제하에서 점진적으로 불안감을 유발하는 대상이나 상황에 노출시킨다. 체계적 둔감화는 불안을 유발하는 존재에 대립하는 반응(antagonistic)을 만드는 역조건화(counterconditioning) 과정을 이용한다. 일반적으로 환자는 생리적 각성 수준을 낮추고 평온해지도록 해주는 근육이완 훈련을 함께 받는다. 환자는 가벼운 스트레스 상황에서부터 매우 심한 스트레스 상황까지 불안 유발 상황의 위계를 구성한다. 환자는 완전히 이완되는 동안 가벼운 스트레스 상황을 상상해 보게 되는데, 만약 이 상황에서 불안이 경험되면 마음속으로 장면을 떠올리는 것을 멈추고 신체 이완을 한다. 불안감 없이 이 장면을 마음속에 떠올릴 수 있을 때까지 이러한 절차가 반복되고, 그 다음 위계단계에 있는 항목이 제시된다. 환자는 가장 위협적인 자극에 노출되어도 고통 없이 견딜 수 있을 때까지 단계를 높여간 다음, 공포가 완전히 소거되었는지를 결정하기 위한 행동검사를 받게 된다.

체계적 둔감화 절차는 실제상황에서도 효율적으로 사용될 수 있다. 예를 들면, 레드(Redd, 1980)는 위장 종양 제거수술을 성공적으로 마친 후에 고체 음식을 먹지 못하는 암환자를 보고했다. 그녀는 암이 제거되었지만 먹기를 시작할 때 불편함을 경험했고, 이것이 암으로 인한 것이라 믿으면서 불안해지고 구토까지 하게 되었다. 이 때문에 그녀는 체중이 25파운드 감소했고, 결국에는 건강이 악화되어 병원에 입원하게 되었다. 레드는 이완훈련을 받았고, 이완된 다음 소량의 음식을 먹었다. 그녀는 구역질하거나 토하는 것 없이 한 컵의 스프를 마셨다. 그 다음엔 계란 한 숟가락을 먹고 이것을 구역질했으며 두 번째 숟가락도 토했다. 그녀는 울기 시작하면서 다시는 먹을 수 없을 줄 알았다고 말했다. 치료자들은 그녀가 할 수 있을 것이라고 안심시켰다. 다음 회기에서 그녀는 약간의 불안을 느꼈지만 이완연습을 완료했고 한 개의 달걀을 먹을 수 있었다. 14회기가 지난 후에는 그녀에게 제시한 모든 음식을 먹을 수 있었다. 그리고 10일 후에 치료자들은 그녀를 만나 체중회복에 대해 아낌없이 칭찬했다. 그녀는 활력을 회복하여 병원에서 퇴원하고 집으로 돌아갔다. 9개월 후의 추적결과 그녀는 아무런 문제와 증상도 보이지 않았다.

이론에 대한 평가

지금부터 아이젠크 이론의 과학적 가치를 평가해 보도록 하자.

포괄성

아이젠크의 이론은 정상과 비정상적 현상의 넓은 범위를 망라한다는 점에서 분명히 포괄적이다. 아이젠크는 학생들의 학습행동과 커피 마시기, 흡연, 알코올 중독 및 기타 약물 사용, 성행위, 공포증, 범죄행동, 그리고 보통 사람들의 창의적 행동뿐만 아니라 천재와 정신증 환자, 신체질환, 신경증 성향/정신증 성향적 행동과 같은 수많은 정상 · 비정상 행동을 이해하고자 하였다.

정밀성과 검증 가능성

아이젠크는 카텔(Cattell)과 마찬가지로, 자신의 이론적 개념을 정밀히 측정하기 위해 최선을 다했다. 그러나 그의 노력의 대부분은 성격의 주요 차원을 평가하는 검사의 구성에 집중되었다. 아이젠크가 인정했듯이 각성(arousal)의 개념 측정에 문제점이 있지만, 이러한 문제를 계속해서 수정하고자 했다. 프로이트와 그 분파의 관점에 비해 확실히 아이젠크의 이론은 훨씬 더 정밀하게 서술되며 검증 가능하다.

간명성

아이젠크의 이론은 간명성의 기준을 충족하지 못한다. 예를 들면 그는 세 가지 주요 성격 유형인 외향성(extraversion)과 신경증 성향(neuroticism), 정신증 성향(psychoticism)이 성격의 기능을 충분하게 설명할 수 없다는 점을 스스로 인정했다. 각 유형들을 구성하는 몇몇 특성들은 세 유형의 성격 기능을 독립적으로 설명해 주는 것처럼 보이지만, 아이젠크에 따르면 이 특성들은 이 세 가지 유형처럼 안정적으로 측정될 수 없으며 다른 생리학적 측정이나 다른 유형의 실험 측정과도 쉽게 연관되지 못한다고 하였다. 그래서 아이젠크는 보다 구체적인 특성을 활용하기 전에 세 가지 유형에 우선적으로 집중해야 한다고 주장했다(Eysenck & Eysenck, 1985, p. 74). 이러한 측면에서 그는 35개의 정상과 비정상적 주요 특성을 가지고 연구를 수행했던 카텔과는 분명히 달랐다. 이처럼 아이젠크의 판단에 대한 근거는 인정할 수 있지만, 그의 이론은 너무 간결한 경향을 보인다.

아이젠크의 이론에 뚜렷하고 독립적인 상황적 분류가 부족하다는 사실 또한 그의 이론을 단순하게 만든다. 그는 성격의 생물학적인 면에 초점을 맞추면서 다양한 상황이 사람들에게 미치는 차별적인 영향력을 충분히 고려하지 않았다. 아이젠크는 상황적인 영향력에 관한 독립적인 평가를 포괄하도록 이론을 확장하는 대신에, 유형(type)과 특성(trait) 접근법이 상황의 역할을 암묵적으로 인정하는 것이라고 주장했다. 그는 특정 성격을 가진 사람들이 그들 자신이 처한 상황을 선택하는 것이라고 주장했다. 책에 대한 관심은 내향자를 도서관이나 서점으로 가도록 만들며, 스포츠에 관심을 가진 사람은 운동장이나 체육관으로 가도록 하며, 오페라에 대한 관심은 극장에 가도록 한다는 것이다. 따라서 아이젠크는 사람들이 처하게 되는 상황의 종류는 일차적인 것이 아니라, 기존에 있던 호불호의 체계, 즉 특성들이 행동을 지배한 것이라고 보았다(Eysenck & Eysenck, 1985, p. 35).

비록 아이젠크의 이러한 주장은 어느 정도 타당성을 가지고 있지만, 그는 특정 사람들에게 독립적이고 차별적인 영향을 미치는 비자발적 상황은 고려하지 않았다. 예를 들어 운동선수가 천문학이나 물리학 수업 같은 학업 상황에 처하기도 하고, 책벌레가 혼자 있기를 좋아함에도 불구하고 학교 행정관리에 의해 작은 방에서 두 명의 룸메이트와 함께 지내기도 한다. 혹은 커다란 방을 좋아하는 외향적인 성향의 학생이 독방에 배정되기도 한다. 하지만 아이젠크는 이러한 문제를 다루지 않았다.

아이젠크는 주어진 특성의 명칭에 일반적으로 드러나고 측정될 수 있는 상황들이 이미 내포되어 있다고 주장했다. 즉, 그의 특성이론은 간접적으로 상황에 대한 분류 체계를 함축한다고 할 수 있다(Eysenck & Eysenck, 1985, pp. 38-39). 예를 들면 사회성은 사람들과 비교적 자유로운 상호작용이 있는 상황에서만 나타날 수 있다. 운동에 대한 열정은 그의 운동 수행을 시험할 수 있는 상황을 내포한다. 하지만 아이젠크는 상황이라는 개념을 너무 광범위하게 다루었던 것 같다. 예를 들어 사회성과 관련된 상황도 사무실 파티나 비즈니스 회의, 가족 파티, 오페라에서 손님맞이 대열, 기숙사 파티 등 다양한 상황으로 구별될 수 있는데 이렇게 구체적이고 다양한 상황들이 전부 사회성 있는 사람에게 같은 영향을 미칠 것이라고 기대하기는 어렵다.

경험적 타당성

특히 내향성과 외향성의 차별적인 행동에서 적용되는 것처럼 아이젠크의 각성이론에 대한 경험적 지지가 상당수 존재한다. 그러나 신경증 성향과 정신증 성향 행동의 차이에 대한 아이젠크의 주장을 검증하기 위해서는 훨씬 더 많은 연구가 필요하다. 또한 생물학과 정신병리 간의 연결과 함께 천재에 관한 아이젠크의 흥미롭고도 도발적인 이론은 더 많은 연구가 필요하다(Eysenck, 1995, p. 9).

발견적 가치

아이젠크의 엄청난 노력은 과학자로서 높이 평가받는다. 많은 심리학자들은 아이젠크가 훌륭한 학자이며, 매우 창조적이고 생산적이었던 사람으로 평가하였다. 비록 그가 영국 안에서 많은 영향력을 미쳤지만, 많은 미국 심리학자들도 그의 연구에 친숙할 정도였다. 아이젠크 이론에서 사용하는 언어는 엄격하지도 딱딱하지도 않았기 때문에, 연구자들에게 있어 카텔의 접근보다 더 매력적이었다. 실제로 아이젠크 이론의 인기는 미국에서 빠르게 커지고 있으며, 그의 동료들이 계속해서 연구를 수정확장하고 있기 때문에 인기는 더해 갈 것으로 보인다.

적용 가치

아이젠크는 행동치료법을 창안했던 선구자 중 한 명이다. 행동장애의 획득과 소거에 대한 그의 관점은 행동치료자들에게 긍정적인 영향을 미쳤다. 그러므로 그의 이론은 다양한 행동장애에 적절하게 대처할 수 있도록 사람들을 돕는 강한 응용적 가치를 지녔다고 할 수 있다.

비판적 사고를 위한 질문

1. 당신은 아이젠크가 성격기능을 설명하는데 단지 세 가지 유형만을 사용한 것이 지나친 단순화라고 생각하는가? 왜 그렇게 생각하는가? 왜 그렇게 생각하지 않는가?
2. 왜 외향자는 내향자보다 더 다양한 성적(sexual) 활동을 하려 하는가?
3. 당신은 주로 내향적인가, 외향적인가? 당신의 성격 성향은 당신의 학습행동과 인간관계에 어떠한 영향을 미치는가?
4. 더 높은 교육 기회의 여부를 선별하기 위해 아이젠크가 제안한 능력주의에는 어떤 문제

점이 있다고 보는가? 다양한 직종에 가장 유능한 사람이 있도록 하는 사회를 만들면서 모든 사람에 대한 동등한 대우를 어떻게 보장할 수 있을까?

5. 행동치료자들이 공포증을 제거하기 위해 사용하는 학습 원리는 무엇인가? 당신이 생각하기에 그것은 공포를 제거하는 데 효과적인가?

용어 해설

각성이론arousal theory 신경계 각성의 유전수준과 환경자극 수준 간 상호작용의 측면에서 행동의 차이를 설명한 것

고전적 조건화classical conditioning 자연스럽게 무조건 반응(UCR)을 유발하는 무조건 자극(UCS)과 중립 자극이 연합되어 나타나는 연합학습. 무조건 자극과의 접합을 통해 중성 자극은 조건 자극(CS)이 되고, 그것은 무조건 자극(UCS)이 존재하지 않아도 무조건 반응(UCR)과 유사한 조건 반응(CR)을 유발시킨다.

교감신경계sympathetic nervous system 행동을 하기 위해 신체자원을 동원하는 자율신경계의 한 구성요소로, 심박동과 호흡을 빠르게 하고 소화과정을 느리게 한다.

내장두뇌visceral brain 정서적 느낌과 표현의 기초가 되는 뇌의 부분으로, 변연계로 알려져 있다.

내향성향자introverts 삶에 대해 수줍어하거나 사교성이 없는 접근방식을 지닌 개인

뇌파검사electroencephalogram(EEG) 두개골에 배치된 전극을 통해 획득된 대뇌피질의 전기활동의 기록

도파민dopamine 뇌 안의 화학적 물질 또는 신경전달물질로 양이 과도하면 인지적 억제를 약화시킬 수 있다.

동공반응pupillary response 각성과 관련된 동공의 확장 변화

모델링modeling 다른 사람이 모방할 수 있도록 하기 위한 한 사람의 행동 시범

반작용 억제reactive inhibition 사람이 반응할 때마다 작은 신경피로가 생기며, 많은 반응들을 한 후에는 반응을 멈출 때까지 피로가 누적된다.

부교감신경계parasympathetic nervous system 심박동과 호흡을 느리게 함으로써 신체에너지를 보존하는 자율신경계의 한 구성요소

상행망상활성체계ascending reticular activating system(ARAS) 뇌간의 하단에 위치한 중추신경계의 한 부분으로, 대뇌피질의 각성에 관련되어 있다.

세로토닌serotonin 정신증 성향과 정신분열적 사고와 관련된 것으로 알려진 뇌 속의 화학적 신경전달물질

수렴적 사고convergent thinking 해답에 이르기 위해 아이디어의 배열로부터 하나의 아이디어에 초점을 맞추는 비판적 사고의 한 유형으로써, 사회가 나중에 그것을 독창적이고도 사회적으로 유용한 것으로 받아들이게 되는 것

신경증자neurotics 정서적으로 불안정하거나 자극에 대해 과도한 반응을 보이는 개인

아동용 아이젠크 성격 질문검사 Junior Eysenck Personality Questionnaire 아동의 주요 성격 유형을 측정하기 위해 제작된 질문지

아이젠크 성격 질문검사 Eysenck Personality Questionnaire(EPQ) 성인의 주요 성격 유형을 측정하기 위해 제작된 질문지

안드로겐androgens 남성성 호르몬; 포유류에서는 테스토스테론이 주된 것이다.

억제이론inhibition theory 신경체계 각성을 방해하는 피질억제 과정을 기초로 하는 행동차이에 대한 설명

역조건화counterconditioning 조건 반응과 반대되는 새로운 반응을 유발하는 자극(CS)과 연합시킴으로써 조건 반응(CR)이 약화되는 것. 이러한 절차는 치료의 목적으로 많이 활용된다.

외향성향자extraverts 삶에 대해 개방적이고 사교적인 접근을 지닌 개인

유발전위evoked potentials 뇌가 자극을 받으면 일어나는 파장의 패턴

유형론typology 연속적이고 추상적인 개념(유형)을 이용해서 상관관계로 묶이는 특성의 군집을 포괄하는 행동 분류법

이란성 쌍생아dizygotic twins 두 개의 난자가 따로 수정되어 동시에 발달하는 쌍생아

일란성 쌍생아monozygotic twins 단일 수정란의 분할로 발달하는 쌍생아

자율신경계autonomic nervous system 말초신경계의 구성요소. 내장과 내분비선의 작동을 조절하고 개인의 자발적인 통제 하에 있지 않으며, 교감신경계와 부교감신경계의 하위 시스템으로 이루어져 있다.

정신병리psychopathology 손상의 심각도 측면에서 다양하게 나타나는 이상 행동의 다양한 종류

정신분열병schizophrenia 둔마되거나 부적절한 정서, 타인과 외부 세계로부터의 사회적 철회를 특징으로 하는 심각한 정신증적 장애이다. 또한 정신분열병은 사고장애의 특징도 보이는데 그들의 인지적 억제의 결함은 특이한 방식으로 사고하여 창의적인 수행으로 이어질 수도 있지만 온갖 동시적인 생각들의 통제력 부재는횡설수설로 이어진다.

정신증자psychotics 무관심하고 몰인정하며 공격적이고, 다른 사람의 요구에 냉담하지만 한편으론 창의적인 사람

체계적 둔감화systematic desensitization 다양한 자극에 연합된 강한 불안감을 감소시키기 위해 고안된 행동치료로, 환자는 불안감 위계의 각 단계에 따라 점진적으로 자극에 노출되며, 역조건화를 통해 새로운 반응을 학습하게 된다.

쾌조hedonic tone 다양한 각성수준과 관련된 긍정적 또는 부정적인 느낌과 평가

피부전기반응electrodermal response 각성과 연관된 피부의 전기전도성 변화

피질각성cortical arousal 지각이나 인지적 활동 기간 동안의 피질 상태

항원antigens 체내에 들어갔을 때 항체의 생산을 자극하는 단백질이나 탄수화물 물질(예를 들면 독소나 효소 등)

행동치료behavior therapy 조건화, 역조건화, 소거, 강화의 원리에 기초하는 다면적인 치료 접근법

홍수법flooding 공포를 유발하는 강렬한 자극을 소거하기 위해 오랜 시간 동안 공포 자극에 노출시키는 행동치료의 한 형태

확산적 사고divergent thinking 문제해결을 위해 일반적으로 고려되지 않는 대안들까지도 고려하면서 다양한 경로를 이용해 생각하는 능력

추천 도서

Eysenck, H. J. (1967). *The biological basis of personality*. Springfield, IL: Charles C Thomas.

Eysenck, H. J. (1970). *The structure of human personality* (3rd ed.). London: Methuen.

Eysenck, H. J. (1995). *Genius: The natural history of creativity*. New York: Cambridge University Press.

Eysenck, H. J., & Eysenck, M. W. (1985). *Personality and individual differences: A natural science approach*. New York: Plenum Press.

PART 4

THEORIES OF PERSONALITY

인지적 관점

최근의 성격이론들에서 인지의 역할을 이해하기 위해서는, 무엇보다도 먼저 그 용어의 의미를 알아야 한다. 인지란 우리를 둘러싼 세상에 대해 우리가 지니고 있는 생각들을 뜻한다. 즉, 넓은 의미에서 우리 안에서 발생하고 우리가 세상을 인식할 수 있도록 해주는 상징들을 말하는 것이다. 기술적으로 인지이론들은 사건들에 대한 정보를 우리가 어떻게 수집하고, 그 환경 속에서 행동하기 위해 이 정보들을 어떻게 처리하는지에 관심을 두고 있다.

만약 인지가 내부적 생각이나 사고를 포함하는 것이라면, 여러 정신역동이론이나 특질이론들도 모두 어느 정도는 인지적이라 할 수 있다. 결국 크게 보면, 프로이트의 자아(Ego)는 우리가 외부의 실체(reality)를 이해하고 쾌락을 극대화하는 행동들을 하게 만든다고 볼 수 있다. 원초아(Id)와 초자아(Superego) 간의 갈등도 부적절한 원초아 충동의 표현을 억제시키는 내면화된 규칙을 사용하기 때문에 생기는 것이다. 우리가 의사결정에서 자주 사용하는 이런 규칙들은 본질적으로는 인지적인 것으로 볼 수 있다.

올포트, 카텔 및 아이젠크가 성격기능을 설명하기 위해 사용한 특질도 인지적 개념이다. 특질은 행동을 이끌고 환경에 대한 판단에 영향을 준다고 가정한 신념들이다. 그렇게 되어 가는 발달과정을 가정한다는 점에서 볼 때, 카텔에 비해 올포트의 생각이 훨씬 인지적이다. 올포트에게 성숙된 인간이란 정보를 합리적으로 사용할 줄 아는 사람이다. 매슬로우와 로저스가 만든 자아실현이론들(제5부에서 보게 되듯)도 인지적이라고 볼 수 있다. 제6부에서 개관되어 있는 사회학습이론가들의 일부 연구들도 마찬가지이다. 이런 입장들은 기대, 모방, 언어 및 회화적 이미지, 기억과 같은 인지적 개념들을 혼합한 것이다.

그런데 왜 이 책에서는 켈리의 이론만으로 한정하였나? 비록 많은 다른 이론들이 인지요소들을 지니고 있지만, 유일하게 켈리의 입장이 우리가 세상에 대한 이해를 높이는 수단으로 어떻게 정보를 처리하는지에 초점을 맞춘, 포괄적이면서 순수한 성격 분야의 인지이론이기 때문이다. 그는 성격을 우리가 사건을 예측하고 통제하기 위해 과학자처럼 행동하도록 해주는 똑똑한 존재로 본다. 켈리의 입장에서 보면, 우리도 세상을 제대로 알기 위해 계속해서 가설들을 만들고 실제 세계에서 가설들을 검증하며, 그것들이 잘 맞지 않으면 수정한다. 그에 따르면, 우리의 목적은 세상이 어떻게 돌아가는지에 대한 예측의 정확도를 최대로 높이는 것이다.

이런 견해를 제시하기 위해, 켈리는 새로운 용어로 구성된 이론을 구축하였고, 심리학에서 개인의 행동을 설명하는 데 사용하였던 많은 전통적인 개념들을 바꾸거나 버렸다. 예를 들어 전통적인 학습이론가들이 사용하던 욕구라는 개념을 버렸다. 전통적인 학습이론에 따르면 평온상태에 있던 개인들은 음식, 물 및 성의 욕구에 따라 행동을 개시한다. 이런 욕구들은 다시 개인들로 하여금 동질정체 상태로 돌아가기 위해 긴장상태를 줄여 주는 어떤 대상을 찾도록 동기화시킨다. 켈리는 사람들에게 강화가 되는 어떤 목표를 달성하기 위해 일하도록 동기화시킨다는 유인가(incentive)라는 개념도 버렸다. 켈리는 인간을 그저 내적 욕구나 외적 유인가 및 강화에 이끌려 행동하는 비자발적 존재로 보는 개념들을 좋아하지 않았다. 대신, 그는 인간이 항상 발전하고 있다고 보았다. 즉, 자신을 둘러싼 세상에서 발생하는 사건들을 정확히 예측하기 위해 지속적으로 노력한다고 가정하였다(Kelly, 1955, pp. 35–49). 켈리의 입장에서 보면, 인간은 반복되는 내적 충동이나 외적 요구들에 의해 통제받는 수동적인 볼모가 아니다. 인간은 지속적으로 세상에 대한 이해를 높이려 하는 매우 능동적이고, 호기심 많고, 창조적인 존재이다. 켈리는 인간이 동기화되는 것은 맞지만, 그 초점은 여러 욕구에 뿌리를 둔 생물학적 추동이 아니라 인지적 동기가 되어야 한다고 생각하였다.

켈리는 학습이론가들이 전통적으로 사용한 강화라는 개념도 거의 사용하지 않았다. 예를 들어 그는 만약 행동 뒤에 긍정적 강화물이 뒤따르는 행동은 다시 발생할 가능성이 큰 반면, 행동 뒤에 부적 자극이 뒤따르는 행동은 발생 가능성이 작다는 경험적인 효과의 법칙을 인정하지 않았다. 왜냐하면 이 법칙은 우리의 행동이 외부적 영향의 통제하에 있음을 시사하기 때문이다. 대신 그는 우리의 행동이 인지적 과정에 의해 더 많이 통제된다고 생각하였다. 중요한 것은 어떤 사건들에 대한 예측이며 그 예측이 얼마나 정확한가이다.

11장에서는 켈리의 독특한 이론을 자세히 살펴볼 것이다. 먼저 그 이론의 기저에 깔려 있는 기본적 가정—**구성적 대안주의**(constructive alternativism)라고 불리는 철학적 입장—을 살펴볼 것이다. 이 이론의 기본 용어들을 알아본 후, 그의 개인적 구성개념에 관한 기본 원리와 많은 추론들을 제시할 것이다. 그런 다음 사람들의 개인적 구성개념 체계를 측정하기 위해 만든 켈리의 역할 구성개념 목록검사(Role Construct Repertory Test; RCRT)를 살펴볼 것이다. 또한 심리치료와 치료자와 내담자의 역할에 대한 켈리의 입장에 대해 논의할 것이다. 실제 사례를 통해 켈리의 이론이 정신병리에 어떻게 적용되는지를 예시할 것이다. 마지막으로 연구자들이 정신분열병 환자의 인지적 기능과 행동을 연구하는 데 어떻게 켈리의 RCRT를 사용하고 있는지를 보여 줄 것이다.

CHAPTER 11

켈리의 개인적 구성개념 이론

켈리의 생애

조지 알렉산더 켈리(George Alexander Kelly)는 1905년 미국 캔자스(Kansas)의 작은 마을에서 목사인 아버지와 어머니의 외아들로 태어났다. 그는 캔자스의 위치타(Wichita) 고등학교를 졸업한 후 프레즈(Friends) 대학에서 음악과 공공토론과정을 다녔다. 1926년 파크 칼리지(Park College)에서 그는 항공 엔지니어가 되고 싶었지만, 궁극적으로는 교육에 몸을 담았다. 그의 직업은 여럿이었다. 예를 들어 노동자 대학에서 학생들에게 연설을 가르쳤으며, 이민자들을 대상으로 미국 귀화교육을 하기도 하였다.

1929년 그는 영국의 에든버러(Edinburgh) 대학으로 1년간 교환학생으로 가서, 교육학 학사학위를 받았다. 심리학에 대한 관심이 커진 상태로 다시 미국에 돌아온 그는 아이오와(Iowa) 대학교 심리학과에 입학하였고, 1931년에 말하기와 읽기장애 분야의 논문으로 박사학위를 받았다.

심리학에서 켈리의 교수경력은 캔자스의 포트 헤이즈(Fort Hays) 주립대학에서 자리를 잡으면서 시작되었다. 그 후 그는 캔자스 주에서 심리서비스를 하기 시작하여, 순회 클리닉 네트워크를 구성하였다. 이 무렵이 켈리가 성격에 관한 정신분석적 접근을 포기한 시점이다. 그는 임상경험을 통해 사람들이 무기력해지는 이유가 넘치는 리비도(libido)의 힘 때문이 아니라 오랜 가뭄, 모래폭풍, 경제적 어려움 때문이라는 사실을 알게 되었다고 말하였다. 그는 대학에서 드라마 제작에 참여하여 2~3주 동안 리허설에 빠져 사는 한 친구를 주의 깊게 관찰하였다. 부분적으로 그 친구에 대한 관찰을 토대로 자신의 고유한 이론을 발전시키기 시작하였다. 비록 많은 사람들이 그 친구의 노력이 가식적인 것이라고 치부해 버리지만, 켈리는 그의 행동이 거짓이 아니라고 생각하였다. 그것은 궁극적으로 그의 실제 자기를 표현한 것이다. 이런 경험이 켈리가 사람들에게 자신의 한계를 극복하도록 도움을 주는 고정 역할치료기법을 만드는 데 기여하였다.

켈리의 개인적 **구성개념**constructs 이론의 골격은 "사람들은 그들이 타인에게 읽은 혹은 그들 속에서 본 증상들을 지니는 경향이 있다"(Kelly, 1955, Vol. 1, p. 366)는 것으로부터 만들어졌다. 1920~1930년대는 열등감 콤플렉스와 불안이란 용어 혹은 구성개념이 유행이었고, 사람들은 자신이 열등감 콤플렉스 혹은 불안이 있다고 기술하기 시작하였다. 이러한 자기 기술은 결국 그들의 세상에 대한 해석에 사용된다. 언어구조가 먼저 만들어진다는 점과 언어와 역할이 행동에 영향을 준다는 사실은 켈리로 하여금 유명한 언어학자인 Korzybski, 역할극 이론가인 Moreno의 연구들을 공부하도록 하였으며, 이 덕택으로 그는 자신의 이론을 정교화할 수 있었다(Kelly, 1955, Vol. 1, pp. 360-366).

제2차 세계대전 당시 항공심리학자로 근무하던 해군에서 제대한 후, 켈리는 메릴랜드(Maryland) 대학교의 부교수로 임명되었다. 1946년 메릴랜드를 떠나 오하이오 주립대학교(Ohio State University)의 심리학과 교수 겸 임상심리학 책임자가 되었다. 그 후 20년 동안, 켈리는 연구를 수행하며 자신의 이론을 구축하였다. 또한 그는 임상심리학 전공생들에게 여러 과목들을 가르쳤다. 학생들 중 일부는 그를 싫어했으며 무서워하였다. 첫 번째 이유는 그는 학생들과의 관계가 매우 공식적이었다. 예를 들어 그는 학생들에게 자신을 "켈리 교수님"이라고 부르게 하였으며, 자기는 학생들이 박사논문이 통과되기 이전까지는 그들을 "~ 씨", "~ 양", "~ 군"으로 불렀다. 박사논문이 통과된 학생들에게는 자신을 "조지(George)"라고 부르도록 허용했으며, 그도 학생들을 부를 때 이름 대신 성을 불렀다. 둘째, 그는 그의(그 학과의) 높은 기준을 충족시키지 못한 학생들을 자기 연구실에서 면담하면서 빨리 퇴교하도록 종용하는 경우가 많았다. 셋째, 그의 행동에 상처를 입은 학생들도 있었다. 예를 들어 한 학생이 켈리의 책에 자필서명을 부탁했을 때, 그는 "이 사람이 실제로 유망한지는 모르겠지만, 장차 분명히 가치 있는 일을 할 학생에게"라고 적어 주었다(Fransella, 1995, p. 25).

이 학생은 공격적인 첫 문장과 예의상의 칭찬으로 된 서명을 보고 모욕감을 느꼈다. 일부 학생들은 그의 거슬리는 행동 때문에 그를 싫어했지만, 대다수 학생들은 그를 좋아했으며, 그의 명석함을 존경하였다. 또한 많은 학생들은 그가 좋은 선생님이란 사실에 동의하였다. 그의 제자 중 한 명인 브렌단 마허는 다음과 같이 진술하였다.

> 의심할 여지없이 그는 내가 만난 몇 안 되는 진정한 스승이었다. 그는 학생들의 아이디어를 기꺼이 경청해 주었고, 학생들이 잘 할 수 있도록 격려하고 도왔다. 이런 것들이 학생들을 기계적인 모방자나 좁은 의미의 단순한 문하생이 되지 않도록 만들었다. 그가 우리를 존중하고 있음을 알고 있기에, 우리는 기꺼이 그에게 동의하지 않을 수도 있었고, 그는 항상 자신이 틀렸을 수도 있음을 보여 주었다. 그것이 우리를 오랜 친구로 만들었고, 그를 인간적으로 존경하게 하였으며, 우리가 확실하다고 생각하는 것에 대해서도 오류 가능성을 인식하고, 아이디어를 자유롭게 연구하도록 하였으며, 그렇게 하는 동안에도 그의 지도를 받는 것을 영광으로 생각하게 만들었다. (Fransella, 1995, p. 26)

그의 학생들 중에서 많은 사람들이 현재는 심리학계의 훌륭한 인물이 되어 있다는 점도 주목해야 한다.

마지막으로 오하이오 대학교 재직 시절, 그는 자신의 주요 이론적 업적인 『개인적 구성개념 심리학(*The Psychology of Personal Constructs*)』을 저술하였다. 그는 전 세계의 여러 대학을 다니며 강의하였다. 1965년에는 브랜다이스(Brandeis) 대학교 행동과학부의 책임교수직을 맡았다. 그는 1967년 사망하였다.

개념과 원리

구성적 대안주의

켈리의 인지이론의 기저에는 **구성적 대안주의**constructive alternativism가 있다. 간단히 말해, 우리 모두에게는 어떤 사건에 대한 현재의 해석을 바꾸거나 대체할 수 있는 능력이 있다고 가정한다(Kelly, 1955, Vol. 1, p. 15). 즉 우리는 언제든지 우리 마음을 바꿀 수 있다는 것이다. 이는 우리의 행동이 전적으로 결정되어 있는 것이 아니며, 우리가 경험을 어느 정도 마음대로 재해석할 수 있음을 의미한다. 그래서 켈리는 개인을 자신의 선택과 결정을 책임질 수 있는 주체자라고 생각하였다. 우리는 단지 과거 경험에 의해 움직이는 것이 아니고, 그 경험들을 우리 자신의 고유한 방식으로 해석하고 재해석하여 행동한다(Fransella & Dalton, 1990, p. 1). 그러나 켈리도 우리의 생각과 행동 중 어떤 것들은 다른 현상들에 의해 결정된다고 생각하였다. 즉, 그의 이론은 자유와 결정론의 결합으로 만들어졌다. "동전의 앞뒷면처럼, 어떤 한 가지를 결정해 주는 것은 다른 것에는 결정력이 없기 때문에 결정론과 자유는 분리될 수 없는 것이다"(Kelly, 1955, Vol. 1, p. 21).

그래서 만약 한 학생이 대학 수석졸업이 자신에게는 매우 중요하다고 결심하면, 이 주관적 사실은 다른 어떤 행동을 결정해 줄 것이다. 예를 들어 그는 사교활동을 줄이고, 보다 많은 시간을 도서관이나 기숙사 방에서 공부하는 데 사용할 것이다. 즉, 그는 자신의 목표를 선택하는 데 있어서는 자유롭지만, 일단 선택이 이뤄지면, 그 목표는 관련된 행동들을 결정해 준다. 이 예를 켈리의 용어로 바꾼다면, 대학 수석졸업이라는 **상위 구성개념**superordinate construct은 자유롭게 선택된다고 말할 수 있다. 그런 다음 그것은 **하위 구성개념**subordinate construct—사교활동의 수와 공부하는 시간—을 통제한다.

> 하나의 구성개념 혹은 구성체계에 따라 하위요소들이 정해지는 관계는 결정론적이다. 이런 의미에서 하위요소들은 결정론이다. 자연적 사건들 그 자체가 우리의 구성개념을 결정해 주는 것은 아니다. 우리는 우리가 좋아하는 방식으로 사건들을 볼 수도 있다. 우리가 세운 구조가 우리를 지배하는 것이다. (Kelly, 1955, Vol. 1, p. 20)

이와 대조적으로 행동주의적 관점을 지닌 이론가들은 모든 행동을 결정론적으로 본다. 그들은 목표도 과거 경험에 의해 결정되는 것으로 보기 때문에, 우리가 목표를 자유롭게 선택한다는 켈리의 주장에 동의하지 않는다.

누구나 과학자이다

켈리는 우리 각자가 과학자처럼 사건들을 예측하고 통제하려 한다고 생각하였다. 우리는 우리의 경험을 계속 평가하고 재평가하며, 우리를 둘러싼 세상을 이해하고 통제하는 데 우리의 해석을 사용한다. 우리는 인간행동에 관한 각자의 이론을 갖고 있다. 우리는 그 이론에 근거한 가설들을 검증하고, 실험증거를 중시한다(Kelly, 1955, Vol. 1, p. 5). 이런 증거를 근거로 세상에 대한 예측이 더 가능해지고, 그렇지 못하면 우리가 세상에 대한 우리의 개념 혹은 구성개념을 변화시킬 필요가 있음을 알게 된다.

이런 의미의 과학자로서 판단할 때 우리 자신의 현실에 관한 지극히 개인적인 견해를 사용하며, 남들은 그것을 잘 알 수 없는 것이다. 우리의 구성개념은 연구자들이 사용하는 것같이 객관적으로 정의된 것은 아니며, 우리의 이론들도 대개는 과학이 설정한 엄격한 기준을 충족하지는 못한다. 즉, 우리는 자신과 현실에 대한 매우 상식적인 견해를 지니고 있기 때문에 왜곡과 오류가 있을 가능성이 크다. 더구나 우리 대부분은 계속적으로 자료에 맞춰 현실에 대한 우리의 견해를 바꾼다. 그러나 현실에 대한 우리의 견해가 얼마나 왜곡되어 있는지와 관계없이, 그것은 여전히 우리에게는 현실이며 우리는 그것에 따라 움직인다. "한 사람이 자신의 수입이나 질병과 같은 현실을 잘못 표상할 수도 있지만, 잘못된 표상 그 자체가 그에게는 현실이다. 이는 망상환자에게도 적용된다. 그는 존재하지 않는 것을 지각하지만, 그의 지각은 그에게는 현실이다"(Kelly, 1955, Vol. 1, p. 8).

그래서 켈리는 제5부에 개관되어 있는 인본주의적 이론가들의 현상학적 입장을 포용하였다. 인본주의자들처럼, 켈리는 우리가 수동적 존재가 아니며, 능동적으로 때로는 창의적인 방식으로 환경과 관계를 맺는다고 생각하였다.

구성개념과 해석의 본질

우리는 개인적 구성개념 체계를 구축할 때, 사건들을 해석한다. 우리는 경험에 구성개념을 적용함으로써 요약과정을 통해 우리 스스로 사건들의 의미를 해석한다(Kelly, 1955, Vol. 1, p. 50). 그런 다음 환경으로부터 나온 새로운 정보를 다루는 데 우리의 구성개념을 사용한다. 이러한 해석이 우리에게는 현실이며, 그것이 우리의 행동을 결정한다. 그것은 매우 개인적이라서, 남들과 같은 경험을 하더라도 서로 해석이 다른 경우가 많다.

우리가 만들고 새로운 경험을 다룰 때 사용하는 구성개념은 우리의 과거 경험을 근거로 하고 있다. 켈리에게 구성개념이란 경험들을 유사성과 대비로 조직화하는 방식이다. "최소한의 맥락에서, 하나의 구성개념은 적어도 두 요소들은 유사하고, 그것들은 제3의 것과는 대비되는 방식으로 이루어져 있다"(Kelly, 1955, Vol. 1, p. 61). 그래서 구성개념은 최소한 세 요소 이상이 포함되어 있어야 한다. 동시에 구성개념은 양극적이다. 구성개념은 유사성뿐만 아니라 대비도 포함한다. 어떤 사물이 의자라면, 그것은 탁자는 아니란 의미이다. 수염을 기른 남자가 정력적이란 말은 깔끔하게 면도한 남자는 허약하다는 의미이다.

구성개념은 사적인 것이기 때문에 같은 경험이라도 사람에 따라 다른 명칭을 사용하기도 한다. 예를 들어 어떤 사람은 그녀가 대인관계를 잘하는 사람으로 생각하는 반면, 어떤 사람은 그녀가 지나치게 다른 사람들의 비위를 맞추는 사람으로 볼 수도 있다. 심지어 두 사람이 하나의 경험을 비슷하게 분류하더라도, 그 차원의 대비 쪽은 다를 수 있다. 예를 들어 빌과 짐 모두는 어떤 행동을 "성실한" 것으로 본다. 그러나 빌은 그 반대쪽의 행동을 "불성실한" 것으로 보는 반면, 짐은 반대쪽의 행동을 "도덕적으로 타락한" 것으로 볼 수도 있다. 그래서 빌은 그 행동을 약간 실망스럽게 보는 반면, 같은 상황에서 짐은 화가 나고 속이 뒤집힐 수도 있다. 그래서 그 행동을 한 사람에 대한 후속 행동도 다를 수 있다. 빌은 불성실한 그 사람을 설득하려하겠지만, 짐은 도덕적으로 타락한 그 사람을 공격하거나 피하려 할 것이다.

마지막으로 켈리는 구성개념이 그것을 표현할 때 사용하는 언어적 명칭과 동일한 것이 아니라고 생각하였다. 구성개념은 사람들이 여러 다른 경험들을 경험 수준별로 실질적으로 구별하는 것이다(Bannister, 1977, p. 33). 때로 사람들은 구성개념을 언어화하기 이전에 벌써 그것을 만들기도 한다. 예를 들어 어린애들은 자기감정을 말로는 표현하지 못하더라도, 자기가 사랑하는 사람에게는 애정을 표현한다. 문제가 있는 사람은 종종 어떤 경험을 억압하고 왜곡하며, 그것을 언어적 수준에서 다루지 못하거나 다루려 하지 않는다. 전문가의 치료는 환자의 구성개념 체계 속에 존재하는 그런 고유한 문제들을 스스로 해결할 수 있도록 도움이 될 수 있다.

구성개념의 또 다른 특징들

켈리는 사람들의 삶에서 매우 중요한 구성개념을 **핵심 구성개념**core constructs이라고 불렀다. 이는 개인의 정체성을 반영하는 신념이며, 그들의 존재를 유지하는 데 도움이 되는 구조체이다. 핵심 구성개념은 잘 변하지 않는 반면, **말초 구성개념**peripheral construct은 비교적 쉽게 변한다. 많은 사람들에게 신을 믿는 것은 그들의 존재에 중심이 되는 핵심 구성개념이다. 그러나 그들에게 1941년 시즌에 보스턴 레드삭스의 야구선수 테드 윌리엄스가 기록한 타율이 4할 1리라는 사실은 말초적 신념이다. 그래서 1941년 윌리엄스의 실제 타율이 4할 6리라는 사실을 알게 되면 말초적 신념은 쉽게 바뀐다. 켈리에 따르면 말초 구성개념은 핵심 구성개념의 중대한 수정 없이도 변경될 수 있다. 앞의 예에서 윌리엄스의 평균타율에 대한 신념이 변화하였다고 해서 신에 대한 믿음을 수정해야 하는 것은 아니다(Kelly, 1955, Vol. 1, pp. 482–483).

구성개념들은 한 개인의 인지세계 속에서 위계적으로 배열되어 있다. 즉, 어느 하나의 구성개념은 다른 한 개 이상의 구성개념을 포괄하고 있다(Kelly, 1955, Vol. 1, p. 57). 예를 들어 사람들에게 도덕을 가르치는 사람은 많은 다른 구성개념을 통제하는데 선악이라는 상위 구성개념(superordinate construct)을 사용할지도 모른다. 즉, 선한 사람은 영리하고, 협동적이고, 친절하고, 야망 있고, 성실한 반면, 악한 사람은 어리석고, 경쟁적이고, 잔인하고, 야망없고, 불성실하다고 생각할 것이다.

구성개념들은 **편의범위**range of convenience—그것과 관련되어 있는 다른 구성개념의 수—에서 서로 다르다. 즉, 어떤 구성개념은 다른 구성개념과 관련되어 있지만, 또 다른 구성개념과는 그렇지 않다. 아마도 많은 사람들에게 선악 이분법은 모든 구성개념에 적용되는 것은 아닐지라도, 편의범위가 넓은 구성개념일 것이다. 반면 뚱뚱한/날씬한과 같은 구성개념은 편의범위가 좁은 구성개념이다. 우리는 뚱뚱한 사람과 날씬한 사람, 뚱뚱한 사자와 날씬한 사자를 생각할 수는 있으나, 뚱뚱한 날씨와 날씬한 날씨, 뚱뚱한 울음과 날씬한 울음 등은 생각할 수 없다.

구성개념의 편의범위와 관련된 것이 **투과성**permeability이다. 편의범위에서는 벗어나 있는 구성개념이지만, 그것의 프레임(틀) 내에서 해석될 수 있는 새로운 요소를 허용하는 구성개념은 투과성 있는 구성개념이다(Kelly, 1955, Vol. 1, p. 79). 예를 들어 옳고–그름 구성개념은 사람들로 하여금 새로운 생각이나 행동이 옳은지 혹은 그른지를 평가하도록 해준다. 예를 들어 그것은 예전에는 생각지 못했던 주제인 안락사가 도덕적으로 타당한 것인지에 대한 판단을 준비하도록 해준다. 투과성이 없는 구성개념을 지니고 있는 사람들은 이런 도덕적 평가를 할 수 없다. 물론 투과성이 전혀 없는 구성개념은 드물고, 구성개념들은 투과성의 정도가 다른 것이다. 투과성 개념을 소개함으로써, 켈리는 구성개념 체계는 변화가 가능하다고 보았다. 이 변화를 다른 말로 하면, 자아의 성장, 발달 및 실현이라 할 수 있다.

요약하면, 켈리는 경험으로부터 생성되어 사람들이 자극과 정보에 반응하는 방식을 통제하거나 결정해 주는 개인적 구성개념들로 이뤄진 복잡하고 위계적인 인지체계를 제안한 것이다. 비록 많은 개인의 행동이 이런 구성개념에 의해 결정되지만, 상위 구성개념은 자유롭고 때로 투과성이 있기 때문에 구성개념 체계 내에서 변화의 여지는 있다. 이 같은 투과성이 있는 구성개념의 변화는 하위 구성개념 체계의 변화를 초래한다.

또한 켈리는 구성개념들을 선점적, 군집적 및 제안적 구성개념으로 구분할 수 있다고 제안하였다. 요소들을 전적으로 자신에게만 속하도록 하며, 이 요소를 다른 구성개념의 부분으로 만들어 그 구성개념을 선점하는 구성개념을 **선점적 구성개념**preemptive construct이라고 불렀다. 예를 들어 어떤 사람이 진짜 공만을 공으로 보는 사람이라면, 그에게 "알갱이" "구" "투포환"은 공이 될 수 없다(Kelly, 1955, Vol. 1, p. 153). 이 같은 흑백사고는 어떤 이가 "자본주의는 대기업의 착취일 뿐이다" 혹은 "오바마 대통령의 건강관리 법안은 정부가 우리 삶의 모든 부분을 통제하려는 시도일 뿐이다"라고 주장하듯이, 대인관계의 특징이 되기도 한다.

군집적 구성개념constellatory construct이란 "한 구성개념의 요소들이 동시에 다른 영역에도 속할 수는 있지만, 요소들의 소속 영역은 고정되어 있는 것이다"(Kelly, 1955, Vol. 1, p. 155). 고정관념이 여기에 해당한다. 즉, 우리가 어떤 사람이나 사물이 특정 범주에 속한다는 것을 알게 되면, 여러 다른 특징들까지도 그 범주에 귀속시킨다. 우리가 인종과 문화적 배경으로 사람들을 고정관념화하는 경향이 있다는 것은 잘 알려져 있는 사실이지만, 그 이외에도 머리카락 색깔과 같이 별 의미없는 특징들을 근거로 사람들을 고정관념화하기도 한다. 예를 들어 로슨(1971)은 남녀 대학생에게 머리카락 색이 다른 가공의 인물들을 여러 성격특성에서 평가하도록 하였다. 그 결과 남학생들은 검은색이나 붉은색보다는 금발의 여성을 더 아름답고, 우아하고, 여성스럽다고 보는 경향이 있었다. 남녀 학생 모두 검은 머리의 여성을 가장 좋아했으며, 염색한 금발을 가장 싫어하였다. 검은색 머리는 지적이고, 야망 있으며, 성실하고, 강하고, 안전하고, 가치 있고, 효율적으로 보았다. 남녀 모두 짙은 색의 머리를 지닌 남자를 가장 좋아했으며, 그런 남자가 금발이나 붉은색 머리의 남자에 비해 더 잘 생겼고, 지적이고, 야망 있고, 성실하고, 강하고, 단단하고, 가치 있고, 효율적이고, 남성스럽다고 보았다. 그러므로 어떤 유전적 특성을 지닌 사람들은 군집적 구성개념이나 고정관념의 희생양이 되기도 한다.

마지막으로 모든 면에서 그 요소들의 구성이 개방적인 구성개념을 **제안적 구성개념**propositional construct이라 부른다. "다른 것들 중에서도 둥근 모양을 지닌 어떤 물체도 공으로 볼 수 있다." 이 구성개념으로 보면, 공은 타원인 공일 수도, 낡은 공일 수 있고, 작은 공일 수도 있다. 제안적 사고는 유연한 사고이다. 그런 사람들은 계속하여 새로운 경험에 대해 개방적이며, 기존의 구성개념을 수정할 수 있는 사람이다. 켈리의 견해에서 보면, 환경을 가장 잘 다루는 사람은 현 상황에서 제안적 사고가 적절한지 혹은 선점적 사고가 적절한지를 잘 알고 있는 사람이다. 만약 우리가 전적으로 제안적 사고에 의존한다면, 우리는 움직일 수가 없게 될 것이다. 왜냐하면 우리는 계속하여 우리의 경험을 재평가하고 재해석하기 때문에, 어떤 행위도 할 수 없게 될 것이다. 예를 들어 프로미식축구팀의 리시버는 그에게 던진 물체를 무조건 미식축구공으로 생각할 필요가 있다. 이 경우 선점적 사고가 적절하고 효과적이다. 그러나 선점적 사고에만 의존하면, 독단적이 되어 때로는 판단을 내리지 못하고 자신에게 손해가 되기도 한다.

기본 가정과 추론

켈리 이론의 기본 가정은 "한 사람의 과정은 그가 사건들을 예측하는 방식에 따라 심리적으로 채널이 정해진다"는 것이다(Kelly, 1955, Vol. 1, p. 46). 켈리는 인간을 사건들에 대한 예측에 따라 행동하고, 변화하는 유기체로 보았다. 즉, 예측이 행동을 지시한다는 것이다. 예측이 행동하려는 동기를 제공한다. 켈리가 과학자로 비유한 것에 따르면, 사람들은 사건들을 예측하고 사건들에 대한 자신의 견해를 입증하려 한다. 그들은 사건을 해석하여 구성체계를 만들고, 이 구성개념들에 근거하여 행동한다. 켈리는 이런 기본 가정으로부터 여러 추론과 제안들을 만들었다.

개별성 추론

사람들은 각기 다른 방식으로 사건들을 예측한다. 켈리에 따르면, 이 **개별성 추론**individuality corollary이 개인차 연구의 기반이 되었다. 사람들은 서로 다른 경험을 지니고 있고, 같은 사건에 대한 예측에서 다른 접근을 취하기 때문에 서로 다르다(Kelly, 1955, Vol. 1, p. 55). 그래서 사람들이 만든 구성체계는 여러 측면에서 색다르다. 그러나 사람들이 사건들을 해석하는 방식에서는 공통적일 수도 있다. 즉, 사람들이 같은 방식으로 경험하거나 경험을 해석할 수도 있다.

조직화 추론

켈리의 **조직화 추론**organization corollary은 "사람들은 사건들을 예측하는 데 편리하도록 독창적 구성개념들의 우선순위를 지닌 구성체계를 만든다"는 것이다(Kelly, 1955, Vol. 1, p. 56). 사람들은 구성개념들만 다른 것이 아니라, 그것들을 조직화하는 방식에서도 서로 다르다. 구성개념의 조직화는 갈등을 줄여 주는 역할을 한다. 만약 결혼한 남자가 자기 어머니보다도 자기 아내와 가정이 우선순위라는 것을 알고 있다면, 잠재적 갈등은 최소화될 것이다. 많은 남편들이 알고 있듯, 무엇이 우선인가를 따지는 것은 괴로운 일이다.

선택 추론

켈리는 사람들이 항상 자신의 구성개념 양끝 사이에서 선택한다고 가정하였다. 켈리는 **선택 추론**choice corollary을 제시하면서, 우리는 발생하는 사건들을 가장 효과적으로 다룰 수 있는 선택을 한다고 가정하였다. 어떤 상황에서 우리는 신중해야 하나 혹은 모험을 해야 하나? 결혼을 해야 하나 혹은 말아야 하나? 대학을 계속 다녀야 하나 혹은 포기해야 하나? 켈리는 일반적으로 사람들은 자신의 구성체계를 규정짓고 정교하게 만드는 선택을 하는 경향이 있다고 주장하였다. 즉, 개인이 성장하면서 세상에 대한 이해를 높여주는 선택을 할 뿐만 아니라, 세상에 대한 해석의 확신을 높여주는 선택을 한다. 켈리는 우리가 공들인 선택을 하도록 생물학적으로 사전에 정해져 있다고 생각하였다. 즉, 우리는 모험을 추구하고, 새로운 구성개념을 만드는 시도를 하도록 사전에 정해져 있기 때문에, 세상에 대한 이해를 점점 더 높여갈 수 있다는 것이다.

분열 추론

켈리에 따르면, 우리의 구성체계는 항상 유동적인 상태이다. 이런 체계내에서 우리는 끊임없이 서로 양립될 수 없는 여러 하위체계를 사용한다(Kelly, 1955, Vol. 1, p. 104). 다시 말해 구성개념의 하위체계가 항상 서로 일치하는 것은 아니고, 가끔 우리는 최근의 경험과는 불일치하는 행동을 하기도 한다. 켈리는 이를 **분열 추론**fragmentation corollary이라 불렀다.

예를 들어 한 젊은 여성이 한 남자를 사랑하고 친구들에게 자신이 그의 청혼을 승낙했음을 공개하였다고 하자. 그러나 다음날 그녀가 그에 대한 애정을 표현하는 대신, 친구들 앞에서 그 남자의 도덕적 결함을 거론하면서 그를 심하게 욕하기 시작하고, 파혼을 선언한다. 켈리는 다음과 같이 지적함으로써 그녀의 행동불일치를 설명할지도 모른다. 즉, 그녀가 그를 사랑하지만, 그 남자가 매우 이기적이고 타인에 대한 배려심이 없고, 그녀에게도 해가 될 것이라는 사실도 알고 있다는 것이다. 그래서 '약혼자' 구성개념에는 '사랑' 구성개념과 '남을 얕보는 그의 개인적 특성들' 구성개념이 포함되어 있다. 이 같은 분열적이고 불일치하는 구성체계가 한 사람의 인지세계 내에서 동시에 존재할 수도 있으며, 더 큰 체계 속에 있는 다른 구성개념이 그것들을 촉발시키면 그런 행동들이 나올 수도 있다. 이 경우 만약 그녀에게 그 남자의 많은 단점들에 주의를 기울이도록 만든 사람이 그녀의 어머니였다면, '어머니'라는 상위 구성개념에 의해 양립할 수 없는 체계들이 촉발되었을지도 모른다.

켈리에 따르면, 행동을 예측하려면 이 같은 우두머리격의 구성개념들을 찾아야 하고, 최종 분석에서 그것들이 어떻게 한 사람의 행동을 통제하는지를 알아보아야 한다. 켈리는 이 부분에 대해 선행조건들에 의해서 행동이 결정된다는 초기 학습이론가들의 주장을 인정하고 있다. 켈리는 행동의 예측은 훨씬 더 복잡한 것이기 때문에 이를 위해서는 그 개인의 인지세계의 꼬부랑길을 파악해야 한다고 주장하며, 이런 인지세계가 항상 논리적이고 일관성 있는 하위체계로 구성되어 있는 것은 아니라고 주장하고 있다.

공통성 추론

켈리의 개별성 추론은 사건에 대한 구성개념이 다른 사람들은 행동도 다르다는 것이다. 반면 **공통성 추론**commonality corollary은 사건들을 유사하게 해석하는 사람들은 행동도 비슷하다는 것이다. 여기에 깔려 있는 가정은 "어떤 사람이 지닌 경험의 구성이 다른 사람의 것과 유사한 정도만큼, 그의 심리적 과정도 다른 사람과 유사하다"는 것이다(Kelly, 1955, Vol. 1, p. 90). 그렇기 때문에 만약 그들의 구성개념이 유사하면, 설령 그들이 예전에 다른 자극에 노출된 경우라도, 그들은 유사하게 행동할 것이다. 예를 들어 두 학생 중 한 명은 이전에 철학과목 중 형식논리학을 수강하였고, 다른 한 명은 예술철학을 수강했더라도, 둘은 똑같이 실존철학을 수강신청할 수도 있다. 비록 그들이 각기 다른 자극(하나는 형식논리학 교재, 다른 하나는 예술철학 교재)에 노출되었지만, 그들이 두 과목에서의 경험을 유사하게 해석한다면, 즉 둘 모두 철학과목이 유익하였다고 생각하면, 그들은 같은 행동(실존철학을 수강신청하는 것)을 할 수도 있다. 만약 그들이 이전에 수강한 철학과목이 유익하였다고 생각한다면, 실존철학 과목도 유익할 가능성이 크기 때문에, 그 과목을 신청할 것이다.

사회성 추론

마지막으로 켈리는 "한 사람이 다른 사람의 구성과정을 해석하는 정도에 따라 그 다른 사람의 사회적 과정에서 역할을 할 수도 있다"고 제안하였다(Kelly, 1955, Vol. 1, p. 95). 다시 말해 우리가 다른 사람의 구성체계를 이해하는 만큼, 우리는 그 사람이 할 행동을 정확히 예측할 수 있고, 그것에 따라 행동을 조절할 수 있다. 켈리는 우리의 많은 행동들이 이런 상호조절로 구성되어 있다고 주장하였다. 이처럼 **사회성 추론**sociality corollary은 사회 및 대인관계에서 우리가 효과적으로 기능할 수 있도록 해준다.

예를 들어 건강한 결혼이 되려면, 부부가 각자의 역할에서 자신이 해야 하는 행동을 잘 알고 있어야 한다. 부부 각자는 상대방이 보여 주려는 이미지를 알아야 한다(Neimeyer & Hall, 1988, p. 297). 켈리는 이런 이미지를 **핵심적 역할 구성개념**core role constructs이라고 불렀다. 이는 각자가 상대방이 어떻게 생각할지를 알고 행동하는 중요한 행동패턴을 의미한다(Kelly, 1955, Vol. 1, p. 97–98). 건강치 못한 결혼에서는 부부가 상대방의 이미지를 계속적으로 잘 파악하지 못한다. 각자 상대방의 행동을 정확히 예측할 수 없기 때문에 역할관계가 뒤틀리게 된다. 예를 들어 한 부인이 사랑하는 부부끼리는 친절함과 애정이 있어야 한다고 생각한다면, 남편의 무심하거나 학대적인 행동은 부부관계에 대한 부인의 신념을 약화시키고, 그녀의 구성체계가 지닌 예언력을 떨어뜨려,

결국 그녀로 하여금 부부관계에서 혼란을 겪게 만들 가능성이 크다(Kelly, 1955, Vol. 1, p. 501; Neimeyer & Hall, 1988, p. 298).

성격발달

켈리는 모든 사람은 꾸준히 자신의 구성체계에 대해 정의를 내리고 정교화시킴으로써 세상에 대한 이해를 극대화하려 노력하기 때문에 발달이 이루어진다고 가정하였다. 다른 인본주의 심리학자들과 마찬가지로, 켈리는 인간의 이런 경향성은 타고나는 것이라고 가정하였다. 비록 그는 환경과의 상호작용이 그 개인의 성장에 중요한 도움이 된다고 가정하였지만, 그것이 학습되는 것은 아니라고 확신하였다. 그는 환경적 사건의 조작에 의해서만 행동이 결정된다는 기계론적 학습 입장을 단호히 거부하였다. 사람들은 단순히 환경에 반응하는 것은 아니다. 사람들은 환경을 능동적으로, 독창적으로, 체계적으로 해석하여, 사건들을 예측하는데 이를 이용한다. 사람들은 있을 수 있는 새로운 결과들에 대해 가설을 세우는데 자신의 과거 경험을 사용한다. 켈리는 강화 이론가들이 가정하듯이 사람들이 쾌락을 극대화하고 고통을 피하기 위해 환경에 반응하는 것이 아니라는 입장이다. 대신 사람들은 능동적으로 자기 견해의 정확도를 극대화하려 한다는 것이다.

켈리는 개인이 행동을 결정하기 위해 환경으로부터 얻은 정보를 어떻게 이용하는지에 관한 몇 가지 모형들을 개발하였다. 그 중 가장 중요한 모형은 그가 신중(circumspection)–선점(preemption)–통제(control) 순환이라고 명명한 것이다. 켈리에 따르면, 그 순환은 어떤 사람이 주어진 상황을 해석할 수 있는 모든 경우들을 신중하게 검토하면서 시작된다. 즉, 그 사람은 먼저 그 상황을 다루는 데 도움이 될 것 같은 일련의 제안적 구성개념들을 고려한다. 그런 다음, 그 사람은 유용한 구성개념의 수를 좁히고, 각각이 그 문제를 해결하는 데 정말 도움이 되는지를 꼼꼼하게 고려하는 선점단계를 거친다. 마지막으로, 통제단계에서 그 사람은 그 문제를 해결하는 데 가장 유용하다고 생각하는 하나의 구성개념을 선택함으로써 어떤 행동을 할지를 결정한다(Kelly, 1955, Vol. 1, pp. 516–517). 예를 들어 세계적인 바이올리니스트가 되고 싶은 젊은 여성이 있다고 하자. 그녀는 훌륭한 테니스 선수, 게으름뱅이, 혹은 인기 여배우와는 다른 방식으로 자신을 해석할 것이다. 그녀가 이런 자기 구성개념을 버리고 자신을 유망한 음악도로 생각하지 않으면, 그녀의 야망은 실현되기 어려울 것이다. 그런 선택을 함으로써, 그녀는 자신의 행동을 통제하려 노력하고, 자기 구성체계의 확장을 기대한다.

켈리의 입장에서 보면, 사람들은 지속적으로 이런 방식으로 행동한다. 즉, 사람들은 주어진 상황 속에서 대안들을 고려하고, 작동될 가능성에 따라 범위를 좁힌 다음, 최종적으로 선택된 대안에 따라 행동한다. 그래서 켈리는 발달과정을 새로운 경험의 측면에서 보면 구성과 재구성으로 이루어진, 개인과 환경 간의 창의적이고 역동적인 상호교류로 보았다. 한 사람의 환경에 대한 이해를 극대화시켜, 궁극적으로 그의 환경을 통제하는 능력을 높이는 것이 발달의 목표이다. 그러므로 정확하고 타당한 구성체계와 유연한 세계관을 지닌 사람이 건강한 사람이다.

평가 기법

켈리는 성격을 평가하고 내담자들의 성장을 촉진시키기 위해 많은 기법들을 사용하였다. 이 중 어떤 것은 자신이 고안한 것이었고, 어떤 것은 유명한 성격심리학자들의 연구에서 받아들인 것들이었다.

켈리는 내담자의 경험을 평가하는 두 가지 일반적인 접근방법을 주목하였다. 하나는 과거에 초점을 맞춘 것이고, 다른 하나는 과거는 덜 강조하고 현재에 초점을 둔 것이다. 켈리는 치료자들이 전적으로 과거에 머물러서는 안 된다는 점에는 동의하였지만, 임상가들은 사례사를 사용해야 한다고 생각하였다.

> 과거는 내담자가 내기에서 이겼는지 혹은 졌는지에 대한 그의 개인적 구성개념을 검증한 명백한 증거이기 때문에 중요하다. 그것은 그 사람이 삶의 과정에서 사용하였던 체크포인트이다. 그것을 알면 내담자 구성개념의 편의범위를 알 수 있다. 더욱이 이런 사건들 중 많은 것들은 치료적 개입에서 만드는 새로운 구성개념을 안정적으로 이해할 수 있도록 해줄 것이다. (Kelly, 1955, Vol. 2, p. 688)

더욱이 사례사는 사람들의 문화가 그들의 삶에 어떤 영향을 주는지에 대한 증거를 제공해 준다. 켈리는 문화가 사람들에게 무엇이 맞는 것이고 무엇이 틀린 것인지에 대한 증거를 제공한다고 생각하였다. 문화의 효과를 평가하기 위해, 켈리는 성격검사로 관심을 돌렸다.

비록 켈리가 문제점을 진단하고 치료의 효과를 평가하기 위해 성격검사를 많이 사용하였지만, 그는 한 개인을 고정된 방식으로 분류하는데 검사를 사용해서는 안 된다는 점을 강조하였다. 또한 검사가 치료과정에 방해가 되어서도 안 된다. 검사는 치료 시작 몇 달 후가 아니라 치료자가 내담자의 개선에 대해 확신하지 못하고 있는 치료 초기에 실시되어야 한다. 질문에 대한 옳고 그른 답은 없으며, 검사 결과가 어떻든 간에 치료자는 내담자들을 가치 있는 사람으로 보고 있다는 믿음을 주어야 한다. 검사는 치료자에게 도움이 되는 정보(즉 치료를 긍정적 방향으로 이끌도록 해주는 정보)를 제공해 주는 하나의 방법일 뿐이라고 생각해야 한다.

역할 구성개념 목록검사

역할 구성개념 목록검사 Role Construct Repertory Test(RCRT)는 켈리의 치료에서 매우 유용한 것으로 입증된 검사로서, 이는 임상장면에서 사람들의 개인적 구성체계를 평가하기 위해 개발한 진단도구이다. 내담자들에게 먼저 사회생활에서 자신에게 중요한 사람들의 이름을 **표 11.1**에서 나와 있는 행렬(격자)의 위쪽에 적도록 한다. 그런 다음 한 번에 세 명씩 이름 아래에 동그라미 표시를 하고, 어떤 면에서 둘은 비슷하고, 다른 한 명은 다른지를 표의 오른쪽 칸에 적도록 한다. 내담자들이 두 사람을 정하고 이들이 어떤 면에서 서로 비슷한지를 결정하였다면, 비슷한 두 사람의 동그라미 안에 X표(⊗)를 하도록 한다. 이것은 구성개념의 유사성 부분을 알려 준다. 그 다음에 나머지 다른 한 사람이 이들 두 사람과는 어떻게 다른지를 쓰도록 한다. 이것은 구성개념의 대비부분이다.

그런 다음 내담자들에게 격자에 있는 다른 모든 사람들을 대상으로 각각이 처음에 유사하다고 표시했던 두 사람에 해당하는 사람이면 그 사람의 이름 아래에 ✔ 표를 하도록 한다. 만약 이름 아래 칸이 비워져 있으면, 구성개념의 대비 쪽에 해당함을 의미한다. 그 다음 내담자들에게 다시 새로운 차원에서 모든 사람들을 대상으로 계속하도록 한다. 적용되는 구성개념의 수는 내담자마다 다르다. 어떤 내담자는 불과 몇 개의 차원(혹은 구성개념)으로 분류하지만, 어떤 내담자는 상당히 많은 차원으로 분류한다.

표 11.1은 켈리의 내담자 중 한 사람의 인지행렬을 보여 준다. 행(行)은 그 내담자의 삶에서 중요한 사람들의 목록이고, 열(列)은 내담자가 그들을 해석하는 데 사용하고 있는 구성개념을 나타낸다. 예를 들어 구성개념 2는 교육 구성개념이라 볼 수 있다. 내담자는 자신이 좋아하는 교사(⊗)와 싫어하는 교사(⊗)는 교육수준이 비슷한 것으로 보고 있다. 반면 자기 직장상사(○)는 전혀 다른 교육배경을 지닌 것으로 보고 있으며, 자기 형(✔), 누나(✔), 친구(✔) 및 자신이 아는 성공한 사람(✔)들 모두는 그의 교사와 교육배경이 비슷하였다. 나머지 사람들(빈칸)－자신, 어머니, 아버지, 아내, 예전 여자 친

표 11.1 내담자의 목록격자

	중요 인물들																			구성개념	
	자신	어머니	아버지	형	누나	아내	예전 여자친구	친구	예전 친구	싫어하는 사람	불쌍한 사람	위협적인 사람	매력적인 사람	좋아하는 교사	싫어하는 교사	직장 상사	성공한 사람	행복한 사람	윤리적인 사람	유사성	대비
1							✔			✔		✔					⊗	⊗	○	신을 믿지 않음	매우 종교적
2				✔	✔			✔						⊗	⊗	○	✔			같은 교육 수준	매우 다른 교육 수준
3	✔		✔	✔	✔	✔			✔	⊗	○	✔	⊗	✔			✔			운동 못함	운동 잘함
4		✔				⊗	⊗	○												둘 다 여자	한 명은 남자
5	✔	⊗	⊗	○	✔	✔		✔					✔	✔	✔	✔	✔	✔	✔	부모	생각이 다름
6				✔	○			✔						⊗	✔			⊗		나를 잘 이해함	나를 이해하지 못함
7		⊗		✔	✔				○					⊗	✔	✔			✔	올바른 길을 가르침	나쁜 길을 가르침
8		✔	○	✔										✔		⊗	⊗	✔	✔	많은 성취	성취 없음
9				⊗	✔			✔		○				✔	⊗	✔	✔			높은 교육 수준	교육 없음
10				⊗			✔			⊗					○					타인을 싫어함	타인을 좋아함
11	✔	✔	✔	⊗		✔		✔			○	✔		✔	✔		✔	✔	⊗	종교적임	종교적이지 않음
12	✔	✔	✔	⊗			✔	✔	○	✔	✔	⊗	✔	✔	✔	✔	✔	✔	✔	고등교육을 믿음	고등교육을 믿지 않음
13		✔		✔		○				✔	✔	⊗		✔		✔	✔	⊗		사교적	비사교적
14		○				⊗	⊗													둘 다 여자	여자 아님
15							○	✔						⊗	⊗	✔	✔	✔	✔	이해심이 많음	이해심이 부족함
16	✔	✔	✔	✔	✔			⊗	○				⊗	✔	✔		✔	✔	✔	높은 도덕성	낮은 도덕성
17	⊗			⊗	○	✔		✔				✔	✔	✔	✔			✔	✔	생각이 비슷	생각이 다름
18				✔	✔										✔	⊗	⊗	✔	○	같은 나이	다른 나이
19				✔		⊗	⊗	✔	✔	✔	○									둘 다 친구	친구 아님
20	⊗			✔	○	✔	⊗					✔			✔		✔		✔	음악 선호	음악 비선호

⊗와 ✔는 유사성을, ○와 빈칸은 대비를 나타냄.

출처: Adapted from Kelly, G.A., *The Psychology of Personal Constructs*, Vol. 1, p. 270, 1955. Reproduced by permission of Taylor & Francis Book UK.

구, 예전 친구, 싫어하는 사람, 불쌍한 사람, 위협적인 사람, 매력적인 사람, 행복한 사람 및 윤리적인 사람-모두는 그의 교사들과는 교육배경이 다르다.

일단 격자가 완성되면, 여러 가지 방법으로 채점할 수 있다. 심리학자인 제임스 비에리(1955)가 사용했던 가장 간단한 방법은 여러 열(列)의 체크 형태를 비교하는 것이다. 비슷한 형태가 나타나면 그 사람은 타인들에 대한 지각에서 변별력이 없음(인지적 단순성)을 시사하고, 매우 다른 형태가 나타나면 그는 타인들을 매우 구별하여 봄(인지적 복잡성)을 시사한다. 임상장면에서, 치료자는 다른 검사정보와 함께 내담자의 인지적 복잡성을 그의 문제를 파악하는 데 사용할 수 있다.

치료자가 특정 내담자의 구체적인 구성체계를 파악하기를 원한다면, RCRT로부터 보다 자세한 해석도 가능하다. 예를 들어 **표 11.1**에 나타난 내담자의 행렬을 보라. 만약 1행(자신)과 함께 표시된(⊗와 ✔) 것과 표시되지 않은 것(빈칸과 ○)을 보면, 이 사람이 자신을 어떻게 보고 있는지에 대한 감을 잡을 수 있다. 표시된 것은 유사성 쪽이고 빈칸과 ○은 구성개념의 대비 쪽임을 명심하라. 내담자는 '종교적임'을 포함한 몇몇 측면에서 자신을 부모와 유사한 것으로 묘사하고 있다. 그는 자신을 이해할 수 없고, 부모와 아내도 자신을 이해하지 못하지만, 예전 여자 친구는 자신을 이해해 준다고 생각한다. 그는 부모와는 친구가 아니다. 그는 자신의 형을 자신을 이해해 주는 몇 되지 않는 사람 중 한 명으로 생각하고 있다. 그는 형을 상당히 성공한 사람으로 보는 반면, 자기 자신은 성공적인 사람이 못된다고 생각하고 있다. 그는 형을 매우 부러워하고 있지만, 형을 친구로 생각하지 않거나 혹은 형이 그를 친구로 생각하고 있지는 않다. 그는 예전 여자 친구와 아내를 친구로 생각하고 있지만(구성개념 19 참조), 얄궂게도 그가 친구라고 생각하는 사람은 어느 누구도 그의 실제 친구가 아니다.

우리는 잠정적으로 이 내담자는 주변 가까이에 사람들이 있음에도 불구하고, 자신을 혼자 고립된 사람으로 보고 있다고 해석할 수 있다. 그는 부모가 자신을 이해하지 못한다고 생각하고 있다. 비록 형과 친구들은 자신을 이해해 주고 있다고 생각하지만, 실제로는 그들을 친구라고 생각하지는 않는다. 이 내담자는 자신을 사교적이지 못하다고 묘사하고 있다. 그래서 우리는 그의 가족과 친구들이 그와 제대로 대화를 나누지 못하기 때문인지 아니면 그가 사교적이지 못하고 위축되어서인지는 모르겠지만, 외로워하고 있는 이 젊은 남자의 임상적 초상화를 얻었다. 물론 그의 고립감이 다른 요인들에 의해 생겼을 가능성도 있지만, RCRT상에 나타난 그의 반응들은 임상가들에게 다른 기법들에서 보충될 수 있는 여러 단서들을 제공해 준다.

연구에 RCRT의 적용

켈리의 RCRT 혹은 여러 RCRT 변형들은 임상집단과 비임상집단 모두를 연구하는 데 이용될 수 있다. RCRT를 임상집단에 적용한 예 중 하나는 하터, 어브스, 및 하트(2004, pp. 27-43)의 연구이다. 이들은 어린 시절 성폭력을 경험한 여대생들에게 수집한 개인적 구성개념들을 내용분석하여, 성폭력 경험이 없는 여대생의 개인적 구성개념들과 비교하였다. 그들은 성폭력 경험자들이 성폭력 경험이 없는 사람들에 비해 정서적 각성을 나타내는 구성개념(공포, 분노 및 불안)이 더 적음을 발견하였다. 그들은 이 결과가 성폭력 경험자들은 폭력과 관련된 경험에 대해 침묵하게 되는 압박을 느끼고 있음을 보여주는 것이라고 설명하였다. 흔히 범죄자들은 자신의 아동기 경험에 대해 긍정적으로 진술함으로써 그 경험을 의미 있게 해석하지 못하도록 방해한다. 더욱이 부모들이 폭력에 대한 인식이 부족해서인지 혹은 아동이 폭력을 공개하는 것을 적극적으로 반대하기 때문인지는 모르겠지만, 무심한 부모들은 아동이 겪은 경험을 말하려 하지 않는다. 그래서 성폭력을 당한 아동들은 정서적 구성개념에 대한 언어적 표상을 발달시킬 기회가 적다. 이는 아동의 정서발달을 저해하고, 치료과정 동안에 치료자가 극복해야 하는 특별한 난제이기도 하다. 벨, 윈터 및 반다리(2010, pp. 102-117)의 연구에 따르면, 성폭력을 경험한 대학생은 어린 시절에 성폭력을 경험하지 않은 대학생에 비해 성과 이성친구와의 관계에서 문제가 생겨도 도움이 될 사람들(예: 동성 친구, 의사, 선생님, 조부모)을 찾지 않는다. 이 연구자들은 외상적 아동기 경험이 그들을 타인들로부터 고립되도록 만들었고, 결과적으로 그들로 하여금 당면한 어려움을 극복하는 데 필요한 지지를 줄 수 있는 많은 사람들에게 자신의 속마음을 털어 놓지 못하게 만들었다고 판단하였다.

RCRT는 비임상 표본인 학생들의 인지적 복잡성을 평가하는 데도 사용된다. 인지적으로 복잡한 학생들은 인지적으로 단순한 학생들에 비해 사람, 상황 및 이슈들에 대한 판단에 더 많은 구성개념을 사용하고 있었다. 많은 사건들을 비슷하게 보는 사람과 여러 사건들에 같은 명칭을 사용하는 사람들에 비해 인지적으로 복잡한 학생들은 환경 속에서 사건들을 더 잘 변별할 수 있으며, 분별력 있고 정확히 판단하는 능력이 있다.

인지적 복잡성의 개인차를 알아본 연구에서, 팬서, 훈스베르거, 프랫 및 앨리샛(2000, pp. 38-57)는 대부분의 고등학생들이 대학에 진학할 때 심한 스트레스를 경험한다는 점에 주목하였다. 대학 신입생들은 성인의 독립성을 요구하는 새로운 것들에 적응해야 하고, 새 친구를 사귀어야 하고, 고등학교 때보다는 훨씬 어려운 공부를 해야 한다. 팬서와 그의 동료들은 인지적으로 복잡한 학생들이 인지적으로 단순한 학생들에 비해 이런 스트레스를 더 잘 극복할 것이라는 예상과 일치하는 결과를 얻었다. 인지적으로 복잡한 사람은 대학 입학 이전에 대학에서 만나게 되는 여러 문제들을 깊게 생각하고, 이를 극복할 수 있는 책략을 개발하였다. 그들은 대학 입학 이전에 부모, 친구 및 학교 관계자들과 오래 상의하였고, 자신이 어떤 수업, 어떤 교수 및 어떤 사회생활을 좋아하는지 등과 같은 대학생활에 필요한 많은 정보를 수집하였다. 그 결과 인지적으로 복잡한 학생들은 스트레스를 줄일 수 있었다. 예를 들어 그들은 최근의 수업내용까지 잘 파악하고 있었으며, 학교가 제공하는 많은 사회활동에 참여하는 등 대학생활에 더 잘 적응하였다.

이 연구는 대학 입학 전에 학생들에게 대학생활에 대한 정보를 제공해 주면, 학생들의 대학생활에 관한 인지적 복잡성이 높아지고, 이는 대학에서 겪게 되는 스트레스로부터 학생들을 보호해 준다는 사실을 보여 주었다. 팬서와 그의 동료들은 대학 관계자들이 그 대학에 입학할 학생들에게 대학생활에 관한 정보를 제공하여, 대학생활의 준비도를 높이도록 해야 한다고 제안하였다. 이런 프로그램들은 학생들이 대학에서 부딪치는 여러 도전들을 대비하도록 해주고, 학업을 잘 수행하기 위해 어떤 활동을 우선적으로 할 것인지에 대한 시간 관리와 같은 과제들을 극복하는 책략들을 제공해 준다(Pancer et al., 2000, p. 54).

비에리(1955, pp. 263-268)는 대학생들을 대상으로 켈리의 RCRT의 타당도를 검증하였다. 그는 먼저 RCRT 점수를 근거로 학생들을 인지적으로 복잡한 집단과 인지적으로 단순한 집단으로 분류하였다. 인간의 기본 특성 중 하나가 자신의 환경에 대해 예측력을 높이려 한다는 것과 각자는 이런 예측을 위한 구성개념 세트를 지니고 있다는 켈리의 가정들을 이용하여, 비에리는 인지적으로 복잡한 사람들은 인지적으로 단순한 사람들에 비해 타인의 행동을 더 잘 예측할 것이라는 가설을 세웠다. 그의 논리는 환경 속의 많은 사건들을 변별할 수 있는 사람들은 많은 사건들이 그저 비슷한 것이며 그 사건들에게 같은 명칭을 사용하는 사람들에 비해 더 신중하고 정확한 판단을 할 수 있다는 것이었다.

이 가설을 검증하기 위해, 비에리는 인지적으로 복잡한 학생들과 단순한 학생들에게 다음의 예와 같이 12개의 사회적 상황에서 각각 4개의 대안적 행동들이 있는 질문지에 응답하도록 하였다.

> "당신이 도서관에서 논문을 완성하기 위해 열심히 작업하고 있을 때, 당신의 맞은편에 앉은 두 명이 큰 소리로 잡담을 하며 당신을 산만하게 하고 있다. 당신은 어떻게

하겠는가?"

a. 다른 자리로 옮겨 앉는다.
b. 그들에게 당신의 표정이 좋지 않음을 알려 준다.
c. 잡담에도 불구하고 당신의 논문을 완성하려 노력한다.
d. 잡담을 중지하도록 요청한다.

연구 참여자들이 질문지를 완성하고 나면, 그들에게 같은 과 학생 중 두 명이 똑같은 상황에 대해 어떻게 응답했을지를 추측해 보도록 하였다. 연구 참여자들의 예측정확도는 그들의 예측과 같은 과 학생들의 실제 반응이 일치하는 횟수로 평가하였다. 예상대로, 인지적으로 복잡한 학생들이 단순한 학생들에 비해 예측이 더 정확하였다. 또한 인지적으로 단순한, 혹은 미분화된 참여자들은 복잡한 참여자들에 비해 자신들과 타인들이 유사하게 반응했을 것이라고 잘못 지각하고 있음을 발견하였다. 즉, 그들은 다른 사람들도 자신처럼 응답했을 것으로 가정하는 경향이 있었다. 요약하면, 인지적으로 단순한 사람들은 자기중심적인 경향이 있었다.

마지막으로 RCRT를 사용한 또 다른 흥미 있는 연구는 개인의 구성체계와 직업상황을 관련시키려는 영역에서 볼 수 있다. 이 영역의 연구들은 개인의 의미체계가 어떻게 효과적인 직업선택으로 이끄는지를 보여 주고 있다. 이런 문헌들 중 흥미 있는 초기 연구 결과는 직업에 관한 덜 분화된 구성체계를 지닌 사람들은 분화된 구성체계를 지닌 사람에 비해 직업의 선택에서 덜 현실적인 선택을 하는 경향이 있다는 것이다. 미분화된 구성체계에는 소수의 구성개념(예: 급여가 많음/적음, 일이 쉬움/어려움)만을 포함되어 있는 반면, 분화된 구성체계에는 많은 구성개념(예: 급여가 많음/적음, 일이 쉬움/어려움, 일이 즐거움/고됨, 일이 흥미 있음/지루함, 승진 가능성이 높음/낮음, 지위가 높음/낮음, 은퇴계획이 좋음/나쁨, 동료가 좋음/나쁨)이 포함되어 있다. 개인이 선택한 직업이 적합한 것인지의 여부는 그 직업에 대한 각자의 적성과 능력을 조사하여 판단하였다. 직업의 급여수준과 일의 어려움 정도만을 고려하는 상대적으로 단순한 인지체계를 지닌 연구 참여자들은 그들에게 맞지 않은 직업을 선택한 반면, 많은 요인들을 고려하는 복잡한 인지체계를 지닌 연구 참여자들은 그들의 실제 기술수준과 적성에 걸맞은 직업을 선택하였다.

이 영역의 또 다른 연구는 현실적 직업선택에서 중요한 것은 분화수준뿐만이 아니라, 구성체계의 통합성이라는 사실을 보여 준다. 체계통합은 구성개념들 간의 상호상관으로 결정된다. 통합된 체계는 상호상관이 높다. 조각난 체계는 구성개념들 사이에 상관이 거의 없거나 전혀 없다. 예를 들어 조각난 체계를 지닌 사람은 급여와 업무의 난이도를 별개로 생각한다. 급여에 대한 생각이 업무의 난이도에 대한 생각을 유발시키지 않는다. 그 역도 마찬가지이다. 반대로 통합된, 조직화된 체계를 지닌 사람은 어떤 직업의 급여수준, 업무의 난이도, 흥미 혹은 도전심 유발 정도, 진급과 승진과의 관련성 및 기타 요인들이 상호연관되어 있음을 알고 있다. 보다 분화되고 조직화된 체계를 지닌 사람들이 보다 현실적이고, 궁극적으로는 만족스러운 직업을 선택할 수 있다(Neimeyer, G. J., 1992, pp. 93–97).

결론적으로 RCRT와 켈리의 이론을 기반으로 한 많은 연구들이 있으며, 대체로 그 연구 결과들은 켈리의 주장을 지지하고 있다.

치료에 관한 이론적 함의

치료자의 역할

켈리의 입장에서 보면, 아픈 사람이란 타당하지 않은 구성개념을 계속 사용하는 사람이다. 그래서 심리치료의 기본 목표는 내담자가 새로운 구성개념을 형성하도록 혹은 낡은 구성개념을 개선하도록 도와, 보다 효과적으로 환경을 다룰 수 있도록 하는 것이다. 일차적으로 치료는 내담자의 구성체계에 지속적인 변화의 가능성을 열어두는 것에 초점을 둔다. 치료자의 임무는 병을 진단하고 내담자가 개선될 수 있는 길을 밝혀 주는 것이다(Kelly, 1955, Vol. 2, p. 582).

치료과정은 양측이 각자 자신의 역할을 규정하는 것으로부터 시작된다. 켈리는 치료자들이 자신의 역할을 상당히 넓게 개념화해야 한다고 생각하였다. 만약 내담자가 치료를 단지 간단한 적응을 위한 것으로 본다면, 치료자는 이런 제한적 입장에서 시작해야 하지만, 내담자가 보다 철저한 변화의 필요성을 느낄 수 있도록 도와야 한다. 이를 위해 치료자는 내담자의 불평을 경청하고 변화를 일으킬 수 있는 다양한 기법들을 사용한다.

위협, 불인정, 훈계 등은 사소한 변화를 일으키는 기법들이다(Kelly, 1955, Vol. 2, pp. 583–587). 켈리는 위협을 내담자가 자신의 구성개념 구조에 변화가 임박했음을 자각할 때 생기는 것으로 보았다. 켈리는 이런 조건 하에서 치료자는 내담자의 건설적 성장을 촉진시키기 위해 자신의 경험을 해석하는 새로운 방식을 알려 줌으로써 유리한 상황을 점유할 수 있다고 생각하였다. 치료자가 내담자의 구성개념이 잘못되었음을 밝히지 않더라도, 내담자의 구성개념이 왜 제대로 작동하지 않는지를 보여 줌으로써 변화를 이끌어 낼 수도 있다. 마지막으로 치료자는 내담자를 훈계하여 지금과는 다르게, 더 효과적으로 행동하도록 권고함으로써 작은 변화를 만들 수도 있다.

중요한 변화를 일으키기 위해서 내담자는 치료자가 자신을 인정하고 자신의 문제를 잘 생각해 보도록 도우려 한다는 점을 믿어야 한다. 그러나 켈리가 말하는 인정은 다른 비지시적 치료에서의 인정과는 다르다. 전통적 입장에서, 치료자는 모든 사람들이 자신이 되고 싶은 것을 선택할 권리가 있다고 가정한다. 켈리의 입장에서 인정은 내담자의 특성을 승인하는 것을 의미할 필요는 없고, 대신 내담자의 구성체계를 이해하고, 체계를 잘 사용하도록 해주는 준비성이다. 이런 입장의 한 가지 시사점은 치료자가 자신의 구성체계에 대해 명백하고 확실한 이해를 지니고 있어야 한다는 점이다. 치료자는 자신의 견해를 버리지 않은 상태로 내담자와 공감할 수 있어야 한다. 이를 위해 치료자는 내담자의 구성체계 중 많은 것들을 자신의 것으로 포함시키기 위해 노력해야 한다(Kelly, 1955, Vol. 2, pp. 585–587).

통제된 정교화controlled elaboration는 치료자 보조 사고과정을 뜻하는 용어이다. 이는 내담자의 구성체계가 내적 일관성을 지니고, 궁극적으로는 새로운 경험들로서 이를 인정 혹은 불인정할 수 있도록 소통하기 위한 것이다. 이 과정에서 치료자는 내담자의 과거 구성개념에 새로운 요소를 추가해 주거나(예: "당신의 형에 대한 견해에는 그가 당신 친구들에게 매우 잘 대해 준다는 사실이 포함되어야 한다"), 혹은 내담자가 새 구성개념을 만들도록 돕는(예: "당신의 목사는 왜 당신이 신의 존재를 의심하는지를 잘 이해할 수 있도록 도와주는 사람이다") 적극적인 역할을 한다. 새로운 요소들은 대개 내담자 구성체계의 편의범위 밖에 놓여 있기 때문에 이런 치료자의 제안들은 내담자에게 불안을 유발한다. 그러나 이런 불안은 구성체계의 변화를 일으키기 위한 전제조건으로써 필수적이다(Kelly, 1955, Vol. 1, p. 498). 그러나 치료자가 이런저런 방식으로 내담자의 구성체계에 도전할 때, 내담자를 파국에 빠뜨리지 않도록 노력해야 한다(Kelly, 1955, Vol. 2, pp. 589–590).

치료자의 또 다른 역할은 내담자가 현재의 구성개념을 이용하여 자신이 어린 시절에 경험한 문제들을 해결할 수 있도록 돕는 것이다. 켈리의 입장에서 보면, 치료자들이 내담자가 자신의 과거에 안주하여, 어린애 같은 용어로 자신의 경험을 하나씩 이야기하도록 허용하는 경우가 너무 많다. 그는 내담자와 치료자가 과거의 경험에 대해 새롭고 어른스러운 사고를 적용하려고 할 때만이 구성개념의 수정이 가능하다고 생각하였다. 치료자는 내담자가 새로운 실험을 설계하고, 용기를 갖고 가설을 검증하고, 비판적으로 증거를 평가하도록 돕기도 한다. 그래서 치료자의 역할은 어떤 과학 분야에서 초보자를 돕는 숙련된 과학자의 역할과 비슷하다(Adams-Webber, 2001, pp. 255-262). 또한 치료자는 내담자가 모은 증거들을 평가하는 사람같이 행동해야 한다.

> 치료자는 내담자의 대인관계에서 수용과 관용을 베푸는 흔치 않는 역할뿐만 아니라, 자신을 평가자로 사용하는 내담자를 잘못 이끌지 않도록 현실에 대한 정확한 판단을 제공하는 역할도 함께 하는 것이 중요하다. 어떤 의미에서 치료자는 슈퍼맨이거나 인간의 모든 자발성을 빼앗긴 사람이기보다는, 보통 사람들 중 가장 합리적으로 행동하는 본보기 역할을 해야 한다. 어떤 의미에서 치료자는 보통 사람들 중에서 찾을 수 있는 최고를 취하여, 내담자가 자신의 구성개념을 그것에 비추어 평가할 수 있도록 해야 한다. 내담자는 치료자의 가치 중 자신이 수용할 수 있는 가치들이 보통 사람들에게도 있는지를 확인하기 위해, 자신의 친구들 사이에서 그것들을 찾아보려 할 것이다. (Kelly, 1955, Vol. 2, p. 593)

요약하면, 치료자들은 자신의 구성체계에 대한 분명한 생각이 있어야 하고, 내담자로부터 나오는 여러 단서들에 주의를 기울이고 민감해야 한다. 과학자들처럼, 그들은 제안적인 사고를 보여야 하고, 증거에 따라 자신의 입장을 기꺼이 바꿀 수 있어야 한다. 간단히 말해 치료자는 유연해야 한다. 켈리에 따르면, 심리치료는 종종 내담자뿐만 아니라 치료자들에게도 고통스런 경험이기 때문에 치료자들은 용기를 잃지 말아야 한다. 마지막으로, 치료자들은 언어적으로 숙련되어야 하고, 창의적이고 열정적이어야 한다 (Kelly, 1955, Vol. 2, pp. 595-605).

치료 컨퍼런스와 역할시연

켈리의 주요방법 중 하나가 면담 혹은 컨퍼런스이다. 일련의 치료 컨퍼런스를 통해 치료자는 내담자 삶의 실상을 평가할 뿐만 아니라, 내담자의 문제들을 풀어나갈 방향을 잡으려한다(Kelly, 1955, Vol. 2, pp. 774-775). 이 과정에서 치료자는 지지적이고, 안심시키고, 수용적인 방식으로 행동함으로써 내담자가 자신의 문제를 드러내도록 독려한다. 수용이란 내담자의 구성체계나 내담자가 지닌 입장을 인정하는 것이 아니라(Kelly, 1955, Vol. 2, p. 587), 치료자가 내담자를 이해하고, 내담자와 같은 방식으로 치료자도 사건들을 예측할 수 있는 능력이다. 이 같은 위협적이지 않은 환경이 되어야 내담자가 실험이 실패했을 때 생기는 파국적인 결과에 대한 두려움 없이, 새로운 생각이나 신념을 실험하고 기존의 생각이나 신념들을 변경하거나 버릴 수 있는 자유를 느낄 수 있을 것이다(Kelly, 1955, Vol. 2, p. 581).

이 실험의 많은 부분에 역할시연이 포함되어 있다. 역할 연기는 내담자들에게 자신의 부적응 행동에 대한 통찰을 주고, 그들을 새롭고 보다 만족스러운 방식으로 행동하도록 해준다. 그래서 잘못된 구성체계를 바꿀 수 있게 해준다. 전형적으로는 치료자가 내담자에게 역할을 배정하여, 내담자로 하여금 자신에 대한 느낌을 명확히 알도록 하고, 자신에 대한 통찰의 기회를 제공하기 위해 치료자가 보조자 역할을 담당하는 경우도 있다. 그러나 내담자가 수동적인 것은 아니다. 내담자도 여러 다양한 역할(예: 부모, 교사, 혹은 자녀)을 위해 치료자를 캐스팅할 수도 있다. 이런 과정은 내담자가 이전에는 중요한 권위자이었던 치료자를 상대로 연기한다는 점에서는 프로이트의 전이와 비슷하다. 이 같은 지적, 정서적인 과정을 통해, 내담자는 자신의 문제해결에 필요한 통찰을 얻을 수도 있다. 그러나 켈리의 치료에서 강조하는 것은 과거의 회상이 아니다. 치료의 목적은 내담자의 성장을 촉진시키고, 현재의 상황에 보다 충실하고 효과적으로 참여할 수 있는 새로운 역할을 제공하는 것이다.

켈리는 치료가 창조적 과정이며, 역할수행은 내담자를 창조적으로 연기하도록 해주는 중요한 기법이라고 생각하였다. 비록 처음에는 새로운 역할수행이 인위적이고 무의미하게 보일 수 있지만, 이런 느낌은 곧 사라지고 내담자는 더 자발적으로 변한다. 역할수행이 그들을 쉽게 변화할 수 있게 해준다. 켈리는 이완기법, 자유연상 및 꿈의 해석 등의 사용도 내담자의 구성개념을 느슨하게 만들 수 있다고 보았다.

자기 특성화 스케치와 고정역할 치료

치료과정의 한 부분으로, 임상가는 내담자에게 **자기 특성화 스케치self-characterization sketch**를 적도록 요구할 수도 있다. 이 기법은 "만약 여러분이 어떤 사람에게 무엇이 잘못되어 있는지를 알고 싶다면, 그에게 물어라. 그러면 그가 말해 줄지도 모른다"(Kelly, 1955, Vol. 1, pp. 322-323)라는 직접적 접근방법에 대한 켈리의 신념을 보여 주는 것이다. 내담자에게 자신을 자신과 친하고, 공감을 나누는 한 친구가 쓴 연극의 주인공이라고 상상해 보도록 한다. 이처럼 타인 형태를 취하는 것은 내담자가 가능한한 그 일을 위협적이지 않게 느끼도록 하기 위함이다.

내담자가 스케치를 작성하고 나면, 치료자는 그것을 해석하여 내담자가 연기할 **공연 스케치enactment sketch**를 쓰는 데 사용한다. 그 스케치는 자기 특성화 스케치에서 드러난 내담자의 현재의 자기 지각과 명백하게 대비되도록, 그리고 내담자에게 주요 변화를 만들도록 작성한다(Kelly, 1955, Vol. 1, p. 370). 동시에 공연스케치는 내담자가 단지 가상적 인물을 연기하는 것뿐이라는 생각을 갖도록 만듦으로써 내담자를 보호하도록 작성한다. 켈리는 이러한 포장을 통해 내담자가 새로운 역할을 시도하며, 나중에 그것이 자신에게 주는 의미를 깨닫고, 그것에 맞춰 행동하기 시작한다는 사실을 발견하였다.

켈리는 로날드 바렛(Ronald Barrett)이라는 실제 내담자의 사례에서 자기 특성화와 **고정역할치료**fixed role therapy 기법이 어떻게 작동했는지를 잘 보여 주었다. 자기 특성화 스케치에 나타난 로날드는 모든 존재는 이유가 있으며 그 존재의 원인(즉 그의 행동과 타인의 행동원인)을 알 수 있는 유일한 방법은 이성적 사고와 논리에 의존하는 것뿐이라고 믿고 있는 강박적인 사람임을 보여 주고 있었다. 로날드에게 문제를 해결하는 유일한 길은 자신의 감정을 통제하면서 이성에만 의존하는 것이다. 그러나 그의 엄격한 통제시도에도 불구하고, 로날드는 여러 이유로 자신이 "쉽게 폭발한다"고 보았다. 그는 이런 감정들 때문에 괴로워하였다. 왜냐하면 그는 이런 감정들 때문에 자신이 남들에게 인정받지 못한다고 믿었기 때문이다. 그가 사람들과 따뜻하고 우호적인 관계를 지니고 있지 않음에도 불구하고, 그는 자기가 사람들에게 인정받아야 하고 이는 자신의 감정을 체크하면서 침착하고 절제적인 사람임을 보여 줌으로써 가능할 것으로 생각하였다. 자신의 감정절제에 대한 관심은 여성과의 관계에서도 마찬가지였다. 그는 자기 특성화 스케치에 다음과 같이 적었다:

> 로날드는 조금 이상한 혹은 특징이 없는 여자들에게 관심을 갖는 것은 대부분의 사람들에게 미친 짓이라는 생각을 갖고 있었다. 그는 절대로 여자를 "아름답다"라고 말하지 않는다. 그가 속으로는 어떤 여자가 귀엽고, 매력적이라고 생각하더라도, 그는 "아름답다"라는 단어는 "감정"을 갖고 있지 않는 물질을 묘사할 때만 사용한다. 그는 성에 관한 이야기나 일반적인 논의를 경청하기는 하지만, 거의 그런 대화에 끼어들지 않는다. 누군가는 그가 여자와 키스하는 것에 너무 많은 의미를 두고 생각한다고 말할지도 모른다. 만약 그가 여러 번 데이트한 여자라도, 단 한 번이라도 그녀와 데이트나 전화통화가 중단되면, 그는 2~3개월 후에도 다시 그녀에게 데이트 신청하기를 주저한다. 그는 새로운 사람을 만나거나, 아는 여자를 만날 때 자주 대화를 놓치지만, 일단 어색함이 깨지고 나면 자유롭게 말을 잘한다. 그러나 그가 얼마나 잘 아는 여자인지와 상관없이 여자에게 전화를 걸 때, 전화소리가 들릴 수 있는 거리 안에 누가 있는 것을 몹시 싫어한다. 더구나 그는 자신이 보이거나 들리는 장소에서 악기와 같은 것을 연습하는 것을 좋아하지

> 않는다. (Kelly, 1955, Vol. 1, p. 328)

켈리는 로날드가 여자에 대해 갖고 있는 생각 때문에 혼란스러워한다는 점을 주목하였다. 로날드가 감정을 여자들에게 돌리고 있으나, 아름다운 여자들에게 감정을 돌리지는 않는다는 점을 지적하면서, 켈리는 로날드가 여성을 불완전하게 보고 있다고 생각하였다. 결과적으로 계속해서 그는 여자와의 관계에서 주저하고 서툴렀다. 로날드의 문제를 극복하도록 돕기 위해, 켈리는 로날드가 일상에서 시연할 고정역할 스케치를 썼다. 그 스케치는 노튼이라는 한 남자에 관한 것이었다.

> 그와 잠깐 대화를 나누어 보면, 노튼은 여러분이 오랫동안 친하게 지냈던 사람으로 느끼게 만들 줄 아는 사람이다. 이는 그가 하는 질문에서 나오는 것이 아니라 그가 듣고 이해하는 것에서 나오는 것이다. 마치 그는 여러분의 눈을 통해 세상을 보는 기술을 갖고 있는 것 같다. 여러분이 중요하다고 보고 있는 것들은 그도 마찬가지로 중요하다고 느낀다. 그래서 그는 여러분의 말뜻을 파악할 뿐만 아니라, 말의 느낌과 의미를 전달하는 작은 악센트까지 파악한다.
>
> 여러 이유로 그가 매력을 느낀 여자들은 그가 여성의 관점을 이해할 수 있는 많은 기회를 주었다. 다른 남자들과 달리 그는 여자들을 유혹하려는 사람이 아닌, 숙련된 청취자이다. 얼마 가지 않아 여자들이 그를 유혹하려 했으며, 그는 철저히 그것을 즐겼다.
>
> 그는 부모와 함께 있을 때와 자기 집에서는 좀 더 자신의 생각과 감정을 표현하는 편이다. 그래서 그의 부모는 노튼의 새로운 열정과 그가 하는 일을 알 수 있는 기회가 있었다. (Kelly, 1955, Vol. 1, pp. 374–375)

켈리에 따르면, 그 스케치는 하나의 단순한 주제에 초점을 두었다. 즉, 다른 사람들과의 논쟁 속에서가 아니라 다른 사람들의 감정 속에서 해답을 찾으려는 것이다(Kelly, 1955, Vol. 1, p. 375). 그는 로날드에게 2주 동안 노튼이 되도록 요청하였다. 그러나 먼저 켈리는 로날드가 그 스케치에 완전히 익숙해질 때까지 로날드에게 자기 연구실에서 연습하도록 하였다(Kelly, 1955, Vol. 1, p. 387). 물론 켈리는 리허설과 시연 동안 로날드를 노튼이라 불렀다. 또한 켈리는 시연 기간 동안의 치료과정에서 로날드의 개선 정도를 평가하였다. 처음에는 개선이 불분명했지만, 12번째 면담에서부터 로날드는 사회적 상황에서 불안이 훨씬 덜 하다고 말했으며 자신의 감정을 더 기꺼이 표현하였다. 잠시 후, 치료자는 내담자의 노튼 역할을 중지시키고, 어떤 의미에서는 노튼이 로날드였다고 생각하라고 말하였다. 로날드는 몇 마디 논의를 거친 후 이를 받아들였고, 치료자의 모든 도움에 감사를 표하였다. 로날드는 변화된 구성개념과 자신과 타인의 행동을 보다 현실적으로 평가할 수 있는 상태로 일상에 복귀하였다(Kelly, 1955, Vol. 1, pp. 394-395).

정신분열병 환자에 대한 평가와 치료

켈리의 이론을 이용한 많은 연구들은 정신분열병으로 진단받은 환자에게 RCRT를 적용한 것들이다. 처음부터 켈리(1955, Vol. 1, pp. 483-485)는 정신분열병 환자는 **느슨한 구성**loose constructions, 취약하고 불안정한 사고와 사고들의 연결망을 사용하기 때문에 우리와는 다른 예측을 한다고 제안하였다.

정신분열병 환자가 무질서한 사고와 연관되어 있다는 주장을 검증하기 위해 바니스터와 프란셀라(1966, pp. 95-102)는 정신분열병 환자의 사고를 측정하여 우울증 환자, 신경증 환자, 경미한 뇌손상 환자 및 정상인의 사고와 비교하였다. 무질서한 사고의 측정을 위해 변형된 RCRT를 사용하였다. 모든 연구 참여자들을 개인별로 측정하였다. 각자에게 한 번에 8명의 모르는 사람의 사진을 주고 그들이 얼마나 친절해 보이는지를 1위(매우)부터 8위(전혀)까지 순위를 매기도록 하였다. 그런 다음 8장의 사진을 다시 섞은 다음, 이번에는 멍청함 차원에서 순위를 정하도록 하였다. 다시 사진을 섞은 다음, 이기심 차원에서 순위를 정하도록 하였다. 이런 식으로 사진 속 인물들의 성실성, 비열함, 정직성 정도를 평가시켰다.

이 과제가 끝난 후(과제 1), 참여자들에게 같은 사진세트를 주고 전 과정을 반복하도록 하였다(과제 2). 즉 참여자들에게 같은 8명을 똑같은 여섯 가지 성격차원상에서 순위를 매기도록 하였다.

각 집단의 참여자들이 과제 1과 과제 2에서 평가한 사진의 순위에 대한 상관분석을 하였다. 각 집단의 순위평가가 얼마나 일관되는지를 알아보기 위해 정신분열병, 우울증, 신경증, 뇌손상 및 정상집단의 상관 정도를 각각 구하였다. 처음에 가장 친절하다고 평가한 사람을 두 번째에서도 가장 친절하다고 평가하였으면 일관된 평가이고, 처음엔 가장 정직하다고 평가한 사람을 두 번째 정직성 평가에서 낮은 순위를 주었다면 일관되지 못한 것이다. 결과는 다음과 같았다: 정상인 집단 $r = +.80$, 우울증 집단 $r = +.75$, 신경증 집단 $r = +.74$, 뇌손상 집단 $r = +.73$, 정신분열병 집단 $r = +.18$. 두 번째 순위평가가 첫 번째 순위평가 직후에 이루어졌음에도 불구하고 앞의 4집단의 높은 상관계수는 그들의 순위평정이 매우 일관됨을 보여 주고 있는 반면, 정신분열병 집단의 낮은 상관계수는 그들이 일관성이 부족함을 보여 준다. 바니스터, 프란셀라 및 애그뉴

(1971, pp. 144-151)는 정신분열병 환자는 사고구조(조직화와 일관성)가 열악할 뿐만 아니라, 사고의 내용(그들이 지닌 신념들)도 특이하다는 사실을 밝혔다. 즉, 그들의 사고의 상당부분은 과대망상적이고 구성개념간의 연결도 비논리적이었다.

정상인과 비교해 볼 때, 정신분열병 환자는 자신을 취약하고 단순하게 지각하고 있었다. 즉, 그들은 자신을 기술하는 데 아주 적은 수의 특질만을 사용하고 있었다. 또한 정신분열병 환자는 타인들을 기술하는 데도 매우 부정확하다. 즉 그들은 타인에 대해 고정관념적 견해를 지니고 있다(Gara, Rosenberg, & Mueller, 1989, pp. 265-266; Rosenberg, 1993, p. 231).

정신분열병 환자는 사람들을 개인적 자질(능력, 동기, 특질)에 따라 범주로 분류하는 데도 어려움이 있다. 연구자들이 정신분열병 환자들에게 사람들의 사진을 보고 반응하도록 요청하였더니, 그들의 코멘트가 인간성과는 관계없는 것들이었다. 예를 들어 사진 속에 사람이 서 있다 혹은 앉아 있다거나, 사진 속에 책이 있다 등이었다. 반대로 정상인들은 인간성에 관한 판단이 많았다. 예를 들어 어떤 사람을 친절하거나, 성실하거나, 혹은 경쟁적이라고 보았다(McPherson, Armstrong, & Heather, 1978, pp. 319-324; McPherson, Buckley, & Draffan, 1971, pp. 277-280).

바니스터, 아담스-웨버, 펜 및 라들리(1975, pp. 169-180)은 정신분열병 환자가 지닌 느슨한 구성체계의 기원을 찾아보려 하였다. 그들은 정신분열병 환자도 정상인과 마찬가지로 세상이 어떻게 돌아가는지를 예측하기 위해 구성개념을 이용하지만, 그 예측이 잘 맞아 떨어지지 않을 것이라고, 즉 구성개념들이 타당하지 못할 것이라고 제안하였다. 잘못된 결과들은 타인들로부터 처벌을 받는다. 더 많은 처벌을 피하기 위해, 정신분열병 환자들은 구성개념 그 자체와 그것들 간의 연합을 약화시킨다. 결과적으로 그들은 매우 불안정하고, 그들에게는 의미없는 세상 속에서 자기 멋대로 살기 시작한다. 특히 어린 정신분열병 환자는 때로는 친절하게 대해 주고, 때로는 혹독하게 대해 주는 일관성 없는 가족환경 속에서 거주하는 경우도 있다. 예를 들어 부모가 어떤 행동에 대해 어느 때는 보상을 주고, 같은 행동에 대해 어느 때는 처벌을 하기도 한다. 또한 예상치도 못하게 부모가 또래 친구들 앞에서 면박을 주고, 약속을 임의대로 지키지 않기도 한다. 이처럼 부모에게 심하고 모순적인 취급을 받은 결과, 정신분열병 환자들은 부모에 대해 매우 불안정한 구성개념을 발달시키고, 부모, 혹은 일반 사람들이 자신에게 어떻게 행동할 것인가에 대해 정확히 예측하지 못하거나 예측하려고 하지 않게 된다는 것이다.

이런 분석을 토대로, 바니스터와 그의 동료들은 정신분열병 환자에게 일관되게 정확한 새로운 경험을 제공함으로써 그들의 사고장애 과정은 바뀔 수 있다고 생각하였다.

만약 사고장애가 타인과 자신의 행동을 예측하는 데 있어 오랫동안 반복적으로 실패했기 때문에 생긴 것이라면, 환자들에게 자신과 타인의 행동을 정확히 예측할 수 있도록 해주는 치료절차는 분명히 그들의 건강과 순기능을 향상시키는 결과를 가져올 것이다. 이에 따라 그들은 2년 이상 정신분열병 환자들에게서 허약한 신념을 찾아내어 그것을 강화시켜 줄 치료자들을 모집하였다. 예를 들어 어떤 한 환자가 제멋대로 목소리가 큰 사람은 비열하다고 믿고 있다면, 치료자는 환자가 담배나 사탕을 요구하고 그것을 거부할 때마다 스텝(심리학자와 간호사)이 큰 목소리를 내도록 부탁하였다. 마찬가지로, 만약 한 환자가 폭력적인 것이 남자다운 것이라고 믿고 있다면, 치료자는 그런 생각은 잘못된 것이고 신사답게 행동하는 것이 남자다운 것이라는 점을 확신시키려고 노력하였다. 치료자는 그 환자가 협동적이며 비폭력적인 방식으로 행동할 때 그를 칭찬하고, 그를 진정한 신사로 부르는 상황을 만들어 주었다. 비록 장기적 프로젝트가 완벽하게 긍정적인 결과를 가져온 것은 아니었지만, 대체로 연구자의 이론을 지지하였으며, 환자의 사고와 심리적 건강이 약간 향상되었다는 증거가 있었다.

이론에 대한 평가

지금부터는 켈리의 이론의 과학적 가치를 살펴본다.

포괄성

켈리의 이론이 매우 포괄적인 것은 아니지만, 현재보다 훨씬 더 많은 현상을 다룰 수 있는 잠재력이 있다. 이 이론은 주로 정신분열병, 우울, 섭식장애 및 역기능적 가족과 같은 정신병리적 행동에 초점을 두고 있다. 그러나 직업선택과 의사결정과 같은 정상적인 행동과 건강한 대인관계의 발달에 초점을 둠으로써 이런 불균형을 시정하려는 시도도 있다. 연구자들 사이에서 켈리의 이론에 대한 관심만큼이나 이론의 지평을 확장하려는 시도가 점차 늘어나고 있다(Neimeyer, G. J., 1992, pp. 91–120).

정밀성과 검증 가능성

이 책에서 다룬 대부분의 이론들과 비교해 볼 때, 켈리의 입장은 명확하고 검증이 가능한 것이다. 이론이 명시적으로 언급된 체제로 구성되어 있어, 가설이 도출되고 검증이 가능하다. 더욱이 RCRT는 이 이론의 많은 기본적 아이디어를 측정하는 정교하고 신뢰로운 방법이다.

간명성

켈리의 이론은 매우 경제적이다. 성격의 기능을 설명하는데 아주 소수의 개념만 있으면 된다. 발달과정을 기술하는데도 비교적 소수의 개념들이 사용되었으며, 개인의 행동에 영향을 주는 여러 상황들에 대한 별도의 평가를 강조하지도 않는다.

경험적 타당성

켈리의 이론을 지지해 주는 실험증거는 강력하다. 많은 연구들은 RCRT의 신뢰도와 타당도를 확립하고, 그 이론의 기본명제들을 검증하는 데 관심을 두었다. 임상영역의 연구는 주로 정신분열병 환자의 사고장애에 대한 켈리의 독창적인 생각에 초점을 맞추었고, 대체로 켈리의 이론을 지지하는 결과를 얻었다(Pierce, Sewell, & Cromwell, 1992, pp. 151-184).

그러나 이런 경험적 지지에 대해 두 가지 점은 분명히 해야 할 것이다. 첫째, 증거의 대부분이 본질적으로 상관연구와 지필연구에서 얻은 것이다. 행동을 준거로 사용하고, 특정 상황과 개인의 인지기능간의 상호작용 효과를 살펴보는 보다 정밀한 실험연구가 절대적으로 필요하다. 또한 이론의 검증이 실험실을 벗어나 자연 상태로 옮겨갈 필요가 있다. 켈리의 이론이 호기심을 유발함에도 불구하고, 매우 낮은 수준에서 연구들이 이루어지고 있다. 가까운 장래에 연구자들이 이 문제를 해결하면, 이 이론의 가치가 더 높게 평가될 것이다. 둘째, RCRT가 주로 기술적인 도구라는 사실을 지적하지 않을 수 없다. 즉, 그것은 내담자가 자신의 경험들을 명료화하고 순서를 정할 때 사용하는 구성개념을 기술하는 것이다. 그러나 구성개념의 의미에 대한 해석은 임상가의 능력과 민감성에 달려 있다. 켈리는 이 도구를 사용하여 내담자의 행동을 향상시킬 수 있다고 주장하지만, 그가 제시하는 증거는 내담자가 개선되었다는 치료자의 주관적 판단에 근거하고 있다. 이런 점에서 사례사(史) 자료가 심리치료에 대한 자기주장이 타당함을 입증해 준다는 켈리의 주장을 전적으로 믿을 수는 없다.

발견적 가치

켈리의 이론은 여러 측면에서 적극적으로 이 이론을 검증하였던 영국 심리학자들에게 매우 흥미 있고 매력적인 것이었다. 개인적 구성개념 이론이 기여한 몇 가지는 네덜란드, 캐나다 및 이스라엘 연구자들에 의해 이루어졌다. 그러나 켈리의 생각이 지닌 독창성과 매력에도 불구하고, 미국 심리학자들의 연구는 매우 드물다(Jankowicz, 1987, p. 481). 아마도 그 이론이 미국 심리학계의 기존 입장들과 상당히 다르기 때문일 것이다. 많은 미국 심리학자들에게는 동기, 강화와 같은 중요한 전통적 개념을 버리는 것이 옳은 것인가에 대한 판단이 분명하지 않았을 것이다. 개인적 구성개념 이론을 옹호하는 사람들은 자신들이 미국 심리학의 주류로부터 점차 소외되고 있음을 인식하고 있다. 그들은 개인적 구성개념 연구자들이 전통적 사고로부터 자신들을 분리시켜, 결국 이론의 발달을 방해하게 된 것은 자기들끼리만의 소통때문이라고 생각한다(Neimeyer, R. A., 1985, pp. 111–112). 또한 이 이론을 옹호하는 영국의 저명한 학자가 이들을 설득하기는 했지만, 일부 미국 심리학자들은 그 이론이 너무 인지적이고 성격을 너무 일방적이며, 단순하게 본다고 생각하고 있다(Bannister, 1977).

적용 가치

최근까지도 켈리의 이론은 심리학 이외의 영역에는 어떤 영향도 끼치지 못하였다. 그러나 오늘날 켈리의 생각과 측정기법들은 경영자와 직업상담사들에게 성공적으로 사용되고 있다. 예를 들어 사업평가 전문가들은 여러 제품에 대한 소비자의 견해를 평가하는데 변형된 RCRT를 사용하고 있다. 그 검사는 소비자가 구매결정에 사용하는 준거와 경영자가 자신들의 제품이 소비자의 욕구를 충족시키는지를 확인할 수 있는 준거들을 찾는 기초가 되었다. 고용상담 장면에서는 상담가들은 일자리를 찾는 사람들이 어떤 직업들을 유사하게 보는지, 그들이 이상적으로 보는 직업은 무엇인지, 취직에 대한 그들의 생각들(구성개념)은 무엇인지를 파악하기 위해 RCRT를 사용하고 있다(Jankowicz, 1987, pp. 481–487).

비판적 사고를 위한 질문

1. 여러분은 자신의 행동이 자유로우며 무언가에 의해 결정되지 않는다고 생각하는가? 어떤 방법으로? 예를 들고 여러분의 입장을 정당화할 수 있는 이유를 들라.
2. 우리가 우리의 행동과 타인의 행동을 예측할 때, 과학자로서 어떻게 행동하는가? 행동의 이해에 도움이 되는 이런 유추의 사용이 지닌 한계점을 들라.
3. 개인적 구성개념이란 무엇인가? 왜 구성개념이 최소한 세 가지 요소를 지니고 있는가? 단지 두 가지 요소만을 지닌 구성개념들을 생각해 볼 수도 있나?

4. 여러분의 상위 구성개념들은 무엇인가? 여러분이 볼 때, 사회적 성공이 학업적 성공보다 상위인가? 혹은 그 반대인가? 왜 그런가?
5. 여러분의 구성개념들을 인생에서 중요한 사람들과의 관계 속에서 기술하는 목록격자를 만들어 보라. 다 만들었으면, 그런 연습이 여러분의 성격에 대해 어떤 통찰을 주었는지에 대해 말해 보라.

용어 해설

개별성 추론individuality corollary 사람들은 현실을 서로 다르게 구성한다는 제안

고정역할치료fixed-role therapy 켈리가 내담자들이 자신의 약점을 극복하여 자신과 자신의 생활환경을 재해석할 수 있게 만들기 위해 그들에게 역할들을 구성해 줌으로써 내담자들의 성격변화를 이끌어 내는 데 사용한 치료 절차

공연 스케치enactment sketch 내담자에게 자신의 특성화 스케치와 반대로 행동할 수 있는 기회를 주기 위해, 연기하도록 한 역할의 내용들

공통성 추론commonality corollary 각기 다른 사람들을 비슷하게 행동하도록 만드는 유사한 구성개념에 대한 제안

구성개념constructs 우리의 경험을 나타내는 방식들; 유사성과 대비로 정의되는 추상적 개념이다.

구성적 대안주의constructive alternativism 인간은 사건에 대한 해석을 바꿀 수 있다는 기본적 가정

군집적 구성개념constellatory construct 그것의 구성요소가 동시에 다른 구성개념에 속할 수 있도록 허용하는 구성개념의 유형이다. 그러나 일단 어떤 방식으로 확인되면, 이 구성요소들은 고정된다. 예를 들어 어떤 사람이 뚱뚱한 사람은 게으르고, 지저분하고, 단정하지 못하다는 고정관념적 구성개념을 갖고 있을 수 있다. 이런 요소들 혹은 특질들은 그 사람의 다른 구성개념—예를 들어 노숙자, 광부—에 속하는 것일 수도 있다. 즉, 그 사람은 노숙자와 광부도 게으르고, 지저분하고, 단정하지 못하다고 볼 수도 있다. 그러나 일단 그가 특정 상황에서 뚱뚱한 사람 구성개념을 한 사람에게 적용하고 나면, 게으르다, 지저분하다, 단정하지 못하다 등의 특질(혹은 요소)은 자동적이고 고정적으로 그 사람에게 귀속된다.

느슨한 구성loose constructions 불안정하고 취약하고, 잘못 정의되어, 세상이 어떻게 돌아가고 있는지에 대한 잘못된 예측을 초래하는 신념들

말초 구성개념peripheral constructs 상대적으로 중요치 않고 쉽게 변화될 수 있는 신념들

분열 추론fragmentation corollary 한 개인의 구성개념 하위체계들이 잘 들어맞지 않고, 서로 양립되지 않음에도 불구하고, 그 사람이 그런 불일치를 알지 못할 수 있다는 제안

사회성 추론sociality corollary 건설적 대인관계는 서로가 서로의 구성개념 체계를 이해하는 정도에 달려 있다고 보는 제안

상위 구성개념superordinate construct 많은 다른 구성개념을 통제하는 구성개념

선점적 구성개념preemptive construct 자신만의 요소들을 갖고 있으며, 이 요소들이 다른 구성개념에는 적용될 수 없는 구성개념 유형

선택 추론choice corollary 사람들이 현실에 대해 판단할 때, 이분적 구성개념 속에서 하나를 선택한다는 제안

역할 구성개념 목록검사 Role Construct Repertory Test(RCRT) 켈리가 개인의 구성개념체계를 측정하기 위해 만든 검사. REP검사라고도 알려져 있다.

자기 특성화 스케치self-characterization sketch 고정역할치료의 첫 단계로서, 내담자들에게 마치 자신과 친하고 공감적인 친구가 쓰는 것처럼 자신의 성격에 대해 간략한 개요를 쓰도록 하는 것

제안적 구성개념propositional construct 모든 요소들이 수정될 가능성을 열어 놓은 구성개념 유형

조직화 추론organization corollary 한 개인의 구성개념들이 개인적 체계 내에서 특정방식으로 배열된다는 제안

통제된 정교화controlled elaboration 치료에서 내담자에게 그들의 문제를 명료화하고 철저히 생각해 보도록 독려하는 치료기법. 이 과정은 내담자들이 지닌 낡은 구성개념을 수정하거나 버리도록 하고, 새롭고 보다 효과적인 구성개념을 만들도록 해준다.

투과성permeability 새로운 요소가 어떤 구성개념의 경계선 내로 들어오도록 허용하는 정도

편의범위range of convenience 구성개념이 적용되는 범위, 그것과 관련된 다른 구성개념들의 수

하위 구성개념subordinate constructs 다른 구성개념에 의해 통제받는 구성개념

핵심 구성개념core constructs 개인의 성격정체성에서 중요한 신념들

핵심적 역할 구성개념core role constructs 한 사람의 사회적 정체성을 구성하고 있는 중요한 역할관계와 연관된 신념들

추천 도서

Butler, R. J. (2009). *Reflections in personal construct theory*. Chichester, West Sussex, UK: John Wiley & Sons, Ltd.

Kelly, G. A. (1955). *The psychology of personal constructs* (Vols. 1 & 2). New York: Norton.

Neimeyer, R. A., & Neimeyer, G. J. (Eds.) (1992). *Advances in personal construct psychology* (Vol. 2). Greenwich, CT: JAI Press.

P●A●R●T 5

THEORIES OF PERSONALITY

인본주의적/실존주의적 관점

제5부에서 다루는 이론은 근대 심리학의 제3세력의 분야이다. 다른 두 분야는 정신분석과 행동주의이다. 이 용어는 아브라함 매슬로우(12장)에 의해 만들어졌는데, 인간에게 본래 존재하는 창조적인 잠재력에 초점을 두고 인간을 자신의 가장 높고, 중요한 목표를 실현하도록 돕는 방법을 찾아가는 존재로 본다. 사실상 인본주의적 이론의 모든 것은 개인 내에 선천적인 성장 기제가 있다고 보고, 환경조건이 좋다면 인간은 자신의 잠재력을 실현시키는 방향으로 나아간다고 가정하고 있다. 이러한 성장과정은 자기-실현, 자기-개발, 자기 본위를 향한 추동으로 수많은 주창자들에 의해 명명되었다.

인본주의 운동의 뿌리는 융, 아들러, 호나이, 코헛, 올포트, 매슬로우, 로저스, 메이, 그리고 다른 사람들의 논문으로부터 발견할 수 있다. 이러한 이론가 모두는 개인의 독특성을 강조하고 모든 개인들은 자신의 삶에서 취하기를 원하는 방향으로 스스로 선택하는데 자유롭다고 믿고 있다. 사람들은 자신의 행동을 스스로 조직하고 통제하도록 되어야 한다. 사회에 의해 통제되어서는 안 된다. 사회는 일반적으로 개인의 성장을 억압하는 규칙과 규정을 강요하는 "나쁜 사람"으로 보여진다. 인본주의자들에 따르면 사람에 대한 우호적이고 도움을 주는 태도는 사람들을 더 성장하게 하고 더 풍성하게 한다. 대부분의 사회는 개인으로 하여금 적절하게, 정상적으로 행동하라고 강요한다. 결과적으로 사람들은 의문을 제기하지 않고 다수의 도덕적인 규제만을 따르는 우둔한 관습적인 인간이 된다. 다른 말로 하면 평균적인 남자와 여자로 남게 된다.

대신에 인본주의 심리학자들은 개인으로 하여금 자신이 가진 잠재력을 최대한 발휘하도록 한다. 그들은 사람을 평범하거나 전통적이기보다 자연스럽게 창의적이고 행복하려는 노력을 기울인다고 생각한다. 물론 전통적인 것이 평범하다고 하는 가정에는 의

문의 여지가 있다. 특히 탁월성을 추구하는 노력을 격려하는 사회에서는 더욱 그러하다. 인본주의적 입장에 깔려 있는 또 다른 가정은 무엇이 옳고 그르며, 무엇이 선이고 나쁜 것임을 결정할 수 있는 도덕적 잣대를 제공하는 보편적 가치를 구체화하는 것이 가능하다는 점이다. 그러한 가치들은 생물학에 근원을 두고 있는데 사회의 판단에 의존하기보다는 자신들 내부에서 바라보고 도덕적인 결정을 하도록 한다. 비록 전체 역사를 통해 인간의 보편적 가치에 관한 목록을 만들기 위한 수많은 시도가 이루어졌을지라도 그러한 가치에 관해 철학자와 심리학자 간에 명료한 구분을 하지 못하고 있다. 또한 어떤 가치가 보편적으로 타당한 것인지를 결정하는 사람이 누구인지가 해결되지 않았다. 철학자인가? 정치가인가? 예술가인가? 목회자인가? 15장에서 보겠지만, 스키너(B. F. Skinner)는 행동주의 심리학자들이 이러한 결정을 가장 잘 할 수 있다고 생각했다. 하지만, 모든 사람이 그의 말에 동의하지 않았던 것은 확실하다. 마지막으로 인본주의 심리학자의 주장에도 불구하고 우리가 도덕적으로 올바른 결정을 하도록 하는 본성적 메커니즘이 있느냐는 점에 대해서는 과학적인 증거가 없다.

우리는 인본주의 심리학자의 이러한 입장을 거부하기보다는 그 입장을 공정하게 들어 보아야만 한다. 첫째, 보편적 가치에 관해 어떠한 일치점도 없다는 사실은 그러한 가치 체계가 결코 만들어질 수 없다는 얘기는 아니다. 둘째, 도덕적 행동을 안내해 줄 내적이면서 생물학적인 기제가 존재한다는 증거가 현재에는 없을지라도 미래에는 발견될 수 있다. 심지어 그것이 발견되지 않는다고 해도 인본주의적 입장에 아무런 장점이 없다는 것을 의미하지 않는다. 의미있는 의문을 제기하고 전통 심리학의 주장에 도전함으로써 인본주의 심리학자는 전통 심리학자에게 자신의 연구의 방향과 가치를 다시 생각해 보도록 한다. 이 책의 저자의 관점에 따르면, 좀 더 엄격한 실험심리학자들 중 몇몇 사람들이 동의하지 않더라도 인본주의자들이 미치는 전반적인 영향은 매우 의미가 있다. 우리가 전통 심리학에 관해 인본주의 심리학자에 의해 제기된 두 가지 주요 도전 과제를 검토한 후에는 여러분이 스스로 판단을 할 수 있게 될 것이다. 첫 번째 도전은 정신분석 및 행동주의를 포함한 현대 심리학이 인간의 기능에 대해 부분적이고 제한된 관점을 제공하고 있으며, 급격한 변화가 필요하다는 주장이다. 올포트(Allport)는 이 문제를 분명하고 사실 그대로 제기하였다.

> 특히 인간의 성격형성과 발달에 관련하여 우리는 문을 개방할 필요가 있다. 왜냐하면 우리의 무지와 불확실성이 가장 많은 곳이 바로 여기이기 때문이다. 그러나 우리의 방법들은 감각과정, 동물연구, 병리학 연구에 잘 맞추어져 있어 매우 적절하지 않으며, 이

> 러한 방법론의 독점적인 활용으로 인해 일어나는 해석은 쓸모없게 될 것이다. 어떤 이론은 병들고 근심이 많은 사람의 행동이나 포획되어 절망에 빠진 쥐의 익살에 근거하고 있다. 어떤 이론도 더 가치로운 삶을 추구하는 건강한 사람에 대한 연구에서 나오지 않았다. 그래서 오늘날 우리는 범죄자, 법준수자가 아닌 사람, 두려움은 많지만 용기가 없는 사람, 친애보다는 적대감을 더 많이 갖고 있는 사람, 남자에서 맹점을 더 많이 보지만 그의 비전에 대해 소홀히 하는 사람, 과거에 더 관심을 두고 미래의 발전에 대해서는 생각하지 않는 사람 등에 대한 많은 연구를 발견할 수 있다. (Allport, 1955, p. 18)

자아실현 이론을 구축할 때 매슬로우는 성격에 대한 프로이트 학파의 개념에 대한 한계점을 지적했다. 프로이트는 행동을 결정하는 무의식적인 힘을 이해하는 데 관심을 두고 합리적이고 의식적인 힘을 무시하는 데 초점을 두었다. 프로이트 학파는 신경증을 가진 사람은 환경에 적응하고 안전감을 얻기 위해 지속적으로 투쟁하고 있다고 보았다. 반대로 매슬로우는 인간이 기본 및 성장 충동을 구성하고 있는 욕구 위계를 가진다고 했다. 안전에 대한 욕구는 낮은 위계의 기본적 욕구 중 하나이다. 안전 욕구가 충족된다면, 더 높은 목표를 추구하게 된다. 매슬로우의 관심사 중 대부분은 개인의 성장과 창의적인 노력의 심리학을 구축하는 방향으로 이루어져 있다. 매슬로우는 성장과정에 대해 더 많은 것을 알기 위해 심리적으로 건강한 사람의 행동에 대한 연구를 하기 되었다. 12장에서 그의 노력을 개관하고 자아실현적인 사람들의 주요 특징을 제시하였다.

요약하면, 매슬로우와 다른 인본주의 심리학자들에 의해 제안된 첫 번째 도전은 현대 심리학의 극적인 수정에 대한 욕구의 표현이다. 그래서 현재의 이론에서 무시되었던 사랑, 친화, 창의성, 자발성, 기쁨, 용기, 유머, 독립성, 그리고 개인적 성장과 같은 주제에 우선적 관심이 주어졌다. 이들에 대한 강조는 인간 본성의 좋은 측면을 알게 해주며, 프로이트 학파와 행동주의자들에 의해 제시된 더 제한적이고 염세적인 관점을 수정해 준다.

두 번째 도전은 심리학이 자연과학이고 물리학, 화학, 생리학, 생물학에서 사용되는 연구방법을 사용해야 한다는 관점이다. 인본주의자들은 심리학에 대한 이러한 태도가 인간의 경험과 행동, 전체를 다루지 못한다고 주장한다. 인본주의자의 주장을 완전히 이해하기 위해서는 심리학의 역사와 자연 과학 간의 초기 동맹관계를 간단히 살펴보아야 한다.

과학으로서의 심리학의 시작은 1879년 분트가 Leipzig 대학에서 실험심리 실험실을 설립한 때부터이다. 심리학자들은 근본적으로 사변적인 철학자들과 연결되어 있었다.

하지만, 이러한 관계에 대한 불만과 독립적이고 좀 더 경험 지향적인 분야를 만들려는 갈망은 심리학자들로 하여금 자연과학과 과학적 방법으로 방향을 잡도록 했다. 이러한 방향으로부터 오는 이점은 두 가지가 있다. 첫째, 심리학자들은 과학자 집단에 수용될 수 있는 행동을 연구하기 위해 잘 준비된 접근법을 사용할 것이다. 둘째 심리학은 지위를 확보하고 존경심을 얻게 될 것이다. 그래서 심리학자들이 자연과학에서 사용되는 과학적 방법을 다소 무비판적으로 채택했을 수 있다는 관점을 가진다는 점이 호소력이 있다.

자연과학적 접근은 객관적이고 신뢰로운 측정 절차를 수단으로 해서 사실의 축적에 초점을 둔다. 이것은 사변적이거나 연역적 방법을 피하고 귀납적 추론을 사용한다. 이러한 강력한 경험주의는 왓슨(Watson)과 스키너(Skinner)의 연구에서 명백히 드러난다. 그들의 객관적이고 정확한 측정에 대한 관심 때문에 이 접근의 옹호자들은 자신의 준거에 부합되는 연구문제들에 초점을 두었고, 질투, 부모의 미움, 어른들의 사랑과 같은 현상은 자연히 고려하지 않았다.

자연과학적 접근은 연구자들이 이 연구의 문제에서 객관성을 가질 것을 주장한다. 연구자를 잠재적인 편향의 원천으로 보고, 조사과정에서 그러한 편향의 영향을 중립적으로 또는 통제되어야 한다고 본다. 과학은 가치로부터 자유로워야 하며, 연구자는 감정에 좌우되지 않을 뿐만 아니라 객관적으로 현상을 연구해야만 한다. 과학의 이러한 탈개인적 관점은 인본주의 심리학자들에 의해 거절되었다. 예컨대 로저스(Rogers)는 과학은 사람들 내에서만 존재한다고 주장했다.

> 각각의 과학적 프로젝트는 연구하는 사람마다 또는 사람들마다 각각의 창의적인 개시, 과정, 그리고 잠정적인 결론을 가지고 있다. 지식은 주관적으로 받아들여질 수 있는데, 과학적 지식조차도 그럴 가능성이 있다. 과학적 지식은 그것의 의사소통을 주관적으로 받아들일 준비가 되어 있는 사람들에게서만 전달될 수 있다. 과학의 유용성은 과학에 대한 의미를 가지고 있는 가치를 추구하는 사람을 통해서만 일어날 수 있다. (Rogers, 1965, p. 164)

로저스는 심리학자들이 사람에게 우선적인 초점을 두는 심리 과학을 발달시키기를 원했다. 13장에서 우리는 그러한 과학의 성립과 칼 로저스의 성격이론에 대한 설명을 제시할 것이다. 로저스의 접근은 개인의 성장과 개인의 가치에 대한 존중, 그리고 개인의 타고난 잠재력에 기초를 두고 있다.

롤로 메이(Rollo May)(14장)는 로저스의 관점과 유사한 지향성을 개발하였다. 메이의 관점에서 보면 우리는 과학을 인간의 노력으로 보아야 하며, 다음과 같은 물음으로써 우리의 연구를 시작해야 한다. "과학적 태도의 출현을 이끄는 인간의 본질은 무엇인가?" 대신에 우리는 우리 자신의 경험과 스스로의 의문을 만들어서 시작해야 하고, 우리가 답을 얻을 수 있도록 하는 절차를 사용해야만 한다. 이러한 지향성은 우아한 측정기법과 과학적이 되도록 하는 장비의 사용보다는 문제 자체를 강조하는 의미를 갖는다. 그러면 심리학이 자연과학보다는 인간과학이 될 것이다.

인본주의자들은 자연과학 접근이 의미가 없다고 생각하지는 않는다. 그들이 강조하는 것은 심리학이 우리가 실재를 더 잘 이해할 수 있도록 확장된 방법을 채택해야만 한다는 점이다. 우리는 이제 이러한 변화에 대한 희망을 반영하는 인본주의적/실존주의적 전통에서 우리의 이론을 조사하고자 한다.

CHAPTER 12

자아실현에 대한 매슬로우의 견해

매슬로우의 생애

아브라함 매슬로우(Abraham Maslow)는 1908년에 뉴욕 브루클린에서 태어났다. 그는 일곱 형제 중 장남이었다. 부모님은 미국으로 이민 온 러시아계 유대인이었다. 그는 법학을 공부하기 위해 18살의 나이에 뉴욕시립대학을 들어갔지만 높은 IQ에도 불구하고 몇 개 과목은 점수가 좋지 않았다. 매슬로우는 아버지의 기대에 맞추어 법학을 선택하였지만 변호사가 되는 것은 흥미가 없었다. 매슬로우는 수업자료가 무미건조하고 재미없다고 느꼈다. 그를 더욱 낙심하게 했던 것은 재판을 다루는 학급 토론에서 도덕에 대한 고려가 거의 없었다는 사실이었고 이것은 그에게 "오직 악인들과 인류의 죄만을 상대하기 위한 것"으로 비춰졌다(Hoffman, 1988, p. 23). 그는 1학년 2학기에 학교를 그만두었다.

이후에 매슬로우는 더 큰 학문적 자극을 받을 것이라는 희망을 가지고 코넬 대학에 편입했다. 그곳에 있는 동안 그는 기초 심리학 수업을 들었지만 수업에 대한 그의 높은 기대는 곧 무너졌다. 그의 말을 빌리자면 수업 내용은 "끔찍하고 냉혹하였고 인간과 아무런 관계가 없었기 때문에 나는 치를 떨고 돌아섰다"(Hoffman, 1988, p. 26)고 했다. 학문적으로 실망한 매슬로우는 코넬을 떠나 브론크(Bronx)에 살고 있던 친구이자 사촌인 베르타 굿만(Bertha Goodman)을 보기 위해 브루클린에 있는 부모님 집으로 돌아갔다.

매슬로우는 베르타에게 많은 호감을 가지고 그녀 곁에 있기로 마음을 먹었지만 여자를 대하는 것이 매우 서툴렀다. 몇 주 동안 베르타를 보기 위해 그녀의 집을 방문했지만 그녀를 향한 자신의 마음에 대해서 아무 말도 하지 못했다. 그러던 어느 날 그는 소파에 있던 그녀 옆에 앉았다. 그들은 따뜻한 눈빛을 교환했다. 침묵이 흐르자 그녀는 그를 응시하면서 좀 더 가까이 다가갔다. 매슬로우는 소심하여 간절히 그녀와 접촉하길 바라면서 엉거주춤하게 앉아 있었다. 나이도 더 많고 연애에 있어서 더 경험이 많았던 베르타의 언니 안나가 이 조심스러운 로맨스에 끼어들었다. 안나는 베르타 쪽으로 그의 목덜미를 밀며 "제발 동생에게 키스해!"라고 소리쳤다. 그녀에게 떠밀려 겁을 먹고 놀란 매슬로우는 베르타에게 키스했다. 베르타가 "화를 내거나 저항하지 않았다"고 그는 회상한다. "그녀도 그에게 키스했고 새로운 삶이 시작됐다"(Hoffman, 1988, p. 29). 매슬로우는 언제나 그 첫 키스를 진정한 삶의 정점, 즉 생의 가장 행복한 순간 중 하나라고 생각했다.

결국 매슬로우는 위스콘신 대학에 입학했다. 하지만 베르타를 향한 동경은 계속됐다. 비록 그의 부모님은 결혼을 반대했고 그가 가족을 부양할 능력이 없다는 이유로 대학 친구들과 교수들도 반대했다. 하지만 매슬로우는 성탄절 연휴 동안 결혼식을 올릴 것이라고 베르타에게 전보를 보냈다. 그는 자신의 결정에 너무 확신이 차서 베르타의 입장을 묻지 않았다. 하지만 그녀도 그를 사랑했고 곧바로 승낙했다. 그들은 1928년 12월 31일에 결혼식을 올렸고 함께 위스콘신으로 돌아왔다. 그가 세상을 떠날 때까지 그들은 행복하게 살았다(Hoffman, 1988, pp. 36-37).

매슬로우는 위스콘신 대학에서 분트와 티체너(Wundt/Titchener)의 구성주의 학파의 과학적 심리학을 처음 접하였다. 구성주의 심리학 지지자들은 감각과 지각의 여러 가지 요소들을 분석하여 그것이 어떻게 행동에 영향을 미치는가를 밝힘으로써 "정신적 삶"이 화학적 현상과 같은 방식으로 연구될 수 있다는 것을 보여 주려 했다. 매슬로우는 이런 접근법이 재미없다고 느꼈다. 하지만, 존 비 왓슨(John B. Watson)에 의해 알려진 행동주의 심리학적인 접근법에 흥미를 갖게 되었다. 매슬로우가 왓슨의 다듬어지지 않은 자극-반응(S-R) 행동치료에 자극을 받았다는 것이 쉽게 믿어지지 않는다. 실제로 나중에 그는 이 접근법을 부인하였다. 하지만 매슬로우가 학생이었을 당시 왓슨의 방법에 흥미를 느꼈는데, 인간이 과학적으로 이해가 되고 발전될 수 있다는 것을 암시하는 방법은 사람들로 하여금 자신의 잠재력을 깨닫도록 도움을 주고 싶었던 매슬로우의 신념과 직접적인 연관이 있었기 때문이다.

매슬로우가 위스콘신에 있는 동안 해리 할로우(Harry Harlow)와 함께 일하게 되었는데 할로우는 나중에 원숭이의 호기심과 정서적 동기에 대한 연구로 유명해진 인물이다.

매슬로우는 원숭이들이 배가 고프지 않을 때조차도 오랜 시간 동안 문제를 해결하려 한다는 것에 흥미를 느꼈다. 매슬로우는 돼지에서도 유사한 행동방식을 관찰하였다. 힘이 세고 건강한 돼지는 그렇지 못한 돼지보다 주변 환경을 더 많이 탐색하였다. 매슬로우는 닭에게 먹이를 고를 수 있는 선택권이 주어진다면 어떤 닭들은 건강한 먹이를 고르고 나머지는 그렇지 않는다는 연구도 알고 있었다. 매슬로우는 이런 결과들을 통해 동물에게 건강을 향한 기초적인 욕구가 있다는 것을 생각할 수 있었다. 최종적으로 그는 사람에게는 지식, 권력과 통찰력을 향한 유사한 욕구가 있다고 믿게 되었다. 따라서 동물학에 대한 초기 연구는 자아실현 이론의 기초가 되었다.

1934년에 매슬로우는 위스콘신대에서 박사학위를 받고 1년 반 동안 콜롬비아 대학에서 저명한 학습이론가인 손다이크(E. L. Thorndike)와 함께 일했다. 손다이크의 조수로서 매슬로우는 인간의 행동이 유전자에 의해 결정되는 비율과 문화적 환경에 의해 결정되는 비율을 알아내기 위한 연구에 참여하였다. 매슬로우는 행동은 둘 다에 의해 결정된다고 믿었기 때문에 이 과제를 지루하다고 생각했다. 매슬로우는 이런 자신의 관점을 손다이크에게 표현했다. 놀랍게도 손다이크는 매슬로우가 원숭이와 인간의 우성과 성적 특징에 대한 단독연구를 하도록 허락했다. 이 작업을 통해 인간의 욕구위계에 대한 매슬로우의 생각이 시작되었다. 그의 논문은 그가 콜롬비아 대학을 떠나고 브루클린 대학에서 강의를 시작한 뒤인 1943년에 「심리학 리뷰(*Psychological Review*)」지에 실렸다. 브루클린 대학에 있던 14년 동안 매슬로우는 막스 바르타이머(Max Wertheimer), 카렌 호나이(Karen Horney), 알프레드 아들러(Alfred Adler), 에리히 프롬(Erich Fromm)과 루스 베네딕트(Ruth Benedict) 같은 유명한 심리학자, 정신분석학자, 문화인류학자들을 만나고 그들의 생각을 들을 수 있었다. 이러한 만남은 그의 생각에 많은 영향을 미쳐 지나치게 단순화된 자극-반응(S-R) 관점을 부인하고 성격 기능에 대한 좀 더 전체론적이고 역동적인 관점을 받아들이게 된 계기가 되었다.

1951년에 매슬로우는 브랜다이즈(Brandeis) 대학으로 옮겨 수년 동안 학과장으로 근무했다. Brandeis 대학에 있는 동안 그는 가장 독창적인 두 개의 연구인 『동기와 성격(*Motivation and Personality*)』(1954)와 『존재의 심리학을 향하여(*Toward a Psychology of Being*)』(1962)을 출판했다. 1967년에 그는 미국 심리학회장으로 선출되었다. 같은 해에 그는 집필에 전념하기 위해 캘리포니아 맨로공원(California의 Menlo Park)에 있는 Laughlin 재단협회에 들어갔다. 안타깝게도 1년 뒤 그는 62세의 나이에 심장마비로 생을 마감했다(Wilson, 1972, pp. 129-202).

개념과 원리

인본주의적 생물학과 자아실현

매슬로우는 **자아실현**self-actualization 이론의 기초를 세우기 위해 모든 사람이 선하거나 최소 중립적인 성향을 내재하고 있다고 가정했다(Maslow, 1962, p. 3). 그는 내적 성향이 선하거나 중립적이기 때문에 이러한 내적 성향의 발달을 격려해야 한다고 주장한다. 하지만 건강한 발달은 "모든 필요한 자원을 제공하고 유기체 스스로 자신의 소원과 요구를 표현하고 결정을 내리도록 방해하지 않고 자리를 마련해 주는" 사회에서만 가능하다(Maslow, 1970a, p. 277). 만일 어떤 환경이 제한적이고 개인의 선택권을 최소화시킨다면, 내적 성향은 약해지고 환경적 압박에 영향을 받게 되므로 사람은 신경질적으로 변할 가능성이 높다. 매슬로우는 이러한 내적 경향은 비록 약하지만 유지되고 계속해서 자아실현을 향해 나아간다고 믿었다(Maslow, 1962, pp. 3–4).

매슬로우의 **인본주의적 생물학**humanistic biology의 목적은 "과학적 윤리, 자연적 가치 체계, 선과 악, 옳고 그름을 판단하는 최고 법원"을 설립하는 것이었다(Maslow, 1962, p. 4). 이러한 윤리는 도덕적 권위자에 대한 전통적인 호소가 내재되어 있는 상대주의를 극복하고 인간 행위의 안내서로 사용될 수 있는 이상적인 모델을 제공할 것이다. 만일 우리의 내적 성향이 타인을 공격하는 것이 틀렸다고 한다면, 특정 상황에서는 공격이 정당하다고 설교하고 충고하는 권력도 우리의 내적 신념을 단념시킬 수 없다. 짐작하건대 우리는 이런 꾀임을 우리 자신의 힘으로 내쫓을 수 있다. 하지만 이러한 자연적 윤리에 대한 증거는 설득력이 없기 때문에 우리는 그러한 가치들이 실제로 존재한다는 도덕적 권위자인 매슬로우의 말에 의존할 수밖에 없다.

인간의 욕구위계

매슬로우에 의하면 인간은 그들의 생활사에 깊숙이 관련된 두 가지 기초적 욕구, **결핍욕구**deficiency needs(또는 기본적 욕구)와 **성장욕구**growth needs(또는 메타 욕구)를 가지고 있다. 기본적 욕구는 성장욕구보다 더 긴급한 욕구이다. 이러한 기본적 욕구는 위계로 나뉘어져 있다. 매슬로우는 이 위계 배열에 예외가 있을 수 있음을 인정한다. 예를 들어 매슬로우는 무언가를 만들어 내고자 하는 욕구가 다른 어떤 욕구보다 강한 창의적인 사람이 있다고 주장한다. 또한 자신의 가치관과 이상이 매우 확실해서 그것을 단념하느니 죽음을 택하겠다는 사람들도 있다. 반대로 메타 욕구는 위계로 배열되지 않는다. 일반적으로 각 욕구는 동일하게 강력하며 한 가지가 다른 것으로 대체될 수 있다. 이러한 욕구들 중 하나라도 충족되지 않았을 경우 그 사람은 병에 걸린다. 우리가 건강하기 위해서 충분한 양의 비타민 C가 필요하듯이 우리가 제대로 기능하기 위해서는 충분한 타인의 사랑이 필요하다(Maslow, 1962, p. 21). 자아실현의 방향으로 움직이기 위해서는 우리에게 더 높고, 탁월한 메타 욕구를 충족할 수 있는 기회가 주어져야 하고 우선 우리의 기본적 욕구가 충분히 만족되어야 한다(Maslow, 1962, p. 23).

기본적 욕구

가장 강력한 것부터 가장 미약한 것 순서대로 볼 때, 기본적 욕구는 생리적 욕구, 안전에 대한 욕구, 소속과 애정에 대한 욕구, 그리고 자존의 욕구이다(**그림 12.1**). 이러한 욕구들을 만족시키기 위해 필요한 필수조건들은, "언론의 자유, 자기표현의 자유, 연구와 정보 탐색의 자유, 자기방어의 자유, 정의, 공평, 정직과 집단 내의 질서"를 포함한다(Maslow, 1970a, p. 47). 이러한 자유가 없는 가운데서는 기본적 욕구의 만족이 불가능한 것이나 마찬가지이다.

생리적 욕구는 배고픔, 갈증, 성을 포함한다. 예를 들어 오랜 기간 음식을 섭취하지

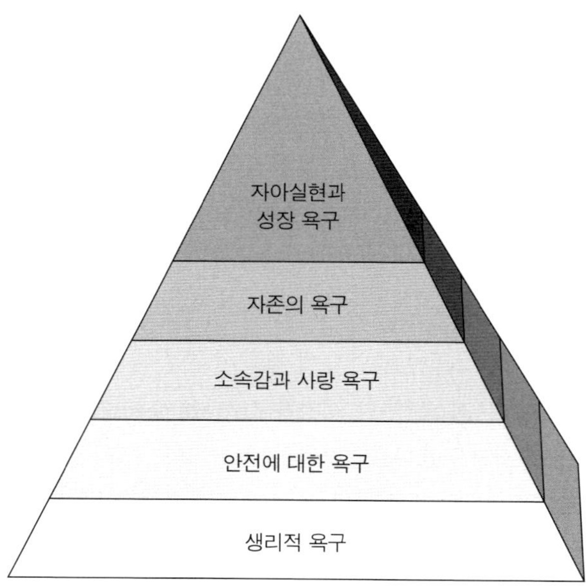

그림 12.1 매슬로우의 인간욕구위계

못한 사람은 그 결핍에 더욱 집착하기 시작할 것이다. 그는 음식에 대해서 강박적인 방식으로 생각하고 꿈꾸기 시작할 것이다. 그에게는 지붕을 고치거나, 차를 사거나, 아이들을 캠프나 낚시에 데려가는 것 같은 다른 활동에 대한 관심이 줄어들 것이다. 또한 그는 자신에 대한 타인의 생각이나 타인을 돕는 것에 흥미를 잃게 될 것이다. 간단히 말해서 배고픔이 해결되지 않으면 사람은 안전에 대한 욕구, 소속과 애정에 대한 욕구, 자존의 욕구와 자아실현을 향한 변화에 대해 별로 관심을 갖지 않는다. 그러므로 매슬로우 이론이 말하고자 하는 것 중 하나는 자아실현을 추구하는 가난한 사람은 매우 적다는 것이다. 가난한 사람은 자신의 에너지를 자신과 가족들을 부양할 수 있는 일을 찾는 데 모두 사용한다.

사람들의 생리적 욕구가 비교적 잘 만족되었을 때 안전에 대한 욕구가 나타난다. 이 안전의 욕구는 안보, 보호, 구조, 법, 순서, 제한, 두려움 및 불안감과 혼돈으로부터의 자유를 포함한다(Maslow, 1970a, p. 39). 매슬로우의 관점에서 보았을 때, 안전에 대한 욕구는 신생아와 유아에게서 환경이 혼란스러울 때 분명히 나타난다. 예를 들어 유아는 큰 소리나 반짝거리는 빛, 거친 손길 또는 불충분한 지지로 인해 위협을 느낄 수 있다(Maslow, 1970a, p. 39). 안전에 대한 욕구는 강화물이 보호자에 의해 체계적이고 일관성 있는 방식으로 제공되는 환경에서 잘 충족된다. 부모의 변덕스러운 행동은 좋지 않은 영향을 미친다. 그러나 매슬로우에 의하면 아이에게 자신의 행동에 대한 제한도 필요하다. 아이는 제한 없이 제대로 기능을 할 수 없다. 매슬로우는 아이는 생소하고 감당하기 어려운 상황에 공포로 반응한다고 주장한다. 한 예로 몇 분 전만 해도 교실로 가는 길을 안다고 확신하던 아이가 교실로 가는 길 계단 손잡이를 붙잡고 울고 있는 모습은 아이의 엄마를 당황하게 할 것이다.

아이처럼 어른 또한 안전에 대한 분명한 욕구를 가지고 있지만, 그것은 더 미묘하고 탐지하기 어렵다. 안정적인 사회에서 어른은 필요한 음식과 거처에 대해서, 자신의 집이나거리에서 폭행당하는 것, 군부대의 일격이나 민간인의 정권 인수 같은 것에 대해 걱정할 필요가 없다. 조금 덜 극단적으로 표현하자면 사람들은 직장의 재직권과 연금, 사고 및 질병시의 의료보험을 확보하기 위해 노력한다.

소속감과 사랑에 대한 욕구는 생리적 욕구와 안전에 대한 욕구가 정기적으로 만족되었을 때 나타난다. 매슬로우는 우리 모두는 타인이 우리를 필요로 하고 다른 사람으로부터 인정받기를 바란다고 주장한다. 우리가 타인에게 필요한 존재가 되고 인정을 받는 것을 필요로 한다는 매슬로우의 신념을 지지하는 몇몇 연구가 있다. 카벨로와 가브릴(Carvallo & Gabriel, 2006, pp. 697-709)은 부정회피애착을 겪고 있는 대학생들, 즉 타인과의 정서적 애착을 노골적으로 회피 혹은 최소화시키거나 가까운 관계를 수동적으로 피하는 대학생들에 초점을 맞췄다. 그들은 대신 모든 상황에서 자립심과 독립심을 길렀다. 연구자들은 만일 매슬로우가 주장한 바와 같이 소속감에 대한 욕구가 보편적이라면 사회적인 관계에 신경을 쓰지 않는다고 주장하는 부정회피애착 경험자들도 그들이 소통하던 집단 사람들에 의해 인정받을 때 긍정적인 정서적 반응을 보여야 한다고 주장했다. 예상했던 바와 같이 타인의 의견에 신경을 쓰지 않는다고 주장했던 부정회피애착 경험자들도 그들이 참여한 대화에서 집단원들이 그들에게 좋은 인상을 가지고 있다는 것을 알았을 때 긍정적인 감정과 높아진 자존감을 경험했다.

매슬로우처럼 현대 성격심리학자들은 소속감과 애정에 대한 욕구는 매우 강력하며 진화적 측면에서 매우 적응력이 있다고 주장한다. 한 사람이 집단에 속해 있는 것은 세상에 홀로 있는 것에 비해 생존과 생식에 큰 도움이 된다(Tice & Baumeister, 2001, p. 72). 그래서 매슬로우는 몇몇 사람들은 친구를 통해서, 몇 명은 가족관계를 통해서, 몇 명은 집단과 단체에 일원이 됨으로써 이러한 강력한 욕구를 만족시킨다고 믿었다. 그러한 관계가 없다면 우리는 외롭고 사회와 조화되지 않는다고 느낄 것이다.

애정에 대한 기본적, 또는 결핍 욕구는 타인의 애정을 바라는 자기중심적인 관심사이다. 매슬로우는 이것을 **D-사랑Deficiency-love**이라고 명명하였다. 이 욕구가 비교적 만족되었을 때 우리는 타인을 사랑할 수 있게 된다. 매슬로우는 이것을 **B-사랑Being-love**이라고 하고 사랑받고자 하는 낮은 수준의 욕구와 구분짓고자 했다. 매슬로우의 체계에 따르면, B-사랑, 또는 성숙한 사랑은 기본적 욕구가 충분히 만족되고 그 사람이 자아실현의 방향으로 이동하고 있을 때 가능해진다.

디치(Dietch, 1978)의 연구는 성숙한 사랑에 대한 매슬로우의 생각에 기본적 토대를 제공했다. 그는 자아실현 검사에서 높은 점수를 받은 대학생 남녀는 낮은 점수를 받은 학생들에 비해 지난 삼 년 동안 적어도 한 사람과 진정한 사랑을 했을 가능성이 높다는 것을 알아냈다. 이 실험은 자아실현감이 높은 학생들은 자아실현 체계에서 더 낮은 위치에 있는 사람들보다 애정을 표현하는 것과 친밀한 관계를 맺는 것이 익숙하다는 것을 말해 준다. 디치(Dietch)는 학생집단에서 성숙한 사랑을 할 수 있는 역량과 자아실현 사이에 긍정적인 상관관계가 있다는 것 또한 알아냈다. 더욱이 연인관계가 끝났다고 보고한 학생들 가운데서 자아실현감이 높은 학생들은 자아실현감이 낮은 학생들에 비해 그들의 전 애인들에 대한 원망이 적었다. 매슬로우의 이론과 같이 이 결과는 연인관계를 끝내는 것에 대해 자아실현감이 높은 학생들은 자아실현 체계에서 낮은 위치에 있는 학생들보다 더 성숙하고 품위와 이해심으로 받아들일 수 있다는 것을 제시한다.

자존의 욕구는 기본적인 욕구 중 마지막 욕구이다. 매슬로우는 이 욕구가 좌절될 때 사람들은 병에 걸린다고 주장한다. 그는 자존의 욕구를 두 유형, 즉 우리 자신의 역량, 독립심, 성과에 대한 존중에 기초한 자존감과 타인의 평가에 기초한 자존감으로 나누었다. 자존의 욕구의 두 번째 유형은 타인의 인정을 받기 위해 노력하거나 지위, 명성, 우세, 가치와 평가를 확보하기 위해 노력할 때 가장 많이 나타난다(Maslow, 1970a, p. 45). 또한 그는 일을 수행하는 데 있어 우리는 자존감을 타인의 칭찬이나 비난이 아닌 능력과 정당함에 기초해야 한다고 믿었다. 타인이 주는 적절하지 않은 칭찬을 받아들이는 것은 결국 개인의 발달에 좋지 않은 영향을 미칠 것이라는 것은 확실하다. 실제 학업 능력이 없는 한 젊은 여학생이 고등학교 교사와 부모로부터 그 역량에 대해 지속적으로 칭찬을 받아 왔고 결과적으로 대학에서도 훌륭한 점수를 받을 것이라고 기대했었다. 그런데 실제 이 학생의 대학교 일 학년 성적이 충격적일지도 모른다. 반대로 적절하지 않은 비난 또한 기능을 저하시킬 수 있다. 훌륭한 시를 쓰는 젊은 남성은 자신의 노력을 끊임없이 비하하는 가족들 때문에 자신의 시를 아무에게도 공개하지 않을지도 모른다. 결국 그는 시 쓰는 것을 완전히 그만둘 수 있다.

이 두 극단적인 사례에서 개인은 판단을 내릴 때 타인이 아닌 자기 자신에게 의존하는 것이 더 낫다. 하지만 많은 사례에서 사람들은 올바른 판단을 내리는 능력이 부족하고 타인의 충고에 의존해야 한다. 예를 들어 소풍갈 때 아이들은 특정 장소에서 수영하는 것을 피하는 데 있어 부모님의 충고가 필요할지도 모른다. 유사하게 자가진단과 질병의 치료는 심각한 결과를 초래할 수 있기 때문에 능력 있는 의사의 충고를 듣는 것이 더 지혜로울 수 있다. 그렇기 때문에 우리가 결정을 하는 데 있어 타인보다 우리 자신에게 의존한다는 매슬로우의 일반적인 처방은 의문스럽다. 우리는 사회적으로 격리된 공간에 존재하지 않으며 어떤 행동이 우리에게 이익이 되는지 항상 알 수 있는 것은 아니다. 우리는 항상 "우리의 내적 성향에서, 기질에서, 생물학적 운명이나 숙명에서 자연스럽고 쉽게 나오는" 행동에 의존할 수 없다(Maslow, 1970a, p. 46). 그렇게 생물적인 개인주의는 각 사람의 현실에 대한 이해가 다른 사람의 이해만큼 정확하다고 가정하는 특이한 주관주의로 악화될 수 있다.

메타 욕구

매슬로우의 욕구위계의 기본적 욕구가 충분히 만족되었을 때 자아실현에 대한 욕구와 인지적인 이해에 대한 욕구가 우세하게 나타난다. 사람들은 자신과 환경 구조에 대한 선천적인 호기심을 만족시키고 기본적 욕구 만족 뒤에 오는 현상을 알고 이해하고, 그들 자신의 특별한 잠재력을 발견하는 방향으로 이동하기 위해 노력한다. 하지만 이러한 긍정적인 방향으로의 움직임은 자동적으로 일어나지 않는다. 매슬로우는 우리가 보통 "우리의 최고 측면, 우리의 재능, 가장 훌륭한 욕구, 우리의 창의력"을 두려워한다고 믿었다(Maslow, 1962, p. 58). 우리의 능력 발견은 행복을 가져다 주지만, 새로운 책임감과 의무에 대한 두려움, 미지에 대한 두려움 또한 가져다 준다. 매슬로우는 이 두려움을 **요나 콤플렉스Jonah complex**라고 명명했다.

매슬로우는 많은 여성들이 자신의 지적 능력을 충분히 사용하는 것을 주저하고 성취가 여성스럽지 못하다고 생각하는 것은 여성들이 사회적 거절을 두려워하기 때문이라고 주장한다. 하지만 매슬로우의 주장이 몇몇 여성에게 적용될지 몰라도, 그러한 성공에 대한 두려움이 모든 여성에게서 나타나지는 않는다. Piedmont(1988)는 성공에 대한 두려움에 있어 여성들 간에 차이가 있다는 것을 알아냈다. 성공에 대한 두려움이 높은 여성에 비해, 성공에 대한 두려움이 낮은 여성은 남성 지향적인 직무를 잘 수행하였다.

남성에게는 성공에 대한 두려움의 동기가 다른데 이는 남성에게 성공은 성별에 적절한 행동이라고 간주되고 그것이 남성성의 손실이나 사회적 거절과 연관되어 있지 않기 때문이다. 대신, 남성의 성공에 대한 두려움은 지속되는 성공이 주는 책임감을 회피하고 싶은 마음, 물질적인 성공이 정신적 건강이나 영적 성취감을 주지 않을 것이라는 기분 또는 성공이 충분한 사회적 지위를 주지 않을 것이라는 생각에서 비롯된다(Hoffman, 1974, p. 356).

크로포드와 마레첵(Crawford & Marecek, 1989)은 여전히 성공에 대한 두려움을 갖는다는 것이 여성에게 문제가 있다는 암시를 준다는 이유로 비판했다. 그들은 성공에 대한 두려움이 여성의 성취를 위한 노력의 부족과 성과의 부족함을 설명하기 위해 사용되었다고 생각했다. 여성들이 남성 지향적인 업무를 자신들이 할 수 있는 만큼 수행하지 못한다면, 우리는 그들이 자신의 최대 이익을 위해 노력하고 있지 않는다고 본다. 그래서 남들과 경쟁하는 것과 성공을 위해 노력하는 것이 좋다고 가정하는 남성의 가치와 사고방식에 맞춰 여성들을 평가한다(Crawford & Marecek, 1989, pp. 151–153).

이런 결핍의 관점의 대안으로, 히란드(Hyland, 1989)는 여성들의 성공회피 행동은 그들이 성공을 회피하기 위한 동기가 있어서가 아니라 성공을 회피하는 것이 다른 목표에 대한 욕구를 반영하는 일종의 타협이기 때문이라고 제안한다. 예를 들어 몇몇 여대생들은 친구를 만들기 위해 앞서가는 것을 꺼릴 수도 있다(Hyland, 1989, p. 668). 히란드의 관점에서 성공을 회피하는 것은 언제나 불합리하거나 자멸적인 행동이 아닌 더 중요한 목표를 위해 성공을 희생하는 합리적인 결정일 수 있다(Hyland, 1989, p. 674).

하지만 현실에서 사람들은 하나의 목표를 위해 항상 다른 목표를 희생하지 않는다. 보통 그들은 자신이 높게 평가하는 여러 가지 목표들을 가지고 있고 동시에 그것들을 추구한다. 좋은 점수를 받고 졸업하여 성공하는 목표를 가지고 대학에 들어간 여성(혹은 남성)이 동료의 거절을 회피하기 위해 학업을 제대로 하지 않고 자신의 목표 성취를 위태롭게 한다는 것은 논리적으로 말이 되지 않는다. 더욱 합리적인 방법은 학업적으로 훌륭한 결과를 내려고 노력하는 동시에 친구들을 만들고 그들과 가깝게 지내는 것일 것이다. 이러한 목표들은 상호 배타적이지 않다. 남녀 대학생들은 등록금으로 들어가는 수백만 원과 시간과 노력(그리고 나쁜 성적에서 오는 고통)을 단지 그들의 친화 욕구를 만족시키기 위해 낭비할 필요가 없다.

매슬로우에 의하면 사회화 관습이 성별에 따라 제한된 가치들을 가르치는 한, 사람들은 자아실현으로 가는 데 어려움을 겪을 것이다. 남성적인 목표를 가지고 있기 때문에 자신이 여성스럽지 않게 보일지도 모른다는 두려움은 여성의 역할이 진화하고 제한이 줄어들면서 점점 약해지고 있다. 남성들 또한 그들의 개인 발달을 제한하는 사회화 관습에 노출되어 있다. 남성의 역할이 변화하면서 그들은 타인을 향한 감정과 부드러움의 표현은 자신을 온전한 인간으로 만들어 준다는 것을 배우고 있다.

매슬로우의 생각에 따르면, 사회화 훈련이 부족하면 젊은 사람들은 자아실현을 향한 움직임을 방해하는 **세속적인 태도**desacralizing attitude를 형성하게 된다. 매슬로우는 이러한 태도가 많은 청소년들이 존경하지 않는 부모, 자신의 가치에 대해 혼란스러워하는 부모들 아래서 자라왔기 때문에 나타난다고 믿었다. 이러한 부모는 잘못된 행동을 하는 아이를 처벌하지 않거나 그러한 행동을 하지 않도록 절대 막지 않는다. 그들은 자신의 자녀를 두려워하고 아이가 하고 싶은 것을 하게 내버려 둔다. 결과적으로 아이들은 부모를 무시하는 구실을 갖게 된다. 아이들은 모든 어른들이 자신의 부모와 같다고 결론지으며, 어른에 대한 존경심을 갖지 않는다. 청소년 시기의 아이들은 어른에 대해 냉소적이고 의심쩍은 태도를 취한다. 매슬로우는 이러한 사람들이 자아실현의 방향으로 나아가기 위해서는 자신의 삶을 다시 신성하게 하는 것을 배우는 방법밖에 없다고 믿었다. 즉, 그들이 어른에 대한 냉소적이고 의심쩍은 태도를 버리고, 어른들의 약점만 보는 대신 미덕과 장점을 바라보기 시작해야 한다는 말이다(Maslow, 1971, pp. 49–50).

요약해 보면 자아실현으로의 변화는 사람들 간의 평등함과 신뢰를 조장하는 사회화 과정을 포함하는 좋은 환경과 개개인의 결정권에 대한 지지와 존중에 의존한다. 이러한 주장을 지지하는 연구 결과로써 자아실현감이 높은 학생들은 그들의 부모님이 자녀의 자기계발을 돕기 위해 **권위 있는 양육방식**authoritative parenting style을 사용했다고 말하였다. 이런 권위 있는 양육방식은 신체적이나 언어적 폭력 없이 부모의 자녀에 대한 존중, 동의하지 않을 때는 표현하라고 장려하는 마음, 일관적이고 확고한 훈육을 포함한다. 부모의 확고부동함은 부모의 온정, 합리성, 융통성과 언어적 의견의 교환에 의해 조절되었다. 연구자들은 **허용적 양육방식**permissive parenting style은 자아실현을 향한 움직임과 관련이 없지만 맹종을 요구하는 **권위주의적인 양육방식**authoritarian parenting style은 실제로 자기 성장을 억제한다는 것을 알아냈다. 권위주의적 부모들은 그들의 판단에 무조건적인 복종을 요구했고 아이의 완전한 복종을 위해 신체적 폭력을 가할 마음이 있음을 보여 주었다(Dominguez & Carton, 1997, pp. 1094–1098).

B–인지와 자아실현

적절한 사회화 조건이 주어져 있고 사람들이 위험을 감수할 능력과 마음이 있다고 가정했을 때 긍정적인 발달이 이루어질 것이다. 이때 개인은 더욱 더 **B–인지**B–cognition 상태에 있게 된다. 매슬로우의 체계에서 **D–인지**D–cognition 경험은 판단, 비난, 우리 자신과 타인에 대한 인정과 불인정으로 이루어진다. B–인지 경험은 비판단적이고 자기 타당화되고 애쓰지 않으며 일시적이다(Maslow, 1962, p. 68). 이러한 **절정 경험**peak experience의 상태에서 사람들은 단순함 속에 "의무감", 아름다움, 미덕과 완전함을 경험한다. 이 경험은 긴장이 없고 노력을 필요로 하지 않으며 압박감을 느끼는 경우라도 자발성을 지닌다(Maslow, 1962, p. 73). 일반적으로 이것을 경험하는 사람은 시간과 공간에 대한 자각이 없고 놀라움, 경외심, 존경과 같은 강력한 감정을 느낀다. 이러한 강렬한 경험을 하는 동안 개인은 자신의 이기심을 초월하고, 자신의 욕구와 소망에 맞추어 사건과 사물을 왜곡하는 것이 아니라 그것들을 있는 그대로 지각한다(Maslow, 1970b, pp. 59–68). 매슬로우는 이러한 경험의 예로서 "아름다운 사람과 아름다운 작품을 감상하고 완전한 성관계나 완벽한 사랑, 통찰력, 독창성을 경험하는 것"을 든다(Maslow, 1962, p. 79). 대학생들은 자연의 아름다움에 경외심을 느끼거나 침묵의 시간을 가지는 순간, 음악을 감상할 때, 운동을 할 때, 소설이나 시를 읽을 때, 기도할 때와 연인과 육체적 사랑을 나눌 때 경험하는 황홀함을 예로 든다(Keutzer, 1978, p. 78). 한 연구 결과는 마약이 절정 경험을 유발하는 데 도움이 되지 않는다는 영국대학협회의 의견을 제시한다(Lowis, 2003, pp. 41–53). 또 다른 연구는 절정 경험이 어른과 아이에게서 모두 일어날 수 있다고 한다. 아이들은 자신이 경험한 절정의 순간들을 잘 묘사하지 못하므로 어른들에게 유년기에 경험한 절정 경험을 최대한 기억해 내도록 했다. 물론 그러한 회상을 바탕으로 한 보고는 기억 왜곡이나 위조의 가능성이 있기 때문에 이러한 결과를 매우 회의적으로 바라 보아야 한다. 그러나 이것을 염두에 두고 이런 회상을 바탕으로 한 보고에서도 잊지 못할 꿈, 기도, 자연의 장관을 바라보는 것 등 어른들이 어린 시절 경험한 절정 경험이 나타났다(Hoffman, 1998, p. 115). 연관된 연구에서 Shin(1993, p. 252)은 자연의 아름다움과 독특함을 자주 감상하고 자연의 보존에 매우 동감하고 있는 캐나다 야영자들은 자연에 대한 감상력을 덜 가지고 있는 사람들에 비해 자아실현감이 더 높다는 것을 알아냈다. 친환경적인 사람들에게서 우리가 예상할 수 있듯이 절정 경험을 경험한 사람들은 경험하지 못한 사람들에 비해 덜 물질적이고 지위에 대해 신경을 덜 쓰며 타인의 행복에 더 많은 관심을 가진다(cf., Christopher, Manaster & Campbell, 2002, pp. 35-51).

B-인지는 사람들이 평생 동안 행복하게 살 수 있는 완벽한 상태가 아니다. B-인지를 경험하는 데 있어서 자아실현감이 높은 사람들이 보통 사람들보다 더 유능한 것은 사실이지만 이 상태에 지속적으로 머물지 않는다(Maslow, 1962, pp. 109-110). 생존은 행동을 필요로 하기 때문에 그런 소극적이고 간섭 받지 않는 상태에 지속적으로 머문다는 건 치명적이다. 안전수칙을 지키지 않은 채 호랑이의 아름다움을 감상하는 사람은 생존할 수 없을지도 모른다. 매슬로우의 말을 빌리자면 "호랑이의 B-인지는 호랑이를 죽이는 것을 반대하지만 자아실현의 욕구는 호랑이의 죽음을 필요로 할지 모른다"(Maslow, 1962, p. 111). 이 예시에서 자아실현은 B-인지 이외에 D-인지 또는 안전에 대한 욕구를 요구한다. 더 포괄적인 측면에서 자아실현의 과정은 환희와 기쁨 이외에 충돌, 분투, 불확실성, 죄책감과 후회 또한 포함한다(Maslow, 1962, p. 111).

B-인지 경험과 연관된 또 다른 위험은 타인에 대한 무차별적인 수용이다. "오로지 자기 자신의 존재 자체만을 봤을 때 각자는 완전하다. 그래서 그들에 대한 평가, 비난, … 비판, [타인과의] 비교는 부적당하며 초점을 벗어난 것이다"(Maslow, 1962, p. 115). 하지만 때때로 사람들은 타인에 대해 너무 관대할 때가 있다. 그러나 매슬로우의 입장에서 사람들은 다른 사람의 성장을 촉진시키기 위해서 그들에게 한계를 정해 주고, 그들을 훈육시키고, 의도적으로 그들을 좌절시켜야 하는 책임감을 받아들여야 한다. 부모와 교사는 이러한 고통스러운 딜레마에 계속 직면한다(Maslow, 1962, p. 112). 사람들이 평가와 비난을 하지 않는 B-인지 경험자의 실패를 사랑, 관심, 동정심 부족으로 잘못 해석할 수 있는 위험성도 있다. 만약 그들이 결과적으로 타인을 나쁘거나 신뢰와 존중을 받을 자격이 없다고 생각하게 된다면 그들의 발달은 지체된다(Maslow, 1962, p. 113).

자아실현을 하는 사람의 특징

자아실현을 하는 사람의 특징을 발견하고 구분짓기 위해서 매슬로우는 그의 친구들과 친지들 중에서, 또 아브라함 링컨, 토마스 제퍼슨, 알베르트 아인슈타인, 엘레나 루즈벨트, 제인 아담스, 윌리엄 제임스, 알베르트 슈바이처, 올더스 헉슬리와 바로치 스피노자를 포함한 역사적 위인들 가운데서 표본을 선별하여 인간 모집단을 구성했다. 그가 집중 연구를 위해 이 인물들을 선택한 이유는 그들 모두에게 신경증, 정신병 질환자의 성격 또는 정신 이상이 발견되지 않았고 자아실현의 경향이 보였기 때문이다. 그는 그 자료가 일반적인 과학적 신뢰성, 타당성, 표본 추출의 기준을 따르지 않고 단지 인상에 근거한 사실을 인정하였으나 심리적 건강 문제가 매우 중요하다고 생각했기 때문에 증거의 발견적 가치를 위해 이 자료를 제시하게 되었다(Maslow, 1970a, pp. 149–152).

이 인물들의 삶에 대한 집중 연구를 끝낸 후 매슬로우는 자아를 실현한 사람들이 실현하지 않은 사람들에 비해 현실에 대해 좀 더 효율적인 지각을 하고 있다는 결론을 내렸다. 그들은 자아를 실현하지 않은 사람들보다 여러 가지 상황에서 진실을 지각하고 타인의 부정직과 속임수를 탐지할 수 있으며 그들의 판단은 고정관념과 편견의 영향을 덜 받는다(Maslow, 1970a, pp. 153–154). 자아를 실현한 사람들은 자기 자신, 타인 그리고 환경을 그렇지 않은 사람들보다 더 잘 수용할 줄 안다. 그들은 자신과 타인의 부족한 점을 알고 있지만 그것에 대해서 죄책감을 느끼거나 불안해하지 않는다. 그러나 그들은 그것을 자연의 이치를 받아들이듯이 냉정하게 대처한다. 매슬로우는 또한 그들이 식욕이 왕성하고 후회, 수치심과 변명 없이 그들 자신을 즐긴다고 했다(Maslow, 1970a, p. 156). 그들은 숙면을 취하며 성생활도 불필요한 억압 없이 즐긴다. 그들은 생리적 현상, 배뇨, 배변, 생리, 임신과 노화를 현실의 일부라고 생각하기 때문에 그것들에 대해 수치심을 느끼지 않는다(Maslow, 1970a, p. 156).

자아를 실현한 사람들은 그렇지 않은 사람들보다 문제해결능력이 뛰어나고, 타인에게 도움을 줄 수 있는 일에 더 많은 관심을 가지고, 내면의 관찰보다는 실행에 강하다. 초등학교와 고등학교 교사들 중 자아를 실현한 사람들은 그렇지 못한 사람들보다 피로(감정적 피로)를 덜 느끼고 개인 성취도가 높았다(Malanowski & Wood 1984, p. 25). 자아실현을 경험하지 못한 사람들은 자신에 대한 걱정이 많으며 열등감을 느끼는 특징이 있다(Maslow, 1970a, pp. 159–160). 자아를 실현한 사람들은 "사회가 정해 준 법칙이 아닌 그들 자신의 법칙을 따르는 삶을 살기 위해" 문화에 적응하는 것을 거부한다

(Maslow, 1970a, p. 174). 그들은 지나친 거부반응을 보이거나 법을 비판 없이 수용하지 않으며 문화로부터 어느 정도 거리를 두고 있는 경향을 보인다. 그들은 자신이 인지한 풍습을 무해하게 받아들일 수 있지만 불의에 강하게 반응한다. 일반적으로 그들은 "변화에 대한 완만한 수용을 암시하는 듯한 문화적 발전에 대한 침착한 관심을 장기간 동안 보이는 동시에 그런 변화에 대한 확실한 욕구와 필요성을 보여 준다"(Maslow, 1970a, p. 172).

자아를 실현한 사람들은 민주적인 성격 구조를 보인다. 자아를 실현하지 않은 사람들에 비해 그들은 인종, 신조, 성별, 종교적 관계, 학벌이나 사회적 지위에 큰 신경을 쓰지 않는다. 일반적인 사람들에 비해 대체로 창의력이 높은 경향을 보이지만 그들은 자신을 어떤 측면에서도 우월하다고 생각하지 않는다. 그들은 자신의 한계를 인정하고 전문지식이 부족한 분야에 대해 도움을 요청할 수 있다. 그들은 정직하게 타인을 존중하며 모르는 것을 가르쳐 줄 수 있는 사람 앞에서 진실된 겸손함을 보인다. 그들은 친구 선택에서 엘리트를 선택하는 경향이 있지만, 출생, 인종, 성별, 가족, 나이, 유명세 혹은 권력이 아닌 재능과 능력에 기초하여 선택한다(Maslow, 1970a, pp. 167-168).

자아를 실현한 사람들 또한 단점이 있다. 그들은 "재미없고 고집 세고, 성가시게 할 수 있다. 그들은 외면의 허영, 자존심, 그들의 생산성, 가족, 친구, 자녀에 대한 편애 등에서 절대 자유롭지 못하다. 분노 분출은 생각보다 자주 일어난다"(Maslow, 1970a, p. 175). 그들은 또한 특이한 무자비함을 보여 줄 수 있다. 예를 들어 그들은 친구가 정직하지 못했다고 생각하면 그 친구와 완전히 절교할 수 있다. 그들은 충격적이고 모욕적인 행동을 하거나 그런 언어를 사용할 수도 있다. 정리해 보면 그들도 다른 사람들처럼 상황에 따라 공격적이고 원시적인 행동을 할 수 있다.

성격발달

매슬로우는 개인에게 높은 위계 욕구가 생기기 전에 낮은 위계 욕구가 적어도 특정 수준까지는 만족이 되어야 한다는 보편적인 개인 발달에 대한 위계 이론을 세웠다. 위계가 나타나느냐 나타나지 않느냐 하는 것은 환경의 영향을 많이 받는다. 개인을 위협하고 기본적 욕구 충족을 허락하지 않는 환경은 성장에 치명적이다. 하지만 지지적이고 이러한 욕구 충족을 돕는 환경은 자아실현으로의 성장을 촉진시킨다. 매슬로우는 사람이 기본적 욕구를 만족시키기 위해 노력하는 발달 초기단계에서 환경이 매우 중요하다고 생각했다. 안전, 애정, 소속감에 대한 욕구는 그것을 만족시키려는 다른 사람의 협력에 전적으로 의존한다. 더 높은 위계 욕구가 나타날수록 환경과 타인의 보상이나 인정에 대한 사람들의 의존도는 낮아진다. 그들은 자신의 행동, 내적 성향, 능력, 잠재력, 재능과 창의적인 추진력을 끌어내기 위해 그들의 내적 경험에 점점 더 의존하게 된다(Maslow, 1962, p. 32). 매슬로우의 생각을 지지하는 보데이지스(Bordages, 1989)는 자아를 실현한 사람들은 타인의 기대와 요구와는 상관없이 행동한다는 것을 제시하였다. 그들은 문제를 해결하는 데 있어 그들 자신의 능력과 판단에 크게 의존한다.

> 외부 세계로부터 동기 결핍의 충족을 얻기 위해 반복적으로 사용하는 기술은 많이 필요하지 않다. 연합 학습(또는 단순한 조건화)은 이해력과 통찰력 증가, 자아 이해와 인격의 지속적인 발달을 도우면서 지각 학습에 더 많은 도움을 준다. 변화는 더 이상 습관이나 연합을 하나씩 습득하는 것이 아니라 전체 인간을 전체적으로 변화시킨다는 의미이다. 이런 종류의 성격 변화 학습은 매우 복잡하고 통합되고 전체적인 유기체를 변화시킨다는 것을 의미하고 이것은 한 사람이 점점 더 안정적이고 독립적으로 변할수록 많은 외부적 영향을 더 받아들이지 않게 될 것이므로 많은 영향은 어떤 변화도 일으키지 않는다는 의미를 지니고 있다. (Maslow, 1962, p. 36)

지속적인 지각 학습의 출현과 함께 사람들은 타인의 기대와 가치가 아닌 그들의 내적 성향에 귀를 기울임으로써 자신의 자발적인 결정을 내릴 수 있게 된다.

자아실현을 초월한 독립적인 동기 상태로 존재하는 자기초월

최근, 콜트고 리베라(Koltko-Rivera, 2006, pp. 302-317)는 매슬로우가 삶을 마감하기 전 그의 욕구위계를 수정하여 자아실현 너머에 존재하는 자기초월이라는 새로운 동기 상태를 설명하였다고 주장한다. 콜트고 리베라는 대부분의 성격이론 교과서의 저자들이 매슬로우의 입장을 제시하는 데 있어 이 새로운 동기 위계를 정확하게 포함하지 않았음을 지적한다. 이 새로운 동기 위계에서 개인은 자아 너머의 목적을 발달시키고 자아의 경계를 넘어선 본질과 타인과의 교감을 경험하기 위해 노력한다. 콜트고 리베라의 생각에 의하면 지금까지 대부분의 학자들이 그래왔듯이 자아실현이 위계의 가장 상위에 있게 되면 자아실현에 "특정 자기 확장 측면(certain self-aggrandizing aspect)"의 자기-영속화가 존재하게 된다(Koltko-Rivera, 2006, p. 306). 이때 개인적 자아 밖에 있는 목적과 타인을 향한 봉사가 가장 미덕이라고 판단하는 이타적인 관점(자기초월)보다 개인의 이기적인 욕구가 먼저 앞서는 현상이 일어난다. 안타깝게도 이 관점은 자아를 실현한 사람들에 대한 매슬로우의 변화하는 개념화를 부정하는 행위이다. 매슬로우의 후반기 연구에서 **자아실현을 초월한 사람**transcending self-actualizing person과 초월 없이 자아를 실현한 사람을 구분지었다. 초월 없이 자아를 실현한 사람이 건강할 때, 자아실현을 초월한 사람은 훨씬 더 건강했다. 자아실현을 초월한 사람은 궁극적으로 건강한 사람이 되는 방향으로 변화하고 있었다(Maslow, 1971, pp. 270-286). 하지만 이런 발전한 관점은 자아실현을 초월한 사람들이 절대 이기적이지 않거나 실수를 하지 않거나 한계가 없다는 뜻이 아니다. 만일 그렇다면 그들은 인간이 아닌 신일 것이다. 대신 매슬로우는 처음에 추측하였듯이 이런 매우 건강한 사람들은 이기적이고 이타적인 면을 둘 다 가지고 있다고 생각했다. 이 발전한 관점에서 매슬로우는 이 고도로 발달한 사람들은 이기적인 면을 제거하고 이타적인 면을 발전시키기 위해 다른 사람들보다 더 노력한다고 언급하였다. 그들은 이기심과 이타심 사이에 대립을 중재시키기 위해 자주 분투하고 자기계발 과정 동안 장점이 많은 쪽으로 더 자주 생각하도록 충분히 변화해 왔다. 그러므로 콜트고 리베로의 주장과는 달리 매슬로우는 자아실현과 관계없는 자기초월을 가정하지 않았다. 성인(聖人)은 아니지만 자아실현을 초월한 사람들은 모든 사람들을 위해서 정의와 평화의 세상을 만들기 위한 노력을 최우선의 관심사로 여긴다.

평가 기법

자아실현 경험자 식별

매슬로우는 자아를 실현한 사람들을 식별해 내기 위해서 여러 가지 연구 방법을 사용했다. 그는 반복(iteration)이라는 선별 방법을 처음으로 사용하였다(Maslow, 1970a, p. 151). 자아실현의 의미에 대한 그의 일반적인 신념부터 시작해서 다른 대중적으로 사용되는 용어들과 비교한 후 그들 간에 논리적 불일치를 체계적으로 배제하는 과정을 통해 공통되는 정의를 내렸다. 그리고 매슬로우는 이 정의를 기초로 3,000명의 대학생들을 자아를 실현한 집단과 실현하지 못한 집단으로 나눴다. 그 후 같은 학생들을 상대로 그들 내에 자아를 실현한 사람의 특징이 존재하는지를 확인하기 위해 로샤 검사(Rorschach Test), 머레이의 주제 통각 검사(TAT), 자유연상, 심층 면담을 이용한 사례 연구를 진행하였다.

자아실현의 개념을 경험적으로 입증하려는 노력을 통해 나온 결과를 바탕으로 정의는 바뀌고 수정되었다. 그 후에 이 새로운 정의를 바탕으로 원래 주제들이 재선택되고 참여자들은 같은 임상 절차를 통해 다시 연구되었다. 이 새로운 자료를 바탕으로 자아실현의 정의는 다시 수정되었고 새로운 정의는 다음 임상 연구를 위해서 남아 있는 참여자들에서 새 연구 참여자들을 선출하는 데 사용되었다. 자아실현을 경험한 사람과 경험하지 않은 사람들의 정확한 식별이 이루어질 때까지 이 과정은 반복되었다. 예상대로 이 반복적인 절차는 3,000명으로 구성되어 있던 본래의 표본에서 엄격한 자아실현의 정의에 들어맞는 사람들의 수를 대폭 줄여 놓았다. 매슬로우는 젊은 층은 자아실현과 연관된 특성을 발달시키기에 충분한 시간과 경험을 가지고 있지 않을 가능성이 있기 때문에 중년층과 노년층을 상대로 연구를 하는 것이 더 유용할지도 모른다는 판단을 내렸다.

매슬로우는 자아를 실현했을 가능성이 있는 사람들로서 그의 친구들, 지인들과 몇 명의 대중과 링컨, 제퍼슨, 루즈벨트, 아인슈타인, 슈바이처, 스피노자, 카버, 데브스, 카잘스, 스티븐슨, 조지 워싱턴, 로버트 벤츨리 그리고 카밀 피자로를 포함한 역사적 인물을 조사했다. 전기상의 정보가 의미 있는 결론을 내리기에 충분한 정보를 제공한다는 것을 알았기 때문에 매슬로우는 역사적 인물에 초점을 맞추기 시작했다. 반면에 현존하는 인물들은 대부분 그의 연구에 대한 제의를 받았을 때 "자신을 의식하며 얼어 붙고, 모든 노력을 웃어 넘겼으며 관계를 끊었기" 때문에 그들에게서 그런 정보를 얻는다는 건 거의 불가능하였다(Maslow, 1970a, p. 151). 그의 연구 결과에서 자아를 실현한 사람의 수는 대학생보다 나이가 많은 사람들 중에서 더 높았지만 그 숫자는 여전히 낮게 유지되었다는 사실을 밝혀냈다.

매슬로우의 평가절차는 부정확하고 모호했다. 예를 들어, 우리는 인터뷰에서 사용된 여러 실험들이 어떻게 관리되고 점수가 매겨졌는지, 실험 참여자들의 자아실현 경험의 유무를 결정하기 위해서 어떤 종류의 자유연상 방법들을 사용했는지, 역사적 인물들 중 일부는 자아실현을 경험하였고 나머지는 그렇지 못했다고 어떻게 결정짓게 되었는지 확실히 알지 못한다. 가장 중요한 것은 매슬로우는 그의 실험을 위해 자신이 매우 존경하던 인물들을 선택하였고, 이는 그의 자아실현에 대한 정의가 단순히 자신의 개인적 가치관을 반영하고 있는 가능성을 분명하게 말해 준다.

개인지향성 검사

비록 초반에 매슬로우의 이론은 적절한 연구 수행을 방해하는 방법론적인 문제들 때문에 시달렸지만 이 이론의 몇 가지 측면들의 연구는 **개인지향성 검사**Personal Orientation Inventory(POI)라는 더 신뢰성이 높고 타당한 자아실현 측정방법을 구축함으로써 용이하게 되었다. POI는 자아실현 과정에 매우 중요한 가치와 행동을 반영하는 150개의 강제 선택식 문제들로 구성되어 있는 개인작성 질문지이다. 실험 참여자들은 각각의 문제에 주어지는 한 쌍의 문장들 중 그들 자신을 가장 잘 설명하는 문장을 선택하여야 한다. 그리고 이 답변들은 자아실현과 일치하는 답변마다 점수를 주는 방식으로 채점되며 점수가 높을수록 더 큰 자아실현을 의미한다. 질문 표본은 **표 12.1**에 나와 있다.

초기에 POI를 구성할 때에 연구도구로서의 신뢰성과 타당성을 확보하는 데 많은 관심을 가졌다. 다양한 표본으로 한 검사/재검사 신뢰도는 만족스러웠다(Ilardi & May, 1968, pp. 68-72). 타당도 측면에 있어서 몇몇 연구들은 이 측정방법이 우리가 일반적으로 자아실현 단계에 차이가 있을 것이라고 생각하는 사회집단들을 구분하는 데 사용될 수 있다는 것을 보여 준다. 한 예로, 두 개의 연구가 정신병 환자들의 집단은 거의 모든 POI 척도에서 숙련된 임상심리학자들에 의해 자아실현을 경험했다고 평가된 집단보다 점수가 낮다는 것(자아실현을 덜 했다는 것)을 보여 주었다(Fox, Knapp & Michael 1968, pp. 565-569). 또 다른 실험에서 POI의 모든 척도는 알코올 중독자 부인, 비알코올 중독자 부인과 임상적으로 판정된 자아실현자의 집단을 예상했던 대로 구분하였다. 정상적인 실험 참여자들의 집단 또한 많은 POI 척도에서 알코올 중독자 부인들의 집단보다 높은 점수를 얻었다(Zaccaria & Weir, 1967, pp. 151-157). 일반적으로, 이들 실험들과 다른 실험들은 POI가 정상과 비정상 집단을 구분짓는 타당한 판별 방법임을 보여 준다.

다수의 실험들은 POI가 감수성 훈련과 대면집단 경험 후 자아실현의 변화를 측정하는 데 있어 효율적으로 사용될 수 있다는 것을 보여 준다. 한 예로 도사만테스-알페르손과 메릴은 집단에 참여한 집단원들에게 몇 가지의 집단치료에 참여하기 전과 후에 POI를 실시하였다. 통제집단(발레 반과 치료 집단과 같은 집단에서 선택된 대기자 집단) 또한 같은 시기에 POI를 작성하였으나 집단치료는 받지 않았다. 통제집단과 비교했을 때, 치료를 받은 참여자들이 더 자아를 실현하게 되었다는 것을 보여 주었다. 그 말은 그들이 더 내부지향적이고, 자발적이고 자기 수용적으로 변했다는 뜻이다. 또 다른 연구에서도 감정표현과 타인의 욕구에 대한 민감함의 필요성을 강조한 상담을 받은 집단이 상담을 받지 않은 여러 대조군 집단에 비해 두 개의 주요 척도와 대부분의 세분화 척도에서 더 큰 자아실현의 방향으로 POI 점수의 변화를 보였다(Pearson, 1966).

이렇게 일반적으로 긍정적인 결과에도 불구하고 POI 또한 방법론적인 결점을 가지고

표 12.1 Shostrom의 개인지향 검사 문제*

1. a. 나는 미래에 일어날 일을 예측하기 위해 항상 노력한다.
   b. **나는 미래에 일어날 일을 항상 예측하는 것이 중요하다고 생각하지 않는다.**
2. a. 나는 좋은 것들은 미래를 위해 보관하는 것을 선호한다.
   b. **나는 좋은 것들은 지금 사용하는 것을 선호한다.**
3. a. **내겐 지금 내가 여기에서 어떻게 살고 있는지가 중요하다.**
   b. 내겐 지금 내가 여기에서 어떻게 살고 있는지는 별로 중요하지 않다.
4. a. 나는 공정의 법칙에 얽매어 있다.
   b. **나는 공정의 법칙에 완전히 얽매어 있지 않다.**
5. a. **난 보통 자발적으로 결정을 내린다.**
   b. 난 거의 자발적으로 결정을 내리지 않는다.
6. a. **내가 하고 싶은 것을 바탕으로 인생을 살 수 있다.**
   b. 내가 하고 싶은 것을 바탕으로 인생을 살 수 없다.
7. a. 나는 타인들도 동의하는 가치들을 토대로 살아간다.
   b. **나는 내 자신의 감정을 주 바탕으로 하는 가치들을 토대로 살아간다.**
8. a. 타인이 내 관점을 받아들이는 것은 중요하다.
   b. **타인이 내 관점을 받아들일 필요는 없다.**
9. a. **나는 성실하기 위해 노력하지만 때론 실패한다.**
   b. 나는 성실하기 위해 노력하고 나는 성실하다.
10. a. **나는 인간은 근본적으로 선하고 신뢰할 수 있다고 믿는다.**
    b. 나는 인간은 근본적으로 악하고 신뢰할 수 없다고 믿는다.
11. a. **나에게 일과 노는 것은 같다.**
    b. 나에게 일과 노는 것은 대립된다.
12. a. **나는 몇몇 사람들은 어리석고 재미없다고 생각한다.**
    b. 나는 그 어떤 사람도 어리석고 재미없다고 생각하지 않는다.

* 진하게 표현된 문장들을 선택하여 답을 작성한 사람은 그렇지 않은 사람보다 자아실현적이다.

출처: Shostrom, *POI*, Copyright © 1999. EdITS Publishers, San Diego, CA 승인으로 증쇄됨. 판권 소유.

있다. 일차적으로 다시 제기되는 방법의 문제점은 타인으로부터 좋은 인상을 얻어내기 위해 실험 참여자들이 의도적으로 그들의 답변을 조작할 수 있다는 것이다. 이것은 **인본주의 심리학**humanistic psychology 문헌에 익숙한 참여자들은 그들이 실제로 그렇지 않더라도 자아실현을 경험한 듯이 의도적으로 그들 자신을 나타낼 수 있다는 말이다. POI는 그런 위장을 밝히기 위해 거짓탐지 척도를 포함하고 있지만 만일 상당수의 참여자들이 답변을 조작하는 것으로 보여지면 연구도구로써의 유용함이 줄어들 것이다. 여러 모집단 내의 그런 참여자들의 비율은 아직 밝혀지지 않았지만 이 도구는 우선적으로 경험이 없는 모집단에게 사용되는 것이 합당하다.

또 다른 문제점은 그런 도구들이 실험 참여자들로 하여금 그들의 의견과 감정을 완전하고 정확하게 표현할 수 없게 하기 때문에 그들이 일반적으로 강제선택식 질문에 답하는 것을 좋아하지 않는다는 것이다. 또한 대부분의 성격검사가 그러하듯이 POI는 특정 상황과 연결지어 사람들의 특징을 평가할 수 없다. 예를 들어 POI 문항 중 하나는 다음과 같다.

a. 나는 인생의 기복에 대처할 수 있다.
b. 나는 인생의 기복에 대처할 수 없다.

어쩌면 참여자는 학교일과 관련된 인생의 어려움 (또는 실패)은 감당해 낼 수 있지만 그것이 가까운 친구를 잃는 일이라면 감당할 수 없을지도 모른다. 그 사람은 학업적 성취에는 잘 대응하지만 선생님이나 친구들의 칭찬에는 서툴게 반응할지도 모른다. 요점은 POI의 몇몇 질문은 특정 상황에서의 참여자의 반응을 평가하지 않는다는 것이다.

연구에서의 POI의 적용

POI의 결점에도 불구하고 POI는 매슬로우의 몇 가지 견해를 검증하는 데 있어 연구자들에게 유용하다는 것이 밝혀졌다. 예를 들어 매슬로우의 이론은 자아실현을 하는 개개인은 음식, 거처, 소속감과 애정, 자존감에 대한 기본적인 욕구를 모두 만족시켰다고 가정한다. 그들의 관심은 기본적인 욕구를 채우는 데에 더 이상 중점을 두고 있지 않기 때문에 그들은 본인의 신체적, 정신적 건강을 증진시키는 데 초점을 둘 수 있다. 그러므로 자아실현을 하는 개개인은 건강한 식단을 갖고, 규칙적으로 운동하고, 과음과 흡연을 중단하는 것과 같이 건강을 증진시키는 행동을 보여야 한다. 액톤과 말라텀(Acton & Malathum)은 대학교육을 받은 성인들의 연구(2000, p. 796)에서 이 예측을 지지한다. 최근 연구들도 자아실현을 하는 사람들은 정신적으로도 건강하다는 것을 보여 준다. 즉, 그들은 자신과 타인에 대한 이해 및 일상적인 욕구, 문제와 압력을 대처하는 능력에 있어 매우 안정적이다(Bar-On, 2010, pp. 54-62; Vaughn, Naylor, & White, Jr., 2009, pp. 2-12).

한 흥미로운 연구는 또 다시 기본적 욕구의 만족과 자아실현의 개념에 초점을 맞춘다. 카저와 그의 동료들(Kasser & Ahuvia, 2002, pp. 137-146; Kasser & Ryan, 1993, pp. 410-422; Kasser & Sheldon, 2000, pp. 348-351)은 기본적인 욕구를 만족시켜 줄 수 없

는 가정에서 자란 사람들, 즉 우정, 사랑, 자존감을 향한 그들의 바람을 만족시키지 못한 사람들은 불안정하다고 느낄 가능성이 높다고 주장한다. 이러한 불안정한 감정들은 타인, 재산, 인기, 사회의 인식과 모든 외부적 가치에 대한 강하고 지나친 염려로 이어진다. 외부적인 목표 달성에 대한 걱정은 개개인으로 하여금 내면적인 가치, 즉 자기계발과 정신적 건강과 관련된 자기수용, 우정, 소속감에 대한 가치 발달을 무시하게 한다. 카저와 그의 동료들은 불안정한 사람들이 물질적인 가치에 대해 더 많이 고민하며 그들의 더 많은 물질적인 지향은 더 낮은 자아실현과 관련되어 있다는 사실을 밝혔다. 그들이 실제로 금전적 성공을 이루었을 때에도 물질적인 가치를 중요시하는 사람들은 여전히 불행하고 낮은 자아실현감을 가지고 있었다. 반대로 공동체 소속을 매우 중요시 여긴 사람들은 자아실현감이 더 높다고 밝혀졌다.

카버와 바드(Carver & Baird, 1998, pp. 289-292)는 카저(Kasser)의 연구의 기본 개념과 결과에 대체적으로 동의하지만 카저와 그의 동료들이 결과 분석을 논리적인 결론으로 이끌지 못했다고 주장한다. 구체적으로 카버와 바드는 카저와 동료들이 금전과 성공을 향한 가치지향이나 공동체 소속을 향한 가치지향의 기초를 이루는 동기와 이유를 분석하지 않았다는 점을 지적한다. 구체적으로 그들은 만일 물질적인 가치를 중요시하는 사람들이 내부적인 이유로 금전적인 부를 향한 목표를 추구하고 있다면 (즉, 성공이 즐겁고, 흥미진진하고 도전적이기 때문에) 물질적인 가치와 자아실현 사이에 정적인 상관관계가 있다고 주장한다. 반대로 만일 이 사람들이 외부적인 이유로 물질적인 목표를 추구한다면 (Kasser와 동료들이 주장한 것과 같이 권력과 사회적 인정을 위해) 물질적 가치와 자아실현 사이의 상관관계는 부적이다. 공동체 소속에 있어서 카버와 바드는 이런 가치를 중요시하는 사람들이 외부적인 요인 때문에 그것을 추구한다면 (공동체 내에서 신분을 높이거나 교회 일원들로부터 좋은 평을 듣기 위해) 그들이 공동체 소속에 더 많은 중요성을 부여할수록 그들의 자아실현 점수는 더 낮을 것이라고 주장한다. 반대로 사람들이 내부적인 이유로 공동체 소속에 더 큰 중요성을 부여할수록 (도움이 필요한 사람들을 돕거나 그것이 옳은 행동이라고 생각하기 때문에) 그들의 자아실현감은 더 높다고 주장한다. 카버와 바드는 그들의 모든 예측을 지지해 줄 증거를 찾았다. 이 연구자들은 목표가 무엇인지보다 그 목표나 가치를 추구하는 이유가 더 중요하다고 결론지었다(Carver & Baird, 1998, pp. 289-292).

치료에 관한 이론적 함의

매슬로우의 관점에서 신경증 환자들은 타인이나 자신에 의해 그들의 기본적 욕구 충족이 방해받았기 때문에 자아실현의 궁극적 목표를 이루는 방향으로 변화하는 것이 불가능해진 사람들이다. 그들은 위협을 느끼고 불안하며 자긍심이나 자존감이 매우 약하다. 기본적 욕구 충족은 다른 사람들과 관계를 통해서만 가능하기 때문에 치료는 본질적으로 대인 관계가 주가 될 것이다(Maslow, 1970a, p. 242).

매슬로우는 치료자와 내담자 간 심리치료적 관계를 친구 관계에 비유했다. 치료 상황은 상호적인 솔직함, 신뢰, 정직함이 필요하며 방어적인 태도가 없어야 한다. 그것은 어느 정도 유치함과 장난스러움의 표현을 수용할 줄 알아야 한다(Maslow, 1970a, p. 249). 그것은 관계가 위협적이지 않고 지지적일 때만 가능하다. 그러한 민주적인 환경에서 치료자는 내담자가 발달하기 위해 필요한 존중, 애정과 소속감을 제공해 주어야 한다. 다른 말로 치료자는 내담자의 기본적 욕구 결핍을 충족시키기 위해 행동해야 한다. 하지만 효과적인 치료는 그 이상의 것을 갖춰야 한다. 치료적 관계는 치료자의 애정 제공뿐만 아니라 치료자와 타인을 향한 내담자의 애정과 호의 표현 또한 장려해야 한다(Maslow, 1970a, p. 250). 더 일반화시키자면 내담자는 세상에 마음을 열고 긍정적 발달의 복잡한 성질을 이해하기 위해 그런 가치들을 긍정적 발달과 연관지어 표현하도록 장려되어야 한다.

매슬로우는 따뜻하고 지지적인 치료 접근방법이 몇몇 내담자에게는 도움이 되지 않는다는 것을 알아냈다. 특히 이것은 타인에 대한 깊은 불신과 적개심을 표현하는 것이 만성적인 노이로제에 걸린 사람들에게는 효과가 없었다(Maslow, 1970a, p. 251). 그는 이러한 상황에서는 프로이트 방식의 정밀분석이 더 효과적일 수 있다고 믿었다. 그러한 분석에서 내담자들은 문제를 해결하고 변화와 자기 발달을 성취하기 위해서 인지와 감정을 모두 사용할 것이다.

이론에 대한 평가

우리는 이제 우리의 6개의 기준을 바탕으로 매슬로우의 이론이 가지는 과학적 가치를 평가한다.

포괄성

매슬로우의 이론은 성격심리학을 정신병리학에 대한 독점적인 관심에서 벗어나 사람에 대한 더 긍정적이고 낙관적인 관점과 잠재된 창의성에 대한 관점으로 옮겨놓은 선구적이고 창의적인 작업이다. 이는 병리학에 대한 프로이트 모델의 대부분을 접목시키고 긍정적 성장의 문제에 이것을 언급하였다는 면에서 포괄적이라고 받아들여진다. 하지만 엄밀히 말하면 이것은 병리모델보다 성장모델에 확실히 우선적으로 초점을 맞추고 있다. 이 관점에서 이 이론은 처음에 생각한 것만큼 포괄적이지 않다. 그러므로 매슬로우의 이론은 그것이 명시적으로 다루고 있는 현상의 범위와 다양성에서 제한점이 있으며, 이 이론의 설명체계 내에서만 이러한 사건들을 설명하는 데 사용된다.

정밀성과 검증 가능성

매슬로우의 이론은 정확하지 않기 때문에 정확한 검증 또한 쉽지 않다. 가장 강한 것에서부터 가장 약한 것 순서로 나타나는 기본적 욕구들은 연속적인 충족 방식을 따른다고 가정하는 인간 동기에 대한 위계적 구조를 예로 들 수 있다. 하지만 몇몇 사람들은 매슬로우가 생리적 욕구보다 강하지 않다고 가정한 가치를 위해 배고픔과 갈증, 심지어 죽음까지도 기꺼이 받아들일 수 있다. 그는 이 문제점을 인정하지만 그의 이론은 이런 예외를 설명하지 않는다.

이 이론은 다음 욕구가 나타나기까지 개개인이 얼마만큼 충족을 경험해야 하는지에 대한 정보를 정확히 알려 주지 않는다. 매슬로우는 대부분의 사람의 기본적 욕구는 동시에 일부는 만족되어 있고, 일부는 만족되어 있지 않다고 주장한다. 그러므로 주어진 욕구는 다음 욕구가 나타나기 전에 완전히 충족되어 있지 않을 수 있다. 대신 매슬로우는 낮은 위계 욕구가 충족될수록 높은 위계 욕구가 점진적으로 나타난다고 주장하였다. 예를 들어 낮은 위계의 욕구가 10% 충족되었다면 다음 위계 욕구는 나타나지 않을 것이다. 하지만 만일 낮은 위계의 욕구가 25% 충족되었다면 다음 위계의 욕구가 나타날 가능성은 5%이다. 만일 낮은 위계의 욕구가 50% 충족되었다면 다음 위계 욕구가 나타날 가능성은 25%가 되고 계속 그런 식으로 증가한다(Maslow, 1970a pp. 53-54).

자아실현의 적절한 정의와 몇 개의 다른 용어들(목적의식, 내적 필요성과 좋고 나쁜 상황들)은 아직까지 이 이론의 주요 문제로 남아 있다.

간명성

매슬로우의 이론은 간결함의 기준을 충족시키지 못한다. 여러 가지 행동을 설명하기 위해 사용된 그의 동기 결핍 체계는 현상을 적절하게 설명하기에는 너무 단순화되어 있다. 또한 그것은 자아실현 현상의 발생, 유지와 수정을 조절하는 상황적 변수를 정확히 설명하지 못한다(Lethbridge, 1986, p. 90).

경험적 타당성

매슬로우 이론의 주요 구성개념을 측정할 적절한 방법 없이 그것의 경험적 타당성을 검증하는 것은 불가능하다. 우리가 보아 왔듯이 연구자들은 자아실현에 대한 적절한 측정방법을 구성하였지만 이론을 검증하기 위해 그것이 사용되었을 때 연구 결과는 이론을 일관성 있게 지지하지 못했다. 예를 들어 매서스(1978, pp. 215-222)는 자아를 실현한 사람들이 실현하지 못한 사람들보다 더 독창적이라는 매슬로우의 가설에 대한 증거를 찾지 못했다. 유사하게 릭맨, 로빈스, 손튼, 골드와 쿠에넬(1985, pp. 288-298)은 대학생들로 구성되어 있는 두 개의 독립표본 집단을 통해 자아를 실현한 사람들이 더 신체적으로 강하고 건강한 사람들이라는 가설을 증명할 수 없었다. 이러한 부정적인 결과에도 불구하고 절정 경험(Mathes & Zevon, 1982, pp. 92-108)과 기본적 욕구(Haymes & Green, 1982, pp. 179-192)의 개인차를 측정하는 새로운 방법을 구축하듯이 매슬로우의 이론에 대한 연구는 계속 증가하고 있다.

발견적 가치

많은 한계점에도 불구하고 매슬로우 이론은 도발적이고 여러 분야 연구자들의 생각을 자극해 왔다. 매슬로우는 이론가들과 연구자들로 하여금 인간의 건강한 본질에 대해 관심을 갖도록 유도했을 뿐만 아니라 (18장의 긍정적 심리학 부분 참고) 그들 중 일부가 인간 기능의 이해를 위해 과학의 근시안적인 관점과 그 한계를 다시 고려해 보도록 설득하였다. 구체적으로 매슬로우는 "우아함, 품위, 기술과 기구를 유난히 강조하고, 문제의 의미, 힘 그리고 중요성과 모든 독창성을 쉽게 경시하는" 사람들을 비판했다(Maslow, 1970a p. 11). 결과적으로 매슬로우는 그들에게 과학이란 비교적 중요하지 않은 문제들을 연구하기 위해 복잡한 기법을 사용하는 일이 아니라 사람들이 중요한 질문을 던지고 그러한 질문에 답변하기 위한 기법들을 연마하는 사업이라고 생각하도록 설득하였다.

적용 가치

매슬로우의 이론은 응용 분야에 있어서도 매우 강력하다. 그의 이론은 목회와 학업적 상담 프로그램에 확실한 영향을 미쳤다. 또한 많은 경영 관리자들은 매슬로우의 생각을 수용하였고, 계몽된 기업들은 직원들이 자아를 실현하는 방향으로 변화하도록 도와야 한다는 책임감을 가지고 있었다. 또한 직원들이 그런 목표를 이루도록 돕는 것은 재정적인 이익을 가져다 줄 것이다. 결과적으로 기업은 공유결정, 상호 신뢰, 배려, 사람들 간의 협동에 대한 도움이 되는 프로그램들을 회사의 모든 계층에서 실시하고 있다(Maslow, 1987, p. 257). 마지막으로 매슬로우의 이론은 아이들과 어른 모두의 교육에 중요한 영향을 주었으며 학생들에게도 더 많은 선택과 자유를 주어 더 창의적인 방법으로 참여하도록 교육과정을 재구성하였다.

비판적 사고를 위한 질문

1. 매슬로우의 인간 본성은 착하다는 가정을 받아들이거나 적어도 중립적인가? 왜 그렇게 생각하는가?
2. 당신 생각에 보편적인 윤리 원칙을 만들 수 있다고 생각하는가? 어떤 원칙들이 당신의 행동을 이끄는가? 그 원칙들은 어디에서 비롯되었는가?
3. 아이들은 그들 행동에 대해 제한이 필요하다는 매슬로우에 대해 동의하는가? 왜인가?
4. B-사랑을 경험해 본 적이 있는가? 그것이 D-사랑이 아니었음을 어떻게 확신하는가?
5. 우리는 실패를 두려워할 뿐 아니라 성공 역시 두려워 한다고 매슬로우가 주장한다. 그는 왜 그러한 신념을 가졌는가? 당신은 인생에서 어떠한 중요한 일을 계획하고 있는가? 당신의 목표를 향한 진행에 만족하는가? 왜 그런가?

용어 해설

개인지향성 검사 Personal Orientation Inventory 개인의 자아실현 기질을 측정하기 위해 만들어진 검사

결핍욕구deficiency needs 개인이 자아실현으로 발전하기 전 더 큰 규모로 충족되어야 하는 기본적 욕구

권위 있는 양육방식authoritative parenting style 훈육 규칙의 설정이 아이들이 부모의 조언을 얻음으로 이루어지는 훈육 태도. 한번 설정이 되면 아이들은 규칙 엄수에 더 강화되며 규칙을 지키지 않을 경우 단호하고 일관적으로 벌을 받지만 신체적이나 언어적 학대에 의지하지 않

음. 이러한 부모들은 따뜻하고 존경할만하며 아이들을 대할 때 사려 깊음. 그들은 아이들의 목소리를 들으며 아이들의 의견 차이를 흔쾌히 받아들인다.

권위주의적인 양육방식authoritarian parenting style 부모가 아이들과 언어로 타협하지 않고 대신 부모의 결정에 완벽하고 절대적으로 복종하기를 바라는 훈육 태도. 순응하지 않을 경우 아이에게 신체적 학대 혹은 언어적 폭력의 결과를 불러올 수 있음

성장욕구growth needs 일단 기본적 욕구가 충족되고 나면 나타나는 더 높은 욕구. 흔히 메타 욕구라고도 알려짐

세속적인 태도desacralizing attitude 무례하고 냉소적이며 의심 많은 경향성이 있음. 이것은 상대방의 미덕과 강점을 간과하게 함

요나 콤플렉스 Jonah complex 우리의 능력을 최대한으로 발휘하는 것은 우리가 다루지 못할 책임감과 의무를 지게 될 것이라는 두려움; 미지의 것들을 위해 현재의 안전과 보안을 희생하기를 꺼려함

인본주의 심리학humanistic psychology 사람들을 최대한 발달에 이르도록 도와주는데 일차적으로 관심을 가지고 각 개개인의 존엄성과 가치를 강조하고 발전시키는 심리학의 접근법

인본주의적 생물학humanistic biology 만약 합당한 사회적 조건이 우세한다면 인간의 기본적인 본질은 잠재적으로 선하여, 사람들을 자아실현의 방향으로 이끌 수 있다는 견해

자아실현self-actualization 인간 능력의 건강한 발전은 그들의 참 본성을 만족시키는 과정

자아실현을 초월한 사람transcending self-actualizing person 가장 완전히 발전하고 심리적으로도 건강한 사람이며 B-인지와 절정 경험을 지니고 더 나은 인간이 되기 위해 자신의 이기적인 염려와 일을 초월하는 사람

자아실현한 사람self-actualizers 기본적 욕구를 충족시키고 자신이 건강하고 완전히 기능하는 인간이라 생각할 만큼 잠재성을 발전시킨 사람들

절정 경험peak experience 강렬하고 신비스러운 경험으로 개인이 기쁨과 경탄의 일시적인 상태에 존재하는 것

허용적 양육방식permissive parenting style 부모가 아이들에게 많은 요구를 하지 않고 벌도 거의 주지 않는 훈육 태도. 부모들은 일반적으로 아이들에게 애정을 주며 아이들이 하고 싶은 대로 하게 함; 이러한 부모는 능동적인 지도를 거의 줄 수 없다.

B-사랑B-love 자신의 욕구를 충족하기 위해 다른 사람에게 사랑을 받으려 하기보다는 다른 사람들을 위해 사랑을 주는 것에 더 염려하는 성숙한 형태의 사랑; 존재-사랑(being-love)이라고도 알려짐

B-인지B-cognition 일방적 판단을 하지 않고 스스로 타당성을 지님을 경험하는 상태

D-사랑D-love 다른 사람들에게 사랑을 주기보다는 사랑을 받음으로써 자신의 욕구를 충족시킴에 더 염려하는 이기적인 사랑; 결핍사랑(deficiency-love)이라고도 알려짐

D-인지D-cognition 인정과 반감의 판단을 경험하는 상태

추천 도서

Maslow, A. H. (1943). A theory of human motivation. *Psychological Review*, *50*, 370–396.

Maslow, A. H. (1962). *Toward a psychology of being*. New York: Van Nostrand.

Maslow, A. H. (1971). *The farther reaches of human nature*. New York: Viking Press.

Maslow, A. H. (1987). *Motivation and personality* (3rd ed.). New York: Harper & Row.

CHAPTER 13

로저스의 인간중심 이론

로저스의 생애

칼 란솜 로저스(Carl Ransom Rogers)는 1902년 일리노이주 시카고 교외인 오크 공원(Oak Park)에서 태어났다. 그는 여섯 명의 자녀 중에서 넷째 아들이었다. 그의 아버지는 성공한 토목기사였다. 로저스는 엄격하고 단호한 종교적 원칙을 가졌으면서도 따뜻하고 친밀한 가족 관계를 가진 가정에서 성장했다. 로저스의 부모님은 그의 행동을 통제하며 음주, 춤, 카드게임, 연극 구경을 금지하고 오직 소수의 사람들과의 관계만을 허용하였다. 그들은 개신교도의 윤리 덕목(고된 일, 자신의 행동에 대한 책임, 개인적 성공)을 중요시했다. 로저스는 "탄산음료조차도 희미하게 죄스러운 향기가 있으며, 처음으로 탄산음료를 마셨을 때 약간의 사악한 감정이 들었던 기억이 난다"라고 했다. 그의 어린 시절 연인이었던 그의 부인은 "소란스러운 게임을 접하거나 경쟁하는 스포츠에 참여하기보다는 책과 꿈속에서 살기 좋아하는 수줍음 많고 세심하며 비사회적인 소년"이라고 그를 회고했다.

로저스가 12세가 되던 해, 부모님은 시카고에서 조금 떨어진 곳에 있는 농장을 사게 되어 로저스는 그곳에서 청소년기를 보냈다. 아버지는 아들이 수익을 얻도록 하기 위해 로저스에게 닭, 양, 돼지 그리고 송아지를 기르도록 하였다. 이 경험은 로저스가 농업과 농사에 활용하는 과학적 방법에 대한 관심을 가지게 된 토대가 되었다. 돌이켜 생각해 보면 그때의 경험이 로저스에게 과학에 대한 올바른 존중이 바로 문제해결의 수단임을 가르쳤다. 로저스는 위스콘신 대학에 입학하여 과학적 영농을 연구했다. 그리고 또한 학생들이 모인 종교 컨퍼런스에서의 정서적 경험으로 인해 그의 전문적 목표가 극적으로 바뀌게 되었다. 구체적으로 로저스는 중국 북경에서 열리는 세계 학생 크리스천 연맹 컨퍼런스에 미국을 대표하는 12명 중 한 명으로 뽑혀 참여하게 되었다. 여행 중 그는 매우 총명하고 창의적인 젊은이들의 작은 모임에 참여한 후 가족에 기반을 둔 엄격한 종교적 사상에 대한 그의 생각이 극적으로 변화되었다. 로저스는 자신과는 다른 사람들도 진실되고 정직하게 그들의 종교적인 신념을 가질 수 있다는 것을 인정하게 되었다. 그는 부모님에게 자신이 느낀 새로운 감정과 발상들을 편지에 적었으며 그 편지들은 의심할 여지없이 부모를 혼란스럽게 하고 화나게 하였다. 여행 중 로저스는 자신의 어린 시절 연인인 헬렌과 서신을 교환하면서 그녀와의 관계가 점점 더 친밀해져 갔다. 위스콘신으로 돌아온 로저스는 첫 자동차를 구입하고 울퉁불퉁한 길을 따라 헬렌을 보러 가기 위해 25마일을 운전하였다. 시간이 지나면서 그녀를 향한 그의 감정은 보답받게 되었다. 마침내 그녀 역시 그를 사랑한다고 말했을 때 그는 "세상에서 가장 멋진 기적이 일어났다"고 말했다. 그가 위스콘신 대학을 졸업하고 두 달 후 그들은 결혼했다. 그들은 로저스가 450달러에 산 중고차에 생활용품을 모두 싣고 그가 소속되어 있는 뉴욕의 유니온신학교로 향했다.

신학교에서 로저스와 다른 모임의 몇몇 학생들은 교사에 의한 일방적인 의견들만 주어지고 개인적인 의문이나 궁금증을 탐험할 기회가 주어지지 않는다고 생각하고, 그들은 공식적인 교사가 없는 세미나를 열어 달라고 학교 당국에 탄원했다. 놀랍게도 그 요청은 받아들여졌다. 로저스는 그 세미나가 매우 만족스러웠다. 그가 나중에 말하기를, 그 경험의 결과로 종교적 일에서 즉시 빠져 나올 수 있었다고 생각했다.

로저스는 심리학 과목들을 즐겨 들었고, 심리학 분야에 입문하기로 결정했다. 그는 신학교 건너편에 위치한 콜롬비아 대학에서 연구를 시작했다. 로저스는 박사과정을 마치기 전인 임상 인턴십이 끝나갈 무렵에 자라고 있는 아이들과 가족을 위해 직업을 가져야겠다고 느꼈다. 그는 뉴욕 로체스터에 있는 아동 학대 보호를 위해 설립된 사회 아동 발달센터에 심리학자로서 일하게 되었다. 그는 그곳에서 대부분의 시간 동안 불량하고 불우한 아이들의 치료와 실습, 진단에 몰입했다. 치료에 대한 그의 비지시적인 내담자 중심의 접근법은 이 시기에 진전이 있었으며 『문제아의 임상적 치료(*The Clinical Treatment of the Problem Child*)』(1939)라는 책으로 완성되었다. 1940년 로저스는 오하이오 주립대학의 교수 임명을 받아들이고 유능한 학생들과 그의 이론에 대한 연구를 진행하면서 세계적인 인정을 얻기 시작했다. 이 시기에 그는, 치료자들에게 자신이 느꼈던 치료절차를 알려 줌으로써 내담자들의 체계적인 변화를 불러일으킬 것이라 생각하여『상담과 심리치료(*Counseling and Psychotherapy*)』(1942)라는 책을 저술했다.

1944년 로저스는 시카고 대학에 상담센터를 개설하는 기회를 가졌다. 그리고 그는 인간 관계를 이해하기 위한 이론적 접근법으로『내담자 중심치료(*Client-Centered Therapy*)』(1951)를 쓰게 되었다. 10년 후 그는 인간의 성장을 이해하는 기본적인 접근법에 관련된 다양한 이슈들을 모아놓은『사람으로 되어 가기(*On becoming a person*)』(1961)라는 책을 출판했다.

1957년 로저스는 위스콘신 대학으로 돌아갔다. 로저스는 대학원생들을 강제로 일하게 했던 규제를 떠올리면서 그 곳에서의 경험이 대체로 불쾌했다고 상기하고, 대학원 프로그램을 개혁했다. 그는 학생들 자신에게 배움과 발전에 대한 잠재력이 있으며, 이 잠재력은 오직 자유와 지지적인 환경이 주어졌을 때만 실현될 수 있다고 주장했다. 그러나 대학의 교육방침에 대한 의견차이로 인해 그는 학부에서 사임했다.

1963년 로저스는 캘리포니아의 라호야(La Jolla)에 있는 서양행동과학연구소(Western Behavioral Sciences Institute)의 회원이 되었다. 1968년 그는 라호야에 있는 인간 연구를 위한 센터(Center for the Studies of the Person)를 돕기 위해 연구소를 떠났다.

1967년 그는『인간에서 인간으로: 인간의 문제점(*Person to Person: The Problem of Being Human*)』이라는 책을 Barry Stevens와 공동으로 저술했다. 이 책 이후에『배움의 자유(*Freedom to Learn*)』(1969),『Carl Roger의 참만남 집단(*Carl Roger on Encounter Group*)』(1970),『파트너가 되기: 결혼과 그에 대한 대안(*Becoming Partners: Marriage and Its Alternatives*)』(1972),『Carl Roger의 개인적인 힘(*Carl Roger on Personal Power*)』(1977),『존재의 방식(*A way of Being*)』(1980), 그리고『80대를 위한 배움의 자유(*Freedom to Learn for the 80s*)』(1983) 등을 출판했다.『개인적인 힘』이란 책에서 로저스는 심리치료, 가족생활, 교육, 행정, 그리고 정치 분야에서 그의 인간중심 접근법의 혁명적 영향을 보여 주려고 노력했다. 로저스는 또한 자기 임파워먼트라는 새로운 출현을 위한 자신의 방법에 대해 논의했고, 이 새로운 유형은 인간관계에서 일어나는 혁명적인 일의 선두에 서게 될 것이라고 했다.

로저스는 자신의 동료들로부터 많은 명예를 얻고 상도 받았다. 그는 1946년부터 1947년까지 미국 심리학회 학회장을 역임했다. 1956년 그는 미국 심리학회로부터 우수한 과학공로상을 받았으며, 1972년에는 우수한 전문의 공로상을 받았다.

로저스는 1987년 2월 4일 85세의 나이로 캘리포니아 라호야에서 심장마비로 사망했다. 그는 생의 마지막까지 생산적인 삶을 살았다. 그는 심리학자와 정신건강 종사자, 교육자와 정치인에게 인간중심 방법론에서 유래된 다양한 개념들과 문제들이 어떻게 쓰여야 세상의 긴장을 완화시키고 평화를 홍보하는지 보여 주기 위해 수많은 국제 워크숍에 참석하였다.

개념과 원리

기본 관점: 최고 권위로서 인간의 경험

로저스의 심리학은 개인의 주관적인 경험에서 시작되고 끝이 난다. 그의 관점에서 현실의 주관적인 경험은 모든 개인의 판단과 행동의 배경이 된다. 외적이고 객관적인 현실보다는 현상학적이고 내적인 현실이 바로 인간의 행동을 결정짓는 주요한 역할을 한다.

내적 경험이란 특정 순간에 한 생명체 안에서 일어나는 모든 일을 포함한다. 이 모든 의식적이고 무의식적인 경험들은 인간의 현상학적 장(phenomenal field)을 구성한다. 의식적인 경험들 혹은 의식은 기호화될 수 있는 현상학적 장의 한 측면이다. 즉, 말로 표현되거나 상상될 수 있다. 반대로 무의식적 경험들은 사람에 의해 표현되거나 상상될 수 없다. 로저스의 관점에서 볼 때 건강한 사람은 자신의 경험을 정확하고 완벽하게 상징화할 수 있다. 건강하지 않은 사람은 그의 경험을 왜곡하거나 억누르며 그 경험들을 정확하게 상징화할 수 없고 충분히 감지할 수도 없다.

가장 큰 동기: 자아실현 경향성

로저스에 의하면 우리 개개인 안에는 **자아실현 경향성**self-actualizing tendency이라는 타고난 동기가 있다. 이것은 우리 자신을 유지하고 향상시키는 우리의 잠재력을 충분히 발휘하는 방향으로 이끄는 적극적이고 통제하는 추진력이다.

로저스는 어려움을 겪고 있는 사람을 치료하면서 오랫동안 다양한 경험으로부터 이 개념을 만들었다. 그는 내담자들에게서 다음과 같은 점을 발견하였다.

> 인간의 성장 경향, 자아실현을 위한 추진력은 모든 유기체와 인간 생활에서 명백히 드러나는 욕구로서, 확장되고 확대되며 자율적으로 발달하고 성숙해지려는 것이다. 이러한 성향은 심리적 방어로 심층 아래에 깊이 묻혀 있을 수 있다. 나의 신념으로는 이것은 모든 개인에게 존재하며, 방출되고 표현되기 위한 적당한 상태가 될 때까지 잠재되어

있다. (Rogers, 1961, p. 35)

이 개념을 뒷받침하기 위해 로저스는 쥐도 단순한 자극을 제공하는 환경보다 좀 더 복잡한 자극을 제공하는 환경을 더 선호한다는 실험을 인용하였다. 이와 비슷하게 인간도 자극이 부족한 환경을 피하고 새로운 경험을 추구한다. 실험에서는 사람들이 방음이 되는 물 탱크 안에 무중력상태로 잠겨 있을 때 곧 혐오스러운 환청을 경험한다는 것을 보여 주었다. 로저스에게 이러한 연구들은 그의 임상적 경험과 함께 우리 각자의 내면에서 우리가 성장하고 새롭고 다양한 경험들을 추구하는 성향이 있다고 제안했다.

실현 경향성은 생물학적 측면과 심리학적인 측면을 둘 다 가지고 있다. 생물학적 측면은 기본 생존 욕구, 물, 음식 그리고 공기에 대한 욕구 만족을 겨냥한 충동을 포함한다. 심리학적 측면은 우리를 더 가치 있는 인간으로 만드는 잠재력의 발달을 포함한다. 로저스의 판단에서 볼 때 우리는 모두 근본적으로 선하다. 그러므로 실현 경향성은 선별적이고 방향적이다. 이는 건설적인 성향인 것이다. 로저스에 의하면 유기체는 매우 나쁜 상황을 제외하고는 공격적이거나 스스로 파괴하는 능력을 발달시키지 않는다 (Rogers, 1977, p. 242). 또한 유기체는 오직 사회가 유익하고 격려하는 태도를 보일 때만 선천적인 선량함을 발달시킨다. 로저스는 인간 본성에 대해 분명히 낙관적이었지만 인간이 가끔은 미숙하고 두려움, 무시, 그리고 방어로 인해 반사회적이라는 것을 예리하게 알고 있었다. 그러나 로저스에 의하면, 이러한 행동들은 인간의 기본적인 본성과 부합되지 않은, 불완전한 사회적 관례의 결과물인 것이다. 그러므로 사회는 자아실현을 향한 발걸음을 촉진시킬 수도 저해할 수도 있다.

성격발달

유아의 가치화 과정

로저스는 유아가 자신의 경험을 현실로 지각한다는 점을 주장했다. 유아는 다른 사람의 평가에 의해 영향을 받지 않고 내적 준거 틀에 의해 행동한다. 또한 로저스는 유아가 자신의 실현 경향성 측면에서 자신의 현실과 상호작용한다고 믿었다(Rogers, 1959, p. 222). 유아의 행동은 자아실현의 욕구를 만족시키는 목표를 향해 방향지워져 있다. 그러므로 유아는 **유기체의 가치화 과정**organismic valuing process에 참여하며, 자신의 실현 경향성을 주어진 경험의 가치를 판단하는 기준으로 사용한다. 실현화를 촉진시키도록 돕는 경험은 좋고 긍정적으로 평가된다. 실현화를 방해하는 경험은 나쁘고 부정적으로 평가된다. 이 견해를 지지하기 위해 로저스는 신생아가 배가 고플 땐 음식을 소중하게 생각하지만 포만감을 느낄 땐 음식을 거부하는 사례를 인용하였다. 로저스에 의하면 유아는 자신의 발달을 향상시키는 영양을 선택하도록 하는 내장된 메커니즘을 가지고 있다(Rogers, 1959, p. 210; Rogers & Stevens, 1967, p. 6). 다시 말하면 유아는 본능적으로 어떤 음식과 경험이 자신에게 좋고 나쁜지를 아는 것이다.

사람들이 본능적으로 자신에게 무엇이 최고인지 알고 있다는 개념에 관한 심리학을 만들려고 시도했던 로저스와 매슬로우, 그리고 몇몇 사람들에 의해 자주 인용된 연구는 Davis의 신생아 수유행동에 관한 연구(1928)이다. 8개월에서 10개월 된 세 명의 아기에게 의사가 혈구 수치, 소변 검사, 엑스레이가 포함된 신체검사를 실시하고, 그 후에 다양한 음식들이 담긴 접시와 음료를 직접 선택할 수 있는 기회를 제공하였다. 선택할 수 있는 대표적인 음식은 **표 13.1**에 나와 있다. 간호사들은 수유 때에 함께 있었지만 아기에게 어떤 음식도 먹으라고 제안하지 않았다. 그러나 만약 아이가 어떤 음식에 다가가서 가리키면 간호사는 아기에게 한 숟갈 먹도록 하였다. 두 명의 아기들은 그러한 식사를 6개월 동안 했고 다른 아기는 1년간 지속하였다. 이 기간이 끝날 무렵 아기들은 다시 신체검사를 받았다. 결과는 아기들이 전반적으로 자신들의 건강에 최적인 음식을 선택하였다는 것이다.

이 연구에서 잘못된 점은 무엇일까? 한 가지 가능한 오류의 근원은 무작위로 팔을 흔들거나 뻗는 행동을 특정 음식을 원하는 신호로 잘못 판단했을 수도 있는 간호사의 역할에 있을 수 있다. 게다가 실험이 비교적 짧은 시간 동안 지속되었기 때문에 발달에 미

표 13.1 자가 선택 식사의 적절성을 실험하기 위해 제공된 대표 음식

A등급 우유	조리된 양고기	조리된 컬리플라워
락트유	조리된 닭고기	익히지 않은 배추
바다 소금	익히지 않은 상추	조리된 배추
바삭한 호밀	조리된 감자	조리된 시금치
익히지 않은 골수	조리된 근대	조리된 콩
조리된 골수	익히지 않은 당근	익히지 않은 콩
익히지 않은 소고기	조리된 당근	조리된 옥수수가루
조리된 소고기	조리된 순무	

출처: Davis로부터 개작, 1928, p. 659.

치는 장기적인 영향을 평가하기는 불가능하다. 또한 아기에게 제공되는 음식들 중 영양적 가치가 떨어지는 음식은 하나도 없었다는 점 역시 주목해야 한다. 선택이 가능한 음식들은 모두 아기의 건강을 촉진시킬 수 있었다. 당연히 아기들에게 비영양적인 음식을 선택할 수 있도록 하는 것은 비윤리적인 측면이 있어 이러한 결점들을 다 없애지는 못했다. 마지막으로 오직 세 명의 아기만 이 연구에 참여했기 때문에 이 결과를 특정 문화의 모든 아기들에게 일반화시키기에는 부적절하다.

하등동물에 대한 연구 문헌은 구체적인 굶주림 가설을 지지하고 있지 않다. 즉, 굶주림 가설이란 동물들은 구체적인 영양 부족을 보상해 주는 음식을 고르는 경향이 있다는 것이다. 나트륨이 부족할 때 그들이 나트륨이 포함된 음식을 고르는 것은 그 음식들에 맛이 있기 때문이며, 비타민과 미네랄은 맛을 느낄 수 없으므로 동물은 비타민과 미네랄이 함유된 음식을 정확히 고를 수 없다. 게다가 어떤 연구에서는 동물에게 영양 가치가 없는 단 음식을 먹이고 맛을 느낄 수 없는 영양 가치가 있는 음식을 건너뛰도록 쉽게 훈련시킬 수 있다고 밝혔다. 실제로 이익을 높이기 위해서 많은 제조사들은 소비자들의 입맛에 맞지만 중요한 영양소가 빠진 음식을 개발한다. 울고 불평하는 아이들을 임시방편으로 달래기 위해 부모들이 구입하는 단 시리얼 제품을 생각해 보자(Galef, 1991, pp. 218–223; Garcia, Kimeldurf, & Hunt, 1961, pp. 383–395; Pinel, 2000, pp. 255–256). 그렇기 때문에 우리는 인간이 좋은 선택을 하기 위한 유기체적 지혜 메커니즘(있다고 가정 하에)에 다가가는 것이 학습경험에서 오는 방해로 인해 굉장히 어려운 일이라고 결론지을 수 있다. 로저스는 자아실현을 향한 욕구가 "심리적 방어로 쌓인 층층 밑에 깊게 묻혀 있을 것이다"(Rogers, 1961, p. 35)라고 말했을 때 이러한 문제에 대한 힌트를 발견했다. 적어도 우리의 가장 내면에 있는 감정과 소통하는 것은 어려울 것이다.

성인의 가치화 과정

성인의 가치화 과정은 신생아에 비해 더욱 더 복잡하다. 발달과정 중 성인기에 있는 사람들은 예술, 정치, 직업, 윤리, 개인적인 관계 등의 주제와 연관된 다양한 경험들에 대해 더욱 더 복잡한 판단을 내린다. 이 분야에 대한 가치 판단은 보통 변한다. 작년에 만족했던 그림이 지금은 우리에게 혐오스러울 수 있다. 친구, 지인, 정치가, 의사, 교사, 성직자, 부모, 그리고 다른 사람에 대한 판단은 항상 일정하게 유지되지 않는다. 덧붙여 신생아와는 달리 성인은 다양한 의견에 노출되고, 그것을 자신의 가치 시스템에 포함시킨다. 그렇지만 로저스의 관점에서 성인이 다른 사람의 생각을 듣고 난 후에 건설적으로 성장하기를 원한다면, 궁극적으로 신체의 지혜로움을 완전히 신뢰해야 한다. 만약 성인이 자기 자신을 완전히 신뢰하고 유지할 수 있다면 그들의 감정과 직관은 그들이 생각하는 것 혹은 다른 사람들에게서 배운 것보다 더 지혜로울 것이다(Rogers & Stevens, 1967, pp. 15–16).

충분히 기능하는 사람

만약 사람들이 자신의 유기체의 가치화 과정을 완전히 활용할 수 있다면, 필연적으로 개인적 성장과 그들의 잠재력의 실현을 향한 진전을 경험하기 시작할 것이다.

로저스의 전문용어로 그들은 **충분히 기능하는 사람**fully functioning person이 되기 위해서 움직일 것이다. 로저스에 의하면 이러한 사람들은 다음과 같은 특성을 지니고 있다.

1. 경험에 개방적이다. 충분히 기능하는 사람은 방어적이지 않은 사람이며 자신의 감정(두려움, 낙담, 고통, 온유, 용기, 경외감)에 대해 열려 있다. 그는 자신의 경험을 덮어 두기보다는 충분히 알아차리고 수용할 줄 안다.
2. 그들은 실존적인 삶을 살아간다. 충분히 기능하는 사람은 그들의 경험이 현재 일어나는 듯 살아가며 그 경험에 대해 선입견을 갖지 않는다. 그들은 열려 있으며 융통성이 있고 경험을 있는 그대로 받아들이며 자신을 위한 그 경험의 의미를 발견한다.
3. 그들은 자신의 유기체를 신뢰한다. 충분히 기능하는 사람은 자신이 느끼기에 합당한 일을 한다. 이것은 그들의 선택이 막무가내로 옳다는 의미보다는 그들이 자신의 선택권을 행사하고, 결과를 경험하고, 만약 만족하지 못하였다면 수정한다는 뜻이다.
4. 그들은 창의적이다. 개인이 새로운 경험에 대해 열려 있고 자신의 판단을 믿으며 새로운 모험에 대해 긍정적으로 위험을 각오한다면 창의적 산출물과 창의적인 삶이 실현될 것이다.
5. 그들은 다른 사람들에 비해 더 풍부한 삶을 산다. 그들은 좋은 삶을 산다. 충분히 기능하는 사람은 행복, 만족, 안전, 더 없는 기쁨과 같은 감정을 적절한 때에 경험하지만 이에 대한 의미보다는 흥미진진하고 도전적이며 의미 있고 보람 있는 삶을 살아간다. 용기 없는 사람의 삶이 아닌 위험을 각오하고 종종 고통을 경험하며 도전을 용감히 맞닥뜨리는 삶을 살아간다(Rogers, 1961, pp. 187–196).

로저스(1977)는 자신의 후작에서 충분히 기능하는 사람에 대한 자신의 견해를 확대시키며 그가 명명한 **부각되는 사람**emerging person을 단순한 삶을 위해 극심한 생존 경쟁을 포기한 회사 임원, 다양한 현재 문화 가치에 대해 반항하며 반문화를 형성한 젊은 사람들, 그들만의 의미 있는 삶을 살기 위해 교회의 교리를 거부한 신부와 수녀들, 아프리카 출신 미국인들, 멕시코 출신 미국인들, 여자, 그리고 더 적극적이고 긍정적인 삶을 살기 위해 자신의 소극성을 버린 우세 문화권 밖의 사람들에게 적용시켰다(Rogers, 1977, p. 264). 로저스는 부각되는 사람들은 다음의 특징을 지녔다고 묘사하였다.

1. 그들은 정직하며 열려 있다. 그들은 정부, 매디슨가 광고자들, 부모, 교사와 성직자들의 엉터리와 위선을 거부한다. 그들은 자신의 성관계에 대해 열려 있으며 다른 사람과의 관계 역시 열려 있다. 이러한 인본주의적 성향을 가진 사람들은 매우 조직적이고 융통성 없는 관료주의에 반대한다. 그들은 조직이 사람을 위해 존재하지, 사람이 조직을 위해 존재한다고 믿지 않는다.
2. 그들은 물질적 위안과 보상에 대해 무관심하다. 청바지가 비싼 의류를 대체하며, 침낭이 호텔과 같은 숙소를 대신하고, 질 좋은 요리가 자연산 음식을 대체한다. 부각되는 사람은 권력과 성취에 목마르지 않다. 그들은 지위에 개의치 않으며 사람들과 격식에 얽매이지 않고 평등한 관계를 더 선호한다.
3. 그들은 배려하는 사람들이다. 그들은 사회에 기여하기 위하여 다른 사람을 돕고자 하는 깊은 바람을 지니고 있다. 그들은 도움을 주는 직업을 가진 사람들인 치료자, 사회복지사, 마약 상담사에 대해 회의적이며, 전문가의 겉모습 뒤에 숨어서 도움을 주고 돈을 벌어 생활하는 사람들을 의심쩍어 한다. 대신, 부각되는 사람들은 위기에 처한 사람들을 자발적으로 돕는다. 그들은 음식과 숙소를 스스럼없이 나눈다. 예를 들어 마약에 의한 나쁜 경험을 하고 있는 사람을 도울 때 부각되는 사람들은 그들에게 설교하지 않는다.
4. 그들은 인지에 바탕을 둔 과학과 자연이나 사람에게 해를 끼치는 과학을 사용하는 기술에 대해 깊은 불신을 갖고 있다. 부각되는 사람들은 중요한 발견들이 감정을 불러일으킨다는 직관적인 믿음을 지니고 있다. 그들은 또한 환경을 존중하며 이를 파괴하는 기술을 보고 싶어 하지 않는다. 예를 들어 그들은 핵무기를 반대하며 인간적인 삶을 파괴하는 무기 비축을 끊임없이 지지하는 정치적 지도자들을 반대한다. 부각되는 사람들은 오직 인간의 복지 향상을 위해 현명히 사용되는 기술을 옹호한다.
5. 그들은 자신의 경험에 대해 신뢰를 가지며 외부의 권한에 대해 깊은 불신을 지닌다. 교황도, 대통령도, 학자도, 무엇이든 개인적인 경험에 의해 태어난 것이 아니라면 부각되는 사람들을 납득시킬 수 없다. 그들은 법을 따라야 하기 때문에 무조건적으로 따르지

> 않으며, 그들이 느끼기에 적합할 때 법을 따른다. 그들은 법이 합당하지 않거나 비도덕적일 때는 고의로 법을 어기며 그에 대한 결과를 받아들인다(Rogers, 1977, pp. 255–274).

로저스는 부각되는 사람이 전체 인구 중 작은 소수집단이라는 점을 인정하였다. 그러나 그는 그들의 비율에 비해 더 큰 영향을 사회에 미치고 더 중대한 영향을 미래에도 지속시킬 것이라고 믿었다.

사회적 자기와 참 자기

사회적 자기social self는 개인이 자신에게 특별한 것으로 지각되는 조직화된 특징이다. 사회적 자기는 주로 다른 사람과의 접촉을 통해 얻게 된다. 로저스는 우리가 우리의 환경에서 부모, 형제, 자매, 친구, 교사와 같은 중요한 인물과 소통할 때 다른 사람의 평가에 근거한 자기 개념을 발달시키게 된다고 믿었다. 즉, 우리는 실제로 어떻게 느끼는지에 의해서가 아닌 다른 사람이 어떻게 생각하는지에 따라 우리 자신을 평가하게 된다.

로저스에 의하면 우리가 다른 사람의 평가에 많이 의존하는 이유는 강한 **긍정적인 관심에 대한 욕구**need for positive regard를 가졌기 때문이다. 로저스는 이러한 욕구가 선천적인지 혹은 학습된 것인지는 확실하지 않지만, 이 욕구의 원천보다는 개인에게 미치는 영향이 더 중요함을 주장했다. 우리가 다른 사람의 욕구를 만족시킬 때 우리도 긍정적인 관심을 받고자 하는 욕구가 충족되는 것을 경험한다(Rogers, 1959, p. 223). 결과적으로 다른 사람으로부터 오는 긍정적인 관심에의 욕구는 유기체의 가치화 과정보다 더 강렬해진다(Rogers, 1959, p. 224). 예를 들어 만약 우리가 다른 사람에 대한 공격이 옳지 않다고 느끼지만 다른 중요한 사람이 그 공격에 긍정적인 가치를 둔다면, 우리는 **참 자기**true self의 감정이 지닌 타당성을 무시하고 다른 사람의 인정을 얻기 위한 수단으로 그들의 기대에 따라 행동한다.

인정을 추구하고 불인정을 회피하는 욕구는 특정 종류의 행동 수행에 조건적인 사회적 자기 개념을 갖도록 한다. 이러한 자기 개념은 **가치의 조건**conditions of worth을 포함한다. 우리는 다른 사람의 인정을 충족시켰을 때에만 우리의 경험과 행동이 받아들여질 수 있다고 지각한다. 반면 우리는 인정을 받지 못한 경험과 행동은 받아들여질 수 없는 것으로 지각한다.

로스 등(Roth et al., 2009, pp. 1119–1142)에 의한 최근 연구에서 아이들이 부모의 기대를 따르지 않았을 때 인정과 애정을 주지 않는 부모를 둔 아이들은 자신의 부모를 매우 통제적이고 처벌적으로 지각했고 또 부모에게 분노했다는 것을 보여 주었다. 이러한 교육은 아이들이 할 수 있는 한 부모를 피하는 결과를 불러왔다. 반면 아이들이 부모의 기대를 따를 때만 아이들에게 인정과 애정을 준 부모 밑에 자란 아이들은 자신의 행동을 매우 통제하고 부모에 대해 갖는 부정적인 감정을 억압하였다. 이러한 아이들은 세상에 대한 견해가 좁은 편이었으며 새로운 학습경험에 대해 덜 열려 있다. 예를 들어 부모가 좋은 성적을 받아 오는 것에 대해 많은 칭찬을 해주었다면, 그 아이들은 좋은 성적 부여와 직접적인 관계가 있는 과목만 배우려는 경향을 주로 갖게 될 것이다. 그러므로 아이들의 호기심과 문제에 대해 다양한 해결방안을 찾으려는 마음, 그리고 배우기 위해 배움을 좋아한다는 마음은 매우 제한되었다.

로저스의 견해에서 건강한 자기 개념의 발달과 충분히 기능하는 사람이 되기 위한 움직임의 이상적인 상태는 판단과 생각, 감정 혹은 행동의 평가가 오염되지 않은 다른 사람에 의한 깊고 진실된 배려인 **무조건적인 긍정적인 관심**unconditional positive regard이다(Rogers & Sanford, 1984, p. 1379). 무조건적인 긍정적 관심에 기초한 자기 개념은 가치의 조건이 필요하지 않으며, 참 자기와 경험 사이에 **일치성**congruence이 일어나고, 이때 그 사람은 심리적으로 건강하다. 그러므로 아이의 관점을 받아들이고 그의 참 감정을 표현하며 스스로 결정하도록 격려하는 부모는 심리적으로 가장 건강하게 성장하는 아이를 갖게 된다.

실생활에서 우리 모두는 우리의 행동에 부여된 가치의 조건을 지니고 있다. 우리는 모두 사람들과 어울리는 동안 어떠한 감정과 행동은 적절하고, 어떤 것은 적절하지 않은지를 배운다. 이러한 규범적인 규칙이 유기체로서의 가치화와 조화를 이룰 때, 우리는 우리의 참 자기와 접촉하게 되며 자아실현을 향한 움직임이 지속된다. 이러한 상황에서 우리의 사회적 자기와 참 자기는 조화를 이루게 된다. 로저스는 부모와 다른 사람들은 아이들이 호기심을 갖고, 자립적이며 자신과 다른 사람들을 존중하도록 격려하는 규칙으로 창의성을 조성하는 환경을 만들 수 있다고 믿었다. Harrington, Block, 그리고 Block(1987, pp. 851-856)에 의한 고전적 연구에 따르면 이러한 환경에서 자란 아이들은, 몹시 지배적이며 아이 스스로 결정하지 못하고 자유롭게 자라지 못하게 하는 비판적인 부모가 있는 환경에서 자란 아이들보다 성장 후에 더 창의적이었다고 한다.

끝으로 로저스는 개인의 선천적인 평가를 거스르고 다른 사람의 기대에 의해 지도받을 때 문제가 일어난다고 믿었다. 이러한 경우 개인의 사회적 자기는 참 자기와 실제 감정과 접촉되는 것을 막으며 실현을 향한 움직임 역시 저지된다. 참 자기와 유기체적 경험의 일치성은 경험의 정확한 상징화와 긍정적인 성장을 이끌어 낸다. 불일치성은 부정확하고 왜곡된 상징화, 부적응, 취약함으로 이어진다. 이러한 불일치적인 조건에서 인간은 무언가 잘못되었다는 희미한 감각을 느끼게 된다. 로저스의 견해로 보면, 이러한 위험은 명확히 지각되기 전 상태인 "반인지" 상태가 된다. 이 상태에서는 인간이 심장박동과 호흡수의 증가를 느끼며 이러한 어려움의 출처를 확실히 확인할 수 없는 불안감을 느끼게 된다. 이 불안감은 위험에 맞서기 위한 방어기제를 일으킨다. 만약 참 자기와 유기체적 경험의 불일치가 너무 크다면 방어는 성공적이지 못할 것이다. 결과적으로 정신병적이라 불리는 심각한 분열상태에 빠지게 된다.

자기 이론의 경험적 증거

자기와 유기제적 경험 간의 관계에 대한 이론이 옳다면, 우리는 자신의 자기상에 대한 위협을 부인하는 사람들은, 다시 말해 방어적인 사람들이 덜 방어적인 사람들보다 적응에 어려움이 있을 것이라고 예측할 수 있다. 초도르코프(chodorkoff, 1954)가 가설을 세우기를, 자신에 대한 자기 진술과 다른 사람이 한 진술이 더 일치할수록, 지각적 방어를 덜 보일 것이라고 했다. 이러한 가설은 방어적이지 않은 사람들은 모든 경험에 대해 열려 있다는 가정에 기초하고 있다. 그들은 그 경험을 자기 개념 안에 동화시킬 수 있어야 한다. 초도르코프의 두 번째 가설은 개인적인 기술과 객관적인 기술이 일치할수록 적응력이 더 클 것이라는 것이다.

이러한 가설을 검증하기 위해 임상가들은 인명 정보와 두 가지 투사검사인 로샤검사(Rorschach Test)와 주제통각검사(Thematic Apperception Test)의 결과에 바탕을 둔 기술을 제공했다. 이러한 진단검사가 개인의 유기체적 수준 평가를 정확히 반영할 것임을 예상했으며 이 역시 로저스가 지속적으로 도전했던 가정이다. 두 평가의 일치 정도에 기반을 둔 점수는 사람의 지각적 방어 점수와 상관관계가 있었으며, 연구 참여자가 위협적인 단어(예를 들어 개 같은 것, 창녀)의 순간적 제시에 대해 반응하기 위해 걸린 시간을 위협적이지 않은 단어(예를 들어 의자, 탁자)에 대한 대기시간과 비교하여 측정하였다. 개인적 적응은 임상가들이 다양한 형용사, 예를 들어 친절한, 자신감 있는, 선호되는 등 평가자가 생각하기에 자신을 묘사하는 단어들을 체크하는 방식으로 평가되었다. 더 많은 형용사가 체크될수록 개인적 적응 점수도 높아졌다. 지각적 일치 점수는 예상했던 대로 방어와 적응 점수와 연관이 있음이 밝혀졌으며 가설들은 사실임이 증명되었다.

로저스의 자기 이론은 또한 방어적이지 않은 (자기수용적인) 사람은 다른 사람의 행동을 더 받아들인다는 점도 예측하고 있다. "한 개인이 그의 감각적 본능적인 경험을 지각하고 하나의 일관되고 통합된 체계로 받아들인다면 그는 반드시 남들을 더 이해하고 각기 다른 개인들이라는 것을 더 받아들일 것이다"(Rogers, 1951, p. 520). 여러 연구들은 로저스의 예측을 지지하는 결과를 가져 왔다(Wylie, 1979).

마지막으로 로저스는 자기수용이 정신건강과 정적인 관계가 있음을 명확하게 믿었으며 그의 견해를 지지하는 수많은 연구들이 발표되었다. 한 초기 연구에서 Fisher와 Specht(1999, pp. 457–472)는 성공적으로 노화하는 노인들은 과거 경험을 살펴보면서 미래의 긍정적인 느낌을 유지함으로써 현재 상황에 대처하는 능력을 가지는데, 이들은 더 많은 자기 수용, 독립성, 다른 사람과의 긍정적인 상호작용, 그리고 개인적 성장의 특징을 보인다. 그 이후에 실시된 연구에서 Scott(2007, pp. 35–64)은 더 높은 자기수용의 특징을 가진 영국의 심리학 학부생들 (평균 19세)과 학생이 아닌 성인들(평균 48세)은 낮은 자아수용을 지닌 참여자들에 비해 덜 우울하다는 결과를 얻었다.

평가 기법

로저스는 개인의 성격 평가는 반드시 자신과 다른 사람들을 향한 감정과 태도의 탐색에 기초하여야 한다고 믿었다. 내담자는 경험을 주관적으로 해석하고 치료자에게 자신에 대한 유효한 정보를 주는 사람이다. 로저스는 이러한 현상학적 극단주의는 제한점이 있음을 알았다. 치료자는 오직 내담자가 표현할 수 있는 또는 표현하려는 내담자의 경험에 대한 정보만을 얻을 수 있다. 그리고 내담자는 인정을 얻기 위해 고의로 왜곡된 보고를 할 수도 있다. 이러한 제한점에도 불구하고 로저스는 자신의 인간중심 접근이 개인의 성격을 이해하는 데 중요한 방법을 제공한다고 믿었다. 치료자가 내담자를 위해 지지적이고 위협적이지 않은 환경을 제공할 때, 왜곡과 회피는 최소화된다. 치료자는 사전에 형성된 이론적 체계에 내담자를 맞추어 속단하지 않도록 적극적으로 노력한다. 이러한 조건 아래 치료자는 내담자를 자아실현의 방향으로 움직이게 하려는 목표와 함께 내담자의 특유한 강점과 약점에 대한 정확한 이해를 얻을 수 있다.

로저스는 형식적인 평가 기법의 임상적인 사용에 대해 반대론을 펼쳤지만, 그는 그의 이론을 검증하기 위해 측정 절차에 의존하게 되었다. 예를들면 초도르코프의 연구에서 평가자의 평정은 인간의 유기체적 경험을 평가하기 위해 사용되었다. 로저스 역시 내담자와 치료자의 상호 관계의 본질을 평가하기 위한 기법의 발전과 이러한 자료들이 치료 결과와 어떻게 연관되었는지를 보여 준 개척자였다. 이 기술은 치료 과정을 녹화한 비디오와 오디오 사용을 포함하였다. 이 테이프들은 치료자의 기억에 의해 만들어진 치료 기록보다 더 자세하고, 포괄적이며, 분석과 해석에 필요한 자료들을 제공하였다.

로저스는 Stephenson(1953)에 의해 개발된 평가 절차인 **Q-분류Q-sort**를 이용하여 인간중심치료의 효과에 대해 실험하였다. 로저스에 의하면, 한 사람의 자기 개념은 치료 기간 동안 변화되어야 한다. 로저스는 내담자가 자신을 실제로 보는 방식과 자신을 보고 싶은 대로 보는 방법 간의 불일치는 효과적인 상담을 통해 줄어든다고 믿었다. Q-분류는 이러한 실제 자기와 이상적인 자기 간의 불일치를 측정하기 위해 설계되었다.

치료가 시작될 때 내담자는 자신과 관련된 문장들의 범위가 "나 같지 않음"(1)부터 "나 같음"(7)으로 분류하도록 요구된다. 리스트는 "나는 관대하다", "나는 자신 있다", "나는 똑똑하다", "나는 정서적으로 성숙하다"와 같은 문장들을 포함하고 있다. 문장들을 분류한 후(보통 100개 정도), 내담자는 다시 그 문장들을 이상적인 자아에 관하여 범위가 7점인 "나의 이상과 다름"(1)부터 "나의 이상과 같음"(7)까지 재분류하도록 요구받는다. 이 두 점수들 간에는 서로 상관이 있다. 치료 초기에 참여한 내담자들의 상관관계는 일반적으로 낮다. 그러나 치료 후에는 정적 상관이 높게 나타난다. 이것은 내담자들의 실제 자기와 이상적인 자기의 차이가 적다는 것을 의미한다.

실제로, 로저스는 이론의 타당성과 치료 접근의 효과를 확인하는 다양한 평가 절차를 사용하였다. 이러한 측정법에 대한 의존은 치료 기술의 사용을 반대하는 그의 입장과 직접적으로 반대되는 듯이 보인다. 그러나 치료 과정에서 피할 수도 없는 꼭 필요한 부분이 덜 강조되더라도 그러한 평가 절차는 좀 더 타당한 해석이 될 수 있다. 치료자가 내담자의 경험을 이해하는 것을 방해할 만큼 평가 절차가 허용되어서는 안 된다.

치료에 관한 이론적 함의

로저스는 자아가 어떻게 발달하고, 실현 경향성과 어떤 관련이 있는지에 대한 이론을 창조했을 뿐만 아니라 긍정적인 성장이 가능토록 하는 치료자와 내담자의 관계에 초점을 둔 심리치료 이론을 개발했다.

이 이론은 개인의 경험에 뿌리를 두고 있다. 로저스가 처음 Rochester에 있는 프로이트 지향에 기초를 둔 학생지도센터에서 아이와 어른을 대상으로 심리치료를 실시하였을 때, 그는 성격 기능의 본성에 매우 확고한 선입견을 가졌다고 한다. 하지만 로저스는 실제로 프로이트 공식이 실행 불가능하다고 생각했다. 프로이트 학파는 내담자들의 건설적인 변화를 이끌어 내지 못하였다. 결과적으로 로저스는 프로이트의 견해를 버리고 대신 치료에 더 실용적인 지향성을 받아들였다. 그가 심리치료의 타당성을 판단할 때 사용한 유일한 기준은 "치료가 잘 되는가? 효과적인가?"이다(Rogers, 1961, p. 10). 이러한 귀납적 접근방법 외에도 로저스는 긍정적 성장에 필요한 치료 조건을 설정하였다.

성장을 촉진하는 치료 조건

성장을 촉진하는 조건을 알아내기 위해 로저스는 그 내담자와의 직접적인 경험에 집중했을 뿐 아니라 내담자의 행동을 바꾸려는 상담자와 다른 사람들의 시도에도 집중했다. 그는 네 가지 중요한 기술에 주목했다. (1) 명령과 금지, (2) 훈계, (3) 제안(안심과 격려를 포함), 그리고 (4) 조언(Rogers, 1942, pp. 20–27). 지금까지 이러한 기술 중 아무것도 성공적이지 못했고, 로저스는 그것들이 버려져야 할 때라고 생각했다. 하지만 예를 들어 자신의 개인적 가치에 대해 의심을 경험하는 내담자를 안심시키는 것이 무슨 문제가 있는가? 로저스에 의하면 문제는 상담자들이 기술을 분별없이 사용하는 경향이 있다는 점이다. 내담자에게 개선되고 있다고 반복적으로 말함으로써 내담자가 자신의 문제를 부정하거나 그 문제에 대한 감정을 탐색하지 못하게 한다. 로저스는 이러한 조건하에서는 내담자의 개선이 불가능하다고 주장했다.

좀 더 넓은 의미에서 그는 모든 기법들이 지시적인 측면을 지니고 있다는 점을 인정했다. 즉, 치료자는 내담자가 가진 문제의 본질과 그것을 해결하기 위한 최선의 방안 혹은 방안들을 이해하고 있는 권위자처럼 행동한다. 치료 과정에서 상담자는 자신을 다른 사람의 문제를 발견하고, 진단하고, 치료하는 전문가라고 생각한다. 그러나 로저스의 비지시적이고 인간중심적인 접근법은 초점을 내담자에게 둔다. "이 사람을 어떻게 대하고 치료해야 할까?"라고 질문하는 대신 로저스는 "이 사람이 자신의 개인 성장을 위해 상담 관계를 어떻게 제공할 수 있을까?"라고 질문했다(Rogers, 1961, p. 32).

로저스는 사람들이 내적으로 변화할 수 있는 능력을 지녔다고 믿었으며, 만약 치료자가 성장을 위한 적절한 조건을 만들어 준다면 그들은 건설적으로 변화될 것이다. 이 조건들은 다음과 같다.

1. 내담자와 치료자는 심리적 접촉상태에 있다. 이 말은 각자가 다른 사람의 현상학적인 장(phenomenological field)에 영향을 미친다.
2. 내담자는 부조화 상태에 있으며 그것에 대해 불안해 한다.

3. 치료자는 관계에서 일치성이 있다.
4. 내담자는 치료자로부터 무조건적이고 긍정적인 배려를 경험한다.
5. 치료자는 내담자의 내적 준거 틀에 대해 공감적으로 이해한다.
6. 내담자는 치료자의 무조건적이며 긍정적인 배려와 공감적 이해를 인식한다(Rogers, 1959, p. 213).

아울러 성장이 일어나기 위해서는 치료자가 일치성이 있어야 한다. 즉 진실되어야 한다. 일치성이 있는 치료자는 권위자의 역할을 하지 않고 순간순간 자신의 내면에 흐르는 감정을 솔직히 표현한다. 치료자는 이러한 감정에 대해 의식하고 있으면서 적절하다면 내담자에게 전달할 수 있다(Rogers & Stevens, 1967, p. 87). 예를 들어 내담자와 지루함을 느끼는 치료자는 그 감정을 즉시 알리지 말아야 할지도 모른다. 하지만 만약 내담자가 많은 회기 동안 지속적으로 지루함을 느낀다면, 치료자는 솔직하고 건설적으로 대처하기를 바라며 자신의 반응을 알려도 좋다. 그러나 치료자는 진정성과 진실임을 가장하여 모든 지나가는 감정과 비난을 충동적으로 불쑥 내뱉지 않는다. 하지만 혹시라도 치료자가 부정적인 감정을 표현한다면 내담자의 인격에 문제가 있음을 알리는 것이 아니라 치료자의 개인적인 반응임을 나타낸다(Rogers & Stevens, 1967, p. 88). 그러므로 치료자는 "나는 지루해요"라고 말할 수 있지만 "당신은 지루한 사람이에요"라고 말할 수는 없다. 로저스가 제시했듯이 치료자는 내담자에게 판단을 내리기보다는 솔직한 반응을 표현한다.

촉진적인 치료 관계에 있어 두 번째 중요한 요소는 치료자가 내담자에 대해 공감적 이해를 하는 것이다. 치료자는 내담자의 내적 세계의 사적인 의미들을 정확히 파악할 수 있어야 한다(Rogers & Stevens, 1967, p. 89). 공감적인 치료자는 내담자의 혼란, 기쁨, 분노, 적개심, 유연함을 느낄 수 있어야 하며 이 정보를 정확히 의사소통할 수 있어야 한다. 이러한 조건 아래, 내담자는 치료자의 의사소통을 더 신뢰하고 받아들일 것이며 치료자가 거의 의식하지 않는 경험에도 관심을 가질 것이다(Rogers & Stevens, 1967, p. 89).

마지막으로, 촉진적인 치료자는 내담자에 대해 무조건적이고 긍정적인 배려를 실천하는 사람이다. 이 배려는 "의구심과 평가 없는 외향적이고, 긍정적인 감정이다. 그 뜻은 판단을 내리지 않는 것이다"(Rogers & Stevens, 1967, p. 91). 치료자는 내담자의 특정 감정들을 받아들이고 나머지는 거부하지 말아야 하며 내담자를 조건부가 아닌 전체적으로 존중해야 한다. 정신분열병 환자와는 예외가 가능하다. 이러한 환자의 경우 로저스는 몇몇 치료자들이 매우 조건적일 때, 즉 그들이 내담자의 기이하고 정신병적 행동을 받아들이지 않았을 때 더 효과적이었던 점에 주목했다(Rogers & Stevens, 1967, p. 94). 그러나 로저스는 치료자들이 존중과 존엄으로 내담자를 대해야 하며, 긍정적인 지지 역시 치료자에 의해 주어져야 한다고 했다.

로저스에 의하면 만약 이전에 언급되었던 여섯 가지 조건들이 효력을 보인다면 다음과 같은 변화들이 내담자에게서 관찰될 것이라고 한다.

1. 내담자는 자신의 삶과 문제에 대한 정서를 더 많이 표현할 것이다.
2. 내담자는 감정의 의미를 평가하는 데 더 정확해질 것이다.
3. 내담자는 자기 개념과 경험 사이의 불일치를 구별할 것이다.
4. 내담자는 불일치성에 대해 위협을 느낄 것이다. 하지만 오직 치료자의 지속적이고 무조건적인 긍정적 배려가 있을 때만 그러한 위협을 경험하는 것이 가능하다.
5. 내담자는 충분히 경험하고 인식하며, 과거에는 의식되지 않았거나 왜곡되었던 감정들을 경험하기 시작할 것이다.
6. 내담자는 과거의 위협적인 경험들을 완전히 이해하며 재편성할 수 있는 자기 개념을 갖게 될 것이다.
7. 치료가 진행되면서 내담자의 자기 개념은 점진적으로 내담자의 경험과 조화를 이룰 것이다. 내담자의 자기 개념은 의식하기엔 너무 위협적이었던 과거 경험들도 포함할 것이다. 수동적인 태도 역시 줄어들 것이다.
8. 내담자는 치료자의 무조건적이고 긍정적인 배려를 점점 더 느낄 수 있게 된다.
9. 내담자는 타인에 대한 배려가 점점 더 긍정적으로 될 것이다.
10. 내담자는 자신의 경험을 유기체적 가치화 과정 측면으로 평가하게 되며, 다른 사람에 의해 지지되는 가치에 의한 평가는 줄어들게 된다.

이 과정의 결과로, 사람들은 다른 사람들이 원하는 그들이 아닌 그들만의 유기체적인 존재가 될 것이며, 심리적으로도 건강해질 것이라고 로저스는 믿었다.

치료이론에 대한 실증적 증거

이 이론이 치료에 타당성이 있는지를 결정하기 위해, 로저스와 그의 동료들은 1950년대에 야심찬 연구 프로그램에 착수하였다. 한 연구에서 Butler와 Haigh(1954)는 치료 전 25명의 내담자에 대한 실제 자기와 이상적 자기의 평균 상관관계는 −0.01이었다. 이는 인지한 실제 자기와 이상적 자기 사이에 관계가 없음을 나타낸다. 상담 후 상관관계는 +0.34였다. 이 수치는 내담자들이 자신의 이상적인 자기상으로 이동함으로써 자신에 대한 관점을 변화시켰다는 것을 말해 준다. 치료를 받지 않았던 정상인 16명으로 구성된 통제집단과 상담을 받고 Q-분류(Q-sort)를 실시한 집단은 첫 검사에서 +0.58의 상관관계를 보였으며 두 번째에서는 +0.59를 보였다. 이러한 상관관계들은 정상인들이 그들의 실제와 이상적인 자아 사이의 차이가 적고 이러한 관계는 시간이 흘러도 변한없이 안정적임을 나타낸다. 불행하게도 이 연구는 방법론적으로 결점이 몇 가지 있다(Eysenck, 1961). 예를 들어, 조사자들은 참여자들의 초기 심리 적응면에서 통제 집단과 치료 집단을 동일하게 하는 데 실패했으며, 따라서 내담자들 사이에서 자기 개념 변화를 만들어 내는 인간중심 치료의 효과를 평가하기가 불가능해졌다.

이러한 방법론적 비판의 대상이 아닌 한 사례 연구에서 로저스(1954, pp. 259-348)는 Oak 부인이라는 환자의 사례를 분석하였다. 그녀는 가정과 사회 집단에서 모두 거절을 경험한 의존적이고, 표현을 잘 못하는 소극적인 사람으로 치료 전 자기분류 반응지(self-sort responses)에 반응했다. 치료 동안 반복된 자기분류는 치료 전 기준점과 다음과 같은 상관이 있었다. 일곱 번째 치료 회기 후 +0.50, 25번째 회기 후 +0.42, 치료 마지막에는 +0.39, 치료 12개월 후 +0.30이었다. 치료 과정에서 몇 달 후 줄어드는 상관관계는 Oak 부인이 치료 전 자신을 묘사했던 사람과는 점점 다른 사람이 되어 가고 있음을 나타낸다. 치료 후 그녀는 자신을 더욱 더 안정되고 자신감 있으며, 정서적으로 성숙하고 표현이 풍부하며, 관계에 있어 더욱 따뜻하며, 치료 시작 전보다 덜 두렵다고 지각하였다(Rogers, 1954, pp. 274-276). 로저스 학파의 치료를 받았던 모든 사람이 이러한 호전을 보이지는 않았지만, 로저스는 이러한 유형의 심리치료를 사용할 때 긍정적인 변화가 나타났다고 결론내렸다(Rogers, 1954, p. 343).

만약 인간중심 이론이 실제로 몇몇 경우에 효과적이라면 그 이유는 무엇일까? 로저스 이론의 핵심은 정확하게 공감적이며, 진실되고 존경심을 보이며, 무조건적으로 지지하는 촉진적인 치료자이다. 로저스는 만약 치료자가 치료에 이러한 촉진적인 조건을 만들 수 있다면, 건설적인 성장은 필연적일 것이라고 믿었다. 모든 연구들이 로저스의 이러한 촉진적인 조건들이 주어졌을 때 건설적인 성장이 필연적이라는 극단적인 신념을 지지하지는 않지만, 다수의 연구들은 이러한 촉진적 조건들이 내담자의 긍정적인 성격 변화 촉진과 성공적인 치료 성과에 매우 도움이 된다는 점을 나타내 준다(Hill & Nakayama, 2000, pp. 869-870; Kirschenbaun & Jourdan, 2005, pp. 37-51; Sexton and Whiston, 1994, pp. 11-15; Wong & Ng, 2008, pp. 58-76). 하지만 이러한 연구는 성공적인 치료가 촉진적인 조건의 내담자의 존재뿐만 아니라 특별한 인격, 동기, 증상, 그리고 배경에 의존하며, 이러한 요소들은 치료 과정에 개입되어 결과에 영향을 미친다는 것을 보여 준다. 예를 들어, 한 연구에서 치료 과정에 깊게 관여한 내담자에 비해 치료 과정에 비교적 관여하지 않은 사람은, 이를테면 개인 정보를 낮고 얇은 수준에서 드러낸 내담자는 치료자가 개방형 질문을 많이 했을 때 덜 유익하게 보았다. 예를 들어, "나에게 당신의 인생에 대해 더 얘기해 줄 수 있나요?"와 같은 질문들은 자신에 대해 이야기하기 어려워하는 내담자에게 겁을 주거나, 부적당한 느낌을 갖게 하고, 치료자가 지지적이지 않은 인상을 주는 경향이 있었다. 만약 치료자들이 심리적인 건강을 촉진하도록 돕는 촉진적인 조건을 만들 수 있다면 내담자 특성에 대한 지식은 매우 중요했다. 불행하게도, 많은 로저스 학파의 종사자와 연구자 또한 치료의 성공을 위한 치료자의 자질에 대해 지나치게 강조하지만 내담자의 특성에 대해서는 중요시하지 않는다(Gelso & Carter, 1985, pp. 155-243; Hill et al., 1988, pp. 222-233).

연구는 보통 촉진적인 치료자가 내담자의 건설적인 성장을 촉진한다고 제안하지만 이전 연구와 연관된 몇몇 문제점들이 있다. 대부분의 연구에서 성공적인 치료 변화의 측정은 내담자의 실제 행동에 바탕을 두기보다는 오직 내담자 혹은 치료자의 언어 또는 내담자의 자기보고(self-reports)에 의존한다. 장기적인 사후 연구도 부족하다. 이 말은 대부분의 치료 효과의 연구들이 지속성을 평가하려는 시도 없이 오직 내담자 기능의 즉각적인 변화만 평가한다는 것을 의미한다. 마지막으로, 연구자들 사이에서는 여러 가지 중요한 개념의 의미에 대한 합의가 부족하다. 예를 들어, 배첼러(1988)는 공감이라는 용어가 치료에 연관된 사람들에게 최소한 네 가지 의미를 준다고 밝혀냈다. 첫 번째로, 어느 특정 시간에 내담자의 주관적 상태에 대한 치료자의 정확한 인지적 이해를 뜻한다. 두 번째로, 치료자가 내담자와 같은 감정을 경험함을 말한다. 세 번째로, 내담자가 치료자와 함께 경험하고 있다는 내담자의 느낌을 의미한다. 네 번째로, 치료자가 내담자를 위한 돌보는 태도를 뜻한다. 즉, 치료자는 지지적인 혹은 완전히 배려하는 존재이다. 불분명한 개념들은 불충분한 측정을 만들고, 결과적으로 좋지 못한 이론의 검증으로 이어진다.

이러한 어려움에도 불구하고 로저스의 인간중심 이론의 효과에 대해 지지적인 연구들이 매우 많다. 로저스에 의해 널리 알려진 내담자의 건설적인 성장을 돕는 데 중요한 촉진적인 치료 조건들은 오늘날 현대 상담 교육 프로그램의 기반이 되었다(Mason, 2009, pp. 357-362). 또한 인지행동 치료자들도 행동 변화에 영향을 주는 노력 전에 치료자의 따뜻하고 공감적이며 지지적인 환경의 창조를 통해 내담자와 좋은 치료 관계를 형성해야 하는 필요성을 알고 있다.

교육의 측면에서 이론이 가지는 의미

로저스는 그의 이론이 치료 이외에도 가족생활, 결혼, 단체 지도력, 정치와 교육을 포함하는 많은 영역에 적용할 수 있다고 믿었다. 우리는 이 영역들 중 교육과 결혼 이 두 가지에 대해 좀 더 자세히 살펴볼 것이다.

로저스의 입장에서 초등, 중고등, 대학교의 수준에서 현재 교육 체제는 기본적으로 권위적이고 강압적이다. 교사는 지식의 소유자, 그리고 학생은 지식의 수령인으로 인식되며 강의는 교사가 학생에게 정보를 전달하는 방법이라고 인식된다. 또한 로저스는 인지 능력(사실과 문제해결 능력을 배우는 것)의 습득이 너무 과도하게 강조되는 반면 감정능력 (감성적이고 사랑이 많은 사람이 되는 방법을 배우는 것)의 발달은 충분히 강조가 되지 않고 있다고 믿었다. 더 나아가 성적 관계나 우정같이 학생들에게 중요한 문제에는 너무 적은 관심이 주어진다. 교육환경은 일반적으로 비인격적이지만 수행과 시험과 점수를 통한 학생의 평가는 과도하게 강조되고 있다.

로저스에 의하면 교육 체제는 그것의 과정을 몇 가지의 그릇된 가설에 기반하고 있다고 한다(Rogers, 1968, 1969, 1983).

학생들은 자신의 교육 목표를 추구하는 데 있어 신뢰받을 수 없다

로저스의 입장에서 교사는 학생을 불신하고 끊임없이 학생과 그의 공부를 감독하고 확인한다. 로저스는 학생에게 교육 목표와 관련된 결정을 스스로 내릴 수 있는 기회가 주어진다면, 학생은 공부와 배움에 대해서 긍정적인 자극을 받을 것이므로 학생의 행동을 가까이서 감시할 필요가 없을 것이라고 믿었다. 감시는 교사가 학생의 걱정과 관심사와 관련이 없거나 너무 급진적으로 변화하는 목표를 세웠을 때에만 학생의 적응 정도를 확실히 하기 위해 필요하다.

로저스는 학생 본인이 자신에게 무엇이 맞는지 가장 잘 알기 때문에 학생이 교육적 선택을 하고 목표를 세우도록 해야 한다고 주장한다. 이 추측은 교육 과정을 밟고 있는 많은 학생들이 경험하는 지속적인 목표 변화의 입장에서는 의심스럽게 들릴 수도 있다. 하지만 학생이 자신에게 맞는 목표를 선택할 수 있다 해도 자신이 세운 목표의 가치와 유용성을 인지하지 못할 수도 있는 사회에 존재한다. 사람들은 그들이 원하는 어떠한 목표도 추구할 수 있는 권리가 있지만 사회 또한 그것의 우선순위를 표출하고 가치 있다고 생각하는 것을 보장할 수 있는 권리를 가지고 있다.

창의적인 사람은 수동적인 학습자로부터 발달한다

로저스는 학생이 수동적인 학습자라는 교육계의 우선적인 강조에 대한 강한 이의를 제기한다. 예를 들어 대학생은 일반적으로 교수로부터 정보를 얻고 시험에서 그 정보를 내어 놓아야 한다. 로저스는 이것이 독창적이고 창의적인 생각의 발달을 막는다고 믿었다. 학생은 순응하고, 자신의 생각으로 대처하기를 주저하고, 의심 없이 교수의 생각을 받아들이도록 가르침을 받았다. 로저스는 신뢰, 상호적 배려, 압박으로부터의 자유가 있는 환경에서 학생은 자기 자신의 생각을 시험해 보고 창의적인 사람이 될 기회를 갖게 된다고 주장한다.

모든 사람들이 로저스의 이 주장에 동의하지는 않는다. 예를 들어 브라운과 Tedeschi (1972, pp. 1-15)는 역사 속 많은 창의적인 사람들은 기관의 규제에 대해 불쾌해 했지만 그들의 불만은 "천재의 발달에 대한 무언가에 대해 이야기하기 때문에 흥미로운 것이 아니라 우리에게 교육 환경의 틀에 대한 그들의 반응을 말해 주기 때문이다"라고 주장한다(Brown & Tedeschi, 1972, p. 5). 그들은 존 스튜어트 밀, 찰스 샌더스 피어스와 루드비히 반 베토벤 같은 어린 신동들은 극단적으로 요구적인 환경에서 교육을 받았지만 그들의 창의적 욕망은 억눌리지 않았다는 것을 관찰하였다.

창의적인 사람의 발달에 규제와 평가의 단순한 부재가 필수적인 조건이 아니라는 것이 증거와 역사적인 측면에서 모두 확실하게 보여 준다. 나무 아래서 열매가 떨어지기를 기다린다고 훌륭한 생각들이 모이지 않는다. 에디슨은 언젠가 창의력은 99% 노력과 1%의 영감이라고 말했다. 이것은 개개인은 문제해결과 관련되어 있을지도 모르는 수많은 정보를 수집해야 한다는 말이다. 이러한 동화과정은 꽤 지루하고 문제에 대한 개개인의 동기의 강도를 시험한다. 그러므로 작업은 단순한 노동의 형태로 이루어질 때가 있고 강렬하게 흥미롭고 즐거운 때가 있다(Brown & Tedeschi, 1972, p. 6).

반박의 의미로 로저스는 자기 훈육은 모든 규제 중 가장 요구적이고 결실 있는 것이고, 거의 모든 창의적 경험에 존재한다고 주장하였다. 그는 동조가 자기 훈육을 발달시키지 않으며 반대로 타인의 평가에 의존적인 훈련되지 않은 사람들을 만들어 낸다고 주장하였다(Rogers, 1972b, pp. 17-18).

평가는 교육이요, 교육은 평가다

로저스는 "시험이 교육의 시작과 끝이 되었다"라고 강력하게 주장하였다(Rogers, 1968, p. 691). 학생들은 학교생활에서 끝없는 퀴즈와 기말고사를 마주한다. 이러한 장애물들은 그들로 하여금 창의적인 삶에 필요한 독립적인 교육을 받는 것을 방해한다. 그러므로 로저스의 입장에서 그것들은 학생들을 무능력하게 만든다는 것이다. 빽빽한 일정 아래에서는 학생들이 자신의 흥미를 추구할 시간을 충분히 갖지 못한다는 것이 로저스의 입장이다. 더 합리적인 방안은 가장 빠른 시일 내에 학생들의 학업과정과 활동에서 시험을 통해 창의적 활동의 필요 조건인 기본적인 개념들을 갖도록 하고 그 다음에 로저스가 주장하는 자유를 제공하는 것이다.

요약하면, 로저스는 교육 체제의 변화가 시급하다고 믿었다. 그는 그것이 너무 권위주의적이고 강압적이며 학생들의 필요를 충족시켜 주지 못한다고 보았다. 그의 시각에서 학생들은 그들의 학업과 사회적 발달에 영향을 미치는 선택에 더 많이 참여해야 하며 학과, 학생, 행정의 차원에서 더 나은 소통과 협력이 이루어져야 한다. 학생들은 자신의 목표를 선택할 수 있어야 하며 그것을 추구하기 위해 학과의 도움과 격려가 필요하다(Rogers, 1970, p. 154).

결혼의 측면에서 이론이 가지는 의미

로저스는 결혼은 실패한 제도라고 생각했다. 그는 이제 부부에게 피임이 가능해졌고 여성은 임신, 양육과 육아에 모든 신경을 쏟을 필요가 없다는 사실을 통해 그의 반론을 지지한다. 여성은 이제 부부관계 이외의 인간관계를 개척해 나가고 가족과 직장을 선택하는 데 있어 남자만큼이나 자유롭다. 역사를 통틀어 처음으로 여성은 그들의 순종적인 역할로부터 벗어나 육체적으로 자유로운 존재가 되었다. 이러한 변화는 여성으로 하여금 자신의 방향을 선택하게 하고, 자신의 성장을 막는 만족스럽지 못한 결혼생활에 머무르지 않도록 격려하는 역할을 한다. 또한, 증가한 평균 수명은 평균 수명이 낮았을 때 유지되었던 관계의 결점이 50년 이상 유지될 관계에서 더 이상 허락되지 않을 것이라는 것을 의미한다.

로저스는 사람들, 특히 젊은이들이 의미 있는 대안을 찾고 있으며 이는 법적 관계, 공동생활과 같은 것들이 없는 동거의 급증을 의미한다고 믿었다. 로저스의 입장에서 또 다른 의미 있는 대안은 남편은 유일한 부양자이고 궁극적인 권위자이며 부인은 좀 더 보조적인 역할을 차지하는 전통적인 방식과는 다른 새로운 종류의 결혼이다. 로저스는 결혼 그 자체를 반대한 것이 아니라 평등하지 않고 풍부하지 않으며 만족스럽지 못하고 부부 모두의 성장을 경험하지 못하게 하는 결혼을 반대했다. 또한 그는 부모를 만족시키기 위한 결혼이거나 결혼하지 않으면 관계를 끝내겠다는 상대의 협박을 받고 관계의 위기를 해결하기 위해 성사된 결혼을 반대했다(Rogers, 1972a, p. 39). 로저스는 다음과 같은 말을 하는 부부들의 결혼생활에는 어려움이 있을 가능성이 있다는 것을 관찰하였다.

1. "나는 나 자신보다 당신이 더 걱정된다." 사랑의 관계에서 상대방의 행복에 대한 깊은 관심을 갖는 것은 분명하지만 상대를 만족시키기 위해 본인의 정체성을 매몰시키는 무비판적인 의지는 관계에 치명적일 수 있다.
2. "죽음이 우리를 갈라놓을 때까지 서로를 위할 것을 맹세합니다." 또다시, 감성은 아무 문제 없지만 비용이 너무 크다면 당사자들은 그들 자신이나 서로를 상처 입히거나 파멸로 이끌거나 '인연을 끊을 수' 있다(Rogers, 1972a, p. 200).

로저스의 입장에서 결혼은 바뀔 수 없는 조건들을 포함하는 계약이라기보다는 자유롭게 흘러가는 변화가 있는 과정이다. 그것은 어떠한 상황에서도 딱딱한 약속이 아닌 관계를 발전시키고 풍부하게 하고자 하는 두 사람 모두의 헌신을 포함한다. 그의 입장에서 적합한 표현은 "현재의 관계는 우리의 사랑과 우리의 삶을 풍부하게 하고 우리는 그것이 자라나길 원하기 때문에 그 관계의 변화하는 과정을 위해 우리 자신을 헌신합니다"일 것이다(Rogers, 1972a, p. 201).

그러한 관계에서 다음과 같은 일들이 일어날 가능성이 높다.

1. 관계 속에 언제나 존재하는 문제들은 공유된다. 배우자는 위험을 감수하고 서로간의 차이점을 발견하고자 하는 마음이 있기 때문에 (일반적으로) 관계의 유대감은 깊어진다.
2. 서로에게 경청이 주어질 때 소통은 더 개방적이고 더 사실적이다. 신뢰는 확실하고 배우자는 서로를 공격하고 비난하기보다는 서로를 경청하고자 한다.
3. 배우자들은 각자의 가치를 깨닫게 된다. 배우자는 각자가 분리된 필요와 욕구를 가지고 있다는 것과 행복하기 위해 같은 활동과 목표를 추구하지 않아도 된다는 것을 깨닫기 시작한다.

4. 관계 내에서 여성의 자라나는 독립심의 중요성이 인식된다. 아내는 자신의 분노를 숨기기보다는 자신의 요구를 남편과 이야기할 수 있게 된다. 결과적으로, 남편은 아내를 향해 더 큰 배려심을 갖게 되고 관계는 더욱 상호적으로 만족스럽게 된다.
5. 역할과 역할에 대한 기대는 떨어지고 대신 자기 자신의 행동 방식을 선택하게 된다. 전통적인 부부관계 내에 존재하던 기대들은 없어진다. 남성은 더 이상 자신이 아내들보다 높은 위치에 있다고 보지 않으며 성적인 면을 포함하여 모든 행동을 통제한다고 생각하지 않는다. 여성은 더 이상 자신을 남편에게 복종하는 존재라고 보지 않는다. 역할의 융통성은 가끔은 역할에 대한 기대와 맞춰가고 가끔은 그렇지 않은 행동으로 이어진다. 하지만 결코 역할의 완전한 관리 아래 있는 행동이 꼭 이루어져야 하는 것은 아니다.
6. 둘 중 어느 배우자도 위성 관계를 형성할 수 있는데 이는 대부분의 경우 매우 고통스럽지만 발달을 돕는다. **위성 관계**satellite relationships란 성적 관계를 포함할 수도 있지만 그것은 부부관계 이외의 이차적 관계를 의미한다. 로저스에 의하면 두 사람이 서로를 다른 필요와 관심사를 갖고 있는 분리된 사람으로 보게 될 때 외부관계가 그 필요 중 하나임을 깨달을 가능성이 높다. 그러므로 결혼한 사람들은 다른 사람들을 만나거나 성적으로 가까워지고자 하는 필요를 느낄 수도 있다.

로저스는 위성 관계를 건강한 결혼의 합법적인 부분으로 보았지만, 다른 사람들은 강하게 동의하지 않을 것이고 비도덕적이고 위법이며 이혼 사유라고 비난할 것이다. 그들은 그러한 관계를 부정하고 평이하고 단순하며, 어떠한 표현도 그 사실을 바꿀 수 없다고 말할 것이다. 로저스는 이러한 관점을 구식이고 어리석다고 여겼다(Rogers, 1972a, p. 241). 그는 다른 사람들에게 해를 끼치지 않는 한 두 어른의 상호적 동의아래 시작된 관계는 합법적이라고 주장한다. 우리가 이론적인 배경을 바탕으로 그의 입장을 받아들인다 할지라도 (물론 많은 사람들은 그렇지 않겠지만) 현실에서는 비극적인 것으로 보인다. 그러한 합의에 동의한 배우자들은 대부분의 경우 이혼 법정에 선다. 이러한 경우에 대해 로저스는 양쪽 배우자가 머리로는 합의에 동의하였으나 마음으로는 그것을 받아들일 준비가 되지 않았다고 말한다. 결과적으로 그들은 배우자가 다른 누군가와 성관계를 가졌을 때 질투심을 느끼고 상처를 받는다(Rogers, 1977, p. 53). 미래의 부부들은 보다 수준이 높아져서 이러한 경험들을 머리와 마음으로 모두 받아들일 수 있게 되는 것이 로저스의 소망이었다. 그때 그들은 관계 외에서 각자의 필요를 만족시킬 수 있게 함으로써 서로를 더 발전시키고 긍정적인 상호적 발달을 촉진하는 자극을 받을 것이다.

이론에 대한 평가

1장의 과학적 이론으로 인정하는 기준에 로저스의 이론이 얼마나 잘 들어맞는지 검사해 보자.

포괄성

처음에 로저스의 이론은 범위에서 제한되어 있었다. 이론의 주된 관심사는 병리학적 행동의 기원과 치료방법을 설명하는 것이었다. 나중에 그는 부부관계의 문제, 가족사, 교육, 인종과 정치 같은 몇 가지 현상을 설명하고 그러한 어려움을 해결하는 방법을 제시하기 위해 그의 이론을 확장했다. 결과적으로 그의 이론은 처음에 제안했던 것보다 더욱 포괄적이다.

정밀성과 검증 가능성

로저스는 정확하고 시험 가능한 이론을 구성하기 위해 많은 노력을 했다. 하지만 아직도 공감, 진실성, 무조건적인 긍정적 존중 같은 주요한 측정 개념들과 연관된 몇 가지 심각한 문제들이 있다. 그러나 로저스는 명백하게 설명된 개념과 시험 가능한 가설로 만들어진 이론을 창조하기 위해 의미 있는 노력을 하였다.

간명성

로저스의 이론은 경제성의 기준을 충족시키지 못한다. 그가 연구하고자 했던 현상들이 복잡한 것은 사실이나 그는 그것들을 설명하기 위해 소수의 개념과 가정에 의존하였다. 그러므로 그의 이론은 범위 측면에서 제한되어 있고 본질적으로 환원주의적이다.

예를 들어 로저스가 인종 문제, 국제간의 문제, 전쟁과 공격을 최소화하기 위해 제안한 해결책은 주로 문제의 심리학적 분석과 그가 치료 중 문제가 있는 환자들에게 적용했던 것과 같은 원리에 의존했다. 그러므로 그는 이러한 갈등을 줄이기 위해 촉진적인 집단 환경에서 문제를 겪는 당사자들에게 서로 소통하는 것을 제안했다(Rogers, 1977). 이 제안은 도발적이고 적대자들 간의 관계 완화를 도울 것 같지만 이는 현재의 상황을 유지하는 역사적, 정치적, 경제적 그리고 문화적 요소의 복잡한 상황을 무시하는 것이다. 이러한 문제들에 대한 심리학적 분석은 유용하지만 사회적, 경제적 그리고 정치적 분석과 연결되지 않는다면 분명한 제한이 있다.

경험적 타당성

지금까지 로저스의 이론에 대한 많은 검증들은 일반적으로 긍정적인 결과를 보였다. 그 결과, 조사자들이 자신의 탐구와 시험을 지속하는 데 격려가 되었다.

발견적 가치

로저스의 견해는 매우 논란이 많았으며 지속적이고 격렬한 논쟁을 유발했다. 몇몇의 치료자들은 로저스가 주장한 것처럼 이론적이고 개인적인 편견이 피할 수 없이 개입되기 때문에 치료자가 끊임없이 비지시적이기는 불가능하다고 주장하였다. 그들은 치료자가 내담자의 생각을 안내하기 위해, 때로는 치료자의 해석을 시험 삼아 제공할 수 있는 치료적 접근을 더 선호할 것이다(Kahn, 1999, p. 94; 2002, pp. 88–89). 하지만 다른 치료자들은 로저스를 따라 그러한 해석이 판단을 내리기 위한 존엄성과 자유를 박탈하며 자아실현 방향으로 움직이는 것을 방해하는 지시적인 측면을 가졌다고 주장하며 강력히 반대한다(예: Bozarth, 2002, p. 81). 이러한 중요한 주제들은 앞으로의 연구 과제로 남아 있다. 그럼에도 불구하고, 모든 인간중심 치료자들은 로저스가 인간의 존엄성에 긍정적인 영향을 미쳤다는 입장에 동의하고 있다. 개인의 진실성과 특이성에 대한 인본주의적 염려는, 치료자들과 많은 연구자들에게 인간을 환경의 영향력에 대해 무비판적으로 반응하는 로봇 같은 사람으로 보는 견해에 의문을 갖도록 하는 데 많은 영감을 주었다.

적용 가치

로저스의 이론은 응용된 분야에서 매우 강력하다. 그 이론의 개념들은 교육, 인종 관계, 정치, 가족 관계, 관리, 리더십, 그리고 상담과 같은 광범위한 분야에 풍부하게 응용되었다. 치료에 대한 로저스의 견해는 상담과 지역사회 정신건강 운동에 엄청난 영향을 미쳤다.

오늘날 대략 200여 개의 인간중심치료의 원리를 가르치는 단체와 훈련 센터들이 세계적으로 자리 잡고 있다(Kirschenbaum & Jourdan, 2005, pp. 35–51).

비판적 사고를 위한 질문

1. 로저스의 유기체의 가치화 과정의 개념에 대해 설명하고 그것이 인간 발달에 어떻게 관련되어 있는지 설명하라. 당신 생각에 당신에게 옳고 그름을 구분하는 생물학적 메커니즘이 있다고 생각하는가? 로저스의 유기체적 지혜에 대한 가설을 지지하는 과학적 증거가 있는가?
2. 당신의 행동에 부모가 부여한 가치의 조건들은 무엇인가? 어떠한 가치 조건을 당신의 부모로부터 부여받았는가?
3. 로저스가 많은 교육가들이 사람들을 교육하는 데 비효과적인 일을 하고 있다고 느낀 이유는 무엇인가? 그에게 동의하는가? 현재 교육 시스템에 대해 추가적인 문제를 인용해 보라. 강점은 무엇인가?
4. 훈육의 기본적인 개념들을 배우지 않고 처음부터 창의적이 될 수 있다고 생각하는가? 그 이유는 무엇이며, 그렇지 않다면 왜 그렇지 않은가?
5. 만약 두 파트너가 동의한다면 결혼생활 밖에서의 성관계가 괜찮다는 로저스의 견해에 대해 당신의 의견은 어떠한가?

용어 해설

가치의 조건conditions of worth 자기 가치를 느끼는 감각이 의존하는 조건들, 우리가 그렇게 행동하는 데 있어서 다른 사람이 생각하기에 좋다면 가치가 있고, 다른 사람이 생각하기에 나쁘다면 그 행동을 하지 않는 신념과 관련이 있다.

긍정적인 관심에 대한 욕구need for positive regard 다른 사람에게 인정을 받으려고 하는 학습된 혹은 타고난 경향

무조건적인 긍정적 관심unconditional positive regard 아무런 의구심이나 가치에 대한 조건 없이 그 사람 자체를 완전히 배려하거나 소중하게 다루는 것, 치료에서 치료자가 내담자의 부정적 감정표현과 긍정적 감정표현을 모두 완전히 받아들이는 것

부각되는 사람emerging persons 대인관계가 정직, 협동, 다른 사람에 대한 배려로 특정지어진 미래의 인간, 엉터리, 허울, 그리고 위선을 피하는 사람, 고통스러울지라도 변화와 성장을 위한 선택을 환영하는 사람

사회적 자기social self 다른 사람의 기대에 크게 기초된 자기 개념. 우리에게 막대한 영향을

미친다. 왜냐하면 우리는 다른 사람을 즐겁게 하고 그들의 긍정적 관심을 받고 싶기 때문이다. 사회적 자기가 개인의 참 자기와 부조화를 이룰 때 우리는 억누르고, 부인하거나 왜곡시키며 우리의 참감정을 왜곡시킬 것이다. 이러한 조건 아래, 자아실현을 향한 과정은 저해된다. 하지만 사회적 자기가 참 자기와 일치를 이룰 때 우리는 실제 감정을 억누르거나 부인하거나 왜곡할 필요가 없다. 이러한 조건 아래, 우리는 실제 경험을 참 자기로 동화시킬 수 있으며 자아실현을 향해 나아갈 수 있다.

위성 관계satellite relationships 가족 외부에 형성된 관계로서 성적 관계가 있을 수도 있고 없을 수도 있음

유기체의 가치화 과정organismic valuing process 어떤 경험이 사람에게 옳고 그른지 평가하는 타고난 신체적 메커니즘. 자신을 유지시키고 향상시키는 행동에 대해 사람들은 만족을 경험하고 그렇지 않은 행동들은 피한다.

일치성congruence 한 개인의 경험과 그의 자기 개념 사이에 차이가 없는 화합의 상태

참 자기true self 자신의 경험에 대한 실제 감정에 기초한 자기 개념. 무조건적인 긍정적 관심(혹은 사회적 자기가 참 자기와 일치를 이룰 때의) 조건 아래, 우리는 실제 경험들을 억누르거나 부인하거나 왜곡할 필요가 없다. 이러한 경험들은 적절하게 상징화(개념화 혹은 그에 관한 의견) 될 수 있고 우리의 참 자기에 동화시킬 수 있다. 이러한 상황이 진행될 때 우리는 자아실현을 향해 나아가게 된다.

충분히 기능하는 사람fully functioning persons 자신의 잠재력을 최고조로 사용하는 개인들. 이러한 사람들은 자기인식 혹은 자기실현을 이루고 있다.

Q-분류Q-sort 개인의 실제와 이상적 자기 간의 차이를 측정하기 위해 만들어진 자기보고식 평가지

추천 도서

Rogers, C. R. (1959). A theory of therapy, personality, and interpersonal relationships, as developed in the client-centered framework. In S. Koch (Ed.), *Psychology: A study of a science* (Vol. 3, pp. 184–256). New York: McGraw-Hill.

Rogers, C. R. (1961). *On becoming a person*. Boston: Houghton Mifflin.

CHAPTER 14

메이의 실존 분석적 입장

❀ 메이의 생애

롤로 메이(Rollo May)는 1909년 오하이오주 에이다에서 태어났다. 그의 부모는 심한 부부갈등을 보였다. 그의 어머니는 남편이 출장을 나가 가정을 돌보지 않을 때는 화가 나 있었고, 남편이 집에 있을 때는 늘 남편과 싸우는 외롭고 우울한 사람이었다. 그녀는 여섯 자녀들을 홀로 키워야 했는데, 이것은 그녀가 심각한 정신적 문제를 겪게끔 하였다. 메이는 부모를 엄격한 교관과 반지성주의자로 묘사하였다. 비록 이러한 독재적인 가정환경에서 아이들을 양육했지만, 메이의 부모는 독실한 종교인으로 타인을 위하는 기독교 봉사정신과 관련된 고매한 이상을 메이에게 불어넣었다. 또한 그의 부모는 장남인 메이를 가장 호의적으로 대하였다. 그의 부모는 그를 특별한 운명의 소유자처럼 여겼고, 그가 그것을 자각할 수 있도록 격려하였다(Abzug, 1996, pp. 18-19; deCarvalho, 1996, p. 8). 그는 1930년 오하이오주 오버린 대학교에서 미술 학사학위를 취득하였다. 졸업 후 예술가들 무리와 함께 폴란드를 여행하며 그곳의 시민들을 그림으로 그리면서 미술에 대한 흥미에 깊이 빠져들었다(Reeves, 1977, p. 252). 이후 유럽 전역을 여행하였으며, 그리스의 어느 대학에서 가르치기도 하였고, 알프레드 아들러의 여름수업에도 참석하였다.

1934년 메이는 미국으로 돌아가 미시건 주립대학교에서 학생들의 자문역을 맡았다. 이후 뉴욕 유니언신학교에 등록하였는데, 목사가 되기 위해서라기보다는 인간존재에 대한 근본적인 질문의 답을 찾기 위해서였다(Reeves, 1977, p. 252). 신학교에서 그는 자신의 사고에 지대한 영향을 미치게 되는 폴 틸리히(Paul Tillich)의 강의를 통해 키에르케고르(Kierkegaard)와 하이데거(Heidegger)의 실존주의를 접하게 되었다. 1938년 평균 3.5 정도의 성적으로 목회학 학사학위를 취득하였다.

그는 뉴욕 시립대학교에서 학생상담사로 근무하였고, 뉴욕에 있으면서 윌리엄 앨런슨 화이트 정신분석 연구소에서 정신분석과 심리학을 배웠다. 1946년에 개인상담소를 개업하였고, 1948년에는 화이트 정신분석 연구소의 교수가 되었다(Reeves, 1977, p. 256). 1949년에 콜롬비아 대학교에서 불안에 관한 논문을 제출하였고, 콜롬비아 대학교의 첫 번째 임상심리 박사학위자가 되었다. 이 논문은 1950년에 『불안의 의미(*The Meaning of Anxiety*)』로 수정되어 출판되었다.

이 기간 동안 메이는 결핵에 걸려 뉴욕 북부 외곽에 있는 요양소에서 몇 년을 보냈다. 이 기간은 그에게 특히 끔찍하고 우울한 시간이었으며 수차례 죽음의 문턱에 이르기도 하였다. 병중에서도 그는 불안에 대한 키에르케고르와 프로이트의 관점에 대한 연구에서 "프로이트는 위협에 따른 불안과 관련된 인간의 반응을 명석하게 분석하였지만, 불안에 대해 가장 명확하게 알고 있는 사람은 불안을 궁극적으로 무(nothing)가 되는 위협이라고 한 키에르케고르이다"(Reeves, 1977, p. 257)라고 결론내렸다.

이러한 발견 이후, 그는 계속해서 글을 쓰고 가르치며 치료를 하였다. 뉴욕 대학교, 하버드 대학교, 예일 대학교, 프린스톤 대학교의 사회연구소(The New school for Society Research)에서 교수로 재직하였다. 그는 또한 『자아를 잃어버린 현대인(*Man's Search for Himself*)』(1953), 『심리학과 인간의 딜레마(*Psychology and the Human Dilemma*)』(1967), 『사랑과 의지(*Love and Will*)』(1969), 『힘과 무지(*Power and Innocence*)』(1972), 『팔러스: 우정에 관한 회고록(*Paulus: Reminiscences of a Friendship*)』(1973), 『창조와 용기(*The Courage to Create*)』(1975), 『자유와 운명(*Freedom and Destiny*)』(1981), 『존재의 발견: 실존주의 심리학에서의 글쓰기(*The Discovery of Being: Writings in Existential Psychology*)』(1983), 『미에 관한 탐구(*My Quest for Beauty*)』(1985), 『신화를 위한 절규(*The Cry for Myth*)』(1991), 그리고 커크 스나이더(Kirk Schneider)와 공동집필하여 사후에 출판된 그의 마지막 주요 저서인 『실존 심리학: 통합적인 임상적 경험(*The Psychology of Existence: An Integrative, Cilinical Experience*)』(1995)을 포함한 수많은 책들을 출판하였다.

메이는 심리학에서 뛰어난 업적을 남겨 수많은 상을 받았다. 또한 APA 특별회원이었고, 화이트 연구소의 명예회원이자 교수였으며, 브랜트포드대, 예일대, 고등교육 종교위원회(The National Council of Religion in Higher Education)의 특별회원이었다(Reeves, 1977, p. 263). 그는 뉴욕임상심리협회(The New York Society of Clinical Psychology)로부터 마틴루터 킹 박사 상을 받았으며, 전문성 있는 연구로 뛰어난 기여를 하여 APA로부터 심리학 전문 금메달(the Psychological Professional Gold Medal)을 수상하였다.

그는 생애 마지막 2년 동안 건강이 좋지 않았으며, 1994년 10월 22일 캘리포니아 티부론(Tiburon)에 있는 그의 집에서 울혈성 심부전증으로 생을 마감하였다.

개념과 원리

실존주의란 무엇인가?

실존주의existentialism란 용어는 학계와 문단에서 인기를 얻게 되었고 철학자, 심리학자, 신학자, 소설가, 배우 등에 의해 여러 다른 방식으로 사용되면서 실존주의의 원래 의미를 거의 상실하였다. 대중적으로 실존주의는 자살과 죽음은 물론 우울과 절망과 연결되어 있다. 그러나 일부의 경우, 실존주의는 세상은 무의미하고 부조리한 곳이고 불행이 닥쳤을 때 숭고하게 그 의미를 찾는 것이라고 하였다. 이러한 개념은 메이의 입장을 이해하는 데 매우 핵심적인 것으로, 이제부터 그 기원을 살펴보고자 한다.

실존주의는 19세기 덴마크 철학자 소렌 키에르케고르의 저서에 기원을 둔다. 그는 인간의 기능을 이해하려고 노력하였는데, 추상적인 사고와 논리를 현실과 동일시하여 이해하려는 헤겔의 기념비적인 노력을 거부하였다(May, 1973, p. 263). 키에르케고르, 그리고 이후 프리드리히 니체는 헤겔의 편향된 주장을 인간 존재가 처한 기본 현실, 혹은 **현존재**Dasein에 근거하여 수정하려고 노력하였다. 실존주의는 **존재론**ontology과 관계되며 존재의 본질에 관한 연구이다. 그러면 메이가 말한 **존재**being는 정확히 어떤 의미였을까? 그는 실존주의자들이 존재를 정적이고 변하지 않는다는 의미로 사용한다는 점을 유감스러워 했다. 그래서 그는 존재화(becoming)라는 단어를 더 선호하였다. 존재(존재화)는 과정의 일종으로, 우리 자신을 변화의 원천으로 삼고 우리의 가능성을 실현하기 위해 개인적으로 애쓰는 것, 즉 참 자기가 되기 위해 노력하는 것이다. 존재(존재화)는 한 번에 주어지는 것이 아니고, 자동적으로 나타나는 것도 아니며 전체적인 것이다. 우리 각자는 자신의 독특한 가능성을 자각해야 하고 그것을 실현해야 하는 책무가 있다

(May, 1983, p. 97). 자아실현을 하기 위해서는 곧바로 자신의 경험에 주의를 두어야 하며 추상적이고 비인간적인 사고의 논리체계로 환경을 분석하는 것은 피해야 한다.

이러한 입장을 제시한 철학자, 특히 키에르케고르는 참(truth)은 인간 경험과 유리된 어떤 것으로 간주되어서는 안 된다고 하였다. 키에르케고르에 따르면, 참이란 오직 자연현상을 인간이 지각할 때에만 이해될 수 있다. 메이는 키에르케고르의 이와 같은 통찰이 참에 대한 우리의 생각을 바꾸었으며, 이러한 급진적인 입장은 심리학을 포함한 모든 과학적 시도에 엄청난 영향을 끼쳤다고 주장하였다. 키에르케고르는 관계적 진리 개념(the concept of relational truth)을 제시하였으며, 상대성 개념의 선구자가 되었다. 그는 "주체자 인간은 결코 자신이 관찰하는 객체와 분리될 수 없다"라고 하였다. 따라서 그는 실존주의를 "주체와 객체 사이의 분열, 가깝게는 르네상스 이래로 서구의 사고와 과학을 매혹시킨 그 분열을 도려냄으로써 인간을 이해하려는 시도"라고 정의하였다(May, 1958b, p. 11).

서구 과학에 대한 실존주의자들의 주된 비판은 인간을 대상(object)으로 본다는 것이다. 과학자들은 인간 존재를 비인간적인 방식으로 보며, 인간 행동만을 따로 떼어 객관적으로 측정하는 경향이 있다. 실존주의자들은 이러한 가치중립적 입장이 틀렸다고 보았다. 그 이유는 우리가 인간 존재이고, 과학적 접근은 이 기본적인 사실 위에서 시작되어야 하기 때문이다.

> 과학의 의미를 발견하기 위해 일반적인 노력뿐 아니라 다음과 같은 질문을 던질 수 있다. 과학적인 태도를 등장하게 한 인간의 본질은 무엇일까? 진정한 과학의 의미에 대해 파악하기 시작할 때에 비로소 나는 이 질문에 대한 답을 얻는다. 모든 과학적 형태, 목적, 수단은 인간의 존재로 재발견되며 이것들은 인간존재의 본질을 드러낸다고 할 수 있을 것이다. (Van Kaam, 1969, p. 15)

요컨대, 실존주의자들이 주장하는 바는 우리 자신의 내적 경험인 주관을 과학적 관점으로 끌고 온 것이다. 그러나 현실이라는 방정식을 풀 때 객관을 무시하지는 않는다. 그들은 문제를 개념화하는 데 있어 주관적인 경험에 우선적으로 초점을 두고, 이후 가능한 그것을 객관적으로 연구해야 한다고 믿는다. 그러므로 과학자들은 의미 있는 인간 문제들을 연구하기 위해 방법을 수정해야 하며, 물리학이나 생리학에서 차용해 온 제한적 방법으로 문제를 재단해서는 안 된다(Van Kaam, 1969, p. 26). 메이는 비유의 형태를 빌어 이러한 관점을 설명하였다.

> 어떤 한 심리학자, 일부 심리학자 혹은 우리 모두일 수도 있는 한 사람이 길고도 생산적인 생을 마감하고 천국문에 도착한다. 그는 통과의례인 정산을 하기 위해 성 바울 앞에 서게 된다. 흰 가운을 입은 보조 천사가 마닐라삼으로 만든 폴더를 책상 위에 떨어뜨리고, 성 바울이 그것을 열어 눈살을 찌푸리며 본다. 성 바울의 찌푸린 눈살이 깊어진다. 손가락으로 책상을 마구 두드리더니 "음, 음"과 같이 간접적으로 툴툴거리며 모자이크 처리된 눈으로 그를 바라본다.
>
> 당황스런 침묵 이후 결국 그 심리학자는 자신의 서류가방을 열고 절규하며 "여기! 증쇄해서 들고 온 내 논문 132편."
>
> 성 바울은 천천히 고개를 젓는다. 마침내 말을 하길, "착한 사람아, 당신이 얼마나 성실히 살았는지 안다. 그러나 게으른 것이 당신의 죄가 아니다." 책상 아래가 울리도록 손뼉을 치며, 10계명을 어긴 모세를 연상케 하는 목소리로 "니미스 심플리캔덤(과잉단순화하기)! 그대는 큰 산으로부터 일개의 흙두둑으로 만드는 일에 평생을 허비하였고, 그것이 그대의 죄이다. 비참함 가운데 있는 사람을 하찮게 만들었고, 고통 속에서 수동적으로 된 사람을 비웃음거리로 묘사하였으며, 반대로 행동할 충분한 용기를 낼 때는 그것을 자극과 반응이라고 하였다. 사람들을 어린 시절 가지고 놀던 조립용 완구 아니면 주일학교의 소년의 이미지로, 둘 다 끔찍하긴 마찬가지인 그런 이미지로 만들었다." (May, 1967, pp. 3-4)

메이의 이야기에 결말은 없지만, 심리학자들, 그리고 계속해서 인간의 경험을 해부하며 그것을 시시한 것으로 만드는 사람들에게는 영원한 지옥이 기다리고 있다는 결말을 함축하고 있다. 또 자신의 개념화를 위해서 현실의 주관적인 혹은 객관적인 관점을 이용하는 이들에 대해서도 반대하였다(May, 1967, pp. 15-20). 예를 들어, 로저스와 스키너를 언급하였다. 로저스의 경우 주관적인 측면을 지나치게 강조하였다고 비판하였다. 메이의 입장에서는 로저스가 인간을 "태생적으로 선한", "절묘하게 합리적인" 존재로 보고, 기회가 있다면 항상 옳은 선택을 할 것이라고 가정한 것에 대해 틀렸다고 여겼다. 로저스는 인간의 악하고 불합리한 측면을 무시한 것이다. 메이는 인간은 선과 악 모두가 가능한 존재라고 믿었다. 반면, 스키너의 경우는 인간 행동의 객관적 측면을 너무도 지나치게 강조하였다. 그는 행동을 결정짓는 환경적 변인을 정확히 정의하고 조작하는 방법에 전적인 관심을 쏟았으며, 인간 기능의 주관적인 측면을 완전히 무시하였다.

메이는 인간에 대한 이러한 두 가지 관점이 과학적 심리학, 의미 있는 삶 그리고 이 분야의 동시대 연구자에게 필요하다고 믿었다(Silvia & O'Brien, 2004, pp. 475-489). 인간 본성에 대한 이 두 가지 관점 모두는 건강한 삶에 필수적인데, 우리 모두는 동시에 이 두 세계를 살아가야 하는 딜레마에 직면하기 때문이다. "인간의 딜레마는 주관적이면서 동시에 객관적으로 자신을 경험할 수 있는 능력에서 비롯된다"(May, 1967, p. 8). 이러한 딜레마의 주요한 측면은 인간이 질병, 죽음, 지성과 경험의 한계 그리고 다른 결정론적인 요인을 피할 수 없다는 것이다. 그러나 동시에, 이러한 객관적이며 결정론적인 요인과 우리가 어떻게 관련을 맺을지 선택할 수 있는 자유의지가 있다는 것을 깨닫는다. 인간만이 의미를 부여하고 자신의 운명에 책임을 지게 된다. 물론 스키너와 같은 엄격한 결정론자들은 동의하지 않을 것이다. 그들은 우리의 모든 행동이, 심지어 자유롭게 결정할 수 있다는 이 믿음도 우리의 과거 경험이나 현재 외부로부터 오는 자극들에 의해 결정된다고 본다.

주관과 객관을 양분하는 것 외에 많은 다양한 아이디어들을 가진 탁월한 실존주의자들, 그들 중에서도 철학자 마틴 하이데거, 칼 야스퍼스, 모리스 메를로퐁티, 폴 틸리히, 알베르트 카뮈, 장 폴 사르트르 그리고 심리치료사 루드비히 빈스반거, 메다르 보스, 빅토 프랭클, 메이에 의해 제시되었다. 비록 실존주의가 체계적이며 통합적인 철학이라 할 수는 없지만, 실존주의를 옹호하는 이들은 몇 가지 확고한 관점들을 공유한다.

첫째, 모든 실존주의자들은 인간존재를 분석하고자 할 때 그 시작이 **사람**(person)이다. 그들 모두는 나는 누구인가? 삶의 의미는 무엇인가? 삶에 의미가 있는가? 삶은 살아갈 가치가 있는가? 우리는 어떻게 자신의 가능성을 실현할 수 있는가? 나는 어떻게 하나의 개체가 되는가?와 같은 존재에 대한 근본적인 질문을 한다.

둘째, 그들은 인간의 기능과 발달을 이해할 때 핵심적 개념으로 **자유의지**(free will)를 꼽는다. 인간이 되는 것은 자유의지를 행사하고, 목표를 염두에 두며, 의지를 사용하여 발달을 촉진하는 선택을 하도록 하는 것이다. 우리에게 존재감, 존엄성, 가치감을 주는 선택을 할 수 있게 하는 것은 다름 아닌 자유이다(May, 1981, p. 9).

셋째, 해답을 찾기 위해 실존주의자들은 우리가 매일매일 경험하는 **즉시적인 경험**(immediate experience), 세계 내 존재(being in the world)라고 불리는 것에 집중한다. 우리는 자연현상을 주관적인 지각을 통해 본다. 불확실성으로 가득 찬 세계를 보면, 그 세계는 많은 측면에서 부조리하다. 실존주의자들의 관점에서 가장 큰 모순은 우리가 유한한 존재이며 죽어야 한다는 것이다. 죽음은 가장 공평한 것이다. 모든 업적, 모든 희망과 꿈은 어느 시점이 되면 불가피하게 망각 속으로 사라질 것이다. 이러한 처지에 있는 인간에 대한 핵심 질문은 나는 무엇을 해야 하는가? 무(nothingness)로 돌아가야 하는가? 혹은 폴 틸리히가 말했던 것처럼, 존재하기 위해 용기를 내어야 하는가? 이에 대한 선택과 행동은 전적으로 그 사람에게 달려 있다. 키에르케고르에 따르면, "참(truth)은 개인이 행동으로 그것을 만들어 낼 때에만 존재한다"(May, 1958b, p. 12). 개인은 자신의 목표를 선택하고 그것을 추구하기 위해 전념해야 한다.

그러므로 실존적 입장에서 사람은 신성한 지위를 획득한다. 우리는 자신의 존재에 의미를 부여해야 하고 그 의미대로 행동해야 한다. 우리는 자유를 행사하며 진정성 있게 행동해야 한다. 다른 사람이 우리의 목표를 정의하고, 우리의 행동을 지시할 때 우리는 가장된 행동을 하게 된다. 우리 자신으로 존재할 때 진정한 삶을 살 수 있다.

무(無)의 궁극적인 형태는 자살이다. 그러나 무(無) 혹은 무존재는 덜 극단적인 형태를 띨 수 있다. 우리는 존재를 위해 자유를 행사하지 않는 선택을 할 수 있다. 목표와 책임에 전념하지 않을 수 있으며, 군중의 윤리적 지침을 따르겠다는 결정을 할 수도 있다. 이러한 지침을 선택하는 것은 스스로 책임을 지는 것보다 훨씬 쉽다. 자유를 행사하는 것에는 대가가 있다. 많은 예시에서 볼 수 있듯이, 상당한 불안이 생긴다. 이에 대처하는 즉각적이고 더 쉬운 방법은 자신을 잃더라도 사회가 명하는 윤리적 가치를 수용하는 것이다. 우리 존재와 모순되는 이러한 가치수용은 우리를 자기소외, 무감각, 절망으로 이끈다. 이 지점에 실존주의자들과 로저스 그리고 매슬로우와의 유사성이 존재한다. 인간 존재는 지속적으로 투쟁하며, 삶의 문제를 해결하려고 노력하며 자신의 가능성을 실현해 간다고 이해될 수 있다.

실존주의와 정신분석

실존주의가 성격과 정신분석에 적용된 것은 주로 고전적 정신분석을 훈련받은 사람들의 노력을 통해서이다. 메이의 **실존 분석적 관점**existential-analytic perspective을 더 잘 이해하기 위해서는 프로이트 학파와 실존주의자들을 통합적으로 이해하는 것, 즉 인간 행동에 대한 이 두 접근의 유사성과 차이점을 살펴보는 것이 필요하다.

정신분석과 실존주의 모두 인간존재에 대한 근본적인 질문을 던진다. 프로이트는 자료로 입증할 수는 없는 추정은 신뢰하지 않았지만, 그럼에도 불구하고 연구 초기에는 인간존재의 커다란 문제와 인간의 본질을 이해하기 위해 노력하였다는 것을 솔직하게 인정하였다. 또한 이 두 입장 모두 인간 본연의 합리성뿐 아니라 비합리적 측면에 대해 관심을 가진다. 실존주의자들은 피할 수 없는 죽음과 무 그리고 이에 대처하는 다양한 방식들에 대해 이야기한다. 프로이트 또한 죽음이 인간 정신에 막대한 영향을 미친다는 것을 인식하였고, 죽음 본능이라고 칭한 자기 파괴적 충동으로 자신의 이론에 죽음을 결합시켰다. 또 프로이트는 인간은 내부에 자신을 파괴하는 씨앗을 가지고 있다고 믿었기 때문에, 장기적 관점에서 인류의 생존에 관해 보다 비관적이었다.

일반적으로 실존주의자는 죽음에 지나치게 관심을 가지고, 과도하게 비관적이라는 비난을 받지만, 그들의 저서를 주의 깊게 읽어 보면 그러한 비판이 전적으로 옳은 것이 아니라는 것을 알 수 있다. 개념적으로 실존주의자들에게 죽음은 매우 중요한 위치에 있지만, 죽음은 우리 모두에게 해당되기 때문에 사실상 죽음의 중요성은 경험적인 것이라고 주장한다. 이러한 그들의 주장이 우울해 보일지도 모르지만, 우리들 대부분은 죽음을 비현실적으로 보고 있으며 아주 어릴 때부터 죽음에 대한 생각을 회피하라는 가르침을 받고 양육된다. 따라서 실존주의자들은 자신이 아니라, 우리의 태도가 건강하지 않다고 주장한다. 다음은 어느 실존주의자의 관찰이다.

> 살아오는 내내 사람들은 죽음을 목도하고 언급하는 것을 피했다. 피치 못하게 죽음을 직면하게 되면, 사람들은 수많은 방법을 고안하여 죽음은 어떤 것도 바꾸지 않으며, 죽음 이후에는 별 것이 없을 거라고 자신을 확신시켰다. 요즘 미국에서는 죽음이라는 현실을 허용하지 않으려는 시도가 대단해 보인다. 여느 문화권에서 있었던 것처럼 부패하지 않도록 몸을 방부제로 처리하고, 되도록 오랫동안 부패를 지연시키기 위해 값비싼 관을 제작하고, 무덤에 유선을 통해 들을 수 있는 부드러운 음악을 넣기도 한다. 나아가, 몸을 급속 냉동시키기도 하는데, 언젠가 의학이 발전하여 죽은 사람의 질병을 치료할 수 있게 되어 즐거운(?) 부활이 일어날 수도 있다는 희망을 가지고 있기 때문이다.
>
> 물론 죽음에 대한 두려움은 당연한 것이며, 죽음을 직면하게 되면 불안해진다. 그러나 죽음을 잊기 위해 혹은 현실이 아니라고 우리를 설득하기 위해 거대한 문화적 환상(수익성이 좋은 것은 말할 것도 없고)을 구축하는 것은 매우 다른 문제이다. (Macquarrie, 1972, pp. 154–155)

나아가, 모든 실존주의자들이 죽음을 동일한 방식으로 다룬 것은 아니다. 일부는 보다 낙관적이었다. 한 예로, 사르트르는 죽음을 최후의 부조리라고 한 반면, 하이데거는 죽음에 대한 정직한 수용은 우리가 더 진정성 있고 행복하게 살게 한다고 하였다(Macquarrie, 1972, p. 155).

프로이트와 실존주의자가 동의하는 두 번째 관점은 인간의 고통을 경감시키는 데 관심을 갖고 있다는 것이다. 이 두 입장 모두 갈등과 불안이 인간 기능의 붕괴에 기여하는 방식에 대해서 언급하고 있다. 일부 실존주의자는 불안의 긍정적 특징과 자기 확증의 필요조건으로써의 불안에 대해 관심을 두었다. 또한 두 입장 모두 사람들이 책임을 피함으로써 상당한 불안을 처리한다고 가정하였다. 실존주의자의 경우, 사람들은 실재의 자신을 부인한다(Boss, 1963, p. 68). 프로이트 학파의 경우, 인간에게 없어서는 안 될 충동들을 억압함으로써 책임을 회피한다고 하였다.

두 입장은 넓은 의미에서 사회를 비판하였다. 즉, 사회는 인간을 본성대로 살 수 없게 하기에 비판의 대상이다. 프로이트 학파의 입장에서 사회란 초자아 기제를 사용하여 비문명화된 욕구를 표현하지 못하도록 한다. 실존주의적 입장에서 사회란 개인으로 하여금 가장되고 자기소외적인 방식으로 행동하게 종용한다. 이 두 입장을 지지하는 사람들은 인간의 본질에 대한 깊은 관심을 가진다. 실존주의자와 같이 프로이트도 사람들이 환상으로부터 자유로워지고, 진정한 자신을 인식하도록 노력하였다(Boss, 1963, p. 62).

이러한 공통점에도 불구하고, 두 입장 간에는 흥미롭고 눈에 띄는 차이점이 있다. 앞서 주관과 객관의 양분에 대한 논의에서 분명히 했던 것처럼, 실존주의자들은 인간의 본질을 추상적이고 논리적인 사고 체계로 과학에 끼워 맞추려는 프로이트의 시도를 강하게 비판하였다. 실존주의자들은 인간 경험을 삭제시키는 거대한 이론을 구상하길 원치 않았다. "추론과 시스템으로부터 멀어져, 현실로 돌아가자"는 키에르케고르의 주장과 같다(May, 1958b, p. 25). 그에게 경험이란 현실에 의해 우리에게 즉각적으로 주어지는 것을 의미했다. 이러한 현상학적 입장은 실존주의적 사고의 특징으로, 경험을 객관화하고 정확히 측정하여 추정하려고 한 프로이트의 시도와 매우 큰 차이를 보인다.

또한 실존주의자의 관점에서 프로이트 학파의 학설은 경험의 전체성을 침해하는 환원주의이다. 환원주의는 하나의 상태에서 다른 상태로 변화를 꾀하면서 본질을 축소시킨다. 실존주의자들은 프로이트가 복잡한 인간 경험을 원초아, 자아, 초자아로 부르는 몇 개의 가설적 요소로 바꾸는 것을 비난하였다. 그들은 또한 프로이트가 정신구조라 칭하며 그 구조에 포함되어 있는 이 세 가지 요소들이 상호작용하는 것을 분석하고 지식화하는 것을 비판하였다. 실존주의자들은 이러한 환원주의가 세계 내 존재에 대한 이해를 방해한다고 주장하였다.

세계 내 존재의 세 가지 유형

실존 분석가들은 세계 내 존재(being-in-the-world)의 세 가지 유형을 인식하게 되었다. 첫 번째, 세계 내 존재 유형은 생물학적 환경, 즉 **주변세계Umwelt**가 있다. 이는 동물과 인간을 위한 자연환경이며, 생물학적 욕구, 추동, 본능을 포함하는 세계이고, 우리에게 자의식이 없더라도 여전히 존재하는 세계이다. 프로이트는 주로 이 세계를 연구하였다. 그러나 이것은 하나의 세계일 뿐이다. 메이에 따르면, 이 영역만을 이해하는 것은 매우 제한적인 시도이다.

두 번째, 세계 내 존재 유형은 **공존세계**Mitwelt이다. 이것도 상호작용 관계의 세계이다. 우리는 사람들과 의미를 공유한다. 그러므로 사랑을 생물학적 세계의 욕망과 성(sex)으로만 연관시켜서는 결코 전체적인 이해를 획득할 수 없다. 오히려 사랑은 공존세계의 요인인 타인에 대한 개인의 결정과 헌신과 관련이 있다.

세계 내 존재의 마지막 유형은 **고유세계**Eigenwelt, 우리 자신의 세계, 자기와 관련한 세계이다. 고유세계는 자기 인식(self-awareness), 자기 연관성(self-relatedness)을 포함한다. 이것은 다른 사람이 나에게 끼치고 있는 영향에 대해 깨닫게 되거나, 또는 그것의 의미에 대해 알았을 때 일어난다. 자신의 고유세계가 없다면 세상은 주지화되어 무미건조하고, 비인간적일 것이다.

메이에 따르면 인간은 동시에 세 가지 유형의 세계에 살고 있다. 이 세 가지 종류의 세계 안에서 존재에 대한 성찰 없이는 개인의 성격에 대해 완전히 이해를 했다고 볼 수 없다(May, 1983, pp. 126-132). 실존주의자들은 그들에 대한 인간성의 단편적 일면이 아닌 인간존재 자체의 고유한 문제에 대한 이해를 추구한다(May, 1958b, p. 36).

현대 사회의 가치붕괴와 도덕성의 상실

메이는 우리가 자신의 가치와 목표에 의문을 제기하는 변화의 시대에 살고 있다고 지적한다. 그는 19세기의 핵심가치가 자립심, 경쟁심, 자기주장으로 이루어진 **건강한 개인주의**healthy individualism였다고 주장하는데, 이러한 특성들은 명료함과 경제성장의 보장과 동시에 최대 번영을 이루게 하였다. 하지만 메이는 개인주의에는 또 다른 면이 있다고 믿었는데, 그것은 **건강하지 못한 개인주의**unhealthy individualism이다. 이것은 사람들에게 심각한 정신건강상의 문제를 안겨다주었는데, 개인주의가 사람들을 공동체에 대해 무감각 상태로 만들었기 때문이다(May, 1991, p. 109). 그가 지적했듯이, 오늘날 대다수의 사람들은 그의 이웃을 잠재적인 적으로 만들고, 상호간의 많은 적대감과 원한을 품게 하고, 불안과 고립을 증가시키며 서로간의 착취적 경쟁심을 유발시키고 있다(May, 1953, p. 48). 릭맨 등의 연구도 메이의 주장을 지지한다(Ryckman, Libby, van den Borne, Gold, Lindner, 1997, pp. 271-283). 이 연구자들은 타인에 대한 관심 부족이 지나친 경쟁심으로 나타난다는 것을 발견하였다. 타인에게 관심이 부족한 사람들은 주로 자신의 힘과, 자신이 우위에 있다는 스스로의 감정을 강화하기 위한 수단으로 다른 사람을 조정하는 데 관심을 가졌다.

메이는 또한 건강하지 못한 개인주의가 오늘날 우리 사회와 다른 사회에서 도움을 가장 필요로 할 때 오히려 도움을 청하지 못하도록 하는 극단적인 자립심을 조장하며 지원하고 있다고 믿고 있다. 이러한 변질된 개인주의는 궁극적으로 개인의 성공과 물질적인 소유를 추구하는 많은 사람들의 행동에서 볼 수 있는데, 이들의 가장 큰 목표는 돈을 버는 것이다. 연구 결과, 우리나라와 외국의 많은 학생들이 물질만능주의에 빠져 있으며, 개인적인 성공을 성취하기 위해서는 거짓말과 부정행위에도 스스로에게 관대하며, 매우 경쟁적임이 드러났다. 그들의 열망들은 사회적이고 인도주의적이기보다는 오히려 지나치게 자아도취적이다(Karabati & Cemalcilar, 2010, pp. 624–633; May, 1991, p. 56).

그러면 왜 많은 학생들이 그들의 주변에 대해 이러한 태도들을 가지고 있는 것인가? 메이는 많은 부모들이 아이들에게 모범을 보이지 못한다고 지적하며, 많은 사회적 비평도 이 부분에 동의하고 있다(Hwang, 1995, pp. 484–490). 대다수의 부모는 최대한 소비할 수 있을 만큼의 돈을 벌면서도, 아이들에게는 가용시간의 5%만을 투자한다(May, 1991, p. 60). 부모는 시간의 질을 강조하며 이러한 행동에 대해 해명하지만, 아이들은 바보가 아니다. 한편으로는 경제적인 여건상 일을 해야 하기 때문에 어쩔 수 없이 시간을 내지 못하는 부모들도 있는데, 이런 부모들을 책망할 순 없지만 불행하게도 그 결과는 역시나 같다. 분명 아이들은 부실하게 훈육되거나 혹은 어떠한 훈육도 받지 못하고 성장하게 된다. 높은 이혼율, 마약에 빠진 몇몇 부모, 그리고 대다수의 부모들이 자아도취적인 충족감에만 주로 관심을 쏟는다(Hwang, 1995, pp. 484–490). 그 결과 아이들은 범죄조직원, 광신도, 마약중독자가 되거나 무기력감과 소외감을 이겨내기 위하여 지나치게 술을 마시는 등의 건강하지 못한 방법들을 선택한다. 니와 네이버스의 연구에서, 부적응과 무기력감을 느끼는 대학생은 지나치게 술을 권유하는 동료의 강요를 잘 거절하지 못하고(한 번에 다섯 잔 또는 그 이상), 그 결과 금전적인 피해, 수업 결석 또는 낙제 등의 부정적인 결과를 낳는다(Knee & Neighbors, 2002, pp. 536–539). 이러한 연구 결과는 자기 결정력과 책임감을 가지고 분별력이 있는 학생이 동료의 압박을 거절할 수 있고, 술 마시는 행동의 조절이 가능함을 보여 준다.

메이는 또한 학생들이 폭력과 범죄, 그리고 부패로 가득 차 있는 세상에서 본받을 만한 참된 영웅이 없다고 말한다. 그 대신 오늘날 사회는 사람을 죽이는 '영웅' 영화와, 팬보다는 전지전능한 돈에 더욱 관심이 많은 운동선수들, 그리고 리얼리티 쇼에서는 얕은 재능으로 미디어에 의해 미화된 "스타들"의 끊임없는 나이트클럽 이야기와 "성교" 얘기들을 들려준다. 젊은 사람들은 정치와 경제 영역에서 부패와, 탐욕 그리고 여러 정치인들과 기업 리더들을 둘러싼 스캔들을 본다. "월가 시위(Occupy Wall Street)"의 풍조를 증언하며, 그들은 종교 영역에서 성직자들이 신자들을 금전적으로 이용하는 것을 보며 역겨움을 드러냈다(May, 1991, p. 56). 최근에도 마찬가지로, 학생들은 몇몇 성직자들이 그들의 신자들과의 성문제로 인해 사법처리를 받았다는 가톨릭 교회의 부패 소식을 접하고 있다. 마지막으로, 스포츠 영역에서는 일류대학의 존경받는 농구코치가 그들이 보호해야 하고 지도해야 할 선수들을 성적으로 학대했다는 소식을 접한다.

건강한 개인주의를 상실하고 건강하지 못한 개인주의를 택할 때, 우리 개인의 가치와 존엄성은 훼손된다(May, 1953, p. 55). 메이는 사람들이 사회의 요구에 둔감하며, 개인적으로 무관한 거대 기업과 정부의 운영체계를 변화시키는 데에 무력감을 느낀다고 지적하고 있고, 이러한 현상이 개인의 가치와 존엄성을 상실하게 만드는데 부분적으로 기여하고 있다고 본다. 더욱이 수천 명의 노동자들의 일자리가 사라지거나 일부분만 남게 되는 악순환의 경제위기 상황 속에서 무력감은 더욱 커지게 된다. 이처럼 위협적이고 불확실한 세계에서, 환경이 자신의 권한 밖이라고 느낀 많은 사람들은 위험한 게임에 자신을 저당잡히며 몇몇 사람들은 게임 중독으로 자신의 운명을 바꿔놓는다.

다음으로, 메이는 우리 중의 다수가 자신의 정체감을 잃었을 뿐만 아니라 자연과의 관계도 잃어버리고 있다고 주장한다(May, 1953, p. 68). 서구 사회에서는 자연을 정복하기 위한 기술의 개발에만 집착하였으며, 자연과 우리와의 상생관계에 대해서는 무관심하였다. 미국에서 다시 자연으로 돌아가자는 낭만적인 운동의 발생은 기술에 대한 무차별적인 갈망에 대한 대응으로 보인다. 우리의 불안과 공허함 때문에, 자연을 생각하는 감정과 경외감을 잃어버리고 있다(May, 1953, p. 69). 자연에 대한 무관심을 우리 고유의 생명력과 의식으로 가득 채우는 것, 이것이 메이가 말하는 우리의 임무이다. 우리는 반드시 자연의 거대한 힘을 직시해야만 하고 자연과 창조적인 관계를 맺어야 한다(May, 1953, p. 75).

마지막으로, 메이는 우리 중의 다수가 성숙한 사랑의 방식으로 다른 사람과 관계를 맺는 능력을 잃어버렸다고 말한다(May, 1969). 우리는 섹스와 사랑을 혼돈하고 있다. 미디어는 섹스를 미화하며, 불륜관계가 없는 것이 오히려 건강하지 못함 것임을 가장하며 이 혼돈을 부추긴다. 불륜에 대한 셀 수 없는 유혹 속에서 사람들은 살고 있다. 메이의 의견에 따르면, 섹스는 사람을 무감각하게 만드는 마취제로 사용되며, 다른 사람과 자신을 본질적으로 구분하지 못하게 만든다. 에이즈와 성병에 대한 위험에도 불구하고, 여전히 많은 사람들이 여러 상대와 성행위를 할 수 있는 능력에서 스스로의 가치를 느끼며 인간으로서 당연한 것처럼 여긴다. 그러나 불행하게도, 이러한 사고방식은 불만족과 외로움으로 지쳐 있는 사람들을 근본적으로 만족시킬 수 없다. 메이의 관점에서 성숙한 인간관계는 성취되기가 어렵고, 이러한 관계로 발전되는 데는 시간이 걸린다. 그들은 타인의 안녕에 대해 관심을 가져야 하고 책임을 느껴야 한다. 섹스는 애정의 자연스러운 표현이자 깊은 관계로 발전되는 관계에서의 관심의 표현이다. 이것은 경험에서 얻어지는 것이 아니기 때문에, 준비되기 전까지는 강제적으로 억제되어야 할 부분이다. 그러나 분쟁과 불안이 가득한 세상에서 이러한 것은 배우기 힘들다. 섹스는 불안을 일시적으로 감소시키지만, 그것의 영향은 유혹적이며, 소외감, 무가치함, 고독감을 증가시키는데, 이것이 섹스의 최종적인 결과이다(May, 1991, p. 214). 메이의 주장에 따르면, 의미 있는 사회적 관계를 맺지 못하여 소속감을 가지지 못한 대학생들이 현재의 관계 속에서 만족을 느끼고 있는 학생보다 더 큰 외로움을 경험한다. 이는 호주의 남녀 성인(평균 59세)을 연구한 멜러 등의 연구에서도 비슷한 결과를 나타냈고, 외로운 성인들은 그들의 삶에 있어서 만족이 적었다(Meller, Stokes, Firth, Hayashi, Cummins, 2008, pp. 213-218).

공허함과 외로움

가치의 붕괴에서 오는 혼란스러움의 주된 결과는 우리 내부의 공허함과 다른 사람으로부터 받는 소외감이다. 복잡하고 많은 문제가 우리에게 이러한 감정을 느끼도록 만들었다. 공허함은 글자 그대로 아무 감정도 없는 그저 비었다는 것이 아니다(May, 1953, p. 24). 우리는 통제할 수 없는 사건들을 경험할 때 무력감을 가지며 여기서 공허함을 느끼게 된다. 우리에게는 스스로의 삶을 경영할 능력도, 다른 사람에 대한 영향력도, 우리를 둘러싼 세상을 바꿀 능력도 없는 것처럼 보인다. 그 결과 깊은 절망감과 모든 것이 시시하게 느껴지게 된다. 결국, 우리의 행동이 다른 어떤 것을 만들어 낼 수 없다는 것과, 스스로 원하는 것과 느끼고 있는 것을 포기하는 것을 보며 우리는 무기력하게 된다. 이때 가장 큰 문제는 우리가 절망으로부터 스스로를 방어하기 위해 노력할 때 고통스럽고 불안해진다는 것이다. 이러한 상황이 변화되지 않을 때, 인간으로서의 잠재적 성장은 가로막히게 되고, 적대감, 폭력 혹은 독재 등의 몇몇 파괴적인 상황에 우리를 내어 주게 될 것이다(May, 1953, pp. 25-26). 크로웬과 밀스는 무기력과 부적응을 느끼는 남성들이 여성들에게 적대적이며 신뢰하지 못하는 태도를 보인다는 점을 발견했다(Crowan & Mills, 2004, pp. 67-78).

메이는 공허함과 외로움이 매우 밀접한 관계에 있다고 본다. 우리가 우리 자신의 가치와 스스로에 대한 혼란스러움의 한가운데에 서 있을 때, 그래서 스스로도 무엇을 원하는지 무엇을 느끼고 있는지 알지 못할 때, 우리는 **건강하지 못한 공동의 지향점**unhealthy communal orientation을 선택하게 된다(May, 1953, p. 27). 그러면 우리는 다른 사람들로부터 소외된 감정을 극복하기 위해 다른 사람에게 의존하는 어리석은 시도를 할지도 모른다. 그러나 우리의 외로움을 달래기 위해 다른 사람에게 접근하면 할수록 우리는 더 큰 외로움과 절망감을 느끼게 된다. 우리 중 대다수는 안정감과 보호받기 위해서 늘 관계를 맺는 것이 필요하다고 잘못 생각하고 있다. 우리는 실제로 좋아하지도 존경하지도 않는 사람에게 매달리는 경향이 있다. 우리는 혼자일 때 다른 사람이 자신을 생각하지 않을 것을 두려워하고, 그 결과 침묵 속에서 괴로워하며 더 상황을 악화시킨다. 사람과 함께 적응해 나가는 것을 배우며 자신의 위치를 유지하기 위하여 보호를 갈망하면서 스스로를 숨 막히게 만드는데, 결국은 거기에 속박된다.

파티 초대, 저녁식사, 나이트클럽, 외출 등을 갈망하는 것 역시 이러한 증후에 속한다. 때로는 특별히 나가기를 원치 않지만 나가는 것은 스스로 혼자가 아니라는 것을 느끼고, 다른 사람에게 받아들여진다고 생각하기 때문이다. 이러한 태도는 혼자가 아니다라는 것을 끊임없이 갈망하며 만들어 낸 "생각"이라는 것을 깨달아야 한다. 우리는 타인으로부터 받아들여질 때 살아 있음을 느낀다. 대학생들의 지나친 파티와 음주 그리고 함께 단체복을 맞추고, 단체 의견을 내고, 보통의 학점을 따는 것 등은 수용에 대한 강박적인 욕구를 분명하게 보여 주는 증거들이다. 지적으로 뛰어나기를 거부하고 보통이 되는 것은 편안함을 가져다준다. 그러나 이 편안함은 사실이 아니며 결국에는 개인의 성장을 방해하게 된다. 이것은 일시적인 만족일 뿐이며 결과적으로는 우리 개인의 정체성을 포기하게 만드는 결과를 낳는다. 우리 스스로를 믿지 않게 되고, 장기적으로는 우리의 외로움을 극복하는 것과 타인의 복지에 대한 진심어린 관심과 포용력으로 **건강한 공동체의 지향점**healthy communal orientation을 위한 개발과 의무를 포기하게 만든다.

불안의 출현

메이는 불안감이 외로움과 공허함에서 발생된다고 보았다. 메이는 프로이트처럼 불안이 내부 갈등의 신호라고 믿었지만, 본성 및 갈등의 원인에 대해서는 프로이트와 다른 입장을 취하고 있다. 프로이트는 성적본능을 의식적으로 억누르며 이러한 불쾌한 감정들을 감소시키려 할 때 갈등이 발생한다고 보았다. 메이에 따르면 불안은 단순히 유쾌하지 못한 감정이 아니다. 불안은 인간 존재의 위험에 대한 기본적인 반응이며, 불안을 인식하고 있다는 것 자체로도 가치가 있다(May, 1953, p. 40). 존재론적 불안은 가치를 위협하기 때문에 우리는 가치가 없다는 것을 받아들이기가 힘들다. 따라서 그 누구도 불안에서 자유로울 수 없다(May, 1967, p. 79).

메이에 따르면, 갈등은 존재하느냐 존재하지 않느냐 사이에서 발생하는 존재론적 불안이다. 개인이 스스로의 잠재력을 깨닫기 위해 노력할 때 불안은 발생한다. 예를 들어 한 남자가 친구관계에서 거부당할 때 그 남자는 존재와 존재하지 않음 사이에서 근본적인 갈등에 직면하게 된다. 그는 거절당한 이유를 알기 위해 다른 친구에게 이유를 물어볼 수도 있고, 아니면 자신의 당황스러움을 드러내지 않기 위해서 질문하는 것을 피할 수도 있다. 결국 이 중에서 선택을 해야 하는데, 선택은 불안을 유발시킨다. 앞으로 나가거나 뒤로 물러서면서 자유를 얻지만, 거기서 그는 불안함을 느끼게 된다. 키에르케고르(Kierkegaard)는 이러한 불안감을 "자유의 현기증"이라고 표현했다(May, 1958a, p. 52). 만일 그가 책임을 지기로 결심한다면 그는 다른 사람에게 질문을 해볼 것이고, 존재론적 불안을 건설적인 경험으로 이용하고자 할 것이다. 만약 그가 질문하는 것을 포기한다면, 그의 책임을 부정하고 있는 것이며, 스스로 자신의 잠재력을 깨닫게 되는 것을 방해하고 있다. 이러한 경우 메이는 그에게 책임이 있다고 말할 것이다. 불안과 마찬가지로 죄책감 또한 인간 존재의 존재론적 특성이다(May, 1967, p. 52). 존재론적 죄책감은 프로이트가 말한 것처럼 한 사람이 문화적 관습을 어겼기 때문에 발생하는 것이 아니라, 한 사람이 그렇게 관습을 어기는 선택을 했기 때문에 발생한다(May, 1958a, p. 55). 그가 인생에서 잠재적으로 실현하고자 했던 핵심적인 요구들을 위한 행동을 하는데 실패하였기 때문이다(May, 1953, p. 93).

메이는 존재론적 불안에서 더 나아가 이것을 정상적인 불안과 신경증적 불안 두 가지로 나눈다. **정상적인 불안**normal anxiety은 가치에 대한 위협과 비례하는 불안이다. 이것은 억압되지 않으며 의식적인 수준에서 건설적으로 직면할 수 있다. 반대로 **신경증적 불안**neurotic anxiety은 가치에 대한 위협과 비례하지 않으며 억압을 동반한다. 신경증적 불안은 우리가 성장기 동안 위기를 겪으며, 가치에 대한 위협을 받을 때 발생하는 정상적인 불안에 대해서 제대로 표현할 수 없을 때 생긴다(May, 1967, p. 80). 예를 들어 부모님의 집을 떠날 때 우리 모두는 정상적인 불안을 겪으며 가족의 안전이 위협받는 경험을 하게 된다. 대개 우리는 이러한 위협에 직접 직면할 때 정상적으로 이겨 내며, 위기를 통해 더욱 독립적이고 자신감을 가질 수 있게 되고 건강한 가치변화를 경험하게 된다. 반대로 이러한 상황에서 위협감에 대한 불안을 억압하게 된다면, 우리는 거의 매일 집으로 전화를 걸고 편지를 쓰거나 혹은 학기 동안 학교의 쉬는 시간마다 집으로 달려가는 자신의 모습을 발견하게 될지도 모른다. 그리고 이러한 행동은 우리가 지나치게 부모님의 지지와 도움 및 조언에 의지하게 만들며, 다른 학생들과 친구관계를 형성하는 것을 방해하며, 우리가 스스로의 문제를 해결하는 능력을 기를 수 없도록 만든다.

메이에 따르면 한 사람의 정신건강을 위해 최대한으로 돕는 것이 불안을 완전히 없애는 것을 의미하지는 않는다. 사람들은 정상적인 불안을 건설적으로 맞섬으로써 오히려 신경증적 불안으로부터 자유로워질 수 있다. 정상적인 불안은 독창적이고 완전한 성장을 위해 필요한 부분이다.

의식의 확장

메이의 이론에 의하면 개인의 잠재적인 능력들이 무의식에 있을 때 결코 그들의 잠재력은 실현될 수 없다고 말한다. 무의식은 "개인이 할 수 없는 또는 실행하지 않은 지식과 경험에 대한 잠재력"을 포함한다(May, 1983, p. 18). 그래서 메이는 우리가 자신의 존재에 대해 더 많이 의식할수록 자연스럽게 원하는 모습으로 창조되며, 우리가 계획의 선택과 목표 달성에 있어 더욱 유능해진다고 믿고 있다(May, 1953, pp. 94–104). 즉 우리의 목표가 의식에서 더욱 뚜렷하게 된다는 것이다. 메이에 따르면 심각한 불안(신경증적 불안)이 프로이트가 처음으로 가정한 방어기제를 포함하여 고통에 대한 다양한 양상의 방어기제를 통해 우리의 의식을 억제하는 경향이 있다고 말하는데, 이러한 방어들은 우리가 스스로의 존재에 대처하는 법을 회피하게 하기 때문에 성장을 방해한다.

메이의 관점에서 존재에 대한 감각이란 개인에 대한 존재의 문제를 다룰 수 있는 존재로써 자신을 볼 수 있는 감춰진 능력이다. 이러한 존재에 대한 근본적인 감각은 자아와는 다르다. 메이는 프로이트의 자아가 존재에 대한 감각에 예민하지 않고 살아 있지 않기 때문에 약하고 수동적이며, 원자아의 충동에 의한 공격과 초자아의 훈계를 받는다고 보았다. 깨달음은 우리가 완전한 인간이 되기 위해 여행 중이라는 자각과 함께 시작된다(May, 1958a, pp. 46–47). 이 깨우침은 우리의 잠재력을 꽃 피울 수 있게 하며 아울러 다른 사람과의 관계에 대한 인식 또한 높여준다. 우리는 모두 죽게 되고, 시간의 작은 편린만큼 행성에 살고 있으며, 살아가기 위해서 서로가 서로를 의지하고 있는 공통된 세계의 일부분임을 알게 되고, 마침내 우리는 한 가족이 되며 형제자매가 된다(May, 1991, p. 302). 그래서 메이는 우리의 정신건강은 건강한 개인주의와 건강한 공동체 모임간의 통합에 달려 있다고 말한다. 우리는 자신만의 기술과 효능감, 도덕적 책임감을 믿을 필요가 있으며, 우리 자신의 성장을 위하여 주변의 다른 사람들과 공동체를 위한 행동을 시작할 필요가 있다. 메이의 이런 흥미로운 주장들이 연구를 통해 지지를 받고 있다(Horvath, 1998, pp. 137-154; Sato, 2001, pp. 89-127).

성격발달

메이는 성격의 발달과정에서 우리와 우리의 부모, 대리양육자, 교사, 친구, 성직자 사이의 신체적 심리적 연결을 중점적으로 논의하였다. 메이는 우리가 태아기에 탯줄로 영양을 공급받을 때부터 어머니에 대한 우리의 신체적 의존은 시작된다고 말한다. 그래서 태어날 때 이러한 연결고리는 끊기더라도 우리의 의존성은 남아 있게 된다. 신체적 의존은 우리가 성장하면서 줄어들지만 심리적 의존성은 그렇지 않다. 메이는 이 부분을 어떻게 다루느냐에 따라서 우리 인격의 성숙과 성장이 결정된다고 주장하며, 심리적 의존성에 대하여 강조하고 있다. 우리는 우리의 행동에 대해 스스로 책임을 질지 아니면, 타인이 우리를 위하여 대신 결정 내리는 것을 허용할지, 두 가지 중 하나를 선택해야 한다. 그래서 "자기인식에 대한 확장, 성숙, 자유와 책임으로 나아가기 위한 욕구와 아이로 남아 부모 또는 대리양육자의 보호를 받고자 하는 욕구 사이에서 갈등이 생긴다"(May, 1953, p. 193).

이러한 의존에 대한 갈망은 프로이트의 고전적 오이디푸스 갈등에 대한 메이의 재해석인데, 프로이트는 갈등이 성적 본능에 의한 것이라고 믿은 반면, 메이는 이것을 힘의 대응이라고 보았다. 이러한 투쟁은 매우 강한 힘을 가진 사람과의 관계에서 자율성과 정체성을 확립하기 위한 시도로 옮겨가는 과정이다(May, 1953, pp. 138-139). 첫 번째는 자기에 대한 의식이 없는 단순하고 순진한 신생아 단계이다. 두 번째 단계는 우리가 내면의 힘을 찾고 추구하는 반항의 시기이다. 이 단계는 보편적으로 2~3살에서 발생하며 사춘기 때 다시 시작된다. 반항은 의식의 발전을 위해 필요하지만 이것이 자유라는 개념과 혼돈되어서는 안 된다. 반항은 부모와 사회의 규범에 대한 도전이며 적극적 거절이다. 이러한 행동은 실제로 자동적이고 반사적이며 유연하지 못한 반면, 자유는 "개방과 성장을 위한 준비를 의미하고, 유연하게 되며, 좀 더 나은 가치를 지닌 인간으로 변화하는 것에 대한 준비이다"(May, 1953, p. 159).

세 번째 단계는 일반적으로 자기에 대한 의식의 단계이다. 우리의 잘못을 이해하고, 편견을 인식할 수 있는 능력이 바로 이 단계의 핵심이며, 또한 실수를 통해 배우고, 능력과 행동에 대해 책임지는 것 역시 포함된다. 많은 사람들은 이 단계가 존재, 성숙, 건강에 대한 일반적인 의식의 단계라고 정의한다. 그러나 메이에 따르면, 진짜 성숙이 드러나고 성숙을 이룬 네 번째 단계가 있다고 한다. 메이는 이 단계를 자기에 대한 창조적인 의식의 단계라고 명명한다. 이 단계에서 우리는 보통 의식의 한계를 초월하여, 왜곡된 우리의 진짜 모습을 볼 수 있게 된다. 이러한 통찰의 순간은 매우 큰 기쁨을 안겨다 주며, 아주 가끔씩 일어난다. 메이의 창조적 의식단계는 매슬로우의 절정 경험과 매우 유사하다.

우리는 이런 즐거운 순간을 경험하면서 성숙에 이르게 되고, 자기 깨달음에 더욱 가까이 가게 된다. 우리는 선택을 할 수 있으며, 문제에 직면하고 우리의 행동에 책임을 질 수 있게 된다. 결정적인 압력에 지배되지 않고, 과거와, 우리의 역할과 부모를 포함한 다른 사람들이 가르쳐 준 기준에 얽매이지 않는다. 우리는 이러한 압력을 의식하고는 있지만 이것에 부합되게 행동할 것인가 그렇게 하지 않을 것인가에 대해서는 자유롭게 선택할 수 있다. "자기에 대한 의식을 통해 우리는 자극과 반응의 단단한 사슬에서 벗어나 설 수 있으며, 다음의 반응에 대해 결정하기 위한 여유를 가질 수도 있다"(May, 1953, p. 161). 모턴과 마키의 최근 연구에 의하면 부모에게 자신이 세운 목표들(예를 들면, 학업적 목표, 사회적 목표, 도덕적 목표)에 대하여 개방적으로 얘기하는 대학생들은 부모들과의 관계에서 불행을 겪거나 괴로움을 겪을 가능성이 적다고 한다. 이것은 이러한 대학생들이 독립적인 성숙을 위해 나아가고 있음을 뜻한다(Morton & Markey, 2009, pp. 912-916).

비평가들은 우리의 행동이 정말 자기의식이라는 모호한 것에 의해서 결정되는지에 대해 의문을 던진다. 이점에 대해서 메이는 비록 우리의 행동이 자주 다른 사건에 의해서 결정되지만, 우리는 여전히 선택에 대한 자유는 가지고 있다고 말한다. 의식이 제한되거나 억압되면 우리는 자기 깨달음과 성숙으로부터 멀어진다. 존재에 대한 감각이 위협받을 때 이러한 의식은 줄어든다. 메이는 신경증과 정신증을 위협으로부터 존재를 보호하기 위해 비존재를 받아들이면서 적응하려는 시도로 보았다(May, 1967, p. 117). 존재에 대한 이러한 위협에 대처하기 위하여 우리는 방어적인 기술을 통해 우리의 경험을 억압하고 왜곡시킨다. 그래서 압도적인 위협을 당했을 경우 무의식으로 그 위협을 억눌러버린다. 우리는 책임을 회피하려고 하고 자신의 잠재력을 거부한다(May, 1958a).

평가 기법

로저스와 같이 메이도 인간기능을 이해하기 위한 기법에 대해서는 강조하지 않았다. 오히려 그는 두 참여자 사이에서 발생하는 다양한 치료적 관계에 초점을 맞추었다. 메이는 사실상 너무 이른 기법적 부분의 강조는 실제적인 이해를 저해한다고 보았다.

> 실존 분석은 인간의 실존을 이해하는 방법으로, 서구 사회가 기법을 지나치게 강조하면서 인간을 측정되고, 다루어지며 분석되는 하나의 물체로 보았다고 지적하면서 이것이 인간을 이해하는 데 가장 큰 방해가 되었다고 믿는다. 서구 사회는 이해가 기법에 종속된다고 보며, 올바른 기법을 통해 환자들의 궁금한 문제들을 간파할 수 있다고 믿는데, 실존적 접근은 반대 입장을 취한다. 즉 기법이 이해에 종속된다고 본다. (May, 1958a, pp. 76–77)

메이는 실존 분석이 심리치료적 기법이기보다는 태도라고 주장한다. 특별한 개인의 실존적 의미를 이해하는 것은 스트레스를 동반하는데, 이러한 이해의 과정에서 치료사들은 기존의 기법을 활용하거나 새로운 기술을 가져온다. 치료사들은 프로이트와 같이 꿈 분석, 자유연상, 전이를 활용할 수도 있고, 로저스와 같이 성격검사를 할 수도 있다. 다만 이러한 꿈이나 상징의 해석을 현재 환자의 존재에 대한 의미나 미래에 대한 암시를 이해하기 위해 사용한다(May, 1958a, p. 77).

따라서 환자를 이해하기 위한 메이의 접근방법은 유연하고 다양하다. 즉, 환자에 따라 그리고 치료과정에 의한 시간에 따라, 기술은 다양하게 변화될 수 있다(May, 1958a, p. 78). 그의 입장은 절충적이지만, 개인의 독특한 잠재력이나 실존을 밝히기 위해서는 체계적으로 선택된 절차들이 사용된다.

치료에 관한 이론적 함의

치료의 목적

메이에 따르면 치료사의 주된 업무는 공허함이나 외로움을 느끼는 사람들에게 경험과 그들의 의식을 확장시켜 줌으로써 개인과 자신이 가진 성장 잠재력을 더 많이 깨달을 수 있도록 하는 것이다(May, 1967, p. 126). 이러한 목적이 달성되기 위해서 치료자는 반드시 내담자를 인간 존재로 그리고 세상에 속한 존재로 이해하도록 해야 한다(May, 1958a, p. 77). 실존주의에서는 내담자의 문제를 세부적으로 분석하기보다는 그들의 과거 경험과 그 당시 어디에 존재했는지, 그리고 어디로 향하고 있었는지를 밝히고자 하는 데 중점을 둔다. "또한 환자를 심리적 역동이나 심리적 기제의 집합체로 이해하지 않는다. 대신 환자를 스스로 선택하고, 행동하며, 자신을 현재의 올바른 방향으로 나아가도록 지시하는 인간존재로 이해한다. 그 상황은 역동적이며, 사실적이고 현실적이다"(May, 1958a, p. 77). 요컨대, 환자의 문제를 존재론적 원리에서 이해하는데, 이러한 문제들은 오직 환자와 치료자간의 실제적인 관계가 있을 때만 이해될 수 있다. 치료자는 치료에 성공하든 실패하든 간에 "한 개인을 다른 사람과 상호작용하는 존재"로 생각해야 한다(May, 1958a, p. 81).

이러한 실제적인 관계를 통해 메이는 내담자들이 자신의 실존을 실제적으로 경험할 수 있다고 믿었다. 환자는 자신의 잠재력을 깨달을 수 있게 되고 자신의 기본원칙에 따라 행동할 수 있는 용기를 가질 수 있게 된다(May, 1958a, p. 45). 메이에 따르면, 환자들을 문화적 기준에 맞추지 않고, 그들 자신의 유일무이한 실존성을 충족시키는 방향으로 나아갈 때 치유된다(May, 1958a, p 87).

허친스 부인의 사례

메이(1983)는 그의 치료에서 말한 몇몇 가정과 원리들을 설명하기 위하여 실제적인 사례 연구를 제시하였다. 내담자는 교외에 살고 있는 허친스 부인으로 30대 중반의 여성이다. 그녀는 자신의 후두에 대해 히스테리적인 긴장을 가지고 있었는데, 그 결과 영구적으로 목소리가 쉬게 되었다.

메이의 분석에 따르면 그녀는 솔직한 자신의 마음을 부모에게 말하면 거절될 것이라고 믿었으며, 따라서 말을 하지 않는 것이 안전하다고 생각했다. 메이는 그녀가 어린 시절에 자신을 무시하는 어머니와 할머니의 권위주의적인 비판들로부터 스스로를 방어해야만 했으며, 이런 그녀의 문제는 어린 시절에서 비롯되었다고 믿었으나, 분석과 해석이 치료의 중요한 부분은 아니라고 생각하였다. 오히려 가장 중요한 것은 현재 이 치료공간에 존재하고, 가시화되면서 진행되고 있는 현재의 개인으로 보았다(May, 1983, p. 25). 메이는 그녀가 자신의 중심에 서서 그녀의 쉰 목소리로 실존을 알리기 위해 노력하고 있는 인간으로 이해했다. 그녀는 자신이 통제받지 않기 위해 적절한 행동으로 스스로를 보호하고 있었다.

공항 근처 공사중인 집에서 이 방 저 방을 돌아다니면서 아기를 찾고 있는 꿈이 분석 과정에서 드러났다. 아기를 봤을 때 그녀는 자신의 옷 주머니에 아기를 넣었으며, 곧 그녀는 질식할 만큼의 불안감을 느끼게 되었다. 아이가 여전히 살아 있다는 것을 알았을 때 무척이나 기뻐했다. 그리고 그녀는 '내가 이 아이를 죽여도 될까?'라는 무서운 생각을 했다. 이 꿈에서 공항은 그녀가 20살 때 처음으로 혼자 비행기를 탔던 곳인데, 이것은 부모로부터의 독립을 의미한다. 그녀가 줄곧 자신과 동일시하던 가장 어린 아들로, 꿈속의 아기는 커지고 있는 그녀의 의식을 상징한 것이며, 그녀는 바로 그 의식을 죽이는 것을 생각했던 것이다.

치료를 시작하기 대략 6년 전 그녀는 부모의 종교와 다른 교파의 교회에 출석하였으며, 권위주의적인 그녀의 부모에게 감히 그 사실을 말할 수 없었다. 치료 동안 그녀는 부모에게 사실을 말하려고 생각했으나, 그 생각을 떠 올리기가 무섭게 의식을 잃었다. 그녀는 내면의 공허한 느낌에 대해 말하며, 몇 분 동안 소파에 누워 있었다. 마침내 그녀는 부모님께 자신이 종교를 바꾸었으며, 아무리 노력해도 자신의 마음을 바꿀 수 없다는 것을 전하는 편지를 썼다. 다음 치료 회기에, 그녀는 메이에게 자신이 굉장히 불안하며 정신병에 걸리는 것이 아닐까라는 의문이 든다고 말하였다. 메이는 결코 그런 일은 없을 것이라고 그녀를 확신시켰다.

메이는 그녀의 실신과 불안을 점점 더 커지고 있는 의식에 대한 공격이라고 해석했다. 그녀는 어머니의 고통스러운 지배로부터 자유로워지기 위해 어머니에 대한 자신의 증오와 자신에 대한 어머니의 증오를 수용하려고 고군분투하였다. 그리고 항상 최상의 결과를 얻지 못할지라도 자신이 선택하고, 스스로의 행동에 책임을 지기 위해 노력했다. 요약하자면, 허친스 부인은 이러한 부분에서 실제적으로 자신과 직면하고 있었다. 그리고 이것은 그녀가 더욱 독립적이고, 긍정적으로 성장하고, 건강한 자신의 삶을 개발할 수 있는 기회가 되었다.

이론에 대한 평가

지금 우리는 여섯 가지 기준에 따라 메이의 이론을 평가하고자 한다.

포괄성

다른 인본주의 심리학자들과 마찬가지로 메이는 주된 관심사를 인간의 고통을 해결하는 방법으로 긍정적인 성장 모델을 개발하는 데 중점을 두었다. 그래서 그는 주로 비정상적인 행동을 이해하고 이를 변화시키는 데 초점을 맞추었다. 그의 입장은 로저스나 매슬로우보다 더 포괄적인데, 이는 그가 정신분석과 실존주의의 원칙들을 철저하게 자신의 이론으로 통합하고, 더욱 세부적인 발달과정의 치료들을 제시하였기 때문이다. 게다가 메이는 미국의 행동주의와 그 가설들을 절충하려고 노력하였다. 초기 그의 몇몇 연구에서 그는 불안에 대한 이해를 높이기 위하여 학습 원리들과 실험의 한계를 알고 있었음에도 불구하고, 학습 원리들과 실험들을 활용했다. 따라서 메이의 이론은 특별히 다른 주요 인본주의적 입장과 비교해 본다면 좀 더 종합적임을 알 수 있다.

정밀성 및 검증 가능성

메이의 이론은 매우 모호하고 어렵기 때문에 실험을 하기가 힘들다. 존재, 잠재력, 존재론적 죄책감과 같은 용어들은 매우 애매하며, 정확하게 정의내리는 것이 거의 불가능하게 보인다. 게다가 이론과 연결되지 못하고 일관성 없는 문제들로 구성되어 있기 때문에 체계적으로 실험하기가 어렵다.

메이의 입장은 철학과 밀접하게 연관되어 있다. 이러한 특징이 심리학자로서 이론 자체를 생각해 볼 때는 약점이 되지는 않지만, 이론을 체계적으로 세워나가는 것은 어려울 수 있다. 이러한 점에서 정밀성과 실험 가능성에 있어서 다소 결함이 있음은 분명해 보인다. 메이의 이론은 아마도 과학적인 검증을 원하는 사람들의 공정한 판단을 받기는 어려울 것 같다. 이것은 불행한 일이다. 왜냐하면 이것이 특히 과학에 대한 우리의 생각을 변화시킬 필요가 있을 때 많이 흥미롭고 도발적인 아이디어를 포함하기 때문이다. 기껏해야 메이는 철학의 잔소리꾼으로 보여질 수 있지만, 심리학에서 인본주의 과학의 필요성에 관한 그의 메시지의 완전한 영향이 무시될 것이다. 이것도 더 나은 운명을 지켜줄 하나의 메시지이다.

간명성

메이의 입장의 간결함에 대한 전반적인 판단은 어렵지만, 개념의 과도화 문제가 있다. 예컨대, 자각(awareness), 의식(consciousness), 자기 자각(self-awareness), 자기 의식(self-consciousness), 그리고 자기 관계성(self-relation)에서 상당히 불필요한 중복이 있다(Reeves, 1977, p. 269). 또한 그는 건강한 자기표현을 성취한 사람을 자발적이고 근원적이고 진심어린 사람으로 기술하고, 이러한 특징 각각에 대해 같은 방식으로 설명하고 있다(Reeves, 1977, p. 36).

경험적 타당성

이론에 대한 경험적 지지가 제한적이다. 많은 증거는 치료 회기에서 이루어진 임상적 관찰에 기초하며 주로 체계적이지 않고 회고적이다. 메이의 입장에 대한 연구는 아직 탐색 단계에 있다.

발견적 가치

메이의 입장은 인본주의적 심리학 운동의 연구자들뿐만 아니라 대중들에게도 매우 고무적이다. 하지만 그의 노력은 심리학 내에서 전통적 과학적 발견에 의해 무시되고 있다.

적용 가치

메이의 이론은 교육, 목회상담, 가족생활, 종교와 같은 영역의 문제에 적용하는 것이 실용적이다.

비판적 사고를 위한 질문

1. 여러분들은 많은 심리학자들이 추상적이고 과도하게 단순화한 용어로 연구한 메이의 입장에 동의하는가? 여러분의 판단에 대한 이유를 들어라.
2. 여러분들은 많은 사람들이 자신의 도덕적 나침판을 잃어 버리고 있다는 메이의 입장에 동의하는가? 왜 그런가? 왜 그렇지 않은가?
3. 우리의 문화에서 기술, 신기한 제품, 환경의 통제에 대해 너무 강조를 하고 있지 않는가? 우리가 환경과 우리의 관계를 잘 이해해야 하는가? 최근 환경을 보존하기 위한 시도로서 어떤 진전을 하였는지?
4. 사람들은 고독해질 것에 대한 두려움으로 불만족스러운 관계를 참아내고 있는가?
5. 많은 학생들이 부모의 통제로부터 독립하기 위해 노력하고 있다고 생각하는가? 만약 여러분들이 전통적이지 않은 학생이라면 부모의 통제에 관련된 문제를 가지고 있는가? 삶에서의 기본적 투쟁 중 하나가 우리의 행동에 대한 궁극적인 책임을 수용하려는 우리의 시도를 갖고 있다는 메이의 주장에 동의하는가? 다른 사람에 대한 의존성이 항상 해로운 것인가?

용어 해설

건강하지 못한 개인주의unhealthy individualism 다른 사람과 분리되어 다른 사람을 보는 일련의 개인적 특성이다. 즉, 그들은 다른 사람보다 우위에 있고 그들에 대한 통제를 행사한다.

건강하지 못한 공동체 지향unhealthy communal orientation 다른 사람을 자기 자신의 목적을 위해 이용하거나 자신의 개인적 목표만을 만족시키기 위해 이용하는 관점

건강한 개인주의healthy individualism 행동을 개시하는 능력을 촉진하는 일련의 개인적 특성으로 다른 사람을 해치지 않고 건설적으로 문제에 직면한다.

건강한 공동체 지향healthy communal orientation 다른 사람들을 존엄성과 존경으로 대해야만 하고 그들이 필요할 때 도움을 주어야 한다는 관점

고유세계eigenwelt 자기 자각과 자기 관계성의 존재에서 독특한 현존

공존세계mitwelt 상호 관계의 세계, 우리의 관계를 통해 다른 사람들과 나누는 경험과 의미

신경증적 불안neurotic anxiety 우리의 가치에 위협이 되는 것에 대한 과도한 반응에 의해 나온 고통스러운 감정. 이것은 더 나은 성장을 이끌 선택에 대한 실패를 포함한다.

실존 분석적 관점existential-analytic perspective 실존적 철학과 프로이트 정신분석 개념을 결합한, 인간의 성격 이해를 위한 이론적 접근. 예컨대, 두 입장 모두 사람들이 다른 사람을 사랑할 수 없는 것과 피할 수 없는 죽음으로부터 오는 불안에 어떻게 대처하느냐에 초점을 둔다.

실존주의existentialism 사람들이 자신의 존재에 대한 느낌을 갖도록 하는 시도에 초점을 두고, 그 존재에 의미를 부여하고, 자신의 행동에 책임을 지고 자신이 선택한 가치와 원칙들에 따라 살아가려고 노력하는 것이다.

정상적 불안normal anxiety 설정된 가치에 실제적인 위협으로부터 나온 고통스러운 감정. 더 나은 성장을 위해 선택을 함으로써 일어나는 두려움에 직면하는 것은 건강한 것이다. 한 아이는 걸어 나가서 놀이터 울타리를 넘어서기를 결정하고, 청소년은 다른 사람과 연인관계를 갖기를 결정하고, 성인은 결혼해서 자신의 아이를 갖고자 결정한다.

존재being 개인이 독특한 잠재성을 깨닫기 위해 추구하는 발달적 과정

존재론ontology 인간본성을 이해하기 위한 철학의 분파. 철학의 일부분으로 존재학(*存在學*)이라고도 한다. 라틴어로는 *ontoligia*라고 하는데 이것은 그리스어의 *on*(존재자)과 logos(논)로 이루어진 합성어로 데카르트파의 철학자 J.클라우베르크(1622~1665)가 처음으로 썼다.

주변세계umwelt 인간이 존재하는 생물학적이고 자연적인 환경. 생물학적 욕구나 추동의 세

계로 수면과 걸어다님, 태어남과 죽음, 갈망과 구원과 같은 자연적인 순환으로 구성된다.

현존재Dasein 독일어인 존재(sein: being)와 거기(da: there)의 합성어. 이것은 한 개인이 특정한 시간에, 특정한 공간에 존재하는 것을 나타낸다. 따라서 개인은 자신의 존재에 대해 의식할 수 있고 책임질 수 있다. 그리고 자신의 삶이 취할 방향을 선택할 수 있다.

추천 도서

May, R. (1950). *The meaning of anxiety*. New York: Ronald Press.

May, R. (1953). *Man's search for himself*. New York: Norton.

May, R. (1969). *Love and will*. New York: Norton.

PART 6

THEORIES OF PERSONALITY

사회적-행동주의적 관점

역사적으로 성격심리학의 생각과 연구는 두 가지 주요 흐름으로 형성되었다. 하나는 임상현장에서 생겨난 흐름으로 프랑스 의사 샤르코(Charcot)와 자네(Janet)의 작업에서 시작하여 프로이트와 그의 제자들의 노력으로 이어졌다. 이 연구자들은 환자의 문제를 극복하기 위해 비정상적 행동의 원인에 대한 이해에 최초로 관심을 가진 의료 전문가들이다. 그들은 행동의 변화를 강조하였으며, 사랑과 증오, 죽음, 성적행동, 그리고 공격성 같은 인간의 기능에서 가장 흥미롭고 중요하며 복잡한 몇몇 현상들에 관심을 가졌다.

이러한 의학적인 지향과는 달리 또 다른 한 흐름은 실험실에 근간을 두고 있다. 이 흐름의 이론가들은 학습 과정에 대한 과학적 이해에 주요 관심을 둔다. 그들은 우리 행동의 대부분이 습득된 것이며, 따라서 심리학자의 과제는 행동 산출의 원인이 되는 환경조건을 상술하는 것이라고 보았다. 단순한 자극-반응(S-R)의 심리학을 주창한 연구자들은 주어진 자극이 주어진 반응과 어떻게 연결되는지를 이해하고자 했다.

심리학의 S-R모델의 가장 중요한 지지자는 존 왓슨(John B. Watson)이다. 왓슨은 원래 시카고 대학에서 기능주의자(functionalist)로서 교육받았다. 기능주의자들은 정신기능(mental functions)의 관점에서 행동을 설명하며, 그들은 다윈의 진화론을 빌려 모든 인간은 하등동물과 마찬가지로 생존을 위한 끊임없는 투쟁 속에 있다고 보았다. 인간은 살기 위해 자신의 행동을 조절하는 방법을 배워야 했다. 이성적으로 사고하고 환경에서 주어지는 문제를 해결할 수 있는 마음을 갖고 있었기 때문에 이러한 적응이 가능했다.

하지만 왓슨은 이러한 접근을 거부했는데, 그의 관점에 의하면 이것은 과학으로써 심리학 발전에 큰 도움이 안 된다고 보았다. 그는 마음과 정신, 영혼 같은 용어가 쓸모없다고 믿었다. 왜냐하면 이런 것들이 말하는 개인적 사건이란 객관적이고 신뢰롭게 측정될 수 없었기 때문이다. 심리학은 이러한 유심론(mentalism)을 버리고, 객관적으로 타당화할 수 있는 공개적 사건에 집중할 때에만 진보한다고 믿었다. 그래서 왓슨은 심리학이 관찰 가능한 행동에 대한 연구이며, 모든 주관적인 사건에 대한 언급은 비과학적이고 과학적인 연구가치가 없다고 주장했다.

왓슨의 이러한 주장은 그의 일생 동안 심리학에 큰 영향을 미쳤고, 그의 관점이 남은 자취는 이번 장에서 살펴볼 다양한 사회행동주의자들의 연구에서 찾아볼 수 있다. 왓슨의 영향력은 특히 스키너(B. F. Skinner)의 연구(15장)에서 분명히 나타나지만, 줄리안 로터(Julian Rotter)와 앨버트 반두라(Albert Bandura)의 연구(16, 17장)에까지도 그 영향이 보인다.

왓슨처럼 스키너도 개인적 사건에 대해 기본적인 거부감이 있었다. 그도 객관적이고 신뢰롭게 측정 가능한 개인적 사건들만이 과학적 연구 가치가 있다고 마지못해 인정했다. 그의 주된 관심은 객관적으로 기록될 수 있는 관찰 가능한 행동에 있었다. 그는 왓슨처럼 행동의 근본적인 법칙을 찾아낼 수 있을 것이라는 기대 하에, 주로 환경자극이 행동에 어떻게 영향을 미치는지에 관심을 가졌다. 또한 이러한 목표는 통제된 조건 하에서 체계적인 관찰과 실험을 통해서만 성취할 수 있을 것이라고 믿었다. 이러한 통제 조건은 하등동물을 연구하는 실험실 속에서 대부분 쉽게 시행될 수 있었다. 통제가 별로 어렵지 않은 대부분의 행동들은 단순한 것이었기 때문에, 스키너는 간단한 것에서부터 복잡한 것으로 연구가 진행되어야 한다고 생각했다.

이러한 입장은 그의 추종자들이 주로 제한된 일련의 현상에만 관심을 가지며, 사랑이나 미움 같은 현상은 적극적으로 설명하려고 하지 않는다는 것을 의미했다. 행동주의자들의 하등동물을 통한 실험실 작업에서 힘들게 발견한 원리들이 사람을 치료를 하거나 교육하는 환경에 성공적으로 적용되었기 때문에, 스키너는 자신의 접근이 상당히 성공적이라고 생각했다. 스키너는 말년에 그의 관심을 직접적인 인간행동 연구에 쏟아 부었다. 그래서 그는 하등동물에만 집중되던 단순한 행동에서 더 중요한 인간의 문제와 쟁점을 제기하는 복잡한 사회적 행동으로 관심을 옮겼다.

15장에서 우리는 행동의 과학적 기술의 필요성에 관한 스키너의 주장과, 행동을 이해하는 데에 도움을 주는 것 같지만 실제로는 우리의 정확한 이해를 방해하는 유심론적 설명의 위험에 대해 검토하게 된다. “그는 당신에게 친절하다. 왜냐하면 순수한 영혼을 가졌기 때문이다”, “그녀는 화학시험에서 A학점을 받았다. 왜냐하면 그녀는 좋은 마음을 가졌기 때문이다”와 같은 말은 과학적 설명력이 떨어지는 유심론적 설명의 좋은 예이다. 이들은 사후에 가져다 붙이는 설명일 뿐이며(1장 용어 해설 참조), 과학적인 관점에서는 의미가 없다. 스키너는 인지(cognition)를 연구의 적합한 대상이라고 생각했고, 이를 유심론과 구별했다. 두 관점은 모두 개인적인 사건과 관련이 되지만, 유심론(mentalism)은 과학적으로 연구될 수 없는 사건을 서술하는 반면에 인지(cognition)는 객관적이고 신뢰롭게 기록될 수 있고 과학자들 간의 의사소통도 가능한 사건을 다룬다. 인지적인 사건은 주로 언어적 보고를 통해서 연구되며, 스키너는 이들의 사용을 받아들였다.

또한, 15장에서 성격에 관한 스키너의 조작적 분석 원리와 주요 용어들이 제시된다. 그의 연구에서 특히 중요한 것은 다양한 종류의 강화물과 강화계획 및 이들이 행동의 획득과 수정에 미치는 효과에 대한 연구이다. 스키너는 행동의 통제를 위해 처벌의 사용을 옹호했던 것으로 인해 혹독한 비난을 받았지만, 이러한 혐의는 전혀 사실이 아니다. 곧 알게 되겠지만, 스키너는 처벌이 효과적인 행동변화의 수단이라고 생각하지 않았다. 또 우리는 스키너의 독창적인 틀 안에서 정상과 비정상적인 성격발달에 관해 논의하며, 조작원리(operant principles)가 치료와 교육환경에 어떻게 적용될 수 있을지에 대해서도 다룰 것이다.

로터와 반두라의 연구 또한 왓슨에서 시작된 심리학 흐름과 많은 특징을 공유하고 있다. 로터와 반두라는 대부분의 우리 행동이 학습된다고 믿었다. 또한 과학으로써 심리학의 발전은 정확한 측정 절차와 통제된 조건 하의 체계적 관찰을 확립하는 것에 달려 있다고 믿었다. 여전히 이들의 이론은 왓슨의 인지적 구성개념에 크게 의존하고 있지만, 심리학에서 대체할 수 없을 것 같았던 왓슨의 연구들에 도전적이었다. 즉, 이들의 입장은 왓슨의 단순하고 기계적인 인간기능의 모델을 훨씬 뛰어넘는다. 왓슨은 파블로프(Pavlov)의 행동의 습득을 설명하는 고전적 조건화(Pavlov's classical-conditioning) 패러다임에 크게 의존했던 반면, 로터와 반두라는 그들의 모델에 유기체 변인의 역할을 통합하여 이 관점을 확대하였다. 그들의 신행동주의적 입장에는 기대와 모방, 사건의 시행연습, 자기효능감, 가치, 기억, 그리고 습관과 같은 인지적 구성개념이 많이 포함된다. 이러한 자극-유기체-반응(S-O-R)모델은 왓슨 그리고 더 나아가 스키너의 연구보다 더 복잡한 현상을 다루고자 한다. 이와 동시에 로터와 반두라는 이러한 복잡한 현상을 정확하고 객관적으로 측정할 것을 주장했다.

로터와 반두라의 입장은 왓슨 이후에 제기된 학습이론의 좀 더 직접적인 결과물이다. 로터는 손다이크(Thorndike)와 톨먼(Tolman), 헐(Hull)과 같은 학습이론가의 작업에서부터 자기 입장의 기원을 찾는다. 그는 행동은 결과에 따라 수정된다는 손다이크의 관점을 수용했다. 다시 말해 그도 스키너처럼 도구적/조작적 조건화의 개념을 받아들인 것이다. 톨먼과 헐로부터는 행동이 특정 목적을 달성하기 위한 동기에 의해 유도된다는 개념을 빌렸다. 이러한 점에서 로터의 생각은 특히 헐의 생각과 매우 가깝다고 할 수 있다. 문제가 발생하는 가능성을 예측하기 위해서 헐은 아래의 공식을 제안했다.

$$E = H \times D$$

E는 행동의 흥분잠재성(excitatory potential)을 의미하고, H는 습관강도(habit strength)를, D는 추동강도(drive strength)를 의미한다. 그러므로 헐의 공식에서, 주어진 반응 또는 목표를 향한 움직임에 대한 확률은 동물의 추동강도(동기)에다가 습관강도를 곱한 함수와 같다는 것이다. 로터의 도식에 따르면 흥분잠재성은 행동잠재성(behavior potential)이 되고, 습관강도는 강화가 일어날 것이라는 기대로 해석되며, 추동강도는 강화의 값으로 재해석된다. 그러므로 어떤 행동이 발생할 확률은, 이전 경험의 결과로 그 사람이 주로 얻게 된 기대나 습관, 그리고 그 사람의 추동 수준에 영향을 미치는 강화의 중요도 간의 함수가 되는 것이다.

16장에서 우리는 로터 이론의 다른 개념들을 검토하게 될 것이다. 우리는 사회학습(social-learning)의 입장－강화의 내외적 통제－에서 특히 중요한 구조에 집중하게 될 것이며, 통제소재(locus of control)에서 개인차의 측정에 관한 최신연구 결과를 제공할 것이다.

반두라도 로터처럼 행동의 습득과 보유, 통제, 유지, 수정에서 인지의 역할을 크게 강조하였다. 그의 이론과 연구에서 강화개념은 다르게 활용되었을 뿐, 강화개념을 무시하지는 않았다. 스키너는 강화물이 반응을 자동적으로 강화하거나 약화시킨다고 믿었던 반면에, 반두라의 관점에서 강화물은 이득되는 결과는 얻고 나쁜 결과는 피하기 위한 행동에 정보를 제공하는 역할을 한다고 보았다. 이러한 틀에서 본다면 반응 결과로부터의 학습에는 주로 인지적 과정이 작용하는 것이다. 반두라에 따르면 관찰학습은 행동의 습득과 유지, 수정에 주요한 역할을 한다.

그가 지적했듯이 모방학습(imitation learning)에 대한 연구는 전통적 학습이론가들에 의해 상대적으로 무시되어 왔다. 역사적으로 모방학습의 개념은 1896년 로이드 모르간(Lloyd Morgan), 1903년 가브리엘 탈드(Gabriel Tarde), 그리고 1908년 윌리엄 맥두갈(William McDougall)의 작업에서 그 기원을 찾을 수 있다. 이론가들은 모방이 인간 행동의 선천적인 경향이라고 믿었다. 인기를 끌던 왓슨의 행동주의가 본능주의(instinct doctrine)를 악평하자, 험프리(Humphrey)와 올포트(Allport), 홀트(Holt)와 같은 소수의 학습이론가들은 파블로프 조건화의 측면에서 모방을 설명하고자 했다. 이 학습 패러다임에 의하면, 모방 반응은 다른 사람의 행동을 그들의 행동에 일치시키는 단순한 결과이다. 다르게 말해서 모방은 사회적 자극의 연속적인 연합과 관련된다. 그러나 곧 행동주의자들은 고전적 조건화(classical conditioning)에서 도구적(instrumental), 조작적(operant) 학습으로 주의를 돌리게 되었다. 이 새로운 관점은 밀러(Miller)와 달라드(Dollard)의 『사회 학습과 모방(*Social Learning and Imitation*)』(1941)이라는 대표 저서에서 지지받았다.

본질적으로, 동기화된 사람이 일련의 무작위적인 시행착오 도중에 모델의 행동과 일치시킨 것이 긍정적으로 강화되었을 때 모방학습이 발생한다는 것이 이들의 입장이었다.

모방의 고전적 · 도구적 조건화 설명에 대한 반두라의 주장은 관찰을 통한 새로운 반응의 습득을 적절히 설명하지 못한다는 것이다. 반두라는 한 사람이 모델의 행동과 일치할 때까지 강화를 통해 조형해 가기 위해서는 기나긴 무작위 반응이 필요하다는 조작적 조건화의 개념이, 우리가 삶의 과정에서 학습하는 많은 반응을 설명하기에는 너무 거추장스럽다고 생각했다. 대신 그는 외적 강화 없이도 종종 일어나는 모방학습을 제안했다. 우리는 직접 수행해 보지 않고도, 직접 보상받지 않고도 행동을 습득할 수 있다. 우리는 단지 다른 사람의 행동을 보고, 그것을 인지적으로 표상한 후(상징을 통해서), 적절한 조건 하에서 수행할 수 있다.

17장에서 우리는 반두라의 사회-인지적 입장의 주요 전제에 대해 논의한 다음, 그의 이론의 기본개념과 원리에 대해 살펴볼 것이다. 이론의 초점은 한 사람이 여러 성격 특성을 가진 단일, 다중 모델들에 노출되었을 때 행동이 학습되는 방식에 맞춰져 있다. 추후 살펴보겠지만, 아이들에 대한 다중모델의 영향은 복잡하고 평가하기가 어렵다. 왜냐하면 모델은 모순된 행동을 자주 보여 주기 때문이다. 우리는 또한 행동 습득에서 자기 통제 과정의 역할에 대해 토론할 것이며, 두 가지 주요한 사회문제인 매스컴의 폭력성과 특히 공포증 같은 아동의 문제행동에 관한 모델링의 이론과 연구의 일부 적용사례를 검토할 것이다. 발달과정에서 반두라의 치료를 검토하면서, 우리는 모방(imitation)과 계기적 접근(successive approximation), 강화계획(schedule of reinforcement) 같은 그의 개념의 사용에 대해 논의할 것이다. 마지막으로 우리는 자기효능감에 관한 반두라의 최신 이론과 병리적 행동의 발달과 변화 과정에서 자기효능감의 역할에 관해 경험적인 증거와 함께 제시할 것이다.

CHAPTER 15

스키너의 조작적 분석

스키너의 생애

부러스 프레드릭 스키너(Burrhus Frederick Skinner)는 1904년에 펜실베이니아 주 수스퀘하나에서 태어났다. 그의 자서전에 따르면(Skinner, 1976) 그는 가정생활이 화목하고 안정적이었다고 한다. 변호사인 아버지에게서 체벌을 받은 적은 한번도 없었으며, 어머니로부터는 어머니조차도 들어본 적이 없는 단어를 스키너가 말했을 때 어머니가 그의 입을 물과 비누로 씻겼을 때 단 한번 받은 적이 있었다. 그는 학교를 좋아했고 훌륭한 교사로부터 영어와 문학, 수학에 대한 배경지식을 습득했다. 소년이었을 때 그는 항상 어떤 것을 만들거나 창조했다. 그는 롤러 스케이트, 스쿠터와 마차, 썰매, 시소, 회전목마, 새총, 화살총, 연, 모형비행기 등을 만들었다. 기계에 대한 그의 열정은 실험 작업에 여러 가지 장치의 사용과 발명으로 볼 수 있다. 이러한 장치에는 동물행동에 다양한 강화스케줄의 효과를 연구하도록 돕는 스키너 상자를 비롯하여, 유기체의 반응률을 측정하는 장치인 누적 레코더, 그리고 학생들의 학습을 촉진시키기 위해 고안된 교수기계(teaching machine) 등이 있다.

스키너는 뉴욕 주 해밀턴 대학 영문과에 등록하였으나, 학교생활에 전혀 적응하지를 못했다. 그는 동호회에 가입했지만 동호회 생활에 대해서는 알려진 바가 거의 없다. 그는 운동에도 소질이 없었고, 필요 없는 교과 요구사항에는 심하게 불평하였다. 4학년이 되어서는 공개적인 반항을 시작했다. 그는 거만하고 허풍떨기만 하는 교수진들에게 모욕을 주기 위해 만들어진 활동에 가담했다. 이러한 사건 중에 하나는 특히 주목할 만한데, 어느 영어 교수의 명예를 실추시키기 위해 스키너와 다른 학생이 "유명 코미디언인 찰리 채플린이 10월 9일, 금요일에 해밀턴 대학 채플에서 '직업으로써의 영화' 강연을 한다"는 대자보를 붙이기로 했다. 이 강의는 그 영어 교수의 명의 하에 이루어지는 것으로 알려졌었다. 주변의 모든 동네에 벽보를 붙인 후 그들은 캠퍼스로 돌아와 잠자리에 들었다. 이튿날 아침 다른 한 명의 학생이 지역 신문사에 전화를 걸어 학생회장이 공개적인 홍보를 원한다고 기자에게 말했다. 12시쯤이 되어서 상황은 건잡을 수 없이 커져버렸는데, 유명 배우를 만나기 위해 부모 손을 잡고 나온 아이들이 철도역 앞에 바글거렸다. 경찰들의 저지선에도 불구하고 약 400대의 자동차가 캠퍼스로 뚫고 들어오기도 했다. 다른 무모한 장난들 때문에 퇴학당할 뻔도 했지만 스키너는 결국에 졸업을 했다.

졸업 후 스키너는 작가로서의 삶을 살았다. 그는 졸업반일 때 자신의 작품 표본을 보내달라고 부탁한 저명한 시인 로버트 프로스트를 만났다. 세 편의 짧은 이야기를 시인한테 보냈는데 그로부터 격려 조의 답장을 받았다. 그는 뉴욕 시와 유럽, 그리니치 마을에서 2년을 보냈다. 하지만 그는 작가로서 성공하지 못할 것이라고 깨달았는데, 아마도 중요하게 이야기할 것이 없었기 때문인 듯하다. 그후 인간 행동에 대한 관심을 탐구하기 위해 그는 1928년에 하버드 대학원에 입학하여 심리학 공부를 시작하게 된다.

스키너는 하버드의 학구적인 분위기에 자극받고 도전의식을 갖게 된다. 새로운 분야에 그의 기술을 발전시키고자 엄격한 학습계획을 짜고 2년 동안 그 계획을 진행하였다. 그는 심리학과 생리학에 관한 책이 아니면 읽지 않았다. 그의 학문적 스승 중에는 역사학자 보링(E. G. Boring), 임상의학자 헨리 머레이(Henry Murray), 생리학자 크로저(W. J. Crozier) 등이 있었고, 왓슨(J. B. Watson)과 파블로프(Ivan Pavlov), 손다이크(E. L. Thorndike)의 저서 또한 이 젊은 심리학자에게 큰 영향을 미쳤다. 특히 그는 행동기술을 고안한 왓슨에 대해 강한 인상을 받았다. 왓슨은 단번에 마음과 영혼, 의식과 같은 정신적 개념을 버리고 관찰 가능한 행동만을 심리학 연구 대상으로 삼아야 한다고 선포하였다. 스키너도 마찬가지로 심리학자들이 관찰 가능하고 검증 가능한 행동에 초점을 맞추어야 한다고 주장했으나, 왓슨과는 달리 객관적이고 신뢰롭게 측정할 수 있는 한 사적이고 내적인 사실에 대해서도 설명해야 한다고 생각했다.

스키너는 또한 러시아 생리학자 이반 파블로프의 조건반사 연구에서도 큰 영향을 받았다. 파블로프는 원래 하등동물의 소화과정과 소화액이 분비되는 조건에 관심이 있었다. 그는 연구과정 중에 동물들이 음식을 보고 침을 흘리는 것뿐만 아니라 실험자에 대해서도 침을 흘릴 수 있다는 사실을 발견하였다. 그는 이러한 현상을 "정신적 분비(psychic secretion)"라고 명명하였다. 다음 단계는 분비가 일어나는 조건을 통제하는 것이다. 사실상 모든 심리학도들이 알다시피 파블로프가 외부 자극의 침입을 최소화하는 방을 설계하고 일련의 정확한 조작을 통해 불빛과 벨소리와 같은 특정자극의 통제 하에서도 타액분비를 일으킬 수 있다는 사실을 보여 주었다. 이전에 중성적이었던 자극은 원래 다른 자극에 의해 일어나던 반응을 유발시키는 힘을 획득하였다. 동물들은 고전적 조건화가 된 것이다. 이러한 반응 조건화가 다양한 행동을 설명할 수 있다는 사실뿐만 아니라, 스키너는 행동을 통제 하에 놓는 파블로프의 절차에 깊은 인상을 받았다. 그는 그 당시 "조건을 통제하면, 법칙이 보일 것이다"라는 파블로프의 격언을 그의 연구 인생 전체에 받아들이게 됐다고 이야기한다.

비록 우리 행동의 일부분은 고전적 조건화에 의해 습득되지만, 대부분의 행동은 자발적으로 행동한 후 긍정적인 경험과 부정적인 경험이 뒤따른다는 것을 알면서 그것을 학습하게 된다. 환경 속에서 작동하는 행동, 조작적 행동에 대한 관심은 이론가 손다이크(E. L. Thorndike)의 동물실험에 의해 자극받는다. 대개 고양이의 음식물을 박탈한 후 문제 상자에 기계를 우연히 움직여 탈출할 때까지 가두어 둔다. 동물은 대개 정확한 반응을 하기 전에 수많은 반응들을 보인다. 손다이크는 동물의 반응과 강화 결과 간의 연합에 의해 시행착오를 학습하게 된다고 설명한다. 손다이크는 좋은 결과에 이르는 반응은 받아들이고 좋지 않은 상황이 뒤따르는 반응은 버린다고 보았다. 스키너는 행동 습득을 설명하기 위해서 **효과의 법칙**law of effect을 수정하여 받아들였다. 스키너는 이 법칙을 행동 반응을 보일 확률의 변화라고 재구성하고, 강화물과 처벌물의 적용을 새롭게 제시하였다.

3년 후 스키너는 1931년에 심리학 졸업과정에서 하버드에서 박사학위를 받았고 크로지얼 연구실에서 박사 후 과정을 5년 간 밟았다. 2년 후에는 처음으로 미네소타 대학 강단에 서게 되었고, 행동의 **조작적 분석**operant analysis의 기본 법칙을 밝혀낸 『유기체의 행동(*The Behavior of Organisms*)』이라는 책을 처음 집필하게 되었다. 미네소타에서 스키너는 강화원리에 기초한 소규모 이상사회를 그린 『월든 투(*Walden Two*)』라는 소설을 준비하여 1948년에 출판하였다.

인디애나 대학의 심리학 학과장으로 잠시 지내다가, 그는 1948년도에 하버드로 돌아왔다. 스키너는 같은 전공의 동료들로부터의 축하를 받았고, 과학자 중 최고 영예의 상을 받은 행동과학자들 중의 한 명이 되었다. 그에게는 많은 저서도 있다. 그 책들

은 다음을 포함한다: 『과학과 인간행동(*Science and Human Behavior*)』(1953), 『언어행동(*Verbal Behavior*)』(1957), 『강화계획(*Schedules of Reinforcement*)』(C. B. Ferster와 공동 저술, 1957), 『누적기록(*Cumulative Record*)』(1961), 『교수 기술(*The Technology of Teaching*)』(1968), 『강화의 수반성(*Contingeny of Reinforcement*)』(1969), 『자유와 존엄을 넘어서(*Beyond Freedom and Dignity*)』(1971), 『행동주의에 관하여(*About Behaviorism*)』(1974), 『나의 인생사(*Particulars of My Life*)』(1976), 『행동주의와 사회에 대한 고찰(*Reflections on Behaviorism and Society*)』(1978) 『행동조형(*The Shaping of a Behaviorist*)』(1979), 『중요한 문제(*A Matter of Consequences*)』(1983), 『노년을 즐겨라(*Enjoy Old Age*)』(M. E. Vaughan과 공동 저술, 1983), *Upon Further Reflection*(1987). 그가 노년에 쓴 책에서 그는 신체적으로 쇠약해짐에도 불구하고 노년을 행복하게 보내기 위해 환경에 어떻게 대처할 것인가에 대한 조언을 하기도 한다(Skinner, 1970, pp 1-21).

1990년 8월 10일 스키너는 미국 심리학회로부터 감사상을 받았고, 그는 매사추세츠 캠브리지에서 1990년 8월 18일에 백혈병으로 사망하였다.

개념과 원리

과학적 행동주의

스키너는 우리들 대부분이 자신의 존재를 위협하는 제반 문제에 직면해 있다고 생각하였다. 그는 우리가 종종 기술이 낳은 결과물을 오용한다 할지라도, 동일한 기술적 능력을 이용해서 문제를 해결할 수 있다고 주장했다. 우리는 산아 제한, 환경오염 문제, 작물생산량 증가와 같은 부분에서 시작하는 단계이고(Skinner, 1971, p.1), 아직은 각각의 분야에서 수박 겉핥기 수준이다. 왜 그럴까? 스키너의 관점에서 보자면 문제들의 해결책이 우리의 신체적이고 생물학적인 지식의 적용에 있는 것이 아니라 인간의 행동에 대한 이해에 있다. 만약 사람들이 산아 제한법을 직접 쓰지 않는다면 아무런 소용이 없으며, 만약 사람들이 오염방지책을 무시하거나 지키지 않는다면 효과를 거둘 수 없다. 그러므로 우리에게 필요한 것은 우리의 행동을 극적으로 바꾸는 일인 것이다(Skinner, 1971, p. 4).

그렇다면 인간 행동의 이해에 대한 더 이상의 진전이 없는 것은 무슨 까닭일까? 그 이유에 대해 스키너는 행동을 이해하는 데 도움이 되는 듯 보이지만, 사실 연구에 장애가 되고 마는 유심론적 설명을 포기하지 못하기 때문이라고 생각했다.

> 우리는 세계 인구수를 통제하기 위해서 자녀에 대한 **태도**(attitudes)를 바꾸고, 가문의 크기와 정력에 대한 **자존심**(pride)을 극복하고, 자녀에 대한 **책임감**(responsibility)을 가지고, 노인문제를 완화하기 위해 대가족의 역할을 줄이자고 말한다. 평화를 위해서는 지배자들의 **권력의지**나 **피해망상**(will to power or the paranoid delusions)을 이야기해야 한다. 우리는 전쟁이 인간의 **마음**에서 시작하는 것임을 명심해야 하며 인간의 어떤 자기 파괴적, **죽음 본능**(death instinct) 같은 것이 전쟁을 일으키며, 인간은 본성적으로 공격적이라 말한다. 가난의 문제를 해결하기 위해서 우리는 **자기존중감**(self-respect)을 고양시키고, **자주성**(initiative)을 장려하고, **좌절감**(frustration)을 줄여야 한다. 전부 맞는 말이긴 하며, 대부분은 여기에 별다른 의문을 제기하지 않는다. 하지만 여기에는 현대 물리학이나 생물학 같은 것이 없으며, 이 사실은 행동에 대한 과학과 기술이 왜 지금까지 그렇게 뒤떨어져 있는지를 잘 설명해 준다. (Skinner, 1971, pp. 9–10)

스키너에 따르면 이러한 설명은 사실상 사후적(post hoc)인 것이다(1장 용어사전 참조). 그들은 질문에 대한 답을 하는 것처럼 보이지만 사실상 그렇지 않다. 게다가 이러한 **유심론**mentalism은 끝까지 호기심을 자아낸다(Skinner, 1971, p. 12). 또한 문제가 해결된 것처럼 보이면서, 우리는 거짓된 안도감에 유혹된다. 예를 들면 만약 어떤 학생에게 왜 존이 빌에게 신체적 폭력을 가했는지를 물으면, 그는 "존이 공격적이기 때문이다"라고 대답할 것이고, 많은 사람들이 그 대답에 만족해 버리고는 만족스런 설명이 주어졌다는 거짓된 안도감에 빠지고 만다. 그러나 스키너는 과학적 접근이 거짓 위안이 되는 내적 "설명"을 포기하게끔 만들며, 그 대신에 실제로 행동을 유발하는 정확한 선행사건을 찾아야 한다고 주장했다(Skinner, 1987, p. 785). 다시 말하면 스키너는 그것을 야기한 행동의 앞선 환경적 사건을 찾아야 한다는 것이다. 우리는 환경적 분석을 하다가 나이트클럽에서 빌과 존의 여자 친구가 싸움에 엮이게 되었음을 알 수 있다. 빌이 그녀를 창녀라고 욕하며 밀쳤고, 그래서 존은 빌이 나올 때까지 기다렸다가 주먹으로 쳐서 코를 부러뜨리는 복수를 한 것일 수도 있다. 존이 폭력이라는 범죄행위를 저지르고 경찰 체포로까지 이르게 했던 것의 선행사건은 바로 빌이 존의 여자를 욕하고 밀쳤던 일인 것이다.

어쨌든 스키너는 사적인 사건들에 관한 모든 연구를 완전히 거부하지는 않았다. 그는 저서 『행동주의에 관하여(*About Behaviorism*)』에서 왓슨이 과학으로써의 심리학을 확럽하고자 한 열정 때문에 내성(內省) 연구를 완전히 없애 버리려는 과장되고 잘못된 노력을 했다고 어렵게 평가 내렸다. 비록 썩 내키지는 않았지만 스키너는 심리학자란 사적 사건에 대한 적절한 설명을 제공할 수 있어야 한다고 생각했다. 그러나 그는 연구되는 사건이 신뢰성 있고 객관적으로 기록될 수 있어야 한다고 주장한다. 과학적인 규준에만 충족된다면, 스키너와 그의 지지자들은 구두보고도 자료로 수용할 수 있다고 생각하였다. 하지만 타인이 우리의 개인적 경험에 대한 적절한 표식을 이해하는 데에 어려움이 있기 때문에, 이러한 보고를 액면 그대로 받아들이지 않도록 주의해야 한다. 이처럼 대중적인 믿음과는 달리 스키너는 왓슨의 자극-반응(S-R) 공식을 단순히 받아들인 것이 아니었다. 스키너에 따르면 이러한 접근은 낡은 것이며, 인간 행동의 복잡함을 인식해야 한다고 주장했다. 인간 존재를 로봇으로 생각한다고 그를 줄곧 비판했던 사람들에게 그는 "죽은 말을 그만 때리세요(stop beating a dead horse)"라고 답한다.

아래 예는 스키너가 무엇이 과학적으로 부적절하거나 수용 가능하다고 여겼을지를 분명하게 드러낸다. 식당 테이블에 앉아서 다채롭게 구성된 음식을 먹고 있는 사람이 있다고 생각해 보자. 그는 왜 먹었을까? 전형적인 대답은 그가 배가 고프기 때문에 식사를 한다는 것이다. 스키너는 이러한 설명을 유심론적이라는 점에서 거부할 것이다. 배고픔이라는 용어는 가령, '이전 식사 이후 경과된 시간'처럼, 환경 속에서의 선행효과와 연결지어 설명되어야 한다. 배고픔 때문에 사람들이 먹는 것이 아니라, 그보다는 오히려 음식 박탈이나 다채로운 음식이라는 조건이 특정 시간에 그 음식을 먹을 확률에 기여하는 것이다.

행동 분석은 행동을 야기하는 현재나 과거의 환경 속 사건들을 중점적으로 연구한다. 이러한 정보는 유전적 소질에 대한 자료와 더불어, 주어진 행동에 대한 설명을 우리가 예측할 수 있게 도와준다. 예를 들어 저녁을 먹는 사람이 스파게티에 알레르기 증상이 있다면, 그것을 먹지 않거나 다른 것을 먹을 것이다. 이처럼 환경과의 상호작용에 기반한 내적 사건과 역사 및 자신의 고유한 유전적 유산이 행동의 예측에 도움을 준다. 스키너는 행동심리학에서 내적 사건의 타당성을 인정했지만, 자신의 분석에서는 그 중요성을 크게 강조하지 않았다. 그는 생리학적 사건에도 같은 타당성을 부여했지만, 실질적으로는 실험 분석과 같은 정도의 관심을 두지는 않았다. 게다가 신뢰성 있는 측정의 어려움 때문에 과학자들이 생리학적 사건을 체계적으로 조작하여 행동에 관한 영향을 관찰할 수 없는 경우가 많았다. 스키너는 행동과 외부환경 변인이 인과적으로 연관되는 방식에 초점을 맞출 때에만 중요한 학문적 진전이 있을 것이라고 믿었다. 쉽게 말해, 연구에 필요한 것은 행동의 **기능적 분석**functional analysis이라는 것이다.

자유의지 vs 결정론

스키너에 따르면 사건들 속에서 법칙을 찾고자 하는 그의 연구가 많은 사람들에게 불쾌감을 자아냈는데, 왜냐하면 법칙들이 명세화되면 과학자가 우리의 행동을 예측하고 결정하기 시작한다는 생각 때문이었다(Skinner, 1953, p. 6). 즉 그들이 우리의 행동에 통제를 가하기 시작한다는 것이다. 이런 생각은 우리 스스로를 자유로운 주체라고 이해해 온 오랜 전통과 정면으로 충돌한다. 우리는 행동이 구체적인 선행 조건의 결과일 뿐이라는 사실을 믿고 싶어 하지 않는다. 대신 자유롭고 자발적인 내적 변화가 가능한 존재라고 믿고 싶어 한다(Skinner, 1953, p. 7). 민주주의를 지향하는 사회의 한 구성원으로서, 누군가가 우리의 행동을 통제하길 원한다고 말할 때 우리는 이에 저항한다. 스키너에 따르면, 우리 자신의 자율성에 대한 이러한 믿음은 많은 불행스런 함의를 담고 있다.

이러한 믿음을 수용하는 견지는 우리의 행동을 야기하는 환경의 강력한 역할을 보지 못함을 의미할 수도 있다. 대신 우리 스스로의 행동이 자기 혼자에게 책임이 있으며, 그래서 우리는 잘한 행동은 보상받고 나쁜 행동에는 처벌받아야 한다고 생각한다. 예를 들어 가난에 빠진 사람들을 보고 그 상황이 온전히 그들의 책임이라고 확신하는 많은 사람들이 있다. "그들을 측은히 바라볼 필요가 없어!"라고 생각하는데, 왜냐하면 그들도 어떤 자기주도성을 갖고 우리처럼 일을 해야 한다는 것이다. 비행청소년의 경우에서도, "음, 얘들 스스로가 자초한 거니까. 스스로 이겨내도록 해야 돼!"라고 생각한다. 하지만 이런 판단을 내림에 있어서, 우리는 환경적인 압력의 역할을 인지하지 못하는 맹시를 드러낸다. 이처럼 인간의 내부에 대한 초점은 행동에 미치는 외부요인들을 명확히 인식하는 데에 방해가 된다(Skinner, 1971, pp. 19–20). 흥미롭게도 스키너를 비난하는 몇몇 사람들은 결정론적인 그의 입장을 두고 그를 파시스트 반동분자 혹은 마키아벨리주의자라고 부르지만, 그의 이러한 점에서 자유주의자임이 드러난다.

자율성에 의문을 제기하는 행동과학은 개인적 가치감과 존엄성에 대한 믿음을 위협한다. 과학적 분석은 환경 속에서의 우리 행동에 대한 칭찬과 비난의 관점을 바꾼다. 우리는 비난받을 행동을 면제해 주는 분석에는 반대하지 않으면서, 우리가 존경받고 사랑받을 기회를 박탈하는 분석에는 반대한다(Skinner, 1971, p. 75). 스키너는 어떤 사람의 행위에 대한 칭찬의 양은 행동의 원인이 드러나는 정도에 반비례한다는 사실을 관찰했다. 그는 "우리는 설명 불가능한 것 앞에서 경외심을 갖는다. 따라서 우리가 이해가 덜 되는 행동에 대해 더 많이 칭찬하게 되는 것은 이상한 일이 아니다"라고 말한다. 예를 들어, 우리는 어린 피겨스케이팅 선수가 지금의 기술을 보이기 위해 매일 6시간을 11

년 동안 연습해 왔다는 사실을 모를 때, 우리는 그 연기에 더 깊은 감명을 받을 수 있다. 우리는 어느 걸출한 신인 소설가가 19살 때부터 글을 쓰기 시작했고 출판사로부터 45번 거절당한 끝에 겨우 마흔 살이 되어서 그의 원고가 채택되었다는 사실을 모른다면, 그의 글에 아마 더 감동받을지도 모른다.

우리가 자율적 존재라는 사실을 부정하는 것이 우리에게 위협이 되는 또 다른 이유는 이것이 우리가 원하는 대로 자유롭게 할 수 없다는 사실을 의미하기 때문이다(Carpenter, 1974, p. 87). 하지만 스키너는 우리가 원하는 것들은 외부 사건에 의해 조건화된다고 주장한다. 예를 들어 당신이 컴퓨터를 살 때 이는 단순히 자유롭게 컴퓨터를 원하기 때문이 아니라 원래의 것이 고장이 났거나, 새로 출시된 제품의 광고를 보았다거나, 친구와 동료가 업그레이드를 하라고 압박했기 때문인 것이다. 이중 무슨 이유였건 간에, 당신의 행동은 과거나 현재의 환경적 사건으로부터 결정되는 것이다.

우리는 그 동안 모든 외적인 통제는 나쁜 것이라고 배워왔다(Carpenter, 1974, p. 89). 하지만 우리의 행동이 통제되는 수많은 경우들은 지극히 자연스럽게 용인되고 있다. 부모들은 어린아이들이 12피트 높이에서 다이빙을 하지 못하도록 한다. 사회는 복잡한 규칙과 규제로 운전자의 행동을 통제한다. 정부는 자동차 안전진단을 요구한다. 의무적 백신 접종은 질병으로부터 우리를 보호한다. 의사들은 사람들을 수술할 때 통제를 시행한다. 이처럼 나열하자면 끝도 없다. 계속해서 몇몇 비판자들은 특정 정당에 이용당할 수 있기 때문에 어떠한 통제와 억압의 방식은 나쁘다고 말한다. 스키너도 이러한 종류의 통제에는 반대한다고 전적으로 동의했다.

그렇다면 스키너의 입장에는 어떤 비판이 제기되는가? 여기에는 두 가지 핵심 주장이 있다. (1) 스키너가 사람들 스스로의 알아차림 없이 그들을 조종하려고 했다는 것과 (2) 스키너가 스스로를 선한 것과 악한 것에 대한 결정권자로 설정했다는 것(Carpenter, 1974, p. 90)이 있다. 여기에 대해 스키너는 알아차리든 못하든 우리의 모든 행동은 결정되어 있다고 답한다. 또한 선함과 악함에 대해서는 우리에게 이미 일반적 합의가 이루어져 있다는 것이 그의 입장이다. 실질적으로 모든 사람들은 질병과 가난, 전쟁, 무차별적 환경파괴 등에 반대한다. 우리 중 거의 대부분은 무례한 것보다 예의바른 것을, 탐욕보다는 너그러움을, 이기주의보다는 사랑이 더 좋다고 생각한다. 왜 분명한 사실을 놓고 굳이 싸우는가?

철저한 결정론에 대한 스키너의 설득력 있는 주장에도 불구하고, 또한 이에 뒷받침하는 상당한 근거가 있지만, 그의 입장에서 결정론적 관점은 여전히 하나의 추정으로 남는다. 이에 대한 대부분의 근거는 조건통제가 가능하고 체계적인 행동변화의 관찰이 가능한 하등동물에 대한 연구를 기반으로 한다. 그런데 인간에 있어서는 문제가 훨씬 더 복잡하다. 과학자는 선행 환경에 대한 통제를 가할 수 없으므로, 하등동물의 실험과는 달리 현재 환경에서의 사건을 기능적으로 조작하여 변화를 관찰할 수밖에 없다. 다시 말해 결정론이 과학적으로 증명되었다고 결론내려 주장하기에는 인간 시스템 속에 너무도 많은 "방해자극(noise)"이 들어 있다. 그럼에도 불구하고 그의 주장은 인간행동 이해를 증진시키는 자료 축적에 지속적인 도움이 되는 합리적인 작업가설인 듯하다.

급진적 행동주의자 관점에서 본 성격

지금까지 우리는 스키너의 주요한 몇몇 주장과 도발적인 철학적 함의들에 대해 살펴보았다. 이제 우리에게는 중요한 질문이 던져진다. 그렇다면 성격 연구는 어떤가? 스키너의 원인-결과 행동분석의 엄격한 강조 속에서 그 길을 잃었는가? 스키너는 성격 연구가 과학적 기준에 충족될 때에만 타당하다고 생각했다. 예를 들어 그는 인격이나 자아가 행동을 유도하고 방향짓는다는 생각을 수용하지 않았다. 그는 이를 몸 안에 살아있는 하나의 힘으로써 영혼의 존재를 상정하는 물활론(animism)의 흔적이라고 여겼다(Skinner, 1974, p. 167). 그는 앞서 언급한 대로 막다른 길과 다를 바 없는 유심론적 설명에도 만족하지 않았다.

스키너는 성격 연구에 개인의 특유한 학습 역사와 고유한(idiosyncratic) 유전적 배경에 대한 체계적 검사가 포함된다고 생각했다.

> 행동분석에 있어서, 한 사람은 행동의 레퍼토리 목록을 획득한 유기체이다. [그]는 자발적 행위자(originating agent)가 아니라, 많은 유전과 환경 조건들이 접합효과를 내며 만나는 한 지점이다. 이렇게 그는 의심할 나위 없이 고유한 존재가 된다. (그가 일란성 쌍둥이가 아닌 이상) 다른 누구도 그의 유전 소질을 가지고 있지 않았으며, 그의 개인 경험사를 동일하게 지니고 있지도 않다. 따라서 어떤 누구도 그와 정확하게 똑같이 행동하지 않을 것이다. (Skinner, 1974, pp. 167–168)

그렇다면 성격의 연구는 유기체의 행동과 강화/처벌과 같은 행동 결과 간의 특유한 일련의 관계들을 밝혀내는 것과 관련이 있다. 물론 이러한 분석은 환경 사건에 반응하는 유기체의 유전적 역량과 상충되지 않아야 한다.

조작적 조건형성

모든 행동은 상황 속에서 발생하여 그 결과를 낳는다. 스키너의 관점에서 보면 우리는 결과를 생성하기 위해 환경 속에서 작동한다(Skinner, 1953, p. 65). 조작적 행동에는 사람들에게 말하기, 읽기, 걷기, 쓰기, 키스하기, 옷입기, 노래 부르기, 선생님 비판하기 등 그 외에 셀 수 없이 많은 다양한 활동들이 있다. 만약 수분이 부족한 상태에서 물을 마시면 우리는 강화 받는다. 추운 겨울 아침에 온도 조절 장치를 화씨 55°에서 70°로 높이면 우리는 강화 받는다. 같은 날씨의 아침에 온도를 화씨 70°에서 50°로 내려놓으면 그 결과는 처벌이 된다. 이처럼 행동과 그 결과의 연합을 만드는 것을 **조작적 조건형성** operant conditioning이라고 말한다. 이러한 조작적 조건형성을 통해서 행동의 발생 빈도가 더 많아지거나 적어진다.

3단계 수반성

수반성contingency은 어떤 사건(B)은 또 다른 사건(A)이 일어날 때에만 발생한다는 하나의 규칙이다(Mazur, 1986, p. 131). 예를 들어 이른 오후 집에서 놀이시간을 보내고 있는 6살 매튜는 자신의 장난감 트럭을 5살 동생 레오에게 빌려준 뒤(사건 A), 협동적 행동을 잘했다고 엄마로부터 뽀뽀를 받는다(사건 B). 하지만 저녁 식사 후, 매튜와 레오가 TV를 보다가 재미없어서 레오 마음대로 채널을 돌려버린다. 매튜는 아주 화가 나서 동생을 때린다(사건 A). 엄마는 벌로 매튜를 일찍 침실로 보냈다(사건 B). 스키너는 매튜가 놀이상황에서 엄마로부터 받은 뽀뽀가 그의 협동적 행동에 수반된다는 것을 학습했다고 말할 것이다. 또한 스키너의 관점에서 TV를 보던 그가 일찍 침실로 보내진 것은 그의 공격적 행동에 수반한다고 볼 수 있다.

이처럼 조작적 조건형성 수반성에는 세 가지 중요한 요소가 있다. (1) 반응이나 행동이 발생하는 환경 혹은 상황적 사건(즉, 행동에 선행하는 사건), (2) 행동 그 자체, 그리고 (3) 행동에 뒤따르는 환경적 자극(결과)이 있다(Skinner, 1953, p. 108–109).

변별

행동에 선행하는 자극은 매우 중요한데, 왜냐하면 행동이 시행되었을 때 어떤 강화가 주어질지에 대한 적절한 단서를 제공하기 때문이다. 이런 과정을 통해 사람들은 **변별** discrimination을 학습하게 된다. 그들은 특정 자극(혹은 어떤 상황)이 있을 때 자신의 행동이 강화 받기 쉬운 반면, 다른 자극(혹은 다른 상황)이 있을 때 그 행동이 강화 받지 못할 것이라는 것을 배운다. 또는 그들의 행동이 어떤 상황에서는 처벌받는 반면, 같은 행동이 다른 상황에서는 처벌받지 않는다는 변별을 배운다. 예를 들어 신호등은 변별적 자극으로 작용한다. 우리는 빨간불에서는 차가 멈추어야 하고, 반대로 파란불에서는 차가 가도 된다는 단서임을 배운다. 이러한 간단한 변별에 실패하면 경찰에 체포되거나 심각한 상해와 죽음에 이를 수도 있다. 우리는 이러한 변별을 직접적인 경험을 통해서만 배울 수 있는 것은 아니다. 우리는 구두나 문헌을 통해서, 혹은 실제 상황에서 다른 운전자 행동의 관찰을 통해서, 또는 영상을 통해서 적절한 행동을 학습할 수 있다. 보통 운전자 교육과정은 면허취득 지원자들에게 파란불과 빨간불의 적절한 구분에 실패하는 것처럼 여러 교통법규를 지키지 않았을 때 발생하는 비극적 결과를 영상으로 만들어서 보여 준다.

우리의 반응이 선행 자극이나 상황에 의해 차별적으로 통제된다면, 이것은 **자극 통제** stimulus control 하에 있다고 말할 수 있다. 우리 행동의 대부분은 자극의 통제 하에 있다. 사회적 상호작용의 예를 들면, 우리는 웃고 있는 사람에게 접근하는 것은 강화 받을 가능성이 높은 반면, 찡그리고 있는 사람들에게 접근하는 것은 처벌이 되기 쉽다는 사실을 알 수 있다. 우리가 먹는 음식의 종류에 대해서도 조심하는 법을 배운다. 음식의 냄새와 색은 우리의 행동에 영향을 미치는데, 상한 냄새가 나는 고기나 썩어가는 토마토, 곰팡이 핀 빵을 피해야 한다는 것을 바로 배울 수 있다. 대신 신선한 빵과, 단단한 토마토, 빨간 고기를 구입한다. 환경을 의식하는 사회에서, 우리는 물리적 환경의 다양한 단서들에 적절히 반응하는 방법을 배운다. 예를 들어, 수업이 끝난 뒤 우리는 "불을 끄고 에너지를 절약합시다"라는 문구를 보고서 불을 끈다. 우리는 적힌 문구가 지시하는 대로 쓰레기를 쓰레기통에 버린다. 또한 우리는 "무단침입금지" 혹은 "개조심"과 같은 무서운 표지판을 보고 다른 사람의 사유지를 피해 간다.

지시, 방침, 예시, 모델, 이 모든 것들은 반응의 발달을 촉진시키기 위해 사용된다. 반응을 개시하도록 도와주는 선행 사건인 자극을 **촉발자**prompts라고 부른다. 만약 부모가 아이에게 집에 바로 들어오라고 말하고 말을 잘 들으면 뽀뽀를 해준다고 할 때, 촉진(지시)은 **변별 자극**discriminative stimulus이 된다. 이것은 아이에게 행동이 수행되었을 때에 강화가 뒤따를 수 있다는 신호이다. 일반적으로 촉진이 지속적으로 행동 강화에 선행한다면, 변별 자극은 효과적으로 행동을 통제할 수 있게 된다.

촉발자의 처벌적 결과와 충분히 연합된다면 혐오적으로 되기도 한다. 만약 부모가 아들에게 계속해서 방을 청소하라고 하거나 특권을 빼어버리면, 이러한 촉진을 혐오스러운 것으로 만드는 데에 오랜 시간이 걸리지 않는다. 아이는 혐오적인 촉진을 없애기 위해 방을 청소하거나, 집을 나가거나 혹은 부모와 다투려 할 수 있다(Kazdin, 1989, pp.

42–43).

촉발자의 효과에 대한 좋은 연구 사례는 크레이톤(Clayton)과 헴스(Helms)의 최근 연구에서 찾을 수 있다(2009, pp. 161–164). 기저조건(통제 조건)에서는 한 학생한테 "좋은 하루 되세요"라는 커다란 표지판을 들고 있도록 하고, 다른 학생(관찰자)은 그 문구를 보고 주차장에서 출발하기 전에 안전벨트를 맨 학생 운전자들의 수를 기록했다. 72%의 학생들이 이 통제조건에서 안전벨트를 착용하는 모습이 관찰되었다. 다른 두 개의 분리된 조건에서는, "꼭 안전벨트를 매세요"라는 표지판을 들고 있게 하거나, "벨트를 매거나 벌금을 내거나"(후자 조건에서 실제로 인근에 경찰이 있는 것은 아니었다)라는 표지판을 들고 있도록 했다. 각각 조건에서 관찰자 학생이 문구를 보고서 벨트를 맨 운전자의 수를 기록했다. "꼭 안전벨트를 매세요" 조건에서는 86%의 학생들이 벨트를 매었고, "벨트를 매거나 벌금을 내거나" 조건에서는 92%가 벨트를 착용했다. 기준 조건과 비교했을 때, 두 실험 조건 각각에서 유의미하게 더 많은 수의 학생들이 안전벨트를 착용했다. 국립 고속도로 안전협회의 다른 자료에 따르면 운전자의 치명적인 부상율을 감소시키므로, 이 연구에서 사용된 촉발자의 방법은 생명보호와 상해예방으로 적용할 수 있다.

일반화

특정 조건에서 반복적으로 강화된 반응은 그 상황에서 반복되기 쉽다. 하지만 상황 속에는 같은 속성을 공유하는 복합적인 일련의 자극들이 포함되어 있다. 어떤 자극에 의해 가해진 통제는 그것과 유사한 다른 자극과도 공유된다(Skinner, 1953, p. 132). **자극 일반화**stimulus generalization는 한 상황에서 강화 받았던 행동이 다른 상황에서 강화 받지 않았음에도 마찬가지로 행동이 증가할 때에 발생한다(Kazdin, 1989, p. 46).

일반화는 변별의 정반대이다. 만약 사람들이 두 상황을 변별한다면, 이는 그 반응이 한 상황에서 다른 상황으로의 일반화에 실패했다는 것을 의미한다. 만약 반응이 두 상황에 걸쳐 일반화된다면, 그것은 두 상황을 변별하는 데에 실패했음을 의미하는 것이고 두 상황 모두에 걸쳐 같은 반응을 보인다. 이러한 두 현상은 인간의 심리적 건강과 행복에 아주 중요한 함의를 갖고 있다. 예를 들어, 어떤 사람이 믿을 수 있는 사람과 믿어서는 안 되는 사람을 변별하지 못한다면, 그의 일반화된 불신은 다른 사람들에게 강한 의심을 품거나 심지어는 피해망상에까지 이를 수 있다. 놀이터에서 욕설을 한 것이 또래 친구들의 미소와 웃음으로 보상받은 십대 청소년은, 애인의 부모님이나 친척과의 저녁 식사 자리에서 같은 행동을 반복하여 처벌적 결과를 경험하게 된다. 스키너는 이 사람이 적절한 변별을 학습하지 못했다고 말할 것이다. 자극 일반화는 대학 수업에서 배운 정보가 졸업 후 직장으로 이월될 때 이로운 방식으로 작용할 수 있다.

강화와 처벌의 용어

행동은 선행 자극에 의해 통제받을 뿐만 아니라, 그것의 결과에 의해서도 통제받는다. 스키너는 행동에 뒤따르는 기분 좋거나/불쾌한 자극의 제시/제거와 관련지어 이러한 결과를 설명한다. 그는 자극의 제시에 "정적(positive)"이라는 용어를, 그리고 자극의 제거에 "부적(negative)"이라는 용어를 붙였다. "정적(positive)"이라고 해서 선입견 그대로 "좋은 것(good)"이라고 생각해선 안 되고, 마찬가지로 "부적(negative)"이라고 해서 "나쁜 것(bad)"이라고 생각해선 안 된다. 그 대신 "정적(positive)"은 "제시(presentation)"를, "부적(negative)"은 "제거(removal)"를 떠올리면 된다.

강화

정적 강화positive reinforcement의 원리는 쾌락을 주거나 **정적 강화물**positive reinforcer이 되는 자극 제시가 행동에 뒤따를 때, 그 행동의 빈도가 증가하는 것을 말한다. 정적 강화물에는 두 가지 유형이 있다. **일차적 강화물**primary reinforcer 또는 본능적 강화물에는 음식이나 물, 섹스와 같이 자동적이고 자연적으로 강화되는 것이다. **이차적 강화물** secondary reinforcer 또는 조건화된 강화물은 일차적 강화물이나 다른 조건화된 강화물과의 연합을 통해서 강화의 속성을 획득한다. 이차적 강화물에는 칭찬과 관심, 돈, 좋은 성적 등이 있다. 아이에게 방을 청소한 것으로 사탕을 주는 것은 방청소 행동을 더욱 강하게 만든다. 아주 창의적인 과제물을 제출한 학생에게 A 학점을 주는 것 역시 그 행동을 더 장려한다.

부적 강화negative reinforcement는 수반되는 혐오스럽거나 불쾌한 자극을 제거함으로써 반응의 빈도를 증가시키는 것이다. 반응에 뒤따르는 혐오적인 자극(부적 강화물)의 제거는 미래의 유사 상황에서 그 행동이 일어날 가능성을 높인다. 복통(부적 자극)을 제거하는 약을 복용하는 것은 부적 강화의 좋은 예이다. 약을 먹는 행동은 혐오 자극의 제거가 뒤따를 때 더욱 강해진다. 또 다른 예로 아이는 부모의 꾸지람을 피할 수 있기 때문에 자신의 바람직하지 못한 행동에 사과하는 것을 배우게 된다. 아이의 사과하는 행동은 부모의 비난이 없어지면서 더욱 강화 받게 된다.

요약하면, **강화**reinforcement의 원리는 정적 강화물(쾌락 자극)의 제시나 부적 강화물(불쾌 자극)의 제거가 뒤따르는 행동의 빈도를 증가시키는 것을 의미한다.

처벌

처벌punishment의 원리는 어떤 결과에 즉각적으로 뒤따르는 반응의 빈도가 감소하는 것을 말한다. 혐오적 사건 또는 처벌물은 발생 가능성을 낮추는 행동에 적용된다. 행동에 뒤따르는 혐오 자극의 제시를 **정적 처벌**positive punishment이라고 한다. **일차적 처벌물**primary punisher 또는 본능적 처벌물은 선천적으로 혐오스럽거나 불쾌한 자극이다. 엉덩이를 맞는 것, 돌에 맞는 것, 넘어지는 것, 다리가 부러지는 것 등이 그 예다. **이차적 처벌물**secondary punisher, 또는 조건화된 처벌물은 일차적 처벌물이나 다른 조건화된 처벌물과 연합되어 혐오적 속성을 획득한 것이다. 조건화된 처벌물에는 낮은 성적, 비난, 비웃음, 비꼬기 등이 있다. 과속하는 사람에게 벌금을 매기는 것은 그 행동을 단념시키기 위해서이며, "떠들지 말라"는 선생님의 꾸지람은 학생들의 수다를 줄이기 위함이다. 혼내는 말은 신체적 고통(예를 들어, 잘못된 행동에 대해 "안돼"라고 말하면서 아이를 찰싹 때릴 때)이나 특권의 상실(예를 들어, 운전하기를 좋아하는 청소년에게서 자동차 열쇠를 뺏는 것)과 연합될 때 처벌적 가치를 획득한다.

행동에 뒤따르는 좋거나 쾌락적인 자극(정적 강화물)의 제거 또한 행동 빈도를 감소시키는데, 이를 **부적 처벌**negative punishment이라고 한다. 거짓말 한 아이의 장난감을 뺏는 것은 부적 처벌의 한 형태로 **반응대가**response cost라고 한다. 반응대가에는 예를 들어 교통 위반에 대한 범칙금이나 늦어진 납세나 추가등록에 대한 연체금 등이 있다(Kazdin, 1989, p. 153).

부적 처벌의 다른 형태로 **강화로부터 타임아웃**time-out from reinforcement이 있는데, 여기서는 어느 기간 동안 즐거운 자극(정적 강화물)을 제거하는 것이다. 만약 아이가 방에서 음악을 듣거나 친구에게 문자메시지를 보내는 등의 강화 받는 활동의 기회가 없다면, 나쁜 짓을 한 아이에게 TV를 그만보고 침실로 가라고 하는 것은 타임아웃 처벌의 좋은 예가 된다. **표 15.1**에는 반응에 수반되는 결과와 긍정적/부정적 자극의 제시/제거의 다양한 조합으로 이러한 조작적 원리가 요약되어 있다.

표 15.1 조작적 조건화 원리의 요약

	정적 자극	부적(혐오적) 자극
제시(반응에 수반)	정적 강화	정적 처벌
제거(반응에 수반)	부적 처벌	부적 강화

처벌에 대한 스키너의 관점

스키너는 현대인의 삶에서 처벌이 가장 흔한 통제의 기법임을 관찰했다.

> 어떤 남자가 당신이 원하는 대로 행동하지 않으면 그를 때려눕힌다. 아이가 비행을 저지르면 아이를 찰싹 때리고, 어떤 나라가 나쁜 일을 하면 폭탄을 던진다. 법적인 경찰 시스템은 벌금과 구금, 노역 같은 처벌에 기반을 둔다. 종교적 통제는 고행과 파문, 지옥행에 대한 위협으로 이루어져 있다.
>
> 교육은 나무 회초리를 완전히 버리지 못하고 있다. 모든 개인적 접촉에서 우리는 검열과 모욕, 불승인 또는 추방으로 통제를 행사한다. 이 모든 것들은 특정 방식으로 행동하는 경향을 줄이기 위함이다. (Skinner, 1953, p. 182)

왜 처벌이 이렇게 만연해 있을까? 처벌은 적용하기가 쉬우며, 처벌자에게 즉각적으로 관찰 가능하고 만족스러운 효과를 보인다. 게다가 이러한 기술은 쉽게 배울 수 있는 반면, 처벌의 대안인 긍정적 강화기술은 배우기가 어렵다. 또한 처벌에는 표면적으로나마 역사적인 근거가 있다(Skinner, 1971, p. 80). 이러한 이유들에 의해서 많은 사람들이 처벌방식에 의존하게 된다.

처벌은 효과가 있는가? 단기적으로는 분명히 바람직하지 않은 행동을 멈추게 하여 그 효과가 나타나는 것처럼 보인다. 하지만 스키너는 이 효과가 일시적인 점이 있다고 주장했는데, 왜냐하면 행동 강도의 감소가 영속적이지는 않기 때문이다(Skinner, 1953, p. 183). 그는 같은 성별과 나이, 유전 계통의 쥐가 스키너 상자에서 음식을 얻는 레버를 누르도록 훈련시킨 자신의 연구를 이러한 주장의 근거로 인용했다(Skinner, 1938, pp. 151–160). 레버를 누르는 반응을 형성시킨 후, 그는 행동을 소거시키기 위해 강화물을 주지 않았다. 스키너는 통제집단으로 몇몇 쥐는 완전히 반응을 멈출 때까지 계속해서 레버를 누르도록 두었다. 실험집단에서는 쥐가 레버를 누를 때마다 발을 때리는 기계장치를 작동시켜 처벌을 가했다. 이 처벌은 처음 10분의 소거 기간 동안 지속되다가 종료되었다. 스키너는 쥐들이 처벌 받을 때 초기에 반응률이 감소함을 발견했다. 하지만 처벌이 종료되자 실험집단은 다시 반응을 보이기 시작했고, 결국 이 집단도 통제집단 만큼의 많은 반응을 했다. 스키너는 처벌이 일시적으로 행동을 억누르긴 하지만, 수반되는 처벌이 철회되면 그 행동이 다시 나타날 가능성이 크다고 결론내렸다.

스키너에 따르면 처벌은 두 가지 바람직하지 못한 효과를 낳는다. 이는 적절한 반응과 양립하지 못하는 감정적 반응을 일으킬 수 있다(Skinner, 1953, pp. 186–187). 예를 들어, 청소년 시절 포르노 사진을 보며 자위를 하다가 심한 처벌을 받은 남자는 훗날 부인과 성관계를 가지는 것 같은 적절한 상황에서 강한 죄책감을 경험할 수도 있다. 또는 글을 잘 읽지 못한다고 해서 부모한테 맞았던 아이는 나중에 읽기 연습을 도와주려는 선생님에게 강한 분노를 보이며 읽기를 거부하고 계속 난독증을 가지고 살아갈 수도 있다.

처벌은 또한 사람들 사이에서 심각한 갈등을 초래하기도 한다(Skinner, 1953, p. 190). 스키너주의적인 차원에서 봤을 때 이러한 갈등은 내적 갈등이라기보다는, 긍정적 강화를 받는 반응과 처벌을 받는 반응 사이의 양립 불가능에 가깝다. 많은 여학생들로부터 거절당했지만 계속해서 다른 여학생들과의 관계를 만들려는 남학생의 경우가 적절한 예이다. 전통적인 성격 차원에서 보면 이 사람은 서투르고 우유부단하며 소심한 사람이라 불릴지 모른다.

이러한 세 가지 이유를 들어서, 스키너는 행동을 통제하기 위해 처벌을 사용하는 대신 긍정적 강화물을 사용 하는 데에 초점을 맞추어야 한다고 생각했다. (교육에서의 긍정적 강화물 활용은 이 장의 뒷부분에서 다룰 것이다.) 처벌에 관한 스키너의 관점은 윤리적 근거로서 많은 사람들에게 설득력 있게 다가간다. 더 나아가 아이의 훈육을 위한 부모의 신체적 처벌은 해악적인 결과를 낳는다는 연구 증거도 상당히 많다. 신체에 가하는 처벌(예: 손바닥으로 찰싹 때리기, 움켜쥐어 흔들기, 매질하기)은 추후 아이의 공격행동과 비행 가능성 증가와 관련이 있다. 또한 흥미롭게도 부모에게 체벌을 받고 그들이 사랑해 주고 지지해 준다고 여기는 아이들도 나중에 학교에서 반사회적 행동을 보이기도 한다(Gamez-Guadix, Straus, Carrobles, Munoz-Rivas, & Almendros, 2010, pp. 529-536).

처벌에 관한 스키너의 관점은 많은 사람들에게 윤리적 근거로서 납득이 되지만, 처벌에는 아무런 효과가 없으므로 절대 사용해서는 안 된다는 그의 단언은 많은 과학자들에게 수용되지 않았다. 다수의 학자들은 처벌이 적절히 적용되기만 한다면, 바람직하지 않은 행동을 효과적으로 막는 데에 사용될 수 있다는 것을 보여 주는 많은 연구들이 있다고 지적하고 있다(Kazdin, 1989; Matson & LoVullo, 2009; Walters & Grusec, 1977). (자해 행동을 멈추게 하고 건설적 행동을 돕기 위해서 체벌과 같은 혐오기법을 사용할 수 있다. 이에 대한 효과적인 사용은 이 장의 뒷부분에서 다룰 것이다.) 또한 바람직하지 않은 행동에 대해 긍정적 강화물을 제거하는 비신체적 처벌 기법도 효과가 있음을 살펴볼 것이다(예: Reynolds & Kelley, 1997, pp. 216-230).

조작적 소거

스키너의 쥐 실험에서 본 것처럼, 반응을 강화시키지 않으면 반응발생의 확률은 감소한다. 전통적 용어로,

> [한] 사람이 자신감이나 확실성의 상실 또는 무력감으로 고통을 겪는다고 한다. [그]는 자신이 낙담해 있고 우울하기 때문에 일하러 나갈 수 없다고 하는데, 사실 일을 나가지 않는 것과 [낙담과 우울]을 느끼는 이유가 직장에서건 그의 생활의 다른 부분에서건 강화가 부족해서 그렇다고 한다. (Skinner, 1974, p. 58)

우리는 강화를 철회함으로써 타인의 행동을 통제할 수 있다. 예를 들어 바람직하지 않다고 생각하는 행동을 제거하기 위해서, 우리는 그 행동을 무시해 버린다. 만약 룸메이트가 아주 불쾌하게 행동한다면 우리는 간단하게 룸메이트에게 관심을 기울이지 않으면 된다. 만약 아이가 짜증을 낸다면 부모는 신문을 읽거나 TV를 켜서 아이를 무시하면 된다. 이러한 행동이 그럴 듯해 보이지만, 불행히도 실생활에서는 이렇게 실행되지 못한다. 만약 바람직하지 않은 행동이 과거에 여러 번 강화되었다면 그 행동은 소거에 매우 저항적이다. 아이의 짜증부리는 행동을 무시해서 소거하려는 엄마는 결국 아이의 말을 들어 주고 편안하게 해주면서 아이가 원하는 것을 해주게 될 것이다. 이런 행동들은 아이의 행동을 정적으로 강화하고 더 지속되게 만들 것이다. 이런 상황에서 대안적인 전략은 아이가 투덜댐과 불평을 그만둘 때까지 잠깐이라도 아이를 방으로 보내는 것(타임아웃)이다. 그리고 아이에게 문제를 해결하는 건설적인 방법을 보여 주고 이를 사용하도록 강화시키는 것이다.

조성

반응이 나타났을 때 강화하는 것만으로는 새로운 행동을 발달시키는 것이 불가능할 때가 있다. 표적행동이 너무 복잡하면 행동 레퍼토리에 포함되어 있지 않을 것이다. 예를 들어, 아이들의 언어 사용은 복잡한 행동이어서 조성 절차를 통해 천천히 발달시킬 수 있다. **조성**shaping은 적절한 반응을 강화함으로써 새로운 행동을 가르치는 것을 의미한다. 최종목표와 점점 비슷해지는 행동을 강화하는 **계기적 접근**successive approximation은 목표에 도달할 때까지 계속 강화된다. 예를 들어, 부모가 아이들에게 마미(mommy)와 대디(daddy)를 말하도록 가르칠 때 부모들은 먼저 아이들이 입으로 마(ma)나 다(da)와 같은 소리를 낼 때 열심히 칭찬하면서 강화한다. 동시에, *bo*, *go*와 같이 끝단어가 유사하지 않은 소리는 무시한다. 부모들은 단어가 마미와 대디에 근접할 때까지 강화를 계

속하고, 나중에 아이들은 완벽한 단어를 말하고 행복해 하는 부모들로부터 강한 강화를 받게 된다(Kazdin, 1989, p. 38).

강화계획

우리는 모두는 일상생활에서 각자 다른 환경들과, 다른 강화계획 · 배열에 노출된다. 예를 들어, 어떤 부모들은 아이들의 행동을 연속적으로 강화하는 반면 다른 사람들은 단지 간헐적(intermittent) 강화물을 사용한다. 이런 계획의 차이는 우리의 반응에 큰 영향을 미친다. 예를 들어, 하등동물에 관한 수많은 연구들은 **연속 강화**continuous reinforcement 계획에 따라 학습된 행동(즉, 각 행동의 수행 뒤에 강화가 주어지는 계획)이 단지 간헐적으로 강화된 행동 반응보다 더 높은 반응빈도를 보인다는 사실을 밝혔다. 하지만 **간헐적 강화**intermittent reinforcement 또는 부분적 강화 계획으로 학습된 행동은 연속 강화계획으로 획득된 행동보다 소거가 쉽지 않다(Skinner, 1953, p. 99). 또한 연속 강화계획으로 훈련된 동물들은 간헐적 강화계획의 경우보다 소거를 받을 때 훨씬 큰 감정적 반응과 낮은 좌절 내성을 보인다.

이러한 사실이 인간의 기능에 있어서 갖는 의미는 꽤 분명하다. 아이들을 연속 강화계획으로 양육하는 부유한 부모들은 아이들이 끈기 있고, 노력하며, 야심차고, 경쟁력 있는 모습을 보이지 않더라도 놀랄 필요가 없다. 대개 이런 행동들은 부분적 · 간헐적 강화계획의 대상이 되는 아이들에게서 더 찾기 쉽다(Carpenter, 1974, pp. 27–28).

간헐적 강화는 많은 형태를 취할 수 있다. 고정비율계획과 고정간격계획은 가장 일반적인 강화형태의 두 가지 유형이다. **고정비율계획**fixed-ratio schedule에서, 행동에 대한 절대수는 강화가 적용되기 전에 정해져야 한다(Ferster & Perrott, 1968, p. 525). 예를 들어, 학생은 학점을 받기 위해 수업 프로젝트를 2개를 완성해야 한다. 또한 고정비율계획에 있는 근로자는 흔히 도급(都給, 일한 분량에 따라 지급)을 받는다고 말한다. **고정간격계획**fixed-interval schedule에서는 시간의 절대량이 경과된 후에 나타난 첫 번째 수행이 강화된다(Ferster & Perrott, 1968, p. 526). 일상생활에서 이런 계획조작의 예는 많다. 우리는 하루 중 특정 시간에 먹으며 규칙적인 시간에 자고 일어난다. 때때로 우리는 시간제로 일당을 지급받는다. 고정간격계획으로 규제된 행동의 흥미로운 특징은 반응률이 강화 직후에는 낮은 경향을 보이지만, 강화가 주어지는 시간에 가까워질수록 급격히 증가한다는 것이다.

자기통제 과정

스키너는 강화계획이 행동을 결정짓는 방법뿐만 아니라 **자기통제 과정**self-control process에도 관심을 가졌다. 스키너에게 자기통제 연구는 "어떻게 한 개인이 그의 행동의 부분들이 들어 있는 함수에서 변수들을 변화시키기 위해 행동하는가"에 대한 분석이었다(Skinner, 1953, p. 229). 인간은 자신의 행동을 결정하는 변수나 요인을 적극적으로 변화시킬 때 자기통제를 행사한다고 말한다. 예를 들어, 우리는 TV에서 시끄러운 음악이 나올 때 공부를 할 수 없다는 사실을 발견하고 일어나서 TV를 끈다. 우리의 행동에 영향을 미치는 변인(시끄러운 음악)의 성질을 적극적으로 변화시킨 것이다. 다른 예로는 저칼로리의 음식만 먹음으로써 자신의 행동을 통제하려는 비만자를 들 수 있다. 비만자는 또한 고칼로리의 음식이 제공되었을 때 무례하지 않게 거절할 수도 있다.

스키너는 우리의 행동을 통제하는 데에 사용할 수 있는 많은 기법들을 정리했다(Skinner, 1953, pp. 231–241). 이들은 추후에 모델링과 행동수정에 관심 있는 사회인지 이론가들에게서 많이 연구되었다(17장 참고).

신체적 속박(physical restraints) 때때로 우리는 신체적 속박을 사용하여 행동을 통제한다. 예를 들어, 우리는 타인의 실수 앞에서 웃는 것을 피하기 위해서 자신의 입 바로 앞에서 박수를 친다. 또 다른 사람들은 손톱을 물어뜯는 것을 막기 위해 손을 주머니에 넣기도 한다. 범죄를 저지르려는 유혹을 강하게 느끼거나 정신증적 행동을 하는 경우에는 이례적이지만 스스로 (감금을 위해) 보호기관에 입소할 수 있다.

신체적 속박의 또 다른 형태는 통제되어야 할 행동이 일어나는 상황에서 단순히 벗어나는 것이다. 자신에게 무례하게 행동하는 사람에게 통제력을 잃고 폭행하지 않으려고 그냥 돌아가 버린다. 부모들은 아이들 사이에서 바람직하지 않은 행동(예를 들면 싸움, 조롱, 비난, 비웃음)이 발생하는 것을 막기 위해 종종 아이들을 서로 떼어 놓는다. 부모들은 아마 한 아이는 집 밖에서 놀게 하고 다른 아이는 집 안에 머물면서 TV를 보거나 비디오 게임을 하라고 시킬 것이다.

신체적 보조물(physical aids) 신체적 보조물 또한 행동 통제에 이용된다. 어떤 트럭 운전자는 졸음운전을 피하기 위해서 각성제를 섭취한다. 밤새워 공부하고 이른 아침 시간에 시험을 치러야 하는 학생들은 공부하는 동안 각성상태를 유지하기 위해 많은 양의 커피를 마시기도 한다. 사람들이 시각에 문제가 있을 때 안경을 쓰거나 청각 손상시에 보청기를 사용하는 것처럼, **신체적 보조물**physical aids은 어떤 행동들을 용이하게 만든다.

자극 조건 변화시키기(changing the stimulus conditions) 우리가 행동을 통제하기 위해서 사용하는 또 다른 기법은 그 원인이 되는 자극을 변화시키는 것이다. 비만인들은 눈앞에서 사탕 바구니를 치움으로써 스스로 자제할 수 있고 알코올 중독자들은 쌓아 놓은 술을 치움으로써 음주 유혹을 피한다. 어떤 운동선수들은 공부하기 위해 책상에 앉아 있을 때 운동기구를 보이지 않게 한다. 다른 학생들은 화창한 봄날 야외로 놀러 나가는 유혹을 피하기 위해서 방에 커튼을 치기도 한다.

흡연가들은 때때로 담배를 부러뜨려서 흡연을 줄여보려고 한다. 다른 흡연가들은 조금 더 온건한 전략을 채택하기도 한다(Williams & Long, 1979, p. 117). 만약 흡연가들이 일반적으로 담배갑을 자신의 오른쪽 셔츠 주머니에 넣고 다닌다면, 그들은 담배갑을 왼쪽 셔츠 주머니나 코트로 옮겨서 찾기 힘들게 만들 수 있다. 때로는 고의적으로 성냥이나 라이터를 가지고 다니지 않아, 결과적으로 그들이 담배를 피우려고 할 때마다 누군가에게 불을 구해야 한다. 이런 전략의 목적은 물론 흡연가들의 습관을 방해해서 결과적으로 건강하지 않은 행동을 제한하는 것이다.

흡연의 빈도를 줄이는 또 다른 방법은 흡연과 관련된 자극의 범위를 줄이는 것이다. 흡연가들은 보통 그들 흡연의 선호 시간대와 상황이 있다. 예를 들면 공부할 때나 일할 때, 식사할 때, 파티할 때, TV 볼 때 등이다. 많은 연구들은 흡연자들이 이러한 연관을 깨뜨릴 수 있다면 흡연을 극적으로 줄일 수 있다는 사실을 보여 주고 있다(Williams & Long, 1979, p. 118).

이러한 각각의 예에서, 사람들은 원하지 않는 행동을 유도하는 변별 자극을 제거한다. 하지만 우리는 주어진 상황에서 어떠한 자극을 제거할 수 있을 뿐만 아니라, 특정 행동이 일어날 가능성을 더 높이기 위해 자극을 제시할 수도 있다. 예를 들어, 우리는 어려운 춤 동작을 배우기 위해서 거울을 사용하거나 발음을 향상시키기 위해서 목소리를 테이프에 녹음한 뒤 다시 들어 볼 수도 있다.

정서조건조작(manipulating emotional conditions) 우리는 때때로 통제의 목적을 위해 스스로 정서변화를 유도한다. 어떤 사람들은 스트레스를 완화하기 위해서 명상기법을 사용한다. 이와 비슷하게 스트레스가 많은 회의에서 더 잘 수행할 수 있도록 하기 위해 그 전에 좋은 기분을 만드는 작업을 해볼 수도 있다. 운동선수들이 중요한 게임 전에 마음이 흔들릴 때, 이 통제법을 쓴다.

대안적 반응수행(performing alternative responses) 우리는 종종 다른 일에 열정적으로 몰두함으로써 처벌적 효과로 이어지는 행동이 나타나지 못하게 한다. 비만인 사람은 집중적으로 조깅과 식이요법으로 초과 칼로리를 태우고 과식하는 것을 막는다. 최근 사별을 당한 사람들은 우울한 생각이 나지 않도록 하기 위해 매우 바쁘게 지내라는 친구들의 조언을 들을 것이다. 가톨릭 수녀들에게는 낙태에 대한 여성의 권리와 같이 금지된 주제에 대해 말하는 것을 피하기 위해서, 그녀들에게 어떻게 하면 카드놀이를 잘할 수 있는가와 같은 덜 위협적인 주제에 대해 이야기할 것이다.

긍정적 자기 강화(positive self-reinforcement) 우리는 또한 긍정적 자기 강화를 통해서도 행동을 통제할 수 있다. 우리는 칭찬받을 만한 행동에 대해 스스로 보상한다. 열심히 공부하고 시험에서 좋은 성적을 받은 학생은 재미있는 영화를 보러감으로써 스스로 보상한다. 운동선수는 100미터 달리기에서 예전 기록을 앞당기면 좋아하는 레스토랑에서 비싼 스테이크를 먹기로 스스로 약속한다.

자기처벌(Self-punishment) 스스로 정한 목표에 도달하는 것에 실패했을 때에는 스스로 자신을 처벌한다. 시험성적을 잘 받지 못한 학생은 결과에 대한 처벌로 값비싼 콘서트 표를 버린다. 대학 축구선수는 시합에서 적절할 역할을 수행하지 못하였을 때 다음날 자발적으로 추가적인 조깅을 하기도 한다.

성격발달

강화계획 접근법

시간이 지남에 따른 개인의 성격변화를 설명하기 위해서 스키너는 성숙 단계의 발현이 아니라 고유한 환경적 강화계획에 주목했다. 스키너는 프로이트(Freud)나 피아제(Piaget) 이론의 가치를 인정하기는 했지만, 대체적으로 그들의 이론을 반대했다. 왜냐하면 프로이트와 피아제는 행동과학의 중요한 절차라고 생각한 사건의 통제 · 조작을 사용하지 않았기 때문이다(Skinner, 1974, p. 12). 이들의 이론은 설명을 하기보다 기술하려는 경향이 있었지만, 스키너는 과학의 중요한 목적이 사건의 통제와 예측에 있다고 보았다(Skinner, 1953, p. 6).

예를 들면 피아제의 단계 이론에서, 1단계(출생~3살)의 아이들은 놀이에서 사회적 규칙을 적용하려는 시도가 없다는 것이 관찰되었다. 2단계(3~5살)에 있는 아이들은 어른의 규제된 행동을 모방하며 게임의 규칙을 절대 변할 수 없는 신성한 것으로 여긴다.

3단계(7살~청소년기)의 아이들은 규칙에 상호적으로 동의한 상태에서 놀이를 하지만 다른 사람들의 의견을 수렴해서 언제든지 변경될 수 있음을 이해한다(Flavell, 1963, pp. 291–292). 다양한 연령 수준에서 보이는 행동의 묘사를 통해 우리는 아이들의 행동종류를 예측할 수 있다. 그러나 여기에는 아이의 행동에 대한 적절한 설명이 없다. 다시 말해, 우리는 아이들이 왜 그렇게 행동하는지를 모른다. 한정된 유용성을 갖는 서술적 정보가 있는 것이지, 인과적 정보는 아닌 것이다. 아이들의 행동에 대한 이유를 밝혀내기 위해서는 아이들의 게임–놀이 행동에 영향을 미치는 사건을 조작하고 통제할 수 있어야 한다.

이런 이유로 스키너가 선호한 성격연구는 개인이 환경과의 상호작용 속에서 생존하고 번성하도록 하는 여러 행동 학습에 초점이 맞춰져 있다. 대충 말하자면, 사람들은 주어진 상황에서 만족이 수반되는 것과 고통을 감소시키는 것을 생애에 걸쳐 학습하게 된다. 아이들은 특정행동을 강화하는 행동과 강화로 이어지지 않는 자극·상황 간의 차이를 식별하는 방법을 배운다. 이렇게 학습된 행동들은 자극의 통제 아래에 놓이게 된다. 예를 들어, 어떤 학생은 시끄러운 기숙사에서 공부하기보다는 조용한 도서관에서 공부해야 시험에 합격할 수 있다는 사실을 배운다. 처음에는 간단한 기술을 학습하고, 뒤로 갈수록 점점 더 복잡한 행동을 습득하고 활용한다. 하지만 스키너는 사람을 강화단서에 단순히 자동적으로 반응하는 수동적인 유기체로 보지 않았다. 대신 만족을 위해 스스로 적극적으로 환경변수를 선별하고 변화시킴으로써 환경에서 자기통제를 하는 능동적 존재로 보았다.

정상성격과 이상성격의 발달

어떤 사람들은 정상이라 여겨지는 **행동목록repertoire**을 획득하는 환경 속에서 고유한 일련의 상호작용을 갖는다. 또 어떤 사람은 비정상적이라 부르는 행동목록을 획득하는 일련의 경험을 가진다. 스키너의 관점에서 보면, 소위 정상과 비정상이라고 불리는 사람 사이에는 질적인 차이가 없다. 이는 행동을 묘사할 때 붙이곤 하는 (정상/비정상)표식과는 상관없이, 모든 사람들의 행동을 설명할 때 같은 방식의 강화원리가 적용된다. 그에 따르면 우리는 행동의 내부 결정요인보다 환경 결정요인에 더 초점을 맞추어야 한다. 그는 프로이트가 도입했던 정신기관(mental apparatus)과 같은 언급을 모두 배제했다. 그의 관점에서는 프로이트의 이론화는 부정확하고 애매모호하며, 행동에 대한 사이비설명일 뿐이다.

그러나 스키너는 프로이트가 우리의 행동을 이해하는 데 많은 기여를 했고, 그의 많은 이론들이 유익하게 해석되어 과학적 질의를 잘 해결할 수 있도록 도움을 주었다고 생각했다. 예를 들어, 프로이트가 상정한 다양한 자아 방어기제는 처벌을 모면하거나 회피하기 위해 사용하는 수단인지에 대해서 알아볼 수 있다. 스키너의 관점에서 보면, 처벌은 처벌받은 행동과 연합된 자극까지 혐오적인 것으로 만든다. 따라서 그 자극을 줄이거나 없애는 어떤 행동도 긍정적 강화가 된다. 그러므로 처벌받은 행동은 혐오자극이 되고, 사람들은 그것에 관심을 두거나 '쳐다보지' 않음으로써 조건화된 혐오자극을 회피하는 억압(repression)이 형성된다(Skinner, 1974, p. 155). 여기서 우리는 충족되지 못하는 원초아(id)의 충동이 무의식 속에 숨어 있다는 내적 과정을 상정할 필요는 없다. 또 다른 예는 승화(sublimation)이다. 프로이트 학파의 용어로, 승화는 "특히 전 성기기의 충동(pregenital impulse)과 관련된 본능적 에너지(instinctual energy)가 사회적으로 용인되는 방식으로 방출되는 것"을 말한다(Skinner, 1974, p. 156). 그러나 스키너 학파의 관점에서 보자면, 행동의 두 가지 형태가 정적으로 강화되고 그 중 하나가 처벌된다면, 처벌받지 않은 다른 하나가 발생할 가능성이 높다. 마찬가지로 프로이트의 전환증(conversion)은 "내적 갈등이 상징적으로 동등한 신체 증상으로 변형되는 것"을 말한다(Skinner, 1974, p. 156). 이러한 정신적 사건은 신체적인 질병을 일으킬 힘을 가지고 있다. 예를 들어, 내부로 향한 강렬한 분노는 위궤양을 발생시키기도 한다. 스키너는 "분노라고 느끼는 조건은 의학적으로 궤양과 관련되고, 복잡한 사회적 상황은 둘 모두를 야기한다"고 주장했다(Skinner, 1974, pp. 156-157). 물론 복잡한 사회적 상황이 정확하고 적절히 정의되어야 하겠지만, 가설적으로 여기에는 악마 같은 상사, 잔소리꾼 배우자, 칭얼거리는 아이, 사랑하는 사람의 상실 같은 것들이 포함될 수 있다. 스키너의 핵심 요지는 대부분의 전통적 임상개념들이 과학적인 연구가 가능하도록 전환될 수 있다는 것이다.

평가 기법

스키너는 행동의 실험적 분석에 주로 관심을 가졌다. 그는 상황요인이나 강화계획과 같이 행동의 발생을 통제하는 환경적 변인을 밝히고자 했다. 행동의 기능적 분석은 여러 변수의 상호작용과 연관된 복잡한 문제이기 때문에, 스키너는 특정 행동에 영향력을 미치고 있는 것으로 생각되는 환경 사건에 초점을 두고 연구를 진행했다. 즉, 스키너는 사건들 사이의 인과관계를 밝히는 것을 추구했다. 이 목표를 달성하기 위해, 그는 먼저 간단하고 관찰이 가능해서 안정적으로 측정할 수 있는 행동과, 이러한 행동을 유발한다고 생각되는 환경 자극에 초점을 맞추었다. 상관없다고 생각되는 다른 변인들은 삭제하거나 상수로 유지했다.

스키너는 그의 이론적 접근이 인간 이외 종의 행동에 초점을 맞춤으로써 가장 잘 실행될 수 있을 것이라고 믿었다. 왜냐하면 그들의 환경은 비교적 통제하기가 쉽고 행동은 간단하고 쉽게 측정할 수 있기 때문이다. 연구를 목적으로 사용되는 환경은 소위 스키너 박스라고 불린다. 작은 방음공간에 보통 쥐와 같은 동물이 먹이강화물을 획득하기 위해서 누르는 레버나 막대가 있다. 비둘기에 대한 연구에는 반투명디스크가 사용된다. 비둘기가 올바른 디스크(실험자가 정답으로 지정한 특정 색깔의 디스크)를 부리로 쫄 때, 먹이가 먹이원판을 통해 전달된다. 이들의 행동은 회전통에 부착되어 종이를 따라 움직이는 펜에 의해 정확하고 자동적으로 반응빈도가 기록되는 누적기록장치로 계량된다.

스키너는 쥐와 비둘기 같은 하등동물을 사용하여 행동원리를 확립하는 것은 좋은 전략이며, 인간의 행동으로도 일반화할 수 있다고 주장했다. 각 원리들은 전부는 아니더라도 인간과 동물 둘 모두에게 많은 부분을 설명할 수 있다는 것이 그의 관점이었다.

치료에 관한 이론적 함의

정신병리와 행동수정

행동수정behavior modification은 실험실에서 도출된 학습 원리를 적용하여 바람직하지 못한 행동을 변화시키려는 시도이다(Krasner, 1970, p. 89). 이 원리는 조작적 조건형성뿐만 아니라 고전적 조건형성과 관찰학습 연구를 기반으로 하고 있다. 그러나 스키너의 연구가 주로 조작적 조건형성에 초점을 두고 있기 때문에 우리는 조작적 조건형성 원리가 원하는 특정 행동의 수행을 증가시키거나 또는 다양한 문제행동을 감소시키거나 제거하는지에 대해 검토해 볼 것이다. 특히 연구자들은 다양한 치료 절차를 이용하여 ADHD장애 아동들의 학교 수행을 향상시키고, 정신지체자의 사회 기술을 향상시키며, 이러한 개인의 언어능력을 적절하게 발달시키고, 비행청소년들의 공격적이고 문제가 되는 다양한 행동장애를 줄이며, 비만인들의 체중을 줄이고, 흡연자들의 흡연 양을 줄이며, 성인과 아동의 말더듬이 행동을 줄이는 등 일상생활에서 다양한 어려움을 겪는 많은 사람들의 바람직하지 못한 행동을 통제하는 것이 가능함을 증명했다.

강화 수반성

여러 바람직한 행동의 표현에 따른 강화물의 사용은 주의력결핍/과잉행동 장애(AD/HD) 아동의 다양한 수행을 향상시키려는 연구자들에 의해서 사용되었다. 이러한 문제를 가진 어린이들은 부주의하고, 과도하게 활동적이며, 충동적이다. 그들은 다양한 과제를 수행하려는 동기가 매우 낮고 자기주도성이 거의 없는 편이다. 강화가 동기와 잘 연관되어 있으면, 강화물은 아동의 수행동기를 향상시키고 행동을 평준화시켜 수행의 질을 향상시킨다. ADHD 아동과 정상 아동을 비교한 연구들은 강화물의 수준이 높을 때, 수행 후에 즉각적으로 강화물이 제공되었을 때, 간헐적 강화보다 연속적으로 강화가 주어질 때 수행수준이 가장 높다는 사실을 보여 주고 있다.

오히려 간헐적 강화는 그들에게 좌절감을 주거나 수행이 더 악화되는 경향을 보인다. 따라서 높은 수준의 강화물이나 즉각적인 강화, 지속적인 강화와 같은 종류의 강화 수반성이 사용될 때, 학교나 경기시합, 집에서의 다양한 행동들이 평균화되고 향상되었다(Luman, Osterlaan, & Sergeant, 2005, pp. 183–213).

다른 연구들은 정적 강화물이 어떻게 아이들의 바람직하지 못한 행동을 감소시킬 수 있는지를 보여 준다(Putnam, Handler, Ramirez-Platt, & Luiselli, 2003, pp. 583–590). 연구는 도시 공립초등학교에 다니는 학생들의 버스탑승 행동을 개선시키는 데 초점을 두었다. 야단법석을 떨거나 자리에서 이탈하고 소리를 지르는 것 같은 행동들은 운전자를 산만하게 만들어 위험을 유발하기 때문에 반드시 고칠 필요가 있었다. 이런 이유로 연구자는 버스에서 소란스런 행동이 매우 높게 나타나는 학교 관계자와 만나서, 버스 운전자, 학교관계자와 함께 안전하게 버스 타기 규칙목록을 제정하고 학생들에게 설명하는 계획을 고안했다. 이후 버스운전사는 수송 기간 동안 더욱 더 효과적으로 학생들의 행동을 감시할 수 있는 방법과 학생들이 규칙을 준수했을 때, "착한 사람 카드(caught being good)"를 제공하는 방법을 교육받았다. 카드에는 학생들의 이름과 학년, 확인된 긍정적 행동, 카드가 주어진 날짜, 버스 운전사의 이름이 포함되었다. 이렇게 작성된 카드는 매일 교사에 의해 수거되었고 주별 복권에 포함되었다. 복권 당첨자는 지역 기업과 학교에서 기증한 작은 상(주로 장난감)을 받았다. 계획이 실행되고 나서, 버스 운전사의 보고에 의하면 파괴적 행동이 급격하게 감소하였고 이러한 결과는 대략 3년 동안 유지되었다.

변별 훈련

많은 비만인들은 하루 중 다양한 상황과 시간대에서 음식을 먹는다고 보고한다. 예를 들어 비만인들은 책이나 잡지를 읽을 때, 전화통화를 하거나 TV를 볼 때, 가족들과 말다툼을 할 때도 간식을 먹는다. 이러한 상황은 그 사람의 행동을 통제하여 먹는 행동을 촉진시키는 단서로 작용한다. 페닉(Penick)과 필리온(Filion), 폭스(Fox), 스턴거드(Stunkard)의 대표 연구(1971, pp. 49–55)는 하나의 장소, 즉 뚜렷한 색의 식탁보 위에 냅킨이 올려진 부엌 식탁에서만 음식을 먹도록 함으로써, 과체중인이 적절한 변별을 갖도록 도울 수 있음을 보여 주었다. 이 연구에서 환자는 3개월 동안 먹은 음식의 양과 시간, 상황을 기록하도록 요구받았다. 이 기록유지장치는 환자들의 식욕을 자극하는 상황을 자각시켜서 상황과 음식 먹는 것을 분리해서 생각하도록 돕는다. 만약 그들이 적절하게 행동했다면(즉 그들이 부엌 식탁에서만 식사를 한다면), 환자들은 추후에 돈으로 교환할 수 있는 점수를 보상받았다. 그들은 행동을 통제하는 연습에 실패하면(즉 책을 읽거나 TV를 보는 동안에 음식을 먹으면), 점수(돈)를 잃었다. 환자는 또한 음식 먹는 속도를 감소시키고 음식을 천천히 씹고 음식을 입에 넣는 횟수를 세면 점수를 받았고, 이러한 행동을 수행하지 않았을 때에는 점수를 잃었다.

이러한 행동수정기법을 사용한 환자그룹의 체중감소량(대략 18파운드)이 체중을 줄이도록 권유하는 전통적 상담을 받은 통제그룹의 체중감소량(대략 14파운드)을 초과했다. 무엇보다도 저자가 발견한 중요한 점은 치료 과정 동안 40파운드 이상의 체중을 감량한 환자의 비율 차이였다. 행동수정프로그램의 환자 중 27%가 이 체중감소 수준에 도달한 반면 통제그룹 환자들은 12%만이 이 수준에 도달했다. 하지만 이 연구에서는 환자 수가 너무 적었기 때문에(행동수정프로그램에서 15명과 통제프로그램에서 17명) 결과가 매우 신뢰할 만한 것은 아니라는 점을 염두에 두어야 한다. 하지만 최신 연구들은 3개월 이상 이어지는 장기간 프로그램과 운동을 병행했을 때 더 많은 체중감량에 도달할 수 있음을 시사하고 있다.

프로그램이 끝난 후에 대부분은 감량했던 체중이 다시 늘거나 아예 원상태로 돌아왔다. 이런 문제를 해결하기 위해 연구팀은 치료사들이 비만인들의 문제를 다시 개념화하고 비만은 급성질환이라기보다 고혈압이나 당뇨병 같은 만성질환으로 다룰 것을 제안하고 있다. 따라서 장기적인 치료를 필요로 한다. 그런 치료 프로그램에서 섭식과 운동행동은 지속적으로 감시되어야 한다. 또한 체중이 증가하거나 감소했다 다시 증가하는 역치 수준이 설정되어야 한다. 이런 역치 수준이 초과된다면, 치료는 이러한 재발이 발생할 만한 상황(가령 연인과의 이별)을 분명히 확인하도록 해서, 이를 예방하는 조치(가령 새로운 취미나 흥미, 친구 만들기)를 취할 수 있다(Brownell & Jeffery, 1987, pp. 353–374).

강화로부터의 타임아웃

포터필드, 허버트-잭슨, 리슬리(Porterfield, Herbert-Jackson, & Risley, 1976, pp. 55–64)에 따르면, 영아(1~2살)는 적절한 놀이행동의 발달이 아직 미숙한 단계여서 탁아프로그램을 짜는 데 큰 어려움이 있다고 한다. 어떤 아이들은 공격적인 행동을 하고(때리기, 밀기, 물기, 차기), 장난감을 공격적으로 사용하며(벽이나 가구에 장난감을 던지기), 자신과 다른 사람들을 위험한 상황에 처하도록 만들고(벤치 위에 서기, 딱딱한 장난감 던지기), 짜증을 내거나 성질을 부리는 등 다른 사람에게 해를 끼치는 행동들을 많이 한다. 부모와 교사들은 아이의 부적절함을 설명해 주고 아이에게 대안적인 장난감이나 활동을 제시하여 방향수정(redirecting) 되도록 해야 한다. 예를 들어 아이가 다른 아이의 장난감을 뺏는다면, 아이를 돌보는 사람은 "안 돼, 장난감은 만지지 말고 이리 와서 이야기를 들으렴"이라고 말한다. 하지만 불행히도 아이는 자기가 부적절하게 행동했을 때 더 좋은 장난감이나 더 즐거운 활동으로 강화 받게 된다는 것을 학습하기 때문에 이러한 **방향수정redirection**은 해를 끼치는 행동을 줄이는 데 큰 효과를 보지 못한다. 다른 기법으로 격리에 의한 타임아웃(아이를 고립시키는)이 있는데, 이 기법은 파괴적인 행동에 대한 벌로 너무 가혹하다고 여겨지며 아이에게 적절한 사회적 행동을 관찰할 기회가 주어지지 않는 방법이다.

포터필드(Porterfield)와 동료들은 유아 일일보육프로그램에서 다른 기법을 검토하는 연구를 수행했다. 보호자는 아이들에게 적절한 대안 행동을 교육하기 위해서 파괴적 행동에 대한 각각의 예를 사용했고, 아이가 집단의 주변에 앉아서 다른 아이들의 적절한 사회적 행동을 관찰하도록 했다. 앉아서 관찰하고 난 후에 (보통 1분 이하), 적절하게 행동하는 방법을 이해했는지 물어보았고 긍정적인 반응을 보이면 집단으로 돌아가게 했다. 예를 들어, 만약 어떤 아이가 다른 아이의 장난감을 빼앗았다면, 보호자는 "다른 아이의 장난감을 빼앗으면 안 돼, 나에게 네가 원하는 장난감을 부탁하렴"이라고 말해야 한다. 그리고 난 뒤에 보호자는 아이를 집단에서 격리시키고 장난감 없이 바닥에 앉히고 나서 "여기에 앉아서 다른 아이들은 자신이 원하는 장난감을 어떻게 얻으려고 하는지를 보렴"이라고 말한다. 아이들이 짧은 시간 동안 조용히 관찰하고 있을 때,

보호자는 "네가 원하는 장난감을 어떻게 부탁해야 하는지 알겠니?"라고 질문했다. 고개를 끄덕이거나 대답하면 아이는 아이들과 다시 놀이를 할 준비를 하고 보호자의 허락이 떨어지면 아이를 다른 아이들과 어울리게 한다. 만약 아이들이 반응하지 않거나 부정적으로 반응한다면, 보호자는 "친구들한테 네가 원하는 장난감을 부탁할 수 있다고 생각될 때까지 여기에 앉아서 관찰해 보렴"이라고 말한다. 아이가 마침내 집단에 다시 합류할 의향을 보일 때(보통 30초에서 1분), 아이는 그렇게 하도록 허락받는다. 보호자는 "좋아! 네가 원하는 장난감을 부탁했어"라고 말하면서 아이를 그룹으로 돌려보내고 올바른 행동에 대한 정적 강화를 주는 첫 번째 기회를 제공한다. 이런 **수반적 관찰 절차 contingent observation procedure**는 앞서 설명한 재조정(redirecting) 절차와 비교해서 그룹에서 파괴적 행동을 감소하는 데 매우 효과적이다. 더욱이 연구자는 관찰적 타임아웃 절차가 보호자와 부모가 쉽고 효과적이며 인도적으로 사용할 수 있는 방법임을 보고했다(Porterfield, Herbert-Jackson, & Risley, 1976, pp. 55-64).

반응대가 절차

과잉행동적인 아이들은 충동성과 주의문제, 낮은 학업수행과 같은 특징으로 잘 알려져 있다. 가장 흔한 치료 형태는 보통 메틸페니데이트(리탈린)이라는 약물의 처방이다. 래포트와 머피, 베일리(Rapport, Murphy, & Bailey, 1982, pp. 205-216)는 7살, 8살의 두 과잉행동적 소년의 주의력 문제를 줄이는 데 반응대가 절차의 사용이 리탈린보다 더 효과적이라는 결과를 보여 주는 연구를 수행했다.

두 아이들은 다양한 수학, 읽기 문제를 풀도록 요구받았다. 두 명의 관찰자는 각 20분간 두 차례 회기 동안 과제에 소비한 시간과(문제를 풀고 과제에 주의를 기울이는 시간) 과제에 소비하지 않은 시간(과제에 주의를 기울이지 않은 시간)을 측정했다. 모든 치료 절차가 실행되기 전 1주일 동안 기준 자료가 수집되었다. 그 후 소년들에게는 몇 주 동안 리탈린이 제공되었다. 마침내 약물이 중단되고 반응대가 절차 실험이 실행되었다. 실험에서 소년들이 열심히 문제를 풀고 주의를 기울이면 점수를 받을 수 있고, 추후에 이 점수를 20분 동안의 (놀 수 있는) 자유시간으로 교환할 수 있다고 말해 주었다. 그들은 또한 주의 집중에 실패하면 그들의 점수를 잃는다고 들었다. 기준자료와 비교했을 때 리탈린의 사용이 결과적으로 약간의 수행 향상을 나타냈지만, 작업행동과 학업수행의 가장 큰 향상은 반응대가절차가 사용되는 동안이었음이 명백히 나타났다.

여타 행동 차별적 강화

공격적인 행동을 감소시키기 위해서 조작적 조건형성의 또 다른 기법이 사용될 수도 있다. **여타 행동 차별적 강화**Differential Reinforcement of Other Behavior(DRO)는 공격적 행동이 아닌 비공격적 행동을 강화하는 것과 관련된다. 구체적으로 헤겔과 퍼거슨(Hegel & Ferguson, 2000, pp. 94-101)은 교통사고로 심각한 뇌손상을 입은 28살 남자의 공격적인 행동을 감소시키는 데 초점을 두었다. 그는 사회복귀시설에 살면서 휠체어를 사용하고 심각한 언어장애를 보였다(호흡과 성대를 조정하는 능력의 손상으로 언어적인 대화가 불가능한 상태였다). 이 남자는 종종 오가는 사람들을 붙잡고 발로 차거나 그들에게 소리를 질러댔다. 이러한 행동을 통해 그가 견디기 어려운 지루한 시간을 끝내고 간절히 원하는 관심을 얻을 수 있었기 때문에 이 사람의 공격적 행동은 부적 강화가 되었다.

하지만 그의 이러한 행동은 회복을 방해했고 개선을 위해서는 이러한 행동이 통제될 필요가 있었다. 우선 그의 주간보호자는 그가 약 컵에 요거트를 먹는 것과 짧은 시간 동안 시설 밖을 산책하는 것, 직원들과 카드 게임하는 것을 좋아한다고 결정하였다. 그는 이런 보상(점수)을 얻기 위해서는 공격적인 행동 없이 조용히 앉아 (시간을 늘리면서) 있어야 한다고 들었다. 직원은 환자가 명확히 볼 수 있게 타이머를 배치해 놓고 15분으로 설정해 두었다. 만약 타이머의 부저소리가 날 때까지 즉, 환자가 이 시간 동안 공격적인 행동을 보이지 않는다면, 환자는 점수를 받고 그것을 자신이 좋아하는 활동이나 음식으로 교환할 수 있었다. 반대로 만약 그가 공격적인 행동을 보인다면, 그에게는 점수가 주어지지 않고 대신 간단하게 질책을 받고 타이머를 다시 설정해서 시작할 것이다. 두 번의 추가적인 15분 동안 그의 행동을 성공적으로 통제하고 보상을 받은 후에는 시간 간격을 한 시간으로 늘리고 종내에는 두 시간으로 늘렸다. 놀랍게도 낮 동안 환자의 공격적인 행동이 74%나 감소되었다. 흥미롭게도 DRO 절차가 시행되기 전까지 공격적 행동은 밤 시간대로 옮겨서 나타나기 시작했다. 하지만 공격행동은 절차시행 후 즉각적으로 감소했다. 이러한 결과는 환자의 공격성이 특정한 환경 자극의 통제 하에 있었던 것이지, 뇌 손상으로 인한 즉흥적인 중추신경계의 활동이 아님을 시사한다. 종종 심각한 뇌손상이 있는 환자들도 적절한 환경 조건 아래에서 자신의 행동을 통제할 수 있다.

자기관리전략

타임아웃, 반응대가, DRO와 같은 절차가 정상 · 비정상의 유아와 성인의 공격적이고 파괴적인 행동을 감소시키는 데 높은 효과를 보여 주었지만, 이러한 기술들은 특정 결함을 가지고 있다. 예를 들어 학교 장면에서 그들은 바람직하지 않은 행동을 수정하고 아이들의 긍정적 행동을 강화해 주고 감시해 줄 교사와 같은 인력을 필요로 한다. 이것은 교사에게 추가적인 부담을 주고 학생지도 활동에 쓰일 시간을 낭비시킨다. **자기관리절차self-management procedures**의 실행은 이러한 문제점들을 효율적으로 해결할 수 있다. 예를 들면 듀폴과 호프(DuPual & Hoff, 1998, pp. 290-303)의 연구에서, 학급 내 매우 파괴적인 초등학생들은(예: 공격적으로 행동하고, 시끄럽고 반항하고, 학급의 다른 친구들에게 폭력을 행사하는) 우선 그들에게 요구되는 적절한 규칙을 배운다(예: 싸우지 않기, 때리기 않기, 부딪히지 않기, 물지 않기, 밀지 않기, 손을 들어 허락을 구하지 않은 채 자리비우지 않기, 수업 중 교사가 말하는 도중에 이야기하지 않기 등등). 이후 그들이 규칙을 준수한다면 수업이 끝나고 그들이 선택하는 정적 강화물과 교환할 수 있는 점수를 얻을 수 있다(예: 추가적인 컴퓨터 사용 시간, 숙제 면제, 새 연필). 학생들은 일과 후에 자신의 행동에 대해서 1점(못함－한 번 이상 규칙을 어김)부터 5점(잘함－학급 규칙을 모두 잘 지킴)으로 구성된 척도로 스스로 평가하였다. 이후 학생은 자신의 평가를 같은 척도로 매긴 교사의 평가 점수와 비교하였다. 만약 학생의 행동이 아주 좋았다는 것에 교사와 학생이 완전히 (또는 거의 완전히) 동의한다면, 학생은 점수를 받을 것이다. 만약 교사와 학생의 평가가 어긋난다면 점수는 주어지지 않는다. 이러한 절차를 통해 결국에는 학생과 교사의 점수 비교가 필요 없을 정도로 학생들은 규칙을 잘 학습하게 된다. 학생들은 (교사의 확인 없이) 계속해서 자신의 행동을 정확하게 기록하고, 바람직한 행동에 대해서는 보너스 점수로 보상받았으며, 결국 그들의 문제 행동은 상당히 감소되었다.

습관역전(habit reversal)

행동치료사는 말 더듬는 행동을 감소시키기 위한 매우 간단하면서도 유용한 절차를 고안하였다. 말을 더듬는 상황에서는 구강과 후두의 근육긴장이 증가한다. 여기서 말더듬이가 말하기 시작하면 그들의 음성근육조직의 긴장이 공기 흐름의 문제로 이어지며, 말을 더듬으로써 이러한 긴장이 감소된다. 치료는 환자가 말 더듬는 행동과 양립할 수 없는 반응을 만드는 훈련이다. 말 더듬는 행동과 동시에 이루어질 수 없는 확실한 반응은 말하기를 중단하는 것이다. 말하기는 공기를 내뿜을 때 가능하고 흡입은 말하기와 양립할 수 없기 때문에, 말 더듬는 아이들은 말을 더듬을 것 같거나 더듬기 시작할 때 말하기를 멈추고 아랫배를 통해 폐 안의 공기를 깊게 내뱉고 천천히 들이마셔서 의식적으로 가슴과 목 근육을 이완시키는 훈련을 받는다. 숨을 들이마시면서 하려고 했던 말을 의식적으로 구성하고, 숨을 내쉬기 시작하면서 말하기 시작하고, 숨을 천천히 부드럽게 내쉬도록 한다. 또한 말을 할 때 문장의 첫 부분을 강조하도록 하고 짧게 말하도록 한다. 점점 말하기가 유창해지면 말하는 문장의 길이를 늘려나간다. 이러한 호흡조절 절차는 상담회기에서 두 시간 동안 연습이 진행된다. 치료자는 환자의 손끝을 자신의 입 앞에 놓고 미세하게 숨을 내쉬는 것이 어떤 것인지 보여 주며 절차의 시범을 보여 준다. 그러고 나서 환자는 손끝을 자기 입 앞에 놓고 더듬지 않고 말할 수 있을 때까지 절차를 연습한다. 이러한 훈련은 환자들의 말 더듬는 행동을 놀라울 정도로 감소시켰다(Wagaman, Miltenberger, & Arndorfer, 1993, p. 53). 더욱이 3년 6개월 후에 수행된 추적 연구에서 그 절차를 계속해서 사용한 환자에게 더 이상 말 더듬는 문제가 없다는 사실이 밝혀졌다. 하지만 추적 기간 동안 이러한 절차를 사용하지 못하였다고 보고된 두 명의 환자는 이전의 심한 말더듬이 상태로 되돌아갔다(Wagaman, Miltenberger, & Woods, 1995, pp. 233-234).

토큰경제

시설에 있는 정신질환자의 행동을 수정하기 위해, 연구자는 환자가 사회적으로 적절한 과제를 수행한 대가로 토큰을 얻을 수 있고 그것으로 정적 강화가 되는 상품이나 활동으로 교환할 수 있는 특별한 환경을 설계한다. 이러한 인센티브 시스템은 일반적으로 **토큰경제**token economy로 알려져 있다. 아이욘과 아즈린(Ayllon & Azrin, 1965, pp. 357-383)은 정신질환자의 바람직한 행동을 강화하기 위한 수단으로 정신병원 내에 환경을 설계하는 고전적 시도를 수행했다. 그들은 행동 기술을 발달시키는 데에 가장 큰 제약이 행동의 관찰과 기록, 강화물을 관리하는 데 있어 표준화의 부족이라고 지적했다. 서로 다른 참여자들은 표적행동을 각자 다르게 정의할 것이다. 예를 들어 그들은 옷차림새에 따라서 평가가 더 엄격할 수도 있고 관대할 수도 있다. 게다가 환자가 대략 45명이나 되는 병동에서 모두가 동시에 온갖 다양한 활동을 하는 상황에서 바람직한 행동을 기록하고 강화하기는 어렵다. 연구는 강화물이 그들이 원하는 반응 뒤에 바로 적용된다면 가장 효과적이라는 사실을 보여 준다. 만약 다른 참여자가 반응에 대해 변동하는 시간 간격 후에 강화 받는다면 행동의 영향은 감소하거나 심지어 전혀 없을 수 있다. 즉, 참여자가 어느 행동이 강화되는지, 어떻게 강화되는지, 또는 언제 강화되는지를 알지 못한다면 더 크게 향상되지는 못할 것이다. 연구자들은 이러한 문제들을 해결하는 프로그램을 개발하기 위해 18개월을 소비했다. 마지막 프로그램에는 강화물의 목록뿐만 아니라 변화를 위한 행동의 표준목록이 포함되어 있다. 환자마다 제각기 강화되어야 할 행동이 달랐지만, 이러한 행동에는 다음과 같은 행동들이 포함되어 있다: 식사 제공 돕기, 설거지, 탁자 청소, 타이핑, 전화 받고 병원 직원에게 응답하기, 시트와 베개 커버 및 수건 빨기 등등. 토큰과 교환되는 강화물의 목록은 **표 15.2**에 제시되어 있다.

일반적으로 프로그램의 결과는 42일 동안 환자의 행동에서 큰 향상을 보여 주었다. 같은 프로그램의 다른 실험에서, 연구자가 토큰 교환을 없앴을 때 오히려 환자의 행동이 악화되는 것을 발견했다. 프로그램을 다시 시행하면 수행 수준이 다시 올라갔다. 이렇게 수행 수준이 전환되는 모습은 행동변화에 있어서 토큰의 강력한 영향력을 보여 준다. 토큰경제와 관련한 이 연구와 다른 실험들은 대체로 성공적이었지만, 여러 의문이 제기되었다(Kazdin, 1989).

첫째로, 환자들이 자신의 머리를 빗거나 접시를 씻는 것이 그렇게 놀랄 만한 일인가? 여기에 대한 대답은 주요 문제행동이 변함없이 남아 있다 하더라도, 강화된 행동은 환자의 기능수준의 중요한 전환을 의미한다는 것이다. 실험 초기에 어떤 환자들은 스스로 씻거나 돌보는 것을 거부했다. 그들 중 몇몇은 자신의 배설물에 뒹굴기도 했고, 일부는 한 마디도 내뱉기를 거부했다. 효력이 있는 기법의 적용은 환자 상태를 변화시켰고, 회복을 향한 첫 번째 단계였다. 그것은 또한 단순히 아무것도 하지 않고 하루 종일 앉아 있기보다, 긍정적 보상을 위해 다양한 활동을 수행하는 기회를 제공받는다는 점에서 환자의 자유를 증가시켰다. 외양의 변화는 직원이 환자를 더 잘 치료하게끔 만들기 때문에 또한 유익하다. "만약 당신이 평가표 없이 환자를 만난다면, 당신은 아마 그를 당신과 똑같은 정상인으로 대하게 될 것이다"(Krasner, 1970, p. 97). 어떤 치료방법이라도 실행해 보려는 것이 더 낫다는 것은 너무도 당연하지만, 아무런 처치도 제공되지 않는 정신질환시설이 많다. 행동수정은 이러한 어려움을 극복하는 데에 적용 가능한 치료법일 뿐만 아니라 실제로도 충분한 효과가 있다.

둘째, 토큰경제 프로그램에서 학습된 새로운 행동이 환자가 병원을 떠난 후 다른 상황에서도 일반화되는가? 사실 프로그램에서 학습된 수반성을 제거하면, 다른 상황에서의 행동 수행이 대개 쇠퇴하는 결과를 가져온다. 하지만 지난 몇 년 동안 행동이 새로운 상황으로 전환되도록 하는 원리를 정교화시키는 많은 성과가 있었다. 행동이 유지될 것을 보장하는 하나의 분명한 절차는, 새로운 설정에서도 행동이 발생하도록 결과를 통제하에 두는 것이다. 예를 들어 병원 환경에서 내향적으로 위축된 환자의 치료에는 환자가 직원이나 다른 환자들과 어울릴 때마다 직원들이 관심을 표현하는 것이 있을 수 있다. 나중에 가정 내에서, 환자의 부모와 가족들은 칭찬과 미소, 애정 표시, 관심 표현을

표 15.2 토큰을 원하는 환자에게 제공될 수 있는 강화물 목록

강화물	하루 할당 토큰 수
I. 사생활	
1번 방 선택	0
2번 방 선택	4
3번 방 선택	8
4번 방 선택	15
5번 방 선택	30
개인 의자	1
스크린(칸막이)	1
침대보 선택	1
코트 걸이	1
II. 병동을 벗어나서	
병원 주위를 20분 동안 걷기(보호자 동행 하에)	2
30분 동안 산책하기	10
마을 여행하기 (보호자 동행 하에)	100
III. 직원과 사회적 상호작용하기	
병동 심리학자와 개인적 접견	20
사회복지사와 개인적 접견	100
IV. 종교 활동 기회	
병동 내 추가적인 예배식	1
병동 밖 추가적인 예배식	10
V. 여가 기회	
병동 내 영화감상	1
라디오의 독점적 사용	1
TV시청(프로그램선택)	3
VI. 매점 물품	
사탕, 우유, 담배, 커피, 샌드위치	1~5
치약, 빗, 립스틱, 파우더 등과 같은 화장품	1~10
장갑, 스카프, 셔츠와 같은 옷	12~400
펜, 인사카드, 신문, 잡지와 같은 읽고 쓸거리	2~5
재떨이, 화분에 심어진 식물, 액자, 박제동물과 같은 잡동사니	1~50

출처: Adapted from Ayllon, T. and Azrin, N. H., "The measurement and reinforcement of behavior of psychotics" in *Journal of the Experimental Analysis of Behavior*, Vol. 8, pp. 357–383. Copyright © 1965 by the Society for the Experimental Analysis of Behavior, Inc. Used with permission.

통해서 그 사람의 사회적 상호작용을 강화하는 데 기여할 수 있다. 그러나 연구자들은 가정환경에서 모든 가족들이 필요한 강화물을 꼭 사용하지 않는다는 사실을 발견했다. 다시 말해 어떤 사람들은 다른 사람에게 칭찬이나 관심을 보통 주지 않는다. 대신 그들은 사회적 행동에 대한 시도를 무시하거나 잘못된 행동을 강화하는 경향을 보인다. 하지만 이러한 문제는 가족 구성원들에게 적절한 행동을 강화하는 법을 훈련시킴으로써 극복할 수 있다(Kazdin, 1989, pp. 264-269).

혐오기법(aversive techniques)

행동수정은 특히 혐오기법과 관련하여 몇몇 심각한 윤리적 문제를 야기한다. 예를 들어 처벌을 사용하여 행동을 변화시키는 것은 도덕적으로 용인될 수 있는가? 행동수정 분야의 전문가들은 일반적으로 처벌의 사용을 피해야 함에 동의한다. 왜냐하면 스키너가 제시한 대로 그것은 원치 않는 부작용을 낳을 수 있고, 사회적으로 적절한 행동을 학습하도록 강요하는 것이기 때문이다. 그렇지만 만약 정적 강화를 기반으로 하는 다른 절차를 시도했다가 실패한다면 그것은 극도로 바람직하지 않은 행동을 멈추게 하는 데 효과적으로 쓰일 수 있다(Kazdin, 1989, pp. 142-148).

혐오적 통제기법이 사용된 실제 사례를 살펴보고, 특정 상황에서 처벌이 정당화될 수 있는지를 스스로 판단해 보자. 사례는 거의 말을 하지 않고 2살 수준으로 행동하는 7살 정신지체 소년의 자해행동에 관한 것이다(Kushner, 1970, pp. 42-44). 소년의 자해행동은 손을 물어뜯어 심각한 출혈과 감염이 생길 정도로 심했다. 병원 관계자는 권투 글러브를 소년의 손에 착용시켜 이를 방지하려고 했지만 소년은 글러브를 벗고 손을 물어뜯었다. 아이는 또한 자신의 엉덩이 밑에 손을 두거나 간호사의 손을 잡으면서 글러브를 피하려고 했다. 이 전략의 효과는 일시적이었으며 아이는 손이 자유로울 때마다 계속해서 물어뜯었다. 연구자의 관찰결과 아이가 손을 물어뜯고 나서 우는 행동에 대해 간호사가 아주 세심하게 관심과 애정을 주고 안아 주는 반응을 보인다는 사실이 드러났다. 간호사들의 이러한 행동이 강화적 속성을 갖는지에 대해 토론하는 과정에서 큰 저항에 부딪혔다. 간호사들이 자해행동을 무시할 필요가 있다는 것을 설득하기는 어려웠고, 어쨌든 소거 과정이 너무 느려서 아이에게는 더 큰 피해가 남을 것이 분명해 보였다. 그래서 연구자는 자해행동을 방지하기 위해서 전기충격을 사용하기로 결정했다. 전극이 아이의 허벅지에 부착되고 손을 물어뜯는 행동을 할 때마다 충격을 주었다. 초기 전기충격을 실행한 후 엄마가 방으로 들어와서 동시에 "안돼"라고 말한 뒤에 다시 충격이 주어졌다. 손을 물어뜯는 행동은 급격히 놀라울 정도로 감소되었다. 후에 간호사는 어린이가 손을 입으로 옮길 때마다 "안 돼"라고 얘기하고, 손을 치웠을 때 "잘했어요"라고 이야기 하도록 지시받았다. 물어뜯기 행동의 감소 상태를 유지하기 위해서 다른 행동기법들이 차후 적용되었다.

당신은 이런 경우에 처벌의 사용을 용인할 것인가? 적절한 판단을 내리기는 아주 어렵다. 아마도 모든 다른 가능성들이 시도되고 결국 부족하다는 사실이 밝혀진다면 아마도 혐오적 통제는 특정상황에서 정당화될 수 있을 것이다. 이런 상황에서 쉬운 답은 없지만, 행동변화를 일으키는 처벌의 효과를 부정한다면 그런 사람들을 돕는 데 진전이 있을 수 없다.

과거 행동수정 기법을 사용하여 환자의 권리를 침해하는 경우가 종종 있었다. 때때로 연구자들은 잔인하고 특이한 처벌을 사용했다. 예를 들어 한 연구에서 환자는 본인의 동의 없이 충격이 가해지고 식사를 며칠간 제공받지 못했다. 본 장에서 살펴봤던 아이욘(Ayllon)과 아즈린(Azrin)의 연구에서도 환자권리의 침해에 대한 문제가 제기된다. 토큰을 받을 수 있는 강화물의 종류를 보여 주는 **표 15.2**를 다시 살펴보면, 적어도 이론상으로는 획득한 토큰이 없다면 추가적인 종교행사에 참석하지 못하도록 되어 있음을 알 수 있다. 이러한 식의 금지는 종교의 자유에 관한 환자의 헌법적 권리를 제한한 것에 가깝다. 하지만 그렇다고 행동수정 절차를 폐기해야 할 정도로 환자의 권리가 부정되거나 잔인하고 이상한 처벌이 만연하다는 것은 아니다. 오용되는 경우는 비교적 적으며, 이에 비해 혜택을 받은 사람은 수없이 많다. 하지만 연구자들은 가혹한 치료를 가능한 없애고, 능력이 닿는 데까지 전문가의 윤리이념을 지킬 수 있도록 보다 노력해야 할 것이다.

조성(shaping)

잭슨과 왈리스(Jackson & Wallace, 1974, pp. 461–471)는 학교 상담사로부터 "아주 불안해하고 내성적으로 위축되어 있으며, 약간의 정신지체가 있다"고 진단받은 15살 소녀 앨리스(Alice)에게 적절한 말하기 능력을 발달시키는 조성 기법을 사용하였다. 그녀의 담임교사는 앨리스가 단체 활동에 거의 참여하지 않고 들릴 만한 소리 크기로는 거의 말하지 않는다고 보고했다. 조성의 목표는 그녀의 목소리 크기를 정상 수준까지 도달하게 만드는 것이다.

부스 안에서 그녀는 말하기 크기를 감지하는 마이크를 착용하고, 수업에 쓰는 책의 단일 단어들을 읽는다. 그녀의 목소리가 특정 크기에 다다르면 토큰이 자동적으로 지급되었다. 처음에는 소리가 약간만 커져도 토큰이 주어지도록 했다. 하지만 결국에는 앨리스가 더 큰 목소리로 말해야 부착된 마이크 시스템이 활성화되어 토큰을 받을 수 있도록 했다. 앨리스는 20번의 조성 회기를 가졌고, 각 회기 후에는 실험자에게 10분 동안 책을 읽도록 했다. 앨리스가 받은 토큰들은 화장품이나 사진앨범처럼 그녀가 원하는 상품과 교환할 수 있었다.

앨리스가 일단 정상 수준으로 말하고 나자, 실험자는 앨리스의 새로운 행동을 그녀의 수업 상황에 일반화시키고자 했다. 일반화를 촉진시키기 위해서 실험실 상황을 그녀의 실제 학급 상황과 비슷하게 설정하고 훈련을 계속했다. 예를 들어 그녀의 폐쇄성을 낮추기 위해 부스 옆면을 45도 각도로 개방시켰고, 조성 기간 동안 다섯 명의 학생과 교사는 여기서 수업을 진행했다. 집중적인 훈련 끝에 앨리스는 정규 학급으로 돌아왔고, 더 적절한 방식으로 행동하기 시작했다. 교사는 그녀가 전형적인 십대가 되기에는 아직 멀었지만, 커진 목소리뿐만 아니라 웃고 친구들과 놀기도 하며 먼저 대화를 걸기도 하는 등 사회적 행동에 있어서 큰 향상을 보였다고 보고했다.

교육에 대한 이론적 함의

스키너에 따르면 미국과 여러 나라들에서 교사 및 관리자들이 학생들의 행동을 통제하기 위해 다양한 혐오적 방법에 의존하려는 경향이 있으며, 그는 이러한 교육방식에 반대했다. 하지만 1970년대부터 오늘에 이르기까지의 문헌을 조사한 최근 연구 결과에 따르면, 적어도 학업 행동 규제를 위한 처벌에 대해서만큼은 스키너의 생각이 틀렸음이 드러났다. 이 연구는 미국, 뉴질랜드, 호주, 캐나다, 영국을 포함한 수백 개의 초등학교 학습에서 학생들의 적절한 학업 행동을 장려하기 위해서(예: 문제를 해결했을 때, 숙제를 잘 해 왔을 때, 시험을 잘 봤을 때 주는 칭찬) 교사들이 칭찬 · 인정해 주는 방법(정적 강화)을 점점 더 많이 사용한다는 것을 발견했다. 이 결과는 권위적인 인물들이 긍정적인 강화를 사용하여 사람들을 교육시킨다는 스키너의 반박 입장과 일치한다. 그러나 이 문헌조사 연구는 또한 바람직하지 않은 사회적 행동을 규제하려고 함에 있어서는 스키너의 견해가 옳았음을 보여 준다. 이 연구들에서 학생들이 교실에서 잘못된 행동을 하였을 때, 거의 대부분의 교사들은 학생들을 훈육하기 위해 단호하게 처벌하고 반감을 표한다(예: 비난하고, 위협하고, 적대적으로 발언하고, 수업 후에 남게 하는 것). 스키너가 완강하게 반대했음에도 불구하고, 이들은 여전히 교실에서 학생들의 사회적 행동을 교육하는 주요한 방법으로 사용되고 있다(Beaman & Wheldall, 2000, pp. 431–446). 스키너에 따르면, 이러한 기법들은 대다수의 학생들에게 괴로운 것이며 불필요한 부작용을 양산한다(Skinner, 1968, p. 97). 예를 들면, 학생은 벌을 받는 상황에서 벗어나기 위해 지각하거나 학교를 중간에 그만두는 일(중퇴)이 생길 수 있다. 자살을 한 학생들은 흔히 학교에서 어려움을 겪었던 학생들이다. 백일몽을 자주 꾸거나 가만히 있지 못하는 것은 미묘한 도피 방식이 된다. 교실에서 잠시라도 가만히 앉아 있지 못하는 학생은 근처 공원에서 놀거나 TV를 보면서 시간을 보낸다. 스키너의 관점에서 혐오적 통제에 대한 또 다른 부정적 결과는 교사에게 반항하고, 무례하게 굴거나 버릇없이 대하며 욕을 해서 교사를 공격하려 하고 신체적인 폭행을 가하기까지 하는 것이다. 스키너는 공공기물 파손행위가 권위적인 인물들의 통제를 약화시키려는 학생들의 시도를 간접적으로 나타내는 또 다른 징표라고 보았다.

이러한 관행의 해로운 속성 때문에 뜻이 있고 관심을 가진 교사들은 대안을 찾고자 했다. 그러나 그들의 제안들도 근본적으로 결함이 있다고 스키너는 지적한다. 예를 들면, 혐오적인 교육방식의 가장 주요한 대안은 관대함(permissiveness)이다. 관대함은 겉보기에 많은 이점들을 가진다. 그 중 하나는 교육자가 감독하고 규칙을 준수시키는 수고로움을 아낄 수 있다는 점이다. 하지만 "관대함은 하나의 정책이 아니라, 정책을 포기하는 것이며, 겉으로 보이는 장점은 환상에 불과하다. 통제하지 않는 것은 그 사람 스스로가 통제하도록 두는 것이 아니라 다른 사회적 · 비사회적 환경 요소가 통제하도록 내버려두는 것일 뿐이다"(Skinner, 1968, p. 84).

스키너는 또한 관대함과 많은 측면에서 관련된 지도(guidance)에 대해서도 반대했다. 교육과정에 이것의 효과는 식물을 기르는 비유로 많이 표현된다. 학생들이 알맞은 토양에서 경험을 쌓으면 꽃이나 나무로 자라게 될 것이며, 완전히 성숙할 때까지 행동이 발달한다(Skinner, 1968, p. 87). 매슬로우와 로저스를 다룬 12장과 13장에서 우리는 지도역할에 대한 좋은 예를 보았다. 스키너는 교육자에게 이것이 갖는 편리한 이점을 몇 가지 언급했다:

> 즉, 자연스러운 발달을 지도해 주기만 하는 사람은 통제하려고 했다는 혐의로 쉽게 비난받지 않는다. 성장은 그 사람의 자유와 가치, "숨겨진 성향"이 드러나는 개인 성취의 몫으로 남는 것이며, 식물이 자라난 최종적인 모습에 정원사의 책임이 없듯이 지도와 안내를 해줄 뿐인 사람은 일이 잘못되어도 책임이 없다. (Skinner, 1968, pp. 87-88)

스키너가 볼 때 이 입장의 주요 약점은, "미리 결정된 몇 가지 패턴이 발현"되었다는 이유를 듦으로써 행동을 실제로 변화시키는 강화 요소들을 모호하게 한다는 것이다

(Skinner, 1968, p. 88). 스키너는 행동의 환경적 결정요인을 상세히 조사하려고 했다. 그의 관점에서 교육이란 "학생들이 학습하는 상황에서 수반되는 강화들을 배치하는 것"을 포함한다(Skinner, 1968, p. 64). 이러한 수반성들은 컴퓨터 지원교육과 같은 교육기기나 다른 프로그램 기술을 사용해서 효율적으로 배치될 수 있다. 복잡한 주제는 학생들에게 작고 배우기 쉬운 단계로 나누어 제시된다. 어느 학습 프로그램의 형식은 질문이 주어지면 학생은 프로그램이 제공한 칸에 자신이 생각하는 답을 적고 투명한 커버에 있는 질문을 움직이는 레버를 당김과 동시에 정답을 확인하게 된다. 두 답이 일치하게 되면 정답을 표시하기 위해 반응 근처에 있는 종이에 구멍을 뚫는다. 이 절차는 기계가 다음 질문을 내도록 지시하는 것이다. 똑같은 절차를 따라서 학생들은 모든 질문에 대답한다. 그리고 난 뒤 이 절차를 계속 수행하면서 처음에 정확하게 답하지 못한 질문들을 정확히 답하도록 한다. 이 과정은 프로그램 문제들을 완벽히 숙지할 때까지 반복된다(Skinner, 1968 p. 162).

스키너는 전통적 시스템보다 이러한 형식이 많은 이점을 가지고 있고 효율적이라고 생각했다. 그것은 많은 학생들이 한 프로그래머와 접촉하게 만들기 때문에 노동집약적 기기이다(Skinner, 1968, p. 162). 프로그래밍이 여러 사람들에게 대량생산으로 제공되겠지만 현실에서 이 프로그램은 학생들에게 개인교사의 역할로 작동한다. 강의나 영화와 달리 프로그래밍에는 학생과 프로그램 문제들 간의 끊임없는 상호작용이 존재한다. 프로그래밍은 교사의 필요성을 없애지 않는다. 학생들에게 수반되는 강화를 배치했던 교사가 이제는 효과적인 학습성과를 거둘 수 있도록 그것을 재배열할 수 있다. 뿐만 아니라, 프로그램 학습을 끝마치도록 독려하고, 프로그램에서 배운 것들이 삶의 다른 분야들과 연관될 수 있는 사실과 원리를 보여 주는 막중한 책임은 여전히 교사에게 남아 있다.

학습기계는 학생들이 진급하기 전에 요점을 완전히 이해하도록 전산화되었다. 일반적인 교육업무의 비극들 중 하나는 교사가 많은 학생들을 동시에 교육해야 한다는 것이다. 이러한 조건에서는 아무리 좋은 교사라고 하더라도 교육을 위해 필요한 주의를 각각의 학생들에게 적절히 할당할 수 없다. 학습기계의 또 다른 이점은 학생들 각각의 반응에 충분히 강화해 주며 이것이 즉각적으로 주어진다는 것이다(Skinner, 1968, p. 39). 때때로 일반적인 환경에서 교사는 즉각적이고 충분한 강화의 중요성에 대해서 숙지하고 있긴 하지만 제공해 줄 여력이 없다. 마지막으로, 프로그램-학습 접근법(programmed-learning approach)은 개인차에 대한 중요성을 인식한다. 스키너(1968, p. 242)는 이러한 개인차들을 제대로 확인하지 못하는 것이 오늘날 교육에서 가장 큰 비효율적이라고 주장한다.

이 모든 이유들을 들어서 스키너는 자신의 프로그램-학습 접근법을 채택하는 것을 강력하게 지지하였다. 비록 그는 교육체제의 전체적 변화를 기대하고 있었지만, 자신의 혁신을 교육자들이 반대할 것을 알고 있었다.

> 교육 향상에 책임이 있는 대부분의 사람들은 기술적 도움이 가능하다는 것을 알아차리지 못하며, 이것을 지적하면 많은 사람들이 두려워한다. 그들은 하루하루 확인하는 의사소통의 친숙하고 안심되는 속성이 없으면 어떤 새로운 접근법에도 반대한다. 교육자들은 계속해서 비전문가들의 입장에서 학습과 교육방법을 논의한다. (Skinner, 1968, p. 259)

이처럼 스키너는 교육현장에 행동과학적 분석을 적용할 것을 권고한다. 많은 학습시설에서 프로그램-학습 방식을 사용하고 있는 것에서 확인할 수 있듯이, 그의 접근은 몇몇 교육자들 사이에서 지지를 얻어가는 듯하다.

사회에 대한 이론적 함의

자신의 책 『월든 투(*Walden Two*)』(1948)에서 스키너는 교육 분야와 정신병리학 분야뿐만 아니라 이상사회의 건설에 관한 매우 복잡한 문제에도 도움이 되는 원리를 적용시키려고 노력했다. 스키너는 행동공학적 유토피아인 월든 투를 구상했다. 이 사회는 거의 1,000명의 공동체 구성원들이 공동주택과 식당을 사용하는 지역사회로 묘사된다. 이러한 공동협약적 생활은 가전제품들을 불필요하게 많이 생산하지 않아도 되고 건물의 빈 공간에 드는 비용을 절감할 수 있다. 삶의 터전이 비교적 작다는 것 때문에 침실과 공동공간, 식당, 학교 그리고 도서관 같은 모든 공간이 서로 연결될 수 있으므로 대부분의 공동체 사람들은 날씨가 좋지 않을 때 외출을 피할 수 있다. 이와 같은 건물 구성은 개인의 필요에 맞게 환경을 변화시켜야 한다는 스키너의 강조와도 일치하는데, 어떠한 기상조건에서도 구애받지 않기 때문에 공동체의 구성원들은 날씨와 상관없이 자신의 상황에서 자유롭게 생활할 수 있다.

이러한 소규모 사회에서 사는 또 다른 이점은 자급자족적이라는 것이다. 장거리의 직장이 없어서 현대 직장인들처럼 출퇴근 시에 혼잡하고 꽉 막힌 고속도로를 이용하면서 괴로워할 일이 없다(Freedman, 1972, chap. 2, p. 3). 몇몇 트럭들만 집에서 짧은 거리에 있는 (가구를 만들고 수리하는 곳과 같은) 일터, 정원, 가축을 기르는 사육장으로 노동자의 짐 몇 가지를 옮기기 위해 왔다갔다하는 정도이다.

스키너는 자신이 생각한 유토피아가 1800년대의 귀농철학을 지나치게 단순화하고 미화시킨 것에 기반을 두고 있지 않을뿐더러 현대적 생활을 거부하는 것도 아니라고 주장했다. 예를 들어, 음식과 의복의 필요를 충족하기 위한 농업은 외부 대도시에서 들여오는 좋은 농기구를 사용해야만 가능하다. 또한, 이 기구들(트럭 같은)을 운영하기 위한 동력들 또한 대도시에서 공급받아야 한다. 월든 투가 강조하는 점은 구성원들에게 창의적이지도 흥미롭지도 않은 일을 최소화하는 것이다. 이러한 지향은 기술이 제공할 수 있는 최선을 요구한다.

때때로 대규모 도시와 거래할 때 돈이 필요하지만 월든 투에서 돈은 필요하지도 않고 사용하지도 않는다. 사회구성원들이 외부에 노동을 제공한 대가로 벌어들인 돈은 외부에서 가구를 구매하기 위한 공동자금으로 쓰인다. 월든 투에서 의식주, 오락 및 의료 서비스는 무료로 제공된다. 그러나 시스템을 계속해서 작동시키기 위해서, 구성원들이 연간 노동 점수 1,200점(또는 4점씩 300일 근무)을 제공해야 한다. 일반적으로 노동 점수는 일하는 각각 시간에 주어지고 평균 근무 시간은 4시간이기 때문에 거주민들은 취미 활동이나 다른 오락활동을 할 시간이 주어진다(예: 게임, 연극, 독서, 집필활동, 예술, 과학, 취미활동). 힘든 일을 진행시키고 혐오적인 일에 대한 불평을 없도록 하기 위해서 모든 종류의 노동이 똑같이 하고 싶게끔 노동 점수를 알맞게 조정하여 할당한다. 예를 들면, 하수도를 청소하는 사람은 시간당 1.5점을 얻지만 마을에서 정원사로 일하면 시간당 0.7 또는 0.8점을 얻는다(Skinner, 1948, p. 52). 각각의 구성원들이 주당 평균 20시간밖에 일하지 않는다고 하더라도 경제는 여러 이유로 자립 가능하다. 상품의 불필요한 중복 생산이 적은데, 예를 들면 공용 자동차가 있어서 모든 사람들이 자동차를 소유하지 않는다. 스키너는 자신의 이상사회에 만족한 사람들은 술을 마실 필요가 없다고 믿었기 때문에 여기에는 술집이 없으며 불필요한 서비스들도 제거된다(Freedman, 1972, chap. 2, p. 3). 공동체의 사람들은 패션광고에 마구 노출될 일이 없기 때문에 여기서는 옷입는 방식이 천천히 변하고 멀쩡한 옷은 버리지 않는다(Skinner, 1948, p. 35). 그리고 여기에는 실업이 없기 때문에 늘어나는 관료주의적인 부담과 실업수당을 관리하는 비용이 없다.

또한 월든 투는 여성을 포함한 모든 시민들이 효율적으로 기능한다. 스키너는 남녀간의 관계나 역할에 대한 관점에 있어서 명백한 평등주의자였다. 월든 투에서의 노동에는 성별 분업이 없다. 성별과 상관없이 모든 공동체의 구성원들이 음식을 준비하고 차리고, 집을 청소하고, 아이들을 교육하는 노동을 분담하기 때문에 여성들은 공동체의 모든 공간에서 남성들과 동일하게 참여할 수 있다.

양육 또한 여성 남성 모두 동일하게 책임진다. 양육은 스키너가 특별히 고민했던 문제여서 상당한 관심을 쏟았다. 월든 투에서 아이들은 자신의 친부모들과 살 수 없을 뿐만 아니라 양육될 수도 없다. 대신에 공동체의 모든 사람들이 양육의 책임을 나눠 가진다. 탁아소에서 유아들은 남성과 여성의 전문가들에 의해서 길러진다. 이들은 두려움이나 좌절감, 그리고 불안감에 대해서 알지 못하도록 매우 통제된 환경에서 살게 한다. 1년이 지난 영아들은 기숙사에서 지내게 되는데, 어느 정도의 좌절감에 대한 내성을 기르기 위해 짜증나는 일들에 점진적으로 노출시킨다. 스키너는 피곤하고 배고픈 아이가 먼 길을 걸어서 집에 돌아온 상황을 예로 들어서 설명한다. 당장 아이들이 음식을 먹도록 하기보다 5분 동안 그릇에서 김이 모락모락 나는 스프 앞에 서 있도록 한다(Skinner, 1948, p. 109). 아이들이 이를 즐겁게 받아들이고 짜증나는 상황을 너무 심각하게 생각하지 않도록 도움을 받을 것이다. 자기통제의 교훈을 배운 아이들은 나중에 자신을 불쾌하게 만드는 어떠한 경험들도 잘 대처할 수 있게 된다. 우리 사회에서는 아이들은 통제되지 못하는 좌절과 연속적인 패배감을 겪게 되지만, 월든 투에서 좌절의 정도는 철저히 조절되어 있기 때문에 성공을 보장할 수 있다(Freedman, 1972, chap. 3, p. 3).

공동양육 시스템은 부모와 아이 간의 관계를 약화시키는데, 월든 투에서는 이러한 상태를 장려시킨다. 스키너는 보통 가정의 부모들이 자신의 아이들을 어떻게 적절히 양육하는지를 모른다고 믿었고, 양육에 관해서는 부모보다 전문가들에게 맡기는 것이 최선이라고 생각했다. 아이들은 월든 투에 있는 모든 성인들을 몇 가지 이익을 제공해 주는 부모로 여긴다. 아이들은 자신의 생물학적 부모에게 너무 의존하지 않도록 배운다. 위탁 아동이나 의붓자식들은 친자식만큼 매우 사랑받는다. 만약 생물학적 부모가 이혼을 하게 된다 해도, 아이들은 자신의 삶에서 일어나는 몇 가지 변화로 인해 당황해 하지 않아도 된다. 자식이 없거나 자식 대신 다른 것에 열중한다고 오해받지 않기 때문에, 부적격이거나 상태가 좋지 못한 사람이 부모가 되려고 하는 것도 어렵지 않게 말릴 수 있다. 마지막으로 아이들은 수많은 어른들로부터 보살핌과 도움을 받기 때문에 매우 안정적으로 성장한다(Skinner, 1948, pp. 142–145).

월든 투는 6명의 위원으로 구성된 기획위원회(보통 3명은 여성)를 통해 통치된다. 후임 기획위원들은 3명의 여성들을 포함한 6명의 기획위원들로부터 선출된다. 기획위원들은 관리자로부터 제출받은 명단에서 자체적으로 선출한다. 기획위원들은 10년 동안 일하고 재임은 할 수 없다. 이들은 정책을 결정하고 관리자들을 감독하는 데에 책임이 있다.

관리자들은 공동체 구성원들에게 충분한 물건과 서비스들을 제공하는 것을 책임진다. 예를 들면, 음식, 건강, 치과, 연극, 예술, 탁아소 그리고 낙농장에 관리자가 있다. 관리자들은 매우 잘 교육받은 전문가들이고 견습 기간 절차를 거쳐 엄선된 사람들이다(Skinner, 1948, p. 55).

작업자와 관리자, 그리고 기획위원들을 제외한 유일한 다른 그룹이 있는데 그것은 과학자들이다. 공동체는 구성원들의 경제적 · 심리적 향상을 목표로 하는 연구를 지원한다. 경제적 향상을 위해 종종 동식물 실험이 이루어지고, 행동에 미치는 환경의 영향에 대한 지식을 축적하여 구성원들의 행복증진을 위한 효과적인 환경조작을 하기 위해 심리학적 실험이 행해진다.

월든 투에서 작업자들은 기획위원, 관리자 그리고 과학자들을 직접 선출하지 않는다. 스키너는 일반 시민들(노동자)이 이러한 선택을 현명하게 할 수 없다고 생각한다. 스키너가 생각하기에 이러한 결정들은 타인들을 위해 권력을 행사하는 전문가들에 맡기는 것이 최선이다. 전문가들이 공동체의 전체적 행복을 감소시키는 어떤 조치를 행하게 된다면 자신의 권력이 감소되는 것을 경험하게 될 것이다. 스키너는 권력이 줄어들 수 있다는 가능성이 권위의 남용을 견제할 것이라고 확신한다(Skinner, 1948, p. 264).

이는 스키너의 관점이 순진하며 소수에게 권력이 집중되는 것은 공동체 구성원의 불행수준과 상관없이 권력의 남용으로 이어질 것이라는 비판이 제기될 수 있다. 이 비판은 권력이 개인적인 이익을 위한 수단임을 가정하는 것이다. 독재자들은 존경받는 느낌에 도취되고 부와 재산을 축적하기 위해서 시민들을 착취하고 이용한다. 그러나 스키너의 이상사회에서는 권력이 개인의 자존감을 위해서가 아니라 공동체를 향상시키기 위해 존재한다. 소유와 재물을 공동체 구성원들과 나누기 때문에 물건을 소유해서 얻는 이득이 없다. 권력을 잃는다는 것은 공동체 구성원들이 사람들을 도우려는 리더의 의도를 덜 수용하는 것을 의미하기 때문에, 결과적으로 리더는 불행해지는 것이다. 또한 월든 투에서의 사회화 과정은 행동을 규제하기 위한 주된 수단으로써 처벌을 사용하기보다 긍정적 강화와 협동적 행동을 강조한다(Skinner, 1948, p. 272). 마지막으로 만약 기획위원들이 권위를 남용한다면 이들의 행동을 규제하기 위해 구성원들이 채택한 규정 하에서 다른 사람들로 대체될 것이다. 이러한 모든 보증에도 불구하고, 월든 투는 착한 독재정치일 뿐이며 이는 민주주의를 지향하는 대부분의 미국인들에게는 불안해 보일 것이다.

더욱 불안해 보이는 것은 스키너가 민주주의 이념을 가차없이 폐기한 것이다. 그는 소수 집단이 대다수에게 속수무책으로 휘둘리는 것이 진짜 정치적 횡포라고 주장했다(Freedman, 1972, chap. 3, p. 7). 스키너는 대통령 선거 같은 총선에 큰 의미가 없다고 생각했는데, 정당과 그들의 정치적 진영 간에는 별반 차이가 없으며 어느 쪽의 후보를 뽑든 유권자들의 삶은 주목할 만한 차이를 만들지 못한다고 보았다. 민주주의를 향상시키려고 노력하기보다, 그는 간단하게 민주주의를 버리자고 한 것이다(Freedman, 1972, chap. 3, p. 7).

이상사회에 관한 스키너의 생각은, 사람들이 전문가들(기획위원, 관리자, 과학자)에게 그들이 운영하는 생활의 좋은 점과 싫은 점에 대해 직접적으로 말할 수 있다는 것이다. 그러므로 항의는 합법적이어야 하며 "조종사가 엔진이 털털거리는 비행기를 운전하는 것만큼 심각하게" 받아들여져야 한다(Skinner, 1948, p. 269). 만약 현재의 운영방식이 만족스럽지 못하다면 이는 변할 것이다. 왜냐하면 스키너의 이상사회는 모든 공동체 구성원들의 행복을 극대화시키는 것을 목표로 하는 실험적 사회이기 때문이다.

마지막으로, 1970년대까지 월든 투 모델을 기반으로 공동체를 건립하려고 시도한 소수의 사람들이 있었지만, 현재 미국에서는 그러한 사회공학적 생활집단을 만들고 지속적으로 이어가려는 시도는 없는 것 같다. 대신에 스키너의 작업은 사람들의 삶을 더욱 효율적으로 만들기 위해 놀라운 신기술을 적용하는 논의 속에서, 하나의 이상사회의 예로 언급된다.

이론에 대한 평가

우리의 여섯 가지 기준에서 스키너의 이론에 대한 과학적 가치의 평가가 아래에 순서대로 제시되었다.

포괄성

스키너는 처음에는 오로지 하등동물에 초점을 맞춰 행동이론을 구성하였다. 그의 주된 관심사는 간단하고 비사회적인 행동에서의 일련의 학습 원리를 알아내는 것이었다. 그래서 스키너가 초기 이론에서 다뤘던 주제의 범위는 매우 한정적이었고, 이러한 좁은 범위 때문에 많은 비판을 받았다. 그의 주된 반박은 모든 과학에서의 발전이 처음에는 단순한 것에 초점을 맞추고 그 다음부터 점진적으로 복잡한 것에 초점을 맞추는 연구가에 의해 일어난다는 것이었다. 단순한 행동에 초점을 맞추는 것은 과학자들이 상황적 조건을 더 잘 통제할 수 있도록 하고 오랜 기간 동안 행동을 기록하기 위함이며 유전 및 환경-역사 변인을 통제하기 위한 것이다(Skinner, 1953, p. 38). 일단 기본 과정들이 하등동물들을 통해 이해가 되면 이 정보는 인간의 더욱 다양하고 복잡한 행동에 대한 연구에 활용될 수 있다.

이런 연구전략은 행동에 대한 중요한 연구 결과들을 내놓는 성과들을 보여왔지만, 여기에는 행동을 연구하는 사람들이 괜히 바보같아 보이도록 만드는 모종의 보수성이 존재한다. 과학은 인간을 향한 사업이며 적어도 가끔은 재미도 있어야 한다. 분명한 데이터 근거가 없을 때도 자신의 예감만으로 잘 되든 안 되든 시도해 보는 것이 즐거움의 한 부분인 것이다. 그래도 단순에서 복잡으로 나아가는 원리에 대한 스키너의 신념은 일반적으로 타당하다.

그의 후기 문헌에서, 행동수정에 대한 대부분의 최근 연구들은 인간행동에만 초점을 맞추고 있기 때문에 자기 연구의 불균형이 해결되었다고 주장한다. 이러한 점에서 스키너의 이론은 이제 훨씬 더 포괄적인 것이라고 평가할 수 있다.

정밀성과 검증 가능성

스키너이론의 용어들은 정확하게 정의되었고, 다양하게 상관지은 서술들은 실험적 검증이 가능하다. 행동적 현상에 대한 연구가 엄격하고 정확해야 한다는 생각은 스키너와 동료들이 남긴 인상적인 강점 중 하나이다.

간명성

스키너이론은 특히 정신역동 이론에 비교했을 때 더 경제적이다. 스키너의 이론은 과잉된 개념들과 추정들 때문에 큰 부담을 지지 않는다. 오히려, 그의 이론은 다양한 사회적 학습현상을 설명하는 데 필요한 많은 개념이 부족하다는 주장이 제기될 수 있다. 스키너는 복잡하고 인지처리에 기반한 인간의 학습을 설명하기 위해서는 추가적인 개념들이 더 필요함을 인정했다.

경험적 타당성

정신역동이론과 극명하게 대조적으로 스키너의 이론은 실험실 데이터에 근거한다. 그러나 스키너의 학습이론은 많은 부분에서 강한 경험적 지지를 받고 있지만, 비판자들은 행동공학이 복잡한 사회적 문제를 해결할 수 있다는 스키너의 주장에 근거가 없으며, 그는 단지 한정된 경험적 증거 하에서 지나치게 광범위하고 부적절한 일반화를 내린 것이라고 주장했다(Black, 1973, p. 129). 스키너는 자신이 실제로 한정된 자료를 가지고 사회 기능을 해석했음을 인정했지만, 이것은 지극히 정당했으며 많은 주의를 환기시키지 못한 다른 분야의 과학자들과 함께 이루어진 것이라고 주장했다. 스키너는 "현상들이 시공간을 넘어서거나 조작하기에는 너무 크거나 작다 해도, 해당 상황에 대한 완전하지 못한 설명으로라도 논의해야 한다"고 말했다(Skinner, 1973, p. 261). 이는 맞는 말이지만, 마찬가지로 추정과 사실을 혼동하기 쉬우며 빈곤과 인구과잉과 같은 주요 사회문제를 해결하는 데에 효과적인지는 검증된 바가 없다.

발견적 가치

스키너의 이론은 여러 분야 학자들의 사고와 연구 활동에 큰 영향을 끼쳤다. 그는 인본주의 심리학자, 정신과 의사, 정치가, 철학자, 신학자, 생물학자, 소설가 그리고 기자 등을 포함한 많은 비평가들에 의해 심하게 비판받으며 논란을 일으킨 인물이었다. 어떤 사람들은 이처럼 공격받는 모습을 이유로 들어서, 스키너가 결국에는 인간을 이해하는 관점의 변화를 이끌어 낸 혁신적인 사상가였다고 평가한다(Platt, 1973, p. 23). 어쨌든 스키너 이론의 발견적 가치가 높다는 것은 분명하다.

적용 가치

스키너의 입장은 사회의 기능에 대해 지대한 영향을 미친다. 하등동물에 대한 실험에서 시작하여, 그는 60년에 가까운 시간 동안 인간이 직면하는 수많은 문제들에 적용되어 온 간단명료한 강화원리를 고안해 냈다. 이론의 적용적 가치가 가장 잘 드러나는 분야는 정신병리학과 교육일 것이다.

비판적 사고를 위한 질문

1. 스키너가 제시한 것처럼 행동에 대한 과학 기술은 정말 필요할까? 당신의 대답에 대한 이유를 들어 보라.
2. 당신은 자기 행동을 이해하기 위해서 유심론적 설명방식을 쓰는가? 만약 그렇다면, 최근의 예를 들어 설명해 보고 그 상황에서 가장 분명히 드러나는 잠재적 환경요건에 대해 재분석해 보라.
3. 행동통제는 모두 나쁜 것인가? 통제는 어떤 방식으로 사람들에게 긍정적이거나 부정적인 결과를 만드는가? 왜 많은 사람들은 타인의 행동결과를 통제하는 자들을 싫어하는가?

4. 당신은 처벌이 현대사회에서 가장 흔한 통제방법이라는 스키너의 생각에 동의하는가? 통제기술로써 처벌은 어떤 한계점이 있는가? 처벌의 사용이 효과적이거나 바람직할 때가 있긴 한가?
5. 행동수정이란 무엇인가? 행동수정의 장점과 단점은 무엇인가? 당신은 바람직하지 못한 행동을 수정함에 있어서 토큰경제가 쓸모없고 비윤리적인 방법이라고 생각하는가? 그렇다면 당신은 대안으로 어떤 방법을 제안하겠는가?

용어 해설

간헐적 강화intermittent reinforcement 가끔 또는 간헐적인 반응에 대한 강화물을 제공하는 강화 계획

강화reinforcement 행동을 한 후에 행동빈도를 증가시키기 위해 처벌을 제거하거나 정적 강화물을 제시하는 것

강화로부터 타임아웃time-out from reinfrocement 바람직하지 않은 행동에 수반되어 정적 강화로의 접근이 짧은 기간 동안 철회되는 처벌 절차

계기적 접근successive approximations 목표로 하는 반응에 점차적으로 유사해지는 반응을 강화하는 절차

고정간격계획fixed-interval schedule 정해진 시간이 경과한 후에 발생하는 첫 번째 반응을 강화하는 강화 계획

고정비율계획fixed-ratio schedule 정해진 반응의 수가 정적 강화를 받기 위해 필요한 일정행동의 양을 만족하면 강화하는 계획

기능적 분석functional analysis 행동이 일어나거나 일어나지 않는 것을 결정하는 환경적 요인을 확인하여 행동을 이해하려는 시도. 함수적 분석은 행동이 환경적 요인의 조작에 의해 일어난다고 본다.

반응대가response cost 바람직하지 않은 행동에 수반되는 정적 강화물을 제거하는 처벌 절차

방향수정redirection procedure 부적절하게 행동하는 아동을 모임에서 떼어 놓고 대안적인 행동으로 조정하려는 기술

변별 자극discriminative stimulus 어떤 행동이 강화를 받게 될 것인지 혹은 강화를 받지 않게 될 것인지를 암시해 주는 단서

변별discrimination 다른 상황적 사건에 대해서 차별적 반응을 보이는 것

부적 강화negative reinforcement 부적 강화물을 제거한 결과로 반응빈도가 증가하는 것

부적 처벌negative punishment 정적 강화물을 제거한 결과로 반응빈도가 감소하는 것

부정적 강화물negative reinforcer 전기 충격, 극심한 소음, 심하게 밝은 빛 그리고 육체적 폭행과 같이 혐오적이고 불쾌한 자극. 이 자극의 제거가 뒤따르는 반응의 빈도를 증가시킨다. 혐오자극은 이것의 제거가 뒤따르는 반응빈도를 증가시키는 처벌물이다.

소거extinction 이전에 이미 강화되었던 행동이 더 이상 강화되지 못한 결과로 나타난 행동의 감소

수반성contingency 행동과 행동결과 간의 관계. 어떤 경우에는 행동을 앞서는 사건도 수반성으로 구체화된다.

수반적 관찰 절차contingent observation procedure 놀이장면에서 부적절한 행동을 한 아이를 친구로부터 격리시켜 주변에 앉아서 알맞은 행동을 하며 놀고 있는 다른 아이들을 지켜보도록 하는 기술. 집단으로 돌아오는 것은 아이가 놀이장면에서 나타난 옳은 행동을 이해했는지 여부에 달려 있다.

신체적 보조물physical aids 특정 행동이 용이하도록 도와주는 도구. 예를 들면 안경은 시각에 문제가 있는 사람이 잘 보이도록 도와주고 것이고 보청기는 청각에 손상을 입은 사람에게 잘 들리도록 도와주는 도구이다.

여타 행동 차별적 강화differential reinforcement of other behavior(DRO) 특정 기간 동안 문제의 표적행동을 자제하게 하거나 특정 순간에 반응하지 못하게 하여 문제의 표적행동을 제외한 다른 모든 행동을 강화하는 강화 계획 (예: 싸우지 않기, 물지 않기, 소리 지르거나 차지 않기)

연속 강화continuous reinforcement 각 반응마다 강화가 뒤따르는 강화 계획

유심론mentalism 행동에 대해 설명할 때 객관적으로 측정하거나 타당화할 수 없는 개념들을 사용하는 것에 몇몇 학습이론가들이 불만을 표현한 경멸적인 용어

이차 강화물secondary reinforcers 이미 강화적 속성을 가진 일차 강화물이나 다른 조건화된 강화물과 짝지어져서 강화적 속성을 획득한 것

이차 처벌물secondary punisher 이미 혐오적 속성을 가진 일차 처벌물이나 다른 조건화된 자극과 짝지어져서 혐오적 속성을 획득한 것. 2차 강화요인 자극은 이미 강화된 1차나 조건적인 다른 강화물과 짝지어져 강화된다.

일차 강화물primary reinforcers 본능적으로 강화되는 자극. 강화적 속성을 얻기 위해 학습할 필요가 없다.

일차 처벌물primary punishers 본능적으로 혐오적인 자극. 이들은 혐오적 속성을 얻기 위해

다른 혐오적 자극과 짝지을 필요가 없다.

자극 일반화stimulus generalization 특정한 자극으로 강화된 행동들이 유사한 자극에 의해서도 나타나게 되는 절차

자극 통제stimulus control 반응이 특정한 자극에 의해 결정되는 절차. 만약 한 사람이 특정 자극이 있고 다른 자극은 없을 때 어떤 행동이 강화받았다면, 바로 그 자극이 있을 때에만 강화를 받을 기회가 있다고 학습하게 된다. 이때 행동은 그 자극들의 통제 하에 있다고 말한다.

자기관리절차self-management procedures 시설 구성원들이 스스로의 행동을 관리하고 통제할 수 있도록 시설기관이 사용하는 기법들. 예를 들어 교육장면에서 교사들은 학생지도를 할 시간을 가지기 위해서 학습에 지장을 주는 행동을 학생 스스로 관리하고 통제하는 법을 배우는 절차를 시행한다. 아이는 먼저 올바른 규칙(밀지 않기, 때리지 않기 등)을 배운다. 학교에서 규칙을 준수하는 것은 일과가 끝났을 때 교사로부터의 보상으로 이어진다. 부적절한 행동(밀기, 때리기, 싸우기)에는 보상이 주어지지 않는다.

자기통제 과정self-control processes 자신의 행동에 영향을 미치는 조건을 바꾸기 위해 실시되는 작업

정적 강화positive reinforcement 행동의 빈도를 증가시키기 위해 반응을 한 후에 긍정적 강화물을 제시하는 것

정적 강화물positive reinforcers 행동 뒤에 따라오는 자극들이 행동의 빈도를 증가시키는 것

정적 처벌positive punishment 행동의 빈도를 감소시키기 위해서 행동 후 혐오적 자극을 제시하는 것

조성shaping 연속적으로 새로운 행동에 가까운 반응을 강화해 가면서 그 행동을 학습시키는 것

조작적 분석operant analysis 강화나 처벌 결과에 따라서 행동이 획득되고, 유지되거나 수정되는 방식을 연구하는 것

조작적 조건화operant conditioning 행동과 행동결과 사이의 연결고리를 형성하는 것

처벌punishment 행동의 감소를 위해서 행동을 한 후에 혐오자극을 제시하거나 긍정적 강화물을 제거하는 것

촉발자prompts 행동 시행을 도와주는 선행 자극

토큰 경제token economy 환자들이 효율적으로 살아가기 위해 필요한 행동들을 병원 의료진들이 판단하여 설정한 행동을 환자가 수행하면 토큰(칩이나 점수)을 벌게 되는 행동수정 절차이다. 토큰들은 환자들이 원하는 경험이나 상품으로 교환이 가능한 강화물이다.

행동목록(레퍼토리)repertoire 고유하게 습득된 일련의 행동패턴

행동수정behavior modification 강화 원리에 의존하거나 간혹 처벌 원리에 의존하여 행동을 바꾸는 일련의 절차

효과의 법칙law of effect 손다이크(Thorndike)는 행동이 행동결과에 의해 결정된다고 보았다. 그의 관점에서 보상이 뒤따르는 행동은 계속해서 유지되지만 처벌이 뒤따르는 행동은 소멸된다. 현재 조작적 조건형성 이론에 따르면 행동은 처벌이 뒤따를 때보다 긍정적 강화물이 뒤따를 때 더 효과가 있다고 밝혀졌다.

추천 도서

Skinner, B. F. (1948). *Walden Two*. New York; Macmillan.

Skinner, B. F. (1953). *Science and human behavior*. New York; Macmillan.

Skinner, B. F. (1971). *Beyound freedom and dignity*. New York; Knopf.

Skinner, B. F. (1974). *About behaviorism*. New York; Knopf.

CHAPTER 16

로터의 기대-강화값 모형

로터의 생애

줄리안 로터(Julian Rotter)는 1916년 뉴욕 브루클린에서 태어났다. 그는 1937년 브루클린(Brooklyn) 대학에서 학사, 1938년 아이오와 대학교(University of Iowa)에서 석사, 1941년 인디애나 대학교(Indiana University)에서 심리학 박사학위를 취득하였다. 대학과 대학원 시절에 신(新)정신분석학자인 아들러와 선도적인 사회심리학자인 레빈으로부터 많은 영향을 받았다. 로터는 아들러의 임상 강의, 시연, 세미나 등에 참여했으며, 비공식적으로 아들러의 집에서도 그를 만났다(Mosher, 1968, pp. 33–45). 그는 행동의 목표 지향성과 성격의 통일성에 주목하고 있는 아들러를 신뢰하였다. 우리가 앞으로 보게 되겠지만, 로터의 많은 개념들에서 아들러의 영향을 직접적으로 받은 흔적을 찾을 수 있다.

또한 로터는 행동의 상호연관성을 강조하고, 어떤 행동의 발생에는 여러 요인들이 관여되어 있다고 주장하는 레빈의 **장이론field theory**의 영향을 받았다. 로터는 이런 가정들뿐만 아니라, 행동은 그 행동을 한 사람의 관점에서 기술되어야 한다는 입장을 수용하였다(Rotter & Hochreich, 1975, p. 97). 로터는 자신이 아들러와 레빈 이외에도 손다이크, 톨먼 및 헐을 포함한 많은 학습이론가들의 영향을 받았다고 말한다. 일반적으로 말해 그의 사회학습이론은 이들 여러 이론가들의 연구에 포함되어 있는 두 개의 주요 흐름(강화이론과 인지 혹은 장이론)을 통합하려는 시도이다(Rotter, Chance, & Phares,

1972, p. 1).

로터는 제2차 세계대전 동안 미 육군에서 심리학자 겸 인사고문으로 복무한 후, 오하이오 주립대(Ohio State University)의 교수가 되었고, 후에 그 대학에서 임상심리 분야의 장(長)이 되었다. 그 대학에 있는 동안 『사회학습과 임상심리(*Social Learning and Clinical Psychology*)』(1954)라는 저서를 집필하고, 이 책에서 자신의 사회학습 성격이론을 확장한 치료법을 제시하였다. 또한 그는 장래에 자신의 이론에서 나온 여러 예언들을 검증하는 연구를 하게 될 많은 유능한 학생들에게 인기가 있었다. 이들 중 일부는 현대 심리학에서 사회학습이론을 이끄는 사람이 되었다.

1963년 로터는 오하이오 주립대를 떠나 코네티컷(Connecticut) 대학교 심리학과의 교수로 옮겼으며, 그곳에서 임상심리 프로그램의 수장으로 근무하였다. 로터는 미국 직업심리학 심의위원회의 임상심리 전문가이다. 그는 두 명의 예전 학생인 챈스와 파레스와 공동으로 『사회학습 성격이론의 응용(*Applications of a Social Learning Theory of Personality*)』(1972)을, 동료인 Hochreich와 『성격(*Personality*)』(1975)을 출간하였다. 로터는 자신의 가장 중요한 이론적 연구 논문들을 엮어 『사회학습이론의 개발과 응용(*The Development and Application of Social Learning Theory*)』(1982)을 출간하였다. 로터는 1976~1977년에는 미국 동부지역 심리학회 회장을 역임하였고, 1988년에 은퇴하였지만, 사회학습 분야에서 적극적으로 연구와 저술활동을 계속하고 있다.

개념과 원리들

로터는 학습개념과 원리들에 근거하여 성격이론을 만들었다. 기본 가정은 우리 행동의 대부분이 학습되는 것이며, 타인과의 경험을 통해 획득된다는 것이다(Rotter et al., 1972, p. 4). 이러한 사회학습의 입장은 우리가 성격을 연구하는 데 역사적 접근을 이용해야 한다는 사실을 알려 준다. 즉, 사람들의 현재 행동을 이해하려면, 그들의 생활에서 선행적 사건들을 알아보아야 한다는 것이다. 그러나 프로이트 학파와 달리, 로터는 어떤 사람의 행동을 잘 예측하기 위해 그의 과거 경험을 심층적으로 알아볼 필요는 없다고 생각하였다. 대신 그는 우리가 예측하고자 하는 목표를 충족시키는 데 도움이 될 만큼만 그 개인의 과거 사건에 주목하면 된다고 주장한다(Rotter et al., 1972, p. 5). 예를 들어 어떤 학생이 학사학위 취득에 실패할 것인지의 여부를 예측하기 위해서는 그 학생이 구강기 단계에서 외상적 경험이 있었는지를 알아볼 필요는 없다. 단지 그가 상대적으로 고등학교 성적이 나빴는지와 대학성적이 나빴는지만 알아보는 것으로 충분하다.

로터는 한 개인의 경험들과 그것들 간의 상호작용이 지속적으로 서로 영향을 주는 성격의 단일성 혹은 상호의존성을 강조한다(Rotter, et al., 1972, p. 7). 과거 경험은 현재의 경험에 영향을 주고, 현재의 경험은 과거에 학습한 것을 변화시킨다. 예를 들어 어떤 학생이 과거에 어떤 상담가로부터 잘못된 조언을 지속적으로 들었기 때문에, 대학에서도 상담가의 도움이 될 만한 조언을 거부할 수도 있다. 그러나 만약 그가 이 상담가의 조언을 받아들이고 그것이 도움이 된다고 입증되면, 그의 상담가에 대한 태도는 호의적으로 바뀔 것이다. 그래서 그 개인이 지속적으로 새로운 경험에 노출되기 때문에 성격은 변화하는 것 같기도 하고, 과거 경험이 새로운 학습에 영향을 주기 때문에 안정적인 것 같기도 하다(Rotter & Hochreich, 1975, p. 94).

단일성 혹은 상호의존성의 또 다른 측면은 각기 다른 행동들이 기능적으로는 연관되어 있다는 점이다(Katkovsky, 1968, p. 215). 예를 들어 여러분은 매우 일찍 일어나서 온라인 수강신청으로 인기 있는 강좌를 신청하는 데 성공할 수도 있고, 친구에게 수강신청을 부탁하여 그럴 수도 있고, 그 강좌의 강사에게 직접 부탁하여 그럴 수도 있고, 학장의 승인을 받고 그럴 수도 있다. 각 행동들은 기능적으로는 서로 연관이 있다. 즉, 이 모든 행동들은 같은 결과를 위해 하는 것이다. 강화도 기능적으로 서로 연관될 수도 있다(Rotter et al., 1972, p. 19). 예를 들어 유명한 아이스하키 선수가 자기 팀을 스탠리컵(우승컵)에 도전하도록 이끄는 것은 자신의 연봉을 높이는 것뿐만 아니라 팀 동료들, 코치 및 방송 관계자들의 칭찬을 받는 것이며, 주요 상품의 광고모델 계약을 맺는 데 유리하다는 사실을 알고 있을 수 있다.

동기

로터는 우리의 많은 행동은 목표지향적이라고 가정하였다. 이런 지향성은 강화조건의 효과로부터 추론할 수 있다(Rotter, et al., 1972, p. 8). 다시 말해 로터는 인간의 행동을 동기화된 것으로 간주하고 있다. 사람들은 보상의 극대화와 처벌의 극소화 혹은 회피를 위해 노력한다. 스키너와 같이, 로터도 경험적인 효과의 법칙을 인정한다. 그의 주장 중에는 "어느 자극은 유기체를 하나의 목표 쪽으로 혹은 그 반대쪽으로 움직이도록 영향을 주는 만큼 강화 속성을 지니고 있는 것이다"라는 말이 있다(Rotter et al., 1972, p. 9). 일부 연구자들은 이 원리가 순환논리로 보이기 때문에 이 원리에 반대한다. 즉, 강화물을 행동과 독립적으로 정의하지 못하고 있다는 것이다. 로터는 만약 우리가 그것이 나타날 때까지는 강화물을 확인할 수 없다면 그런 비판이 타당하지만, 실제로는 집단과 개인 모두에게 영향을 주는 것으로 알려진 강화사건들을 확인할 수 있다고 주장한다(Rotter et al., 1972, p. 9). 이를 사용하여 강화물이 행동에 미치는 효과를 예측할 수 있다.

여기서 동기에 관한 두 가지 점을 언급할 필요가 있다. 첫째는 사회학습이론을 사용하는 연구자들이 행동의 방향을 결정해 주는 환경조건에 초점을 둘 때, 목표 혹은 강화라는 용어를 사용한다는 점이다. 행동의 방향을 결정하는 사람에 초점을 둘 때, 그들은 욕구라는 용어를 사용한다. 로터에게 욕구와 목표는 단지 편의상 구별하는 것일 뿐, 의미적으로는 같은 것이다(Rotter et al., 1972, p. 10).

둘째, 사회학습이론에서는 어린 시절의 목표는 가정에서 학습된다고 가정한다. 우리는 부모와 부모 대리인이 충족시켜 주는 생리적 욕구를 갖고 태어난다. 로터는 부모와 우리의 기본적이고 학습되지 않은 욕구의 만족 혹은 좌절간의 연합은 이후에도 부모에게 애정, 사랑, 칭찬, 인정, 지위 및 의존을 의지하는 기초가 된다고 보았다(Rotter et al., 1972, p. 10).

그러나 이런 견해에는 이론적 난제가 있다. 모든 강화물들은 그것이 욕구감소와 연합되기 때문에 강화를 주는 것이라고 가정한다. 예를 들어 어머니가 아들의 학교성적에 대해 칭찬하는 것은 그를 정적으로 강화시킨다. 왜냐하면 아들에게 칭찬은 어린 시절의 허기 욕구를 줄여 주는 배식경험과 연합되어 있기 때문이다. 강화가 욕구를 감소시킨다는 주장은 단순한 행동에서는 적합할 수도 있지만, 복잡한 사회적 행동을 설명하는 데는 어려움이 있다(Rotter et al., 1972, p. 9). 예를 들어 고차적인 성취감을 원하는 운동선수가 트랙경기에서 우승한다고 해서 (허기와 같은) 학습되지 않은 동기가 감소하는 경험을 하는가? 이런 난제를 극복하기 위해, 사회학습이론은 경험적인 효과의 법칙에 의존한다. 즉, 자극사건을 제공하거나 제거한 이후에 행동의 변화가 생겼는지의 여부를 보고, 그 자극이 강화인지의 여부를 판단한다. 그래서 사회학습이론에서는 목표에 대한 초기 학습은 욕구감소라는 틀 내에서 일어나지만, 복잡한 행동의 학습은 경험적인 효과의 법칙에 따른 강화개념으로 보다 잘 설명될 수 있다고 가정하고 있다.

사회학습 개념들

사회학습적 접근은 네 가지 주요 개념(행동잠재력, 기대, 강화값, 심리적 상황)에 근거하고 있다. 가장 단순한 형태로 보면, 행동의 공식은 "어떤 상황에서 어떤 행동이 발생할 잠재력은 그 상황에서 그 행동이 특정 강화를 가져올 기대와 그 강화의 가치의 함수" 이다(Rotter, 1975, p. 57). 지금부터 이 개념들을 차례로 살펴볼 것이다.

행동잠재력

로터의 이론에서 **행동잠재력**behavior potential이란 "특정 상황에서 어떤 행동이 발생할 가능성으로, 이는 어떤 강화나 강화세트와의 관계로 계산된다"(Rotter et al., 1972, p. 12). 스키너처럼, 로터도 어떤 환경조건에서 개인이 반응할 확률에 대해 언급하고 있다. 그러나 로터의 입장은 스키너에 비해 인지적 요소의 역할을 훨씬 더 강조하는 편이다. 왜냐하면 로터는 사람들 앞에 놓인 사건에 대한 사람들의 주관적 해석을 적극 사용한다. 예를 들어 로터는 행동잠재력이 주어진 상황에서 타인의 행동들에 대한 사람들의 지각에 의해 영향을 받는다고 가정한다. 그래서 행동의 예측에는 여러 복잡한 내적 혹은 인지적 요인들이 관여되어 있다는 것이다. 마지막으로 로터의 행동에 대한 정의가 상당히 광범위하다는 점에 주목할 필요가 있다:

> 행동은 직접 관찰될 수 있는 것도 있고, 간접적인 혹은 암묵적인 것도 있다. 옷 입기, 달리기, 물기, 싸우기, 웃기, 선택하기 등은 모두 행동이다. 이것들은 모두 관찰이 가능한 행동들이지만, 합리화하기, 우울하기, 대안들을 고려하기, 계획 세우기, 재분류하기와 같이 간접적으로 측정할 수밖에 없는 암묵적 행동들도 있다. 인지적 활동은 객관적 연구가 어렵지만, 사회학습이론의 중요한 측면이다. 이런 인지적 활동의 발생을 지배하는 원리들은 관찰 가능한 행동에 적용되는 원리와 다르지 않을 것이다. (Rotter et al., 1972, p. 12)

기대

로터는 **기대**expectancy를 어떤 사물이나 사건의 속성에 대한 인지 또는 신념이라고 정의하였다(Rotter, 1982, p. 13). 기대는 0%에서 100%까지 다를 수 있고, 경험에 의해 수정될 수 있는 것이다. 예를 들어 어떤 사람이 처음에는 절대로 여자가 미국 대통령으로 선출되지 않을 것(0%의 기대)으로 생각할 수도 있지만, 힐러리 국무장관, 수산(Susan)과 올림피아(Olympia) 상원의원과 같은 많은 여성 정치인과 고위 행정관료가 방송매체를 장식하면, 이런 처음의 기대는 급격히 바뀌고 심지어 100%에 접근할 것이다.

사회학습이론은 세 종류의 기대가 있다고 주장한다(Rotter, 1982, p. 4): (1) 단순 인지 혹은 자극에 이름붙이기("나는 저것이 피카소 그림이라고 생각한다"), (2) 행동-강화 결과에 대한 기대("만약 내가 Tommy Hilfiger 재킷을 입으면, 친구들이 나를 놀릴 것이다"), (3) 강화계열에 대한 기대("내가 명문 의대를 졸업하면, 고소득 직업을 갖게 되고, 부유하고 존경받는 사람이 될 것이다").

사회학습이론에 따르면, 강화와 연합된 행동의 기대치는 높다. 그러므로 기대는 과거 경험에 근거하는 것이다(Rotter & Hochreich, 1975, p. 96). 로터에 따르면, 누군가에게 어떤 목표 혹은 강화가 얼마나 중요한지를 안다고 해도 그 사람의 행동을 예측할 수 있다는 보장이 없다. 한 학생이 역사과목에서 A를 받고 싶어 할지 모르나, 이전 그의 다른 과목 성적들을 보면, 자신이 얼마나 노력하느냐와 상관없이 이번에도 실패할 것이라고 예상하게 만들 것이다. 실제로 그는 열심히 공부하지 않을 것이고, 결과적으로 이번에도 실패할 것이다.

기대는 일반화의 정도가 다르다. 즉, 우리는 일반화된 기대를 갖고 있을 수도 있고 특정 상황에 국한된 기대를 갖고 있을 수도 있다(Rotter & Hochreich, 1975, p. 97). 일반화된 기대는 여러 상황에서 작동한다. 예를 들어 어떤 학생이 학업적 성공에 대한 일반화된 기대를 지니고 있을 수도 있다. 그는 여러 과목에서 A를 받았기 때문에, 자신이 항상 잘할 것으로 기대한다. 또 다른 학생은 자신의 공부 영역 중에서 특정 기대를 지니고 있을 수도 있다. 그는 수학에서만 A를 받았고 문학과 철학에서는 겨우 C를 받았기 때문에, 자신은 오직 수학과목만 잘할 것으로 기대한다.

이 장의 뒷부분에서 상당히 많은 흥미 있는 연구를 생산한 구성개념인 강화의 내외통제성이라 부르는 또 다른 일반화된 기대를 중점적으로 다룰 것이다.

강화값

로터는 **강화값reinforcement value**을 "만약 모든 강화가 발생할 확률이 똑같을 경우, 각각의 강화에 대한 선호도"라고 정의하였다(Rotter et al., 1972, p. 21). 간단히 말해, 강화값은 각 행동에 부여하는 중요도를 의미한다. 우리 중 어떤 사람에게는 교향악단의 연주회에 가는 것이 큰 보상이지만, 또 다른 사람에게는 매우 지루한 일이다. 어떤 사람은 테니스를 좋아하지만, 어떤 사람은 그렇지 않다. 이러한 개인차 이외에도, 우리는 농구나 자전거 타기보다는 톨스토이 소설 읽기를 더 중요시할지도 모른다. 기대와 마찬가지로 각각의 강화물 가치도 우리의 과거 경험에 근거한 것이다.

심리적 상황

행동의 예측에 필요한 네 번째 주요개념은 **심리적 상황psychological situation**이다. 즉, 개인적 관점에서 정의되는 상황이다. 로터의 입장에서 이 개념은 행동의 결정에서 매우 중요한 역할을 한다. 전통적인 성격이론들은 전적으로 성격의 내적 측면에 초점을 맞추고 있으며, 상황적 요구가 있느냐와 상관없이 어떤 동기나 특질들이 행동을 통제한다는 것이다(Rotter et al., 1972, p. 37). 예를 들어 어떤 사람은 상황과 관계없이, 그를 싸우게 만드는 강력한 공격욕구(즉 공격특질이나 소인)를 지니고 있다는 것이다. 스키너의 접근과 같은 또 다른 반대편에서는 (적어도 연구에서는) 한 개인의 고유한 학습사에 근거한 개인차를 최소화하는 대신, 상황의 영향력을 강조하고 있다. 사회학습이론은 소인적 영향과 상황적 영향 모두를 중요하게 본다. 다시 말해 이 이론은 어떻게 행동이 그 개인의 고유한 과거 경험과 현재의 상황적 단서에 의해 영향을 받는지에 주목한다. 예를 들어 과거 학습경험에 의해 강력한 공격경향성을 지닌 사람이라도, 그 행동이 타인으로부터의 처벌을 초래하는 상황에서는 공격행동을 하지 않을 수도 있다.

로터는 특정 상황 속의 복잡한 단서들에 근거하여 사람들은 행동-강화 결과 및 강화-강화 연속계열에 대한 기대를 발달시킨다고 생각한다(Rotter, 1981, p. 3). 예를 들어 커뮤니케이션 수업에서 연설을 해야 하는 한 여대생은 자신이 잘하지 못할 것이고, 그래서 교수에게 나쁜 학점을 받을 것이며, 친구들에게 조롱받을 것이라고 기대할지도 모른다. 결과적으로 우리는 그녀가 그 과목을 포기하거나, 예상되는 창피한 결과를 모면할 수 있는 또 다른 행동을 취하게 될 것이라고 기대할 수 있다.

이동의 자유와 최소 목표

비록 이동의 자유와 최소 목표는 덜 강조되고 있지만, 로터의 이론에서는 중요한 역할을 하는 개념들이다.

이동의 자유freedom of movement는 "일군의 기능적으로 연관된 강화를 얻기 위한 행동의 결과로서 긍정적 만족을 얻을 수 있는 평균 기대치"이다(Rotter et al., 1972, p. 34). 예를 들어 학생들은 여러 과목과 상황에서 자신이 얼마나 잘 할 수 있는지에 대해 일반적인 기대를 갖고 있다. 어떤 학생은 성공에 대한 높은 일반화된 기대를 갖고 있으며, 어떤 학생은 낮은 기대를 갖고 있다. 그래서 전자의 학생은 이동의 자유가 높은 반면, 후자의 학생은 이동의 자유가 낮기 때문에 어려움을 겪고 있다고 볼 수 있다.

최소 목표minimal goal는 "만족스러운 생활상황을 제공하는 잠재적 강화 중 가장 낮은 목표"이다(Rotter, 1954, p. 213). 다시 말해 최소 목표는 어떤 차원에서 긍정적 강화를 주는 결과와 처벌이 되는 결과의 분기점이다. 만약 학점이 하나의 연속차원이라면, 어떤 학생은 B학점을 처벌이라고 생각하는 반면, 어떤 학생은 B학점으로도 행복할 수도 있다. 이 경우 전자의 학생은 후자의 학생에 비해 더 높은 최소 목표를 지니고 있다고 말할 수 있다.

이 개념들을 결합하여 행동을 예측하는 데 이용할 수 있다. 그래서 학업적 기대에서 이동의 자유가 높으며 그 영역에서 최소 목표를 과도하게 높게 설정하지 않는 사람이 공부를 잘할 것이다. 여러 과목에서 성공을 많이 했던 것을 근거로 하여, 그들은 성공을 기대하게 될 것이다. 동시에 그들은 긍정적 강화를 주는 목표를 실망할 만큼으로 높게 설정하지도 않는다. 그래서 모든 과목에서 A학점을 최소 목표로 설정하지 않는다. 이런 무모한 목표추구는 대부분의 사람들에게는 비현실적이다. 역으로 만약 어떤 학생이 공부에서는 이동의 자유가 낮음에도 불구하고 계속하여 최소 목표를 높게 설정한다면, 부적응 학생으로 볼 수도 있다. 만약 과거 경험을 근거로 볼 때, 그들이 실제로 모든 과목에서 실패할 것으로 기대되지만 전 과목에서 A를 받아야 한다고 생각하면, 그들은 비생산적인 행동을 할 것이다. 카탄자로(1991, pp. 243-261)의 한 연구는 이에 대한 경험적 지지를 제공하였다.

마지막으로 부적응적인 사람이 도달할 수 없는 최소 목표를 설정한다고 보는 로터의 개념은 신경증적인 사람이 이룰 수 없는 가상적 목표를 설정한다고 보는 아들러의 개념을 떠오르게 한다. 마찬가지로 로터의 낮은 이동의 자유는 아들러의 열등감과 비슷한 개념이다.

성격발달

로터는 성격발달이 주로 타인과의 경험의 범위, 다양성 및 질에 달려 있다고 생각한다. 생의 초기에서 중요인물은 대개 부모이다. 개인의 초기 목표는 부모나 대리인으로부터 충족될 수 있는 생리적 욕구에서 생긴다. 부모는 욕구감소와 연합됨으로써 그 즉시 강화를 주는 자극이 된다. 아이는 애정, 사랑, 칭찬, 인정 및 다른 강화물을 위해 부모에 의존하게 된다. 로터는 **자극 일반화**stimulus generalization가 일어나서, 부모와 닮은 타인들도 같은 혹은 유사한 방식으로 지각되고 평가된다고 생각하였다. 로터는 일단 부모와 타인들(교사, 목사, 기타 어른들)이 조건 강화물의 가치를 획득하면, 그들의 아동에 대한 행동이 아동의 일차적인 욕구감소를 가져오느냐에 상관없이 아동은 그들에게 인정받고 불인정을 피하려고 노력한다고 보았다.

로터의 입장에서 보면, 언어획득도 아동발달에서 아이들에게 결정적인 역할을 한다. 단어들은 사람의 행동을 지시하는 단서가 된다. 부모는 아이들에게 그 상황에서 적절한 단서를 알려 주고, 부적절한 단서를 어떻게 피할 수 있는 지를 알려 준다. 또한 부모는 아동의 행동형성을 위해 인정, 사랑, 거부, 부끄러움에 대한 단어들을 언어적 강화물로 사용한다(Rotter, 1954, p. 218). 이런 방식으로 아동들은 여러 상황에서 성공과 실패에 대한 기대를 학습한다.

이런 기대들은 언어의 사용을 통해 수정되기도 한다. 사람들은 아동들에게 자신이 한 행동의 결과 중 새롭고 이전에는 무시하였던 것에 주목하도록 지시함으로써, 그 강화물들의 가치와 아동의 기대를 높이기도 하고 낮추기도 할 수 있다. 혹은 부모가 아동의 과거 경험들을 분석하여, 아동이 잘못된 단서들에 대해 어떻게 반응하고 있는지와 그 상황을 어떻게 바로잡는지를 아동에게 보여 줌으로써 아동의 기대를 변화시킬 수도 있다(Rotter, 1954, pp. 219-220). 언어는 아동이 사건들을 잘 변별하도록 도울 뿐만 아니라, 일반화를 높이는 데 사용될 수도 있다.

> 언어가 사건들의 유사성을 분류하고 범주화하고 요약하는 결과를 주기 때문에 그것은 일반화의 본질을 결정하고 높여준다. 만약 하나의 사건이 상징화되면, 그것은 그것과 유사한 다른 사건들로의 일반화를 높여준다. 언어는 그 주제의 암묵적 범주화에 근거한 일반화를 결정할 뿐만 아니라, 관찰자에게는 다른 사람의 언어가 일반화를 결정하거나, 통제하거나, 혹은 일반화를 높이는 자극으로 사용될 수도 있다. (Rotter, 1954, p. 220)

그래서 발달과정에는 사회화 과정에서 만나는 여러 사람을 통한 기대와 강화값의 획득과 수정이 포함되어 있다. 사회화 과정에서 만나는 사람들에는 성인 권위자뿐만 아니라 또래도 포함된다(Rotter, 1954, p. 414). 로터는 부모뿐만 아니라 친구들이 아동에게 말해 주는 기준, 도덕, 목표 및 기법들도 발달과 관련되어 있다고 생각한다. 로터에 따르면, 학교는 가정 다음으로 발달에 큰 영향을 준다(Rotter, 1954, p. 416). 그는 건전한 혹은 불건전한 행동의 근원은 가정에 있고, 그것이 학교상황으로 전이된다고 보았다. 타인에게 수용, 사랑, 인정받는 행동을 발달시키고 유지시키도록 격려하는 부모는 아이의 정신건강을 증진시킨다. 부모 스스로가 자녀의 복지와 발달에 애정과 관심을 보이는 가정에서 이런 행동들이 발생할 가능성이 크다. 부모가 이런 강화를 주지 않는 가정에서는 아동들이 보다 큰 사회에 잘 적응하도록 해주는 행동들을 배울 가능성이 적다(Rotter, 1954, pp. 406-407). 이런 사람들은 반사회적으로 발달하고 타인에게 적개심을 일으키는 이기적 행동을 할 가능성이 크다.

로터는 무시와 배척이 부적응을 초래할 뿐만 아니라, 지나친 방임과 과보호도 역시 문제를 일으킬 수 있다고 생각한다. 지나치게 방임된 아동들에게 학교는 외상적 경험이 될 수도 있다. 가정과 달리 학교는 그들이 원하지 않는, 사랑받지 못하는, 보호받지 못하는 장소라고 여겨질 것이다(Rotter, 1954, p. 418). 일반적으로 배척받은 아동은 성공에 대한 기대가 낮은 상태로 학교에 입학하는 반면, 지나치게 방임된 아동은 기대가 너무 높을 가능성이 크다. 두 경우 모두 비현실적이다. 로터에 따르면, 학교의 주 역할은 이런 생각을 교정해 주고 안전감과 그들이 성인의 책임을 져야 할 시기에 잘 할 수 있도록 성공에 대한 현실적인 기대를 갖도록 돕는 것이다(Rotter, 1954, p. 419). 로터는 아동들이 훌륭한 시민으로 자라도록 돕기 위해서는 부모와 교사 등이 훈육과정에서 온화하고, 수용적이고, 선한 마음씨로, 민주적으로, 그리고 일관되게 훈육해야 한다고 주장한다.

평가 기법

로터는 성격을 평가하기 위해 여러 측정절차를 사용한다. 초기에는 학습이론에서 나온 가설들을 검증하기 위해, 그는 좋은 장점이 있는 실험법을 이용하였다. 그의 핵심 물음은 사람들이 자신의 행동과 관련되거나 혹은 관련되지 않는 강화를 주는 결과를 지각하는 상황에서 과제의 학습과 수행이 다른지의 여부이었다. 다시 말해 그는 기술과 운에 따라 강화가 주어지는 조건하에서 사람들의 학습과 수행이 다른지를 알고 싶었다. 일련의 실험연구를 수행한 후, 그는 두 상황에서 행동에 큰 차이가 있다고 결론내렸다. 과제가 기술에 의해 결정된다고 생각하는 사람에 비해 과제가 운에 의해 통제된다고 생각하는 사람은 현재의 행동을 하는 데 있어 과거 경험에 덜 의존하였고, 학습도 덜 이루어졌고, 수행도 낮았다(Rotter, 1966). 이 결과는 강화효과가 행동에 직접적 영향을 주지는 않지만, 행동과 강화물 제공간 관계에 대한 그 사람의 지각을 매개로 하여 서로 연결된다는 사실을 시사하는 것이었다.

로터는 성격에 대한 임상적 측정을 위해 다음의 다섯 가지 주요기법이 유용함을 지적하였다: (1) 면접, (2) 투사법, (3) 통제된 행동검사, (4) 행동관찰법, (5) 질문지(Rotter, 1954, p. 250). 각 기법은 장단점이 있다.

면접은 성격특질의 평가와 상담 및 치료를 목적으로 사용하는 데 유용하다. 사회학습이론의 용어로 말하면, 면접은 그 개인의 욕구잠재력, 이동의 자유 및 욕구값을 측정하는 데 사용할 수 있다(Rotter, 1954, p. 252).

로터는 임상적 진단에서 로르샤하, TAT(주제통각검사) 및 자신이 만든 문장완성검사와 같은 투사법이 장점이 많다고 생각한다. 그는 사회학습 개념들을 측정하는데 로르샤하를 상대적으로 많이 사용하지 않았지만(Rotter, 1954, p. 289), TAT는 장점이 있음을 발견하였다. 왜냐하면 사회학습의 입장은 어머니와 아버지 같은 자극에 대한 개인의 반응에 관심을 두고 있기 때문이다. 문장완성법은 이동의 자유를 측정하는데도 사용될 수 있다. 이 기법을 사용하는 연구자는 사람들에게 "나는 ______을 좋아한다", "나는 ______을 겪는다", "나는 ______을 바란다", "우리 아버지는 ______", "때로 나는 ______을 느낀다" 등과 같이 제시된 문장을 완성하도록 요청한다. 사람들의 반응을 보면 주어진 상황에서 실패의 기대 수준을 결정해 주는 이면에 숨겨진 갈등이 드러난다는 것이다(Rotter, 1954, pp. 302–304).

통제된 행동검사로는 실제 상황에서 연구자가 변화시키는 자극에 대한 사람들의 반응을 측정한다(Rotter, 1954, p. 311). 예를 들어 한 임상가가 내담자의 스트레스에 대한 반응을 알고 싶다고 하자. 단순히 내담자들에게 어떻게 행동하는지를 묻는 대신, 임상가는 내담자들을 실제 스트레스 상황에 놓은 다음, 그들의 반응을 살펴볼 수 있다. 이런 측정치는 주로 성공 혹은 실패 경험 후에 기대의 변화가 생기는지와 같은 영역에서 사회학습이론의 가설을 검증하는 데 이용할 수 있다. 통제된 행동검사와 비교해 볼 때, 행동-관찰기법은 관찰자가 자연상태에서 비공개적으로 행동을 측정하는 것이다(Rotter, 1954, p. 326). 로터는 실험결과가 실생활에 어느 정도 일반화되는지를 평가하는 데 이 기법을 사용할 수 있다고 보았다.

마지막으로 로터는 질문지도 사회학습 가설을 검증하는 데 사용할 수 있다고 생각한다. 로터 자신이 만든 I-E척도(내외 통제성 척도)도 이런 질문지 중 하나이다. 다음으로 이 검사의 성격과 관련된 행동들에 대해 살펴보겠다.

내외 통제성과 I-E척도

사회학습이론의 핵심개념 중 하나가 **강화의 내외 통제성**internal/external control of reinforcement 혹은 **강화의 통제부위**locus of control of reinforcement이다. 로터에 따르면, 사람들은 강화를 주는 사건이 자신의 행동에 달려 있다고 지각하거나 혹은 자신의 통제 밖의 것으로 지각하는 일반화된 기대를 갖고 있다(Rotter, 1966, p. 1). 내적 통제성인 사람들은 강화물이 자신의 통제에 달린 것으로써 그들이 기술을 발휘할 때 발생한다고 믿는 경향이 있다. 반대로 외적 통제성인 사람들은 자신의 행동과 여러 강화물간에는 관계가 거의 없다고 생각한다. 그들은 강화물의 발생은 운명, 운, 혹은 강력한 누군가에 의해 주로 결정된다고 생각한다. 능력, 무능, 무기력, 절망, 숙달 및 소외와 같은 개념들

표 16.1 Rotter의 I-E척도 문항 예

1. a. 나는 종종 어떤 일이 일어날지 알고 있다(E)
   b. 중요한 행동은 운에 맡기기보다는 내가 결정하는 게 낫다(I)
2. a. 성공은 얼마나 열심히 하느냐의 문제지, 운과는 별로 상관이 없다(I)
   b. 좋은 직업을 얻느냐의 여부는 주로 때와 장소에 달려 있다(E)
3. a. 결국 사람들은 자신이 세상에서 하는 만큼 대접받는다(I)
   b. 때로는 불행하게도 한 사람의 가치가 그가 얼마나 열심히 하느냐와 무관하게 인정받지 못한다(E)

출처: Rotter, J. B. (1966). Generalized expectancies for internal versus external control of reinforcement. *Psychological Monographs: General and Applied, 80*, 11–12.

은 사람들이 중요한 사건을 자신이 통제하고 있다고 느끼는 정도를 기술하기 위해 심리학자와 사회학자들이 사용하는 것들이다. 그러나 로터의 내외 통제성은 비교적 정교한 예언을 만들 수 있는 공식적인 이론의 한 부분이라는 점에서 이점이 있다.

아동과 성인에게 사용되는 통제지향성을 측정하는 많은 도구들이 있지만, 로터가 만든 **I-E척도I-E Scale**는 이 영역의 연구자들이 가장 많이 사용하는 척도이다. 이 척도는 각 문항에서 하나를 선택해야만 하는 23문항으로 되어 있다(문항의 예는 **표 16.1** 참조). 채점은 외적 통제성을 의미하는 것을 선택하면 1점이고, 모든 문항의 점수를 합한다. 그러므로 점수의 범위는 0~23점이다. 점수가 높을수록 외적 통제성을 지니고 있는 것이다. 이 측정도구를 사용한 연구에서, 점수분포의 중앙치 혹은 평균을 기준으로 참여자들을 내적 통제성인 사람과 외적 통제성인 사람으로 분류한 다음, 검사 결과들을 다른 성격변인이나 행동과 관련되는지를 살펴본다. 두 범주로 나눈 것이 유형론을 의미하는 것은 아니고, 연구의 편의상 그리하는 것이다. 로터는 사람들을 더 내적 통제성인 사람으로 혹은 외적 통제성인 사람으로 개념화한 것이지, 사람들을 어느 한 쪽 범주에 속하는 것으로 개념화한 것은 아니었다(Rotter, 1975, p. 57).

I-E에 대한 연구

I-E(내외 통제성)의 기원

많은 연구들에서 내적 통제성 아동들은 부모가 내적 통제성 경향이 있음을 보여 주고 있다. 이런 부모는 훈육에서 일관성 있게 자녀들이 초기부터 내적 통제성 신념을 발달시키도록 독려한다. 즉, 내적 통제성을 지닌 부모는 일관되게 아동의 적절한 행동에 대해서는 보상하고, 부적절한 행동에 대해서는 처벌한다. 그들은 규칙을 자주 바꾼다든지 혹은 아동이 저지른 잘못에 비해 더 심한 처벌을 주지 않는다. 또한 이런 부모는 자녀에게 온화하고 지지적이며, 자녀가 성공하도록 격려하며 성취하였을 때 칭찬해 준다. 또한 그들은 자녀를 과도하게 통제하려 하지도 않는다. 외적 통제성을 지닌 학생과 비교하여, 내적 통제성을 지닌 대학 3학년 학생들은 자신의 부모가 더 온화하고, 정서적 지지를 주며, 수용적이고, 보호를 해준다고 보고하고 있다. 이런 조건하에서 젊은이들은 성공에 대한 칭찬뿐만 아니라 실패에 대한 비난을 수용하는 법을 배우게 된다.

반대로 외적 통제성 아동은 부모도 외적 통제성의 경향이 있다. 그들은 자녀훈육에서 일관성이 없다. 그들은 규칙을 자주 바꾸고 자녀를 지나칠 정도로 처벌한다. 또 이런 부모는 자녀를 과보호하거나 과잉통제를 하는 경향이 있다. 결과적으로 이런 부모의 자녀들은 자신을 유능한 사람으로, 자신의 문제를 해결할 수 있는 사람으로 지각하는 것을 배우기가 어렵다(Spokas & Heimberg, 2009, pp. 543-551). 또한 이런 부모는 대체로 자녀와 정서적 거리감이 있고, 자녀를 무시하거나 거부적이다. 연구들은 외적 통제성인 아동의 가족이 지속적인 갈등을 겪고 있음을 보여 주고 있다. 또한 이혼이나 사망으로 인해 아버지가 없는 가정의 자녀들이 외적 통제성이었다. 또한 어렸을 때 부모가 이혼했다고 보고한 대학생들은 온전한 가정의 또래들보다 더 외적 통제성이었다(Carton & Nowicki, 1994, pp. 38-41; Morton, 1997, pp. 222-223; Trusty & Lampe, 1997, p. 375).

일생 중 I-E의 변화

적어도 중년까지는 사람들이 나이가 듦에 따라 점차 더 내적 통제성으로 변화되어 간다는 증거가 있다(Lefcourt, 1982, pp. 150-151). 초등학생보다는 고등학생들이 더 내적 통제성이 크고, 대학생 나이가 되면 고등학생보다 더 내적 통제성이 된다. 직업을 가져야 할 청년이 되어감에 따라 사람들은 더 내적 통제성이 된다. 사람들이 신체적 능력을 상실하고 보다 외적 통제성이 되기 시작하는 노년기 이전까지, 중년기 동안 개인의 내적 통제성은 안정적이 된다. 그러나 모든 노인들이 외적 통제성을 지닌다고 결론내리는 것은 고정관념이다. 신체적 자원들은 상실되지만, 노인 중 많은 사람들은 여전히 내적 통제성을 지니고 있다. 이들은 어떻게 내적 통제성을 유지하는가?

교육의 역할 미로우스키(1995, pp. 31-43)의 한 연구는 노인들이 내적 통제성을 유지하느냐의 여부는 그들의 교육수준에 달려 있음을 시사하였다. 그는 교육이 사람들을 유연하게 만들고 여러 문제를 해결하는 능력을 발달시키고, 이러한 능력은 일상에서 사건과 결과에 대한 통제력을 증가시킨다고 주장하였다. 그는 65~80세 노인의 전국 표본자료를 수집하였다. 그 결과 보기, 듣기, 걷기, 들기, 계단 오르기에서의 어려움 등과 같은 신체적 손상이 있음에도 불구하고 교육수준이 낮은 노인들은 외적 통제성인 반면, 교육수준이 높은 노인들은 상당히 내적 통제성이었다. 더욱이 브란트스테어와 로터문트(1994, pp. 265-273)의 연구는 교육수준이 높은 노인은 유연해지기 때문에 내적 통제성을 유지한다는 사실을 보여 주었다. 즉, 그들은 달성하지 못한 목표의 가치를 변경한다. 예를 들어 건강을 해친 노인은 경쟁적인 운동에서 남보다 앞서려는 목표의 중요성을 낮춤으로써 현재 자신의 건강상태를 받아들인다. 그들은 자신의 신체상황의 현실에 맞게 목표를 조절한다. 예를 들어 만약 의사가 손에 관절염이 심하다고 진단한다면, 그들은 신체에 맞춰 경쟁적인 테니스나 라켓볼은 포기하고 워킹과 조깅으로 전환한다. 심한 폐질환과 같은 심각한 신체적 손상이 있는 노인들은 신체적 운동목표의 달성을 중요시하지 않으며, 대신 지적 능력의 목표에 더 큰 가치를 두고 열정적으로 그 목표를 추구한다. 이런 방식으로 많은 노인들이 자신의 삶과 결과에 대한 개인적 통제력에 대한 지각을 유지하고, 심지어 향상시키고 있다.

종교의 역할 노인들이 내적 통제성을 유지하는 데 교육이 중요한 역할을 하지만, 신을 믿는 것도 그 사람에게는 큰 힘이 된다. 많은 종교는 신도들에게 인생의 어려움에 봉착했을 때 그들은 무력하지만, 신의 도움으로 문제를 해결할 수 있다고 가르친다. 다시 말해 신도들은 자신의 문제를 해결하기 위해 **신(神)-매개 통제**God-mediated control에 의지한다. 이런 사람들이 외적 통제성으로 보일 수도 있으나, 실제는 그렇지 않다. 그들은 신이 그들의 문제를 해결해 준다고 생각하지는 않는다. 대신 그들은 신의 지지와 격려가 그들이 목표를 지속하고 목표달성을 위해 더 노력할 수 있는 힘을 준다고 생각한다. 이런 믿음은 사람들에게 대리적 유형의 내적 통제성을 제공한다(Schieman, Pudrovska, & Milkie, 2005, p. 169). 전국적 노인 표본을 대상으로 한 Krause(2005, pp. 136-164)의 연구에서는 신-매개 통제에 대한 느낌이 강한 사람들은 여러 과제에서 더 성공적이었고, 삶의 만족도가 높았고, 더 낙관적이고, 자기가치를 높게 평가하고, 죽음에 대한 불안수준이 낮았다.

I-E와 책임귀인

어떤 사람이 수행에서 뛰어난 사람이 되려고 하는 정도가 성공/실패에 대한 그의 설명과 어떤 관련이 있는지를 살펴볼 필요가 있다. 몇몇 예외는 있지만 여러 연구에서 외적 통제성인 사람과 비교하여 내적 통제성인 사람은 성공을 외적 요인(운이나 과제 난이도)보다는 내적 요인(능력과 노력)으로 귀인하는 경향이 있다. 즉, 내적 통제성인 사람은 자신의 성공을 능력과 열심히 일한 결과로 귀인하는 반면, 외적 통제성인 사람은 성공을 운이 좋았거나 과제가 쉬웠기 때문으로 귀인한다. 그래서 내적 통제성인 사람은 외적 통제성인 사람에 비해 자신이 이룬 성과에 더 자부심을 느끼고 그 일을 계속하려는 의지가 강하다.

또한 연구는 내적 통제성인 사람은 자신의 실패도 능력과 노력 부족과 같이 내부로 귀인함을 보여 주었다. 그래서 패배를 겪은 경우, 내적 통제성인 사람은 외적 통제성인 사람보다 더 창피함과 죄책감을 느낀다. 외적 통제성인 사람은 자신의 실패를 설명하기 위해 외부귀인에 더 많이 의존한다. 예를 들어 그들은 시험이 너무 어려웠거나 운이 나빴을 뿐이라고 주장할 수도 있다(Phares, 1976, pp. 113-115). 더욱이 바스갈과 스나이더(1988, pp. 656-657)는 외적 통제성인 사람은 시험성적이 나쁠 때, 다음과 같은 변명을 많이 사용한다는 사실을 발견하였다: (1) "나는 다른 과목을 잘하기 때문에 이 시험은 나한테는 별 문제가 되지 않는다", (2) "나한테는 재수 없는 날이었다." 두 번째 변명은 다른 날에는 변명자의 성적이 더 나을 것임을 시사하는 것이다.

외적 통제성인 사람은 실패에 대해 또 다른 변명을 하기도 한다. 이솝우화에 나오는 신포도의 예처럼 시험을 평가절하한다. 꼭 통과하길 원했던 시험에 실패한 후, 외적 통제성인 사람은 이 시험에서의 통과가 자신에게 그리 중요하지 않다고 주장하였다(Phares, 1971, pp. 386-390; 1979, pp. 195-208).

파레스와 라미엘(1974, pp. 872-878)은 외적 통제성인 사람들이 과제수행 이후뿐만 아니라 수행 이전에도 방어적 전략을 사용한다는 사실을 발견하였다. 이들은 내적 및 외적 통제성인 사람들에게 4종류 중 하나의 시험을 선택하도록 하였다. 네 가지 시험 중 둘은 실패하더라도 합리화가 가능하도록 이미 설정되어 있는 것이었다. 예를 들어 한 시험의 지시문에서 실험자는 "이 종이 위에 있는 심볼들 중 몇 개는 인쇄가 제대로 나오지 않았다. 나는 이것이 여러분의 수행에 큰 영향을 주지 않기를 바라지만, 영향을 줄 가능성도 있다"라고 써 놓았다. 나머지 두 시험은 이런 합리화를 담고 있지 않았다. 내적 통제성인 사람에 비해 외적 통제성인 사람들은 실패에 대한 변명이 가능하도록 이미 설정되어 있는 시험을 더 많이 선택하였다.

연구는 내적 통제성인 사람들은 자신의 행위에 책임질 뿐만 아니라, 다른 사람의 행위도 그 사람이 책임져야 한다고 생각한다는 사실을 보여 주고 있다. 반대로 외적 통제성인 사람들은 자신의 행동뿐만 아니라, 다른 사람의 행동도 외적 힘에 의해 통제된다고 생각한다(Phares, 1976, pp. 102–104). 기회가 주어진다면, 내적 통제성인 사람은 외적 통제성인 사람보다 여러 상황에서의 규율위반에 대해 더 엄한 처벌을 내리는 경향이 있다. 그래서 그들은 범죄자에 대한 판단과 행동에서 외적 통제성인 사람들보다 더 처벌적이고, 덜 동정적일 수도 있다(Kauffman & Ryckman, 1979, p. 340–343).

I–E와 학업

서와 서(2006, pp. 11–20)가 미국 고등학생의 전국 표본을 대상으로 한 연구는 내적 통제성 학생들이 외적 통제성 학생들에 비해 고등학교 시절에 더 졸업을 잘 하며, 중퇴가 더 적음을 보여 주었다.

몇몇 연구에서는 백인 대학생들 중 내적 통제성인 학생들이 외적 통제성인 학생에 비해 시험성적이나 학점이 우수함을 보여 주었다(Cassidy, 2000, pp. 307–322; Kalechstein & Kowicki, 1997, pp. 29–56; Mooney, Sherman, & Lo Presto, 1991, pp. 445–448). 이런 결과들에 대해 몇 가지 설명이 가능하다. 외적 통제성인 사람에 비해 내적 통제성인 사람은 과제에 더 집중하며, 끈기 있고, 인지적으로 적극적이고 유연하며, 문제해결에 필요한 규칙을 배우는 데 효율적이다. 또한 그들은 그 상황에 대한 정보를 더 많이 수집하고, 그 정보들은 결과에 대처하고 통제하는 다양한 책략을 세우는 데 도움이 된다. 스미스와 홉킨스(2004, pp. 312–321)의 연구는 문화적 정체성이 강한 내적 통제성인 흑인 대학생들은 외적 통제성인 흑인 대학생들에 비해 학교시험에서 성적이 더 우수함을 보여 주었다. 문화적 정체성이 약한 내적 통제성인 흑인 대학생들은 성적이 그렇게 우수하지는 않았다. 연구자들은 문화적 정체성이 강한 내적 통제성인 흑인 대학생들은 자기 문화에 대한 자부심을 지니고 있기 때문에, 흑인 학생들은 백인 학생표본에 근거한 표준화된 검사에서 잘하지 못한다는 부정적인 고정관념에 굴복하지 않는다는 사실에 주목하였다. 결과적으로 이런 학생들이 잘 하였다.

I–E, 경력개발 및 지위

인생의 어떤 시점에서 우리는 진로를 결정하게 된다. 이 결정은 우리 모두에게 매우 어려운 일이고, 연구에 따르면 외적 통제성인 사람들에게는 특히 어렵다. 내적 통제성인 사람에 비해 외적 통제성인 사람은 궁극적으로 진로 선택은 운이나 시기의 문제라고 생각한다. 리즈(2004, pp. 239–254)는 외적 통제성인 대학생들이 의사결정 과정에서 동기가 낮다는 사실을 발견하였다. 내적 통제성인 학생들에 비해, 그들은 선택 가능한 여러 직업에 대한 정보에 주의를 기울이지 않으며, 적극적으로 정보를 찾지 않거나, 그 직업이 무엇을 필요로 하는지를 알아보려 하지 않는다.

내적 통제성인 사람들은 부모가 좋은 직업역할의 모델이 되는 직업을 갖고 있는 가정에서 자랐다고 보고된 바 있다(Strauser, Ketz, & Keim, 2002, pp. 20-26). 그러므로 그들이 외적 통제성인 사람보다 자신의 행위에 책임을 지고, 대학생이 되었을 때 장기적 목표를 위해 더 열심히 공부하는 경향성을 보이는 것은 놀랄 일이 아니다.

이 연구와 일치하게도, 루쪼와 와드(1995, pp. 307-317)는 외적 통제성인 학생에 비해 내적 통제성인 학생들은 자신의 장래 희망 직업과 관련된 아르바이트 체험에 더 많은 시간과 노력을 투입한다는 사실을 발견하였다. 예를 들어 (1) 비지니스 직업에 관심 있는 내적 통제성인 학생은 기술직보다는 판매직 아르바이트를 구하였다. (2) 공공관리와 도시경영에 관심 있는 내적 통제성이 있는 학생은 가옥도장직보다는 지방자치 정부의 아르바이트를 구하였다. (3) 체육 부문의 직업에 관심 있는 내적 통제성인 학생은 술집 바텐더보다는 YMCA의 체육프로그램의 아르바이트를 구하였다. 자신의 관심사와 일치하는 아르바이트는 경력개발과 장래직업에서의 성공에 도움이 될 것이다. 또한 루쪼(1993, pp. 271-275)는 내적 통제성인 학생들이 더 과제지향적이고 일과 직업에 대한 태도가 더 신중하다는 사실도 발견하였다.

여러 연구들에 따르면, 내적 통제성인 사람들이 직업에서 성공을 촉진시키고 유지시키는 데 도움이 되는 특징들을 갖고 있었다. 외적 통제성인 사람에 비해 내적 통제성인 사람들은 인생을 성공적으로 만드는 데 도움이 되는 곳에 자신의 예산을 더 많이 배정하고 돈을 아낀다(Lim, Thompson, & Loo, 2003, pp. 411-429). 또한 내적 통제성인 사람들은 자기주장적이고, 독립적이고, 지배적이고, 효율적이고, 유능하고, 자신감 있다. 내적 통제성인 스웨덴 노동자들은 자신의 업무에 더 만족하고, 스트레스가 적으며, 질병 징후도 더 적은 경향이 있다(Muhonen & Torkelson, 2004, pp. 21-28). 내적 통제성인 미국인과 독일인은 자신이 더 자율적이고, 업무를 잘 통제하며, 현재의 직업을 그만둘 생각이 없다고 보고하였다(Kirkcaldy, Shepard, & Furnham, 2002, pp. 1361-1371; Spector, 1988, pp. 335-340; Spector & O'Connell, 1994, pp. 1-12). 결과적으로 그들은 외적 통제성인 사람들보다 더 효율적으로 업무를 처리한다(Hattrup, O'Connell, & Labrador, 2005, pp. 461-481). 또한 그들은 강력한 리더십이 요구되는 여러 고위직에서도 매우 성공적이다(Kapalka & Lachenmeyer, 1988, pp. 418-419).

I-E와 신체건강

많은 연구는 외적 통제성인 사람들보다 내적 통제성인 사람들이 건강에 유익한 행동을 더 많이 하고, 그 결과 신체적으로 더 건강하다고 밝히고 있다(Burker, Evon, Galanko, & Egan, 2005, pp. 695–704; Johnson, 2002, pp. 777–789; Steptoe & Wardle, 2001, pp. 659–672; K. A. Wallston & B. S. Wallston, 1981, pp. 189–243). 18세 이상의 유럽과 미국의 학생들을 조사한 이 연구들에서 내적 통제성인 대학생들은 염분과 기름기가 많은 음식의 섭취를 피해야 하는 것을 포함하여 적절한 영양과 식사에 대한 지식이 더 많음을 보여 주고 있다. 또한 그들은 외적 통제성인 학생들보다 건강을 위한 운동의 필요성과 흡연과 지나친 음주의 위험성에 대해 더 잘 알고 있다(Quadrel & Lau, 1989, p. 1505). 내적 통제성인 학생들은 외적 통제성인 학생들보다 운동과 신체건강 간의 직접적 관계에 관한 더 많은 정보를 갖고 있을 뿐만 아니라, 실제로 운동을 더 많이 한다(Burk, 1994, pp. 14–23). 또 다른 연구는 내적 통제성인 사람은 외적 통제성인 사람보다 심리적 및 신체적 건강을 보호하기 위한 예방책을 더 많이 사용하고 있음을 보여 주었다. 내적 통제성인 남녀 청소년들은 원치 않는 임신을 예방하기 위해 첫 관계를 맺을 때 피임도구를 사용했었다고 보고하였다(Gueye, Castle, & Konate, 2001, pp. 56–62). 내적 통제성인 고등학생들은 외적 통제성인 학생들보다 운전할 때 안전벨트를 더 많이 착용한다. 또한 그들은 외적 통제성인 학생들보다 치아가 아프거나 손상되지 않은 경우라도 점검과 유지를 위해 치과를 찾는다. 몇몇 연구들은 외적 통제성인 사람보다 내적 통제성인 사람들이 흡연을 덜 한다고 보고하였다. 상대적으로 흡연자가 적을 뿐만 아니라, 내적 통제성인 사람들은 흡연이 건강에 해롭다는 설득메시지에 노출되면 더 쉽게 흡연을 줄이거나 끊는 경향이 있다(M. Booth-Butterfield, Anderson, & S. Booth-Butterfield, 2000, pp. 137–148; Chen, Percy, & Horner, 2001, pp. 167–175; K. A. Wallston & B. S. Wallston, 1982, p. 78). 담배를 끊은 사람들 중에서도, 내적 통제성인 사람들은 다시 흡연하는 경우가 더 적다(Segall & Wynd, 1990, pp. 338–344). 마지막으로 예비역 미군들을 사용한 연구에서 외적 통제성인 사람보다 내적 통제성인 사람들이 고혈압 치료약의 복용을 잘 준수하였다(Hong, Oddone, Dudley, & Bosworth, 2006, pp. 20–28).

그러므로 내적 통제성이 건강보호, 건강증진 및 건강에 해로운 행동에 잘 대처하는 것과 연관되어 있음이 확실하다.

I-E와 심리적 건강

실제로 I-E와 정신건강 간의 관계를 다룬 모든 연구들은 내적 통제성인 사람이 외적 통제성인 사람보다 심리적으로 더 건강하다는 사실을 보여 주고 있다(Bostic & Ptacek, 2001, pp. 357-358; Cooper, Okamura, & McNeil, 1995, p. 410; Cvengros, Christensen, & Lawton, 2005, pp. 677-686; Kelley & Stack, 2000, p. 531; Liu et al., 2000, p. 1565). 몇몇 연구들은 우울증, 정신분열병 및 신경증 환자들은 내적 통제성보다는 외적 통제성인 사람 중에 더 많다는 사실을 보여 주었다. 약물중독자도 외적 통제성인 경우가 더 많았고 이들은 약물을 사용하지 않는 사람에 비해 공격충동을 잘 통제하지 못하였다(De Moya, 1997, p. 41). 술을 많이 마시고 음주운전으로 적발된 외적 통제성인 사람들은 과음을 줄이는 상담을 잘 받아들이지 않는다. 왜냐하면 그들은 자신의 사고와 적발이 나쁜 운이나 불행한 상황 때문이라고 생각한다. 그렇기 때문에 그들은 잘못을 반복할 위험성이 있다(Cavaiola & Strohmetz, 2010, pp. 52-62). 외적 통제성인 대학생은 무력감을 느끼고, 그 결과 충동적 쇼핑과 신용카드를 남용하게 된다(Watson, 2009, pp. 268-275). 외적 통제성인 사람은 권모술수가가 되기 쉽다. 즉, 그들은 자신이 원하는 것을 얻기 위해 거짓말을 하고, 속이고, 남을 조정하기도 한다. 또한 그들은 독단적이고, 자존감이 낮고, 불안수준이 높다(Holder & Levi, 1988, pp. 753-755; Keltikangas-Jarvinen & Raikkonen, 1990, pp. 1-18; Lefcourt, 1982, pp. 119-124; Morrison, 1997, p. 264; Mudrack, 1990, pp. 125-126; Schmitt & Kurdek, 1984, pp. 403-409). 불안은 I-E척도의 다음과 같은 문항에 반영되어 있다: "시험이 끝나자마자 금방 기억할 수 있는 답을 알고 있는 문제도 시험시간에는 막힌다"와 "나는 시험에 대한 걱정을 너무 많이 하여 시험이 시작될 때까지 내가 얼마나 잘 준비했는지 거의 알지 못한다." 반대로 내적 통제성인 사람은 외적 통제성인 사람보다 불안을 잘 다스리는 경향이 있다. 그들은 다음과 같은 문항에 동의한다: "나는 매우 중요한 과제를 할 때와 같은 압력하에서 가장 일을 잘한다"와 "나는 시험에 대한 걱정이 오히려 도움이 된다"(Lefcourt, 1982, p. 122).

마지막으로 연구는 내적 통제성인 사람들이 여러 상황에서의 스트레스에 더 잘 대처한다는 사실을 보여 주었다. 예를 들어 류 등(2000, pp. 1565-1577)은 청소년들 중에는 일류대학에 입학해야 하는 입시 스트레스가 많다는 점에 주목하였다. 또래와의 심한 경쟁, 어려운 시험 압력, 좋은 성적에 대한 부모와 교사의 높은 기대 등이 있다. 이런 스트레스원이 불안, 우울, 실패에 대한 두려움, 교사와 부모와의 갈등과 같은 부정적인 심리적 증후를 만든다. 류와 동료들은 내적 통제성은 내적 통제성을 지닌 사람에게 자신이 부정적 결과를 통제할 수 있다고 믿게 함으로써 보호기능을 할 것으로 생각하였다. 결국 이런 신념이 스트레스 사건의 부정적 영향력을 감소시킬 것이다. 또한 류 등(2000)은 내적 통제성인 사람들이 외적 통제성인 사람보다 친구에게 도움을 요청하기, 공부하는 데 시간을 더 많이 할당하기 등과 같은 효과적인 스트레스 대처 전략을 더 많이 사용할 것으로 예상하였다. 류 등은 약 1,300명의 청소년 표본을 이용하여 자신의 예상을 지지하는 증거를 발견하였다.

내적 통제성인 사람은 외적 통제성인 사람에 비해 공부와 관련된 스트레스에 잘 대처할 뿐만 아니라, 이혼이나 사별과 관련된 스트레스에도 잘 대처한다. 예를 들어 바넷(1990, pp. 93-109)은 이혼한 내적 통제성인 여성들이 외적 통제성인 여성들보다 이혼을 결정하기 전에는 더 많은 스트레스를 경험하지만, 이혼 과정에서는 스트레스를 덜 경험하고, 이혼 후에도 스트레스를 덜 경험하며, 이혼에 따른 사회적 부적응도 더 적음을 발견하였다(Barnet, 1990, p. 107). 연구자들은 배우자의 죽음에 따른 스트레스를 대처할 때, 내적 통제성인 이스라엘 미망인들이 외적 통제성인 미망인에 비해 경제적 문제, 주택 관리, 짐 옮기기 등에 더 잘 대처하고, 의미 있는 사회적 활동에 더 많이 참여한다는 사실을 발견하였다. 즉, 내적 통제성인 미망인들이 외적 통제성인 미망인들보다 이런 문제들을 해결하기 위해 그들의 부모, 장성한 자식들, 친척 및 친구들에게 도움을 더 많이 요청하였다(Lowenstein & Rosen, 1995, pp. 114-115).

현대적 관점에서 본 내외 통제성의 한계

마지막으로 내적 및 외적 통제성간의 성격 특징 및 행동의 차이를 살펴본 거의 모든 연구가 부정적인 특징들을 지닌 것으로 보이는 외적 통제성인 사람에 비해 모든 긍정적 특징들을 지닌 내적 통제성인 사람에게 장밋빛 그림을 그려 주었다. 그러나 내적 통제성과 외적 통제성에 대한 이 같은 일방적 견해는 너무 단순화시킨 것이다.

내적 통제성의 부정적 측면

내적 통제성인 사람들이 몇 가지 부정적 자질을 지니고 있음을 시사하는 일부 연구들이 있다. 예를 들어 질서와 통제에 지나치게 관심을 쏟는 강박적인 사람들이 내적 통제성 점수가 매우 높다(Smith, Magaro, & Pederson, 1983, p. 499). 또한 **구토공포증 환자 emetophobics**(구토에 대한 공포가 매우 큰 사람)도 내적 통제성이 매우 크다(Davidson, Boyle, & Lauchlan, 2008, pp. 30-39). 그들은 과도한 통제욕구 때문에 자신이 구토하는 동안 발생하는 통제력 상실을 매우 두려워한다. 결과적으로 그들은 구토에 대한 공포 때문에 때로는 조퇴를 하고, 학생인 경우 결석을 하고, 버스나 비행기 여행을 피하고, 새로운 약의 복용을 피하고, 한정된 안전식품만을 먹는다. 또한 여성 구토공포증 환자의 대부분은 입덧의 공포 때문에 임신을 피하거나 미룬다(Lipsitz, Fyer, Paterniti, & Klein, 2001, pp. 149-152). 또한 사건을 내부로 귀인하려는 강력한 경향성 때문에 극단적으로 내적 통제성인 사람들은 실패가 자신의 탓이 아닌 경우까지도 무조건 자신을 비난하기도 한다. 결과적으로 그들은 때로는 쓸데없이 자신에게 가혹하다.

마지막으로 약간 내적 통제성인 사람은 어떤 조건에서는 심리적 건강행동을 덜할 가능성이 있다. 예를 들어 그들은 원래 불법적인 폭력행위를 엄격히 억제하지만, 갤러거와 패럿(2010, pp. 299-306)의 최근 연구에서 보듯, 어떤 조건하에서는 이런 억제력을 잃는 경우도 있다. 이 연구에서 술을 마신 적이 별로 없는 내적 통제성인 성인들은 자신을 화나게 만든 여성에게 신체적 공격과 성적 강요를 한 사실이 거의 없다고 보고하였다. 이런 조건에서 이 남자들은 타인에게 공격행동을 하는 것은 나쁜 것이라는 어릴 때 사회화 과정에서 배운 억제 단서에 따랐다. 흥미 있게도 술을 많이 마신 적이 있는 내적 통제성인 남자들은 다른 사람과 다툴 때 상대방을 공격한 적이 많다고 보고하였다. 이런 조건하에서 술의 영향아래 있는 남자들의 주의는 강력한 억제단서로부터 강력한 촉발단서(상대방의 거슬리는 행동을 멈추게 하는)로 바뀌고, 그 결과 바람직하지 않은 행동을 한다는 것이었다. 술을 많이 마신 적이 있든 없든 간에 외적 통제성인 남자들은 상대방에게 공격적으로 행동하였다. 분명히 두 조건 모두에서 상대방에 대한 통제력 행사는 자신의 무기력에 대한 불안한 마음을 없애려는 시도에서 나온 것으로 해석할 수 있다.

외적 통제성의 긍정적 측면

연구자들은 외적 통제성을 지니고 있는 것도 어떤 상황에서는 매우 건강한 것이라고 주장한다(예: Burish et al., 1984, pp. 326-332). 오히려 우리가 통제할 수 있다고 믿고 행동하는 것이 부적응적일 수도 있는, 우리의 통제 밖에 놓인 상황들도 많다. 예를 들어 주요 심장수술이 예정된 내적 통제성 환자가 제일 먼저 해야 할 일은 가장 훌륭한 의사, 가장 좋은 시설, 수술 후 지원하는 간호 인력이 가장 훌륭한 병원이 어디인지 알아보는 것이다. 그러나 어느 순간 결국 그들은 훌륭한 의사의 선택을 포기해야 하고, 현재의 의사가 잘 해낼 것이라고 가정한다. 부정적인 결과를 생각하여 스스로에게 고통을 주거나, 의사가 유능하지 못하여 환자를 제대로 보살피지 못할 것이라고 상상하여 마지막 순간에 수술을 취소하는 것은 도움이 되지 못한다. 이런 상황이 본질적으로 자신의 통제 아래에 있지 않다고 믿는 외적 통제성 환자는 이런 상황에서는 의사와 간호사의 지시를 따를 것이고, 이것이 더 유익할 것이다. 그렇게 함으로써 이들은 내적 통제성 환자보다 고통과 걱정이 훨씬 덜하다.

건강에 대한 메시지와 내외 통제성의 조합

건강관리에 관한 초기의 보고서들을 보면 보건당국이 환자들에게 건강관리에 대한 조언을 할 때, 내외 통제성이 도움이 된다는 사실을 깨닫기 시작한 것 같다. 보건당국이 환자의 성격소인을 바꾸려 하는 것은 환자들의 내외 통제성에 잘 맞는 건강관리 조언을 하는 것보다 이해할 수 없는 일이다. 특히 흥미 있는 한 연구에서 연구자들은 여성 환자들의 내외 통제성과 유방암 검사를 촉진시키려는 건강메시지를 결합시키는 데 초점을 두었다. 유방암은 미국 여성들 중에서 폐암 다음으로 사망률이 높은 암이다. 40세 이상의 미국 여성 중 67%만이 조기에 발견하여 치료받으면, 좋은 결과를 가져올 수 있는 유방암 검사를 받는다.

내적 혹은 외적 통제성 여성들에게 유방암 검사를 받도록 독려하는 내적 혹은 외적 통제성 지향적인 안내서 중 어느 하나를 무선적으로 배정해 주었다. 내적 통제성 지향적인 안내서는 "당신의 건강을 위해 당신이 할 수 있는 최선은 유방암 검사"라는 제목이었고, 건강에 대한 개인적 책임과 행동을 취할 필요성이 강조되어 있었다. 외적 통제성 지향적인 안내서는 "당신의 건강을 위해서 최고의 의료 서비스를 제공해야 한다"라는 제목이었고, 개인의 건강유지의 책임이 보건당국에게 있음이 강조되어 있었다. 이 메시지는 의사와 건강전문가가 환자의 건강에 대한 결과를 결정해 준다는 외적 통제성 여성들의 신념과 일치하는 것이다.

6개월과 12개월 추적 결과, 예상대로 외적 통제성 여성보다 내적 통제성 여성이 유방암 검사를 받으러 가야 한다는 내적 통제성 지향적인 메시지에 훨씬 더 긍정적인 반응을 보였다. 또한 예상대로, 같은 기간 내에서 내적 통제성 여성보다 외적 통제성 여성이 유방암 검사를 받는 것에 대해 외적 통제성 지향적 메시지에 훨씬 더 긍정적인 반응을 보였다(Williams-Piehota, Schneider, Pizarro, Mowad, & Salovey, 2004, pp. 407-423). 연구자들은 환자가 처음 왔을 때 환자의 성격을 검사하여, 환자의 치료를 계획하고 진행할 때 그 검사 결과를 사용할 것을 제안하였다.

이상적 인간: 내외 통제성의 혼합

대부분의 사람들이 내적 혹은 외적 통제성 중 어느 한쪽이 우세하다면, 환자의 내외 통제성에 따라 메시지를 주는 것이 효과적이고 실용적일 것이다. 하지만 연구자들은 이상적으로 건강한 사람은 내적 혹은 외적 통제성인 사람이 아니라 내적 및 외적 통제성을 모두 학습하여 상황에 따라 내적 혹은 외적 통제성을 취하는 사람이란 사실을 알게 되면서, 내외 통제성과 신체적 및 심리적 건강간의 관계에 대해 다시 생각하기 시작하였다. 이런 사람들은 상황에 따라 유연하게 반응하고, 상황에 따라 내적 혹은 외적 통제성에 걸맞은 행동을 취하는 방법을 배운다. 이런 사람들은 모든 측면에서 자신이 처한 환경을 통제하는 것은 비현실적이란 것과 모든 상황에서 통제를 포기하는 것도 역시 부적응적이란 사실을 알고 있다. 대신 그들은 해결할 수 있는 문제는 해결하려고 노력해야 하고, 바꿀 수 없는 것은 받아들여야 한다는 입장을 갖고 있다. 이 같은 심리적으로 건강한 사람은 유연하게 행동하며, 판단하기 전에 상황의 본질을 평가하고, 그런 다음 내적 혹은 외적 통제성에 따라 행동하는 사람이다.

결론적으로 I-E 구성개념을 다룬 연구는 매우 유익했음이 입증되었고, 성격심리학자들이 사람들의 생활 속에서 내외 통제성의 역할에 대해 더 정밀한 방식으로 계속하여 탐구한다면 앞으로도 분명 인기 있는 연구영역이 될 것이다.

치료에 관한 이론적 함의

로터의 입장에서는 심리치료도 하나의 학습과정이다. 그러므로 일상에서 사람들의 행동변화에 적용되는 학습원리가 치료장면에서도 유용하게 사용될 수 있다(Rotter, 1954, p. 335). 로터는 부적응적인 사람들의 문제들이 그들의 머리에서가 아니라 타인과의 관계에서 나온다는 사실을 깨달았다(Rotter & Hochreich, 1975, p. 109). 일반적으로 적응된 사람들은 사회에 건설적인 행동을 함으로써 만족을 경험한다. 반대로 부적응적인 사람들은 항상 자신에게 불만스럽고, 사회로부터 처벌 반응을 일으키는 행동을 한다. 더욱이 로터는 부적응적인 사람들의 특징이 이동의 자유가 낮고 욕구가치가 높은 것이라고 생각한다(Rotter & Hochreich, 1975, p. 106). 이런 사람들은 자신이 원하는 만족은 얻을 수 없다는 것이다. 결과적으로 이들은 목표를 달성하는 방법을 학습하는 대신에 실제 혹은 예견된 실패를 피하고, 자신을 방어하는 방법을 학습한다.

로터와 다른 사회학습이론가들은 프로이트가 제안한 방어기제를 인정하지만, 행동의 회피로 재개념화하고 있다. 예를 들어 투사는 예상되는 처벌을 피하기 위해 자신의 실수를 타인의 잘못으로 돌려 비난하는 것이다. 합리화는 처벌을 피하려는 노력의 일환으로 자신의 부적절한 행동을 교묘하게 변명하는 것이다. 이러한 책략이 초래하는 불행한 결과 중 하나는 부적응적인 사람들이 새로운 행동을 학습하지 못한다는 점이다. 그들은 성공할 가능성이 낮은 행동을 했을 때 오는 처벌, 비난, 실패 및 배척을 피함으로써 단지 일시적인 안도감을 얻을 뿐이다. 결국 이런 방어적 책략도 부적응 행동일 뿐이다.

부적응적인 사람들은 부적절하게도 종종 어느 한 영역(예: 직장)에서의 낮은 성공에 대한 기대를 또 다른 영역(예: 가정생활)에 적용하여, 스스로를 전반적으로 가치 없는 사람으로 생각한다. 임상가들은 부적응적인 사람들이 하나의 욕구 충족을 너무 중시하는 경향이 있음을 발견하였다(Katkovsky, 1968, p. 228). 예를 들어 타인을 지배하려는 강한 욕구를 지닌 사람들은 그것이 전적으로 부적절함에도 불구하고, 공격적으로 행동하기 위해 타인의 말을 왜곡하기도 한다(Katkovsky, 1968, p. 228). 이런 사람들은 타인을 지배하려는 갈등을 유발하기 때문에 자주 불만스럽게 될 것이다.

부적응적인 사람들은 당장은 보상을 주지만, 궁극적으로는 처벌이 되는 행동을 하는 경향이 있다(Katkovsky, 1968, pp. 229-230). 강박적인 도박자는 도박을 함으로써 당장은 희열을 느끼지만, 대개는 자신의 행동이 자신과 가족에게 매우 나쁜 결과를 준다는 사실을 알게 된다. 그들은 도박을 위해 식비를 줄이고, 재산을 팔고, 심지어 다른 가족에게서 훔치기도 한다. 부적응적인 사람들은 남들이 바람직하지 않다고 생각하는 행동만 하는 것은 아니다. 때로 그들은 남들이 바람직하다고 생각하는 행동을 하지 않는다(Katkovsky, 1968, p. 230). 예를 들어 사회에는 사람들이 서로 소통하기를 권장하지만, 부적응적인 사람들에게는 소통에 필요한 언어적 및 사회적 기술이 부족하다.

로터는 이런 사람들의 행동을 변화시키기 위해서는 치료자가 유연해져야 한다고 생각하였다. 내담자들은 각자의 생활경험과 동기로부터 유발된 각기 다른 문제를 갖고 치료장면으로 오기 때문에, 그들에게 적절한 변화를 촉진시킬 수 있는 환경조건도 사람마다 다를 것이다. 어떤 경우는 내담자의 업무, 공부환경, 혹은 가정생활에서의 변화를 추천하는 것을 치료전략에 포함시킬 수도 있다. 또 다른 내담자에게는 여러 행동치료, 직・간접적 암시, 혹은 지지와 안심시키기 방법이 적절할 수도 있다. 이 모든 절차들은 단독으로 혹은 결합하여 내담자를 돕는 데 사용될 수 있다(Rotter & Hochreich, 1975, p. 109).

일반적으로 로터는 내담자에게 그의 욕구, 태도 및 행동이 어떻게 발달하여 왔으며, 효과적인 생활을 위해 적절한 것이 무엇이고 부적절한 것이 무엇인지, 가능한 대안들은 무엇인지 등을 깨닫도록 하기 위해서는 내담자와 치료자 사이에 발전적 관계가 있어야 한다고 생각한다. 내담자는 변화에 책임을 져야 하고, 변화하려는 동기가 있어야 하고, 기꺼이 새로운 행동을 시도해야 한다(Rotter, 1954, p. 353). 내담자에게 실패를 가져오는 행동환경과 성공을 가져오는 행동환경을 구별할 수 있도록 가르치고, 자신이 처벌을 받을 것이라는 비현실적으로 높은 기대를 낮추고, 자기 목표의 중요성을 보다 비판적이고 적절히 평가해 보도록 독려하는 것 등을 치료목표에 포함시킬 수 있을 것이다.

내담자가 상황을 구별하도록 독려하기 위해서, 치료자는 내담자의 과거 생활환경과 현재의 생활환경을 분석하여 대비시키고, 과거의 실패 경험이 현재로 전이되지 않는다는 사실을 보여 줄 수도 있다. 예를 들어 치료자는 대학 신입생에게 초등학교 시절의 실패 경험을 최소화하고, 우수한 입학성적을 근거로 볼 때 그가 대학에서는 성공할 수 있다고 생각하도록 독려할 수 있다. 이 경우 치료자가 할 일은 그의 성공에 대한 기대를 높여주는 것이다. 어떤 내담자는 지나치게 성공에 대한 기대치가 높아서 이를 낮출 필요가 있을 수도 있다. 우리 모두는 실제로는 없는 능력을 갖고 있는 것처럼 허풍을 떠는 사람이 있음을 알고 있다. 이런 사람은 일시적으로는 만족스럽고 자존감도 높아지겠지만, 결국 이런 행동은 처벌된다. 이런 경우의 치료는 그 사람의 기대치를 낮추는 것이다.

치료는 어떤 사람이 어떤 목표에 부여한 중요성을 변화시키는 것일 수도 있다. 예를 들어 모든 것에서 남을 이기는 것이 부모의 인정과 사랑을 받기 때문에 무조건 이기는 것에 가치를 부여하고 있는 여성에게는 그 목표의 중요성을 낮추어야 할 것이다. 치료자는 그녀에게 친선 탁구경기에서조차 무조건 자신이 상대방보다 더 우월하게 보이려는 시도가 자신을 사람들로부터 고립시키는 결과를 가져온다는 사실을 지적해 줄 필요가 있다. 다른 사람들로부터 미움을 받는 이유가 무분별하게 자신의 목표를 추구하기 때문이고, 그래서 행동의 변화가 필요함을 보여 주어야 한다.

로터는 바람직하지 못하고 부적절한 행동을 제거하는 것뿐만 아니라 바람직한 행동의 학습에 초점을 둔 치료를 주장한다. 내담자가 보다 나은 해결책을 찾기 위해 문제를 분석하는 방법을 알려 주고, 새로운 행동을 시도하도록 독려해야 한다. 로터의 입장에서 보면, 치료자가 내담자에게 자기 문제의 원천을 이해하도록 돕는 것만으로는 충분하지 않다. 내담자에게 그런 문제점들을 극복할 수 있는 새로운 행동들을 어떻게 수행할 수 있는지를 보여 주어야 한다(Rotter, 1954, p. 398).

이론에 대한 평가

지금부터는 여섯 가지 기준으로 로터 이론의 과학적 가치를 알아본다.

포괄성

로터의 이론은 임상장면과 실험실 모두에 뿌리를 두고 있다. 이 이론은 부모의 태도와 행동, 학업, 방어적 행동, 대인간 신뢰, 사회운동, 알코올 중독, 부적응, 정신지체 및 여러 정신병리적 행동을 포함한 넓은 범위의 현상들을 다루고 있다. 이처럼 이 이론은 상당히 포괄적이다.

정밀성과 검증 가능성

이 책에서 다룬 대부분의 이론들과 비교해 볼 때, 로터의 이론은 잘 정의된 개념과 검증이 가능한 가설들이 특징이라 할 수 있다.

간명성

적어도 내외 통제성으로 서로 다른 사람들의 수행을 설명하려 한다는 점에서 로터의 입장은 매우 경제적이라 할 수 있다. 그러나 우리가 이상 및 치료적 현상에 대한 그 이론의 치료법을 보면, 그림이 잘 그려지지 않는다. 예를 들어 로터는 정신분석의 개념 중 어떤 것을 받아들이고, 수정하고, 거부하는지에 대해 명확하지 않다. 결과적으로 이상 현상에 대한 로터의 이론이 경제적인지를 평가하기는 어렵다.

경험적 타당성

로터의 이론을 기반으로 한 대부분의 연구는 I-E개념에 초점을 두었다. 이에 대한 경험적 증거는 매우 확고하다. 그러나 로터의 이론 중 나머지 부분에 대한 연구들은 균형적으로 이루어지지 않은 채 남아 있다.

발견적 가치

I-E개념은 학습이론, 정신병리, 심리치료, 성격발달 및 사회심리학을 포함한 여러 영역에서 연구를 촉발시켰다. 로터의 척도는 사람들이 여러 상황에서 더 내적 통제성인지 혹은 외적 통제성인지를 측정하고 있는 반면, 최근에는 구체적인 상황에서의 내외 통제성을 측정하는 척도들(예: 작업 내외 통제성 척도, 음주 관련 내외 통제성 척도, 건강 내외 통제성 척도)이 개발되고 있다. 특정 영역의 연구자들은 이 척도들을 사용하는 것이 일반화된 I-E척도를 사용했을 때보다 더 정확한 행동예언이 가능하기 때문에 이 척도들을 더 선호한다. 그래서 I-E 차이에 대한 로터의 아이디어는 분명히 가치가 있다.

적용 가치

로터의 이론은 응용 가치가 크다. 예를 들어 임상심리학자들은 이 이론을 알코올 중독, 우울, 불안, 수줍음과 같은 여러 일탈 행동의 근원을 진단하는 데 이용하여 왔다. 또한 이 이론은 임상심리학자들이 다양한 유형의 환자치료를 위한 효과적인 책략을 수립하는 데도 유용하다는 사실이 입증되었다. 예를 들어 C. V. 에이브러모위츠, S. I. 에이브러모위츠, 로백 및 잭슨(1974, pp. 849-853)과 트라이스(1990, pp. 233-234)의 연구들은 환자의 내외 통제성 기대와 불일치하는 치료 책략을 사용한 치료자보다 환자의 내외 통제성 기대와 일치하는 치료 책략을 사용한 치료자가 환자를 돕는 데 더 성공적이었음을 보여 주었다. 특히 내적 통제성인 환자들에게는 비지시적 혹은 비구조적 치료가 더 효과적인 반면, 외적 통제성인 환자들에게는 지시적 혹은 구조화된 기법이 더 효과적이었다. 또한 신체건강 영역에서도 환자의 내외 통제성에 맞춘 치료가 비만환자의 체중감소를 극대화하는 데, 흡연자의 흡연을 줄이는 데 유용하다는 사실이 입증되었다(Strickland, 1978, 1979).

비판적 사고를 위한 질문

1. 로터의 사회학습이론의 네 가지 기본개념을 기술하라. 여러분의 친구 중 한 명의 어떤 행동을 예언하기 위해서 이 개념들이 어떻게 결합될 수 있는지 예를 들라.
2. 최소 목표란 무엇인가? 학업에서 여러분의 최소 목표는 무엇인가? 학생으로서 여러분의 능력과 동기를 고려해 볼 때, 여러분의 최소 목표는 현실적인가?
3. 한 사람의 내외 통제성을 결정해 주는 것은 무엇인가? 노인들은 주로 외적 통제성인가?
4. 내적 통제성인 사람들이 어떤 상황에서 부적응 행동을 보일 수 있나? 만약 그렇다면, 여러분의 일상생활에서 예를 들라.
5. 이상행동을 연구하기 위한 사회학습적 접근의 장단점은 무엇인가?

용어 해설

강화가치reinforcement value 얻을 수 있는 확률이 똑같다면, 다른 강화물들과의 관계에서 특정 강화물이 그 개인에게 주는 중요도

강화의 내외 통제성internal/external control of reinforcement 자신의 행동이 자신에 의해 결정된다(내적 통제성) 혹은 외부적 요인에 의해 결정된다(외적 통제성)고 보는 개인의 신념

강화의 통제부위locus of control of reinforcement 사람들이 그들의 생활 속에서 힘을 통제하는 위치(내/외)에 대한 신념을 칭하는 용어

구토공포증 환자emetophobics 강한 내적 통제성을 지니고 있는 사람이 구토 때 통제력을 상실하는 것이 두려워 몹시 불안해하는 사람

기대expectancy 어떤 대상 혹은 사건에 대한 인지 혹은 신념(확실성의 정도에서 차이가 있음)

신(神)-매개 통제 God-mediated control 개인이 목표를 달성하기 위해 신과 협동으로 작업하는 내적 통제성의 간접적 형태

심리적 상황psychological situation 개인이 정의한 상황의 의미

이동의 자유freedom of movement 주어진 생활영역에서 자신의 행동이 일반적으로 성공(이동의 자유가 높음) 혹은 실패(이동의 자유가 낮음)를 가져올 것이라는 개인의 기대

자극 일반화stimulus generalization 원 자극에 의해 유발된 반응이 다른 유사한 자극에도 유발되는 과정

장이론field theory 인지적 변인과 환경적 변인간의 복잡한 상호작용으로 행동이 결정된다는 이론

최소 목표minimal goal 만족감을 주는 결과와 불만족을 주는 결과의 분기점

행동잠재력behavior potential 특정 상황에서 어떤 행동이 가져올 강화물에 대한 개인의 기대와 지각된 가치의 함수로서, 그 행동이 발생할 확률

I-E척도I-E Scale 어떤 힘을 개인이 통제할 수 있다고 믿는지 혹은 자신의 통제 밖이라고 믿는지를 측정하기 위해 로터가 만든 검사. 내적 통제성인 사람은 사건들이 자신의 통제 하에 있다고 믿는 사람들이다. 외적 통제성인 사람들은 결과가 운, 운명, 신, 혹은 강력한 누군가와 같은 외적 힘에 의해 통제된다고 믿는 사람들이다.

추천 도서

Rotter, J. B. (1954). *Social learning and clinical psychology*. Englewood Cliffs, NJ: Prentice-Hall.

Rotter, J. B. (1966). *Generalized expectancies for internal versus external control of reinforcement*. Psychological Monographs, 80 (Whole No. 609).

CHAPTER 17

반두라의 사회인지 이론

반두라의 생애

앨버트 반두라(Albert Bandura)는 1925년 12월 4일에 밀 농사를 짓는 폴란드인 농부의 가족으로 태어났다. 그는 캐나다 앨버타(Alberta)의 북쪽에 있는 먼다레(Mundare)의 작은 마을에서 교사 2명과 20명의 학생이 전부인 고등학교를 다녔다. 고등학교를 졸업하고 반두라는 유콘(Yukon)의 화이트호스(Whitehorse) 근처에 있는 대학에 들어가기 전까지의 여름을 알라스칸 고속도로에서 구멍을 메우는 일을 하며 보냈다. 그는 자기 주변의 대부분의 사람들이 채권자, 이혼위자료를 지급해야 할 전처, 또는 보호관찰 담당관을 피해 도망다니는 사람 등과 같은 특이한 인물들이라는 사실을 알게 되었다. 이 경험은 그에게 일상에서의 정신병리학에 대한 올바른 인식을 심어 주었다.

반두라는 지적 호기심을 유발하는 환경을 찾아서 밴쿠버에 있는 브리티시컬럼비아(British Columbia) 대학교에 입학하여 3년 후인 1949년에 졸업하였다. 그는 1951년과 1952년에 아이오와(Iowa) 대학교에서 각각 심리학 석사와 박사학위를 받았다. 그는 위치타(Wichita) 보호센터에서 몇 년간 임상 실습을 한 후에 스탠포드(Stanford) 대학교 심리학과 교수가 되었다. 그 후로 그는 줄곧 그곳에 근무하였다. 그는 1964년 정교수가 되었고, 1974년 심리학 석좌교수(David Starr Jordan Professor of Social Science)로 임명되었다.

스탠포드 대학교에서 종신 재임 기간 동안 반두라는 인간행동의 이해를 위한 사회인지적 이론의 발전에 의욕적으로 몰두하였다. 또한 그는 여러 권의 영향력 있는 책을 출간하였고, 과학저널에 무수히 많은 연구논문을 게재하며 매우 생산적으로 연구하였다. 그의 초기 저서인『청소년 공격성(*Adolescent Aggression*)』(1952)과『사회학습과 성격발달(*Social Learning and Personality Development*)』(1963)은 월터스와 공동으로 집필하였다. 그의 책『행동수정의 원리(*Principles of Behavior Modification*)』(1969)는 행동을 결정하는 사회심리학적 원리를 광범위하게 검토하고 요약한 책이다.『사회학습이론(*Social Learning Theory*)』(1971)은 이러한 원리를 축약한 치료법을 다룬 소책자이다. 1973년 그는 공격행동의 결정요인에 대한 연구와 최신 이론을 다룬『공격성(*Aggression*)』을 출간하였다. 1977년 자신의 책『사회학습이론(*Social Learning Theory*)』에서 반두라는 행동을 통제하는 사회심리학적 원리에 대한 소책자를 크게 확장하였다.『생각과 행위의 사회적 기초(*Social Foundations of Thought and Action*)』(1986)는 그의 입장에 대한 최근의 이론적 및 경험적 발전을 보여 준다. 1995년 반두라와 그의 동료들은 급변하는 세상에서 강한 자기효능감으로 유익한 가족적, 학문적, 직업적, 의료적 환경을 만드는 방법을 다룬『변화하는 사회에서의 자기효능감(*Self-Efficacy in Changing Societies*)』을 편집하였다. 그의 가장 최근 저서는 1997년에 출판된『자기효능감: 통제 연습(*Self-efficacy: The Exercise of Control*)』이다.

심리학에서의 많은 공헌을 인정받아 반두라는 수많은 상과 영예를 얻었다. 그는 1969년과 1970년에 행동과학 연구센터(the Center for Advanced Study in the Behavioral Sciences)의 회원이 되었다. 1972년 그는 구겐하임(Guggenheim) 상을 받았고 미국 심리학회로부터 임상심리학 우수과학자 상을 수상하였다. 캘리포니아 심리학회는 1973년에 그에게 우수과학상을 수여했고 1974년에는 미국 심리학회 회장을 역임하였다. 그는 1977년에 카텔(James Mckeen Cattell) 상을 받았고, 1979년에는 브리티시컬럼비아 대학교로부터 과학 분야 명예박사학위를 받았다. 그는 1980년에 국제 공격성 연구학회로부터 우수공로상을, 미국 심리학회로부터 우수과학공로상을 수여받았고, 미국 인문 및 과학학술원(American Academic of Arts and Sciences) 회원으로 선출되었다.

개념과 원리

사회-인지적 접근의 가정

반두라에 따르면, 행동은 내부적 힘 또는 환경적 영향 중 어느 하나만으로 발생하지 않는다. 로터와 마찬가지로, 반두라는 행동은 내부적 과정과 환경적 영향간의 복잡한 상호작용으로 발생한다고 생각하였다(Bandura, 1971, p. 2). 그의 이론에 따르면, 주로 개인의 과거 경험에 근거한 이 내부과정은 측정이 가능하고 조작이 가능한 내현적 사건들이다. "이러한 매개 사건은 외적 자극 사건에 의해 통제되고, 그런 다음 외현적 반응성을 조정한다"(Bandura, 1969, p. 10). 자극-반응 간의 관계가 내적 사건에 의해 매개되는 것은 맞지만, 외적으로 조작할 수 있는 사건을 원인으로 설명하기 위해서는 내적 사건을 무시해야 한다고 주장하는 스키너와 달리, 반두라는 인지적 결정요인을 단순히 부수현상으로 볼 것이 아니라 행동의 실제 원인으로 보면서, 행동의 인지적 결정요인의 역할을 특히 강조하였다(Bandura, 1996, p. 325).

반두라는 인지적 및 개인적 요인들, 행동 및 환경적 영향 모두가 상호작용하여 서로를 결정해 준다는 **3요인 상호결정주의**triadic reciprocal determinism를 주창하였다(Bandura, 1986, pp. 23-24). 그래서 사람들은 환경적 사건에 단순하게 반응하는 것이 아니라, 능동적으로 자신의 환경을 만들고 그것들을 변화시킨다. 인지적 사건은 어떤 환경적 사건들을 지각할 것인지와 그것들을 어떻게 해석하고 조직화하여 행동할지를 결정한다(Bandura, 1978, p. 345). 행동에 뒤따르는 긍정적 또는 부정적 피드백은 다시 사람들의 사고(인지)와 그들이 환경을 변화시키기 위해 행동하는 방식에 영향을 준다(Bandura, 1986, p. 24).

> 텔레비전 시청은 인지, 행동, 환경 간의 상호의존성을 보여 주는 좋은 예이다. 개인적 선호(사고와 인지의 형태의 선호)는 그 사람이 선택할 여러 가능한 대안들 중에서 언제 어떤 프로그램을 볼지를 정하는 데 영향을 미친다. 그런 다음 그들의 실제 시청행동은 부분적으로는 나중에 그들이 볼 프로그램을 정하고 텔레비전 경영진이 제공하게 될 프로그램의 종류에 일정 부분 영향을 미친다. 네트워크로 제공되는 프로그램은 특정 쇼에 대한 사람들의 시청행동과 선호도를 만든다. 그러므로 세 요인—시청자의 선호, 시청행동, 방송되는 프로그램—모두 서로서로 영향을 미친다. (Bandura, 1986, p. 24)

반두라에 따르면, 우리는 외적 사건을 상징적으로 표상하고 나중에 **언어적 표상**verbal

representation과 **심상적 표상**imaginal representation 모두를 사용하여 행동을 한다. 그래서 우리는 실제 시행착오 행동을 하지 않고도 상징적으로 문제를 해결할 수 있다. 우리는 행동의 결과를 예견하고 그에 따라 우리의 행동을 수정한다. 인간의 고차적 정신과정은 통찰적 행동과 예견적인 행동 모두를 가능하게 해준다(Bandura, 1971, pp. 2-3).

비록 반두라가 행동분석에서 인지과정을 매우 강조하고 있지만, 강화의 효과를 무시하지는 않는다. 한편 그는 자신의 이론에서 강화에 중요한 역할을 부여하지만, 그 역할은 인지적 지향과 비슷한 수준이고, 많은 전통적 학습이론가들의 견해를 훌쩍 뛰어넘는다. 예를 들어 스키너는 행동으로 인한 직접적인 보상과 처벌에 의한 행동변화에 초점을 두었다: 보상받은 반응은 반복되고, 처벌받은 반응은 억제되는 경향이 있다. 그에 반해 반두라는 강화와 처벌이 자동적으로 행동을 강화 또는 약화시키는 것이 아니고, 그것들이 행동의 획득, 유지 또는 변경하는 방식을 완전히 설명하지도 못한다고 생각한다(Bandura, 1971, p. 3).

반두라의 관점에서 보면, 우리 행동의 대부분은 즉각적인 외부 강화에 의해 통제되는 것은 아니다. 우리는 초기 경험의 결과를 근거로 하여, 어떤 행동이 우리가 원하는 결과를 가져오는지, 어떤 행동이 원치 않는 결과를 가져오는지, 어떤 행동이 결과에 별 영향을 주지 않는지를 예상하게 된다. 그러므로 우리의 행동은 상당 부분 **예상되는 결과**anticipated outcomes에 의해 조정된다(Bandura, 1971, p. 3). 예를 들어, 우리는 자동차 사고가 날 때까지 보험가입을 미루지 않는다. 대신에 보험가입 여부를 판단할 때 우리가 보험에 가입하지 않았을 때 생길 수 있는 끔찍한 결과에 대해 타인의 정보에 의존한다. 우리는 혹한의 날씨에 무엇을 입을 것인지에 대한 결정을 폭설에 갇힐 때까지 기다리지 않는다. 우리는 준비 부족으로 인한 결과를 상상하여 적절한 예방조치를 취할 수 있다. 수많은 상황에서 우리는 결과를 예상하여 결정을 내린다. 이 예상이란 개념은 로터의 기대라는 개념과 유사하다.

또한 반두라는 행동이 **외부 강화**external reinforcement 없이도 획득될 수 있다고 주장한다. 우리가 하는 행동의 대부분은 본보기를 통해 배운다. 우리는 단순히 다른 사람이 행동하는 것을 보고 따라한다. 엄밀히 말하면 우리는 **관찰학습**observational learning을 통해서 행동을 획득한다. 반두라에 따르면 모델링은 여러 가지 이유로 우리의 삶에서 중요한 역할을 한다. 환경에는 치명적인 결과가 담겨 있을 수도 있기 때문에 시행착오 행동은 너무 부담이 크다. 우리는 수영이나 자동차 운전 또는 비행기 조종을 배울 때 시행착오에 의존하지 않는다. 직접적인 경험이 안전하려면 사전에 설명과 지시가 제공되어야 한다. 더욱이 사람들의 무작위적 행동에 대해 선택적 강화를 하여 그 사람을 사회화한다는 것은 너무 복잡하고 번거로운 일이다. 이러한 방식으로 아이들에게 언어와 많은 규칙, 그리고 문화적 전통을 가르치는 것을 상상해 보라. 적절한 모델을 사용하면 획득 과정이 상당히 단축될 수 있다(Bandura, 1971, p. 5). 초기 학습이론가들은 인간행동을 이해하려는 시도에서 관찰학습의 역할을 무시하는 경향이 있었지만, 반두라와 다른 사회인지적 접근의 지지자들은 이런 단점을 보완하고, 우리가 어떻게 모델의 모방을 통해서 행동을 획득, 유지, 수정하는지에 관한 많은 사실들을 밝혀냈다.

모델링 이론

언뜻 보기에는 모델링 절차는 단순하고 간단해 보인다. 관찰자와 모델이 있으면, 관찰자는 모델의 행동을 모방하는가? 라는 것이 기본적인 질문이다. 하지만 대답은 간단하지 않다. 왜냐하면 그것은 많은 요인들에 달려 있기 때문이다.

우선 관찰자의 성격특성이 중요한 역할을 한다. 사람들은 사회화 과정을 거치면서 수행능력에 대한 편견을 갖게 된다. 예를 들어 모델의 행동이 모방되는지의 여부는 모델의 성별과 관찰자의 성별에 의해서 결정된다. 일반적으로 남자는 남성 모델을 따라하는 경향이 있고, 여자는 여성 모델의 행동을 모방할 가능성이 더 크다. 예를 들어 남아들은 여성 모델보다 남성 모델을 본 후에 더 공격적 행동을 하는 경향이 있다. 반면에 여아들은 남성 모델보다 여성 모델의 공격행동을 더 자주 모방하는 경향이 있다(Bandura, 1997; Bandura, Ross, & Ross, 1963a, pp. 3–11; Bussey & Bandura, 1984, pp. 1292–1302). 다른 연구들은 모방행동으로 과거에 보상을 받았던 사람 이외에도, 자존감이 부족하거나 무능한 사람들이 성공적인 모델의 행동을 따라 할 가능성이 더 크다는 것을 보여 주었다(Bandura & Walters, 1963, p. 85).

관찰자의 성격과 사전경험 못지않게, 모델의 특성도 중요한 역할을 한다. 관찰자는 무능한 모델의 행동보다 유능한 모델의 행동을 더 빨리 모방한다(Rosenbaum & Tucker, 1952, pp. 183–190). 관찰자와 유사한 개인적 배경과 신체적 외형을 가진 모델은 관찰자에게 큰 영향을 미치는 경향이 있다(Rosenkrans, 1967, pp. 307–355). 또한 모델이 매우 보상적일 때 그리고 관찰자가 필요한 자원의 통제권을 갖고 있는 경우, 관찰자는 그 모델의 행동을 더 많이 학습하는 경향이 있다(Grusec & Mischel, 1966, pp. 211–215).

모델의 행동과 연관되는 보상과 처벌도 관찰자의 모방행동에 영향을 미칠 수 있다. 우리는 타인의 행동과 그 행동이 강화되는지를 보고 학습하고, 그에 따라 우리의 행동을 수정한다. 반두라는 이러한 **대리적 강화**vicarious reinforcement의 효과를 실험하기 위해 성인 모델이 커다란 플라스틱 인형을 공격하는 5분짜리 영상물을 유아원 아동들에게 보여 주었다.

영상물은 모델이 어른 크기의 플라스틱 보보인형에게 다가가 길을 비키라고 명령하는 것으로 시작한다. 모델은 자신의 명령에 불응하는 인형을 잠시 노려본 후, 독특한 말과 함께 각기 다른 네 가지 공격 반응을 보여 주었다.

우선 모델은 보보인형을 옆으로 눕히고 그것을 깔고 앉은 다음, 보보인형의 코를 치면서 "퍽, 오른쪽 코에 펀치, 쾅, 쾅"이라고 중얼거린다. 그런 다음 모델은 인형을 일으켜 세우고 나무망치로 인형의 머리를 친다. "성공이다, 꼼짝마" 같은 말을 한 후에 각 행동을 하였다. 나무망치 공격에 이어서 모델은 방 여기저기로 인형을 차면서 "저리 꺼져"라고 말한다. 마지막으로 모델은 보보인형에게 고무공을 던졌다. 이 공격은 "펑"이라는 말과 함께 끝이 났다. 이런 순서로 된 신체적 및 언어적 공격행동은 두 번씩 반복되었다 (Bandura, 1965, pp. 590–591).

통제조건에서 아이들은 단지 이 영상물만을 보고, 모델의 공격행동이 어떤 결과를 초래하는지를 보지는 않았다. 그러나 다른 아이들은 모델이 그의 행동에 대해서 보상 또는 처벌을 받는 두 번째 영상물을 보았다. 보상 조건에서 두 번째 성인이 모델의 공격행동을 칭찬하고 음료수와 사탕으로 보상을 주었다. 처벌 조건에서는 두 번째 성인이 공격적인 모델을 폄하하고 '비겁자, 불량배'라고 비난하였다. 또한 처벌하는 성인은 둘둘 말린 신문지로 모델을 때리고, 또다시 공격행동을 하면 매를 맞게 될 것이라고 위협하였다.

이 실험에서 독립변인은 공격행동의 대가로 모델에게 주어진 강화의 본질이다. 종속변인은 그들이 모델에게서 본 행동을 할 수 있는 기회가 주어졌을 때, 세 조건 각각에서 아이들이 행한 공격의 횟수이다. 아이들은 한 명씩 보보인형, 세 개의 공, 나무망치와 나무못을 꽂는 판 및 장난감이 있는 방으로 인도되었다. 아이들이 모방행동 혹은 모방이 아닌 행동에 몰두할 수 있도록 하기 위해 매우 다양한 장난감이 제공되었다. 다른 장난감을 가져오기 위해 실험자가 방을 나가고 아이들은 혼자 남겨졌다. 그때 관찰자는 일방거울을 통해 이후의 아이들의 반응을 녹화하였다. 예상한 대로 처벌받는 모델을 본 아이들은 혼자 노는 상황에서 모델이 보상을 받는 것을 본 아이들이나 두 번째 영상물을 보지 못한 아이들에 비해 상당히 적은 공격성을 보여 주었다. 그러므로 이 연구는 첫 번째 단계에서 모델에게 주어진 각기 다른 강화물이 관찰자의 수행에 상당한 영향을 준다는 사실을 명백히 보여 주었다.

그러나 실용적인 사회적 함의에 대한 의문은 여전히 남아 있다. 우리는 아이들이 강화조건에 따라 다르게 행동한다는 것은 알고 있지만, 그들이 실제로 모델의 행동을 학습한 것인가? 다시 말해서 모든 아이들이 모델의 행동을 배우기는 하지만, 보상받거나 처벌받지 않는 것을 볼 때만 그들의 행동을 모방하기로 결심할 가능성은 없는가? 이 연구의 두 번째 단계에서 반두라는 그것이 사실임을 보여 주었다. 첫 번째 단계에서 아이들의 수행을 측정한 후, 그들이 모델의 공격적인 행동을 다시 하면 매력적인 상이 제공되었다. 이 매력적인 유인가의 도입은 이전에 관찰된 수행 차이를 완전히 없애버려서, 연구자들은 모델 보상 조건, 모델 처벌 조건, 결과를 보여 주지 않은 비시청 조건 모두에서 학습이 동등한 크기로 나타났다고 결론내렸다. 이러한 결과는 사람들이 여러 행동을 배우지만, 실제로 어떤 행동할 것인가의 여부는 그 행동의 결과에 대한 예상을 근거하여 결정한다는 것을 시사한다. 왜 획득과 수행의 구분이 중요한가? 반두라는 범죄자는 항상 처벌받기 때문에 대중매체에서 범죄를 보여 주는 것이 어린 관찰자들에게 해롭지 않다는 주장을 반박한다. 이러한 결과는 모델(범죄자)을 처벌하는 것으로는 나중에 적절한 상황(예를 들어 또래가 이런 행동을 한 사람에게 보상을 주는 조건)에 놓이게 되면 수면위로 부상할 수 있는 비도덕적이고 불법적인 행동의 획득을 막을 수 없음을 보여 준다.

반두라는 모델링과 강화 원리를 적용한 많은 연구들을 실시했고 미디어 폭력의 문제와 그것이 시청자에게 유해한 영향을 준다는 것을 연구하였다. 우리는 이제 미디어 공격성과 폭력에 대한 몇 가지의 예시를 볼 것이다. 그 다음 중요한 영역에서 자료를 근거로 공격성과 폭력에 관한 반두라의 이론을 개관할 것이다.

영화, TV, 그리고 비디오 게임의 공격성과 폭력성

사실상 우리 모두 알고 있듯이 폭력과 공격행동은 일상화되어 있다. 우리는 매일 신문에서 지역적, 국가적, 세계적 수준의 비인간적인 행위를 접한다. 우리가 아이들이 TV 만화와 드라마의 폭력에 노출되는 것을 모두 막을 수는 없더라도 관심을 가질 수는 있다. 초등학교를 졸업할 때까지 아이들은 TV에서 평균 8,000건 이상의 살인과 약 10만 건에 이르는 폭력행동을 목격하게 된다(Bushman, 1998, p. 537).

저녁이 되면 우리는 뉴스를 보고, 어딘지도 모르는 외국의 얼굴도 모르는 사람들이 정치적 권력을 위해 죽인 최근의 사망자 숫자에 대한 뉴스 사회자의 보도를 듣는다.

우리는 이라크의 바그다드나 아프가니스탄의 카불에서 차량 폭발물을 싣고 빌딩이나 시장으로 달려가, 무고한 사람들을 살상하는 자살폭탄테러 같은 공포물을 본다. 우리는 무분별하게 물건을 부수거나 서로를 때리는 "스타즈(stars)" 같은 리얼리티 쇼를 보고, 가끔 어떤 남성들의 여성에 대한 폭력행동이 나오는 프로그램 "히어로즈(heroes)"를 본다. TV 프로그램인 "법과 질서(law-and-order) 쇼"에서는 좋은 사람과 나쁜 사람은 그들의 문제해결을 위해 가끔 여러 무기로 서로를 공격한다. 우리가 보는 많은 영화에는 더 끔찍한 공격성이 담겨 있다. 공격성이 가득 찬 오래된 영화인 존 웨인의 '거침없이 쏴라'는 오늘날 영상물들이 보여 주는 공격성과 비교하면 정말 지루한 영상물이다(요즘 영화에서는 사람을 전기톱으로 자르는 것이 나온다).

만약 이런 무분별한 영화와 TV 프로그램이 지루해지면, 마지막으로 우리는 TV로 즐길 수 있는 폭력적 비디오 게임(예: Grand Theft Auto, God of War III)을 구입하거나 인터넷에 접속하여 그런 비디오 게임을 즐길 수 있다. 문제는 우리가 종종 영화나 TV에서 보는 것과 같은 장면에 실제로 노출된다는 것이다. 즉, 대다수의 이러한 비디오 게임들은 우리가 적을 부수고 '승리'하려면, 무분별한 폭력과 살인자가 되어야 한다는 것이다. 예를 들어 GTA라고 부르는 게임의 플레이어는 존경을 받기 위해 갱에서 일하는 청년이다. 그는 매춘부로부터 돈을 훔치고, 단지 일시적인 처벌을 주기 위해 그녀를 때려서 죽음에 이르게 한다.

또 다른 폭력 게임인 "갓 오브 워 3(God of War III)"에서 주인공인 전사는 적의 사지를 절단하고 내장을 뽑고 그들의 몸을 피가 흐르는 강에 띄운다. 이러한 게임은 혼자서 즐기기보다는 인터넷에서 만나는 실제 사람들과 즐기게 되고, 그들과 팀을 이루어 다른 사람들과 대결하는 경우가 점차 늘어나고 있다(Sherry, 2001, p. 410).

우리가 지속적으로 미디어 폭력에 노출되고 있다는 사실은 인정하지만, 공격성의 노출이 필연적으로 공격성을 초래하는가? 많은 비평가들은 실제 미디어 폭력의 영향력이 작고 상대적으로 무해하다고 주장한다. 하지만 반두라는 미디어의 폭력 묘사는 행동에 심각하고 유해한 영향을 줄 수 있다고 생각한다. 그는 미디어 폭력노출이 공격성의 충분조건도 아니고, 필요조건도 아니라는 것을 인정하지만, 이러한 노출은 어떤 환경과 어떤 유형의 사람(예: 충동조절능력이 낮거나, 과도한 남성성)에게는 공격성을 촉진시킨다고 강력히 주장한다(Bandura, 1973, p. 267; Scharrer, 2001, p. 159).

비평가들의 또 다른 주장은 폭력에 노출되는 것은 단지 개인의 마음을 동요하게 만드는 것뿐이라는 것이다. 반두라는 어떤 환경에서는 모델이 정상인에게도 다른 사람에게 적대적으로 행동하도록 만들 수 있다는 연구를 근거로 비평가들의 이런 주장을 반박한다(Milgram, 1963, pp. 371–378). 많은 인상적인 연구증거들로서 이러한 주장을 반박함으로써, 반두라는 미디어 폭력의 무절제한 묘사가 잠재적 위험요인임을 우리 모두에게 인식시키려고 노력해 왔다. 다음에서는 어떻게 개인적 변인과 상황변인이 공격행동을 촉진하거나 억제할 수 있는지를 알아보기 위해 몇 가지 연구 결과를 검토해 보자.

우리 사회에서 공격성과 폭력에 대한 연구 증거

우리는 이미 특정 행동에 대해 보상받는 모델을 본 관찰자는 그것을 반복하는 경향이 있다는 것을 알았다. 그에 반해 자신의 행동에 대해 처벌을 받는 모델을 본 관찰자들은 행동을 반복하지 않는 경향이 있었다. 또한 우리는 이미 모델의 행동이 처벌을 받은 경우라도, 만약 강력한 유인가가 주어진다면 관찰자들은 금지된 행동을 배우고 반복할 수 있다는 것을 보았다. 또한 반두라는 공격적인 모델이 처벌을 받지 않을 때, 시청자는 그들의 행동을 더 잘 모방한다는 사실을 보여 주는 연구를 실시하였다(Bandura, 1986, p. 291). 5,000시간 이상 TV 프로그램을 조사한 한 연구를 보면, 전체 시간의 73%에 해당하는 폭력은 처벌을 받지 않고 지나갔다(Bushman, 1998, p. 537).

또 다른 연구에서는 비록 어린 관찰자가 공격행동이 보상을 받은 모델을 싫어한다고 대답하였지만, 그들은 여전히 모델의 공격행동을 모방하고 그것이 재미있다고 응답하였다. 이러한 연구 결과는 악당이 자신의 잘못된 행동으로 거의 모든 장면에서 보상을 받다가, 맨 마지막에만 처벌을 받는 많은 TV 프로그램과 유사한 상황을 연구자들에게 제안해 주었다(Bandura, Ross, & Ross, 1963b, pp. 601-607). 시청자들은 악당의 행동이 유죄이고 처벌받아야 한다는 것을 알지만, 그럼에도 불구하고 그가 재미있게 잘 연기해 준 것에 대해서는 찬사를 보낼지도 모른다. 다시 말해서 그가 연기에 대해서 받았던 모든 긍정적 강화는 맨 마지막에 한번 받는 처벌을 쉽게 압도할 수 있다.

또한 범죄자를 처벌하는 데 폭력을 사용하는 것이 타당한가에 대한 심각한 의문이 있다. 비록 이러한 처벌을 목격하는 것이 적어도 일시적으로는 모방행동을 억제한다는 것이 사실이지만, 관찰자는 어떤 방법으로든 그 행동을 배우고, 어떤 상황에서는 실제로 실행한다는 사실을 우리는 이미 보았다. 더 중요한 것은 이러한 접근은 폭력의 사용이 관찰자에게 정당화될 수 있고 쉬운 문제해결 방법이라는 인상을 줌으로써 대안적, 비폭력적 전략을 고려하는 것을 방해한다. 버코위츠(1962)의 초기연구는 사람들이 정당화될 수 있는 폭력행동을 볼 때 그들의 억제력이 낮아지고 공격반응이 촉진되고, 부당하다고 생각되는 폭력을 목격했을 때는 공격반응이 억제된다는 사실을 발견하였다.

이러한 결과는 폭력으로 악당을 제압하는 영웅이 정당화되는 대표적인 영화와 TV 영상물이 실제로 그것을 보는 시청자들의 공격행동을 증가시킬 수 있음을 시사한다. 이런 화난 시청자의 좌우명은 "그에게 갖다 줘! 그가 처리해 줄 거야"일 것이다. 여전히 많은 사람들의 행동을 지배하는 이런 원초적인 '눈에는 눈 그리고 이에는 이' 철학은 우리 문화의 공격성에 문제점을 추가할 가능성이 크다.

또한 연구는 시청자가 충동조절능력이 낮다면, 공격적으로 행동하기 쉽다는 사실을 보여 준다. 또한 영화에서 싸움의 승자가 자신이라고 생각하는 영화팬들처럼 승리자와 자신을 동일시하는 사람들은 더욱 공격적으로 행동한다(Turner & Berkowitz, 1972, pp. 256-264). 만약 관찰자가 피해자를 비인간화할 수 있거나 피해자가 부상을 입지 않거나 부상이 최소화된다면 더욱 공격적으로 되기 쉽다. 부상 없는 폭력은 아무도 진짜로 다치지 않는 건전한 오락처럼 보이는 폭력이다. 좋은 예로서 오래된 서부의 술집에서 일어난 싸움을 생각해 보라. 웃는 와중에 사람들은 병으로 머리를 치거나 창문으로 집어 던진다. 그런데도 기적처럼 그들은 경미한 부상도 없이 회복한다(Bandura, 1986, p. 291). 그러므로 성격과 상황 모두에서 많은 요인들이 공격행동을 촉발하고 촉진시킨다는 점은 분명하다.

우리가 검토한 반두라의 이론을 지지하는 많은 연구들은 1960년대와 1970년대에 연구된 것들이지만, 그 이후에도 수백 개의 연구들이 폭력적인 TV와 영화에 노출되는 것이 공격성을 상당히 증가시키는 원인이고, 폭력적인 미디어에 반복적으로 노출되는 것이 청소년의 공격성을 증가시키며, 미디어 폭력이 우리 문화에서 청소년의 폭력을 점차 증가시키는 중요한 위험요소라는 반두라의 주장을 지지하는 압도적인 증거를 제시하였다(Anderson & Bushman, 2001, p. 354; Anderson et al., 2010, pp. 151-173).

흥미롭게도 1970년대 말 문화에 등장한 폭력적 비디오 게임은 청소년 공격성의 새로운 근원을 알려 주었다(Vessey & Lee, 2000, p. 607). 사람들은 여러 명의 총기난사 사망자를 낸 경험이 있는 세 도시(Kentucky의 Paducah, Arkansas의 Jonesboro, Colorado의 Littleton)에서, 총을 쏜 사람이 습관적으로 폭력적인 비디오 게임을 즐기던 학생이었음을 지적하면서 이런 게임들에 반대한다. 13명을 죽이고 23명을 부상 입힌 리틀튼(Littleton)에 있는 콜롬바인(Columbine) 고등학교 학생이었던 에릭 해리스와 딜런 클리볼드는 살인을 저지르기 전에 피가 튀기는 비디오 게임인 둠(Doom)을 즐겼다. 물론 잘 알려진 몇 번의 학교 총기난사 사건이 습관적으로 폭력적인 비디오 게임을 즐겼던 사람들에 의해 벌어졌다는 사실은 시사하는 바가 크지만, 이런 사실들이 폭력적인 게임이 공격성을 증가시킨다는 강력한 증거는 아니다. 그러나 1980년대 중반 이후 비평가들의 주장이 사실임을 보여 주는 실험을 통한 보다 과학적인 증거들이 증가되고 있다. 이제 이런 연구들의 일부를 개관해 보도록 하자.

폭력적 비디오 게임과 공격성

바쏘로와 앤더슨에 의한 한 연구(2002, pp. 283-290)에서 대학생들은 매 시행마다 청각 신호에 마우스 버튼을 누가 가장 빨리 누르는지를 다른 사람과 경쟁한다고 믿는 컴퓨터 "게임"을 하기 전에 폭력적 비디오 게임(Mortal Kombat) 또는 비폭력적 비디오 게임(골프 토너먼트)을 수행하도록 무선적으로 할당되었다. 학생들은 상대방보다 청각신호에 늦게 반응하면, 상대방으로부터 처벌을 받을 수 있고 그들이 상대방보다 더 빠르게 반응하면 상대방을 처벌할 수 있다고 들었다. 처벌은 이어폰을 통해 전달되는 0(0데시벨)에서 10(100데시벨)까지의 소음이었다. 실제로는 실험자가 폭력적 게임 조건과 비폭력적 게임 조건에서 동일하게 처벌 수준과 빈도를 조정했음에도 불구하고 폭력적 게임을 한 학생들은 비폭력적 게임을 한 사람들보다 상대방에게 매우 강한 수준의 처벌을 주었다. 어린 아동들을 대상으로 한 연구에서는 아이들이 게임(무술 고수나 정글 히어로 같은)의 테마에서 나오는 행동을 모방하는 경향이 있음과 함께, 폭력적 게임을 한 아이들은 단기간 공격성이 증가한다는 것을 보여 주었다(Vessey & Lee, 2000, pp. 607-610). 또한 다른 연구는 폭력적 게임을 한 아이들은 학교에 있는 동안 그들의 자유놀이 행동(예: 다른 아이들을 치기, 밀기)에서 사전에 이러한 비디오 게임을 하지 않은 아이들이 자유놀이에서 하는 행동보다 더 공격적임을 보여 주었다(Sherry, 2001, p. 414). 그러므로 폭력적 비디오 게임을 하는 것은 여러 나라에 사는 여러 연령의 많은 남성과 여성들의 공격적인 생각, 기분, 그리고 행동을 증가시키고 동정심과 친사회적 행동을 감소시킬 수 있음을 보여 주는 실질적인 증거(수백여 개가 넘는 연구)가 있다(Anderson, Gentile, & Buckley, 2007; Anderson et al., 2010, pp. 151-173; Barlett, Anderson, Swing, 2009, pp. 377-403).

추천

폭력적인 행동과 공격적인 미디어의 표현을 통제하고 수정하기 위해, 반두라와 다른 심리학자들은 중요한 두 가지 추천을 한다. 첫째는 공공대중이 미디어의 경영진들에게 더 건설적인 쇼와 비디오 게임을 만들도록 촉구할 필요가 있다는 것이다. 영화, TV, 그리고 비디오 게임은 모두 창의력을 기르고, 돕기와 보살피기와 같은 친사회적 행동을 촉진시킬 수 있는 잠재력을 지니고 있다(Vessey & Lee, 2000, p. 607-610). 재미있고 정보적이면서 비폭력적인 비디오 게임과 쇼를 만들도록 촉구하는 것이 단순히 폭력이 담긴 쇼와 비디오 게임을 비난하는 것보다 효과가 더 클 것이다. 심리학자의 도움으로 설계된 아이들의 쇼 ≪세서미 스트리트(*Sesame street*)≫가 그 한 예이다. 그것은 정보적이고 재미있고 많은 시청자들을 매혹시킬 수 있도록 제작되었다. 대부분의 아침 만화 쇼와 달리 ≪세서미 스트리트≫는 폭력에 의존하지 않았지만 크게 성공하였다. 또한 ≪토이스토리 3≫와 ≪슈렉: 포에버≫ 같은 만화영화는 살육이나 잔인성으로 채워지지 않았음에도 불구하고 큰 성공을 거두었다(세계 총 박스 오피스 수입에서 수백만 달러). 둘째, 부모들은 프로그램의 내용이 자녀들에게 비공격적인 행동을 모델링하는지 그리고 비폭력적인 행동을 보상하는지를 사전에 모니터링함으로써 자녀들이 미디어 폭력에 노출되는 것을 제한할 필요가 있다. 유감스럽게도 많은 부모들은 아이들이 시청할 프로그램과 즐길 게임을 자유롭게 선택할 수 있도록 허용한다. 예를 들어 8~12학년의 10대 부모의 90%가 비디오 게임의 등급을 확인하지 않고 비디오 게임의 구매를 허락했으며, 10대 부모의 단지 1%만이 등급을 보고 구매를 예방한다고 보고하였다. 또한 이 아이들의 89%는 부모가 자신들이 비디오 게임하는 시간을 제한하지 않는다고 보고하였다(Anderson & Bushman, 2001, p. 354). 부모들의 더 많은 지도가 필요하다.

효능감 기대

반두라는 성격기능과 변화를 설명하면서, 자기효능감이라는 인지적 기제를 그의 이론 중에서 중요한 위치에 배치하였다. 그의 이론에서 여전히 중요한 역할을 하는 모델링은 더 효과적인 행동을 위해서는 자기효능감을 향상시킬 필요가 있는 사람들에게 자기효능감이 몸에 배도록 돕는 하나의 절차이다(Bandura, 1977, pp. 191–215; Bandura, 1982b, pp. 122–147). 반두라의 관점에서 효과적으로 수행하는 사람들은 그들의 행동을 이끄는 높은(하지만 현실적인) 효능감 기대를 지니고 있는 반면, 여러 상황에서 적절히 수행하지 못하는 사람들은 수행에 불리하게 작용하는 전반적으로 낮고, 종종 비현실적인 기대를 갖고 있었다. **효능감 기대efficacy expectations**는 자신이 특정행동을 할 수 있다고 생각하는 신념 또는 확신이다. 효능감 기대가 그 사람의 실제 기술과 동일하지는 않다. 반두라는 어떤 상황에서 무엇을 해야 하는지 알고 수행할 능력이 있는 사람이라도, 만약 자신의 능력을 심각하게 의심하는 경우, 제대로 수행하지는 못하는 사람이 있음을 지적하고 있다. 그러므로 같은 능력을 지닌 사람들이라도 수행을 잘하지 못할 수도, 보통일 수도, 뛰어날 수도 있다. 유능한 기능을 위해서는 기술뿐만 아니라 그것을 효과적으로 사용하도록 해주는 자기효능감도 필요하다. 더구나 필요한 기술과 강한 효능감을 지닌 사람일지라도, 만약 수행에 유인가가 없다면 그들은 수행하지 않을 수도 있다(Bandura, 1986, p. 391).

반두라에 따르면, 효능감 기대는 사람들의 행위와 환경의 선택에 영향을 준다. 또한 자기효능감에 대한 판단은 사람들이 혐오적인 경험에 직면했을 때 자신의 행위에 얼마나 많은 노력을 해야 하는지 그리고 과제에 대한 도전을 얼마나 지속해야 하는지를 결정해 준다.

효능감 기대가 낮은 사람들은 자신의 능력을 초과한다고 생각하는 위협적인 상황을 피하고 싶어 한다. 만약 어떤 이유로 그들이 위협적인 상황에서 수행을 하게 된다면 그들의 낮은 효능감 기대는 그들에게 노력을 적게 쏟도록 하고 얼마 후 포기하게 만들 것이다. 결과적으로 그들은 자신의 효능감을 강화시킬 수 있는 올바른 경험을 할 가능성이 적고, 방어적이고 두려운 상태로 남게 된다. 예를 들어 부끄럼이 많은 사람들은 사교상황을 피할 것이다. 만약 그들이 사교모임에 참석해야 하는 경우라도 그들은 거의 노력을 기울이지 않는다; 대개 그들은 외톨이가 된다. 이런 사람들은 지속적으로 자기의심과 자신의 무능함에 대한 자기비난에 파묻혀 고통을 받는다. 결과적으로 그들은 여러 사교상황에서 수행이 서툴다. 이러한 서툰 수행은 낮은 효능감 기대를 강화시키고, 새로운 자기주장적 행동의 학습을 방해한다.

반면에 효능감 기대가 높은 사람들은 새로운 기술을 발전시킬 기회를 주는 도전적인 과제를 선택한다. 도전적인 상황에서 그들은 최대의 노력을 하고, 장애물이 있더라도 그들의 목표 추구를 지속하고, 자기비판으로 자신의 효능감을 약화시키는 것을 최소화한다; 결과적으로 그런 일들은 최종적인 성공 가능성을 증가시킨다. 성공 가능성은 최종목표에 도달하게 해주는 단기적 목표, 하위목표를 설정함으로써 훨씬 더 높아질 수 있다. 단기적 목표는 사람들의 주의집중을 돕고 그들을 지속적으로 노력하도록 해주는 피드백을 제공한다. 작은 여러 단계로 과제를 쪼개는 것은 과제를 더 다루기 쉬워 보이게 만듦으로써 그들의 자기효능감에 대한 초기 지각을 높여준다. 하위목표의 달성은 자기효능감을 더욱 끌어올리고, 그들의 최종목표에 도달하는 기회를 높여주는 진전의 척도가 된다(Stock & Cervoune, 1990, pp. 483–489). 예를 들어 한 연구에서 매일 먹을 음식량에 대한 세부목표를 채택한 비만인 사람은 실제로 그들의 체중감량에 성공하였다. 반면에 먼 주간목표를 따른 사람들은 체중감량에 성공한 사람이 적었다(Bandura, 1986, p. 474).

반두라(1977, 1986)에 따르면, 효능감 기대가 높고 낮음에 영향을 주는 네 가지 중요한 원천은 수행의 성취도, 대리적 경험, 언어적 설득, 그리고 생리적(정서적) 각성상태

등이다.

수행 성취도

반두라는 효능감 기대는 주로 개인의 성공경험에 달려 있다고 보았다. 성공경험은 높은 기대를 만드는 경향이 있다. 반면에 실패 경험은 낮은 기대를 만드는 경향이 있다. 일단 강한 높은 효능감 기대가 형성되어 있으면, 어쩌다 하는 실패는 사람들이 자신의 능력을 판단하는 데 큰 영향을 주지 않을 것이다. 반대로 말하면 일단 반복된 실패로 인해 스며든 낮은 기대가 형성되어 있으면, 우연한 성공은 사람들이 자신의 능력에 대한 판단을 바꾸는 데 별로 효과적이지 않을 것이다. 그러나 낮은 기대도 개인의 노력에 의한 반복적이고 빈번한 성공으로 변화시킬 수 있다. 이러한 노력을 통해서 사람들은 결국 매우 어려운 장애물을 극복하고 정복할 수 있다(Bandura, 1981, p. 203).

대리적 경험

수행 성취도는 효능감 기대에 가장 큰 영향을 미치는 원천이다. 왜냐하면 효능감 기대는 실제 성공경험을 기반으로 하기 때문이다. 하지만 대리적 경험도 효능감 기대에 영향을 미칠 수 있다. 다시 말해 다른 사람들의 성공적인 수행을 보는 것도 자신들도 비슷한 행위에서 성공할 수 있는 능력을 지녔다고 생각하는 관찰자에게는 효능감을 높여 줄 수 있다(Bandura, 1982a, p. 27). 반대로 말해 자신과 비슷한 능력을 지닌 누군가가 많은 노력에도 불구하고 실패하는 것을 보는 것은 관찰자로 하여금 자신의 능력을 낮게 판단하도록 만들고 노력을 방해한다.

언어적 설득

언어적 설득은 목표를 달성하는 데 필요한 능력을 가진 사람들을 확신시키는 데 자주 사용된다. 예를 들어 많은 부모는 자녀들에게 그들이 여러 삶의 영역에서 성공할 수 있다고 생각하도록 격려한다. 이러한 격려는 아이들이 성공을 위해 열심히 노력하도록 만든다는 점에서 기술과 개인 효능감의 발달을 촉진할 수 있다. 그러나 설득시도가 실패하면 효능감 기대가 낮아지고 설득원의 신뢰를 떨어뜨리기 때문에 이러한 격려는 현실적인 범위내에서 해야 한다(Bandura, 1977, p. 198). 반대로 말해 자녀들에게 조롱, 비판, 깔봄 등으로 계속하여 용기를 잃게 만든 부모는 자녀들이 낮은 효능감 기대를 갖도록 만들 가능성이 크다.

정서적 각성

긴장되고 어려운 상황은 대부분의 사람들에게 높은 각성상태를 만드는 경향이 있고, 사람들은 이 각성 정보를 자신의 능력판단에 사용한다. 대개 높은 각성은 수행을 손상시키기 때문에 사람들이 긴장하고 생리적 각성을 느낄 때는 실패를 예상하고, 낮은 효능감을 기대할 가능성이 크다. 반대로 사람들은 도전이나 장애물에도 크게 각성되지 않고 편안함을 느낄 때, 성공을 예상하고 높은 효능감을 기대할 가능성이 크다.

자기효능감 연구

반두라가 처음 자신의 이론에서 자기효능감을 소개한 이후, 의학적 및 비의학적 영역에서 자기효능감의 개인차와 수행을 관련짓는 연구가 급속히 번져나갔다. 우리가 자기효능감 이론의 중요한 현상들을 이해할 수 있도록 도움을 준 연구들은 중요한 세 영역(학업적 발달과 성취, 직업선택과 직무수행, 그리고 신체건강과 정신건강)에서 나왔다.

학업적 발달과 성취

학생들은 여러 가지를 근거로 하여 여러 학업 분야에서 자기효능감의 지각을 발달시킨다. 이러한 근거 중에서 우선적인 것은 그들의 부모이다. 개인적 효능감이 강한 부모는 아이들이 직면한 문제를 위협보다는 도전으로 생각하도록 하고, 문제해결을 위해 필수적인 기술과 자신감을 발달시키도록 독려할 수 있다. 그러므로 자기효능감이 높은 부모는 자녀들을 개인적 효능감이 강하도록 양육하는 경향이 있다(Jackson, Choi, & Bentler, 2009, pp. 1339-1355; Suzuki, Holloway, Yamamoto, & Mindnich, 2009, pp. 1339-1355). 또한 연구는 급우와 교사와의 사회적 관계의 질이 학생들의 학업적 자기효능감과 그들의 이후의 수행에 대한 지각에 영향을 줄 수 있음을 보여 주었다. 즉, 급우와 교사에게 인정받고 격려받는 학생들은 학교공부를 위해 그들에게 도움을 줄 수 있는 사람으로 바뀌기 때문에 학업능력과 시험수행에 대한 지각이 높아진다(Jackson, 2002, p. 243; Patrick, Hicks, & Ryan, 1997, pp. 109-111). 또한 학생들은 종종 자신과 유사한 과제를 하는 급우들과 자신을 비교하여 자신의 학업능력을 판단한다. 다른 학생들보다 기량이 뛰어나면 자기효능감 수준을 높아질 가능성이 크다. 하지만 분명히 효능감 정보의 가장 강한 근원은 자신의 과거 실제 성취도와 과제의 완수 정도이다. 자기효능감 신념은 그들이 성공을 위해 사용할 전략의 종류를 결정하는 데도 영향을 준다. 효능감이 높은 학생들은 되뇌기 전략(예: "나는 과학수업에서 자료를 읽을 때 기억을 돕기 위해 단어들을 반복하여 암기한다"), 정교화 전략(예: "나는 영어를 공부할 때 중요한 생각을 나만의 단어로 옮겨본다"), 그리고 조직화 전략(예: "나는 공부를 위해 책의 단원들을 요약한다")을 더 많이 사용한다. 이러한 전략의 사용은 우수한 성과를 가져온다(Pintrich & De Groot, 1990, pp. 35-37). 자료를 통달하고 시험을 우수하게 치르는 것에 정신을 집중하면, 대개 쓸데없는 행동이 덜 나온다. 반면에 효능감 기대가 낮은 학생들은 자신의 능력에 대해서 자신감이 결여되어 있고 결과적으로 수업 중에 그들의 자존감을 보호하기 위한 쓸데없는 행동을 더 많이 하게 된다. 또한 그들은 시험에서 실패를 예상하기 때문에 마지막 순간까지 공부를 미루는 등과 같은 자기 구실 만들기(self-handicapping) 전략을 사용하는 경향이 있다. 그들은 실패에 대한 준비된 변명을 갖고 있다. 다시 말해 그들은 시험결과에 대해 신경 쓰지 않았으며, 단지 마지막에 잠시 공부했을 뿐이라고 변명한다(Kaplan, Gheen, & Midgley, 2002, p. 1993). 앞서 언급하였듯, 자기효능감 신념은 사람들이 쏟을 노력의 양과 그들이 불안과 역경에 접했을 때 보여 줄 끈기의 수준을 알려 준다. 파자레스와 밸리언트의 연구(1997, pp. 353-359)는 쓰기 자기효능감이 높은 5학년 학생들이 쓰기 불안수준이 낮으며 쓰기 수행수준이 높음을 보여 주었다. 이 연구는 쓰기에 관한 불안수준이 높은 학생들은 자기효능감이 낮다는 것과 교사들은 어느 정도까지는 쓰기 능력에서 학생들의 자신감(또는 자기효능감)을 향상시키는 데 도움을 줄 수 있음을 시사한다. 4, 7, 10 학년의 읽기와 쓰기 수행을 다룬 다른 연구들은 읽기와 쓰기 능력이 높을수록 모든 학년에서 자기효능감이 높음을 보여 주고 있다. 이러한 추세는 지각된 자기효능감의 향상이 실제 인지와 행동기술의 향상과 직접적으로 관련되어 있다는 반두라의 주장과 일치한다(Shell, Colvin, & Bruning, 1995, p. 395).

마지막으로 전통적 및 비전통적인 문화적 소수와 다수 인종의 대학생들과 성인들을 대상으로 행해진 일부의 연구들에서 자기효능감 신념이 성취노력과 목표달성과 정적으로 관련되어 있음을 보여 주었다(Bandura, 1986, pp. 430-431; Zajacova, Lynch, & Espenshade, 2005, p. 696).

직업선택과 직무수행

자기효능감 개념은 직업선택과 직무만족 및 수행과 같은 직업과 관련된 행동에 대한 이해를 증진시키는 데 사용되고 있다. 예를 들어 배츠와 해켓의 초기 연구(1981, pp. 399-410)는 남녀 대학생이 여러 직업에서 요구하는 교육이나 훈련을 성공적으로 완수할 수 있는지에 대한 신념이 서로 다르다는 것을 발견하였다. 일반적으로 남성들은 전통적인 여성적 직업(미술 교사, 간호사, 사회복지사, X레이 촬영기사)보다 전통적인 남성적 직업(회계사, 기술자, 고속도로 순찰대, 수학자)을 위한 준비에서 자신이 효율적이라고 지각하고 있다. 반면에 여성은 두 직업(물리학자와 변호사)만 제외하고 전통적인 남성적 직업보다 여성적 직업을 위한 준비에서 자신이 더 효율적이라고 지각하고 있다. 아마도 여성운동이 이들 두 직업에 관한 여성들의 자신감을 증가시키는 데 도움을 주었을 것이다. 어찌되었든 전통적인 남성적 직업에 필요한 훈련이나 교육을 성공적으로 완수하지 못한다고 생각하는 여성들은 그런 분야의 직업을 원치 않는다고 보고하였다. 언어 및 수학 능력이 동일한 남녀 참여자를 사용한 연구에서도 같은 결과를 얻었다. 그러므로 낮은 자기효능감은 여성의 직업선택에서 특정 직업을 제외시키는 결정을 내리는 중요 요소가 될 수 있다. 더 나아가 렌트, 브라운 및 라킨(1986, pp. 265-269)은 과학 분야에서 전통적인 남성적 직업을 위한 훈련에서 자기효능감이 낮은 여성은 자기효능감이 높은 여성에 비해 과학과 기술 과목의 성적이 더 낮음을 보여 주었다.

그러나 최근의 연구는 반두라의 모델링 기법에 근거한 치료적 개입이 엔지니어와 같은 전통적인 남성적 직업에 대한 여성들의 낮은 효능감을 높이는 데 사용될 수 있음을 보여 준다. 여성이 이전에 주로 남성이 점유한 직업(예: 의약계와 사법계)에 진출하여 성공하는 반면, 엔지니어 분야에서는 아직 수치가 낮다. 즉, 여성이 전체 노동인구의 56.8%임에도 불구하고 전문 엔지니어 중에서 여성은 단지 8.5%에 불과하다. 이러한 낮은 지각과 부정적 신념을 변화시키기 위해 로젠버그-키마, 베일러, 플랜트 및 도에르(2008, pp. 2741-2756)는 엔지니어에 대해 자신감이 낮고 부정적인 고정관념을 지닌 여성들을 그들과 비슷해 보이는 만화영화 여성 모델(매력적인, 젊은, “멋진”) 혹은 그들과 유사하지 않은 만화영화 여성 모델(매력적이지 않은, 나이든, “멋지지 않은”) 조건에 무선적으로 할당하였다. “멋진” 모델은 유행하는 옷과 화려한 헤어스타일인 반면, “멋지지 않은” 모델은 유행에 뒤진 옷과 화려하지 않은 헤어스타일이었다. “멋진”과 “멋지지 않은” 모델은 똑같이 20분간 모든 참여자들에게 직업으로써 엔지니어의 장점에 대해 이야기하였다. 앞 장의 모델링 이론에서 예상한 것처럼, 유사한 모델에 노출된 참여자들은 유사하지 않은 모델에 노출된 참여자보다 엔지니어에 대한 태도가 더 긍정적으로 변하였고, 자기효능감이 더 높아졌다. 이러한 개입은 여성의 직업의 선택 폭을 넓혀주고, 이 분야의 공부에서 여성들의 성적을 향상시킬 수 있을 것이다.

신체건강과 정신건강

수많은 연구들은 자기효능감이 낮은 사람들이 신체적으로 그리고 정신적으로 건강할 가능성이 낮다는 사실을 지적하고 있다. 반면에 자기효능감 기대가 높은 사람들은 신체적, 정신적으로 건강할 가능성이 높다. 사람들의 효능감 기대가 낮을 때 그들의 신경내분비계, 카테콜라민 그리고 마취 시스템이 활성화되고 면역체계의 기능이 손상되어 스트레스에 저항할 수 없게 됨에 따라 감염과 질병에 취약해진다. 반면에 높은 효능감 기대는 스트레스에 저항하는 능력을 만들어 신체에 불리한 결과를 주지 않는다(Bandura, 1997, pp. 262-272). 더욱이 낮은 효능감 기대는 좋지 못한 정신건강과 연관되어 있다. 이에 반해 높은 효능감 기대는 좋은 정신건강과 연관되어 있다. 예를 들어 세 개의 연구는 대학생들의 높은 자기효능감은 스트레스를 주는 학업경험에 직면했을 때 큰 용기가 되고, 그것을 긍정적 성장의 기회로 바꾸는 것과 연관되어 있음을 발견하였다. 또한 이러한 학생들은 우울, 불안, 신경증 및 신체적 통증이 낮았고, 삶의 만족과 개인적 성취가 높았다(Maddi, Harvey, Khoshaba, Fazel, & Resurreccion, 2009, pp. 292-305; Muris, 2002, p. 337; Schweizer & Koch, 2001, p. 569). 더욱이 Resnick(2001, pp. 83-92)은 자기효능감의 향상이 결과적으로 신체적 및 정신적 건강의 이득과 연관된 운동량의 증가와 관련된다는 것을 발견하였다. 효능감 기대가 높은 사람들은 효능감 기대가 낮은 사람들보다 여러 신체적 및 정신적 건강문제에 대해 조기치료를 받을 가능성이 더 높다. 또한 자기효능감이 낮은 사람들에 비해 자기효능감이 높은 사람들은 해로운 행동을 통제(예: 다이어트와 운동을 통해 비만을 통제)하거나, 이완절차를 사용여 자신의 고혈압에 성공적으로 대처하거나, 자기 파괴적인 행동(예: 흡연이나 과음 또는 폭식)을 중단하거나, 바람직한 행동(예: 안전한 성관계를 위한 콘돔 사용)을 더 잘할 가능성이 크다(Bandura, 1986, pp. 179-181; Bardone-Cone, Abramson, Heatherton, & Joiner, 2006, pp. 27-42; Engels, Hale, Noom, & De Vries, 2005, p. 1886). 미래에 대한 낙관주의, 높은 자기효능감과 내적 통제성과 같은 환자들의 성격소인에서 생긴 자기효능감을 향상시키는 것은 낙태한 여성이 죄책감과 우울을 성공적으로 극복하도록 하는 데 도움이 된다(Cozzarelli, 1993, p. 1232).

다른 연구들은 운동을 통해 환자들의 자기효능감 기대가 강화되면, 환자들은 신체적 질병을 더 잘 통제할 수 있다는 사실을 보여 주었다. 예를 들어 만성적인 허리 통증 환자들이 입원 기간 동안 신체적 자기효능감을 증가시키기 위한 운동 식이요법을 받았다. 4개월 후, 초기 운동프로그램을 통해 자기효능감이 높아진 환자들은 운동 이전보다 통증에 대항하는 능력이 증가되었고, 고통이 덜 하며, 서거나 앉았을 때 더 편안한 느낌이라고 보고하였다.

자기효능감을 강화시키는 데 사용된 또 다른 절차들은 단계적인 완수 경험, 언어적 설득, 또는 대리적 모델링 경험 등이 있다. 이러한 기법들은 처음에 장애를 극복할 자신감이 부족한 사람들의 우울과 공포를 감소시키는 데 이용되고 있다(Bandura, 1997, p. 288; Bryan, Aiken, & West, 1997, p. 473; Grembowski et al., 1993, pp. 89–104; Kores, Murphy, Rosenthal, Elias, & North, 1990, pp. 165–169; O'Leary, 1992, pp. 229–245).

성격발달

반두라의 이론에서 사회인지적 경험은 행동의 수정과 발달에서 중요한 역할을 한다. 분명히 부모는 자녀들의 발달에 긍정적 또는 부정적인 영향을 줄 수 있다. 긍정적인 측면에서 부모행동의 모방은 종종 보상을 받는다. 보상받은 행동은 반복되는 경향이 있고, 다른 사람들이 있을 때 하는 행동은 긍정적으로 강화되는 경향이 있다. 결과적으로 아이들은 어린 나이에 성공적인 모델의 행동과 일치시키는 것을 배운다. 부정적인 측면에서 엄하게 처벌하거나 차갑고 비인간적으로 자녀를 비난하는 부모는 자녀들이 학교에 입학할 나이가 되었을 때 문제행동을 하게 만들 가능성이 있다(예: 그들은 공격적으로 행동하거나 또는 울화행동을 한다). 부모의 심한 체벌은 아이들에게 나쁜 역할모델을 제공할 가능성이 크다. 그들은 폭력을 마음에 들지 않는 타인의 행동에 대응하는 방법으로 배운다(Herrenkohl & Russo, 2001, pp. 3–16; Onyskiw & Hayduk, 2001, pp. 376–385).

그러나 많은 복잡한 형태의 행동획득은 항상 그렇게 단순하고 직접적이지는 않다. 흔히 아이들은 불일치하는 행동을 하는 여러 모델에 노출된다. 예를 들어, 한 부모는 손님들 앞에서 말하는 것에 대해 보상을 주는 반면, 다른 한 부모는 비슷한 행동에 대해서 처벌을 줄 수 있다. 부모 모두가 일치하더라도, 교사 또는 다른 사회적 인물들이 불일치할 수 있고, 아이들에게 불일치하는 정보를 전달할 수도 있다. 또래들은 또 다른 방식으로 아이들을 가르치려 할 수 있다. 그러므로 어떤 행동에 대한 강화물이 항상 일관되게 적용되지는 않는다.

또 다른 복잡한 문제는 행동이 항상 정확하게 혹은 완전하게 모방되는 것이 아니라, 스키너에 의해 개발된 점진적 접근법을 적용하여 사회화시키는 인물들에 의해 행동이 조성된다는 점이다. 궁극적 목표가 아이들에게 올바른 식탁 예절을 가르치는 것이라고 하자. 이런 복잡한 행동은 처음에는 이것과 닮은 바가 없는 여러 행동에 대해 미묘한 방식으로 강화물이 적용되어야 비로소 가능하다는 사실을 분명히 보여 주는 예이다.

반두라는 사람들의 목록에 있는 행동의 유지와 소거는 모방과 점진적 접근법뿐만 아니라 다양한 강화계획의 적용에 달려 있다고 생각한다. 특히 그는 결합된 강화계획의 적용을 통해 행동이 유지된다고 제안하였다. 그는 아동의 관심 끌기 행동을 중요한 예로 들고 있다.

> 아동을 훈련할 때, 결합된 강화계획을 사용하면 확실히 장점이 있다. 관심 끌기 행동의 예를 보자. 대부분의 아동들은 엄마로부터 보육반응을 이끌어 내기 위해 하루에도 많은 시도를 한다. 때로 엄마는 즉각적으로 반응하지만, 엄마도 바쁜 경우가 더 많다. 엄마는 다양한 간격으로 관심과 주의로서 아동에게 보상을 줄 것이다. 많은 엄마들이 가벼운 형태의 관심 끌기 행동은 무시하고 이런 행동이 빈번하거나 강한 경우에만 반응하는 경향이 있다. 실험실 연구를 근거로 하여 … 이러한 엄마들은 틀림없이 이전에 보상받았던 비율과 강도에 근거하여 끈질기게 관심 끌기 행동을 하는 아이를 갖고 있을 것이다. 대부분의 "골치아픈" 행동은 엄마가 원한 것은 아니지만 바람직하지 못한 행동을 상당한 크기와 빈도로 강화하는 결합된 강화계획에 따라 보상을 받았기 때문에 생긴 것으로 볼 수 있다. 그러므로 그 행동은 지속되고, 소거가 어렵고, 부모를 좌절시킨다. 아마도 많은 공격행동의 기원은 특정 반응에 큰 보상을 주었던 강화계획에 있을 것이다. 일반적으로 "공격적"이라고 간주되는 반응들뿐만 아니라, 관심 끌기, 음식 추구 및 소위 "의존성" 반응들도 이런 행동에 포함될 수 있다. (Bandura & Walters, 1963, p. 7)

강화물은 다양한 사회화 인물에 의해 복잡한 방법으로 제공된다. 또한 매우 중요하게도 아이들은 그들의 발달과정에서 자신의 행동에 스스로 강화물을 제공하는 것을 배운다. 자기보상과 자기처벌을 위한 기준은 여러 방법으로 정해진다. 아이들은 부모와 다른 사람들로부터 행동규칙을 배우고 그것을 따르면 보상받고 그것을 어기면 처벌을 받는다. 또한 아이들은 책, 신문, 영화, TV, 라디오, 그리고 비디오 게임을 통해 이런 기준을 배울 수도 있다. 그리고 여러분이 예상하듯, 그들은 모델링 절차를 통해서도 이런 기준을 배울 수도 있다.

초기의 한 실험에서, 두 집단의 아동들이 성인 모델이 하는 미니어처 볼링게임에 참여하였다(Bandura & Kupers, 1964, pp. 1–9). 한 조건에서 아이들은 수행을 잘한 경우에만 사탕으로 스스로를 보상하는 모델을 보았다. 다른 한 조건에서는 그들은 수행을 잘하지 못한 경우에도 스스로를 보상하는 모델을 보았다. 모델에게 노출시킨 후, 아이들은 모델없이 게임을 하도록 혼자 남겨졌다. 그 결과, 아이들이 자신이 노출된 행동을 따라하는 경향이 있었다. 두 집단의 아동들에게 사탕이 충분하였음에도 불구하고, 높은 수행기준을 본 아이들은 그들 스스로 인색하게 보상했으며, 성적이 기준에 부합되거나 초과할 때에만 보상하였다. 반면 낮은 수행기준 모델을 본 아이들은 매우 자주 저조한 수행에도 그들 스스로를 보상하였다.

이 연구의 연장선에서 두 연구자들은 모방행동에 미치는 **다중 모델링 효과**multiple modeling effects를 알아보았다(McMains & Liebert, 1968, pp. 166–171). 앞서 언급한 볼링 게임에서 1단계로 성인 모델은 자기보상이 엄격한 기준(즉, 그들은 확실한 점수에 대해서만 보상을 하고, 아이들도 그렇게 하라고 말한다.) 혹은 자기보상이 관대한 기준(즉, 그들은 모든 점수를 얻을 때마다 보상을 한다.) 중 하나를 설정하였다. 2단계에서는 앞서 엄격한 기준을 설정한 모델을 본 아동들에게는 첫 번째 모델이 설정해 준 엄격한 기준을 고수하는 모델을 보거나 혹은 관대한 기준으로 자신을 보상함으로써 그것을 어기는 두 번째 모델이 제시되었다. 초기에 엄격한 기준으로 훈련받고 다음에도 같은 기준을 고수하는 두 번째 모델을 본 아이들은 거의 기준에서 벗어나지 않았다. 즉, 그들은 엄격한 기준을 충족했을 때에만 스스로를 보상하였다. 처음에는 엄격한 기준으로 훈련받았지만 나중에 기준을 위반하는 두 번째 성인 모델을 본 아이들은 그 모델이 없을 때 엄격한 기준을 지속할 가능성이 낮다; 그들은 점수에 상관없이 스스로를 보상하였다. 이 결과는 아이들에게는 심한 제재를 강요하지만, 정작 자신은 기준을 따르지 않는 부모는 자녀들이 규칙을 지키도록 만들 가능성이 매우 낮다는 것을 시사한다. 아이들에게 바람직한 행동을 주입하기 위해 "너는 내가 하는 대로 하지 말고, 내가 말하는 대로 해라"라는 격언을 사용하는 것은 적절치 않아 보인다. 오히려 격언은 "내가 말하고 하는 대로 해라"가 되어야 할 것이다.

이 연구와 관련하여 한 가지 고려해 볼 점은 기준을 배우는 것과 안녕감 간의 관계에 관한 것이다. 만약 사람들이 너무 높거나 달성할 확률이 낮은 기준을 채택하면, 스트레스를 경험할 수 있다. 결과적으로 그들은 불안, 죄책감, 그리고 우울을 느낄 수 있다. 여기서 비극의 일부는 이러한 기준을 채택한 많은 사람들이 상대적으로 유능하기는 하지만, 성공하려면 최선의 노력을 기울여야 한다는 점을 고려하지 않기 때문에 지속적으로 고통 속에 살게 된다는 점이다. 이러한 사람들에게 다른 사람들로부터의 인정－보상과 칭찬의 응용－은 의미가 없을 수도 있다. 즉, 이들에게 외부 강화는 거의 영향을 주지 않을지도 모른다. 매우 높은 기준을 달성한 경우에만 자기보상이 주어진다는 이 개념은 로터의 높은 최소 목표와 아들러의 허구적 목표에 대한 비현실적 추구와 유사한 개념이다. 그러므로 반두라는 외부 강화뿐만 아니라 자기 결정적 강화가 행동에 미치는 영향에 대해 설명할 필요가 있음을 잘 알고 있다(Bandura, 1969, p. 39).

비록 반두라가 관찰 및 도구적 학습과 자기강화를 강조하였지만, 행동의 생물학적 결정요인을 무시하지는 않았다. 그는 체질적 요인이 개인의 사회학습사의 본질에 불가피하게 영향을 준다는 사실을 인정하고 있다.

사회적 조작은 개인의 얼굴 생김새 또는 체형과 같은 몇 가지 생물학적으로 결정된 특징에는 상대적으로 별 영향을 주지 못한다. 아직도 어떤 신체적 속성의 소유에 높은 가치를 두는 사회에서는 부분적으로 이러한 문화적 기준이 얼마나 충족되느냐에 따라 사회적 강화물의 제공이 결정된다. 운동능력과 체격에 대해서 명성과 사회적 보상이 주어지는 북미사회에서 키가 작고, 근력이나 기민함이 부족한 소년들, 뚱뚱하고 여성스런 체형을 가진 소년들은 또래들로부터 긍정적인 강화를 얻을 가능성이 희박하다. 마찬가지로 여성 사회 내에서 아름다움의 기준에 부합되지 않는 여성들은 사회적으로 높은 평가를 받는 특징을 가진 여성들보다 특히 남성들에게 긍정적 반응을 일으키지 못한다. 날씬하고 맵시 있는 여성은 북미사회에서 높은 평가를 받는다. 그러나 이러한 자질이 부족하고 몸집이 뚱뚱한 여성은 상대적으로 긍정적 강화물을 적게 받고, 매우 불쾌한 대우를 받을 수도 있다(Bandura & Walters, 1963, pp. 26–27).

평가 기법

반두라는 정신역동적 전통의 전문가들이 사용하는 꿈의 분석, 자유연상, 전이, 또는 그 외에 다른 기법들을 사용하지 않는다. 비록 그의 입장이 제한된 상황에서만 사용한다는 조건으로 신뢰롭고 타당한 질문지는 사용할 수 있다는 것이었지만, 평가도구로써 성격 질문지의 사용에는 특별한 관심이 없었다. 그가 포괄적 평가 기법보다 상황 국한적인 측정도구의 사용을 선호하는 이유는 모든 상황에서 영향력이 있는 일반화된 특질들을 평가한다고 주장하는 측정도구보다 상황 국한적인 측정도구가 행동을 더 정확히 예언한다는 사실 때문이다(Bandura, 1997, pp. 48–49).

대부분의 경우, 반두라는 성격의 기능과 변화를 측정하기 위해 실험법에 의존한다. 그는 한 이론에 대한 대부분의 엄격한 검증들은 독립적으로 측정이 가능한 가설적 매개요인(예: 인지적 사건)을 설정하고, 외적 요인들이 그것과 연관되어 있고, 그것이 외현적 행동과 연관되어 있음을 확인함으로써 이루어진다고 생각한다(Bandura, 1982b, p. 123). 다시 말해 반두라는 나중에 반응에 영향을 주게 되는 인지적 기능을 유발하는 선행적 사건을 실험적으로 조작하여 보여 주는 것에 관심이 있었다. 그러나 만약 문제영역이 복잡하고 알려져 있는 바가 없는 미지의 영역이라면, 반두라는 본질적으로는 상관

연구인 현장연구로부터 시작하는 것이 유리하다고 생각한다(Bandura & Walters, 1963, p. 391).

치료에 관한 이론적 함의

치료기법으로써의 타인 모델링

타인 모델링은 자폐증 아이들의 언어치료에 성공적으로 사용되고 있다(Lovaas, 1967, pp. 108–159). 전형적으로 이런 아이들은 환경에 잘 반응하지 않는다. 모델링 절차를 적용하기 전에 치료자는 먼저 그들의 주의를 끌어야 한다. 이 목표를 위해 치료사는 아이들이 무시하지 못하도록 그들 앞에 마주 앉는다. 또한 치료사는 눈 맞춤을 유지하기 위해 보상을 주고, 다른 곳으로 가지 못하도록 신체적으로 제약한다. 주의통제가 이루어지면 치료사는 모델에게 소리, 단어, 그리고 구절 등을 말하도록 하고, 아이가 적절히 반응하면 보상을 준다. 이러한 훈련절차에 의해 자폐증 아이들은 몇 가지 언어적 기술을 발달시키게 된다. 또한 모델링은 사교적이지 못한 정신과 환자의 의사소통기술을 향상시키는 데도 사용되고 있다(Gutride, Goldstein, & Hunter, 1973, pp. 408–415).

모델링은 아이들의 여러 공포를 감소시키는 데도 사용되고 있다. 특히 흥미로운 한 연구에서 반두라와 멘러브(1968, pp. 99–108)는 접근행동을 하는 모델을 관찰하게 함으로써 회피행동이 소거될 수 있다는 사실을 보여 주었다. 연구자들은 다른 사람이 개에게 접근해도 물리지 않고 동물을 쓰다듬는 것을 보게 함으로써 유아원 아동의 개에 대한 공포를 제거할 수 있었다. 반두라와 멘러브는 개를 무서워하는 아이들을 알아내기 위해 회피행동을 알아보는 표준화된 검사를 실시하였다. 그 검사는 14개의 단계별 과제로 구성되어 있고, 아이들에게 개와 점차 더 친밀한 상호작용을 하도록 요구한다. 과제에는 개가 있는 플레이펜(놀이틀)에 걸어 올라가서 그것을 내려다보기, 만지고 쓰다듬기, 문 열기, 개 쪽으로 걸어가기, 마지막으로 개를 쓰다듬으면서 개와 함께 플레이펜 안으로 들어가기 등이 포함되어 있다. 확인절차가 끝난 다음, 개 공포증이 있는 아이들을 세 조건 중 한 조건에 무선적으로 할당하였다. 한 조건에서 아이들은 코카스패니얼(개의 종류)에게 과감하게 용감한 접근반응을 보이는 한 명의 모델을 관찰하였다(한 모델). 두 번째인 여러 모델 조건에서는 아이들은 첫 번째와 같은 상황을 보고, 추가로 크고 작은 여러 마리의 개와 함께 노는 여러 연령층의 모델들을 보았다. 통제조건에서는 아이

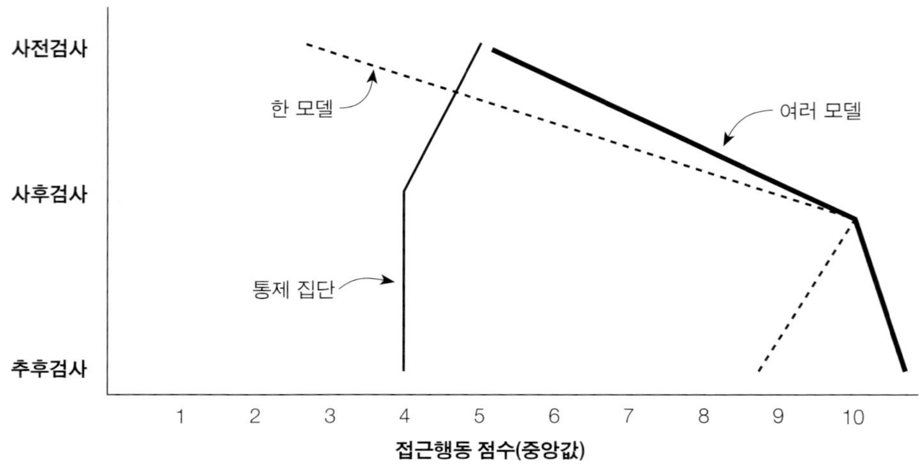

그림 17.1 여러 실험조건별 아동의 접근행동 점수(중앙값)

출처: Bandura & Menlove, *Journal of Personality and Social Psychology* Vol. 8 (p. 102)에서 허락하에 인용.

들은 개와 상호작용하는 모델이 나오지 않는 디즈니랜드와 마린랜드 영화를 보았다. 이러한 절차 후 아이들은 앞서와 같은 표준화검사를 사용하여 사후검사를 받았다. 사후검사 실시 약 한 달 후에 모델링 효과의 안정성을 측정하기 위해 추후검사를 실시하였다. 그 결과(**그림 17.1**)는 모델링 절차가 아이들의 공포를 줄이고 그것을 유지하는 데 도움이 되었음을 분명히 보여 주었다. 청소년과 성인의 뱀 공포를 줄이는 데도 유사한 모델링 절차가 이용되고 있다(Bandura, Blanchard, & Ritter, 1969, pp. 173–199).

한 연구는 시험불안이 있는 대학생들은 엉뚱한 단서에 신경을 쓰는 데 많은 시간을 허비하기 때문에 수행결과가 저조하다는 사실을 보여 주었다. 이런 학생들은 자기중심적이고 자신의 지적 능력에 대한 질문과 자신의 수행에 대한 남들의 반응에 지나치게 신경 쓰는 경향이 있다. 사라손(1975, pp. 148–153)은 평가상황에서 모델이 자신의 불안을 노출하는 것과 이러한 방해 단서들에 대처하기 위한 전략들을 사용하는 것이 불안이 매우 높은 학생들의 과제수행을 개선할 수 있는지를 알아보는 연구를 수행하였다. 모든 연구 참여자들에게 시험불안 수준을 측정하기 위한 성격 질문지를 실시하였다. 그 후 시험불안이 높은 혹은 낮은 집단으로 분류된 참여자는 여러 모델에 노출되었다. 한 조건에서는 자신이 시험상황에서 불안하지만 불안에 대처하기 위해 (1) 그녀 스스로 자신에 대한 생각을 멈추고 과제에 집중하도록 주기적으로 되뇌기, (2) 과제에서 흥미로운 것에 대해 생각하기, (3) 실수에 좌절하지 않기, (4) 다른 사람의 반응에 신경 쓰지 않기 위해 자신에게 집중하기 등을 사용한다고 말하는 모델에 노출되었다. 두 번째 조건에서는 단지 그녀가 시험상황에서 매우 불안해지고 과제에 집중하기 어려웠으며, 자신이 실패하면 남들이 어떻게 생각할지에 대해 항상 걱정이라고 말하는 비대처 불안모델에 노출되었다. 세 번째 조건에서 중립 모델은 시험 혹은 학점을 언급하지 않고, 대신에 자신의 활동, 프로그램, 그리고 학교의 이슈에 대해서만 말하였다.

그 뒤 모든 연구 참여자는 일련의 무의미철자 학습이 포함된 과제를 수행하였다. 예상대로 자신이 시험상황에서 불안하다고 말했을 뿐만 아니라 어떻게 그것에 대처했는지에 대한 정보를 제공한 모델이 시험불안이 높은 학생들에게 가장 긍정적인 영향을 주었다(**그림 17.2** 참조). 분명히 모델의 자기공개는 학생들에게 수행을 개선하는 방법에 대한 정보를 제공하였으며 학생들은 그것을 이용하였다.

다운스, 로젠탈 및 리히슈타인(1988, pp. 359-368)의 흥미로운 한 연구는 보호시설에 거주하는 노인들(평균 75세)의 바람직하지 않은 행동을 변화시키는 데 있어 모델링이 강력한 치료효과가 있음을 보여 주었다. 의사는 이러한 노인 환자의 대부분에게 건강한 피부를 유지하고 관절염, 활액낭염, 또는 사지절단과 관련된 통증을 완화시키기 위해 월풀 목욕을 하도록 지시하였다. 이러한 환자들에게 목욕은 큰 스트레스이다. 욕조 벽은 약 3피트 정도로 높기 때문에 그들은 혼자서 욕조에 들어가거나 나갈 수 없다. 대신에 환자는 의자에 묶인 채로 욕조의 꼭대기까지 리프트 기계에 의해 올려진 후 환자의 허리가 물에 잠길 때까지 내려지게 된다. 목욕 후에 이 과정은 역으로 진행되었다. 여러분은 목욕시간이 환자들의 일과 중 상쾌한 순간이라고 예상하겠지만, 많은 환자들은 목욕을 싫어하고 강력히 저항한다. 어떤 환자들은 욕조에 들어가는 것이나 의자에 앉으려 하지 않는다. 어떤 환자들은 두려움과 분노를 표현하고, 직원들에게 욕설을 하거나 의자에 묶이지 않으려고 발버둥친다.

이 연구에서 목욕의 회피가 높은 환자들은 세 조건 중 하나에 무선적으로 할당되었다. **실제 참가모델링**guided participation modeling 조건에서 치료자 모델은 자신이 바람직한 행동을 모델링하고 어떻게 행동하는지를 보여 줌으로써 환자들을 목욕하도록 유도하였다. 또한 치료자는 신체적 지원과 언어적 격려도 제공하였다. 영상 모델링 조건에서는 환자들에게 처음에는 목욕 절차를 무서워하였지만, 한 치료자의 도움으로 그 공포를 성공적으로 대처해 낸 두 명의 또래를 시청하도록 하였다. 세 번째 조건인 통제 집단은 모델에 노출되지 않았다.

처음에는 실제 참가모델링 조건의 결과가 반두라의 모델링 이론에 근거한 연구자들

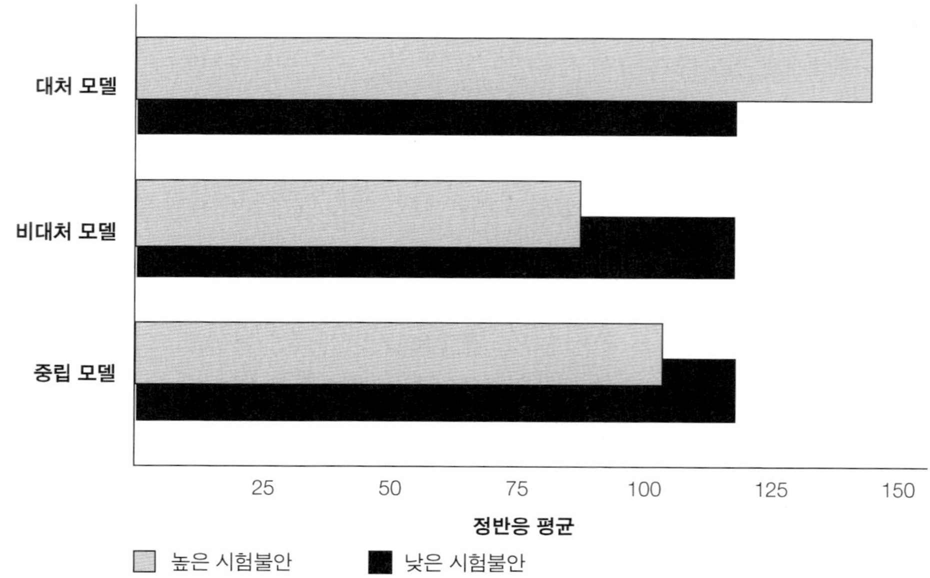

그림 17.2 각 조건별 시험불안이 높은 학생들과 낮은 학생들의 일련의 학습 과제에 대한 정반응 평균

출처: Sarason, *Journal of Consulting and Clinical Psychology* Vol. 43 (p. 150)에서 허락하에 인용. Copyright © 1975 American Psychological Association.

의 예상과 일치하지 않았다. 즉, 매우 소수의 환자들만이 공포를 극복하는 데 긍정적인 개선이 있었다. 그 이유는 명백하였다. 치료자가 네 명의 환자집단에 대해 목욕 절차를 모델링했을 때, 한 명이 극도로 불안하여 정신을 차리지 못하였고, 다른 환자들도 매우 무서워하여 차후 회기 동안 큰 진전이 나타날 수 없었다. 두 번째 실험에서는 치료자가 개인적으로 환자를 치료함으로써 이 문제가 수정되었다. 이 조건에서 환자는 상당한 개선효과가 있었다. 몇 번의 훈련 회기 이후에 그들은 목욕 상황에서 예전보다 편안해 하였고 주저 없이 성공적으로 목욕을 완료하였다. 영상으로 보여 준 모델링 조건에서도 거의 동일한 개선효과가 있었다. 목욕 상황에서 계속적으로 정신을 차리지 못하고 회피적이었던 통제집단의 참여자들보다 두 집단은 모두 수행을 잘 해냈다. 이러한 결과들을 근거로 연구자들은 환자들에게 목욕 상황을 소개할 때는 영상 모델링을 사용하고, 그 다음 환자가 목욕 절차를 편하게 여기게 만들기 위해서는 실제 참가모델링을 사용하라고 권고하였다.

치료기법으로써의 자기 모델링

자기 모델링self-modeling도 신체적 및 정신적 문제가 있는 사람들을 돕는 데 사용되고 있다. 반두라는 자기검열이 자기효능감과 수행을 증가시킨다고 주장하였다. 심각한 정서적 장애를 겪는 학생은 대개는 여러 가지 문제가 되는 교실행동(예: 때리기, 밀기, 반항, 소리치기, 두서없이 말하기, 부주의)을 한다. 자기 모델링을 다룬 한 연구에서 10~13살의 학생들을 교실에서 25분 동안 녹화하였다. 그런 다음 문제가 되는 행동을 없애는 편집을 한 비디오를 제작하였다. 이 새로 편집한 테이프는 대략 12분 분량이었고, 모범적인 행동만이 포함되어 있었다. 아이들은 2주 동안 5~6번 이 수정된 비디오를 보았다. 6주 후 문제행동들은 평균적으로 47%에서 11%까지 감소되었다. 반두라는 자신의 적절한 행동이 보상받는 것을 보는 것도 자기효능감을 증가시키고 문제행동을 감소시켰다고 생각한다. 이 절차는 교사들에게 매우 도움이 된다. 대개 문제행동에 대한 교사들의 통제시도는 매우 실망스럽고 지루하고, 성공적이지도 않다. 현재까지 자기 모델링이 여러 문제행동의 치료에 효과적임을 보여 주는 150개 이상의 연구문헌들이 있다(Kehle, Bray, Margiano, Theodore, & Zhou, 2002, pp. 203-207).

결과적으로 타인에 대한 모델링과 자기 모델링에 관한 수많은 연구들은 모델링이 바람직하지 않은 행동을 변화시키는 긍정적인 영향력이 있음을 확실히 보여 주고 있다. 그러므로 모델링은 환자들의 행동에 대한 통찰을 얻기 위해서 시간이 오래 걸리고 값비싼 분석을 해야 함에도 불구하고, 그들에게 도움을 줄 수 있는 구체적인 행동에 대해서는 별로 알려 주는 바가 없었던 전통적인 정신역동적 접근의 실용적인 대안이다. 틀림없이 치료장면에서 모델링은 계속 사용될 것이다.

효능감 기대와 공포 감소

반두라의 최근 연구의 대부분은 효능감 기대를 높임으로써 사람들의 여러 가지 공포를 제거하는 것에 초점을 두고 있다. 실제로 효능감 기대의 획득에 기여하는 요인을 실험적으로 조작하여 내담자들의 효능감 지각을 높이면 정신병리적 행동을 감소시킬 수 있다.

여러 연구에서 반두라(1986, 1997)는 뱀 공포증을 감소시키고 제거하기 위한 수행절차가 포함된 임상치료를 실시하였다. 뱀 공포증 환자는 '(1) 뱀이 들어 있는 우리에 접근하기 (2) 뱀을 내려다보기 (3) 장갑 낀 손과 맨손으로 뱀을 붙잡기 (4) 뱀을 방에 풀어 놓았다가 다시 우리에 넣기 (5) 얼굴 앞 12센티미터까지 가져가기 (6) 손을 옆에 가만히 둔 상태로 무릎에 뱀이 기어가는 것을 참아내기'를 포함하는 보아 뱀 또는 콘 스네이크와 점차 위협적인 상호작용을 하는 모델의 지도를 받았다. 반두라는 실제 참가 모델링 이전에는 공포증 환자들의 과제 완수에 대한 효능감 기대가 매우 낮았지만, 치료 이후에는 과제 완수 정도와 효능감 기대가 높아졌음을 발견하였다. 실제 참가 모델링을 받지 않은 통제집단의 참여자들은 실험 동안 줄곧 기대수준이 낮았고 과제도 완수하지 못하였다.

다른 실험들에서 반두라는 모델에 전혀 노출시키지 않은 공포증 환자에 비해 대리적 경험치료[뱀 공포증 환자가 단지 모델이 점차 위협적인 행동(실제 참가 없이)을 하는 것을 보고, 그 뒤 혼자서 그 모델의 행동을 모방하는 것]가 효능감 기대를 높이고, 생리적 각성(즉, 맥박과 혈압의 감소)을 낮추며, 효과적으로 그 행동을 수행하게 만든다는 사실을 보여 주었다. 그러나 공포증 환자의 공포를 감소시키는 데 있어, 대리인 조건 하에서 모델에 노출하여 공포증 환자의 공포를 줄이는 방법이 실제 참가 조건 하에서 과제 완수를 직접 경험해 보는 것만큼은 효과적이지 않다는 사실에 주목해야 한다.

또한 반두라와 그의 동료들은 이런 치료법이 동물에 대한 공포를 지닌 사람들로 이루어진 연구뿐만 아니라 공공장소에 대한 두려움(광장공포증)을 가진 사람에게도 적용된다는 사실을 보여 주었다(Bandura, Adams, Hardy, & Howells, 1980, pp. 39–66). 많은 광장공포증 환자들은 군중과 계산대의 줄을 너무 위협적이라고 생각하기 때문에 가게나 슈퍼에서 물건을 사지 못한다. 마찬가지로 이들에게는 영화, 식당, 버스, 지하철 그리고 심지어 자동차에 승객으로 타는 것도 매우 부정적인 정서를 유발시킨다. 만약 치료받지 않는다면 이들 대부분은 공공장소에 다닐 수 없고, 자기 집에서 죄수처럼 살게 된다.

이런 내담자를 돕기 위해 반두라와 그의 동료들은 한꺼번에 여러 임상치료를 사용하였다. 그들은 먼저 공포유발의 수준이 다른 여러 상황들을 식별하는 법을 가르치는 집단회기를 시작하였다. 또한 내담자들에게 자신을 허약하게 만드는 사고를 식별하는 법, 신체이완절차를 사용하고, 보다 긍정적이고 대담한 사고로 바꾸어 그런 상황에 대처하는 법을 가르쳤다. 그러나 그 분야에서 일차적인 치료는 과제 완수이다. 성공은 과제 완수 기대를 높여주기 때문에 이 치료에서는 공포대상과 상황에서의 성공경험을 강조한다. 이러한 높은 위협 상황에의 노출은 단계적인 하위 과제를 사용하여 그 상황에서 조심스럽게 천천히 시간을 늘려나가는 방법이 유용하다. 예를 들면 자동차 여행을 두려워하는 광장공포증 환자는 우선 주거지 영역 안, 그 다음 버스가 다니는 길, 마지막으로는 고속도로를 돌아다녀 본다. 슈퍼마켓과 백화점을 두려워하는 내담자는 우선 작고, 붐비지 않는 가게로 쇼핑을 나가고, 그 다음 점차 더 큰 가게로 간다. 식당을 두려워하는 이들에게는 식당에 머무는 시간을 점차 늘려간다.

일반적으로 과제 완수는 치료자와 실제 참가를 유도하고 격려를 사용하는 예전 광장공포증 환자를 모델링하도록 하는 치료를 받으면 도움이 된다. 내담자가 심하게 괴로워할 때는 그들은 잠시 물러서고, 그 다음 적절한 안내와 지지를 받으며 다시 나아가도록 한다. 그러나 치료자들은 내담자의 대처능력이 발달함에 따라 점차 지지와 유도참여를 줄인다. 치료자가 근처에 있는 상태에서, 내담자는 점차 혼자 수행해야 하는 도전적인 과제를 할당받는다. 반두라와 그의 동료들은 이런 여러 기법들을 사용했을 때, 내담자는 공포를 실질적으로 감소시키고 과제 완수 행동을 회복할 수 있었다.

또한 오제르와 반두라(1990, pp. 472–486)는 성폭행 공포가 매우 큰 여성의 효능감 기대를 향상시키기 위한 연구를 실시하였다. 처음에 이 여성들은 성폭행을 극복하기 위해 자신이 할 수 있는 것은 아무것도 없다고 생각하고 있었고, 이런 신념은 그들의 생활의 스타일을 제한하였다. 즉, 이 여성들은 데이트, 영화, 강연, 놀이, 또는 콘서트 관람, 늦은 시간에 일하기 등을 피하는 경향이 있었다. 그들은 매우 두려워했으며, 성폭행이 발생하면 무기력한 존재가 된다는 많은 부정적 사고를 갖고 있었다. 이 여성들에게는 성폭력 가해자의 눈, 목, 무릎, 성기 등과 같은 급소를 강하게 때려 재빠르게 무력화시키는 전문가 모델이 나오는 비디오를 시청함으로써 성폭력으로부터 자신을 보호하는 데 필요한 신체적 기술을 배울 수 있는 기회를 제공하였다. 그런 다음 이 여성들은 신체적 방어기술을 모두 숙달할 때까지 전문가로부터 이러한 타격을 실습하고 교정 피드백을 받았다. 전 과정은 각 회기가 4시간 30분씩으로 된 5회기였다. 이 훈련 기간 동안, 여성들은 초기 단계에서 강제적이고 잠재적인 공격적 접근을 저지시키는 언어적 기술도 배웠다.

숙련훈련은 매우 긍정적인 효과가 있었다. 훈련을 받은 여성들이 보고한 자기효능감은 자기방어 훈련 이전에 보고했던 것보다 높았다. 그들은 만약 자신이 공격을 받는다면 자신을 방어할 능력에 대해 자신감을 갖게 되었다. 무기력함에 대해 그들이 가지고 있던 많은 부정적인 사고와 함께 공포도 크게 감소되었다. 중요하게도, 새롭게 힘을 얻은 여성들은 활동도 확대하였고, 저녁에 열리는 문화행사와 교육행사에 참석하기 시작했으며, 여러 사회활동에 참여하기 시작하였다(Ozer & Bandura, 1990, pp. 472–486).

마지막으로 반두라는 자기효능감 지각이 높고 낮은 사람들을 대상으로 여러 스트레스원이 신체에 미치는 영향을 연구하였다. 그는 지각된 자기효능감이 인간의 건강과 질병을 매개하는 생물학적 과정에 폭넓게 영향을 미친다고 생각하였다. 그는 여러 연구에서 공포증 환자들에게 실제 참가 모델링 절차를 통해 자기효능감을 향상시킴으로써 공포와 불안을 통제할 수 있게 된 것처럼, 신체에 미치는 생물학적 스트레스도 극적으로 완화되고 면역체계의 저항력도 증가한다는 것을 발견하였다. 이 과정은 개인을 더 강하고, 건강하고, 유능하게 만들었다. 반면에 효능감이 낮다고 생각하는 사람들은 스트레스에 잘 대처하지 못했으며, 만약 스트레스가 상습적이라면 지속적으로 면역체계를 약화시킬 수 있는 혈압상승과 심박수의 상승을 경험하였고, 결과적으로 더 많은 신체적 질병을 앓았다(Bandura, 1992, pp. 356-361; Bandura, pp. 141-143).

이론에 대한 평가

지금부터는 여섯 가지 기준으로 반두라의 이론의 과학적 가치를 알아본다.

포괄성

프로이트 이론에서 다루고 있는 범위와 현상들을 다 포함하고 있지는 않지만, 반두라의 입장도 상당히 포괄적이다. 이 이론은 잘못된 행동의 획득, 유지 그리고 교정과 관련된 사회인지적 변인에 대한 철저한 분석을 제공하고 있어, 알코올 중독, 학업 및 직업에서의 불안과 수행, 불감증, 발기부전, 노출증, 불면증, 악몽, 강박증, 공포증 그리고 신체적 질병에 대한 이해를 돕고 있다. 더욱이 반두라와 그의 동료들은 공격행동의 획득과 교정에 관련된 여러 변인들에 많은 주의를 기울이고 있다. 보다 일반적으로 사회인지 연구는 아동기의 훈련이 어떻게 성격발달에 영향을 주는지, 어떻게 언어를 획득하고 연마하는지, 어떻게 자기강화가 행동의 획득, 유지 그리고 교정에 사용될 수 있는지에 대한 우리의 지식을 증가시켰다. 최근 몇 년 동안 이런 현상들을 다룬 많은 연구가 실시된 것을 볼 때, 이 마지막 영역은 연구자에게 특히 희망적이고 매력적으로 보인다.

정밀성과 검증 가능성

반두라 이론의 많은 인지적 변인들이 복잡하여 명확히 정의하기가 어렵지만, 반두라는 그것들을 정의하고 객관적이고 신뢰롭게 측정하기 위해 많은 노력을 기울였다. 이러한 노력은 상당히 성공적이었고, 그는 인지적 변인들을 자기 이론의 실험적 검증에 통합할 수 있었으며, 이론의 예언이 정확함을 보여 주는 데 사용할 수 있게 되었다.

간명성

사회인지 이론은 상대적으로 적은 가정을 근거로 하지만, 그것은 사회적 및 문화적 현상들이 행동과 사고에 영향을 미치는 방식에 대한 많은 연구들을 독려하고 설계할 수 있도록 해주었다. 이 이론은 전통적으로 학습과 연관된 개념(강화, 변별, 일반화, 소거)뿐만 아니라 새로운 여러 인지적 개념을 포함하고 있다. 비록 스키너는 반두라가 행동을 설명하는 데 쓸데없는 구성개념들을 만들었다고 생각하였지만, 이 책의 저자는 이런 구성개념들이 적절한 성격이론의 개발에 필수적이고, 여러 면에서 반두라 이론이 설명하고자 하는 현상의 복잡성과 잘 부합한다고 판단하고 있다. 그러므로 반두라 이론은 매우 경제적인 이론이다.

경험적 타당성

반두라의 입장을 지지하는 증거는 인상적이다. 그 이론에 대한 수많은 경험적 검증이 있었고, 그 결과는 매우 지지적이다. 예를 들어 관찰학습 연구들은 행동을 형성하고 유지하고 변화시키는 데 있어 모델링의 중요성을 보여 주는 증거를 제시하였다. 많은 연구들은 모델링이 공포, 불안, 문제행동을 제거하는 데 사용될 수 있음을 분명히 보여 주었다. 모델링 원리는 비신경증적인 행동을 다룬 연구에도 잘 적용되었다. 반두라 이론을 검증하는 많은 새로운 연구들은 자기효능감 개념에 초점을 맞추고 있다. 수많은 연구들이 효능감의 향상이 스트레스 대처기술을 향상시키고, 여러 상황에서 신체적 및 정신적 기능에 긍정적인 결과를 준다는 것을 보여 주었다. 그래서 일반적으로 반두라의 입장은 경험적 타당성이 높다.

발견적 가치

반두라의 입장은 특히 임상심리학, 사회심리학, 건강심리학, 직업상담 등에서 심리학자들의 연구에 많은 영향을 주었다. 또한 그것은 비즈니스, 교육 및 의학 분야의 연구에도 긍정적인 영향을 미치고 있다. 그럼에도 불구하고 그것은 프로이트 이론처럼 학제적인 영향력을 지니고 있지는 않다. 그러나 전망은 매우 밝으며, 미래에는 다른 분야의 전문가들에게 반두라 이론의 가치가 매우 높아지는 것을 보게 될 것이다.

적용 가치

사회인지 이론의 응용 가치는 교육영역에서 매우 높다. 그의 연구는 교육자들이 학생의 자기효능감과 수행을 향상시킬 수 있는 전략을 개발할 수 있도록 해주었다. 또한 그것은 많은 사람들의 정신병리를 이해하고, 이를 교정하는 데 매우 성공적으로 사용되고 있다. 사회인지 이론으로부터 나온 다양한 행동치료 기법은 공포증과 문제행동들을 치료하는 데 성공적으로 활용되고 있다. 더욱이 공격성 분야에서 반두라의 선도적인 연구는 이런 행동의 기원을 이해하는 데 큰 도움이 되었고, 공격성을 교정하고 통제하는 방법에 대한 통찰을 제공하였다. 이처럼 다양한 분야에서의 그의 연구는 우리 사회에 중요한 기여를 하였다.

비판적 사고를 위한 질문

1. 상호결정주의란 무엇인가? 어떻게 인지적, 행동적, 그리고 환경적 요인들이 모두 상호작용하는지에 대한 몇 가지 개인적인 예를 들라.
2. 만약 긍정적 강화물이 행동의 강력한 결정요인이라면, 왜 우리는 자주 서로를 칭찬하고 강화하지 않는가?
3. 어떤 방식으로 미디어 폭력이 많은 사람들의 행동에 영향을 미치는가? 그것이 여러분이나 친구에게 부정적 영향을 준 적이 있는가?
4. 공격행동의 일차적인 개인적 및 상황적 결정요인은 무엇인가? 우리 사회에서 이 같은 파괴적인 행동을 줄이기 위한 여러분의 제안은 무엇인가?
5. 여러분은 시험을 치르기 전에 얼마나 불안한가? 이러한 불안이 여러분의 수행을 방해하는가? 방해를 줄이기 위해 여러분은 어떤 일을 하는가?

용어 해설

예상되는 결과anticipated outcomes 어떤 행동의 수행이 특정 강화물의 제공을 보장할 것이라는 개인의 기대

관찰학습observational learning 타인의 행동을 본 결과로써 새로운 반응이 만들어지는 학습유형; 모방학습이라고도 불린다.

다중 모델링 효과multiple modeling effects 여러 모델에 노출시키는 것이 한 개인의 모방행동에 미치는 효과

대리적 강화vicarious reinforcement 강화를 받는 모델을 관찰하고 나서, 그 모델의 행동을 모

방하려고 시도하는 것

모델링modeling 개인이 타인을 관찰하여 새로운 행동을 배우는 학습유형

실제 참가모델링guided participation modeling 모델이 먼저 참여자들에게 어떻게 두려운 대상과의 위협적인 상호작용을 참아내는지를 보여 주고, 그런 다음 그들이 두려움을 극복할 수 있을 때까지 위협적인 활동을 통해 참여자들을 이끄는 공포증 감소 절차

심상적 표상imaginal representation 어떤 사람이 떠올린 환경 속에 있는 대상을 닮은 이미지. 예를 들어, 그 사람은 환경 속에 있는 한 교수를 그리거나 상상할 수 있다.

언어적 표상verbal representation 환경에서 어떤 대상을 나타내는 단어. 예를 들어, 개(dog)라는 단어는 환경 속에 존재하는 짖어대는 네 발 짐승의 언어적 표상이다.

외부 강화external reinforcement 행동의 발생을 통제하는 강화를 주는 환경적 자극; 음식, 돈, 칭찬, 타인의 인정, 등 두드리기, 미소 등이 이에 해당한다.

자기 모델링self-modeling 개인이 비디오를 통해 자신에게 주어진 상황에서 적절한 방식으로 행동하는 것을 보고 나중에 같은 행동을 하게 되는 학습유형

효능감 기대efficacy expectations 자신이 어떤 반응결과를 얻기 위한 행동을 할 수 있다는 개인적 믿음이나 신념

3요인 상호결정주의triadic reciprocal determinism 인지, 행동, 그리고 환경이 상호작용하여 서로서로를 결정해 준다는 생각

추천 도서

Bandura, A. (1986). *Social foundations of thought and action: A social cognitive theory*. Englewood Cliffs, NJ: Prentice-Hall.

Bandura, A. (1997). *Self-efficacy: The exercise of control*. New York: W. H. Freeman.

PART 7

THEORIES OF PERSONALITY

현대 성격심리학에서 거대 성격이론의 역할

현재 성격심리학에서 많은 저명한 연구자들이 그들의 연구에서 소수 현상에 초점을 둔 제한적 이론 모형들을 사용하고 있는 것은 사실이다. 이 책에서 포괄하고 있는 **거대 성격이론**grand theories of personality이 이미 죽었고, 역사적 의미를 제외하고는 공부할 가치가 없다는 것을 의미하는 것은 아니다. 몇몇 사람들은 어떤 이론가가 죽고 나면 그 이론은 죽고 쇠퇴하여 분석할 가치가 없다고 단순하게 가정해 버리는 실수를 범한다. 그렇지만, 우리가 보았듯이 대부분의 거대이론들이 휴면상태에 있는 것도 아니고, 검증되지 않은 것도 아니다.

오히려, 이러한 포괄적 이론들 중 많은 것들이 현재 연구자들에 의해 활발하게 검증되고 있는 중이다. 예를 들어, 프로이트, 융, 호나이, 코헛, 에릭슨, 켈리, 카텔, 아이젠크, 로저스, 그리고 스키너 이론들의 다양한 측면에 대한 타당성을 검증하기 위해 수집된 현재까지의 풍부한 자료들을 생각해 보라. 그 이론들의 현재 위상으로 보면 그 이론들 중 많은 것들이 아직도 잘 건재하고 있다. 새로운 자료들을 생성하는 것 외에도, 이 이론들의 대부분은 이 학문 분야의 성격심리학자들의 이론화와 연구과정에서 그들을 동기화시키고, 도전하게 하며, 자극시키고 영향을 주는 생명적인 발견적 기능을 아직도 수행하고 있다.

이 책의 마지막 장에서, 현대 성격심리학자들로 하여금 새로운 이론을 만들거나, 성격발달과 기능에 대한 폭넓은 이해를 증진시키는 새로운 연구를 하도록 자극시키고 영감을 주는 거대이론들의 결정적 중요성을 조명할 것이다.

CHAPTER 18

현대 성격심리학의 이론과 연구

주요 5개 영역에서 거대이론들의 발견적 가치

이제 우리는 인간성격의 주요 이론적 관점들을 거치는 길고 복잡하지만 홍미롭고 계몽적인 여정을 마쳤다. 이 이론들 중 어떤 것도 연구자들에 의해 과학적 가치 판단에 사용된 모든 기준에서 가장 높은 수준으로 평가될 수는 없다는 것은 명백하다. 이러한 사실에도 불구하고 이 모든 이론들은 성격발달과 기능에 대한 우리의 이해를 증진시키는 상당한 강점들을 지니고 있다.

현대 성격심리학자는 현행의 이론들에 대한 도전을 통해서 자극받고 고무되며 영향을 받고 있으며, 경험적인 검증을 통해 새로운 사상과 가설의 발달로 이론을 확장하고 있다. 이 장에서 우리는 현대 성격이론과 연구의 주요 5개 영역과, 그 안에서 홍미를 유발하는 과정에서 현행 이론들이 종종 떠맡게 된 역할을 검토할 것이다. 이 5개 영역은 다음을 포함한다: (1) 생물학적 요인이 인간 성격발달과 기능에 미치는 특별한 영향에 관한 연구자들의 초점, (2) 성격이론과 연구 및 심리치료와 다문화적 관점의 통합 필요성, (3) 성격에서 특질의 역할에 관한 이해를 증진시키기 위한 특질 분류법의 사용, (4) 성격발달과 기능에서 인간의 강점과 미덕에 대한 연구를 촉진시키는 긍정 심리학의 역할, 그리고 (5) 개개인이 선택하는 인터넷 사용과 사용빈도 등의 활동들과 그것들이 초래한 성격발달과 기능의 결과를 제각기 다르게 관련시키려는 성격차 연구의 출현이다.

영역 1: 성격에 대한 생물학적 기여에 초점

성격심리학 역사의 많은 부분에서 몇몇 성격이론가들—특히 프로이트(Freud), 카텔(Cattell), 아이젠크(Eysenk)—은 주로 생물학적 용어를 통해 성격발달에 관한 설명을 추구해 왔지만, 대부분의 이론가와 연구자들은 생물학적 설명에 많은 관심을 기울이지 않았다; 대신 그들은 환경과 관련된 설명을 훨씬 더 지지했다. 하지만 약 20년 전부터 성격에서 생물학적 중요성에 대한 인식이 증가되어 왔고, 좀 더 구체적으로 성격의 유전적 기초에 관한 연구 관심이 커지고 있다. 그 주요 발전은 인간 성격에서 행동의 표출에 기여하는 유전과 환경의 복잡한 관계에 관한 과학적 연구를 하는 **행동 유전학**behavioral genetics에서 일어났다.

행동 유전학의 주요 부분은 **양적 유전학**quantitative genetics의 연구를 포함한다. 본질적으로 모든 인간의 특성(예를 들면, 지능, 경쟁력, 우울증, 이타심, 외향성)은 특정한 집단들 간의 차이뿐 아니라 집단 내 개인들 사이의 차이를 보여 주고, 그 차이는 수량화할 수 있다. 예를 들면 우리 문화에서 평균적으로 남성이 여성보다 더 경쟁적인 반면, 성 내에서도 경쟁력에 관한 중요한 개인차가 존재한다. 이러한 개인의 유전 차이에 대한 특질과 행동의 다양한 표출에서 유전과 환경의 상대적인 중요도에 대한 이해는 양적 행동 유전학자(quantitative behavioral geneticists)에게 맡겨진 일이다. 과학자들은 카텔(Cattell)과 아이젠크(Eysenck)의 추가 개척 작업에 기반을 둔 평가절차를 개발해 왔다. 예를 들면 그들은 성격의 작용에서 유전인자와 환경의 영향에 관한 상대적인 양적 기여도를 평가하는 데에 매우 유용한 다중법 접근(multimethod approach)과 다중 추상 분산 분석(multiple abstract variance analysis, MAVA)의 개발과 관련하여 카텔의 공로를 인정한다(Plomin, Chipuer, & Loehlin, 1990, p. 234). MAVA는 하나의 분석으로 몇몇 연구로부터 가족, 쌍둥이, 그리고 입양 자료를 평가할 수 있도록 한다(9장 참조). 이러한 절차 등의 개발로 인해 성격심리학은 행동에 대한 유일한 설명으로 사용되어 온 극단적인 환경결정론에서 벗어나기 시작했다(Plomin, 2000, pp. 30–34).

양적 유전학의 많은 연구를 통해서 환경뿐 아니라 인간의 유전자가 행동의 표현에 영향을 준다는 것이 증명되어 왔다. 대개 일반적인 수준에서 행동에 관한 유전의 영향력을 확인하는 연구는 쌍둥이, 입양, 가족연구의 절차를 이용한다. 예를 들면 쌍생아 연구에서 전적으로 유전에 기반을 둔 일정한 행동에서(심지어 완전히 다른 환경에서 양육되었다고 하더라도) 일란성 쌍둥이 사이의 상관관계는 이론상 +1.00이어야 한다. (실제 상관관계는 측정 오류 때문에 약간 더 낮을 것이며, 따라서 연구는 완벽하게 신뢰로울 수는 없다.) 대조적으로, 이란성 쌍둥이는 50% 정도의 공통 유전자를 가지기 때문에, 완전히 유전에 의해 결정되는 행동의 상관관계는 일란성 쌍둥이보다 더 낮을 것이다. 이러한 판단은 유전에 기초하는 행동 원칙에 근거를 두고 있고, 더 나아가 유전적 유사성을 얻어야 하며, 더 낮은 상관관계를 보여야 한다. 이러한 추론을 기반으로, 연구는 다양한 행동에서의 상당한 유전의 영향을 보여 준다. 예를 들면, 조현병에서 일란성 쌍둥이의 일치 비율(쌍둥이 둘 다 조현병을 가지는 비율)이 48%인 반면 이란성 쌍둥이의 일치 비율은 단지 17%라는 사실은 유전에 근거함을 시사한다(Plomin, DeFries, McClearn, & McGuffin, 2008, p. 198). 동일한 절차를 사용하는 연구들은(일란성 쌍둥이와 이란성 쌍둥이 사이에 상관관계의 크기의 차이를 비교하는) 유전적 특질이 일반적인 지능과 신경증적 성향, 알츠하이머병, 자폐증, 공황장애, 반사회적 행동, 알코올 및 약물 오용, 우울증, 자살에서 상당한 영향력을 가짐을 보여 준다(Plomin, Owen, & McGuffin, 1994, pp. 1733-1739; Voracek & Loibl, 2007, pp. 463-475).

하지만 우리는 앞서 언급한 유전자가 직접적으로 원인이 되는 행동들을 전적으로 유전요소 때문이라는 인상을 받아서는 안 된다. 그보다는 유전의 영향은 행동을 야기하는 환경적 요소와 상호작용할 가능성이 크다(Workman & Reader, 2008, pp. 26-27). 예를 들어 알코올과 약물의 오남용은 유전자가 직접적인 원인이 되지 않는다; 오히려 이러한 유전자는 그들이 파괴적인 행동을 하도록(그들을 위험에 처하도록 하는) 만드는데, 적절한 환경 조건 하에서 그들은 병적 행동을 보일 수도 있다. 우리는 연구를 통해서 알코올과 약물 남용의 유전적 민감성을 가진 성인이 갈등이 많고 도덕적, 종교적 교육이 부족한 가정환경 속에서 산다면 그러한 행동을 보일 가능성이 커짐을 알 수 있다(Jang, Vernon, Livesley, Stein, & Wolf, 2001, pp. 1307-1318).

결국 행동이라는 것이 비록 일반적인 상호작용의 틀로부터 결정된다고 하더라도, 종종 이러한 상호작용의 본질은 꽤 복잡하다. 예를 들면 **기질**temperament의 유전적 기초는(예: 분노와 두려움 같은 특성들) 성격구조의 형성에 영향을 주고, 역으로 성격구조는 환경과의 상호작용에 영향을 끼쳐 결국 행동을 낳게 한다. 특히 핀치와 그라지아노(Finch & Graziano, 2001, pp. 27-55)의 우울증 연구를 보면, 분노와 두려움 같은 기질 특성들이 민감함과 변덕스러움 같은 신경증적 성격 특성 발달의 기초 역할을 하며, 또한 그들이 스트레스 상황에서 타인으로부터 받을 수 있는 사회적 지지와 같은 기초 환경의 가치를 떨어뜨려(끊임없이 화를 내고 기분 변화가 심한 사람을 누가 좋아하고 지지를 보낼 수 있겠는가?) 결국 우울해질 수밖에 없게 만든다. 또한 공포와 분노 수준이 낮은 개인은 좀 더 유쾌한 성격특성(기분 좋음과 매력)을 발달시키고, 이러한 성향은 스트레스 시기 동안 타인으로부터의 많은 사회적 지지와 긍정적으로 연계되어 우울수준을 낮추는 결과를 초래한다. 이 예는 너무나 복잡하지만, 더 많은 수의 유전자와 다수의 호르몬, 몇몇 다양한 성격특성들, 다수의 환경요소들은 공동으로 일정 행동의 표출에 매우 자주 영향을 미칠 수 있다. 즉, 어떤 행동들이 단일 유전자만으로 적절하게 설명될 수 없다는 것이 확실하다(Beckworth & Alper, 2002, pp. 317-318).

행동 유전학은 양적 유전학뿐 아니라 **분자 유전학**molecular genetics도 포함한다. 이 영역에서 일하는 과학자들은 특정 유전자가 행동에 어떤 식으로 영향을 미치는지를 연구한다. 분자 유전학은 인간을 구성하는 수천 개의 특이 효소와 단백질 유형인 20개 아미노산의 다양한 서열에 유전자가 어떤 식으로 **DNA**(deoxyribonucleic acid) 수준에서 부호화되는지에 대한 이해를 추구한다(Plomin, DeFries, et al., 2008, p. 42). 단백질은 골격계와 근육계, 내분비 체계, 면역체계, 소화체계, 그리고 행동의 가장 중요한 신경계를 만든다. 앞서 언급했듯이 유전자는 행동의 개인차를 직접적으로 부호화하지는 않는 대신 DNA 변이가 이러한 생리 체계를 서로 다르게 만드는데, 이것이 역으로 성격 기능과 행동에 영향을 주게 된다(Plomin, DeFries et al., 2008, p. 46). 예를 들면 유전자의 DNA 염기서열 7번 염색체에서 돌연변이나 변화가 일어나면, 그 결과 두뇌에서 뉴런의 기능에 영향을 미칠 수도 있고 지능의 작용과 행동에 손상을 가져올 수도 있다. 유전 과학자들의 연구를 통해 유전자 돌연변이가 관여된 많은 단일 유전자 질환(single gene disorders)들이 발견되었는데, 그 예로 겸상 적혈구 빈혈증(sickle-cell anemia), 낭포성 섬유증(cystic fibrosis), 근이영양증(muscular dystrophy) 등이 있다(Bethell, 2005, pp. 157-159).

마지막으로, 유전 과학자들은 **인간 게놈 프로젝트**Human Genome Project에서 인체의 유전자 수를 밝혀내기 위해 연구하고 있다. 지금까지 그들은 대략 20,000개의 인체 단백질 정보를 암호화한 유전자를 확인했다(Nilius, 2010, pp. 221-222). 이러한 프로젝트에서 작업한 많은 과학자들은 DNA 수준에서 유전자가 어떻게 작용하여 행동에 영향을 미치는지에 대한 기제를 보다 정밀하게 기술하는 것이 현재 임무중 하나라고 믿는다. 또한 그들은 연구가 단일 유전자와 그것이 어떤 식으로 특질 형성에 작용하는지 뿐 아니라, 사전에 결정된 방식이 아닌 확률적인 방식으로 특질의 표현에 영향을 미치는 다수의 유전자들의 작용을 탐사하는 것이라 믿고 있다. 일부 과학자들은 특수한 유전적 위험을 가진 개인을 찾아내서, 그들에게 일어날 수 있는 일을 예방할 수 있는 개입방법을 만들어 내는 것이 이 기념비적 과업을 성공적으로 완성하는 것이라고 주장하고 있다(Plomin, DeFries et al., 2008, p. 46). 다른 과학자들은 더 나아가서 유전 서열이 결정되면 역기능적 DNA 부분은 새로운 부분으로 대체할 수 있게 되고, 이것이 바로 역기능적 유전자 변이인 유전결함에 의해 야기되는 주요 질환들을 치료할 수 있는 "유전치료(gene therapy)"가 된다고 주장한다. 하지만 불행하게도 이 후자의 목표를 성취하는 과정은 매우 어려운 것으로 드러났고, 일부 비평가들은 유전학자들이 원래 약속했던 치료법을 내놓기가 상당히 힘들 것이라고 강하게 주장했다(Bethell, 2005, pp. 147-163; Lewontin, 2000, p. 177). 논쟁의 결과가 여전히 불확실한 가운데, 이러한 접근의 효력에 대해 의심하는 무리들은 좀 더 실현 가능한 새로운 이론적, 실험적 접근을 찾고 있는 반면에, 많은 신봉자들은 "유전 치료"의 잠재적 이익을 끈질기게 주장하고 있다.

진화론

유전학 연구 이외 성격의 생물학적 기여에 대한 관심의 증대가 이룬 또 다른 성과는 심리학과 관련 있는 다양한 **진화론evolutionary theory** 유형들의 발전이다(Buss, D. M., 1999; Caporael, 2001). 진화론은 인간이 포유류이며(구체적으로 유인원), 오랑우탄이나 고릴라, 침팬지와 같은 유인원과 생물학적 유사성을 가진다는 점을 지적하고 있다. 비록 우리가 언어나 심상, 사고과정들 같은 중요한 부분에서 유인원과 다르고 훨씬 더 발전된 방식이라고 할지라도, 감각기관이나 지각과 학습방식, 얼굴표정, 다양한 행동들에서 많은 유사성을 공유하고 있다.

다른 영장류들처럼 인간도 활동 일주기 리듬(circadian rhythm)에서 전형적으로 밤에 제일 낮은 저점에 다다르며, 특히 먹이를 먹기 전인 낮 시간 동안에 최고조에 이른다; 인간들도 그들과 마찬가지로 공격성이나 도피, 성적행동 또는 쾌활한 활동에서 강렬한 에너지의 폭발을 보인다. 또한 그들처럼 우리를 둘러싸고 있는 환경을 탐구하기 위해 끊임없이 움직이고 호기심을 가진다. 이러한 과정 속에서 우리는(그들도) 낯선 이를 만나면 경계하고 수줍어하게 될 것이며, 따라서 수줍음이란 두려움의 한 요소가 될 수 있다. 인간과 다른 영장류들에서 방법의 차이는 있겠지만, 싸움 혹은 도피를 위한 준비과정에서 교감신경계가 활성화되어 호흡을 빠르게 하고 혈압을 상승시키며 소화기에서 근골격계로 혈액을 몰아넣는 등 공통적인 반응양식을 일으키며 공포감을 표현한다(Buss, A. H., 1988, pp. 1-4). 버스(A. H. Buss)에 따르면, 이러한 다양한 행동 표현들은 인간이 다른 영장류와 공유하는 광범위한 기질에 기초한다(1988, p. 10; 1995, p. 50). 기질에 대한 정의는 다음과 같다:

1. 정서성(emotionality)은 높은 생리적 각성과 과민함 혹은 우울함과 같은 일반적인 부

정적 정서를 포함한다. 이것은 쉽게 과민해지고 흥분하며, 좌절하고 고통 받는 경향을 이야기 한다.

2. 공포(fearfulness)는 신체적인 각성에 수반하여 주변을 경계하고 도피하거나 위축되는 경향을 포함한다.
3. 활동성(activity)은 활력이나 속도로 표현되는 전체 에너지 생산량을 말한다.
4. 양육(nurturance)은 다른 사람을 돕는 경향을 말하며, 이타주의를 포함한다.
5. 사교성(sociability)은 혼자 있는 것보다 타인과 함께하는 것을 선호함을 의미한다.
6. 충동성(impulsivity)은 어떠한 중지나 심사숙고 없이 순간의 자극에 따라 행동하는 경향을 말한다.
7. 공격성(aggressiveness)은 공격이나 위협으로 구성되는 개념이다.
8. 지배성(dominance)은 다른 사람보다 우위의 지위를 추구하고 유지하고자 하는 경향을 의미한다.

이러한 각각의 기질들은 유전적인 요소를 가진다. 또한 이러한 기질들은 적응적 가치를 가지기 때문에 진화하며 생존과 번식의 과정을 돕는다. 면밀한 연구들은 이러한 기질 특성에서 극단적인 수준보다는 적당한 수준일 때 훨씬 더 적응적임을 제안하고 있다(Zuckerman, 1990, p. 315). 예를 들면 극단적인 공포와 활동성 저하는 위험한 상황에서 심각한 손상이나 죽음을 초래할 수 있는 반면에, 적당한 수준의 공포와 활동성은 유기체로 하여금 위협에 대해 경계하고 신체적으로 대응할 수 있게 한다.

이러한 기질적 특성들이 생물학적 근거를 가지고 있다고 하더라도, 환경 역시 다양한 행동을 결정함에 있어서 중요한 역할을 하는 것은 분명하다(Buss, A. H., 1988, p. 20; Strelau, 2008, p. 82). 행동 유전학자처럼 진화론자들도 생물학적인 배경과 환경, 이 두 가지가 모두 행동에 영향을 미친다고 가정한다. 그들은 환경과 기질적 특성이 서로 영향을 미치는 **상호작용 기질 모델**interactional temperament model을 지지한다. 이 시점에서, 여덟 개의 기질 특성들 중 하나인 정서성(emotionality)이 어떻게 환경과 상호작용하여 어떤 식으로 행동의 표현에 영향을 미치는지를 좀 더 자세하게 살펴보도록 하자.

유아들 간에 정서성에서 개인차가 존재한다고 생각해 보자. 아기가 매우 적응적이고 쉽게 진정되며 늘 기분 좋고 활기찬 경우 우리는 "순한 기질"을 가지고 있다고 하며, 반면 좌절에 강한 반응을 보이고 두려워하며 변덕스럽고 성가신 경우 "까다로운 기질"을 가진 아이라 한다. 어떤 어머니는 아기의 요구에 민감하고 따뜻하게 반응할 수 있는 반면에, 일부 다른 어머니들은 양육과 관련한 환경적 스트레스에 쉽게 압도된다. 연구자들은 어머니가 육아에 대한 강한 스트레스를 받고 아이와 관계가 나쁘다고 느끼는 경우, 까다로운 기질을 가진 유아는 어머니와 안정적인 애착관계를 형성할 수 없다는 사실을 발견하였다. 이와는 대조적으로 어머니가 스트레스 반응성이 낮고, 아이에게 따뜻한 온정을 느끼는 경우, 유아들은 안정적인 애착관계를 형성할 수 있다. 안정적인 애착이란 짧은 이별 후에 어머니가 다가갔을 때 별다른 저항 없이 어머니에게 다가서는 것을 말한다. 이와는 반대로 불안정 애착이란 어머니를 만지고 어머니에게 매달리며 강하게 저항하는 것(몸을 뻣뻣하게 하고 울음을 터트리는 것)을 말한다. 불안정한 애착은 까다로운 기질을 가진 유아가 그들 어머니에게 특별한 보살핌을 요구하고 이로 인해 양육자를 좌절시키기 때문에 일어난다. 또한 어머니는 아기의 불평과 두려움을 자신에 대한 거부반응이나 자신의 무능력함의 징후로 해석한다. 즉, 무신경한 양육과 불안정한 애착은 서로 같이 가는 경향이 있다(Ipsa, Fine, & Thornburg, 2002, pp. 130-144).

스트라이트, 갤러거, 켈리(Stright, Gallagher, & Kelley, 2008, pp. 186-200)의 최근 연구를 보면 높은 수준의 육아 기술을 가진 어머니들의(아이의 자율성을 격려하고 따뜻하며 요구에 민감한 어머니) 아이는 초등학교 일학년이 되었을 때 학교생활에 훨씬 더 잘 적응하는데, 이러한 사실이 입증하듯이 좋은 양육 기술을 지닌 어머니들은 정서적으로 까다로운 기질을 가진 유아를 긍정적인 방향으로 발달할 수 있도록 영향을 미친다. 이러한 부모의 아이들은 그들 선생님(즉 선생님의 지시에 더 많은 주의를 기울이고, 사물들을 적절하게 정리하였다)과 친구들(자발적으로 친구의 일을 돕고, 때때로 논쟁이 벌어질 때 자신의 기분을 잘 통제할 수 있었다)과의 관계에서 훨씬 더 협력적이었다. 낮은 수준의 육아 기술을 가진 어머니와 까다로운 기질의 유아는 그들이 초등학교에 입학하였을 때 더 낮은 적응수준을 보여 주었다. 버스(A. H. Buss)는 또한 우리가 물려받은 폭넓은 기질 특성들은 성장하였을 때 특정한 요소들로 구별될 수 있다고 주장한다. 예를 들면 공격성은 신체적인 공격성과 언어적 공격성, 과민함, 수동 공격성으로 구별될 수 있다. 수동 공격적인 사람들은 간접적인 방법으로 적대자들을 가해하고 보복한다. 예를 들면 적수를 무시하거나 다른 사람의 요구에 참을 수 없을 정도로 천천히 반응하거나 또는 그들이 요구하는 것에 반대할 수도 있다(Buss, A. H., 1988, pp. 177-178). 수동 공격적인 사람들은 상황에 따라 이러한 공격 유형의 하나 또는 그 이상을 사용할 수 있다.

기질적인 특성들은 또한 서로 혼합되어 독특한 행동을 일으킬 수 있다(Kristal, 2005, pp. 23-25). 예를 들면 사교적이면서 지배적인 사람은 다른 사람들과 같이 나누고 함께 일하면서 사회적인 지위를 추구하고자 한다. 이와는 대조적으로 사교성은 낮으면서 지배성이 높은 사람은 공격적인 형태로 사회적 지위를 추구할 가능성이 높다. 이타적이면서 사교적인 사람들은 타인에게 쉽게 공감을 느끼고 친구나 친척들처럼 가까운 관계의 사람들뿐 아니라 곤경에 처한 낯선 사람들에게도 기꺼이 도움을 주려한다. 반면 이타적이면서 비사교적인 사람은 공감 때문이 아니라 도덕심이나 책임감 때문에 타인을 도와주는 경향을 보인다(Buss, A. H., 1995, pp. 174–175).

마지막으로 진화론자들은 이러한 대부분의 특성들에서 인간과 다른 영장류에 생물학적 근거가 있는 성차가 존재한다고 주장한다. 영장류의 수컷이 암컷보다 더 크고 강한 경향이 있는데, 이것은 수컷들의 좀 더 공격적이고 지배적인 행동에 대한 설명이 될 수 있다. 또한 수컷이 암컷보다 좀 더 높은 테스토스테론(testosterone) 수준을 보이고, 이러한 호르몬 수준은 수컷 포유류들의 공격성 및 지배성과 관련된다. 아울러 수컷은 암컷에 비해 좀 더 활동적이고 그들을 둘러싸고 있는 환경 속에서 더 탐험적인 경향을 보인다. 이와는 대조적으로 암컷들은 수컷에 비해 더 두려움이 많고 사교적이며 좀 더 양육적인 태도를 보인다. 남성 지향적인 특성들은 거대한 에너지를 가지고 환경 속으로 움직이는 것을 말하며, 여성 지향적인 특성들은 안전을 강조한다. 요컨대 수컷들은 그룹 안에서 찌르고 엿보며 혼란을 야기하고, 반면 암컷들은 신중하고 평온하며 양육에 힘쓰는 경향을 보인다(Buss, A. H., 1988, pp. 24–25).

또한 진화론자들은 영장류들이 짝을 선택함에 있어서 수컷은 암컷에 접근하기 위해 그들 무리 사이에서 좀 더 경쟁적인 반면, 암컷은 선택능력을 발휘할 가능성이 높다고 주장한다. 이러한 차이는 **차별적 부모 투자 가설differential parental investment hypothesis**(Buss, D.M. & Schmitt, 1993, p. 206)의 관점에서 설명되는데, 남성들은 불과 몇 분이라는 짧은 시간을 투자해서 자손을 얻을 수 있는 반면에, 여성들은 9개월이라는 임신기간을 인내해야 하기 때문에 각각의 자식들에게 더 큰 투자를 하려한다(Buss, D. M., 1999, p. 103).

또한 여성은 남성들에 비해 아이를 간호하고 그들이 성장하도록 지속적인 양육을 해야 하기 때문에 낳을 수 있는 자식의 수가 제한되어 있다. 각각의 자녀들에게 투자하는 수준이 다르기 때문에 남성과 여성은 짝짓기에서 다른 전략을 사용하기 쉽다. 특히 여성들은 그들을 보호해 주고 자신과 자손의 생존에 필요한 자원을 제공해 주는 능력을 가진 우월함과 관련된 특성을 보이는 남성에게 끌리게 될 것이다. 남성의 나이는 자원에 대한 접근의 중요한 신호를 제공해 주기 때문에, 여성은 일반적으로 자신보다 몇 살 연상의 남자와 맺어지기를 선호한다. 즉, 많은 문화권에서 일반적으로 소득은 나이와 함께 증가한다. 여성들은 또한 연상의 남자가 지원과 보호의 측면에서 좀 더 성숙하고 안정적이며 좀 더 신뢰로울 것이라 믿는다(Buss, D. M., 1994, p. 28; Ellis, 1998, pp.

383-442). 이와는 대조적으로, 진화 심리학자들에 따르면 남성들은 신체적인 매력을 지닌 여성에게 관심을 보이기 쉽다. 진화의 역사를 보면, 나이가 많고 건강하지 못한 신체적 징후(주름진 피부와 백발, 오래된 상처)를 보이는 여성과 맺어지기를 선호한 남성들은 아이를 낳지 못하거나 소수의 아이만을 생산할 수 있었다. 이와는 대조적으로 젊음이나 건강함과 관련된 신체적 신호(부드럽고 깨끗한 피부와 윤기가 흐르는 머리카락, 도톰한 입술, 병이나 장애가 없음)를 가진 여자와 맺어지기를 선호한 남성들은 보다 큰 번식의 성공을 경험했다. 여성의 생산능력은 나이와 강하게 상관되고 역사적으로 신체적 외형은 나이에 관한 가장 믿을 만한 단서를 제공하기 때문에, 남성은 젊고 신체적으로 매력 있는 여성을 얻기 위해 강한 상대로 진화해야만 했다(Buss, D.M. & Dedden 1990, pp. 399-400). 또한 중요한 연구들은 남성들이 매력적인 여성과의 교제를 통해 사회적인 지위를 얻을 수 있음을 보여 주고 있다. 만약 그다지 별로 매력이 없는 남성이 굉장히 멋진 여성의 관심을 끌 수 있다면 높은 지위를 가질 수 있을 것으로 생각되는데, 이는 매력적인 여성이 짝으로서 높은 가치가 있다는 것으로 알려져 있고, 따라서 그들이 원하는 것을 상대를 통해 손쉽게 얻을 수 있기 때문이다(Buss, D. M., 1994, pp. 59-60). 또한 남성이 후손을 가짐으로써 그들의 유전자를 물려주려고 지향하기 때문에, 자신이 그 후손의 아버지라는 사실이 명확해야만 그것을 믿을 수 있게 된다. 따라서 상대방의 성적 정조는 남성들에게 있어 우선적인 고려사항이며, 상대의 배신은 남성에게 강렬한 질투심을 일으키고 때때로 폭력을 유발할 수도 있다.

여성의 경우에도 가장 우선적인 과제는 아이를 가지는 것이다. 또한 여성들은 아이를 기르고 양육하는 데에 오랜 시간을 보내야 한다. 여성에게 있어 자신의 짝을 향한 여성 경쟁자들의 애정은 더 이상 남성이 자신을 지원해 주지 않고 어미와 자식의 생존에 필요한 자원을 제공해 주지 않을 것이라는 사실을 의미하기 때문에 매우 위협이 된다. 즉, 남성은 주로 성적 배신을 염려하고, 여성은 주로 감정적 배신을 염려한다(Buss, D. M., 2000, pp. 51-52).

이러한 의견에 근거한 일부 인간 연구는 일반적으로 지지되어 왔다. 대학생들을 상대로 한 연구를 보면 남성에 비해 여성이 자신과 짝이 될 가능성이 있는 상대방의 수입과 재산, 사회적 지위에 훨씬 더 많은 관심을 보이는 것으로 나타났다. 또한 여성은 남성들에 비해 자신의 짝이 더 강력하고 야심적이며 지적이기를 원했다. 독점적 데이트를 하는 커플들에서, 여성은 결혼 후 그들 파트너가 아이를 원하는 데 더 많은 관심을 보인 반면에, 남성은 자신의 미래 결혼상대가 신체적으로 매력적인 것에 더 많은 관심을 보였다(Kenrick, Sadalla, Groth, & Trost, 1990, pp. 97-116). 버스(D.M. Buss, 1989)는 37개의 문화권에서 이러한 관심사에 대한 생물학적 기초를 시사하는 확증적 발견을 보고하였다.

앞서 언급된 두 개의 연구 결과가 진화론적 관점에 부합한다 할지라도, 이것은 사회학습이나 성차에 대한 사회화 접근과도 일치한다. 즉, 이러한 성차는 사회화의 과정에서 학습된 것이라고 얘기할 수도 있다. 예를 들면 전통적으로 남성은 사회적 지위 속에서 처자식을 지원하고 보호하기 위해 필요한 자원들을 제공할 수 있는 직업을 추구할 것으로 기대되어 왔다. 이와는 대조적으로 여성은 전통적으로 가족을 양육하고 지원하도록 교육받아 왔으며, 그들의 신체적인 매력이 가장 주요한 시장가치가 있는 자산이며 남자를 유혹하여 오랜 관계를 유지하기 위해 이러한 매력을 사용할 수 있고 사용되어져야 한다고 믿어 왔다. 따라서 진화론과 사회화의 관점은 각각의 견해의 원인론이 다르더라도 이것은 서로 양립할 수 있다.

이글리와 우드(Eagly & Wood, 1999, pp. 408–423)의 연구는 이러한 사회화 입장(socialization position)을 일부 지지하고 있다. 그들은 버스(D.M. Buss, 1989)가 37개의 문화권에서 생물학적인 견해를 지지하는 것으로 보고한 연구 결과를 재분석하였다. 이글리와 우드는 37개의 문화권 안에서 파트너들 간에 성적 평등의 정도를 평가하였는데(버스에 의해 행해지지 않았던), 파트너의 관계가 성적으로 좀 더 동등해질수록 여성들이 자신과 아이를 지원하고 보호해 줄 연상의 부유한 상대를 찾는 현상이 감소한다는 사실을 발견하였다. 또한 파트너들 사이에 좀 더 동등한 힘을 공유하면서 남성들이 보다 젊은 여성을 원하는 현상(비록 이것은 통계적 유의성이 낮더라도)과 가정적인 배우자를 원하는 현상에 비중을 덜 둔다는 사실을 발견하였는데, 이글리와 우드가 주장하는 이러한 결과는 생물학적인 견해와 상반되는 것이다. 더 나아가 그들은 이러한 연구 결과는 배우자 선택에서 사회적, 문화적 요인들이 중요한 역할임을 시사한다고 주장하고 있다.

마지막으로, 이 흥미롭고 재미있는 분야의 가장 새로운 진전으로, 버스(Buss)와 같은 진화 심리학자들은 여성이 사회적 지위와 재정적 자원을 가진 배우자를 선호하도록 하는 생물학적 소인을 갖고 있지만, 그렇다고 해서 오늘날 모든 여성들이 이러한 자원을 반드시 선호하는 것은 아니라고 주장한다. 그는 진화 심리학자들이 엄격한 생물학적 결정론을 옹호하지 않으며, 사회적/문화적 요인들이(사회화 가설에서 이글리와 우드에 의해 인용된 것처럼) 어느 정도 작용할 수 있고 따라서 생물학적인 소인은 특정 환경 상태에 의해 무력화될 수 있음을 인정한다고 주장한다. 따라서 여성들이 조상 대대로 자원을 가진 배우자를 선호하는 성향을 갖고 있을지라도, 우리 시대 여성들의 경우, 만약 그들이 이미 스스로 이러한 자원들을 가지고 있다면(예를 들어, 높은 수입을 올릴 수 있는 직업이 있고, 스스로 능력이 있다면) 굳이 그런 자원을 가진 남성을 찾지 않을 것이다. 사회화 연구논문의 연장자 저자인 앨리스 이글리(Alice Eagly)는 진화론자들에 의해 제안된 이러한 훨씬 더 세분화된 상호작용 견해(interactional position)를 이제 받아들인다(Workman & Reader, 2008, pp. 94–95와 비교해 보라).

영역 2: 성격에 관한 다문화적 관점의 필요

성격 특성의 발달은 사람들이 그들 문화에 용해되면서 학습하는 의미와 관습에 크게 의존한다. 사람들은 많은 시간 다양한 문화적 상황에 능동적으로 참여함으로써 성격을 발달시켜 나간다. 문화 심리학적 관점(cultural psychological perspective)은 특정 문화권 내 하위문화뿐 아니라 상이한 다른 문화들이 구성원들의 성격발달과 기능에 각기 차별적이고 특별한 영향을 미친다고 가정한다(Markus & Kitayama, 1998, pp. 66–67). 일부 예를 보면 이러한 영향력은 개인들 사이에 공유하는 유사성을 만들고, 또 다른 예를 보면 개인 특성과 특질에서 차이점을 만들어 낸다. 예를 들면, 미국문화권과 일부 서양 문화권 내 사람들은 일반적으로 독립성과 자기 의지, 야망, 결단력, 공격성, 경쟁심, 구성원들 사이의 개인적인 성취와 같은 특성들이 강조되고 주입되는 높은 개인주의 문화권 안에서 성장한다. 따라서 이러한 문화는 일반적으로 상당히 유사한 성격특성을 가진 구성원들을 만들어 낸다. 서구 문화에 반하는 예를 들면, 아프리카나 아시아, 라틴아메리카 내 다수 문화권의 기본성향은 집단주의이다. 집단주의 문화권에서는 구성원들에게 좀 더 화목하게 서로를 돕고, 자원을 공유하며, 서로의 도움 속에서 성공을 이루고, 대부분 집단에 맞추도록 하며, 자신의 욕구보다는 집단의 요구를 더 위에 두도록 가르친다(Triandis, 2001, p. 908). 따라서 이러한 문화권 내 사람들은 배려와 협동, 이타심 같은 다수의 성격특성을 공유하게 된다.

서양권과 동양권의 개인들을 비교했을 때, 그들은 일반적으로 동기와 관심, 태도, 행동, 가치 그리고 정신건강과 정신병리에 대한 개념에서 서로 상이한 견해를 가진다. 예를 들면 서구 문화권의 사람들은 자신의 성공을 능력이나 재능처럼 자신의 내부적인 요소나 비교적 안정적인 요소의 면으로 설명하는 반면, 실패는 외부적인 요인에 의한 것으로 보며, 무시하는 경향을 보인다(예: 타인을 비난하기). 동양 문화권의 사람들은 그들의 성공을 노력이나 행운의 면으로 설명하고, 실패는 능력이나 재능 부족 때문이라 이야기한다. 이에 서구 문화권 내 개인들은 자기 증진(self-enhancement)을 위해 투쟁하는 경향을 보이는 반면에, 동양 문화권 내 구성원들은 자기비판(self-criticism)을 지향하는 경향을 보인다. 하지만 비서구 문화의 자기비판에 대한 강조는 병리의 지표로 볼 수 없다. 오히려 이것은 그들 문화권에서 공유하는 우수성의 기준에 미치지 못함을 개인들이 기꺼이 인식해야 하는 것이라 할 수 있다. 따라서 자기비판은 그룹에 대한 소속감을 확인하여 그들의 행동을 개선시키는 작용을 한다(Kitayama, Markus, Matsumoto, & Norasakkunkit, 1997, pp. 1245-1267).

대부분의 서양 문화권 내에서 인간 성격에 대해 우리가 알고 있는 대부분은, 개인이란 특질, 능력, 가치 및 동기가 행동에 영향을 주는 특이한 형상을 지닌 독립적이고 자족적이며 자율적인 존재로 간주하는 견해에 기초한다. 그 결과 인간 성격에 대한 성격심리학자의 견해는 불필요하게 제한되었다(Markus & Kitayama, 1991, p. 224). 예를 들면 정신건강 모델에서 특히 로저스(Rogers)와 매슬로우(Maslow)의 이론은 자아실현과 자아성취, 개인 잠재력 등을 강조하는 경향을 보이는데, 이런 모델은 여러 가지 면에서 우리 문화의 개인주의적인 편견을 반영한다. 이러한 이론들에서 자아실현을 이룬 자가 타인을 염려하고 사회적 책임을 가진다는 점을 지적하고 있다 할지라도, 그들의 주된 강조점은 개인의 영광에 놓여 있는 듯하다. 물론 아들러(Adler)의 사회적 관심 모델(social interest model)이 좋은 예가 될 수 있지만, 조화로운 상호의존과 자원의 공유, 타인의 복지에 대한 관심과 같은 최적의 정신건강 발달의 역할을 강조하는 모델은 서구 문화권에서 비교적 드물다. 비록 미국 내 많은 하위 문화권에서 상호의존의 가치를 중요시하고 있고, 다양한 종교 계파들이 타인에 대한 사랑과 배려를 강조하고 있음을 인정하더라도(Markus & Kitayama, 1991, p. 228), 이들 문화가 전반적으로 강조하는 것은 독립성과 개인적 성공, 자기 성취와 같은 개념이다. 이러한 맥락 안에서 만약 적합한 인간 성격이론을 지속적으로 발전시키고자 한다면, 성격심리학자들은 그들을 둘러싸고 있는 문화적 견지를 뛰어넘어 그들의 견해와 연구, 분석을 확장할 필요가 있음은 자명한 일이다. 다행히 많은 성격심리학자들의 이론과 연구는 특히 성별과 인종/민족, 종교와 같은 영역들에서 다문화와 하위문화적인 견지에 흥미로운 관심을 보이고 있다.

성차

성차(gender difference)는 대부분 문화적 사회화 과정(socialization process)에 의해 형성된다. 남녀 사이의 차이와 유사성에 대한 관심은 이 분야 연구자들 사이에서 급증하고 있다. 예를 들어 페미니스트(feminist) 학자들은 다양한 성격이론을 검토하여 왔고, 여성의 발달을 설명하는 이론들의 한계를 지적하고 있다. 그들은 이러한 이론들의 많은 기본 개념들이 남성이 문화가 강하게 지지하는 가치를 지니고, 여성은 평가절하되는 문화적 가치들을 학습한다는 지극히 남성 중심적인 견지에 기초하고 있음을 지적하고 있다. 앞서 언급했듯이 미국 내 우세 문화정신은 개인주의와 개인의 성공에 집중되어 있다. 개인의 성공을 이루기 위해 개개인은 반드시 강해야 하고 자주적이어야 하며, 단호하고 독립적이며 합리적이고 논리적이며 침착하고 적극적이어야 하며 또한 매우 경쟁적이어야만 한다고 여겨진다. 이러한 특성들은 이상적인 남성 역할과 깊은 관련이 있다. 하지만 대조적으로 이상적인 여성의 역할 기준에 충족되기 위해서, 여성은 반드시 따뜻하고 의존적이며 공경하고 수동적이며 정서적이고 민감하며 상냥하고 배려심이 깊어야 하는 것으로 여겨지며, 이러한 획득된 특성들은 높은 경쟁 사회 속에서 일반적으로 개인의 성공을 방해하게 된다. 이러한 남성 지배적인 문화 틀 안에서, 남성과 여성은 사회화 과정 동안 각각의 성 역할과 관련된 특성들을 실제로 내면화하고 습득하게 된다(Feingold, 1994, p. 449). 따라서 우리는 여성이 남성에 비해 종종 부적절하고 열등한 것처럼 보이는 이유를 쉽게 알 수 있다. 여자는 전통적으로 남성 중심적인 사회 내 가장 높은 가치를 가지는 직종에서 개인적인 성공을 이루는 데 도움이 되는 특성들을 획득하도록 사회화되지 않는다. 대신 여성들은 종종 개인주의 사회에 수록되어 있는 기준에 부합하는 삶을 살아갈 능력이 없는 것으로 판단되고 또 스스로 그렇게 판단한다(Chodorow, 1989, p. 23).

페미니스트 학자들은 계속해서 이러한 편향된 관점에 도전해 오고 있다. 그들은 독립성과 자기 결정권을 강조하는 남성적 가치보다는 관계와 배려를 강조하는 여성적 가치에 기초하는 정신건강 모델을 개발해 오고 있다. 예를 들어 초드로우(Chodorow, 1978)는 초기 저술에서, 프로이트 학파의 편파적이고 여성 비하적인 관점은 충분히 도전받을 수 있다고 주장한다. 프로이트는 남성은 우월하고 여성은 열등하다고 믿었는데, 남성 우월(male superiority)은 남근기(phallic stage) 동안 가족 내 갈등의 결과물로 간주된다. 프로이트에 따르면 소년은 어머니와의 성적 접촉을 갈망하는데, 일반적인 의미로 이것은 어린 남자 아이가 어머니의 애정과 사랑을 요구하는 것이다. 그러나 이와 동시에 남자 아이들은 부모 사이에 성적 관계가 존재하고 아버지가 그들의 경쟁자임을 점차 인식하게 된다. 하지만 아버지는 육체적으로 크고 강하다는 사실을 알게 되고, 어머니를 향한 자신의 갈망이 처벌받을 것을 두려워하는데 특히 성기가 잘려지지 않을까 하는 두려움을 보이게 된다. 소년들은 자신들의 아버지를 동일시함으로써 거세 불안을 완화한다. 이러한 방식의 동일시 과정을 통해 그들의 성적 욕망은 좀 더 사회적으로 수용 가능한 경로로 이동하게 된다. 초자아는 아버지의 가치를 받아들이고 태도가 사회적인 방향을 향해 나가면서 파생하는 거세불안 해결책의 부산물이다. 이러한 가치는 강력한 사회적 승인을 받은 것들이며, 따라서 소년은 특히 소녀와의 관계에서 우월함을 느끼게 된다.

프로이트는 여성들이 인생 초기에 자신에게 성기가 없다는 사실을 깨닫게 되고, 이에 자신이 거세되었고 열등하다고 생각하게 된다고 믿었다. 여성은 남근선망(penis envy)을 경험하고, 자신이 원하는 것을 가지고 있다는 이유로 아버지를 사랑하게 된다. 성기가 없다는 사실을 원망하고 비난하는 소녀는 원하는 것을 대신 얻기 위하여 결국 어머니와 동일시되도록 강요된다. 간략하게 말하면, 어머니와의 동일시를 통해 어머니처럼 됨으로써, 소녀는 아버지가 어머니에게 주는 사랑과 애정, 칭찬을 간접적으로 경험하게 된다. 전통적인 여성의 역할과 가치들에 동일시됨으로써, 능동적이던 성적 관심은 이제 수동적으로 변한다. 사회가 이러한 특성들을 전반적으로 평가절하 한 이후, 다수의 많은 소녀들은 스스로 열등하다고 인식하게 된다.

초드로우(Chodorow)는 이 문제에 대해 프로이트의 생각을 재구성하였다. 그녀는 소년과 소녀 모두 어머니를 최초의 주된 성적 대상으로 간주하기는 하지만, 소년들에 비해 소녀가 더욱 어머니를 향한 강렬한 애착을 형성한다고 주장하였다. 소녀는 어머니와 성이 같고 더 많은 공통경험을 하기 때문에 더 오래 지속되는 유대관계를 형성하게 된다(Chodorow, 1978, p. 109). 따라서 더 강하게 동일시하고 그들의 가치와 특성을 더 많이 수용하게 된다. 어머니의 영향을 받은 소녀는 어머니 역할을 받아들이고 어머니다운 자질을 좀 더 개발하게 되는데, 이것은 소년들에 비해 타인의 요구에 민감하게 반응하고 공감이나 배려, 돌봄과 같은 감정들이 더욱 커지는 것이다. 초드로우는 흥미롭게도 소녀는 어머니부터 아버지까지 애정의 대상을 찾는 행위를 그만두지 않지만, 대신 그들의 요구와 관심사를 고려하고 충족해 줄 수 있는 부가적인 대상으로 가족 내에서 아버지의 존재에 집중하기 시작한다고 주장하였다(Chodorow, 1978, pp. 92–93). 따라서 이성의 존재에 애정을 가지기 시작할지라도, 언제나 어머니와 강한 정서적 유대관계를 유지한다. 그렇다면 어떻게 그들은 이성애의 대상으로 남자에 빠지게 되는 것일까(그들의 아버지나 또는 나중에 만나게 되는 다른 남자들)? 초드로우는 소녀의 적절한 성적 대상으로 남성을 향한 성적 관심은 부분적으로 아버지나 다른 남자 친척들에 대한 유혹적 행동의 결과일 수 있고, 또한 그들 부모와 형제자매, 친척들, 교사, 동료, 각종 매스컴과의 소통으로 적절한 성 역할을 학습한 결과일 수 있다고 추측한다(Chodorow, 1978, pp. 167–168).

초드로우에 따르면 소년들의 동일시 과정은 다르다. 어머니는 이성으로 아들을 경험하게 되고, 정서적으로 아들과 가까이 하지 않는다. 소년이 아버지와 동일시 할 때, 이것은 일반적으로 강한 애착 관계를 기반으로 하지 않는다. 아버지는 대부분 집 밖에서 일을 하고 아들의 교육에 잘 참여하지 않으며, 그들 자신의 남성적인 역할에 집중함으로써 감정을 표현하는 것이 힘들다는 사실을 가정하면, 소년들은 주로 어머니에 의해 남자의 역할과 자격에 대해 교육받게 되고 아버지의 비중은 낮다. 아버지와의 동일시 과정에서, 소년들은 어머니와, 후에 관계를 맺게 되는 여성들과의 관계에서의 동일시를 거부한다. 그들은 여성이 열등하다고 인식하게 된다. 따라서 남성 동일시는 타인으로부터의 분리(독립), 감정에 기초하는 관계의 중요성 부정, 여성적인 모든 것을 거부하는 것에 중점을 둔다(Chodorow, 1978, p. 176). 즉 남성 동일시는 독립심과 자기 결정 그리고 타인과의 관계의 중요성을 적극적으로 거부하는 것에 중점을 두고 있다. 이와는 반대로 여성 동일시는 주로 관계와 상호의존성에 그 가치를 두고 있다.

결론적으로 초드로우는 남성 우월과 여성 열등에 대한 프로이트의 생각을 기각하고, 남녀는 각기 자신만의 고유한 가치와 관심, 태도, 동기, 행동, 목표에 의해 서로 다르게 발달한다고 결론내렸다. 두 성은 각각의 강점과 약점을 가지고 있다. 남성의 경우 독립성은 문제해결에 중요한 자산이 될 수 있지만, 이런 성향이 지나치면 무자비함과 완고함으로 그 가치가 악화될 수 있다. 여성의 경우 다른 사람과의 관계는 몇몇 긍정적 결과를 초래한다. 예를 들면 관계에서의 상호 공감은 큰 신뢰를 만들어 내고 기꺼이 타인에게 개인적인 정보를 노출하며, 이것은 종종 양자 모두에 개인적인 성장을 이끌어 낸다. 또한 관계는 쌍방에 활력을 불어넣고 양자 모두 향상된 가치감을 느끼게 할 수 있다(Miller, 1994, pp. 85–86). 더구나 집이나 직장 내에서의 관계에 문제를 겪고 있는 타인의 어려움에 판단적이 되지 않고 기꺼이 귀를 기울이는 것은 상당히 유용할 수 있다. 하지만 이러한 태도의 단점은 문제해결에 있어서 자신의 능력 및 지성의 개발과 사용보다는 타인의 판단에 과도하게 의존하는 결과를 초래할 수 있다는 점이다(Chodorow, 1978, p. 169).

초드로우와 마찬가지로 길리간(Gilligan, 1982)은 남성과 여성은 "다른 목소리(different voices)"로 자신들의 경험에 반응한다고 주장하고 있다. 즉, 여성은 관계나 타인과의 결합을 강조하고 남성은 타인으로부터의 분리와 개별화를 강조하면서 경험을 다르게 해석한다. 길리간은 몇몇 성격발달 이론들이(예를 들어, Erikson, 1950; Maslow, 1987; Rogers, 1961) 남성 성향의 가치 우월성을 가정하는 입장을 고수해 오고 있다고 지적하고 있다. 예를 들면 매슬로우(Maslow)는 자아실현을 이룬 사람들은 비교적 그들의 물리적, 사회적 환경으로부터 독립적이라 주장하고 있다. 자아실현자들은 결핍 동기보다는 성장 동기에 의해 진보하기 때문에, 자신을 둘러싼 타인 및 문화의 도움과 지원에 의존하지 않는다(Maslow, 1987, pp. 135–136). 매슬로우의 이론에서 말하는 주요 결핍 동기란 타인으로부터의 존경에 대한 바람인데, 즉 타인의 지원과 승인, 인정에 대한 욕구를 의미한다. 따라서 많은 여성들이 주로 결합이나 관계에 관심을 갖도록 사회화되기 때문에, 아마도 결핍 수준에서 행동화될 가능성이 높다. 이와는 대조적으로 남성들은 일반적으로 타인으로부터의 독립과 개별화의 가치에 따라 사회화된다. 따라서 이러한 논리적 근거에 따르면, 남성들은 타인과의 관계에 의존적이지 않고 결핍의 수준을 넘어서는 수준에서 움직이기 때문에, 여성들보다 자아실현을 위해 더 안정적으로 발전할 가능성이 크다. 대신 그들은 타인의 기대와 요구에 관여하지 않고 주로 그들 자신의 자아실현(개별화)에 관심이 있다. 따라서 여성들은 남성들에 비해 그들의 개인적인 성장과 정신적 발전의 측면에서 보조적인 위치에 놓여진다. 물론 남성적인 성역할을 지향하고 수용하는 서양의 체계라면, 여성들은 남성 중심적인 자아실현 쪽으로 보다 쉽게 이동할 수 있다. 대안적으로, 만약 여성들이 상호의존과 협동, 협력, 배려, 지지와 같은 가치를 조장하는 보다 더 공동체적인 사회의 일원이라면, 남성들에 비해 여성들이 개인적인 성장과 도덕발달의 측면에서 보다 주된 지위에 놓여질 것이다. 만약 남성들이 보다 여성적인 성역할을 지향하고 수용할 수 있다면, 상호의존과 배려, 협력의 틀 내에서 좀 더 건강한 것으로 간주될 것이다.

치료에서 성차에 따른 민감도

이러한 몇몇 전통적 성격이론들에 대한 페미니스트들의 자극적인 초기 비판들이 많은 치료자들로 하여금 그들의 남성 내담자와 여성 내담자를 보고 치료하는 방법들을 변화시켜 왔다. 이러한 비평이 알려지기 전에 치료자들은 여성 역할의 부정적인 면에 초점을 맞추고 내담자들에게 해가 되는 방식으로 치료해 왔기 때문에, 일부 남성과 여성들은 전문가들에 의해 어떠한 면에서 고통을 받아 왔다고도 할 수 있다. 예를 들면 남성 치료자의 5~12%는 여성이 일반적인 문화적 관점에서 열등한 것으로 간주하고 그들을 성적으로 착취하여 왔다. 이러한 침해는 여성들의 자존감에 엄청난 악영향을 미쳐왔다. 또한 일부 치료자들은 선의의 가부장적 태도를 가지면서 그들의 지식을 여성 의뢰인과 공유하는 것을 기피했고, 여성 스스로가 치료에 관한 의사결정에 참여하는 것을 막는 잘못을 저질렀다(Philpot, Brooks, Lusterman, & Nutt, 1997, p. 16).

남성에 관련해서, 이들 중 일부 치료자들은 남성의 관점에 무감각하였다. 강인하고 일반적으로 자기개방을 두려워하는 전통적 남성 역할을 신봉하는 남성들은 그들의 감정을 거의 인식하지 못하고 치료에서도 여성들보다 정서를(감정과 느낌) 적게 표현한다. 수많은 치료는 감정의 노출과 표현이 치료과정에 필수적이라는 의견을 기반으로 하기 때문에, 치료자들은 남성 내담자의 제한된 감정표현이 치료에 부정적 영향을 미치거나 방해가 되기 쉽다고 본다. 일반적으로 이러한 강인한 전통적 남성들은 매우 경쟁적이고 동성애 공포증을 가지기 쉬우며, 이런 태도는 남성치료자와 효율적인 관계를 수립하는 능력을 방해했을 수 있다(Philpot, Brooks, Lusterman, & Nutt, 1997, p. 18).

일부 가족치료자는 치료에서 전통적인 성역할을 조장하는 면과 여성 억압을 경감하기 위한 시도를 하지 않은 면에서 초기 페미니스트에게 비난받아 왔다. 예를 들면 일부 치료자들은 그들 가족 내에서 전통적인 남성과 여성 사이의 권력 불평등을 무시하고 현재 상황을 강화하는 경향을 보였으며, 그렇게 함으로써 쌍방 간의 개인적인 성장을 방해해 왔다(Philpot, Brooks, Lusterman, & Nutt, 1997, p. 26).

긍정적인 면으로, 많은 현대 가족치료자들은 지금까지의 이러한 페미니스트의 비평에 긍정적으로 반응해 왔고, 권력의 불평등을 조장하고 합의를 통제하는 전통적인 성역할에 대항함으로써 진화된 새로운 방식으로 내담자를 치료해 오고 있다. 그러한 관계 속의 내담자들은 평등주의 관점으로 변화하며, 이런 긍정적인 변화는 양쪽 당사자들이 전통적 성역할 지향이 어떻게 그들 관계의 친밀함을 방해하는지를 인식할 때 촉진된다. 이러한 인식과 함께 부부는 성의 권리에 대한 도전을 통해 전통적인 성역할과 고정관념을 넘어서는 발전을 시작하게 된다. 그들은 양쪽 당사자의 능력과 가치에 대한 상호존중을 기반으로 책임과 임무를 공유하는 새로운 역량을 개발하기 시작했고, 이러한 변화는 부부관계에서 더 많은 만족감과 건강함을 낳았다(Knudson-Martin & Mahoney, 2009, pp. 63-78).

인종/민족 차이

미국 내에서 다양한 인종/민족 간의 결혼은 1970년대 초반 이후 3배로 늘어났다(McGoldrick & Giordano, 1996, p. 19). 이러한 집단 간 혼합은 많은 개인의 인종적 배경에 대한 정확한 접근을 어렵게 만들었고, 이런 불분명함은 일부 연구자들이 인종 구분 연구를 포기하게끔 만들었다. 그들은 인종간의 유전적 분리가 국제결혼으로 인해 느슨해지고 있다고 보며, 이에 계속해서 하나의 순수한 인종 집단을 확인할 수 있는 것처럼 행동하는 것은 어리석다고 생각한다. 하지만 대부분의 연구자들은 인종에 기초한 구분이 유지되어야만 한다고 주장한다. 그들은 지형적 구분의 발생이 상이한 생물학적 혈통에 의해 추적할 수 있는 인종의 세분화를 낳아 왔다는 사실은 명백하다고 주장한다. 따라서 그들은 중요한 방법으로 신체적 외형에 기초하여 인종 간 차이에 대해 말할 수 있다고 믿으며, 이와 관련한 문제를 인식하는 동안은 우리의 이론 및 연구와 관련하여 인종과 관련한 용어를 계속 사용할 수 있다고 주장한다. 예를 들면 인종별 피부색과 관련된 부정적인 태도와 믿음의 악영향을 검증하는 것과 그런 편견을 줄이고 제거하는 방법을 추구하는 연구를 수행하는 것은 매우 의미가 깊다(Rowe, Vazsonyi, & Flannery, 1994, pp. 396–397).

민족성은 공유된 문화와 배경을 지칭하며, 이런 공통된 배경은 언어와 종교, 관습 및 국가적, 정치적 동일성을 모두 포함한다. 민족성은 또한 출생이나 혈통에 기초한 모든 차이를 나타내는 데 사용된다. 인종이란 태생에 기인하는 특성들, 즉 혈통과 연결될 수 있기 때문에, 많은 연구자들은 민족성의 중요한 구성요소로 인종을 보고 있으며, 그들의 전문적인 작업에서 인종–민족(racial–ethnicity)이라는 하이픈 부호를 넣은 용어를 사용한다(Bahr, Chadwick, & Stauss, 1979, pp. 4–6). 이에 따라 여기서도 이러한 관례를 채택하고자 한다.

앞서 6장에서 민족 정체성에 대한 주제를 언급했듯이, 인종/민족 간 차이에 대한 연구는 국가별 인구가 점점 다양해짐에 따라 매우 중요해지고 있다. **소수 집단minority groups** 중 세 개의 가장 큰 인종/민족(아프리카계 미국인 또는 흑인, 아시아계 미국인, 그리고 히스패닉계)에 초점을 두고 이야기하겠다. 아프리카계 미국인은 2000년 거의 3,500만 명에서 2008년 대략 3,700만 명으로 인구가 증가하였다. 아시아계 미국인은 2000년 1,000만 명을 초과해서 2008년 1,300만 명으로 증가했다. 히스패닉계는 2000년 인구조사 측정에 따르면 3,500만이 조금 넘었는데 2008년에는 엄청나게 증가하여 4,600만 명이 되었다. 다수민족 구성원으로 2000년에 2억 1,100만 명이 넘는 백인이 있는 것으로 조사되었고, 2008년에는 1억 9,800만 명의 백인이 있는 것으로 조사되었다(World Almanac, 2010, pp. 612–650). 하지만 2050년 즈음에는 간신히 미국의 대표 얼굴이 백인일 것으로 추정되는데, 이러한 변화는 유색 집단의 높은 출생률과 유색 인종들의 이민자 수가 증가함에 따른 결과일 것이다. 심리학자들은 이러한 변화들을 인식하기 시작하였고 우리 사회의 **다문화주의multiculturalism**에 대한 가치상승을 촉진하기 위해 좀 더 포괄적인 심리학 개념을 창출하고 있다. 이러한 인식과 함께 문화적 다양성을 다루는 이론과 연구의 급격한 증가가 이루어지고 있다.

인류 평등주의의 관점에서 다문화주의자들은 소수의 인종/민족 집단은 **다수 집단 majority group**으로부터 불공정한 대접을 받고 있고, 이에 좀 더 공정한 사회로 변화할 필요가 있다고 주장한다. 소수 집단의 구성원들은 여전히 그들의 많은 생활영역들 예를 들면, 교육과 구직, 의료, 주거, 형사사법제도에서 차별받고 있다(Derous, Nguyen, & Ryan, 2009; Roscigno, Karafin, & Tester, 2009, pp. 49–69). 다문화주의에서 강조하는 바는 다수와 소수, 즉 모든 집단 간의 수많은 차이는 당연히 인정되고 축하받아야 하며 거부당하지 않아야 한다는 것이다. 다수나 소수 혹은 어떤 집단을 향한 부정적인 고정관념과 편견, 차별은 다문화주의의 견해를 지닌 개인들에 의해 거부된다. 대신에 다문화주의적인 개인들은 집단 신분에 상관없이 모든 사람들은 존중되어야 하고 평등하게 대우받아야 함을 주장한다. 동등한 대우란 이런 모든 집단들이 사회적 문제를 해결하는 데에 있어서 동일하게 유효한 생각을 가진다는 것을 의미하는 것은 아니다. 만약 소수의 제안이 문제해결에 기여를 한다면, 다수의 의견뿐 아니라 소수의 의견도 인정되고 존중되어야 하며, 경청되고 수용되어야 함을 의미하는 것이다.

치료에서 인종/민족 차이의 민감성

교과서에서 다루고 있는 연구들에 포함된 성격이론가들은 모두 백인이며, 심리치료를 시행하는 치료자들의 내담자도 사실상 모두 백인이다. 따라서 그들의 심리치료 이론들은 지나치게 제한적이며 인종/민족 차이가 내담자에 대한 처치와 치료에 미치는 영향을 일반적으로 간과하고 있다. 현대 임상심리학과 상담심리학은 내담자들의 다양한 문화적 생활경험에 민감한 치료자를 좀 더 포괄적으로 양성하기를 희망하면서 이런 불균형을 바로잡기 시작했다. 많은 전문 치료자들이 그들 내담자의 인종/민족 정체성에 민감한 반면, 일부 둔감한 치료자들은 종종 상당한 피해를 주고 있다(Chang & Berk, 2009, pp. 521–536). 각기 다른 인종/민족 집단으로부터 나온 예들은 치료자의 둔감성과 이것이 소수 집단의 정신건강에 부정적인 영향을 미친 예들을 보여 준다.

예를 들면 미국의 원주민 문화에서 경청은 매우 높은 가치를 가진다. 침묵은 존경의 의미를 내포할 수 있는데, 내담자가 그들의 생각을 정리하거나 말을 할 적절한 시간을 기다린다는 신호일 수 있다. 하지만 긴 시간 동안의 침묵은 일부 비원주민 치료자들에게 매우 불편한 것이 될 수 있으며, 그들이 실제로 대화의 형태로 소통할 때 치료자들은 침묵을 저항(resistance)으로 해석할 수 있다(Sutton & Broken Nose, 1996, p. 37).

아시아인들의 주요 정체성은 공동체주의적(collectivistic)이라는 점이다. 그들은 자신의 문제를 가족과 친구들과 공유할 때 가장 편안함을 느낀다. 그들이 미국에 처음 정착했을 때, 많은 아시아인들은 낯선 가치와 행동, 규준을 접하고 문화적 충격을 받았으며 이러한 결과로 불안과 우울을 경험했다. 개인주의적 성향을 지닌 치료자들은 종종 아시아계 내담자들의 이데올로기를 무시하고, 상담 회기 동안 사회지원망(가족과 친구들)을 포함하려는 시도를 하지 않으며, 그 결과 정신건강을 향한 진전이 방해된다(Yeh & Inose, 2002, pp. 69–82).

미국에서 수 세기 동안 인종차별로 고통 받고 있는 다른 흑인들에 강하게 동일시되는 공동체주의 성향의 아프리카계 미국인들에게 선의의 개인주의 성향의 백인 치료자들은 그들 내담자들을 격려하기 위해 다음과 같은 말들을("만약 더 많은 사람들이 당신과 같다면 당신의 인종은 인정받을 수 있을 것이다", "만약 열심히 일한다면 나는 당신의 성공이 인종차별주의가 사람을 멈출 수 없다는 사실을 보여 준다고 생각한다") 하면서 실수를 저지를 수 있다. 이러한 발언은 단지 비위를 맞추고자 하는 의미로 비쳐질 수 있고, 아울러 모욕처럼 보일 수도 있다(Helms & Cook, 1999, p. 137). 치료자들은 자신들과 다른 배경을 가진 환자들과 더 편안하게 상호작용할 수 있도록 하기 위해, 다른 사람들의 인종적 유산과 경험에 대한 느낌뿐 아니라 자신들 인종에 대한 스스로의 느낌을 열심히 탐구하여야만 한다(Adams, 2000, p. 51).

치료에서 오해는 종종 규범적인 행동과는 거리가 있는 내담자와 치료자의 행동 때문에 야기될 수 있다. 예를 들면 히스패닉계는 백인들보다 훨씬 더 가까운 거리에서 이야기를 나누고 편안함을 느끼는 경향이 있다. 따라서 만약 백인 치료자가 히스패닉계 내담자로부터 뒤로 물러서거나 멀리 떨어지면, 내담자들은 치료자의 행동을 차갑고 무관심하며 소통을 원하지 않는 것으로 해석할 것이며, 반면 치료자들은 내담자들의 접근을 부적절한 친밀함으로 해석할 것이다(Gonzalez, 1995, p. 702).

결국 이러한 오해들은 내담자의 개인적인 성장을 방해할 수 있다. 예를 들면 푸에르토리코 여성들은 눈을 아래로 하고 시선 접촉을 피하라는 가르침을 받아 왔고, 일부 백인 치료자들은 이것을 대인관계와 관련된 무능력으로 해석할 수 있다. 아일랜드계 가족들은 가족 상담 회기 동안 "자만심"을 심어 준다는 우려 때문에 자신들의 아이들에게 애정을 주거나 칭찬을 하지 않는데, 일부 치료자들은 이를 보살핌의 부족이라고 잘못 해석할 수 있다(McGoldrick & Giordano, 1996, pp. 1–27).

종교적 차이

점점 더 많은 성격심리학자들이 성격발달과 기능에서 종교적 요소의 역할에 적극적인 관심을 가지기 시작했다. 융(Jung)의 주장처럼 그들은 심리적으로 건강한 삶이 물질적인 재화의 축적 이상이라고 믿었다. 더욱이 만약 갈등을 해결하고 정신적 건강을 달성하기 위한 사람들의 시도를 이해한 적이 있다면, 신앙심과 영성에 대한 궁극적인 관심과 목적에 대한 질문을 다루는 것은 매우 중요하다고 생각한다.

그러므로 만약 인간 성격에 대한 완벽한 이해에 도달하기를 원한다면, 사람들의 종교에 대해 연구할 필요가 있다고 그들은 주장한다. 이러한 경향성은 그 동안 많은 심리학자들이 규율의 역사를 통해 종교에 대해 가져 왔던 부정적인 태도와는 상반되는 흥미를 불러일으키고 있다(Delaney, Miller, & Bisono, 2007, p. 538; Sedikides, 2010, p. 3).

다수의 심리학자들이 가지는 이러한 반감에는 주요한 두 가지 이유가 있다. 첫째, 종교는 많은 심리학자들에게 비과학적인 것으로 간주된다. 종교에 대한 연구는 경험적인 것을 지향하는 심리학자들에게 있어서는 발견하기 힘든 비과학적인 개념들이 곳곳에 산재해 있다. 예를 들면 신이나 악마, 천사, 천국과 지옥, 영혼, 구원과 같은 개념들이다. 둘째, 신자가 아닌 심리학자들은 종종 신자인 심리학자들이 그들의 이론과 연구 지향에 있어서 편향성을 가진다고 생각한다. 하지만 신자인 심리학자들도 신자가 아닌 심리학자들의 이론과 연구에 대하여 같은 논쟁을 만들 수 있다. 아무튼 신자가 아닌 심리학자들은 신자들의 연구 결과는 주관적이고 믿을 수 없다고 주장한다(Wulff, 1991, p. 33).

융(Jung)과 에릭슨(Erikson), 올포트(Allport), 매슬로우(Maslow), 롤로 메이(Rollo May)와 같은 이론가들은 종교 연구에 대한 이런 부정적인 태도를 강하게 부인했다. 대신 그들은 성격발달에서 종교의 역할은 과학적이고 객관적으로 연구될 수 있으며, 우리의 정신건강 이론에서 종교를 배제하는 것은 근시안적인 태도임을 설득력 있게 주장하고 있다. 오늘날 과학적 성격 연구에서 상당한 부분은 종교적 문제를 포함하고 있는 것처럼, 사실상 이러한 성격의 거대 이론가들의 주장은 정당하다(예: Kay, Gaucher, McGregor, & Nash, 2010; Spilka, Hood, Hunsberger, & Gorsuch, 2003). 또한 이런 성격이론가들은 종교가 개인 성장의 원천이 될 수도 있고 동시에 성장을 방해하는 장애물도 될 수 있다는 사실에 모두 동의한다. 그들은 건설적인 면에서 종교란 사람들에게 스트레스와 위기에 대해 성공적으로 대처할 수 있도록 도와주는 원칙과 가치, 신념을 제공한다고 믿는다. 이처럼 종교는 스트레스와 불확실성에 대한 위안의 원천이 될 수 있다. 또한 개인에게 자존감과 가치감을 제공할 수 있으며, 윤리적 인식과 책임감, 타인에 대한 배려를 촉진시킬 수 있고, 인생에 목표와 의미를 부여할 수 있다. 매일매일 이 나라의(그리고 다른 많은 나라에서) 크고 작은 지역사회 안에서는 보살핌이 필요한 불운한 사람들의 요구를 충족시킬 수 있는 식료품 저장실과 노숙인 보호소가 수많은 종교단체와 연계되어 타인을 돌보는 행위들을 보라. 또한 2011년 일본과 2010년 아이티에서 발생한 대규모 지진의 희생자들을 위한 각종 의약품과 음식 및 의복을 제공하는 셀 수 없이 많은 국제 지역사회 내 종교단체의 많은 회원들을 생각해 보라.

부정적인 면에서 보면, 많은 거대 성격이론가들은 종교가 편견과 차별 그리고 외부인에 대한 폭력을 강화한다고 주장한다. 종교 교리에 대한 문자 그대로의 믿음은 오히려 선택과 개인의 자유를 제한하고, 강력한 힘에 지나치게 의존하는 신봉자를 만들 수 있다. 이러한 가능성은 그들 행동에 대한 개인적인 책임의 인정을 제한할 수 있고, 맹목적으로 권위자를 따를 수 있게 한다(Kay et al., 2010, p. 37; Wulff, 1991, p. 620). 무분별한 열정과 열광의 주요 결과 중 하나는 비신봉자들의 대량 학살이다. 역사를 통해 보면 종교는 수백만 명의 죽음을 낳은 갈등의 주요 요소 중 하나였다(예를 들어 십자군 전쟁과 프랑스 종교전쟁, 이슬람 정복). 이러한 현상은 너무나 고통스럽고 비극적이며, 이런 잔인한 행위는 오늘날 전 세계적으로 일부 아시아와 중동의 많은 국가, 아프리카 및 미국에서 발생하고 있다. 그 예로 아프리카 수단의 130만 명이 넘는 기독교인이 1989년 이후 국가 이슬람전선과 연관된 이슬람교도에 의해 살해되었다; 나이지리아에서는 추정컨대 약 1만 명의 이슬람교도와 기독교인이 종교전쟁으로 살해되었다; 보스니아 전쟁 동안 수천 수만의 이슬람교도는 정통 기독교인 세르비아인에 의해 살해되었다; 수천 명의 이슬람교도와 힌두교 신자들은 인도의 폭동 중에 사망하였다; 이라크에서 기독교인들은 이슬람 과격분자들에게 박해받고 살해되었다; 대부분의 이라크와 파키스탄 자살 폭탄 테러리스트들은 종교 지도부를 따른다; 유대인과 팔레스타인은 종교적 신념의 큰 차이로 인해 중동 지역에서 서로를 계속 학살해 오고 있다; 또한 2001년 9월 11일 뉴욕의 세계무역센터에서 이슬람교도의 알카에다 조직원에 의한 테러리스트 공격으로 수천 명의 무고한 시민들이 희생되었다(예: Jost, 1997, pp. 1011–1018; Silberman, 2005, pp. 529–530; Stone, 2008, pp. 1–118; van der Veer, 1994, p. 7).

종교가 긍정적이거나 부정적인 면을 가지고 있든 아니든, 인간 성격과 행동에 영향을 미치고 연구할 가치가 있다는 점은 의심할 여지가 없다. 이처럼 다수의 거대 성격이론가들은 이런 복잡한 영역에서 연구를 수행하는 성격심리학자들에게 영감의 주요 원천이 되고 있다. 또한 현재 우리에게 직면한 많은 현대의 생태와 사회, 정치, 종교적 위기를 고려할 때, 아마도 이러한 연구 관심의 부활은 전혀 놀랄 만한 일이 아니다.

일부 연구 문헌에서 일치하지 않는 결과가 있기는 하지만, 이 영역의 연구들은 종교적 믿음이 정신건강의 일부 측면과 관계가 있다고 제시한다. **성숙한 종교 의식**mature religious orientation은 매우 긍정적인 무드와 느낌, 높은 자기효능감과 자존감, 삶에 대한 큰 만족 및 장수와 관련이 깊다(Harris, Thoresen, McCullough, & Larson, 1999, p. 427; Saroglou, 2002, pp. 20–21). 성숙한 종교적 관점은 또한 낮은 수준의 알코올 중독과 우울, 범죄행위 및 자살과 연관되어 있다. 아울러 성숙한 신앙심은 뇌졸중과 심장마비의 가능성을 낮출 뿐 아니라 환자의 고혈압을 감소시키는 데 도움을 주어 신체적 건강을 도모한다(Gartner, 1996, pp. 189–190). 이런 결과에 대한 가능한 설명 중 하나는 종교적 가르침이 신의 사원처럼 우리들 신체에 대한 존중을 강조한다는 것이다. 이러한 가르침은 신자가 질병을 발견하자마자 즉시 의사를 찾도록 하고 그렇게 함으로써 즉각적이고 적절한 치료를 받도록 하는 데에 도움을 준다. 또한 종교적 약속은 위험한 성적행동이나 음주, 흡연, 과식, 건강에 안 좋은 영향을 미칠 수 있는 행동들을 사전에 막을 수 있다. 또한 성숙한 종교 의식은 특히 종교 단체 내에서 다양한 친목활동을 강화하며, 이런 친목활동들은 스트레스와 심각한 질병에 성공적으로 대처해야만 하는 환자들에게 의미 깊은 사회적 지지를 제공할 수 있다(Koenig, 1997, pp. 53-90).

끝으로, **미성숙한 종교 의식**immature religious orientaton을 가진 사람들은 심리적으로 덜 건강한 경향이 있는데, 비교적 좀 더 권위주의적이고 신경증적이며 융통성이 없고 편견을 가진다는 일부 증거가 실증적 문헌에 제시되어 있다(Gartner, 1996, pp. 198-199; Saroglou, 2002, p. 21). 예를 들면 종교적 신념에 대한 완고한 집착은 다른 가족 구성원들의 요구를 거절하거나 최소화하고, 가족계획이나 이혼 및 재혼에 대한 공개적인 논의를 방해하는 등 가부장적인 성별 편견에 집착하도록 만들 수 있다.

치료에서 종교적 차이의 민감성

많은 치료자들이 그들 자신의 생활에서 종교가 비교적 덜 중요하다고 인식하고 있는 점을 고려할 때, 그들이 신앙심 깊은 내담자들의 요구를 충족시키는 데 통상 실패한다는 사실은 그리 놀라운 것이 아니다(Delaney et al., 2007, pp. 538-546). 내담자들의 종교적 요구에 대한 그들의 무지와 무감각함은 쉽게 오해와 충돌, 저항을 낳을 수 있고, 이는 치료를 향한 진전을 방해한다. 일례를 들면, 상담 중인 신앙심 깊은 가족 구성원은 그들의 아들이 교회에 나가지 않았기 때문에 어려움을 경험하게 되었다고 하였다. 치료자는 그 가족 내에서 종교가 중요한 역할을 한다는 사실을 알아차린 후 그들에게 제동을 걸었다. 가족의 종교적 믿음과 그것이 가족 구성원들의 정신건강에 어떤 영향을 미치는지에 대해 탐구하는 대신, 치료자는 즉각적으로 문을 닫고 "우리는 (사람의 경험에 대한) 종교적이거나 영적인 측면을 다루지 않습니다. 우리는 정신건강센터이고 우리가 지향하는 바는 심리학적이고 정신의학적인 것이지 영적이거나 종교적인 것이 아닙니다." 라고 말했으며, 결국 그 가족은 치료를 포기하고 다시 돌아오지 않았다(Boyd-Franklin, 1989, p. 88).

긍정적인 면에서 보면, 내담자의 종교적 배경에 익숙한 치료자들은 그들의 믿음을 개인의 성장을 촉진하는 방법으로 치료과정에 포함시킬 수 있다. 한 사례 연구에서 상담가는 오랜 기간 울면서 외롭게 지내다가 상담을 찾은 한 중년 여성의 사례를 발표하였다. 그녀는 사회적 접촉을 극도로 두려워하고 어떤 종류의 가벼운 사회적 비평에도 큰 충격을 받았으며, 심지어 사람을 만나고 관계를 정립하는 가벼운 모험도 거부하였다. 그녀는 항상 스트레스 상황으로부터 물러남으로써 고통을 피하는 것이 더 낫다고 생각하였다. 치료자는 그녀에게 만약 당신이 예수라면 당신처럼 생각하고 행동했겠냐고 질문했고, 그녀는 아니라고 대답했으며 예수는 그의 삶에서 부당함과 직면하는 수많은 위험을 안고 인류를 구하기 위해 자신의 삶을 포기했다고 말했다. 예수는 진정 위대한 위험 감수자이고, 그녀는 예수를 사랑하기 때문에 고통과 공포에 맞서는 예수의 행동을 모방하기로 결심했다. 치료가 끝나기도 전에 그녀는 새로운 연인 관계를 만들 수 있었다. 그녀는 관계의 초기에 위험 요소를 발견했지만, "예수의 뜻에 따라 거부 가능성의 고통을 감수할 것이다"는 생각으로 위험을 무릅쓰고 행동했다(Propst, 1996, pp. 402-403).

성, 인종/민족, 그리고 종교의 차이 연구에 대한 결론

결론적으로, 성격심리학과 다른 심리학적 전문영역에서 많은 연구자들이 그들의 이론과 연구에 성과 인종, 종교의 차이를 고려할 필요가 있다는 사실은 명백하다.

예를 들면 임상심리사나 상담사를 훈련시키는 전통적인 대학원 프로그램들에는 상당한 변화가 일어나고 있다. 이러한 문화적 다양성에 대한 훈련은 치료자와 내담자가 종종 매우 다른 가치와 목표를 지녔다 할지라도, 이런 전문지원자들을 내담자의 문화적 배경에 친숙하게 하고 이러한 다양한 배경에 마음을 열도록 하며, 내담자들을 공감하고 존중하도록 만들기 위해 설계되었다(Negy, 2004, p. 18). 만약 그들이 주요 전문기관의 인증을 받으려고 한다면, 이러한 프로그램의 지도자들은 현재 그들의 훈련 프로그램에서 다문화 이슈에 더 많은 주의를 기울이도록 요구된다(American Psychological Association, 2005, pp. 10-26). 현 시점에서는 적은 수의 임상심리학 연구가 소수 내담자치료에 초점을 두고 있지만, 다가오는 미래에는 점점 더 다양한 내담자들의 욕구를 충족시키는 데에 초점을 두는 임상현장을 기대할 수 있다(Iwamasa, 2002, pp. 931-944). 또한 임상심리학 외에도 심리학 내 많은 다른 전문영역의(예를 들어, 사회심리학, 발달심리학) 연구자들이 인간의 다양한 문화와 하위문화에 대한 연구에 노력을 계속할 것이라 기대한다.

영역 3: 성격의 이해를 증진시키기 위한 5개 거대 특질의 사용

올포트(Allport, 1937)의 특질론(theory of traits)은 인간 성격을 적절하게 묘사하는 데 필요한 특성의 수에 대해 중요한 질문을 제기했다. 성격을 묘사하는 특질들은 위계적으로 정리되는데, 순위상 더 높은 개념이 낮은 개념보다 더 넓고 추상적이다. 상위 개념의 광범위한 특질이나 요인에 대한 지식은 각각의 광범위한 요인과 연관된 하위 특성들의 협소한 세트를 정의하며 조직화하고 이해하도록 돕는다. 이러한 분류법(구조적 체계)은 직관적이고 비체계적인 기초에 근거하여 단순하게 길게 나열한 특성 목록들 때문에 파생하는 혼돈을 줄이는 데 도움을 준다. 또한 이는 다른 이름을 가진 동일한 개념을 측정해서 나오는 결과에 따른 불필요한 중복을 줄여 준다(McCrae & John, 1992, p. 177). 더욱이, 일반적으로 승인된 이러한 분류법은 특질 용어들의 표준 세트를 제공함으로써 협력적인 연구를 촉진하고 연구자들 사이에 경험적인 결과에 대한 소통을 원활하게 한다(John, 1990, p. 66). 결국 포괄적 분류법은 성격심리학자들이 자신들 연구의 일부 문제에서 중요한 특성에 대한 고려를 의도치 않게 누락하지 않도록 해준다(McCrae & Costa, 1990, p. 32).

초기 선구적 연구에서 이러한 분류법의 구성을 위한 시작점으로 올포트와 오드버트(Allport & Odbert, 1936)는 성격 묘사에 자연어를 사용하였다. 그들은 인간 교류에서 가장 중요한 개인차를 단일 특질 용어로 부호화할 수 있을 것이라는 합리적 가설을 만들었고, 대사전에서 성격과 관련된 모든 용어를 추출하기 시작하였으며, 최종 목록은 대략 4,500개의 성격 특질을 묘사하는 거의 18,000개의 단어로 합계되었다.

이후 카텔(Cattell, 1943)은 그의 선구적인 연구에서 이 목록을 활용하여 조울증 군과 관련된 특성을 밝혀냄으로 결국 35개의 변수로 감소시켰다. 카텔의 혁신적 연구에 자극받은 다른 연구자들은 다양한 집단에서 이러한 특질 묘사를 간소화하는 연구를 시행하고, 최종적으로 비교적 강력한 5개의 요인을 얻어낼 수 있었다(Borgatta, 1964; Digman & Takemoto-Chock, 1981; Goldberg, 1981, 1990; Norman, 1963, 1967; Tupes & Christal, 1961). 예를 들면 골드버그(Goldberg, 1990)는 339개의 형용사 특성목록을 가지고 대학생들에게 9점 척도를 사용하여 각각 특성들이 자신을 얼마나 잘 묘사하는지를 체크하도록 하였다. 여기서 1점은 "자신에 대한 묘사로 매우 부정확하다"를 의미하며, 5점은 "잘 모르겠다" 또는 "용어의 의미가 불명확하다"를 의미하며, 9점은 "자신에 대한 묘사로 매우 정확하다"를 의미한다. 그 다음 자료를 요인 분석하였고, 5요인을 추출하였다.

대표적인 성격특성의 일부인 **5대 요인**Big Five factors이 **표 18.1**에 제시되어 있다. 그렇다면 이러한 5요인—쾌활성(Surgency)과 친화성(Agreeableness), 성실성(Conscientiousness), 정서적 안정성(Emotional Stability), 지성(Intellect)—은 성격특성

표 18.1 5대 요인 및 관련 특질

요인 1: 쾌활성(Surgency)

양극 요인/군집	포함되는 특질어
사교성(Gregariousness)	외향적인, 사교적인, 붙임성 있는
표현성(Expressiveness)	말을 잘하는, 표현이 풍부한, 구두의
자발성(Spontaneity)	근심걱정 없는, 태평스러운, 자발적인
에너지 수준(Energy level)	적극적인, 정력적인, 활발한
수다스러움(Talkativeness)	수다스러운, 다변의, 말이 많은
음극 요인/군집	
고립(Aloofness)	은둔적인, 비사교적인, 움추린
침묵(Silence)	조용한, 침묵하는, 말이 없는
서먹함(Reserve)	초연한, 서먹해하는, 비밀스런
수줍음(Shyness)	부끄러워하는, 수줍어하는, 소심한
억제(Inhibition)	억제된, 삼가는

요인 2: 친화성(Agreeableness)

양극 요인	
협동(Cooperation)	잘 협조하는, 선뜻 동의하는, 협력하는, 기꺼이 돕는, 참을성 있는, 평화적인, 합리적인
상냥함(Amiability)	상냥한, 충심의, 친절한, 온화한, 유쾌한
공감(Empathy)	사려 깊은, 친절한, 공감하는, 신뢰하는, 이해력이 있는
관용(Leniency)	관대한, 무비판적인, 요구적이지 않은
예절바름(Courtesy)	공손한, 외교적 수완이 있는, 예의바른, 정중한, 재치 있는
음극 요인	
호전성(Belligerence)	적대적인, 논쟁적인, 호전적인, 다투기 좋아하는
과다비판성(Overcriticalness)	흠잡는, 가혹한, 용서하지 않는, 매정한
우두머리 행세(Bossiness)	우두머리 행세를 하는, 요구적인, 권력을 휘두르는, 조종하는
무례함(Rudeness)	학대적인, 경시하는, 무례한, 뻔뻔스러운, 예의 없는, 경멸하는
잔인함(Cruelty)	잔인한, 무자비한, 앙심을 품은

의 포괄적인 분류법을 대표하는가? 하지만 불행히도 그렇지 않다. 기본적인 비판은 중복된다는 것이다. 첫째, 근본적인 광범위한 요인들을 찾아내기 위해 설계된 다양한 연구들에서의 요인 분석은 성격특성의 포괄적인 목록을 기반으로 하지 않고 있다. 골드버그(Goldberg)는 자신의 분석에 사용된 목록이 이전에 사용된 것보다 훨씬 더 포괄적

표 18.1 5대 요인 및 관련 특질 (계속)

요인 3: 성실성(Conscientiousness)

양극 요인	
체제화(Organization)	정돈된, 조직적인, 체계적인
효율성(Efficiency)	간결한, 엄정한, 효율적인, 까다로운, 자기 훈련이 된
신뢰성(Dependability)	의지할 만한, 믿을 만한, 책임지는
정밀함(Precision)	꼼꼼한, 완벽주의자, 정확한
지속성(Persistence)	근면한, 지속적인, 집요한, 철저한
음극 요인	
무질서함(Disorganization)	무질서한, 되는 대로의, 비효율적인, 산만한, 엉성한, 비체계적인
태만(Negligence)	부주의한, 태만한, 의지할 수 없는, 비양심적인, 믿을 수 없는
비일관성(Inconsistency)	불규칙적인, 일관성 없는, 예측할 수 없는
망각성(Forgetfulness)	잘 잊는, 딴 데 정신이 팔린
무모함(Recklessness)	무모한, 경솔한, 분별없는

요인 4: 정서적 안정성(Emotional Stability)

양극 요인	
침착함(Placidity)	침착한, 쉽게 흥분하지 않는, 비감정적인
독립심(Independence)	자율적인, 독립적인, 개인주의적인
음극 요인	
불안정(Insecurity)	방어적인, 초조한, 불안정한, 부정적인, 자기비판적인, 자기연민적인
공포(Fear)	불안해하는, 두려워하는, 과민한
불안정(Instability)	신경질적인, 성마른, 불안정한
정서적임(Emotionality)	감정적인, 흥분을 잘 하는
질투(Envy)	부러워하는, 질투심이 많은

이더라도 여전히 완전하지 않다는 점을 인정했다(Goldberg, 1990, pp. 1217–1223). 둘째, 연구자들은 각 요인들의 명칭에 동의하지 않았다(Briggs, 1989, p. 248; John, 1989, p. 262; John & Srivastava, 1999, pp, 113–114). 예를 들면 일부 연구자들은 요인 1을 Surgency(쾌활성)보다는 Extraversion(외향성)으로 불렀다. **표 18.1**에 있는 요인 1과 관련된 특성의 의미를 정밀히 살펴보면, 이런 특성 중 일부는(외향적인, 사교적인) Extraversion(외향성)과 관련이 깊은 반면에, 다른 일부 특성은(활동적인, 정력적인, 활

표 18.1 5대 요인 및 관련 특질 (계속)

요인 5: 지성(Intellect)

양극 요인	
지성(Intellectuality)	사색하는, 지성적인, 자기 성찰적인, 명상적인, 철학적인
심오함(Depth)	복잡한, 심오한
통찰력(Insight)	선경지명이 있는, 통찰력 있는, 지각력 있는
지능(Intelligence)	똑똑한, 지적인, 영리한
창의성(Creativity)	예술적인, 창조적인, 상상력이 풍부한, 혁신적인, 발명적인
음극 요인	
얕음(Shallowness)	얕은, 지성적이지 못한, 자기 성찰이 없는
상상력 부족(Unimaginativeness)	창의적이지 못한, 상상력이 부족한
몰지각함(Imperceptiveness)	몰지각한, 부주의한
어리석음(Stupidity)	둔한, 무지한, 비 지적인

출처: Adapted from Goldberg, L.R., "An alternative 'description of personality': The Big Five factor structure," *Journal of Personality al1d Social Psychology*, *59*, pp. 1224–1225. Copyright © 1990 by the American Psychological Association. Used with permission from the American Psychological Association.

발한) Surgency(쾌활성)와 더 관련이 깊음을 분명하게 보여 준다. 요인 2 친화성은 타인에 대한 상냥함(다정한, 상냥한, 친절한)과 타인에게 쉽게 동의하는(잘 협조하는, 협력하는) 경향 모두를 언급하기 때문에 그 개념이 여러 뜻으로 해석된다. 요인 3 성실성은 신뢰할 수 있음, 순응, 신중, 일에 대한 흥미, 성취의지처럼 다양하게 번역되어 왔다. 요인 4 정서적 안정성(부정적 신경증에 반하는)은 거의 일반적으로 수용된다. 마지막으로 요인 5 지성은 문화와 경험에 대한 개방으로 분류되어 왔는데(John, J990, p. 95), 경험에의 개방은 새로운 사상과 접근, 경험에 대한 개인의 수용을 언급한다. 하지만 경험에 폐쇄적인 사람이 반드시 방어적인 것은 아니고, 편협하고 비판적이라고 해서 반드시 속이 좁은 것은 아니다. 오히려 그들은 친숙하고 실용적이며 구체적인 것을 선호하는 것으로 특징지어지며, 경험을 위한 경험 그 자체에 관심이 부족하다고 할 수 있다(McCrae & Costa, 1990, pp. 41–42).

각 요인에 대한 번역상의 차이 이외에도 5요인의 측정에 다른 문제가 있는데, 원래의 측정은 솔직히 너무 장황하다(**표 18.1**의 예를 보라). 너무 긴 척도는 매우 지루하고 지치게 하며, 연구 참여자들로 하여금 포기하게 하거나 끝내기 위한 뻔한 반응으로 빨리 분류하도록 한다(John & Srivastava, 1999, p. 114). 이에 연구자들은 보다 간략한 측정방법을 개발하기 위해 열심히 노력해 왔다. 현재 골드버그(Goldberg, 1992)와 존, 도나휴, 켄틀(John, Donahue, & Kentle, 1991) 그리고 코스타, 맥크래(Costa & McCrae, 1992)에 의해 만들어진 짧지만 신뢰할 만하고 타당한 5요인 측정도구가 있다.

이런 문제들에 더하여, 일부 연구자들은 그들이 요약한 5요인 이외 다른 기본적인 성격차원을 언급하였다. 예를 들면 포노넨과 잭슨(Paunonen & Jackson, 2000, pp. 828–830)은 소시얼과 골드버그(Saucier & Goldberg, 1998)에 의해 수집된 사람을 묘사하는 영어 형용사 어휘 자료를 재분석하였다. 소시얼과 골드버그는 단지 그들의 자료 분석에 기초하여 일반적인 상위 5요인 특성을 정의한 반면, 포노넨과 잭슨은 추가적인 10개 요인을 정의하였다. 이 10개의 요인은 (1) 신앙심, (2) 조작성, (3) 정직함, (4) 성적특성, (5) 검약함, (6) 전통성, (7) 남성성/여성성, (8) 자만심, (9) 익살, (10) 위험감수이다.

5요인 모델의 옹호자들은 인간 성격 묘사에 다섯 개 요인 이상이 있을 것이라는 점을 인정하고 있지만, 그들은 5요인의 일부 버전이 성격에 대한 적절한 묘사를 위해 필수적이라고 주장한다(McCrae & John, 1992, p. 177). 5요인의 의미를 명확하게 하고, 5요인이 인간 성격을 적절하게 묘사하도록 돕는 데에 필요한지 아닌지를 결정하는 연구는 현재 이미 시작되었다. 그 동안 여러 제한점에도 불구하고, 현재 5요인 모델은 성격연구의 중요한 돌파구임이 확실하다. 연구자들은 현재 외향성(Extraversion), 친화성(Agreeableness), 성실성(Conscientiousness), 신경증 성향(Neuroticism), 경험에 대한 개방성(Openness to Experience)으로 불리는 성격의 다섯 가지 기본 차원을 활용한 흥미로운 연구를 위해 계속 나아가고 있다.

5대 요인에 대한 연구

우리 모두가 알고 있듯이 텔레비전은 우리의 교육적인 발전에 큰 역할을 한다. 텔레비전이 아이들의 교육과 사회화에 유용한 도구가 될 수 있지만, 대부분의 연구에서는 텔레비전의 부정적인 영향을 보여 주고 있다. 예를 들어 텔레비전에서 보이는 폭력은 아이의 차후 공격적인 행동과 관련된다(Paik & Comstock, 1994). 또한 아이들의 과도한 텔레비전 시청은 5요인에서 말하는 다양한 요인과 관련되어 있는데, 성격과 행동에 부정적인 영향을 미친다고 주장한다(Persegani et al., 2002, pp. 977–990). 이들 연구자들은 이탈리아의 초등학생 연령대의 아이들 중, 텔레비전을 매일 두 시간 이상씩 과도하게 시청한 아이들은 하루에 텔레비전을 한 시간 이하로 시청한 아이들에 비해 신경증 성향이 높았고 친화성, 성실성, 경험에 대한 개방성 성향은 낮았다는 연구 결과를 보여준다(거의 TV를 시청하지 않은 아이들과 하루에 2시간 이상씩 TV를 시청한 아이들의 외향성 점수는 차이가 없었다).

이러한 결과는 경험에 대한 개방성에서 낮은 점수를 받은 TV를 오래 시청한 집단의 아이들이 창의력이 낮고, 반대로 성실성 요인에서 낮은 점수를 받은 집단의 아이들은 읽기 능력의 저하 가능성이 있음을 시사한다. 이러한 결과는 아이들이 교육체계의 변화를 거쳐 오면서 개인과 학습의 발전에 좋은 성과를 보이지 않음을 의미한다.

반면에 몇몇 연구들은 신경증 성향에서의 낮은 점수와, 친화성, 경험에 대한 개방성, 성실성에서 높은 점수를 받은 아이들은 그들 개인과 학습에서 잘 발달할 수 있다고 제안한다. 예를 들면 성실성의 광범위한 특성은 고등학교와 대학교, 대학원 수준의 다양한 학업과정에서 적극적이고 지속적인 훌륭한 수행과 관련 있다는 것을 보여 주는 많은 연구가 있다. 이러한 학생들의 부모는 과도하게 구속하지는 않지만 그들의 요구를 확고히 하는 권위 있는 양육을 하는 경향이 있다. 이러한 부모들은 합리성과 따뜻함을 가지고 다루는 법을 잘 결합시킨다(12장 용어 해설 참조). 그들은 아이들이 열심히 일하고 그들의 행동에 책임감을 가지도록 격려한다(Heaven & Ciarrochi, 2008, p. 452). 결과적으로 성실한 학생들은 성실성에서 낮은 점수를 받은 학생들에 비해 그들의 목표를 이루기 위해 조심성과 철두철미함, 책임감, 성취 지향, 성실함, 인내심 그리고 스스로 동기부여 하는 것을 더 많이 배우게 된다. 이러한 책임감 있는 학생들은 우선순위를 정하고 시험 전에 파티 대신에 공부를 하는 것과 같은 만족 지연이 가능하며, 학급의 규준과 규칙을 지키고 시험에 대한 계획과 준비를 할 수 있다. 즉, 충분히 예상할 수 있듯이 그들은 학교에 더 잘 적응하고, 학업과정과 평균평점(GPAs)에서 덜 성실한 학생들보다 높은 성적을 받는다(Nguyen, Allen, & Fraccastoro, 2005, pp. 105-116; Noftle & Robins, 2007, pp. 116-130).

대조적으로 성실성에서 낮은 점수를 받은 남자 청소년들은 학교에서 주요 적응문제를 보이며 학교 성적도 낮다. 특히 남자 아이들은 방화나 차 절도, 난폭운전, 마약판매, 패싸움, 무단침입과 같은 몇몇 종류의 반사회적인 행동을 저지른다는 것을 보여 준다(Hong & Paunonen, 2009, pp. 675-696; John, Caspi, Robins, Moffitt, & Stouthamer-Loeber, 1994, pp. 160-178). 성실성 차원에서의 낮은 점수는 그들이 자신에 대해 낮은 기준을 설정하며, 어떤 것을 하기 위해 동기화되어 있지 않고, 신용이 없으며, 어떠한 행동을 하기 전에 그 결과를 생각하지 못함을 의미한다. 그들은 비행 행동을 저지르지 않은 청소년보다 성실성에서뿐만 아니라, 친화성과 경험에 대한 개방성에서도 낮은 점수를 보였다. 낮은 친화성 점수는 비행 청소년들이 더 다루기가 힘들고 권위적이며, 이기적이고, 적대적이고, 타인을 배려하지 않는 느낌을 주며, 타인을 조종하는 행동을 함을 의미한다. 낮은 경험에 대한 개방성 점수는 비행 청소년들이 호기심과 창의력, 상상력이 없으며, 지적이지 않음을 의미한다.

최근 연구에서는 5요인 이론에서 친화성 차원이 아마도 학교에서의 적응을 예측하는 가장 중요한 특성일 것이라고 제안한다. 낮은 친화성 점수를 보이는 학생들은 또래를 향해 더 자주 화를 내고, 싸움과 절도, 공공기물 파손과 같은 반사회적인 행동을 더 자주 보이는 경향이 있다. 그들은 또한 알코올 과다복용이나 마리화나 흡연, 환각제 사용과 같은 물질남용과 무분별한 성관계와 피임도구를 사용하지 않는 위험한 성행동을 보인다(Miller, Lynam, & Jones, 2008, p. 160). 대조적으로 친화성이 높은 학생들은 그들의 부정적인 감정을 잘 통제하여 성격발달이 잘 이루어진다. 그들은 화난 감정과 분노를 억누르기 위해 노력하고, 그들의 목표를 한쪽으로 미루어 사적인 관심을 유예시키는 의지를 보이며, 과제를 협력하여 해낸다. 친화적인 사람들은 타인을 좋아하고, 그들이 좋아하는 것을 솔직하게 표현하는 경향이 있으며, 결과적으로 모두가 그들을 좋아하게 된다. 그들의 쾌활함은 사람들을 끌어들이며, 친구들로부터의 집단 따돌림과 공격 대상에서도 제외된다. 아무리 못된 사람일지라도 자기를 좋아하는 사람들을 공격하기는 힘든 일이다. 친화적인 학생들은 다른 학생들보다 학교에 더 잘 적응할 뿐만 아니라, 더 높은 성적을 받는다(Jensen-Campbell et al., 2002, pp. 224-251).

이전의 연구들이 청소년의 학교상황에서의 적응과 행동에 관한 5요인 모델의 응용에 집중되었던 것과는 달리, 버스(D. M. Buss, 1992)는 기혼자들이 논쟁을 벌일 때 원하는 것을 얻기 위해 각자 사용하는 다양한 전략들과 초특질(super traits)이 어떻게 관련되는지를 보여 주려 했다. 버스는 매우 활동적이고 힘이 넘치며, 수다스럽고 장황한 높은 외향성을 가진 남성은 그들이 원하는 것을 얻기 위해 아내에게 자신을 따를 것을 요구하고 비난하며 고함을 지른다는 것을 발견했다. 아내들은 이러한 방식을 사용하지 않는다. 남편과 아내 두 사람 모두 수줍어하며 소심한 낮은 외향성을 가진 사람들은 그들이 원하는 것을 얻기 위해 본인 스스로를 낮추는 방법을 사용하는 경향이 있다. 구체적으로 이런 배우자들은 자신이 배우자만큼 유능하거나 지적이지 않다고 말함으로써 그들 스스로를 낮추거나 평가절하한다고 보고했다.

버스(D. M. Buss)는 두 명의 배우자 모두 협조적이며, 잘 도와주고 친절하고 공손하며 사려 깊은 높은 친화성을 가진 사람이거나 창의적이고 상상력 있으며, 지적인 경험에 대한 개방성이 높은 사람이라면 기분 좋게 논리적으로 설명하는 두 가지 방법을 사용한다고 보고하였다. 다시 말해서 이러한 배우자들은 만약 그들이 논쟁이 되는 행동에 참여 한다면 재미있을 것이라고 배우자를 설득시키곤 한다. 예를 들어 남편이 오토바이를 타기 위해 그의 아내를 설득시킬 때, 그녀에게 실제로 타보면 매우 재미있을 것이라고 이야기할 것이다. 아마도 아내는 남편에게 댄스 강의를 듣는 것에 대해 설득시킬 때 그가 그것을 해본다면 얼마나 즐거울 것인가에 대해 말해 줄 것이다. 자기통제적이며 믿을 수 있고 책임감이 있는 친화성과 경험에의 개방성과 성실성이 높은 배우자는 또한 그들의 배우자가 무엇인가를 하도록 하기 위해 논리성을 사용할 것이다. 그들은 아마도 배우자에게 왜 이것을 해야 하는지와 이것으로부터 얻게 될 장점들에 대해서도 설명을 할 것이다. 적대적이고 논쟁적이며 잔소리하고 지배하려 하며 무례한 친화성이 낮은 배우자들은 강압적인 방법을 사용하며, 그것에 대해 동의할 때까지 무시하여 침묵으로 대처하는 경향이 있다.

버스(D. M. Buss)는 걱정이 많고 불안해하며 화를 잘 내고 불안정한 신경증 수준이 높은 배우자들은 퇴행과 강경한 태도의 방식을 사용하는 것을 발견하였다. 샐쭉하며 부루퉁하고 투덜대는 것과 같은 퇴행방식들은 주로 아내들이 사용한다. 배우자를 때리거나 자신을 따르지 않을 경우에 떠나겠다고 협박하는 강경한 태도는 주로 남편들이 사용한다.

마지막으로 몇 가지 흥미로운 연구들은 사람들의 성격특성이 그들의 물리적인 환경을 보여 준다고 제안한다. 그렇다면 관찰자들은 5요인 특질을 참고한 특정한 개인의 성격을 추론하기 위해 환경적인 정보를 이용할 수 있을 것이다. 이러한 연구에서 관찰자들은 학생들의 기숙사 방을 조사하고, 그들의 성격적인 인상을 형성하기 위해 단서를 사용했다. 예를 들면 만약 관찰자가 학생의 방을 관찰하여 그가 스노우보드와 스키패스를 가지고 있고 행글라이딩과 패러글라이딩을 하는 남성의 포스터를 가지고 있는 것을 발견한다면, 이를 통해 아마도 방 주인이 높은 감각 추구(sensation-seeking) 경향이 있을 것이라고 결론내릴 것이다. 이와는 다르게 만약 관찰자가 학생의 방에 루치아노 파바로티(Luciano Pavarotti)의 벽보와 마크 샤갈(Marc Chagall)과 피카소(Picasso)의 그림, 그리고 소극장에서 오페라의 유령(Phantom of the Opera)을 관람한 표를 가지고 있다면 아마도 학생이 예술적 감상 수준이 높다고 결론내릴 수 있을 것이다.

고슬링, 쿠, 매너레리(Gosling, Ko, & Mannarelli, 2002, pp. 379-398)의 연구에 의하면 관찰자들은 학생들의 기숙사 방을 조사하고 그 내용들을 평가해서, 어떤 사람의 성격의 정확한 인상을 형성할 수 있음을 설득력 있게 보여 주었다. 몇몇 학생의 방이 더 깨끗하고 말끔하고 청결하며 정리되어 있고 흐트러지지 않은 것을 발견한 관찰자들은 그들의 성실성이 더 높다고 결론지었다; 그리고 실제로 그 판단은 5요인 특질의 측정 점수에 기초를 둔 거주자들의 자기 성격평가와 일치했다. 즉, 성실성의 평가 등급이 높을

수록 거주자의 신중함 점수도 더 높았다. 게다가 갖가지 종류의 책과 CD들이 다양하게 있거나 없는 방을 평가하였는데 방이 더 특이하고 다양할수록 거주자들이 경험에의 개방성이 높을 것이라고 결론지었고 실제로도 그랬다. 또한 더 쾌활하고 편안하고, 색이 다채롭다고 평가된 방의 학생은 친화성이 더 높을 것으로 판단되었고 실제 그랬다. 마지막으로 그들은 외향성 수준이 높은 학생은 관찰자들이 시끄럽다고(그들 개인의 방이 아님) 등급을 매긴 집에 살고 있고, 신경증 성향이 높은 사람들은 방의 조명이 더 어둡다고 평가된 점을 제외하고는, 외향성과 신경증 성향이 높거나 낮은 학생의 방과 관련된 특징을 구분할 수 없었다.

결론적으로 이 분야에서 5요인 특질의 분류가 성격 기능에 대한 이해를 증가시키는 연구 조사를 통합하고 이끄는 것은 명확하다. 그렇지만 5요인 모델은 주로 기술적이며 일반적인 예측목적을 위해 유용하다. 그렇기 때문에 설명을 위한 이론적 틀을 묶는 끈이 필요하다. 이 방면에서 좋은 출발을 할 수 있었던 점은 아이젠크(Eysenck)의 강력한 설명력을 가지는 생물학적 성격이론에서 사용했던 세 가지 차원들 중 두 가지인 외향성과 내향성이 5요인 모델에도 내재되어 있다는 점이다. 5요인 모델의 예측 유용성을 살펴보면, 5요인은 다양한 행동들을 낮은 정확도로 예측할 수 있어서 그 유용성에 한계가 있다. 평가되는 특질이 매우 광범위하면서 (5요인처럼) 평가되는 행동이 매우 세부적이면 예측 정확도는 낮아진다. 예를 들어 성실성의 광범위한 특질은 성취매진(Achievement Striving)과 책임감(Dutifulness), 질서정연함(Order)과 같은 더 한정된 특질로 구성되어 있다. 성취매진은 자신의 목표를 위해 열심히 일하는 것을 포함하며; 책임감은 스스로의 도덕적 원칙을 충실히 지키는 것을 의미하고; 질서정연함은 그들의 물건을 제자리에 보관하는 것을 포함한다. 질서정연함에 대한 욕구는 청결하고 조직화되어 있는 학생의 방과 강한 상관을 보이는 반면, 성실성이란 일반화된 특질은 방의 청결함과 조직화와 보통 정도의 상관만을 보인다. 즉, 성실성이라는 광범위한 특질을 사용하면 그것을 구성하는 세 가지 구체적 특질 중, 단지 한 가지(질서정연함)만이 청결함과 조직화를 예측하게 된다. 그래서 광범위하고 혼합적인(세 가지 특질을 함께) 측정은 질서정연함이라는 특정한 특질 하나만 사용할 때보다 예측 정확성을 떨어뜨리게 된다.

또한 광범위한 성격 특질의 사용은 전형적으로 행동표현에 있어서 문화적 환경적 맥락의 영향을 무시함을 의미한다(McAdams, 1992, pp. 342-343). 따라서 많은 서양 문화권에서는 5요인과 비슷한 요인들이 발견되는 연구가 있는 반면, 중국을 포함하는 동양 문화권에서는 언어기반의 분석들이 5요인을 명확하게 나타내지 않는다(John & Srivastava, 1999, p. 106-109). 만약 연구자들이 그들의 비교문화 연구에서 동일한 5요인이 모든 문화에서 발견된다는 단순한 추측 대신 언어의 고유한 기여도를 고려한다면 아마도 예측의 정확도가 증가될 수 있을 것이다. 또한 연구자들이 성격특질의 표현이 주어진 상황이 요구하는 바에 따라 어떻게 수정되는지에 더 초점을 둔다면 성격의 기능을 더 잘 이해할 수 있을 것이다. 예를 들어 공격성의 광범위한 특질이 높은 사람은 아마 모든 상황에서 공격적으로 행동하지는 않을 것이고, 오히려 상황에 따라 공격적인 표현이 약간 달라질 수 있을 것이다. 한 예로 고등학교 점심시간에 식당에서 다른 학생과 자리다툼을 할 때는 아마 공격적인 행동을 할 것이지만, 주말 교회예배에 참석했을 때나 크리스마스 휴일 동안 가족들과의 저녁식사 장면에서는 그렇지 않을 것이다(Thorne, 1989, p. 149; Wright & Mischel, 1987, p. 1175).

영역 4: 성격에서 강점과 미덕 촉진에 대한 긍정심리학의 역할

약 10년 전쯤 셀리그만과 칙센트미하이(Seligman & Csikszentmihalyi, 2000, pp. 5–14)는 모든 인류에 도움을 주기 위해 만들어진 "긍정심리학(positive psychology)"을 심리학자가 도입하도록 권장했다. 그들은 심리학이 긍정적인 감정과 개인적 특질, 모든 사람의 삶의 질을 개선하기 위한 긍정적인 제도에 대한 과학이 되어야 한다고 주장했다. 이것이 아마도 사람의 강점과 미덕을 추구하는 과학이 될 것이다. 예를 들어 인간의 강점은 용기와 겸손, 고마움, 충성심, 이타심, 동정심, 희망, 사회적 책임, 공손함, 용서, 자제력 등을 포함한다. 셀리그만과 칙센트미하이는 더 나아가 심리학이 이해하기 쉽고 재미있지만 경험에 기반을 둔 좋은 삶에 대한 전망을 분명히 하는 개인의 삶에서 중요한 역할을 할 수 있다고 진술했다. 그것은 어떤 행동이 더 행복하고 더 건강하게 살 수 있도록 이끌어 주며 더 도덕적이고 창의적인 인간으로 만들고, 사회를 변화하게 만드는지를 보여 준다. 이들 연구자들에 따르면 심리학자들은 연구를 통해 어떤 유형의 가족에서 아이들이 잘 자라는지, 노동자의 만족감을 극대화시키기 위한 업무 환경은 무엇인지, 어떤 정책이 가장 좋은 지역사회를 만드는지 그리고 사람들이 어떻게 더 충성스럽고 용감하고 관대하고 이타적으로 더 가치 있는 삶을 살 수 있는지에 대해 연구를 통해 보여 줄 수 있어야 한다고 주장한다.

셀리그만과 칙센트미하이는 이러한 발전이 오래전에 행해졌어야 한다는 그들의 본래 의견을 유지한다. 그들은 심리학이 오랫동안 인간의 약점과 결함, 병리, 결점을 이해하는 데 사로잡혀 있었다고 강하게 믿었다. 억압된 불쾌한 기억과 해결되지 않은 오이디푸스 콤플렉스, 외상적 성경험을 이해하는 치료에 대한 프로이트의 관점에 대해서 생각해 보라. 또한 치료가 효과적임을 입증하기 위해 치료단계를 통해 이전에 신경증과 정신병의 병리적 특성을 밝히는 데 초점을 둔 카텔(Cattell)의 치료법을 떠올려 보라. 셀리그만과 칙센트미하이는 병리에 너무 일방적으로 몰두되어 있다고 주장했다. 그들은 임상치료가 망가진 것을 고치는 것만은 아니라고 믿었다. 이는 우울하거나 폭력적인 사람들의 약점을 바로잡기 위해 상담하는 것만은 아니다. 이러한 치료는 아마 매우 유용할 것임에도 불구하고, 그들은 격려 받은 사람들이 도덕적이고, 행복하고, 즐겁고, 긍정적이고 창의적으로 될 수 있을 것이라는 것에 충분히 관심을 두지 못했다. 셀리그만과 칙센트미하이에 의하면 우선 우정과 보살핌, 공감을 양성하는 사회적 환경과 기관들이 어떻게 병리적 이상을 예방하기 위해 발전할 수 있는가를 보여 주는 심리학자들의 연구가 더 필요하다고 주장하였다.

그러나 로저스(Rogers)와 매슬로우(Maslow), 메이(May)와 같은 인본주의 심리학자들은 셀리그만과 칙센트미하이와 동일한 논쟁을 하지 않았었는가? 당연히 그들은 그랬다. 예를 들면 매슬로우는 인본주의 심리학이 병리학에 주요한 초점을 둔 프로이트의 관점을 보충하고 더하는 것을 시도했다고 주장했다. 매슬로우(Maslow)의 인본주의 관점은 반복 가능하고 누적되며 객관적인 방법으로 사람들의 심리적 건강과 창의성을 경험적으로 연구하며, 모두에게 삶을 통제하고 개선시켜서 더 나은 사람이 되기 위한 큰 가능성을 주도록 도울 필요가 있음을 강조했다(Maslow, 1968, p. 5).

셀리그만과 칙센트미하이는 긍정심리학 관점에 인본주의 심리학이 유의미한 기여를 했다는 것을 옹호하고 인정했다. 그러나 그들은 인본주의 심리학 운동의 매슬로우와 로저스 이후의 지도자들이 종종 반복검증이 불가능하고, 누적되지 않고, 객관적이지 않으며, 경험적이지 않은 연구를 너무 강조했기 때문에 인본주의 심리학 운동은 학계의 심리학자들에게 심리학의 주류로 받아들여진 적이 없다고 주장했다.

몇몇 인본주의 심리학자들은 인본주의 심리학(humanistic psychology)이 강하고 반복 가능하며, 누적적이고, 경험적인 것에 기초를 두고 있다고 주장하면서 셀리그만과 칙센트미하이가 주장한 내용에 대해 강하게 공격했다. 그들은 *Journal of Humanistic Psychology*에 다양한 주제로 100편이 넘는 다양한 연구논문을 편찬했고 그 밖에 질 높은 인본주의 치료들이 임상심리학 저널에서 이미 편찬되었으며, 계속해서 연구가 이어지고 있음을 언급했다(Bohart & Greening, 2001, pp. 81–82).

비록 셀리그만과 칙센트미하이의 어투는 아마도 어쩌면 잘못 선택된 것이었지만, 그 후의 주장은 더 많은 것을 이야기해 준다. 그들은 인본주의 심리학이 심리학계의 주요 학문 분야가 된 적이 없었고, 이 사실은 인본주의 운동이 인간의 성격과 행동을 가장 잘 이해할 수 있도록 발전하는 것을 어렵게 만든다고 주장했다. 심리학의 주류에 있는 교수와 학생들의 연구는 연구비나 상, 동료의 지지와 취업으로 보상받는다. 이러한 보상은 가치 있는 일상 현상을 확인하고 그 발생을 가능케 하는 사회 및 문화적 조건을 밝히도록 연구하며, 그 학문 분야를 확장하고 키우는 연구자들을 증가시킨다. 그들은 주요 학문 분야의 심리학자들에 의한 연구 결과가 모든 사람의 삶의 질을 개선시키는 새로운 지식을 더 많이 만들어 낼 것이라고 주장한다. 그래서 셀리그만과 칙센트미하이는 심리학의 주요 학문 분야에서 새로운 분야인 "긍정심리학(positive psychology)"을 안내하는 움직임이 필요하고, 성장을 독려하기 위한 연구비와 상, 지지, 취업 등의 기반이 갖춰질 필요가 있다고 주장했다. 그들의 관점에서 긍정심리학은 인본주의 심리학을 대신하는 것이라기보다 이에 대한 보충과 확장인 것이다(Seligman, 2002, pp. 266–267).

5년 전부터 셀리그만과 칙센트미하이는 긍정심리학의 실행을 위한 그들의 독창성을 주장하였고 규율을 만들고 번창하기 시작했다(Seligman, Steen, Park, & Peterson, 2005, pp. 410–421). 여기에 그 증거가 있는데 비록 긍정심리학이 비교적 새로운 분야이지만 졸업 후 심리학 분야의 직업장면에서 특히 긍정심리 분야에 매력을 느끼는 몇몇 학생들이 있고, 연구비를 제안 받고 있으며, 이 분야의 과학적 회의가 개최되고 있고, 점점 더 많은 주요 학문 분야의 연구자들이 이를 토대로 한 연구를 하고 있다. 긍정심리학 연구자들은 인간의 강점에 대한 아주 흥미로운 연구들을 해 왔으며, 앞으로 더 많은 연구가 이루어질 것이다. 이제 두 가지 장점인 용서와 자기조절에 대한 몇 가지 이론과 연구들을 살펴보자.

용서의 강점

긍정심리학자들은 용서가 일반적으로 사람들의 행동과 수행에 긍정적인 영향을 미친다고 믿고 있다. 용서는 화남이나 적대감, 원한뿐만 아니라 범죄자에 대한 복수심까지도 버리는 것을 의미하는 인간의 강점이다. 용서란 피해자가 반드시 가해자와 화해하거나 가해자가 한 행동을 잊거나 너그럽게 받아들여야 함을 의미하지는 않는다(Luskin, 2002, pp. 68–76). 오히려 피해자의 용서는 자신들의 삶을 통제하도록 선택하는 것이며, 고통스러운 과거를 곱씹는 것을 멈추는 것이고, 심신의 건강을 위해 대체적이고 건설적인 방식으로 행동을 시작하는 것이다. 의심할 여지없이 피해를 준 누군가를 용서하는 일은 매우 어려우며, 대부분의 사람들에게 용서는 길고 어려운 과정이다; 또한 불행하게도 몇몇 사람들은 심각한 정신적 외상 경험 때문에 절대 완전하게 회복될 수는 없다. 하지만 비록 용서가 이상적인 수준에 도달하지 않았다고 해서 이러한 개인들을 무능하거나 실패자로 보아서는 안 된다. 대신 많은 연구자들은 그들이 마음의 상처를 극복하기 위해 노력한 부분은 충분히 인정받을 만한 가치가 있다고 생각한다. 용서를 더 많이 경험한 사람들의 심신에 더 많은 이익이 있다는 새로운 연구 증거들 때문에, 연구자들은 그들에게 피해를 입힌 누군가를 용서하기 위해 최선의 노력을 하는 것이 중요하다고 주장한다(Bono, McCullough, & Root, 2008, pp. 182–195).

예를 들어 더 많이 용서한 환자들은 용서를 덜 한 환자들에 비해 신체질환의 증상이 더 적고, 더 적은 양의 약을 사용하며, 더 깊이 잠자고, 덜 피곤하고, 사망할 확률도 적다(cf. Recine, A., Werner, & Recine, L., 2009, pp. 115–123). 또한 타인을 더 많이 용서하는 경향이 있다고 보고한 대학생들은 복수에 대해 덜 반추하고 적대심이 적으며 자존감과 공감이나 희망은 증가하며, 삶의 만족도가 높은 것으로 나타났다(Berry, Worthington, O'Connor, Pattott, & Wade, 2005, p. 183; Brown & Phillips, 2005, pp. 627–638; Kachadourian, Fincham, & Davila, 2004, p. 373). 마지막으로, 하라(Harrar, 2002, pp. 38–39)는 사람들에게 그들이 여전히 용서하지 못하고 있는 죄인에 대한 나쁜 경험을 기억해 낼 것을 요구했다. 그들이 분노 경험에 대해 되새기면서, 아직도 그 죄인에 대해 느끼는 원한을 실험자에게 말하면서 상당한 분노를 표출했다. 이러한 사람들은 비슷한 경험을 떠올렸지만 범죄자를 이미 용서한 다른 참여자들보다 심박동 수와 혈압이 2.5배나 높았다.

용서를 하지 않는 것은 또한 개인의 정신건강에 부정적 결과를 미칠 것이다. 예를 들면 많은 대학생들은 그들의 애인에게 잘못을 저지른다. 그 잘못은 애인에 대한 부정(不貞)이나 데이트 성폭행, 폭력, 언어폭력, 일방적으로 관계를 깨뜨리는 것을 포함한다. 결과적으로 학대받은 사람들은 가해자에 대해 분노와 적개심을 느끼며, 이러한 분노감은 희생자가 그러한 관계에서 벗어나고 통제감을 높이는 데 도움을 주는 것처럼 즉각적인 적응적 결과를 갖지만, 오랜 시간 부정적인 감정과 정서에 머무는 것은 결국 희생자의 정신건강에 파괴적인 피해를 입힌다. 라이와 페가먼트(Rye & Pargment, 2002, pp. 419–441)는 애인과 헤어진 대학생들을 용서 중재 조건과 중재가 없는 통제 조건에 각각 할당했다. 용서 조건의 참여자들은 집단 토론 리더가 전 애인에 대한 그들의 화나 적개심을 공유함으로써 용기를 얻었고, 자신들의 삶으로부터 그러한 느낌을 어떻게 막을 수 있을 것인지에 대해서 토론했다. 예를 들어 몇몇 학생들은 절대 다른 이성을 다시는 신뢰할 수 없을 것이며 새로운 관계를 시작할 수 없을 것이라고 비관적 반응을 보였다. 그들은 또한 범죄자를 포함한 모든 사람들의 결함을 더 잘 이해하기 위해, 살아오면서 자신이 타인에게 상처를 주었던 사건에 대해 토론하도록 요청받았다. 참여자들은 또한 한 시간 동안의 회기들을 통해 다른 집단 구성원에게 지지를 받았고, 궁극적으로 그들의 고통과 비통함을 버릴 수 있도록 격려되었다. 용서가 없는 조건의 참여자들은 토론에 참여하지 않았다. 용서조건의 학생들은 화나 적개심, 분개에서 유의미한 감소를 보였으며 범죄자에 대한 그들의 용서가 증가했고 토론과정의 결과로 미래에 대해 희망적이었던 반면에, 용서가 없는 조건의 참여자들은 화나 적개심이 남아 있었고 우울하며 미래에 대해 비관적으로 생각하는 결과를 보였다.

마지막으로 용서는 심리적, 신체적 안녕(well-being)을 가능하게 하는 경향이 있지만, 연구자들은 용서가 늘 보편적으로 긍정적인 것만은 아니라는 사실을 알아냈다. 예를 들면 기꺼이 배우자를 용서하는 사람들은 폭력적인 관계에 더 머물러 있을 가능성이 많다고 지적하였는데, 이 결과는 상당히 충격적이다(McCullough, 2000, p. 51). 최근 맥널티(McNulty, 2011, pp. 770-783)의 연구에서 배우자의 반복적인 죄(예를 들면 언어, 신체적 폭력)를 용서하는 사람들은 자신들의 위험한 행동의 결과를 알지 못하기 때문에 이를 자연스럽게 받아들여 배우자가 재차 죄를 저지르는 관계에 놓여 있게 된다. 그러므로 치료자는 폭력을 당하는 내담자에게 용서란 피해자가 폭력적인 관계를 반드시 반복적으로 용서해야 함을 의미하지 않는다는 것을 강하게 강조해야 한다. 앞서 말한 바와 같이 용서는 사람들이 자신의 삶을 통제하도록 하고 침착하고 행복한 기분을 증가시키도록 만드는 선택이다. 그러므로 용서란 폭력이 지속적으로 발생하는 상황에서 더 건강하게 살기 위해 피해자가 다른 길을 찾고 폭력의 관계를 끊는 것의 결과일 것이다. 일반적으로 용서는 개인의 고통과 비통함을 감소시키고, 사회응집력을 높여 개인과 사회에 긍정적인 결과를 미친다.

자기통제의 강점

또 다른 인간의 강점은 자기통제이다. 그것은 다른 영역의 심리학자뿐만 아니라 긍정심리학을 포괄하는 성격심리학자에 의해 더 많이 연구되고 있다. 이 분야의 많은 전문가들은 반두라(Bandura, 1977; 1986)의 연구에 영감을 받는다. 자기통제는 그들의 인지적 처리나 느낌, 더 건강한 기능을 성취하는 행동을 변화시키는 인간의 능력을 나타낸다. 그것은 외부자극과 자동적이고 충동적이며 본능적인 처리에 의한 추동으로부터 개인을 자유롭게 한다.

연구자들에 의하면 자기통제에서 개인차의 기원은 어린 시절로 거슬러 올라간다. 구체적으로 부모와 양육자들은 아이들이 그들의 정서와 행동을 조절하는 방법을 배우는지 아닌지에 큰 책임을 가진다. 다음과 같이 세 가지의 양육방식이 밝혀져 있다: 권위 있는(authoritative), 허용적인(permissive), 권위주의적인(authoritarian)(Baumrind, 1991, pp. 746-758). 아이들의 행동에 적당한 통제를 유지하며 따뜻하고 지지적으로 그들에게 한계를 정하여 양육하고, 처벌보다는 긍정적 강화를 사용하는 부모들은 권위 있는 양육방식을 사용하는 것으로 분류되었다. 극도로 통제하고 지나치게 제한적이며 처벌적이고 감정이나 지지를 보여 주지 않는 부모들은 권위주의적인 것으로 분류되었다. 마지막으로 허용적인 양육방식의 부모들은 거의 자녀들에게 요구를 하지 않고, 제한도 두지 않으며 조언을 별로 하지 않는다. 권위주의적이거나 허용적인 부모의 자녀들은 자기통제가 결여되어 있고, 그들 자신의 충동을 통제하는 방법을 배우지 못한다. 그들은 더 많은 반사회적인 행동과 열등한 학업 태도를 보인다. 이와는 너무 대조적으로 권위 있는 부모의 자녀들은 욕구 만족을 지연시키는 것을 배우며 문제 해결 기술과 학업 수행, 또래 관계의 유지를 잘하며, 반사회적 행동을 덜 보인다(Chipman, Olsen, Klein, Hart, & Robinson, 2000, pp. 5-11). 이에 이 분야 연구자들은 부모가 자녀양육에 있어서 자기통제의 터득을 최우선 과제로 삼아야 한다고 주장한다.

청소년과 청년을 대상으로 한 자기통제(self-control) 연구가 있다. 이런 연구들은 자기통제 기술을 가짐으로써 얻는 많은 이득과 이러한 기술의 부재로 인한 부정적인 결과들을 제시한다. 예를 들어 자기통제 수준이 높은 대학생은 음주문제를 거의 보이지 않고, 특히 여성의 경우 섭식과 배설(binging and purging) 문제를 거의 보이지 않는다. 최근 연구를 보면 영화 속 주인공의 흡연과 음주장면을 본 뒤 자기통제 수준이 높은 청소년이 낮은 청소년에 비해 흡연과 음주행동이 적었다고 보고했다. 또한 자기통제가 높은 사람들은 대인관계가 좋고, 다른 사람에게 충동적으로 무례하고 부적절하게 말하는 것을 삼가는 편이다(DeBono, Shmueli, & Muraven, 2011, pp. 136-146). 또한 분노 폭발을 참을 수 있으며 심지어 다른 사람에게 불쾌한 일을 당했을 때도 공격적인 행동을 지양한다. 그들은 자기통제 수준이 낮은 사람과 비교하여 타인을 용서함으로써 대인관계에서의 모욕도 넘겨버리는 능력을 가진다. 그들의 학업 수행을 볼 때, 자기통제가 높은 학생들은 정시까지 숙제나 과제를 마치고 공부시간을 더 효율적으로 사용할 수 있기 때문에 성적을 더 잘 받았고, 학업과제 때문에 여가시간을 방해받는 것을 방지할 수 있었다(Tangney, Baumeister, & Boone, 2004, pp. 271-322).

또한 자기통제의 결핍(lack of self-control)은 대학생뿐만 아니라 대부분의 인구에서 알코올 중독이나 약물 중독, 신체적 폭력, 기타 폭력적 행동과 같은 다양한 문제를 일으킨다. 자기통제가 부족한 청소년과 성인들은 충동적으로 행동하고 좌절했을 때 타인을 많이 비난한다(Stucke & Baumeister, 2006, pp. 1-13). 많은 스트레스를 경험하는 십대 및 성인들은 담배나 주류 및 약물에 중독될 수 있다. 훈련이 부족한 사람들은 지루함을 덜거나 일시적인 행복감을 느끼기 위해 먹는다. 이러한 훈련받지 않은 많은 사람들은 거의 쇼핑몰에서 사는 것과 다름없이 충동적으로 단지 그것을 가져야 한다는 생각에, 자신에게 필요하지 않고 여유가 안 되더라도 어떠한 물건을 구입한다. 이러한 행동은 일시적으로 사람들의 기분이 풀리게 하지만, 돈을 다 쓰고 나면 흥미를 잃고 신용불량자가 되거나 절도를 하게 만든다(Holtfreter, Reisig, Piquero, N., & Piquero, A., 2010, pp. 188–203).

이러한 연구들을 보면 자기통제 실패(self-control failure)의 이유를 세 가지로 설명하고 있다(Baumeister et a1., 1994, pp. 3–34). 첫째, 그들이 추구하는 목표나 기준이 불명확한 사람들이 통제 실패를 경험할 가능성이 높다. 한 예로 만약 비만인 사람들이 "20파운드 감량"이라는 구체적인 목표를 이루려고 하기보다 "적당히 빼보자"라는 모호한 목표를 추구한다면 성공할 가능성이 낮아진다. 둘째, 상충되는 목표와 기준을 추구할 때 그 결과는 막연해지고 혼란스러운 반응이나 행동의 적절한 방향에 대한 끊임없는 반추, 자기관리의 실패로 이어지기 쉽다. 예를 들면 "파티광(loves partying)"이지만 "좋은 성적"을 바라는 학생은 친구들로부터 파티 초청을 받은 시험 전날 밤에 갈등을 경험하게 될 것이고, 그는 밤을 지새면서 공부해야 높은 점수를 얻을 수 있다는 것을 알고 있다. 이러한 자기통제의 실패는 학생이 오직 최우선시 되는 명확한 하나의 목표만을 가지고 있고 그것이 "우수한 학생"이 되는 것일 때보다는 앞에 제시한 상황에서 나타날 것이다.

통제 결여의 두 번째 이유는 자신의 행동에 대한 지속적인 감찰(monitor)의 실패이다. 성공을 위한 자기통제의 노력으로 사람들은 명확한 목표와 기준을 정해야 하고, 그들이 얼마나 잘 하고 있는지를 보기 위해 기준에 비추어 자신을 자주 평가해야 한다. 예를 들면 "운동을 좀 해보기"로 결심한 학생들은, 아마도 "매일 45분씩 조깅하기"로 결정하고 45분까지 정확하게 운동한 시간을 재는 학생만큼 조깅으로 건강에 좋은 영향을 얻지는 못할 것이다. 더 좋은 방법은 그들의 수행 횟수를 기록지에 기록하는 것인데, 그러면 일주일 중 달린 일수와 하루당 운동에 소비한 시간을 명확하게 알 수 있다. 이처럼 일반적으로 스스로 하는 일에 대해 끊임없이 주시하면 자신에게 큰 도움이 된다. 이러한 감찰행동이 늘면 때때로 섭식이나 음주, 소비, 공부, 운동과 같은 여러 영역에서의 자기통제의 향상으로 이어진다. 이와 반대로 감찰이 줄어들면 자기통제 저하를 초래한다. 예를 들어 사람들은 폭주를 할 때 자기 행동 감시를 멈추는 경향이 있으며, 술에 취한 사람들은 자신의 소비와 운동, 흡연, 지출, 그리고 음주행동 자체에서도 지속적인 추적이 힘들어진다(Baumeister & Mick, 2002, pp. 670–676).

통제 결여의 세 번째 이유는 강함의 실패(strength failure)이다. 중요한 의미에서 자기조절(self-regulation) 또는 자기통제는 충동적인 반응을 저지하고 막기 위한 자기조절 기제의 힘과 충동의 힘 간의 다툼이다. 그러므로 자기통제를 시작하고 유지하는 데에는 노력이 필요한데, 근육과 마찬가지로 이러한 노력은 피로를 초래한다. 기말고사나 이별을 준비하거나 쌓여가는 청구서를 지불하거나 차 또는 아파트를 바꾸는 것 같은 스트레스의 경험은 모두 자기통제를 위해 사람들이 가진 에너지양을 고갈시킨다. 따라서 자기규제를 위한 사람들의 능력은 다른 제한된 자원처럼 관리되어야 한다. 예를 들어 가장 큰 압력이 없을 때 여러 차례에 걸쳐 자기통제를 훈련하는 것이 좋다. 또한 시험기간과 같은 학기중보다는 학교와 직접적으로 관련된 모든 압력이 사라진 여름방학 동안 금연하는 것이 더 쉬울 것이다.

결론적으로 높은 자기통제는 인간행동의 다양성 및 유연성에 크게 기여하고, 사회에서 개인의 성공적이고 건강한 기능을 위한 강한 잠재성을 가진다(Muraven, Baumeister, & Tice, 1999, pp. 446–457).

영역 5: 인터넷 사용 분석을 통한 성격 차이의 이해 증진

인터넷 사용자 수는 폭발적으로 증가했는데, 현재 전 세계적으로 약 11억 명이 현재 이 매체를 자주 이용하고 있다(Internet World Stats, 2007). 미국에서는 성인의 75%가 온라인을 이용하고 있고 훨씬 더 많은 청소년들(93%)이 인터넷을 사용한다(Correa, Hinsley, & Gil de Zuniga, 2010, pp. 247–253). 따라서 대부분의 미국인들이 이 놀라운 기술을 사용하고 있고, 또한 적절하고 알맞게 인터넷을 사용하고 있다. 그들은 인터넷을 셀 수 없이 많은 주제의 방대한 양의 정보를 이용하는 학습도구로 사용하고 있으며, 또한 소셜 네트워크(social networking)의 목적으로도 사용하고 있다(페이스북, 마이스페이스, 트위터). 최근 우리는 남아프리카의 부패한 권력자에 맞서 시위를 동원하고 조직하는 소셜 네트워크 사이트의 엄청난 힘을 보았다. 그리고 그것은 튀니지와 이집트, 리비아 정권을 와해시키는 데 앞장섰다. 이러한 정치적인 관점이 아니더라도 소셜 네트워크 사이트들은 지역, 국가, 국제적으로 친구를 만들고, 사람들과 소통하며 친구나 가상의 친구와 채팅하고 다른 사람과 정서적 지지를 주고받거나, 게임을 하고, 건강에 대한 정보를 찾는 등 수없이 많은 이유로 사용되고 있다. 더 나아가, 연구에 따르면 젊은이를 겨냥하는 이러한 일부 네트워크 사이트는 채팅방에서의 토론을 통해 그들의 사고능력을 분명히 하고 향상시키도록 돕는 지도자적인 역할을 하며, 다른 인종과 민족에 대한 편견도 줄인다고 밝혔다.

하지만 인터넷은 이에 반하는 어두운 면도 가지고 있다. 해커들은 사람들의 페이스북(Facebook)과 트위터(Twitter) 계정에서 정보를 빼내어 사생활을 침해하거나 그것을 이용해서 명의를 도용할 수도 있고 실제 그렇게 하고 있다. 그 결과 피해자의 신용카드와 현금카드 사용이 부적절하게 남용되어 왔다.

덧붙여 많은 학생(또는 일반인)들이 과도하고 부적절하게 인터넷을 사용하고 있다. 연구자들은 이러한 현상을 **인터넷 중독**Internet addiction이라고 명명하고 있으며, 인터넷 중독자들은 아프거나 수면패턴이 무너졌을 때 신경질적이 되고, 온라인상의 일에 대한 강박사고로 고통 받는 상황에서 운동이나 의료적 조치와 같은 건강 지향적인 활동을 거의 하지 않는다고 말한다. 이 결과 그들은 비만이 되고 우울해지며, 학업이나 직무 생산성이 떨어지고, 그들의 가족생활과 대인관계, 연인관계도 해칠 수 있게 된다(Armstrong, Phillips, & Saling, 2000, pp. 537-550; Cheng & Peng, 2008, pp. 467-469; Kim et al., 2010, pp. 215-220).

잠재적인 파괴적 행동 또한 온라인에서 빠르게 강화될 수 있다. 대부분의 웹사이트들(web sites)이 심리적으로 해로운 행동들(추후 논의될 예정)이 침습하는 것을 강력히 반대함에도 불구하고, 이러한 행동을 격려하는 몇몇 웹사이트들도 있다. 예를 들면 잠재적으로 해로운 사이트들은 급진적인 정치사상을 가진 사람들로 하여금 폭탄을 제조하도록 조장한다("우리는 다섯 가지 쉬운 단계로 폭탄 만드는 방법을 알려드립니다"). 다른 어떤 사이트들은 자살하려는 사람에게 그들의 목표를 성취할 수 있는 방법에 대해 알려 준다("여기 자살할 수 있는 재미있고 흥미로운 방법이 있습니다"). 자신의 신체상에 대해 끊임없이 걱정하는 여성들은 어떤 웹사이트에 의해 그들의 극단적이고 강박적인 다이어트가 자발적이고 건강한 행위라고 믿도록 부추겨진다("**거식증**anorexia은 병이 아니라 당신이 선택할 수 있는 생활방식입니다"). 도박벽이 있는 사람들은 그들의 행동이 재미있고 해롭지 않다고 믿도록 부추겨진다("온라인 카지노 클럽에 참여해서 많은 돈을 벌고 재미있는 시간을 보내세요"). 이런 사이트들은 폭음을 원하는 사람들에게 과음이 해롭지 않은 즐거움이라고 말한다("방 안이 빙빙 돌기 시작하고 다리가 거꾸로 있는 것처럼 보일 때까지 맥주와 위스키를 마시는 것은 무척 신나는 일입니다. 다음날 아침이 되면 전날 밤에 한 과격한 행동들에 대해 친구와 이야기하는 것도 즐거운 일이 되겠지요"). 마지막으로 어떤 사이트들은 **자해**self-cutting 욕구를 가진 사람들이 칼이나 날카로운 물건으로 자신을 상처 내도록 조장한다("난 자해하는 게 좋아: 내 고통을 사라지게 하거든" "나는 친구에게 내 상처를 자랑하는 것도 좋아").

성격심리 연구자들은 인터넷 사용과 관련하여 성격 차이의 역할에 대해 연구하기 시작했다. 이러한 연구는 다수의 통합이론가들의 선구적인 연구에 크게 의존하고 있다. 이런 관점에서 서로 다른 성격특성을 지닌 사람들이 인터넷을 어떻게 사용하고 그것이 사람들에게 어떤 영향을 미치는지에 대해 알아보자.

내면자(Internals) 대 외면자(Externals)

로터(Rotter)의 관점에서 보면 내면자들은 사건들이 자기통제 하에 있다고 믿는 개인들인 반면, 외면자들은 사건이 운이나 운명, 신 또는 강력한 힘을 가진 타인들의 통제를 받는다고 믿는다. 인터넷 중독에 관한 척과 령(Chak & Leung, 2004, pp. 559-570)의 연구에 따르면 내면자들은 외면자들보다 인터넷에 덜 중독된다. 내면자들은 스스로 인터넷 사용을 통제할 수 있다고 믿고 자기의지로 사용을 중단한다. 그 결과 피로와 과민, 우울처럼 인터넷 중독과 관련된 금단증상이 없다. 그들은 동료들과 관계를 유지하고 학업과 직무를 잘 수행해 나간다. 반면에 외면자들은 자신이 인터넷 사용을 통제할 수 없다고 믿기 때문에 종종 의도한 것보다 더 오래 온라인에 접속한다. 따라서 접속을 끊을 때마다 그들은 피로와 과민, 우울을 경험하고, 그 결과 그들의 실제 동료와의 관계나 학업 또는 직무 수행이 위태롭게 된다.

외면자들은 내면자들보다 인터넷 사용에 있어서 더 강박적이기 때문에 근무 시간처럼 부적절한 상황에서도 인터넷에 접속할 것으로 예상된다. 블랑샤르와 헨레(Blanchard & Henle, 2008, pp. 1067-1084)의 주장에 따르면, 외면자는 직장을 포함한 어떤 상황에서 자신이 하는 일과 자신에게 일어나는 일들을 스스로 통제할 수 없고 우연히 일어나는 것이라고 믿기 때문에 인터넷 사용에 대한 충동적이고 분별없는 경향성을 보일 뿐만 아니라 직장 내에서 부적절한 행동에 빠질 수 있다고 말한다. 만약 그들이 직장에서 인터넷 사용 때문에 태만해진 것이 상사에게 포착된다면 그들은 단순히 운이 없었기 때문이라 주장할 것이고, 이런 모습을 지적받지 않으면 단순히 운이 좋았다고 여길 것이다. 반대로 내면적인 사람은 자신의 행동을 통제할 수 있으며 행동에 대한 책임을 지고 그 결과를 감수해야 한다고 믿는다. 그러므로 연구자들은 외면자가 내면자에 비해 직장에서 **사이버 빈둥거림**cyber loafing에 더 열중함으로써 무책임하게 행동할 것으로 예측한다. 직장에 있는 동안 사적인 이메일을 주고받거나 회사 전화로 개인적인 통화를 하는 것 같은 행동은 그래도 사소한 편이다. 이에 비해 온라인 쇼핑이나 도박, 포르노 사이트 방문과 같은 태만한 행동은 더욱 더 심각하다. 이러한 활동들은 고용주에게 생산성 저하라는 손해를 입히며, 이러한 활동 중 일부는 고용주를 소송에 휘말리게 할 수도 있다(예: 고용인이 저작료를 지불하지 않고 음악을 다운받거나 다른 사람에게 협박메일을 보내는 경우). 학기 중에 고용된 외면적 성향의 대학생들이 내면적인 학생들보다 사소하거나 심각한 사이버 빈둥거림에 더 많이 소일했음을 보여 주는 자료가 있다.

마지막으로, 블랑샤르와 헨레는 관리자들이 고용인의 태만을 막기 위해 단순히 직장의 조직 방침만을 공시해서는 안 된다고 주장했다. 이런 절차는 무작위로 발각된다고 생각하는 외면적 성향의 고용인에게는 별 효과가 없다. 그 대신 관리자들은 강력집행의 세트로 구성된 정책을 공시해야 한다. 고용인들은 고용주들에게 이메일과 인터넷 활동을 감시하는 소프트웨어를 설치했으며, 사내정책을 어길 시엔 징계 조치가 따를 것이고, 적발은 무작위적으로 일어나는 것이 아니고, 적발시 실질적인 징계가 따를 것이라는 사실을 알려야 한다.

내향자(Introverts) 대 외향자(Extraverts)

아이젠크(Eysenck)의 관점에서 보면 내향자들은 수줍음이 많고 조용하며 유순한 반면, 외향자들은 유쾌하고 사회적이며 활동적이다. 벌켄버그와 샤유텐, 피터(Valkenburg, Schouten, & Peter, 2005, pp. 383–402)는 정체성 형성 실험에서 내향적인 네덜란드의 고학년 학생들이 외향적인 학생들보다 인터넷을 더 많이 사용한다고 밝혔다. 내향자들은 실제 상황에서 친구를 사귀는 데 많은 문제가 있는 데 반해, 온라인상의 상호작용은 다른 사람이 그들에게 어떻게 반응하는지를 알아낼 수 있는 익명의 상황과, 그들이 자주 느끼는 수줍음을 극복하게 해주는 안전한 환경을 제공해 준다. 이러한 전략이 좀 더 편안하고 탈억제적인(disinhibiting) 환경을 제공하기 때문에 그들로 하여금 자신의 정체성을 명확하게 하는 것을 돕는다고 하더라도, 모트람과 플레밍(Mottram & Fleming, 2009, pp. 319–321)은 외향자들에 비해 내향자들이 불행하게도 많은 부정적인 결과를 초래하는 인터넷 사용에 중독될 수도 있다는 사실을 밝혀내었다. 예를 들면 매일 오랜 시간 인터넷에 소모하는 것은 수면 패턴을 방해하며, 그들이 원할 때 인터넷에 접속하지 못하게 되면 성마름을 경험하게 된다. 이러한 사실들은 우울감으로 이어지고, 결국에는 그들의 학업수행과 사적인 관계 및 애정 관계에도 장해가 된다(Armstrong et al., 2000, pp. 537–550; Cheng & Peng, 2008, pp. 467–469).

비신경증자(Nonneurotics) 대 신경증자(Neurotics)

성격심리학에서 신경증의 개념은 프로이트와 신 프로이트 학파를 시작으로 매슬로우(Maslow)와 롤로 메이(Rollo May)와 같은 인간중심/실존주의 이론가를 거쳐 카텔(Cattell)과 아이젠크(Eysenck) 같은 특질 이론가들의 업적에서 정점을 찍는 오랜 역사를 가진다. 비신경증자는 안정적이고 침착하며 두려움이 없고 방어적이지 않은, 즉 정서적으로 안정되어 있는 개인을 말한다. 반면 신경증자는 굉장히 불안하고 안정적이지 못하며 신경질적이고 방어적인, 즉 정서적으로 불안정한 사람을 말한다.

학업수행에 있어서도 신경증적인 학생들이 그렇지 않은 학생들보다 학업수행이 좋지 않음을 보여 주는 연구가 있다. 신경증적인 학생들의 낮은 수행은 시험 전 실패에 대한 높은 두려움과 끊임없는 걱정 및 시험 동안에 받는 압박감에서 기인하는 것으로 설명된다(cf. Kappe & van der Flier, 2010, pp. 142-145). 이러한 낮은 학업수행을 가정할 때, 카림과 자무리, 노어(Karim, Zamuri, & Nor, 2009, pp. 86-93)의 최신 연구에서 신경증 성향이 높은 학생들에서 표절을 위해 인터넷을 사용하는 경향이 있다는 사실은 놀랍지 않다. 구체적으로 연구자들이 보고한 바에 의하면, 신경증자들은 비신경증자들보다 (1) 과제 마감 시간을 맞추기 위해 저자의 허가 없이 다른 사람 것을 베끼거나, (2) 개인 과제물을 위해 저자의 승인 없이 다른 사람의 과제를 활용하는 용도로 인터넷을 사용한다.

더불어 신경증자들과 비신경증자들의 소셜 네트워크와 여가나 오락용도의 인터넷 사용에 대한 흥미로운 몇 가지 연구가 있다(Amichai-Hamburger, 2002, pp. 1-10; Amichai-Hamburger & Ben-Artzi, 2003, pp. 71-80; Guadagno, Okdie, & Eno, 2008, pp. 1993-2004). 이러한 연구들은 신경증적 남성이 신경증적 여성에 비해 여가나 오락용도로 인터넷을 더 많이 사용한다는 사실을 보여 주었다(예: 게임하기, 포르노사이트 방문). 하지만 신경증적 남성들에 비해 신경증적 여성들은 인터넷에서 주로 다양한 소셜 네트워크 활동에 관여했다(예: 채팅, 집단토론, 이메일, 블로그). 블로그(Blogging)는 인터넷에서 자신을 드러내거나 자기를 표현하는 새로운 형태 중 하나인데, 신경증적인 남성에 비해 많은 여성들이 외로움을 달래는 용도로 블로그를 이용한다. 그들은 블로그를 통해 대인관계와 일상적인 경험, 자신의 성격에 대해 이야기한다. 블로그 사용에 있어서 신경증 수준이 낮은 여성들에 비해 높은 여성들이 사적인 정보를 드러내어 이야기하고, 때로는 자극적인 포즈의 지극히 사적인 사진을 게시하기도 한다. 일반적으로 인터넷은 사람들에게 상대적 익명성을 제공하지만, 많은 경우 신경증적인 여성 블로거들은 자신의 사적인 정보를 제공한다. 예를 들면 과다그노 등의(Guadagno et al., 2008, pp. 1993-2004) 연구에서 여성 블로거들의 대부분은 자신의 블로그에서 실명을 사용했다. 이러한 정보는 부도덕한 사람들에 의해 원치 않는 방향으로 사용될 수도 있다. 예를 들면 여성들의 사진을 불특정 다수가 볼 수 있는 웹사이트에 올린다고 협박해서 돈을 갈취할 수도 있는 것이다.

성격심리학의 미래

결론적으로, 성격심리학은 현재 번영하고 있는 흥미로운 분야이다. 성격심리학의 기초를 이루는 대부분은 많은 현대 성격통합이론에 담긴 지혜에 그 근원을 두고 있다. 성격심리학은 또한 인지심리학과 사회심리학, 발달심리학, 임상심리학, 생물심리학을 포함하는 심리학의 다른 분야에서 지혜와 법칙, 절차를 빌려오고 있다. 이러한 근원을 좇아오면서 성격심리학자들은 충분히 활력을 불어넣고 열정을 얻었으며, 그들이 연구하는 주제와 문제, 현상의 범위를 확장시켰다. 또한 이러한 확장은 성격심리학자들로 하여금 성격발달과 기능의 충분한 이해를 위한 탐색에 더 많은 도전을 하도록 하였다. 예를 들면 대부분의 성격심리학 연구자들은 성격 연구에서 주로 자기보고 자료를 사용하는데 그 이유는 간편하고 경제적이기 때문이다.

자기보고 자료의 대부분은 대학생 표본에서 수집되는데, 이러한 절차를 사용해서 수집된 자료들은 매우 유용하지만 표본 집단이 제한되어 있고 자기보고식 기법을 항상 신뢰할 수는 없기 때문에 한계를 지닌다. 참여자들은 자신이나 다른 사람과의 관계를 항상 정확하게 기술하지는 않는다. 이러한 자기보고 자료를 보완하기 위해서 개인차에 대한 자료를 수집하는 데 다른 실제적인 **전기 기법**life story techniques을 사용할 필요가 있다(예: 건강기록, 직무수행평가, 범죄기록, 동료보고, 전기기법, 일기, 직접적인 행동관찰 등). 이러한 방법들은 성격심리학자들로 하여금 사람들이 삶의 다양한 상황에서 무엇을 하고, 생각하고 느끼는지를 잘 알 수 있도록 해준다(Funder, 2001, p. 213). 성격심리학자들은 인간 성격에 대한 더 광범위하고 타당한 이해를 얻기 위해 생활자료기법을 활용하면서 이러한 과제들을 다루기 시작하였다(McAdams, 2001).

덧붙여 최근 10년 동안 이 분야의 가장 흥미로운 발전은 연구 도구로써의 인터넷 사용과 관련된다. 이 놀라운 기술은 다양한 연령과 문화적 배경을 가진 국내외 대규모 집단에 대한 접근과 자료수집을 용이하게 한다(Suarez-Balcazar, Balcazar, & Taylor-Ritzler, 2009, pp. 96-104).

이러한 체계에서 성격심리학자들은 성격발달과 기능에 대한 이해를 높이기 위해서 자기보고식부터 생활자료기법에 이르기까지 다양한 자료수집 기술을 사용하고 있다.

지난 몇 년 동안 이 분야에서의 흥미로운 개념적, 방법적 발전과 엄청난 연구 활동들을 고려해 볼 때, 21세기 성격심리학의 미래는 확실히 밝아 보인다.

비판적 사고를 위한 질문

1. 남성들은 자신보다 어린 여성을 배우자로 맞으려 하는 데 반해서 여성들은 남성에 비해 자신보다 몇 살 더 연상의 사람을 배우자로 맞는 경향이 있다는 진화론적 관점에 동의하는가, 동의하지 않는가? 또 그 이유를 기술하라.
2. 치료자들이 그들 내담자의 인종/민족, 종교적 배경을 의식하고 그러한 배경과 관련한 지식을 가지는 것이 왜 중요하다고 생각하는가? 또한 관련된 주제로 다른 사람의 인종/민족적, 종교적 배경에 대해 의식하고 지식을 갖는 것은 왜 중요한가?
3. 이론화와 연구를 위해 5요인 모델을 활용함에 있어서 장점과 단점은 무엇인가? 당신은 5요인 분류를 채택한 심리학자들이 간과한 다른 특질에 대해 생각할 수 있는가? 또한 그것을 이러한 분류에 포함시키는 것이 왜 중요한가?
4. 왜 많은 심리학자들이 "긍정 심리학" 접근이 성격연구를 진일보하게 하고 해방시키는 학문이라 일컫는가? 미덕은 이상적인 것들인데, 어떤 것(예를 들어, 인내심, 정직함, 공손함, 관대함, 용서)이 자신의 성격을 강화시키는 데 보강될 필요가 있다고 생각하는가? 왜 그런가?
5. 자신의 인터넷 사용에 대해 생각해 보고, 그것이 자신의 삶에 어떤 영향을 미치는지 생각해 보라. 또한 그것이 당신에게 미치는 이익과 손해에 대한 구체적 예를 들어 보라.

용어 해설

거대 성격이론grand theories of personality 광범위한 현상을 아우르며 사실상 모든 행동의 개인차를 설명하려는 이론

거식증anorexia 심지어 체중 미달인 경우에도 체중이 늘거나 살이 찌는 데 대한 강렬한 공포를 가지고, 신체적 건강과 생존에 있어 자신의 현재 저체중의 영향을 부정하는 섭식장애

건강한 의존healthy dependence 어떤 맥락에서 나타나지만 다른 맥락에서는 나타나지 않으며 상황적으로 적절한 방식으로 일어나는 의존의 발현

기질temperament 환경에 반응하고 경험하는 아이의 고유한 행동양식과 방식에 영향을 미치

는 개인차로 주로 생물학적인 것에 기초하고 있다.

다문화주의multiculturalism 인간이 자신들의 인종과 민족, 성, 성적 취향, 종교, 사회계층에 근거하여 정체감을 유지하고 발전시키는 다양한 경험들에 가치를 두는 관점이다. 성격심리 연구자들은 인간 성격의 발달과 기능에서 그들의 다양한 문화와 하위 문화 정체성의 영향을 검증하고 이해하려는 시도를 하고 있다.

다수 집단majority group 소수 집단의 구성원들에 비해 특권과 이점을 누리는 사회 내 가장 지배적이고 권력이 있는 집단

미성숙한 종교 의식immature religious orientations 목적을 위한 수단으로 종교의 이용을 의미하며, 이러한 성향을 가진 사람들은 주로 자신의 안락과 지위의 향상을 포함하는 자기 봉사적 목적으로 종교를 이용한다.

분자 유전학molecular genetics 분자 수준에서의 유전자 구조와 기능을 연구하는 생물학 분야로, 이 분야의 발견들은 성격심리학의 이론화와 연구에 직접적인 영향을 미칠 수 있다.

블로그blogs 다양한 주제와 이슈로 사람들이 자신을 표현할 수 있는, 정기적으로 업데이트되는 개인전용 웹페이지

사이버 빈둥거림cyber loafing 근무 중 직원들이 회사에서 제공한 이메일과 휴대전화 및 인터넷을 직무와 상관없이 사용하는 것

상호작용 기질 모델interactional temperament model 기질(특질)과 환경이 서로 영향을 끼친다는 이론

성숙한 종교 의식mature religious orientations 그 자체가 목적이 되는 종교의 이용을 의미하며, 이러한 성향의 사람들은 신과 거래하거나 자신의 이기적인 동기를 만족하기 위해 신을 이용하지 않는다. 그보다는 일련의 종교적 신앙을 품고 그들 삶을 조직하고 안내하기 위해 종교를 이용한다.

소수 집단minority groups 신체적 또는 문화적 특성 때문에 주류 사회의 구성원으로부터 부정적인 고정관념과 편견, 차별에 직면한 낙인찍힌 사람들의 집단

양적 유전학quantitative genetics 유전과 환경적 요소의 상대적 기여도에 대한 평가 절차를 통해 특질에서의 개인차를 연구하는 분야

인간 게놈 프로젝트 Human Genome Project 인체의 모든 유전자의 위치를 확인하고 인간 삶의 기초 요소인 수천만 단백질을 형성하는 DNA 수준의 유전자가 언제 어떻게 아미노산 배열을 부호화하는지에 대한 이해를 추구하는 국제적인 과학적 노력의 일환. 결국에는 이러한 많은 노력으로 우리가 신체 질병과 정신 질환의 유전적 기초를 이해하게 될 것으로 기대되며, 그렇게 되면 과학자들은 그것을 줄이고 제거하기 위해 더욱 효과적으로 작업할 수 있을 것이다. 추가적인 희망은 이러한 노력이 우리에게 인간의 진화와 행동에 더 큰 통찰을 가져다 줄

지도 모른다는 것이다.

인터넷 중독 Internet addiction 인터넷에 대한 집착(즉 이전 온라인 활동에 대한 생각 또는 차기 온라인 활동에 대한 기대). 인터넷에 허비하는 시간의 증가. 실패했을 때 초조감이나 성마름, 우울감의 결과를 낳는 인터넷 사용을 통제하고 감축하며 중단하려는 반복적인 노력, 문제들을 회피하기 위해 지속적이고 무분별하게 인터넷을 사용함

자해self-cutting 불안이나 적대감, 분노를 포함하는 다수의 강렬한 부정적 느낌에서 잠깐의 편안함을 느끼기 위해 자해하는 부적응적인 기법으로, 이런 행동은 때때로 일시적인 통제감을 제공하고, 자신의 신체와 정체성의 존재를 재확인해 주며, 견딜 수 없는 정신적 고통을 다루기 쉬운 신체적 고통으로 전환해 준다.

전기 기법life story techniques 자신의 삶을 이해하도록 돕고 정체감 및 삶의 목적과 방향을 제공하기 위해 그들이 서술한 삶의 이야기를 분석함으로써 개인의 삶을 이해하는 시도

진화론evolutionary theory 인간의 동물적 유산에 주된 초점을 둠으로써 인간행동 경향성의 발달에 관한 이해를 추구하는 이론

차별적 부모 투자 가설differential parental investment hypothesis 진화론적인 관점에서 남자와 여자는 양육에서 차별적인 투자를 하기 때문에 서로 다른 짝짓기 전략을 사용할 것이라는 추측

행동 유전학behavioral genetics 개인들 사이에서 관찰되는 행동 차이에서 유전과 환경의 상대적 영향을 증명하려는 과학 분야로, 양적 유전학(쌍둥이, 입양, 가족연구)과 분자 유전학(DNA 연구)을 포함한다.

5대 요인 Big Five factors 자신과 타인을 묘사하기 위해 사람들이 흔히 사용하는 언어의 분석으로부터 유도된 5개의 광범위한 주요 성격차원

DNA 유기체의 핵심적인 구성요소인 단백질을 언제 어떻게 만드는지 명시된 배열 순서를 포함하는 유전 물질

추천 도서

Boyle, G. J., Matthews, G. & Saklofske, D. H. (Eds.) (2008). *The Sage Handbook of Personality Theory and Assessment. Vol. 1 Personality Theories and Models. Vol 2. Personality Measurement and Testing*. Thousand Oaks, CA. Sage Publications, Inc.

Seligman, M. E. p. (2011). *Flourish: A visionary new understanding of happiness and well-being*. New York: Free Press.

참고 문헌

Abraham, A., Windmann, S., Daum, I., & Gunturkun, O. (2005). Conceptual expansion and creative imagery as a function of psychoticism. *Consciousness and Cognition, 14*, 520–534.

Abramowitz, C. V., Abramowitz, S. I., Roback, H. B., & Jackson, C. (1974). Differential effectiveness of directive and nondirective group therapies as a function of client internal–external control. Journal of Consulting and Clinical Psychology, 42, 84–853.

Abzug, R. H. (1996). Rollo May as friend to man. *Journal of Humanistic Psychology, 36*, 17–22.

Acton, G. J., & Malathum, P. (2000). Basic need status and health–promoting self–care behavior in adults. *Western Journal of Nursing Research, 22*, 796–811.

Adams–Webber, J. R. (2001). Fixed role therapy. In R. Corsini (Ed.), *Handbook of innovative therapy* (2nd ed.) (pp. 255–262). New York: John Wiley & Sons.

Adams, G. R., & Fitch, S. A. (1982). Ego stage and identity status development: A cross–sequential analysis. *Journal of Personality and Social Psychology, 43*, 574–583.

Adams, G. R., & Fitch, S. A. (1983). Psychological environments of university departments: Effects on college students' identity status and ego stage development. *Journal of Personality and Social Psychology, 44*, 1266–1275.

Adams, G. R., Berzonsky, M. D., & Keating, L. (2006). Psychosocial resources in first–year university students: The role of identity processes and social relationships. *Journal of Youth and Adolescence*, 35, 81–91.

Adams, G. R., Ryan, B. A., & Keating, L. (2000). Family relationships, academic environments, and psychosocial development during the university experience: A longitudinal investigation. *Journal of Adolescent Research, 15*, 99–122.

Adams, J. M. (2000). Individual and group psychotherapy with African American women: Understanding the identity and context of the therapist and patient. In L. C. Jackson and B. Greene (Eds.), *Psychotherapy with African American women: Innovations in psychodynamic perspectives and practice* (pp. 33–61). New York: Guilford Press.

Adler, A. (1927). *Understanding human nature*. Garden City, NY: Doubleday Anchor.

Adler, A. (1930a). *The education of children*. South Bend, IN: Gateway.

Adler, A. (1930b). *The pattern of life*. New York: Cosmopolitan Book Corporation.

Adler, A. (1937). Position in family constellation influences life style. *International Journal of Individual Psychology*, 3, 211–227.

Adler, A. (1969). *The science of living*. Garden City, NY: Doubleday Anchor. (Original work published 1929)

Adler, A. (1973a). Advantages and disadvantages of the inferiority feeling. In H. L. Ansbacher & R. R. Ansbacher (Eds.), *Superiority and social interest* (pp. 50–58). New York: Viking.

Adler, A. (1973b). Complex compulsion as part of personality and neurosis. In H. L. Ansbacher & R. R. Ansbacher (Eds.), *Superiority and social interest* (pp. 71–80). New York: Viking.

Adler, A. (1973c). On the origins of the striving for superiority and of social interest. In H. L. Ansbacher & R. R. Ansbacher (Eds.), *Superiority and social interest* (pp. 29–40). New York: Viking.

Adler, A. (1973d). Technique of treatment. In H. L. Ansbacher & R. R. Ansbacher (Eds.), *Superiority and social interest* (pp. 191–201). New York: Viking.

Adler, A. (1978). *Cooperation between the sexes: Writings on women, love & marriage, sexuality & its disorders* (Edited and translated by H. L. Ansbacher and R. R. Ansbacher). Garden City, NY: Anchor Books.

Akhtar, S. (1989). Kohut and Kernberg: A critical comparison. In D. W. Detrick and S. P. Detrick (Eds.), *Self psychology: Comparisons and contrasts* (pp. 329–362). Hillsdale, NJ: Analytic Press.

Allen, J., & Brock, S. A. (2000). *Health care communication using personality type*. London: Routledge.

Allport, G. W. (1937). *Personality: A psychological interpretation*. New York: Holt.

Allport, G. W. (1950). *The individual and his religion: A psychological interpretation*. New York: Macmillan.

Allport, G. W. (1955). *Becoming: Basic considerations for a psychology of personality*. New Haven, CT: Yale University Press.

Allport, G. W. (1961). *Pattern and growth in personality*. New York: Holt, Rinehart & Winston.

Allport, G. W. (1965). *Letters from Jenny*. New York: Harcourt, Brace & World.

Allport, G. W. (1968). An autobiography. In G. W. Allport (Ed.), *The person in psychology: Selected essays*. Boston: Beacon Press.

Allport, G. W., & Odbert, H. S. (1936). Trait names: A psycholexical study. *Psychological Monographs, 47* (Whole No. 211).

Allport, G. W., & Odbert, H. S. (1936). Trait names: A psycholexical study. *Psychological Monographs, 47*, 171–220.

Allport, G. W., & Ross, J. M. (1967). Personal religious orientation and prejudice. *Journal of Personality and Social Psychology, 5*, 432–443.

Allport, G. W., Vernon, P. E., & Lindzey, G. (1960). *A study of values* (3rd ed.). Boston: Houghton Mifflin.

American Psychiatric Association. (2000). *Diagnostic and statistical manual of mental disorders* (4th ed., text rev.). Washington, DC.

Amerikaner, M. Monks, G., Wolfe, P., & Thomas, S. (1994). Family interaction and individual psychological health. *Journal of Counseling and Development, 72*, 614–623.

Amichai–Hamburger, Y. (2002). *Internet and personality*. Computers in Human Behavior, 18, 1–10.

Amichai–Hamburger, Y., Ben–Artzi, E. (2003). Loneliness and internet use. *Computers in Human Behavior, 19*, 71–80.

Anderson, C. A., & Bushman, B. J. (2001). Effects of violent video games on aggressive behavior, aggressive cognition, aggressive affect, physiological arousal, and prosocial behavior: A meta–

analytic review of the scientific literature. *Psychological Science*, *12*, 353–359.

Anderson, C. A., Gentile, D. A., & Buckley, K. E. (2007). *Violent video game effects in children and adolescents*. New York: Oxford University Press.

Anderson, C. A., Shibuya, A., Ihori, N., Swing, E. L., Bushman, B. J., Sakamoto, A., Rothstein, H. R., & Saleem, M. (2010). Violent video game effects on aggression, empathy, and pro-social behavior in Eastern and Western countries: A meta-analytic review. *Psychological Bulletin*, *136*, 151–173.

Ansbacher, H. L. (1990). Alfred Adler's influence on the three leading cofounders of humanistic psychology. *Journal of Humanistic Psychology*, *30*, 45–53.

Ansbacher, H. L., & Ansbacher, R. R. (Eds.). (1956). *The individual psychology of Alfred Adler*. New York: Basic Books.

Ansbacher, H. L., & Ansbacher, R. R. (Eds.). (1973). *Superiority and social interest: A collection of later writings*. New York: Viking.

Ardelt, M. (2000). Antecedents and effects of wisdom in old age. *Research on Aging*, *22*, 360–394.

Armstrong, L., Phillips, J. G., & Saling, L. L. (2000). Potential determinants of heavier internet usage. *International Journal of Human-Computer Studies*, *53*, 537–550.

Arseth, A. K., Kroger, J., Martinussen, M., & Marcia, J. E. (2009). *Identity*, *9*, 1–32.

Austin, E. J., Hofer, S. M., Deary, I. J., & Eber, H. W. (2000). Interactions between intelligence and personality: Results from two large samples. *Personality and Individual Differences*, *29*, 405–427.

Ayllon, T., & Azrin, N. H. (1965). The measurement and reinforcement of behavior of psychotics. *Journal of the Experimental Analysis of Behavior*, *8*, 357–383.

Baars, B. J., Cohen, J., Bower, G. H., & Berry, J. W. (1992). Some caveats on testing the Freudian slip hypothesis. In B. J. Baars (Eds.), *Experimental slips and human error: Exploring the architecture of volition* (pp. 289–313). New York: Plenum Press.

Bachelor, A. (1988). How clients perceive therapist empathy: A content analysis of "received" empathy. *Psychotherapy*, *25*, 227–240.

Bahr, H. M., Chadwick, B. A., & Stauss, J. H. (1979). *American ethnicity*. Lexington, MA: D. C. Heath.

Bair, D. (2003). *Jung: A biography*. Boston: Little, Brown and Company.

Baker, H. S., & Baker, M. N. (1987). Heinz Kohut's self psychology: An overview. *American Journal of Psychiatry*, *144*, 1–9.

Bandura, A. (1965). Influence of models' reinforcement contingencies on the acquisition of imitative responses. *Journal of Personality and Social Psychology*, *1*, 589–595.

Bandura, A. (1969). *Principles of behavior modification*. New York: Holt, Rinehart & Winston.

Bandura, A. (1971). *Social learning theory*. Morristown, NJ: General Learning Press.

Bandura, A. (1973). *Aggression: A social learning analysis*. Englewood Cliffs, NJ: Prentice-Hall.

Bandura, A. (1977). Self-efficacy: Toward a unifying theory of behavioral change. *Psychological Review*, *84*, 191–215.

Bandura, A. (1978). The self system in reciprocal determinism. *American Psychologist*, *33*, 344–358.

Bandura, A. (1981). Self-referent thought: A developmental analysis of self-efficacy. In J. H. Flavell & L. Ross (Eds.), *Social cognitive development: Frontiers and possible futures* (pp. 200–239). Cambridge, England: Cambridge University Press.

Bandura, A. (1982a). The self and mechanisms of agency. In J. Suls (Ed.), *Psychological perspectives on the self* (Vol. 1, pp. 3–39). Hillsdale, NJ: Erlbaum.

Bandura, A. (1982b). Self-efficacy mechanism in human agency. *American Psychologist*, *37*, 122-147.

Bandura, A. (1986). *Social foundations of thought and action: A social cognitive theory*. Englewood Cliffs, NJ: Prentice-Hall.

Bandura, A. (1992). Self-efficacy mechanism in psychobiologic functioning. In R. Schwarzer (Ed.), *Selfefficacy: Thought control of action* (pp. 354-394). Philadelphia: Hemisphere Publishing Corporation.

Bandura, A. (1996). Ontological and epistemological terrains revisited. *Journal of Behavior Therapy and Experimental Psychiatry*, *27*, 323-345.

Bandura, A. (1997). *Self-efficacy: The exercise of control*. New York: W. H. Freeman.

Bandura, A., & Kupers, C. J. (1964). The transmission of patterns of self-reinforcement through modeling. *Journal of Abnormal and Social Psychology*, *69*, 1-9.

Bandura, A., & Menlove, F. L. (1968). Factors determining vicarious extinction of avoidance behavior through symbolic modeling. *Journal of Personality and Social Psychology*, *8*, 99-108.

Bandura, A., & Walters, R. H. (1963). *Social learning and personality development*. New York: Holt, Rinehart & Winston.

Bandura, A., Adams, N. E., Hardy, A. B., & Howells, G. N. (1980). Tests of the generality of self-efficacy theory. *Cognitive Therapy and Research*, *4*, 39-66.

Bandura, A., Blanchard, B., & Ritter, B. (1969). Relative efficiency of desensitization and modeling approaches for inducing behavioral, affective, and attitudinal changes. *Journal of Personality and Social Psychology*, *13*, 173-199.

Bandura, A., Reese, L., & Adams, N. E. (1982). Microanalysis of action and fear arousal as a function of differential levels of perceived selfefficacy. *Journal of Personality and Social Psychology*, *43*, 5-21.

Bandura, A., Ross, D., & Ross, S. A. (1963a). Imitation of film-mediated aggressive models. *Journal of Abnormal and Social Psychology*, *66*, 3-11.

Bandura, A., Ross, D., & Ross, S. A. (1963b). Vicarious reinforcement and imitative learning. *Journal of Abnormal and Social Psychology*, *67*, 601-607.

Bannister, D. (Ed.). (1977). *New perspectives in personal construct theory*. New York: Academic Press.

Bannister, D., & Fransella, F. (1966). A grid test of schizophrenic thought disorder. *British Journal of Social and Clinical Psychology*, *5*, 95-102.

Bannister, D., Adams-Webber, J. R., Penn, W. L., & Radley, A. R. (1975). Reversing the process of thought disorder: A serial validation experiment. *British Journal of Social and Clinical Psychology*, *14*, 169-180.

Bannister, D., Fransella, F., & Agnew, J. (1971). Characteristics and validity of the grid test of thought disorder. *British Journal of Social and Clinical Psychology*, *10*, 144-151.

Bar-On, R. (2010). Emotional intelligence: An integral part of positive psychology. *Psychological Society of South Africa*, *40*, 54-62.

Bardone-Cone, A. M., Abramson, L. Y., Heatherton, T. F., & Joiner, T. E., Jr. (2006). Predicting bulimic symptoms: An interactive model of self-efficacy, perfectionism, and perceived weight status. *Behaviour Research and Therapy*, *44*, 27-42.

Barlett, C. P., Anderson, C. A., & Swing, E. L. (2009). Video game effects-confirmed, suspected, and speculative: A review of the evidence. *Simulation & Gaming*, *40*, 377-403.

Barnet, H. S. (1990). Divorce stress and adjustment model: Locus of control and demographic predictors.

Journal of Divorce, 13, 93–109.

Barry, H., III, & Blane, H. T. (1977). Birth order of alcoholics. *Journal of Individual Psychology, 33*, 62–79.

Bartholow, B. D., & Anderson, C. A. (2002). Effects of violent video games on aggressive behavior: Potential sex differences. *Journal of Experimental Social Psychology, 38*, 283–290.

Basch, M. F. (1989). A comparison of Freud and Kohut: Apostasy or synergy? In D. W. Detrick and S. P. Detrick (Eds.), *Self psychology: Comparisons and contrasts* (pp. 3–22). Hillsdale, NJ: Analytic Press.

Basgall, J., & Snyder, C. R. (1988). Excuses in waiting: External locus of control and reactions to successfailure feedback. *Journal of Personality and Social Psychology, 54*, 656–662.

Baumeister, R. F., & Mick, D. G. (2002). Yielding to temptation: Self-control failure, impulsive purchasing, and consumer behavior. *Journal of Consumer Research, 28*, 670–676.

Baumeister, R. F., Dale, K., & Sommer, K. L. (1998). Freudian defense mechanisms and empirical findings in modern social psyhology: Reaction formation, projection, displacement, undoing, isolation, sublimation, and denial. *Journal of Personality, 66*, 1081–1124.

Baumeister, R. F., Heatherton, T. F., & Tice, D. M. (1994). *Losing control: How and why people fail at self-regulation*. San Diego, CA: Academic Press.

Baumrind, D. (1991). Parenting styles and adolescent development. In R. M. Lerner, A. C. Petersen, and J. Brooks-Gunn (Eds.), *Encyclopedia of adolescence: Vol. 2* (pp. 746–758). New York: Garland Publishing.

Beaman, R., & Wheldall, K. (2000). Teachers' use of approval and disapproval in the classroom. *Educational Psychology, 20*, 431–446.

Beckworth, J., & Alper, J. S. (2002). Genetics of human personality: Social and ethical implications. In J. Benjamin, R. P. Ebstein, and R. H. Belmaker (Eds.) *Molecular genetics and the human personality* (pp. 315–331). Washington, D. C.: American Psychiatric Publishing.

Bell, R. C., Winter, D., & Bhandari, S. (2010). Hierarchical relationships in dependency grids: Explorations in survivors of childhood sexual abuse. *Journal of Constructivist Psychology, 23*, 102–117.

Belmont, L., & Marolla, F. A. (1973). Birth order, family size, and intelligence. *Science, 182*, 1096–1101.

Berglund, E., Eriksson, M., & Westerlund, M. (2005). Communicative skills in relation to gender, birth order, childcare and socioeconomic status in 18-month-old children. *Scandinavian Journal of Psychology, 46*, 485–491.

Berkowitz, L. (1962). *Aggression: A social psychological analysis*. New York: McGraw-Hill.

Berry, J. W., Worthington, E. L., O'Connor, L. E., Parrott, L., & Wade, N. G. (2005). Forgivingness, vengeful rumination, and affective traits. *Journal of Personality, 73*, 183–228.

Berzonsky, M. D. (1992). Identity style and coping strategies. *Journal of Personality, 60*, 771–788.

Berzonsky, M. D., & Neimeyer, G. J. (1988). Identity status and personal construct systems. *Journal of Adolescence, 11*, 195–204.

Bethell, T. (2005). *The politically incorrect guide to science*. Washington, DC: Regnery Publishing.

Betz, N. E., & Hackett, G. (1981). The relationship of career-related self-efficacy expectations to perceived career options in women and men. *Journal of Counseling Psychology, 28*, 399–410.

Beutler, L. E., Moleiro, C., & Talebi, H. (2002). Resistance in psychotherapy: What conclusions are supported by research. *Journal of Clinical Psychology*, *58*, 207–217.

Beyers, W., & Seiffge–Krenke, I. (2010). Does identity precede intimacy? Testing Erikson's theory on romantic development in emerging adults of the 21st century. *Journal of Adolescent Research*, *25*, 387–415.

Bieri, J. (1955). Cognitive complexity–simplicity and predictive behavior. *Journal of Abnormal and Social Psychology*, *51*, 263–268.

Bing, M. N. (1999). Hypercompetitiveness in academia: Achieving criterion–related validity from item context specificity. *Journal of Personality Assessment*, *73*, 80–99.

Bishop, D. I., Weisgram, E. S., Holleque, K. M., Lund, K. E., & Wheeler–Anderson, J. R. (2005). Identity development and alcohol consumption: Current and retrospective self–reports by college students. *Journal of Adolescence*, *28*, 523–533.

Black, M. (1973). Some aversive responses to a would–be reinforcer. In H. Wheeler (Ed.), *Beyond the punitive society* (pp. 125–134). San Francisco: W. H. Freeman.

Blaine, B., & Crocker, J. (1995). Religiousness, race, and psychological well–being: Exploring social psychological mediators. *Personality and Social Psychology Bulletin*, *21*, 1031–1041.

Blake, J. (1989). *Family size and achievement*. Berkeley: University of California Press.

Blanchard, A. L., & Henle, C. A. (2008). Correlates of different forms of cyberloafing: The role of norms and external locus of control. *Computers in Human Behavior*, *24*, 1067–1084.

Blanton, P. W. (2000). The Adlerian perspective in the context of contemporary marriages. *Journal of Individual Psychology*, *56*, 411–418.

Blum, G. S. (1953). *Psychoanalytic theories of personality*. New York: McGraw–Hill.

Blustein, D. L., & Phillips, S. D. (1990). Relation between ego identity statuses and decision–making styles. *Journal of Counseling Psychology*, *37*, 160–168.

Bohart, A. C., & Greening, T. (2001). Humanistic psychology and positive psychology. *American Psychologist*, *56*, 81–82.

Bono, G., McCullough, M. E., & Root, L. M. (2008). Forgiveness, feeling connected to others, and wellbeing: Two longitudinal studies. *Personality and Social Psychology Bulletin*, *34*, 182–195.

Boomsma, D. I., van Beijsterveld, T. C. E. M., Beem, A. L., Hoekstra, R. A., Polderman, T. J. C., & Bartels, M. (2008). Intelligence and birth order in boys and girls. *Intelligence*, *36*, 630–634.

Booth–Butterfield, M., Anderson, R. H., & Booth–Butterfield, S. (2000). Adolescents' use of tobacco, health locus of control, and self–monitoring. *Health Communication*, *12*, 137–148.

Bordages, J. W. (1989). Self–actualization and personal autonomy. *Psychological Reports*, *64*, 1263–1266.

Borgatta, E. F. (1964). The structure of personality characteristics. *Behavioral Science*, *9*, 8–17.

Bornstein, R. F. (1992). The dependent personality: Developmental, social, and clinical perspectives. *Psychological Bulletin*, *112*, 3–23.

Bornstein, R. F. (1993). Dependency and patienthood. *Journal of Clinical Psychology*, *49*, 397–406.

Bornstein, R. F. (1994). Adaptive and maladaptive aspects of dependency: An integrative review. *American Journal of Orthopsychiatry*, *64*, 622–635.

Bornstein, R. F. (1998). Dependency in the personality disorders: Intensity, insight, expression, and defense. *Journal of Clinical Psychology*, *54*, 175–189.

Bornstein, R. F. (1999). Objectivity and subjectivity in psychological science: Embracing and transcending psychology's positivist tradition. *Journal of Mind and Behavior*, *20*, 1–16.

Bornstein, R. F. (2010). Psychoanalytic theory as a unifying framework for 21st century personality assessment. *Psycho–Analytic Psychology*, *27*, 133–152.

Bornstein, R. F., & Cecero, J. J. (2000). Deconstructing dependency in a five–factor world: A meta–analytic review. *Journal of Personality Assessment*, *74*, 324–343.

Bornstein, R. F., & Gold, S. H. (2008). Comorbidity of personality disorders and somatization disorder: A meta–analytic review. *Journal of Psychopathology and Behavioral Assessment*, *30*, 154–161.

Bornstein, R. F., & O'Neill, R. M. (2000). Dependency and suicidality in psychiatric patients. *Journal of Clinical Psychology*, *56*, 463–473.

Bornstein, R. F., Ng, H. M., Gallagher, H. A., Kloss, D. M., & Regier, N. G. (2005). Contrasting effects of selfschema priming on lexical decisions and interpersonal Stroop task performance: Evidence for a cognitive/interactionist model of interpersonal dependency. *Journal of Personality*, *73*, 731–762.

Bornstein, R. F., Riggs, J. M., Hill, E. L., & Calabrese, C. (1996). Activity, passivity, self–denigration, and selfpromotion: Toward an interactional model of interpersonal dependency. *Journal of Personality*, *64*, 637–673.

Bornstein, R. F. (2001). A meta–analysis of the dependency–eating–disorders relationship: Strength, specificity, and temporal stability. *Journal of Psychopathology and Behavioral Assessment*, *23*, 151–162.

Bornstein, R. F. (2005a). *The dependent patient: A practitioner's guide*. Washington, DC: American Psychological Association.

Bornstein, R. F. (2005b). The dependent patient: Diagnosis, assessment, and treatment. *Professional Psychology: Research and Practice*, *36*, 82–89.

Bornstein, R. F. (2010). Psychoanalytic theory as a unifying framework for 21st century personality assessment. *Psychoanalytic Psychology*, *27*, 133–152.

Boss, M. (1963). *Psychoanalysis and daseinanalysis*. New York: Basic Books.

Bostic, T. J., & Ptacek, J. T. (2001). Personality factors and the short–term variability in subjective well–being. *Journal of Happiness Studies*, *2*, 355–373.

Bourne, E. (1978). The state of research on ego identity: A review and appraisal: Part 1. *Journal of Youth and Adolescence*, *7*, 223–251.

Boyd–Franklin, N. (1989). *Black families in therapy: A multisystems approach*. New York: Guilford Press.

Bozarth, J. D. (2002). Nondirectivity in the personcentered approach: Critique of Kahn's critique. *Journal of Humanistic Psychology*, *42*, 78–83.

Bradley, C. L., & Marcia, J. E. (1998). Generativitystagnation: A five–category model. *Journal of Personality*, *66*, 39–64.

Brandtstadter, J., & Rothermund, K. (1994). Selfpercepts of control in middle and later adulthood:
Buffering losses by rescaling goals. *Psychology and Aging*, *9*, 265–273.

Breland, H. M. (1974). Birth order, family configuration, and verbal achievement. *Child Development*, *45*, 1011–1019.

Brennan, J. F. (1969). Autoeroticism or social feeling as basis of human development. *Journal of Individual Psychology*, *25*, 3–18.

Brezo, J., Paris, J., & Turecki, G. (2006). Personality traits as correlates of suicidal ideation, suicide attempts, and suicide completions: A systematic review. *Acta Psychiatrica Scandinavica, 113*, 180–206.

Briggs, K. C., & Myers, I. B. (1943, 1944, 1957, 1976). *Myers–Briggs type indicator.* Palo Alto, CA: Consulting Psychologists Press.

Briggs, S. R. (1989). The optimal level of measurement for personality constructs. In D. M. Buss & N. Cantor (Eds.), *Personality psychology: Recent trends and emerging directions* (pp. 246–260). New York: Springer–Verlag.

Brown, R. C., & Tedeschi, J. T. (1972). Graduate education and psychology: A comment on Rogers' passionate statement. *Journal of Humanistic Psychology, 12*, 1–15.

Brown, R. J., & Donderi, D. C. (1986). Dream content and self–reported well–being among recurrent dreamers, past–recurrent dreamers, and nonrecurrent dreamers. *Journal of Personality and Social Psychology, 50*, 612–623.

Brown, R. P., & Phillips, A. (2005). Letting bygones be bygones: Further evidence for the validity of the tendency to Forgive Scale. *Personality and Individual Differences, 38*, 627–638.

Brownell, K. D., & Jeffery, R. W. (1987). Improving long–term weight loss: Pushing the limits of treatment. *Behavior Therapy, 18*, 353–374.

Bruinius, H. (2006). *Better for all the world: The secret history of forced sterilization and America's quest for racial purity.* New York: Alfred A. Knopf.

Bryan, A. D., Aiken, L. S., & West, S. G. (1997). Young women's condom use: The influence of acceptance of sexuality, control over the sexual encounter, and perceived susceptibility to common STDs. *Health Psychology, 16*, 468–479.

Bullock, W. A., & Gilliland, K. (1993). Eysenck's arousal theory of introversion–extraversion: A converging measures investigation. *Journal of Personality and Social Psychology, 64*, 113–123.

Burish, T., Carey, M., Wallston, K., Stein, M., Jamison, R., & Lyles, J. (1984). Health locus of control and chronic disease: An external orientation may be advantageous. *Journal of Social and Clinical Psychology, 2*, 326–332.

Burk, C. (1994). Examining the relationship among locus of control, value, and exercise. *The Journal of Health Behavior, Education, & Promotion, 18*, 14–23.

Burker, E. J., Evon, D. M., Galanko, J., & Egan, T. (2005). Health locus of control predicts survival after lung transplant. *Journal of Health Psychology, 10*, 695–704.

Bushman, B. J. (1998). Priming effects of media violence on the accessibility of aggressive constructs in memory. *Personality and Social Psychology Bulletin, 24*, 537–545.

Buss, A. H. (1988). *Personality: Evolutionary heritage and human distinctiveness.* Hillsdale, NJ: Erlbaum.

Buss, A. H. (1995). *Personality: Temperament, social behavior, and the self.* Boston: Allyn & Bacon.

Buss, D. M. (1989). Sex differences in human mate preferences: Evolutionary hypotheses tested in 37 cultures. *Behavioral and Brain Sciences, 12*, 1–49.

Buss, D. M. (1992). Manipulation in close relationships: Five personality factors in interactional context. *Journal of Personality, 60*, 477–499.

Buss, D. M. (1994). *The evolution of desire: Strategies of human mating.* New York: Basic Books.

Buss, D. M. (1999). *Evolutionary psychology.* Boston: Allyn & Bacon.

Buss, D. M. (2000). *The dangerous passion: Why jealousy is as necessary as love and sex*. New York: Free Press.

Buss, D. M., & Dedden, L. A. (1990). Derogation of competitors. *Journal of Social and Personal Relationships*, *7*, 395–422.

Buss, D. M., & Schmitt, D. P. (1993). Sexual strategies theory: An evolutionary perspective on human mating. *Psychological Review*, *100*, 204–232.

Bussey, K., & Bandura, A. (1984). Gender constancy, social power, and sex-linked modeling. *Journal of Personality and Social Psychology*, *47*, 1292–1302.

Butler, J. M., & Haigh, G. V. (1954). Changes in the relation between self-concepts and ideal concepts consequent upon client-centered counseling. In C. R. Rogers & R. F. Dymond (Eds.), *Psychotherapy and personality change* (pp. 55–75). Chicago: University of Chicago Press.

Buttsworth, L. M., & Smith, G. A. (1995). Personality of Australian performing musicians by gender and by instrument. *Personality and Individual Differences*, *18*, 595–603.

Campbell-Sills, L., Cohan, S. L., & Stein, M. B. (2006). Relationship of resilience to personality, coping, and psychiatric symptoms in young adults. *Behaviour Research & Therapy*, *44*, 585–599.

Campbell, A., & Rushton, J. P. (1978). Bodily communication and personality. *British Journal of Social and Clinical Psychology*, 17, 31–36.

Campbell, J. B., & Hawley, C. W. (1982). Study habits and Eysenck's theory of extraversion-introversion. *Journal of Research in Personality*, *16*, 139–146.

Campbell, J. F. (1991). The primary personality factors of Hawaiian middle adolescents. *Psychological Reports*, *68*, 3–26.

Campbell, W. K., & Foster, C. A. (2002). Narcissism and commitment in romantic relationships: An investment model analysis. *Personality and Social Psychology Bulletin*, *28*, 484–495.

Cann, D. R., & Donderi, D. C. (1986). Jungian personality typology and the recall of everyday and archetypal dreams. *Journal of Personality and Social Psychology*, *50*, 1021–1030.

Capaldi, E. J., & Proctor, R. W. (2000). Laudan's normative naturalism: A useful philosophy of science for psychology. *American Journal of Psychology*, *113*, 430–454.

Caporael, L. R. (2001). Evolutionary psychology: Toward a unifying theory and a hybrid science. *Annual Review of Psychology*, *52*, 607–628.

Capron, E. W. (2004). Types of pampering and thenarcissistic personality trait. *Journal of Individual Psychology*, *60*, 76–93.

Carpenter, F. (1974). *The Skinner primer*. New York: Free Press.

Carton, J. S., & Nowicki, S., Jr. (1994). Antecedents of individual differences in locus of control of reinforcement: A critical review. *Genetic, Social, and General Psychology Monographs*, *120*, 33–81.

Carvallo, M., & Gabriel, S. (2006). No man is an island: The need to belong and dismissing avoidant attachment style. *Personality and Social Psychology Bulletin*, *32*, 697–709.

Carver, C. S., & Baird, E. (1998). The American dream revisited: Is it what you want or why you want it that matters? *Psychological Science*, *9*, 289–292.

Cassidy, S. (2000). Learning style, academic belief systems, self-report student proficiency and academic achievement in higher education. *Educational Psychology*, *20*, 307–322.

Catanzaro, S. J. (1991). Adjustment, depression, and minimal goal setting: The moderating effect of performance feedback. *Journal of Personality, 59*, 243–261.

Cattell, H. E. P. (2001). The Sixteen Personality Factor (16PF) Questionnaire. In W. I. Dorfman and M. Hersen (Eds), *Understanding Psychological Assessment* (pp. 187–215). New York: Kluwer Academic Press.

Cattell, H. E. P., & Mead, A. D. (2008). The Sixteen Personality Factor Questionnaire (16PF). In G. J. Boyle, G. Matthews, and D. H. Saklofske (Eds.), *The Sage Handbook of Personality Theory and Assessment: Vol. 2. Personality Measurement and Testing* (pp. 135–159). Thousand Oaks, CA: Sage Publications.

Cattell, H. E. P., & Schuerger, J. M. (2003). *Essentials of 16PF Assessment*. Hoboken, New Jersey:Wiley & Sons.

Cattell, R. B. (1943). The description of personality: Basic traits resolved into clusters. *Journal of Abnormal and Social Psychology, 38*, 476–506.

Cattell, R. B. (1950). *Personality: A systematic theoretical and factual study*. New York: McGraw–Hill.

Cattell, R. B. (1957). *Personality and motivation: Structure and measurement*. New York: Harcourt, Brace & World.

Cattell, R. B. (1961). *The meaning and measurement of neuroticism and anxiety*. New York: Ronald.

Cattell, R. B. (1965). *The scientific analysis of personality*. Baltimore, MD: Penguin.

Cattell, R. B. (1972). *A new morality from science: Beyondism*. New York: Pergamon Press.

Cattell, R. B. (1974). Raymond B. Cattell. In G. Lindzey (Ed.), *A history of psychology in autobiography* (Vol. VI, pp. 59–100). Englewood Cliffs, NJ: Prentice–Hall.

Cattell, R. B. (1979). *Personality and learning theory: Vol. 1. The structure of personality in its environment*. New York: Springer.

Cattell, R. B. (1980). *Personality and learning theory: Vol. 2. A systems theory of maturation and structured learning*. New York: Springer.

Cattell, R. B. (1982). *The inheritance of personality and ability*. New York: Academic Press.

Cattell, R. B. (1987). *Beyondism: Religion from science*. New York: Praeger.

Cattell, R. B., & Kline, P. (1977). *The scientific analysis of personality and motivation*. New York: Academic Press.

Cavaiola, A. A., & Strohmetz, D. B. (2010). Perception of risk for subsequent drinking and driving related offenses and locus of control among first–time DUI offenders. *Alcoholism Treatment Quarterly, 28*, 52–62.

Center, D., & Kemp, D. (2003). Temperament and personality as potential factors in the development and treatment of conduct disorders. *Education and Treatment of Children, 26*, 75–88.

Chak, K., & Leung, L. (2004). Shyness and locus of control as predictors of internet addiction and internet use. *CyberPsychology and Behavior, 7*, 559–570.

Chang, D. F., & Berk, A. (2009). Making cross–racial therapy work: A phenomenological study of clients' experiences of cross–racial therapy. *Journal of Counseling Psychology, 56*, 521–536.

Chang, E. C., & Bridewell, W. B. (1998). Irrational beliefs, optimism, pessimism, and psychological distress: A preliminary examination of differential effects in a college population. *Journal of Clinical Psychology, 54*, 137–142.

Chaplin, M. P., & Orlofsky, J. L. (1991). Personality characteristics of male alcoholics as revealed through their early recollections. *Individual Psychology, 47*, 356–371.

Chen, H. S., Percy, M. S., & Horner, S. D. (2001). Cigarettes: A growing problem for Taiwanese adolescents. *Journal of Community Health Nursing, 18*, 167–175.

Cheng, Y. –F., & Peng, S. S. (2008). University students' internet use and its relationships with academic performance, interpersonal relationships, psychosocial adjustment, and self–evaluation. *CyberPsychology and Behavior, 11*, 467–469.

Chermahini, S. A., & Hommel, B. (2010). The (b)link between creativity and dopamine: Spontaneous eye blink rates predict and dissociate divergent and convergent thinking. *Cognition, 115*, 458–465.

Chipman, S., Olsen, S. F., Klein, S., Hart, C. H., & Robinson, C. C. (2000). Differences in retrospective perceptions of parenting of male and female inmates and noninmates. *Family Relations, 49*, 5–11.

Chodorkoff, B. (1954). Self–perception, perceptual defense, and adjustment. *Journal of Abnormal and Social Psychology, 49*, 508–512.

Chodorow, N. (1978). *The reproduction of mothering: Psycho–analysis and the sociology of gender.* Berkeley, CA: University of California Press.

Chodorow, N. (1989). *Feminism and psychoanalytic theory.* New Haven, CT: Yale University Press.

Christopher, J. C., Manaster, G. J., & Campbell, R. L. (2002). Peak experiences, social interest, and moral reasoning: An exploratory study. *Journal of Individual Psychology, 58*, 35–51.

Clack, G. B., Allen, J., Cooper, D., & Head, J. O. (2004). Personality differences between doctors and their patients: Implications for the teaching of communication skills. *Medical Education, 38*, 177–186.

Clayton, M. C., & Helms, B. P. (2009). Increasing seat belt use on a college campus: An evaluation of two prompting prompting procedures. *Journal of Applied Behavior Analysis, 42*, 161–164.

Cofer, C. N., & Appley, M. H. (1964). *Motivation: Theory and research.* New York: Wiley.

Cohen, A. B., & Hill, P. C. (2007). Religion as culture: Religious individualism and collectivism among American Catholics, Jews, and Protestants. *Journal of Personality, 75*, 709–742.

Cohen, A. B., Hall, D. E., Koenig, H. G., & Meador, K. G. (2005). Social versus individual motivation: Implications for normative definitions of religious orientations. *Personality and Social Psychology Review, 9*, 48–61.

Coles, R. (1970). *Erik H. Erikson: The growth of his work.* Boston: Little, Brown.

Collier, S. A., Ryckman, R. M., Thornton, B., & Gold, J. A. (2010). Competitive personality attitudes and forgiveness of others. *Journal of Psychology, 144*, 535–543.

Colzato, L. S., Slagter, H. A., van den Wildenberg, W. P. M., & Hommel, B. (2009). Closing one's eyes to reality: Evidence for a dopaminergic basis of psychoticism from spontaneous eye blink rates. *Personality and Individual Differences, 46*, 377–380.

Coolidge, F. L., Moor, C. J., Yamazaki, T. G., Stewart, S. E., & Segal, D. L. (2001). On the relationship between Karen Horney's tripartite neurotic type theory and personality disorder features. *Personality and Individual Differences, 30*, 1387–1400.

Cooper, H., Okamura, L., & McNeil, P. (1995). Situation and personality correlates of psychological well–being, social activity, and personal control. *Journal of Research in Personality, 29*, 395–417.

Corbitt, E. M. (1994). Narcissism from the perspective of the five–factor model. In P. T. Costa and T. A. Widiger (Eds.), *Personality disorders and the five–factor model of personality* (pp. 199–203). Washington, D. C.: American Psychological Association.

Correa, T., Hinsley, A. W., & Gil de Zuniga, H. (2010). American Psychological Association (2005).

Accreditation Operating Procedures of the Committee on Accreditation. Washington, DC: Author.

Costa, P. T., & McCrae, R. R. (1992). *NEO PI-R Professional Manual*. Odessa, FL: Psychological Assessment Resources.

Cote, J. E., & Levine, C. (1983). Marcia and Erikson: The relationships among ego identity status, neuroticism, dogmatism, and purpose in life. *Journal of Youth and Adolescence*, *12*, 43–53.

Cowan, G., & Mills, R. D. (2004). Personal inadequacy and intimacy predictors of men's hostility toward women. *Sex Roles*, *51*, 67–78.

Cox-Fuenzalida, L. -E., Angie, A., Holloway, S., & Sohl, L. (2006). Extraversion and task performance: A fresh look through the workload history lens. *Journal of Research in Personality*, *40*, 432–439.

Cozzarelli, C. (1993). Personality and self-efficacy as predictors of coping with abortion. *Journal of Personality and Social Psychology*, *65*, 1224–1236.

Cramer, P. (1991). *The development of defense mechanisms: Theory, research, and assessment*. New York: Springer-Verlag.

Cramer, P. (1998). Freshman to senior year: A follow-up study of identity, narcissism, and defensemechanisms. *Journal of Research in Personality*, *32*, 156–172.

Cramer, P. (2000). Development of identity: Gender makes a difference. *Journal of Research in Personality*, *34*, 42–72.

Cramer, P. (2002). Defense mechanisms, behavior, and affect in young adulthood. *Journal of Personality*, *70*, 103–126

Cramer, P. (2004). Identity change in adulthood: The contribution of defense mechanisms and life experiences. *Journal of Research in Personality*, *38*, 280–316.

Cramer, P. (2006). *Protecting the self: Defense mechanisms in action*. New York: Guilford Press.

Cramer, P. & Kelly, F. D. (2010). Attachment style and defense mechanisms in parents who abuse their children. *Journal of Nervous and Mental Disease*, *198*, 619–627.

Crandall, J. E. (1975). A scale for social interest. *Journal of Individual Psychology*, *31*, 187–195.

Crandall, J. E. (1980). Adler's concept of social interest: Theory, measurement, and implications for adjustment. *Journal of Personality and Social Psychology*, *39*, 481–495.

Crawford, M., & Marecek, J. (1989). Psychology reconstructs the female: 1968–1988. *Psychology of Women Quarterly*, *13*, 147–165.

Cresswell, J. D., Welch, W. T., Taylor, S. E., Sherman, D. K., Gruenewald, T. L., & Mann, T. (2005). Affirmation of personal values buffers neuroendocrine and psychological stress responses. *Psychological Science*, *16*, 846–851.

Cross, M., & Epting, F. (2005). Self-obliteration, selfdefinition, self-integration: Claiming a homosexual identity. *Journal of Constructivist Psychology*, *18*, 53–63.

Curlette, W. L., & Kern, R. M. (2010). The importance of Meeting the need to belong. *Journal of Individual Psychology*, *66*, 30–42.

Cvengros, J. A., Christensen, A. J., & Lawton, W. J. (2005). Health locus of control and depression in chronic kidney disease: A dynamic perspective. *Journal of Health Psychology*, *10*, 677–686.

Daugherty, D. A., Murphy, M. J., & Paugh, J. (2001). An examination of the Adlerian construct of social interest with criminal offenders. *Journal of Counseling and Development*, *79*, 465–471.

Davidson, A. L., Boyle, C., & Lauchlan, F. (2008). Scared to lose control? General and health locus of control in females with a fear of vomiting. *Journal of Clinical Psychology*, *64*, 30–39.

Davies, D. R., & Parasuraman, R. (1982). *The psychology of vigilance*. London: Academic Press.

Davis, C. M. (1928). Self-selection of diet by newly weaned infants. *American Journal of Diseases of Children*, *36*, 651-679.

De Haan, M. (2010). Birth order, family size and educational attainment. *Economics of Education Review*, *29*, 576-588.

De Moya, C. A. (1997). Scores on locus of control and aggression for drug addicts, users, and controls. *Psychological Reports*, *80*, 40-42.

DeBono, A., Shmueli, D., & Muraven, M. (2011). Rude and inappropriate: The role of self-control in following social norms. *Personality and Social Psychology Bulletin*, *37*, 136-146.

deCarvalho, R. J. (1996). Rollo R. May (1909-1994). *Journal of Humanistic Psychology*, *36*, 8-16.

Delaney, H. D., Miller, W. R., & Bisono, A. M. (2007). Religiosity and spirituality among psychologists: A survey of clinician members of the American Psychological Association. *Professional Psychology: Research and Practice*, *35*, 538-546.

Derous, E., Nguyen, H. -H., & Ryan, A. M. (2009). Hiring discrimination against Arab minorities: Interactions between prejudice and job characteristics. *Human Performance*, *22*, 297-320.

Dezutter, J., Soenens, B., & Hutsebaut, D. (2006). Religiosity and mental health: A further exploration of the relative importance of religious behaviors vs. religious attitudes. *Personality and Individual Differences*, *40*, 807-818.

Dietch, J. (1978). Love, sex roles, and psychological health. *Journal of Personality Assessment*, *42*, 626-634.

Digman, J. M., & Takemoto-Chock, N. K. (1981). Factors in the natural language of personality: Reanalysis and comparison of six major studies. *Multivariate Behavioral Research*, *16*, 149-170.

Dominguez, M. M., & Carton, J. S. (1997). The relationship between self-actualization and parenting style. *Journal of Social Behavior and Personality*, *12*, 1093-1100.

Domino, G. (1976). Compensatory aspects of dreams: An empirical test of Jung's theory. *Journal of Personality and Social Psychology*, *34*, 658-662.

Donahue, M. J. (1985). Intrinsic and extrinsic religiousness: Review and meta-analysis. *Journal of Personality and Social Psychology*, *48*, 400-419.

Dosamantes-Alperson, E., & Merrill, N. (1980). Growth effects of experiential movement psychotherapy. *Psychotherapy: Theory, Research and Practice*, *17*, 63-68.

Downs, A. F. D., Rosenthal, T. L., & Lichstein, K. L. (1988). Modeling therapies reduce avoidance of bath-time by the institutionalized elderly. *Behavior Therapy*, *19*, 359-368.

Dry, A. M. (1961). *The psychology of Jung*. New York: Wiley.

Duina, F. (2011). *Winning: Reflections on an American Obsession*. Princeton, NJ: Princeton University Press.

Dunkel, C. S., & Papini, D. R. (2005). The role of egoidentity status in mating preferences. *Adolescence*, *40*, 489-501.

DuPaul, G. J., & Hoff, K. E. (1998). Reducing disruptive behavior in general education classrooms: The use of self-management strategies. *School Psychology Review*, *27*, 290-303.

Duster, T. (1990). *Backdoor to eugenics*. New York: Routledge.

Eagle, M. N. (1984). *Recent developments in psychoanalysis*. New York: McGraw-Hill.

Eagly, A. H., & Wood, W. (1999). The origins of sex differences in human behavior: Evolved dispositions versus social roles. *American Psychologist*, *54*, 408–423.

Edmundson, M. (2007). *The death of Sigmund Freud: The legacy of his last days*. New York: Bloomsbury, USA.

Eidelson, R. J., & Epstein, N. (1982). Cognition and relationship maladjustment: Development of a measure of dysfunctional relationships beliefs. *Journal of Consulting and Clinical Psychology*, *50*, 715–720.

Ellis, A. (1973). *Humanistic psychotherapy*. New York: McGraw–Hill.

Ellis, A. (1987). A sadly neglected cognitive element in depression. *Cognitive Therapy and Research*, *11*, 121–145.

Ellis, A. (1995). Rational emotive behavior therapy. In R. J. Corsini and D. Wedding (Eds.), *Current psychotherapies* (5th ed.), pp. 162–196. Itasca, Illinois: F. E. Peacock Publishers.

Ellis, B. J. (1998). The Partner–specific Investment Inventory: An evolutionary approach to individual differences in investment. *Journal of Personality*, *66*, 383–442.

Emmons, R. A. (1984). Factor analysis and construct validity of the Narcissistic Personality Inventory. *Journal of Personality Assessment*, *48*, 291–300.

Engels, R. C. M. E., Hale III, W. W., Noom, M., & De Vries, H. (2005). Self–efficacy and emotional adjustment as precursors of smoking in early adolescence. *Substance Use & Misuse*, *40*, 1883–1893.

Erdelyi, M. H. (1985). *Psychoanalysis: Freud's cognitive psychology*. New York: W. H. Freeman.

Erikson, E. (1950). *Childhood and society*. New York: W. W. Norton.

Erikson, E. H. (1963). *Childhood and society* (2nd ed.). New York: Norton.

Erikson, E. H. (1964). *Insight and responsibility*. New York: Norton.

Erikson, E. H. (1968a). Identity and identity diffusion. In C. Gordon & K. J. Gergen (Eds.), *The self in social interaction* (pp. 197–205). New York: Wiley.

Erikson, E. H. (1968b). *Identity: Youth and crisis*. New York: Norton.

Erikson, E. H. (1974). *Dimensions of a new identity: The 1973 Jefferson lectures in the humanities*. New York: Norton.

Erikson, E. H. (1975). *Life history and the historical moment*. New York: Norton.

Erikson, E. H. (1977). *Toys and reasons: Stages in the ritualization of experience*. New York: Norton.

Erikson, E. H., Erikson, J. M., & Kivnick, H. Q. (1986). *Vital involvement in old age*. NewYork: W. W. Norton.

Erwin, E. (1980). Psychoanalytic therapy: The Eysenck argument. *American Psychologist*, *35*, 435–443.

Esterson, A. (2001). The mythologizing of psychoanalytic history: Deception and self–deception in Freud's accounts of the seduction theory episode. *History of Psychiatry*, *12*, 329–352.

Evans, R. (1967). *Dialogue with Erik Erikson*. New York: Harper & Row.

Evans, R. I. (1970). *Gordon Allport: The man and his ideas*. New York: Dutton.

Eysenck, H. J. (1947). *Dimensions of personality*. London: Routledge & Kegan Paul.

Eysenck, H. J. (1952). The effects of psychotherapy: An evaluation. *Journal of Consulting Psychology*, *16*, 319–324.

Eysenck, H. J. (1961). The effects of psychotherapy. In H. J. Eysenck (Ed.), *Handbook of abnormal psychology: An experimental approach* (pp. 697–725). New York: Basic Books.

Eysenck, H. J. (1965). *Fact and fiction in psychology*. Baltimore, MD: Penguin Books.

Eysenck, H. J. (1967). *The biological basis of personality*. Springfield, IL: Charles C Thomas.

Eysenck, H. J. (1970). *The structure of human personality* (3rd ed.). London: Methuen.

Eysenck, H. J. (1975). *The inequality of man*. San Diego:EdITS.

Eysenck, H. J. (1976). *The measurement of personality*. Lancaster: Medical & Technical Publishers.

Eysenck, H. J. (1980). Hans Jurgen Eysenck. In G. Lindzey (Ed.), *A history of psychology in autobiography* (Vol. 7, pp. 153–187). San Francisco: W. H. Freeman.

Eysenck, H. J. (1982). Development of a theory. In H. J. Eysenck (Ed.), *Personality, genetics, and behavior: Selected papers* (pp. 1–48). New York: Praeger.

Eysenck, H. J. (1990). Biological dimensions of personality. In L. A. Pervin (Ed.), *Handbook of personality: Theory and research* (pp. 244–276). New York: Guilford Press.

Eysenck, H. J. (1993). Creativity and personality: Suggestions for a theory. *Psychological Inquiry*, *4*, 147–178.

Eysenck, H. J. (1995). *Genius: The natural history of creativity*. New York: Cambridge University Press.

Eysenck, H. J. (1997a). Personality and experimental psychology: The unification of psychology and the possibility of a paradigm. *Journal of Personality and Social Psychology*, *73*, 1224–1237.

Eysenck, H. J. (1997b). *Rebel with a cause: The autobiography of Hans Eysenck*. (Revised and expanded edition). New Brunswick, NJ: Transaction Publishers.

Eysenck, H. J., & Eysenck, M. W. (1985). *Personality and individual differences: A natural science approach*. New York: Plenum Press.

Eysenck, H. J., & Eysenck, S. B. G. (1975). *Manual of the Eysenck Personality Questionnaire*. San Diego: EdITS.

Eysenck, H. J., & Gudjonsson, G. H. (1989). *The causes and cures of criminality*. New York: Plenum Press.

Eysenck, H. J., & Kamin, L. (1981). *The intelligence controversy: H. J. Eysenck versus Kamin*. New York: John Wiley.

Eysenck, S. B. G. (1965). *Manual of the Junior Eysenck Personality Inventory*. London: Hodder & Stoughton.

Eysenck, S. B. G., Eysenck, H. J., & Barrett, P. (1985). A revised version of the psychoticism scale. *Personality and Individual Differences*, *6*, 21–29.

Falbo, T. (1977). The only child: A review. *Journal of Individual Psychology*, *33*, 47–61.

Falbo, T., & Cooper, C. R. (1980). Young children's time and intellectual ability. *Journal of Genetic Psychology*, *173*, 299–300.

Falbo, T., & Polit, D. F. (1986). Quantitative review of the only child literature: Research evidence and theory development. *Psychological Bulletin*, *100*, 176–189.

Falbo, T., & Poston, D. L., Jr. (1993). The academic, personality, and physical outcomes of only children in China. *Child Development*, *64*, 18–35.

Feingold, A. (1994). Gender differences in personality: A meta-analysis. *Psychological Bulletin*, *116*, 429–456.

Fenichel, O. (1945). *The psychoanalytic theory of neurosis*. New York: Norton.

Ferster, C. B., & Perrott, M. C. (1968). *Behavior principles*. New York: Appleton-Century-Crofts.

Fiebert, M. S. (1997). In and out of Freud's shadow: A chronology of Adler's relationship with Freud. *Individual Psychology*, *53*, 241–269.

Field, D., & Millsap, R. E. (1991). Personality in advanced old age: Continuity or change? *Journal of Gerontology*, 46, 299–308.

Finch, J. F., & Graziano, W. G. (2001). Predicting depression from temperament, personality, and patterns of social relations. *Journal of Personality*, *69*, 27–55.

Fischer, R. E., & Juni, S. (1982). The anal personality: Self-disclosure, negativism, self-esteem, and superego severity. *Journal of Personality Assessment*, *46*, 50–58.

Fisher, B. J. (1995). Successful aging, life satisfaction, and generativity in later life. *International Journal of Aging and Human Development*, *41*, 239–250.

Fisher, B. J., & Specht, D. K. (1999). Successful aging and creativity in later life. *Journal of Aging Studies*, *13*, 457–472.

Flavell, J. H. (1963). *The developmental psychology of Jean Piaget*. New York: Van Nostrand.

Fletcher, T. D., & Nusbaum, D. N. (2008). Trait competitiveness as a composite variable: Linkages with facets of the big-five. *Personality and Individual Differences*, *45*, 312–317.

Fordham, F. (1966). *An introduction to Jung's psychology*. Middlesex, England: Penguin Books.

Forer, L. K. (1977). The use of birth order information in psychotherapy. *Journal of Individual Psychology*, *33*, 105–113.

Fox, J., Knapp, R. R., & Michael, W. B. (1968). Assessment of self-actualization of psychiatric patients: Validity of the Personal Orientation Inventory. *Educational and Psychological Measurement*, *28*, 565–569.

Francis, L. J., Robbins, M., Kaldor, K., & Castle, K. (2009). Psychological type and work-related Psychological health among clergy in Australia, England, and New Zealand. *Journal of Psychology and Christianity*, *28*, 200–212.

Franks, C. M., Wilson, G. T., Kendall, P. C., & Foreyt, J. P. (1990). *Review of behavior theory: Theory and practice* (Vol. 12). New York: Guilford Press.

Fransella, F. (1995). *George Kelly*. London: Sage Publications.

Fransella, F., & Dalton, P. (1990). *Personal construct counseling in action*. Newbury Park, CA: Sage.

Freedman, A. E. (1972). *The planned society: An analysis of Skinner's proposals*. Kalamazoo, MI: Behaviordelia.

Freeman, A., & Oster, C. (1998). Treatment of couples with relationship difficulty: A cognitive-behavioral perspective. In J. Carlson and L. Sperry (Eds.), *The disordered couple* (pp. 97–119). Bristol, PA: Brunner/Mazel.

Freud, A. (1946). *The ego and the mechanisms of defense* (C. Baines, Trans.). New York: International Universities Press.

Freud, S. (1937). Analysis terminable and interminable. In J. Strachey (Ed.), *Standard edition of the complete psychological works of Sigmund Freud* (Vol. 23, pp. 216–237). London: Hogarth Press.

Freud, S. (1938a). The history of the psychoanalytic movement. In A. A. Brill (Ed.), *The basic writings of Sigmund Freud* (pp. 931–977). New York: Random House.

Freud, S. (1938b). The interpretation of dreams. In A. A. Brill (Ed.), *The basic writings of Sigmund Freud* (pp. 179–549). New York: Random House.

Freud, S. (1938c). Totem and taboo. In A. A. Brill (Ed.), *The basic writings of Sigmund Freud* (pp. 807–930). New York: Random House.

Freud, S. (1938d). Three contributions to the theory of sex. In A. A. Brill (Ed.), *The basic writings of*

Sigmund Freud (pp. 553–603). New York: Random House.

Freud, S. (1947). *Leonardo Da Vinci: A study in psychosexuality* (A. A. Brill, trans.). New York: Random House.

Freud, S. (1950). *Totem and taboo* (J. Strachey, Trans.). New York: Norton.

Freud, S. (1952a). Civilization and its discontents. In R. M. Hutchins (Ed.), *Great books of the Western world* (pp. 767–802). Chicago: Encyclopaedia Britannica.

Freud, S. (1952b). Beyond the pleasure principle. In R. M. Hutchins (Ed.), *Great books of the Western world* (pp. 639–663). Chicago: Encyclopaedia Britannica.

Freud, S. (1957). *A general introduction to psychoanalysis* (rev. ed.; J. Riviere, Trans.). New York: Permabooks.

Freud, S. (1958). Observations on transference–love. In J. Strachey (Ed.), *Standard edition of the complete psychological works of Sigmund Freud* (Vol. 12, pp. 159–171). London: Hogarth Press.

Freud, S. (1960a). *The ego and the id* (J. Riviere, Trans.; J. Strachey, Ed.). New York: Norton.

Freud, S. (1960b). *The psychopathology of everyday life* (A. Tyson, Trans.; J. Strachey, Ed.). New York: Norton.

Freud, S. (1969). *An outline of psychoanalysis* (J. Strachey, Trans. & Ed.). New York: Norton.

Fulton, A. S. (1997). Identity status, religious orientation, and prejudice. *Journal of Youth and Adolescence*, *26*, 1–11.

Funder, D. C. (1991). Global traits: A neo–Allportian approach to personality. *Psychological Science*, *2*, 31–39.

Funder, D. C. (2001). Personality. *Annual Review of Psychology*, *52*, 197–221.

Furnham, A., & Bradley, A. (1997). Music while you work: The differential distraction of background music on the cognitive test performance of introverts and extraverts. *Applied Cognitive Psychology*, *11*, 445–455.

Furnham, A., Gunter, B., & Peterson, E. (1994). Television distraction and the performance of introverts and extraverts. *Applied Cognitive Psychology*, *8*, 705–711.

Furtmuller, C. (1973). Alfred Adler: A biographical essay. In H. L. Ansbacher & R. R. Ansbacher (Eds.), *Superiority and social interest* (pp. 330–394). New York: Viking.

Gabriel, M. T., Critelli, J. W., & Ee, J. S. (1994). Narcissistic illusions in self–evaluations of intelligence and attractiveness. *Journal of Personality*, *62*, 143–155.

Galef, B. G., Jr. (1991). A contrarian view of the wisdom of the body as it relates to dietary selfselection. *Psychological Review*, *98*, 218–223.

Gallagher, K. E., & Parrott, D. J. (2010). Influence of heavy episodic drinking on the relation between men's locus of control and aggression toward intimate partners. *Journal of Studies on Alcohol and Drugs*, *71*, 299–306.

Gamez–Guadix, M., Straus, M. A., Carrobles, J. A., Munoz–Rivas, M. J., & Almendros, C. (2010). Corporal punishment and long–term behavior problems: The moderating role of positive parenting and psychological aggression. *Psicothema*, *22*, 529–536.

Gara, M. A., Rosenberg, S., & Mueller, D. R. (1989). Perception of self and other in schizophrenia. *International Journal of Personal Construct Psychology*, *2*, 253–270.

Garcia, J., Kimeldurf, D. J., & Hunt, E. L. (1961). The use of ionizing radiation as a motivating stimulus. *Psychological Review*, *68*, 383–395.

Gartner, J. (1996). Religious commitment, mental health, and prosocial behavior: A review of the empirical literature. In E. P. Shafranske (Ed.), *Religion and the clinical practice of psychology* (pp. 187–214). Washington, D. C.: American Psychological Association.

Gelso, C. J., & Carter, J. A. (1985). The relationship in counseling and psychotherapy: Components, consequences, and theoretical antecedents. *The Counseling Psychologist, 13*, 155–243.

Gilligan, C. (1982). *In a different voice: Psychological theory and women's development.* Cambridge, MA: Harvard University Press.

Gilman, R. (2001). The relationship between life satisfaction, social interest, and frequency of extracurricular activities among adolescent students. *Journal of Youth and Adolescence, 30*, 749–767.

Goggin, J. E., and Goggin, E. B. (2001). *Death of a "Jewish science": Psychoanalysis in the Third Reich*. West Lafayette, Indiana: Purdue University Press.

Goldberg, A. I. (1980). Introductory remarks. In A. Goldberg (Ed.), *Advances in self psychology* (pp. 1–21). New York: International Universities Press.

Goldberg, A. I. (1982). Obituary: Heinz Kohut (1913–1981). *International Journal of Psychoanalysis, 63*, 257–258.

Goldberg, A. I. (1988). *A fresh look at psychoanalysis: The view from self psychology*. Hillsdale, NJ: Analytic Press.

Goldberg, C. (1980). *In defense of narcissism*. New York: Gardner Press.

Goldberg, L. R. (1981). Language and individual differences: The search for universals in personality lexicons. In L. Wheeler (Ed.), *Review of personality and social psychology* (Vol. 2, pp. 141–165). Beverly Hills, CA: Sage.

Goldberg, L. R. (1990). An alternative Adescription of personality: The Big Five factor structure. *Journal of Personality and Social Psychology, 59*, 1216–1229.

Goldberg, L. R. (1992). The development of markers for the Big–Five factor structure. *Psychological Assessment, 4*, 26–42.

Gonzalez, F. (1995). Working with Mexican–American clients. *Psychotherapy, 32*, 696–706.

Goodwin, R., & Gaines, Jr., S. O. (2004). Relationship beliefs and relationship quality across cultures: Country as a moderator of dysfunctional beliefs and relationship quality in three former Communist societies. *Personal Relationships, 11*, 267–279.

Gorsuch, R. L. (1984). R. B. Cattell: An integration of psychology and ethics. *Multivariate Behavioral Research, 19*, 209–220.

Gosling, S. D., Ko, S. J., Mannarelli T., & Morris, M. E. (2002). A room with a cue: Personality judgments based on offices and bedrooms. *Journal of Personality and Social Psychology, 82*, 379–398.

Grant, V. J. (2005). Dominance, testosterone and psychological sex differences. In J. W. Lee (Ed.), *Psychology of gender identity* (pp. 1–28). New York: Nova Science Publishers.

Greever, K. B., Tseng, M. S., & Friedland, B. U. (1973). Development of the social interest index. *Journal of Consulting and Clinical Psychology, 41*, 454–458.

Grembowski, D., Patrick, D., Diehr, P., Durham, M., Beresford, S., Kay, E., & Hecht, J. (1993). Selfefficacy and health behavior among older adults. *Journal of Health and Social Behavior, 34*, 89–104.

Grossarth–Maticek, R., & Eysenck, H. J. (1990). Prophylactic effects of psychoanalysis on cancerprone and coronary heart disease–prone probands, as compared with control groups and behaviour therapy. *Journal of Behavior Therapy and Experimental Psychiatry*, *21*, 91–99.

Grusec, J., & Mischel, W. (1966). Model's characteristics as determinants of social learning. *Journal of Personality and Social Psychology*, *4*, 211–215.

Guadagno, R. E., Okdie, B. M., & Eno, C. A. (2008). Who blogs? Personality predictors of blogging. *Computers in Human Behavior*, *24*, 1993–2004.

Gueye, M., Castle, S., & Konate, M. K. (2001). Timing of first intercourse among Malian adolescents: Implications for contraceptive use. *International Family Planning Perspectives*, *27*, 56–62.

Gutride, M. E., Goldstein, A. P., & Hunter, G. F. (1973). The use of modeling to increase social interaction among asocial psychiatric patients. *Journal of Consulting and Clinical Psychology*, *40*, 408–415.

Halamandaris, K. F., & Power, K. G. (1997). Individual differences, dysfunctional attitudes, and social support: A study of the psychosocial adjustment to university life of home students. *Personality and Individual Differences*, *22*, 93–104.

Halbertal, T. H., & Koren, I. (2006). Between "being" and "doing": Conflict and coherence in the identity formation of gay and lesbian orthodox jews. In D. P. McAdams, R. Josselson, & A. Lieblich (Eds.), *Identity and story: Creating self in narrative* (pp. 37–61). Washington, DC: American Psychological Association.

Hall, D. L., Matz, D. C., & Wood, W. (2010). Why don't we practice what we preach? A meta–analytic review of religious racism. *Personality and Social Psychology Review*, *14*, 126–139.

Hall, S. S. (2010). Revolution postponed. *Scientific American*, 303, 60–67.

Harakeh, Scholte, R. H. J., deVries, H., & Engels, R. (2006). Association between personality and adolescent smoking. *Addictive Behaviors*, *31*, 232–245.

Hardigan, P. C., Cohen, S. R., & Carvajal, M. J. (2001). Linking job satisfaction and career choice with personality styles: An exploratory study of practicing pharmacists. *Journal of Psychological Types*, *57*, 30–35.

Harrar, S. (2002). How grudges hurt you. *Prevention*, *54*, 38–39.

Harrington, D. M., Block, J. H., & Block, J. (1987). Testing aspects of Carl Rogers's theory of creative environments: Child–rearing antecedents of creative potential in young adolescents. *Journal of Personality and Social Psychology*, *52*, 851–856.

Harris, A. H. S., Thoresen, M. E., McCullough, M. E., & Larson, D. B. (1999). Spiritually and religiously oriented health interventions. *Journal of Health Psychology*, *4*, 413–433.

Harter, S. L., Erbes, C. R., & Hart, C. C. (2004). Content analysis of the personal constructs of female sexual abuse survivors elicited through repertory grid technique. *Journal of Constructivist Psychology*, *17*, 27–43.

Hattrup, K., O'Connell, M. S., & Labrador, J. R. (2005). Incremental validity of locus of control after controlling for cognitive ability and conscientiousness. *Journal of Business & Psychology*, *19*, 461–481.

Haviland, W. A. (1994). *Anthropology* (7th ed.). New York: Harcourt Brace.

Haymes, M., & Green, L. (1982). The assessment of motivation within Maslow's framework. *Journal of Research in Personality*, *16*, 179–192.

Heaven, P. C. L., & Ciarrochi, J. (2008). Parental styles, conscientiousness, and academic performance in high school: A three-wave longitudinal study. *Personality and Social Psychology Bulletin, 34*, 451-461.

Hecker, J. E., & Thorpe, G. L. (1987). Fear reduction processes in imaginal and in vivo flooding: A comment on James' review. *Behavioural Psychotherapy, 15*, 215-223.

Hegel, M. T., & Ferguson, R. J. (2000). Differential reinforcement of other behavior (DRO) to reduce aggressive behavior following trumatic brain injury. *Behavior Modification, 24*, 94-101.

Helms, J. E., & Cook, D. A. (1999). *Using race and culture in counseling and psychotherapy: Theory and process*. Boston, MA: Allyn and Bacon.

Hempel, C. (1966). *Philosophy of natural science.* Englewood Cliffs, NJ: Prentice Hall.

Herrenkohl, R. C., & Russo, M. J. (2001). Abusive early child rearing and early childhood aggression. *Child Maltreatment, 6*, 3-16.

Hill, C. E., & Nakayama, E. Y. (2000). Client-centered therapy: Where has it been and where is it going? A comment on Hathaway. *Journal of Clinical Psychology, 56*, 861-875.

Hill, C. E., Helms, J. E., Tichenor, V., Spiegel, S. B., O'Grady, K. E., & Perry, E. S. (1988). Effects of therapist response modes in brief psychotherapy. *Journal of Counseling Psychology, 35*, 222-233.

Hill, P. C., & Pargament, K. I. (2003). Advances in the conceptualization and measurement of religion and spirituality: Implications for physical and mental health research. *American Psychologist*, 58, 64-74.

Hoffman, E. (1988). *The right to be human: A biography of Abraham Maslow*. New York: St. Martin's Press.

Hoffman, E. (1994). *The drive for self: Alfred Adler and the founding of Individual Psychology*. Reading, MA: Addison-Wesley Publishing.

Hoffman, E. (1998). Peak experiences in childhood: An exploratory study. *Journal of Humanistic Psychology, 38*, 109-120.

Hoffman, L. W. (1974). Fear of success in males and females: 1965-1971. *Journal of Consulting and Clinical Psychology, 24*, 353-358.

Holder, E. E., & Levi, D. J. (1988). Mental health and locus of control: SCL-90-R and Levenson's IPC scales. *Journal of Clinical Psychology, 44*, 753-755.

Holt, R. R. (1962). Individuality and generalization in the psychology of personality. *Journal of Personality, 30*, 377-402.

Holtfreter, K., Reisig, M. D., Piquero, N. L., & Piquero, A. R. (2010). Low self-control and fraud: Offending, victimization, and their overlap. *Criminal Justice and Behavior, 37*, 188-203.

Hong, R. Y., & Paunonen, S. V. (2009). Personality traits and and health-risk behaviours in university students. *European Journal of Personality, 23*, 675-696.

Hong, T. B., Oddone, E. Z., Dudley, T. K., & Bosworth, H. B. (2006). Medication barriers and anti-hypertensive medication adherence: The moderating role of locus of control. *Psychology, Health & Medicine, 11*, 20-28.

Horney, K. (1937). *The neurotic personality of our time*. New York: Norton.

Horney, K. (1939). *New ways in psychoanalysis*. New York: Norton.

Horney, K. (1942). *Self-analysis*. New York: Norton.

Horney, K. (1945). *Our inner conflicts*. New York: Norton.

Horney, K. (1950). *Neurosis and human growth*. New York: Norton.

Horney, K. (1967). *Feminine psychology*. New York: Norton

Horvath, P. (1998). Agency and social adaptation. *Applied Behavioral Science Review*, *6*, 137–154.

Houston, J. M., Harris, P. B., & Norman, M. (2003). The Aggressive Driving Behavior Scale: Developing a self-report measure of unsafe driving practices. *North American Journal of Psychology*, *5*, 269–278.

Howard, J. A., Blumstein, P., & Schwartz, P. (1986). Sex, power, and influence tactics in intimate relationships. *Journal of Personality and Social Psychology*, *51*, 102–109.

Hudson, V. M. (1990). Birth order of world leaders: An exploratory analysis of effects on personality and behavior. *Political Psychology*, *11*, 583–601.

Hui, K. V., & Fung, H. H. (2009). Mortality anxiety as a function of intrinsic religiosity and perceived purpose in life. *Death Studies*, *33*, 30–50.

Hull, C. L. (1951). *Essentials of behavior*. New Haven, CT: Yale University Press.

Huprich, S. K., Clancy, C., Bornstein, R. F., & Nelson-Gray, R. O. (2004). Do dependency and social skills combine to predict depression? Linking two diatheses in mood disorders research. *Individual Differences Research*, *2*, 2–16.

Hwang, Y. G. (1995). Student apathy, lack of selfresponsibility and false self-esteem are failing American schools. *Education*, *115*, 484–490.

Hyland, M. E. (1989). There is no motive to avoid success: The compromise explanation for successavoiding behavior. *Journal of Personality*, *57*, 665–693.

Ilardi, R. L., & May, W. T. (1968). A reliability study of Shostrom's Personal Orientation Inventory. *Journal of Humanistic Psychology*, *8*, 68–72.

Ingersoll-Dayton, B., & Krause, N. (2005). Selfforgiveness: A component of mental health in later life. *Research on Aging*, *27*, 267–289.

Internet World Stats (2007). *World internet users and population statistics data accessed*. March 21, 2007. http://www. Internetworldstats. com/stats. htm.

Ipsa, J. M., Fine, M. A., & Thornburg, K. R. (2002). Maternal personality as a moderator of relations between difficult infant temperament and attachment security in low-income families. *Infant Mental Health Journal*, *23*, 130–144.

Iwamasa, G. Y., Sorocco, K. H., & Koonce, D. A. (2002). Ethnicity and clinical psychology:Acontent analysis of the literature. *Clinical Psychology Review*, *22*, 931–944.

Jacka, B. (1991). Personality variables and attitudes toward dream experiences. *Journal of Psychology*, *125*, 27–31.

Jackson, D. A., & Wallace, R. F. (1974). The modification and generalization of voice loudness in a fifteenyear-old retarded girl. *Journal of Applied Behavior Analysis*, *7*, 461–471.

Jackson, J. W. (2002). Enhancing self-efficacy and learning performance. *Journal of Experimental Education*, *70*, 243–254.

Jackson, A. P., Choi, J. K., & Bentler, P. M. (2009). Parenting efficacy and the early school adjustment of poor and near-poor black children. *Journal of Family Issues*, *30*, 1399–1455.

Jacobi, J. (1962). *The Psychology of C. G. Jung*. New Haven, CT: Yale University Press.

Jahoda, M. (1989). A helping hand to evolution? *Contemporary Psychology*, *34*, 816–817.

Jang, K. L., Vernon, P. A., Livesley, W. J., Stein, M. B., & Wolf, H. (2001). Intra- and extra-familial influences on alcohol and drug misuse: A twin study of geneenvironment correlation. *Addiction, 96*, 1307–1318.

Jankowicz, A. D. (1987). Whatever became of George Kelly? *American Psychologist, 42*, 481–487.

Jensen–Campbell, L. A., Adams, R., Perry, D. G., Workman, K. A., Furdella, J. Q., & Egan, S. K. (2002). Agreeableness, extraversion, and peer relations in early adolescence: Winning friends and deflecting aggression. *Journal of Research in Personality, 36*, 224–251.

John, O. P. (1989). Towards a taxonomy of personality descriptors. In D. M. Buss & N. Cantor (Eds.), *Personality psychology: Recent trends and emerging directions* (pp. 261–271). New York: Springer–Verlag.

John, O. P. (1990). The "Big Five" factor taxonomy: Dimensions of personality in the natural language and in questionnaires. In L. A. Pervin (Ed.), *Handbook of personality: Theory and research* (pp. 66–100). New York: Guilford Press.

John, O. P., & Srivastava, S. (1999). The Big Five trait taxonomy: History, measurement, and theoretical perspectives. In L. A. Pervin and O. P. John (Eds.) *Handbook of Personality: Theory and research* (2nd ed.) (pp. 102–138). New York: Guilford Press.

John, O. P., Caspi, A., Robins, R. W., Moffitt, T. E., & Stouthamer–Loeber, M. (1994). The "Little Five": Exploring the nomological network of the fivefactor model of personality in adolescent boys. *Child Development, 65*, 160–178.

John, O. P., Donahue, E. M., & Kentle, R. L. (1991). *The Big Five Inventory 4a and 54*. Berkeley, CA: University of California, Berkeley, Institute of Personality and Social Research.

Johnson, M. (2002). The importance of self–attitudes for type A–B, internality–externality and health status. *Personality and Individual Differences, 33*, 777–789.

Johnson, P., Smith, A. J., & Nelson, M. D. (2003). Predictors of social interest in young adults. *Journal of Individual Psychology, 59*, 281–292.

Jones, E. (1963). *The life and work of Sigmund Freud* (L. Trilling & S. Marcus, Eds.). Garden City, NY: Anchor Books.

Jones, M. C. (1924). A laboratory study of fear: The case of Peter. *Pedagogical Seminar, 31*, 308–315.

Jost, K. (1997). Religious persecution. *CQ Researcher, 7*, 1011–1031.

Jung, C. G. (1923). *Psychological types*. New York: Harcourt.

Jung, C. G. (1954). The practice of psychotherapy. In *The collected works of C. G. Jung* (Vol. 16). London: Routledge & Kegan Paul.

Jung, C. G. (1958a). Commentary on secret of the golden flower. In V. S. de Laszlo (Ed.), *Psyche and symbol* (pp. 302–351). Garden City, NY: Doubleday Anchor.

Jung, C. G. (1958b). The special phenomenology of the child archetype. In V. S. de Laszlo (Ed.), *Psyche and symbol* (pp. 132–147). Garden City, NY: Doubleday Anchor.

Jung, C. G. (1958c). The psychology of the child archetype. In V. S. de Laszlo (Ed.), *Psyche and symbol* (pp. 113–131). Garden City, NY: Doubleday Anchor.

Jung, C. G. (1959). The relations between the ego and the unconscious. In V. S. de Laszlo (Ed.), *The basic writings of C. G. Jung* (pp. 105–182). New York: Modern Library.

Jung, C. G. (1961). *Two essays on analytical psychology*. New York: Meridian.

Jung, C. G. (1963). *Memories, dreams, reflections*. New York: Pantheon.

Jung, C. G. (1964). *Man and his symbols*. Garden City, New York: Doubleday and Company.

Jung, C. G. (1969). *The structure and dynamics of the psyche* (2nd ed.). Princeton, NJ: Princeton University Press.

Juni, S., & Rubenstein, V. (1982). Anality and routine. *Journal of Personality Assessment, 46*, 142.

Juni, S., Masling, J., & Brannon, R. (1979). Interpersonal touching and orality. *Journal of Personality Assessment, 43*, 235–237.

Kachadourian, L. K., Fincham, F., & Davila, J. (2004). The tendency to forgive in dating and married couples: The role of attachment and relationship satisfaction. *Personal Relationships, 11*, 373–393.

Kaczor, L. M., Ryckman, R. M., Thornton, B., & Kuehnel, R. H. (1991). Observer hypercompetitiveness and victim precipitation of rape. *Journal of Social Psychology, 131*, 131–134.

Kahn, E. (1999). A critique of nondirectivity in the person-centered approach. *Journal of Humanistic Psychology, 39*, 94–110.

Kahn, E. (2002). A way to help people by holding theory lightly: A response to Bozarth, Merry and Brodley, and Sommerbeck. *Journal of Humanistic Psychology, 42*, 88–96.

Kalechstein, A. D., & Nowicki, S., Jr. (1997). A metaanalytic examination of the relationship between control expectancies and academic achievement: A 11-year follow-up to Findley and Cooper. *Genetic, Social, and General Psychology Monographs, 123*, 29–56.

Kalkan, M. (2009). Adlerian Social Interest Scale-Romantic Relationship form (ASIS-RR): Scale development and psychometric properties. *Individual Differences Research, 7*, 40–48.

Kannarkat, J. P., & Bayton, J. A. (1979). Validity of Adler's active-constructive, active-destructive, passive-constructive, and passive-destructive typology. *Journal of Research in Personality, 13*, 351-360.

Kapalka, G. M., & Lachenmeyer, J. R. (1988). Sex-role flexibility, locus of control, and occupational status. *Sex Roles, 19*, 417–427.

Kaplan, A., Gheen, M., & Midgley, C. (2002). Classroom goal structure and student disruptive behaviour. *British Journal of Educational Psychology, 72*, 191–211.

Kappe, R., & van der Flier, H. (2010). Using multiple and specific criteria to assess the predictive validity of the Big Five personality factors on academic performance. *Journal of Research in personality, 44*, 142–145.

Karabati, S., & Cemalcilar, Z. (2010). Values, materialism, and well-being: A study with Turkish university students. *Journal of Economic Psychology, 31*, 624–633.

Karim, N. S. A., Zamzuri, N. H. A., & Nor, Y. M. (2009). Exploring the relationship between internet ethics in university students and the big five model of personality. *Computers & Education, 53*, 86–93.

Kasser, T., & Ahuvia, A. (2002). Materialistic values and well-being in business students. *European Journal of Social Psychology, 32*, 137–146.

Kasser, T., & Ryan, R. M. (1993). A dark side of the American dream: Correlates of financial success as a central life aspiration. *Journal of Personality and Social Psychology, 65*, 410–422.

Kasser, T., & Sheldon, K. M. (2000). Of wealth and death: Materialism, mortality salience, and consumption behavior. *Psychological Science, 11*, 348–351.

Katkovsky, W. (1968). Social-learning theory and maladjustment. In L. Gorlow & W. Katkovsky (Eds.), *Readings in the psychology of adjustment* (2nd ed.) (pp. 213–232). New York: McGraw-Hill.

Katz, E., Fromme, K., & D'Amico, E. (2000). Effects of outcome expectancies and personality on young adults' illicit drug use, heavy drinking, and risky sexual behavior. *Cognitive Therapy and Research, 24*, 1–22.

Kauffman, R. A., & Ryckman, R. M. (1979). Effects of locus-of-control, outcome severity, and attitudinal similarity of defendant on attributions of criminal responsibility. *Personality and Social Psychology Bulletin, 5*, 340–343.

Kay, A. C., Gaucher, D., McGregor, & Nash, K. (2010). Religious belief as compensatory control. *Personality and Social Psychology Review, 14*, 37–48.

Kazdin, A. E. (1989). *Behavior modification in applied settings* (4th ed.). Pacific Grove, CA: Brooks/Cole.

Kehle, T. J., Bray, M. A., Margiano, S. G., Theodore, L. A., & Zhou, Z. (2002). Self-modeling as an effective intervention for students with serious emotional disturbance: Are we modifying children's memories? *Psychology in the Schools, 39*, 203–207.

Kelley, T. M., & Stack, S. A. (2000). Thought recognition, locus of control, and adolescent well-being. *Adolescence, 35*, 531–550.

Kelly, G. A. (1955). *The psychology of personal constructs* (Vols. 1 & 2). New York: Norton.

Keltikangas-Jarvinen, L., & Raikkonen, K. (1990). Healthy and maladjusted Type A behavior in adolescents. *Journal of Youth and Adolescence, 19*, 1–18.

Kenrick, D. T., Sadalla, E. K., Groth, G., & Trost, M. R. (1990). Evolution, traits, and the stages of human courtship: Qualifying the parental investment model. *Journal of Personality, 58*, 97–116.

Keutzer, C. S. (1978). Whatever turns you on: Triggers to transcendent experiences. *Journal of Humanistic Psychology, 18*, 77–80.

Kevles, D. J. (1985). *In the name of eugenics*. New York: Knopf.

Kim, J. H., Lau, C. H., Cheuk, K. -K., Kan, P., Hui, H. L. C., & Griffiths, S. M. (2010). Brief report: Predictors of heavy Internet use and associations with health-promoting and health Risk behaviors among Hong Kong university students. *Journal of Adolescence, 33*, 215–220.

Kirkcaldy, B. D., Shephard, R. J., & Furnham, A. F. (2002). The influence of type A behaviour and locus of control upon job satisfaction and occupational health. *Personality and Individual Differences, 33*, 1361–1371.

Kirschenbaum, H., & Jourdan, A. (2005). The current status of Carl Rogers and the person-centered approach. *Psychotherapy: Theory, Research, Practice, Training, 42*, 37–51.

Kitayama, S., Markus, H. R., Matsumoto, H., & Norasakkunkit, V. (1997). Individual and collective processes in the construction of the self: Selfenhancement in the United States and self-criticism in Japan. *Journal of Personality and Social Psychology, 72*, 1245–1267.

Kline, P. (1972). *Fact and fantasy in Freudian theory*. London: Methuen.

Knee, C. R., & Neighbors, C. (2002). Self-determination, perception of peer pressure, and drinking among college students. *Journal of Applied Social Psychology, 32*, 522–543.

Knudson-Martin, C., & Mahoney, A. R. (2009). Beyond gender: The processes of relationship equality. In C. Knudson-Martin and A. R. Mahoney (Eds.) *Couples, gender, and power: Creating change in intimate relationships*. New York: Springer Publishing.

Koenig, H. G. (1997). *Is religion good for your health? The effects of religion on physical and mental health*. New York: Haworth Press.

Kohut, H. (1959). Introspection, empathy and psychoanalysis. In P. Ornstein (Ed.), *The search for the self* (Vol. 1, pp. 205–232). New York: International Universities Press.

Kohut, H. (1966). Forms and transformations of narcissism. *Journal of the American Psychoanalytic Association, 14*, 243–272.

Kohut, H. (1971). *The analysis of the self.* New York: International Universities Press.

Kohut, H. (1977). *The restoration of the self.* New York: International Universities Press.

Kohut, H. (1980). Reflections on advances in self psychology. In A. Goldberg (Ed.), *Advances in self psychology* (pp. 473–554).

Kohut, H. (1984). *How does analysis cure?* Chicago: The University of Chicago Press.

Kohut, H. (1985). *Self psychology and the humanities: Reflections on a new psychoanalytic approach.* New York: W. W. Norton.

Kohut, H., & Seitz, P. F. D. (1963). Concepts and theories of psychoanalysis. In J. M. Wepman and R. W. Heine (Eds.), *Concepts of personality* (pp. 113–141). Chicago, IL: Aldine.

Kohut, H., & Wolf, E. (1978). The disorders of the self and their treatment: An outline. *International Journal of Psychoanalysis, 59*, 413–426.

Koltko-Rivera, M. E. (2006). Rediscovering the later Version of Maslow's hierarchy of needs: Selftranscendence and opportunities for theory, research, and unification. *Review of General Psychology, 10*, 302–317.

Kores, R. C., Murphy, W. D., Rosenthal, T. L., Elias, D. B., & North, W. C. (1990). Predicting outcome of chronic pain treatment via a modified selfefficacy scale. *Behaviour Research and Therapy, 28*, 165–169.

Kowalski, H. S., Wyver, S. R., Masselos, G., & DeLacey, P. (2004). Toddlers' emerging symbolic play: a firstborn advantage? *Early Child Development & Care, 174*, 389–400.

Kowaz, A. M., & Marcia, J. E. (1991). Development and validation of a measure of Eriksonian industry. *Journal of Personality and Social Psychology, 60*, 390–397.

Krasner, L. (1970). Behavior modification, token economies, and training in clinical psychology. In C. Neuringer & J. L. Michael (Eds.), *Behavior modification in clinical psychology* (pp. 86–104). New York: Appleton-Century-Crofts.

Krause, N. (2005). God-mediated control and psychological well-being in later life. *Research on Aging, 27*, 136–164.

Kristal, J. (2005). *The temperament perspective: Working with children's behavioral styles.* New York: Paul H. Brookes Publishing Co.

Kroger, J. (1989). *Identity in adolescence: The balance between self and other.* London: Routledge.

Kroger, J. (2007). *Identity development: Adolescence to adulthood* (2nd edition). Thousand Oaks, CA: Sage Publications.

Kuhn, T. S. (1996). *The structure of scientific revolutions* (3rd ed.). Chicago: University of Chicago Press.

Kushner, M. (1970). Faradic aversive controls in clinical practice. In C. Neuringer & J. L. Michael (Eds.), *Behavior modification in clinical psychology* (pp. 26–51). New York: Appleton-Century-Crofts.

Lamontagne, Y., Boyer, R., Hetu, C., Lacerte-Lamontagne, C. (2000). Anxiety, significant losses, depression, and irrational beliefs in first-offense shoplifters. *Canadian Journal of Psychiatry, 45*, 63–65.

Landrum, R. E. (1992). College students' use of caffeine and its relationship to personality. *College*

Student Journal, *26*, 151–155.

Langelaan, L., Bakker, A. B., van Doornen, L. J. P., & Schaufeli, W. B. (2006). Burnout and work engagement: Do individual differences make a difference? *Personality and Individual Differences*, *40*, 521–532.

Lapsley, D. K., & Aalsma, M. C. (2006). An empirical typology of narcissism and mental health in late adolescence. *Journal of Adolescence*, *29*, 53–71.

Lawson, E. D. (1971). Hair color, personality and the observer. *Psychological Reports*, *28*, 311–322.

Leak, G. K., & Gardner, L. E. (1990). Sexual attitudes, love attitudes, and social interest. *Individual Psychology*, *46*, 55–60.

Leak, G. K., & Williams, D. E. (1991). Relationship between social interest and perceived family environment. *Journal of Individual Psychology*, *47*, 159–165.

Leak, G. K., Millard, R. J., Perry, N. W., & Williams, D. E. (1985). An investigation of the nomological network of social interest. *Journal of Research in Personality*, *19*, 197–207.

Lease, S. H. (2004). Effect of locus of control, work knowledge, and mentoring on career decisionmaking difficulties: Testing the role of race and academic institution. *Journal of Career Assessment*, *12*, 239–254.

Lee, R. M., & Robbins, S. B. (2000). Understanding social connectedness in college women and men. *Journal of Counseling & Development*, *78*, 484–491.

Lee, R. M., Dean, B. L., & Jung, K. R. (2008). Social connectedness, extraversion, and subjective wellbeing. *Personality and Individual Differences*, *45*, 414–419.

Lefcourt, H. M. (1982). *Locus of control: Current trends in theory and research* (2nd ed.). Hillsdale, NJ: Erlbaum.

Leider, R. J. (1995). The psychology of the self. In E. Nersessian and R. Kopff (Eds.), *The textbook of psychoanalysis*. Washington, DC: American Psychiatric Association Press.

Lent, R. W., Brown, S. D., & Larkin, K. C. (1986). Selfefficacy in the prediction of academic performance and perceived career options. *Journal of Counseling Psychology*, *33*, 265–269.

Lesniak, K. T., Rudman, W., Rector, M. B., & Elkin, D. (2006). Psychological distress, stressful life events, and religiosity in younger African American adults. *Mental Health, Religion and Culture*, *9*, 15–28.

Lethbridge, D. (1986). A Marxist theory of selfactualization. *Journal of Humanistic Psychology*, *26*, 84–153.

Levitz–Jones, E. M., & Orlofsky, J. L. (1985). Separationindividuation and intimacy capacity in college women. *Journal of Personality and Social Psychology*, *49*, 156–169.

Lewis, M., & Feiring, C. (1982). Some American families at dinner. In L. M. Laosa & I. E. Sigel (Eds.), *Families as learning environments for children* (pp. 115–145). New York: Plenum.

Lewontin, R. (2000). *It ain't necessarily so: The dream of the human genome and other illusions*. New York: New York Review Books.

Lichtenberg, J. D. (1991). *Psychoanalysis and infant research*. Hillsdale, NJ: Analytic Press.

Lim, V. K. G., Thompson, S. H. T., & Loo, G. L. (2003). Sex, financial hardship and locus of control: An empirical study of attitudes towards money among Singaporean Chinese. *Personality and Individual Differences*, *34*, 411–429.

Lipsitz, J. D., Fyer, A. J., Paterniti, A., & Klein, D. F. (2001). Emetophobia: Preliminary results of an internet survey. *Depression and Anxiety, 14*, 149–152.

Liu, X., Kurita, H., Uchiyama, M., Okawa, M., Liu, L., & Ma, D. (2000). Life events, locus of control, and behavioral problems among Chinese adolescents. *Journal of Clinical Psychology, 56*, 1565–1577.

Lovaas, O. I. (1967). A behavior therapy approach to the treatment of childhood schizophrenia. In J. P. Hill (Ed.), *Minnesota symposia on child psychology* (Vol. 1., pp. 108–159). Minneapolis: University of Minnesota Press.

Lowenstein, A., & Rosen, A. (1995). The relation of locus of control and social support to life-cycle related needs of widows. *International Journal of Aging and Human Development, 40*, 103–123.

Lowis, M. J. (2003). Peak emotional experiences and their antecedents: A survey of staff at a British university college. *Korean Journal of Thinking & Problem Solving, 13*, 41–53.

Lubinski, D., Schmidt, D. B., & Benbow, C. P. (1996). A 20-year stability analysis of the study of values for intellectually gifted individuals from adolescence to adult-hood. *Journal of Applied Psychology, 81*, 443–451.

Luman, M., Oosterlaan, J., & Sergeant, J. A. (2005). The impact of reinforcement contingencies on AD/HD: A review and theoretical appraisal. *Clinical Psychology Review, 25*, 183–213.

Luskin, F. (2002). *Forgive for good: A proven prescription for health and happiness*. New York: HarperCollins Publishers.

Luyckx, K., Duriez, B., Klimstra, T. A., & De Witte, H. (2010). Identity statuses in young adult employees: Prospective relations with work engagement and burnout. *Journal of Vocational Behavior, 77*, 339–349.

Luzzo, D. A. (1993). Predicting the career maturity of undergraduates: A comparison of personal, educational, and psychological factors. *Journal of College Student Development, 34*, 271–275.

Luzzo, D. A., & Ward, B. E. (1995). The relative contributions of self-efficacy and locus of control to the prediction of vocational congruence. *Journal of Career Development, 21*, 307–317.

Macavei, B. (2005). The role of irrational beliefs in the rational emotive behavior theory of depression. *Journal of Cognitive and Behavioral Psychotherapies, 5*, 73–81.

Macquarrie, J. (1972). *Existentialism*. Baltimore: Penguin Books.

Maddi, S. R. (1996). *Personality theories: A comparative analysis* (6th ed.). Pacific Grove, CA: Brooks/Cole.

Maddi, S. R., Harvey, R. H., Khoshaba, D. M., Fazel, M., & Resurreccion, N. (2009). The personality construct of hardiness, IV: Expressed in positive cognitions and emotions concerning oneself and developmentally relevant activities. *Journal of Humanistic Psychology, 49*, 292–305.

Mairet, P. (Ed.). (1964). *Alfred Adler: Problems of neurosis: A book of case studies*. New York: Harper & Row.

Malanowski, J. R., & Wood, P. H. (1984). Burnout and self-actualization in public school teachers. *Journal of Psychology, 117*, 23–26.

Maltby, J. Macaskill, A., Day, L., & Garner, I. (1999). Social interest and Eysenck's personality dimensions. *Psychological Reports, 85*, 197–200.

Maltby, J., & Day, L. (2000). Religious orientation and death obsession. *Journal of Genetic Psychology, 161*, 122–124.

Marcia, J. E. (1966). Development and validation of ego-identity status. *Journal of Personality and*

Social Psychology, 3, 551–558.

Marcia, J. E. (1993). The status of the statuses: Research review. In J. E. Marcia, A. S. Waterman, D. R. Matteson, S. L. Archer, & J. L. Orlofsky (Eds.), *Ego identity: A handbook for psychosocial research* (pp. 22–41). New York: Springer–Verlag.

Marcia, J. E. (1994). Ego identity and object relations. In J. M. Masling and R. F. Bornstein (Eds.), *Empirical perspectives on object relations theory* (pp. 59–103). Washington, DC: American Psychological Association.

Markus, H. R., & Kitayama, S. (1998). The cultural psychology of personality. *Journal of Cross–cultural Psychology, 29*, 63–87.

Markus, H., & Kitayama, S. (1991). Culture and the self: Implications for cognition, emotion, and motivation. *Psychological Review, 98*, 224–253.

Marshall, W. L. (1985). The effects of variable exposure in flooding therapy. *Behavior Therapy, 16*, 117–135.

Martsh, C. T., & Miller, W. R. (1997). Extraversion predicts heaving drinking in college students. *Personality and Individual Differences, 23*, 153–155.

Marx, M. H. (1964). The general nature of theory construction. In M. H. Marx (Ed.), *Theories in contemporary psychology* (pp. 4–46). New York: Macmillan.

Masling, J. (1986). Orality, pathology and interpersonal behavior. In J. Masling (Ed.), *Empirical studies of psychoanalytic theories* (Vol. 1, pp. 73–106). Hillsdale, NJ: Erlbaum.

Masling, J. (1992). What does it all mean? In R. F. Bornstein and T. S. Pittman (Eds.), *Perception without awareness* (pp. 259–276). New York: Guilford Press.

Masling, J., O'Neill, R., & Katkin, E. S. (1982). Autonomic arousal, interpersonal climate, and orality. *Journal of Personality and Social Psychology, 42*, 529–534.

Masling, J., Price, J., Goldband, S., & Katkin, E. S. (1981). Oral imagery and autonomic arousal in social isolation. *Journal of Personality and Social Psychology, 40*, 395–400.

Maslow, A. H. (1962). *Toward a psychology of being*. New York: Van Nostrand.

Maslow, A. H. (1968). *Toward a psychology of being* (2nd ed.). Princeton, NJ: D. Van Nostrand.

Maslow, A. H. (1970a). *Motivation and personality* (2nd ed.). New York: Harper & Row.

Maslow, A. H. (1970b). *Religions, values, and peakexperiences*. New York: Viking Press.

Maslow, A. H. (1971). *The farther reaches of human nature*. New York: Viking Press.

Maslow, A. H. (1987). *Motivation and personality* (3rd ed.), New York: Harper & Row.

Mason, M. J. (2009). Rogers redux: Relevance and outcomes of motivational interviewing across behavioral problems. *Journal of Counseling & Development, 87*, 357–362.

Mathes, E. W. (1978). Self–actualization, metavalues, and creativity. *Psychological Reports, 43*, 215–222.

Mathes, E. W., & Zevon, M. A. (1982). Peak experience tendencies: Scale development and theory testing. *Journal of Humanistic Psychology, 22*, 92–108.

Matson, J. L., & LoVullo, S. V. (2009). A review of behavioral treatments for self–injurious behaviors of persons with autism spectrum disorders. *Behavior Modification, 32*, 61–76.

May, R. (1953). *Man's search for himself*. New York: Norton.

May, R. (1958a). Contributions of existential psychotherapy. In R. May, E. Angel, & H. F. Ellenberger (Eds.), *Existence: A new dimension in psychiatry and psychology* (pp. 37–91). New York: Basic

Books.

May, R. (1958b). The origins and significance of the existential movement in psychology. In R. May, E. Angel, & H. F. Ellenberger (Eds.), *Existence: A new dimension in psychiatry and psychology* (pp. 3–36). New York: Basic Books.

May, R. (1967). *Psychology and the human dilemma*. New York: Van Nostrand.

May, R. (1969). *Love and will*. New York: Norton.

May, R. (1973). Existential psychology. In T. Millon (Ed.), *Theories of psychopathology and personality* (pp. 263–271). Philadelphia: Saunders.

May, R. (1981). *Freedom and destiny*. New York: Norton.

May, R. (1982). The problem of evil: An open letter to Carl Rogers. *Journal of Humanistic Psychology*, *22*, 10–21.

May, R. (1983). *The discovery of being: Writings in existential psychology*. New York: Norton.

May, R. (1991). *The cry for myth*. New York: Norton.

May, R., & Schneider, K. (1995). *The psychology of existence: An integrative, clinical perspective*. New York: McGraw–Hill.

Mayr, E. (1994). The advance of science and scientific revolutions. *Journal of the History of the Behavioral Sciences*, *30*, 328–334.

Mazur, J. E. (1986). *Learning and behavior*. Englewood Cliffs, NJ: Prentice–Hall.

McAdams, D. P. (1992). The five–factor model in personality: A critical appraisal. *Journal of Personality*, *60*, 329–361.

McAdams, D. P. (2001). The psychology of life stories. *Review of General Psychology*, *5*, 100–123.

McAdams, D. P., de St. Aubin, E., & Logan, R. L. (1993). Generativity among young, midlife, and older adults. *Psychology and Aging*, *8*, 221–230.

McAdams, D. P., Hart, H. M., &: Maruna, S. (1998). The anatomy of generativity. In D. P. McAdams and E. de St. Aubin (Eds.). *Generativity and adult development: How and why we care for the next generation* (pp. 7–43). Washington, D. C.: American Psychological Association.

McCrae, R. R., & Costa, P. T., Jr. (1990). *Personality in adulthood*. New York: Guilford Press.

McCrae, R. R., & John, O. P. (1992). An introduction to the Five–Factor Model and its applications. In R. R. McCrae (Ed.), The Five–Factor Model: Issues and applications. *Journal of Personality*, *60*, 175–215.

McCullough, M. E. (2000). Forgiveness as human strength: Theory, measurement, and links to wellbeing. *Journal of Social and Clinical Psychology*, *19*, 43–55.

McFarland, S. G. (1989). Religious orientations and the targets of discrimination. *Journal for the Scientific Study of Religion*, *28*, 324–336.

McGee, M. G., & Wilson, D. W. (1984). *Psychology: Science and application*. New York: West.

McGoldrick, M., & Giordano, J. (1996). Overview: Ethnicity and family therapy. In McGoldrick, J. Giordano, and J. K. Pearce (Eds.), *Ethnicity and family therapy* (2nd ed., pp. 1–27). New York: Guilford Press.

McGreevy, M. H., Neubauer, J. F., & Carich, M. S. (2001). Comparison of lifestyle profiles of incarcerated sexual offenders with those of persons incarcerated for other crimes. *Journal of Individual Psychology*, *57*, 67–77.

McKenzie, J., & DaCosta, C. (1999). 'Opennessto–experience' as a descriptor of the student actress personality. *Research in Drama Education*, *4*, 215–225.

McMains, M. J., & Liebert, R. M. (1968). The influence of discrepancies between successively modeled selfreward criteria on the adoption of a self-imposed standard. *Journal of Personality and Social Psychology*, *8*, 166–171.

McNulty, J. K. (2011). The dark side of forgiveness: The tendency to forgive predicts continued psychological and physical aggression in marriage. *Personality and Social Psychology Bulletin*, *37*, 770–783.

McPherson, F. M., Armstrong, J., & Heather, B. B. (1978). Psychological construing and thought disorder: Another test of the "difficulty" hypothesis. *British Journal of Medical Psychology*, *51*, 319–324.

McPherson, F. M., Buckley, F., & Draffan, J. (1971). "Psychological" constructs and delusions of persecution and "nonintegration" in schizophrenia. *British Journal of Medical Psychology*, *44*, 277–280.

Melillo, D. (1983). Birth order, perceived birth order, and family position of academic women. *Individual Psychology*, *39*, 57–62.

Mellor, D., Stokes, M., Firth, L., Hayashi, Y., & Cummins, R. (2008). Need for belong, relationship satisfaction, loneliness, and life satisfaction. *Personality and Individual Differences*, *45*, 213–218.

Meyer, R. G. (1993). *The clinician's handbook* (3rd ed.). Boston, MA: Allyn and Bacon.

Michels, R. (1988). The future of psychoanalysis. *Psychoanalytic Quarterly*, *57*, 167–185.

Milgram, S. (1963). Behavioral study of obedience. *Journal of Abnormal and Social Psychology*, *67*, 371–378.

Miller, J. B. (1994). Women's psychological development: Connections, disconnections, and violations. In M. M. Berger (Ed.), *Women beyond Freud: New concepts of feminine psychology* (pp. 79–97). New York: Brunner/Mazel Publishers.

Miller, J. D., Lynam, D. R., & Jones, S. (2008). Externalizing behavior through the lens of the five-factor model: A focus on agreeableness and conscientiousness. *Journal of Personality Assessment*, *90*, 158–164.

Miller, P. H. (1993). *Theories of developmental psychology* (3rd ed.). New York: W. H. Freeman.

Miranda, A. O., & Fiorello, K. J. (2002). The connection between social interest and the characteristics of sexual abuse perpetrated by male pedophiles. *Journal of Individual Psychology*, *58*, 62–75.

Mirowsky, J. (1995). Age and the sense of control. *Social Psychology Quarterly*, *58*, 31–43.

Mitchell, C. W., & Shuff, I. M. (1995). Personality characteristics of hospice volunteers as measured by Myers-Briggs Type Indicator. *Journal of Personality Assessment*, *65*, 521–532.

Moller, A. T., Rabe, H. M., & Nortje, C. (2001). Dysfunctional beliefs and marital conflict in distressed and non-distressed married individuals. *Journal of Rational-Emotive & Cognitive Behavior Therapy*, *19*, 259–270.

Mooney, S. P., Sherman, M. F., & Lo Presto, C. T. (1991). Academic locus of control, self-esteem, and perceived distance from home as predictors of college adjustment. *Journal of Counseling & Development*, *69*, 445–448.

Morf, C. C., & Rhodewalt, F. (1993). Narcissism and self-evaluation maintenance: Explorations in object relations. *Personality and Social Psychology Bulletin*, *19*, 668–676.

Morris, C. G. (1982). *Psychology: An introduction* (4th ed.). Englewood Cliffs, NJ: Prentice-Hall.

Morrison, K. A. (1997). Personality correlates of the five-factor model for a sample of business owners/managers: Associations with scores on selfmonitoring, Type A behavior, locus of control, and subjective well-being. *Psychological Reports*, *80*, 255–272.

Morton, L. C., & Markey, P. M. (2009). Goal agreement and relationship quality among college students and their parents. *Personality and Individual Differences*, *47*, 912–916.

Morton, T. L. (1997). The relationship between parental locus of control and children's perceptions of control. *Journal of Genetic Psychology*, *158*, 216–225.

Mosak, H. H. (1977). *On purpose: Collected papers of Harold H. Mosak*. Chicago: Alfred Adler Institute.

Moschetta, P. V., & Moschetta, E. F. (1993). Encouraging Social interest between married partners. *Individual Psychology*, *49*, 399–405.

Mosher, D. L. (1968). The influence of Adler on Rotter's social learning theory of personality. *Journal of Individual Psychology*, *24*, 33–45.

Mottram, A. J., & Fleming, M. J. (2009). Extraversion, impulsivity, and online group membership as predictors of Problematic internet use. *Cyberpsychology & Behavior*, *12*, 319–321.

Mudrack, P. E. (1990). Machiavellianism and locus of control: A meta-analytic review. *Journal of Social Psychology*, *130*, 125–126.

Muhonen, T., & Torkelson, E. (2004). Work locus of control and its relationship to health and job satisfaction from a gender perspective. *Stress and Health*, *20*, 21–28.

Muraven, M., Baumeister, R. F., & Tice, D. M. (1999). Longitudinal improvement of self-regulation through practice: Building self-control strength through repeated exercise. *Journal of Social Psychology*, *139*, 446–457.

Muris, P. (2002). Relationships between self-efficacy and symptoms of anxiety disorders and depression in a normal adolescent sample. *Personality and Individual Differences*, *32*, 337–348.

Myers, I. B., & McCaulley, M. H. (1985). *A guide to the development and use of the Myers-Briggs Type Indicator*. Palo Alto, CA: Consulting Psychologists Press.

Narayan, R., Shams, G. K., Jain, R., & Gupta, B. S. (1997). Personality characteristics of persons addicted to heroin. *Journal of Psychology*, *131*, 125–127.

Negy, C. (2004). Therapy with dissimilar clients: Issues to consider along this road more traveled. In C. Negy (Ed.), *Cross-cultural psychotherapy: Toward a critical understanding of diverse clients.* Brentworth Way, Reno, NV: Bent Tree Press.

Neimeyer, G. J. (1992). Personal constructs and vocational structure. In R. A. Neimeyer and G. J. Neimeyer (Eds.), *Advances in personal construct psychology* (Vol. 2, pp. 91–120). Greenwich, CT: JAI Press.

Neimeyer, G. J., & Hall, A. G. (1988). Personal identity in disturbed marital relationships. In F. Fransella & L. Thomas (Eds.), *Experimenting with personal construct theory* (pp. 297–307). London: Routledge & Kegan Paul.

Neimeyer, R. A. (1985). *The development of personal construct psychology*. Lincoln: University of Nebraska Press.

Nesselroade, J. R., & Cattell, R. B. (Eds.). (1988). *Handbook of multivariate experimental psychology* (2nd ed.). New York: Plenum.

Newman, J., & Taylor, A. (1994). Family training for political leadership: Birth order of United States state governors and Australian prime ministers. *Political Psychology*, *15*, 435–442.

Nguyen, N. T., Allen, L. C., & Fraccastoro, K. (2005). Personality predicts academic performance: Exploring the moderating role of gender. *Journal of Higher Education Policy & Management*, *27*, 105–116.

Nilius, B. (2010). Editorial: A special issue on channelopathies. *European Journal of Physiology*, *460*, 221–222.

Noftle, E. E., & Robins, R. W. (2007). Personality predictors of academic outcomes: Big–Five correlates of GPA and SAT scores. *Journal of Personality and Social Psychology*, *93*, 116–130.

Noll, R. (1997). *The Aryan Christ*. New York: Random House.

Norman, W. T. (1963). Toward an adequate taxonomy of personality attributes: Replicated factor structure in peer nomination personality ratings. *Journal of Abnormal and Social Psychology*, *66*, 574–583.

Norman, W. T. (1967). *2800 personality trait descriptors: Normative operating characteristics for a university population*. Ann Arbor: University of Michigan, Department of Psychology.

O'Leary, A. (1992). Self–efficacy and health: Behavioral and stress–physiological mediation. *Cognitive Therapy and Research*, *16*, 229–245.

O'Leary, K. D., & Wilson, G. T. (1987). *Behavior therapy: Application and outcome* (2nd ed.). Englewood Cliffs, NJ: Prentice–Hall.

O'Neill, R. M. (1984). Anality and Type A coronaryprone behavior pattern. *Journal of Personality Assessment*, *48*, 627–628.

O'Neill, R. M., & Bornstein, R. F. (2001). The dependent patient in a psychiatric inpatient setting: Relationship of interpersonal dependency to consultation and medication frequencies. *Journal of Clinical Psychology*, *57*, 289–298.

Okun, B. F. (1992). Object relations and self psychology: Overview and feminist perspective. In L. S. Brown & M. Ballou (Eds.), *Personality and psychopathology: Feminist Reappraisals* (pp. 20–45). New York: Guilford Press.

Olatunji, B. O., Deacon, B. J., & Abramowitz, J. S. (2009). The cruelest cure? Ethical issues in the implementation of exposure–based treatments. *Cognitive and Behavioral Practice*, *16*, 172–180.

Onyskiw, J. E., & Hayduk, L. A. (2001). Processes underlying children's adjustment in families characterized by physical aggression. *Family Relations*, *50*, 376–385.

Orgler, H. (1963). *Alfred Adler: The man and his work*. New York: Liveright.

Orlofsky, J. L. (1976). Intimacy status: Relationship to interpersonal perception. *Journal of Youth and Adolescence*, *5*, 73–88.

Orlofsky, J. L. (1978). The relationship between intimacy and antecedent personality components. *Adolescence*, *8*, 420–441.

Orlofsky, J. L. (1993). Intimacy status: Theory and research. In J. E. Marcia, A. S. Waterman, D. R. Matteson, S. L. Archer, & J. L. Orlofsky (Eds.), *Ego identity: A handbook for psychosocial research* (pp. 111–133). New York: Springer–Verlag.

Orlofsky, J. L., Marcia, J. E., & Lesser, I. (1973). Ego identity status and the intimacy versus isolation crisis of young adulthood. *Journal of Personality and Social Psychology*, *27*, 211–219.

Otway, L. J., & Vignoles, V. L. (2006). Narcissism and childhood recollections: A quantitative test of psychoanalytic predictions. *Personality and Social Psychology Bulletin*, *32*, 104–116.

Ozer, E. M., & Bandura, A. (1990). Mechanisms governing empowerment effects: A self-efficacy analysis. *Journal of Personality and Social Psychology*, *58*, 472–486.

Paik, H., & Comstock, G. (1994). The effects of television violence on antisocial behavior: A metaanalysis. *Communication Research*, *21*, 516–546.

Pajares, F., & Valiante, G. (1997). Influence of selfefficacy on elementary students' writing. *Journal of Educational Research*, *90*, 353–360.

Pancer, S. M., Hunsberger, B., Pratt, M. W., & Alisat, S. (2000). Cognitive complexity of expectations and adjustment to university in the first year. *Journal of Adolescent Research*, *15*, 38–57.

Papazova, E., & Pencheva, E. (2008). Adolescent self-esteem and psychological type. *Journal of Psychological Type*, *68*, 1–10.

Paris, B. (1994). *Karen Horney: A psychoanalyst's search for self-understanding*. New Haven, CT: Yale University Press.

Park, C. L., Cohen, L. H., & Murch, R. L. (1996). Assessment and prediction of stress-related growth. *Journal of Personality*, *64*, 71–105.

Parker, G., & Lipscombe, P. (1980). The relevance of early parental experiences to adult dependency, hypochondriasis, and utilization of primary physicians. *British Journal of Medical Psychology*, *53*, 355–363.

Passmore, J., Holloway, M., & Rawle-Cope, M. (2010). Using MBTI type to explore differences and implications for practice for therapists andcoaches: Are executive coaches really likecounselors? *Counseling Psychology Quarterly*, *23*, 1–16.

Patrick, H., Hicks, L., & Ryan, A. M. (1997). Relations of perceived social efficacy and social goal pursuit to self-efficacy for academic work. *Journal of Early Adolescence*, *17*, 109–128.

Paul, A. M. (2004). *The cult of personality*. New York: Free Press.

Paul, H. A. (1989). Karen Horney's theory of self. In D. W. Detrick and S. P. Detrick (Eds.), *Self psychology: Comparisons and contrasts* (pp. 111–127). Hillsdale, NJ: Analytic Press.

Paunonen, S. V., & Ashton, M. C. (2001). Big Five predictors of academic achievement. *Journal of Research in Personality*, *35*, 78–90.

Paunonen, S. V., & Jackson, D. N. (2000). What is beyond the Big Five? Plenty! *Journal of Personality*, *68*, 821–835.

Pavlov, I. P. (1927). *Conditioned reflexes: An investigation into the physiological activity of the cortex*. New York: Dover.

Pearson, O. (1966). *Effects of group guidance upon college adjustment*. Unpublished doctoral dissertation, University of Kentucky, Lexington.

Penick, S. B., Filion, R., Fox, S., & Stunkard, A. J. (1971). Behavior modification in the treatment of obesity. *Psychosomatic Medicine*, *33*, 49–55.

Perosa, S. L., & Perosa, L. (1997). Intergenerational family theory and Kohut's self-psychology constructs applied to college females. *Journal of College Student Development*, *38*, 143–156.

Perry, J., Silvera, D., & Rosenvinge, J. H. (2002). Are oral, obsessive, and hysterical personality traits related to disturbed eating patterns? A general population study of 6, 313 men and women. *Journal of Personality Assessment*, *78*, 405–416.

Persegani, C., Russo, P. Carucci, C., Nicolini, M., Papeschi, L. L., & Trimarchi, M. (2002). Television viewing and personality structure in children. *Personality and Individual Differences*, *32*, 977–990.

Phares, E. J. (1971). Internal–external control and the reduction of reinforcement value after failure. *Journal of Consulting and Clinical Psychology*, *37*, 386–390.

Phares, E. J. (1976). *Locus of control in personality*. Morristown, NJ: General Learning Press.

Phares, E. J. (1979). Defensiveness and perceived control. In L. C. Perlmutter & R. A. Monty (Eds.), *Choice and perceived control* (pp. 195–208). Hillsdale, NJ: Erlbaum.

Phares, E. J., & Lamiell, J. T. (1974). Relationship of internal–external control to defensive preferences. *Journal of Consulting and Clinical Psychology*, *42*, 872–878.

Philpot, C. L., Brooks, G. R., Lusterman, D. D., & Nutt, R. A. (1997). *Bridging separate gender worlds*. Washington, DC: American Psychological Association.

Phinney, J. S. (1990). Ethnic identity in adolescents and adults: Review of research. *Psychological Bulletin*, *108*, 499–514.

Piedmont, R. L. (1988). An interactional model of achievement motivation and fear of success. *Sex Roles*, *19*, 467–490.

Pierce, D. L., Sewell, K. W., & Cromwell, R. L. (1992). Schizophrenia and depression: Construing and constructing empirical research. In R. A. Neimeyer and G. J. Neimeyer Eds.), *Advances in personal construct psychology* (Vol. 2, pp. 151–184). Greenwich, CT: JAI Press.

Pincus, A. L., & Wilson, K. R. (2001). Interpersonal variability in dependent personality. *Journal of Personality*, *69*, 223–251.

Pinel, J. P. J. (2000). *Biopsychology*. (4th ed.). Boston, MA: Allyn and Bacon.

Pintrich, P. R., & De Groot, E. V. (1990). Motivational and self–regulated learning components of classroom academic performance. *Journal of Educational Psychology*, *82*, 33–40.

Platt, J. R. (1973). The Skinnerian revolution. In H. Wheeler (Ed.), *Beyond the punitive society* (pp. 22–56). San Francisco: W. H. Freeman.

Plomin, R. (2000). Behavioural genetics in the 21st century. *International Journal of Behavioral Development*, *24*, 30–34.

Plomin, R., Chipuer, H. M., & Loehlin, J. C. (1990). Behavioral genetics and personality. In L. A. Pervin (Ed.), *Handbook of personality: Theory and research* (pp. 225–243). New York: Guilford Press.

Plomin, R., DeFries, J. C., McClearn, G. E., & McGuffin, P. (2008). *Behavioral genetics* (5th ed.). New York: Worth Publishers.

Plomin, R., Owen, M. J., & McGuffin, P. (1994). The genetic basis of complex human behaviors. *Science*, *264*, 1733–1739.

Pollak, J. M. (1979). Obsessive–compulsive personality: A review. *Psychological Bulletin*, *86*, 225–241.

Ponton, M. O., & Gorsuch, R. L. (1988). Prejudice and religion revisted: A cross–cultural investigation with a Venezuelan sample. *Journal for the Scientific Study of Religion*, *27*, 260–271.

Porterfield, J. K., Herbert–Jackson, E., & Risley, T. R. (1976). Contingent observation: An effective and acceptable procedure for reducing disruptive behavior of young children in a group setting. *Journal of Applied Behavior Analysis*, *9*, 55–64.

Prager, K. J. (1986). Intimacy status: Its relationship to locus of control, self–disclosure, and anxiety in adults. *Personality and Social Psychology Bulletin*, *12*, 91–109.

Prager, K. J. (1989). Intimacy status and couple communication. *Journal of Social and Personal Relationships*, *6*, 435–449.

Progoff, I. (1953). *Jung's psychology and its social meaning*. London: Routledge & Kegan Paul.

Propst, L. R. (1996). Cognitive-behavioral therapy and the religious person. In E. P. Shafranske (Ed.), *Religion and the clinical practice of psychology* (pp. 391-407). Washington, D. C.: American Psychological Association.

Puner, H. W. (1947). *Freud: His life and his mind*. New York: Dell.

Putnam, R. F., Handler, M. W., Ramirez-Platt, C. M., & Luiselli, J. K. (2003). Improving student bus-riding behavior through a whole-school intervention. *Journal of Applied Behavior Analysis*, *36*, 583-590.

Quadrel, M. J., & Lau, R. R. (1989). Health promotion, health locus of control, and health behavior: Two field experiments. *Journal of Applied Social Psychology*, *19*, 1497-1521.

Rachman, S. (1969). Extraversion and neuroticism in childhood. In H. J. Eysenck & S. B. G. Eysenck (Eds.), *Personality structure and measurement* (pp. 253-264). London: Routledge & Kegan Paul.

Rapport, M. D., Murphy, H. A., & Bailey, J. S. (1982). Ritalin vs. response cost in the control of hyperactive children: A within-subject comparison. *Journal of Applied Behavior Analysis*, *15*, 205-216.

Raskin, R., Novacek, J., & Hogan, R. (1991). Narcissism, self-esteem, and defensive selfenhancement. *Journal of Personality*, *59*, 19-38.

Read, D., Adams, G. R., & Dobson, W. R. (1984). Ego identity, personality, and social influence style. *Journal of Personality and Social Psychology*, *46*, 169-177.

Recine, A. C., Werner, J. S., & L. Recine (2009). Health promotion through forgiveness intervention *Journal of Holistic Nursing*, *27*, 115-123.

Record, R. G., McKeown, T., & Edwards, J. H. (1970). The relation of measured intelligence to birth order and maternal age. *Annals of Human Genetics*, *34*, 61-69.

Redd, W. H. (1980). In vivo desensitization in the treatment of chronic emesis following gastrointestinal surgery. *Behavior Therapy*, *11*, 421-427.

Reeves, C. (1977). *The psychology of Rollo May*. San Francisco: Jossey-Bass.

Resnick, B. (2001). Testing a model of exercise behavior in older adults. *Research in Nursing & Health*, *24*, 83-92.

Retherford, R. D., & Sewell, W. H. (1991). Birth order and intelligence: Further tests of the confluence model. *American Sociological Review*, *56*, 141-158.

Reynolds, L. K., & Kelley, M. L. (1997). The efficacy of a response cost-based treatment package for managing aggressive behavior in preschoolers. *Behavior Modification*, *21*, 216-230.

Richards, S. (1987). *Philosophy and sociology of science: An introduction* (2nd ed.). Oxford: Basil Blackwell.

Rietveld, G. (2004). Similarities between Jewish philosophical thought and Adler's Individual Psychology. *Journal of Individual Psychology*, *60*, 209-218.

Roazen, P. (1976). *Erik H. Erikson: The power and limits of a vision*. New York: Free Press.

Roberts, L. C., & Blanton, P. W. (2001). "I always knew mom and dad loved me best": Experiences of only children. *Journal of Individual Psychology*, *57*, 125-140.

Rodd, J. (1994). Social interest, psychological wellbeing, and maternal stress. *Individual Psychology*, *50*, 58-68.

Rodgers, J. L., Cleveland, H. H., van den Oord, E., & Rowe, D. C. (2000). Resolving the debate over birth order, family size, and intelligence. *American Psychologist*, *55*, 599-612.

Rodgers, J. L., Cleveland, H. H., van den Oord, E., & Rowe, D. C. (2001). Birth order and intelligence: Together again for the last time. *American Psychologist*, *56*, 523–524.

Rogers, C. R. (1942). *Counseling and psychotherapy: Newer concepts in practice*. Boston: Houghton Mifflin.

Rogers, C. R. (1951). *Client-centered therapy: Its current practice, implications, and theory*. Boston: Houghton Mifflin.

Rogers, C. R. (1954). The case of Mrs. Oak: A research analysis. In C. R. Rogers & R. F. Dymond (Eds.), *Psychotherapy and personality change* (pp. 259–348). Chicago: University of Chicago Press.

Rogers, C. R. (1959). A theory of therapy, personality, and interpersonal relationships, as developed in the client-centered framework. In S. Koch (Ed.), *Psychology: A study of a science* (Vol. 3, pp. 184–256). New York: McGraw-Hill.

Rogers, C. R. (1961). *On becoming a person*. Boston: Houghton Mifflin.

Rogers, C. R. (1968). Graduate education in psychology: A passionate statement. In W. G. Bennis, E. H. Schein, F. I. Steele, & D. E. Berlew (Eds.), *Interpersonal dynamics* (2nd ed., pp. 687–703). Homewood, IL: Dorsey Press.

Rogers, C. R. (1969). *Freedom to learn*. Columbus, OH: Merrill.

Rogers, C. R. (1970). *Carl Rogers on encounter groups*. New York: Harper & Row.

Rogers, C. R. (1972a). *Becoming partners: Marriage and its alternatives*. New York: Delacorte Press.

Rogers, C. R. (1972b). Comments on Brown and Tedeschi's article. *Journal of Humanistic Psychology*, *12*, 16–21.

Rogers, C. R. (1977). *Carl Rogers on personal power*. New York: Delacorte Press.

Rogers, C. R. (1982). A psychologist looks at nuclear war: Its threat, its possible prevention. *Journal of Humanistic Psychology*, *22*, 9–20.

Rogers, C. R. (1983). *Freedom to learn for the 80s*. Columbus, OH: Merrill.

Rogers, C. R., & Sanford, R. C. (1984). Client-centered psychotherapy. In H. I. Kaplan & B. J. Sadock (Eds.), *Comprehensive textbook of psychiatry* (Vol. 4, pp. 1374–1388). Baltimore: Williams & Wilkins.

Rogers, C. R., & Stevens, B. (1967). *Person to person: The problem of being human*. New York: Simon & Schuster.

Rogers, H. E. (1965). A wife's view of Carl Rogers. *Voices*, *1*, 93–98.

Romero, E., Villar, P., Luengo, M. A., & Gomez-Fraguela, J. A. (2009). Traits, personal strivings, and well-being. *Journal of Research in Personality*, *43*, 535–546.

Roscigno, V. J., Karafin, D. L., & Tester, G. (2009). The complexities and processes of racial housing discrimination. *Social Problems*, *56*, 49–69.

Rosenbaum, M. E., & Tucker, I. F. (1952). Competence of the model and the learning of imitation and nonimitation. *Journal of Experimental Psychology*, *63*, 183–190.

Rosenberg-Kima, R. B., Baylor, A. L., Plant, E. A., & Doerr, C. E. (2008). Interface agents as social models for female students: The effects of agent visual presence and appearance on female students' attitudes and beliefs. *Computers in Human Behavior*, *24*, 2741–2756.

Rosenberg, S. (1993). Social self and the schizophrenic process: Theory and research. In R. L. Cromwell and C. R. Snyder (Eds.), *Schizophrenia: Origins, processes, treatment, and outcome* (pp. 223–240). New York: Oxford University Press.

Rosenkrans, M. A. (1967). Imitation in children as a function of perceived similarity to a social model and vicarious reinforcement. *Journal of Personality and Social Psychology*, *7*, 307–355.

Rosenthal, D. A., Gurney, R. M., & Moore, S. M. (1981). From trust to intimacy: A new inventory for examining Erikson's stages of psychosocial development. *Journal of Youth and Adolescence*, *9*, 87–99.

Ross, S. R., Rausch, M. K., & Canada, K. (2003). Competition and cooperation in the five-factor model: Individual differences in achievement orientation. *Journal of Psychology*, *137*, 323–337.

Ross, S. R., & Rausch, M. K. (2001). Psychopathic attributes and achievement dispositions in a college sample. *Personality and Individual Differences*, *30*, 471–480.

Ross, S. R., Rausch, M. K., & Canada, K. E. (2003). Competition and cooperation in the five-factor model: Individual differences in achievement orientation. *Journal of Psychology*, *137*, 323–337.

Ross, S. R., Stewart, J., Mugge, M., & Fultz, B. (2001). The imposter phenomenon, achievement, dispositions, and the five factor model. *Personality and Individual Differences*, *31*, 1347–1355.

Roth, G., Assor, A., Niemiec, C. P., Ryan, R. M., & Deci, E. L. (2009). The emotional and academic consequences of parental conditional regard: Comparing conditional positive regard, conditional negative regard, and autonomy support as parenting practices. *Developmental Psychology*, *45*, 1119–1142.

Rotter, J. B. (1954). *Social learning and clinical psychology*. Englewood Cliffs, NJ: Prentice-Hall.

Rotter, J. B. (1966). Generalized expectancies for internal versus external control of reinforcement. *Psychological Monographs*, *80* (Whole No. 609).

Rotter, J. B. (1975). Some problems and misconceptions related to the construct of internal versus external control of reinforcement. *Journal of Consulting and Clinical Psychology*, *43*, 56–67.

Rotter, J. B. (1981). The psychological situation in social learning theory. In D. Magnusson (Ed.), *Toward a psychology of situations: An interactional perspective* (pp. 169–178). Hillsdale, NJ: Erlbaum.

Rotter, J. B. (1982). Social learning theory. In N. T. Feather (Ed.), *Expectations and actions: Expectancy-value models in psychology* (pp. 241–260). Hillsdale, NJ: Erlbaum.

Rotter, J. B., & Hochreich, D. J. (1975). *Personality*. Glenview, IL: Scott, Foresman.

Rotter, J. B., Chance, J. E., & Phares, E. J. (1972). *Applications of a social learning theory of personality*. New York: Holt, Rinehart & Winston.

Rowe, D. C., Vazsonyi, A. T., & Flannery, D. J. (1994). No more than skin deep: Ethnic and racial similarity in developmental process. *Psychological Review*, *101*, 396–413. Academic Press.

Rowe, I., & Marcia, J. E. (1980). Ego identity status, formal operations, and moral development. *Journal of Youth and Adolescence*, *9*, 87–99.

Rubins, J. L. (1978). *Karen Horney: Gentle rebel of psychoanalysis*. New York: Dial.

Runyan, W. (1982). In defense of the case study method. *American Journal of Orthopsychiatry*, *52*, 440–446.

Ryckman, R. M., Hammer, M., Kaczor, L. M., & Gold, J. A. (1996), Construction of a personal development competitive attitude scale. *Journal of Personality Assessment*, *66*, 374–385.

Ryckman, R. M., Hammer, M., Kaczor, L. M., & Gold, J. A. (1990). Construction of a hypercompetitive attitude scale. *Journal of Personality Assessment*, *55*, 630–639.

Ryckman, R. M., Libby, C. R., van den Borne, B., Gold, J. A., & Lindner, M. A. (1997). Values of hypercompetitive and personal development competitive individuals. *Journal of Personality Assessment*, *69*, 271–283.

Ryckman, R. M., Robbins, M. A., Thornton, B., Gold, J. A., & Kuehnel, R. H. (1985). Physical self-efficacy and actualization. *Journal of Research in Personality*, *19*, 288–298.

Ryckman, R. M., Thornton, B., & Butler, J. C. (1994). Personality correlates of the hypercompetitive attitude scale: Validity tests of Horney's theory of neurosis. *Journal of Personality Assessment*, *62*, 84–94.

Ryckman, R. M., Thornton, B., & Gold, J. A. (2009). Assessing competition avoidance as a basic personality dimension. *Journal of Psychology*, *143*(2), 175–192.

Ryckman, R. M., Thornton, B., Gold, J. A., & Burckle, M. A. (2002). Romantic relationships of hypercompetitive individuals. *Journal of Social and Clinical Psychology*, *21*, 517–530.

Ryckman, R. M., Hammer, M., Kaczor, L. M., & Gold, J. A. (1996), 375 Rye, M. S., & Pargament, K. I. (2002). Forgiveness and romantic relationships in college: Can it heal the wounded heart? *Journal of Clinical Psychology*, *58*, 419–441.

Ryska, T. A. (2002). Perceived purposes of sport among recreational participants: The role of competitive dispositions. *Journal of Sport Behavior*, *25*, 91–112.

Sak, U. (2004). A synthesis of research on psychological types of gifted adolescents. *Journal of Secondary Gifted Education*, *15*, 70–79.

Sandow, P. L., Jones, A. C., & Moody, R. A. (2000). Psychological type and dentistry. *Journal of Psychological Types*, *55*, 26–34.

Santor, D. A., & Zuroff, D. C. (1994). Depressive symptoms: Effects of negative affectivity and failing to accept the past. *Journal of Personality Assessment*, *63*, 294–312.

Sarason, I. G. (1975). Test anxiety and the selfdisclosing coping model. *Journal of Consulting and Clinical Psychology*, *43*, 148–153.

Saroglou, V. (2002). Religion and the five factors of personality: A meta-analytic review. *Personality and Individual Differences*, *32*, 15–25.

Sato, T. (2001). Autonomy and relatedness in psychopathology and treatment: A cross-cultural formulation. *Genetic, Social & General Psychology Monographs*, *127*, 89–127.

Saucier, G., & Goldberg, L. R. (1998). What is beyond the Big Five? *Journal of Personality*, *66*, 495-524.

Scharrer, E. (2001). Men, muscles, and machismo: The relationship between television violence exposure and aggression and hostility in the presence of hypermasculinity. *Media Psychology*, *3*, 159–188.

Schieman, S., Pudrovska, T., & Milkie, M. A. (2005). The sense of divine control and the self-concept. *Research on Aging*, *27*, 165–196.

Schmidt, D. B., Lubinski, D., & Benbow, C. P. (1998). Validity of assessing educational-vocational preference dimensions among intellectually talented 13-year-olds. *Journal of Counseling Psychology*, *45*, 436–453.

Schmitt, J. P., & Kurdek, L. A. (1984). Correlates of social anxiety in college students and homosexuals. *Journal of Personality Assessment*, *48*, 403–409.

Schuerger, J. M. (1992). The Sixteen Personality Factor Questionnaire and its junior versions. *Journal of Counseling and Development*, *71*, 231–244.

Schwartz, S. J. (2001). The evolution of Eriksonian and neo-Eriksonian identity theory and research: A review and integration. Identity: An International *Journal of Theory and Research, 1*, 7–58.

Schwartz, S. J. (2004). Brief report: Construct validity of two identity status measures: the EIPQ and the EOM-EIS-II. *Journal of Adolescence, 27*, 477–483.

Schwartz, S. J. (2005). A new identity for identity research: Recommendations for expanding and refocusing the identity literature. *Journal of Adolescent Research, 20*, 293–308.

Schwartz, S. J., Adamson, L., Ferrer-Wreden, L., Dillon, F. R., & Berman, S. L. (2006). Identity status measurement across contexts: Variations in measurement structure and mean levels among White American, Hispanic American, and Swedish emerging adults. *Journal of Personality Assessment, 86*, 61–76.

Schweizer, K., & Koch, W. (2001). The assessment of components of optimism by POSO-E. *Personality and Individual Differences, 31*, 563–574.

Scott, J. (2007). The effect of perfectionism and unconditional self-acceptance on depression. *Journal of Rational-Emotive and Cognitive-Behavior, 25*, 35–64.

Sedikides, C. (2010). Why does religiosity persist? *Personality and Social Psychology Review, 14*, 3–6.

Segall, M. E., & Wynd, C. A. (1990). Health conception, health locus of control, and power as predictors of smoking behavior change. *American Journal of Health Promotion, 4*, 338–344.

Seligman, M. E. P. (2002). *Authentic happiness: Using the new positive psychology to realize your potential for lasting fulfillment*. New York: Free Press.

Seligman, M., & Csikszentmihalyi, M. (2000). Positive psychology: An introduction. *American Psychologist, 55*, 5–14.

Seligman, M., Steen, T. A., Park, N., & Peterson, C. (2005). Positive psychology progress. *American Psychologist, 60*, 410–421.

Sexton, T. L., & Whiston, S. C. (1994). The status of the counseling relationship: An empirical review, theoretical implications, and research directions. *The Counseling Psychologist, 22*, 6–78.

Shanahan, M. J., & Pychyl, T. A. (2007). An ego identity perspective on volitional action: Identity status, agency, and procrastination. *Personality and Individual Differences, 43*, 901–911.

Shaver, P. R., & Mikulincer, M. (2005). Attachment theory and research: Resurrection of the psychodynamic approach to personality. *Journal of Research in Personality, 39*, 22–45.

Shell, D. F., Bruning, R. H., & Colvin, C. (1995). Selfefficacy, attribution, and outcome expectancy mechanisms in reading and writing achievement: Grade-level and achievement-level differences. *Journal of Educational Psychology, 87*, 386–398.

Sherry, J. L. (2001). The effects of violent video games on aggression: A meta-analysis. *Human Communication Research, 27*, 409–431.

Shilkret, C. J., & Masling, J. M. (1981). Oral dependence and dependent behavior. *Journal of Personality Assessment, 45*, 125–129.

Shin, W. S. (1993). Self-actualization and wilderness attitudes: A replication. *Journal of Social Behavior and Personality, 8*, 241–256.

Shostrom, E. L. (1963). *Personal Orientation Inventory*. San Diego: EdITS/Educational and Industrial Testing Service.

Shrake, E. K., & Rhee, S. (2004). Ethnic identity as a predictor of problem behavior among Korean American adolescents. *Adolescence, 39*, 601–622.

Silberman, I. (2005). Religious violence, terrorism, and peace. In R. F. Paloutzian and C. L. Park (Eds)., *Handbook of the psychology of religion and spirituality* (pp. 529–549). New York: Guilford Press.

Silverman, D. K. (1986). Some proposed modifications of psychoanalytic theories of early childhood development. In J. Masling (Ed.), *Empirical studies of psychoanalytic theories* (pp. 49–72). Hillsdale, NJ: Erlbaum.

Silverman, L. H. (1976). Psychoanalytic theory: The reports of my death are greatly exaggerated. *American Psychologist, 31*, 621–637.

Silvia, P. J., & O'Brien, M. E. (2004). Self-awareness and constructive functioning: Revisiting "The human dilemma." *Journal of Social and Clinical Psychology, 23*, 475–489.

Simonton, D. K. (1994). *Greatness: Who makes history and why*. New York: Guilford Press.

Skinner, B. F. (1938). *The behavior of organisms*. New York: Appleton-Century-Crofts.

Skinner, B. F. (1948). *Walden Two*. NewYork: Macmillan.

Skinner, B. F. (1950). Are theories of learning necessary? *Psychological Review, 57*, 193–216.

Skinner, B. F. (1953). *Science and human behavior*. New York: Macmillan.

Skinner, B. F. (1968). *The technology of teaching*. New York: Appleton-Century-Crofts.

Skinner, B. F. (1969). *Contingencies of reinforcement*. New York: Appleton-Century-Crofts.

Skinner, B. F. (1970). An autobiography. In P. B. Dews (Ed.), *Festschrift for B. F. Skinner* (pp. 1–21). New York: Appleton-Century-Crofts.

Skinner, B. F. (1971). *Beyond freedom and dignity*. New York: Knopf.

Skinner, B. F. (1973). Answers for my critics. In H. Wheeler (Ed.), *Beyond the punitive society* (pp. 256–266). San Francisco: W. H. Freeman.

Skinner, B. F. (1974). *About behaviorism*. New York: Knopf.

Skinner, B. F. (1976). *Particulars of my life*. New York: Knopf.

Skinner, B. F. (1987). Whatever happened to psychology as the science of behavior? *American Psychologist, 42*, 780–786.

Slugoski, B. R., Marcia, J. E., & Koopman, R. F. (1984). Cognitive and social interactional characteristics of ego identity statuses in college. *Journal of Personality and Social Psychology, 47*, 646–661.

Smalley, R. L., & Stake, J. E. (1996). Evaluating sources of ego-threatening feedback: Self-esteem and narcissism effects. *Journal of Research in Personality, 30*, 483–495.

Smith, C. E., & Hopkins, R. (2004). Mitigating the impact of stereotypes on academic performance: The effects of cultural identity and attributions for success among African-American college students. *Western Journal of Black studies, 28*, 312–321.

Smith, P., Magaro, P., & Pederson, S. (1983). Clinical types in a normal population: Concurrent and construct validity. Journal of Clinical Psychology, 39, 498–506.

Snarey, J. (1993). *How fathers care for the next generation: A four-decade study*. Cambridge, MA: Harvard University Press.

Snarey, J., Son, L., Kuehne, V. S., Hauser, S., & Vaillant, G. (1987). The role of parenting in men's psychosocial development: A longitudinal study of early adulthood infertility and midlife generativity. *Developmental Psychology, 23*, 593–603.

Spector, P. E. (1988). Development of the Work Locus of Control Scale. *Journal of Occupational Psychology, 61*, 335–340.

Spector, P. E., & O'Connell, B. J. (1994). The contribution of personality traits, negative affectivity, locus of control. and type A to the subsequent reports of job stressors and job strains. *Journal of Occupational and Organizational Psychology*, *67*, 1–12.

Spilka, B., Hood, R. W., Hunsberger, B., & Gorsuch, R. (2003). *The psychology of religion: An empirical approach*. (3rd ed.) New York: Guilford Press.

Spokas, M., & Heimberg, R. G. (2009). Overprotective parenting, social anxiety, and external locus of control: Cross-sectional and longitudinal relationships. *Cognitive Therapy and Research*, *33*, 543–551.

Sprohge, E., Handler, L., Plant, D. D., & Wicker, D. (2002). A Rorschach study of oral dependence in alcoholics and depressives. *Journal of Personality Assessment*, *79*, 142–160.

Sprouse, D. S., Ogletree, S. L., Comsudes, M. M., Granville, H. G., & Kern, R. M. (2005). An Adlerian model for alliance building. *Journal of Individual Psychology*, *61*, 137–148.

Srivastava, S., Angelo, K. M., & Vallereux, S. R. (2008). Extraversion and positive affect: A day reconstruction study of person–environment transactions. *Journal of Research in Personality*, *42*, 1613–1618.

Steele, C. M. (1988). The psychology of selfaffirmation: Sustaining the integrity of the self. In L. Berkowitz (Ed.), *Advances in experimental social psychology* (Vol. 21, pp. 261–302). New York: Academic Press.

Steelman, L. C. (1985). A tale of two variables: A review of the intellectual consequences of sibship size and birth order. *Review of Educational Research*, *55*, 353–386.

Steelman, L. C. (1986). The tale retold: A response to Zajonc. *Review of Educational Research*, *56*, 373–377.

Steffen, P. R., & Masters, K. S. (2005). Does compassion mediate the intrinsic religion–health relationship? *Annals of Behavioral Medicine*, *30*, 217–224.

Stein, J. A., & Newcomb, M. D. (1999). Adult outcomes of adolescent conventional and agentic orientations: A 20–year longitudinal study. *Journal of Early Adolescence*, *19*, 39–65.

Steinberg, B. S. (2001). The making of female presidents and prime ministers: The impact of birth order, sex of siblings, and father–daughter dynamics. *Political Psychology*, *22*, 89–110.

Stelmack, R. M. (1990). Biological bases of extraversion: Psychophysiological evidence. *Journal of Personality*, *58*, 293–311.

Stephenson, W. (1953). *The study of behavior*. Chicago: University of Chicago Press.

Steptoe, A., & Wardle, J. (2001). Locus of control and health behaviour revisited: A multivariate analysis of young adults from 18 countries. *British Journal of Psychology*, *92*, 659–672.

Stewart, A. E. (2010). Explorations in the meanings of excellence and its importance for counselors: The culture of excellence in the United States. *Journal of Counseling & Development*, *88*, 189–195.

Stiles, K., & Wilborn, B. (1992). A life–style instrument for children. *Individual Psychology*, *48*, 96–106.

Stilwell, N. A., & Wallick, M. M. (2000). Myers–Briggstype and medical specialty choice: A new look at an old question. *Teaching & Learning in Medicine*, *12*, 14–20.

Stock, J., & Cervone, D. (1990). Proximal goal–setting and self–regulatory processes. *Cognitive Therapy and Research*, *14*, 483–489.

Stone, R. H. (2008). *Moral reflections on foreign policy in a religious war*. Plymouth, UK: Lexington Books.

Storr, A. (1991). *Jung*. New York: Routledge.

Strano, D. A., & Petrocelli, J. V. (2005). A preliminary examination of the role of inferiority feelings in the academic achievement of college students. *Journal of Individual Psychology*, *61*, 80–89.

Strauser, D. R., & Ketz, K., & Keim, J. (2002). The relationship between self–efficacy, locus of control and work personality. *Journal of Rehabilitation*, *68*, 20–26.

Strelau, J. (2008). *Temperament as a regulator of Behavior: After fifty years of research*. Clinton Corners, New York: Eliot Werner Publications.

Strickland, B. R. (1978). Internal–external expectancies and health–related behaviors. *Journal of Consulting and Clinical Psychology*, *46*, 1192–1211.

Strickland, B. R. (1979). Internal–external expectancies and cardiovascular functioning. In L. C. Perlmutter & R. A. Monty (Eds.), *Choice and perceived control* (pp. 221–231). Hillsdale, NJ: Erlbaum.

Stright, A. D., Gallagher, K. C., & Kelley, K. (2008). Infant temperament moderates relations between maternal parenting in early childhood and children's adjustment in first grade. *Child Development*, *79*, 186–200.

Strozier, C. B. (1985). Glimpses of a life: Heinz Kohut (1913–1981). In A. Goldberg (Ed.). *Progress in self psychology* (Vol. 1, pp. 3–12). New York: Guilford Press.

Stucke, T. S., & Baumeister, R. F. (2006). Ego depletion and aggressive behavior: Is the inhibition of aggression a limited resource? *European Journal of Social Psychology*, *36*, 1–13.

Stunkard, A. J. (1991). Review of Schwartz, H. J. (Eds.), *Bulimia: Psychoanalytic treatment and theory* (Madison, CT: International Universities Press, 1988). *Psychiatric Annals*, *19*, 279.

Suarez–Balcazar, Y., Balcazar, F. E., & Taylor–Ritzler, T. (2009). Using the internet to conduct research with culturally diverse populations: Challenges and opportunities. *Cultural Diversity and Ethnic Minority Psychology*, *15*, 96–104.

Suh, S., & Suh, J. (2006). Educational engagement and degree attainment among high school dropouts. *Educational Research Quarterly*, *29*, 11–20.

Sutton, C. T., & Broken Nose, M. A. (1996). American Indian families: An overview. In M. Goldrick, J. Giordano, and J. K. Pearce (Eds.), *Ethnicity and family therapy* (2nd ed., pp. 31–43). New York: Guilford Press.

Suzuki, S., Holloway, S. D., Yamamoto, Y., & Mindnich, J. D. (2009). Parenting self–efficacy and social support in Japan and the United States. *Journal of Family Issues*, *30*, 1505–1526.

Taber, B. J., Hartung, P. J., & Borges, N. J. (2011). Personality and values as predictors of medical specialty choice. *Journal of Vocational Behavior*, *78*, 202–209.

Taft, L. B., & Nehrke, M. F. (1990). Reminiscence, life review, and ego integrity in nursing home residents. *International Journal of Aging and Human Development*, *30*, 189–196.

Tangney, J. P., Baumeister, R. F., & Boone, A. L. (2004). High self–control predicts good adjustment, less pathology, better grades, and interpersonal success. *Journal of Personality*, *72*, 271–322.

Taylor, S. E., Peplau, L. A., & Sears, D. O. (2000). *Social psychology* (10th ed.). Upper Saddle River, NJ: Prentice Hall.

Teplov, B. M. (1964). The historical development of Pavlov's theory of typological differences in the dog. In J. A. Gray (Ed.), *Pavlov's typology* (pp. 3–153). New York: Macmillan.

Thorndike, E. L. (1913). *Educational psychology*. New York: Teachers College, Columbia University.

Thorne, A. (1989). Conditional patterns, transference, and the coherence of personality across time. In D. M. Buss and N. Cantor (Eds.), *Personality psychology: Recent trends and emerging directions* (pp. 149–159). New York: Springer–Verlag.

Thorne, B. (1992). *Carl Rogers*. Newbury Park, CA: Sage Publications.

Tice, D. M., & Baumeister, R. F. (2001). The primacy of the interpersonal self. In C. Sedikides and M. B. Brewer (Eds.) *Individual self, relational self, collective self* (pp. 71–88). Ann Arbor, MI: Sheridan Books.

Tolpin, P. (1980). The borderline personality: Its makeup and analyzability. In A. Goldberg (Ed.), *Advances in self psychology* (pp. 299–316). New York: International Universities Press.

Triandis, H. C. (2001). Individualism–collectivism and personality. *Journal of Personality*, *69*, 907–923.

Tribich, D., & Messer, S. (1974). Psychoanalytic character type and status of authority as determiners of suggestibility. *Journal of Consulting and Clinical Psychology*, *42*, 842–848.

Trice, A. D. (1990). Adolescents' locus of control and compliance with contingency contracting and counseling interventions. *Psychological Reports*, *67*, 233–234.

Trumpeter, N. N., Watson, P. J., O'Leary, B. J., & Weathington, B. L. (2008). Self–functioning and perceived parenting: Relations of parental empathy and love inconsistency with narcissism, depression, and self–esteem. *Journal of Genetic Psychology*, *169*, 51–71.

Trusty, J., & Lampe, R. E. (1997). Relationship of highschool seniors' perceptions of parental involvement and control to seniors' locus of control. *Journal of Counseling & Development*, *75*, 375–384.

Tupes, E. C., & Christal, R. C. (1961). *Recurrent personality factors based on trait ratings* (Tech. Rep. No. ASDTR61–97). Lackland Air Force Base, TX: U. S. Air Force.

Turner, C., & Berkowitz, L. (1972). Identification with film aggression (covert role taking) and reactions to film violence. *Journal of Personality and Social Psychology*, *21*, 256–264.

Tynes, B. M. (2007). Internet safety gone wild?: Sacrificing the educational and psychosocial benefits of online social environments. *Journal of Adolescent Research*, *22*, 575–584.

Valkenburg, P. M., Schouten, A. P., & Peter, J. (2005). Adolescents' identity experiments on the internet. *New Media & Society*, *7*, 383–402.

van der Veer, P. (1994). *Religious nationalism: Hindus and Muslims in India*. Berkeley, CA: University of California Press.

Van Kaam, A. (1969). *Existential foundations of psychology*. Garden City, NY: Image Books.

Vandewater, D. A., & McAdams, D. P. (1989). Generativity and Erikson's "Belief in the species." *Journal of Research in Personality*, *23*, 435–449.

Vaughn, L. M., Naylor, S., & White, Jr., S. (2009). Relationship of attachment style and ethnic identity to self–actualization in college students. *Journal of College & Character*, *10*, 2–12.

Ventis, W. L. (1995). The relationships between religion and mental health. *Journal of Social Issues*, *51*, 33–48.

Vessey, J. A., & Lee, J. E. (2000). Violent video games affecting our children. *Pediatric Nursing*, *26*, 607-610.

Violato, C., & Holden, W. B. (1988). A confirmatory factor analysis of a four–factor model of adolescent concerns. *Journal of Youth and Adolescence*, *17*, 101–113.

Voracek, M., & Loibl, L. M. (2007). Genetics of suicide: A systematic review of twin studies. *Wiener*

Klinische Wochenschrift, *119*, 463–475.

W., Bill (1988). *The language of the heart: Bill W's Grapevine writings*. New York: The AA Grapevine, Inc.

Wagaman, J. R., Miltenberger, R. G., & Arndorfer, R. E. (1993). Analysis of a simplified treatment for stuttering in children. *Journal of Applied Behavior Analysis*, *26*, 53–61.

Wagaman, J. R., Miltenberger, R. G., & Woods, D. (1995). Long-term follow-up of a behavioral treatment for stuttering in children. *Journal of Applied Behavior Analysis*, *28*, 233–234.

Wagner, M. E., & Schubert, H. J. P. (1977). Sibship variables and United States presidents. *Journal of Individual Psychology*, *33*, 78–85.

Wakefield, J. C. (1992). Freud and cognitive psychology: The conceptual interface. In J. W. Barron, M. N. Eagle, and D. L. Wolitzky (Eds.), *Interface of psychoanalysis and psychology* (pp. 77–98). Washington, DC: American Psychological Association.

Walaskay, M., Whitbourne, S. K., & Nehrke, M. F. (1983/1984). Construction and validation of an ego integrity interview. *International Journal of Aging and Human Development*, *18*, 61–72.

Wallerstein, R. S. (1995). Obituary: Erik Erikson (1902–1994). *International Journal of Psychoanalysis*, *76*, 173–175.

Wallston, K. A., & Wallston, B. S. (1981). Health locus of control scales. In H. M. Lefcourt (Ed.), *Research with the locus of control construct: Vol. 1. Assessment methods* (pp. 189–243). New York: Academic Press.

Wallston, K. A., & Wallston, B. S. (1982). Who is responsible for your health? The construct of health locus of control. In G. Sanders & J. Suls (Eds.), *Social psychology of health and illness* (pp. 65–95). Hillsdale, NJ: Erlbaum.

Walters, G. C., & Grusec, J. E. (1977). *Punishment*. San Francisco: W. H. Freeman.

Waterman, A. S. (1982). Identity development from adolescence to adulthood: An extension of theory and a review of research. *Developmental Psychology*, *18*, 341–358.

Waterman, A. S. (1985). Identity in the context of adolescent psychology. In A. S. Waterman (Ed.), *Identity in adolescence: Processes and contents* (pp. 5–24). San Francisco: Jossey-Bass.

Waterman, A. S. (1993). Developmental perspectives on identity formation: From adolescence to adulthood. In J. E. Marcia, A. S. Waterman, D. R. Matteson, S. L. Archer, & J. L. Orlofsky (Eds.), *Ego identity: A handbook for psychosocial research* (pp. 42–68). New York: Springer-Verlag.

Waterman, A. S., Geary, P. S., & Waterman, C. K. (1974). Longitudinal study of changes in ego identity status from the freshman to the senior year at college. *Developmental Psychology*, *10*, 387–392.

Watkins, C. E., Jr. (1992). Birth order research and Adler's theory: A critical review. *Individual Psychology*, *48*, 357–368.

Watkins, C. E., Jr. (1994). Measuring social interest. *Individual Psychology*, *50*, 69–96.

Watkins, C. E., Jr., & St. John, C. (1994). Validity of the Sulliman scale of social interest. *Individual Psychology*, *50*, 166–169.

Watson, J. B., & Rayner, R. (1920). Conditioned emotional reactions. *Journal of Experimental Psychology*, *3*, 1–14.

Watson, P. J., Biderman, M. D., & Sawrie, S. M. (1994). Empathy, sex role orientation, and narcissism. *Sex Roles*, *30*, 701–723.

Watson, P. J., Morris, R. J., & Miller, L. (2001). Irrational beliefs, attitudes about competition, and splitting. *Journal of Clinical Psychology, 57*, 343-354.

Watson, S. (2009). Credit card misuse, money attitudes, and compulsive buying behaviors: A comparison of internal and external locus of control (LOC) consumers. *College Student Journal, 43*, 268-275.

Watts, R. E., & Holden, J. M. (1994). Why continue to use "fictional finalism"? *Individual Psychology, 50*, 161-163.

Watzlawik, M. (2004). Experiencing same-sex attraction: A comparison between American and German adolescents. *Identity, 4*, 171-186.

Westen, D., Gabbard, G. O., & Ortigo, K. M. (2008). Psychoanalytic approaches to personality. In O. P. John, R. W. Robins, and L. A. Pervin (Eds.) *Handbook of personality: Theory and research* (3rd ed.) (pp. 61-113). New York: Guilford Press.

Westphal, K., & Wagner, S. (1993). Differences in irrational beliefs of pregnant and never pregnant adolescents. *Journal of Rational-Emotive & Cognitive Behavior Therapy, 11*, 151-158.

Wheeler, M. S., Kern, R. M., & Curlette, W. L. (1986). Factor analytic scales designed to measure Adlerian life style themes. *Individual Psychology, 42*, 1-16.

Wichman, A. L., Rodgers, J. L., & MacCallum, R. C. (2006). A multilevel approach to the relationship between birth order and intelligence. *Personality and Social Psychology Bulletin, 32*, 117-127.

Williams-Piehota, P., Schneider, T. R., Pizarro, J., Mowad, L., & Salovey, P. (2004). Matching health messages to health locus of control beliefs for promoting mammography utilization. *Psychology and Health, 19*, 407-423.

Williams, R. L., & Long, J. D. (1979). *Toward a selfmanaged life style*. Boston: Houghton Mifflin.

Wills, T. A., Gibbons, F. X., Sargent, J. D., Gerrard, M., Lee, H. -R., & Dal Cin, S. (2010). Good self-control moderates the effect of mass media on adolescent tobacco and alcohol use: Tests with children and adolescents. *Health Psychology, 29*, 539-549.

Wilson, C. (1972). *New pathways in psychology*. London: Gollancz.

Winefield, H., & Air, T. (2010). Grandparenting: Diversity in grandparent experiences and needs for healthcare and support. *International Journal of Evidence-based Healthcare, 8*, 277-283.

Wink, P. (1991). Self- and object-directedness in adult women. *Journal of Personality, 59*, 769-785.

Wink, P. (1992). Three types of narcissism in women from college to mid-life. *Journal of Personality, 60*, 7-30.

Wink, P. (1996). Transition fromthe early 40s to the early 50s in self-directed women. *Journal of Personality, 64*, 49-69.

Wolf, E. S. (1988). *Treating the self*. New York: Guilford Press.

Wong, S. S., & Ng, V. (2008). A qualitative and quantitative Study of psychotherapists' congruence in Singapore. *Psychotherapy Research, 18*, 58-76.

Workman, L., & Reader, W. (2008). *Evolutionary psychology: An introduction*. (2nd ed.). Cambridge, UK: Cambridge University Press.

World Almanac and Book of Facts 2010. (2010). *United States Population* (pp. 612-650). New York: World Almanac Books.

Wright, J. C., & Mischel, W. (1987). A conditional approach to dispositional constructs: The local predictability of social behavior. *Journal of Personality and Social Psychology, 53*, 1159-1177.

Wulff, D. M. (1991). *Psychology of religion: Classic and contemporary views*. New York: Wiley.

Wylie, R. C. (1979). *The self concept* (Vol. 2). Lincoln: University of Nebraska.

Yang, C. K., Choe, B. M., Baity, M., Lee, J. H., & Cho, J. S. (2005). SCL–90–R and 16PF profiles of senior high school students with excessive internet use. Canadian *Journal of Psychiatry*, *50*, 407–414.

Yeh, C., & Inose, M. (2002). Difficulties and coping strategies of Chinese, Japanese, and Korean immigrant students. *Adolescence*, *37*, 69–82.

Yusko, D. A., Buckman, J. F., White, H. R., & Pandina, R. J. (2008). Risk for excessive alcohol use and drinking–related problems in college student athletes. *Addictive Behaviors*, *33*, 1546–1556.

Zaccaria, J. S., & Weir, W. R. (1967). A comparison of alcoholics and selected samples of nonalcoholics in terms of a positive concept of mental health. *Journal of Social Psychology*, *71*, 151–157.

Zadra, A. L., O'Brien, S. A., & Donderi, D. C. (1997–1998). Dream content, dream recurrence, and well–being: A replication with a younger sample. *Imagination, Cognition, & Personality*, *17*, 293–311.

Zajacova, A., Lynch, S. M., & Espenshade, T. J. (2005). Self–efficacy, stress, and academic success in college. *Research in Higher Education*, *46*, 677–706.

Zajonc, R. B. (1976). Family configuration and intelligence. *Science*, *192*, 227–236.

Zajonc, R. B. (1983). Validating the confluence model. *Psychological Bulletin*, *93*, 457–480.

Zajonc, R. B. (1986). Family factors and intellectual test performance: A reply to Steelman. *Review of Educational Research*, *56*, 365–371.

Zajonc, R. B. (2001). The family dynamics of intellectual development. *American Psychologist*, *56*, 490–496.

Zajonc, R. B., & Bargh, J. (1980). The confluence model: Parameter estimation in six divergent data sets on family factors and intelligence. *Intelligence*, *4*, 349–361.

Zajonc, R. B., & Markus, G. B. (1975). Birth order and intellectual development. *Psychological Review*, *82*, 74–88.

Zajonc, R. B., & Mullally, P. R. (1997). Birth order: Reconciling conflicting effects. *American Psychologist*, *52*, 685–699.

Zamostny, K. P., Slyter, S. L., & Rios, P. (1993). Narcissistic injury and its relationship to early trauma, early resources, and adjustment to college. *Journal of Counseling Psychology*, *40*, 501–510.

Zuckerman, M. (1990). The psychophysiology of sensation–seeking. *Journal of Personality*, *58*, 313–345.

Zweigenhaft, R. L. (1975). Birth order, approval seeking, and membership in Congress. *Journal of Individual Psychology*, *31*, 205–210.

찾아보기

[ㄱ]

[ㄴ]

[ㄷ]

[ㄹ]

[ㅁ]

[ㅇ]

[ㅈ]

[ㅊ]

[ㅋ]

[ㅌ]

[ㅍ]

[ㅎ]

[기타]

역자 소개

장문선

경북대학교 심리학과 임상심리학 박사

현, 경북대학교 심리학과 교수

곽호완

미국 존스홉킨스대학교 심리학 박사

현, 경북대학교 심리학과 교수

고재홍

서울대학교 심리학과 사회심리학 박사

현, 경남대학교 심리학과 교수

전종국

계명대학교 교육학과 박사(상담심리 전공)

현, 대구사이버대학교 상담심리학과 교수

이영순

전북대학교 심리학과 상담심리학 박사

현, 전북대학교 심리학과 교수

성격심리학, 제10판

발 행 일 | 2013년 9월 2일 초판 1쇄 발행
2016년 2월 10일 초판 2쇄 발행
저 자 | Richard M. Ryckman
역 자 | 장문선 · 곽호완 · 고재홍 · 전종국 · 이영순
발 행 인 | 구본하
발 행 처 | 도서출판 박학사
주 소 | 서울시 마포구 서교동 460-26 동아빌딩 2층
전 화 | (02)3142-3764~5
팩 스 | (02)3142-3766
웹사이트 | www.pakhaksa.co.kr
등록번호 | 제10-2230호

정가 28,000원 ISBN 978-89-98521-08-0